现代远程教育系列教材

公共政策学：
研究、分析和管理

○胡宁生 编 著

 南京大学出版社

图书在版编目(CIP)数据

公共政策学:研究、分析和管理/胡宁生编著. —
南京:南京大学出版社,2016.6
现代远程教育系列教材
ISBN 978-7-305-17076-8

Ⅰ. ①公… Ⅱ. ①胡… Ⅲ. ① 政策科学—远程教育—
教材 Ⅳ. ①D0

中国版本图书馆 CIP 数据核字(2016)第 128571 号

出版发行 南京大学出版社
社 址 南京市汉口路 22 号 邮编 210093
出 版 人 金鑫荣

丛 书 名 现代远程教育系列教材
书 名 **公共政策学:研究、分析和管理**
编 著 胡宁生
责任编辑 卢文婷 施 敏

照 排 南京理工大学资产经营有限公司
印 刷 常州市武进第三印刷有限公司
开 本 787×1092 1/16 印张 45.75 字数 1028 千
版 次 2016 年 6 月第 1 版 2016 年 6 月第 1 次印刷
ISBN 978-7-305-17076-8
定 价 108.00 元

网 址:http://www.njupco.com
官方微博:http://weibo.com/njupco
官方微信号:njupress
销售咨询热线:(025)83594756

序

进入 21 世纪以来,科学技术突飞猛进,随着计算机网络的普及、人们对继续教育的渴求,高等教育的方式方法发生了深刻的变化,尤其是采用现代信息技术、以网络学习为主要手段的现代远程教育蓬勃兴起。

自 1999 年在高校开展现代远程教育试点工作以来,我国网络教育呈飞速发展的趋势。试点规模不断扩大,发展顺利,取得了可喜的经验和成果。南京大学顺应时代潮流,依托一流的师资力量和优质丰富的教学资源,积极开展现代远程教育,努力为国家、为社会培养大批高素质的应用型人才。

积极发展现代远程教育是时代和社会赋予南京大学的光荣任务,也是南京大学创建世界高水平大学的重要内容。对于这一全新的任务,南京大学本着大胆实践、勇于创新的精神,对基于计算机网络条件下的现代远程教育的办学机制、教学模式、管理模式和运行体系进行了有益的探索,创造性地解决了起始阶段出现的新情况和新问题。

多年来,南京大学始终秉承"抓好教学改革、突出课程建设、形成办学特色"这个优良办学传统,从 20 世纪 80 年代的以"课堂教学、学术活动、科学实验和社会实践"为主体的"三元结构",到 90 年代的"融业务培养与素质教育为一体、融知识传授与能力培养为一体、融教学与科研为一体"的"三个融合"教学模式,都取得了显著的成效。在现代远程教育中,一方面要采用现代化的教学方式,另一方面要突破并解决课程改革的难点和重点,大力培育名牌课程,着力加强教材建设。如何准确定位课程、如何组织课程内容和教学模式、如何弥合零起点和非零起点学生的知识和技能差异,都是放在我们面前需要着力研究解决的新问题。我校网络教育学院按照"精化原理、强化应用、融入实际、综合交叉"原则,组织具有丰富教学经验的骨干教师,结合近年来教学科研的新成果,针对远程教育以网络学习、业余学习为主要形式的特点,编著出版了一批既体现理论与实际相结合、又满足学生个性化发展要求的教材。

希望网络教育学院继续做好后续教材的编写工作,加强名牌课程与优秀教材建设,努力实现我校网络教育"名师、名课、名教材"的"三名工程"建设目标。

目　　录

绪论编　公共政策学科

第一编　公共政策研究

第二编　公共政策分析

第三编　公共政策管理

绪论编　公共政策学科

公共政策学科是人类知识体系中的一个特殊领域。作为学科的公共政策是在公共政策的理论与实践基础之上，融合了社会科学、自然科学、工程科学等多个学科的知识和方法，将规范、技艺、方法融于一体，把规划分析、选择决定、计划实施、管理变迁有机结合，以解决重大社会公共问题为目标的完整的知识领域。

首先，公共政策学科是一个以"解决问题"为取向、重在行动的知识领域。公共政策学科作为面向社会公共问题的科学，它要求将理论研究、实际操作结合起来，制定科学、民主、法治、可行、有效的行为规范，去真正解决社会公共问题，以保证人类社会持续、公正、和谐、有序的发展。解决现实的社会公共问题既是这一科学知识体系赖以存在的依据，也是其赖以发展的动力。

公共政策有自身的理论和方法，因而是一门科学。但是，公共政策研究不仅是为了完善政策的理论与方法，而且是为了给政策的制定者、实施者、评估者提供可行的理论框架、思维程序与操作技巧，以便更有效、更快捷地发现和确诊公共政策问题，选择和确定公共政策目标，提出解决问题的方案并做出尽可能满意的抉择，并将相关资源配置起来，组织政策实施，对政策的执行过程和结果加以严格评估。因此，公共政策研究、分析和管理的宗旨是为了更好地运用政策工具解决社会公共问题。这就规定了公共政策科学在本质上是应用性的。杰克·普拉诺就公共政策的这一特点指出："政策科学与相关学科的'纯科学'不同，它主要是一门'应用性'科学。"①

其次，公共政策学科又是以多种知识的相互渗透为特征的知识领域。因为这一学科所要完成的任务是解决与人类社会、自然环境、工程实施相关的社会公共问题。因此，它需要有处理人与人、人与社会关系的社会科学和人文科学的知识；需要有处理人与自然关系的自然科学知识；需要有处理人与工程关系的工程科学方面的知识。正是在这一意义上，杰克·普拉诺又认为，公共政策是"注重以科学的方法和观点来

---

① 杰克·普拉诺：《政治学分析辞典》，中国社会出版社，1986年版，第104页。

研究公共政策的制定以及解决公共问题的跨学科性学科"。① 著名政策学家 R. M. 克朗也指出："越来越多的具有必要的学术素养和实际经验的学者、科学家、政策顾问都感到要有明显具备跨学科特点的政策科学。"②第三，公共政策学科还是将规范、技艺和方法有机结合的知识领域。公共政策与物理学、化学、生物学这类"硬科学"不同，它主要不是给人提供各种有关事物的性质、属性的知识，而是在发现社会公共问题后，给人们提供某些规范，通过人们行动的改变，进行利益调整，从而解决现实的社会公共问题。公共政策科学还注重综合运用系统分析与经济学的定量分析方法，再加上政治学的质化分析方法，借助于各种模型和各种解决问题的技巧，处理和整理信息，以识别和发现可能的政策选择，从而制定出既反映公众利益，又符合社会发展目标的满意政策。

公共政策学科还要求政策的分析者和管理者具有获取真实信息、提出各种政策建议、将各类政策的结构及其运行加以协同统筹的技术；要求参加政策制定的公众、利益团体、政府官员、政党组织的代表在政策辩论中发挥协商、说服、竞争的技巧；要求政策的执行者和管理者在组织政策实施时发挥驾驭全局、调动大多数人的积极性、化消极因素为积极因素的艺术。

---

① 杰克·普拉诺：《政治学分析辞典》，中国社会出版社，1986 年版，第 104 页。
② 克朗：《系统分析和政策科学》，商务印书馆，1986 年版，第 29 页。

第0章 公共政策学科的产生与内容

一、研修的内容

本章将研修下列内容：

    §1. 公共政策学科的诞生

    §2. 公共政策学科在当代的发展

    §3. 现代国家治理需要公共政策

    §4. 现代国家治理需要公共政策研究

    §5. 现代国家治理需要公共政策分析

    §6. 现代国家治理需要公共政策管理

    §7. 运用正确的方法研修公共政策学

§1. 公共政策学科的诞生

§1.1 公共政策学的渊源

    凡是作为知识领域的学科，都是人类在实践的过程中，从经验的积累和理性的概括中逐渐产生出来的。任何一门学科，在正式成为一个专门的知识领域以前，都有其长久、深厚的渊源。公共政策学科也不例外。

    在氏族社会中，尽管当时人类活动的范围非常有限，但人们还是需要解决生活中所面临的公共问题。这种由氏族的酋长和军事首领做出决断，并带领氏族成员解决生存发展中碰到的公共问题的举动和过程，就成为最初的公共政策活动。当然，由于当时人类理智发展还处在较低的水平，人们还不可能像今天的普通人那样具备高级的理性思维，许多应对公共问题的政策思考大多是零碎的、经验性的，因而不可能形成完整的公共政策知识形态。

    这种零碎的、经验性的政策思维元素是伴随着人类从蒙昧时代到野蛮时代，最后到文明时代的前进脚步而不断增多的,并且最终以知识形态积累起来并得到传承。在人类古代文明发祥较早,并且延续时间最久远的一些社会政治经济共同体中,诸如古代希腊、古代埃及、古代印度和古代中国,大量流传下来的典籍里,已经有了相当可观的关于公共政策活动及其技艺、策略方面的记载。

中国自古以来就有治国理政、整顿纲纪、论辩策问的传统,这实际上就是在以粗糙的方式进行政策研究、政策分析和政策管理。只是这些理论的、操作的、技艺的知识一直没有能够以公共政策学的名称加以汇集,也没有能够在教育活动中产生出公共政策的专门知识领域。

进入20世纪以后,中国的志士仁人们展开了一系列的改良、变革和革命,以解决中华民族在西方列强的挑战与掠夺下逐步陷入沉沦、衰败的问题。这既是一个民族的历史选择,也是一个民族的艰难抉择。正是在一次次的改良、变革和革命中,中华民族积存起来了丰富的公共政策知识元素。只是中国人喜欢将这些宝贵的知识称为谋划与策略。它们不仅构成了中国本土公共政策学科产生和发展的渊源,也是世界公共政策学科产生和发展的重要渊源。

§1.2 公共政策学科的诞生

一门学科的产生必定是一个漫长的历史过程。从严格意义上讲,很难判定一个具体学科产生的具体时间。但知识界通常认为,可以用某部关键性著作的出版,某次重要会议的举办,甚至可以用某个学者提出的某个重要术语,作为某个学科产生的标志。正是从这一意义上,人们通常认为公共政策学科首先产生于美国。

标志美国公共政策学科产生的是一次重要会议和一本重要著作。所谓一次重要会议是指1950年在美国西部斯坦福大学召开的"关于国际关系论的革命性、发展性学术讨论会"。所谓一本重要著作是指作为这次会议的主要成果之一的论文集,它是1951年由斯坦福大学编辑出版的,其书名就是《政策科学》(*The Policy Sciences*)。

正是在这次有名的政策科学大会上,斯坦福大学的政治学教授哈罗德·拉斯韦尔(Harold Lasswell,1902—1977)为公共政策下了一个经典定义:公共政策就是"以制定政策规划和政策替代案为焦点,运用新的方法论对未来发展趋势进行分析的学问"。作为会议的主持人和论文集的主编,拉斯韦尔被公认为公共政策学的创始人,也有人称他为"公共政策科学之父"。

§2. 公共政策学科在当代的发展

§2.1 新制度主义政策分析框架

公共政策学在20世纪50年代诞生以后,不仅在美国本土,而且在世界各地都获得了迅速的发展。有关公共政策研究、分析和管理的规范、技术和技艺日趋增多,不同的理论和实践范式相继出现。其中最有影响力的是埃莉诺·奥斯特洛姆(Elinor Ostrom,1933—2012)创立的公共政策研究、分析与管理的新制度主义框架。奥斯特洛姆为有史以来首位诺贝尔经济学奖女性得主,也是第五位摘下诺贝尔桂冠的女性。

瑞典皇家科学院在颁奖词中,盛赞她在经济管理和公共政策分析领域取得了卓越成果。

奥斯特洛姆挑战了公有资产除非交给中央政府或私有化否则就难以妥善管理的传统观念,其研究证明,只要依据一定的制度安排和设计,并实施民主、科学的公共政策,公有资产就能得到有效的管理。

在奥斯特洛姆的新制度主义理论中,制度是核心概念,也是新制度主义分析方法的理论基石和逻辑起点。在新制度主义的理论框架中,对制度的最初理解是将其看成一系列的规则、组织和规范等。"制度是一系列被制定出来的规则、守法程序和行为的道德伦理规范,它旨在约束追求主体福利或效用最大化利益的个人行为","制度提供了人类相互影响的框架,它们建立了构成一个社会,或更确切地说,构成一种经济秩序的合作与竞争关系"。这种制度定义强调的是一种关系,一种约束,如约束婚姻的规则、政治权力配置的规则、资源与收入的分配规则,货币、公司、合作社、遗产法和学校等都是制度。

作为一种规则,制度通常被用于支配特定的行为模式与相互关系。当制度是一种或者一套行为规则时,这种规则就有正式与非正式之分。正式的制度如家庭、企业、工会、医院、大学、政府、货币、期货市场,等等。相反,价值、意识形态和习惯等就是非正式制度安排的例子。

制度还体现为某种结构性的安排,如组织。在政治生活中,主导着人们政治生活的基本因素就是组织,"现代经济和政治体系中的主要行为者是各种正式的组织,法律制度和官僚机构是当代生活的支配性角色"。国家、政党、人大和政府机构等都是社会生活中的制度安排。政治制度、政治组织在塑造个人行为动机和偏好方面发挥着重要作用。

§2.2 公共政策活动的主要领域

自 20 世纪 50 年代初拉斯韦尔发动一场静悄悄的革命,使作为一门学科的公共政策学诞生以后,公共政策活动的领域就不断扩展和分化,形成了相对独立的知识体系。从大的方面划分,这一学科知识体系可划分为政策理论领域和政策实践领域;进一步可以划分出政策研究、政策分析和政策管理三大领域。

公共政策研究

在公共政策科学体系中,政策研究具有重要的作用。只有在经过深入持久的、不断积累的科学研究,从而使获取的政策知识存量不断增加的情况下,政策科学才能获得发展。人类社会一直存在以决策为中心内容的政策活动。在公共政策科学诞生以前,人们早就有了有关公共政策的实践的、经验的活动。公共政策科学只不过是在这种人类大量的自发性政策活动和经验基础上产生出来的专门知识领域。但是,要将人类自发的政策实践和经验转化为带有确定性、规律性和重复性的理论、技艺和方法,就需要进行专门的科学研究和知识创造。

关于公共政策研究的内容与范围,在国外有两种见解。一种强调广义,另一种强调狭义。前者对政策研究采取了较为宽泛的理解,认为公共政策研究几乎涵盖了政策过程的所有环节和方面。比如，美国学者安·梅伊克尔扎克就认为，"政策研究是科学，基于技艺的知识和艺术的综合。这里科学是理论、观念和方法原则的体系；这些基于技艺的知识是可用的技术、经验的原则和标准操作程序的整体；这里的艺术是指步骤、风格和一个人的工作态度"。同时，她还指出，"政策研究可以被定义为一个指导研究或分析的过程，旨在为政策制定提供行动指南。在这一点上，政策研究与其他类似的科学（如应用社会学）有本质的不同"①。

另一种观点则是对政策研究采取了较为狭窄的理解。他们认为政策研究仅仅是为了对公共政策的制定、实施和评估提供帮助。比较有代表性的是美国著名政策学家 S. S. 内格尔的看法。他曾指出，政策研究可以界定为"为解决各种具体社会问题而对不同公共政策的性质、原因及其效果的研究"。我们倾向于前一观点，即对政策研究采取较为宽泛的理解。

公共政策研究包括对政策基础理论的研究。比如，研究人的社会活动的特性和利益需求结构；研究民主政治体制和宪政社会与政策系统运行的关系；研究现代政府治道和治理改革与政策系统的关系；研究社会转型与政策运行周期的关联；研究不同层次、不同领域、不同功能政策间的冲突与一致；等等。

公共政策研究还包括对具体政策运行过程的研究。比如，对政策制定过程及制定系统优化的研究；对政策执行过程及执行系统优化的研究；对政策评估过程及评估系统优化的研究；等等。

政策研究还应包括对政策分析中的过程、模型及方法的研究。比如，研究政策分析的环节、模型；研究政策分析人员的类型、素质和作用；研究政策分析中的各种具体模型和方法；等等。但是这一方面的研究内容只是为政策分析提供框架性的基础。对政策分析中的程序、模型、方法、技术的探讨仍然属于政策分析的任务，是政策分析中属于方法论的内容。

公共政策分析

对公共政策科学发展做出了卓越贡献的以色列政策学家叶海卡·德洛尔（Yehezkel Dror，1928—　）曾提议，今后的高等学校应该担负起培养适应未来需要的政策分析家。从德洛尔开始，政策学家开始重视学科意义上的政策分析。在公共政策科学这一知识领域中，政策分析肯定是一个重要的组成部分。

在学术界，对政策分析的范围和内容也存在两种理解。一种是强调广义的政策分析的观点，对政策分析做较宽泛的理解；另一种是强调狭义的政策分析的观点，对政策分析做较狭窄的理解。前者将政策分析扩展到整个政策过程，后者则将政策分析限定在政策执行前的规划范围。

广义的政策分析把凡是对政策系统所做的知识投入，包括政策专家的智力投入都统称为政策分析。这种政策分析不仅包含政策规划、制定阶段的分析，也包含政策执行中对政策计划、政策调整、政策控制的分析，还包含对政策评估的类型、结果的分析。比如兰德公司数学部主任爱德华·奎德就认为，政策分析"关心政策的影响"，

---

① 转引自张金马："公共政策：学科定位和概念分析"，《管理科学》，2000 年第 12 期，第 58 页。

"还更多地重视执行,重视政治与组织方面的考虑"①。这种宽泛的政策分析实际上已经等同于狭义的政策研究。所以,有的学者,如艾伦·希克干脆认为"政策分析"一词乃是政策研究的一个"总名称"②。

我们倾向于对政策分析做相对狭窄的理解。较为狭义的政策分析指的是在政策规划和决策阶段,由政策分析专家所做出的有关政策信息、知识和主张的分析。但是,即使是在对政策分析做狭义的理解时,也绝不能将它仅仅局限于方法、技术的范围。

公共政策分析是在政策运行过程中针对复杂问题进行的论辩和质疑。现代的公共政策分析因为对政策的构件及其变量采用多元操作,对政策过程和结果采用多重方法研究,对政策相关者采用多重利益分析,对政策模型采用多变量考察,对研究的知识采用多媒体交流,所以具体的政策分析是批判复合主义的。

公共政策分析的目的是创造、评价和交流政策过程之中的知识。政策分析行动是对应政策过程中的线性和非线性的某些阶段,提供一个、几个或全部的政策信息,在经过质疑后形成政策知识,这些知识会直接影响政策过程某个阶段的假设、判断与决抉,还会影响后续阶段的政策执行操作。

公共政策分析常常被定义为相关知识的交流、创新和批判性检索。在政策分析知识的交流中,如何整理政策相关文件并对加工过的政策文件加以表述非常重要,加工过的政策文件通过政策呈现的形式进行交流会收到更好的效果。公共政策分析者通过批判性检索、加工和借助政策呈现交流政策知识和主张。这些政策知识和主张只有为政策制定和实施的行动主体所利用,才能真正发挥政策分析作为改善公共政策活动推进器的作用。

公共政策分析的主要工作是进行政策问题构建,同时,对各种政策方案未来前景做出预测。另外,政策分析者还需要提出政策行动建议。这些有关政策问题的构建、前景预测、行动建议会对政策的制定和执行产生作用。但是也必须看到,政策分析的主张、观点、建议不一定全为政策决策者和实施者所接受。就这一点来说,政策分析的作用是相对的。

在公共政策分析中,人们需要使用大量的信息,并需要借助于运筹学、系统分析的方法。对政策分析进行过详细研究的爱德华·奎德曾经就政策分析做过精辟论述:"运筹学想要帮助人们把事情办得更好;系统分析也试图做到这一点;另外,它还要找到那些不仅能办得更好,而且要少花钱的目标;政策分析试图做到系统分析所要求的一切,此外,它还要求把事情办得更公道。因此,系统分析可以看作包括了运筹学,加上经济上的考虑和目标的调查以及有关的方法。"③

公共政策管理

早在 20 世纪 50 年代公共政策学科刚刚创立的时期,拉斯韦尔就希望人们对这一体现民主和科学精神、需要学者和官员共同合作才能发展的知识领域付出更

---

① 转引自张金马:"公共政策:学科定位和概念分析",《管理科学》,2000 年第 12 期,第 58 页。
② 曹俊汉:《公共政策》,台北三民书局,1997 年版,第 6 页。
③ 转引自张金马:"公共政策:学科定位和概念分析",《管理科学》,2000 年第 12 期,第 58 页。

大的努力,进行认真、深入的研究。到 20 世纪 60 年代末 70 年代初,以色列政策学者德洛尔来到公共政策发源地的美国,将目光更多地投向政策制定过程中有关信息、技术因素的运用从而重视政策分析时,曾预言在政策活动中将会出现一个人数众多的职业,即政策分析家。在德洛尔之后,著名的公共政策学家约翰·金登(John W. Kingdon)提出在政策活动中需要培养对政策过程加以管理的政策企业家。

人类的任何公共活动都需要加以管理,公共政策活动也不例外。但以往的公共政策管理因素包含在政策研究和政策分析的活动之中,并没有被单独分离出来,更没有得到专门的关注和研究。随着社会公共治理日趋复杂,公共政策活动也日益繁多。政策变迁的速度不断加快,政策的周期性变得更为明显。加上社会转型时期,人们需要和各种创新型、危机型政策打交道。在这种情况下,作为政策活动一个专门领域的公共政策管理就发展起来了。

目前公共政策管理还处在孕育和初步发展时期。人们主要关心的是两个方面的工作。一个方面是有关公共政策的结构与周期管理,另一个方面是有关创新型和危机型政策的管理。做好这两方面的管理工作,将有助于实际政策过程的运行,有助于政策执行中各类资源的合理配置,也有助于社会转型时期的政策创新和危机处理。

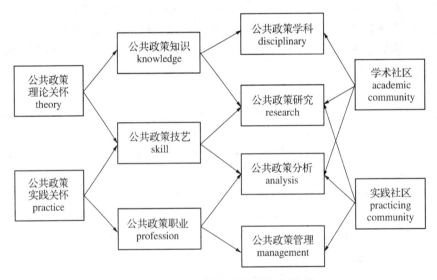

图 0-1　公共政策活动及其知识体系

§3. 现代国家治理需要公共政策

在现代社会中公共政策得到普遍的重视。在当今世界,无论是实行民主化的经济发达国家,还是通过社会变革,走向市场经济和民主政治的转型国家,或者是正在积极融入全球化,试图摆脱贫困状况的落后国家;无论是已经执政还是试图执政的政党,无论是运转良好还是处于动荡之中的政府,无论是政治精英还是草根阶层,都无一例外地关注着公共政策。在现代国家治理中,公共政策的地位有上升的倾向,公共政策活动有扩张的趋势。

现代国家治理需要公共政策的理由之一是在个体生活之外存在着大量的公共事务。个体的自由、独立的生活是人类生活的基础,但在个体生活之外,必然存在由个体生活所产生出来的公共生活。它是超越个体、家庭、家族、企业之上的公共事务,比如公共环境、公共安全、公共交通、公共教育等。个体要实现温饱、走向小康,要过上尊严、幸福的生活,就必须对公共事务及其公共问题实施有效的治理。

现代国家治理需要公共政策的理由之二是由个体来治理公共事务存在困难。公共领域是客观存在的,公共事务是必不可少的,但公共生活的治理却不能只依赖个体、家庭,也不能只依靠私营企业、利益集团。这两方面的力量既不愿意为他人着想,因为个体、私营的本性会搭便车,不愿为其他人牺牲自己利益;也缺乏足够的权威和资源解决公共问题,特别是像环境污染、温室效应、跨国犯罪等问题。

现代国家治理需要公共政策的理由之三是只能授权给公共组织来担负治理公共事务的责任。个体的自由和利益是不能剥夺的,但公共生活又是不能缺少的;可是个体、企业和集团既不愿意,也无能力有效地治理公共生活。这是一对现实的矛盾,也是一对永恒的矛盾。解决这一现实而永恒矛盾的办法只有一个:每个个体都让出一部分自由和权力,由此产生包括政府在内的公共机构,个体、社会组织和利益团体再委托公共机构,采用包括公共政策在内的工具与手段进行有效的公共治理。

§4. 现代国家治理需要公共政策研究

现代国家治理需要公共政策研究的理由之一是公共组织未必会完全替个体利益着想。而且,公共机构也不一定有足够的智慧治理公共事务。公共机构即使有足够的智慧来分析、思考公共事务,特别是其中发生的公共问题,它们也不一定完全为个体利益考虑。另外,公共机构还可能挪用、侵吞有限的公共资源,因此,必须对其加以监督。因此个体、企业、集团除了不会把所有的权力都让给公共机构,尤其是其中的政府及其部门以外,也不允许公共部门随心所欲,必须对他们的公共政策行动加以研究、监督。

现代国家治理需要公共政策研究的理由之二是公共机构没有充裕的资源治理公共事务。公共机构,尤其是政府及其部门要解决公共问题,实施对公共事务的管理就需要一定的资源,其中包括公共人力资源、公共物力资源和公共财政资源。这三者在现实的治理中都是有限的。

因为可供使用的潜在公共资源是稀缺的,对潜在公共资源的汲取条件是被严格制约的。因此,能够用来进行公共政策活动的公共资源是有限的,这就需要对公共政策的活动系统和过程加以研究探索,以便找出既有效率又非常公平的治理公共事务、解决公共问题的方式和模型。

§5. 现代国家治理需要公共政策分析

现代国家治理之所以需要公共政策分析,其理由之一是现代公共政策活动中包含着许多潜在的问题。要让人类生活的公共领域中的公共事务得到及时、有效的治理,就必须依赖和开展由执政党和政府主导的、经协商合作展开的集体行动。虽然公共政策已经成为解决公共问题并对公共领域、公共事务加以治理的有效手段和工具,但是,以政府及其部门为主的公共机构所规划和组织的公共政策行动就一定是正确的吗? 政府及其部门的公共政策活动背后真正的原因究竟是什么? 政府及其部门的公共政策活动的预期效果和实际结果是一样的吗? 要对这些问题有真切了解,就必须对执政党组织和政府及其部门负责制定和实施的公共政策进行科学、有效的政策分析。

现代国家治理之所以需要公共政策分析,其理由之二是现代政府及其部门需要制定和实施的公共政策异常复杂。用于现代公共事务治理的公共政策活动,参与的主体是多元的,涉及的领域是多重的,要解决的问题是多样的,要维护的价值是多层次的,运用的思维是多向度的。为了让执政党和政府为主的公共机构采取的公共政策活动,更加符合民众的需求,体现公正、公平、正义的价值,维护公共利益,就需要有专门的人员协助公共部门进行科学、有效的政策分析。

§6. 现代国家治理需要公共政策管理

科学、有效的政策管理可以通过优化公共政策群落结构来完成。通常执政党和政府的公共政策活动都会围绕一个战略中心或基本任务进行,并制定实施不同领域的政策,如政治政策、经济政策、文化政策、社会政策、生态政策;也会安排不同类别的政策,如规制政策、自我规制政策、分配政策、再分配政策;还会有不同功用的政策,如维持原状的政策、过渡性政策、创新性政策,从而形成一个个政策群落。要避免这么多政策之间的冲突、脱节和遗漏,就必须对众多政策的关系、次序加以管理,以形成相互配合、相互制约的政策结构。

科学、有效的政策管理可以保证公共政策群落服务于顶层提出的治国理政的战略。在公共治理中,当出现顶层设计的新战略中心或新基本任务时,政策的管理就非常重要。这时需要调整和改变原先的政策群落,或终止某些政策,或制定一些新的政策,或将原来的政策做变动,再和新的政策结合起来,以便形成服务于新战略和新任务的新政策群落。

科学、有效的政策管理可以保证应急型政策的贯彻和创新型政策的制定和实施。在总体社会转型时期,挑战与机遇并存。变革和开放能提供创新的条件和实现新的发展,但也会造成社会运行的动荡与不稳定。前者需要实施创新型的政策,后者需要实施应急型的政策。通过对应急型政策的管理,可以提升提前预警和应对危机的能力;通过对创新型政策的管理,可以创造条件,激发智力,提高整个民族自主创新的能力。

§7. 运用正确的方法研修公共政策学

把握公共政策核心知识和应用技能

公共政策活动所产生的经验知识和理论知识是丰富多彩的。对于初学者来说，首先必须掌握好知识要点和基本技能。在此基础上，才能逐步扩展，触类旁通，一步步掌握更多的知识和技能。

必须掌握的公共政策的十大核心理论知识点：

公共政策性质、特点、功能；

公共政策主体、客体、价值；

公共政策议程类别与特征；

公共政策网络类别与特点；

公共政策决策模型与特征；

公共政策执行模式与要件；

公共政策评估标准与模式；

公共政策终结的模式与类别；

公共政策分析的任务与步骤；

公共政策的民主性与科学性。

必须掌握的公共政策的十大关键应用技能点：

公共政策资料搜集分析的技能；

公共政策主张延伸呈现的技能；

公共政策问题边界分析的技能；

公共政策问题界定陈述的技能；

公共政策问题结构类型建构技能；

公共政策行动建议倡导的技能；

公共政策执行工具设计的技能；

公共政策结构与周期管理的技能；

应急型公共政策管理的技能；

创新型公共政策管理的技能 。

充分运用公共政策知识栏目

一般教科书都喜欢把要表述和阐释的学科内容完全通过章节的排列依次展现给读者。本书没有完全沿袭这种传统教科书的编写方法，而是在正规的章节中只简略阐述学科的核心知识和应用技能，而将其他的知识和技能分配到多个栏目之中。这些栏目主要包括中英文词典、知识背景补充、重要人物介绍、导入案例和课程案例、经典论述阅读、相关研究论文、学习思考等。教师在课堂上重点讲授章节中的核心知识和应用技能，学生为了更好地理解和掌握核心知识和应用技能，则需要在课后依据自己的兴趣和安排，有选择地阅读和理解不同栏目的内容，以达到对知识和技能的融会贯通和系统了解。

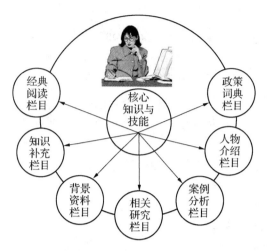

图 0‑2　可以随时查阅和利用的公共政策知识栏目

坚持理论联系实际，学以致用

　　要学好公共政策学，必须坚持理论联系实际，融会贯通，学以致用。要努力掌握公共政策研究、分析和管理的相关知识、概念、模型、技术，并且努力用它们来帮助我们进行理智、谨慎的思考，积极参与公共政策的制定、实施和评估，保障和促进执政党和政府的公共政策真正走向民主、科学、公平、有效。

二、政策词典（英汉对照）

公共政策科学
public policy science
公共政策学之父
the father of public policy science
行为主义
behaviorism
政策替代文化
the culture of policy substitution
公共政策学科
public policy discipline
以"解决问题"为取向的知识
"problem-oriented" knowledge
公共政策学与政治学

public policy and political science

公共政策学与社会学

public policy and sociology

公共政策学与公共管理

public policy and public management

公共政策学与公共行政学

public policy and public administration

公共政策学与经济学

public policy and economics

公共政策研究

public policy study

公共政策分析

public policy analysis

公共政策管理

administration of public policy

心理行为研究途径

the study approaches of psychological behavior

理性选择研究途径

the study approaches of rational choice

新制度主义研究途径

the study approaches of new institutionalism

官僚机构研究途径

the study approaches of bureaucracy

系统功能研究途径

the study approaches of systemic function

量化研究手段

quantitative research methods

质化研究手段

qualitative research methods

三、知识补充

知识补充0-1:公共政策学科确立的依据

公共政策学科是否存在,或公共政策学能否成为一门学科,并不取决于公共政策研究是使用一个学科还是多个学科的知识、理论、方法，也不取决于是否讨论价值问题。因为在现代科学结构中，几乎没有一门学科不在借用或移植其他相关学科的知识、理论、方法；也不存与社会伦理、价值问题完全隔离的社会科学。衡量和判别一门学科是否构成科学门类的标准或条件是：有无独立的研究对象，有无完整的知识体系，有无规范的学科建制。

公共政策研究之所以成为一门专门学科，以美国为例，可以从以下几个方面来分析。首先是形成了独立的公共政策研究对象。公共政策曾经是政治学研究的内容，行为主义和后行为主义的政治学家都将公共政策视为政治系统的政治产品，甚至认为关注现实的政治学应当特别重视公共政策。但是，政治学不可能撇开政治行为主体的结构、政治权力的配置、政治系统的运行、政治生活的发展来专门研究公共政策。公共行政也将政策作为自身的重要研究内容，特别是西方20世纪60年代的公共行政研究中出现了三大主要趋势，其中一个就是公共政策研究。但是，公共行政学也只是强调公共政策的功能，只是重视研究行政决策过程，而不会将整个学科都变成对公共政策的探讨。社会学也研究社会问题和社会政策，但也只是将其作为学科的研究内容之一。唯有公共政策学科专门将公共政策活动作为自己的全部研究内容，并且形成了由公共政策的理论构建、公共政策活动系统及运行过程、公共政策分析的任务和步骤、公共政策的结构与周期管理等组成的系统知识内容，从而形成了与其他学科不同的、独立的，也是独特的研究对象。

其次是建立了系统的公共政策知识体系。围绕独立的研究对象，公共政策学科在发展中逐步形成了完整系统的知识结构。以美国为例，在20世纪五六十年代，美国政策学家和政府官员在公共政策的研究和实践中最为关心的只是有关政策制定系统和政策规划方面的知识。比如，由拉斯韦尔和德洛尔所确立的政策科学范式就过分重视政策制定的研究，而很少涉及政策过程的其他环节。德洛尔甚至将整个政策过程分为元政策制定、政策制定和后政策制定等几个阶段。

但到了20世纪七八十年代，美国公共政策的研究开始向政策过程的其他环节发展。60年代美国联邦政府实施的大约300项政策，到70年代需要进行评估。实践的需要，使得有关公共政策评估的知识大大丰富起来。70年代对政策评估的结果说明，美国联邦政府60年代相当多的社会改革政策之所以失败，其中重要的原因在于政策执行出了问题。这又启发了相当多的公共政策学家将研究重点转移到政策执行方面，从而促使公共政策执行的知识迅速增长。同样是70年代的政策评估研究，也使公共政策终止的知识得到充实和发展。到了20世纪90年代，美国的公共政策研究又开始在原有的主题上加以深化并努力拓展新的研究领域。这一时期，公共政策学科中又增加了有关公共政策与社会哲学、公共政策与政治伦理、公共政策与社会道德关系的知识；公共政策与组织行为相互联系的知识也得到阐发；公共政策调查方面的知识也变得更为充实。

可见，公共政策作为一个学科门类，其知识的结构是随着实践的拓展和研究的深入而日益合理化的；其知识的整合也随着实践的增多和研究的发展而不断走向系统化。现代公共政策学科主要包含下列四方面的系统知识：公共政策活动系统知识，公共政策活动过程的知识，公共政策分析的知识，公共政策管理的知识。

第三是具备了一定的公共政策学科建制。从公共政策研究比较发达的国家和地区来看,公共政策之所以能够成为一门学科,还在于它具备了一定的学科建制。这主要是通过公共政策的学科化、组织化和职业化体现出来的。公共政策的学科化首先表现在从 20 世纪 70 代起美国各大学纷纷建立了政策科学和政策分析的专业,相继开设了与政策科学相关的课程,培养了不同层次的公共政策学人才。许多学院还建立了公共政策研究院、研究所或研究中心。公共政策分析专业的硕士研究生教育,即 MPP 及 MPA,已经成为美国大学文科研究生教育的一大支柱。在学术团体方面,则先后出现了如"政策研究组织""评估研究会""公共政策分析与管理学会"等专业性协会组织。在学术刊物方面,涌现了一大批专门研究和介绍公共政策的学术刊物,如《政策科学》《政策分析》《政策研究杂志》《公共政策》《政策分析与管理杂志》等。《政策科学年鉴》从 1977 年开始发行。另外,还出版了大量有关公共政策的论著和教科书。

公共政策的组织化是学科化发展的必然趋势和组织保证。政策科学的组织化主要表现在一大批官方、半官方和民间的政策研究组织(PSO)应运而生。这些公共政策的研究、分析、管理组织中,有侧重理论研究的,如日本的"日本国策研究会";有以解决实际政策问题为目的的,如美国的"罗斯福美国政策研究中心";也有侧重于和政府公务员的行政管理活动结合的,如荷兰的"欧洲公共行政生理研究院"等。从组织化的范围来看,有地区性的、国家性的;也有洲际性和国际性的。从组织化的类别上来看,有采用"国家计划"途径的类别;有首脑参谋智囊,有政府决策思想库;有专门性的政策研究机构和政策审核程序机构,有政策评估监测中心,等等。为提高高层文职人员队伍的素质,提高公务员在政策制定和执行中的绩效,不少国家还建立了专门的公共政策强化培训基地,如卡特政府文职行政机构、法国国家行政管理学院,等等。

公共政策的职业化是公共政策学科化和组织化的必然结果。其重要表现是不少发达国家已经建立起以政策分析和政策评估为职业的队伍,政策智库专家及"政策分析师""政策企业家"已经成为具有较高声望的职业。专门从事公共政策研究、分析和管理的人员在政府内外各个行业的公共政策活动中发挥着分析、评估、咨询、决策的作用。他们通常以各种组织的名义承接包括政府在内的多种委托人的政策研究、分析和管理项目,或者以政策组织或个人的身份受聘于政府、公司、国际组织和企业集团。政府本身为了更好地履行对公共事务的服务、控制、监督的职能,在内部也设立了官方的政策研究、政策分析、政策评估机构。许多政策研究、分析和管理组织已经发展成营利或半营利的机构,直接促进了政策科学朝着产业化方向的发展。

知识补充 0－2:公共政策学科的范围

公共政策学与政治学的关系

在西方政策科学的发展中,许多学者把公共政策看作政治生活的一部分,将公共政策学视为政治学的研究内容之一。如美国政治学家 G. A. 阿尔蒙德在他与小 G. 鲍威尔合著的《比较政治学:体系、过程、政策》一书中,就将公共政策看成政治体系运行过程的政治产品。美国另一位政治学家林德布洛姆在其著作《政策制定过程》中,将公共政策的制定完全归结为政党、利益集团相互争斗，讨价还价以达成妥协的政治渐进过程，因而政策科学也就成了政治科学。甚至有些学者还特别强调公共政策学在政治科学中的重要地位，将它上升为政治学的核心内容。如日本学者药师寺泰藏就说过："应该了解政治学与公共政策学之间存在一种独特性。这并非指政治学是高居于公共政策学之上的霸权者。毋宁说公共政策学是政治学的核心。"不仅如此，由于公共政策学同现实相联系，政策分析可以让抽象的政治学理论"大白于天下"，且能对政治概念加以检验，从而成为政治学进步的动力。公共政策科学在形成与发展过程中曾经从属于政治科学，但是，当公共政策研究、分析和管理在实践的推动下逐渐发展起来，形成自己的特殊研究对象、理论体系和研究方法以后，它就从政治科学中分离出来，成为独立的知识门类。公共政策与政治科学既相互联系，又相互区别。

公共政策与政治科学两者的联系主要表现为三个方面。一在起源上，公共政策是从政治科学中分化出来的。二在内容上，公共政策是政治科学的重要组成部分。公共政策的制定、执行、评估本身就是公共政治事务，作为现实政治生活实际内容的政治过程，主要是在政治系统中居于统治或领导地位的阶级与政党运用手中掌握的公共权力制定与实施公共政策的过程。三在支撑上，公共政策需要政治科学提供支撑。公共政策的制定、实施和评估必须运用公共政治权力，公共政策合法性的基础是政治系统和制度的合法性，公共政策的实施和评估也需要政治权威作为重要资源。

公共政策与政治科学两者又存在差别，主要表现为三点。一是公共政策与政治科学研究的重点不同。公共政策研究的重点是政策制定、执行和评估的模型和方法，政治科学研究的重点则是政治行为主体的活动、政治权力的配置、政治制度的维持与创新、政治系统的运行和发展。二是公共政策与政治科学使用的主要范畴不同。公共政策科学使用的主要概念是政策问题、政策议程、政策规则、政策执行、政策工具、政策评估、政策变迁、政策终止等，而政治科学使用的主要概念是政治行为、政治主体、政党、政治权力、政治制度、政治文化、政治系统等。三是公共政策与政治科学运用的主要研究方法不同。公共政策研究中更多是使用程序模型等分析工具，政治科学研究则更多使用结构功能、系统要素、心理行为等分析工具。

公共政策学与经济学的关系

首先，公共政策学与经济学是紧密相连的。公共政策活动分布在人类生活的各个领域中，其中最主要的领域就是经济领域。在以经济建设为重心的国家中，执政党和政府的公共政策中相当大的部分是经济方面的政策。在实行市场经济体制的国家，公共政策的重要功能是预防和治理因市场失败而带来的社会公共问题。在公共政策活动中，经济利益、经济效率、经济效益始终是衡量政策活动成败的重要标准。在政策研究、分析和管理活动中，许多研究和分析技术都来自经济学。而且在多数国家和政府部门中，作为政策研究、分析和管理的人员，也大部分是经济学家或有经济学专业背景的人员。因此公共政策学要获得发展，离不开经济学的知识、理论和方法的支持。

其次，公共政策学和经济学又是有区别的。公共政策活动存在的依据也不仅仅是因为市场失败所引发的社会公共问题，社会公共问题的产生有经济、政治、民生、文化等多方面的原因,经济和市场的作用仅是其中一方面的原因而已。公共政策分布的领域是广泛的,绝不仅仅局限于经济领域,除经济政策外,公共政策中还有文化、政治、社会、生态等领域的政策。而且,经济政策中也不全是公共政策。只有涉及整体经济运行,与公共利益相关,并且由执政党和政府出面的那部分经济政策才是公共政策。在公共政策活动中,经济效率标准、经济效益标准并不是唯一的,衡量公共政策成败的标准还有公平性、回应性、适宜性等。此外,在公共政策研究、分析和管理中,除了要运用经济学提供的手段和技术外,还需要其他更多的非经济的手段和技术。随着公共政策活动的发展和普及,进入这一活动之中的除了有经济学背景的人员外,更多的是法学、政治学、信息管理和其他领域的专家。如果将经济学的知识、理论和方法完全隔除在公共政策学之外,公共政策学的发展就会受到影响;但是也不能将公共政策学等同于或包含于经济学,因为公共政策学发展还需要很多经济学之外的知识、理论和方法的支撑。

公共政策学与公共行政学的关系

公共政策研究与公共行政学的发展是分不开的。美国是最早建立公共行政学学科的国家,最早对现代意义上的公共政策做出探索的也是美国人。1887 年伍德罗·威尔逊(Woodrow Wilson)在《政治学季刊》第二期上发表了题为“行政研究”的学术论文。在该篇论文中,威尔逊从公共政策制定与执行的角度对政治与行政加以区分,他认为政治制度只负责制定或决定公共政策,而行政则负责执行公共政策。威尔逊特别强调政治学要关心公共政策的发展,政治学家应当细心地分析法律、法令的产生与变迁的历史。

公共政策在很长时期中是作为公共行政研究的重要内容而存在的。公共行政学在发展中曾经有过相当长时期是以政策作为其研究取向的。西方一些较为著名的公共行政学家在 20 世纪五六十年代的公共政策著作中程度不等地论述过公共政策,比如 R. J. 斯蒂尔曼在其名著《公共行政学》中就以较多的篇幅论述了公共政策问题。

公共政策与公共行政之间也存在既相互联系,又相互区别的关系。公共政策与公共行政的联系主要表现为三点。一是两者的主体是相同的。公共政策制定、执行和评估的主体主要是政府及其部门,而公共行政管理的主体也主要是政府和政府部门。二是两者的资源是相同的。公共政策运行中所需的人员、经费、权威来源于公共人力资源、公共财政、公共权力,这些也正是公共行政管理所需要的资源。三是两者的目标是相同的。科学、民主、法治的公共政策分析、制定、实施与管理,科学、民主、依法的公共行政管理,都是为了治理好社会公共事务,树立政府的良好形象,保证社会公正、和谐、有序的持续发展。

公共政策与公共行政的区别在于:一是两者需要解决的问题不同,制定与实施公共政策是为了解决社会中出现的公共问题,严格意义上的公共行政管理的目的是为了首先解决各级政府及其部门的职能、效率、编制、程序等方面的问题,以便构建精干、高效、法治、廉洁的政府;二是两者研究的重点不同,公共政策研究、分析、管理的重点放在政策的制定、实施与评估上,公共行政也研究决策问题,但政策的制定、实施只是其管理的一个方面,公共行政管理还要解决公共人事、依法行政、公共管理质量等其他方面的问题。

公共政策学与公共管理学的关系

公共政策与公共管理都是近年来在国内刚刚兴起的新学科。这两者的关系中既有相互联系的方面，也有相互区别的方面。两者的联系主要体现在下列几点上：一是在研究对象上，公共政策与公共管理有相同的内容，无论是制定、实施、评估公共政策，还是进行公共管理，都是管理社会公共事务、解决社会公共问题；二是在实施过程上，公共政策与公共管理有相同的环节，两者都要经过从确认问题、制定方案、计划实施到结果评估的程序；三是在行为指导上，公共管理要在公共政策的指导下进行，公共政策为公共管理确立整体性的行为方向与总目标，公共政策规定着公共管理人员在管理中必须遵循的基本准则和要求；四是在目标实现上，公共政策的目标要通过公共管理来实现，公共政策从总体上来说，只是一种抽象的行为原则与规范，只有通过公共管理的具体行为，才能将公共政策变为现实。

公共政策与公共管理也存在差别：一是两者的范围不完全一致，公共管理主要体现政府对社会公共事务进行管理的职能，而公共政策不仅涉及公共事务，而且还涉及带有公共性的私人事务；二是两者的主体不完全相同，公共政策的主体主要是政府机构，但也包括立法机构、司法机构。公共管理的主体主要是政府行政部门及其工作人员，立法、司法机构及工作人员并不直接参与对社会公共事务的管理；三是两者的实施方式不完全一样，公共政策的贯彻、实施，主要是通过规范人们的行为来对利益关系进行权威性分配，公共管理则更多地通过设立和实施公共项目，直接改善人们的生活质量。

公共政策学与法学的关系

公共政策与法律科学既相互联系，又相互区别。两者的联系表现在：一是功能，公共政策与法律都是利用公共权力对社会的公共利益进行调节，而且调节的手段都带有强制性，只是强制的程度不完全相同；二是形式，公共政策与法律都是以条文、规定、规范的方式出现的，法律属于严肃的公共政策，是高层次的公共政策；三是与政治的关系，公共政策与法律都是政治的重要产物，又都是政治的主要实现环节。

公共政策与法律的区别表现在：一是两者制定的主体有差别，法律的制定者只能是一个国家中宪法规定的权力机构，公共政策的制定者既可以是行政机构，也可以是立法机构、司法机构；二是两者的实施主体不同，法律的实施主体只能是司法机构，公共政策的执行者主要是行政机构，但立法机构、司法机构也可以实施公共政策；三是两者的表现形态也有差异，法律具有统一的实行标准和很强的可操作性，公共政策只是一定的规范、原则，要实施还需要将其具体化，转换成执行细则；四是两者的稳定性不一样，法律一旦制定，就比较稳定，长期有效，不允许经常更改，公共政策是针对一定问题制定的，一旦问题解决，或环境发生变化，政策就需要终止或修正。

知识补充 0-3：公共政策学科的研究对象

在人类的知识王国中，分立着一个个相对独立的学科领地。不同学科之所以能够在知识王国中占有一席之地并不断发展完善，其中一个重要的原因就在于它们都有自己独特的研究对象。公共政策学科也不例外。公共政策学的研究对象是公共政策活动的系统、过程、领域及其规律。

首先，公共政策学要研究公共政策活动的系统。公共政策活动是人类解决社会公共问题的自觉能动的活动。为了展开这一活动，就需要解决什么人做、做什么、为什么做、怎么做的问题。这就需要研究公共政策活动中包含的基本因素。什么人做是政策活动的主体，做什么是政策活动的客体，为什么做是政策活动的价值，怎么做是政策活动的工具和资源。这些基本要素并不是散乱的，而是有机结合为一个整体，形成严密的体系。任何一项公共政策活动都是由特定的主体、客体、价值、工具和资源构成的系统。在这一系统中，主体与客体之间，不同的价值之间，不同的工具之间，以及各种资源之间都会存在差异、矛盾，甚至冲突，公共政策学就是要研究构成公共政策活动的这些基本要素选择、组合、配置的原则、规则和规律。

其次，公共政策学要研究公共政策活动的过程。了解公共政策活动的构成要素及其相互关系，只是对公共政策活动进行静态的审视。公共政策活动要能真正发挥出解决社会公共问题的功能，就必须让活动系统之内的要素运行起来。这就需要从动态的角度研究公共政策活动。公共政策活动系统中的要素的运行形成了公共政策活动的过程。公共政策活动的过程在逻辑的展开上可以分成政策议程设立、政策方案规划、政策行动决策、政策贯彻实施、政策绩效评估等大的阶段，在这些阶段上，又有一系列的环节。从实际的政策运行来考察，任何政策过程都是由具有不同利益要求的政策决策者、政策利益团体、政策分析人员、政策管理者、大众媒体和公众，以政策网络、政策社群、政策联盟的方式，通过参与、对谈、协商，最终形成基于公共利益均衡点的行动选择。从逻辑上研究政策活动的运行，就是要研究不同政策阶段出现的条件、特点、规则，研究不同阶段相互交接、转换的规律。从实际的进程来研究公共政策过程，就是研究不同的政策主体的利益差异，利益表达的条件、方式，形成不同网络、社群和联盟的规律。

第三，公共政策学要研究公共政策活动的领域。公共政策活动既包括实践的操作活动，也包括理论的研究、分析、管理活动，这两者又是有机结合的。对公共政策活动的性质、类别、功能、要素、过程、结果加以探索的活动是政策研究活动，这一活动创造的是公共政策系统和过程的知识。对公共政策活动过程中政策问题的建构、政策目标的设定、政策前景的预测、政策行动的建议、政策执行的监督加以探索的是政策分析活动，它关注和创造的是政策过程中的知识，即公共政策分析的知识。对公共政策形成的条件、诸多政策的结构方式、单项和总体政策运行的周期以及特殊的政策的制定和执行加以探索的是政策管理活动，它关注和创造的是总体政策管理的知识。公共政策的研究、分析和管理活动之间既有区别，也有联系，公共政策学就是要研究这三类政策活动领域的内容、任务、相互关联的规律。

公共政策学作为研究公共政策活动的系统、过程、领域及其规律的学科，其研究的对象并不是从一开始就明确和完整的。从人类公共政策活动的总体发展来考察，最先得到关注的是公共政策活动的系统，其后公共政策活动过程受到人们的重视，公共政策活动的管理则是近些年才被人们注意的对象。就不同国家的公共政策学科发展来衡量,有些国家比较重视对公共政策活动系统的研究,有些国家对公共政策活动过程倾注了较多的精力,有些国家则对公共政策的分析和管理有较深入的探索。一般而言,对公共政策分析和管理的探索都比较薄弱。就不同的研究者来说,他们所关注的研究对象也是不同的,因而在他们的著述中,公共政策学的研究对象可能只是他们感兴趣的那部分内容。

四、背景资料

背景资料 0－1:西方公共政策学产生的环境

人们常常讲的西方公共政策实际上指的是美国的公共政策运动和在这一运动基础上形成的学科制度。日本学者药师寺泰藏曾指出,公共政策运动和公共政策学科之所以在美国首先得到确立并取得发展,是因为美国的确具有适合公共政策学生长的土壤。这主要是指当时的美国社会中具有适合公共政策知识生产的三个特别重要的环境因素,即药师寺泰藏所指出的公共政策学确立的三个根源:第一个根源是行为主义思潮的流行;第二个根源是 20 世纪 60 年代开始出现的由某些严重的公害和社会问题所引发的社会经济环境的变化;第三个根源是政治学的理论争论。其实,"第一个根源"和"第三个根源"属于同一个问题,即行为主义政治思潮的盛行。而真正的第三个根源则是药师寺泰藏在其著作《公共政策:政治过程》的第二章中所谈到的美国特有的"政策替代"文化的流行。

行为主义的盛行

20 世纪三四十年代,美国政治学界掀起了一场社会科学研究的"革命",以查尔斯·梅里安(Charles E. Merrian)为首的"芝加哥学派"(Chicago School)发动并领导了行为主义研究的新潮流。早在 1925 年,芝加哥大学政治学系年轻的系主任梅里安教授就在其政治学会会长的任职演说中强调,政治行为将是今后政治学研究的方向。他的这种预测不久就被证实了。1928 年,一位名叫弗兰克·肯特的美国记者出版了一本名为《政治行为》的小册子。在这本书中,肯特对传统的政治学状况进行了抨击。他指出,当时多数的政治学家只顾埋头做规范性研究,总是停留在政府应该怎样进行统治等"应然"理论的分析上,而对实际的政治生活中究竟发生了什么不屑一顾。结果,满腹经纶的政治学家们连一次总统竞选最终是谁胜出这一点都预测不了。在弗兰克·肯特看来,政治学必须抛弃那种纯粹的规范式研究,转向对实际问题的探求。对于这位新闻记者提出的挑战,美国的政治学家们一开始并不以为然,而且还觉得这种转向是不可能的。但是经过远在瑞典的政治学家哈伯·丁伯根的回应,他们迅速转向了。哈伯·丁伯根很注意肯特的见解,并对其做了响应。他专门花工夫对欧洲诸国的选举行为做了个案分析,撰写了一本题为《政治行为——欧洲选举的统计研究》的著作。该书对美国年轻的政治学家们和大学的研究生们产生了巨大冲击,这种冲击对后来的政治学界学术泰斗、20 世纪 30 年代还是芝加哥大学研究生的 H. D. 拉斯韦尔、D. 托克曼、诺贝尔经济学奖获得者 H. 西蒙以及比较政治学家 G. A. 阿尔蒙德来说,更是非同寻常。他们在梅里安教授的指导下,着手进行政治行为研究。

与此同时,在美国政治学界也出现了药师寺泰藏所说的关于政治学理论研究倾向的讨论。拉斯韦尔、阿尔蒙德等人在讨论"什么是政治学"的问题时,将研究的目光转向了注重行为研究的文化人类学家 T. 贝内特和社会学家 D. 麦克雷等人。T. 贝内特认为文化人类学的重要课题并不在于把文化和人类行为抽象化,而在于研究人类在走向既定目标的过程中对"适应能力"的追求。D. 麦克雷则把贝内特的这一主张搬到对社会现象问题的研究上来。他认为当时的社会科学过于埋头仿效自然科学,以致逐渐脱离了现实中的社会问题,一味地讨论抽象的 D－N(Deductive－Nomological)即"演绎规律"问题。麦克雷主张应把注意力放到人类 P－S(Problem－Solving)即"解决问题"的适应能力上来。阿尔蒙德等人非常赞同上述两人的主张,他们批判了当时的政治学家追求所谓纯粹政治学的倾向,主张应大力倡导包括考察政治行为在内的应用政治学。

与此同时,还有另外两股力量推动着行为主义在美国的发展。一是一批崇尚实证分析的犹太学者为美国政治学研究注入了行为主义活力。第二次世界大战中,大批犹太学者从纳粹政权下逃出来,纷纷云集到纽约的哥伦比亚大学。由于当时欧洲社会科学正时兴法国社会学家 E. 涂尔干的以数据分析为中心的行为主义,这批欧洲移民自然而然地就将这种行为主义方法移植到美国的学术界。有不少相信行为主义的移民学者接受美国政府的委托进行政治行为分析,比如对复员转业的军人作全面的社会调查,并取得了许多可喜的成绩。

另一股力量是一些财团出资支持对美国的政治行为进行研究。比如,政治社会学家保罗·罗斯菲尔德在美国社会科学研究院(SSRC)和洛克菲勒财团的支持下,以1940 年美国总统选举为焦点,对俄亥俄州艾利城的选民选举动向进行了细致认真的跟踪调查。这项研究成果后以《投票:关于总统大选中决断过程的研究》为书名,在芝加哥大学出版社出版。在上述两股力量的作用下,选举的量化研究渐成气候。大量的选举数据资料汇集到由美国社会科学研究院资助的密执安大学的测量研究中心。

美国的政治学家们对行为主义推崇备至,政治学研究中对行为主义关注的热情一直延续到 20 世纪 60 年代以前。行为主义促成了美国的"新政治科学运动"。而以梅里安为首的政治学家对"新政治科学"的倡导,在较大程度上又是出于他们对公共政策的关心。比如梅里安指出,之所以掀起这股行为主义运动,就是要促使人们对政府机构的运转过程加以明智的控制,从而消除政治运动中的浪费,减少或消除各种动乱因素。梅里安经常使用"政治谋略"这一术语,他的学生拉斯韦尔后来将其进一步发展为"政策科学"概念。

社会矛盾的频发

第二次世界大战结束后,西方主要的资本主义国家,尤其是美国,在经过一段时间的平稳发展,到 20 世纪 50 年代初,国内外矛盾开始激化。从 60 年代到 80 年代,美国的社会问题日趋增多,程度日益严重。这一时期的主要社会问题有社会贫困、越南战争失败、水门事件等。政治学家、社会学家和学者们一方面对政府的错误政策提出猛烈的抨击,另一方面也提出要对公共政策的制定系统进行研究改进。

20 世纪 60 年代,美国产生了大量贫困人口,约翰逊政府提出"向贫困宣战"的口号,推行包括发展教育、兴建住宅、增加营养、扩大就业等在内的社会福利计划。向贫困宣战的结果,不仅加大了政府的开支,而且福利计划的实施也并没有达到预期目标,更招致了社会普遍的不满。政府消灭社会贫困行动的挫折对公共政策研究产生了作用。T. 戴伊等人通过统计分析明确地认识到:政治的变数仍然独立存在,但它对公共政策的影响没有受到应有的关注。其中一个原因就是,在公共福利政策出台的 60 年代,社会政策问题还没有被看作政治问题,还不存在将公共政策和政府的政治活动紧密联系起来的空间。一些公共政策学家意识到这一问题,他们努力从政府和民间争取研究经费,使政策分析介入政府的决策过程之中。政策学家开始认识到已有的政策知识结构还不足以解决复杂的社会问题,他们从新的起点上加深对公共政策制定的研究,政策实施和政策评估的研究也渐渐受到政策学家们的重视。

越南战争的失败是这一时期对美国社会产生深远影响的事件。美国为了取得在亚洲的控制权,不惜人力、物力,不顾世界舆论的反对,支持南越反动政权,发动了一场根本无法取得胜利的肮脏战争。越南战争的失败对美国公共政策研究产生了深刻的影响。在越战中,由美国空军和国防部资助的政策研究机构兰德公司在对战场形势和战场上所出现问题的研究中,发展出一套系统分析和成本估计的技术。政策学家们发现了理性决策模式的局限性,转而更加重视渐进主义的分析模式。战场的瞬息万变也暴露出静态分析的缺点,动态的政策分析得到了重视和发展。越战最终失败的结果则告诉政策学家们在政策规划和分析中必须重视道德和价值因素。

进入 20 世纪 70 年代以后,由于美国的经济实力开始相对下降,政府宣布停止用美元兑换黄金,水门事件和石油危机接踵而来,公共政策变得越来越复杂化。水门事件不仅导致尼克松总统下台,而且也暴露出美国政治生活的混乱和丑恶。在水门事件中,尼克松义正词严地保证"我不是一个骗子",但第二天就引咎辞职。从水门事件中,政策学家进一步认识到道德标准应当成为政策科学的核心因素,伦理与价值判断应当融入政策规划和制定的过程。

政策替代文化的流行

日本学者在考察美国总统竞选中选民的投票倾向时,发现美国人的选举文化中有一种从"党派投票倾向"向"政策投票倾向"转变的趋势。美国通行的是政党政治,虽然大大小小的政党不少,但通常主宰美国政坛的是民主党和共和党。虽然民主党比较倾向于自由,共和党倾向于保守,但它们同是代表大垄断资产阶级的利益,因此,从总体上说,美国的选举竞争并不是基于不同意识形态的政党之争,而是基于不同政策的比拼。这一点也决定了美国选民的投票行为。

当民主与共和两党的政策立场相差不大时,选民们在投票时一般表现为"党派投票倾向"。选民依据所属的社会阶层以及收入、学历、地区性等因素,依照平日的党派倾向投票。但是当社会问题激化,美国两党政策立场的分歧就逐渐加大。共和党日益发展为白人和高薪阶层的代表,而民主党则成为美国社会弱者的代表。同处在意识形态天平中间的这两个党,开始在政策天平上滑动,自由党逐渐滑向左端,民主党逐渐滑向右端。这时,选民投票时不完全是事先选定要支持的政党,而是要在悉心了解候选人的政策纲领之后,才决定去投谁的票。换句话说,选民这时不是考虑自己原先是哪个政党的支持者,而是要考虑支持对自己有利的政策纲领。

在美国的选举政治中,选民依据不同情况,从认可政党到认可政策,即从"党派投票倾向"转向"政策投票倾向"。在"党派投票倾向"中,党派成为政治的中心,而在"政策投票倾向"中,倡导何种政策则成为政治竞争的中心。两党的竞争就成为政策的竞争。这就是"政策替代方案"(Policy Alternatives)。正是在这种政策替代文化中,政策科学成为影响政治生活的重要力量。在富有知识性的政治竞争中,政策科学得到了孕育和发展。

从美国公共政策学产生、发展的背景中,我们可以了解到以下几个方面的问题。第一,知识生产已经成为社会系统治理中很重要的组成部分,社会科学家们可以独立、自主地思维。虽然,在西方仍然存在权力与知识的较量,并且强权一直统治、压制着知识,但知识已经具有相当强大的力量。第二,社会科学研究方法已经完成了从规范向实证、从定性向定量的转移。在社会科学研究中,牢固地建立起了实证的传统和以个案、行为研究为主的精细探究的习惯。自然科学和工程科学中的系统方法、数学模型已经成为社会科学工作者的思维工具。第三,社会政治过程建立在民主和法治两大基本平台上,政党的政治竞争,社群主义政治的发展和公众广泛的政治参与,使政策成为政治系统运行中的重要公共产品和政治竞争的重要工具。

背景资料0-2:西方公共政策的历史演变

西方公共政策演变的动力

公共政策的实践肯定早于公共政策学科的创立。有关公共政策活动的见解、观念和思想在公共政策学科出现以前就已流行。它们或者较为零散,或者栖身于其他学科之中,因而没有为人们所关注。公共政策学科正式创立以后,在大学中有了相应的本科专业,随后有了硕士、博士的学位教育,设立了这一专业的教席,有了专门展示研究成果的学术阵地,公共政策学科就有了繁荣发展的前提。

公共政策学科发展演化的动力有两个。一个是公共政策实践的需要和发展,这是公共政策学科演变的基础。一旦某种知识已经成为人们实践的需要,其发展就有了强大的推动力。20世纪50年代以后,世界各国在医治了由二战带来的战争创伤以后,普遍进入了相对和平的发展时期。长达半个世纪的冷战给各国经济、政治、文化和社会的发展造成了障碍,引发了一连串的全球公共问题。许多国家由于政治、经济、文化、社会制度和体制机制上的缺陷,也面临着众多的社会公共问题。解决全球和各国的社会公共问题,需要运用公共政策的手段,公共政策的普遍使用,又对这一学科的研究、发展提出了更高的要求。

公共政策学科发展演化的另一个推动力量来自学科本身。一门学科的发展需要有足够多的学者进行长期持续的研究。同时，还需要对已有的研究成果进行批判性的反思。公共政策学科诞生后的最初一二十年中，由于这方面的专业人才较少，研究的成果不如其他学科那么丰富。但到了 20 世纪八九十年代，特别是进入新的世纪以后，公共政策学研究人才辈出，不仅在社会科学文献中有关公共政策的研究论著占有很大的比重，而且，相当多的论著已经转向对这一学科本身进行研究。公共政策学迅速成为显学。

公共政策学的发展演化是通过多种形式进行的。在组织建制方面，不同的国家通过建立各种公共政策研究协会，发展各类政策研究的团体，经常举办国内的和国际的学术研讨会来促进学科的发展。在学科建设方面，通过形成不同专业特色、学术流派，展开学术论争，促进学术繁荣。在知识创新方面，则通过不同公共政策知识范式的竞争和转换，来实现公共政策学科的更新。

研究西方公共政策活动，包括其学科形态和实践形态的演变，既能从更为广阔的背景来观照公共政策活动的发展轨迹，了解公共政策活动的演化过程和一定的社会现实需要、知识创造与积累的程度这三者之间的关联，从中得到启迪；又能从西方公共政策活动的演变中发现某些缺陷、某些可以继续改进之处，从而自觉地排除一味迷信或盲目追随某种形态的公共政策理论和模式的倾向，下决心发展和完善有本土气息和特色的公共政策学科。

如同任何学科都有自身的历史一样，公共政策科学在西方经历了创建、发展、批判反思和拓展新方向等几个阶段的历史演化。以美国为例，从 20 世纪 50 年代至 20 世纪末，公共政策学科的演变先后经过了创建、发展、反思和拓展等阶段。

公共政策科学的创建时期（20 世纪 50—60 年代）

美国政策科学的创建与两次大的政策争论和一次学术讨论会有关。所谓两次政策争论，一次是有关罗斯福"新政"的政策争论，另一次是由奥本海姆引发的原子能政策争论。一次学术会议是指"关于国际关系论的革命性、发展性学术讨论会"（简称 RADIR 学术会议）。

导致美国公共政策学产生的最为重要的标志性事件是在美国西部斯坦福大学召开的"关于国际关系论的革命性、发展性学术讨论会"。这次会议由纽约卡内基财团赞助，是一次美国社会科学界罕见的泰斗云集的盛会。与会的成员中有当时闻名于世的一些社会科学界英才，如政治学家丹尼尔·勒纳、哈罗德·拉斯韦尔，文化人类学家玛格丽特·米德，经济学家肯尼思·阿罗，心理学家爱德华·华尔兹，社会学家罗伯特·默顿。

这次会议的主要成果之一是 1951 年由斯坦福大学编辑出版的论文集，其书名就是《政策科学》（*The Policy Sciences*）。虽然该书是由许多学者分头写作的，当时在社会上也没有产生太大的影响，即使是在攻读社会科学的学生中也未能树立较高的声望。但是，不管怎么说，它终究是公共政策学的开山之作。后来的许多学者，认为 RADIR 引发了社会科学上的"静悄悄的革命"，这次会议的真正意义在于它是一次高举大旗向公共政策进军的誓师大会。

20 世纪 60 年代，美国的公共政策学者致力于对公共政策的制定进行研究，出版了一系列对公共政策制定中议会、政府、政党的作用加以分析、评价的著作。许多学者还对政策制定中需要使用的方法和模型做了富有意义的探索。在这一时期,对政策制定过程的研究,大多采用的是线性思维的方式,将政策制定规划视为由若干环节按照一定程序的循序推移过程。

这一时期发展起来的公共政策学,总体特点是只重视自然科学,只关注枯燥的数字,因而是"一门'冰冷''生硬'的学科"。药师寺泰藏曾将研究动态的人类活动、承认有不确定性的科学比喻为研究天上"云霞"的科学,因为天上的云霞是变动不居的;将承认机械的因果联系的科学称为"报时钟"的科学,因为报时钟只是重复地进行机械转动。他认为拉斯韦尔创立的公共政策学不但没有描绘出"云霞",反而助长了只描绘"报时钟"的风气。"这种粗鲁的公共政策学不可能对推动社会前进、执行具体政策的人产生任何冲击。公共政策学的第一个分水岭就这样脆弱地崩溃了。"①

公共政策科学的发展时期(20 世纪 70 年代)

西方公共政策学进入发展阶段的标志是以色列耶路撒冷希伯来大学教授叶海卡·德洛尔写作的政策科学"三部曲"。德洛尔在 1968 年至 1971 年旅居美国期间,先后出版了三本在公共政策学发展史上具有里程碑式意义的著作,即《重新审查公共政策的制定过程》(1968 年)、《政策科学探索》(1971 年)、《政策科学构想》(1971 年)。

德洛尔认为公共政策要重新站立起来,就必须构建一个模型,即能够将各种与公共政策有关的学科融于一体的特殊模型。在这一模型中,既要包括管理科学家所强调的方法论,又要包含行为科学家强调的个人意志决定论。他用医学上的治疗来比喻这种模型。一般医生发现病人"有病",会采取两种治疗模型:一种是通过外部处理的治疗模型,一种是让患者自己慢慢恢复功能的治疗模型。将两种治疗模型分开的医生不算好医生。好的医生会将两种治疗模型结合起来。公共政策的旧范式就是只强调患者自我恢复功能的模型。应当形成将两种模型结合起来的新范式。当然,德洛尔也正确地指出,公共政策模型与医生治疗模型,这两者之间是有区别的。因为公共政策研究的是社会病理,它与价值观念、意识形态是密切相关的。

在美国 60 年代后期和 70 年代前期出现了公共政策研究中的"趋前倾向",70 年代中期则出现了"趋后倾向"。所谓"趋前倾向"是指政策研究偏重于在政策制定中加强"政策咨询"的趋势。这一时期美国建立了一批负有盛名的以公共政策咨询研究为主要任务的研究所、研究中心,其中最著名的是兰德公司。由于这些机构广泛地运用统计学、数学、心理学、系统论等方法设计各种政策方案,进行各种政策模拟,提出各种政策建议,作为政府在制定公共政策时的参考,因此人们又称它们是政府决策的"思想库""智囊团"或"外脑"。

所谓"趋后倾向"乃是指公共政策研究中偏重于政策周期研究的趋势。政策咨询固然可以为政策制定提供必要的信息,但是,公共政策绝不仅仅是信息获取、筛选与理论设计的结果,公共政策涉及政党、行政机构、利益集团之间的复杂利益关系。一项公共决策往往是各种利益冲突与妥协的结果。因此,要研究科学、民主、法治的公

---

① 参见药师寺泰藏:《公共政策:政治过程》,张丹译,经济日报出版社,1991 年版,第 155 页。

共政策制定就必须考虑政策制定系统的改进与完善。另一方面，一项好的公共政策仅仅制定出来还是不够的，还需要去说服和组织标的群体，将好的政策方案加以贯彻落实。因此，公共政策过程的重要环节在于制定出来的政策的推行和实施。这样，对公共政策的研究就转向了对整个政策的生命周期进行探讨，特别是强化对公共政策执行的研究。这一时期发展出了一批公共政策执行的模型。

虽然德洛尔对公共政策学的发展做出了许多努力，但是，德洛尔发展出来的理论本身也存在问题。德洛尔认为他构建出了一种总体政策，这是一种元政策或"超政策"，是"制定政策的政策"。这种总体政策因为过于理论化，很难为人们理解。虽然他"像走残棋一样，将拉斯韦尔的错误一个个地加以纠正。但是他的这张残棋棋谱极其抽象，对于那些决心学习公共政策学的人来说，甚至连规则本身都搞不清楚"①。当然，这就不可能对政策科学起太大的作用。

公共政策科学的自我批判时期（20世纪80年代）

西方公共政策研究从20世纪50年代正式成为政治科学、公共行政科学中的重要分支以后，经过60年代的政策咨询研究，70年代的包括政策执行、政策评估、政策终结在内的政策周期研究，发展至80年代，开始进一步转向有关政策效率、政策信息多元化、政策学家与政治家关系的研究。在这一时期，政策学家比较多地对学科采取谨慎的批判态度。

在政策效率的研究方面，西方学者并不仅仅局限于就政策的效率去考究，而是从两个更为深入的角度去研究政策效率问题。一个角度是从公共政策的比较中研究效率。这种政策的比较分析，不仅仅局限在一个国家内部各项政策的比较上，而且还扩展到对国家间的政策进行比较分析。另一个角度是从公共政策产生与运行的生态方面去考究政策的效率。深入探讨一项政策制定与执行所需要的政治环境、经济社会环境、文化环境。

在政策信息多元化的研究方面，西方学者开始认识到政策研究在提供分析技术，解决人类社会面临的问题方面的能力是有限的。政策研究只能促成政策的形成，但不能取代政策的决定。因此，政策科学家不要再自视为政策方案的设计者，他的主要任务是要从诸如立法机关、联邦机关、州政府、地方政府、政党、宣传团体、法院等与政策制定和执行有关联的政策利害人那里获取政策信息。政策科学家的主要任务也不是协助决策者找出一个解决问题的最佳方法，而是要在许多不同的政策利害人中，取得共识，制定出能够平衡不同观点和意见的、让各方都满意的政策。

在政策学家与政治家关系的研究方面，政策学家认识到过去过分强调科学家与政治家各自拥有一套分离的价值标准与规范，政策科学家采取中立的、远离政治的立场是不合理的。相反，政策学家应当在政治领域中发展政策科学规范，政策分析家应当与追逐权力的政治家合作，融入政策制定过程之中，与政策制定者成为知识上的伙伴。②

---

① 参见药师寺泰藏：《公共政策：政治过程》，张丹译，经济日报出版社，1991年版，第156页。

② Robert Mayer and Ernest Greenwood. *The Design of Social Policy Research*. Englewood Cliffs, N. J.: Prentice-Hall, 1980. p16.

公共政策科学拓展新的研究方向时期（20 世纪 90 年代）

20 世纪 80 年代后期和 90 年代是美国和西方公共政策产生突破性发展的时期。以金登、奥斯特洛姆、萨巴蒂尔（Paul Sabatier）为代表的一批学者，在批判政策阶段论模型的基础上，发展和深化了政策过程的研究。

政策过程被看成政策系统中政策行动主体、实体机构、政策价值和政策工具构成的子系统的能动过程。政策行动主体以联盟、网络、社群的方式参与政策过程。政策过程的研究出现了一些新的理论：政策漏斗理论、政策窗口理论、政策倡导联盟理论、政策社群理论、政策网络理论、政策学习理论。

在 20 世纪 90 年代，公共政策分析也发生了突破性的进展。以弗兰克·费希尔（Frank Fischer）为代表的美国和西方政策学家，批判了纯技术的专家治国观点，将被割裂的事实与价值重新统一起来，发展出一套实证辩论的政策分析整体理论。

20 世纪 90 年代西方公共政策的研究表现出两种主要趋势：一种是对原有的研究主题进行深化；另一种则是拓展新的研究方向。关于对原有主题的深化研究主要集中在两个问题上：一是公共政策的伦理、价值；另一个是公共政策与公共管理的关系。

对于公共政策的伦理、价值问题，自从有了公共政策研究，人们就已注意到了这方面的内容。至 90 年代，学者们感兴趣的是究竟从哪些途径去探索公共政策的伦理价值。罗尔斯（Rawls）在《正义论》、布坎南（Beaucham）在《伦理与公共政策》、高斯罗伯（Gawthrop）在《公共管理部门、系统与伦理》中分别提出了有关社会哲学、社会道德和专业伦理的研究方法。

公共政策与公共管理的关系问题，也是一个老的研究课题。90 年代的学者们不是去讨论两者的区别，而是探索两者的结合。梅尔斯诺和贝拉威塔（Meltsner and Bellavita）在《政策组织》一书中提出了政策管理、政策沟通、政策组织、政策行动等四者相互联系的理论；林恩（Lynn, Jr.）则在《管理公共政策》一书中提出了组织行为、政治理论与公共政策相互融合的思想。

关于拓展新的研究方向，也主要集中在两个方面：一是开辟新的研究领域，增强公共政策的应用性；二是加强理性意识形态，由传统的政策决策研究转向政策调查研究。在开辟新的研究领域方面，公共政策学家将研究的兴趣转向一系列新的社会问题，比如电脑犯罪、信息政策、试管婴儿、温室效应等。因为这些新的社会公共问题既是对人类的挑战，也是对公共政策研究的挑战。不少研究者感到仅仅靠以往的纯客观研究方法不能完全解决这些问题，还必须采取后实证主义所提倡的主观研究方法。

另外是政策调查的兴起。以往公共政策学家过于重视经济与技术理性为主体的政策抉择研究，总是强调在政策设计中如何使"利益最大、损失最小"，强调如何依据政策制定者的偏好，排列方案的优先顺序。这种研究方法在实际生活中已暴露出弊端。许多政策学者转向政策调查研究。他们认为不存在一个最佳的即能被社会全体大众接纳的政策。所谓好政策就是具有法律正当性的政策。为此，就必须通过政策调查、政策辩论来获得政策的合理性，并由此确定某项政策能否被接受的前提条件。

背景资料 0－3：中国公共政策的历史传统与当代发展

公共政策学科在中国不同地区出现的时间不尽相同。在香港地区和台湾地区，20世纪70年代就已经有学者编著和翻译公共政策方面的教材和著作。在这些地区的大学中也陆续开设了有关公共政策的课程。但这些著述大多是引进美国的公共政策知识体系。在大陆地区，公共政策学科的出现较晚。直至20世纪80年代中后期，才有少数出版社出版这方面的著述。

虽然带有中国本土特色的公共政策学科出现较迟，但中国是具有公共政策思想和经验的国家，具有构建这一学科的丰厚资源。而今天大陆地区的改革、开放和社会转型过程中丰富的公共政策实践又积累了最为珍贵的经验，这些都为中国本土化的公共政策学科的发展提供了基础。

中国公共政策产生的历史渊源

中国公共政策不仅有悠久的实践历史，也有深厚的思想基础，这主要是古代的谋略思想和马克思主义的政策思想传统。但这些丰厚的政策理论素养只是以分散的知识形式存在于其他的学科体系中，没有独立出来成为自成一体的知识系统。因此，需要将这些光辉的政策思想发掘出来，让它们变成建构有中国特色的公共政策科学体系的宝贵财富。

中国古代产生和积累了丰富的政策谋略思想。中国古代虽然没有形成专门的政策科学门类，但是在悠久的文化传统中有着丰富的政策谋略思想和政策实践经验，主要表现在下列几个方面。

一是形成了以民为本、事异备变的政策思想。中国古代有作为的封建思想家与政治家大多提倡"民为邦本、政在得民"的治国策略，在制定政策时，多考虑"养民""惠民"和"富民"。古代中国的明智统治者在制定政策与策略时坚持"世异则事异，事异则备变"的谋略原则。

二是建立了恩威兼施、以柔克刚的施政原则。中国古代勤于治国的政治家与官吏有一套施政方法和政策：韬光养晦，以曲求全，以退为进；恩威并重，分化瓦解，征服吞并；力倡仁信，厚施绥靖，倍加安抚；中央集权，镇国封疆，分而治之。

三是形成了重政策辩论、政策分析的传统。中国古代留下了许多政策辩论与政策分析的文献。如《盐铁论》就记载了汉昭帝时以御史大夫为首的政府官员和应召而来的当时全国60多位贤良学士聚集起来，就制定、实施盐铁官营、酒类专卖的政策，进行辩论的真实过程。西汉时期的《论积贮疏》《论贵粟疏》是两部有关制定合理的农业与粮食政策的政策规划文献。明代的《智囊计》则是政策案例分析的文献。

四是形成了完整的国策谋略体系。最为突出的是《孙子兵法》。最初人们仅仅将这一著作看作兵书。但依据当代国内外的研究成果，人们发现《孙子兵法》中包含有大量的国策条目、谋略思想和管理策略。从而使这一著作不仅成为中国政策文化中有价值的经典，而且也成为世界政策科学研究的宝贵遗产。早在19世纪，法国的拿破仑就经常运用《孙子兵法》；20世纪60年代，英国的蒙哥马利元帅就提出要将《孙子兵法》作为世界各国的军事教材；1989年美国海军陆战队司令格雷上将决定将《孙子兵法》作为部队军官的必读书；日本商界也将《孙子兵法》作为拓展海外市场和加强市场竞争的策略指导。

马克思主义为当代中国准备了宝贵的政策研究传统。在中国当代的政策文化中，除了古代的政策思想和政策研究的遗产外，具有重要指导意义的还有马克思主义的政策策略思想与原则。首先是马克思、恩格斯、列宁、斯大林等无产阶级政治家留下的政策思想与政策实践。对于政策和策略，马克思和恩格斯非常重视，除了从事理论写作外，他们毫不松懈地注视着无产阶级斗争的策略问题。列宁总是将党的策略视为党的政治行为、政治性质、方向和方法。斯大林则将战略和策略看作无产阶级斗争的科学。

在政策和策略的依据方面，恩格斯做了经典的阐释。他认为党的政策是根据经常变化的条件制定的。列宁也指出，只有客观地考虑某个社会中一切阶级相互关系的全部总和，考虑社会发展的客观阶段，考虑该社会和其他社会之间的相互关系，才能成为先进阶级制定正确策略的依据。在政策和策略的原则方面，马克思和列宁这些经典作家提出了如下的思想：要把当前斗争和长远斗争、当前利益和长远利益结合起来；要坚持说服和争取人民的大多数；要将政策的原则性与灵活性结合起来；要善于利用矛盾争取同盟者。

其次是毛泽东关于政策策略的光辉理论与实践。毛泽东在领导中国革命与建设的实践中，对政策和策略问题做了研究。毛泽东重视政策，提出"政策和策略是党的生命"的光辉论断。他认为政策是革命政党一切实际行动的出发点，并且表现在行动的过程和归宿。一个革命政党的任何行动都在实行政策，不是实行正确的政策，就是实行错误的政策。因此，共产党领导机关的基本任务就在于了解情况和掌握政策两件大事。在中国这样复杂的环境中工作的每个干部，都必须将自己锻炼成为懂得政策和策略的战士。

毛泽东对政策和策略制定的依据做了透彻的研究。他强调客观实际和具体国情是制定政策和策略的基础和前提。他认为，政策是要解决问题的，要解决问题就要发现和弄清问题，为此，就必须深入实际调查研究。在此基础上，毛泽东又把对事实材料所进行的"去粗取精、去伪存真、由此及彼、由表及里"的加工整理和进一步分析、综合看成决定政策和策略的中心环节。同时，他还把广大人民群众的根本利益作为一切政策和策略的出发点和落脚点，他多次讲过："我们是以占全人口百分之九十以上的广大群众的目前利益和将来利益的统一为出发点的。"[1]

毛泽东全面地阐述了政策和策略的原则要求。他指出，无论是在革命还是在建设中，都必须将政策的长远目标与当前的奋斗结合起来。在具体实施政策和策略时，要讲究艺术，要在战略上藐视敌人，在战术上重视敌人。毛泽东将团结一切可以团结的力量以孤立和打击主要敌人作为一项政策原则提出来，为此，他总结出一系列政策措施，如既要防左，又要防右；利用矛盾，争取多数，反对少数；有理、有利、有节；等等。另外，毛泽东特别强调在实施政策时，要将原则的坚定性与策略的灵活性有机结合起来。

---

[1] 《毛泽东选集》合订本，第 821 页。

中国公共政策学科初期发展的主要阶段

真正学科意义上的中国公共政策研究是从改革开放以后才兴起的,先后经过了孕育和开创两个主要阶段。

中国公共政策学科的孕育阶段(20世纪80年代)。从20世纪70年代末开始,中国社会进入改革开放的新时期。从1979年至20世纪90年代初,以邓小平为代表的中国共产党和中国政府在东方辽阔的土地上进行了震惊世界的制度和政策创新的成功实践。在这一阶段上,邓小平支持和领导了真理标准大讨论,实现了第一次思想大解放。在此基础上,果断地抛弃了"以阶级斗争为纲"的错误政策,提出了以"一个中心、两个基本点"为主要内容的党在初级阶段的基本路线。与此同时,邓小平还在许多领域提出了一系列的新政策。比如,"一个国家,两种制度"的政策;"发展是硬道理"的政策;物质文明和精神文明要两手抓,两手都要硬的政策;科技是第一生产力的政策;允许一部分人、一部分地区先富起来的政策;等等。

在领导政策创新实践的同时,邓小平对新时期的政策理论做了研究。他指出,政策的本质要求是要讲求实效,给人民以物质上的实惠;检验政策是否正确的标准,不是人们的主观愿望,而是客观实践;政策的合法性是由多数群众满意来决定的,一项政策好不好,主要看工人、农民和知识分子赞成不赞成;政策执行必须坚持稳定性与连续性的原则,一项政策经过实践检验是正确的政策,就必须坚持,凡被实践证明是不完全正确甚至错误的政策,就必须修正或抛弃。

公共政策的丰富实践为政策科学门类的创立提供了条件;同时,改革开放中出现的大量政策问题特别是社会转型时期的经济政策方面的问题也向公共政策研究提出了要求。80年代初邓小平就已提出,在学科发展上要赶快补课,要重新恢复政治学、社会学、法学和行政学,其中也包括公共政策的学科建设。这些都为公共政策学科的发展提供了条件。

随着政治学、行政学等学科的恢复,高等学校、社会科学研究部门开始进行政治决策和行政决策方面的研究。此时的公共政策还远未独立出来,还包含在公共行政学和政治学这两门学科之中。与此同时,一些学者开始介绍和翻译中国台湾地区和国外研究公共政策的文章和书籍,编写出有关政策科学的教材与读物。其中比较重要的国内外著作有:《政治制定过程》(查尔斯·林德布洛姆著,朱国斌译,华夏出版社,1988年);《系统分析和政策科学》(R. M.克朗著,陈东威译,商务印书馆,1986年);《经济政策:原理与设计》(J.丁伯根著,张幼文译,商务印书馆,1988年);《公共政策》(伍启元,香港商务印书馆,1989年);《公共政策析论》(张世贤,台北五南图书出版公司,1986年);《政策科学》(孙光,浙江教育出版社,1988年);《政策研究学概论》(孙效良主编,中国经济出版社,1989年)。

中国公共政策学科的开创阶段(20世纪90年代)。20世纪90年代是中国公共政策开始从政治学和公共行政中分离出来成为一个独立的研究领域的时期。其标志主要有三个方面。一是开设了公共政策课程、创办了研究机构、培养了研究生。90年代,在一些全国重点高等学校的政治学、行政学专业中,开设了以"政策科学"或"公共政策"为名称的课程;成立了从事政策研究的机构;在未被列入国家学科专业目录的情况下,一些高校在其他专业的名目下,招收了以公共政策、政策科学或政策分析为研究方向的硕士生与博士生。

二是出版了一批公共政策教材。主要有《公共政策学导论》（桑玉成等著，复旦大学出版社，1991 年）；《政策科学原理》（陈振明主编，厦门大学出版社，1993 年）；《政策科学导论》（张金马主编，中国人民大学出版社，1992 年）；《行政决策分析》（胡象明，武汉大学出版社，1991 年）；《政策学》（兰秉洁等编著，中国统计出版社，1994 年）；《公共政策分析》（陈庆云，中国经济出版社，1996 年）。

三是建立了全国性的公共政策科学研究会。1991 年 8 月，中国行政管理学会在吉林省长春市召开全国首届政策科学研讨会，这次会议除了进行政策科学研讨外，还就成立全国政策科学研究会的事宜做了讨论。1992 年 10 月，在山东省曲阜市召开了全国政策科学研究会的成立大会，全国政策科学研究会作为中国行政管理学会的研究分会而存在。1999 年 10 月，全国政策科学研究会在江苏省苏州市召开第二次代表大会暨理论研讨会。

中国公共政策学科的最新发展（20 世纪 90 年代至 21 世纪初）

在新旧世纪交接的数年中，中国公共政策学科有了令人振奋的进展。学科的发展除了有大量的著作和论文出版外，还反映在以下几个方面。一是出现了纯学理性的研究和对国外公共政策的研究。（1）前者有代表性的成果是对政策过程阶段论的分析，比较分析了在政策分析阶段论问题上肯定和批判之间的争议，并认为现代政策分析是一种运用多模型的分析活动，阶段论方法的长处在于它提供了一种我们赖以考虑真实世界复杂性的理性结构，它的每一阶段都能为多种不同的分析模型提供使用的平台。政策分析中起主导作用的阶段论方法可以被认为需要修改或变动，但并不需要一场革命性的转变或替代。[①]（2）后者有代表性的成果是对美国公共政策过程和日本政策科学的研究。[②]

二是从学科发展的学术资源积累来看，公共政策研究的外文资料翻译比往年有所增加。除了原先已有的一些译著外，一些研究者又有针对性地翻译了一批国外公共政策著作。主要有华夏出版社"21 世纪高校教材译丛·政治学与行政管理学"中的《政策分析和规划的初步方法》；中国人民大学出版社"公共行政与公共管理经典译丛"中的《公共预算中的政治：收入与支出，借贷与平衡》；重庆出版社的"美国公共政策和社会管理研究译丛"中的《公共政策的制定——程序和原理》《控制官僚》《美国政治中的道德争论》以及《美国大政府的兴起》；上海三联书店出版的"制度分析与公共政策译丛"；社会科学文献出版社的"国际社会科学论丛"中的《社会科学与公共政策》等。

公共政策学科本土化研究的进展主要表现在如下几个方面。首先开展了对公共政策概念的深入研究。国内多数研究者赞同以行为准则为中心内容的界定，认为政策是指某一（或一组）行动者（主要是政府的官员、机构和团体）在既定活动领域中的

---

① 谢明："阶段论：政策分析的理论平台"，《中国行政管理》，1999 年第 12 期。

② 孙哲：《左右未来——美国国会的制度创新和决策行为》，复旦大学出版社，2001 年版；李春成："美国联邦政策的官方评价机制"，《行政与人事》，1998 年第 8 期；彭浩："日本政策科学研究动向"，《中国行政管理》，1999 年第 10 期。

行为。从更广义的角度来理解,政策是政策机构和周围环境之间的关系。政策体现了这种关系,又为处理这些关系提供了手段。一般来说,公共政策是由政府机构和政府官员制定的,公共政策体现了他们在政治系统和特定环境下的活动方式和活动过程,表达了他们的行为和目的,反映了他们实际所做的事情和效果。①

在此基础上,一些研究者依据不同的理念,从不同视角分析了公共政策的概念。一是基于现代政治学的理念,认为公共政策是政府对社会公共利益分配的动态过程。这一分配的基础是政府选择利益和综合利益,分配的关键是落实利益。社会公共利益中,由利益选择到利益综合,由利益分配到利益落实,这是一个完整的过程。公共政策的过程取向,是与这种利益取向完全一致的。②

二是基于制度经济学理念,以现代市场经济制度为背景,把公共政策理解为政府运用自己的职能来规范、引导经济法人实体、市场主体和个人行为,有效调动和利用社会经济资源,有利于实现公平与效率目标的一种制度安排。公共政策是调控现代市场经济不可或缺的一个重要方面和关键因素,社会经济发展程度愈高,公共政策的作用和影响也就愈大。③

三是基于公共管理的理念,认为公共政策是以政府为主的公共机构,为确保社会朝着政治系统所确定、承诺的正确方向发展,通过广泛参与和连续抉择以及具体实施产生效果的途径,利用公共资源,达到解决社会公共问题及平衡、协调社会公众利益目的的公共管理活动过程。④

其次,围绕公共政策的学科定位展开了深入讨论。有的研究者认为,构成一门学科的标准或主要条件在于有无独立的研究对象、有无完整的知识体系、有无规范的学科建制。据此,只有公共政策学科专门将公共政策作为自己的全部研究内容,并且将公共政策的理论建构、公共政策的运行过程、公共政策的规划分析以及具体公共政策的实践作为研究课题,形成与其他学科不同的独立研究对象。围绕自己独立的研究对象,公共政策学科在发展中逐步形成了完整系统的知识。现代公共政策学科主要包括四个方面的知识:公共政策理论的知识、公共政策过程的知识、公共政策分析的知识和公共政策实践案例的知识。从公共政策比较发达的国家和地区来看,公共政策具备了一定的学科建制。⑤

持有相同看法的研究者还进一步认为,尽管一些传统的社会科学学科如政治学、经济学和社会学也涉及政策系统及政策过程问题,但他们并未将政策系统及其过程作为专门、唯一的研究领域,并未对此加以系统、全面和具体的研究,只有公共政策学科才是一个综合地运用各种知识和方法研究政策系统和政策过程,探求公共政策的实质、原因和结果的学科,目的是提供政策相关知识,改善公共决策系统,提高公共政

① 陈振明:《公共政策》,中国人民大学出版社,1999年版;张金马:"公共政策:学科定位和概念分析",《北京行政学院学报》,2000年第1期。

② 陈庆云:《公共政策分析》,中国经济出版社,2000年版。

③ 刘溶沧:"中国经济体制转型与公共政策的重新定位",《中国:走向21世纪的公共政策选择(上)》,社会科学文献出版社,1999年版。

④ 胡宁生:《现代公共政策研究》,中国社会科学出版社,2000年版。

⑤ 胡宁生:《现代公共政策研究》,中国社会科学出版社,2000年版。

策质量。①

此外,有的研究者还通过对现代西方政策科学范式的考察和知识体系的细致考察,论证了公共政策学科的独立性。前者认为一个学科或研究领域的对象、性质、范围与方法构成了这个学科范式的基本内容,拉斯韦尔-德洛尔的政策科学传统构成了公共政策学科的经典范式。② 后者认为 20 世纪中叶以后,西方现代政策科学经历了从"政策科学运动"到"政策分析运动"的历史演变,如果对这一演变的学术积累进行系统的整理,可以从中提炼出一个具有内在逻辑结构的政策科学知识体系。大致说来,这一知识体系包括三个主要方面:一是对政策的性质、结构、过程与发展进行科学阐释的政策理论知识,二是对政策的制定与执行进行分析评估的政策方法的知识,三是对政策的实际构建、信息处理、计划管理等进行探索的政策应用知识。三个方面既有各自的特点,又按照一定的结构层次贯通起来,形成了一个相对完备的知识系统。这样的知识系统支持了公共政策学科的形成与发展。③

与上述学科分析的传统视角不同,有的研究者从政府工作角度分析了公共政策学科定位问题,认为在政府错综复杂的工作中,有三个方面最重要:决策、行政与管理,政府工作的这三大部分在达成社会目标的整体活动中交织在一起。决策是为达成目标,解决公共问题所做出的指导行动的指南,这是核心工作。决策是行政的依据,行政是决策的执行,两者密切结合使政府的组织目标得以实现。政府管理和公共管理则为顺利地执行政策、实施法律、履行行政职能提供了一个有效的运行环境。因此在国际上,不少大学和政府学院正是在长期对政府工作分析的基础上,逐步认识到公务员所应具备的这三个知识领域,并设立了三个培养政府公务员的学科专业,即公共行政(MPA)、公共管理(MPM)与公共政策(MPP)。同时,在培训中积累了仿照培养医务人员的三种教学方法,即系统专业知识的学习,岗位训练和案例教学。通过这三个"三"培养公务员的三种能力,即决策能力、行政能力和管理能力。这三种能力正是公务员做好政府工作最重要的能力。掌握这一背景,公共政策学科定位的问题就一目了然了。④

认为公共政策是一门独立学科的研究者还分析了它的性质、范围和方法论特点。有的研究者认为公共政策学科作为全新的独立学科,有如下一些特点:是一个综合性、跨学科的新研究领域;是一门行动取向的学科;不仅是描述性学科,而且还是规范性学科;是软科学的一个重要分支。这一学科的研究范围十分广泛,目前尚难以划出准确的边界,它主要的研究内容包括政策系统,决策体制及政策过程,政策分析方法和技术,政策思维,政策价值观,未来研究,政策战略(元政策研究),政策规划,重大公共项目的论证与评估等。公共政策学科的方法论并未最终形成,但它提倡跨学科的研究方法,提倡以问题为中心而不是以学科为中心的知识产生途径;既注重事实分析,又注重价值分析;强调政策研究或政策分析中理性方法和非理性方法并用;主张

① 陈振明:《政策科学》,中国人民大学出版社,1998 年版。
② 陈振明:《政策科学》,中国人民大学出版社,1998 年版。
③ 严强:"现代西方政策科学的知识体系",《南京大学学报(哲学・人文・社会科学)》,1998 年第 3 期。
④ 张金马:"公共政策:学科定位和概念分析",《北京行政学院学报》,2000 年第 1 期。

全球观点、未来观点、历史和比较的方法。① 其他研究者也认为公共政策学科不是以门类而是以公共问题建立起来的一门具有交叉科学和软科学特点的应用学科，其宗旨并不在于完善学科自身，而是为了更好地运用政策工具解决公共问题，这是公共政策学科的本质特点。②

第三，围绕政策过程现状展开研究。有的研究者分析了政策制定与政策执行中存在的问题。(1)政策制定过程中存在的问题，主要有：信息失真，导致决策失误；违反程序，用"拍脑瓜"方式决策；价值取向失之公正与公平，导致公共政策违背"公共性"原则。③ (2)政策执行过程中存在的问题，主要是指对中央政策的执行，有的研究者认为主要是：对中央政策的认同、理解的问题和对中央政策运作规律缺乏准确把握；对中央政策采取对策或有选择地执行；寻找借口拒不执行中央政策。④ 还有的研究者具体分析了中央部门政策与地方政策的冲突与调适问题，认为首先要承认地方利益和中央部门机构利益之间冲突的客观性，在承认中央利益、部门利益和地方利益的基础和前提下，努力寻找和获得各个利益集团之间的均衡点。⑤

有的研究者强调了政策绩效评估法治化的问题，认为公共政策绩效评估具有目的和动机的公共性特征，是旨在确定政策与结果之间因果逻辑关系的理性行为。为了使公共政策绩效评估能够顺利开展，就必须破除认识论上的误区和方法论上的误区，前者主要是把绩效评估混同于"不同政见"，后者主要是在评估主体责任规避影响下产生的形式主义评估。因此，应积极推进政策绩效评估的法治化，以对"公共"负责作为绩效评估的最高原则，政府应当鼓励、支持公共政策评估主体独立地、不受干扰地开展政策评估活动，确定公共政策绩效评估的法律地位，科学划分政策制定主体与政策评估主体的权利与义务，制定政策评估的原则、程序与方法，明确违制处罚的办法与细则。⑥

有的研究者对政策制定环节做了专题研究，认为在政策制定环节，我国目前事实上形成了不同类型的政策研究组织，主要有行政型政策研究组织、学术型政策研究组织和产业型政策研究组织，这些政策研究组织在政策制定中均分别发挥了不同的作用。⑦ 有的研究者对政策执行环节做了专题研究，认为公共政策执行是政府和政策标靶群体的互动过程，公民应有参与政策执行的公开化制度。⑧

第四，围绕科学决策和民主决策展开了研究。在对科学决策的研究中，有的研究者认为，科学决策一方面是指决策的方法和程序符合科学的要求，另一方面是指决策的结果符合客观规律。对科学决策这一提法需要慎重对待，应该仅仅从前一种意义上即决策方法的科学性意义上来使用，而不应该将其意义延伸到决策的结果方面来。

① 陈振明：《政策科学》，中国人民大学出版社，1998年版。
② 胡宁生：《现代公共政策研究》，中国社会科学出版社，2000年版。
③ 参见《中国公共政策分析(2001年卷)》导论部分，中国社会科学出版社，2001年版。
④ 参见《中国公共政策分析(2001年卷)》导论部分，中国社会科学出版社，2001年版；朱广忠："地方政府执行中央政策存在问题的系统分析"，《理论探讨》，2000年第2期。
⑤ 程杞国："部门政策与地方政策的冲突与调适"，《地方政府管理》，2000年第1期。
⑥ 《中国公共政策分析2001年卷》，中国社会科学出版社，2001年版。
⑦ 负杰："中国公共政策研究的现状分析"，《政治学研究》，2001年第1期。
⑧ 胡宁生："公共政策执行中公众参与分析"，《中国行政管理》，1999年第12期。

因为科学性所追求的是唯一正确的答案,而在实际上并不存在唯一正确答案的情况下,人们就会把并非唯一正确的答案当作唯一正确的答案。而自认为自己已经真理在握的人,就会把其他的可能答案当作谬误去排斥和打击,因为真理是从不妥协的。在政府管理权力框架下,决策的结果是决策者和决策对象之间利益交易的结果。就此而言,并不存在追求真理和追求科学性的问题,存在的只是追求利益的协调,追求双方都能或都愿意的结果。这才应该是正确决策的最后衡量标准,否则名义上追求科学性的决策,很可能会变成专制主义的决策。①

还有的研究者从比较独特的角度对推动我国政府决策的科学化提出了一些建议,主要有:第一,普及政策科学知识,宣传政策科学成果,提高全民的政策意识;第二,建立政策研究组织(官方的、半官方的、高等院校的、民间的),培育政策科学的人才摇篮和进一步发展的园地,最终形成一支政策分析家的队伍;第三,建立政策科学专业(MPP、DPP),培育政策研究人才;第四,用政策科学的知识更新公务员的知识结构,提高公务员的决策能力。②

在对民主决策的研究中,一种观点指出要真正实现民主决策,不仅需要使人民对决策过程发挥制约的作用体现在决策过程中人民与政府双方的互动关系上,而且还必须从实质上解决如何互动的问题。主要有五点具体内容:一是互动的内容主要表现在双方的利益交易上;二是人民与政府之间的交易方式包括制度的和非制度的以及人们能够想到的一切方式;三是这一交易只有经过反复、长期的利益博弈,才能使政府的决策越来越符合人民的利益要求;四是由互动的正和博弈性质所决定,人民群众在这一交易的每一次利益博弈中利益获取的幅度只能是有限的;五是民主决策的努力方向应该是将由政府部门控制的各种物质资源权力归还给社会,消除政府部门的特殊利益。③

还有一种具有代表性的观点认为,西方近代以来以权力制约和保护自由为制度安排核心原则的保护性民主,正逐步向可治理型民主转化,政府决策的民主化问题,是当代可治理型民主模式中制度安排所要考虑的关键课题。也正因如此,研究民主与政府决策的关系,发展一种以公共政策和政策制定为核心的民主理论,是民主研究的主流视角。治理型民主的政策视角,不只是简单探讨政策过程中公民参与的程度,而是着眼于研究参与是否导致政策结果的差异,研究参与和政策过程与政策产出的关系,研究政府向社会所提供的公共产品和服务,是否均衡合理地体现了有关阶层和有关群体的利益。总之,治理型民主为公共政策的决策最大限度地趋向于公共利益提供了制度平台。④

第五,围绕市场经济与公共政策的关系展开了研究。在讨论政府、市场和公共政策之间的逻辑关系时,有的研究者集中讨论了以下三个问题。(1) 由于市场自身无法解决不完全竞争、无法解决市场的外部性和公共产品的供给,因此市场失败是公共

---

① 李景鹏:"政策制定的两个维度:科学决策和民主决策",《北京行政学院学报》,2001 年第 1 期。
② 张金马:"公共政策:学科定位和概念分析",《北京行政学院学报》,2000 年第 1 期。
③ 李景鹏:"政策制定的两个维度:科学决策和民主决策",《北京行政学院学报》,2001 年第 1 期。
④ 赵成根:《民主与公共决策研究》,黑龙江人民出版社,2000 年版。

政策形成的逻辑起点。①

（2）但市场经济的失败，并不在于肯定还是否定政府的作用，而是在于如何处理好政府干预（主要是通过公共政策）与市场的关系。公共政策解决市场失败即公平问题大致包括三方面内容：一是公平的竞争规则；二是公平的市场环境；三是公平的分配机制与原则。②

（3）市场失败需要政府介入干预，但这种介入是有限度的，超出了界限，政府的行为同样也会像市场一样失效。对于公共政策失败的原因，有的研究者认为，这种政府运行中的非市场缺陷是由非市场的供求关系所产生的，因为一般地说，这种关系的均衡机制是脆弱而不可靠的，政治过程中所具有的迟缓、滞胀、联盟、互动以及其他一些政治行为，会使非市场的供求失衡可能性延续较长时期。③

另外有的研究者主要从公共选择理论的原则和知识来分析政策失败的几个具体原因：一是社会中实际上并不存在作为政府公共政策追求目标的所谓公共利益；二是现实中存在一些大家利益比较一致的情况，现有的各种决策体制及方式（投票规则）因其各自的缺陷而难以达到最优化或理想的政策；三是信息的不完全、公共决策议程的偏差、投票人的"近视效应"、沉积成本、先例等对合理决策的制约；四是政策执行上的障碍。④

在对市场经济条件下的公共政策认识上，有的研究者十分强调"公共性"这一概念。认为"公共性"是公共政策所固有的本质特性，在体制转型过程中要对公共政策重新定位，首先应定位在它的"公共性"上。一是公共政策的正当性来自它的问题取向的公共性，政府制定的政策应适用于全社会，恩及所有社会成员，公共政策不同于企业战略和行业行规，后者不具备公共性。二是作为在全社会范围内进行价值分配的过程，公共政策实际上是政府通过选择作为和不作为来完成利益协调过程，它必须遵循公平原则，而公平原则的正当性则是以公共事务为前提的，价值或利益取向应具有公共性。三是公共政策的权威性和普遍效率性也决定了它的公共性。⑤

有的研究者还对现代市场经济条件下公共政策的特点做出了分析，认为资源配置方式、政府经济角色、宏观经济调控模式、所有制结构以及利益分配格局和分配机制的转变带来了公共政策基础和取向的重新定位，与上述转变相适应的公共政策出发点是以市场为基础，公共政策的制定以法律为准绳，公共政策的目标以实现效率、公平、发展为重点。⑥

第六，围绕一些实质性的公共政策展开了分析。有些文献分析了我国实质性公

① 陈庆云：《公共政策分析》，中国经济出版社，2000年版；朱崇实、陈振明：《公共政策——转轨时期我国经济社会政策研究》，中国人民大学出版社，1999年版。

② 陈庆云：《公共政策分析》，中国经济出版社，2000年版。

③ 陈庆云：《公共政策分析》，中国经济出版社，2000年版。

④ 朱崇实、陈振明：《公共政策——转轨时期我国经济社会政策研究》，中国人民大学出版社，1999年版；陈振明："非市场缺陷的政治经济学分析——公共选择和政策分析学者的政府失败论"，《中国社会科学》，1998年第6期。

⑤ 参见《中国公共政策分析（2001年卷）》导论部分，中国社会科学出版社，2001年版。

⑥ 刘溶沧："中国经济体制转型与公共政策的重新定位"，《中国：走向21世纪的公共政策选择（上）》，社会科学文献出版社，1999年版。

共政策的现状和存在的问题。在对实质性公共政策运行的研究方面:(1) 有的文献以分析新中国成立以来,特别是改革开放以来,中国公共政策的发展变化和实施后果为目标,并认为应从中总结经验教训,这是我国政策科学研究的重点。其分析范围十分全面,涉及几乎所有部门政策,具体有:财政政策、金融政策、产业政策、区域发展政策、工业政策、农业政策、贸易政策、环境政策、人口政策、劳动政策、卫生政策、社会保障政策、民族宗教政策、国家安全政策、"一国两制"政策、外交政策、教育政策、科技政策、新闻出版政策、文艺政策等。[①]

(2) 有的文献选取了与我国改革开放、市场经济发展和现代化建设密切相关的经济社会政策进行研究,试图对转轨时期政策的调整与完善做出深入的分析和说明,主要分析了财政政策、货币政策、产业政策、外资政策、外贸政策、经济特区政策、社会保障政策、人口政策、科技政策、可持续发展战略等十项政策。[②]

(3) 有的文献对我国主要的实质性公共政策历史演变进行描述的基础给予了政策评价,试图使人们对我国一些公共政策的认识从意识形态化走向实证化,主要涉及了工业政策、农业政策、财税政策、环境保护政策、教育政策、住房政策和社会保障政策。[③]

(4) 有的文献以专题报告的形式,对某些实质性政策运行进行了实证分析,主要涉及:中国政府机构政策、积极财政政策、国有企业改革政策、电信业竞争政策、土地与可持续发展政策、科教兴国政策、收入分配政策、就业政策、企业职工养老保险政策、医疗保险政策、香港医疗融资制度、澳门公务员本地化政策等。[④]

(5) 此外,还有一些经济学、社会学和其他学科的文献也从本学科的理论和方法出发,对实质性公共政策的某些方面做出了有新意的研究。[⑤]

最后,对公共政策学科今后的研究与发展提出了设想。有的研究者提炼了我国公共政策研究中的十大理论问题,并进行了新的思考。这十个问题是:公共政策的基本理论;社会公共资源分配中的政策作用;国家、社会与公共政策;政府、市场与公共政策;组织理论研究与公共政策;中央与地方的政策关系;政策全过程研究与政策执行学;效率、公平与公共政策;利益政策学;建立与发展有中国特色的政策科学。[⑥]

有的研究者对我国政策科学教育的现状及其问题进行了分析,认为一门学科发展的最重要标志是教学工作的开展,发展我国政策科学教育应体现五个结合:理论与实际紧密结合;普及政策科学知识与提高政策研究水平结合;开展教学科研与为政府提供咨询结合;学习借鉴外国经验和创造符合我国国情的教学体系结合;系统的学位教育与专题政策培训结合。并提出了将政策科学列入国家学科专业目录、组建公共政策研究院对全国政策研究室主任进行轮训等对策。[⑦]

---

① 马德普、霍海燕、高卫星主编:《变革中的中国公共政策》,中国经济出版社,1998 年版。
② 朱崇实、陈振明:《公共政策——转轨时期我国经济社会政策研究》,中国人民大学出版社,1999 年版。
③ 刘伯龙、竺乾威:《当代中国公共政策》,复旦大学出版社,2000 年版。
④ 《中国公共政策分析 2001 年卷》,中国社会科学出版社,2001 年版。
⑤ 刘溶沧主编:《中国:走向 21 世纪的公共政策选择》,社会科学文献出版社,1999 年版。
⑥ 陈庆云:"公共政策十大理论问题再思考"《中国行政管理》,1999 年第 12 期。
⑦ 吴江:"国外政策科学研究与我国政策科学教育",《中国行政管理》,1999 年第 12 期。

有的研究者分析了政策科学的学科理论建构认为,在政策科学的学科理论规范建构争议过程中,形成了三种有代表性的理论建构范式:哈罗德·拉斯韦尔的分析型学科理论建构范式;叶海卡·德洛尔的"总体政策"型的学科理论建构范式;药师寺泰藏提出的"以问题为中心"型的学科理论建构范式。他们认为政策科学学科理论建构必须明确三个前提性认识:明确区分政策科学与普通理论科学不同的学科理论建构特征;重视哲学并借助综合哲学加强政策理论的解释力度;在普通科学新的认识启示中,不断丰富、完善政策科学学科理论的方法论体系。[①]

有的研究者认为,我国政策科学的学科分化程度还相当低,基本上停留在一般理论和方法(总论)的研究上。面向 21 世纪的中国政策科学必须全面展开对政策科学各分支领域的研究,特别是政策分析方法、公共政策、比较公共政策、政策伦理学和公共选择理论的研究,加强学科分化步伐,建立健全中国政策科学的学科体系。[②]

有的研究者论及了政策科学的中国化问题,认为现在中国最大的问题不是在于是否应该引进西方先进的公共政策理论,引进工作已大规模地展开;现在的问题是如何使这些理论本土化,并迅速而有效地普及这些先进的公共政策理论,使得各级掌握实权的地方领导,能够学习、掌握并根据当时当地的实际情况把这些理论运用到各级政府决策的实践中去。[③] 有的研究者认为,如何使政策科学中国化是一个核心问题,关键是要坚持创新,包括方法论上的创新、政策过程理论体系的创新以及在西方政策科学和中国政策思想的结合点上进行创新。[④]

五、人物介绍

人物介绍 0－1:哈罗德·拉斯韦尔(Harold Lasswell)

哈罗德·拉斯韦尔是著名的政治学家,也是社会学家、心理学家和传播学者。传记作家形容他为"犹如行为科学的达尔文"。拉斯韦尔 1902 年 2 月 13 日出生于美国伊利诺伊州唐尼尔逊的一个牧师家庭,家境优裕,藏书甚丰。1922 年,他在芝加哥大学获哲学学士学位后,赴欧洲英、法、德等国著名大学攻读研究生课程,最后获得博士学位。其间,他曾去柏林大学学习心理分析学说,最先向美国学界引介了弗洛伊德心理分析理论,其《世界政治与个人不安全感》(1935 年)一书也深受弗氏理论的影响。

---

① 曾锡环:"论政策科学的学科理论建构",《中国行政管理》,1999 年第 12 期。
② 陈振明:"21 世纪中国政策科学的研究方向",《北京行政学院学报》,2000 年第 1 期。
③ 刘伯龙、竺乾威:《当代中国公共政策》,复旦大学出版社,2000 年版。
④ 胡象明:"政策科学的中国化与理论创新",《中国行政管理》,1999 年第 12 期。

拉斯韦尔一生勤勉耕耘,著述甚丰,共发表了 600 万字以上的学术著作,内容涉及政治学、社会学、宣传学和传播学等许多领域。但是,他的许多传播学成果并不为人所了解,一般人只是从他在"传播在社会中的结构与功能"(1948 年)一文中的"一句话""三功能"来认定他在传播学中的创始人地位。这一句震撼学术界的话就是:"谁? 说些什么? 通过什么渠道? 对谁说? 有什么效果?"从而引申出"控制分析、内容分析、媒介分析、受众分析和效果分析"五大研究课题,并长期左右着美国的传播学研究方向。三种功能为:监视社会环境、协调社会关系、传衍社会遗产。尽管后来传播学者认为拉氏的论述需要进一步补充和完善,但其影响是巨大而深远的。

哈罗德·拉斯韦尔还是第一位把政策分析与科学联系起来思考,提出政策科学概念的政治学家。他在 1951 年与丹·勒纳(Daniel Lerner)合编的《政策科学:近来在范畴与方法上的发展》一书中,对政策科学的内容加以系统介绍和说明。他把政策制定划分为信息、建议、法令、援引、实施、评价、终止等七个过程。据此,他认为,政策分析者在决策过程中可做三种贡献:一是确定一项政策的目标和价值;二是收集和提供有关信息;三是提出几种政策方案及其最佳选择。1971 年,拉斯韦尔又写了《政策科学展望》一书,使他成为现代政策科学的先驱和当代政策科学领域最有影响的学者。

人物介绍 0-2:叶海卡·德洛尔(Yehezkel Dror)

叶海卡·德洛尔是国际上著名的政策科学权威。1928 年出生于奥地利音乐之乡维也纳,10 岁移居以色列。曾在耶路撒冷的希伯来大学和美国的哈佛大学学习法学、政治学和社会学。他将自己创造性的理论思维同他作为"政府与公司的医生"而获得的实际经验结合起来,为政策科学的规范化研究做出了举世瞩目的贡献,因而被誉为"政策科学之父"。作为政策科学理论家,他在留美期间与兰德公司的著名政策分析家爱德华·奎德合作创办了第一本理论刊物《政策科学》,并倡导举办了第一个政策科学国际培训班。

自 1968 年在兰德公司担任高级顾问以来,德洛尔撰写了著名的政策科学三部曲:《公共政策制定的再审查》(1968 年)、《政策科学构想》(1971 年)和《政策科学探索》(1971 年),以及《疯狂的国家:违背常规的战略问题》(1971 年)、《逆境中的政策制定》(1986 年)等多部著作。

作为一个社会实践家,德洛尔还担任了 20 多个国际组织(如经济合作发展组织、联合国开发署等)、国家政府及多国公司、大学企业的政策顾问。在顾问、咨询工作上,他主要涉及政策规划、高层决策系统、关键性抉择优化、战略构想、行政管理改革和实质政策研究领域。1975 年,被选为世界艺术与科学学会会员。

1983 年,作为"一位对公共政策的理解做出贡献的著名学者"被国际政策研究联合会授予首届哈罗德·拉斯韦尔年度奖。1986 年,在美国政治学联合会举行的年会上,荣获"福尔布莱特 40 周年纪念的著名学者"称号。

德洛尔认为具有以上一般特点的政策科学应该处理的问题集合可以分为以下四个领域:(1) 政策分析(policy analysis),目的在于为确定政策方案提供适当的方法,它的基础部分是管理科学,特别是扩张的系统分析,进行政策分析不仅要从已知的方案中选择最好的,而且还必须把创造革新的方案作为课题;(2) 基本政策(megapolicy),是指各个具体政策应该遵从的样态、假定和指针,是一种主导政策;(3) 元政策(metapolicy),是指关于如何做出政策决定的政策,与决策系统的改善相关;(4) 实施策略,政策科学不仅热衷于决策改善的实现,而且非常关注实施政策的方式、方法,即实施策略。

人物介绍 0-3:约翰·W.金登(John W. Kingdon)

约翰·W.金登是美国著名的政策科学家和政治学家。师从美国公共行政学、政策科学和政治学领域的大师级学者艾伦·威尔达夫斯基(Aaron Wildavsky),颇得其真传。1965 年在威斯康星大学获博士学位,之后曾任密歇根大学政治学系教授,现任该校荣誉教授。金登教授学识渊博,著述甚丰,除著有《议程、被选方案与公共政策》外,还撰有《国会议员的投票决策》(1989 年)和《异常的美国》(1999 年)等多部在美国学界和政界具有广泛影响的著作。

六、经典阅读

经典阅读 0-1:公共政策科学的雄心壮志

迈克尔·豪利特、M.拉米什指出,政策科学是一门相对较新的学科,它在"二战"以后,伴随着研究政治的学者寻求对政府和公民之间关系的重新理解,而在北美和欧洲诞生。在此之前,对政治生活的研究往往关注的是政府的规范性或道德方面,或者具体政治机构操作的细节。学者们研究西方政治哲学的经典著述,以揭示如何使公民过上优越的生活、政府的目的何在以及政府应该从事哪些活动。这种探究导致了有关社会的本质、国家的角色以及公民和政府的权利与责任等问题的广泛讨论。然而,规范性的政治理论与现代国家的政治实践之间的距离日益突显,促使许多学者探寻另外一种考察政治的方式,通过对现存政治组织的经验分析力求政治理论反映现实的政治实践。

与此相类似,关注政府机构的学者对立法机关、法院和行政部门进行了详细的经验性考察,而这些考察基本上忽视了这些机构的规范性内容。这些关于政治机构的正式结构研究十分关注机构的细节和程序,但大多数研究仍然是描述性的,还不能为评估这类组织结构的优点、弱点或其目的提供基础。"二战"之后,处于去殖民化、战争受害国重建以及新的国际治理机构建立时代的政治学研究者,为将其研究与正义、公平以及追求经济、社会和政治发展等问题结合起来探寻新的途径。

在这种变革和重新评估的背景下，出现了几种研究政治现象的新途径。在这些途径中，有些关注微观层次的人类行为以及公民、选民、领导者和被领导者的心理；有些关注国家社会和文化的特点；还有一些关注国家和全球政治体制的本质。对于这些途径中的大多数，诸如行为主义理论、精英研究、政治控制论、政治文化研究等探究途径，研究者们都逐一地加以实验，有些在未掌握其局限性之前便弃置一旁，转而寻求更好的途径，因而这些探究途径大多是生了又灭，所存无几。

迈克尔·豪利特、M. 拉米什指出，有一种研究途径仍然与我们同在。它所关注的主要不是政府的结构、政治主体的行为，也不是政府应该或者必须做什么，它所关注的是政府实际应该做什么。这种途径关注公共政策和公共政策制定，或者正如其创始人所认为的那样，应把它叫作政策科学。政策科学的倡导者有哈罗德·拉斯韦尔以及美国和英国的其他一些学者，他们希望政策科学取代传统的政治研究，把政治理论研究与政治实践结合起来，而不至于陷入正式的法律研究那种毫无结果的困境。拉斯韦尔提出，政策科学有三个区别于先前学科的不同特点，即多学科性、解决问题导向性和明确的规范性。

所谓多学科性，拉斯韦尔指的是，政策科学应当突破关于政治机构和结构的狭隘研究范围，吸收诸如社会学、经济学、法学以及政治学等领域的研究成果。所谓解决问题的导向性，拉斯韦尔强调，政策科学应当严格坚持适当的规范，以解决现实世界的问题为导向，而不是开展纯学术性的、往往毫无结果的争论，例如对经典的、有时比较模糊的政治著述进行的阐释就是如此。所谓明确的规范性，拉斯韦尔指的是，政策科学不应披上"科学的客观性"外衣，而应该认识到，在政府行为的研究中，不可能将目标与手段或者价值与技术分离开来。

拉斯韦尔提出的以政府活动为导向的理论为我们所继承。但是，随着时间的推移，他所提出的政策导向的三项具体内容发生了一些变化。首先，尽管依然强调政策科学的多学科性，但是，现在有大量的文献关注一般的公共政策，政策科学很大程度上已经自成一个"学科"。它有一套自己的概念、词汇、术语和关注点。虽然其中有许多概念从其他学科借鉴而来，但在运用到公共政策研究时有了某种特定的含义。此外，多学科性概念本身的内涵也发生了变化，与其说这个学科领域的学者通常不关心他们是否必须借鉴其他学科的知识，不如说他们所注重的是：他们必须至少是两个领域的专家，即政策科学的思想和关注点，以及政策实质性领域所考察的历史问题和当前存在的问题。

其次，在过去的几十年里，很少有政策学者只关注具体问题的解决。一开始，人们希望关于公共政策制定的研究及其成果可以产生直接用于解决现存社会问题的结论和建议。这种美好的愿望尽管值得称赞，但在复杂的现实政策过程面前必然破灭。因为在现实中，政府往往是不可控制的，它们常常抵制学者们就其处理的问题所提出的"专家"建议。在公共政策的现实世界里，分析技术的优越性往往要屈从于政治的需要。

最后，对政策科学保持明确规范性的要求也随着时间的迁移发生了变化，尽管这方面的变化要比其他基础性原则的变化小得多。在多数情况下，政策学者拒绝将价值观排除在其分析之外，并坚持对政策的目标、手段以及政策制定过程本身进行评估。但是，由于越来越认识到许多政策问题的不可驾驭性，政策分析者意欲规定特定目标和规范的愿望降低了。因此，有些调查研究人员要么根据效率，要么根据有效性标准，对政策进行评估，或者根据政府部门采取政策措施的记录，来确定它们实际所开展的工作是否有利于实现其所宣称的目标。

有些学者对建立一门政策"科学"的想法提出了严厉的批评，认为这种主张导致了社会工程和政府规划的希望和期望落空。尽管这种批评有时是以言过其实的单项研究为依据的，但是，我们应该将其视为对不成熟的或依据不当的规定和概念过度的诡辩所做出的警告，而不是将它视为对政府行为开展系统研究必要性的否定。由于政策科学已经把大量的经验性和理论性研究应用于全球无数政府的行动中，拉斯韦尔及其后继者早期所做的努力、提出的论断至今依然具有价值，为当今的公共政策研究奠定了基础。

（原文选自迈克尔·豪利特、M. 拉米什：《公共政策研究：政策循环与政策子系统》中的"争论：公共政策是一门科学吗"，生活·读书·新知三联书店，2006 年版，第3-7 页。本书对原文进行了一定的删节和组合，并做了适当的阐释。）

七、课程案例

课程案例 0-1：中国网络教育市场发展政策和资源配置仍需调整

艾瑞咨询 iResearch 的最新研究成果《2007 年中国网络教育研究报告》显示，内外部条件的发展和成熟，正在促使中国网络教育市场由成长阶段向着成熟阶段发展。在进入新世纪之后，网络基础设施的日益升级和普及、教育服务的逐渐细分与专业化、网络教育观念的逐步成熟和规范、相关法律法规的日益完善，这些都是形成中国网络教育市场当前发展格局的重要特征，但要发展网络教育仍需在政策和资源分配等方面做出较大努力。

有发展：网络教育用户规模持续增长

自 2004 年起，中国网络教育用户规模就始终保持稳定增长的趋势，年增长率保持在 20% 左右，中国网络教育市场已经具备了一个庞大而稳定的基数。艾瑞咨询预计 2007 年中国网络教育用户规模将达到 1220 万，同比增长 25.1%。预计 2010 年中国网络教育用户规模将上涨至 2310 万，是 2007 年的两倍。

艾瑞咨询研究发现，在如此多的网络教育用户中，学生和固定职业者是构成当前中国网络教育用户的最主要集团，这既反映了网络高等教育在中国网络教育市场中的重要位置，也反映了网络教育的职业教育性。艾瑞咨询分析认为，网络高等教育和网络职业认证教育将是未来中国网络教育市场最为重要的领域,他们相对的成熟性、基础设施的完备性、用户的接受程度都将促进这两个领域的发展。

有挑战:在政策规范和资源分配上做出努力

网络教育市场的规范化力度仍需提高。早在 2002 年,国家教育部就颁布了《关于高校网络教育学院管理提高教学质量的若干意见》,该《意见》从招生、教学过程、考试管理、教学管理等多方面做出了明确规定。但目前相关规范更多地集中于网络高等教育领域,中国网络教育的其他方面如学前教育、企业 E-Learning 以及认证培训等方面仍缺乏配套的法律法规。

影响网络教育发展规范化的另一个主要障碍是网络教育的文凭和就业政策问题。尽管国家已有明确的规定,给予网络教育文凭足够的价值认可,但观念的落后以及部分招聘企业的人才引进政策,使得相当一部分毕业生无法取得同等的就业机会。网络教育更多地偏向于职业培训的性质,目标性更强,因此也更需要得到来自社会各界的支持。

资源分配的不均衡性依然严重。网络教育资源分配的不均衡性主要体现在两个方面,一是经济发达地区和经济欠发达地区在教育资源的拥有度上存在差别。前者拥有更多的对网络教育资源的决定权和使用权,而后者则相对较少。在一些地区这种相异更加明显。另一是网络教育资源建设上的重复性。在教学系统建设、课程资源建设等方面都存在重复开发的问题。此外,在一些网络教育专业的设置上,过于侧重热门或就业形势好的专业,造成部分冷门专业招生困难。

艾瑞咨询总结分析认为,中国网络教育市场正处于成长阶段。网络基础教育、网络高等教育和网络职业认证教育已得到了普及,诸如网络学前教育、企业 E-Learning 等新兴领域都开始了部分尝试,一些企业还取得了相当不错的成绩。这些都足以表明中国网络教育在未来几年会呈现出百花齐放的格局。不同的网络教育形式都将发挥自己的特色和优势,网络教育将会是终身教育体系的重要组成部分。但中国网络教育市场依然面临着不少挑战,唯有继续发展才是出路。

注:艾瑞咨询专注于网络新经济领域,是一家提供连续数据产品、调查研究和战略咨询服务的专业机构。详情请访问:http://www.iresearch.com.cn.

(资料来源:中国广告网,艾瑞:2007-10-17 http://www.cnad.com/html/article/2007/1017/20071017165756844.shtml,在形成案例时,本书做了一定的调整和改动。)

课程案例 0-2:公共政策与"公众参与"

《南京市城市治理条例》开始实施

2013 年 3 月 1 日,《南京市城市治理条例》(以下简称"条例")正式实施。这部地方性法规在全国范围内首次从"城市管理"走向"城市治理",其中最重要的创新就是让公众成为城市管理的主体。法规中明确规定,"城市治理委员会由公务委员和公众委员组成,其中公众委员不少于50%"。也就是说,公众可以与市长、局长们一起坐下来,商讨和决策某个城市的管理事项。

公众参与治理南京

条例明确"推动公众参与城市治理",设立城市治理委员会。城市治理委员会由公务委员和公众委员组成,其中公众委员不少于50%,并赋予其特定的法律地位。通过立法,保证公众能够从影响决策转变为直接参与决策。南京市城管局法规处人士介绍说,城市治理委员会是市政府下设的组织,随着公众意识和素质的提高,公众委员50%的比例还将逐步提升,以充分吸纳民意。南京城市治理委员会办公室将设置在市城管局。

月初将发出公告,市民可自行报名

备受市民关注的公众委员如何产生呢?城管局法规处人士介绍说,"将在南京媒体、城管局门户网站等上面发布南京市城市治理委员会公众委员的推选公告"。公众委员由两部分人组成,即专家和普通市民。能否报名成为公众委员,是有具体要求和条件的,比如热衷城市治理的市民等要求,当然,大家也可以推荐相关的专家。据了解,关于名额数量,市政府目前还没有定论。

公众委员任期拟定为3年

另外,关于公众委员的任期时限,目前初步设定为3年,但市政府还没最终确定下来。"不过,这中间,有专家建议,像政府换届那样,每5年一换,也有建议1年一换的。而且另外还有建议,如果公众委员不履行职责义务,比如某个城市管理事项中,邀请他来参与讨论,却因故没来,达到一定次数不来的,是否就应考虑换人。"法规处人士表示,这些具体细则,都将在后续进行公布。

公务委员方面由市长挂帅

那么公务委员又是哪些人员构成的呢?城管局法规处人士表示,公众委员包括市长、副市长、11个区的区长以及民政局、规划局、人社局、农委、商务局、工商局、住建委等与城市治理相关的职能部门主要负责人。

南京市城管局法规处人士表示,平时南京地方事务的决策权在市政府常委会,今后,哪些城市管理事项可以让城市治理委员会来讨论决策,是需要市政府授权的。

"柔性管理,最小损害"全国首创

"条例中的第四条确立了'柔性管理、最小损害'原则,为全国首创。"南京市人大法制办的人员对此做了解读,城市管理相关部门应当根据违法行为的不同性质和危害后果,优先采用教育、劝诫、疏导等手段。当事人违法情节轻微,经教育后自觉履行法定义务,并且未造成危害后果的,可以不采取行政强制措施、不实施行政处罚。

若执法中犯错要在媒体公开道歉。该《条例》第83条提出:城市管理相关部门的执法行为存在过错,致使公共利益或者公民、法人、其他组织的合法权益受到严重损害,造成恶劣社会影响的,城市管理相关部门及其工作人员应当通过报纸、电视、广播、网络等媒体公开道歉。

住宅附近新增环卫设施,政府将补偿居民。小区住得好好的,忽然小区周边冒出了一个新的环卫设施,比如垃圾中转站等,这些投诉和争执时有发生。对此,条例明确要求,政府应当合理布局,按照规划要求和时间节点,及时配建环卫设施。新增环卫设施对周边已有单位和住宅区居民造成损害的,政府应当予以适当补偿。

道路未满年限就开挖的最高罚 2 万。"拉链马路"现象,也是市民投诉和不满的热点话题,就此《条例》要求,新建、改建、扩建的城市道路未满年限不得再次挖掘,主管部门不得颁发挖掘许可证。具体来说,新建、改建、扩建的城市道路交付使用后五年内、大型翻建的城市道路竣工后三年内不得挖掘。未经许可挖掘城市道路的,责令停止挖掘,恢复原状,并处以五千元以上二万元以下罚款。

将陆续出台 5 个配套细则

南京市人大法制委主任介绍说,该条例的起草方式很创新,由中国人民大学法学专家领衔起草,"以前地方性法规,一般都是地方自行起草立法条例的,这次通过第三方立法,是一次很成功的创新行为"。

据介绍,该《条例》与南京其他法规相比,在法律效力上是具有龙头法地位的。据南京市法制办负责人介绍,接下来还将出台 5 个配套细则,包括《南京市城市治理委员会议事规则》《南京环卫设施办法》《无物业小区托管管理办法》《生活垃圾分类管理办法》《城市管理行政执法协管员制度》,"其中后两个配套细则已经组织起草完毕,很快将出台"。

(据《扬子晚报》,2013 年 3 月 1 日)

扬子今日谈

《南京城市治理条例》今起正式实施,作为全国第一个城市治理条例,设立"南京城市治理委员会"可谓一大亮点:委员会由公务委员和公众委员组成,其中来自普通民众的"公众委员"不少于 50%。

作为直接影响公众利益的公共决策,本就该有公众参与。无论是"公众委员",还是缓涨气价,事实上都是公众在参与公共决策,不同的是前者是主动的,后者是被动的。南京设立"城市治理公众委员",是让公众从影响决策转变为直接参与决策,主动接纳了公众参与。

美国学者谢里·阿恩斯坦曾提出"公众参与阶梯理论":在梯子的最底端,公众完全没有发言权,处于被操纵或被教导的地位;再往上,公众获得了一定的知情权和信息,政府决策机构会向公众征求相关的想法和意见,但最终决策权仍不属于公众,这是"象征性参与阶段";梯子的顶端则是进化到公民代表控制和公民控制,这属于"公民权力"阶段。按照这一理论,我们离最理想的那个位置还有距离。

公众参与需要三个条件:第一,公众参与一定要信息公开;第二,公众参与必须要有利害相关人来参与;第三是反馈,没有反馈的公众参与就是表层的参与。近日,铁道部和环保部,一个拒绝公开 12306 招标信息,称"不属于铁道部信息公开范畴";一个拒绝公开全国土壤污染状况调查数据,称属于"国家机密"。这两件事情引发如潮质疑,是没有处理好公众参与的典型反例。

再说说我们熟知的"听证会"制度,这被很多部门称为"公众参与"的理想方式,但很多时候"听证"被诟病为走过场,最根本原因就是在公众、专家和政府这三个角色中,议程的设置权、话语权和决定权显然不在公众手里。在这种权力不对等的情形下,听证恐怕就真的只是"听听而已"了。盐城抢气事件的教训就是,只有事先有了主动有效的公众参与,一项行政决策才能把决策失误的风险和执行成本降到最低。

随着我们国家民主政治的进步,公众的参与正在越来越多地受到重视。无论主动被动,任何形式的公众参与,都对决策的科学性和可行性有莫大的价值。"说老百姓听得懂的话,做老百姓想要做的事",中央的这个要求正成为各级政府的共识,而积极、提前、主动接纳"公众参与",是践行这种共识的有效手段。

南京的城市治理条例今天生效,这也是检验公众参与的试金石。我们希望这种参与是真正的不带水分的参与,能让南京在城市管理上不仅仅只是"率先立法"而已。

(据《扬子晚报》评论员)

(资料来源:扬子晚报网 http://www.yangtse.com/system/2013/03/01/016406408.shtml,在形成案例时,本书做了一定的调整和改动。)

八、学习思考

基本概念

解释下列政策概念,并尝试译成英语。

公共政策学科

拉斯韦尔的公共政策模式

德洛尔的公共政策模式

行为主义

政策替代文化

新制度主义

基本原理

阅读本章的电子文本、课程课件、经典阅读、知识补充、研究论文,尝试回答下列问题:

为什么将拉斯韦尔尊称为"公共政策之父"?

公共政策学成为相对独立学科的条件与标志是什么?

西方公共政策学科产生的历史背景是什么?

西方公共政策学经过了哪些阶段的历史演变?

如何理解中国公共政策的历史传统?

改革开放以来中国公共政策学科发展的状态如何？

基本应用

案例分析

仔细阅读本章的课程案例，对案例发生的外部环境背景、案例中包含的公共政策要素和过程进行描述，并做出评价。

读书笔记

仔细阅读本章提供的经典阅读、知识补充、研究论文，围绕经典论述写出读书心得。读书心得应包含下列内容：

经典论述的主要理论和观念；

经典论述表述的理论或观念对中国现实政策过程的解释力度（能够对中国现实的公共政策过程做出很好的解释，只能部分解释，完全不能解释）；

是经典理论与观念不完备，需要做出修改，还是中国公共政策过程需要加以改进？

第一编　公共政策研究

在公共政策科学体系中,政策研究具有重要的地位。只有经过深入持久的、不断积累的科学研究,从而使获取的政策知识存量不断增加的情况下,政策科学才能得到发展。人类社会一直存在以解决问题为中心内容的政策活动。在没有公共政策科学之前,人们早就有了公共政策实践活动。公共政策科学只不过是在这种人类大量的自发性、经验性政策活动基础上产生出来的自觉性、理性的专门知识领域。但是,要将人类自发的、经验性的政策实践转化为带有确定性、规律性和重复性的理论、技艺和方法,则需要进行专门的科学研究和知识创造。

关于公共政策研究的内容与范围,国外有两种见解。一种是强调广义的政策研究,一种是强调狭义的政策研究。主张狭义政策研究的学者们认为,政策研究仅仅是为了对公共政策的制定、实施和评估提供帮助。政策研究可以界定成为解决各种具体社会问题而对不同公共政策的性质、原因及其效果的研究。显然,这种狭义的理解大大缩小了政策研究的范围,也低估了政策研究的功用。

主张广义政策研究的学者们认为,公共政策研究几乎涵盖了政策过程的所有环节和方面。政策研究是科学,是基于技艺的知识和艺术的综合。这里的科学指的是理论、观念和方法原则的体系;这里的技艺指的是基于知识的可用技术、经验的原则和标准操作程序的整体;这里的艺术是指步骤、风格和人的工作态度。因此,政策研究可以被定义为指导研究或分析的过程,旨在为政策制定提供行动指南。在这一点上,政策研究与其他类似的科学,如应用社会学有本质的不同。在本书中,我们倾向于对政策研究采取较为宽泛的理解。

公共政策研究包括对政策基础理论的研究。通过这方面的研究,让人们知道有组织的社会活动的特性和利益需求结构,民主政治体制和宪政社会与政策系统运行的关系,现代政府的治道和治理改革与政策系统的关联,社会转型、体制改革与政策运行周期的联系,不同层次、不同领域、不同功能政策之间存在的冲突与一致,等等。

公共政策研究还包括对具体政策运行过程的研究。通过这方面的研究,让人们知晓政策制定要经过哪些过程以及如何使得政策制定系统优化,政策执行过程是什么以及如何促进政策执行系统优化,政策评估要经过何种程序以及如何使得评估系统优化,等等。

政策研究还应包括对政策分析中的过程、模型及方法的研究。通过这方面的研究,让人们知道政策分析的环节、模型,政策分析人员的类型、素质和作用,政策分析中需要使用的各种具体模型和方法,等等。但是这方面的研究内容只是为政策分析提供框架性的基础。对政策分析中的程序、模型、方法、技术的探讨仍然属于政策分析的任务,是政策分析中属于方法论的内容。

在这一编中,我们将研修下列内容:

第一章　公共政策的性质与功能

§1. 公共政策的性质

§2. 公共政策的特点

§3. 公共政策的功能

第二章　公共政策的系统与要素

§1. 公共政策的外部环境

§2. 公共政策的主体客体

§3. 公共政策的价值

§4. 公共政策的工具与资源

第三章　公共政策的规划与决策

§1. 公共政策过程模型

§2. 公共政策的议程

§3. 公共政策的规划

§4. 公共政策的决策

第四章　公共政策的执行与评估

§1. 公共政策的执行

§2. 公共政策的评估

§3. 公共政策过程中的公众参与

第一章　公共政策的性质与功能

要研究公共政策,首先需要了解什么是公共政策,即弄清楚它作为人类有组织活动的实质。同时,还需要了解公共政策活动的特点,以及它在社会治理和变革中所起的作用。

一、研修的内容

在这一章中,我们将研修下列内容:
　　§1. 公共政策的性质
　　§2. 公共政策的特点
　　§3. 公共政策的功能

案例导入:全面取消"以药补医"的政策

随着医改的顺利推进和成效的初步显现,医疗改革逐步进入"深水区",加快公立医院改革成为"十二五"期间深化医改的重要任务。

而取消"以药补医"机制,推进医药分开,又是确保公立医院回归公益性,进一步缓解看病难、看病贵问题的关键环节。

"以药补医"的弊端

首先,"以药补医"使得医院收入与药品收入直接挂钩,直接刺激医院通过多开药增加收入,不规范的诊疗行为难以避免。

其二,"以药补医"是导致"看病贵"的一个重要原因。过度用药导致医疗费用不合理增加。医院药品费用占医疗总费用的比重达到50%,远高于发达国家的10%—20%的比例。

其三,"以药补医"使一部分原本有技术、有能力为百姓服务的"白衣天使"失信于民,恶化了医患关系。

其四,在"以药补医"政策下,药品生产流通企业和医院都没有动力主动降低成本,医院倾向于卖贵药、用贵药,大量资金消耗在药品流通环节的不正当竞争中,不利于医药行业的健康发展。

上层的决心

2012年4月17日中共中央政治局常委、国务院深化医药卫生体制改革领导小组组长李克强出席全国深化医药卫生体制改革工作会议并发表讲话,提出要通过完善基本药物采购制度、规范药品生产流通秩序,把药价降下来,把质量保障好。这是保障群众基本医疗需求和适应多样化需求的有效途径。要以县级公立医院改革试点为重点,做好逐步破除"以药补医"、创新体制机制、推行便民惠民改革举措三篇大文章,探索走出公立医院改革的路子。

取消"以药补医"时间表

时任卫生部部长的陈竺在全国卫生工作会议上提出,要坚决落实取消"以药补医"的相关政策,2012年在300个试点县先行推开,力争2013年在县级医院普遍推行,2015年在所有公立医院全面推开。"十二五"时期必须理顺补偿机制,全面取消"以药补医"。

相关政策日渐明确

中央政府和有关部门相继制定、出台一系列相关政策,推进公立医院补偿机制改革,加大政府投入,完善公立医院经济补偿政策,逐步解决"以药补医"问题。

《中共中央、国务院关于深化医药卫生体制改革的意见》强调要推进医药分开,逐步取消药品加成,不得接受药品折扣。医院由此减少的收入或形成的亏损通过增设药事服务费、调整部分技术服务收费标准和增加政府投入等途径解决。

《医药卫生体制改革近期重点实施方案(2009—2011年)》强调改革公立医院补偿机制。探索实现医药分开的具体途径,改变医疗机构过度依赖药品销售收入维持运转的局面,逐步取消药品加成政策,合理调整医疗服务价格,完善基本医疗保障支付方式,落实财政补助政策。

《关于公立医院改革试点的指导意见》强调推进补偿机制改革。以破除"以药补医"机制为关键环节,推进医药分开,逐步取消药品加成政策,将公立医院补偿由服务收费、药品加成收入和财政补助三个渠道改为服务收费和财政补助两个渠道。

另外还制定和公布了《"十二五"期间深化医药卫生体制改革规划暨实施方案》。

改革政策产生的效果

在药品管理的变革方面:

深圳:取消公立医院药品加成,患者凭医生处方可到社会零售药店购药;

潍坊:医院由托管方对药品服务直接管理,医院人员不直接接触药品,只对托管方进行监管;

宁夏:取消药品加成,实行"零差率"销售,将药房整体托管到大型药品配送企业。

在医疗付费的变革方面:

镇江:推行以人头付费为基础的付费改革;

北京:推出按病种分组的付费改革;

上海:推行总额预付改革。

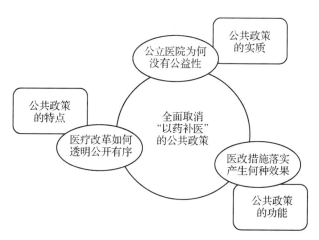

图 1-1　导入案例与本章内容的对应

§1. 公共政策的性质

§1.1 政策的语义考察

古代典籍中的政与策。在古代汉语中,"政"与"策"是分开的。"政者,正也",其本义为"规范""控制";而"策,谋术也",其本义为"计谋""谋略"。至近代,通过不同渠道,这两个原先分开的字合成为一个词,其含义是通过谋划,对人的行为和活动加以规范、校正,以便解决存在的问题。

西方的政策概念进入中国话语的途径。在近代,中国人所使用的政策一词,其来源有多种说法。有人认为是从日本传来的。明治维新后,日本接受西方文化,出现英文。他们将"policy"翻译为"政策"。1840 年鸦片战争后,该词又从日本传回中国。①

也有人认为"政策"可能是由在中国生活的西方人翻译出来的。据载英国传教士李提摩太,在 1895 年曾给大清朝廷呈送了一份《新政策》,要求清政府设置新政部,聘请英美等国人士来主管新政,故中国就有了"政策"这一词语。②

中国人中比较早使用政策这一词语的是梁启超。1899 年,他写了《戊戌政变记》,其中就有"政策"一词。他认为"中国之大患在于教育不兴,人才不足,皇上政策首注重于学校教育之中可谓得其本矣"。后来,孙中山也在文章中使用了"政策"这一概念。此后,政策一词便在中国社会广泛流传开来。

在对公共政策进行词源学考察时,必须注意虽然汉语中没有现成的"政策"一词,却有与"政策"意义相同或相近的语词。人们也正是在政策的意义上使用它们的。这

---

① 参见孙光:《政策科学》,浙江教育出版社,1988 年版,第 1 页。

② 参见邢国华:《政策学原理》,江西人民出版社,1989 年版,第 3-4 页。

些词语主要有"路线""战略""方针""策略""计划""措施"等。可以将"路线""战略"看作"总政策";将"政策""方针"看作"基本政策";将"策略""计划""措施"看作"具体政策"。

§1.2 政策的链条

人类有多种多样的政策活动。在下述的四个案例中,政策活动中的决策者和需要解决的问题各不相同。

案例一:A家庭只有一个女儿,夫妇俩决定拿出多年的积蓄,让她出国深造。

案例二:B企业生产儿童玩具,在市场调研中发现独生女孩越来越多,决定多生产适合女孩玩的高级洋娃娃。

案例三:C国在人口普查中发现,由于某些医院迎合某些家庭重男轻女的观念,对胎儿做性别测定,导致全国人口性别比例失调,于是决定禁止医院做这类测定。

案例四:鉴于人口总量不断增加,联合国召开由各国首脑参加的会议,签署宣言,承诺各国的经济增长应以不影响后代发展为前提。

人们会发现在社会生活中,存在一根"问题链"。处在"社会问题链"一端的是个人问题,或者是由个人组成的家庭问题,像个人恋爱问题、家庭财产的分割与享用问题、家庭成员间的关系问题,等等。这些问题发生在个人身上,也发生在家庭中,要解决好这类问题,需要制定和实施的则是个人的、家庭的、家族的政策。在个人、家庭之外则是企业、社会集团,它们也会碰到问题。比如,企业的投资不足、产品质量不高、技术老化等问题。社会集团也会遇上种种问题,如内部成员的争执、与其他集团的竞争、发展的方向出现偏差等,这需要制定和实施企业、集团的政策来加以解决。

在集团、企业之上的则是一个国家、一个执政党、各级政府遇到的问题。比如,一个国家能源短缺、环境污染、恶性生产事故不断、弱势群体增多、贫富两极分化、社会保障水平低下,等等。这些社会问题有些是地区性的,有些则是全国性的。它关系到许多人的利益,而且仅凭个人、家庭或个别企业、集团的力量无法加以解决。要解决这类社会问题,非执政党和政府出面不可,这就是国家、政府为主导制定和实施的政策。

在"社会问题链"最高端的是超越单一国家、政府范围的地区和全球社会问题。随着全球化趋势的日益加强,有些与整个人类的生存和发展密切相关的社会问题也日益显现,如跨国犯罪、跨国毒品贩卖、全球生态破坏、大规模杀伤性武器的扩散、世界各地出现的恐怖威胁等问题。这类问题光靠某个国家或某些国家的政府是解决不了的。唯一可行的是加强地区和全球合作,形成地区和全球的命运共同体,实行地区和全球的协同治理。要解决这类超国家、超政府的社会问题,需要制定和实施的是地区的、全球的政策。

简单地说,凡是人类自觉地解决社会生活中所遇到问题的活动就是政策活动。与人类需要解决的"社会问题链"相对应的是一个"政策连续谱":从解决个人、家庭问题的个体、家庭政策活动,到解决社会团体、企业问题的社会团体政策活动,再到解决一国社会公共问题的政府政策活动,直至解决地区、全球问题的地区、全球治理的政策活动。处在这一政策活动链条后两个环节上的政策活动属于公共政策活动。

§1.3 公共政策定义的分析

公共政策是政策连续谱上的一个环节,是具有公共性的一些特殊的政策。对于具体的政党组织和政府部门而言,公共政策是用来解决在其治国理政的责任和职能范围内出现的公共社会问题的手段。这种属于政党、政府管理职能和责任的、由政府通过一系列行为来实现的过程,具有复杂性、多因素性。正因为如此,人们在为公共政策做出界定时,就会有多重视角,得出多种定义。

举几个有代表性的公共政策定义加以分析。最有代表性的公共政策定义是托马斯·戴伊(Thomas Dye)做出的。他认为,公共政策是关于政府所为或所不为的所有内容。可能涉及对行为的管制、组织官僚体系、分配利益行为等。

评价:这一定义只强调了政府具有选择的职责,强调在公共政策活动中政府做出的做与不做的决策。但定义中所论及的政策行动主体比较单一,也缺乏对政府行动因素的强调。

其次是詹姆斯·安德森(James Anderson)的公共政策定义。他认为,公共政策是某一行动主体或一群行动主体解决问题或相关事务的有意识的行动。

评价:这一定义强调在公共政策活动中存在着许多行动主体及其利益;公共政策活动是以解决问题为取向的;政策行动主体具有自觉意识,但缺乏对政府在公共政策活动中责任与能力方面的作用。

在许多教科书上,威廉·詹金斯(William Jenkins)的定义也常被提及。他认为,公共政策是由政治行动主体或团体主体在特定的情境中制定的一组相关联的决策,包括目标选择、实现目标的手段,这些政策原则上是行动力所能及的。

评价:这一定义强调了公共政策活动中有多种行动主体,政府必须进行一组相关联的决策;政府政策活动中的决策范围应当是力所能及的;政府在政策活动中作为工具的目标选择和与目标相关的手段的目标导向。但这一定义没有强调公共政策活动的根本目的是解决问题。

公共政策定义是否准确、清晰,关系到整个公共政策知识体系的科学程度。但是,公共政策概念定义的多样性所反映的并不是概念本身的不准确与含混不清,而是表明:一是公共政策是一个由多个学科的知识交叉渗透而形成的具有边缘性、综合性的新兴学科,由于其内容的复杂性,从而导致其特征、属性的多样性;二是人们对公共政策的认识具有多视角、多层次的特征,不同的学者正是从不同的视角、不同的层次、不同的方面来对公共政策进行规定,才得出了不同的定义;三是公共政策的实践与理论不是僵化不变的,而是处在动态的发展之中,随着公共政策实践经验的丰富与对公共政策认识的深化,会出现不同的公共政策定义。

§1.4 公共政策的简要定义

公共政策定义总是与人们现实的社会治理任务联系在一起,因此,不存在一个能包揽一切、永远正确的绝对的公共政策定义。在不同时期,不同阶段,人们总是要概括出与现实社会治理相适合的,具有某种相对性的公共政策定义。从中国转型社会的现实出发,可以做出如下的公共政策界定:公共政策是以执政党组织和政府为主的公共机构,与市场和社会协同,在一定的政治背景下,经论辩、竞争、合作的民主途径,以科学方法选择适合的工具,采取行动解决社会公共问题求得社会进步的活动过程。

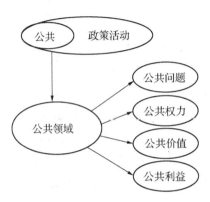

图 1 - 2　公共政策活动与公共领域

这一定义表明:公共政策是执政党和政府做出的以解决社会公共问题为宗旨的政治决定;是执政党和政府立足于责任和能力的范围,使社会达到善良治理的一种手段;是以解决问题为中心、满足多元利益需求、事实和价值统一的能动活动;是多个利益相关者通过论辩、竞争和合作的民主活动;是强调使用方法、技术和程序的科学活动。

这一简明定义也规定了公共政策活动的一些基本特征:首先,公共政策活动是以解决公共问题为取向的,是政府为主的公共机构为解决社会公共问题而采取的行动。其灵魂就在于解决那些已经对社会发展和人民生活的提高构成阻碍甚至威胁的带有普遍性的公共社会问题。发现并确认社会公共问题是政府公共政策活动最为重要的前提。

其次,公共政策活动是以政府及其公共部门为主导的。在转型社会中,公共政策活动的主体是一个社会网络,其中既包括执政党组织、政府及其各个部门,还包括市场力量,比如企业组织,以及数量不断增加的非政府性、非营利性的社会组织。在这一社会网络中,政府及其部门发挥着主导作用。

第三,公共政策活动是以公共权力的运用为依托的。公共政策是对社会进行政治统治和政治管理的方式。从根本上讲,制定一项公共政策就是决定和落实一项政治措施。制定、执行、评估公共政策的总体目标就是要保持社会稳定,保证社会公正、民主、和谐的发展。

第四,公共政策活动是以科学民主决策为生命的。公共政策活动的目标是为了回应社会公众提出的要求,制定和实施正确的规划、方针、措施,来解决那些阻碍人民生活水平提高、社会持续发展的社会公共问题。

第五,公共政策活动是以维护公共利益为目标的。从具体的公共政策来说,其目标是为了解决已经客观存在并且对社会秩序的维护和社会的正常发展构成威胁的公共问题,由此来协调、平衡公众的利益矛盾和冲突。以公共政策作为主要手段和途径的政府公共管理,其根本目的是为了对社会公众利益进行协调和平衡。特别是在社会主义国家中,政府是人民利益的代表者,其公共管理的根本宗旨只能是为人民即绝大多数公众服务。这种服务的主要途径就是制定、执行公共政策。因此,公众利益是一切公共政策的出发点与归宿点。政府要通过公共政策的制定、实施和评估,来进行利益选择、利益综合、利益分配、利益落实,以达到持续不断发展公众利益的目的。

§2. 公共政策的特点

§2.1　公共政策的政治性

首先,公共政策是政治决定。公共政策是执政党和政府做出的、以解决公共领域中的公共问题为宗旨的政治决定。政治不仅要研究公共权力的性质,公共权力的获得,公共权力的运行与监督,而且要关心如何提高政府本身的能力和怎样改善治理效果。政治是公共政策活动中不可缺少的元素。

在公共政策活动中必须处理好政治与经济的关系。公共政策中的政治和公共政策中的经济如同两只在相反方向上速跑的兔子。如果只追其中一只,就会放跑另一只。L. 米德(Lawrence M. Mead)认为,应当将具有评价性的、关注投入产出的经济学公共政策研究和具有说明性的、关注价值的权威性分配的政治学公共政策研究整合起来,先以政治学政策研究作为环境,再在政治环境下使用更为精细的经济学研究方法。

其次,公共政策的政治性,最重要的方面是它必须包含和体现民主。公共政策是多个利益相关者通过论辩、竞争和合作的民主活动,仅仅从经济学、社会学、文化学上来理解公共政策是远远不够的。公共政策既然与政治相关,它的本性中就应当包含政治民主的要求。从根本的价值取向上来说,公共政策必须是民主的。

§2.2　公共政策的公共性

与公共政策政治性相对应的特性是其公共性。日本公共政策学者药师寺泰藏说过,"'公共政策'的意思与其字面意思相同,即为'公共'而制定的'政策'"[①]。公共政策活动是特指人类在公共领域中运用公共权力、坚持公共价值、解决公共问题、实现公共利益的活动。

首先,公共政策活动是以解决公共问题为取向的活动。能够成为人们关心焦点的公共问题,总有其外在的特征:存在一些与既定秩序不相吻合的现象、情况;出现相关的公众议论;公共媒体展开焦点报道;公共舆论领袖发表意见;部分利益相关者已经开始行动。

其次,公共政策活动一定是执政党组织和政府部门解决在其责任范围之内、力所能及的公共问题的自觉能动活动。通常,合法的政党组织、政府及其部门都有其法定的职责,其行为可能是负责任的,也可能是不负责任的。现存的执政党组织、政府及其部门都具有一定的由公共权威、公共人力资源、公共财政、公共设施、专业技术等因

[①]　药师寺泰藏:《公共政策:政治过程》,张丹译,经济日报出版社,1991 年版,第 2 页。

素构成的公共治理能力，它们可以选择做力所能及的事，也可能选择做力所不能及的事。一个有作为的政党，一个致力于善治的政府，总是在责任所在、能力所及的范畴内展开公共政策活动。

最后，公共政策活动一定是以维护和实现人民的公共利益为目的的活动。公共利益是一切公共政策活动的出发点与归宿点。执政党组织和政府部门要通过公共政策的制定、实施和评估，来进行利益选择、利益综合、利益分配、利益落实，以达到持续不断地发展公共利益的目的。

§2.3 公共政策的能动性

首先，公共政策活动是一种公共治理的手段。公共政策是执政党组织和政府部门立足于负责任和力所能及的基础上，管理公共事务，使社会达到善良治理的自觉能动的手段。公共政策活动的主体必须在资源有限和人们利益需求无限的矛盾状况下，为回应和满足公众、集团的多方利益要求，为社会的持续发展，采取并实施的有计划的项目选择。

其次，公共政策活动是组织起来的人们进行的自觉活动。公共政策是以解决问题为中心的、满足多元利益需求的、事实和价值相统一的能动、自觉的活动。公共政策活动体现了人类利用已经建构起来的社会结构和社会关系，致力于解决公共问题的能动性。在这种自觉能动的活动中，解决问题是中心、满足多元利益需要是轴心、事实价值统一是核心。

第三，公共政策活动是有理智的人们展开的科学活动。公共政策的目的是要在有限的资源供给和不断增长的公众需求之间求得平衡，在政策活动中必须强调使用合理的方法、合适的技术和合法的程序，因而必然是自觉能动的科学活动。

§3. 公共政策的功能

§3.1 公共政策的导引功能

公共政策的导引功能是指以执政党组织、政府部门为主的公共机构在公共政策活动中，通过目标制导或价值和行为制导，引导政策标的群体按照一定的规范和准则去行动，从而发挥出缓解和消除公共社会问题、保持社会有序和谐持续发展的现实作用。

公共政策导引功能有其实现机制。社会活动主体的行为是可以改变的，从而也是能够加以规范和引导的。制定与实施公共政策正是要针对因利益矛盾而引发出来的公共社会问题，而确立一定的合理行为准则，并凭借这些准则去规范和制导人们的行为，改变社会的人力、物力、财力等资源在空间分布与时间流动方面的配置，从而对社会发展的方向、速度、规模进行约束，保证社会运行合理、有序，朝向某种既定的目标发展。

公共政策导引功能也有其实现途径。公共政策的导引功能主要通过两种途径表现出来。一是目标控制的途径。凡是公共政策都有明确的目标。在公共政策的制定中，必须依据公众的利益要求、既定的社会环境条件与政府的责任能力，确定科学、有效的目标体系。政策的实施则是将社会生活中原来存在的复杂多向、矛盾冲突的个别目标强制地纳入一个统一的既定目标体系之中，从而使人们朝着大体相同的方向有序地前进。

二是价值和行动控制的途径。公共政策是事实和价值的有机统一。凡是公共政策都包含一定的价值体系、规范体系和行动体系。价值体系的作用在于告诉人们政府所提倡的政策是有用的、应当的、必需的；规范体系的作用在于告诉人们行为的界限，指出哪些行为是允许的，哪些是不允许的；行动体系则告诉人们为达到政策的目标应当怎么做，采取何种途径去做。通过价值、规范和行动方面的指导，人们就能改变观念，统一认识，实施合理、有序、有效的行为。

§3.2 公共政策的调控功能

公共政策的调控功能是指以执政党组织、政府部门为主的公共机构在统筹协调多方利益的基础上，通过规定公众认可的行动目标和价值，以直接的和间接的方式，发挥出来的调节和控制社会朝着既定的战略方向前进的现实作用。

政策调控功能有其实现的基础。现实社会中存在着各种不同的利益群体，它们之间不可避免地会有利益上的摩擦、对立、冲突，从而会阻碍公众利益持续、有效地增长。如果对个人与个人、个人与集体、集团与集团、人的活动与自然生态的关系加以统筹，就能保证公众利益的均衡合理，人与自然的友好相处，从而提供总体社会生活公正、有序、和谐、持续发展的条件。

政策调控功能有其实现的类型。公共政策活动发挥调控作用有直接与间接两大类型。公共政策是划分领域的，某项公共政策对与其对应的领域所起的调控作用是直接性的，而对于其他相关的领域来说，其调控作用则是间接性的。比如作为基本国策的人口政策，它对人口增长与优化有直接的调控作用，但对产业结构的提高与优化只有间接的作用。

§3.3 公共政策的分配功能

公共政策的分配功能是指以执政党组织、政府部门为主的公共机构，在依据一定的原则，通过不同的途径，让不同的个体、群体分享社会财富，为实现总体社会生活的公平、正义、有序发展所发挥出来的现实作用。

公共政策分配功能的实现必须依据一定的原则。一般地说，政府的公共政策所体现的分配原则主要有三种：一种是为追求效率而鼓励扩大差别的原则；二是为消灭差别求得平等而牺牲效率的原则；三是效率与公平相统一的原则。

在计划经济体制下，执政党组织和政府推行的公共政策在分配功能上坚持的是牺牲效率的平均主义原则。在突破平均主义，致力于提升经济效率的战略下，执政党组织和政府在分配功能上常常会采取追求效率而鼓励扩大差别的原则；在市场经济体制逐步完善的条件下，执政党组织和政府在制定与实施公共政策时则会坚持效率与公平统筹兼顾的原则。

公共政策分配功能的实现有其具体的途径。公共政策的分配可以通过三种途径来实现。一是第一次分配的途径，通过制定相应政策，依据劳动的数量、质量，依据创造财富要素贡献的大小进行分配。第一次分配坚持的是效率、效益的原则。

二是第二次分配的途径，通过制定实施相应的政策，在对公共财政进行分配时，对因天赋差异或机会不均等而产生的弱势群体加以补助，让其获得基本生活条件；对因历史、地理等因素造成的落后地区进行补助，让其获得平等竞争、持续发展的条件。第二次分配体现的是公平、正义的原则。

三是第三次分配的途径，通过制定实施相关政策，支持和发展慈善和公益事业，对社会困难群体、落后地区和遭遇灾难的人群进行救助。第三次分配坚持的是自愿、人道的原则。

§3.4 公共政策的应急功能

公共政策的应急功能是指以执政党组织和政府部门为主的公共机构，通过建立预警、应对、化解、反思学习等机制，尤其在预防、隔离、消除社会转型时期发生的危机时，发挥出来的挽救公众生命、保护公共财产、恢复社会秩序的作用。

公共政策应急功能有其实现的条件。在转型社会中，由于新旧体制交替、摩擦，社会利益出现分化，资源配置发生新的变化，这些都会导致原有既得利益群体的不满和新弱势群体的出现。当社会出现新的严重不均衡时，就会出现某些动荡和突发事件。

另外，由于自然界自身的运动，也会出现地震、海啸、飓风等自然灾害。由于人类不理智、不健康的生产与生活方式也会导致食品卫生事故、技术和生产安全事故、高致病性的传染病等，也会引发某些动荡和危机。所有这些突发事件、危机事件都需要人类通过制定、实施相关政策，采取迅速果断的行动，及时、有效地应对、化解危机，恢复秩序，才能保障总体社会生活的持续、稳定和发展。

公共政策应急功能有其实现的机制。公共政策在应对突发事件和化解社会危机中发挥作用主要是通过三种机制来实现的。一是预警机制。当突发事件和危机还处于潜伏时，就展开日常风险管理，制定预案，积极预警。二是化解机制。当矛盾冲突已经出现，但还没有加剧和激化时，就展开利益协调，化解矛盾，避免危机事件出现。三是应对机制。当某些矛盾激化、引发社会动荡，出现社会突发危机事件时，公共政策的作用则是隔离危机、挽救生命财产损失，防止社会混乱，恢复社会正常秩序。四是反思学习机制。当突发危机事件平息之后，通过制定相关政策，总结经验，寻找薄弱环节，加强培训和演练，形成有效的危机应对法制、体制和机制。

§3.5 公共政策的创新功能

公共政策的创新功能是指以执政党组织和政府部门为主的公共机构，利用主客观条件，通过建立相关机制，在破除终结旧的政策、创造适合社会持续发展的新政策过程中发挥出来的作用。

政策创新功能的实现，必须具备一定的条件。在社会转型时期，重要的任务是破除无效率的、已经同社会发展要求不相适应的旧体制。旧体制总是同社会的旧利益结构、旧机构设置及陈旧的制度安排联系在一起,又具有极强的惯性。这就会出现一种状态:一方面旧体制的弊端已经显露出来,逐渐失去人们的信任。另一方面,要求获得新利益的人们期盼着革新,向往新的政策。这种旧体制衰败无效与多数人革新观念高涨的对峙,就为公共政策发挥创新作用准备了条件。

公共政策创新功能也有其实现的途径。公共政策的创新作用是通过鼓励新利益群体,依据新规则开展行动实现的。当新政策规范突破旧机构设置和旧制度安排,引领追求新利益的群体展开新行动时,新组织机构的雏形、新制度安排的尝试就会逐步出现,并且在新利益结构的支持下,不断成长、壮大、完善。通过新政策不断的试验、传播、完善,当新利益结构、新机构设置和新制度安排最终形成时,政策的创新功能也就充分地实现了出来。

二、政策词典(英汉对照)

公共政策的政治性与公共性
politics and public of public policy
公共政策的稳定性与变动性
stability and volatility of public policy
公共政策的公平性与效率性
equity and efficiency of public policy
公共政策的强制性与合法性
mandatory and legitimacy of public policy
政策导引功能
the guidance function of public policy
政策调控功能
the regulation function of public policy
政策分配功能
the distribution function of public policy
政策公平正义功能
the equality and justice function of public policy
政策变革求新功能
the change and innovation function of public policy
政策均衡稳定功能
The balance and stability function of public policy

三、知识补充

知识补充 1－1：更多的公共政策定义

哈罗德·拉斯韦尔和阿伯拉罕·卡普兰(Abraham Kaplan)认为,公共政策是规范价值和实践的程序,是一种含有目标、价值与策略的大型计划(1950)。[①]

伊斯顿(David Easton)认为,公共政策是对全社会的价值所做的权威性分配(1953)。[②]

埃斯通(Robert Eyestone)认为,公共政策是"政府机构和它周围环境之间的关系"(1971)。[③]

休·赫克罗(Hugh Heclo)则指出,公共政策与其说是具体的决定或行动,不如说是一个作为或不作为(必须被察觉或确定)的过程(1972)。

弗雷德·福洛霍克(Fred Frohock)指出,公共政策在一般意义上是指调和冲突或合作的行为模式(1979)。

彼得斯(Guy Peters)认为,公共政策是政府活动的总和(1993)。[④]

台湾学者伍启元认为,公共政策是具有立法权者制定、由行政人员执行的法律和法规。[⑤]

内地学者陈振明认为,政策是国家机关、政党及其他政治团体在特定时期为实现或服务于一定社会政治、经济、文化目标所采取的这种行为或规定的行为准则,它是一系列谋略、法令、措施、办法、方法和条例的总称。[⑥]

知识补充 1－2：公共政策的基本特征

拉斯韦尔的论述

公共政策学科创始人拉斯韦尔认为,公共政策应当具有下列基本特征:

1. 公共政策是关于民主的学问。

[①] H. D. Lasswell and A. Kaplan. *Power and Society*. New Haven：Yale University Press，1970. p71.

[②] D. Easton. *The Political System*. New York：Krof，1953. p129.

[③] R. Eyestone. *The Threads of Public policy：A Study in Policy Leadership*. Indianapolicis：Bobbs-Merril，1971. p18.

[④] B. Guy Peters. *American Public：Promise and Performance*，*3nd ed*. Chatham，N. J.：Chatham House，1993.

[⑤] 转引自伍启元：《公共政策》,香港商务印书馆,1989 年版,第 4 页。

[⑥] 陈振明主编：《政策科学》,中国人民大学出版社,2003 年版,第 50 页。

2. 公共政策的哲学基础是实证主义。

3. 公共政策是对时间和空间都敏感的科学。

4. 公共政策是一门跨学科的学问。

5. 公共政策是政府官员与学者共同研究的学科。

6. 公共政策是包含着"发展概念"（Developmental Construct）的学科。

德洛尔的论述

公共政策学科发展的奠基者德洛尔认为公共政策活动应当具有以下的特征：

1. 在制定具体政策前须确定总体目标。

2. 要确定将什么划入政府的公共政策之中。

3. 制定公共政策时必须设定时间单位。

4. 制定公共政策时应设定风险承受力。

5. 公共政策的制定就是在普遍性与特殊性中进行选择。

6. 制定公共政策的重点在于协调。

（药师寺泰藏：《公共政策：政治过程》，张丹译，经济日报出版社，1991 年版）

萨巴蒂尔等人的论述

20 世纪 80 年代后期和 90 年代美国公共政策的主要特征：

20 世纪 80 年代后期和 90 年代是美国和西方公共政策突破性发展的时期。以金登、奥斯特洛姆、萨巴蒂尔（Paul Sabatier）为代表的一批学者，在批判政策阶段论模型的基础上，发展出更为细致、多变和接近实际的政策过程理论。

首先，公共政策过程更多地被看成政策系统中政策行动主体、机构和工具构成的子系统的能动过程。政策行动主体则以联盟、网络、社群的方式参与政策过程。

其次，公共政策过程的研究出现了一些新的理论，如政策漏斗理论、政策窗口理论、政策倡导联盟理论、政策社群理论、政策网络理论、政策学习理论等。

最后，20 世纪 90 年代，公共政策分析也出现了突破性的进展。以费希尔为代表的美国和西方政策学家，批判了纯技术的专家治国观点，将被割裂的事实与价值重新统一起来，发展出一套实证辩论的政策分析整体理论。

知识补充 1-3：公共政策的其他特点

还有一些公共政策学的教科书或研究论文强调公共政策的其他特点。

公共政策的稳定性与变动性

对于任何一个政治系统及其政府来说，追求政治、经济、文化、社会、生态五大领域的有序、稳定、协调和持续发展是其基本目标。公共政策作为政治系统运行的中心、政府履行自身职能的手段和进行公共管理的途径，就必须服从于保持社会和谐、政治民主、经济富裕、文化繁荣、生态文明的基本目标。政治系统和政府要想通过制定、执行公共政策来达到总体社会生活的有序、公正、和谐、协调和持续发展，首先就要求社会的总政策、基本政策是稳定的。

公共政策稳定性的特征要求制定和实施的政策必须是正确的。政策的正确性是政策稳定性的前提，只有政策对头了，政策才能稳定。公共政策稳定性特征还要求制定和实施政策的相关因素是稳定的。比如政策的总体社会环境，制定和实施政策的组织机构，政策制定、执行和评估的程序等都是稳定的。另外，公共政策稳定性的特征还要求政策的内容具有连续性，且政策的贯彻具有严肃性。"政策不但要对头，而且要稳定，要有连续性"（《人民日报》1987年4月19日，"1987年4月18日邓小平同志会见外宾时的谈话"）。在制定政策时，只有保持前后一致、新旧衔接、连贯不断，政策才能稳定。在执行和评估政策时，只有坚持原则，严肃纪律，规范程序，严禁曲解，政策也才能稳定。

公共政策既具有稳定性的一面，还有变动性的一面。公共机构制定和实施公共政策的目的是为了协调和平衡公众的利益。这种协调和平衡又都是具体的、有目的、有方向的。但是公众的利益处在变动之中，旧的差距和不平衡得到调整后，又会出现新的矛盾、冲突，又需要有新的政策来做新的协调。同时，任何公共政策的制定、执行和评估，都是依据政策环境、政策资源、政策效力的变化而变化的，当原有的政策环境、政策资源改变了，或旧的政策效力严重衰减乃至丧失了，政策就必须调整，就必须以具有新目的、新方向的新政策来取代旧政策。

公共政策的变动性与其不确定性是相互关联的。这种不确定性表现在政策的预期效果与实际结果之间的关系是变动的。公共政策不是机械钟的报时而是气象站的预报，报时钟是准确无误的，预报的天气与实际天气是有差异的。人们"容易被报时钟和决定论的咒语束缚这一点是公共政策的陷阱。公共政策往往采用理工学式的思维方法，即认为人们像报时钟那样，只要进行政策干预，人们就会像机器一样准确无误地做出某种反应"①。公共政策的不确定性还表现在政策的目标、范围及实施的资源和手段在政策实施过程中必须及时地依据实际情况做出调整和改变。

公共政策的稳定性与变动性是一对矛盾。要解决这对矛盾，就不能将两者僵硬地对立起来。公共政策的稳定不是僵化不动的绝对稳定，而是一种灵活的相对稳定，是包含合理变动的稳定，是稳中有变；公共政策的变动绝不是随心所欲地变来变去，而是有依据、有程序的相对变动。政策的变动必须遵循规律，保持前后的连续性，做到变中有稳。

公共政策的公平性与效率性

公共政策是政府等公共机构进行公共管理的途径与手段。政府的公共管理不同于企业的管理，后者主要以通过较少的投入，获取较大的产出，争取更高的效率为根本目标。前者则不同，它的根本目标是实现社会的公正、公平。因此，评价一项政府政策的好坏，首要的标准是看它在实施以后，有没有使社会价值的分配更加公平、合理。这种公平不仅体现在个人收入的层面上，而且还体现在地区发展的层面上；不仅要求公众在物质享受方面是公平的，而且要求在精神、文化、教育、医疗的享受方面也是公平的；不仅要求在机会上是均等的，而且要求在最终的结果上实现包含着可接受

---

① 药师寺泰藏：《公共政策：政治过程》，张丹译，经济日报出版社，1991年版，第14页。

差别的平等。

但是,政府的公共管理又必须讲究效率,即尽量做到"少花钱,多办事"。公共机构进行公共政策的制定、执行、评估,需要有一定的政策资源作为支撑。在一定的时间内,由于受到公共政策环境系统总体状况的制约、政府从社会提取资源的能力限制,以及政府对已经提取到的资源合理配置能力的影响,政府能够提取和支配的政策资源,尤其是经费与物质设施方面的资源是有限的,并且政府将提取到的资源配置起来所能达到的有效性也是有限的。因此,政府运用政策解决社会问题的实际能力是有限的。

但是,随着现代社会的发展,新的社会问题也变得越来越多。这就要求政府在规定的时间内能更有效地解决更多的社会政策问题。在这种状况下,公共政策的运行就必须是高效率的。这种政策的高效率要求政府必须考虑:在资源耗费总量相同的情况下,解决更多的社会政策问题;在要解决的社会政策问题是既定的情况下,尽量少耗费。前者是用定量的钱多办事;后者是花少量的钱办好事。

公共政策的公平性与效率性是一对矛盾。最坏的情况就是将两者对立起来,要一方,不要另一方,以一方去损害另一方。人们需要努力达到的是两者的协调、统一,即找到某种结合点,在这一点上,政策的公平性与效率性实现兼容。政策的公平性在公共管理中应当放在首要位置上,因为公共政策就是要协调公众的利益,使之趋于公正、公平。但这种公平性绝不是绝对平均,而是将差别控制在公众可接受的范围内,公平是包含一定差别的公平。这种差别恰恰是由竞争、创新带来的。只有允许这种差别存在,才能体现政策的效率性。公共政策的效率应当服务于公平,效率应当是公平基础上的效率。一定的效率也是实现公正、公平的前提和保证。

公共政策的强制性与合法性

公共政策是政府等公共机构制定、实施的约束人们行为的规范与准则。由于政策的最终决定者是掌握公共权力的机构及其代表者,其执行者和评估者也主要是政府部门或政府授权的非公共部门。因此,公共政策的制定、执行更多地表现为自上而下的运动。作为这种运动的基础与支撑的是政府后面强大的国家力量。另外,公共政策都包含着奖惩机制,人们只要遵循政策去行动,就会获得好处;相反,人们违反规定的准则去行动,就会受到惩罚。因此,任何公共政策都带有明显的强制性。有很多人感觉不到这种强制性,并不是强制性不存在,而是它已经转化为内在的适应性了。

公共政策的强制性主要源于公众利益的差异性与多层次性。公众的利益要求是不同的,满足了一部分人的利益要求,就有可能满足不了甚至损害另外一部分人的利益要求;满足了绝大部分人的利益要求,可能会损坏一小部分人的利益要求;满足了人们眼前的、近期的利益要求,就有可能损害人们长远的、根本的利益要求。公共政策在协调、平衡公众利益时,不可能将这些利益上的差异性、层次性完全消除掉,那些利益要求得不到满足、甚至既得利益受到损害的人,会明显地感受到公共政策具有某种程度的强制性。

公共政策还具有合法性。公共政策是政治系统凭借公共权力,通过政府机构具体操作、解决公共问题，协调、平衡和维护公众利益的途径与手段。任何公共政策要能让公众接受，在实际生活中发挥作用，就必须从内容到形式，从政策主体到制定与执行政策的程序都是合法的。所谓内容的合法性，是指政策所规定的行为准则、所施行的计划措施，的确使公众的利益得到协调、平衡，符合多数人的长远利益要求，受到人民的拥护、认可。所谓形式的合法性，是制定出来的政策在其书面行文上、在向社会公众颁布的方式上都必须是规范的、合法的。所谓政策主体的合法性，是指政策规划、制定和最终决定者必须是合法的机构、组织。所谓程序的合法性，是指公共政策在制定、执行、评估的过程中，每一个环节都必须遵循规定的程序和步骤来进行。公共政策只有在内容与形式上、主体与程序上都具有合法性，才能发挥出应有的效力与效益。

公共政策的合法性是对政治系统和政府等公共部门行为的约束。首先，政策的合法性要求政治系统、政府是合法的。其次，政策的合法性要求政治系统、政府的行为是合法的。在政治系统中活动的国家机构、政党组织及其领导者，都必须服从宪法和各项法律，做到依法治国；政府的公共治理也必须服从宪法和各项法律，做到依法行政。

公共政策的强制性与合法性必须统一起来。缺乏合法性的公共政策，其权威性与强制性就会受到损坏。一项政策如果得不到多数公众的认可、接受，也不是由法定主体按照法定程序制定、公布和执行的，虽然政府部门可以借助手中掌握的资源，强制推行，但最终必定会妨碍社会公正、社会稳定，损害公众利益，逐渐失去公众的支持和信任，从而也就失去了权威性与强制性，严重的还会导致社会动乱。政策只有具备了合法性，其权威性与强制性才有了坚实的基础。从另一方面看，也不等于政策有了合法性，就能自然而然得到贯彻、实施。只有在合法性的基础上，依照特定的程序、依靠国家的强制力，对拒不执行政策，或歪曲政策的行为人做出处罚，政策才有原则性和严肃性，也才能真正得到贯彻和落实。

知识补充 1-4：公共政策活动功能的向度与类别

事物的功能是事物的实质、特征在运动中表现出来的效用，它是事物内部结构要素间相互作用或事物整体与外界相互作用的结果。公共政策的功能就是借助于公共政策内部结构要素间的相互作用，对总体社会生活产生的总体效能与效用，是政策的实质、地位、特性的表现。了解公共政策的功能又可以进一步加深对其实质、地位和特性的理解。研究公共政策的功能必须从其属性、向度、类别三方面着手。公共政策的功能具有时空性、互补性和系统性等属性。同时，公共政策在对总体社会生活发生作用时具有正向效应与负向效应两种相反的向度。另外，公共政策功能还可以从多个方面进行分类，其中比较重要的是其基本功能。

公共政策活动功能的属性

公共政策活动的功能总是在一定的时间、空间中表现出来的。而且，公共政策的许多功能是相互渗透、补充的。因此，在研究公共政策的具体功能时，还需要对其功能的属性加以正确认识。一般地说,公共政策的功能具有时空性、互补性和系统性等属性。

一是公共政策活动功能的时空性。公共政策功能的时空性表现在,首先,任何公共政策的功能总是同一定的时间、空间相关联,可以说是一定时空的函数。每一项公共政策都是具体的,其制定、实施和评估都离不开一定的现实条件。因此,政策功能的发挥必须受到一定时间、空间范围内的政治现实状况、经济运行状态、社会公正状况、文化繁荣状况、具体技术条件和公众实际需求的制约。任何一项公共政策总是内在地蕴藏着具体的人效、地效、时效。有效的政策执行能将政策中包含的具体效能充分地实现。其次,任何公共政策的功能都会随着时间的推移和空间的扩展而发生变化。一旦时空发生改变,原先具有积极、正向功能的政策,其效能就会逐渐丧失,甚至会产生消极、反面的作用。如果出现这种情况,原有的政策就有必要终止,人们必须立即制定新的政策来代替已经过时的政策。政策功能的时空性要求人们正确地制定政策,准确地理解和科学地实施政策,不能将不同时间、不同区域、不同文化下的政策简单地移植过来生搬硬套。比如,在西方的市场经济结构和西方的消费传统下,凯恩斯学派所设计的一套经济政策,就能治理好消费疲软的公共问题。但是,将那一套政策搬到中国来,其收效就甚微。

二是公共政策功能的互补性。公共政策功能的互补性具有三方面的含义。其一是每一项公共政策对社会生活所发生的作用在性质、方向上具有互补性。主要表现为政策的导引性功能与其对现实的规范功能的互补,政策的显性功能与其隐性功能的互补,政策的奖励性功能与其惩罚性功能的互补,政策的经济性功能与政治性功能的互补,等等。其二是一个时期的公共政策功能在纵向与横向上具有互补性。在一定时空中,必然存在多方面的公共政策,任何一项具体的政策又总是与其他处于同一个横切面上的政策相辅相成,与处在同一个纵切面上的政策相互衔接,承上启下。因此,在一定时空中实施的公共政策形成一个系统,它们所发挥出来的功能是互补的。反过来,如果几项政策的功能不是互补的,政策之间不协调,甚至发生冲突,任何一项政策的功能都有可能被其政策的作用所抵消。其三是每一个时期的公共政策在调节社会生活领域上功能具有互补性。一定时期中的经济政策、政治政策、文化政策、社会政策、生态政策、教育政策、科技政策、卫生政策、人口政策等,在功能上不应是矛盾的,而应是相辅相成的。

三是公共政策功能的系统性。公共政策是执政党与政府向社会公共领域所提供的公共产品,其目的是协调社会公共领域中人们多方面的关系,以保证公共领域公正、有序、持续的运行与发展。公共政策又是政府在市场经济体制下,发挥自身多方面职能的有效手段。因此,公共政策绝不是解决或处理某一方面、某一领域的公共问题而制定与实施的行为规范。公共政策要解决与协调的是社会公共领域中的整体性、综合性的问题。政府依靠公共政策这一手段要解决和处理的也绝不是哪一方面的职能,而是全方位、整体的职能。正因为如此,以政府及其部门为首要主体所制定和实施的公共政策就必然是系统性的。如果政府和执政党制定并推行的公共政策是零碎的、分散的,它就无法去实现社会的整合,无法促进具有整体性质的公共领域的发展,无法从整体上维护社会公众的多方面利益。

公共政策活动功能的向度

公共政策在实施中产生出来的功能，也不全是好的，从其向度上来区分，可以分为正向功能或积极功能与负向功能或消极功能两大类。而且这两种功能向度在一定条件下会转化。

一是公共政策活动的正向功能。该功能表明政策实施后产生了积极效应，这是在公共政策周期中实行科学决策与对政策方案正确执行的结果。但是，并不是任何一项公共政策在实施后都能收到积极的效应。相当多的政策实施以后会产生决策者与公众所不愿意看到的负向功能。研究公共政策的功能向度，最重要的是要探讨政策负向功能的表征，分析产生政策负向功能的原因，研究克服政策负向功能的途径。

二是公共政策活动的负向功能。该功能向度有两种类型：一是政策无效，即政策实施后没有改变政策实施前实际存在的政策问题状态，或者说，原有的不良状态既未能得到缓解，但也没有加剧；二是政策负效，即政策实施后反而加剧了政策实施前实际存在的政策问题状态，或者说，使原有的不良状态进一步恶化了。

公共政策的负向功能是就政策实施的结果而言的。政策的负向功能大多是由政策的正向效应或快或慢地减弱、消失乃至转向相反方向而产生的。公共政策在制定时，多数情况下都要经过前景的预测分析，政策制定出来以后，在全面实施前，也会经过不同程度的试验，因此，公共政策在实施的初期，都会产生一定的正向功能。但当政策全面付诸实施以后，政策环境发生了未能预料到的改变，或者政策之间发生了未能预料的冲突以及政策执行中产生了阻隔，都会导致政策的功能从初期的有效转向无效，甚至负效。

公共政策实施中产生的负向功能会导致政策设计的正向功能弱化、消失，乃至转向负效，与政策实施中需要进行政策调整的政策功能的变化是不一样的。政策经过必要、及时的调整，最终可以收到预期的效果。如果政策最终产生的是负向功能，就说明政策正向功能的弱化、消失、转向，并不是通过政策的调整即能克服并加以解决的，它是政策本身的错误所导致的。

公共政策活动功能的类别

在考察公共政策功能时，有必要将其基本功能与辅助功能、显性功能与隐性功能、直接功能与间接功能以及不同时效的功能区别开来。这种区分，对政策的制定和实施有现实意义。

一是公共政策的基本功能、辅助功能。无论是就整个公共政策系统来说，还是就某一项具体政策而言，公共政策的功能都是多层次、多领域、多元的。但公共政策的这些众多功能并不都是同等重要的。其中必有一些是主要的、处在首位的功能，还有一些则是次要的、次次要的，处在第二位、第三位的功能。通常我们将公共政策的主要功能称为基本功能，其余的则称为辅助功能。就公共政策整体来说，其基本功能是规范导引功能、中介协调功能、监督控制功能、创新推动功能。但对于具体的政策来说，其基本功能与辅助功能的区分则是变化的。比如我国的计划生育，保持适度人口的政策，其基本功能是有效地降低人口增长率，至于优生优育、缓解城市住房紧张、改善人民生活水平等,则是附带产生的辅助功能。

二是公共政策的显性功能、隐性功能。公共政策是为了解决社会公众已经觉察到的社会公共问题而制定和实施的权威性行为规范。公共政策实施的目的就是要解决公众迫切需要解决的矛盾与问题。这些问题往往是公开化且已显露出来的。公共政策的有效实施首先就是要缓改这些矛盾,消除种种已暴露的问题。因此,公共政策具有显性功能。而且就公众的心理来说,他们也企盼政府实施的公共政策能够解决一些看得见、摸得着的问题,为人民做一些实事,让老百姓获得一些实惠。但是,任何一项公共政策都不可能只关注显性功能,公共政策在解决社会公共问题时要处理好局部与全局、眼前与长远、外表形式与本质内容的关系,有些政策功能是显性的,有些则是隐性的。有些政策的隐性功能可能要经历很长的时间才会显露出来。比如,实施素质教育政策,在个别学校、个别学生身上也会产生出一些明显的变化,但是,素质教育的功能只有在相当长的时段内才能间接地表现出来,所以想急功近利地搞素质教育必然是不妥当的。

三是公共政策的宏观功能、微观功能。公共政策的功能还有宏观与微观之分。从公共政策制定主体与政策内容的覆盖面来区分,有些公共政策由执政党中央与中央政府制定,对整个国家相当长阶段的发展具有指导意义,这类基本政策具有宏观的调控、导引、创新功能。同时,这类具有全面指导意义的政策也能在微观层面上起作用,即具有微观功能。当然两者相比,其宏观功能更为明显。也有一些公共政策,其制定者、执行者属于基层政府,其目标也只是致力于解决某些区域和一定时间内的社会公共问题。这类政策的微观功能比较明显,但它们也会间接地影响全局问题,从而也具有潜在的宏观功能。

公共政策的宏观功能与微观功能的区分是相对的。从整个国家来说,宏观功能表现为在系统上、整体上起作用,而微观功能则是在中层、基层或局部起作用。但是就某一具体的领域与地区而言,也存在宏观与微观之分。因此,凡是公共政策,其影响和作用都可以从整体与部分、宏观与微观的相互关联中把握。

四是公共政策的直接功能、间接功能。公共政策的直接功能与间接功能的区分也具有相对的意义。政策的直接功能是指政策在实施过程中不需要经过中间环节就表现出来的作用,这种直接功能往往是短期的、微观的、显性的。公共政策的间接功能是指政策在实施后,要经过若干中间环节,要借助于其他的政策作用,才能表现出来的功能。政策的间接功能通常总是长期的、宏观的、隐性的。政策的直接功能具有重要意义。它能使公众迅速感受到政策的威力,从而增强对政策实施的信任与支持,政策的执行者也能从政策的直接功能中获取信心。但是不能只满足于一项政策的直接功能,甚至去片面地追求直接效应。政策的功能是系统性的,它既需要让一些功能能够为公众所直接感受,也需要让政策在更深入、更持久的层面发挥作用。

五是公共政策的即时功能、短期功能、长期功能。公共政策功能的发挥与时间因素有很大的关联。有些政策刚一实施,社会公共问题就能得到一定程度的缓解,效益就产生出来。比如,20世纪70年代末中国农村实行的联产承包责任制政策,刚一执行,农民就从中获得巨大好处。这就是政策的即时功能。能发挥即时功能的政策往往是内容十分具体的单项政策。公共政策的短期功能从政策作用显露的时间来说，要比即时功能长一些。有些带有调整性、刺激性的政策，其作用要求在较短的时间内显示出来。比如中央银行调低存款利率的政策实施以后，经过一段时间，市场购买力出现了增强趋势，但这种消费的增长经过一段时间后又会趋于平稳。这种现象就是政策短期功能的表现。公共政策还具有中期、中长期和长期功能。这些功能是政策在实施中慢慢发挥出来的效能。对于不同的政策来说，界定其中期、中长期与长期功能的标准是不一样的。比如，一个国家的社会经济发展规划，通常将 10—15 年定为长期，5—10 年则为中长期，5 年定为中期，5 年以下为中短期或短期。若一项政策本来就预期 5 年解决某一具体的社会公共问题，那么，2 年半就是中期，2—4 年就是中长期，5 年则为长期。政策的中长期乃至长期功能是在政策实施中，各方面的关系得到协调、政策资源逐步到位、政策执行走上正轨时发挥出来的效能。对于政策的制定与实施而言，人们应当兼顾政策不同时间段的效能。片面追求即时效应、短期作用，就有可能使政策行为短期化，急功近利，破坏政策的长期功能。比如有些城市在规划建设时，过分强调近期成效，专门上一些能立竿见影的项目，以显示某些当官者的"政绩"，结果缺乏通盘考虑，打乱科学布局，造成许多危害。

四、经典阅读

经典阅读 1–1：公共政策的概念

政策

米切尔·黑尧指出，《牛津英语词典》在界定"政策"这一概念时，是这样概括它"现有的主要内涵"的："政府、政党、统治者和政治家等采取或追求的一系列行动；所采取的任何有价值的行动系列。"我们在讨论公共政策定义中的"公共"一词时，首要的任务是要理解政策不仅仅是一种决定，也是一系列的行动。

但是，这些显然不足以界定公共政策。要正确界定公共政策并不容易。柯林汉姆（Cunningham）是英国一位前高级文官，也是一位实用主义者。柯林汉姆就认为："政策就像大象一样——你能够认出它，但很难界定它。"与此十分类似的一种看法是由弗兰德（Friend）和他的同事所提出的。他们认为："政策本质上是一种姿态，一旦确定下来，有利于构成一种情境，未来的一系列决定都将在这一情境中做出。"

其他的学者试图更好地界定政策。赫克罗（Heclo）对政策进行了界定，与《牛津英语词典》的定义一样，他强调行动："一项政策可以看成一系列行动或不行动，而不是具体的决定或行动。"与此相关，戴维·伊斯顿（David Easton）指出："一项政策由配置价值的一系列决定和行动构成。"还有一个定义是由詹金斯（Jenkins）提出的，他把政策看成"有关目标选择以及在特定情境中实现它们的手段的一系列相互关联的决定"。史密斯（Smith）则认为，"政策概念意味着理性地选择行动或者不行动，而非相互依存的力量的影响"，他像强调行动一样，强调"不行动"，提醒我们："注意力不应该只放在那些导致变迁的决定上，而且也应该对那些反对变迁且没有在立法机关所制定的法令中得到体现，因此难以观察的决定保持敏感性。"

通过以上的定义可以发现，很难将政策看成一种十分具体的现象。有时，政策可能以一项决定的形式表现出来，但更常见的情况是，它要么意味着一系列的决定，要么可以仅仅看成一种取向。从以上的定义还可以发现，政策制定出来并不意味着有关的需要已经在政策中确定下来，在政策过程中的执行环节，而非在决策环节，政策经常继续演进（evolve）。

进一步考察上述有关公共政策的定义，还可以发现，政策意味着一系列行动或者一系列决定，而不是一个决定。要了解这一看法，需要把握以下几点。

首先，决定网络（a decision network）经常是相当复杂的，它可能意味着行动的发生。在一个长时期中发生并远远扩展到最初决策过程之外的一系列决定，可能构成这一网络的一部分。

第二，即使在决策阶段，政策也并不总是以一个单一的决定，而是趋向于以一系列决定的形式表现出来。这一系列决定加在一起，就构成了对什么是政策的大致共同的理解。

第三，随着时间的推移，政策必然发生变迁。要么因为对以前的决定进行渐进的调整，要么因为重大的方向变化，昨天对意图的阐释可能与今天不同。在政策执行过程中所获得的经验也可能反馈到决策过程中来。这并不是说，政策总是在变迁，而仅仅是想表明，政策过程是动态的，而不是静态的，我们需要意识到问题的变动性。

第四，进一步地，正如豪格伍德和葛恩（1984）所强调的那样，许多政策的制定过程，还涉及"政策终结"（policy termination）或决定"政策延续"（policy succession）等复杂的任务。

第五，由第三和第四点可以推出，政策研究的一个重要分析主题，是对不决定（non-decision）的考察。所谓的不决定，也就是赫克罗（Heclo）和史密斯所指的不行动（inaction）。有人认为，许多政治行动关注的是维护现状，抗拒对现存价值配置格局的挑战。对这种政治行动的分析是考察政策过程动力的必要组成部分。

最后，上述定义提出了政策是否可以看作没有决定的行动这一问题。可以说在一定时期中的一系列行动构成一个政策，即使这些行动没有经过一个决定的正式认可。在这个意义上，政策主要可以看作一种结果，这是有关主体可能希望看作有目的行动的后果，或者不愿看作有目的行动的后果。政策的研究者现在已经将研究的重点更多地转移到较低层次的主体身上，以更好地理解政策制定和执行。有时这些主体被称作"街道层官员"（street-level bureaucrats, Lipsky, 1980）。有人指出，在某些情境中，政策实际上是在系统的这一层级上制定的。对街道层官员在政策过程中的地位和作用的研究，对于平衡决策研究的自上而下研究视角（top-down perspective）和行动取向的自下而上研究视角（bottom-up perspective），是至关重要的。行动因此与决定一样可以当作政策分析的对象。街道层官员对政策的影响将在有关章节中加以研究分析。

作为把政策看成"所采纳和追求的行动"方针这一观点的对立物，那种认为可以把政策简单地看成政治过程和官僚过程的观点，导致了政策过程研究的两个重要的主题：(a) 政策和政治的关系；(b) 政治行动是（或应该是）有目的的，这一观点成为有关政策的一种主流观点。

《牛津英语词典》对"政策"一词进一步的研究分析表明，政策一词在英语中有一段有趣的演变历史。把政策看成一种"深思熟虑的、便利的或有用的过程"，或者是一种"权宜之计、策略、计谋、诡计"的观点，现在都已经过时了，帕森斯指出，莎士比亚曾以多种不同的方式使用政策一词："政策蕴涵着政治假象和政治欺骗的艺术。外在的形式和表象是构成权力的要素。莎士比亚运用了马基雅维利哲学的理念，权力不能单纯依靠暴力来维持。权力的维持还需要马基雅维利意义上的政策：恰如作者在《雅典的泰门》中所说的那样，'政策引导意识'。"(Parsons,1995,p14)

有些语言如法语和意大利语，对政策和政治不加区分。对政策一词在语言学中的演变情况进行简要的考察，其目的是要强调，政策一词不仅过去曾被看作政治策略的一种重要因素，今天依然可以这么看。我们需要了解的是，当有人强调他们有一项政策时，他们到底所指为何？他们是否并不仅是想使我们相信，他们在有目的地采取有效的行动？艾德曼（Edelman,1971,1977,1988）就曾对政策一词的"象征性"用法给予高度的关注。进一步地，即使他们能够使我们相信，我们仍然需要问：他们所指的政策内涵到底是什么？类似"机会均等政策"这样的用法尤其需要以这种方式加以解释。

还有另外一种可能性：政策声明是为了使我们相信偶然事件或有关的主体实际上没有控制的事件是有计划地进行的，是在事件发生后所提出的理性化的做法。洛维斯（Lewis,1995）引用了 19 世纪一位巴格达哲人的话来说明这一点："政府的基础是欺骗。一旦欺骗成功并延续下去，就转变为政策。"

现代政策理论的一个特色是认为政治家应该有政策，以便选民做出选择；政府则应该系统地贯彻实施这些政策。政策研究正是在此观念的影响下兴起的，政策分析的许多研究成果也是在帮助政府理性地决策这一愿望的推动下形成的。然而政治家们并不一定以这种方式来看待这一作用，对他们来说，权力可能比政策更重要，权力也可能被用来实现私人的目的，而不是去努力解决政策分析家们所提出的问题。

在许多有关政策的现代学术文献中，对"理性"模式的推崇，暗含着一种期望：政策过程是有组织且系统化的。在介绍政策过程的有关研究成果时，有必要告诫读者，对那些想当然地认为政策制定过程是有组织的并有明确目标的学术成果，应该带着怀疑的精神去读。正确的看法是政策应该如此，但实际上是否如此，则是一个有待研究的问题。

公共政策

《牛津英语词典》对政策一词加以定义，政策被界定为"由政府、政党、统治者、政治家等"所采取的行动。但是我们研究的是"公共政策"，从这个意义上说，当国家或国家组织是政策主体时，公共政策的定义与上面所探讨的政策定义有什么本质的区别吗？答案是，就政策的基本特点来看，实际上"没有"区别。但是，国家政策的合法性特别重要，它对其他政策有指导作用，从这个意义上来说，公共政策与其他政策又存在着差异。这就使我们面临两个问题，一是关于国家的性质问题，二是如何证明国家作为政策供应者作用的问题。

有关国家的最基本定义，是将国家界定为一定地域内的一套完整的、上下统属的组织系统。从这个意义上看，既可以从构成国家的组织着手，也可以从这些组织所履行的功能着手来界定国家。国家组织包括议会及其所属的立法机构，包括政府官僚机构和国家各部门的行政部门，以及主要由法院构成、其职责在于通过他们的判决执行法律的司法机构。国家组织包括各个层级的组织——中央国家组织、地区国家组织和地方国家组织。

还有所谓的超国家组织，在一定程度上，这种超国家组织与普通的国家组织以同样的方式运作。欧盟是一个典型的案例。欧盟到底在多大程度上拥有强制性的权力，是一个有争议的问题。它的强制性权力受到欧盟各成员国的限制，每个国家都希望保持自己的合法强制地位。各种组织从中央政府那里所享受的自由度差异很大。

国家组织的复杂结构还有一个重要的层面，这就是国家可能通过那些具有许多私人组织特点的组织来进行运作。虽然这已经成为现代政府的一个特殊构成部分，人们也越来越多地使用"治理"（governance）一词，以强调与传统的正式组织"政府"之间的差异所在，但这实际上不是什么新问题。这种治理模式早已有之，尤其是在国家形成的初期，国家雇佣士兵，签约委托地方准自治的贵族收税和代理执行法律。在许多早期的民族国家中，整个政府系统最初不过是王室的扩展。而在其他社会中，中央集权的政府系统的建立，在很大程度上是主权者和宗教组织结盟的结果。

在现代历史条件下，上面所讨论的现象是使那些已经被广泛接受为政府职能一部分的职能进行转型，交由其他机构来代理。这就意味着要在政府和"私人"机构之间签订合同，由私人机构来运作一项公共服务的一部分乃至全部。这种机制常常被看作一种单纯的政策"执行"机制。有关的决策仍然由政府来做。但是，决策和执行实际上很难区分。一种重要行动的代理，尤其是垄断性行动的代理，必然会影响到对政策的控制程度。一个相关的现象是公私伙伴关系，在这种情况下，资源既来自公共收入，也可能来自私人收入。对政策的控制权显然也会由双方分享。最后，"私人的"与"公共的"一词一样，是放在引号中的，当存在各种不同的因素包括各种国家组织之间的复杂伙伴关系时，就很难界定。而且，私人组织并不一定就是私人营利性组织。在这一意义上，由志愿性组织（甚至可能是由小股东或组织起来的雇员所组成的大型利益集团，虽然对这些组织的性质存在着争论）与国家构成协作关系，也可以看作进一步整合国家和社会，提高民主参与水平的一种重要举措。

另一个主题即国家作为政策主体的问题。为了分析这一问题，需要首先对政策的类型加以区分。一种广泛流行的政策分类，是洛威（Lowi）将政策分为以下几种形式：(1) 再分配型政策；(2) 分配型政策；(3) 管制型政策；(4) 构成型政策。虽然这里并不能系统地考察这种分类，但是从这一分类中我们可以看到，国家在直接采取行动汲取赋税、分配收益和服务的同时，也对私人行动进行管制。"构成型政策"则是对国家组织进行设计和重新设计。因此，在政策过程中，不可避免地会存在国家主体和非国家主体之间的复杂互动关系。

虽然在发展过程中会经历曲折,各个社会具体的发展进程也不相同,但在过去的200至300年中,国家作为政策制定者的作用一直在稳步地增强。实践表明,由于社会的复杂程度大大增加,只有强制性的非市场组织才能有效履行的社会功能增加了。虽然威权主义政体所存在的问题影响了国家的形象,但是,除了有组织的宗教团体偶尔对国家构成挑战外,民族国家在过去的历史发展中已经成功地取代了它的竞争对手。民族国家既是从其他社会组织中衍生和发展起来的,也是对它们的一种强制力量,这种强制力产生于对社会组织成功的控制。国家行动的合理性来源于前者;而对"侵略性"国家的攻击则可能是因为后者。由于复杂精致的经济组织的发展,国家逐渐超越市场机制成为分配过程的主体。根据问题的性质,国家要么管制市场,要么取代市场。

虽然这一问题属于有关效率和正义的深层次哲学和意识形态问题,但是,为了强调公共政策的特点,还是有必要对有关的观点进行梳理。

经济理论试图证明在哪种环境条件下,市场制度不能令人满意地运作。对于那些相信市场制度是解决绝大多数社会分配问题恰当手段的人来说,这一成果有助于证明在何种环境下国家或至少集体干预可能是合理的。对那些试图界定这一点的研究来说,这是一种贡献。

这些理论主要是要解释国家干预应该在什么时候发生,而不是它是在什么时候发生的。既然经济理论对政治意识形态已经构成了重要的影响,需要研究的是到底哪些观点影响了公共政策的发展。

在讨论这一主题的过程中,有关学者运用了一系列的概念,其中三个概念尤其重要:(1)外部性;(2)市场无效(Market inefficiency);(3)垄断。当市场行为对那些不属于有关行为当事人的人们发生了影响时,无论积极,还是消极,就发生了外部性。最明显的消极影响例子是污染。在生产某种物品的过程中,一个制造商通过烟囱排出废气,或者向水道排出废水,邻居受到这一行为的影响,就是典型的外部性消极影响。这里就需要国家干预。由于任何单个受害者缺乏必要的资源来单独采取行动,生产商因此没有动力去避免造成污染,只有国家的介入,才能够避免污染的发生。

积极的外部性本身不是问题的根源。但是,在这种情况下,积极外部性的创造者可能对那些没有付费却从中受益的"搭便车者"十分痛恨。如果有人建了一个海堤来保护他们的财产免受潮水的损害,他们的邻居似乎可能分享海堤所带来的收益。当然,对于海岸下的其他地方,也可能存在着消极的影响。

面对高成本的物品和"搭便车"的可能性,个人可能努力促成集体行动。在建海堤这一案例中,就假定对海堤修建者周围的社区来说,这个海堤有时会构成所谓的"公共产品",无法将任何人排除在受益者之外。在其他的案例中,受益者则可能是一个相当大的社区。最大的例子就是一个国家甚至国际的防御系统。如果核威慑真的能够维持和平,那么所有人都会收益。国家对国防的垄断是最典型的例子。国内治安也有类似的问题。

虽然国家努力寻求其他社会主体来代理这些任务,例如前面提到过的雇佣兵,但是一个随之而来的问题就是国家常常不得不面对严重的控制问题。权力被赋予了那些对国家并不是绝对忠诚的人——更重要的是还涉及武器问题。雇佣兵只是与国家有一个合约,为国家"工作";并接受国家向他们支付的报酬和赃物,有时他们所收到的报酬仅仅是赃物。在现代社会条件下,在被雇佣者似乎没有更牢靠的基础来对国家表示"忠诚"的情境中,围绕国家与政策执行主体之间的"合同"性质,又产生了新的问题。

回到外部性这一概念,积极影响和消极影响的外延如何? 除了上面所提到的环境保护、法律和秩序、国防等之外,这里还有其他一些例子,如道路、桥梁、公园等。通过收取通行费,搭便车问题在这些地方可以得到控制。但是主张由公共部门提供这些物品,其低下的效率和不公平的资源运用,这本身就是值得争论的问题。

但是外部性概念的外延可以进一步扩展。人们生活在一个健康的社区中,从中所获得的收益是多方面的。教育的情况又如何呢? 在一个教育水平高的群落中,人们从生活中所获得的收益是否与生活在一个健康的社区所获得的收益不同呢? 收入分配的"外部性"又如何呢? 如果极端不平等被消除,拥有资源的人们就更加安全,免受抢劫、袭击甚至革命的威胁。这些就是源自收入保障政策的外部性。

如果承认国家干预确有上述影响,进一步的讨论就是要研究这种影响与国家干预的其他间接影响之间的"权衡"(trade-off)问题。这里所关注的并不是哲学问题,而是对资本主义经济中国家干预正当性的认同这一事实,而这一点常常远远超越了"公共物品"最表层的内涵。一些经济学家还提出了另一个相关概念——绩效物品(merit goods),不管人们是否想要它,集体(国家)认为它对人们的优良生活是有价值的,人们应该拥有它(在经济学家的术语中,这意味着:准备/有能力购买它)。教育和卫生服务有时就被归入这一类型的物品。

但是,国家行动的正当性,还受到其他理由的支持。其中一个理由就是国家系统使雇主更容易实现成本的社会化。公共教育和培训系统降低了雇主的成本。当其他雇主猎取了那些他们花钱培训开发的人才时,公共教育和培训系统则减轻了他们所遭遇的问题。帮助老人和病人则使雇主更容易解雇效率低下的员工。失业保险同样可以减少在工作机会短缺时期解雇工人所带来的冲突,并帮助失业者以更经济有效的方式,来应对自己的再就业问题。

纯粹经济理论建立在作为买方和卖方的所有各方当事人,对他们所有的选择都具有充分理性这一假设的基础上。而现实世界的经济学承认,由于知识的不完备,市场存在着许多不完美的地方。正是由于市场的缺陷,为国家介入市场活动,减少知识的不完备性提供了可能性。国家对劳动力市场的干预,国家将劳动力的购买者介绍给劳动力的出卖者,主要就是基于这种考虑。这只是一个国家对短期问题干预的案例。同样,也存在着长期的问题,因为公民可能发现,按照经济学模型所假定的方式行动是十分困难的,尤其是当他们有病或丧失劳动能力时。实际上,即使是那些曾设计了糟糕法律系统的铁石心肠的理论家也会承认,有的个人难以像"经济人模型"所期待的那样行动。

对垄断问题的研究,主要关注的是竞争着的供应者在进入一个市场的过程中,所可能遭遇的困难。具有讽刺意味的是,极端市场自由主义者承认,在避免垄断权力的滥用方面,国家具有重要的功能。"守夜警察式的国家"有责任约束那些试图扭曲市场的市场主体。但是,另一个相关研究者所关注的问题是,在何种情境下实际上会很难维持竞争。这里最关键的情境就是存在着一个垄断的供应者,或接近垄断的供应者。一个竞争中的供应者将会发现市场进入成本相当高。水、电和煤气的供应,是典型的案例。运输系统的情况类似,尤其是在诸如铁路这样的地方,它们使用固定的设备。大量的医院和学校组织也是如此。因此,有一种观点主张国家拥有所有权,或者进行管制,以避免任何现有的组织利用他们的地位,或国家干预和补贴,来创造一个第二供应者。

有关外部性、知识不完备和垄断的经济理论,为管制和再分配等公共政策提供了一系列正当性依据,这一经济理论是一种可能为资本主义社会的国家所严肃对待的理论。但是,这些观点到底在什么意义上是有价值的,还存在着争论。如果相信外部性是普遍存在的,知识不完备是一种基本现象,而非一种例外,垄断是一种基本的趋势,那么,自然的逻辑结论就是国家社会主义。但是,实用的社会主义者不得不承认,既存在着"市场失灵"的可能性,也存在着"国家失灵",即公共组织在运作过程中,在效率和公平方面能力丧失的可能性。

说到底,公共政策是国家组织的控制者决定要做的事。社会主义意识形态试图证明在社会生活几乎所有领域内国家干预的正当性,至少在苏联解体之前是如此。而资本主义社会的政治家们也并不一定就不希望运用公共政策来塑造社会。他们与社会主义政治家之间的主要差异,可能在于他们依然关注如何维持"私人"因素的存在。国家在社会生活中主要扮演管制者和援助者的角色。但是作为政治家,面对人们不断提出的要求,他们需要采取行动来处理问题、需求和不满。例如,英国和美国的右派理论家也试图设计公共政策,解决他们所探求的有关家庭生活、性行为和毒品消费等方面的问题。类似地,许多政治体制中的政府都对艺术、音乐和文学等文化行动进行补贴,而这些领域很容易被看作没有什么"外部"影响的简单的市场行为。最后,对于媒体关注的特殊问题,一旦媒体提出"为什么政府不做点什么",政治家们常常会很快做出反应。在撒切尔夫人执政期间,英国公共政策就有两个有点滑稽的案例,一个是作为应对足球流氓行为的一种措施,政府试图对足球比赛的观众人数加以限定;另一个是政府试图禁养"危险的狗"。

以上讨论了在国家和市场这两种社会组织之间进行选择的可能性。但是,社会治理机制并不仅仅有这两种形式,可能还存在着其他可能的选择。这些机制从许多方面看都比国家和市场出现得早,并且仍然在发挥作用。这就是用分享式的组织和分享式的准则,而不是用正式的组织来治理社会行为。家庭生活和社区生活就是用这种方式来管理的。我们也将"文化"看作影响组织模式选择和组织成员行为模式选择的重要因素。社会学家们将现代社会的发展,看作从这些简单社会组织形式(社区)向正式组织(社团)的演进。当然,他们也认识到这种发展是需要付出代价的,例如内部的、直接的面对面关系的丧失,人们因此会试图抗拒这一发展。可以说,有关国家和市场关系的一些争论是源自对这两种机制之外的令人满意的其他机制的渴求。在分析集体问题解决方案的过程中,考勒巴琦和拉姆(Colebatch and Larmour)讨论了这一主题。他们所提出的可供选择的机制不是两种,而是三种:(1) 官僚制组织,按照层级组织原则建立,实行规范化运作;(2)市场,这是一种实行私人所有制的机制,人们的行为受自利动机支配,以"诱因"和"价格"作为组织原则;(3)社区,实行集体的自我限制,由准则和价值所治理。他们还进一步研究分析了实践中这三种模式在多大程度上是混合的。

（原文选自米切尔·黑尧:《现代国家的政策过程》,中国青年出版社,2004年版,第5-16页。本书对原文进行了一定的删节和组合,并做了适当的阐释。）

五、课程案例

课程案例1-1:非典政策的效益

SARS,俗称"非典",2003年春天肆虐全球,据官方统计共夺去919人的生命。亚洲地区疫情尤其严重,以中国大陆、中国香港、中国台湾和新加坡、越南为甚。

10年,这场"非典型肺炎"留下的"非典型记忆",仍然存在于人们心间。10年,人们对于大规模扩散性疾病的恐惧有增无减。10年,"非典"成为人们一种独特的纪念方式,"我在'非典'那年参加高考","'非典'那年,我们刚刚认识"……

2013年2月20日开始,香港《南华早报》从社会、科技、政府管理和公民意识等各个方面盘点这场10年前的"疫病",追寻"非典"给中国人生活带来的改变。

盲目抢购:最鲜明的"非典"记忆

《南华早报》记者在广州随机采访了20人,询问他们提起"非典"时,第一个映入脑海的词是什么。15人说是"醋",4人说"板蓝根冲剂",1人说"果子狸"。

在"非典"爆发前期,政府彻底"失声"。百姓人人自危,坊间流传的"预防秘方",往往会带来抢购热潮。

寻常的醋、板蓝根冲剂和医用口罩,因为有了"预防'非典'"的名声,甚至要托人才能买到。尽管专家每天都在辟谣,但这些"民间秘方"的销量,仍像坐了火箭一般直线上升。

"我现在还记得女儿春节上班第一天的晚上,突然给我打电话。她听起来很害怕,催促我去买醋和一种叫罗红霉素的药。"一位61岁的退休教师回忆了她当时心情的变化。"我开始不赞同,但女儿在电话里哭喊:'妈,广州有人因为一种吓人的病死了……别浪费时间了,赶快去买吧!'"

她到了超市才意识到,女儿的话并非无中生有。"我到超市时,很多人已在买醋了。"那段时间,醋的价格涨到了每瓶100元。"标价已经无效了。"一位35岁的会计师回忆说:"实在是太难买到了,为买一瓶,人们愿意花200元甚至300元。"

焦虑的市民甚至打电话给外省亲戚帮忙买醋，或者到香港去"扫醋"。

疯狂的不仅是广州，在北京，流传着盐可以杀死"非典"病毒的传言。据新华社报道，在 2003 年 4 月 23 日到 25 日的三天之内，北京售出了 7247 吨盐，这是平时 45 天的销售量。

现在，广东当地人回想起当时的抢购都觉得滑稽。一位 65 岁的退休公务员，回忆说："说实话，我简直难以相信我当时那么傻。"

他试图找到人们"犯傻"的原因："我想普通人正是通过买醋，来缓解因为不知道真实情况而带来的恐慌。"

小米加步枪的胜利

在疫情暴发之初，2003 年 1 月曾光就随卫生部的专家组去广东进行过调查，并在全世界最先发现 SARS 只有在近距离、出现临床症状的情况下才会传染的特性。但当时大家都忙着寻找和确认病原，没有人关心公共卫生专家的分析。

曾光回忆说，等到他们的声音真正被倾听的时候，已经错过了防控的最佳时期。

2003 年 4 月 21 日，卫生部发布的疫情显示："截至当天，全国累计报告病例 2001 例，其中医务人员 456 例，死亡 92 例。"此后，疫情出现井喷，开始集中爆发。仅北京一地，每天新增病例都在 100 例以上，最严重的一天，收治的病人超过 150 人。

也正是在这个时候，作为公共卫生专家的曾光开始介入高层的决策。他先后被聘为国务院 SARS 督导组成员、首都 SARS 防治指挥部顾问，频繁出席各种会议，为抗击 SARS 出谋划策。

有一次，他为北京市的部分官员作了一个报告，时任中共北京市委书记刘淇听说后，专门又请他单独给自己讲了一遍。听完后，刘淇握着他的手说："曾教授，你要早给我讲 10 天，也许我们要少 100 个 SARS 病人。"

在报告中，曾光反复强调防治 SARS 并不难，不需要什么高科技，只要隔离传染源，切断传播途径，保护易感人群就可以控制疫情。

但那时，很少有官员了解公共卫生知识。一个流传很广且有说服力的例子是：SARS 期间，有位省长对时任卫生部副部长王陇德说，以前他不知道疾控中心是个什么单位，SARS 之后才知道这个单位是干什么的，是值得重视的。

"最初，他们更愿意相信临床治疗，后来又求助于被冠以高科技之名的疫苗、特效药。"曾光说，"等到我们发声的时候，实际上已经是第三波了。"

公共卫生专家"参战"后，面临的第一个难题就是医院感染。

2003 年 4 月 22 日，曾光随中共北京市委一位领导对感染最严重的北京大学人民医院进行了考察。这家因 SARS 而被公众所熟知的医院，当时的状况近乎惨烈。从 4 月 7 日接收第一例病人到被封闭的 16 天里，全院有近 70 位临床一线上的医护人员倒下了。

三个小时考察下来，曾光感觉"这里已经守不住了，如果硬撑下去，病例会像雪崩一样爆发"，再加上之前在广州调查时积累的经验，曾光当场就提出"尽快关闭医院"。

让曾光欣慰且多少有些意外的是，北京市政府不仅采纳了他的建议，而且第二天就派武警把医院给封了。办事效率之高超出了他的想象。

那段时间,曾光回忆,作为公共卫生专家的他感受到了前所未有的被重视,"几乎每项决策,领导都会征求我们的意见"。而这其中令他印象最深刻的,无疑还是那次被邀请到中南海讲课的经历。

事实上,那次中央政治局的集体学习是早就安排好的,内容是科学发展史,由两位专家主讲。但鉴于当时的形势,临时加了个题目"SARS 型肺炎的防治"。

尽管曾光的讲课被安排在最后一个,但他仍能明显地感到,领导们最关心的还是他的发言。讲完后,大家提的十几个问题无一例外全部都是关于 SARS 的。在回去的路上,高强对他说:"你注意到没有,讲课开始前,总书记和专家握手时,跟你握手的时间最长,首长最关心的就是你讲的内容。"

在讲课过程中,当领导们被告知只要严格隔离就能控制疫情时,都很兴奋。曾光说:"所以后来组织各地群防群控,一出手就非常坚决。"

曾光将击退 SARS 的胜利称为"小米加步枪的胜利",因为正是公共卫生的土办法"送走"了 SARS。一个更容易被忽视的事实是,直到 SARS 结束,"高科技"中只有诊断试剂投入了使用,而当时被寄予厚望的疫苗和特效药,十年后的今天也没有问世。

将公共卫生送上快车道

"送走"了 SARS 后,耐人回味的是,SARS 把中国的公共卫生建设"送上"了快车道。无论是曾光,还是接受采访的其他公共卫生专家都坦承:"SARS 后的这十年,各地对公共卫生的投入都有几十倍,甚至成百倍的增长。"

"SARS 是一场灾难,"北京大学公共卫生学院教授胡永华说,"但它也是一次契机,一次让中国公共卫生事业赢得发展的契机。"

在 SARS 之前,包括疾控中心在内的整个公共卫生系统正处于转型期,由过去全额拨款的事业单位向半事业单位过渡。这一转变意味着他们不仅要承担原有的公共卫生工作,还需要自己挣钱养活自己。

在这一格局之下,胡永华说,公共卫生机构的主要精力都用在生存和挣钱上,"过去能力最强的做业务,而现在能力强的搞创收。由于经费不足,很多业务都已名存实亡"。

"SARS 就像一面镜子,一下子反映出许多长期被忽视的公共卫生问题。"胡永华说。

曾光告诉《中国新闻周刊》,SARS 后,全国公共卫生系统开始了空前的大规模建设。政府投入 117 亿元解决国家、省疾控中心的硬件。硬件设备升级的一个典型例子,是负压病房的建设。

如今这种专门用于接收呼吸道传染病病人的病房,不仅在医院得到了普及,部分城市还配备了负压救护车,在救治和转运病人时,最大限度地减少医务人员感染的概率。但十年前 SARS 最猖獗的时候,整个中国也找不到几间合格的负压病房!

在硬件建设中最有成效的,曾光认为还是信息报告系统的建设。他向《中国新闻周刊》记者描述了 20 世纪 90 年代信息报告系统的状况:"当时,每年全国开疫情会,就是算账会,各省参会的人都自己带着算盘,相当落后。"

事实上，直到 SARS 爆发，中国公共卫生的信息报告系统仍形同虚设。当时，卫生部常务副部长高强为了弄清北京的数据，不得不对北京地区二级以上的 175 家医院，一家一家地进行核对，花费一周的时间，才查清北京地区所有医院收治的病例。

在 SARS 后的几年，由卫生部牵头，在全国组建了公共卫生监测预警系统，形成了一套严谨的信息报告制度。其中，最引人注目的是疫情网络直报系统。提到这一系统，曾光连用两个绝对，"全世界绝对最快，绝对最先进"。

这套覆盖中央、省、市、县、乡五级行政机构的信息系统，可以将全国 31 个省份包括传染病疫情在内的突发公共卫生事件，通过网络直接报告给中央政府。"即使是一个乡发生了不明原因的疾病，中央也可在第一时间获悉"，胡永华说。

SARS 带来的额外收获

在与《中国新闻周刊》记者讨论 SARS 对中国公共卫生带来的影响时，公共卫生专家们都不约而同地提到了应急预案的制定。

曾光总结的导致 SARS 早期"战局不利"的诸多原因中，第一条就是缺乏应对突发公共卫生事件预案。

SARS 之前，中国没有应对突发公共卫生事件的预案，没有突发公共卫生事件的认定和分级标准，也没有预定一旦发生突发公共卫生事件后的指挥系统，更没有对此的分级负责制和岗位责任制。此外，政府对于突发公共卫生事件的信息发布、新闻传播、多部门协调、社会动员、重大控制措施实施都没有明确规定。

因此，政府在应对 SARS 上，初期一片混乱。直到 2003 年 4 月 21 日，卫生部才建立每日疫情发布制度。两天后，4 月 23 日，国务院成立防治 SARS 指挥部，统一指挥、协调全国 SARS 的防治工作。之后，抗击 SARS 工作才走上正轨。

2003 年 4 月 1 日，时任副总理吴仪在视察疾控中心时，对在场的人表示，她此行一个很重要的目的，就是要推动中国突发公共卫生事件整套机制的建立。这是中国领导人第一次在公开场合提出应急机制的建设问题。

一个月后，国务院公布出台了《公共卫生突发事件应急条例》(以下简称《条例》)。这份被认为是"公共卫生事业的转折点"的法规条例，从起草到提交审议，只花了半个月的时间，开创了中国立法的"SARS 速度"。

《条例》出台的第二年，卫生部成立了卫生应急办公室，负责突发公共卫生事件监测预警、应对准备等工作。到 2005 年，全国已共有 24 个省、自治区、直辖市成立了卫生应急办公室。

2007 年 8 月，国家又出台了《突发事件应对法》。这期间，各部委相继出台了应急预案，除了涉及重大传染病流行、中毒事件、环境污染、核泄漏等公共卫生事件外，也涉及了洪涝灾害、地震、台风等各种自然灾害，以及铁路、民航、电力、银行、煤矿等领域的重大事故。

"应急预案从传染病涵盖整个公共卫生领域，再到各种潜在的社会安全事件，"曾光说，"显然，这是 SARS 带来的额外收获。"

硬件很硬，软件不足

"中国公共卫生信息的开放，就是在 SARS 中开放的。"曾光说。

不过,他也向《中国新闻周刊》记者强调,在当时的政治语境中,隐瞒疫情不是某一个人的责任,"包括被免职的张文康和孟学农,我和他们都有过接触,他们也不想这么做。那是多年来长期形成的积弊,有很强的惯性"。

即便是在十年后,在已经取得许多进步的今天,这种惯性仍然存在。

抗击非典的旗帜性人物钟南山,日前在接受媒体采访时说,目前应对突发公共卫生事件,最突出的问题就是疾病信息的覆盖和上报,个别地区上报的病例数和死亡人数不够准确,"这与某些地方官员担心这些数字会影响自己的政绩有关"。

熟悉中国卫生防疫体系演变过程的胡永华说,隐瞒疫情可能更多是与中国在传染病领域的保密制度有关。

他解释说,早期相关部门在对外公布疫情之前,都会出于对国家形象和对外贸易的考虑,"淡化"疫情,采取"内紧外松""内外有别"的处理原则。"上面的这种淡化处理,很自然会被下面效仿。因此,出现瞒报谎报的现象就不足为奇。"

但更常见的情况是,地方政府会主动上报、甚至夸大当地的疫情。"因为,疫情大多是自然因素造成的,很少涉及人为过失。"胡永华说,更重要的是,哪里有疫情,哪里就有资金,正所谓"财神跟着瘟神走"。

相对于信息透明,胡永华更担心的是:"现在中国的公共卫生机构硬件很硬,建了很多大楼,购买了很多先进的设备,但观念、制度、政策、人员等软件则相对落后,就像高速公路建起来了,开车的还是喝酒的人,也没有交通规则。"

他体会最深的是,他所在的北京大学公共卫生学院,这十年来的科研经费投入几乎没有什么增长,"没有训练有素的公共卫生队伍,一切都是空谈"。

另一位公共卫生专家、已故的北京协和医学院公共卫生学院院长黄建始生前曾撰文:"部分地区只知盲目投资,大兴土木,无视人力资源和机构能力建设的重要性。公共卫生体系建设的最重要环节之一,即健康教育和全民健康素质的提高,依然没有被列入重要议程。"

黄建始还指出:"长期以来,大公共卫生观念只是停留在口头上,SARS之后并没有得到根本的改变。建设公共卫生应急体系的工作,实际上几乎还是由卫生行政主管部门一家承包,政府的作用、各部门的职能以及如何协调并不清楚,甚至处于无序的状态。我国医疗、预防体制分家,条块分割,部门封锁,医疗、预防资源不能整合的局面还是继续存在。"

在曾光的办公室里,他指着那张十年前的照片对《中国新闻周刊》记者说,当年在中南海讲完课,他在结语时说,希望下次有机会再详细讲一讲中国公共卫生事业面临的根本问题。"不能好了伤疤忘了疼。"

SARS 是位"好老师"

2003 年的春天,一向拥挤的北京几乎成了一座空城,就连最繁华的王府井也萧条零落。公交车上,司机、售票员和乘客都戴着口罩。

"有人咳嗽或者打喷嚏,人们就会感到不安。"今年 35 岁的商人吴永(音)对《南华早报》说,"那是我人生中一段非常恐惧和奇怪的时光。"

从第一起病例 2002 年 11 月出现,到世界卫生组织(WHO)2003 年 5 月 19 日宣布解除疫情,中国内地据官方统计共有 5237 人受到感染,其中 329 人死亡。它的影响已超出了公共医疗和卫生领域。

2003 年 SARS 爆发时,正赶上新旧两届国家领导人交替,SARS 也成了对"胡温体制"的第一项挑战。

在即将卸任之际,温家宝总理在 2013 年 2 月 1 日的《求是》杂志上发表文章,其中提到:"'非典'疫情以及由此引发的我们治国理政理念的转变,和一系列重大经济社会政策的调整,无论是对我国经济社会发展来说,还是对政府改革和建设来说,都是一件具有标志性意义的大事。"

《南华早报》认为,正是中央政府对政权平稳交接的诉求,导致了政府对"非典"疫情反应迟钝,而且因最初试图掩盖疫情,才让病毒进一步扩散。该报引用清华大学国情研究中心主任胡鞍钢教授的话说:"政府专注于权力平稳过渡,让危机的早期关键阶段出现了治理真空。"胡鞍钢认为,"非典"是教育政府不要再犯同样错误的"最好老师"。

亡羊补牢,为时未晚。"非典"让中国公共卫生领域以飞快速度进步。中国疾病防控中心的主任冯志坚说:"非典使中国医疗卫生系统蓬勃发展起来。"

从 2003 年到 2006 年,中国政府先后投入了 257 亿元人民币,改善公共医疗设施和应对传染性疾病。2006 年,卫生部宣布基本建立疾病预防和控制系统,而传染性疾病的通报体系覆盖了全国 95％以上面积的区域。

在"非典"中受到教育的,不仅有政府机构,也有普通民众。"非典"过后,曾有人戏言:"'非典'教会了中国人洗手。"

为防止疾病传播,公共场所的洗手池边多半悬挂着洗手的教学挂图,水池边摆着洗手液和肥皂。许多人经历了"非典",才养成了"餐前便后"洗手的习惯。

随地吐痰会让行人侧目,餐饮行业不消毒会被吊销执照。一位韩国驻华记者"非典"肆虐时正在中国,他亲身经历了变化并感慨:"'非典'让中国人更爱干净了。"

"非典"给中国政府带来三项改变

"非典"爆发后,学界人士批评政府没有专门的机构和法律处理突发性事件。

2003 年 2 月,广东省首次宣布了 5 人死亡,305 人感染疾病。3 月末,北京也成为 WHO 宣布的疫区。直到 4 月份,国务院才建立了国家级别的应急反应机制。

2003 年 7 月,国务院办公室公布了关于应对突发性公众事件的草案。随后几年里,各级政府应对突发事件的预案相继发布,内容从自然灾害、公民健康危机、工业事故到重大交通事故。

胡鞍钢说:"'非典'的一个重大影响,就是对危机的应对成为政府的一项常规工作,现在政府在应对危机方面有了很大进步。"最好的例子就是 2008 年的南方雪灾和汶川地震后,政府都快速做出了反应。

2009 年,当 WHO 公布了禽流感暴发的消息,中国卫生部立刻做出反应,措施之严格,甚至被外媒形容为"有矫枉过正之嫌"。

从"疫区"墨西哥飞来的飞机全部取消,而从墨西哥入境的旅客,都被怀疑是病毒携带者。医疗队迅速赶往机场,对这些旅客进行医疗监护。卫生部发言人毛群安说:"我们当时不知道这个病有多严重。"

但毛群安知道的是,中国政府绝不会怀着侥幸心理,让"非典"的悲剧重演。

另一项积极的变化是官员问责制的启动。

2003年4月卫生部部长张文康和北京市副市长孟学农,因为处理"非典"危机不力而下马,这是中国内地首次出现部长级别官员因失职而被解任。

从此,官员问责制逐渐适用在其他地方,矿难、火灾、重大交通事故往往都以主管官员引咎辞职告终。

《南华早报》称:"越来越多的官员个人被要求承担责任。有些人并没有明确地做错什么事,辞职更多是在民众压力下的反应。"

然而,在同一篇文中,《南华早报》也指出漏洞仍然存在。比如,一些官员从这个岗位下来,不久又在另一个岗位上任职了。

在加强信息透明度方面,"非典"爆发是关键的转折点。

"我们从'非典'中学到的,就是透明度对恰当处理危机非常重要。"毛群安告诉《南华早报》:"任何拖延释放消息的做法,都会带来负面影响。"用胡鞍钢的话说:"'非典'开启了一场关于透明度的革命。"

北京最初拒绝承认"非典"爆发和扩展的态度,受到国际社会和世卫组织的批评。在"非典"爆发两个月后,北京才允许世卫组织的流行病学家进入中国内地,评估中国疫情,而此时比内地晚发现病例的香港、新加坡、河内和多伦多,都已向世卫组织打开了大门。

2003年4月19日,温家宝总理警告,所有不报或瞒报"非典"感染病例的地方官员,都将面临严重后果。毛群安回忆:"如果我们早点释放信息,对局面的掌控可能会更好。但我们没有经验。"

毛群安本人所代表的职责,也是"非典"的一项特殊贡献。这场令全世界恐慌的疫病过去了,但政府发言人却成了一种惯例留了下来,为中国政府的信息公开打开了新局面。

（资料来源:"SARS十年,就这样改变了中国",《青年参考》2013年2月27日,http://qnck.cyol.com/html/2013－02/27/nw.D110000qnck_20130227_1－28.htm.在形成案例时,本书做了一定的调整和改动。)

六、学习思考

基本概念

解释下列政策概念,并尝试译成英语

政策链

公共政策

政策的公共性

政策的民主性

政策的科学性

公共政策基本功能

政策的导引功能

政策的调控功能

政策的分配功能

政策的应急功能

政策的创新功能

基本原理

阅读本章的教材内容、经典阅读、知识补充、研究论文，尝试回答下列问题：

如何看待中外著作中多种多样的有关公共政策的定义？

你能给出一个适合当代中国转型社会实际的公共政策定义吗？

公共政策有哪些主要特点？

公共政策活动有哪些基本功能？

基本应用

案例分析

在仔细阅读本章的案例（课程案例"非典政策的效益"和导入案例"全面取消'以药补医'的政策"），结合前面已经阅读过的相关知识，对本章的导入案例和课程案例加以分析，尝试写出案例分析报告。

分析报告必须包括下列内容：

对案例发生的外部环境背景做出描述、分析；

对案例中包含的公共政策的要素和主要过程中与政策实质、特点、功能有关的方面做出阐释、分析；

依据本章的内容对政策的某些要素和主要的过程阶段中与政策实质、特点、功能有关的方面做出评价；

读书笔记

仔细阅读本章提供的经典论述、知识补充、研究论文，围绕经典论述写出读书心得。读书心得应包含下列内容：

经典论述的主要理论和观念；

经典论述表述的理论或观念对中国现实政策过程的解释力度（能够对中国现实的公共政策过程做出很好的解释，只能部分解释，完全不能解释）；

是经典理论与观念不完备，需要做出修改，还是中国公共政策过程需要加以改进？

编写案例

组成 5 人左右的学习团队，尝试就中国目前公众与政府普遍关心的，也值得研究的公共政策实例，按照本章研修的内容，编写公共政策案例。

好的政策案例应当包括下列内容：

对具体政策过程发生的环境条件进行描述；

对具体政策过程中的主体、价值、工具、资源（不一定都要涉及，只要对与本章内容有关的方面加以阐述）

对具体政策要解决的政策问题的状态及对政策问题的确认（问题情境、问题的诊断与确认）做出描述；

对具体政策的制定、实施、评估与终结（不一定关注所有阶段，只对与本章所关心的阶段或环节）加以详细描述；

将上述的内容以生动故事情节的方式展示出来，让阅读者有身临其境的感受。

要特别关注具体政策过程的公共性、民主性、科学性、法治性、有效性。

编写公共政策案例的资料必须是多元的：官方文件、媒体报道、公众（网民博客）评点、学者论述、问卷调查、焦点人物访谈。

为了让阅读者一目了然，印象深刻，可以适当插入图表、图像。

第二章　公共政策的系统与要素

公共政策是人类发明出来的解决总体社会生活中的公共问题的自觉、能动的活动。这种活动以政党组织和政府机构为主，在一定的外部环境或背景条件下，依据一定的价值，选择合适的工具，约束或支持相关机构和人员的行为，以此来解决存在的公共问题，维护社会公共利益。

要理解并参与公共政策活动，就需要对这些活动的外部环境或背景条件加以研究，还需要对这些活动内部的构成要素及其相互关系加以探索。

一、研修的内容

在本章中我们将研修以下内容：
　　§1. 公共政策的外部环境
　　§2. 公共政策的主体客体
　　§3. 公共政策的价值
　　§4. 公共政策的工具与资源

案例导入：各地"异地高考"办法的出台和实施

改革开放推动着人力资源的转移。从农村进入城市的流动人口不断增加，进城务工的农民在异地工作的时间变得更加长久，其子女在流入地参加高考的问题也变得日益迫切。2012年9月1日国务院办公厅发出文件，要求各地在2012年12月31日前出台实施异地高考的具体办法。

政策动议的背景

异地高考的问题在全国普遍存在，但矛盾格外突出的，是在流入人口数量特别密集的大城市，比如北京、上海、广州，即所谓的"北上广"。

根据相关统计资料显示，在北京，2008—2009学年度，30073名非北京户籍的小学毕业生中，最多只有24685名学生能在北京继续读初中；12599名非北京户籍的初中毕业生中,最多也只有 5484 名能在北京继续读普通高中。大量的外地孩子在北京读完一部分课程后,就不得不忍痛离开北京、离开家人,回到原籍读书。这种状况直接导致非本地户籍的学生在北京难以升学,尤其是难以参加高考。

在上海,情况也差不多。义务教育阶段已经接纳了 40 多万外来务工人员的子女,他们很快就会面临中考问题,如果中考问题不解决,这些孩子将有很大一部分要回原籍所在地读书,由此会产生新的农村留守儿童问题。当然,即使能在上海留下来升入高中的农民工子女,他们也很难取得异地高考的资格。

公共舆论的焦点

这种状况不得不引起公众和政府的思考。公共舆论的焦点集中在两个方面。

一个方面是争论什么是阻碍异地高考的根源?不少舆论认为造成这种明显教育不公的根源是旧体制下形成的僵化户籍制。许多网友指出户籍制度是导致教育不公的根本原因,实施异地高考能够突破户籍制度的束缚,能有效地促进教育公平。人民网舆情监测室统计的结果显示,有 48% 的网友认可这一观点。

但是,也有舆论认为造成这种教育不公状况的根源不是户籍制度,而是教育资源分配不均和招生制度不合理。他们认为,开放异地高考无助于实现教育公平,反而会带来很多新的问题,比如大城市人口恶性膨胀,催生新的进入城市的限制标准,当地人的教育权益也会被削弱。人民网舆情监测室的统计结果显示,有 19% 的网友认为异地高考无助于教育公平。要想真正实现教育公平就必须在全国范围内均衡分配教育资源,改革现有的招生制度。

舆论焦点的另一方面是争论落实异地高考政策有多大可能性。尽管绝大多数网友力挺实施异地高考政策,但对其落实前景却抱有悲观的态度。人民网舆情监测室的统计结果显示,认为异地高考政策能够很快落实的网友实在是寥寥无几,另外有 23% 的网友认为异地高考实现难度很大,因为它牵扯到方方面面的利益和关系,绝非一个仅靠教育部门努力就能解决的问题,所以这种教育不公的状况最终不会有多大的突破。

现实的利益矛盾

全国人大代表、中山市中山纪念中学的校长贺优琳认为,如果真的实行异地高考,设计操作很复杂,需要对招生资源包括高校的招生指标重新洗牌,必须根据每个地方考试的人数进行指标的再分配,否则对持有广东户籍的人口就会造成冲击和不公。国家高考政策对欠发达地区实行保护政策,而发达地区比如广东,高校多、教育资源也多,假如放开异地高考,哪个地方好考,人就涌向哪里,结果必然会造成混乱。在广东,考生高考的难度已经很大,假如资源不重新分配,允许在当地务工人员的子女参加高考,则广东户籍考生的压力会更大。

政策方案建议

全国人大代表、重庆市政协原副主席陈万志表示,应该放开随迁子女的高考资格,"方向先明确下来,其余就是制度设计的问题"。陈万志说,虽然很多孩子父母的户籍不在北京,但他们出生在北京,成长在北京,读书在北京,却不让人家在北京参加高考,确实不太公平。但是如果异地高考的大门一下子全放开,也会引起很大的问题,可能会有生源大省的考生到中西部地区参加高考,挤占当地考生的机会。因此,在制度设计上,必须设置一定的门槛和条件,"不能让考生想过去就过去,更不能快考试了,才突击转过去"。

陈万志认为,放开随迁子女的高考大门,并不等于任何人都能够获得异地高考的资格。各地可以根据当地的条件设置一些门槛,比如父母连续在当地工作多少年,连续纳税多少年,学生本身在当地连续就读多少年,过了这一门槛的农民工子女才能在当地参加高考。异地高考门槛的设置要根据各地条件而定,"有些城市,特别是大城市,最初的门槛可以设得高一点,比如要求父母连续纳税时间定长一点"。陈万志认为放开异地高考这项教育制度的改革需要政治领导人的决心。在程序上可以上升到立法层面。"先充分博弈,尊重大多数民意",让各地根据各自情况,综合考虑各个方面利益,找到一个可行的方案。

官方的回应

2011年3月10日,在列席十一届全国人大四次会议时,针对流动人口子女"异地高考"的呼声,教育部部长袁贵仁指出,城市应当为稳定就业者子女的就学负责。袁贵仁说,我们鼓励各省市结合实际,尽快推出异地高考方案,有些省市确实存在难度的,教育部将具体协调。同时,异地高考也不意味着完全开放,而是存在"条件准入":一方面要考虑城市的承载能力;另一方面也需要家长满足在当地工作等条件。谈及方案公布时间表时,袁贵仁爽快地表示:用不了10个月。

2012年8月31日,中国政府网刊发了国务院办公厅转发教育部、国家发展和改革委员会、人力资源和社会保障部以及公安部的《关于做好进城务工人员随迁子女接受义务教育后在当地参加升学考试工作的意见》的通知。要求各地在2012年12月31日前出台实施异地高考的具体办法。

各地政府出台的办法

针对"异地高考"问题,各地相继出台了相应的解决办法。北京、天津公布的是"过渡方案";贵州、安徽均为"暂行"方案;辽宁、湖北、海南等省则称之为"试行"方案。

上海提出居住证积分达到规定值有望在沪高考。上海就《上海市居住证管理办法(草案)》公开征求意见。上海准备对居住证进行"积分制"管理,持《居住证》A证的人员,其子女可在上海参加中考、高考。这是四大直辖市中,首个对异地高考予以正式回应的大城市。

广东提出三年内试行异地高考。广东省政府颁布《深入推进基本公共服务均等化综合改革工作方案(2012—2014年)》,明确规定在2014年前,广东将试行异地务工人员子女在输入地就读学校参加中考、高考,探索省内高职高专院校接受外省户籍考生的入学申请。这意味着,广东将在3年内试行让外地学生在广东参加中考、高考,到时在广东就读中学的外地学生不必再回到户籍所在地参加考试。

门槛的设置:社保"门槛"多为 3 年

在门槛设置上,安徽、福建、浙江、山东、江西五省份没有对需要"异地高考"的考生父母(或法定监护人)提出额外的条件。

而北京、上海、广东等 11 省不同程度地对考生父母提出了社保要求。其中,天津、上海社保年限尚未明确,其余省份社保年限多为 3 年。

另外有 8 个省份没有明确提出父母或监护人的工作要求,有 6 省份没提及父母或监护人住所的要求。

实施的年限:20 省承诺 2012 年有条件放开

有 20 省份提出在 2012 年就实施有条件放开的"异地高考"。这些省份中包括安徽、江苏、广西、云南、重庆、浙江、江西、湖南、湖北、河南、山西、河北、黑龙江、吉林、辽宁、天津、广东(高职)、新疆(往届中职生考高职)和内蒙古。

其中有些省份同意随迁子女只要满足规定的条件就可以与当地考生享受同等的报考和录取高校的待遇,而有的省份则规定实施异地高考考生的报考范围只能限定在高职(天津、广东和新疆)或省属高校(云南的部分非滇籍随迁子女考生),而不能填报高水平的大学。

贵州、福建、上海、四川、宁夏、陕西(高职)、山东和海南等省市则要等到 2014 年才实施有条件的"异地高考"。

开放的程度:有超过 20 个省份同意对异地生无差别招录

除了上海和广东,山东、河南、河北、黑龙江、吉林、辽宁、浙江、江西、湖南、湖北、贵州、安徽、福建、内蒙古、山西、陕西、江苏、广西、云南、四川、重庆、甘肃和海南等 23 个省份在制定"异地高考"政策时,将最终的目标设定在异地考生与省域内考生在考试录取方面,做到无差别对待,或无特别限制性对待。

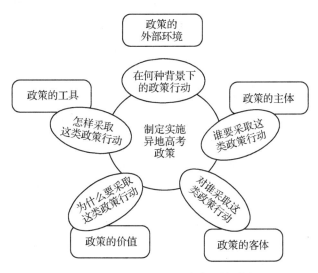

图 2-1 导入案例与本章内容的对应

§1. 公共政策的外部环境

§1.1　公共政策外部环境的内涵

公共政策活动是一个系统,总体上可以将其区分为外部环境体系和内部要素体系。也有的公共政策学家把公共政策活动的内部因素相互联系、相互作用而形成的整体称为公共政策系统,而将公共政策活动赖以存在和运行的外部条件或背景条件统称为公共政策系统的超系统。

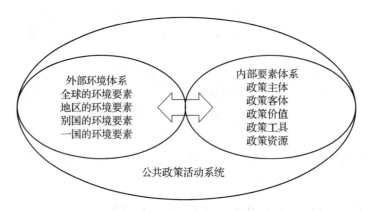

图 2 - 2　公共政策活动的外部环境体系与内部要素体系

所谓政策的外部环境体系,或政策超系统是指作为政策活动外部条件或背景条件的各层次、各方面因素的总和。与公共政策环境体系相对应的是公共政策的内部要素体系或政策系统,是政策活动内部要素的总和,主要包含政策活动主体、政策活动客体、政策活动价值、政策活动工具、政策活动资源等基本方面及其相互的联系。公共政策活动的内部要素体系与其外部环境体系,或者公共政策系统与其超系统之间是相互联系、相互作用的。

§1.2　公共政策外部环境的特点

政策环境具有多样性

公共政策的外部环境因素是复杂多样的,既包括外部国际的、地区的政治、经济、文化、社会、自然生态状况及其演变发展趋势,也有一国之内的政治、经济、文化、社会和自然生态的状况及其演变发展趋势。同时,以往实施过的政策及其影响、正在实施的各种政策及其效果,也都构成某一执政党组织、政府及其部门在制定、实施、评估政策时不能忽略的外部环境因素和外部背景条件。

政策活动的外部环境体系可以用纵横两个维度加以标示。如果将研究的中心点确定在省、市、自治区的层面上,那么,在纵向上,政策的外部环境因素从外向内可以划分为全球的外部环境因素、地区的外部环境因素、国家联盟或共同体的外部环境因素、外国的外部环境因素、本国的外部环境因素。在横向上,政策活动的外部环境因素则可以区分为政治的环境因素、经济的环境因素、文化的环境因素、社会的环境因素、生态的环境因素,特别不要忘掉的是已经实施的和正在实施的政策及其效用这方面的因素。

如果要进一步考察,则可以把纵向与横向的环境因素用矩阵排列起来,形成诸如全球的政治、经济、文化、社会、生态、已经实施和正在实施的政策环境因素,地区的政治、经济、文化、社会、生态、已经实施和正在实施的政策环境因素,本国的政治、经济、文化、社会、生态、已经实施和正在实施的政策环境因素,等等。

政策环境具有具体性、潜在性

不少人在思考政策活动的外部环境因素,或考虑政策活动的外部背景条件时,喜欢将各种各样能够想到的因素都统统展现出来,甚至还认为这样做才能保证全面性。这种不加区分和细究的对政策活动环境因素的简单、笼统罗列,不仅耗费时间,而且还会妨碍人们对其中真正起作用的环境因素、背景条件的深入关注。世界上的所有事物、现象都处在相互联系和相互影响之中,从这一意义上说,相对于一定的政策活动,所有的外部因素都会对政策活动的存在和运行产生这样或那样的影响。但是,任何政策活动都是具体的、现实的,因而构成其环境的背景条件的因素则必然也是现实具体的。只有那些实际发生作用的、具体的环境因素和背景条件才构成具体政策活动的现实外部环境体系。

因此,要对政策活动的外部环境有切实的了解和认识,就必须对可能的环境因素和背景条件做细致深入的分析,将其区分出不同的类别,比如有直接影响和有间接影响的环境因素,影响较大和影响较小的环境因素,有利与不利的环境因素,可以控制与不可控制的环境因素,等等。对于制定、实施和评估政策来说,首先需要重视和认真对待的则是有直接影响的、影响较大的、不利的和不可控制的环境因素。

上述提及的不加区分和细究的对政策活动环境因素的简单、笼统罗列,还有一个缺点就是忽视或忘记对这些外部环境因素相互间的关联做细致的考察和说明。具体政策活动的外部环境体系,不仅包含若干对政策活动的存在和运行产生影响的单个环境因素,还包括这些环境因素之间的相互作用。有时,对具体政策活动产生直接、显性和较大作用的不是一个个单独的环境因素,而是这些因素间相互制约、相互依存产生的某种合力。

在了解和认识政策活动的外部环境时,还需要特别关注对政策运行、调整、变迁发生作用的外部环境因素。某些政策活动持续的时间较长,一年,两年,甚至五年、十年,或更长的时间。在具有较长周期的政策活动中,政策的主体与标的群体更应当关注那些具有潜在影响作用的外部条件,即注重对政策活动的外部环境因素自身的演变做前瞻性的预测分析。特别要重视那些有可能从间接影响转变为直接影响、从较小影响转变为较大影响、从隐性影响转变为显性影响的环境因素。

政策环境体系与政策活动具有互动性

在分析政策活动的外部环境体系时,另一个需要注意的方面就是要从动态的角度来看待双方,即既要看到政策活动自身的演变和政策活动外部环境因素的变化,更应当从政策活动与其外部环境体系的互动来预测和应对这些变化。

一方面,政策主体展开的政策活动的具体行动、原因和后果都会受到在不同层次上发生作用的政治、经济、文化、社会、生态因素,已经实施过的政策活动、正在实施的政策活动以及它们之间相互作用产生的合力的影响。具体政策活动要能够连贯、有效地展开,必须观察和了解外部环境体系的实际状况及其变化,并及时做出自身的应对和调整。

另一方面,致力于解决总体社会生活中存在的公共问题的政策活动本身又对其存在和运行的外部环境体系发生着作用,即有效和能动地改变不同层次的政治、经济、文化、社会、生态的状况。在一定意义上,政策活动的目的就是通过外部环境体系的改变来消除公共问题存在和发生作用的背景和条件。而经过人类政策活动改变了的外部环境体系,又可能引发人类总体社会生活中的新公共问题,这样又需要制定、实施新的政策活动来进一步改变外部环境体系。

§2. 公共政策的主体客体

§2.1 公共政策的主体

公共政策主体的内涵

所谓公共政策活动的主体是指在公共政策活动中,在政策制定、执行、评估、分析、管理等阶段和环节发挥自觉、能动作用的个人、组织。作为政策活动主体的个人可以是指对自己的行动全权负责的个人,也可以是代表某个组织和机构的、其行动遵循组织和机构要求的个人。

与公共政策活动主体相对应的是政策活动客体。

公共政策活动主体的类别

公共政策研究首先要弄清楚是谁在从事政策活动,从研究、分析和管理的角度来衡量,公共政策主体应当分为政策研究主体、政策分析主体、政策管理主体。

从公共政策的过程来衡量,则有三大类主体:政策制定主体、政策执行主体、政策评估主体。在具体政策活动中,这三类主体最好是分开的,才能做到相互制约、相互监督。

在政策规划阶段,需要关注的政策行动主体有政策制定的决策主体,政策制定的参与主体,政策制定的咨询主体,政策制定的分析主体。

在政策执行阶段,需要关注的政策行动主体有政策执行的责任主体,政策倡导(营销)主体,政策执行的协调主体,政策执行的操作主体。

在政策评估阶段,需要关注的政策行动主体则有政策客观评估(监督)主体,政策主观评估(监督)主体。在实际的政策评估中主观的和客观的行动主体的配置方式是多种多样的。

§2.2 公共政策的客体

公共政策客体的涵义

公共政策客体是指公共政策活动所指向的对象体系,它包含着公共政策问题、公共政策标的群体的行为、存在于公共政策标的群体中的利益矛盾。

公共政策客体是相对于政策主体而言的。政策活动的主体与客体构成了政策过程中的一对矛盾。一方面,政策主体解决政策问题的目标和努力规定着政策客体的范围和性质,但是,另一方面,政策客体也不是消极被动的,它既有内在结构类型,也对政策主体起着限制和约束的作用。因此,必须以相互作用和系统的观点来研究政策客体。

公共政策客体的层次

公共政策客体的第一个层面是公共政策活动所要改变的状态,这种政策客体就是作为政策问题的社会公共问题及其情境。并不是所有的社会问题都是公共政策客体,只有那些涉及社会上相当多人的利益,列入政府议事日程,需要政府下决心解决的社会公共问题才是公共政策客体。在制定与实施公共政策时,政策活动主体在规划、决策和贯彻实施公共政策时,应当对政策作用范围中的政策标的群体的生活状态及其利益矛盾的现有状态与应有状态有真切的了解;应当依据社会指标体系,以质化和量化的形式确定应有的状态,即政策实施后的理想目标状态;同时,还要对现有状态加以具体化,力求从质和量上把握和诊断社会公共政策问题。政策主体要做的就是将应有状态与现有状态加以对照,从而决定公共政策活动直接指向的对象。

公共政策客体的第二个层面是公共政策执行中所要直接作用的对象,这种政策客体主要是处在社会不同层次、不同范围内的应由具体政策来规范、制约的社会成员的行为与社会生活状态。人们一般将政策活动中要对其行为加以规范、制约的社会成员称为政策标的群体、目标团体或政策利害关系人;将政策所要直接作用包括某些需要改变的社会事件或社会现象称为政策标的物。

由于不同层次的政策发生作用的范围不同,因而它所要影响、调节、控制的社会成员及其行为的范围,所要作用的社会事件与社会现象的范围也不同。一个国家执政党中央组织、中央政府及其部门制定和推行的总政策和基本政策,其客体几乎是社会全体成员和所有社会事件和现象。执政党的地方、基层组织,地方、基层政府及其部门制定和实施的政策法规客体可能只是某一阶层、某一部门或某一区域的公众和在这些范围和层面上出现的事件和社会现象。

公共政策客体的第三个层面是公共政策活动所要解决的政策客体体系中最为重要、最为根本的方面,即政策标的群体内部的利益矛盾。公共政策活动所要调整和规范的是标的群体中人与人之间的利益关系。个人与群体由于在社会生产和生活中所处的地位及社会分工的不同,必定会产生不同层次、不同性质的利益要求。这些不同的利益要求经过相互影响、交流、碰撞、摩擦,就会产生现实的利益矛盾,它可能发生在个人与个人之间,也可能发生在个人与群体之间,还可能发生在这部分群体与那部分群体之间,甚至可能发生在政府与公众之间。

制定和实施公共政策的根本目的就是要对在政策标的群体中客观存在的各种利

益矛盾加以协调和处理,其目的就是要让在社会发展中做出最大贡献的成员与群体获得最大的利益,让在社会发展中做出平均贡献的成员与群体获得平均水平的利益,让在社会变革中失去利益的成员与群体得到一定的利益补偿。

§2.3 政策利害关系人

政策利害关系人的内涵

政策利害关系人是指在公共政策活动中具有明确的政策见解,追求自身或群体利益,具有行动动机、信念和资源的个体或群体。

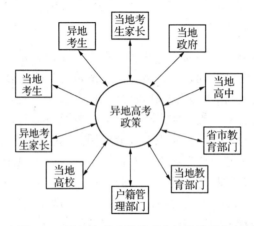

图2-3 异地高考政策活动中的政策利害人

成为政策利害人的条件

只有具备下列条件的个人和组织才能成为政策利害人。一是具有政策行动动机:既可能是获取个体、团体利益的"自利动机",也可能是实现组织任务的"公益动机"。二是具有政策行动信念:有的出于保护环境的信念,有的基于持续发展经济的信念,有的追求政治民主的信念,有的追求教育平等的信念。三是具有政策行动资源:包括物质的、象征的、地位的、技术的资源。四是具有政策行动见解:某些政策利害人因掌握某方面政策的特别知识,并有特殊的见解而呈现出强势。五是具有政策行动忠诚:政策利害人对团体和组织表示忠诚,从而有很强的凝聚力。

政策利害人认定的途径

可以通过下列途径认定政策利害人。一是法律强制的途径(the imperative approach)。许多法律都保护弱势团体的明文规定,因此,可以依据法律来确定利害关系人。这一政策利害人认定途径的缺点是过于机械、僵硬。

二是地位的途径(the positional approach)。可以根据个人、团体在政策制定结构中的"位置"或地位来认定是否是利害关系人。这一政策利害人认定途径的缺点是容易忽略正式组织以外的、没有显著地位的个体或群体。

三是声誉的途径(the reputation approach)。可以从政策制定中人们在社会上的声誉来确定是否是利害关系人。这一政策利害人认定途径的缺点是只关注精英和焦点人物,而忽略社会声望不高的个体或群体。

四是社会参与的途径(the participation approach)。可以依据个体、团体参与社会活动的积极程度来确认是否是政策利害关系人。这一政策利害人认定途径的缺点是忽视不太参与社会活动的"沉默的多数"。

五是意见领袖的途径(the leadership approach)。可以将社会上能够左右大众的舆论领袖纳入政策利害关系人。这一政策利害人认定途径的缺点是容易忽略大多数非意见领袖的个体或团体。

政策利害人总体类型

政策利害人存在下列类型。一是政策制定者,主要指制定公共政策的个人或团体、组织或机构。二是政策受益者(policy beneficiary),主要指在政策过程中直接或间接获得利益的个人或团体,通常政策的直接受益者称为政策标的团体(target groups),有些间接受益者是因为与直接受益者具有关系,比如得到福利保障的老人的儿女。三是政策受损者(policy victims),在政策过程中丧失其应得利益的个人、团体、组织。其原因可能是因为:政策设计不当,没有将他们列为关系人;或者是政策产生负作用,对他们产生负面影响;或者该团体缺乏显著的政治地位与立场;或者是某些机会成本的牺牲品。

§2.4 政策标的群体类型

公共政策活动中的标的群体主要有四种类型:支持型的政策标的群体、反对型的政策标的群体、混合型的政策标的群体、边际型的政策标的群体。

针对不同类型的政策标的群体,政策制定主体可以采取不同的策略。

对支持型标的群体的策略。政策利益相关者之间具有高度合作的可能性,政策利益相关者对于政策制定机构能够高度配合,政策制定和执行主体可采取的策略是创造条件让更多的政策利益相关者参与到政策的制定与执行过程中来。

对反对型标的群体的策略。政策利益相关者之间具有低度合作的可能性,政策利益相关者对于政策制定机构只能低度配合,政策制定机构可采取的策略是采取措施防御政策利益相关者对政策活动的干扰或侵扰。

对混合型标的群体的策略。政策利益相关者之间具有高度合作的可能性,政策利益相关者对于政策制定机构只能低度配合,政策制定和执行主体可选择的策略是创造条件与其中顺从型的政策利益相关者合作。

对边际型标的群体的策略。政策利益相关者之间具有低度合作的可能性,政策利益相关者对于政策制定和执行主体能够高度配合,政策制定和执行主体可选择的策略是追踪政策利益相关者,争取与其配合。

§3. 公共政策的价值

§3.1 公共政策价值的涵义与功能

公共政策价值是指在公共政策活动中指导人们行动的基本原则和规范。政策价值主要回答政策活动对政策主体、政策标的群体或政策利害人来说是不是值得、应当与必须。

在公共政策活动中，价值判断和事实判断应当是统一的。政策活动的事实判断回答的是政策主体展开了什么行动，产生了什么结果。政策活动的价值判断回答是政策主体应当做什么，产生的结果值得不值得。公共政策的价值判断决定政策主体采取政策行动的正当性与合理性。

在公共政策的全部活动中，所有阶段和环节都是围绕着政策价值取向展开的。首先，正是依据政策行动主体的主观价值判断才能确定和诊断公共政策问题。人们的总体社会生活中存在的现象、事件和过程，究竟哪些是正常的、合乎秩序的，哪些是不正常的、有问题的，人们必须借助于价值标准来衡量，才能得出结论。在政策活动中，准确的诊断和最终确认政策问题非常重要。许多政策学家经常告诫人们不要犯第三类错误。所谓第三类错误就是政策分析人员找对了行动方案，却解决了一个错误的政策问题。要保证提上议事日程准备解决的政策问题是存在的，并且对它的认识是准确的，关键就是要依靠政策价值来定位。具体的政策行动主体正是依据一定的主观价值来对政策问题进行诊断、过滤和确认的。

其次，政策行动主体正是为了维护和实现自己的政策价值才参与政策辩论的。公共政策活动最重要的属性是其民主性、科学性、法治性。只有具备民主性、科学性、法治性的政策活动才能收到成效。政策活动中的民主性、科学性、法治性有多种实现方式，其中包括平等、充分的论辩与对话，严格的司法审查。政策行动主体之所以重视和积极参与政策论辩、对话、审查，固然有利益方面的考虑，但是，更为重要的是，不同政策行动主体，包括组织机构及其代理人，抱有不同的政策价值观。有些政策价值立足于政策项目本身，有些政策价值与整个社会进步、发展相联系，有些政策价值则与根本社会制度和意识形态相关联。具有不同价值观的政策行动主体对政策问题的看法，对解决问题的目标和途径的选择是不相同的。为此人们就会展开价值对话，甚至开展价值论辩。

第三，政府制定、实施政策是为实现整个社会和制度的价值。公共政策是政府在国家和社会治理中运用集体行动来解决社会公共问题的手段。作为一个家庭，确定和实施某种政策和策略，是为了实现家庭的价值。作为一个企业或团体，其决策是为了实现企业、团体的价值。作为政府及其部门，之所以要制定和实施公共政策，显然是为了实现整个总体社会和基本社会制度的价值。在公共政策活动中，一个重要的矛盾就是政府及其部门和它们的政策代理人，与社会组织、公众及其政策代理人这两类政策行动主体在利益追求和价值选择上存在差异，甚至冲突。从政府及其部门和它们的政策代理人这一方面的政策行动主体来衡量，其政策立场和态度总体上来说，追求和实现的价值是维护总体社会的持续有序发展和根本社会制度的巩固完善。政府及其部门在政策活动中要做的工作是尽量防止自身的利益追求偏离总体社会持续有序发展和根本社会制度巩固完善这一价值选择，同时协调社会组织、公众及其政策代理人的利益追求，力求将他们的政策价值选择与政府及其部门的政策价值选择协调一致。

第四，政策决策中执政党是以主流意识形态价值来评判政策方案的。在中国特色社会主义建设与发展中,执政的中国共产党是总体社会活动,从而也是社会政策活动的领导力量。在具体的公共政策活动中,执政党组织及其政策代理人总是以维护主流意识形态和巩固社会根本制度为价值标准来评判解决社会问题的政策方案。在改革、开放和社会转型的条件下,总体社会的主流意识形态发生了与时俱进的调整和变化,总体社会遵从和倡导的是由富强、民主、文明、和谐与自由、平等、公正、法治所构成的国家和社会的价值体系。作为执政党,在领导全社会的公共政策活动中,始终要以这些被实践证明符合总体社会发展要求和全体人民利益的价值体系为标准,以确保规划和实施的公共政策有利于解放发展生产力,有利于综合国力的提升,有利于改善人民生活,实现共同富裕。

第五,政策的最终效果也是以社会价值作为评估标准的。政策价值的作用还体现为任何政策的制定和实施,其成功与否的最终评判标准依然是社会认可的价值体系。政策的规划、执行,都必须经过严格的民主程序、充分的科学论证和严格的法律审查。凡是不按照法定的程序进行的,没有动员与政策利益相关的个人、群体、组织参与反复协商、讨论、论证的,违背政策自身运行的逻辑要求和科学方法的政策,肯定是要失败的。这方面的例证可以说比比皆是。但是,所有政策过程都合乎法定程序,也贯彻了民主和科学精神,实施以后也最终获得了预期结果,能否就此得出结论说这样的政策就一定是成功的?还不能。因为判定一项政策成功与否还得以公众认可的社会价值为标准。凡是不符合多数人利益要求的,不能让大多数人满意的政策绝不是优善的政策。

§3.2 公共政策价值的特点

公共政策的价值如此重要,但人们在政策活动中为什么常常会在价值选择上犯错?原因当然是多方面的,其中一个重要原因就在于政策价值是一个十分复杂的体系。它具有层次性、多样性、变迁性的特点。如果不了解和把握政策价值的这些特点,在选择和确定价值时就免不了会犯错误。

首先,政策价值具有层次性。对于公共政策价值层次有很多种划分的方法。比如可以按照政策价值重要程度来划分,通常将政策价值分为核心政策价值、近核政策价值、外围政策价值这样三个由内至外的层次。也可以将政策价值以其设计和实施的主体来划分,分为中央层面的政策价值、地方层面的政策价值、基层层面的政策价值。

但是在实践中,最有效的政策价值划分是以政策发挥效能的范围为标准的。当政策发挥的效能仅仅局限在问题的情境范围之内,政策价值所覆盖的就是某个或某几个项目,这是政策项目价值。当政策发挥的效能扩展到整个社会,政策价值所覆盖的就是整个社会的运行和发展,这是政策的社会价值。当政策发挥的效能继续扩大,并且深入到社会根本制度和主流意识形态之中,政策价值所覆盖的就是根本制度和维护这种根本制度的主流意识形态,这是政策的制度价值。

政策往往是由单个或多个项目构成的。政策项目价值由政策项目的目的来表示,政策项目价值主要依据政策情境来确认,其目的就是要缓解、改变甚至消除令人不安的、妨碍社会生活正常进行的那些状态。这些政策项目的设立和实施建立在与政策情境有关联的个人、群体、团体的利益竞争和协调的基础之上。也就是说，政策的项目价值是由政策标的个体、标的群体、标的团体的利益需求确定的。这种政策项目价值的合理性只限定在一个狭小的、局部的范围之中。一旦超出了这一范围，其价值的合理性就会发生变化。

政策的社会价值衡量的是政策与整个社会运行和发展的关系。当具体政策被纳入社会系统之中，政策的价值就由社会整体系统来衡量。政策的社会价值是由政策目标来表现的。一个政策的项目价值也许是正确的，能解决眼前的、局部的公共问题。但是从整体社会系统来说，就未必具有价值。比如，为解决某个地区缺乏工业、就业率较低的问题而引进国外大的造纸企业的措施，虽然解决了上述两个问题，就项目本身来说，它的确是有价值的。但是对整个社会经济的可持续发展来说，就可能不具有积极价值。因为这一大型项目的引进，会造成大量的能耗和严重的环境污染。就一个小区域来说，扩大了当地劳动力的就业，提高了工业率，增加了财政税收。但造成的严重污染要整个社会为此花费更多的资源，并且还要付出更大的努力来消除因这一项目而引发的环境负面效应。因此，就这一具体案例来说，有时，政策的项目价值也许是好的，但政策的社会价值却是不好的。

政策的制度价值衡量的是政策与社会制度的关系。任何一个社会都有根本的社会制度所规定的根本价值。它通常是通过社会占统治地位或主导地位的主流意识形态表现出来的。这种主流的意识形态是国家和民族的，常常是由执政党来提倡和坚持的，并且是通过取得控制权的社会话语体系来阐述的。对处于转型时期的中国来说，处于根本制度层面的政策价值建立在自由、平等、正义基础上，通过整个社会根本制度体现出来，是由富强、民主、文明、和谐与自由、平等、公正、法治所构成的价值体系。

按照人们的思维逻辑，上述的三种政策价值是由浅表层向内深层依次伸展的。处于整个政策价值体系最外表的是政策的项目价值，它是由政策项目本身规定的，着力解决在一定的政策情境中存在的政策问题。项目价值也并不是单一的，而可能是由多个政策项目的目的构成的体系。

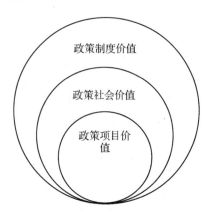

图 2-4　公共政策活动中由浅表层向内深层依次伸展的三层价值

政策价值向内伸展的一个层次就是政策的社会价值，它是将单个的公共政策纳入到整个社会系统之中,将具体政策问题的情境向外延展到整个社会生活。考察单个的公共政策运行给社会发展带来的影响。显然,具体政策的社会价值以政策的项目价值为基础,但它又超出政策的项目价值之外。它将具体政策活动置于整个社会的运行和发展之中来考察它的作用和功能。也许某一政策项目在一定的时空中,或者从权宜之计的角度来评估是有效的,能解决政府下决心要解决的具体政策情境下的问题。但是从更大的时空范围和更为长远的角度来评价,围绕某一项目的政策活动,对整个社会发展来说,可能未必是有效的。

政策价值再向内层更深处的伸展就是政策的制度价值。某一具体政策的活动并不是稍纵即逝的,它不仅与其他政策活动结合在一起发生延续效应,而且会在某种程度上影响整个社会制度的存续。如果将具体的政策活动与一定社会制度的维持、巩固和完善联系起来,人们审视的就是政策的制度价值。政策的制度价值要考虑的是某一公共政策的实施可能会带来社会的稳定,但是,它与这一社会坚持、巩固和完善的根本制度未必吻合,有时甚至背道而驰。在长达 30 年的计划经济模式下,公共部门采取了许多维护整体社会稳定的政策,虽然这些政策的确也让社会处于稳定、有序的状态,但它却没有让社会主义制度应有的优越性发挥出来。这些政策的制度价值就不能说是很好的。

其次,政策价值具有多样性。政策价值的多样性有两方面的含义。一方面政策价值会在不同的总体社会生活领域中体现出来。现代社会结构理论认为总体社会是由政治、经济、文化、狭义社会和生态五大领域组成的。因此,某一具体公共政策的价值就会在这些社会生活领域中体现出来。一项具体的公共政策,其价值相应地就表现为政策的政治价值、经济价值、文化道德价值、社会价值和生态价值。

很显然,某一具体的公共政策活动,其在社会各个领域中表现出来的价值并不一样,或政策的各个领域价值的比重是不相同的。有些公共政策活动的政治价值突出一点,而经济价值可能并不显著或并不是主要的。比如,地方政府确定和实施举办全国性运动会的政策,虽然现在会展经济已经成为发展经济的一种十分重要的方式,但地方政府决定执行这一政策的价值绝不在于其经济收益的多少,而更多着眼于其中所包含的政治价值和文化价值。

因此,要让一项政策成为好的或是优善的政策,在政策行动主体设计和实施政策时,就必须既要突出其中主要的领域价值,同时又要兼顾其他领域价值,使政策的多领域价值能够相互协调,相得益彰,而不至于厚此薄彼,顾此失彼。

公共政策价值多样性的另一方面含义是指即使处在同一层次、同一领域中,人们对制定和实施的公共政策的价值选择仍然可能不一样。比如,有人觉得乡镇行政负责人应当通过不预先划定候选人范围的海选来确定,但也有人认为这不可取,最好还是先产生一定数目的候选人,然后再投票选举更为妥当。两者都赞同实行富有民主成分的选举和票决方式,但在更细微的方面就有不同的价值取向了。在社会转型时期,人们对社会发展应当采取何种方式也表现出不同的价值选择。一些人主张加大创新的力度,并认为社会发展就是从稳定,经变革、创新,再到新的稳定的过程。因此,要促进社会转型,就必须主动创新,打破原有的稳定,来实现更高层面上的新的稳定。持有这一立场的政策行动主体在规划和实施政策时,创新就成为他们首选的价值取向。但是也有不少人认为，变革与稳定是一对矛盾，既要变革，也要稳定。有时稳定恰恰是变革的前提。持有这种价值立场的政策行动主体，在规划和实施政策时，会优先选择有利于保持社会相对稳定的政策方案。

最后，政策价值具有变迁性。政策价值的变迁性有多种表现方式。一种最为常见的方式是不同层级的政策具有不同的价值定位。具体的公共政策是由不同层级的执政党组织和政府部门为主导力量制定和实施的，由于地理位置和历史条件的不同，经济、政治、文化、社会、生态发展状况的不平衡，政策情境会产生差异甚至出现较大悬殊。因此，不同层级的执政党组织和政府部门会从实际情况出发，选择不尽相同的政策价值，来处理和解决政策问题，以促进其所管辖的行政区划和区域有序和谐持续发展。对于实行复杂单一制结构的国家来说，除了在贯彻由上至下的重大公共政策时，如基本国策和一定时期中央制定和实施的宏观调控政策，各地方、各层级的执政党组织和政府部门都必须坚持统一的、已经确定的价值导向外，在规划和实施更适合本地区、本层级的政治、经济、社会、文化、生态发展要求的具体公共政策时，在政策的价值选择上则会表现出更多的变通性、特殊性和相对性。但是即便是这种政策价值变迁，在针对具体政策价值选择做切合实际情况的变通考虑时，仍然要服从某个时期整个国家公共政策所强调的主导价值。

公共政策价值变迁的另一种主要方式是不同政策周期中政策价值的演变。对于一个国家、一个地区来说，在政治、经济、社会、文化、生态变化发展的一定时期，为了解决许多同时存在或相继产生的社会公共问题，就需要制定和实施一系列公共政策。虽然这些公共政策分布在不同的社会生活领域，出现在不同时段，但仍然构成了一定时期的带有总体特征的、服从于解决这一时期关键性社会公共问题的政策体系。而在另一个时期中，政策行动主体会制定和实施不同于前一个时期的带有另外的总体特征、服从于解决这一时期关键性社会公共问题的政策体系。虽然这两个政策体系之间具有连续性，但也存在着明显的区别，从而显示出政策发展的周期性。

导致和标示政策活动周期性的重要因素是政策价值。政策周期的时间间隔长短是相对的，由此就区分出政策运行的大周期和小周期。比如可以将新中国建立以后的 30 年视为一个政策周期，将 20 世纪 70 年代末至今看作另一个政策周期。这都是大的政策周期。在前一个政策周期中，政策体系的主导价值领域定位在政治领域，人们首先关注的是政治价值，其价值优先指向人治、集权、专政。在后一个政策周期中，社会实行了改革开放，政策体系的主导价值领域则从政治领域转移到经济、社会、文化、生态领域，主导价值定位在经济及社会领域，人们首先关注的是经济价值和社会价值，这些价值优先指向解放发展生产力、增强国力、实现共同富裕。

在大的政策周期中也可以划分出若干小的政策周期。比如在改革开放至今的大政策周期中，可以相对地划分出 1978 年至 1989 年、1992 年至 2012 年、2012 年至今三个小的政策周期，分别对应改革开放中三次大的思想解放和三次重要战略选择。这三个政策周期中政策体系的主导价值定位是相同的，都是发展经济。但是其价值的优先指向则有差异。在第一个小周期中，强调得较多的是先富发展；在第二个小周期中，强调得较多的是增长发展；在第三个小周期中，强调的则是公正、有序、协同、和谐发展。

不同政策周期中政策价值定位和指向的差异又和社会发展中制度的创新联系在一起。在一个结构、体制、机制都相对稳定的社会中,政策价值是由具体的社会规则体系即具体的体制、机制和制度安排约束的。在一种制度安排下,公共政策行动主体会选择和这种制度安排相适应的政策价值。比如一个社会在组织人事制度上,在奖惩的考核制度上都特别看重经济增长速度的高低,这种制度安排必然驱使各级执政党组织和政府部门在制定和实施政策时,将保持经济的快速增长作为优先的价值选择,或将效率作为最重要的价值来强调。但是,一旦在制度安排上强调社会公正、公平,那么各级执政党组织和政府部门则会将缩小社会贫富差距、追求社会和谐作为多数公共政策的价值取向。相对于以往在制度安排中强调无产阶级压倒资产阶级的制度安排,以经济建设为重心、讲究经济增长速度的制度安排是一种创新;而相对于只看重经济增长速度的制度安排来说,提倡社会公正和谐的制度安排显然又是一种更深刻的制度创新。这些制度安排上的创新,主导着政策价值选择的变化。

无论是因政策情境的差异发生的政策价值变迁,还是因政策周期和社会制度创新而促成的政策价值的变迁,都不是简单的肯定或绝对的否定,即在选择某种价值定位和优先指向时,不是简单地否定其他价值定位和优先指向。政策价值变迁的实质是人们可选择的政策价值在排序上发生了变化。在一般情况下,人们不会轻易去消灭某种政策价值,而只是选择已经被人们认可的若干价值,并将它置于优先的地位而已。这样,政策价值的变迁就表现为一些原来处在优先位置上的政策价值可能被其他政策价值选择所取代。

§4. 公共政策的工具与资源

§4.1 公共政策的工具

公共政策工具的涵义

政策工具指在公共政策活动中,政策行动主体为实现政策目标所设计和使用的各种措施、策略、方法、技术、资源等途径和手段的总和。

政策工具是政策目标与政策结果之间的纽带和桥梁。公共政策学家胡德(C. Hood)曾经讲过,政策执行就是工具选择的管理过程。实际上,无论是在政策规划阶段,还是在政策执行阶段,十分重要的工作就是选择、设计和使用恰当有效的政策工具。政策制定者和执行者必须了解自己可能采取的政策工具的范围,同时也需要了解可供选择的不同政策工具特点及其之间存在的差异。

公共政策工具的作用

政策工具的重要性在于,运用它就能够改变政策标的群体的行为,使之更能符合政策目的和目标的要求,并最终让政策目的和目标从理想蓝图变为客观现实。政策工具是联结政策目的和目标与政策结果之间的纽带。政策行动主体在确定了政策价值和由政策价值所规定的目的和目标之后,最为重要的事情就是选择合适、有效、配套的政策工具。

　　政策工具在政策活动中发挥着重要作用。首先，政策工具是实现政策目标的基本途径。政府及其部门为了有效地管理国家政治事务、经济文化事业、社会公共事务、生态环境，必须根据政治、经济、文化、社会和生态发展的情势，针对现实中出现的重大公共问题，制定相应的公共政策，并确定合理的政策目的、目标，以使制定出来的政策通过有效执行最终达成既定的目的、目标。在这一过程中，与政策目的、目标的达成密切关联是政策工具。政策目的、目标的实现必须以相应的政策工具作为媒介与手段。"一项法律的通过、一项管理条例的采纳，或者一条裁决令的颁布确立了政策目标，并规定了必要的手段去实现它们。"①

　　其次，政策工具的选择是政策成败的关键。英语中的"执行"一词"implement"源自拉丁文，本意就是"工具、器具、用具"之意，后来被引申为现代意义上的"执行"，即选择"工具"以操作、贯彻和落实某种意图。由此可知，政策工具的选择可能发生在政策规划、决策阶段，但政策工具的使用则主要集中在政策执行阶段。政策执行的核心就在于选择和设计有效的工具，政策执行过程实质上就是一个政策工具选择和确定的过程。

　　美国学者艾利斯认为："在实现政策目标的过程中，方案确定的功能只占 10％，而其余的 90％取决于政策的有效执行。"②政策执行失败最重要的原因，"关键性的不是管理技巧，而是执行的工具"。③戴维·奥斯本也曾指出："今天我们政府失败的主要之处，不在目的而在手段。"④在政策执行中，如何选择政策工具，选择何种政策工具以及用何种标准来评价政策工具的效力等问题，对政策的有效执行和政策目标的顺利达成具有决定性的影响。

公共政策工具的分类

　　相对于政策主体、政策客体、政策价值，人们对政策工具的研究不仅起步比较晚，而且成果也比较少。在政策工具的研究上，许多政策学家都对政策工具的分类感兴趣。由于研究的目标和分类的标准不一，产生出来的政策工具的类别也五花八门。

　　一种是以政府行为为标准的政策工具分类。美国公共政策学者欧黑尔 1989 年在《政策分析与管理》期刊(*Journal of Policy Analysis & Management*)上提出了一种以政府作为(A Typology of Government)为标准的政策工具分类方法。这种分类方法是以政府用钱还是不用钱为一个维度，以政府直接介入还是间接介入为另一个维度，将不同类别的政策工具安排到一个矩阵中。共有 8 类：花钱并直接介入的是去做(To make)、去买(To buy)，花钱并间接介入的是收税(To tax)、补助(To subsidize)，不花钱并直接介入的是禁止(To prohibit)、强制(To oblige)，不花钱并间

---

①　戴维 L. 韦默、艾丹 R. 维宁：《政策分析——理论与实践》，戴星翼、董骁、张宏艳译，上海译文出版社，2003 年版，第 177 页。

②　陈振明：《政策科学》，中国人民大学出版社，2003 年版，第 260 页。

③　罗伯特·B. 登哈特、珍妮特·V. 登哈特：《新公共服务：服务，而不是掌舵》，丁煌译，中国人民大学出版社，2004 年版。

④　戴维·奥斯本、特德·盖布勒：《改革政府：企业家精神如何改革着公营部门》，周郭仁等译，上海译文出版社，1996 年版，第 8 页。

接介入的是教育、告知(To inform)、呼吁、恳求(To implore)。

政府及其部门	直接介入	间接介入
用钱	去做 (To make)	收税 (To tax)
	去买 (To buy)	补助 (To subsidize)
不用钱	禁止 (To prohibit)	教育、告知 (To inform)
	强制 (To oblige)	呼吁、恳求 (To implore)

图 2-5 以政府花不花钱、直接或间接介入为标准划分的工具类别

另一种是以政府干预程度的高低为标准的政策工具分类。豪利特和拉米什(M. Howlett and M. Ramesh)依据政策工具的强制性程度,将政策工具分为自愿性工具、强制性工具和混合性工具三类。政策工具的强制性程度从自愿性政策工具,到混合性政策工具,再到强制性政策工具依次增强。

自愿性政策工具包括家庭和社区、自愿性组织、私人与市场等类别;混合性政策工具包括信息和告诫、补贴、产权拍卖、税收和使用费等类别;强制性政策工具包括规制、公共事业、政府直接提供等类别。

工具 类别	自愿性 政策工具	混合性 政策工具	强制性 政策工具
细分工 具分类	家庭与社区 自愿性组织 私人与市场	信息与告诫 补贴 产权拍卖 税收和使用费	经济与社会规制 公共企业 政府直接提供
干预 强度	弱	弱→强	强

图 2-6 以政府干预程度高低为标准的政策工具分类

§4.2 公共政策的资源

公共政策资源的涵义

公共政策资源是指在公共政策活动中必须依赖的各种规则制度、组织机构、文化规范,以及有计划地投入到公共政策过程之中的各种人力、物力、财政、信息的总和。

公共政策资源的类别

一些政策学家将公共政策资源分为三大类:一类是硬资源,主要有公共人力资源、公共物力资源、公共财政资源;一类是软资源,主要有制度资源、组织资源、权威资源、文化资源、信息资源;还有一类是巧资源,主要指将硬资源和软资源分别加以配置以及将两者加以配置后产生的实际效应。

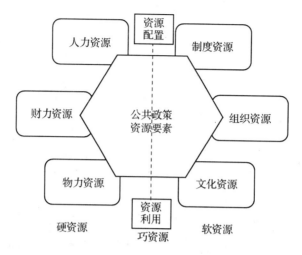

图2-7 公共政策活动的资源类别

二、政策词典（英汉对照）

公共政策主体

public policy actor

以个体出面的公共政策主体

public policy subject as individual

以组织机构出面的公共政策主体

public policy subject as organization

公共政策制定主体

public policy-making subject

公共政策执行主体

public policy implementation subject

公共政策评估主体

public policy evaluation subject

国家公共法权主体

the national and public subject of legal rights

社会政治法权主体

the social and political subject of legal rights

社会非法权主体

the social subject of non-legal rights

公共政策问题取向
public policy's problem orientation
公共政策事实取向
public policy's fact orientation
公共政策价值取向
public policy's value orientation
公共政策价值
public policy value
公共政策项目价值
public policy's project value
公共政策社会价值
public policy's social value
公共政策意识形态价值
public policy's ideology value

三、人物介绍

人物介绍2-1：欧文·贾尼斯：群体政策思维模型的创建者

欧文·贾尼斯(Irving Lester Janis，1918—1990)，美国心理学家，致力于政策制定的心理学分析、危机管理等方面的研究。他出生于美国纽约州布法罗市(Buffalo)，在美国加利福尼亚州圣罗莎市(Santa Rosa)去世。

1939年贾尼斯获得芝加哥大学理学士学位。1940年入哥伦比亚大学攻读博士，期间，他曾和柯林贝格(Otto Klineberg)举办过社会心理学研讨会。第二次世界大战期间，他是司法部特别战争政策小组的高级社会科学分析家，和社会学家斯托佛(Samuel Stouffer)、C.霍夫兰共事。战后回到哥伦比亚大学完成了博士学位论文。1947年受聘于耶鲁大学，开始了教学和研究生涯。

进入耶鲁大学之初，他参与了霍夫兰的"态度改变"研究计划。20世纪50年代中期，他主要研究心理压力问题，1958年出版的《心理紧张》一书报告了他的研究成果。在该书中他提出术前焦虑与术后情绪状态的曲线理论，在临床中得到广泛应用。其研究认为，病人由手术引起的心理应急反应，在手术前后显示出不同的特点。术前表现为焦虑、恐惧情绪增强、血压升高、心率加快。术中应急反应水平显著低于术前。术后的应急反应水平较术中有所升高。患者手术过程中心理应急水平随时间变化的特点，反映出手术期不同阶段应急对手术患者心理产生的不同影响。

在此之后，贾尼斯的研究逐渐转向人在压力下的选择。1972年出版了《小团体思想的受害者》一书。根据贾尼斯-费埃拉本德假设,同样是争论赞成,赞成的观点比否定的观点先出现,将会使争论更有效。在另一项实验中,他发现,在高度可说服性和低度自尊之间、可说服性和社会压制之间存在着相关性。1985年贾尼斯从耶鲁大学退休,退休后任耶鲁大学名誉教授及加利福尼亚大学伯克利分校心理学兼职教授。

贾尼斯因其提出的团体迷思理论而闻名。团体迷思亦译为群体迷思、团体盲思或团体思考。1972年的《团体迷思》一书首次提出团体迷思(Groupthink)一词,贾尼斯将其定义为"在一个较有团队精神的团体,成员为维护团体的凝聚力,追求团体和谐和共识,忽略了最初的决策目的,因而不能确实地进行周详评估的思考模式"。而他也特别注意到在团体中很少出现这样的现象:每个成员的能力能够呈现为团体整体的能力。例如,在学校会议上,大部分教职员鲜为发表个人意见,但是一走出办公室,又纷纷有不同的看法,影响了学校团体决策的品质与效果。当团体中的成员建立起很强的团队精神,即拥有了高度的凝聚力,他们会很在意不要分裂团体的向心力,因而不愿挑战团体的决策。当这种压力导致思想效能破裂,不愿意探究真相,较草率地做出价值判断时,就容易出现团体迷思。

1982年,贾尼斯再探究入侵猪猡湾事件、偷袭珍珠港事件、韩战、越战、古巴导弹危机、马歇尔计划的发展、水门事件等美国政府历年的重要外交决策事件,参照各个事件的环境、决策过程、决策结果,归纳出团体迷思的模型,或称小组意识,实质上是群体思维的一种负面表现。该模型包括八项诱发团体迷思的前置因素,八项团体迷思表现形式及七项团体迷思对群体决策过程与结果的影响。

贾尼斯于1967年获美国科学促进联会颁发的社会心理学奖,1981年获美国心理学会颁发的杰出科学贡献奖,并获美国实验心理学协会1991年度杰出科学家奖。

四、知识补充

知识补充2-1:公共政策主体类型

在对公共政策主体进行分类时,通常可以将其分为国家公共法权主体、社会政治法权主体和社会非法权主体。

国家公共法权主体

这类政策主体指的是居于法律规定的法权地位、获得法律授权、享有公共权威以制定、执行和评估公共政策的机构与职位。在西方三权分立的国家中,国家公共法权主体分立为三大系统:立法,即各级议员系统;司法,即大法官与各级法官系统;行政,即总统及各级行政长官系统。但在西方还有两类主体应当考虑为公共法权主体。一类是政党,一类是高级助理人员。前者在国家政治生活中具有利益整合的功能,因此是"准"公共法权主体;另一类,像助理、高级秘书等,虽然他们未得到法律的授权,但因他们的特殊地位与作用,也被纳入附属性的公共法权主体行列。

在中国,立法机构、行政机构、司法机构及其代表或负责人都是公共法权主体。由于中国宪法规定共产党在国家政治经济生活中处于领导地位,因此,它是正式的国家公共法权主体。同样,一些立法、行政、司法机关,包括共产党机关中的高级助手与秘书,在实际政策过程中都被视为正式的国家公共法权主体。上述这些主体都属于体制内的政策行为主体。

社会政治法权主体

这类政策主体指的是经过法律认可和保护的,可参与公共政策的制定、执行、评估,但并不拥有合法的权力去做出具有强制力的政策决定的社会行为主体。在政策过程中,这类主体的作用通常是巨大的,有时甚至处于主导地位,但由于他们并不拥有合法的权力去做出带有强制性的政策决定,因此不能成为国家公共法权主体。这类政策主体往往通过合法的程序,获得社会法人资格,并由此得到法律的保护。

西方国家中的社会政治法权主体主要有三类,一类是在野党、参政党;一类是见诸公众的利益集团;还有一类是作为个体的公民。在西方国家,常常实行两党制或多党制。在两党制国家,一个政党上台执政,另一个政党则为在野党,它的任务就是批评执政党的政策,并且宣传自己的政策,以便在下一次选举中获胜掌权。在多党制国家中,有时可能是几个政党联合起来执政,其余的政党则成为在野党。它们也要在政策上与执政党做斗争。一般来说,在西方,民主党、社会党、工党,其政策倾向是限制垄断资产阶级,照顾社会中下层民众的利益;而共和党、自由党、保守党通常主张政府放松控制,更多照顾大资产阶级利益。在社会主义国家,在实行多党合作制的地方,只存在执政党与参政党。参政党是社会政治法权主体。

利益集团是重要的社会政治法权主体。利益集团都在不同程度上代表着一定社会群体或团体成员的利益。他们通过参与政策的运行,以表达他们所代表的群体的要求。在不同的政治系统中,利益集团的表现方式和发挥的功能是不一样的。比如在美国,利益集团通常是以"院外集团""压力集团"的面目出现的,在政府政策制定中,利用抗议、游说等合法的或非法的途径影响决策过程。

即使在西方,也并非所有的利益集团都是为了追求自身的经济利益。在 70 年代末,美国曾出现过"公共利益集团"(public interest group),其目的不仅仅是追求该集团成员的个人利益,而且超出集团自身以外,维护公共利益。1970 年,由前任健康、教育暨福利部长约翰·加得纳(John Gardner)领导成立了"共同目的社"(Common Cause)。到 1971 年,这一公共利益集团的社员发展到 32 万人,到 1978 年,社员还有 23 万人。该集团的目标是促进诸如议会的信息制度,议会和行政部门的会议公开制度、听证制度、竞选中公费使用制度、游说法令制度等方面改革。为了实现公众参与政策过程的宗旨,这一集团在内部设立了保护消费者、环境、健康、科学、法规改革、能源等 15 个亚团体。①

在中国,传统的社会组织、社团、利益集团往往代表妇女、年轻人、工人、科学研究人员的利益,比如有"妇女联合会""青年团""工会""自然科学工作者协会""社会科学工作者联合会",等等。它们是带有半官方性质的群众团体。在社会转型中,传统的群体团体适应总体社会改革开放的需要,努力改变自身的组织结构和功能。一大批新兴的社会组织建立起来并发挥出重要作用。在新历史条件下,社会组织、社团依据法律,在公共政策活动中表达和维护自身的权益。他们也是政策活动中的社会政治法权主体。

在西方民化社会中,公民的政治参与常常成为民主国家宪法的基本原则。公民参与政策过程是为了直接表达自己的利益与要求。在西方国家中,公民参与政策过程的方式是多种多样的。一种是非法的方式,即示威、罢工、游行;另一类是合法的方式,比如投票选举、全民公决。在社会主义国家中,公民是国家的主人,国家宣布主权在民。公民参与政策过程的途径是多种多样的,有经过有关部门批准的游行示威、来信来访、选举、政策对话及政策听证等形式。

社会非法权主体

社会非法权主体是指那些其目的不在于参加公共政策的制定,但在需要的时候能够对政策的运行施加强有力影响的团体。一般认为,社会非法权主体主要包括两类。一类是处于幕后的、不见诸公众的利益团体;另一类是大众传媒机构。

第一类社会非法权主体是常说的地下团体、黑社会或黑社会性质的组织。它们多半是以秘密的方式组织起来的,其组织带有非正式性、不合法性的特征。社会非法权主体虽以追逐更多的经济利益为根本目的,但它们一般不在公开场合参加政策制定与实施,而是使出种种手段影响、收买、俘获制定和实施公共政策的官员,再借助于被俘获或被收买的政策官员,以此来积聚巨额财富。这类社会非法权主体影响公共政策的行为大多具有间接性、隐蔽性的特点。在社会主义国家中,这类社会非法权主体是国家、政府严令禁止并采取措施加以取缔的。

第二类社会非法权主体是大众传媒机构。在现代民主国家里,作为信息载体的大众媒介工具具有重要功能,以至于西方人常将新闻机构如报纸、广播、电视、网络合起来称为"第四种权力"机构。大众媒介机构对公共政策的影响作用不像隐蔽的利益集团那样是通过收买政策过程中的官员来实现的,而是借助于"舆论控制"与"舆论导向",从而对政府决策形成制约来实现的。西方国家的政治当局对这类社会非法权主体作用的评价往往是矛盾的。当大众传媒机构在政策活动中采取的"舆论控制"与"舆论导向"有利于政治当局时,他们就受到重视;反之,则会遭到压制。在社会主义国家中,各种形式的大众传媒机构都要求配合执政党和政府确定的战略和各项政策,宣传核心价值观,努力传播正能量。

---

① Norman J. Ornstein and Shirley Elder. *Interest Groups*, *Lobbying and Policymaking*. Washington D. C. :Congressional Quarterly Press,1978. pp. 46 - 47.

知识补充 2－2:群体思维的弊端

欧文·贾尼斯归纳了政策活动中群体思维的负面表现模型。该模型包括八项诱发团体迷思的前置因素,八项团体迷思表现形式及七项团体迷思对群体决策过程及结果的影响。

八项诱发团体迷思的前置因素:

① 群体高凝聚力

(High group cohesiveness);

② 群体与外界的隔绝

(Insulation of the group from outside sources of information and analysis);

③ 命令式的领导方式

(Directive leadership);

④ 缺乏有条理的决策方法程序

(Lack of procedural norms);

⑤ 群体成员背景和价值观的相似性

(Homogeneity of members' social background and ideology);

⑥ 外部压力及时间压力

(High stress from external threats and time stress);

⑦ 现有方案被有影响力的领导所接受而使群体没有信心去寻找更好的方案

(Low hope of a better solution than the one offered by the leader);

⑧ 由于刚刚经历的失败使得群体处于一种很低的自尊水平

(Low self-esteem)。

八项团体迷思的表现形式:

① 无懈可击的错觉

(Illusion of invulnerability)

群体过分的自信和盲目的乐观,忽视潜在的危险及警告,意识不到一种决策的危险性。

② 集体合理化

(Collective rationalization of group's decisions)

群体通过集体将已经做出的决策合理化,忽视外来的挑战。一旦群体做出了某个决策后,更多的是将时间花在如何将决策合理化,而不是对它们重新审视和评价。

③ 对群体道德深信不疑

(Unquestioned belief in the inherent morality of the group)

成员相信群体所做出的决策是正义的,不存在伦理道德问题,因此忽视道德上的挑战。

④ 刻板印象

(Shared stereotypes of outgroup, particularly opponents)

倾向认为任何反对他们的人或者群体都是邪恶和难以沟通协调的,故此不屑与之争论；或者认为这些人或者群体过于软弱、愚蠢且不能够保护自己，认为自己群体既定的方案会获胜。

⑤ 对异议者施加压力

(Direct pressure on dissenters to conform)

群体不欣赏不同的意见和看法，对于怀疑群体立场和计划的人，群体总是立即给予反击，但常常不是以证据来反驳，取而代之的是冷嘲热讽。为了获得群体的认可，多数人在面对这种嘲弄时会变得没有主见而与群体保持一致。

⑥ 自我审查

(Self-censorship; members withhold criticisms)

成员对议题有疑虑时总是保持沉默，忽视自己心中所产生的疑虑，认为自己没有权力去质疑多数人的决定或智能。

⑦ 全体一致的错觉

(Illusion of unanimity)

这是群众压力和自我压抑的结果，是使群体的意见看起来是一致的，并由此造成群体统一的错觉。表面的一致性又会使群体决策合理化，这种由于缺乏不同的意见而造成的统一的错觉，甚至可以使很多荒谬、罪恶的行动合理化。

⑧ 心灵守卫

(Self-appointed "mindguards" protect the group from negative information)

某些成员会有意扣留或者隐藏那些不利于群体决策的信息和资料，或者是限制成员提出不同的意见，以此来保护决策的合法性和影响力。

七项团体迷思对群体决策过程及结果的影响

① 不全面研究替代方案

(Incomplete survey of alternative)；

② 不全面研究决策目标

(Incomplete survey of objectives)；

③ 不考虑既定选择的风险

(Failure to examine risks of preferred choice)；

④ 信息搜集不足

(Poor information search)；

⑤ 信息处理过程有偏见

(Selective bias in processing information at hand)；

⑥ 不重新评估当初放弃的选择

(Failure to re-appraise initially rejected alternatives)；

⑦ 未制定突发情况的备用方案

(Failure to work out contingency plans)。

团体迷思的防范

① 群体成员懂得群体思维现象，其原因和后果；

② 领导者应当保持公正，不要偏向任何立场，防止形成不成熟的倾向；

③ 领导者应该引导每一位成员对提出的意见进行批评性评价,应鼓励提出反对意见和怀疑;

④ 应该指定一位或多位成员充当反对者的角色,专门提出反对意见;

⑤ 时常将群体分成小组,并将他们分别聚会拟议,然后再全体聚会交流分歧;

⑥ 如果问题涉及与对手群体的关系,则应花时间充分研究一切警告性信息,并确认对方会采取的各种可能行动;

⑦ 预备决议后,应召开"第二次机会"会议,并要求每个成员提出自己的疑问;

⑧ 决议达成前,请群体之外的专家与会,并请他们对群体意见提出挑战;

⑨ 每个群体成员都应当向可信赖的有关人士就群体意向交换意见,并将他们的反应反馈给群体;

⑩ 几个不同的独立小组,分别同时就有关问题进行决议(最后决议在此基础上形成,以避免群体思维的不良影响)。

知识补充 2-3:对政策工具实质的不同理解

关于政策工具的实质,研究者们的认识不完全相同,大体上有三种理解。一是将政策工具理解为实现政府行为的机制。欧文·休斯(Owen E. Hughes)就把政策工具视为"政府的行为方式,以及通过某种途径用以调节政府行为的机制"①。与此相类似,一些国内学者也认为,政策工具就是指政府将其实质目标转化为具体行动的路径和机制,是政府治理的核心,没有政策工具,便无法实现政府的目标。②

二是将政策工具理解为政府推行政策的手段。迈克尔·豪利特和 M. 拉米什(Michael Howlett & M. Ramesh)指出,政策工具是政府赖以推行政策的手段,是政府在部署和贯彻政策时拥有的实际方法和手段。③ 国内学者也有相同的观点,认为政策工具是"公共部门或社会组织为解决某一社会问题或达成一定的政策目标而采用的具体手段和方式的总称"④。

三是将政策工具理解为实现政策目标的活动。如霍格威尔夫就认为,"工具是行动者采用或者潜在意义上可能采用来实现一个或者更多目标的任何东西"⑤。德·布鲁金与 M. 霍芬认为,政策工具首先可以被看作一种"目标",即"构成法律或者政府行政指令的整套指引和规则",其次还可以被界定为一种"活动",即政策工具是"政策活动的一种集合,它表明了一些类似的特征,关注的是对社会过程的影响和治理"⑥。

---

① 欧文·E. 休斯:《公共管理导论》(第二版),彭和平等译,中国人民大学出版社,2001 年版,第 99 页。

② 张成福、党秀云:《公共管理学》,中国人民大学出版社,2001 年版,第 62 页。

③ 迈克尔·豪利特、M. 拉米什:《公共政策研究:政策循环与政策子系统》,庞诗等译,三联书店,2006 年版,第 141 页。

④ 陶学荣:《公共政策概论》,中国人事出版社,2006 年版,第 190 页。

⑤ 转引自盖伊·彼得斯、弗兰斯·冯尼斯潘:《公共政策工具:对公共管理工具的评价》,顾建光译,中国人民大学出版社,2006 年版,第 13-14 页。

⑥ 德·布鲁金、M. 霍芬:"研究政策工具的传统方法",盖伊·彼得斯、弗兰斯·冯尼斯潘:《公共政策工具:对公共管理工具的评价》,顾建光译,中国人民大学出版社,2006 年版,第 14 页。

在政策工具的理解上存在多样性并不是一件坏事,相反,它正好说明政策工具自身具有复杂性。当研究者们以不同的角度来审视,从不同的侧重点来思考时,自然就会得出相互有差异的对政策工具的理解。

知识补充 2-4:政策工具的类型

研究视角的不同导致了分类标准的不同,因此研究者们对于政策工具的分类也自然不同。荷兰经济学家基尔申最早试图对政策工具加以分类,他着重研究这样的问题,即是否存在着一系列的执行经济政策以获得最优化结果的工具。他整理出 64 种类型的工具,但并未加以系统阐明,也没有建立关于政策工具的起源或影响的理论体系。[1]

美国政治学家洛威、德洛尔和林德布洛姆等人也做过类似的研究,但倾向于将这些工具归入一个宽泛的分类框架中,如将工具分为规制性工具和非规制性工具两类。萨尔蒙推进了他们的讨论,增加了开支性工具和非开支性工具两种类型。

著名政策分析家狄龙将政府工具划分为法律工具、经济工具和交流工具三类,每组工具都有其变种,可以限制和扩展其影响行动者行为的可能性。另一种更新的三分法是将政府工具分为管制性工具、财政激励工具和信息转移工具。

麦克唐纳尔和艾莫尔根据工具所要获得的目标将政府工具分为四类,即命令性工具、激励性工具、能力建设工具和系统变化工具。

英格拉姆等人也做出了一个类似的分类,将政府工具分为激励、能力建设、符号和规劝、学习四类。

莫舍则分为经费工具与非经费工具,前者包括罚金、财政补助等,后者包括公开表扬、责令停工等。

德·布鲁金与 M. 霍芬认为政策工具的传统分类主要包括三种类型:一是管制工具,其性质是法律的,目标是使社会行为者的行为规范化;二是经济激励,如补贴等,其性质是非强制性的,目标是鼓励社会行为者的某种行为;三是信息传递,目标是为政策提供方向。[2]

豪利特和拉米什在《公共政策研究》(1995)一书中根据政府工具的强制性程度来分类,将政府工具分为自愿性工具(非强制性工具)、强制性工具和混合性工具三类。[3]

欧文·E.休斯认为,绝大多数的政府干预往往可以通过四方面的经济手段得以实现:(1)供应;(2)补贴;(3)生产;(4)管制。[4]

---

① 迈克尔·豪利特、M.拉米什:《公共政策研究:政策循环与政策子系统》,庞诗等译,三联书店 2006 年版,第 142 页。

② 德·布鲁金、M.霍芬:"研究政策工具的传统方法",盖伊·彼得斯、弗兰斯·冯尼斯潘:《公共政策工具:对公共管理工具的评价》,顾建光译,中国人民大学出版社 2006 年版,第 18 页。

③ 迈克尔·豪利特、M.拉米什:《公共政策研究:政策循环与政策子系统》,庞诗等译,三联书店 2006 年版,第 144 页。

④ 欧文·E.休斯:《公共管理导论》,彭和平等译,中国人民大学出版社 2001 年版,第 98 页。

林德和彼得斯认为政策工具是多元的,并对其做了更为详尽的划分。他们认为通常可以使用的政策工具有七大类:第一类是命令条款,包括发布命令、公共投资、举办公营事业;第二类是财政补助,包括现金付给、贷款、贷款担保;第三类是管制规定,包括禁止某些不法行为、价格管制、规定质量标准、分摊配额;第四类是征税,包括纳税、征收规费、罚款;第五类是劝诫,包括公开表扬、公开展示、发表演说;第六类是权威,包括发放执照、许可制度、行政程序指引;第七类是契约,包括合同、保险、经销权等。①

E.S.萨瓦斯在《民营化与公私部门的伙伴关系》一书中将公共服务的提供制度分为政府服务、政府间协议、契约、特许经营、补助、凭单制、市场、自我服务、用户付费、志愿服务等。

萨拉蒙等人在《政府工具》一书中对政府常用的治理工具(公共行动的工具)进行了分类,并说明了这些工具各自的特征(如表2-1所示)。②

表 2-1 常用的公共政策行动工具及其特征

政府工具	物品/行动	工具	供给系统
直接行政	物品或服务	直接提供	政府当局
社会管制	禁止	规则	政府当局或管制者
经济管制	公平价格	进入和比率控制	管制委员会
合同	物品或服务	合同和现金给付	商业和非营利组织
拨款	物品或服务	付款或现金支付	下级政府和非营利组织
直接付款	现金	贷款	政府当局
贷款担保	现金	贷款	商业银行
保险	保护	保险政策	政府当局
税收支出	现金和激励	税收	税收系统
收费,用者付费	财务罚款	税收	税收系统
债务法	社会保护	侵权法	法院系统
政府公司	物品或服务	直接提供或贷款	准公共机构
凭单制	物品或服务	消费补贴	政府当局

奥斯本和盖布勒在《改革政府》一书中把可供选择的提供服务方式形象地称为"箭袋里的箭",包括传统类、创新类和先锋类在内的 36 种治理工具(如表 2-2所示)。③

---

① S. Linder, and B. Guy Peters. The Study of Public Policy Instrument. *Policy Current*, 1992, Vol. 2, No. 2.

② Lester M. Salamon, and Odus V. Elliot. *Tools of Government*:*A Guide to the New Governance*. Oxford University Press, 2002. p21.

③ 戴维·奥斯本、特德·盖布勒:《改革政府:企业家精神如何改革着公营部门》,周郭仁等译,上海译文出版社,1996 年版,第 325 页。

表 2-2　政府箭袋里的许多箭(公共政策工具箱)

传统类工具	1. 建立法律规章和制裁手段；2. 管制或者放松管制；3. 进行监督和调查；4. 颁发许可证；5. 税收政策；6. 拨款；7. 补助；8. 贷款；9. 贷款担保；10. 合同承包
创新类工具	11. 特许经营；12. 公私伙伴关系；13. 公共部门之间的伙伴关系；14. 半公半私的公司；15. 公营企业；16. 采购；17. 保险；18. 奖励；19. 改变公共投资政策；20. 技术支持；21. 信息；22. 介绍推荐；23. 志愿服务者；24. 有价证券；25. 后果费；26. 催化非政府行动；27. 召集非政府领导人开会；28. 政府施加压力
先锋派工具	29. 种子公司；30. 股权投资；31. 志愿者协会；32. 共同生产或自力更生；33. 回报性安排；34. 需求管理；35. 财产的出售．交换与使用；36. 重新构造市场

　　而在其与彼得·普拉斯特里克合著的《政府改革手册：战略与工具》一书中，奥斯本又提出了"再造者工具箱"，包括以活动为基础的成本法、绩效标杆、社区授权、竞争性顾客选择、顾客质量保证、企业化管理、绩效评估、共享节余、工作团队等 90 余种治理工具。[①]

　　国内学者张成福依据政府使用权威的程度、政府介入提供公共产品和公共服务的程度以及政府介入社会事务管理的程度，把政府治理工具划分为四种主要类型：(1)以市场为核心的治理工具和机制，即政府利用市场机制的运作，来解决公共问题，实现政策的目标；(2)财政性工具与诱因机制，即政府通过改变产品和服务相对价格的补贴以及课税，提供诱因，促使政策的目标群体能够改变其行为，以符合政府治理的目标和要求；(3)管制性工具与权威机制，即政府利用公权力和权威，利用法律和法规，来规范社会组织和公民的行为，以达到政府治理的目标；(4)政府直接生产或者提供公共产品与非市场机制，即政府为解决公共问题，满足社会观众的需要，直接运用政府的公共权力，为社会提供公共产品和公共服务。[②]

　　由此可见，政策工具包罗万象，种类繁多。尽管政府工具分类研究有利于我们把握西方政府改革的全貌，然而这些分类方法都有着某些难以克服的困难：一是这些分类多数采用一元思维进行罗列，既没有范畴，也无法穷尽；二是缺乏分类的统一标准，相互之间没有区别，研究中存在灰色地带；三是将工具看成静态的，主体使用工具就好像工匠使用锤子，经过一定时间之后就形成了习惯，工具的微小变化被忽略，对工具的观念依然一成不变。[③]

---

① 戴维·奥斯本、彼得·普拉斯特里克：《政府改革手册：战略与工具》，谭功荣译，中国人民大学出版社2004年版，第 7 页。

② 张成福："论政府治理工具及其选择"，《中国机构》，2003 年第 1 期。

③ 陈振明："政府工具研究与政府管理方式改进"，《中国行政管理》，2004 年第 6 期。

五、经典阅读

经典阅读:2-1:公共政策研究的方法

G.伊肯伯里以一国对外经济政策的研究为例,指出可以用多层次的方法研究公共政策。他根据一个国家在制定对外经济政策时以何因素为中心,将政策研究方法大体上划分为以国际体系为中心的研究方法、以社会为中心的研究方法和以国家为中心的研究方法。

所谓以体系为中心的研究方法,是强调在政策研究中,要把研究的重点放在对国际社会结构的分析上。这里的结构指的是各国在国际社会中相对的力量分布状态,它与国家的相对地位是密切联系的。各国的对外经济政策就取决于其国家在国际社会中所占的相对地位。这一研究方法是以国际政治学界的传统主流学派,即政治现实主义为基础的。基尔晶提出的霸权稳定理论、沃伦斯坦提出的世界体系理论、克拉斯纳提出的国家权力理论都属于这种研究方法。这种以体系为中心的研究方法的优点在于,能够提供简洁的说明。但它难以说明处于相似地位的国家在对外经济政策上为何采取不同立场的现象。为了解决这一问题,有必要考虑一个国家的内部特征。

所谓以社会为中心的研究方法,即认为在研究中,应当强调国内社会各种势力之间的政治斗争的状况决定一国的对外经济政策。这种观点是以马克思主义和多元主义为代表的,其共同主张是由于在社会中占统治地位的势力操纵国家机构,因而国家政策取决于社会势力之间相互斗争的结果。这种观点认为,如果通过社会势力之间的斗争而产生出对一定政策的要求,那么国家就会自动地提供这种政策。事情果真如此吗? 国家是否像多元主义所认为的那样,是政治斗争的场所? 或像马克思主义所主张的那样,是统治阶级的工具?

以国家为中心的研究方法,是以质疑以社会为中心的研究方法为出发点的。这一研究方法在说明一国的对外经济政策时,把分析的重点放在国家的独立作用上。在这种方法看来,国家既不是作为把国际体系的影响力传达到国内社会的渠道,也不仅仅是回应社会势力的要求,而是在反映国内外各种势力的利益关系并将其转化为对外经济政策时,国家作为自变量起着非常重要的作用。那么,国家究竟是什么呢? 以国家为中心说明对外经济政策,这又是什么意思?

事实上,同其他社会科学的很多概念一样,国家这一概念也没有普遍的、明确的定义,国家概念在很多情况下是被模糊地使用的。S.克拉斯纳在1984年就指出国家概念的多样性。有时国家指的是国家整体,有时又有人把少数政治精英集团称为国家,有时国家概念还同政府概念互换使用,有时则又把国家理解为法律和规则等制度的集合。

G.伊肯伯里将一国制定对外经济政策时强调国家作用的观点分为两种。第一种观点把国家当作独立的行为者，并把政治家和行政官僚以及个别政治机构组成的整体看作决策主体。在这种意义上，G.伊肯伯里的观点同阿里森的官僚制模型是有区别的。在这里，国家被看作在国内外各种条件下，根据自己的取向而制定政策的主体，政策研究的重点主要是放在国家以目的为取向的活动（goal-oriented behavior）上。

卡茨斯坦因认为，在追求这种不同于社会成员利益的国家自身利益的时候，根据国家能够在多大程度上发挥自主性而划分强国家和弱国家，并根据这种区别来说明不同国家之间在对外经济政策上所表现出的差异。但有的学者对此提出批评，认为这种方法在研究一个国家的对外经济政策时，忽视或否认了政府的官僚们在决策上的独立作用。

第二种观点把国家看作组织结构或法律和制度的集合。这种观点的基本前提是，社会制度具有一经形成就会在很长时间内不易发生变化的属性。虽然社会制度并不是绝对不变的，但如果不发生重大危机情况，社会制度就不易发生变化。社会制度的持续性表明，适合于某种特定情况或条件的政策决策一经制度化，那么即使当时的情况发生了变化，这种制度仍然会继续存在，而且继续对政策决策发挥着作用。因而，一国的对外经济政策，也不会随着国外环境和国内经济情况的变化而变化，而是受过去形成并维持着的政策制度框架的制约。从这一意义上来说，过去所制定的政策，会成为制约未来决策者们范围选择的枷锁。

这种作为制度的国家研究方法，在如何看待实际承担决策的政治家和行政官僚们的问题上，同作为行为者来研究国家的方法具有很大区别。在后者的情况下，国家的自主性是指决策者的自主性。但在前者的情况下，国家的自主性来自制度的持续性，而且由于决策者不能摆脱这种制度框架，所以决策的自主性也受此限制。因此，在这种情况下，不仅社会诸势力，而且国家官僚们所具有的取向和利益关系，也受制度化了的规范或决策程度等制约。

G.伊肯伯里认为，在研究对外经济政策上，在上述三种研究方法中，以国家为中心的研究方法最为有效。他主张，在以体系为中心的研究方法和以社会为中心的研究方法中，由于把国家当作黑箱来对待，所以不能具体说明政策如何被决定的问题。另外，他还强调，由于国家对社会的自主性程度因政策议题领域的不同而不同，与以前的强国家和弱国家概念相比，在以国家为中心的观点中，制度主义研究方法在以后的研究工作中最有发展前途。那么，有关对外经济政策的决定问题上，制度主义者的主张是什么呢？

G.伊肯伯里对制度主义分析的基本前提揭示如下。第一，制度结构制约个人或集体的取向以及影响力。这里所说的制度结构包括：① 组织的特征；② 决策者行为及界定决策者之间相互关系的规则和规范等概念。从制度主义的观点看，政策不只是现行斗争的结果。要想理解决策，只把握社会内各集团和政府官僚们的对立观点和利益关系是不充分的，必须要分析从根本上制约并形成它们的制度框架。

第二，制度变化不是持续地、部分地发生，而是非常间断地（episodic）发生。制度结构一经形成，即使原先的环境条件发生了变化，也不太容易发生变化。导致这种制度持续性的原因有很多。也许是因为在原先的制度结构下受益的集团不愿意放弃特权，也许是人们对已经习惯了的规范或价值体系以及信念体系不太愿意改变的心理原因所致。当这种制度持续性遇到某种危机情况的时候，就很有可能发生变化。所谓危机情况，就是用原先的制度框架无法解决所遇到的问题的情况。如果遇到原先的制度无法承受某种重大危机，那么人们就不得不去寻求新的制度。

第三，为了理解制度的形成，必须考虑历史脉络。过去如何做出政治和政策的选择，就决定其后会形成具有何种特征的制度。所以，为了理解现在的制度结构，就必须历史地考察过去所发生的事件。还有，不管哪一个国家，制约其决策的制度结构都来源于自己的历史经验。所以，采取制度主义研究方法就必须考虑到不同于其他国家的历史特征。因此，"过去的影子"(shadow of the past)将主要制约现在的决策情况中理应追求的价值及可利用的政策方案之范围。

（原文选自吴锡泓、金荣枰编著：《政策学的主要理论》，复旦大学出版社，2005 年版，第 58 - 61 页。本书对原文做了较大幅度的改动，并做了适当的阐释。）

经典阅读 2-2：公共政策活动主体

金登在自己的长期研究中认为，在西方实行民主宪政的国家中，属于最高层面的宏观公共政策活动的主体是多元的。

首先是行政当局

在联邦政策制定系统内部及其周围的人们中，处于首要地位的通常是"行政当局"。当行政当局将某一特定的问题视为应予以最优先考虑的项目时，许多其他的参与者往往也会这样做。而且当某一特定政策建议的支持者发现他们在行政当局中没有引起注意时，就必定会降低他们受重视的可能性，至少眼下会是这样。尽管认为行政当局永远支配着政府的政策议程这种说法会有夸张之嫌，但是行政当局的确在议程建立过程中扮演着很重要的角色。

实际上，当人们谈到"行政当局"时，都可能会想到下列三种角色中的一种或他们的组合：总统本人、对总统负责的行政办公室办事人员以及各部、局中对总统负责的政治任命官。我们来分别考察行政当局中这三个分离的部分。在金登的访谈中，约有 94% 的篇幅，作为重要内容的行政当局都是以下列某种外观被讨论的：或是总统本人，或是总统手下的办事人员，或是各部、局的政治任命官。金登所使用的 23 项案例研究中，有 22 项都将这种同样的角色组合编码。这些数字表明行政当局在很大程度上是政策形成过程中需要认真考虑的一种参与者。就行政机关的这三个部分各自的相对重要性而言，在三分之一多的访谈中，访谈对象将所有这三个部分都视为重要的。通过对它们进行比较、分类，总统本人及其在部、局中的政治任命官被提到的次数大致相等，而与其他因素无关。白宫和总统行政办公室的办事人员则不太经常被视为具有重要影响。政府内阁部委在这些数字中的显著性与其说证明了它们比其他两者，即总统和总统办事机构更有优势，倒不如说证明了一个行政议程更经常地被参与者首先界定为政府内阁部委所关心的问题。例如，卡特执政期间的食品与药品法改革就首先是卫生、教育与福利部部长和食品与药品管理局局长的职责，他们与国会的相关办事人员和议员一起工作。许多议程项目都是这样被留给了政府内阁部委，因为"行政当局"实际上就被界定为政府内阁部委甚至它的分支单位。但是正如我们将要看到的那样，参与者很少怀疑总统对政府内部议程建立的支配能力。

其次是文官

官僚常常被认为是许多议程项目的来源。据说，他们具有必要的专长，非常坚持其项目所体现的原则，对项目的发展感兴趣并且具有十足的持久力。这些特质可以使他们引起其机构中政治任命官的关注，建立与利益集团和国会议员的很多联系，形成政策建议所必需的信息流。

尽管官僚被认为有这么多优势，但是金登的研究并未发现职业文官在议程建立中几乎像作为行政当局组成部分的行政部门官员一样有影响力。尽管他们在 32% 的访谈中被视为重要的，但是他们只有一次被认为"非常"重要。在这四年期间，或在访谈对象的类型中间，卫生领域和运输领域之间并没有什么差别，即文官并不认为自己要比其他人更重要。在这些案例研究中，职业官僚的情况要好一点：在 23 项案例研究中，有 2 项案例研究认为他们非常重要，有 10 项案例研究认为他们有点重要，而且卫生领域和运输领域之间没有任何差异。这些在议程建立过程中的重要性指标，并不像政治任命官员在内阁部门中的重要性指标那样，给人以深刻的印象。这说明影响行政部门的不是职业文官，而是政治任命官员。访谈回答的内容又强化了这些数量指标。当某一个特定的问题在行政部门中明显具有高度的优先权时，金登会问为什么，并且特地询问在行政部门中是谁在推进这个问题。访谈对象经常提到政治任命官员——部长、副部长、助理部长，并且实际上从未提到该问题在行政部门的议程中具有显著地位的原因在于职业文官。当一位很不乐意为健康维护组织奋斗的卫生、教育与福利部文官被问及会发生什么事情时，他回答说："嗯，谈到健康维护组织，人们将会全速前进。部长想要它，副部长也很关注它。"另一位文官谈到他那被任命的上司时说："你进去告诉他 X，而他想听的是 Y。你又一次回去并告诉他 X，而他说他想听 Y。第三次，你最终断定最好说 Y。"

接下来是国会

人们带着混合的期望来考察国会在议程建立过程中的地位。一方面，国会是人民代表的所在地，是许多根据宪法确立的职责陈列室，是媒体和公众关注的对象；另一方面，国会可能会产生 535 个无法协调的个人议程，可能会缺乏对执行的控制，可能会缺乏起草详细政策建议所必需的专长，可能会受制于到处拉拢他们的利益集团、选民和行政的压力，进而使他们无法建立自己的议程。

在从金登的访谈中抽出的定量指标中并不存在任何这样的分歧。在 91% 的访谈中，访谈对象都断定国会议员重要，这使他们的地位仅次于行政当局并且远远比行政当局的任何单个组成部分的地位更靠前。在 23 项案例研究中，有 13 项案例研究将国会议员定为非常重要，而且剩余的 10 项案例研究也同样将国会议员定为有点重要。而且，这些数字远远领先于任何其他角色的数字，这些数字也有力地说明参议员和众议员具有极为重要的地位。

接近这个过程的人们一个接一个地引用国会卷入的例证。金登 1977 年在卫生领域的访谈对象中，只有 14% 的人认为灾害保险在议程中具有显著的地位；这个数字到 1978 年上升为 33%，而到了 1979 年则猛升到 92%。对这么短时间内发生显著变化的主要解释是，参议院财政委员会主席拉塞尔·朗已经为国民健康保险安排了一些抬高其地位的造势会议。在此期间，他的一些适用于灾害医疗议案的政策建议就获得了十分显著的地位。换言之，一个关键的国会委员会主席单独就可以根据其推进健康保险的意图来建立卫生领域的大部分政策议程。对拉塞尔·朗参议员的动机有各种不同的描述，而且有些访谈对象赞成他的行动，而另一些访谈对象则不喜欢。但是所有提供消息的人——包括政府内部和政府外部的消息提供者、行政当局的消息提供者以及国会的消息提供者——都认为他关于发起抬高国民健康保险地位立法的决策突然间把这个问题从规划阶段推进到运行地位。有一个行政当局的消息提供者认为，宣布行政当局这个计划的时机是在拉塞尔·朗的促使下选定的。

他说，正是当他安排造势会议的时候，行政当局才因受刺激而真正行动起来。而且我认为可能还有什么别的原因。你知道，在其中的一次造势会上，他给我讲了关于这个问题的故事，而且他说："它有点儿像你在孩提时代数到数字 10 后说：'好吧，无论您乐不乐意干，我都……'时玩的游戏。他说那就是他对行政当局所做的事情，他数到数字 10 后说：'无论你乐不乐意干，我都将为一项议案造势。'"

拉塞尔·朗参议员的行动并不意味着什么东西都必然会通过，也不意味着，如果说有什么东西要通过的话，那就会是灾害保险计划。但是这种行动的确为全城的重要人士建立了议程。

那个例子也不是一个孤立的例外。财政委员会的资深共和党员华莱士·贝尼特（Wallace Bennett）参议员就奋力将一项关于职业标准审查组织的政策建议推上了议程并变成了法律。沃伦·马格纳森（Warren Magnuson）参议员很关心卫生领域人力配置不当的问题并且促成了卫生服务公司的诞生。无论是在卫生领域的访谈中，还是在运输领域的访谈中，访谈对象都常常提到爱德华·肯尼迪参议员就国民健康保险、包括医生选派在内的卫生领域人力更换、食品与药品改革、放松航空运输和公路运输规制以及许多其他问题提出的建议。正如一位国会的办事人员所承认的那样，"肯尼迪卷入的问题太多了，而这些问题有许多从法律上来看都不属于他的职权范围。他只不过是将问题到处叫叫而已"。

参议员和众议员之所以经常被提到，其原因在于他们属于政治系统中对议程和受到关注的备选方案具有明显影响的那些不多的角色。当然，由于一些控制不了的事件、总统的要求以及院外活动集团的势力都对立法议程有冲击，所以我们很难准确地指出哪些消息提供者，包括国会议员本身，可以独自享有对其议程的控制能力。不过，与其他多数角色相比，国会具有将某种对议程的影响与对备选方案的某种控制结合起来的异常能力。

国会在政策形成过程中的显著地位在整个政策系统中都有所体现。政策变革的倡议者试图预期他们能够从国会得到的东西，并且调整他们的建议或有时完全舍弃一些问题。例如，在金登与行政部门的人员进行的访谈中就有许多因缺乏国会的支持而预先舍弃一些理想政策建议的例子。正如总统的一位顾问在谈到一项他非常喜欢但却舍弃的创新思想时所说的那样："我们倒是希望追求（一项现行的法律条款），但是你却不能那样做。甚至当我们正在考虑那样做时，委员会的人们就会闻风而动并且准备争吵。"另一个访谈对象在谈到他的一个得意项目时说："我之所以亲自劝说他们那不要做的最好的事情，其原因并不在于那不是要做的正确的事情，而在于那样做几乎注定要失败。"

当一个行政当局真正决定提出一个政策建议时，办事人员常常要用能为其在国会通过而铺平道路的草稿语言来拟订一些具体条款。之所以有一些政策建议被更改甚或被完全舍弃，其原因在于它们似乎没有获得通过的可能性，而且纠缠这种问题既无用，又很耗费钱财。例如，对卡特政府起草其国民健康保险计划的权威性描述就总是提到在国会中的磋商，舍弃一些不太可能获准通过的条款并增加一些能够吸引参众两院关键人物支持的条款。行政当局最初打算提交单独一整套综合政策建议的意图之所以落了空，在一定程度上是因为已经预料到国会会反对；另一方面，对诸如母方利益和儿童利益这种条款增加资助以及医疗补助项目的扩大也有助于开明人士的支持。正如一个特别精明的访谈对象在大体上谈到行政部门起草政策建议过程时所说的那样："你一定要去同国会商量，否则，一旦政策建议到那儿，你就会深陷在困境之中。如果你不傻，就一定要那样做。"

对政策建议通过的威胁有时也会促使官僚采取行动。例如，国会中的消息提供者和官僚中的消息提供者都认为卫生、教育与福利部应该在该领域认真努力地通过新法案后扩大对临床实验室的规制。正如两位有见识的官僚告诉金登的那样："展示迫在眉睫的事实使得我们必须采取行动把我们自己的屋子搞整洁，以便我们能够不通过立法途径来解决这个问题。如果没有这种刺激，就不会有那几种变革。"一个国会的消息提供者将这个议案称为"一项关于哪儿都没去但却达到了目的的立法案例研究"。

利益集团也是政策主体之一

按照我们通常的量化指标，实际上，利益集团的地位无疑会显得非常显著。至少有1/3的访谈者提到利益集团非常重要，而且另外还有51％的访谈者提到利益集团有点重要。这个84％的总数与行政当局在这方面的总数94％和国会议员在这方面的总数91％相比，便将利益集团置于最常被提及的角色之中。这些案例研究讲述了一个类似的故事。在23项案例研究中，有8项将利益集团编码为非常重要，另外还有9项将利益集团编码为有点重要。

对数据做一分析，一些比较细微的有趣点常常不被觉察。举个例子说，利益集团的地位在运输领域的访谈中就要比其在卫生领域的访谈中显著得多。许多访谈对象将这种差异归因于运输问题的党派性更少。正如有人所讲的，"运输领域的问题基本上是由非党派性问题组成的。正因为如此，它们将一些特殊的利益集团聚集在一起发挥作用。你们有产业界、铁路部门、卡车司机、铁路工会、供应商、水路用户、建筑业，然后就是一些拥有自己地区性行业的港口城市以及钢铁公司和汽车公司"。

卫生领域和运输领域存在差异的一个相关原因在于运输问题在选举性职位的竞

选中不太明显。一位运输领域的访谈对象说:"毕竟,运输问题并非就能引起多数人的关注。当公众并非那么专注于运输问题时,你就不得不对付既得利益。"于是,一般来说,在一个政策领域中,党派性、意识形态特性以及竞选可见性越小,利益集团的重要程度就越高。

学者、研究人员和咨询人员也是重要的政策活动主体

学者、研究人员和咨询人员是重要性仅次于利益集团的一组非政府角色。金登在整个政策过程中都发现了他们的踪迹。国会办事人员、官僚以及院外活动集团成员经常讨论来自学术文献的思想。学者往往都大名鼎鼎,并且在访谈中会被反复提到。国会委员会和行政机构在听证、会议以及咨询调查(有一个官僚将其称为"博学奇才的外部调查")中,总是反复求助于研究人员和分析人员的专长。咨询在 20 世纪70 年代成为华盛顿的一个新兴产业;最终的研究成果有些做得很有水平,而另一些研究成果则是由那些利用不正当手段抢夺到联邦研究合同的所谓"学术绑匪"(learned wizards)完成的次品。尽管有些咨询人员原本并不是研究人员,但是他们却因其政治敏锐以及所具有的实际专长而很受重视。例如,华盛顿的许多著名律师就将政府部门纳入其职业范围。当前的政府官员都听他们的话,而且委托人也竭力找他们来代表自己的利益。

从数量上来看,研究人员、学者以及咨询人员在 66% 的访谈中都被认为非常重要或有点重要,不过只有 15% 的访谈认为他们非常重要。在 23 项案例研究中,有 3项将他们评价为非常重要,还有 10 项将他们评价为有点重要。卫生领域和运输领域的这些数字,从一年到另一年并没有太大的差异。于是,这些指标就将这些人置于一种相当重要的地位,尽管他们的地位没有利益集团、行政当局和国会议员的地位那么高。

表明其重要性的例子并不难找。也许,20 世纪 70 年代运输领域发生的最引人注目的变化就是放松各种运输方式——航空运输、公路运输和铁路运输——的经济规制的动向。正如许多访谈对象所指出的那样,政府对放松规制的关注有一段很长的先导期和依赖期,在这段时期,学者们就经济规制问题进行研究并且写出了大量的研究文献,然后这些研究文献又被转换成政治行动。这实际上是一个关于经济理论直接影响政策议程的案例。正如一位访谈对象在总结这些起源时所说的那样:"在20 世纪 50 年代和 60 年代,学术界就奠定了智力基础,而且到现在这种智力基础已经进入政治领域。从博士学位论文和学术著作到在议会上提出的议案,这是一个长期、缓慢的过程,而且这种工作正在结出立法硕果。在一个像机动车这样的产业中,不存在经济规制的智力基础。如果你想要就一个可能具有竞争性的产业来建立一个示范,那么你往往会想到机动车产业。"

那种学术力量被亨德里克·霍撒克(Hendrik Houthakker)和保罗·麦卡沃伊(Paul MacAvoy)这样一些经济学家带入政治领域。亨德里克·霍撒克和保罗·麦卡沃伊曾在(美国)经济顾问委员会供职,他们极力主张放松规制。学术文献的力量对民用航空委员会产生了显著的影响。民用航空委员会的办事人员和当时的委员们在早些时候就曾因其自身力量的急剧削减而罢工。正如一位消息提供者所指出的那

样："你必须记住这并非最有利于民用航空委员会中的那些高级办事人员。他们在某种程度上为了履行职责才谈论自己。"当然，几乎像在所有案例中一样，政策变革有多种起因，而且政府官员就这个问题采取行动也有多种动机。但是就放松规制而言，学术文献的力量不可否认极为重要。

以卫生领域为例，关于医疗照顾系统结构的学术文献就对卫生政策共同体中人们的思想产生了明显的影响。这些文献认为，由于保险的广泛使用以及医患冲突从根本上不同于一种传统的生产商—消费者冲突，所以医疗照顾不能被当作一个市场。由于保险是大账单支付，所以消费者本身并不直接对这些费用负责。而且决定实验室检验、住院时间长度、额外出诊以及消费者在许多市场上都会控制的其他事情的不是患者，而是医生。正如一位观察者所言："医生既能控制供给又能控制需求，而且那样就把事情弄得极糟。"有人在回应这种分析时，建议使这个系统更像一个市场那样运作，而另一些人则认为应该运用规制手段。但是大家在自己的讨论中都知道并且引用那些主要学者的名字。

作为第四种政治力量的媒体也是政策活动的主体

媒体常常被描绘成有力的议程建立者。大众传播媒体的确对公共舆论议程具有明显的影响。正如另一些学者所发现的那样，公众对政府问题的大量关注从踪迹上来看与媒体对那些问题的报道密切相关。例如，如果许多新闻活动正在施展能量的话，那么人们就会将候选人中显著存在的能量应用于国家面临的最重要的问题。媒体同样具有的这种潜在重要性也适用于政府议程。正如金登在《国会议员的投票决策》一书中所论证的那样，媒体对某一问题的关注之所以影响议员的注意力，其部分原因在于议员像其他人一样信赖大众传播媒体，还有一部分原因在于媒体可以影响这些议员所在选区的选民。

尽管我们很有理由相信媒体应该对政府议程产生实质性的影响，但是我们的标准指标却令人失望。在金登进行的访谈中，只有26％的访谈认为大众传播媒体重要，而这个数字远远低于利益集团（84％）和研究人员（66％）。通常，金登会就访谈对象和其他人所涉及的问题提出一些标准化的问题，而且在媒体被引入之前，金登还常常与他们会谈半个小时。只有4％的访谈对象认为媒体非常重要。案例研究的情况也并不比访谈结果好。在23项案例研究中，有4项案例研究认为媒体有点重要，而且没有一项案例研究认为媒体非常重要。无论是访谈还是案例研究，它们在卫生领域和运输领域所得到的研究结果都没有什么差别。有人也可能会找到媒体重要的例子，例如，《华盛顿邮报》曾就水路用户收费问题进行过连续报道，进而可能在某种程度上对那场收费运动产生了重要的推动作用，但是这样的例子毕竟太少了。

更为常见的情况是，轰动的新闻报道往往有一个集中期，而政策共同体则可以安然渡过这场媒体风暴。主动的政策制定者常常很轻视新闻媒体的这种耸人听闻的手法。例如，有一个卫生领域的访谈对象就嘲笑公众对诸如糖精和医疗补助项目欺诈等问题过于"大惊小怪"。而与此同时，一些与医疗照顾的经济结构和政治结构密切相关的更为根本的问题则在很大程度上被人们所忽视。他抱怨说："畸形的侏儒在电视摄像机前留下了深刻的印象。"尽管糖精问题引起了媒体的极大关注，但是1977年金登在卫生领域的访谈对象中有86％的人都完全忽视了这个问题,在这四年间,媒体对此问题的关注程度很高;1977年,只有6％的访谈对象将这个问题视为有点重要的问题。与此相类似的是,1978年在金登的访谈对象中只有15％的人将医疗照顾项目和医疗补助项目的欺骗和滥用问题视为有点重要的问题,尽管新闻媒体对这个问题的曝光率很高,但是有76％的访谈对象完全忽视了这个问题。实际上,国会也曾就这些问题的两个方面通过了立法,而且这些问题还耗费了健康委员会和卫生部门的不少时间。这样一来,尽管这些问题在某种意义上被"提上了议程",但是它们根本不被视为真正重要的问题。它们与其说是一些很重要的问题,倒不如说更像是一些短期的麻烦事,就连一些积极的参与者也认为是这样。

媒体对政策议程的影响常常令人预料不及,之所以如此,其原因之一在于新闻报刊倾向于只用很短的一段时间突出报道某一件事情,然后便转向下一件事情,进而冲淡了其报道的影响。正如一位官员对此所解释的那样:"人们看报对某一个特定的主题只会看那么长的时间,然后他们就会厌烦这个主题。所以,新闻媒体不得不赶时尚。他们没有必要的持久力。"有几个新闻工作者赞成这种观点,其中一个人说:"新闻报刊对事件的关注时间最短。我们不会长期抓住某一件事情来教育任何人。我们的报道要从一次危机进展到下一次危机。"

总体上说,新闻媒体不是对议程产生独立的影响,而是报道政府中正在发生的事情。正如一位著名的委员会办事人员所言:"尽管新闻媒体具有某种重要性,但是其重要程度却很微小。报界人士所报道的要么是我们已经在做的事情,要么就是我们已经意识到的某件事情。"有一位著名的记者说:"我认为新闻媒体主要关注的是那些正在被播送的问题,而且新闻媒体对于播送过的事情并没有太多的影响。"新闻媒体特别喜欢关注那种最有新闻价值的事件或者最惹人注目的事件,而新闻媒体的这种倾向性实际上削弱了其对政府政策的影响,因为这样的事件往往要到政策制定过程的结尾才发生,而不是在政策制定过程一开始就会发生。例如,新闻媒体可能会报道一场精心筹划并且惹人注目的国会听证会,该听证会要么是经过了几个星期时间的准备,要么是由新闻媒体和国会都无法控制的某个事件引起的。无论在哪一种情况下,议程都是很早就通过一些不太受新闻媒体影响的程序来建立的。

即便新闻媒体对政府政策议程的影响比我们预期的要小得多,但是它们在某些情况下也可以以某些有趣的方式发挥重要的作用。首先,新闻媒体可以在政策共同体内部充当一种沟通者的角色。分散在政府内外的各种人每天都处理着类似的问题,他们彼此之间有时以种种非常间接的方式相互沟通。尽管他们都很繁忙,而且在事态的正常发展中可能并不经常见面,但是都要看报纸。所以,有一种办法可以让别人关注某一思想,那就是将这种思想刊登在那些重要的报纸上,即便是对一个同行专家来说,这样做也不失为引起关注的一种好办法。例如,有一位高层官僚告诉我,有一个他们所关心的问题直到被刊登在《华盛顿邮报》上才引起白宫的关注,于是总统和国务卿当天就讨论了这个问题。甚至在某一机构内部也常常这样利用传媒。

一个国会办事机构的分析员就说:"众议员和参议员都要接触大众传媒。国会的大问题是信息供应过多。他们没有办法处理这些信息。他们多半也就不处理。我们能够写报告和论文,而他们却不看。但是,如果《纽约时报》和《华盛顿邮报》拿到了我们的报告并且对它进行报道的话，那么他们就要看，并且会引起他们对有关问题的关注"。

这种政策共同体内部的沟通有些是通过一些比日报更为专业化的媒体进行的。例如，在卫生领域，许多人都很信奉像《麦格劳·希尔通讯》（*McGraw Hill Newsletter*）和《新英格兰医学杂志》（*New England Journal of Medicine*）这样的出版物；而在运输领域，人们经常看各种贸易出版物，而且这两个领域的人都要看《国民期刊》（*National Journal*）。这样的专业化出版物在访谈和案例研究中并没有显现得非常重要。只有 10％的访谈认为它们重要，而在 23 项案例研究中则只有两项案例研究认为它们重要。不过，它们作为沟通手段可能要比这些数据资料所表明的更为重要。

媒体影响议程的第二个途径是对一些在其他地方业已开始的活动进行夸张性报道，而不是引发那些活动。它们获得一种源自官僚机构或国会的思想或了解到在社会的某个部门开始的一次活动，加速其发展进程并放大它的效应。正如一位新闻工作者所解释的："尽管媒体能够有助于问题的形成和构造，但是它们不能创造问题。"

在华盛顿，众所周知的泄露消息的做法就是例证。有时，官僚过程的积极参与者想要将某一冲突扩大到正常的渠道限制之外。如果他们看起来似乎正在失去一场战斗，那么扭转局势的一个办法就是向那些可能会使其对手感到为难的媒体泄露信息。因为剧烈冲突的气息正在散发，所以媒体非常乐意做好事。如果说冲突的扩大是议程建立的主要特征，那么媒体就扮演着重要的角色。

第三个途径是，如果说公共舆论对某些参与者有影响，那么媒体就可能具有间接的影响。如果媒体像人们有理由认为的那样，真的对公共舆论议程有影响，那么像国会议员这种参与者对公共舆论的关注就很可能意味着媒体很重要。例如，有一位国会办事人员告诉我，他的老板比 1977 年更关注医疗补助项目的欺诈和滥用，因为这个问题不断地在报纸和电视上被曝光，而且来自他所在地区的人们也开始质问他打算如何处理这个问题。在本章的后面我们将转过来讨论公共舆论对政府政策议程的影响。

最后，媒体的重要性程度可能会因参与者的类型不同而有所差异。"内部人士"就可能要比"外部人士"更不需要媒体的新闻报道，因为"内部人士"要么已经在政府中扮演着关键性决策者的角色，要么就是很容易接近那些重要的决策者，而"外部人士"则往往不太容易接近那些重要的政府决策者，因而他们需要在某种程度上设法赢得一些重要政府官员的关注。正如一位外部人士对此所解释的："如果对于维持现状存在着一种有组织的强烈兴趣，那么你就不得不以某种方式战胜它。你唯一的希望就是公开。"

但是一位内部人士不仅对这一点做了很好的概括，而且还描述了一个很不相同的情形："大众传媒的报道并非至关重要。它只是你的工具之一。在此，按照这样一种见解，你所使用的是你自己所拥有的东西。对于该决策系统，我们还有其他的影响手段，我们大可不必非得使用媒体。媒体之所以注意我们，是因为我们所做的事情制造了新闻。我并不认为媒体就可以增加许多分量。然而，如果我不在这儿的话，就会为此而担忧。如果我没有掌握所拥有的工具，那么媒体对我来说就会很重要，而且我也会尽可能多地利用媒体。"

政策活动主体中有与选举有关的参与者

由于政府中做出许多重要决策的官员都是由选举产生的,所以选举可以影响政策议程。而且,政府内部及其周围的人们还可能会把选举结果解释为对一种或另一种政策方向的授权,或者至少会将选举结果解释为选区偏好的暗示。例如,1980 年罗纳德·里根的选举以及参议院控制权向共和党的转移就被广泛地解释为美国政治向右派的转移,无论这种解释正确与否,人们常常会这样认为,政治家在竞选运动中会做出许多许诺,而且各个政党都会发表自己的施政纲领。这些活动被认为可能会形成他们再次执政的一个议程。

然而,尽管选举、竞选运动以及政党可能具有重要性,但无论是在访谈中,还是在案例研究中,它们都并没有被视为特别重要。它们既不属于最不重要的,也不属于最重要的。在 30%的访谈中,选举被视为重要的,而在 23 项案例研究中,有 7 项案例研究认为选举重要。当我们将选举、政党和竞选运动综合起来提及的时候,结果,有 58%的访谈对象认为它们三者中至少有一个是重要的。

虽然在访谈中对选举重要性的提及次数只是处于这样一种中等的水平,但是选举对于政府的政策议程仍然具有某种强大的间接影响。金登曾提到,总统及其行政当局的任命官在议程建立过程中扮演着非常重要的角色。行政当局的变更往往会改变整个城市政策问题的议程、备选方案和处理方法。行政当局往往会拥护某个方案,而且更为重要的是,它不会拥护其他方案。如果某些备选方案被行政当局忽视了的话,其支持者往往会将自己的拥护立场静静地搁置到某一个更为有利的时候为止。行政当局在影响议程建立方面的唯一对手就是国会议员,而他们又是民选的官员。实际上,像 1965 年出现的另一类新议员也能够改变整个城市的议程。结果,一些其方案得到新议员赞同的人们往往就会通过这种"立法迷宫"来抓住机会提出他们自己的政策建议。因此,选举之所以显得很重要,其原因并不在于公众授权使事态朝着某个方向而不是另一个方向发展,而只是因为居于权威地位的角色可以改变。

公共舆论也是一种政策活动主体

政府官员可能会就影响其政策议程的公共舆论状况做出某些很一般的判断。至少他们可能会想到模糊的国民情绪——例如公众对新税种的容忍状态,可能会感到普通民众实际上都把自己的目标确定在追求某一行动步骤上。

按照金登的标准定量指标,有 57%的访谈将普通的公共舆论视为重要,而且在 23 项案例研究中,有 6 项案例研究也同样将普通的公共舆论视为重要。在这一点上,卫生领域和运输领域的情况并没有什么大的差别,而且,访谈对象的类型也没有什么大的变动(例如,无论访谈对象是在国会、市中心,还是在政府外面)。因此,公共舆论的重要程度看起来与我们刚刚讨论过的选举相关因素的重要程度差不多:它既不是根本不重要,也不是比其他来源重要,而只是处在中等重要程度。

公共舆论既可能具有积极影响,也可能具有消极影响。它之所以可能会将某些项目强加给政府议程,其原因在于对该问题感兴趣的广大民众会使该问题为那些追求选票的政治家们所接受。例如,对于公众来说,乘客服务的能见度要比货运高得多,这正是放松航空运输规制先于放松公路货运和铁路货运规制的一个原因。正如参与这场战斗的一位著名人士所言:"人们实际上是在为买票而付费,他们每付一次费都能够看到放松规制的影响。但是,如果你谈及的是放松规制对一桶狗食价格的影响,那么公众对此并不在意,因为狗食的价格多个一两分钱并不是什么大不了的事情。公路运输之所以不同于航空运输,其原因在于你看不到货架上的收益。"

消极的公共舆论影响——施加给政府的种种约束而非促进政府行动的积极力量——也许更值得注意。虽然公共舆论有时可能会引导政府做某事,但是它更通常的是约束政府不能做某事。例如,卫生部门的官员知道国家医疗保健议案的重要性可能会因诸如抽烟、喝酒和乱开车等习惯的改变而被降低很多。但是他们会敏锐地感觉到在该领域对政府行动的种种限制,正如有人告诉我的那样:

"作为纳税人和公民,我不希望自己的生活受到那么多的规制。我不想政府总是告诉我不能抽烟或不能喝酒,或者总是告诉我开车的速度不能超过每小时 40 英里,尽管所有这些都是为了这个国家的大众健康。如果我完全了解这些事实并且在这个过程中想要抽烟并缩短自己的生命,那是我自己的事儿。公众的认可是有限的。"

安全带联锁装置的短寿命就表明了公众认可的限度,因为公民们拿食品袋时往往要很恼火地系紧安全带,而国会在几个月之内便撤销了这项规定。

当然,对大众舆论影响政策形成的能力也有一些严格的限制。举个例子说,许多重要的领域,普通老百姓几乎是看不到的。尽管卫生领域人力资源立法的复杂性或放松铁路运输规制的影响可能为那部分最直接受其影响和关注的公众所知晓,但是这些问题绝不会在普通人脑海里产生同样的波动。再比如说,虽然大部分普通老百姓可能更喜欢优先考虑某一事项,但是具有更强烈不同偏好的另一小部分人可能会对政府优先考虑的事项具有更大的影响。而且政府内部许多事态的发展可能并不依赖于大众舆论。例如,在 1976 年至 1978 年之间,尽管民意测验投票中赞成国民健康保险的人数与赞成私人保险的人数之比例大致处于稳定状态,但是这个问题在政府中实际上在升温。我们在本书的后面将提出一种理论来对政府健康议程中的这样一种剧烈升温做出解释,不过在这个时候需要阐明的是这种变化与大众偏好的某种急剧转变并没有什么关系。

大众舆论对议程的影响要甚于其对备选方案的影响。政府官员之所以会关注一组问题,其部分原因在于这些问题已经为很多普通老百姓所关注。但是我们很难断言普通老百姓会同样想到政府所考虑的备选方案。虽然公共舆论可能会对某些可能发生的事情具有限制功能,并且可能会以一种普遍的方式影响某个问题议程,但是大众舆论尚不足以对政策专家就哪些备选方案应该认真考虑而进行的相关争论构成直接的影响。正如一位国会的办事人员在从一般意义上讨论健康问题时所说的那样:

"来自公众的压力很分散。国会议员常常收到一些要求国民健康保险的信件,但是他们对何种类型等情况全然不知。他们只了解公众模模糊糊地关心费用问题,但是他们并没有了解实际上应该怎么做。所以,国会议员们面对的是这种分散的压力,而且他们往往要四处寻找解决这个问题的办法。"

其实,即便是就议程建立而言,政府官员和其他的积极分子以大众方式影响议程要多于别的方式。正如一位特别有创见的新闻记者在谈到国民健康保险时所说的那样:"你在某些地区的小镇周围所听到的论点是人们真的想要国民健康保险。我倾向于认为实际情况刚好相反。一些著名的政治家制造了一个问题,老百姓就跟着掺和。"一位倡导国民健康保险的知名人士认为:"人们常常以公众喧嚷的方式谈话,但是,根据我的经验,公众喧嚷往往是因一个专家集团的活动而引起的,而不是相反。"正如我们在讨论大众传媒时所注意到的那样,公众认为最重要的项目议程往往受到媒体内容的强烈影响。尽管我们也经常注意到政治领导人的活动,但是如果媒体正在对这些活动进行报道,那么公共舆论议程也是在受政府议程的影响。

依靠采取某种形式将公众偏好转变成政府行为的议程建立模式是不完备的。例如,有些学者就讨论了将某些项目从公共议程中拿出并将其提上政府议程的方法。通常,政府议程中的项目绝不会被提上公共议程,或者说,这些项目被提上公共议程的方式非常落后,以至于对政府官员的影响微乎其微。像总统、参议员和内阁部长这些人都有自己的目标、建议和议程。尽管这些官员可以设法动员公众来支持他们自己的目标,但是在许多情况下,他们都会选择不这样做。而且,如果说他们真的要动员业已发展起来的公众势力的话,那么他们的目的可能更多在于通过议案,而不是建立议程。例如,总统有时会先建立议程,然后再动员公众通过他的立法建议。

(原文选自约翰·W.金登:《议程、备选方案与公共政策》,中国人民大学出版社,2004年版,第28-29,37-38,42-45,58-59,67-68,71-75,75-76,79-82页。本书对原文做了较大幅度的改动,并进行了适当的阐释。)

经典阅读2-3:公共政策的价值

政策价值在政策内部要素体系中具有重要地位。政策价值决定着政策目标的设定。但是,人们对一些基本政策价值的认识是不同的。斯通的著作对此有详细的阐述。

政策矛盾

D.斯通在他的书中举出了政策矛盾的五个案例。

案例一:1986年在美国,发生了一起违约事件。斯特恩夫妇因不能生孩子,而同一位叫怀特希德的妇人签订了合同,借这位妇人的子宫来生孩子,然后把孩子领养过来,即怀特希德为斯特恩夫妇做代理母亲。他们在合同书上商定的价格为一万美元。但怀特希德生了孩子之后,不想把孩子交给签订合同的斯特恩夫妇。那么,法院是应该把这一行为判决为违约呢,还是把这种行为看作正当的? 一方面可以把怀特希德的行为看作出租子宫来向别人提供服务,另一方面也可以认为这一契约是妇人生产孩子后进行出卖,这是违法的。那么,在这一问题上是否存在着合理的原则? 这就成了一个重要的政策问题。

案例二:1985年美国海军节约了过去三年期间制造军舰的25亿美元预算。那么,应认为这是有效地执行了预算的结果呢,还是应认为因原来的预算过于庞大而没有用完呢?

127

案例三：美国政府积极推动了公共交通的建设。推行这一政策的理由,20 世纪 50 年代是减轻交通拥挤;60 年代是减少大气污染;而在 1973 年的石油危机以后,则主张节约能源。那么,积极推动公共交通建设的真正理由是什么呢? 是不是在为其合理化而寻找各种可能的理由?

案例四：根据 1981 年的舆论调查,51% 的白人认为黑人学生在混合学校学习比在种族分离的学校学习会更好;72% 的人认为,在混合学校学习对白人学生不会有什么害处;但同时有 79% 的人认为,为了上混合学校而每天来回学校与家庭之间觉得太累。那么,白人对混合学校的态度是支持还是反对?

案例五：1987 年里根总统否决了 880 亿美元的高速公路建设法案。但下院不顾总统的强烈反对而通过了此项法案,上院也不理会总统的积极劝说而同样通过了此项法案。与议会的较量中,里根总统失败了。但此后里根总统宣称,"阐明了总统的强硬意志","这是总统为节俭预算而积极努力的表现",等等,为此里根总统又转败为胜了。那么,这是政策的失败呢,还是政策的成功?

D. 斯通认为,以上问题在合理性的讨论中似乎是相互矛盾的,但从政治情理的角度来看则是当然的结果。他认为,不应该把政策决定看成经过一定的程序而能够得到解决的过程,而应该把它理解成了界定制约人们行为的理念、制定分类的范围以及制定规范而不断较量的产物。所以,为了从政治情理出发理解政策,应该正确地把握隐喻和类推。据此,他从三方面分析了政策过程:第一,在政策过程中常常认为目标是既定的,但由于标准的不明确,所以需要重新组成目标;第二,政策问题不是从外部给予的,而是在政策过程中得到解释的;第三,政策问题的解决,与其说是解决问题的手段,倒不如说是有意识的行为。

政策目标

在合理性的研究方法中,政策目标被理解为既定的。也就是说,政策决定是合理地追求一定目标的行为。但 D. 斯通认为,在政策过程中的目标往往带有模糊性并具有多种功能。例如,公平性、效率性、安全性、自由等并不是一定的,这些只不过是在政策过程中不断地重新解释并重新构成的概念而已。所以,这些政策目标的概念在政策问题上并不是起到提供唯一答案的标准作用,而是履行着为具体的矛盾和冲突提供讨论平台的职能。

首先,公平概念似乎只是"同等对待"的简单含义,但在这里,"同等"的标准是什么呢? 这就不那么简单了。也就是说,一切政策问题都意味着给人们分配某种事物,但问题是用什么方法来进行分配。例如,给一个班里的学生分配饼干,那么是给在场的每个学生分同等数量公平呢,还是多分给那些为班级多做事情的学生公平? 或先分一半给男女同学,然后让其各自分配饼干才公平? 或少给那些不觉得饿的学生,而多分给那些觉得饿的学生公平? 依此类推,就成问题了。也就是说,公平分配本身即包含着引起不公平的因素。这就产生了政策矛盾。

其次是效率问题。这一概念意味着"根据有限的投入得到最大的产出","为达到目标使用最少费用"。但在实际政策过程中,效率的标准并不明确,这就会产生政策过程中的争论。例如,图书馆的功能是保障供书。那么,在这里是雇用高薪专职人员有效率,雇用低工资的非专职人员有效率,还是用由此节约的钱购买更多的书有效率呢?

再次是安全。对这一概念一般理解为"满足人的最基本的需求",但很难客观地界定公共需求(public need)是什么,所以难以把它定为政策目标。例如,如果主张美国的公共需求在于对未来很可能存在的假想敌人做好充分军事力量准备,这与其说是带有客观性的国家目标,倒不如说是经过政治讨论而形成的目标。所以,这种目标只不过是根据所赋予的意义而重新构成的。

最后是自由概念。一般把这一概念解释为"在不侵害他人的范围内做自己所愿意做的任何事情"。但所谓"不侵害他人"因具体条件又会有不同的解释,所以不能把它使用为政策目标。例如,为了减轻对个人的伤害而使公共集团受损害;作为个人的行为感觉不到对他人的影响,但这些行为逐渐积累成环境污染;正如区别对待歧视的那样,对个人的一般行为表现为对其整个所属集团的伤害。在这些情况下都会发生政策矛盾。因为,自由的概念以对谁的侵害为依据,既可以得到伸张,也可以得到遏制。

但不仅存在上述单一政策目标上的概念模糊性问题,在诸多政策目标中应该优先考虑哪一个目标也成为问题。由于在政策过程中的目标并不明确,而往往是模糊、相互矛盾又相互交叉的,所以不能用客观的标准来衡量,而应该把它看成政治过程的产物。

(原文选自吴锡泓、金荣枰编著:《政策学的主要理论》,复旦大学出版社,2005年版,第48-50页。本书对原文进行了较大幅度的改动,并做了适当的阐释。)

六、相关研究

相关研究2-1:公共政策价值取向中的政策空间

摘要:凡是存在公共政策的地方,就存在着政策空间和公共政策价值取向的互动。这是本文阐述的中心。本文认为政策空间由"政策企业家"参与,通过"溢出效应"等逐步渗入公共政策的价值取向之中;公共政策的价值取向的定位则是在一定的规则体系指导下,经过不同的政策价值层面由政策空间的渐进拓展来完成的。

关键词:公共政策;政策空间;价值取向

根据戴维·伊斯顿(David Easton)的观点,政治系统要得以维持,取决于两个基本条件:第一,能够持续对社会价值进行权威性分配;第二,设法使社会的大多数服从这种权威性价值分配并把服从当作义务。① 这里"社会价值的权威性分配"，伊斯顿认为其实就是公共政策；②而大多数人认同公共政策并把它"作为义务予以接受"，即公共政策的合法性问题。这里伊斯顿敏锐地指出了公共政策及其价值取向在政治系统中的地位和作用。托马斯·戴伊(Thomas R. Dye)认为，"这个定义突出了三个思想：制定公共政策是为了价值的分配；分配的范围是全社会；分配的影响力是权威性的"③。也就是说，这一定义的另外一个基本要义是价值分配的范围、权威性影响力的强度等。据此他认为，公共政策就是"政府所选择的作为与不作为"④。其中政府选择什么作为、什么不作为、怎么作为、何时何地作为，存在着一个自由裁量度的问题。政策的自由裁量度、"选择"的范围、影响力的强弱等，从某种意义上说，构成了政策空间(policy space)的基本要义。由此也可见政策的价值取向与政策空间之间的紧密联系。由于两者都是宏大的叙事主题，均涉及政策系统的方方面面，本文仅从政策空间与政策价值取向互动的角度来把握政策空间、政策价值取向的基本蕴涵。

（一）政策空间存在的原因及其基本形式

针对戴伊对公共政策的界定，詹姆斯·安德森(James L. Anderson)认为，"这一概念不得要领，它不能充分地意识到政府决定的作为与其事实上的作为有一定的差距"⑤。安德森这一评语从侧面指出了政策空间的另一基本范畴：不仅行政作为之间、行政作为与不作为之间存在着政策空间，而且决定作为与实际作为之间也有一定的政策空间。这一点现实生活中不乏其例。

日前，江苏某市某区出台《党风廉政建设责任制责任追究办法》，明确了当下级出问题时，作为上级的各级领导需要承担相应的责任，除追究其责任外，还引入"市场机制"，经济上最高处罚可达 4000 元，等等。此政策甫一出台，即引起激烈争议。⑥ 为什么会引起激烈争议，除了许多技术层面的因素外，这里政策的生存空间就是一个很大的问题。从政策目标看：此举旨在强化领导干部的责任意识、危机意识，用好人民赋予的权力，以人为本，从而杜绝任人唯亲、腐败等。针对以前政府规章相对弱化的可操作性，此《办法》引入市场机制，决心不可谓不大。从政府法规的构成要件来看，它也无懈可击。但从政策空间的角度来审视，其不足立见。其一，廉政建设是一个系统工程，若要取得实效，必须整体推进。对于子系统的某区来说，勇敢施行，其精神可嘉，其开拓勇气可敬，但效果未必乐观。在某市没有整体推进这一办法的情况下，该区的领导会不会在体制内受到这一办法的约束？约束的程度有多大？若某人出现了问题，为逃避处罚而通过某种关系，让市府、省府的人出来说情，那又该怎么办呢？其二，形式重于内容。这种下属犯错误领导人也要担责"连坐式"的政策，看重的是道德的力量，抑或是金钱的分量呢？也存在着这样一种情况：如果领导过问了，招呼也打了，下属依然犯错，那么领导能不能免责？若不能，则显失公平；如果能，那么，领导会

---

① 戴维·伊斯顿：《政治生活的系统分析》，王浦劬译，华夏出版社，1999 年版，第 28 页。

② David Easton. *Political System*. New York：Alfred A. Knopf，1953. p129.

③ 托马斯·戴伊：《理解公共政策》，罗清俊、陈志玮译，台湾韦伯文化事业出版社，1993 年版，第 3 页。

④ 托马斯·戴伊：《理解公共政策》[英文第十版]，中国人民大学出版社，2004 年版，第 1 页。

⑤ James E. Anderson. *Public Policy-Making*. 2002. pp. 6 - 7.

⑥ 肖余恨："'下属犯错领导买单'的三个悖论"，《现代快报》，2004 - 10 - 18。

事无巨细地说到、提醒到，既然我都讲到了，该做的我也做了，你还要我怎么办？其三，由于连坐的利益相关性，上级领导"捂盖子"成为本能的反应。若上级领导采用"捂盖子"式的"内部消化"，那么，下属会不会更加有恃无恐？这一个事例说明，政策空间实实在在地存在于生活中，我们无法回避。可以说只要存在着公共管理，只要存在着政府的作为或不作为，它就会浸透其间。

在论及公共政策为什么是政府"所选择的作为与不作为"，为什么不能把它界定为由某一政治主体为实现某一目标而制定的法律、法规等时，托马斯·戴伊解释道："如果设想政府的行为必须有目的或目标，以便给这些行为贴上'政策'的标签，便会出现一个问题，这就是：我们永远也拿不准任何一个具体的行为是否都有目的或者目标，即便有，这个目的或目标又到底是什么，无论我们多么希望政府以一种'目的性或目的为主导'的模式而行为，但我们知道，实际上政府经常不是这么做的。"[①]在戴伊看来，政府行为是公共政策，政府无力作为、不能作为或根本不作为同样是公共政策。政府的不作为正如其作为，"可能同样对社会产生重大的影响"[②]。换言之，从作为到不作为的巨大空间，无论政府是客观使然还是主观故意，它都是公共政策存在的区间。我们很难说，一段时间内某个因素或某些因素决定了政策空间，它是诸多动态共同作用的结果。若出于某种目的或迫于某种形势先入为主地认定某一因素、某种状况、某些问题而影响、决定、主宰了某一政策空间，现实生活中多半会饮下自我酿制的苦酒。

在论及为什么研究公共政策时，安德森认为原因有三：科学原因、职业原因以及政治原因。[③]之所以探求政策空间与公共政策价值取向的关系，笔者认为原因同样有三。其一是科学原因。探求二者之间的关系、寻求构成政策空间的基本要素及公共政策价值取向的基本内涵是其基本要义。从二者互动关系来说，政策空间一方面是公共政策价值取向发生变化的自变量，为此我们应关注公共政策价值取向的发生、发展与结果，关注引发价值取向发生变化的事件、原因和行为者等；另一方面，政策空间又是公共政策价值发生变化的因变量，为此我们应关注政策空间结构、功能及其发展趋势，建构适合公共政策价值创新的配套机制。其二，职业原因。从宏观上来说，政策分析具有三方面的基本意蕴：科学求索、职业诉求和政治目的。建构合理的政策空间，探寻公共政策科学、民主的价值取向也是政策科学职业诉求的重要方面。"外行不能领导内行"，若管理者连政策空间、政策的价值取向都一窍不通，那么我想他可能连"外行"都算不上。其三，政治原因。这点更显而易见，通过某一政策系统来拓展政策空间、追寻科学的价值取向是政策创新、经济繁荣、政治发展和社会稳定的必要条件。

从根本意义上说，政策空间的大小是由政策参与者发动、实施、完成的。由于政策参与者的自利本性，约翰·金登（John W. Kingdon）把他们称为"政策企业家（policy entrepreneur）"。金登认为，若没有政策企业家参与政策全过程，就没有政策

---

① 托马斯·戴伊：《自上而下的政策制定》，鞠方安、吴优译，中国人民大学出版社，2002年版，第3页。

② 托马斯·戴伊：《自上而下的政策制定》，鞠方安、吴优译，中国人民大学出版社，2002年版，第3页。

③ James E. Anderson. *Public Policy-Making*. 2002. pp. 12-13.

空间可言,甚至根本也没有公共政策。政策企业家是"那些为了换取自己偏好的未来政策而愿意投入自己资源的人"。他们要么是那些直接与政策相关的人,或通过拓展政策空间而获取某些利益的人,要么是出于其对政策价值观的偏好而以参与政策为乐的人。他们可能是民选官员、职业文官、院外活动集团的说客、学者或新闻工作者。他们介入政策系统、拿捏政策空间是因为,第一,就政策问题而言,他们极力强调那些引人注目的问题指标,从而赋予其特定的意义;第二,就政策建议来说,他们通过撰写论文、提供证言、举行听证会、接受新闻采访或接见各种人物为新政策的通过创造良好的氛围;第三,就政策空间调适来说,他们时刻准备自己中意的政策建议,以便在适宜的时候提出或引起对某一政策问题的关注,从而触发政策创新的机制。①

政策系统运行过程中,议程设定、政策制定、政策执行等每个环节都有一定的不确定性,不确定性意味着在"特定情景下各种情况都可能发生"②。为了减少不确定性,政策企业家极力寻求更详尽的关于某一政策问题、政策议题、政策制定、政策执行等各方面的信息,相关信息越丰富、越翔实,则意味着某一政策系统的合理性、科学性可能就越强。但客观现实是我们永远也不可能掌握"全部"相关信息,政策议程等永远建立在"不确定"基础上。正是不确定性,为政策空间的伸缩与存在创造了条件。

就公共政策来说,政策参与者与政策分析者的信息主要来源于理论指导、范式导引、文化定位、价值取向、政策环境影响、政策案例研究、访谈及调研等。可以说信息是人们建构公共政策理论、模式、方法的基本原材料,没有相关信息的支撑,政策分析就无从谈起。客观存在的不确定性使人们大力寻求相关信息,在寻求相关信息的过程中,有时甚至又增加了新的不确定性因素。人们就是在这种悖论式的政策实践中寻求政策空间的合理范围。从其最终结果上说,寻求的政策空间结局不外有三。其一,政策空间适得其所,无须调适,这是政策参与者最愿看到的情景,是一种理想状态。其二,政策空间已不合时宜,大量相关信息表明,在目前状况下,要取得既定的政策目标已几无可能,要达到满意状态,必须对相应的政策环节进行调整。因此政策参与者调动一切手段、资源寻求相关信息,通过民主、科学的渠道来调适政策空间,于是适合社会发展的新政策空间出现了。这是一种理论状态,在现实生活中或多或少地存在着。其三,政策空间急需拓展,相关信息也充分说明某一政策的存在会危及某种社会生活,但政策主体,尤其政策制定者、执行者由于既得利益、积淀成本、政治资本、社会资源等方面的缘故,就是不调整、变更、终止某一政策,使某一政策环境越来越恶劣。这是一种现实状态,现实生活中这种情况并不少见,直到外部事件——尤其是突发事件——的发生打破某一政策系统中的相对平衡,政策空间的拓展、调适才得以进行。

新的政策空间在某一政策领域一旦站稳了脚跟,那么它就会在与此政策领域相似的另一个领域开疆拓土,拓展自己的政策空间。金登把这种情况称之为"向相邻领域外溢(Spillover)"。为什么政策空间的拓展也会出现这种"蚕食式"的效应呢? 金

---

① 约翰·W. 金登:《议程、备选方案与公共政策》,丁煌、方兴译,中国人民大学出版社,2004 年版,第 258－259 页。

② 埃弗雷特·M. 罗杰斯:《创新的扩散》,辛欣译,中央编译出版社,2002 年版,第 2 页。

登认为原因有三:首先,新的政策空间一旦在某一政策领域得以拓展,就会"轰动一时",变成其倡议者的政治资源,其他政策企业家为了赢得相同的政治资源,便纷纷在其他领域采取类似的行动以捞取资本;其次,"溢出效应"一旦在某一领域内发生,便会经过立法等渠道在该政策内改变这一政策联盟的结构,"抵制变革的联盟被击败,为确立新政策而建立和发展起来的联盟可能会被调去参加其他战斗"[①];最后,某一政策空间内的政策论辩也有助于"外溢"。总之,"第一次成功可以产生极其强大的外溢效应。政策企业家受到鼓舞而转向下一个问题,联盟被转移,从类比和先例中获得的论点也站稳了脚跟"[②]。

(二)互动中的政策空间与公共政策价值取向

马克思主义认为,"'价值'这个普遍概念是从人们对待满足他们需求的外界物质的关系中产生的"[③]。它反映了某一实践主体对客体的认识及客体呈现在主体面前的基本属性,从哲学上说它既属于认识论范畴,更属于实践范畴。以价值为核心来考察、把握、建构公共政策的各环节、各要素,即公共政策的价值取向。关于价值、价值取向在社会实践、政治系统的作用,安东尼·德·雅赛(Anthony de Jasay)曾以自由主义政治结构为例做过经典的分析,他认为,自由主义的政治结构核心有二:某一是最大化目标,即对各种政治安排的评价,其依据是期待这些安排能对一个压倒性的目标有所帮助;其二是遵守一定的规则,政治安排无论是为了什么目的而设计的,都必须依照这些规则办事。二者的立足点是"优先通行权"[④]。

优先通行权既可给予最大化目标,也可给予规则。如果最大化目标得到了优先权,那么理论就是在事实上主张在规则留下的空间范围内实行'限制的最大化'。举个例子来说明:"(最大化)我们旨在达到我们所能达到的最快的经济增长,(+规则)这增长是同保持环境质量相容的。如果我们将优先次序颠倒一下,也可以得出同样的类似公式:(规则)人权不应受到侵犯,(+最大化)在不侵犯人权的前提下应以公共秩序为优先。……把优先地位给予目的或是给予规则,虽然这只是空中楼阁,但仍不失某种象征意义。它有助于为一个政治理论定下调子并制约它对语言的解释。"[⑤]也就是说,一个社会要得以存在、发展,它必须具备的两个基本前提是:规范性目标和规则体系。二者在某种优先权基础上的孰轻孰重,决定了政治安排的基本走向及其生存空间。这里"优先通行权"从某种意义上说相当于价值取向;"政治安排""最大化目标""规则"在更小的范围内也可理解为公共政策。"优先通行权"与"最大化目标""规则"等"政治安排"的结合程度、怎样结合,便产生了不同的政策空间。

一般说来,构成公共政策价值取向的要素更多的是一个实践命题,在社会实践中人们可以发现某一公共政策的基本价值,并加以培育、引导,使之为某一政策目

① 约翰·W. 金登:《议程、备选方案与公共政策》,第 242 - 243 页。
② 约翰·W. 金登:《议程、备选方案与公共政策》,第 243 - 244 页。
③ 《马克思恩格斯全集》,第 19 卷,人民出版社,1979 年版,第 406 页。
④ 安东尼·德·雅赛:《重申自由主义》,陈茅、徐力源等译,中国社会科学出版社,1997 年版,第 22 - 23 页。
⑤ 安东尼·德·雅赛:《重申自由主义》,陈茅、徐力源等译,中国社会科学出版社,1997 年版,第 22 - 23 页。

标服务。若从理论上探讨公共政策的价值要素，那么这将是一个见仁见智的话语体系。

安德森与雅赛殊途同归，他也认为要制定政策、做出决策必须首先建构标准。虽然政治社会、经济状况、制度程序及时空限制等诸多要素是其重要组成部分，但政策主体价值观也绝不能忽视。这些价值包括：政治价值、组织价值、个人价值、政策价值和意识形态价值等。[①] 从某种意义上说，这些价值在某种程度上既建构了某一"政治安排"的基本标准，决定了人们的作为与不作为，也限定了人们的政治空间和政策空间。但安德森只是简单罗列了政策价值的基本种类，对其间的逻辑关系却言之甚少。在多数情况下，这些价值取向甚至是相互矛盾的，诸如政治价值及政策价值与意识形态之间的矛盾，意识形态与政策价值之间的矛盾，组织价值与其他价值之间的矛盾等[②]。当这些矛盾出现时，怎样建构另外一种标准来重构价值体系，在扩展政策空间中应着眼于哪类价值，哪类价值容易引发政策变迁？我们不得而知。

安德森的这个不足很快就被保罗·萨巴蒂尔（Paul A. Sabatier）、汉克·C.简金斯-史密斯（Hank C. Jenkins-Smith）提出的"支持联盟框架（the Advocacy Coalition Framework，简称 ACF）"弥补。ACF 把公共政策视为政策价值的具体体现，认为政策变迁与政策学习相辅相成，二者都是政策信仰系统发生变化的结果。他们把拥有共同政策信仰的人或团体称为"政策联盟"或"支持联盟"，支持联盟的信仰系统可分为：深核（Deep Core）、近核（Near Core）和次级方面（Secondary Aspect）三个方面。"深核是确定人们世界观的规范性、本体性理论；近（政策）核是实现政策区域或子系统中深核信仰的基本战略、政策观点等；信仰次级方面是在某一特定政策区域内，为实现政策核心所必需的多种工具性决策及信息探求等。三种结构类型以一种逐步接受变化的顺序排列，即深核比次级方面更拒斥变化。"[③]通俗地说，当某一政策子系统发生变化时，相应的政策价值取向也会发生变化，它首先反映在政策信仰系统的"次级方面"，"次级方面"对此做出回应，若成功地回应了外部条件变化，则"次级方面"依然故我或稍许调整；若不能成功，说明仅仅在"次级方面"做文章已不能满足客观社会的变化，因此，这时价值变化一般上升到"近核"。一般情况下，"近核"层面价值取向的变化是某一政治系统价值发生变化的上限，许多政策问题都可在这一层面上得到解决。若"近核"价值取向的调整、变化仍不能成功回应外界社会的巨大变化，那么"深核"层面上的价值取向变化势必会出现。"深核"价值变化相当于哲学上的世界观的根本改变，相当于托马斯·库恩在《科学革命的结构》一书中所说的"科学革命"[④]。"它往往是像宏观经济条件或新的系统管理联盟的兴起等游离于子系统之外的非认识性因素介入的结果"[⑤]。在"次级方面-近核-深核"的运动过程中，政策空间逐步得

① James E. Anderson. *Public Policy-Making*, 2002, p3.

② 徐湘林："从政治发展理论到政策过程理论"，《中国社会科学》，2003 年第 3 期。

③ Paul A. Sabatier & Hank C. Jenkins-Smith. *Policy Change and Learning*. Colordo：Westview Press, Inc., 1993 pp. 30 - 32.

④ 托马斯·库恩：《科学革命的结构》，金吾伦、胡新和译，北京大学出版社，2003 年版。

⑤ Paul A. Sabatier & Hank C. Jenkins-Smith. *Policy Change and Learning*. Colordo：Westview Press, Inc., 1993. pp. 19 - 20.

到拓展。为此 ACF 提出了两个基本假说：

假说 1：联盟中的行动者对有关政治核心问题会有基本的共识，但在次级方面未必如此。

假说 2：在还未接受政策核心的缺陷时，行动者（或联盟）一般会放弃信仰系统中的次级方面。①

ACF 探讨了公共政策的信仰系统、价值取向对政策环境、外界变化等的回应，在对此做出回应的同时，公共政策的调整、执行力度等方方面面出现了或多或少的变化，于是新的政策空间便出现了。这是继"政府选择作为与不作为"之后，政策空间的另一种存在形式，是对前者的补充与深化。但它对政策空间与公共政策的价值取向怎样结合，价值取向怎样由"次级方面"上升到"近核"及"近核"上升到"深核"的具体步骤等语焉不详，把它们仅仅视为"相对稳定变数""系统外部事件""政策子系统"等相互作用的结果，至于它们怎样"相互作用"也同样不得而知。相比较而言，金登的"垃圾筒模型"更具有操作性、分析性，在逻辑上也更严密。

金登认为，由于"未定的偏好、不清楚的技术以及不固定的参与"等原因，现代政府处于一种"有组织的无序"状态。"人们在希望政府实现的目标上的看法的确很一致，而且人们在准确地界定自己的偏好以前常常被迫行动。即便是他们能够界定自己的目标，他们通常也并不知道如何实现自己想要实现的目标。……当一次选择机会……在组织……中漂过时，各种参与者都会卷入，因为他们各自都有自己的资源。各种各样的问题……都被引入选择之中，而且各种各样的解决方法……都可以被考虑。""它主要是由行为者的三个溪流组成的：由各种问题的指标、危机、反馈等形成的问题溪流；由各种解决政策问题的备选方案组成的政策溪流；由国民情绪、公共舆论、选举官员、政体改变、利益团体、共识建构等组成的政治溪流。一般情况下，三个溪流独自流动，只有当三个溪流交汇时，'政策之窗'才会开启，议程设定、政策变迁才有可能发生。"也正是在"政策之窗"开启的短暂时刻，政策空间也得到了有效拓展。接着他又分析了价值因素在三个溪流中的地位与作用。可以说，在金登看来，价值因素通过渗透在三个溪流中，直接推动了"政策之窗"的开启。总之，"这些溪流在一些关键时刻汇合在一起。这种政治气候便促成了适合变革的恰当时机，而且那些约束条件也阻止不了行动"②。

还是以实例来说明该框架的解释力。孙志刚案件之后，《城市流浪乞讨人员收容遣送办法》之所以能终止，从理论上说，是诸多因素的"合力"，也正是问题溪流、政治溪流、政策溪流的适时交汇，催生了更人性化、政府定位更准确的《城市生活无着的流浪乞讨人员救助管理办法》。首先从问题上看，诞生于 20 世纪 80 年代初的《收容遣送办法》，起初治安管理功能很弱，但到了 90 年代，它基本上只剩下治安功能，主要针对那些疑似犯罪但一时又无有效证据证明其有罪的人。在执行过程中，其范围不断扩大，从流浪乞讨人员扩张到三无人员再扩张到无三证人员，其他

---

① Paul A. Sabatier & Hank C. Jenkins-Smith. *Policy Change and Learning*. Colordo：Westview Press, Inc.，1993. p72.

② 约翰·W. 金登：《议程、备选方案与公共政策》，第 105，106－107，110 页。

方面诸如执行手段、处罚措施、执行人员等也都存在着越来越多的问题。其次从政治上看，以人为本、以民为先的执政理念的提出，服务型政府的建构为废弃《收容遣送办法》创造了条件。事件发生后报纸、网络等媒体的积极介入，专家学者的评判，政府高官的批示，法院的判决等都指向了《收容遣送办法》，废弃成为各方面的基本共识。最后从政策上看，我国多年的法治实践，人们不断增长的主体意识、维权意识，为通过更具人性化、更有操作性和针对性的法律法规打下了基础。三方面因素因孙志刚案件而有机结合在一起，"政策之窗"出现了，于是才有了《城市生活无着的流浪乞讨人员救助管理办法》。

（三）结语：一点启示

探求政策空间与政策价值取向互动的主要目的，一方面在于揭示公共政策的价值取向在政策系统中的地位与作用，力求发现政策空间拓展过程中，公共政策价值取向的基本内涵；另一方面主要是寻求在既定的公共政策价值取向氛围中，怎样有效拓展政策的生存、发展空间，在拓展政策空间进程中，怎样实现政策价值的和谐运行。众所周知，公共政策的价值取向在一定时期内，在某一政体架构中，总有一定的伦理底线，若政策子系统内治理结构没有根本性的变化，社会经济环境没有根本性的改变，这一伦理底线便构成了公共政策的核心价值（深核），它决定了政策制定、政策执行、政策评估、政策创新等的基本空间。当然拓展政策空间也有最根本的标准。根据西方学者的观点，这一标准的底线是帕累托最优[①]，即政策空间的拓展若不能使人人从中受益，也至少不能使有的人因此而处境更糟。在政策价值取向的伦理底线与政策空间的拓展底线之间，是政策空间活动的闭区间，一般情况下，政策创新、政策拓展便在这个闭区间内完成。

正如上文所说，科学原因、职业原因和政治原因是我们探求政策空间与公共政策价值取向的根本缘由，但由于主客观条件的限制，寻求解决某一具体问题的"职业原因"是我们的切入点，许多中外学者也在这一方面进行了有益的探讨。本文重点分析的公共政策价值取向中的政策空间的逐步拓展及不断拓展中的公共政策价值的基本定位也由此展开，给予我们许多启示：（1）政策空间的拓展既离不开一定的规则体系，也离不开一定的基本目标体系，规范和目标在建构政策空间过程中必不可少，公共政策的价值取向也如此；（2）政策空间的拓展和公共政策价值取向的科学定位来自政策学习，这是因为从组织行为学的角度来说，学习是指"由于经验而产生的相对持久的行为改变"，政策学习是拓展政策空间、改变公共政策价值取向的基本策略[②]；（3）在拓展政策空间和寻求公共政策价值取向科学定位的过程中，应把握政策时机，促成"政策之窗"的开启；（4）开启"政策之窗"只能是渐进的，只有在"问题溪流""政治溪流"和"政策溪流"交汇之时之地，才能开启这一"机会之窗"；（5）开拓政策空间和公共政策的价值取向既不能通过纯规范性的"闭门造车"方式来完成，也不能通过

① Pareto Optimality, Fred M. Frohock. *Public Policy：Scope and Logic*. N. J.：Prentice-Hall, Inc., 1979. pp. 208－209.

② Paul A. Sabatier & Hank C. Jenkins-Smith. *Policy Change and Learning*. Colordo：Westview Press, Inc., 1993. p35.

纯"实证"的方法来获得,而应把事实和价值有机结合起来,走弗兰克·费希尔(Frank Fischer)所主张的"实证辩论的逻辑"之路①。

作者简介:张凤合,博士,浙江师范大学政法学院副教授、硕士生导师。

研究领域:公共政策、公共管理。

开设课程:公共事业管理学、公共政策学、组织行为学(双语)、当代中国社会问题。

已完成或正在承担的课题:

① "精神保障:农村老年保障的新视域",国家社科基金项目,2008年,参与者;

② "社会转型时期公共政策的'边际效应'分析",浙江省重点学科课题,2006—2008年,主持人;

③ "社会主义新农村建设中的政策支持系统建构",金华市社科联课题,2006—2007年,主持人;

④ "地方治理与公共政策创新研究",南京大学"985工程"哲学社会科学创新基地特别项目,2005—2006年,参与者;

⑤ "推进政府管理体制改革与创新的思路与目标",南京市政府"十一五"规划前期研究重点课题,2004年,参与者。

已发表的学术论文:

① "论政策创新中的企业家精神",《中国行政管理》,2008年第4期;

② "当前我国政策绩效的价值取向解读",《公共管理学报》,2007年第1期;

③ "政策议程设定中的政策空间",《理论探讨》,2006年第2期;

④ "利益诉求视域中的公共政策价值取向",《社会主义研究》,2006年第1期;

⑤ "公共政策价值取向中的政策空间",《南京社会科学》,2005第5期;

⑥ "领导性别·领导伦理·领导效率",《理论与改革》,2005年第1期。

(原文发表于《南京社会科学》,2005年第5期。本书在引用时,事先征得了作者的允许。)

相关研究2-2:"城中村"流动人口环境健康风险感知、政策认知与政策响应——基于上海的实证研究

摘要:安全饮用水和环境卫生是人类健康生存必需的基本条件之一。本文以饮用水和环境卫生设施是否齐全、质量是否正常为例,作为测量环境健康风险的指标,以中国城市类贫民窟——"城中村"流动人口作为观察对象,对上海200份入户访谈问卷进行描述性统计分析,了解暴露于环境健康风险中最脆弱的人群——"城中村"流动人口对风险的感知情况;应用内容分析方法对从1999年1月1日到2010年12月31日与环境保护相关的2300多条政策法规进行梳理,判断中央政

---

① 弗兰克·费希尔:《公共政策评估》,吴爱明、李平译,中国人民大学出版社,2003年版,第16-22页。

府对环境健康风险控制和应对的情况；并对上海等重要利益相关部门 10 位中层官员进行个案访谈研究，观察地方政府执行政策的阻力和动力。研究表明：环境健康风险领域政策未纳入城市规划，覆盖范围也未包括流动人口，公众接受信息的渠道仍局限于大众传播。预防和控制环境健康风险的政策、政策受众、执行层三者之间缺乏有机联系，一系列公共政策未达到预期效果。决策人员、公众借助大众媒介了解风险和知识，易被"议程设置"左右，应构建共同治理环境风险的网络联系和信任联系的平台，使决策更科学，减少一些不必要的失误；也使公众掌握相关知识规避风险，克服一些非理性行为。

关键词：城中村；流动人口；环境健康风险；风险认知；实证研究

（一）引论

改革开放 30 多年，中国经济和社会面貌发生了天翻地覆的变化。中国从一个贫困农村型经济国家向制造业大国转变。在取得巨大成绩的同时，越来越多的迹象表明中国的经济增长、工业化和城市化使环境承受了诸多压力：既有实现工业化之前，自给自足农业社会缺乏饮水和卫生条件简陋导致的疾病相关的挑战；也有工业化、农业集约化以及历史上存在的对废物和污染空气、土壤、水和食品等因素的管理不善；还有"后工业化"社会服务领域快速发展，导致肥胖和高血压成为"新"流行病的现象。承受诸多环境风险负担的中国已经认识到问题的严重性并开始着手应对这一挑战，将环境与健康主题纳入主流政策领域。

西方各国环境健康的政策和实践大致经历了三个阶段：从侧重于控制疾病传播的城市规划和工程解决方案，发展到强调治安条例和社会监督解决环境污染问题的技术方案，到近年将重点放在环境对人类构成的影响及可持续发展的研究（布朗，1992）。和西方国家相比，中国面临的情况更加复杂。环境健康政策及实践面临的问题也有所差别。1980 年前中国环境健康风险可归为传统型，主要是由于缺乏饮水、排污等基础生活设施，公共卫生状况差，水、土壤等环境中的寄生虫、病毒引发了血吸虫、疟疾、鼠疫等传染病。80 年代后期由工业污染引发的环境健康问题成为健康风险的主要原因。经过多年的努力，中国预期寿命不断延长，人群总体死亡和患病率呈持续下降趋势；但与环境污染相关的疾病的死亡率或患病率仍呈现上升趋势。一些地区环境污染威胁人群健康的问题频发，以水质化学中毒性疾病为例。该病在中国的分布十分复杂。传统饮水卫生问题与贫困和发展不足有关，主要表现在欠发达的农村地区，以水氟、水砷中毒为主；而现代饮用水健康问题主要表现在经济较为发达地区，以肿瘤等慢性疾病为主。对因"环境"问题引起的疾病负担评估显示，即使保守统计，中国每年因"环境"（这里只包括那些容易改变的物理、化学和生物因素，不包括与社会和文化环境及部分自然环境有关的行为因素）因素导致死亡的人数达 235 万（伤残调整生命，DALYs/1000），为整体疾病负担的 22%。但从一些更加直接的环境风险看，世界卫生组织 2007 年的统计数字显示，这一数字包括 38 万因室内空气污染导致的死亡及 95600 例因饮水卫生低劣（只限腹泻）而导致的死亡。世界银行（2007A）关于空气和水污染对经济构成影响的分析报告、经济合作与发展组织（OECD）发表的题为《中国环境绩效评估》（2006）的报告对中国的环境污染及污染对经济和人民健康构成影响程度进行了描述。然而,即使是这两份内容令人震惊的研究报告,对中国健康负担的程度仍然是严重低估。

由于环境导致的健康问题日益严重,环境危险因素与健康效应之间的关系已成为政府关注的焦点。2001 年中国卫生部颁布的《环境污染健康影响评价规范》体现了国家层面对环境威胁健康的重视;2005 年 1 月环境保护部成立了专门的环境与健康管理机构。随后,环境保护部与卫生部联合十六个部委、局联合制定了《国家环境与健康行动计划(2007—2015)》。中国卫生部和环境保护部已经就环境与健康问题设立了专门机构。政府各部门、联合国机构及其他部门也联合举办年度论坛,共同探讨环境健康风险控制问题。2007 年 11 月在北京召开的"第三届环境与健康问题国家论坛",从战略高度推出了解决环境与健康问题的第一个国家行动计划。各地在环境保护方面的资金也逐年增加。但关于环境健康风险以及由此引发的社会问题仍常见于报端。本文选择公共政策过程三个重要变量决策者、受众、执行层为观察对象,考察中国环境健康风险政策效力。

(二) 研究思路和方法

1. 中国环境健康风险研究及进展

最早将环境与健康两个词语融合的是麦克阿瑟和博纳富瓦(1997)、《曼谷宣言》《环境与健康论坛宪章》(2007)。该宣言确定了 6 个与环境健康有关的优先领域,包括空气质量、水和环境卫生设施等。关于环境健康风险评价,以美国国家科学院和美国环保局的成果最为丰富,其中具有里程碑意义的文件是 1983 年美国国家科学院出版的红皮书《联邦政府的风险评价:管理程序》,提出风险评价"四步法",即风险识别、剂量与效应关系评价、暴露评价和风险表征,这成为环境风险评价的指导性文件,目前已被荷兰、法国、日本、中国等许多国家和国际组织采用。到 1989 年,风险评价的科学体系基本形成,并处于不断发展和完善的阶段。加拿大、澳大利亚、新西兰等国的探索也进一步丰富了该领域的理论研究。

中国环境健康风险领域的研究主要集中在以下几个方面:环境健康的定义、环境健康风险的种类、环境健康风险评价指标设定、环境健康风险评价步骤及评价方法。目前环境风险评价的理论框架和技术路线基本形成,已认识到环境风险评价的重要性,尝试通过制定法律法规等开展环境风险评价。但在具体实践过程中存在很多不足。已经完成的环境影响评价文件很少涉及健康风险的内容。当前中国无论是卫生部门,还是环保部门,在环境健康风险参数方面都还没有一套标准或手册可供参考,在进行健康风险研究时,主要以引用国外的参数资料为主。由于中国与国外发达国家在人种、地理环境、社会、经济、技术水平等方面都存在着明显的差异,相应的环境健康风险参数也可能不同,如果引用国外的参数可能会产生一定的误差,因此,尚需进一步本土化研究。

2. "城中村"概念界定及研究

自 80 年代中后期以来,中国的农村青壮年人口大量涌入城市,产生了一个特殊的群体:流动人口。与此同时,很多大城市也产生了若干由本地人口和流动人口共居,兼有城市和农村的某些特征,被称为"城中村"的特殊地域。中国关于"城中村"的概念和界定至今尚未有统一的说法。本文的"'城中村'是指在城市总体规划区内仍然保留和实行农村集体所有制、农村经营体制的农村社区。‘城中村’是城市化过程的产物，是一定发展阶段的特殊现象”。中国“城中村”具有农村和城市双重特征，是城市化进程中的历史产物。它是城市扩张后，在市区保留下来的一些村庄，是介于城市和乡村的一种非城非乡的聚落状态，是一种中国特有的“类贫民窟”。

城中村集中了中国社会当前的两个关键问题，即社会转型（从农村到城市）和流动人口问题，是各种冲突和矛盾容易产生的地带。居住在“城中村”的人群成分复杂，不仅有流动人口，也有一些本地区的低收入人群。他们既未被现行的社会保障体系覆盖，也未被完全纳入正在推广的基本医疗服务体系。他们居住的房屋是简易的，环境是恶劣的，水和环境卫生等基础设施是严重缺乏的。这些不仅严重损害他们的健康，也将影响整个城市的公共卫生。

目前国内的研究已注意到农民工所面临的与环境相关的健康问题非常突出，恶劣的生存条件及在城市就医困难，导致农民工面临着工伤、传染病、精神病等各种疾病（Strand et al.，2007，Wong et al.，2008）。蔡禾在 2009 年实证调研后指出43.4%的农民工表示他们的工作环境对身体有危险，包括接触有毒物质、吸收有毒气体等。一些学者也发现了“城中村”的居住环境非常糟糕（吴维平、王汉生，2002）。不过迄今为止，国内学者还主要集中在农民工的人口学特征、就业情况、流动特点及其权益保护、社会保障及子女教育等方面的研究，对农民工与环境健康风险研究尚不多。这些为数不多的研究也多集中于环境健康风险的损害，未涉及这些人群应如何规避环境健康风险。

借助“Web of Knowledge”等数据库检索近 5 年的研究可以发现，关于此主题的研究虽不丰富，但正逐渐增加。关于印度、巴西、肯尼亚、印度尼西亚、南非、拉丁美洲等国家及地区贫民窟居民环境与健康问题的文章已有多篇。但总体而言，正如位于英国伦敦的 Wateraid 组织在 2008 年 10 月出版的 *Turning Slums around：The case for Water and Sanitation* 讨论报告中指出的：“在发展中国家不断蔓延的贫民窟以及与此紧密联系的环境健康风险面前，全球的政策是脆弱的，是难以理解的，是需要改变的。”贫民窟环境健康风险不是单一领域的问题，而是健康、环境、经济等综合问题。

3. 研究方法

（1）样本城市

项目组以上海作为样本城市。2010 年末，上海全市常住人口为 2220.83 万人，其中户籍人口 1412.32 万人，来沪半年以上的流动人口 829.82 万人，占常住总人口比重为 37.37%。上海的“城中村”类型比较多，既有处于城市边缘由城市扩展而出现的，也有处于城市次中心在拆迁过程未达成协议拒绝搬迁而形成的“城中村”。上海是中国的巨大城市，是全球化、城市化进程观察中国的难得样本。

（2）样本人群

世界银行环境专家将脆弱性分解为两个主要的维度：风险暴露和应对能力。脆弱性是指个人或家庭面临某些风险的可能，以及由于遭遇风险而财富损失或生活质量下降到某一社会公认水平之下的可能；也就是遭受冲击的可能、抵御冲击的能力

（韩铮,2004）。环境经济学家对于风险的评估强调损害和暴露。损害指的是风险事件引起的损失。美国国家科学委员会（NAS）1983年提出了人体健康风险评价的四个步骤,即危害鉴别、剂量效应关系评价、暴露评价、风险表征分析。关于风险和脆弱性的解释说明同样的风险暴露,因应对风险能力的不同,会有不同的结果（Sharma, et. al.,2000）。通过文献分析方法等,学界认为"城中村"流动人口是暴露在环境健康风险中最脆弱的人群。目前流动人口相当大的比例来自农村,在社会地位、经济收入、就业、生活等方面均处于弱势。该人群在日常生活和工作中,暴露在多种环境健康风险之一,如不合格的饮用水、恶劣的空气污染、嘈杂的噪音干扰、不安全的工作环境。该假设通过德尔菲法得到验证。

（3）测量指标

水和环境卫生不仅是众所周知的千年指标（MDG）的重要组成,也作为全球公共产品（GPGS）被诸多国际组织认同和强调,并被列入重要工作议程。[①] 2009年6月出版的"发展中国家的城市贫困人口与健康"的研究报告,明确将水和环境卫生设施归属为"与健康有关的公共服务和设施"。

因此,本文以安全饮用水和环境卫生为测量指标、以上海流动人口聚集地"城中村"流动人口为样本,进行问卷调查,了解流动人口居住地水和环境卫生状况、对环境健康风险感知、对目前相关政策和措施了解和感受。其次对上海卫生、环境保护、社会保障、政策研究等利益相关部门及官员进行结构式问卷访谈,了解他们对城市化进程中环境健康风险及危害的认知,并探讨目前政策覆盖面、有效性等问题。最后梳理近20年中央和地方出台的与环境或健康相关政策,了解目前政策制定及发布情况,观察决策者对此类问题的关注度。

（三）研究发现

1. "城中村"流动人口依靠大众传媒,亲身体验感知环境健康风险

2009年12月到2010年3月的调研选取上海市松江区小昆山镇、上海市闵行区A镇,采取抽样调研方法,入户调研上海220名"城中村"流动人口,获得有效问卷200份。调查问卷涉及问题主要包括:流动人口对自我健康状况的评价、对饮用水安全的感知、对场所环境风险感知以及感知环境健康风险的渠道。调查结果显示流动人口收入、性别等变量与环境健康风险无明显的相关性;但受教育程度与健康意识存在明显的相关性,教育程度越高,越能感受到潜在的环境健康风险。调研数据显示48％的"城中村"流动人口对环境健康风险感知的第一渠道是媒介,其次是亲身体验,占43％。这些数据一方面表明大众传播是对公众影响最有效的渠道,另一方面也暴露了政策信息、公共知识分享渠道尚不丰富。

2. 地方政府官员已认识到控制环境健康风险需要多部门合作

课题组对上海共20名环境保护、城市规划、卫生局、疾病预防和控制中心等职能部门官员进行了访谈。访谈采用半封闭式提纲,每次访谈时间控制在1—1.5小时。这些官员多为处级,年龄为35—45岁之间,学历层次在学士及以上。借助内容分析

---

① Monica Das Gupta et al:How can donors help building global public goods in health? *The World Bank Policy Research Working Paper* 4907,2009.4

方法,对访谈结果进行整理,结果显示上海政策制定、执行层面的官员都已经认识到环境健康风险控制已经超过了卫生部门的管辖范畴,政策不仅局限在以结果为导向,而且应以问题为导向,更好地表现出前瞻性。但如何在现阶段克服部门分割等执行障碍,地方政府官员也感到迷惑,并期望学术界予以理论支持。

3. 环境健康政策已初步形成体系,但尚缺乏执行力,也未覆盖流动人口

从 1999 年 1 月 1 日到 2010 年 12 月 31 日,与环境保护相关的法规,总数已达2300 多条。出台这些政策法规的部门包括全国人大及地方人大、国家发改委、国务院办公厅、环境保护部、财政部、商务部、劳动和社会保障部、卫生部、交通部、教育部。上海、北京、天津、重庆等直辖市,江苏、山西、陕西等地方政府,汕头、厦门等特区也出台了一些地方性法规。无论从法规总量还是从涉及部门上,都已经显示政府对环境保护的重视。但仔细阅读这些法规条文,会发现和环境健康风险直接相关的不多。在课题组收集的近 2300 多条法规中,直接针对环境健康风险的政策法规不足百条,且这些法规"政出多门",又多为原则性意见,客观制约了政策执行的效力。

此外,关于流动人口政策文本的梳理显示,流动人口法律法规主要围绕户籍管理、暂住证办理、租赁房屋治安、综合保险、防疫工伤、计划生育等各项目管理工作。上海 1994 年、1995 年分别出台了《上海市流动人口卫生防疫管理暂行规定》和《上海市流动人口健康检查管理办法》。尽管上海流动人口规模日益庞大,并在健康城市项目中对流动人口及面临的环境健康风险有所考虑,但尚无具体措施。上海浦东、闵行、杨浦等城区开展的工作也尚处于试点阶段。

4. 上海以健康城市为平台,整合各项政策,值得借鉴

政策过程中决策者、受众、执行者之间需要进一步加强互动。上海的实践有一定的启示。它们以健康城市为平台,促使政策议题进入地方政府决策层,从产业规划、土地规划、交通规划等源头入手减少环境危害,避免后期政策执行的阻力。同时健康城市打破各部门分割,将各项政策整合到地方发展总体战略框架,产生了积极的效果,也惠及了流动人口。

（四）讨论和建议

1. 调研数据显示大众传媒不仅是流动人口最主要感受渠道,也是政策制定、执行人员的感知环境健康风险的重要渠道

依据知信行理论(knowledge-attitude-belief-practice model,KABP Model),卫生保健知识和信息是形成积极、正确的健康信念与态度的基础,而正确的健康信念与态度则是改变行为的动力。随着社会的发展、科学的进步、各种文化媒介的普及,部分流动人口的健康观念正在发生潜移默化的改变,对健康教育的主观需求意识强烈。如果能加以适当的引导,将有益于他们抵抗环境健康风险。国际经验显示,城中村,也就是类贫民窟或者低收入阶层居住区将长期存在。不仅在印度等一些发展中国家存在,在美国纽约、加拿大多伦多等一些发达国家城市也不少见。如何帮助这些流动人口在处于弱势的情况下保护自己,规避环境健康风险,国外已经有一些经验,比如"社会汇款"(Social Remittances)等。中国可积极借鉴健康社区、生态城市等普惠性项目,帮助流动人口从社区等组织网络获得更多的知识。

2. 研究结果同时也表明国内环境健康风险政策已经初成体系，但一些概念存在盲点，政策规定也存在空白

例如自来水、纯净水、白开水、矿泉水等，哪个更安全？这似乎是个简单的问题，却难以回答。目前中国环境保护部门、卫生部门、水利部门都有不同的测量水质的标准。这些标准可以告诉公众哪些水不安全，不适宜人群饮用，但是没有办法回答哪一种水更安全，更有益人群健康。此外，法律、法规在具体执行过程中涉及部门众多，多个部门协调机制没有有效形成、财政资金无法保证政策实施的连续性。中国城市大多处于快速城市化阶段，伴随着工业化持续推进，地方政府推动经济发展的压力始终存在，环境保护、产业转移、经济发展三者如何保持均衡。流动人口环境风险在政策议程中现阶段尚未处于显著地位，如何使政策建议成为政策措施，也就是如何使该议题进入"政策之窗"，是目前更为关键的问题；政策建议如果不成为中国的"红头文件"，对这些弱势人群很难产生明显的效果。但如何能让决策层意识到这一问题，并接受这些政策建议？尤其当这些政策建议可能与地方官员短期的政绩冲动有冲突时，应该采取那些方法和路径？这是下一阶段应该关注的问题。

3. 跨部门协调不仅是中国遇到的问题，也是全世界组织都很难跨越的障碍；尤其是以卫生、环境部门为首的"软部门"协调其他强势部门，更是困难

虽然绿色 GDP 已经进入政策领域，但是环境、健康、流动人口都是短期内很难解决的问题。中国目前还处于规制、监督、处罚手段不完善的阶段。环境治理指标尚未完全融入目前政府绩效考核体系。环境健康风险应对效果也不能直接有益于官员的升迁。在地方部门落实政策过程中有一定阻力。美国等西方国家也有类似的过程。美国环境治理政策也是从建立在政治冲突的基础上的传统途径逐渐转向强调知识获取和应用的学习途径。在学习途径的政策情景中，政策制定者较少被看作由政治和利益团体压力所驱动的被动势力，而更多地被看作思想、信息和影响选择的分析的资源和执行者。因此，除了强调政府官员应加强与学者、新闻媒介的互动和沟通，在获取技术学习的认知能力、概念学习上的基础上建立政策新模式外，也应该鼓励更多主体参与到知识分享、信息传播中；举办高层次的峰会，让高层次的官员能够了解环境健康的重要性，使环境健康风险议题进入地方官员的决策视野。

风险不仅是一种事实概念，也是一种心理和文化概念，它要求在风险治理的过程中充分考虑文化、社会、价值隐私，而不是以简单的因果思维或工程思维进行认知和决策。对于那些潜在高风险的项目，无论是决策人员还是公众，往往对它们可能造成的后果知之甚少或一无所知，多数需要借助大众媒介了解这些风险和知识。在网络媒介、微博等自媒体日益发达的当今，很容易被"议程设置"左右。近年来网络热点事件都已验证了这一点。因此，有必要借鉴丹麦"公众讨论模式"（consensus conference）和英国的"综合治理模式"（the governance of new technologies），设法在政府、专家、企业、社区、非营利组织和大众之间构建起共同治理环境风险的网络联系、信任联系的平台，通过各方利益相关者参与的协商机制加强公众、官员对环境风险的认知，让公众掌握相关知识，既帮助其规避风险，也有益其克服一些非理性的态度和行为；使决策人员更慎重制定政策，避免失误，提高决策水平。

参考文献

① Unicef，Sanitation，hygiene and water supply in urban slums，*Fact-sheet updated*，July 2008.

② Martinez et. al，Trends in urban and slum indicators across developing world cities，1990—2003，*Habitat International*，2008.

③ Elizabeth Kimani et. al，Health and livelihood implications of the marginalization of slum dwellers in the provision of water and sanitation services in Nairobi city.

④ Agarwal，Taneja，All slums are not equal：Child health conditions among the urban poor，*Indian Pediatrics*，2005.3.

⑤ Semba et. al，*International Journal of Hygiene and Environmental Health*，2009 Jul，pp. 387 - 397.

⑥ 刘志全、禹军、徐顺清："中国环境污染对健康危害的现状及其对策研究"，《环境保护》，2005 年第 4 期。

⑦ 陈华、平蕊珍："环境健康风险影响因素的分析"，《污染防治与技术》，2009 年第 6 期。

⑧ 吕谰、马丹："公众对生物技术应用的风险认知与接纳"，《中国软科学》，2012 年第 6 期。

作者简介：周向红，医学学士、法学硕士、社会学博士、管理科学与工程博士后研究员。同济大学公共管理系教授、博士生导师。同济大学卫生政策与医院管理咨询专家，加拿大多伦多大学国际卫生中心合作研究员（Research associate），目前从事城市发展、公共政策分析、医院管理等方面研究，并为 MPA、SIMBA 项目担任公共政策分析、城市化与城市经营、公用事业管理等课程教学工作。

近年来主持了"控制与利用：公共政策过程与传播"（同济大学人文社会科学基金），参与了"2010 上海世博会对城市生活质量的影响"（上海市政府决策咨询课题），"中国经济改革的可持续性研究"（联合国发展署 UNDP，CPR/01/33），"南京市政府新一轮地方政府机构改革若干重要问题的对策研究"（南京市政府决策咨询课题）、浙江宁海循环经济等课题研究。

在《理论探讨》《社会》《卫生经济研究》《理论月刊》《经济论坛》《解放日报》《健康报》等全国知名报刊发表了"医院红包现象剖析""SARS 的制度经济学分析""老年住宅：房地产业新增长点""冲突与一致：营利性医疗卫生组织人力资源管理""试析我国非营利性医疗机构的发展""城市公用事业民营化进程中的问题研究""公共政策过程中信息不对称成因的分析""浅论公共政策失真与预防""国外健康城市项目发展脉络与基本规则论略"等学术论文十余篇，并翻译出版了《老年人社区照顾的跨国比较》（中国社会出版社）。此外《健康城市建设：路径、规划与战略》等书已列入出版计划。

（原文发表于《公共管理与政策评论》，2012 年第 2 期。本书在引用时，事先征得了作者的允许。）

七、课程案例

课程案例 2-1:厦门政府决定暂缓建设海沧 PX 项目

PX 相关知识

对二甲苯(PX)是一种重要的有机化工原料,用它可生产精对苯二甲酸(PTA)或对苯二甲酸二甲酯(DMT),PTA 或 DMT 再和乙二醇反应生成聚对苯二甲酸乙二醇酯(PET),即聚酯,进一步加工纺丝生产涤纶纤维和轮胎工业用聚酯帘布。PET树脂还可制成聚酯瓶、聚酯膜、塑料合金及其他工业元件等。除此之外,PX 在医药上也有用途。

PX 项目规划

海沧 PX 化工项目是 2006 年厦门市引进的由腾龙芒烃(厦门)有限公司投资的化工项目,总投资额达 108 亿元人民币,选址于厦门市海沧台商投资区,投产后每年的工业产值可达 800 亿元人民币。

2004 年初,腾龙芳烃公司委托中国寰球工程公司编制 PX 项目环境影响报告书。2005 年 3 月,该公司完成环评报告书的编写。2005 年 7 月 14 日,国家环保总局发出《关于腾龙芳烃(厦门)有限公司 80 万吨/年对二甲苯(PX)工程环境影响报告书审查意见的复函》(环审 2005618 号),正式批准了该项目的环评报告书。依据国家环保总局新的要求,中国寰球工程公司补充了 PX 项目环境风险评价专题。2006 年 4月 10 日,福建省环保局受国家环保总局委托,组织专家对该项目环境风险排查进行了评审。评审的意见表明,"PX 项目严格执行国家相关安全规范"。

PX 项目生产的产品,属于我国紧缺产品。该项目建设也符合我国《当前国家重点鼓励发展的产业、产品和技术目录》。海沧 PX 项目的立项和建设,严格按照国家有关政策规定,严格按照法定程序,经过专家环保评估论证,得到了国家发改委等国家有关部门的正式审批。项目建设的手续完整,程序合法。

但从海沧 PX 项目的地理位置图来看,该项目中心地区距离厦门市中心和国家级风景名胜区鼓浪屿均只有 7 公里,距离拥有 5000 名学生(大部分为寄宿生)的厦门外国语学校和北师大厦门海沧附属学校仅 4 公里。不仅如此,项目 5 公里半径范围内的海沧区人口超过 10 万,居民区与厂区最近处不足 1.5 公里。而项目 10 公里半径范围内,则覆盖了大部分九龙江河口区,整个厦门西海域及厦门本岛的 1/5。项目的专用码头,就在厦门海洋珍稀物种国家级自然保护区,该保护区的珍稀物种中包括中华白海豚、白鹭、文昌鱼。

专家在评审该项目时指出,海沧新市区范围不断向筹划中的石化工业区靠近,从环境风险角度分析,新市区规划与海沧现有南部工业区之间的缓冲距离不足,建议政府对海沧新市区规划与南部工业区的功能协调性开展区域规划评价,做出必要的规划调整,以利于区域经济和环境的协调发展。但当地政府在未完成区域规划环评的情况下,即于2006年11月上马了PX项目。

院士提案

2006年11月至12月间,来自厦门的六位两院院士以联合或分别去信的方式,向厦门市委市政府建议将拟建于厦门市海沧区的PX项目迁离厦门,另行选址建设。原因在于简称PX的化学物质对二甲苯(P-Xylene)对人体眼睛、皮肤等多个部位均具有刺激性,若不慎吸入,会损害呼吸器官及抑制中枢神经,并可能导致婴儿出生畸形;由于其在气态状况下可以产生瞬间火花,且液态对二甲苯具有易燃性,操作不慎可能引发爆炸;因为多个房产项目上马,海沧区已经形成一个新兴的居民生活圈,可能用于建造PX项目隔离带的地区早被学校和住宅填满,且项目选址距离厦门本岛16公里,距厦门市旅游区鼓浪屿仅为7公里,距厦门外语学校和北师大厦门海沧附属学校则仅为4公里。对此应就项目可能产生的环境影响邀请国际专家参与进一步环境影响评价。2007年1月6日,院士们应邀与市委市政府相关领导就PX项目相关问题举行了会谈。会谈持续一个半小时,建议未能获得有关方面的接受。

2007年3月两会期间,院士联合百余名全国政协委员,提交了《关于厦门海沧PX项目迁址建议的提案》。提案说明:"PX全称对二甲苯,属危险化学品和高致癌物。在厦门海沧开工建设的PX项目中心5公里半径范围内,已经有超过10万的居民。该项目一旦发生极端事故,或者发生危及该项目安全的自然灾害乃至战争与恐怖威胁,后果将不堪设想。"由此,该项目开始在全国范围内受到广泛关注。

市民散步

2007年5月末,反对PX项目污染的短信开始在厦门市民中间流传,短信称:"已在海沧区动工投资(苯)项目,这种剧毒化工品一旦生产,意味着厦门全岛放了一颗原子弹,厦门人民以后的生活将在白血病、畸形儿中度过。我们要生活,我们要健康!国际组织要求这类项目要在距离城市100公里以外开发,我们厦门距离此项目才16公里啊!为了我们的子孙后代,见短信后群发给厦门所有朋友!"5月30日上午,厦门市政府主持召开新闻发布会,正式宣布缓建海沧PX项目的决定。

事件并未因此而平息,2007年6月1日上午8时许,三三两两的市民自发上街,手系黄丝带,开始了在此后一年多以来一直未被公众忘怀的集体"散步"。当事者回忆称,散步在平静的气氛中进行,无论市民还是警方,都没有过激行为。持续到6月1日下午3点30分,市政府召开紧急新闻发布会,说明PX事件已经全面停工并正在重新组织区域规划环评,时间将在半年以上。其间市民若有建议,可以通过正常渠道向政府反映,由政府转达有关专家。6月2日约下午3时,人群陆续散去。当日,市政府颁布禁令,要求撤除市面上一切有关PX项目的报道,清除互联网上有关PX项目的信息。

公众座谈

6月7、8两日，由厦门市科协和《厦门日报》社合编，首批印数达近25万册的市民科普读本《PX知多少》随《厦门日报》一起发行，并同时由厦门市委文明办、市科协等部门组织发放至市直机关各单位、全市各区、各大中小学校、各重要旅游景点、旅游酒店、各大公共场所和交通口岸。

2007年12月5日，厦门市政府再次召开新闻发布会，宣布已经完成对海沧南部地区功能定位与空间布局的环评。报告结论为海沧南部空间狭小，区域空间布局存在冲突，厦门市在海沧南部的规划应该在"石化工业区"和"城市次中心"之间确定一个首要的发展方向。同月13日至14日，市政府主持召开了为期两天的PX项目区域环评公众座谈会，包括市民代表、人大代表和政协委员在内的超过两百位与会者参加了讨论。期间厦门市政府官方网站一度就PX项目的建迁问题开设投票平台，但仅持续一天就因绝大多数网民投反对票而取消。

2007年12月下旬，福建省政府与厦门市政府决定迁建PX项目，并表示将由政府承担投资企业在初期建厂准备工作中的经济损失。

2007年两会期间，105个政协委员联名签署的"关于厦门海沧PX项目迁址建议的议案"，成为当年政协会议上的头号重点议案。2007年3月14日，国家环保总局环评司负责人会见了提交厦门海沧PX项目迁址提案的代表。但他表示环保总局在"迁址"的问题上没有权力。5月份，一份在境内合法销售的香港杂志，因发表了一篇题为"厦门：一座岛城的化工阴影"的报道而被厦门有关部门收缴。

厦门市政府的回应

2007年5月30日上午，厦门市市长主持召开了市政府第五次常务会议，研究决定暂缓建设海沧PX化工项目。常务副市长30日在厦门市人民政府举行的新闻发布会上宣布了这一决定。政府认为海沧PX化工项目的立项和建设，都是严格按照国家有关政策规定，严格按照法定程序来做的。经过了专家的环保评估论证，也已得到国家发改委等有关部门的正式审批，项目建设的手续完整，程序合法。但充分考虑到一段时间以来，一些学者和市民对海沧PX化工项目的建设提出的一些看法和建议，以及舆论对该项目的积极关注。这些都充分体现出大家对厦门这座城市的关心和爱护，体现了对厦门的发展的关心和支持。对此，政府是充分理解和肯定的。政府常务会议决定暂缓建设该项目。

福建省委书记的回应

在十一届全国人大一次会议福建省代表团全体会议上，全国人大代表、福建省委书记卢展工针对媒体对厦门PX化工项目的提问首次表态，并请同为全国人大代表的厦门市市长和漳州市市长对相关问题进行回应。

卢展工表示，民众的意见是对的，有关政府部门也是本着"以人为本"的思想来解决这个问题；但这个PX化工项目也是个好项目，考虑到厦门城市的重新定位，计划把这个项目迁移到福建其他合适的地方。

"厦门是一座美丽的城市，厦门现在的城市功能定位是建成现代化的港口和旅游城市。"厦门市市长刘赐贵说，海沧 PX 化工项目从开始争取到准备动工时间比较长，而厦门的城市功能定位也在改变，感觉这个项目和厦门现在的城市功能定位不适合，"发展化工项目厦门没有太多的土地，难以形成产业链，发展空间也有限"。

（资料来源：东方网、新华网。在形成案例时，本书做了一定的调整和改动。）

八、学习思考

基本概念

解释下列政策概念，并尝试译成英语。

公共政策系统

公共政策环境体系

公共政策要素体系

政策主体

以个体出面的政策主体

以组织机构出面的政策主体

政策制定主体

政策执行主体

政策评估主体

国家公共法权主体

社会政治法权主体

社会非法权主体

公共政策客体

问题链

政策利害关系人

政策标的群体

公共政策价值

公共政策工具

公共政策资源

基本原理

阅读本章的教材内容、经典阅读、知识补充、研究论文，尝试回答下列问题：

什么是公共政策主体？

公共政策主体具有哪些特性？

政策执行主体与政策评估主体有什么区别？

政府政策主体与非政府政策主体是何种关系？

公共政策主体与社会制度是什么关系？

什么是公共政策客体？

公共政策客体有哪些层次？

什么是政策利害关系人？

成为政策利害关系人的条件是什么？

通过哪些途径可以确认政策利害关系人？

依据对政策的不同态度，可以划分出哪些不同类别的公共政策标的群体？

政策主体对不同政策标的群体采取哪些策略？

什么是公共政策价值？其作用是什么？

公共政策价值可以划分为哪些层次？

举例说明公共政策价值的矛盾性？

什么是公共政策工具？

公共政策工具有哪些类别？

什么是公共政策现实资源？

什么是公共政策的软资源、硬资源和巧资源？

案例分析

仔细阅读本章的导入案例和课程案例，结合前面已经阅读过的相关知识，对导入案例和课程案例加以分析，尝试写出案例分析报告。

分析报告必须包括下列内容：

案例发生的外部环境背景；

案例包含的公共政策要素和过程；

依据本章的内容对政策要素和过程做出评价。

读书笔记

仔细阅读本章提供的经典阅读、知识补充、研究论文，围绕经典论述写出读书心得。读书心得应包含下列内容：

经典论述的主要理论和观念；

经典论述表述的理论或观念对中国现实政策过程的解释力度（能够对中国现实的公共政策过程做出很好的解释，只能部分解释，完全不能解释）；

是经典理论与观念不完备，需要做出修改，还是中国公共政策过程需要加以改进？

编写案例

组成5人左右的学习团队，尝试就中国目前公众与政府普遍关心的、值得研究的公共政策实例，按照本章研修的内容，编写公共政策案例。

好的政策案例应当包括下列内容：

对具体政策过程发生的环境条件进行描述；

对具体政策过程中的主体、价值、工具、资源（不一定都要涉及，只要对与本章内容有关的方面加以阐述）；

对具体政策要解决的政策问题的状态及对政策问题的确认（问题情境、问题的诊断与确认）做出描述；

对具体政策的制定、实施、评估与终结（不一定关注所有阶段，只对与本章所关心的阶段或环节）加以详细描述；

将上述的内容以生动故事情节的方式展示出来，让阅读者有身临其境的感受。

要特别关注具体政策过程的公共性、民主性、科学性、有效性。

编写公共政策案例的资料必须是多元的：官方文件、媒体报道、公众（网民博客）评点、学者论述、问卷调查、焦点人物访谈。

为了让阅读者一目了然，印象深刻，可以适当插入图表、图像。

第三章　公共政策的规划与决策

　　公共政策不仅是由外部环境因素和内部若干要素构成的结构系统,而且它还是一个动态的系统,公共政策系统的展开就是解决公共问题的过程。

　　要理解公共政策,就需要了解公共政策过程的模型及其所包含的阶段和环节。首先要了解的是议程、预案和决策的阶段和环节。

一、研修的内容

在这一章中我们将研修下列内容:

　　§1. 公共政策过程模型

　　§2. 公共政策的议程

　　§3. 公共政策的规划

　　§4. 公共政策的决策

案例导入:国有土地上房屋征收与补偿条例的制定与实施

　　国务院 1991 年制定、2001 年 6 月 6 日修改颁布、2001 年 11 月 1 日开始施行的《城市房屋拆迁管理条例》规定,城市房屋可以强制拆迁。

　　这一条例导致暴力拆迁事件频频发生。2007 年《物权法》颁布后,国务院法制办于 2009 年 12 月在网站上依然声称"2001 年 6 月 13 日发布的《城市房屋拆迁管理条例》有效"。期间全国暴力拆迁愈演愈烈。

　　其后,北京大学法学院沈岿、王锡锌、陈端洪、钱明星、姜明安五位学者一纸"《城市房屋拆迁条例》涉嫌违宪,建议全国人大常委会修改"的建议书,才推动国务院展开调研,下决心修改已经失效并且违宪的旧《拆迁条例》。

旧条例为暴力拆迁提供依据

　　国务院 2001 年 6 月 6 日颁布、2001 年 11 月 1 日开始施行并沿用至今的《城市房屋拆迁管理条例》规定,城市房屋拆迁必须有利于城市规划和城市旧区改建,被拆迁人必须服从城市改造,在规定的期限内完成搬迁。

由此产生的拆迁模式就是,凡被拆迁人拒绝拆迁的,实行强制拆迁,政府既是拆迁许可者,又是争议裁决者。由此上演了无数拆迁荒诞剧。

抗争悲剧不断上演

1997年1月29日,上海市乌鲁木齐中路,原来的民乐里、仁德坊、积村、和乐里等里弄民居,几乎都被拆迁,只剩下少数"钉子户"。后来,动迁组故意放火,烧死两个居住在麦琪里的居民,此案震惊全国,却无人理会。强拆继续进行。2009年11月29日在自己一手竖起的五星红旗下,淋满汽油的唐福珍,决然地点燃了自己。她用这一悲剧告别了旧的一年和自己的一生。

暴力后面的利益

研究者朱东恺与施国庆利用统计数据计算:在土地用途转变增值的土地收益分配中,政府大约获得了60%—70%,农民只获得了5%—10%。

而另一位研究者陈铭更具体地计算了浙江省某区域土地征收资料,所得增值收益的分配结果是:政府为56.97%,开发商为37.79%,村集体经济组织及农户仅为5.24%。

法学家的良知

2009年的11月,因为自家投资700多万元的综合楼只获得了217万元的补偿款,成都市金牛村47岁的农妇唐福珍在拆迁队员面前选择了自焚,结果重伤不治身亡。此一事件令北大教授沈岿的心情难以平复。报纸上与拆迁有关的悲惨故事越来越多,这促使北大五位教授直言上书,要求修改《城市房屋拆迁管理条例》。

2009年12月7日,北大法学院的五位教授联名上书全国人大建议修改旧拆迁条例。建议书指出,国务院自2001年11月1日起施行至今的《城市房屋拆迁管理条例》与《宪法》《物权法》存在抵触,导致城市发展与私产保护的关系扭曲。

建议书严肃表明:如果不能从制度源头上处理好城市发展的公共需求与公民财产权保护之间的关系,房屋拆迁引发的社会矛盾和冲突将会进一步加剧,严重影响改革发展的进程。

2010年11月13日,在一家律师事务所就相关问题组织的研讨会上,王锡锌又一次提了唐福珍,"今天是她自焚一周年的日子",他说,一年前的这一天,这名四川农村的妇女面对暴力拆迁选择以自焚来表达抗议。时隔一年之后,他仍然记得唐福珍带给自己的震动:"中国这么多年一直在不断地拆房子、建房子,现在,却有一名公民点火烧起了自己。我们从这个故事里读到了很多。"

一场令人费解的立法博弈

参与新拆迁条例讨论的多名专家指出,新拆迁条例的制定阻力重重,各种"幕后阻力"公开提出种种反对意见,甚至有人跳到台前阻拦。反对者中声音最响的是地方政府。

争论焦点之一,什么才是拆迁条例中所称的"公共利益"? 另一个重要的争议焦点则是拆迁补偿问题,这也是房屋拆迁中的核心问题。

民众积极参与

首次征集意见时,国务院法制办收到了 6.5 万多条意见。这说明公众对国家拆迁政策的改变,一直保持着持续的高强度的关注。

王锡锌认为:"在中国近年来社会制度调整的过程中,没有哪次制度的调整能够获得公众如此高程度的合议。"

从 2010 年 1 月 29 日公开征求意见后,召开的座谈会、论证会就有 27 次,760 多人次参与。

从 2010 年 12 月 15 日开始,新条例开始二次征求意见。沈岿的评价是:就一个条例,两次征求意见,真是史无前例。

加大新条例执行力度

从 2011 年 1 月《国有土地上房屋征收与补偿条例》出台以来,中央、国务院相关部门已连续出台整治违法拆迁行为的多项措施,坚决制止违法征地拆迁、切实维护人民利益。

2011 年 3 月:中纪委监察部要求重点监察新拆迁条例实施情况。2011 年 5 月中旬:国办、国土部连发通知,要求加强征地拆迁工作的监督检查。2011 年 9 月 9 日:最高法强调慎用强拆,禁止以服务大局为名行危害之实。2011 年 9 月 25 日:监察部、国土资源部、住房城乡建设部、国务院纠风办四部门会同有关省、区纪检监察机关和纠风部门对上半年发生的 11 起强制拆迁致民众伤亡的案件进行了调查处理,给予党纪政纪处分和行政问责的有 57 人,其中副省级 1 人,市厅级 4 人,县处级 20 人,乡科级及以下 32 人。涉嫌犯罪移送司法机关处理的有 31 人。

(资料来源:"北大五学者就拆迁条例上书全国人大全文",人民网,2009 年 12 月 10 日,http: // fzb. sh. gov. cn/portal/news/nationlegal/nationlegalwindow9788. htm. 在形成案例时,本书依据当时的媒体报道进行了加工综合。)

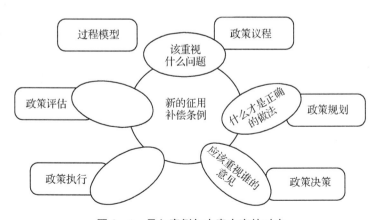

图 3-1 导入案例与本章内容的对应

§1. 公共政策过程模型

§1.1 公共政策的过程及其模型

公共政策过程

或称政策运行过程,指的是政策行为主体具体的政策行为、行动和活动的总和,它包括了从政策活动开始直至终了的所有步骤、环节和程序,也包括内部各阶段、环节间的互动。公共政策过程是静态的公共政策系统要素的动态表现。正是公共政策系统中的多种因素之间存在对立统一关系,通过相互依存、相互制约、相互作用,才产生了公共政策系统的运动和过程。

公共政策过程模式

是指以简化的方式再现所有政策运行过程中普遍包含的一般逻辑上的程序步骤、阶段环节和实际操作行为的一套知识与符号体系。具体公共政策的主体、客体、价值、工具和要解决的问题各不相同,从而其运行过程也是多种多样的。但为了对公共政策运行的一般过程有所了解,就需要撇开具体政策过程的特殊性、复杂性,找到各种政策运行中共同的、最为重要的程序步骤、阶段环节、实际操作行为及其相互间的联系,并且用简单明了的方式表示和呈现。

政策过程模式通常是用一组知识或一套符号陈述或呈现的。虽然政策过程模式并不是实际的政策过程,但它是对一般政策过程的概括,依据政策过程模式,人们可以去认识和规划实际的政策过程。

§1.2 公共政策过程的主要特点

过程主体的多元性与流动性

在政策运行中,参与政策活动的主体是多元的。传统的政策过程研究只关注执政党组织和政府部门在政策过程中的能动作用。现代公共政策过程研究在关注执政党组织、政府部门等纯公共机构作用的同时,还更多地关心社会组织、利益团体、大众媒介、公众、企业等非政党、非政府组织在政策过程运行中所起的作用。

在政策运行中,政策主体具有明显的流动性。从空间和时间上来审视,政策过程中的参与者是进进出出、富有流动性的。有些政策主体在政策规划阶段很活跃,有些政策主体则到政策贯彻执行时才加入进来。在政策运行中,不同个体、不同利益团体表达的利益诉求及其程度也是变异的,有些主体的利益诉求一开始很强烈,接下来就减缓,甚至消失;有些主体的利益诉求开始时很微弱,但后来又突然变得异常强烈。

过程要素的层次性与动态性

政策过程中的要素不仅是多样的,而且有些要素是多层次的。政策过程是由一系列要素、环节构成的,其中包括政策环境、政策问题、政策方案、政策执行、政策评估等,这些要素和环节中又包含更多的次一级要素和活动单位。无论是主导性的要素、

环节,还是次一级甚至更为细微的要素、环节,都不是机械的或决然分割的,它们相互间有着关联和互动

政策过程中的要素并非一成不变,而是处在变动之中。在实际的公共政策活动中,各行政区划的政府之间、不同层级的政府之间,政府的不同部门之间、不同的利益团体之间都发生着相互作用,公职人员、公众个体、社会组织、利益集团之间都在不停顿地组合、分解、重新组合,相互影响,相互作用,这也是政策过程之所以呈现出复杂性、变异性、动态性的重要原因。

过程程度的弹性与流向的复杂性

政策过程中的程序具有较大的弹性。政策运行中包含着许多步骤、阶段、环节,但并不表示任何一项现实政策的过程都要千篇一律地经历所有的步骤、阶段和环节,在具体的政策过程中,有些环节及阶段可以忽视、跨过、省略。有些步骤、阶段和环节历时较长,有些则非常短暂。

政策过程中主体行为的走向也是复杂的。现实中的公共政策过程既可以是自上而下运行的,也可能是自下而上运行的,有时自上而下和自下而上的两种运行过程方向会交融在一起。

一种公共政策运行方向是自上而下的,先由上层或顶层制定,再由中层协调,最后交由基层贯彻、执行、操作。

一种公共政策运行方向则是自下而上的,先由基层提出需要,中层加以协调,最后由上层规划、决定并加以推广、贯彻。

还有一种公共政策的运行方向则是混合性的。既有基层的创新,自下而上;又有上层的引领,自上而下;中层则将两者加以联结。

§1.3 公共政策过程模式的探讨

政策过程的阶段论探索

对政策过程加以研究是公共政策学科的一个传统。从公共政策学科开始确立,人们就将许多精力投放在政策过程及其模式的探究上。从 20 世纪 50 年代至 80 年代,对公共政策过程的探索主要是围绕阶段论展开。由于这一时期占据主导地位的政策过程模式理论过度重视其中包含的依次推进的不同阶段,因此又称为"阶段启发论"。这一时期对政策过程模式的研究具有重要意义的是三大步:一是拉斯韦尔提出的 7 阶段模式;二是布鲁尔提出的 6 阶段模式;三是安德森和琼斯提出的 5 阶段模式。

政策过程的 7 阶段模式

公共政策的创始人拉斯韦尔在 20 世纪 50 年代将复杂的政策过程加以简化,分出了不连续的 7 个阶段,分别是:(收集、加工、处理的)信息阶段;(供决策者们选择方案的)建议阶段;(决策者决定行动形成的)法令阶段;(计划过的行动方案的)试行阶段;(由法院和行政部门进行的)执行阶段;(已有政策被取消或结束的)终止阶段;(对政策执行结果加以)评估阶段。这一政策运行模式的研究带有启蒙性质,但也有不规

范的地方,比如不是通过评估去决定政策未来的走向,而是先对政策加以终止,然后再去评估。

政策过程的6阶段模式

美国公共政策学家布鲁尔(Cary Brewer)在20世纪70年代提出了包含6个阶段的政策应用模式,按先后顺序分别是:(对政策问题理解确认的)问题发现/开始阶段;(对方案风险、收益、技术的)预评估阶段;(对多个方案的采用或不采用进行的)选择阶段;(对已经选择的方案加以实施的)执行阶段;(对政策执行过程的结果进行)评估阶段;(对已经过时失效的政策加以)终止阶段。虽然这一政策运行模式纠正了拉斯韦尔在阶段安排上的逻辑错误,但仍然过于繁杂。

政策过程的5阶段模式

美国学者安德森和琼斯在吸取布鲁尔的模式中的合理成分后,于70年代中期提出了著名的5阶段模式。这一政策运行模式在20世纪80年代以前几乎成为占据主导地位的政策过程模式,包括:议程设定阶段(Agenda-Setting);政策制定阶段(Policy Formulation);政策决策阶段(Decision-Making);政策执行阶段(Policy Implementation)和政策评估阶段(Policy Evaluation)。

§1.4 公共政策过程模式的争论

过程的阶段性模式与反阶段性模式

在20世纪六七十年代,公共政策过程的阶段论处于主流地位,甚至到20世纪90年代仍旧有许多人坚持这一公共政策过程模式。虽然公共政策过程的阶段论模式一度为多数公共政策学家所认同,但这一模式在理论和实践两个方面都暴露出明显的缺陷。一批持有批判态度的政策学家们在质疑阶段论模式的基础上创立了政策过程的"反阶段论"模式。

20世纪80年代后期和90年代,是美国和西方公共政策过程研究产生突破性发展的时期。以金登、奥斯特洛姆、萨巴蒂尔为代表的一批学者,在批判阶段论模式的基础上,发展出政策过程的新理论。他们从政策系统中分出政策子系统,由政策行动主体、政策价值和政策工具构成。在政策的子系统中,政策行动主体以联盟、网络、社群的方式在政策过程中发挥重要作用。

政策过程反阶段论模式对阶段论模式的质疑

对政策过程阶段论模式持批判态度的一批学者认为,政策运行的阶段论模式之所以需要破除,其原因是:首先,阶段论模式坚持将政策过程视为绝对自上而下的,这与实际情况不相吻合,相当多的政策运行是自下而上或自下而上与自上而下的结合;其次,在政策运行中,不同阶段、环节并不是按照事先规定的次序出现和发生作用的,阶段与阶段之间有互动,而且先前的阶段在后面还会出现,而排列在后的阶段有可能在前面就发生作用,阶段论模式忽略了政策行为主体在不同政策层次间的互动循环;第三,政策运行的阶段模式强调政策运行中不同阶段依次发生作用,从一个阶段过渡到另一个阶段,但是阶段论模式并没有提供政策过程从一个阶段到另一个阶段的因果关系解释;第四,政策运行的阶段论模式与政策过程的实际经验是不相吻合的,现实的政策制定和执行活动,并非按部就班,不同的步骤、阶段和环节并不是按次序出现的,比如,有时人们还没有确认政策问题,就去讨论解决问题的方案,当在拟定解决问题的行动方案发生争论并对要解决什么问题产生分歧时,人们又会回过头去弄清楚政策问题是什么;最后,政策运行是一个整体过程,人们在政策活动中将整个政策过程连贯起来思考,政策运行的阶段论模式却用不同阶段将政策运行分割为若干独立的部分和局部,其缺点恰恰在于没有给人们提供有关政策过程的整体性观念。

§1.5 公共政策改进型过程模式

反阶段论模式对阶段论模式的补充

金登、奥斯特洛姆、萨巴蒂尔等学者对政策过程进行了总体的贯穿性研究,先后总结出政策源流理论、政策网络理论、政策联盟理论、政策平衡间断理论。虽然这些理论是零碎的,并不能完全替代先前占据主流地位的阶段论模式,但仍是对这种传统模式的一种冲击,也从某些方面弥补了传统模式的不足。

改进型的公共政策过程模式

这种改进型政策过程模式是在原先的政策阶段论模式基础上,针对政策过程研究中反阶段模式所提出的质疑,在保留阶段论模式中合理性因素的前提下,吸纳了反阶段论者们提出的一些有创新意义的理论,从而使对政策运行过程的认识更加符合政策活动的实际。改进型的政策过程模式,首先将重点放在对政策行动的动力机制考察上,强调政策行动主体之间的矛盾,政策行动主体与既定制度规则之间的矛盾,构成了政策过程从一个阶段走向另一个阶段的动力。

其次,改进型的公共政策过程模式充分利用了反阶段模式中的一些关键因素,在政策议程阶段增加了政策窗口(Policy window);在政策规划阶段增加了政策网络(Policy network);在政策决策阶段增加了政策混序(Policy mix sequence);在政策执行阶段增加了政策工具(Policy tools);在政策评估阶段增加了政策学习(Policy study)。

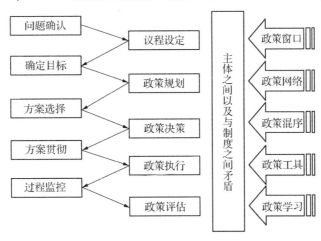

图 3-2 改进型的公共政策过程模式

§2. 公共政策的议程

§2.1 公共政策议程的涵义

公共政策议程的涵义

公共政策议程(public policy agenda)是形成和确定执政党组织和政府及其部门要解决的公共政策问题的过程。

在政策议程中,社会公共问题进入到由政策行动主体构成的政策系统,在经过多方竞争、协商后,产生出政府特别关注的、在它的公共责任和能力范围之内、下决心要加以解决的公共政策问题。政策议程通常是由一组程序所构成的政策主体的行动总和。

公共政策议程的重要性

政策议程才是政策过程的首要环节。许多人都认为公共政策过程应当从发现和确认公共政策问题开始。但在实际的政策活动中,首要的和最初的环节却是公共政策议程的设定。

政策议程是列出的筛选问题的清单。约翰·金登在给政策议程下定义时指出,议程是罗列一些主题或问题的清单,这些主题或问题是政府官员和政府以外与政府官员有密切往来的人们在一定时期内十分关注的问题。在政府官员应该关注的众多问题中,真正想认真解决的是其中的一些问题而不是另外的问题。因此,设定议程的过程就是将所有问题中真正成为关注焦点的问题筛选到列表中的过程。这一定义既指出了政策议程具有问题清单的性质,又指出了它在形成中所运用的筛选机制。

政策议程是争夺政府吸引力的机会。政策学家罗斯从静态的不同利益需求和动态的竞争、转化相结合的视角界定了政策议程。他认为,议程设定就是把"不同社会群体的需求转化为议程上的项目,以及争夺公共官员注意力的过程"。

政策议程由一系列程序构成。公共政策议程是由一系列程序构成的过程,首先是社会公共问题要进入由政策行动主体构成的政策子系统的范围;其次要经过不同利益团体、不同政治党派、政治精英的博弈、协商;最后再由政府部门在深思熟悉后确定为决心要加以解决的公共政策问题。

§2.2 公共政策议程的类型

系统性议程与制度性议程

系统性议程的涵义。系统性议程又称为非正式议程,是指一定范围内的政策相关者所共同持有的、可供讨论的所有方案,这些议案是值得公众关注的议案,也是现存政府合法管辖范围之内应该涉及和处理的问题和事件。这种议程在政策活动中通常只占少数。

制度性议程的涵义。制度性议程又称为正式议程,是指有权威的决策者明确表示要积极而慎重地加以解决的社会公共问题。这种议程在政策活动中占多数。

系统性议程与制度性议程的联系。从逻辑进程来考察,两类议程也存在联系。从社会公共问题发展到政策程序的开启,必然要经过两个阶段:第一个阶段是由社会公共问题进展到系统性的议程,第二阶段才是由系统性的议程进展到制度性的议程。

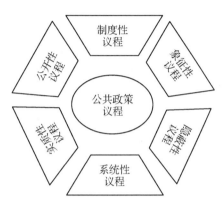

图 3 - 3　公共政策议程的类型

实质性议程与象征性议程

实质性议程的涵义。实质性议程处理的是引起人们综合性关注和回应的议题。在实质性议程中,有些议题非常重要,但具有分歧性,通常会引起公众和公共政策制定者之间的严重争议,有时甚至会引发重大的冲突。

象征性议程的涵义。在这种议程中,人们注重的是价值而不是资源,牵动的是社会共同体的共同意识,而不是个别群体的经济利益。

汉纳·皮特金(Hannah Pitkin)曾指出,我们说某事是象征性的,其实是在强调激发感情和态度的象征力量,我们是在号召关注一种模糊、松散和并不公允的参照背景。

实质性与象征性议程的区别。实质性议程是政府下决心要立即解决并试图通过具体行动来解决的问题。象征性议程是政府只表态重视某些问题,并不想立即采取行动来解决的问题。

公开性议程与隐蔽性议程

公开性议程的涵义。公开性议程是指那些进入公众视野,在社会层面受到广泛关注并展开讨论,或者在政府层面受到应有关注,分享到政治聚光灯照射的社会公共问题议程。实质性议程与象征性议程,公众议程与政府议程,都属于公开的议程。

隐蔽性议程的涵义。如果一个社会公共问题是公众很少注意的问题,或者仅仅是弱势群体所主张的问题,并且落在任何政府部门管辖的范围之外,也就肯定会被排除在公开辩论之外。这样的议程就是隐蔽性议程。

公开性议程与隐蔽性议程的区别。在公开性议程中,政府提出的议程中通过行动要解决的问题和实际试图解决的问题是一致的。在隐蔽性议程中,政府提出的议程中声明要解决的问题与实际解决的问题可能是不一致的。

§2.3 公共政策议程设立的模式

影响公共问题进入议程的因素

下列因素对政策议程的建立具有重要影响作用。一是公共问题的性质,主要涉及政策问题与公众关切及政府责任能力的关联;二是政治领导的考虑,主要涉及领导者对信仰、抱负与形象的关心;三是利益集团影响,主要涉及集团利益、集团间沟通、各种游说行为;四是突发事件爆发,这表明内在的矛盾已经显露;五是社会运动出现,体现的是公众压力;六是大众媒介的报道,反映的是舆论压力;最后是国际势力介入,反映的是国际压力状况。

公共政策议程设立的一般模式

外在催生型模式(out-initiative model)。与这一模式相关的是下列三组因素:一是起催生作用的主体,主要指专家学者、利益集团、民间组织、公利维护者;二是外在催生步骤,主要是非政府团体创始,经扩散至公众议程,再介入政府;三是政府政策议程。

政府动员型模式(Gov. mobilization model)。与这一模式相关的是下列三组因素:一是起催生作用的主体,主要有政党组织、政府机构及领导人;二是政府动员步骤,扩散转化为政府行动的议题,行动议题再转化为议题项目;三是政府政策议程。

内在催生型模式(inside-initiative model)。与这一模式相关的是下列三组因素:一是起催生作用的主体,主要是政府机构内部人员;二是内在创始步骤,由政府机构人员创始,扩散至认同团体,向决策者施加压力;三是政府政策议程。

公共政策议程设立的多重因果漏斗模式

在公共政策过程中存在一个因果关系的漏斗,在相关政治事件的作用下,因果关系从历史—地理环境,向社会—经济综合,向大规模的政治行为和政府机构移动,向精英行为和正式政策集中集聚,最终产生政策输出。

装入政策漏斗的因果关系主要有相关政治事件、历史地理情况、社会经济成分、大众政治行为、政府组织制度、精英行为。

公共政策议程设立的多源流模式

公共政策活动中政策议程的建立需要一些基本要素。首先政策议程是围绕公共问题的显露、人们对它的确认和最终以行动加以解决的逻辑线索而展开的,这是政策问题要素。解决公共问题的政策行动方案又是在一系列的分析论证和论辩选择中确立的政策行动方案要素,而这些活动又都和政治生活中某些特定因素的相互作用联系在一起,这是政策的政治条件要素。

议程建立的多源流模式有两个部分。

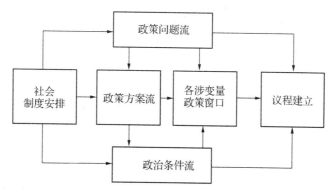

图 3-4　议程建立的多源流模式

　　一个部分是公共政策本身的源流要素。可以将公共政策议程看作三条原先各自相对独立的源流,在一定的条件下,汇集到一处,进入一个窗口,从而成为解决问题的政治决定和政策采纳的过程。

　　政策问题源流中又包含着一系列可以观察到的更为细小的要素,比如指标变化,即问题情境的演变;包括危机在内的焦点事件的出现;作为民意反馈的公众议论;作为政府责任许可的预算约束;还有对政策的问题界定;等等。

　　政策方案源流中也包含一些可以观察的细微要素,比如政策共同体、政策网络成员;作为解决方案的"原始政策鲜汤"周围,"漂浮"的不同政策意见。政策方案源流的内部又发生着变化,一些政策主张被取消,一些政策主张被合并为新提案,一些政策主张被长期忽略,一些政策主张一直独立存在。这些政策主张的提出与变化又与技术可行性、价值一致性、科技水平、公众接受程度、时尚特征、知识存量等因素有关。

　　政策政治源流中还包含一些细微的要素,主要是民族情绪与公共舆论、选举政治与政体变化、法律权威、利益集团作用及这些诸多因素能否达成一致认识。

　　议程建立多源流模式的另一个部分是政策窗口要素。政策问题源流、政策方案源流、政策的政治源流三者汇集到一起,政策窗口就打开了。但政策窗口不会开得太久。如同思想的火花会一闪而过,一个给定的开端不会永远存续下去。

　　政策窗口关闭的原因是多方面的。或者是政策制定者已经将政策阐述清楚了,不愿再讲;或者是政策制定者没有付诸行动;或者是没有可供选择的政策备选方案;或者是打开政策窗口的人不再具有权力了;或者是重大事件和焦点已经消失。

§3. 公共政策的规划

§3.1 公共政策规划的涵义与任务

公共政策规划的涵义

　　当政府诊断和确认了某个或某些社会公共问题以后,为了履行公共责任,需要采取行动来解决这些问题时,就会接受或排除某些解决问题的可选方案。

　　公共政策过程中通过商议、倡导、评估、审议,决定接受或拒绝解决公共政策问题的若干可选方案的阶段和环节就是公共政策规划。

政策规划的任务

在政策规划阶段上,政策行为主体要做的工作就是创造条件让公众、政策咨询专家、实际工作者通过讨论、对话和必要的论辩,搞清楚哪些解决问题的方案是可能的、应当的和可行的,哪些是不可能的、不应当的、不可行的,排除那些不被多数公众认可的方案,留下若干方案以供决策者做最终的选择。

§3.2 公共政策规划的特点

政策规划的政府主导性

在政策议程设定阶段,执政党组织、政府及其部门在其中起着较大作用,社会公众、各类团体也会起很大作用。在政策规划的环节上,起主导作用的是执政党组织和政府及部门。在保留还是排除解决政策问题的备选方案方面,政府、政府部门及其负责人有时起着决定作用。

强调政府及其部门在政策规划上的主导性并不是否认公众、社会组织和各种民间团体所组成的各类政策社群和政策网络的重要性,相反,政府会支持更多的公众、社会组织和民间团体在寻找、制定和评估政策预案时发表更多的不同意见。

政策规划的不清晰性

政策规划过程并不一定要等到政策问题已经被完全确认,所有的利益相关者都清晰明白地表达了各自的需求以后才进行。政策规划常常是在政策问题并没有得到准确定义,政策行动主体还没有与相关的利益群体充分接触的情况下,就已经着手了。而且,解决政策问题的不同方案也会在对话、论争和协商中不断改变。因此,在政策规划中产生的政策预案常常是粗糙、模糊、不清晰的。

政策规划的动态性

在政策规划中活动的常常并不是同一批主体,也不是同一批咨询者和参与者。在政策规划的过程中,有时会出现两个或更多的政策网络和政策社群,他们会提出完全不同的解决方案或行动建议。政府及其部门中也不存在固定的对应机构来专门管理政策规划事项。当保留还是排除某些解决方案的意见还不确定时,政策规划就会持续地在争论中进行,有时对某些预案是保留,还是排除,会出现多次反复。

政策规划的竞争性

在政策议程设定阶段,尽管政策行动主体经过竞争、妥协、协商认同了一些解决政策问题的可选方案,但他们在有关引发政策问题的原因、问题恶化的程度、问题解决的结果、解决问题的工具选择等方面仍旧会存在不同的见解,并围绕有冲突的可选方案形成竞争关系。最大的竞争发生在对某个重要预案是保留还是排除上面。最终的结果会有胜利者和失败者。在政策规划过程中落败的个体和群体往往会以各种方式提出抗议。

§3.3 公共政策规划的思维逻辑

渐进探索的政策规划策略

在政策规划中,最需要避免的是试图将所有需要解决的政策问题,通过一个或一组方案就一下子完全解决掉。这种毕其功于一役、速战速决的想法与做法是不科学的,我们曾经因为采取这类急功近利的策略而付出过沉重代价。

制定重大政策问题的解决方案,常常需要多次试探、不断修正与渐进调整,甚至要经过暂时失败,才能最后找到合适的解决办法。摸着石头过河,边干边学,分步推进才是正确的策略。

系统思考的逻辑

将政策问题情境、政策问题、表征政策问题的事实、政策行动的目标、社会生活的理想价值等因素综合起来思考。将政策问题情境与政策问题联系起来,从政策问题情境中寻找政策问题;将政策问题与表征政策问题存在的事实联系起来,依据事实来确认政策问题;将社会生活的理想价值与政策目标联系起来,依据社会生活的理想价值来选择和确定政策目标。

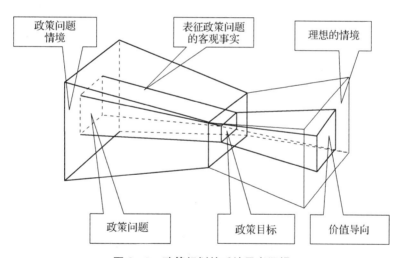

图 3-5 政策规划的系统思考逻辑

§3.4 公共政策规划的主要程序

公众政策需求的评鉴

执政党组织、政府及其部门制定的公共政策必须回应和满足公众的相关需求,而要做到这一点,又首先需要让公众的需求得到充分表达。对公众表达的需求必须加以分类,特别要关注弱势群体的需求、民生的需求、公众的基本需求。

对公众需求的回应与满足与下列因素有关:一是公众需求的水准,二是为满足公众需求可能的供给水准;三是公众需求得到回应和满足的合适途径。

163

政策目标的设定

政策目标的功能。在政策规划中,选择和确定解决政策问题的目标至关重要。政策目标具有多方面功能。政策目标决定政策预案的拟定,政策目标为政策决策确定方向,政策目标为政策过程中和过程结束时的政策评估提供标准。

确定政策目标的要求。政策目标必须是问题导向的,必须依据对问题的诊断来设计和确定合适的政策目标。政策目标必须和解决政策问题的政府部门的公共职责及其治理能力相吻合。政策目标必须是系统化的,从较高层次到较低层次,形成相互间有隶属关系的政策目标体系。在政策目标上必须取得共识,应当选择政策利益相关者普遍赞同、普遍认可的政策目标。

政策目标设定的原则。选择和确定政策目标必须遵循实事求是、面向未来、系统协调、明确具体与符合社会伦理的原则。

政策目标间的关系。在公共政策规划中,由于政策问题的复杂性,解决问题的政策目标很少是单一的,通常都有多个政策目标。这些目标应当按照不同层级排列起来,形成由一级目标、二级目标、三级目标等构成的目标体系。多元政策目标之间的关系有三种。一是目标之间构成因果关系,三级目标是因,二级目标是果;二级目标是因,一级目标是果。二是目标间是手段与目的的关系,三级目标是手段,二级目标是目的;二级目标是手段,一级目标是目的。三是目标之间存在矛盾关系,三级目标与二级目标,二级目标与一级目标之间是矛盾的,甚至是冲突的。

政策备选方案的拟定

政策备选方案拟定的要求。一是政策备选方案必须和政策目标相一致。二是不同政策备选方案之间必须是排斥的。三是政策备选方案必须是可以操作的。四是政策备选方案必须是有层次的。比如,实施异地高考,设计的备选方案最好形成从维持现状、部分改良到彻底变革等有层级区分的几种行动方案;再比如,在设计和确定某个税种税率的降低时,可以分成从降低 1%,到降低 2%,再到降低 3% 等几个不同的层级。

政策备选方案设计的要求。针对解决某个具体的政策问题,设计出来的备选方案应当力争尽可能完备;设计出来的备选方案之间应当是相互独立的,即不能相互包含。

政策备选方案设计程序。可以分成两个阶段。首先是备选方案设计的务虚阶段。这一阶段的任务是确定解决问题的政策价值取向、基本方向。这一阶段参与政策咨询和规划工作的主要是相关领域的专家和公共政策学者。其次是备选方案的细化阶段,这一阶段的任务是设计解决政策问题的具体行动项目和操作手段。这一阶段参与政策备选方案规划工作的应当以实际从事公共管理工作的人员为主。

合适有效的政策移植。在政策备选方案规划过程中,合适有效的政策移植是十分必要的。广义的政策移植是指政策规划主体把某个空间、某个时段已经实施的或正在实施的政策方案转移到另一个空间和另一个时段中去应用。其中既包括一国范围内的政策移植,也包括不同国家的政策移植。

在对不同国家的政策进行移植时，可以采用多种方式，如复制（copying）、仿效（emulation）某项政策的做法，将其与本国的政策混合（combination），接受某项政策的启发（inspiration），等等。但是在对别国的政策进行移植时，必须尽量避免被迫、不自愿、信息不完全及不当的政策移植。

§3.5 公共政策规划中的团体组合

政策规划中团体组合研究的兴起

在传统的政策规划研究中，人们虽然重视个体、群体、集团、部门组织的作用，但只是孤立地看待这些行动主体，机械地列举各自的需求和行动，而不去考虑它们之间的互动和相互依赖、相互制约的关系。

20世纪70年代，欧美国家的公共政策学者开始关心政策规划中次级体系的作用，并逐步将社会学中的网络概念引入公共政策规划的研究中，形成了政策网络、政策社群方面的知识，从而促进了对政策规划中团体行为的重视。

政策网络的类别

在政策规划环节上，政策行动主体会以组团的方式提出和论证解决问题的种种预案，并想方设法让政策备选方案一直保留到政策决策的阶段。这些政策行动主体的组团形式有：议题网络、政策网络、政策社群、政策支持联盟、政策铁三角。

政策"铁三角"（"Iron triangle"）模型来源于美国，指的是美国政策决策中存在的行政管理机构、立法机关组成的专门委员会和利益集团之间的紧密勾连。

议题网络（issue network），指的是在政策问题或议题的去留还不确定时，参与规划的分散主体并没有组成一个紧密集团。参与者不断地进入，又不断地退出。这种政策行动主体构成的非常松散的集合就是议题网络。议题网络是不太稳定的，成员总是在变换。和议题网络处于另一极端的则是稳定性极高的政策规划中的政策铁三角。

政策网络（policy network），指的是在政策规划中，政策行动主体基于某些特定的物质利益而结成的较为紧密的群体。人们加入政策网络的目的是为了推进自己的目标，而这一目标总是与特定的物质利益联系在一起。强调物质利益的一致性或不矛盾性是政策网络与议题网络的一个重大区别。

政策社群（policy communities），指的是在政策规划中以共同的信息、价值、利益为基础而结成的更为紧密、稳定的政策行动主体的组合。政策社群成员之间不仅有共同的价值因素，而且有共同的物质利益作为纽带，相互间经常传递信息，共享某些重要的信息。

政策支持联盟（policy support union），指的是在政策规划中有不同利益追求的个体、群体和组织汇集到一起，形成各种各样的基于利益的稳定同盟，他们为争取所倡导的提案、行动建议能被权威当局吸纳而展开博弈。加入联盟的可能是个体，也可能是群体、集团、组织。其中包括政治领袖、行政部门首长、政党组织代表、利益集团发言人、政策分析者、公众代表，等等。他们都有自己的利益和观点。政策利益相关者要在协商和争论中形成相对稳定的联盟，必须具有一些基本条件。首先，结成联盟的成员必须具有大体相同的政策信仰,即坚持某些政策价值、原则,坚持某些政策理想。其次,结成联盟的成员还需要享有一定的政策资源,只有具有一定资源优势的人才会结成联盟。最后,成员必须坚信某些策略手段是可行的。

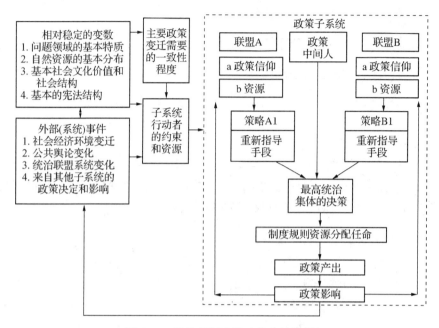

图 3 - 6　政策规划中的政策支持联盟

§4. 公共政策的决策

§4.1　公共政策决策的涵义

公共政策决策是指有权做出决断的人,从经政策规划环节筛选出的解决问题的预案中,最终选出解决政策问题行动方案的过程。因此,有时人们又把决策形容为拍板或做决断。政策决策既包括选择行动,也包括选择不行动;既会遇到有可能选择的状态,也可能遇到无可选择的状态。

公共政策决策是政策过程中多个阶段的延续。政策决策虽然是整个政策过程的重要环节,但不能将政策决策视为政策制定的同义语,更不是政策过程的全部。相反它扎根在政策过程的各个前期环节中,只是问题确认、议程设定、政策规划等政策阶段的延续。

§4.2　公共政策决策的特点

政策决策是技术过程和政治过程的统一

政策决策既受一般决策技术的影响,也受不同国家政治制度、政治结构、决策者个人政治态度的影响。政治家、行政首长不能随心所欲地做出抉择,他们拍板的自由度受到从宪法、法律法规、行政规则到更高一级领导指令等一系列因素的约束。正是上述的一整套制度规则、规范指令决定了决策者行动的"行为路径"。

政策决策是专业咨询与决策者决断的统一

在政策议程环节,有众多行动者,包括个体、群体、组织和机构。在政策规划环节,已经只剩下执政党组织、政府及其部门和社会组织的行动者。到政策决策环节,只剩那些有权做出决断的少数人,但是他们的决断还必须依靠专业咨询和科学的政策分析。

§4.3 公共政策决策主体模型

精英主义模型与新精英主义模型

所有的总体社会,其成员都分成两部分。人数少的、占统治地位的、决定政策的是精英,其余的则是被统治的大众。旧精英主义认为政策决策精英都在政府部门中,新精英主义则认为在政策决策中发挥作用的除了政治精英,还有知识精英、专业精英、技术精英。

多元主义模型和新多元主义模型

社会权力分布于总体社会的多个利益集团,在不同的政策上,分别有不同的集团占有优势,形成多元利益集团决策共治的格局。旧多元主义认为所有参与决策的利益集团都是平等的,不同的利益集团只会在各自主导的领域决策中起决定作用。新多元主义则认为不同利益集团有强有弱,经过党派调适,通过妥协、交易,强势的利益集团在政策决策中会发挥决定作用。

国家主义模型和新国家主义模型

国家主义认为,政策决策权掌握在拥有资本的大资产阶级手中,在政策决策中,国家只是大资产阶级的工具而已。新国家主义则认为,掌控资本的阶级相互间有矛盾和冲突,因此,国家仍然是政策决策的最后决定力量。

统合主义模型和新统合主义模型

任何一个总体社会都存在国家、利益集团和公众三种力量,它们在政策决策中会通过不同的结合方式发挥作用。旧统合主义认为在政策决策中,是国家加上利益团体发挥着决定作用。新统合主义则认为,在政策决策中是利益集团加上大众起决策作用。

科技官僚模型

在一般的总体社会中,在政策决策中发挥作用的是政治精英、利益集团、科技官僚、公众等多种力量。但在知识的作用增强,信息量加大,科技获得迅速发展的时代,科技官僚掌握最新技术和专门知识,他们在政策决策中最终起决定作用。

§4.4 公共政策决策的思维模型

虽然具体政策的决策思维各不相同,存在人们预想不到的偶然性。但是,政策决策总有一些共同的成分和结构，决策思维模型就是启发人们思考的共同思维框架。在政策决策研究中，人们先后总结出下列几种决策思维模型：理性决策思维模型、垃圾桶决策思维模型、渐进决策思维模型、满意决策思维模型，等等。

理性决策思维模型

这种决策思维模型基于下述假设：当社会问题被确认后，人类就有足够的时间和智慧收集所有的信息，想出所有的解决方案，决策就是依照程序，对每一种可能的解决方案进行成本—效益的分析，最终找出效果最大化的政策行动方案。

理性决策思维模式的条件：决策者尽可能少，决策环境简单，政策问题的范围及解决的结果清楚，信息尽可能充分，决策时间充裕，等等。

理性决策思维模型包括下列程序：设立一个解决政策问题的目标，列出所有能够达到目标的可供选择的方案，预测每一方案的结果及其发生的概率，最终选出最能解决问题而花费又最少的行动方案。

理性决策思维模型存在缺陷：忘记了政策决策不仅仅是纯技术过程，更是政治和意识形态过程，人类认知具有有限性，决策者不可能知道每一种方案的结果，对不同方案可能产生的不同结果，决策者无法做出完全科学的比较，决策者面临许多无法预先知道的偶然情况。因此，赫伯特·西蒙（Herbert Simon）认为，在人类只具有有限理性的条件下，决策者无法追求最优化选择，能做出的只是满意选择。

垃圾桶决策思维模型

垃圾桶决策思维模型这是由詹姆斯·G. 马奇（James G. March）和约翰·P. 奥尔森（Johan P. Olsen）提出的一个过渡性政策决策思维模型。他们认为，政策决策是一个很不明确、难以预测、充斥机会主义、内在缺乏理性的过程。政策决策如同"一个被参与者倾倒各种各样问题及解决办法的垃圾桶，每个桶里所装的混合垃圾是什么，部分取决于桶上所贴的标签，同时也取决于正在产生的垃圾种类、现有的各种桶的混合情况以及现场收集和清理垃圾的速度"。

垃圾桶决策思维模型有其主要内容。这一模型指出：不管问题发生在何时何地，人们都会以此为机会，来实施他们早已选定的解决方法。这会影响到决策的制定过程和最终结果。这一决策思维模型的一个特点是将决策机构看作由一系列竞争性对手构成的集合体，随时等待着问题的出现。因此，在垃圾筒模型下，决策可视为政策问题、对策和决策者选择这三者的一种特定组合。在这个意义上，最终决策只不过是发生在垃圾筒内的淘金过程的副产品而已。

垃圾桶模型具有下列特点。一是目标模糊（problematic preferences）。整个组织本身所要追求的目标并不是具体清楚的，对各种政策目标的优先等级也不明确。二是流动性参与（fluid participation）。在政策形成的过程中，参与决策的人员具有相当程度的流动性。三是手段或方法的不确定（unclear technology）。组织的成员通常只知道与本身职责相关的业务，对整个组织的运作充其量只有一些很基本和粗浅的认识。成员需要尝试错误，从经验中学习，甚至要在面对危机时摸索和思考解决的办法。

满意决策思维模型

该思维模型首先是由诺贝尔经济学奖得主赫伯特·西蒙在《行政行为：行政组织决策过程的研究》一书中提出来的。满意决策思维模型认为，现实生活中的行政人（administrative man）只具备有限理性（bounded rationality），由于组织和心理方面的限制，只能选择令人满意或符合期望的政策行动方案而已，并不能做出最佳方案的抉择。

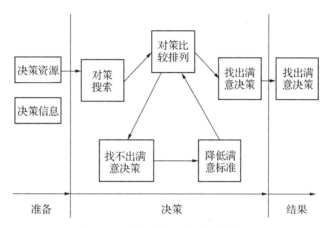

图 3-7　政策决策中满意思维模型

满意决策模型有其依据，主要是政策决策过程中的个体和群体在实际做出决断时，受到多方面的限制，比如心理、多元价值、组织、成本、情境等限制。

满意决策模型有两大类型。一种是计划型决策。这是例行性、重复性标准作业的程序决策，决策者只需要依据一般量化管理技术，如概率、博弈、线性规划等技术即可解决政策行动方案的选择。另一种是非计划决策。这是新兴性、非例行性、没有标准作业程序的政策决策。决策者必须借助启发性解决问题的工具，如抽象化、类比、电脑模拟等来解决行动方案的选择问题。在实际的政策决策活动中，底层决策是操作流程决策，中层决策是例行计划决策，上层决策则是非计划型决策。

渐进决策思维模型

该模型首先是由耶鲁大学政治学教授查尔斯·林德布洛姆（Charls Lindblom）提出来的。渐进决策思维模型认为，政策决策是以自我利益为主的决策者们谈判与妥协的政治过程，存在"一系列相辅相成的简易聚焦策略"。在决策中，决策者总是将前面所做的与后面要做的相比较来完善政策，以现实情况为基础，不断一步步向外扩展。

渐进决策模型有其遵循的程序。首先要将分析限定在熟悉的与现状稍有差别的政策范围内（the Next Step），政策目标分析和政策价值分析需要经常互动，注重的是纠正弊端而不是积极革新的目标，准备接受一系列的失误，进行不断修正的尝试，对每一项方案的选择只考虑其中部分结果。

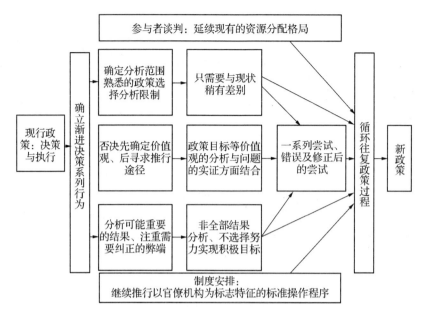

图 3-8　政策决策中的渐进思维模型

渐进决策模型包括一些主要的影响因素:现行政策的决策与执行,据此确立渐进决策系列行为;制度安排,据此继续推行有官僚机构特征的标准操作程序;参与者谈判,据此来延续现有的资源分配格局;经过循环往复的政策过程,产生新政策。

二、政策词典(英汉对照)

公共政策过程
public policy process
公共政策过程模式
the model of public policy process
公共政策议程
public policy agenda
实质性议程
substantive agenda
象征性议程
symbolic agenda
公开的议程
open agenda
隐蔽的议程

hidden agenda

系统性的议程

systemic agenda

制度性的议程

institutional agenda

内部推动模式

inside initiation model

外部推动模式

outside initiation model

社会动员模式

mobilization model

公共政策规划

public policy formulation

公共政策目标

public policy target

公共政策备选方案

public policy alternative

集体理性

collective rationality

集体思维缺陷

defect of collective thinking

公共政策共识

public policy consensus

公共政策网络

public policy networks

公共政策社群

public policy communities

公共政策决策

public policy decision-making

理性决策模型

decision-making model of rationality

完全理性决策模型

decision-making model of comprehensive rationality

有限理性决策模型

decision-making model of bounded rationality

渐进决策模型

the incremental decision-making model

子系统决策模型

subsystem decision-making mode

公共政策的采纳
public policy adoption
公共政策的合法化
public policy legitimization

三、知识补充

知识补充 3–1：公共政策模型的实质、特点与使用条件

在对公共政策进行研究、分析和管理时，有时必须使用模型。公共政策模型既可指在具体研究、分析、管理中使用的模型，也可指政策研究、分析、管理本身的模型。对公共政策研究、分析和管理中模型的运用应当有正确的认识。模型只是一种研究、分析、管理工具，它有优点，也有缺陷。而且，也并不是所有的公共政策研究、分析和管理都适合使用模型。

公共政策模型的实质

在公共政策研究、分析、管理中，构建政策模型是重要的环节和步骤。由于政策过程的复杂性和政策模型的简化性，不少人对政策模型产生了怀疑，形成种种误解。要理解公共政策模型的作用，就必须消除对政策模型的误解，了解其实质。

人们之所以不太相信政策分析中的模型，主要出于对模型的种种误解。一是政策模型过于简化。政策过程是极其复杂的，模型将真实的政策过程歪曲了。二是政策模型是纯逻辑的。在政策分析中存在大量隐含的知识，政策模型只表示显现的知识，从而否定了政策分析中经验与直觉的用武之地。三是政策模型是全量化。真正的政策分析是定性分析与定量分析的有机结合，政策模型只使用了定量化的政策因素，取消了政策中的定性分析标准。四是政策模型崇拜计算机模拟。政策模型建构常常使用计算机进行模拟，但政策制定与执行是人的辩证活动，是任何计算机也取代不了的。五是政策模型的建构者是闭门造车。建模专家只有技术而不懂实践，政策模型多是学者关在屋子里想出来的，缺乏经验支持。

公共政策模型的特点

公共政策中的模型具有多方面性质。首先，政策研究、分析、管理所使用的模型是带有主观性的客观映像。公共政策模型不是客观的公共政策本身，而只是利用符号和概念的集合对实际公共政策做出的抽象、简化与模拟。因此，从哲学认识论上来说，公共政策模型是实际存在的公共政策的主观映像。因此，在构建公共政策模型时，决策者的经验、非理性的直觉起到很大的作用。

公共政策模型的主观映像特征表明，任何政策模型都不是任意的，而是以某种客

观的公共政策作为反映客体。人在制作与选择模型时,虽然具有很大的随意性与能动性,但是,它绝不是随心所欲的。公共政策模型与客观真实的公共政策之间具有对应关系。

公共政策模型又具有简化与概括的特点。任何公共政策模型都要比实际的公共政策简化、清晰。公共政策模型不过是政策问题的逻辑分析和已有资料数据的综合。任何一个公共政策,哪怕只解决单一的公共问题,都是非常复杂的。

公共政策模型的作用就在于从复杂的政策关系中挑出某些最为重要的因素、关系,并按其内在的逻辑联系进行抽象。因此,政策模型总是要比实际运行的公共政策简单得多。①

其次,政策分析中所使用的模型是包含理论与方法的变量体系。任何公共政策模型都是以一定的理论作为基础的,其中主要的有哲学理论、系统理论、因果理论。公共政策模型是一组变量、符号的集合。

任何公共政策模型也都包含一定的方法,其中既有理性的方法,也有非理性的方法。非理性的方法中就包括经验的与直觉的因素。许多成功的公共政策模型是直接运用了决策者的丰富经验而做出的判断。因此,成功的公共政策模型或者是由有实践经验的决策者构建的,或者是由专家学者在总结他人实践经验的基础上建立起来的。在公共政策的构模中,既要使用定量的方法,也需要定性的方法。公共政策模型在构建时,也不一定要使用计算机,在历史上,有些成功的政策模型是以弹簧、硬纸板作为辅助工具建立起来的。

第三,政策分析中所使用的模型是指导决策分析的简化工具。公共政策模型通常是由与既定政策无关的一组专业人员制作的,其目的是帮助政策的制定者与分析者从复杂的现象与各种利益冲突中选择较好的行动建议。公共政策模型提供的不是单纯的数学公式或方程,而是借助数字表示政策过程各种客观因素的关系。只有理解了数字后面的真实关系,人们才能去行动。不可能存在这样一种决策,它的成功只归结于一个简单而完善的模型,因为政策实施依靠的是从对这个模型的理解中转换出来的实际、有效的行动方案。模型的作用在于,它能让决策者在使用时,令其思考、分析问题的能力得到延伸。

既不能将公共政策模型看成从许多方案清单中有意挑选出来的"最优化"的解,将建构模型视为最科学的方法,也不能将模型说得一钱不值,似乎构建模型是一种摆设与浪费。公共政策模型只是达成最终决策过程中许多投入中的一种。"决策模型的作用应该是使决策者洞察有关的决策问题,从而加强他们总的直觉决策能力。"②

最后,在政策研究、分析、管理中进行的建模活动是一个相互沟通过程。在公共政策的分析中,存在着决策者、模型建构者与政策模型本身三方面的沟通问题。在模型建构过程中,模型的建构者,即构模者与决策者之间,存在相互理解和相互不理解两种情况。一旦产生了相互间的不理解,就应当采取必要的方法,进行说服、交流,以达到理

---

① A. E. Tzioni. Mixed Scanning: A Third Approach to Decision Making. *Public Administration Review*, Vol. 27. No. 4(1967). pp. 387 - 388.

② 小杰克·伯特、L. 特德·穆尔:《管理决策模型》,商务印书馆,1992 年版,第 43 页。

解、配合。如果说服、交流失败，双方只能各做各的，就会影响政策模型的作用。

不适宜使用公共政策模型的场合

政策制定、执行和分析、管理的情况千差万别，在政策研究、分析和管理中，并非任何时候都可以使用模型，也存在不适宜使用政策模型的场合。不适宜建构政策模型的原因也是多种多样的，其中主要的有：

有些公共政策过程本身很简单，因素较少，不值得使用模型；

有些公共政策活动面临时间压力，没有充裕的时间供政策分析人员构建模型，因而也不适宜使用模型；

有些公共政策过程中大部分因素无法量化，决策中定性因素占主导地位，从而无法构建模型；

无论是政策制定，还是政策执行的组织，都缺乏使用政策模型的思想基础，因此无法在政策研究、分析和管理中建构政策模型。

知识补充 3－2：公共政策过程的特性

政策过程是模糊性与清晰性的统一

多数公共政策教材都把政策过程各个环节的特征清晰地列举出来，仿佛政策主体都是在对政策问题、议程、方案、执行的进程、结果非常知晓的情况下去从事政策活动的。任何政策的现实过程都不像教科书上写得那么清楚明晰。当然，教科书的作用是用简洁明了的语言来显示政策的主要运行轨迹，为了突出政策过程的主要方面，有时会有意地省略掉政策运行中的一些细枝末节。但是在现实的政策运行中，人们需要尽可能多地思考政策运行中可能发生的方方面面。

在现实的政策运行过程中，人们对于公共政策问题的发现以及政策议程的建立，都不十分清楚，从某种意义上说甚至是模糊的。对诸如究竟是哪些人，从哪一天开始突然发现这一问题的，这一问题是如何或通过怎样的途径进入政策议程的，即使是政策运行了较长时间，也不一定能弄得清楚。至今人们仍在围绕许多重大政策出台的时间、参与的人物进行争论就充分说明了这一点。

政策过程的模糊性还更多地表现在人们对于具体的政策问题究竟是什么，某些政策问题是不是确实要比其他的政策问题更值得耗费政策资源去解决这类问题并没有确定的答案，或者一直存在着疑问。人们常常会在政策执行中不断地争论执行中的政策究竟要解决什么问题，对已经建立的某个政策议程还会质疑究竟是不是应当。有时，甚至会发生这样的现象：政策都运行了一二十年，人们看到政策的结果后，突然会问，为什么当初要制定和执行这样的政策？

无论是在政策的规划、制定阶段，还是在政策的执行调整阶段，政策行动的参与者、政策的标的群体，对政策实施的最终结果并不都十分清楚。一些政策实施了，似乎达到了政策制定时所预期的结果，但是仔细去核查一下政策的最初预期和政策的最终结果，就会发现两者或者相差甚远，或者无法精确地加以比照。因为许多政策在制定时所设想的预期结果，除了少数能够量化以外，多数都是定性的，在量上是含糊の。而且,随着政策过程的推移,政策制定时的外部环境因素已经逐步发生了变化。因此,政策实施的最终结果也就无法再去和政策执行前的状态加以对照了。

政策运行过程的含糊性不仅表现在政策过程的首尾,即政策的制定和评估环节上,更多地还表现在政策过程的中间环节上。在现实的政策活动中,很少存在只有单项政策运行的情况,通常都是多个政策同时在一个空间范围内以相互交叉、互相作用的方式运行着。以政府为主导的公共机构对政策资源的配置、管理也是总括性的。比如,政府对一个地区进行的公共设施投资并不是针对某一项具体的公共政策,而是面向当时和以后的多项政策。投入的政策资源分配到具体政策上的数量和起到的作用都是模糊的。

比如有不少地区为了发展工业及第三产业,遇到能源供应的短缺,为解决生产发展、生活水平提高与能源供应不足的矛盾,利用本地水力资源丰富的条件,制定和实施大力发展小水电的政策。但为了汇集水源,抬高水位,就需要筑建拦水坝。所有这些又会对自然水系和淡水的贮存产生影响。有些地方发展小水电的结果是能源生产上去了,工业也发展了,但原有的水系却遭到破坏,某些地方出现旱枯,农业减产,连人们的生活用水都出现了困难。发展农业的政策受到影响,提高人民生活的政策也受到影响。不发展小水电不行,不发展工业及第三产业不行,不发展农业也不行,人不喝水更不行。解决的办法绝不是简单地废弃其中哪一个政策,而是要将这些不同的政策统筹兼顾。但是光有统筹兼顾的口号是不行的,关键还是要弄清楚这些政策在特定地区究竟是如何相互影响的。而对于这些,政策主体只能有模糊的印象,真正要把这些政策之间的影响一下子搞得非常清楚几乎是不可能的。在这种充满模糊性的情况下,只能不断地调整、摸索、试错,最终才能找到有效的解决办法。

强调公共政策过程的模糊性,只是表明人们要十分清楚地把握政策的运行并不是一件容易的事。政策运行绝不是某些教科书上所说的那样,每一个环节都能得到控制,每一方面的影响都能知道得清清楚楚。但是这也不是绝对否定人们认识政策运行过程的可能性。在政策运行中,人们只要下功夫,仍然可以在大的方面、主要的阶段和环节上保持对政策过程的理性、清晰的把握,并对政策过程施加自觉的、能动的影响。对某项政策是否需要规划、制定,已经拍板定案的政策是否需要付诸实施,对已经实施的政策要不要调整,诸如此类的问题,政策活动主体是能够加以控制的。人们在发现某些政策实施的结果已经引起不良的社会结果时,可以迅速果断地采取明确的措施,或调整政策的目标,或调整政策资源的配置,或调整政策执行组织的功能,以此来主动地调控政策的运行。人们还可以用停止政策资源配置、撤销政策执行组织的方法来使某些无效或失效的政策及时得到终止。

政策过程是延续性与间断性的统一

在很多研究公共政策的教科书中,公共政策过程都被描述为由一连串的阶段和环节,依据理性和逻辑的规则,有次序地联结起来的连续过程。这是对政策活动过程所做的一种纯逻辑的概括和抽象。真正的、现实的公共政策过程并不符合教科书的模式。

在现实的政策过程中,人们常常见到的是延续性与间断性的统一。当社会存在的公共问题已经被很多人觉察，并被提上政策议程时，有关解决这一社会公共问题的政策过程就开始了。也许最初人们感觉到解决这一问题具有迫切性，公众、新闻媒体、专家学者，甚至政府部门的权威发言人都会纷纷出来发表意见，进行热烈的讨论。人们满以为有关这方面的公共政策立即会制定出来。但这种热烈场面很快就会冷淡下来。因为过了一段时间，政府有关部门就会发现，需要解决的问题不仅不如人们想象得那么简单，而且还与其他的问题交织在一起，解决起来非常困难，如果草率行事，必然虎头蛇尾，弄得不好会影响政策的科学性与严肃性。已经开始的政策进程会因此而停顿下来。这是一种情况。

另外一种情况是当某个问题刚刚引起人们关注时，另外的更为紧迫的问题可能会突如其来地爆发。公众的注意力一下子又转移到新问题上，相关的政府部门也必须将正在进行的政策过程暂时停下来，去应对另外的更为急迫的政策问题。

某个政策过程被中断，除了上述的原因外，与制定和推动某些政策的权威人物的注意力转移以及地位变化也有密切关联。当负责制定某个方面政策的权威人物因种种原因改变了自己的观念，把先前看重的政策问题撇开，去关注另外的在他看来可能对政绩提升、仕途发展、管辖范围的社会经济发展更为重要的政策问题时，那些原先正在进行的政策过程就会拖延，甚至中止。有时也会发生这种情况，一个地区某个方面的政策在权威人物的关心过问下，一直进展顺利。而当这位权威人物或因年岁原因退居二线，或调离、免职，而取代其地位的新权威人物对原先的政策并不特别重视，原有的政策进程即可能放缓、停顿，甚至搁置起来，不了了之。

当社会经济发展的战略出现较大调整时，政策过程的间断性则会明显地表现出来。为了统领社会经济的发展，权威当局总会制定规范和引导各级政府政策行为的发展战略。在一种战略下，会形成保障战略得到贯彻实施的政策集群。而当社会经济发展中出现某些重大问题从而需要以新的发展战略来替代旧的战略时，服务于旧的发展战略的政策集群的进程就会出现不同程度的间断。这种间断是必要的，只有这样，才能迅速形成服从于新发展战略的政策集群。

社会经济的运行发展中的战略更替，社会公共问题的新旧交错，政策权威人物关注重点的转移，所有这些都会引起某些政策过程的间断。但是政策过程中的间断性并不是绝对的，它又和政策过程的延续性、连续性有机结合在一起。任何政策活动，一旦过程启动了，就已和资源的配置、组织机构的运转、人们利益的调整联系在一起。因此，政策过程的某种间断并不像电的流动，一开就流，一关就停。政策活动在运行中有一定的延续性和连续性。从总体上看，整个社会的政策运行必然是一个永不间断的连续过程。这一总体的连续性正是通过局部的间断与延续表现出来的。

当新的更能引起公众、大众媒体和政策权威人物关注的社会公共问题出现，并把原先政策问题的重要性掩盖起来时，原先的政策进程也不会戛然而止，它会因政策执行组织的运行、政策标的群体要求继续获得已经得到的利益而继续。因政策权威人物主导观念、地位的改变所导致的政策进程的间断也是相对的。因为在政策过程中，虽然权威人物的作用比较大，但是，一旦政策过程启动，政策权威人物的作用就不是唯一的。其他的各种组织力量、政策标的群体力量、公众的期望等，都会汇集起来，推动已经启动的政策进程继续运行。即使是整个社会经济发展的战略出现较大的转变而导致的政策间断，也不是原有的政策集群中所有实施中的政策都要停顿下来，而是有些明显与新发展战略相抵触的政策会及时中止，而其他的政策则会在调整中继续运行。

当然，任何政策过程的间断，都会大大改变政策原先的进程，也会导致某些政策资源的损失，还会在某种程度上损伤政府的政策形象。特别是当政策权威人物不是出于对社会经济发展、人民生活水平和质量的提升考虑，而是从自己的一己之私出发去扰乱执政党和政府的政策进程时，社会就会为此而付出代价。对这种人为的、不正当的政策过程中断必须尽量避免，而且要逐步依靠制度来防止这种不正当政策间断的发生。但是像重大社会发展战略转移引发的政策过程的间断，则是必要的，正确的，这种适当的政策过程的间断会换来更大范围和更长时期的政策过程的连续。

政策过程是规范性与非规范性的统一

公共政策过程的间断性、模糊性也从某种程度上决定了公共政策过程中存在着大量的非规范性。很多人希望公共政策的过程是严谨且规范有序的。他们理想中的政策过程，是按照一个个阶段有序向前移动的，在每个阶段上又是按照既定的程序一个环节接一个环节地向前推进的。人们希望借助于这种程序性，保证政策过程一旦出问题时，能够像检查机械故障一样，逐个阶段、逐个环节地查找，最终准确无误地发现错误。

事实上，政策过程一旦启动，在多数情况下，都不是按照事先设定好的程序和规范去运行的。在政策阶段模型中，最先一步是确认政策问题，待政策问题得到确认后，人们才会决定是否设立政策议程。但是，多数现实情况是政策权威人物先决定要制定解决某一社会公共问题的政策，然后才是由政策分析人员去研究社会公共问题是怎样的，性质如何，严重到何种程度，如果不去解决会发生何种恶化。所有事情似乎是颠倒的，因而是不规范的。

在政策决策阶段，也不是像通常所讲的，先通过民主参与，设计出各种政策预案，然后由政策分析人员对所有预案做出评估，再提交给决策者去做出最终选择。在很多情况下，政策方案是先由政策主管部门在调查的基础上提出来，然后再交给有关部门讨论，或者开听证会，或者发动讨论。如果听证和讨论的结果与原先准备好的方案出入不大，就以原先的方案去组织政策实施。如果其后的讨论与原先方案有较大的差距，政策部门再做一些修改，然后在有限范围内征求意见后，组织政策的贯彻落实。

而在社会进入变革、转型时期后，政策主体则会打破政策运行中的种种规范，以一种创造性的、简便、快捷的方式去制定并实施政策。因为在变革时期，在社会体制转轨阶段，旧的政策必须让位给新的政策。按照旧的程序和规范，无法打破陈规旧习，不能主动适应正在变化的外部环境因素。试想如果按照计划经济下建立起来的议事程序和规则，安徽一个小村子的农民如何能在一个晚上实现分田到户，政社合一、效率极其低下的人民公社制度又如何被破除？20世纪90年代初，如果不是响应邓小平敢闯、敢冒、敢于试验的号召，小手小脚，按部就班，又怎么能建立起社会主义市场经济的初步框架？

在遭遇或面对种种危机事件、突发事件时，政府的公共政策过程更是明显地表现出非规范性的特征。

但是强调现实政策过程中存在非规范性的一面，并不是绝对否定政策过程有其内在的逻辑和具有规范性的特征。政策活动是公共部门，特别是执政党组织、政府及其部门主导的为解决总体社会生活中的公共问题而实施的自觉的、能动的集体行动。这类有目的的集体行动总体上是理性的。政策过程中不同阶段的活动在逻辑上是前后连贯的。专家学者的咨询，智库成员的介入，新的技术的运用，都必然增强政策活动的科学性。社会组织的参与，听证、协商、论辩的展开，必然增强政策活动的民主性。对法定程序的遵循，对相关法规的遵守，必然增强政策活动的法治性。所有这些都是对政策过程规范性的保障和提升。

知识补充 3-3：中国公共政策议程设置的模式

谈到公共政策的制定，一般人都把注意力集中在决策过程本身，而忽略了一个至关重要的问题：为什么有些事情被提上议事日程，而另一些却没有？在讨论政策制定时，我们必须首先了解：议程是如何设置的？谁参与了议程的设置？为什么有些问题拿到台面上讨论、另一些问题却被排斥在外？

议程设置是指对各种议题依重要性进行排序。为了便于分析公共政策的议程设置，我们可以将议程分为三大类：传媒议程、公共议程和政策议程。传媒议程（media agenda）是指大众传媒频频报道和讨论的问题；公共议程（public agenda）是引起社会大众广泛关注的问题；政策议程（policy agenda）是指决策者认为至关重要的问题。这三种议程的设置可能是互相关联的。例如，西方国家的实证研究发现新闻媒体可以引导民众把关注点集中在某些议题上。在那些国家，传媒影响公共议程的设置往往不是直截了当地告诉民众哪些议题重要、哪些议题不重要，因为这样做常常适得其反。更有效的方法是对某项议题进行反复报道，并把这些报道放在引人注目的位置或时段。研究传媒议程设置的开山鼻祖之一伯纳德·柯亨（Bernard Cohen）就讲过：传媒如果对受众怎么想问题指手画脚恐怕很难成功，但它对受众想什么问题的控制却易如反掌。近几十年来，在传媒学中，探讨传媒议程与公共议程的关系已成为一个热门话题。

公众议程是社会大众认为政府应该关注的问题。考察民众关心的问题与政策制定者关注的问题呈现什么样的关系，可以为我们确定政治制度的性质提供一个新的视角。通过考察公共政策议程设置，我们可以透过表象，更深入地认识政治制度运作的逻辑。依据议程提出者的身份与公众参与的程度，可以区分出六种议程设置的模式（表 3-1）。

表 3-1　议程设置的模式

		议程提出者		
		决策者	智囊团	民间
民众参与程度	低	Ⅰ 关门模式	Ⅲ 内参模式	Ⅴ 上书模式
	高	Ⅱ 动员模式	Ⅳ 借力模式	Ⅵ 外压模式

关门模式

这是最传统的议程设置模式。在这种模式里,只有正式议程,没有公共议程;议程的提出者是决策者自身,他们在决定议事日程时没有或者认为没必要争取大众的支持。在传统社会里,当一般老百姓没有什么政治参与意识时,这是议程设置的主要模式。

动员模式

与关门模式一样,动员模式里的议程也是由决策者提出的;与关门模式不同的是,在动员模式里,定下一项议程后,决策者会千方百计设法引起民众对该议程的兴趣,争取他们对该议程的支持,是一个先有正式议程、后有公共议程的过程。决策者采取动员模式的条件:首先,广大民众具有强烈的参与意识,关门模式的正当性遭到普遍的质疑;其次,所涉及的议程执行起来需要得到民众普遍、自觉的合作;再次,决策者缺乏实施该议程所必需的资源。在这三种情况下,决策者大概希望用某种方式动员民众参与议程设置,以减少执行阶段的障碍;但他们同时又不希望或不放心民众主动参与议程设置。

内参模式

在内参模式里,议程不是由决策者提出的,而是由接近权力核心的政府智囊们提出的。各种各样的智囊们通过各种正规和不正规的渠道向决策者提出建议,并希望自己的建议能被列入决策的正式议程。他们往往不会努力争取民众的支持,因为他们更看重决策者的赏识;他们有时甚至不希望所讨论的问题变成公共议程,因为他们担心自己的议案可能会招致一些公众的反对,最终导致决策者的否决。在这个模式里没有民众与决策者的互动,只有智囊们与决策者的互动。

借力模式

在内参模式中,政府智囊们只关心自己的建议是否会得到决策者的青睐。借力模式的不同之处在于,政府智囊们决定将自己的建议公之于众,希望借助舆论的压力,扫除决策者接受自己建议的障碍。在中国,借力模式并不常见。

上书模式

"上书"是指给各级决策者写信,提出政策建议,不包括为个人或小群体利益申述之类的行为。上书模式与内参模式十分相似,都是有人向决策者提出建言,不同之处在于建言人的身份。在内参模式里,建言人是政府的智囊或智囊机构;在上书模式里,建言人不是专职的政府智囊。

外压模式

与上书模式一样,在外压模式里,议程变化的动力来自政府架构之外。它与上书模式不同之处不在于"外",而在于"压"。在上书模式里,议程的提出者希望通过给决策者摆事实、讲道理来影响议程设置;在外压模式里,议程的提出者虽然不排除摆事实、讲道理的方式，但他们更注重诉诸舆论、争取民意支持，目的是对决策者形成足够的压力，迫使他们改变旧议程、接受新议程。

（资料来源：《中国社会科学》2006 年第 5 期；另见共识网："王绍光：中国公共政策议程设置的模式"。http：// www. 21ccom. net/articles/zgyj/ggzhc/article_2010082016240.html. 本书做了较大改动。）

知识补充 3－4：决策与心理

（一）决策的心理效应

1. 光环效应，又称晕轮效应。光环效应是指在印象形成过程中一种夸大化的感觉和看法。是一种极为盲目的心理倾向，一旦某个方面成为光环被放大，其他方面也就隐退到光环的背后视而不见了，反之亦然。

2. 首因效应，又称先头效应。首因效应是由第一印象，即首次印象，所引起的一种心理倾向。许多人习惯称之为"第一感觉"。它对今后对事物的判断有着非常显著的影响。

3. 近因效应，又称新因效应，是心理学家卢钦斯通过连续实验所得出的结论，其中最著名的实验是关于吉姆印象形成的实验。这是卢钦斯证明近因效应的著名实验。整个实验过程如下：首先，他编撰了关于吉姆生活片段的两段文字作为实验材料。第一段文字将吉姆描写成热情外向的人，另一段文字则相反，把他描写成冷淡内向的人。在实验中，卢钦斯把两段文字加以组合：第一组，描写吉姆热情外向的文字先出现，冷淡内向的文字后出现；第二组，描写吉姆冷淡内向的文字先出现，热情外向的文字后出现；第三组，只显示描写吉姆热情外向的文字；第四组，只显示描写吉姆冷淡内向的文字。卢钦斯让四组被试者分别阅读一组文字材料，然后回答问题：吉姆是个什么样的人？结果发现，第一组被试者中有 78％的人认为吉姆是友好的，第二组中只有 18％，第三组中有 95％，第四组只有 3％。但是，卢钦斯进一步的研究发现，如果在两段文字之间插入某些其他活动，如做数学题、听故事等，则大部分被试者会根据活动以后得到的信息对吉姆进行判断，也就是说，最近获得的信息对他们的社会知觉起到了更大的影响作用。在两种或者两种以上意义不同的刺激依次出现的场合，印象形成的决定因素是后来新出现的刺激物。

4. 从众效应。是指人们自觉不自觉地以多数人的意见为准则，做出判断，形成印象的心理变化过程。谢里夫的自动光点实验和阿西的线条判断实验发现并证实了从众效应的存在。20 世纪 30 年代，谢里夫将游动现象用于遵从行为研究。他让被试者坐在暗室中，关注面前出现的一个光点。光点出现几分钟后熄灭，然后让被试者判断光点如何移动。这时每个被试者的反应模式是不一样的，有人认为光点往左移，有人认为往右上方移动，不一而足。在第二步实验中，他让所有的被试者都坐在暗室中观察光点，大家可以讨论光点移动的方位，经过一段时间的讨论，大家逐渐达成一致意见。因此，谢里夫认为，当个体单独进行判断时，答案有明显的个别差异，而当被试者在一起做判断时,答案趋向于某一标准,群体规范由此产生。

5. 定型效应。定型效应是指基于某种成见对人做出判断的心理过程。成见的形成基本上有两类,一是由认知主体类型造成的成见,如种族成见、国家成见、地区成见、职业成见、代际成见、性别成见,等等;二是通过多种渠道的信息形成的成见,如大众传媒的观点、社会舆论、小道消息,等等。

6. 反衬效应。反衬效应是指人们在对事物进行相互比较的过程中所形成的一种心理反应。它同样会给人对事物的认知带来很大的影响。

7. 乐队效应。许多决策群体看似存在众决的形式,但实际是个人专断的翻版,是表面上的民主,实际上的独裁,群体成员自觉不自觉地屈从于权威的压力,使自己有意无意间成为摆设或橡皮图章。当然,乐队效应的产生有着复杂的缘由,但其结果总使参与流于形式,群体决策落空。

8. 黄灯效应。主要指遇事拖延,害怕立即决断的行为方式。这种心理常见于风险型决策的场合,主要出于人们挫折防范的心理需要,属于规避性行为。多数人在进退两难之时,很少能够做到当机立断。难以找到摆脱进退两难处境的良策时,寻找各种各样的借口拖延问题的解决就成为极为普遍的行为反应。但实际情况是机不可失,时不再来,短暂的时间耽误往往会导致截然不同的结果,在重大问题上会造成不可估量的损失,所以决策中的优柔寡断、迟疑拖延有时是非常有害的。

9. 新闻效应。心理学的实验告诉我们,人们往往会对极为熟悉的、形象生动的、特点鲜明的信息产生积极的心理反应,不仅表现得非常敏感,而且容易产生深刻的印象,习惯上称之为新闻效应。受此影响,有时候生动的例证就比枯燥的统计数字对人的心理冲击要大得多。

10. 颂歌效应。指在政策思维中过于夸大已有成果的心理。表功心态,人皆有之,所以夸大工作成绩,缩小存在问题就成为司空见惯的社会现象。下属总是报喜不报忧,上级又往往睁一只眼闭一只眼。久而久之就形成"干部出数字,数字出干部"的恶劣现象。颂歌声中,皆大欢喜,虚假信息肆意泛滥,大家睁着眼睛说瞎话,据此进行决策,肯定贻害无穷。

11. 当局者迷。人们常喜欢说"当局者迷,旁观者清"。生活中的确也不乏这样的例证。如围棋或象棋的对弈中,当局的高手往往会下出少见的昏着,犯一些初涉棋坛的幼童都不可能犯的错误。当然,由于所处环境、时间压力、承担责任和心理负担不同,当局者与旁观者的感受是不同的。

12. 旁观者迷。当局者出于自我保护的考虑,往往把成功更多地归功于自己的主观努力,把失败更多地归罪于环境条件的恶劣。虽然旁观者的心态不同,但也并非是一种值得称道的心态。旁观者往往对环境力量的作用不甚清楚,对个中内幕缺少了解,容易产生迷误。

（二）决策中的心理压力

1. 心理压力的表现形式

（1）趋避冲突的压力。是指一种既想达到某个目标又不想付出某种代价,但又明知两者不能同时实现时,因内心产生矛盾而形成的焦虑状态。如决策者既希望政策行动轰轰烈烈，又顾虑成本开支太大，需要巨额投入；决策者既希望出台的政策严厉有加，又顾虑会遭到抵制产生消极影响。等等。决策者面临这类心理压力时，必须反复权衡决策可能产生的得和失，至少要做到得失相当。

（2）双趋冲突的压力。是指两个好处都想要，但又明知不可同时兼得，因产生的矛盾心理而导致的压力。理性的决策者往往希望决策方案能够一举两得或一举多得。但客观和主观条件又常常使这种理想状态难以实现。决策活动所面对的资源条件往往是有限的，决策者在决定如何利用资源时常常会遭遇这样的问题，如想做的事情很多，可资金条件只允许择一而行，双趋冲突的压力就会产生。决策者应当知道"鱼与熊掌不可兼得"的道理，学会消解这类压力。

（3）双避冲突的压力。是指因对两种同样不利的结果必须进行选择时，因产生的心理矛盾而导致的心理压力。如面对滔滔洪水，是严防死守高筑堤坝，让城市遭受损失，而保护下游的农民和庄稼；还是毅然决然破堤让洪水冲向下游乡村，以保护上游的城市？无论怎样决策都必有一害。决策者遭到这类心理压力时，应当遵循"两害相较取其轻"的原则，选择损害较小的行动方案。

2. 心理压力的持续时间。

席尔（Hans Selye）是加拿大生理学家、心理学家。他首先将压力的概念用于生物医学领域，被称为压力之父。席尔首先创立了压力反应理论。根据这一理论，一个人承受心理压力的过程包括三个阶段，即惊恐阶段、抗拒阶段和力竭阶段。当一个人突然感受心理压力之际，其心理适应能力尚不能立刻发挥作用，此时他可能产生焦虑、恐慌和抑郁的情绪。这是心理压力的第一个阶段。接下来，个人的心理适应能力逐渐发挥作用，他会采用种措施缓解心理压力，心情会慢慢平静下来。这是心理压力的第二个阶段。如果压力得不到有效缓解，持续时间过久，就会使个体的适应能力消耗殆尽，人就会出现沮丧、无助乃至绝望的情绪。这是心理压力的第三个阶段。

3. 影响心理压力的因素。

（1）实现决策目标的难易程度；

（2）所要解决的问题的复杂程度；

（3）决策后果对决策者个人的利害关系；

（4）决策风险的大小；

（5）决策时间的压力大小；

（6）如决策在实际执行中达不到计划目标，其回旋余地的大小；

（7）决策目标的多少及其相互的冲突程度；

（8）决策环境的变化程度；

（9）决策者对处理同类问题的经验多少；

（10）群体决策中责任的分散程度。

四、经典阅读

经典阅读 3－1：概念性框架的简化思维作用

政策过程中包含复杂而互动的因素

在实践中，由于众多原因，政策过程涉及一系列随着时间推移而发展的复杂互动因素：

一、在通常情况下，来自各利益集团、不同层级的政府的行政机构和立法机构、研究者和新闻媒体的众多行动者会参与政策过程的一个或多个方面。每个行动者——不管是个人还是群体——潜意识里的价值/利益、对情景的判断以及对政策的偏好都不同。

二、在通常情况下，这个过程需要 10 年或更长的时间，这就是大多数政策从其丰富的实践中发现问题开始到政策实施，再到合理的政策影响评价，这么一个循环圈所需的最短期限。事实上，近期的很多研究表明，要正确地理解关于多样化的社会经济条件的影响，以及有关某一问题的科学知识积累，可能需要 20 至 40 年的时间。

三、在诸如空气污染控制、生命健康政策等任何既定的政策领域，通常存在数十项不同的项目，这些项目都涉及很多不同层级的政府——如加利福尼亚州或洛杉矶市，它们或是正在实施这些项目，或是收到了有人提出的项目操作建议。由于这些项目处理的相关联议题，涉及很多相同的行动者，因此，很多学者提出，准确的分析单位应当为政策子系统或是政策领域，而不应当是特定的政府项目。

四、在立法听证、诉讼以及行政法规的形成过程中，不同行动者之间的政策论争往往涉及技术性很强的辩论，如问题的严重性、问题产生的原因以及不同的政策备选方案的可能影响等。理解政策过程就需要我们注意这些论争在整个政策过程中所起的作用。

五、政策过程最后的复杂因素在于，大多数辩论涉及根深蒂固的价值观/利益观、巨大数额的金钱以及在某些时候权威的强制力量。考虑到这些影响因素，政策之争很少能做到像学术争论那样文明。相反，大部分的行为者面临巨大的诱惑，去有选择地提供证据、歪曲对方的情况和立场、扼制或是损毁对方的声誉，通常还会按有利于自己的原则歪曲整个形势。

简言之，政策过程通常至少需要 10 年的时间。当众多行为者都积极地寻求宣传他们对事件的重要意义时，理解政策过程就需要我们掌握关于政策目标的相关知识，同时注意观察全国范围内的众多行为者。这可能涉及技术性很强的科学问题或是法律问题。

通过发展概念性框架进行简化思维

考虑到政策过程中的诸多复杂因素,政策分析者必须寻找能够在思维上将其简化的方法,以便有机会更好地理解和把握整个局势。科学哲学和社会心理学研究的强有力证据说明:在大多数情况下,对社会现象和事物的观察要借助于一系列的假设。这些假设存在着两个重要的中介功能。

首先,这些假设告诉观察者该探究什么,也就是说比起那些很容易就被忽略的因素,究竟哪些因素可能起着更为重要的作用。其次,这些假设界定了特定的类别,从而将现象按不同的类别分组。

比如,对于政策过程的理解,大多数的制度理性选择理论会告诉分析者下列假设:① 聚焦于个别有正式决策权威的重要组织的领导者;② 假设这些行为者追求物质利益(如工资、权力、安全感)的自我满足;③ 将这些行为者按照组织特性划分为不同类别,如立法机关、行政机构和利益团体等。

与传统的政策过程阶段启发法概念性框架不同,政策支持联盟框架告诉分析者要假设:① 信仰系统比组织中的从属关系更重要;② 行为者可能追求多样化的目标,有些可以通过实践进行量化;③ 分析者必须将研究者和新闻工作者列入重要的政策行为者范围。因此,从这两个不同视角出发,通过不同的视角观察相同的组织时,分析者往往会观察到不同的结果——至少起初是这样的。

考虑到我们的选择机会很少,只能用包含一系列简化假设的视角观察世界,我们至少可以用两种不同的策略来完善这种分析视角。一种策略是,分析者可以用固有的特殊方式,利用他们在实践中所获得的任何分类法和假设去观察世界。本质上讲,这是一种常识性的方法。对于那些需要分析者深入体验其自身利益相当重要的情形来说,这种方法是合理的和正确的。在这种情形下,分析者既有动机,也有实践经验消除那些完全无效的陈述。但是,常识性方法有其局限性,因为它没有包括任何修正错误的外部性方法,它可能被内部的非连续性、模糊性、错误假设以及无效的陈述困扰。由于常识性方法的假设和陈述都是固有的,在很大程度上是不为人知的,因此,它们不可能接受认真、详细的检验。分析者只是简单地假设,在对内容的认知范围内,他们大体上是正确的。

另一种策略是科学的方法。它的基本逻辑假设就是,更微小的重要关系可以解释令人困惑的复杂性现象。例如,一个世纪以前,达尔文提出一种相对简单的理论——自然选择过程,以解释他航海中所遇见的大量物种及其变迁。科学的重要特征是:① 数据获取和进行分析的方法必须充分公开地陈述,以便他人能够继续使用;② 它的概念和假设必须明确界定,保持逻辑上的连续性,还要能够产生经得起实践检验的命题;③ 这些假设必须尽可能地一般化,必须公开表述相关的不确定性;④ 方法和概念都必须经常自觉地适用于该领域专家的批评和评估。这种方法可以总结如下:"清楚而且能够修正"(Be clear enough to be proven wrong)。与"常识性的方法"不一样,科学被设计为自我感知、寻找错误,进而能够自我修正。

埃莉诺·奥斯特洛姆(Elinor Ostrom)通过对概念性框架、理论和模型的分析,进一步说明了概念性框架所具有的简化思维的特性。在她看来,概念性框架(conceptal framework)确定了一系列变量以及变量之间的相互关系,这些变量被假定能用来解释一系列现象。概念性框架能提供从适当的变量到像范式那样范围较广的任何东西。它不需要确定各种关系之间的走向。而理论则提供更"密集"、逻辑上更有连贯性的一系列关系。它把价值附加于其中的一些变量,通常还说明关系会如何随着重要变量的价值变化而变化。许多理论可以和相同的概念性框架保持一致。模型(model)则是对特定情形的陈述。与既有理论相比,模型通常在范围上要狭小些,而在假设上则更为精细。就理想状态而言,模型是可以被量化的。因而,概念性框架、理论和模型可以通过对连续的统一关联体的操作实现概念化,在该操作过程中,统一关联体逻辑上的关联性和特征不断增强,其范围则不断缩小。

（原文选自保罗·A.萨巴蒂尔编:《政策过程理论》,生活·读书·新知三联书店,2006年版,第3-8页。本书对原文做了改动,并进行了适当的阐释。）

经典阅读3-2:"阶段启发法"概念性框架

在政策过程研究中,理解政策过程最有影响力的概念性框架——特别是在美国学者中间,当属"阶段启发法"。该概念框架被纳库缪拉(Nakumura,1987)命名为"教科书法"(textbook approach),亦称阶段启发法。政策学家琼斯(Jones,1970)、安德森(Anderson,1975)以及布鲁尔和德利翁(Brewer and Deleon,1983)对这一政策过程的概念性框架做了深入研究,把政策过程概括为一系列的阶段:议程设置、政策构建和合法化、政策实施以及评估。阶段启发法还分析了各阶段具体进程中的一些影响因素。阶段启发法在20世纪70年代和80年代初成为一个有用的分析工具,其作用是把现实中复杂的政策过程简化为若干分散的阶段,并在一些特定的阶段内,特别是议程设置阶段(Cobb,Ross,and Ross,1976;Kingdon,1984;Nelson,1984)和政策实施阶段(Pressman and Wildavsky,1973;Hjern and Hull,1982;Mazmanian and Sabatier,1983),开展了卓越的研究。

但是从1983年至1993年的10年间,阶段启发法不时受到一些极为致命的抨击(Nakamura,1987;Sabatier,1991;Sabatier and Jenkins-Smith,1993),这一概念性框架被认为存在下列方面的问题:

一是阶段启发法并不是真正意义上的因果关系理论,因为它从来没有确定一套控制各个阶段内部和各个阶段之间进程的系列因果因素。相反,阶段启发法对每一阶段的研究趋向局限于该阶段内部,而不参考其他阶段的研究。此外,没有了因果因素,各个阶段内部和各个阶段之间也就没有了连续性的系列假设。

二是阶段启发法所推崇的阶段顺序,常常在描述上不准确。例如,对于现有项目的评估往往会影响议程设置;当官僚试图实施模糊的法律时,就会涉及政策的形成和合法性问题。

三是阶段启发法存在一个合法和自上而下的偏见,它关注的焦点通常是某项重要法律的通过和实施,而不是在既定的政策领域内对众多细小法规——它们都不显著——的实施和评估之间的相互作用。

四是阶段启发法假设仅关注某项重大法律的单一的政策循环圈,该假设过于简化了涉及各层级政府众多政策建议和法令条例的多元与互动的循环圈。例如,堕胎政策的积极倡导者,现在活跃在联邦政府和大部分州政府的诉讼、华盛顿和大部分州的新政策建议、其他政策在联邦和州层级的实施以及各种各样的项目和提案的评估活动当中。他们也在持续寻求影响这些问题的界定。在这样的情形下——这往往很普遍——聚焦于某一政策循环圈的作用就极其有限。

结论是不言而喻的:阶段启发法的积极作用很有限,有必要寻求更好的理论性框架取而代之。

(原文选自保罗. A. 萨巴蒂尔编:《政策过程理论》,生活·读书·新知三联书店,2006 年版,第 8－10 页。本书对原文做了改动,并进行了适当的阐释。)

经典阅读 3－3:"更有希望的概念性框架"

在过去的 15 年间,即从 20 世纪 70 年代到 90 年代中期,政策过程的一些新的概念性框架得到发展和修正完善。一个好的概念性框架必须符合一些标准;

一是任何一种框架都必须准确地符合科学理论的标准,也就是说,框架的概念和假设必须相对清晰,并保持内部的一致性,必须界定清楚因果因素,必须能产生经得起检验的假设,同时,框架还得保持相当广泛的适用范围(如适用于不同政治系统的大部分政策过程)。

二是任何一种框架都必须以近期一定数量的概念发展和/或实践检验为条件。现在一部分活跃的政策学者必须把它当成理解政策过程的可行方法。

三是任何一种框架都必须为旨在解释大部分的政策过程的实际理论。理论性框架可能包含明确的规范性因素,但这并不是必需的。

四是任何一种框架都必须表述广泛的系列影响因素,诸如冲突性的价值和利益、信息流向、制度安排和多样化的社会经济条件等。对于站在政策制定的不同视角的传统政治学者来说,这些影响因素是极其重要的。

根据这些标准,我们选择其中的部分概念性框架进行分析。

阶段启发法(the stages heuristic)。虽然对于阶段启发法是否符合上述标准的第一条和第二条存有疑问,但是很显然,对第二条的反对意见我们还留有余地。特别是对政策实施的研究正在复苏(Lester and Goggin,1998)。我们花了大量的时间来批评阶段启发法,为了公平起见,我们仍有必要为阶段启发法的辩护提供一个论坛。彼得·德利翁(Peter Deleon)作为阶段启发法最早的倡导者之一,自愿地充当了发言人的角色。

制度性的理性选择(institutional rational choice)。制度性的理性选择是一组分析框架,它们都聚焦于制度规则如何改变受物质自利推动的特别理性的个人行为。尽管制度性的理性选择更多地关注具体的制度设置,如美国国会和行政机构之间的关系,但该框架的范围极广,被广泛地应用于分析美国和其他国家的重要政策问题(Ostrom,1986,1990;Ostrom et al. ,1993,1994;Scholz,Twombley,and Headrick,1991;Schneider,Larason,and Ingram,1995;Chubb and Moe,1990;Dowding,1995;

Scharpf,1997)。很明显,制度性的理性选择是各种框架中发展最为完善的一种方法,被证明在美国甚或在德国都能适用。埃莉诺·奥斯特洛姆对这一概念性框架进行了阐释。

多源流分析框架(the multiple-streams framework)。多源流分析框架是约翰·金登(John Kingdon,1984)在有关组织行为的"垃圾桶"(garbage can)模型(Cohen,March,and Olsen,1972)基础上发展起来的。它把政策过程看成由行为者和过程的三个源头组成:由各种问题的数据以及各种问题界定内容所形成的问题源流;涉及政策问题解决方案内容的政策源流;由各种选举活动和被选举官员组成的政治源流。在金登看来,各种源流通常情况下相互独立运作,只有当特定的"机会之窗"允许政策主导者将各种源流汇集时,才有可能发生例外的情况。如果政策主导者能够成功,那么就会导致重大的政策变迁。尽管通常情况下多源流分析框架并不像我们所喜欢的那样清晰和内部一致,但它在很大范围的政策舞台上得到应用,每年的社会科学引用目录(the Social Science Cimtion Index,SSCl)显示被引用约 80 次。约翰·金登(John Kingdon)理应成为该概念性框架的说明者。然而他婉言拒绝了,只好选择尼古拉斯·扎哈瑞尔迪斯(Nikolaos Zahafiadis)来进行阐述,他在自己的研究中大量地应用了多源流分析框架。

间断—平衡框架(punctuated-equilibrium framework)。间断—平衡框架最初由鲍姆加特纳和琼斯(Baumgartner and Jones,1993)提出,该方法认为:美国的政策制定具有长期的渐进变迁和短期的重大政策变迁的特点。当政策反对者力图形成新的"政策图景"(policy image),利用美国政策多样化这一特征的时候,就有可能发生短期的重大政策变迁。间断—平衡框架最初用来解释立法的变迁,最近又被扩大用来解释包括联邦政府预算的长期变迁在内的一些特别复杂的问题(Jones,Baumgarmer,and True,1998)。很显然,间断—平衡框架符合上述四个标准。这一概念性框架由其首倡者弗兰克·鲍姆加特纳(R. Frank Baumgarmer)、布赖恩·琼斯(Bryan D. Jones)和詹姆斯·特鲁(James L. True)合作撰写论文来加以阐释。

支持联盟框架(the advocacy coalition framework)。支持联盟框架(ACF)最初由萨巴蒂尔和简金斯-史密斯(Salyatier and Jenkins-Smith,1988,1993)提出,关注的焦点是支持联盟之间的互动作用,每一个支持联盟都是由来自政策子系统里面不同组织的行为者组成,他们拥有一套共同的政策信仰。政策变迁既是子系统内部竞争的结果,也是子系统外部所发生事件影响的结果。支持联盟框架花了大量的时间描述政策精英的信仰系统,分析不同联盟间进行政策取向型相互学习所需的条件。支持联盟框架已经引起经济合作组织(OECD)国家的极大兴趣,其中也包括一些建设性的批评(Schlager,1995)。保罗·萨巴蒂尔和汉克·简金斯-史密斯完全够格来评估近期这一具体框架应用的含义。

上述所讨论的框架都集中于对既定的政治体制或系列制度安排范围内的政策变迁的解释(包括试图改变这些既定的制度安排)。接下来的两个框架则是试图解释多个政治体制之间的异样性。

政策传播框架(policy diffusion framework)。政策传播框架由弗朗西丝·贝瑞和威廉·贝瑞(Frances Berry;William Berry;1990;1992)创立,用来解释许多州(或

地方)采取政策创新方法,如抽彩给奖法之所以呈现差异性的原因。该框架认为,采纳政策创新的方法不仅由政治体制的不同特点决定,也受多种政策传播过程的影响。最近,明特罗姆和弗格里(Mintrom and Vergari,1998)把这个框架和有关政策网络的知识结合在一起。政策传播框架目前在美国以外的国家几乎没有得到应用。然而,它应该在欧盟、经合组织的不同国家和地区,或是别的任何政治体制下,得到广泛的应用。弗朗西丝·贝瑞和威廉·贝瑞对这一概念性框架进行了阐述。

大规模比较研究方法的因果漏斗框架和其他框架(the funnel of causality and other frameworks)。最后,我们把目光转向六七十年代在美国异常重要,曾用来解释不同州和地方政策绩效(通常是预算开支)异样性的许多框架(Dye,1966,1991;Sharkansky,1970;Hofferbert,1974)。这些框架开始时显得异常简单,主要用来解释社会经济条件、公共舆论和政治组织的多样性,但是随着时间的推移,这些框架也变得越来越复杂(Maznmnian and Sabatier,1981;Hofferbert and Urice,1985)。目前对于该研究方法的兴趣在美国有所下降,但它仍然流行于经合组织国家,特别是用来解释社会福利项目的差异性(Flora,1986;Klingeman,Hofferbert,and Budge,1994;Schmidt,1996)。威廉·布洛姆奎斯特(William Blomquist)对这些框架做了说明。尽管他在这方面做出过很大的贡献(Blomquist,1991),但他不是该框架主要的建议者和支持者,因而和其他的作者不同。之所以选择威廉·布洛姆奎斯特,是因为希望他能够批评该框架的"暗箱"特征,并将该框架和别的相关知识,特别是和制度选择的框架相结合。

(原文选自保罗.A.萨巴蒂尔编:《政策过程理论》,生活·读书·新知三联书店,2006年版,第10-16页。本书对原文做了改动,并进行了适当的阐释。)

经典阅读 3-4:"议程的建立"

可以通过对问题、政治与可见的参与者的分析来研究政府议程是怎样建立的。

问题溪流

政策问题是产生政策议程最为重要的因素。但是为什么有些问题而不是其他的问题最终引起了政府官员的关注呢?其答案不仅在于那些官员借以了解现实状况的手段,而且还在于现实状况被界定成问题的途径。

就手段而言,主要与指标、焦点事件以及反馈相关。首先,具有一定的指标就完全可以表明状况存在。指标可以用来评估那种状况的重要性程度(例如,一种疾病的发生率或者一个项目的成本),并且可以用来了解某一状况发生的变化。高度的重要性和重大的变化都可以引起官员们的关注。其次,一个焦点事件,比如一场灾难、一次危机、一种个人经验,都可以使人们对某些状况的关注多于他们对其他状况的关注。但是,如果没有某一问题的稳定迹象、一种预先存在的知觉以及一种与其他类似事件的结合物相伴随的话,那么这样的一个事件就只具有一些短暂的效应。最后,官员们通过有关现行项目运行情况的反馈来了解状况,他们的反馈渠道要么是正式的

（例如，对成本的常规监控或项目评估研究），要么就是非正式的（例如，流入国会办公室的抱怨溪流）。

状况和问题之间是有区别的。我们每天都要忍受各种各样的状况，而且状况不会上升到政策议程的显著位置。状况最终可以被界定为问题，而且当我们最终相信应当为改变状况而采取某种行动的时候，状况就更有可能被提上议程。政府内部及其周围的人们把状况界定为问题的方式有以下几种。第一，一些违背重要价值观念的状况会被转变成问题。第二，状况可以通过与其他国家或其他相关单位的对比而变成问题。第三，把一种状况归入一种类型而不是另一种类型也可能会使得这种状况被界定为一种问题或另外一种问题。例如，缺少适合于残疾人的公共交通，既可以被归类为交通问题，也可以被归类为公民权问题，而且对主题的处理明显受到问题类型的影响。

问题不仅会被提上政府议程，而且它们也会从视野中消失。问题之所以会从视野中消失，是因为：第一，政府可能处理了这个问题，也可能处理不了这个问题，在这两种情况下，政府的注意力都会转向某种别的事情，之所以如此，要么是因为已经采取了某种行动，要么就是因为人们因失败受挫而不愿意对一项看来要失败的事业投入自己更多的时间；第二，使某一问题突出的状况可能会发生变化，指标不是上升而是下降，或者危机消失了；第三，人们可能习惯了某一状况或者对一个问题重新贴上标签；第四，出现了一些别的项目，并且这些项目把那些议程上地位很高的项目挤到了一边；第五，人的注意力存在一些不可避免的周期，高增长率可以使社会运行平稳，而且时尚来去匆匆。

问题的识别对于议程的建立至关重要。如果某一给定的政策建议或主题与某一重要的问题联系在一起，那么它被提上议程的可能性就会明显提高。有些问题被视为非常紧迫，以至于它们自己把议程建立了起来。一旦某一特定的问题被界定为紧迫的，那么完整的解决办法就要比其他的解决办法更受欢迎，而且，有些备选方案很突出，而其他的备选方案则从人们的视野中消失。因此，政策企业家会投入很多的资源以使政府官员关注他们对问题的看法，而且他们还会投入很多资源，力图使这些官员也按照他们的方式来看待问题。问题的识别和界定对结果具有重要影响。

政治溪流

政策本身就是某种政治决定，在政策过程诸如政府的立场、选举、国民情绪等构成的政治溪流中，我们可以在政治溪流中找到对议程显著程度高低的第二种解释。独立于问题的识别或者政策建议的提出，政治事件是按照它们自己的动态特性和规则向前流动的。参与者觉察到国民情绪的变动，选举使新一届政府上台执政并且给国会带来了新的政党分布状况或意识形态分布状况，而且各种各样的利益集团也迫使（或者未能迫使）政府接受它们的要求。

政治领域的这种发展是强有力的议程建立者。例如，当一届新的政府强调自己对问题的看法和自己的政策建议时，它就会改变议程的过程，而且还会使一些属于优先考虑的主题更加不可能受到关注。一种被视为很保守的国民情绪可以降低一些高成本的新动议受到关注的程度，而一种更为宽容的国民情绪则会容许更多的开支。一个强大利益集团群的反对态度使人们很难去考虑某些动议——尽管不是不可能，但是的确很难。

在政治溪流中，共识与其说是通过讨价还价达成，还不如说是通过说服而达成的。在政策溪流中，当参与者识别问题或者选定某些政策建议时，他们主要是通过说服来进行的。他们整理指标并且表明某些状况应当被界定为问题，或者他们认为，他们的政策建议符合诸如技术可行性或者价值观的可接受性这样的逻辑检验标准。但是，在政治溪流中，参与者则是通过讨价还价而达成共识的，即以条款来换取支持，通过给予民选官员一些他们所要求的特许权使他们加入联盟，或者是由于一些将会获得更广泛支持的理想立场而做出让步。

国民情绪与选举的结合是一个比有组织的利益集团（organized interests）更加有力的议程建立者。利益集团常常能够使他们不喜欢的政策建议得不到重视，或者能够通过增加一点投其所好的因素来适应一个已经在政府议程中具有很高地位的项目。他们很少独立地启动对项目的考虑或者很少自己建立议程。而且，当有组织的利益集团与国民情绪和民选政治家之间的结合发生冲突时，后者的结合就可能会取胜，至少就建立某一项议程而言情况是如此。

可见的参与者

政策议程建立中可见的参与者具有重要作用。在政策过程中，参与者是多种多样的，作用也不相同。我们可以对可见的参与者与潜在的参与者进行区分。可见的那组角色是那些受到很大压力和公众注意的人们，他们包括总统及其高级任命官、重要的国会议员、传媒以及诸如政党和竞选者这样一些与选举有关的角色。相对潜在的那组角色包括学术专家、职业官僚以及国会办事人员。我们已经发现，可见的角色对议程有影响，而潜在的角色则对备选方案有影响。因此，如果一个主题是由可见的那组角色中的参与者提出的话，那么它被提上政府议程的机会就会增加；如果一个主题被这些人所忽视的话，那么它被提上政府议程的机会就会减少。正如像政党领袖和重要的委员会主席这样一些重要的国会议员一样，行政当局——总统及其任命官——也是特别强大的议程建立者。

至少就议程建立而言，民选官员及其政治任命官要比职业文官或者政府外部的参与者更加重要。对于那些寻找有效民主之证据的人们来说，这是一个很令人鼓舞的结果。尽管这些民选官员未必参与对备选方案的阐明或者对决策的执行，但是他们的确对议程有很大的影响。要描述各种参与者在议程建立中的作用，有一个很直接的自上而下的模型非常接近现实，该模型把民选官员置于最上层。

（原文选自约翰·W.金登：《议程、备选方案与公共政策》，中国人民大学出版社，2004年版，第249-252页。本书对原文做了改动，并进行了适当的阐释。）

经典阅读3-5："典型的议程设定过程"

根据科布和埃尔德的研究，在分析政策议程时，通常都要区分系统性的/公共议程与制度性的/正式议程。系统性议程包括所有政治社区成员共同持有的所有议案，这些议案是值得公众关注的议案，也是现存政府当局合法管辖范围之内涉及的事件。这是讨论公共问题的关键议程，比如犯罪或保健问题等。从文字上来看，每个社会中，部分公民认为可以成为问题并要求政府对这些问题有所作为的议案都有成百上千个。然而，只有很少的一部分系统性议案被政府采纳并给予高度关注。一旦政府承认需要对某个问题做些什么时，该问题就已经进入制度性议程了。这些议案已经引起政府的高度关注。换句话说，公共议程是一个可供讨论的议程，而制度性议程则是一个行动方针，表示针对该问题的政策程序已经启动。

按照科布、罗斯和洛斯的论断，议程从系统性议程转为制度性议程要经历四个主要阶段。分别是议程的初始化、议程解决方案描述、问题展开的支持、最终成功地进入制度性议程。在早期研究中，受多元主义的强力影响，人们认为公共问题总能从系统性问题演变为制度性问题。然而，当人们对实际的议程建立案例调研时，便很快地揭示了这种概念的困境，接着人们建立了几个不同的议程设定模型，用来描述在议案进入官方议程的过程中，是怎样从社会转移到政府或者如何从政府转移到社会的。

在研究了不同国家的议程设定过程后，科布、罗斯和洛斯首先创建了这些不同的模型。这些议程设定模型可以划分为三种基本模式或模型：外部推动模式、动员模式和内部推动模式，每个模式都与特定形态的政治体制相联系。

他们将外部推动模式界定为自由主义的多元化社会的模式。在这种模式中，问题由非政府组织提出，接着充分扩展，首先成为公共/系统性议程，最终进入制度性议程。该模式中发挥关键作用的是社会团体。当某个团体明确表达不满并向政府提出解决问题的要求时，议案就首先确立了。有共同愿望的团体会力求为他们的要求寻求更广泛的支持，在这个过程中，这些不满可能在更大的团体内或在不同的团体之间扩散。最终，这种支持者的团体越来越大，他们都力图将议案推广到正式议程中去。如果他们拥有必要的政治资源和技巧，并能以谋略战胜反对者或其他议案的支持者，就能成功地推动他们的议案进入正式议程。正如科布和罗斯总结的那样：

外部推动模式在有政府外部团体的社会中的应用是这样的：（1）明确表示不满，（2）努力将议案所涉及的利益关系扩展到尽可能多的其他团体人群中，以求在公共议案中占据一席之地，目的是，（3）向决策者施加足够大的压力，迫使议案列入正式议程，引起决策者高度重视。

成功地进入正式议程并不意味着政府一定能做出（对提出议案者）有利的决策。它只意味着议案将会从成堆的其他议案中脱颖而出，得到更进一步的关注。

动员模式则十分不同，科布、罗斯和洛斯把它归纳为极权主义政体的模式。这种模式描述的是"决策者努力将某个议案从正式议程提升到公共议程"。在动员模式中，政府直接将议案置于正式议程之中，不必经过由公众普遍意识到不满然后再逐步扩展的过程。有关议案在政府内不可能会有激烈的争论，但直到政策正式宣布之前，关于政策及其制定过程，公众一直都蒙在鼓里。政策可能在某些方面描述得比较具体，也有可能只是简要描述，详细内容则在以后说明。不过，为新的政策赢得广泛支持是很重要的，因为政策的成功贯彻有赖于公众的积极配合。为了达到这个最终目标，政府领导会主持召开会议，安排部署公开活动来动员公众支持新政策。他们认为："动员模式下的议程建立过程可以描述为：政治领导创建一个政策，但要求广大公众对政策的实施给予支持，关键问题是将议案从正式议程推广到公共议程。"

在内部推动模式下，有影响力的团体拥有影响决策的专门通道，政策最初是由他们提出的，并且不需要在公众中寻求支持及与其他的议案竞争。这可以归因于技术原因和政治原因，这种模式多见于社团主义的政体。在这种模式下，问题的提出和陈述与团体或政府机构阐述不满以及提出可能的解决办法是同步进行的。议案的扩展范围仅限于特定的了解相关信息或有利益关系的团体或机构。议程的进入完全取决于有决策愿望的组织地位的优越程度。科布、罗斯和洛斯的说法是：

问题是在政府内部或与政府关系密切的团体内部提出的。议案接着向关心该问题的团体扩展，以求对决策者施加足够的压力直至将议案列入正式议程。没有必要将公众考虑在内，提出问题的人不会努力将议案提交公共议程。相反地，他们会设法将议案从公共议程中剔除。

科布、罗斯和洛斯的分析提出了议程设定的几种模式或形式。作为这些模式基础的观点还是很粗糙的政策子系统——其中政府和社会被明显地割裂开来。这种分析流派最重要的参数是政治体制形态。也就是说，在模式分析中，我们在任何部门所能见到的议程设定的形式，最终都是由政治体制的一般特征决定的。外部推动模式被认定为是自由民主社会的典型模式，动员模式则是社会主义一党制国家的典型模式，而内部推动模式则是独裁的官僚体制的典型模式。科布、罗斯和洛斯的上述分析在某些方面是有误导性的。每一种政体下的议程设定形式都是多种多样的，一种政体不可能只有一种议程设定模式。议程设定的方式不是以政体形态来划分的，而是像约翰·金登等人说的那样，是由问题本身的性质决定的。

金登关于美国议程设定的研究表明，政策议程的建立涉及三套参数（问题流、政策流和政治流）。问题流（Problem stream），作为公共问题需要政府采取行动并通过政府努力加以解决的问题的概念。按照金登的观点，通常问题引起决策者的注意，或者是因为突发事件，比如危机，或者是通过现行制度的反馈。人们将某种情况视作问题，是参照他们对事物应有状态的判断来确定的。政策流由问题专家、问题分析人士以及提出的解决措施构成。在这类参数中，多种可能性都考虑到了，并且找出了主要因素。最后，政治流"是由诸如国民情绪的转变、管理或法制的变迁以及利益集团的施压活动等因素组成的"。

按照金登的观点，以上三个流沿着不同的路径流动，或偏离、或接近（政策）过程，直到在某一特定的时点上，即政策窗口上，它们的路径相交了。正如金登论述的那样，"不同的问题流、政策流和政治流在特定的时间会合了。解决办法与问题以及适当的政治压力汇聚在一起"。在那个点上，议案才进入了正式议程，公共政策程序启动了。

金登指出议程设定最终决定于一定的偶然条件，包括巧合的非关联的外部事件、突发事件、政府内外的政策提倡者的出席或缺席、定期选举或预算周期，等等。他指出，（政策）窗口或者因强制性问题的出现而打开，或者因政治流发生的事情而打开。政策提倡者，即愿意为推动他们的意见或问题解决而投入资源的人们，不仅有责任敦促政府要人予以注意，而且有责任将问题和解决措施结合在一起，使问题与解决措施两者与政治生活结合到一起。

可以把金登关于议程设定的理论看作对科布和他的同事提出的议程设定模式的一个更高水平的认识。不过,不像科布的分析那样,金登的理论极端地注重偶然因素。也就是说,它提出议案登上正式议程决定于大量不可预见的因素,比如政策提倡者的行为,各种外生和内生危机或冲击。对于具体议案而言,这可能是正确的。然而,它却忽视了科布等人的研究成果,后者认为议案只能通过有限的几条途径进入正式议程。科布、罗斯和洛斯的三种议程设定模式的描述,对于我们理解各种复杂的程序做出了有益的贡献,在我们探索更加准确的议程设定程序模式的努力中应该采用,而不应该抛弃。

不管怎么说,科布的模型需要做一些改进。不是仅仅强调政体的特殊性,当一些问题在社会范围内有着广泛影响,解决这些问题的需求就适宜由公众提出来。另一些问题只对部分人群而言是重要的,则视该群体与政府之间关系的紧密程度,或许可以通过内部推动的模式提出来。政府官员可能会视公众对解决问题的支持程度而安排动员模式或是内部推动模式:如果支持是显而易见的,则我们可以加强并顺应民意,否则政府就不得不采用动员模式。

可见,议程设定的核心问题不是有关的政体,而是解决问题的政策子系统的特征,它决定着是由政府还是由社会首先提出政策程序,以及解决问题的公众支持程度。下图显示了这种关系的重要方面。

问题的提出者	公众支持的特征	
	高	低
社会主体	外部推动	内部推动
政府	加强民意	动员

表 3-2　政策的议程设定模型

资料来源:摘自彼得·J.梅,"政策设计的再思考:政策和公众"(Reconsidering Policy Design:Policies and Publics),《公共政策杂志》(*Journal of Public Policy*),11.2(1991):187-206。

在这个模型中,议程设定的模式由公众对议案支持的特征和提出问题的主体特征决定。尽管模型中的议程设定模式不是根据政体的特征,而是根据谁启动程序和公众对议案的支持程度设计的,但四种可能模式中的三种是由科布、罗斯和洛斯提出的。第四种议程设定模式,加强民意,产生于政府启动解决公共问题的程序,但议案已经得到了很广泛的公众支持的情况。在这种情况下,议案既不需要按照程序提出,公众的支持也不需要动员政府,只要强化现有的支持并制定政策就足够了。

结论

在讨论政策议程的建立时,必须构建一个以错综复杂的公共关系和政府对具体申诉或政府行动需求的支持为基础的议程设定形式的模型。这个模型概括了对问题定义的调查,该定义必须考虑物质利益对所述的社会问题影响程度,以及观念和意识形态条件实现的方式。与政治体制的特征有关的参数、主流意识形态和文化道德系统、观念以及某些偶然性事件,都可能将政府和社会的注意力吸引到某个议案上来,这些在议程设定过程中都是很重要的。特别是解决问题的政策子系统特征和公众支持程度,这两个参数更加重要。

(原文选自迈克尔·豪利特、M.拉米什:《公共政策研究:政策循环与政策子系统》,生活·读书·新知三联书店,2006年版,第193-200页。本书对原文做了改动,并进行了适当的阐释。)

经典阅读3-6:"政策规划:概念问题"

当政府获悉公共问题的存在并需要就此采取行动时,决策者需要首先决定行动的过程。这样他们就要浏览多种可供选择的问题解决方案,然后转入政策陈述阶段。按照查尔斯·琼斯的说法,政策论证的突出特征就是为了应对社会上人们的需要而提出办法。当问题及其解决措施同时被置于政府的议程之上时,这些提议可以在议程制定阶段提出,或者也可以在政府同意解决问题之后提出。在所有情形下,可选范围内的办法都应该认真考察并筛选出决策者可以接受的办法。这个定义、考察、接受或拒绝可选方案的过程就是政策循环的第二个阶段。

为了避免误解,需要强调一下,公共问题解决方案的选择或者社会需要的满足过程远远不像理性理论所设想的那样秩序井然。我们在前面章节讨论议程制定时已经了解到,界定和阐明一个问题是一个很模糊的过程,这个过程不是总能导致清晰的结果。尽管决策者认同了问题的存在,他们也可能还会对问题的根源或问题的衍生有不同的理解。因此可以预见,问题解决方案的搜寻将会是充满争议的,需要有来自各方面的压力来促成,这要胜过仅仅以理性的方式来思考政策选择的做法。

问题解决方案的搜寻实质上就是搞清楚哪些方案是可行的,哪些是不可行的。在这个阶段,那些被认为不会起作用的方案或者由于某些原因不被当权者认可的方案将被排除。于是,工业化国家在设计医疗保障政策时要考虑医疗保障的成本,因而一般不会采用英国式的举国保障体制,工业化国家要对政策进行成本—效益评估,因为反对医疗保障政策的医药行业会担心他们的收入减少。工业化国家也不会拒绝向老年人提供医疗保障,因为那样会招致道德和政治上的谴责。在总政策论证阶段,可选方案如何被决策者排除在考虑范围之外,告诉了我们许多关于在政策决策阶段被选中的政策措施的信息。

琼斯还总结了政策规划过程的其他主要特点:

1. 政策规划过程不必局限于一批主体。有两个或更多的组团形成竞争性提议,效果会更好。

2. 政策规划过程可能在对问题没有清晰的定义或者在没有与相关的利益群体充分接触的情况下完成。

3. 尽管政策规划是官方机构的常见行为,但没有必要将政策规划与特定的机构一一对应。

4. 任何一个提议如果没有赢得足够的支持,那么将会用很长的时间来反复规划。

5. 那些在任何层次的规划过程中落败的人往往能提出若干个抗议观点。

6. 这个过程本身从来不会有中庸的结果。即使在科学工作中也会有人胜利,有人失败。

以上特征表明政策规划过程是一个十分冗长的、因具体情况而迥异的复杂进程。政策规划过程中的细微差别只能通过实际案例的研究来把握。

政策规划过程包括政策可选方案的甄选,直到只剩下两个或少数几个方案留给决策者进行最终选择。这个过程包括权限认定,意味着揭示什么是可行的,什么是不可行的。这一点是显而易见的,但大量文献都反映了这样的问题,即忽视决策者的权限所在,向决策者提出动议,而规定的权限却不允许决策者采纳动议。公共选择理论关于政客会选择最有利于促进选情的政策的关键假设,福利经济学家关于政客必须采取最优行为的描述,都是假定政客拥有比实际情况更大的选择空间。实际上,政客恰恰不能随心所欲地做有利于选情或经济学家所谓的最优选择的每一件事情。

在提及决策者所面临的导致他们拒绝某些可选政策的权限之前,值得一提的是,限制不一定必须以实际为基础。政策子系统的重要行为主体认为某些措施不起作用或不能接受,这一点就足以将它们从政策程序中剔除。在政策程序中,主观认识与事实本身一样。

政策子系统的成员面临的限制可能是孤立存在的或者程序性的。孤立的限制条件是由问题本身的特征天然决定的。决策者希望消除贫困,不会印刷票子发给穷人,因为通货膨胀会抵消政策效果,他们必须通过更加间接的途径来解决问题。类似地,想要促进艺术和运动成绩而命令人们称之为全世界最优秀的艺术家或女运动员是不能奏效的;实现这些目标要求采取细致得多的措施。全球变暖问题不能完全根除,因为目前尚没有既能奏效又不会引起经济和社会严重动乱的解决办法,这使得决策者只能采取一些浮皮蹭痒的措施。可见,孤立的问题在某种意义上是客观存在,没有什么人能奈何得了它。

程序性限制条件与选择的某个方案或执行该方案所涉及的程序有关。这些限制是制度性的或技术性的。本书讨论过的制度性限制,包括体制性措施,政府和社会组织以及观念或信念方面的模式。它们限制了一些可选方案而促进了另一些可选方案。美国管制持枪的努力就与拥有武器的制度性权力相冲突。联邦主义为美国、澳大利亚和加拿大的决策者设置了类似的限制,这些国家的许多公共政策领域,在做任何事情之前两级政府都得取得共识。主要的社会团体内部如何组织以及如何与州政府相联系等问题也会影响到什么事情可做,什么事情不可做。同样地,据说被瑞典、奥地利、日本等社团主义社会看重的政策路线,在以自由主义为主流意识的英语社会中往往难以被接受。

（原文选自迈克尔·豪利特、M. 拉米什：《公共政策研究：政策循环与政策子系统》，生活·读书·新知三联书店，2006 年版，第 212—216 页。）

经典阅读 3－7："政策规划：政策子系统"

政策子系统(policy subsystem)的概念在政策研究中至关重要。政策规划的近期研究强调这个阶段上的政策子系统在政策循环中的重要性。但与议程制定不同，议程制定阶段公众成员已经被包括在内，在政策规划阶段，政策子系统的成员则限制在那些至少掌握一定程度的相关知识的人的范围之内，允许他们就可选方案在解决政策问题的可行性方面展开评论。

亚政府、铁三角和议题网络

最早的政策子系统概念是由美国的早期多元论批判者们提出来的。他们提出了小政府的概念，指一些以常规方式相互影响的社会和政府主体的集团。他们发现，美国的利益集团，国会委员会和政府机构在讨论法律、法规事务中存在一种稳定的相互影响关系，在长期相互影响的过程中，这些主体之间建立了一种相互支持的系统，在考察这种现象的基础上，他们提出了亚政府的概念。农业、交通以及教育领域经常把这种三边关系称为铁三角(iron triangles)，用来形容它在政策过程的许多方面都具有牢不可破的控制力。这些集团因为左右了政策过程而受到谴责，其做法破坏了流行的民主原则，把自身的利益凌驾于广大公民的利益之上。

在 20 世纪六七十年代，对美国案例的进一步研究显示，许多这样的亚政府不是完全占有权力，实际上不同的议案，不同的时期，它们对政策决策的影响是不同的。不久又出现了一种较为委婉和不很严格的关于政策子系统的提法，由休·赫克罗(Hugh Heclo)提出，叫作议题网络(issue network)。

赫克罗在英国和瑞典撰写他的早期著作时指出，美国一些地区的政治生活以一些利益代言人组成的制度化系统为组织形式，而另一些地区则不是。他写道："由于一心想找出少数真正有权威的主体，观察家们似乎忽视了导致决策者动摇的相互做交易的框架结构的威力和影响。因为一味地探求封闭式控制三角，我们似乎忘记了还有一种对政府影响越来越大的公开公平的人民网络。"他不否认铁三角的存在，但他认为，铁三角的成员及其运行往往并不像有些评论家所说的那样封闭或僵化。

赫克罗认为政策子系统是一个谱系表，这个谱系一端是铁三角，另一端则是议题网络。他解释了铁三角与议题网络的不同：铁三角和亚政府是赢得独立自主权力的小范围参与者。另一端的议题网络则是由大量有着不同程度共识并在同一环境中相互依赖的参与者组成的集合；事实上很难说清楚议题网络的起点和终点在哪里。铁三角和亚政府是一些稳定的参与者联盟，控制相当狭窄范围内的对联盟成员有着直接经济利益的公共项目。议题网络在很多方面正好与之相反。参与者不断地进入或退出网络。不是组成集团专门应对某一个项目，相反地，就目前所知在议题网络中没有人控制着政策或议案。在议题网络中，与智力或情感上的投入相比，任何直接的物质利益都往往是次要的。可见议题网络是不太稳定的，成员总在变换，也不像铁三角那样制度化。

赫克罗给出的关于政策规划阶段的政策子系统与政策铁三角性质的不同的解释，鼓舞了欧洲和北美一些学者进一步升华这一概念。这些学者的确这么做了。但是还有很多没有研究到的子系统形式等待他们去分类，以补充赫克罗简单的议题网络和铁三角谱系表。

倡导联盟

在美国，保罗·萨巴蒂尔（Paul Sabatier）和他的同事创建了一个复杂的表格来研究政策子系统中的主体行为。在他们的著作中提出了政策倡导联盟（advocacy coalition）。政策倡导联盟指的是政策子系统中的子集合。按照简金斯-史密斯（Jenkings-smith）和萨巴蒂尔的观点，"倡导联盟由来自各级政区的公众和私人机构组成，这些人持有共同政见，都希望控制规则、预算和政府机构的人事，以求逐步达到自己的政治目的"。

简金斯-史密斯和萨巴蒂尔认为，倡导联盟包括政府主体和社会主体，他们来自国家一级政区、二级政区和地方级政区。他们也明智地将信息和利益在政策程序中的作用捆绑在一起。行为主体因为共同的认识走到一起，经常以他们都掌握的关于公共问题的信息和共同利益为基础。对人类本质的共同认识和对事物发展的共同愿望构成了他们信仰体系的核心，该核心十分稳定，联盟因此得到巩固。联盟中所有的成员参与政策程序的目的，就是想利用国家机器来实现他们自己的目标。

一旦某个政策倡导联盟的信仰体系和利益决定了政策，他们就会寻求政策的正式通过，这个努力的成功率受多种因素影响。包括联盟的资源，如"资金、专业性、支持者的人数以及法律权威"。外部因素的影响也会使一些目标比另一些目标更容易完成，从而影响最终结果。一些外部因素（包括问题的性质、自然资源禀赋、文化价值观、宪法条款等）在一段时期内是稳定的，因而也是比较明确的。其他的外部因素则有较大程度的变动性：包括公共观点、技术、通货膨胀水平或失业水平、政府中的政党变动，等等。在多数情况下，在一个分系统中至少有一至两个政策倡导联盟，不过有时会多一些，具体情况要看相关政策领域涉及的意识形态结构的复杂程度。

政策网络

彼得·卡曾斯坦（Peter Kazenstein）在对国外经济政策的比较研究中，将政策网络定义为把政府和社会主体连接在一起共同参与政策程序的网络。虽然他没有再提这个术语，但是其他学者用组织学和人类学的分析元素综合了政策子系统的有关概念，最后正式提出政策网络这一概念，并运用到后来的政策研究之中。

罗兹（R. A. W. Rhods）曾经在英国做过这方面的应用研究，他认为整个 20 世纪80 年代早期，政府不同分支机构和不同部门之间的相互关系，以及政府与其他社会组织之间的互动关系构成了政策网络，这个网络有助于政策的形成与发展。罗兹认为，网络因集成程度的不同而不同。集成程度是由网络成员资格的稳定性、成员的约束性以及与其他网络、公众和他们所控制资源的隔离程度决定的。美国的哈姆（Harmm）也做过类似的研究。他认为可以通过内部复杂性、功能自治和内外合作或冲突的程度来识别不同的政策网络。

威尔克斯和赖特（Wilks and Wright）在关于欧洲产业政策制定的大量研究中，赞成罗兹的假说，认为网络的不同表现在五个主要方面："网络成员的兴趣、成员资格、成员的独立程度、网络与其他网络的分离程度，以及成员之间资源分配的多样化。"他们指出,上述定义可以补充赫克罗的铁三角议题网络图谱的不足,能够给出网络紧密程度的高低范围,即成员资格和成员内部关系稳定、网络内部相互依赖性强,以及独立于其他网络的网络就是高度集成的网络。而在另一个极端,集成度低的网络则大而结构松散,与其他团体和主体有着千丝万缕的联系。

明确和重建政策网络概念的努力在美国一直继续着。索尔兹伯里(Salisbury)、海因茨(Heinz)、劳曼(Laumann)和纳尔逊(Nelson)就指出,网络倾向于一个"空洞的核",在其中,即使最制度化的网络也不会表现出清晰的领导关系。另一些人认为,网络应按照这样的标准来划分,即网络是否是由政府和社会成员持有相同目标并在目标的实现途径方面保持一致。还有些人提出,对网络中成员利益的区分才是界定不同网络形式的关键变量。

很重要的一点是,所有的政策网络概念都是建立在特定的利益基础之上的。就是说,假定参与者加入网络的目的是为了推进和实现自己的目标,这些目标被视为基本上是物质利益。强调共同物质利益这一点,使得政策网络的研究不同于政策社群的研究。

政策社群

尽管政策社群和政策网络这两个术语一直被交叉使用了许多年,但在研究中区分这两个术语的工作在 20 世纪 80 年代早期就开始了。尽管威尔克斯和赖特赞成罗兹结构中的大多数方面,但他们反对先前政策子系统中政策网络和政策社群之间的概念化联系,因而,引入了公共政策构成的本质这些要素。这两个作者说:"尽管在文献中经常混用,但政策社群不同于政策网络。泛泛地使用社群这个术语无助于政策程序的分析。"相反,他们用政策社群来代表更宽泛的分类,即涉及政策制定过程的所有内容。而将政策网络的含义限定为政策社群成员中的一个子集,这些成员定期地相互交流。按照他们的观点,政策社群指的是政策领域中那些共同关注某些政策问题的主体或潜在主体。政策网络是政策社群内部或两个和两个以上社群之间的联络过程。他们自己的定义已经通过了实践的检验。

在后续的研究表明,这种概念上的区分被证明具有重要的意义。其最大的优越性在于,将政策制定过程中两种不同的行为动机,即专门知识和物质利益进行了综合。通过将政策社群与特定知识基础联系起来,把政策网络与追求物质利益相联系,政策制定过程中两个不同侧面更加鲜明地突现出来。

(原文选自迈克尔·豪利特、M. 拉米什:《公共政策研究:政策循环与政策子系统》,生活·读书·新知三联书店,2006 年版,第 216－222 页。本书对原文做了改动,并进行了适当的阐释。)

经典阅读 3－8:"决策的最佳模型"

纯粹合理性模型和最佳决策模型是有区别的。

1. 最佳决策模型的主要特征

最佳决策模型的主要特征有:① 强调的是质的方面,而不是量的方面;② 包括合理性和超合理性两个方面的构成要素;③ 基本点是经济上要合理;④ 包括总的政策制定;⑤ 包含很多的反馈等。

要制定出普遍计量最佳,同时又是实用的政策决定模型是不可能的。最佳决策的计量取决于在个别情况下可使用的投入与规定的产出。要把计量的最佳模型一般化,只能使用"边际产出""机会费用""累积的纯产出"以及其他的抽象概念。但这种抽象模型很难具备实用性。所以普遍而规范的模型只能是质的,而不可能是量化的。最佳模型不管可用投入或规定了的产出如何,是可以确定最佳决策阶段并可以讨论的质的模型。在这一模型中,计量概念同"尽可能多"的表现一样,只在模糊的程度上使用。

在系统分析中,有人把这种质的模型称为"取向模型",只把计量化了的模型称为最佳模型,但这并不正确。应该对非计量性最佳模型和计量化的最佳模型都予以肯定。

最佳政策制定不仅需要合理性因素,还需要超合理性因素。其理由如下:有限的资源、不确定的情况、知识的缺乏等因素制约着合理的决策,所以决策者们不得不依赖超合理性过程。在有些决策情况下,除了依赖超合理过程以外没有其他方法可选择。如在制定全新的方案时就是这样。在有些情况下,超合理性过程比合理性过程更有助于解决问题。但这些并不意味着超合理性过程能够代替合理性过程,超合理性过程只能起到补充合理性过程的作用。

由于缺乏资源,在决策过程中要处理好资源分配的问题。所谓资源分配问题,就是相对于其他活动,在决策活动上要分配多少资源的问题。最佳决策模型认为,在决策的各个阶段上以最有效地利用资源的原则来进行资源分配。这就是最佳决策模型的基本观点。在这一点上,可以说最佳决策模型具有"经济合理性"模型的特点。

广义上的决策包括三个主要阶段:① 总的政策决定(metapolicymaking),即关于如何做出决策的决策;② 通常意义上的决策(policymaking),即关于实质性问题的决策;③ 政策再决定(repolicymaking),即根据反馈而变更原来的政策。政策再决定阶段,也叫事后决策阶段或决策之后阶段。整体的最佳决策模型应该包括动态地相互紧密联系着的这三个阶段。

总的决策包括决策的全体或其主要部分。总的决策决定包括:① 确认问题、价值、资源,并将其分配到其他政策单位上;② 设计、评估以及重新设计政策体制;③ 决定决策的基本战略。

纯粹合理性模型是以政策体制的全面合理为前提的,所以不承认反馈的必要性。但在"经济合理性"模型或合理性与超合理性的混合模型中则非常重视反馈。因为这些模型承认在实际实施过程中会出现同决策时所期望的很不相同的结果。在最佳模型中强调反馈有两个理由。其一,需要弄清个别政策是否有必要修改而必须要反馈。其二,决策体制本身在"学习"过程中离不开反馈。

2. 最佳模型的阶段

最佳决策模型包括总的政策决定、决策、政策再决定等三个阶段。这三个阶段通过沟通和反馈通道紧密相连。三个主要阶段又细分为 18 个次级阶段。这种阶段体系成为政策分析的框架,成为检查决策的质量提供发展次级标准的基础,也成为评估决策的主要根据,而且还为改善决策提供规范性依据。

（1）总的政策决定阶段

总的决策阶段是关于政策决定的决策。在这里包括的七个次级阶段,所涉及的是有关总体上设计决策体制所必要的活动,以及在制定决策的一般原理和规则下展开必要的活动。具体的七个次级阶段如下:

① 加工价值:在评估政策问题和制定政策目标等过程中,应该以一定社会价值为基础。为此,首先要把这些价值具体化,并把这些价值的先后顺序定下来。

② 加工现实:在决策中,并不把客观现实原封不动地加以应用,而是从客观现实中抽出必要的事实,由此组成关于现实的主观印象。决策就是基于这种关于现实的主观印象而做出的。在最佳政策决定中的加工价值阶段上,根据目标和价值要适当地选择必须得到重视的事实并构成对现实的印象。要做出最佳的决策,必须要不断地改善关于现实的主观印象。

③ 处理问题:决策者所具有的价值和关于现实的主观印象之间的距离就是体制的主观问题。为了弄清这种问题,应该系统地比较价值和主观的印象。通过这种比较要选择现实性高的主观问题并把这些问题进行具体化和操作化之后,最后决定这些问题之间的先后顺序。

④ 调查、处理、开发资源:在这一阶段上,要对现在和将来的问题与资源进行系统而周期性的探索,要正确评估资源的需求和供给,明确所需的追加资源,并要促进新资源的开发。

⑤ 设计、评估、重新设计决策体制:这里说的设计包括结构和过程的决策体制,并对此做经常的评价,根据这种评价做必要的重新设计。

⑥ 安排问题、价值、资源:把问题分割为几个部分,并把它们分别安排在各决策单位或次级决策系统。对有关解决问题的价值和决策过程所必要的资源也要予以安排。

⑦ 决定决策的战略:要确定决策者在具体决策过程中必须采取的方针和立场。

（2）决策阶段

在这一阶段上决定具体的政策。这一阶段的次级阶段是与总的政策阶段相适应的,也包括七个次级阶段。

① 资源的再分配:分配到某种决策问题或决策单位的资源应该再分配到决策的各个方面。

② 制定实践目标:将总的决策阶段上的价值和问题具体化。

③ 其他价值的设置:弄清楚那些虽然不包括在政策的实践目标之中,但在决策中必须考虑到的一些其他重要价值,要确定这些其他价值之间的先后顺序。

④ 探索政策方案:应该寻找"好"的政策方案。如果没有"好"的方案,那么应该再动员资源或降低关于"好"的标准。在最佳模型中探索的方案数量比在纯粹合理性模型中所探索的方案要少。但它不像满足模型那样一遇到主观上可以满足的模型就停止方案的探索,而是为寻找"最佳"或"好"的方案继续进行探索,一直到找到这种方案为止。

⑤ 预测政策方案所需要的费用和能带来的利益:在这一阶段上,应该明确是把

重点放在寻找新的方案上,还是把重点放在正确地预测成本和利益上。不管做出了哪一种战略选择,都要在既定资源的范围内努力做出可信性高的预测。

⑥ 比较政策方案和确认最佳方案:在这一阶段上,比较各种方案的成本和利益并确定最佳方案。如果有一种比其他方案显著好的方案,这时候选择是很容易的。这种方案可以通过取长补短的方式制定,也可以靠想象力来创造。如果既没有较为显著的方案,也不能重新制定一种方案,那么在已有的方案中进行成本和利益关系的比较和评估,这种比较和评估往往依赖于超合理性。

⑦ 评价最佳方案:这是要对被选定的方案的成本和利益根据所定的问题和价值进行评价,从而决定这一方案是否是"好"的方案。如果被选的方案不是"好"的,那么应该重新探索方案,或降低"好"的标准。

在纯粹合理性模型中,如果确定了最佳方案,那么政策决定过程就会终结。但在最佳决策模型中,由于方案的探索是不完整的,因此所探索的方案不能全都接受。这样,对虽然被确认为最佳的,但对此做出重新评价之后再决定它是不是好的能够接受。

"好"的标准不能用普遍的公式来说明。但从实用的角度上考虑,"好"的标准必须得到满足的几个条件是:第一,对社会有益;第二,政策在政治和经济上具有较高的实现可能性;第三,要不断地改善政策决定和政策内容;第四,要比那些可以比较的其他决策更好;第五,要有高度发达的方案探索;第六,要有一种迫使这种决策尽量做好的压力;第七,从决策的初期阶段开始,这种决策能够清楚地表明这一决策将影响谁的活动。

(3)决策以后阶段:政策再决定阶段

政策决定以后阶段的主要任务是政策执行,为此必须促发政策执行的动机。执行了政策之后则应该评价其决策。

① 促发执行政策的动机:选择了最佳政策方案之后必须执行它,而执行有必要促发其动机。促发执行动机的手段有对政策的正式承认、执行所必要的资源分配、强有力的推动等,而这些都取决于政治权力。所以,应该让有关的权力主体形成联合并支持政策执行。

② 政策的执行:政策执行不仅包括现场作业(field operations),还包括很多次一级的政策决定。政策的实际内容是在执行过程中决定的。如果有必要的话,还要在执行过程中做出政策的再决定。

③ 评估决策:评价决策是从政策执行的开始到终结为止一直存在的活动。政策执行包括必要的政策修改及其执行。这一阶段包括两个方面的评价:其一,政策执行的实际结果,也就是把决策的"实际产出"同"所期待的结果"进行比较;其二,评价这两者的差异。在这两个方面的评价之后仍要求修改,那就必须改善执行方法,或要做出政策再决定。

(4)沟通与反馈

沟通与反馈贯穿于执行的每个阶段,所以应该将政策执行阶段与总的政策阶段、决策阶段、政策再决定阶段区别看待。政策评估的结果是通过反馈来改善决策体制、政策及政策执行等方面。但这种反馈只不过是最佳决策的一切阶段和次一级阶段的反馈的一部分而已。要做出最佳决策,就应该使贯穿整个决策体制的沟通与反馈网络有效地运转,并严格控制沟通障碍。精心设计和管理构成沟通与反馈网络的各个要素。

3. 最佳模型的结构

以上是关于最佳决策模型的过程方面的说明。但还要考察决策的结构框架,只有这样才能比较完整地说明最佳模型。最佳决策结构同最佳模型的阶段相结合才能形成完整的体制模型。决策结构的适合性因具体情况的不同而不同。所以,要制定出一个唯一最佳的理想决策结构模型是不可能的,但可以尝试制定出最佳决策结构所应具有的基本方针。最佳结构在许多方面会不同,而且其具体内容也没有人知道,但还是可以说如果不具备一定的结构条件,其决策过程就不可能成为最佳。下面列举的就是属于这种"一定条件"的。

第一,在政策决定的整个过程中,必须有多种行动单位参与。因为决策过程通常很复杂而且包含很多的方面,所以应该由专业化的多种行动单位来参加,从而形成多元化结构。决策不能集中于单一的等级。

第二,各个方面和各次级方面及其组成要素必须包括至少一个为决策活动提供服务的行动单位。如果不具备这些行动单位,就很难进行决策。

第三,在决策过程的各个阶段上,有一些是依基本结构中的非正式作用或内在的相互作用而自动实行的。除此之外的阶段及次级阶段必须要有对此正式负责的行动单位。这些阶段就是要做到对资源进行系统的再分配,实践目标及其先后顺序的决定等。

第四,应该是允许重复活动的结构。行动单位的服务必须是重复的,所以其结构应该带有重复性(redundancy)。

第五,在参与决策的行动单位中,有一些在结构上和社会上相互之间要保持距离,对此应该予以各自孤立。如预测成本和利益的部门要远离政策评价。同样,要把比较分析现成方案的部门和制定全新方案的部门予以隔离,即要保持距离。

第六,能够赋予政策执行动机的权力联合体成员,应该包括在决策结构当中。

第七,为了防止政策执行的歪曲,要把政策执行单位紧密地联系到决策结构上。

第八,为了决策贡献的累积能够达到最大限度,应该把诸多行动单位的产出整合到一起。在这里所需要的必要条件,如特别承担整合任务的行动单位、预先定好的沟通渠道、交换机制、统一的信息储存等。

第九,对决策结构要进行周期性的检查和再设计,因为环境、问题、结构本身的特征等经常发生变化。

评价

Y. 德洛尔的最佳决策模型在发展决策一般理论方面做出了很多贡献。这是一个承认合理性之局限性的折中主义典型,包含比较详细的内容。同时,它又是一个在发展决策上的权变理论方面能够提供很好基础的模型。而且,正如反映了 Y. 德洛尔在政府供职的经历那样,这一模型中包含着政府政策参与者可以做参考的不少实用价值。

但是,Y. 德洛尔的最佳决策模型既不具备普遍适用性,也不具有权变理论的性质。即使如此,虽然强调其模型具有非计量的质的性质,但此模型仍带有开出普遍性处方的危险。

还有一个很严重的问题是,他在说明中使用了不少模糊的概念。如对超合理性过程既没有严格界定,也没有提出证据。他只是根据一些或许很重要的经验上的感觉。所谓"好的"政策方案的概念也非常模糊。另外,虽然在决策阶段和决策以后阶段有区别,但他还是在同样意义上加以使用。

(原文选自吴锡泓、金荣枰编著:《政策学的主要理论》,复旦大学出版社,2005 年版,第 215 - 220 页。本书对原文做了改动,并进行了适当的阐释。)

五、相关研究

相关研究 3 - 1:相互承认的表达:公共政策过程中的大众传媒功能

摘要:大众传媒作为公共信息传播的有效工具,具有议程设置的功能。在转型期中国,随着大众传媒治理结构的变化和技术发展,大众传媒成为政策系统中各种利益表达与聚合的公共平台,承担了实现政策辩论、优化公共政策的责任,是影响公共政策的重要变量。公共平台作用的良性发挥,取决于"相互承认的表达"规则的确立与执行。

关键词:公共政策;大众传媒;公共平台

公共政策对民众偏好的回应性,一直是规范民主理论的核心问题。如今,在转型期的中国,这一理念具有了更多的实践价值和意义。公共政策是现代公共管理的核心构成部分,是社会治理的重要工具。从利益分配的视角看,公共政策是"对全社会的价值所做的权威性分配",[1]"是政府依据特定时期的目标,在对社会公共利益进行选择、综合、分配和落实的过程中所制定的行为准则"。[2] 因此,对于公共政策的制定主体而言,了解各种利益诉求,选择趋向公共利益最大化的利益分配,是确立公共政策合法性的本质要求。在不同的政治系统中,利益表达有着不同的路径和方式,包括正式管道的表达,如投票选举、人民代表大会议案、政协提案等;非正式表达则指通过大众传媒、中介组织等进行的表达。

在政治系统中,大众传媒与政治的关系是复杂而多变的。一方面,政治主体对大众传媒的控制从来不会消解,政治状况对大众传媒的发展水平具有决定性影响。另一方面,大众传媒对政治具有能动性,大众传媒通过自己在沟通和传递信息方面的独

---

[1] Easton. *The Political System*. New York:Knopf. p129.
[2] 陈庆云:《公共政策分析》,中国经济出版社,2000 年版,第 9 页。

特功能,成为政治活动的重要手段和工具,起到沟通政治信息、反馈意见等作用,并延伸政治活动及其影响的范围,这使得政治活动的开展在一定程度上必须借助于大众传播媒介,现代社会尤其如此。

公共政策学研究认为,在民主制度下,大众传媒一向是利益表达的一种重要工具。随着经济和社会的全球化发展,大众传媒的影响力正日益扩大,波及人们社会生活的所有领域,也进入并影响着现代政治活动。在公共政策系统中,大众传媒是公共政策的非制度性参与者,是政策部门和政策行动者表达意见的公共平台。一方面,它是潜在利益诉求的催化剂,微弱的利益诉求经过大众传媒的渲染会成为响亮的呼声,甚至会触发行动,引起公众及政策制定主体的注意;另一方面,大众传媒作为信息传播的有效工具,具有议程设置的功能及"沉默的螺旋"等传播效果,是实现各种利益主体互动的重要工具。从某种程度上说,大众传媒在政府的公共决策过程中具有举足轻重的地位和作用。在转型期中国,随着大众传媒治理结构的变化和技术发展,大众传媒成为政策系统中各种利益表达与聚合的公共平台,承担了优化公共政策的责任,是影响公共政策的重要变量。

（一）构建公共平台的大众传媒

在公共政策视域中,大众传媒是公共政策的非官方参与者之一,它的公共政策参与功能受其所在政治系统的政治、经济体制的制约。随着转型期中国政治、经济体制改革逐步推进,国家权力开始上收,重新赋予社会一定的自主性。这样,党、国家与社会三者之间由原来的高度一体化变为各自相对自主,三者的关系结构也由原先在点上集中的一体化结构转变为三角形结构。一方面,国家机构获得了制度和法律上相对独立的地位;另一方面,随着改革开放的不断深入,社会重新焕发出活力,并且出现了公民社会的某些因子。[①] 随着自主性的社会空间不断扩大,出现了所谓的"公共领域"。"公共领域"一词在不同语境下有着不同含义,但就其核心意义来说,它代表着一种以公共权力为内容、以公众参与为形式、以批评为目的的空间。[②] 在中国社会转型期,国家与社会关系的变革催生了大众传媒开始具备公共领域的某些特质。大众传媒由党和政府的舆论宣传工具,转变为发表各种意见的场所,具有提供公共交流平台的功能,突显了公民在政治过程中的互动。我国的大众传媒作为公共领域而存在的逻辑起点不同于哈贝马斯所说的"公共领域"的形成机制。哈贝马斯所讨论的公共领域是由私人领域和市场领域通过私人集合而形成,私人报刊作为市民社会的讨论手段发展成为公共领域的一个重要组成部分。中国的传媒是从政治制度领域中不完全地分离出来的,它仍然隶属于政治权力领域,只能是具有某种程度公共性功能的准公共领域。[③] 即便如此,由于政府管理体制和传媒体制的变革,在公共政策系统中,大众传媒仍构建了一个公共平台,在这个公共平台上,各种利益诉求得以表达,并通过利益博弈促进公共利益的实现。

---

① 唐士其:《国家与社会的关系:社会主义国家的理论与实践比较研究》,北京大学出版社,1998 年版。
② 赵勤:"市民社会、公共领域及其中国法治发展的关系",《开放时代》,2002 年第 3 期。
③ 展江:"哈贝马斯的'公共领域'理论与传媒",《中国青年政治学院学报》,2002 年第 2 期。

1. 合作治理理念是大众传媒构建公共平台的前提

伴随着中国社会转型,政府的管理模式由管制型政府逐步向服务型政府转变,确立了以人为本、以民为先的执政基础,以人权、法治、经济建设为要务的科学的发展观,把建设社会主义和谐社会作为发展目标。服务型政府理念涵盖了公共管理理论的核心内涵,即公共性、服务性、政府与公民社会的合作治理性。公共管理的公共性包含两个层面的涵义,一是利益取向的公共性,指政府应致力于实现社会整体的公共利益;二是公共参与性,指公共管理的实施主体不仅是政府,还包括政府之外的其他组织和公民。服务性要求政府回应民众的利益诉求并进行协调和整合,优化社会资源配置。合作治理性则认为应通过政府与公民社会的合作来实现公共事务的治理。合作治理是现代公共事务管理的发展趋势与根本特征。"基于合作精神的社会治理必然是政治平等、利益普惠、社会可持续发展的保障因素。"①哈贝马斯在对民主法治国家根基的溯源中,重申了现代民主法治国家的政治原则——权利的相互承认关系的完整性,认为相互承认关系不仅仅是一个制宪立国的政治原则,而且"在公共领域,平等承认的政治发挥着越来越大的作用"。② 依据合作治理的理念,公共事务管理必须通过实现政府与公民社会的合作来实现,作为治理工具的公共政策,无疑应秉承合作与协商的精神,重视民意的公共政策参与功能。

与此相适应,以回应和解决社会公共问题为宗旨的回应型政策创新,成为了社会转型期公共政策运行的主要内容。因此,回应民众的利益诉求日趋成为公共政策的必然选择。作为公共政策制定主体的政府在寻求了解和吸纳各种利益诉求的渠道时,日益发展和变革的大众传媒成为其重要的选择。

2. 大众传媒治理结构的变化和技术发展是构建公共平台的基础

从本质上看,大众传媒具有社会公共属性,表现为媒体相对独立于市场与政治权力的控制,对所有愿意参加讨论的公众真正开放,信息的收集与发布遵循公共舆论的理性原则。因而,"新闻媒介是社会之公器,是全体公民窥视社会和自然环境的共同管道和从事公共事务讨论的公共论坛,在现代国家的公共领域中具有头等重要的地位"。③

在一定的制度环境下,大众传媒有着特定的治理结构,并对公共政策产生相应的影响。在传统的计划经济体制下,中国的大众传媒治理结构呈现为政府—媒体的结构,采用科层制的管理模式,政府与媒体属于命令—服从式的关系,具有高度的政治化色彩。此时大众传媒的价值支点是"喉舌论",所有的传媒设施与政策规定都是围绕着如何保障传媒的"喉舌"作用而建构起来的。④ 在公共政策系统中,大众传媒代表政策制定主体的意志,主要起着自上而下单向发布政策信息的作用。

在社会转型期,随着社会主义市场经济体制的建立和民主政治的发展,传媒治理结构发生了重大变化,形成了政府-媒体-市场的结构。此时的大众传媒既要服从官

---

① 张康之:《公共管理伦理学》,中国人民大学出版社,2003 年版,第 321 页。

② 查尔斯·泰勒:"承认的政治",汪晖主编:《文化与公共性》,生活·读书·新知三联书店,1998 年版,第 300 页。

③ 哈贝马斯:《公共领域的结构转型》,学林出版社,1999 年版,第 56 页。

④ 喻国明:《解构民意:一个舆论学者的实证研究》,华夏出版社,2001 年版,第 5 页。

方意志，又要服从市场规律，政府力量和市场力量的博弈成为推动中国传媒制度变迁的核心力量。① 传播学者何舟以"拔河赛"来比喻传媒制度层面中政治与市场的互动，他把政治与经济两种力量的分析置于"拔河"的情境中，竞争双方都全力试图将对方拉入自己的领域，竞赛中的接触、拉扯和前后移动，形成了整个竞赛的全过程。② 因此，在公共政策过程中，大众传媒作为政策信息传递的重要通道，受到了来自政府和民意汇集的市场两方力量的挤压，使得大众传媒成为兼容自上而下政策传递和自下而上利益表达的公共平台。此时，传媒体制的基本价值支点由传统的"喉舌论"向"知情权保障"发展，大众传媒的价值诉求正在发生两大转型：一是资讯提供，构建保障社会安全的"网"；二是意见表达，构建活跃的公共话语平台。③

在现实中，大众传媒会受到国家干预与商业操纵。哈贝马斯就认为，参与经济利益分配的国家，逐渐控制了原本为公共服务的媒介，媒介的民主功能不断下降，诸多免费的公共服务机构转为私有开始收费，"社会对话被管理起来"。④ 托夫勒则指出："具有操纵性力量的资本运作最终剥夺了大众传媒原本的中立特征，把公众从自由讨论社会问题的公民转变成为对各种文化商品的消费者。"⑤ 由于利益主体的力量不均衡，在对大众传媒的争夺中也出现不均衡状况。强势利益主体有能力控制和利用大众传媒并从中受益。而大众传媒自身的逐利性也使其成为社会强势集团的代言人，作为利益表达的公共平台，它的公共性时常受到质疑。

近年来大众传媒技术的发展在一定程度上修正了这种状况。网络媒体与传统媒体的重要区别是传播权力的普及。通常情况下，报纸、广播、电视等大众传媒为社会权力系统所控制，代表的是某种占据统治地位的社会主流文化和利益诉求，与之不同的思想观念往往难以得到表达。而互联网是一种受传统体制压抑较为有限的新媒体，由于互联网具有开放、自由、匿名、加密等技术特征，任何人都可以摆脱地域疆界的限制，独立地发表和传播自己的言论，自由地交换各自的信息、知识和经验，表达自己的意见和利益要求。网络就像没有"守门人"的论坛，被称为"自由的信息公社"。⑥ 这使得普通网民拥有了前所未有的话语权，强化了网上公民参与的行为。所以，作为开放的意见表达平台，网络媒体具有"把关人"弱化的特点，每个网民都可以参与其中进行利益表达，网络媒体成了在传统媒体争夺中处于劣势的利益群体表达意见的重要平台。此外，大众传媒在变革中还发展出了以维护公共利益为己任的公共性媒体，它们在一定程度上弥补了某些媒体在公共性方面的缺失，有利于端正大众传媒的公共性姿态。同时，电子化政府的建设也逐步赋予公众知情权和参与权。公众通过网络，可以掌握政府各方面的信息，参与公共政策的制定，实现与行政系统的互动和沟通。传播学者们曾预见，信息时代将是参与式民主的时代。"随着信息运动的增加，

① 周劲："转型期中国传媒经济的三角分析框架"，《新闻大学》，2006年第2期，第107页。
② 何舟："从喉舌到党营舆论公司：中共党报的演化"，《中国传媒新论》，香港太平洋世纪出版社，1998年版，第70页。
③ 喻国明：《变革传媒：解析中国传媒转型问题》，华夏出版社，2005年版，第5-6页。
④ 哈贝马斯：《公共领域的结构转型》，学林出版社，1999年版，第87页。
⑤ 阿尔温·托夫勒：《未来的震荡》，四川人民出版社，1985年版，第18页。
⑥ 马刚："网络管理：管理科学的伟大革命"，《技术经济与管理研究》，2001年第1期，第79-80页。

政治变化的趋向是逐渐偏离选民代表政治,走向全民立即卷入中央决策行为的政治。"①

可见,大众传媒治理结构的变化和技术发展使其公共性得到增强,传统媒体和网络媒体的共生与互惠,使大众传媒成为公共政策过程中各种利益表达与聚合的公共平台,为社会公众提供了公开讨论、协商和审慎思辨的空间,成了社会转型期社会利益失衡的一种"解压阀"和"缓冲剂"。

"民主政治的基本前提之一为民意政治,政府施政应以民意为依归,亦即人民提出他们的需求,经由政府做出决策,反映他们的需求而获得他们的支持。"②在涵盖民意、政府和大众传媒的公共政策系统中,大众传媒构筑了一个意见表达的公共平台,政府主张与各种利益诉求呈现其中,相互承认与博弈,综合并均衡各种利益,成为实现公共政策的公共利益最大化的重要武器。

(二)公共平台中的利益表达与聚合

从利益分配的视角看,公共政策的运行过程实质上是利益博弈的过程。公共政策是社会治理的重要工具,对于社会公众来说,公共政策是他们的利益诉求得以实现的重要途径。社会转型导致了利益分配格局的改变,出现了新的社会分化现象,体现为三个特点:一是经济利益日趋分化,利益需求的内容和获得的途径日益多样化;二是利益群体日益增多,社会影响作用增大;三是社会公众的利益诉求动机不断加强,表达行动逐渐增多,比传统计划经济时期更显强势。此外,全球化的公民参与运动的兴起在某种程度上产生一定的示范效应,导致中国民众的参与热情逐步高涨,并寻求其利益诉求进入公共政策视野的途径。传播学研究认为,大众传媒能够塑造人的信念和影响人的行为,并且由于大众传媒是相对独立的信息采集机构,媒介从业人员依其客观公正的职业信仰,在一定程度上决定信息发布,使得大众传媒具有相对自主的权力。大众传媒因其独特的作用成为了多元化利益表达与聚合的公共平台。

1. 大众传媒量和质的变化成就了其利益表达的功能

就民众的利益表达而言,人民代表大会制度、政协制度、听证制度等从理论上说都是一般民众利益表达的现实渠道,但实际上由于普通民众所拥有的政治、经济和组织资源比较少,这些制度所发挥的功效相当有限。而社会转型期的大众传媒获得了很大发展。在量方面,与改革初期相比,2006年电台的数量增加了三倍,电视台、报纸、杂志的数量都增加了十倍以上。③ 并且随着互联网的迅猛发展,网民主力已由精英变为平民。数量庞大的大众传媒广泛地渗透到人们的生活中,成为人们社会参与的便捷工具。在质方面,大众传媒的市场化改革强化了其对市场的关注度,为了在激烈的市场竞争中获得生存,大众传媒的媒介内容定位从"以传者为中心"向"以受众为中心"的观念转变,④除了增设自由度相对大得多的附属报刊,如南方报业传媒集团增设了《南方周末》《南方都市报》等,大众传媒还开始更积极主动地为各种利益诉求

① 马歇尔·麦克卢汉:《人的延伸———媒介通论》,四川人民出版社,1992年版,第234页。
② 魏镛、朱志宏、詹中原、黄德福:《公共政策》,台湾"国立"空中大学出版社,1991年版,第44页。
③ 国家统计局编:《中国统计摘要(2006)》,中国统计出版社,2006年版,第196页。
④ 谢静:《论受众的"经济人"性质》,复旦大学出版社,1999年版,第430页。

开辟表达的空间,促使某些民众关心的议题变为公共议题。因此,大众传媒日益成了民众可以用于实现利益表达的工具。

2. 大众传媒的利益聚合功能的实现

民众选择在大众传媒这一公共平台上进行利益表达,其主要的期望在于大众传媒可通过利益聚合,使他们的利益诉求进入公共政策过程。西方公共政策研究者在总结社会问题被列入政府政策议程的方式时提出了四种情况:政治领导者的决定,某种危机或突发事件,抗议活动,特别问题引起大众传媒的注意。[①] 大众传媒可以把少数人遇到的问题转变为公共问题,通过制造强大的舆论压力,促使政府决策系统接受来自公众的愿望和要求,使分散的、潜在的社会意愿转化为明确、集中的政策要求。

政策议程的设置是大众传媒的利益聚合功能实现的具体表现。议程通常可分为传媒议程、公众议程和政策议程。传媒议程是指大众传媒频频报道和讨论的问题;公众议程是引起社会大众广泛关注的问题;政策议程是指决策者认为至关重要的问题。[②] 这三种议程存在着相关性,由于公共政策以实现社会公共利益为价值取向,因此政策主体对引起公众广泛关注的公众议程非常关注。当传媒议程与公众议程产生共鸣时,会迅速触发政策议程设置。

传播学研究证实,大众传媒具有对信息进行收集、选择、制作、发布的"把关人"功能,可以在一定程度上影响传播的内容,控制传播的方式和力度。通常而言,媒体高强度的信息曝光度和有些时候在视觉听觉上产生的戏剧化效果,尤其容易吸引公众和决策者的注意。

在社会转型期,传媒治理结构的变化带来传媒议程设置内容的变化。大众传媒的议程设置功能有三个层次:报道或不报道哪些"议题",是否突出强调某些"议题",如何对它强调的"议题"进行排序。[③] 一般来说,大众传媒通过设置议程,采用高强度的方式传播所设置的议题,并与公众互动,聚合公众力量,产生巨大的社会反响,形成对政策主体的压力,实现传媒议程和公众议程向政策议程的转变。网络媒体的发展带来了议程设置逻辑的变化。在传统媒体时代,公众议程大多是通过传媒议程引发的,而传媒议程主要由少数主流的传媒机构设置,政府可以比较容易地通过控制传媒机构来影响议程设置。在网络时代,网民可以通过互动,将他们认为重要的问题(而不是传媒机构认为重要的问题)变为公众议程的一部分,[④]并触发政策议程的设置。孙志刚案、哈尔滨宝马撞人案等都体现了网络传媒设置议程的力量。可见,传统媒体与网络媒体的积极互动,更强化了大众传媒推动政策议程设置的影响力。

(三) 公共平台中的政策辩论与政策监督:公共政策的优化路径

1. 公共平台中的政策辩论

公共政策的"公共性"程度在一定意义上取决于政策方案的公开与充分辩论的程度。经过政策辩论,有利于实现公共利益的最大化。在公共政策过程中,政策辩论是

---

① 拉雷·格斯顿:《公共政策的制定》,重庆出版社,2001 年版,第 173 页。
② 王绍光:"中国公共政策议程设置的模式",《中国社会科学》,2006 年第 5 期,第 87 页。
③ 陈力丹、李予慧:"谁在安排我们每天的议论话题?",《学习时报》,2005 年 11 月 22 日。
④ 王绍光:"中国公共政策议程设置的模式",《中国社会科学》,2006 年第 5 期,第 97 页。

指公共政策的各种参与主体围绕着公共政策的某一要素展开相互辩驳,以寻求公共政策优化的复杂过程。在公共政策研究中,政策辩论被认为是参与民主的基本特征。在罗伯特·达尔看来,社会管理模式意义上的民主,主要指社团中的"所有成员都有同等的资格参与政策制定过程",[①]"民主化至少包括:公开争论和参与权"。[②] 阿伦特、哈贝马斯等人从个人、社团、媒体等进行的公共争论出发,提出协商民主的新概念,重建了在国家与市民社会之间的公共政策辩论。

在公共政策过程中,政策辩论的形式多种多样,既有政策制定主体举办的政策辩论,也包括政策制定主体与民众共同进行的政策辩论,以及民众自发的针对某一政策开展的政策辩论。参与政策辩论的主体可以是少数精英或代表,也可以是社会公众。在转型期中国,公共领域的初步形成为实现政策辩论拓展了空间。大众传媒成为政策辩论的公共平台,实现了政策辩论的以下价值。一是实现了公民平等参与的权利。传统媒体和网络媒体的互动,为公众提供了参与政策辩论的公平机会,使政策关注者或政策利益相关人能参与到公共政策过程中。二是促进不同利益的聚合与均衡。从利益分析的视角看,公共政策实质上是各个利益主体进行利益博弈的结果。在公共政策系统中,政策资源具有稀缺性,群体利益具有一定的排他性,因此,公共政策过程体现为利益博弈。在大众传媒这个公共平台上,政策辩论为各利益主体提供了相互了解和实现交易的基础,各利益主体可根据目标需要的程度和选择的强度,通过多次的辩论实现利益的妥协和均衡,从而达成公共利益的实现。三是体现了对各种不同利益诉求的尊重和宽容。政策辩论实际上就是辩论各方从自己利益出发,运用言辞互相争锋的过程。为了在争锋中获得优势,辩论各方通常都力呈事实依据,以求证明自己,反驳对方,在这个过程中,政策论辩各方实现了相互沟通,使分歧的观点得以剖析和论证,冲突的利益能够折中与妥协,体现了对不同利益的宽容。

大众传媒提供了政策辩论的公共平台,让人们充分表达自己的观点,相互沟通和协商。事实上,在一种自由言论的气氛里,大众传媒的介入使事件过程昭示于公众,加强了利益博弈主体的自律与理性,使其更容易进入理性的状态,促成了利益博弈各方态度的端正,有利于公共政策的利益最大化。

2. 公共平台中的政策监督

在政治体系中,大众传媒被誉为"第四种权力",是社会控制的一种工具和手段。大众传媒监督的本质是公众监督,它作为公众知晓信息和发表意见的公开平台,代行公众舆论监督的职责。大众传媒主要通过对偏差行为进行曝光、批判或谴责,引发公众关注,倡导公众对偏差行为进行讨论,促使社会行为符合社会规范,一定程度上实现了对公共权力的监督与制衡,从而减少权力腐败与权力滥用的机会,增强公共权力的公正性与合理性。

大众传媒的政策监督功能主要体现在两个方面:一是监督政策制定。在公共政策信息的输入阶段,大众传媒的公共性特征和市场化取向使其关注公众的利益,传递

① 罗伯特·达尔:《论民主》,商务印书馆,1999年版,第43页。
② 罗伯特·达尔:《多头政体——参与和反对》,商务印书馆,2003年版,第16页。

社会各阶层民众的利益诉求，并以公共性来衡量公共政策的价值取向。同时，大众传媒还监督政策制定过程，及时报道公共政策的进展情况、政策制定者的言行等。大众传媒一般重点监督议题辩论和决策程序。监督议题辩论主要是把决策机构的观点和态度准确地传递给公众，引导公众正确地判断政策；监督决策程序就是看政策制定是否逾越了法定的程序，省略决策环节。

二是监督政策执行。政策执行一般是由政府来完成的，因此，媒介的监督对象主要是政府机构。政府机构是公共权力部门，同时也具有自利性。而公共政策的执行既有原则性，又有灵活性，容易成为政府机构依照其偏好获取利益的手段。因此，政策执行监督非常重要。大众传媒在政策执行方面的监督主要包括：政策执行机构是否遵循既定的政策条文来进行；政策执行中目标与战略的调整是否符合政策的基本原则；政策执行的最终效果在多大程度上与政策设计的目标相一致等。大众传媒可通过追踪报道政策执行过程，挖掘事实真相，让公众享有知情权，并行使政策监督权。

总之，在公共政策系统中，大众传媒作为信息传播的有效工具，成为民意表达与聚合的平台。在中国社会转型期，传媒治理结构的变化和技术发展使大众传媒成了政策部门（政府）和政策行动者（民意）之间的中介，是具有双向沟通功能的"政策之窗"，是政策部门和政策行动者公开对话、表达意见的公共平台。通过这个平台，政策部门和政策行动者的意见得以公开呈现，政策部门通过回应政策行动者的利益诉求，确立公共政策的合法性。从某种意义上说，在公共政策系统中，大众传媒的重要功能是作为利益表达和聚合的公共平台，实现各利益主体相互承认的表达。在公共政策实践中，大众传媒发挥其公共平台的功能，通过利益博弈以增进公共政策利益的均衡分布，增加政策过程的透明度促进公共政策的程序正义，增进政策的回应性以实现公共政策的合法性。可以说，在合作治理理念下，大众传媒构筑公共平台，建立公开对话机制，端正政府权力与公民权利，通过协商与合作，实现了公共政策的公共利益最大化。

作者简介

夏洁秋，女，先后毕业于南京大学历史系和南京大学公共管理学院行政管理系，获管理学博士学位，现为同济大学人文学院文化产业系副教授。

主要学术方向为公共政策分析、文化产业管理。开设文化产业管理、文化产业政策分析、文化产业学等课程。

参与了《行政管理理论与实务》《政府职能演变与发展趋势研究》《领导科学概论新编》等书的编著，翻译《希拉里的秘密战争》一书，公开发表论文十余篇。

（原文发表于《南京社会科学》，2007年。本书在引用时，事先征得了作者的允许。）

六、课程案例

课程案例 3–1："十二五"规划纲要的编制历时两年多

在"十二五"规划基本思路的研究起草阶段,国家发改委委托和选聘了 70 多个国内外权威研究机构,对 40 多个经济社会发展中的重大问题进行了深入的专项研究。在广泛调查研究的基础上,有关部门于 2009 年底形成了"十二五"规划基本的思路。此后,有关部门对拟议中的《纲要》主要指标进行测算,对支撑"十二五"发展的重大工程、重大项目作了初步安排,并于 2010 年 8 月底形成了纲要(草案)的框架。经过广泛征求地方各部门和社会各界对规划编制的意见和建议,纲要(草案)的初稿于 2010 年年底出炉,并先后经国务院常务会议、中央政治局常委会议、国务院全体会议和中央政治局会议讨论审议。

2011 年 3 月 14 日,第十一届全国人民代表大会第四次会议审查了国务院提出的《中华人民共和国国民经济和社会发展第十二个五年规划纲要(草案)》,会议同意全国人民代表大会财政经济委员会的审查结果报告,决定批准这个规划纲要。上述纲要(草案)在人代会上的通过得票率达到 96.6%。

2012 年 3 月 16 日,新华社经授权发布《中华人民共和国国民经济和社会发展第十二个五年规划纲要》。

中共十七届五中全会之前的 20 个月,是"十二五"规划建议形成的时间,也正是为国献策的专家团体最为繁忙的 20 个月。

据《财经国家周刊》报道,十七届五中全会召开的 4 天里,肖金成密切关注着大会的消息。他正在给 4 个地方城市做"十二五"的总体战略研究,"地方的'十二五'规划肯定要以中央在这次会议上定的调子做指导"。

在此之前,他任副所长的国家发改委国土开发与地区经济研究所承担了发改委委托的"区域协调发展思路研究"的专项课题,并已于 2009 年下半年完成。这个题目几乎是他们所的"必修课",他也曾承担"十一五"的本课题,并任课题组长。

从 2008 年底到 2010 年 10 月约 20 个月里,是国家"十二五"总体战略研究以及各专项规划研究密集征求专家意见的阶段,为的是在五中全会前形成《中共中央关于制定国民经济和社会发展第十二个五年规划的建议》(以下简称"建议")。

清华大学公共管理学院教授胡鞍钢将"十二五"规划的制定过程分为 11 个步骤,而这前 20 个月覆盖了前面的 5 个步骤。

这段时间里,是专家逐鹿治国建议的舞台,面对国家发改委以及中央财办开出的若干课题,国家规划制定部门与专家们之间展开了"一对多"和"多对一"的建言演练。

数千专家参与其中

持续关注着五中全会的还有国家行政学院的王小广研究员，他在去年就递交了"关于十二五规划总体战略研究"的课题，指出的方向正是"应以转变经济增长方式为'十二五'主线"。

王小广在2008年就形成了以转变经济增长方式为主题的研究报告，他从国家整个大的发展战略模式切入，当时针对的背景就是"十二五"规划，这份3万多字的报告，由财政部资助，王小广主笔。在国家发改委征求"十二五"总体战略时，这个课题自然就成了王小广的递交课题。

同时，对于"十二五"最为提纲挈领的总体战略研究这个大题目，国家发改委采取了委托多家研究的方式，共委托了国家信息中心、国家发展和改革委员会宏观经济研究院、国家行政学院、清华大学国情研究中心四家进行独立研究，2009年9—10月提交报告。

在课题研究和递交的整个过程中，王小广去发改委汇报了大概有四五次，并参加了发改委的体制改革司的座谈会，最终递交稿在专家和发改委之间反复来回后定稿。

从原来国家发改委经济研究所经济运行与发展研究室主任，到现在的国家行政学院决策咨询部的处长，王小广一直行走在国家智囊专家的第一线，他所做的这个战略课题时间，也横跨了这两个单位。

"在发改委委托课题的这个阶段，选题大约有数百个之多，参与专家数千人、研究人员达上万人，形成几百万字的研究报告。"胡鞍钢说。

对这一系列课题，发改委在2009年10月份向国务院进行了第一次汇报，随后产生了一个修改意见，在12月时又集中布置了一次研究课题。

"这次是带有某种重点专题深入研究，国家行政学院当时又做了3个。"王小广说。

在这3个课题当中，同样是每个题目都分给几家研究机构做，他参与了其中"十二五改革思路"的课题研究，此课题是在国家发改委体制改革司的统筹主导下进行的。

这属于国家"花钱"购买"公共决策知识"，胡鞍钢介绍说。在这20个月里所进行的，是对国家权威专家思想的集中演练，也是各项课题的大展示。

"多对一"和"一对多"的研究

在整个"十二五"规划制定过程中，汪玉凯算是最为忙碌的专家之一。从2008年年末开始，他陆续接到了来到中央和国家不同部门关于"十二五"的多个委托课题，对于他这样的专家而言，属于典型"一位专家对多个课题"，在"十二五"建言过程中，这样的情况也不在少数。

他现在仍然密切关注着"十二五"规划的各项进展。他对《财经国家周刊》记者说，国家行政学院的领导10月18日就开完会回来，随后就会召开一个"十二五"规划行政体制改革趋势的会议，他说这个会肯定要在五中全会闭幕后才能开。

这个会议是他所承担的课题的后续修编工作的一部分，也是"十二五"规划从"建议"到"纲要"的开端。作为国家行政学院教授，也是中国行政体制研究会秘书长，他主笔了国家发改委在 2008 年末 2009 年初委托给国家行政学院的"十二五行政体制"的战略课题。

就在最近,他应国家发改委之约,给对方发去了这个课题的 2 万字压缩稿,而完整的研究稿件在去年 10 月就已经完成。在那个时候集中上交的前文所述的一系列课题,都被汪玉凯称为"发改委的一批课题"。

这是汪玉凯所承担的"十二五"的第一个课题。"我是这个课题组的副组长。"他说。

在"十二五"规划这个复杂的研究体系里,最初由国家发改委规划司进行实施层面的总规划。"与此同时,专业的政府职能部门,做细致的调研,布置很多课题,借助各方面力量,每个单位调研之后拿出方案,把很多事务分成很多课题,再组织很多专家深入调研。"汪玉凯介绍说。

同一个课题也同时委托了几个智库机构进行研究,比如行政体制改革课题,除去国家行政学院之外,清华大学也在进行研究,这就形成了"十二五"课题委托的"多机构对同一课题"的格局。

"就我这个行政体制改革报告而言,递交给发改委,能吸收多少,这很难说,在发改委委托的课题之后,中央还可能再布置一些题目,让好几个机构一起来做,我们学院后来又参与了两个课题,这是由中央财经领导小组办公室(简称'中财办')层面进行委托,这两个课题研究也于 2009 年 9 月份完稿。"汪玉凯说。

在"一对多"的格局下,汪玉凯在国家行政学院和中国行政体制研究会的两个职务之外,还是国家信息化委员会的委员,作为全国 50 个具有此身份的专家之一,他负责为"十二五"信息化建设提出思路,尔后进行专家汇总,再报给中财办。"这是发改委课题之后的事,我是参与讨论,成稿不是我,我是多个专家之一,最后的文稿由秘书班子来整理。"他说。

而在"多家机构对同一课题"的"多对一"框架之下,"十二五"信息化建设的课题,又同时由工信部直接负责参与研究。

"'十二五'的规划是分好多个层次的,既有官方的,依靠各个部委,发改委来牵头,同时也委托智力资源,研究过程是高度的集体智慧的结晶,最后到中财办和国办这个层次,当然与此同时,也有最高层的政治局常委的调研。"汪玉凯介绍说。

"招标制"与"布置性"相结合

2010 年 1 月 19 日,中国政府将数百个课题面向全球公开招标,这是中国政府首度就五年发展规划联手国际机构,这为"十二五"规划研究的"招标制"做了一个最新的注脚。

据肖金成副所长介绍,"十二五"规划研究的委托类型主要分为三个方面,第一个方面是发改委的委托,比如发改委宏观经济研究院在"十二五"的课题中领到了 10 多个课题,其他各科研机构会分别领到相似的课题;第二个方面是各个部委的网上招标投标;第三个方面是面向社会招标。

年初的全球招标正是这第三个方面的再创新。

2008 年底至 2009 年初,国家发改委提出了包含 8 大领域 39 个题目的"十二五"

规划前期重大问题,向全社会公开招标,其中有 60 个单位的选题入选,胡鞍钢介绍说。

而从制定"十二五"规划建议的时间顺序而言,汪玉凯介绍说,首先是"招标制"阶段,2009 年底,国家发改委在汇总各机构上报的课题研究后,拿出了一个总的框架,然后报给中央决策层,决策层分析掌握情况之后,进行进一步筛选,再布置给各个单位。"这个阶段就成了布置性的任务,在此阶段之前,都是招标式的。"

2009 年底 2010 年初形成"十二五"规划的《基本思路》后,该内容在全国的省、部委和部以上官员中征求意见,形成最后的"建议"草案,这个"建议"形成的纲要将会在 2010 年 3 月份的人代会上审议。"最终的'纲要'要在这个'建议'的基础之上进行微调,不会大变。"汪玉凯说。

"'建议'要对'纲要'起到指导的作用。"肖金成说。中共中央十七届五中全会已经于 10 月 18 日闭幕,会议通过了"十二五规划建议",对专家们来说,这并不是一个终点,在国家层面的"建议"转变成"纲要"的过程中,各位专家们要做的是,继续建言献策,同时继续参与地方的"十二五"规划制定,从这个意义上说,五中全会只是这些专家的一个新起点。

"十二五"规划纲要草案编制工作历时超过两年半。从前期重大问题研究到拿出规划纲要基本思路,从搭起基本框架到最终定稿,经历了反复的基层调研、各界各地座谈会、专家咨询、广泛征求群众意见、征求各地区各部门意见等。规划纲要框架初稿形成后,仅正式印刷报送的文稿先后大改了 20 个版本,全文修改不下160 次。

(资料来源:"'十二五'规划纲要编制历时超过两年半",《成都日报》,2011 年 3 月 21 日,http://news.163.com/11/0321/04/6VL315QF00014AED.html.在形成案例时,本书做了一定的调整和改动。)

课程案例 3-2:古巴导弹危机与决策的本质

1962 年 10 月 16 日至 28 日的 13 天里,加勒比海地区发生了一场举世震惊的古巴导弹危机,苏联在古巴部署导弹,美国随即动用核弹要挟,核战一触即发。古巴导弹危机被视为冷战的顶峰和转折点,人类社会从未如此接近一场毁灭性核战争的边缘。

然而,在古巴导弹危机 50 周年之际,围绕当年危机剑拔弩张的程度、最后危机如何化解、美苏各做出什么样的决策和让步等关键问题,一些有别于以往的揭秘和解读纷纷浮出水面。历史学家告诉我们,古巴导弹危机的和平化解,对于如何处理当代危机如叙利亚困局和伊朗问题,有着很强的可借鉴性。

一架飞越古巴上空的美军 U-2 侦察机拍摄到苏联位于古巴的核导弹基地,它距离美国仅 90 英里,可以在没有预先警告的情况下向美国发动核战。这一事件成为冷战的顶点,当时很多人害怕这场核战会导致全人类毁灭。

装载核装置的苏联军舰最终在快突破肯尼迪在古巴外围设置的防线前一刻停

止、掉头,正如时任美国国务卿迪安·腊斯克一份广为人知的声明所形容的,这是一场"眼瞪眼"的对峙危机。

古巴导弹危机的和平化解,对于如何处理当代危机如叙利亚困局和伊朗问题,有着很强的可借鉴性。美国哈佛大学肯尼迪政治学院教授、《决策本质:解读古巴导弹危机》作者格雷厄姆·埃里森认为,伊朗问题就是一场古巴导弹危机的"慢动作版本":"事件发展过程是一样的,就是双方慢慢地陷入对峙,直至有一天美国总统必须决定究竟要不要动武。而肯尼迪的想法则是:'不要让对峙的那一天到来,因为其带来毁灭性结果的风险太高。'"

古巴导弹危机时间表

1962 年 10 月 1 日,美国情报机构警告,苏联可能已经在古巴部署了中程弹道导弹。

4 日,运载首批核弹头的苏联货船抵达古巴。

9 日,美国方面出动战机对古巴执行侦察任务。

10 日,美国拍到苏联货船运载着核弹头驶向古巴。

14 日,美军一架 U-2 侦察机拍摄到了有关中程弹道导弹的照片。

15 日,美情报分析人员确认了古巴的 23—24 个导弹发射场。

16 日,"惊爆 13 天"的第一天。美国总统肯尼迪迅速成立国家安全会议执委会。同日,苏联领导人赫鲁晓夫告知美驻苏大使,苏联在古巴的活动仅仅是防御性的。

17 日,美国在古巴发现了射程超过 2200 海里的 SS-5 导弹。参谋长联席会议提议对古巴实行空中打击,而国防部长麦克纳马拉则主张对古巴实施封锁。

20 日,美国最终决定对古巴实施封锁。肯尼迪对外宣称感冒,取消了中期选举的竞选活动,专心处理危机。而此时苏联已在古巴部署了 4 万军队。

21 日,封锁古巴计划敲定——美国将对靠近古巴的船只进行检查,如不配合将对其开火。

22 日,161 架美国战机进驻 16 个基地,每架战机都装备了核武器,这在历史上实属首次。苏联也下令加强战备,抗击敌人对古巴的入侵。19 时,肯尼迪通过电视讲话向全国宣布对古巴实施封锁。

23 日,美军在古巴大萨瓜再次发现导弹发射场。肯尼迪写信给赫鲁晓夫,要求双方保持克制和谨慎。

24 日,美军进行了二战后最大规模的动员。战略空军司令部选定了苏联境内的 220 个目标,一旦收到警报,它们将立刻遭到打击。

26 日,古巴领导人卡斯特罗命令古巴防空力量向古巴上空的美国军机开火。赫鲁晓夫致信肯尼迪,表示如果美国不入侵古巴,莫斯科将从古巴撤走导弹。

27 日,驻古巴的苏联军队在没有莫斯科允许的情况下击落了一架 U-2 侦察机。赫鲁晓夫提出,以苏联从古巴撤走核武器为条件换取美国撤走已部署在土耳其的导弹。肯尼迪向赫鲁晓夫传达口信表示同意。

28 日,赫鲁晓夫宣布拆除导弹及导弹发射场,运回苏联。肯尼迪在收到消息后立即下令停止对古巴的空中侦察,并停止对苏联船只采取进一步对抗措施。古巴导弹危机得以化解(据美国《外交政策》网站图片集"10 月的 13 天"编译,作者为美国外交学会名誉会长莱斯利·盖尔布)。

古巴导弹危机始末

危机爆发。美国照片判读员:只有数千英尺长胶片

"作为一名专业的图片判读人员,我看照片的角度是不一样的。我们这些在 20 世纪 60 年代工作的技术人员,很难想到将来会出现像谷歌地球这样的玩意,能让普通人浏览俄罗斯、伊朗等国家最隐秘的军事设施。而我们当初只有拿着一张张飞机或卫星拍摄的照片,不断重复一个问题:照片里面有哪些设施能够用于军事用途。"

说这段话的人,是一个名不见经传的小人物:迪诺·布鲁奇奥尼。然而这位意大利后裔,却是全美国首先从 U-2 侦察机照片中确认古巴存在苏联核导弹的人。

当时布鲁奇奥尼是美国华盛顿国家图片判读中心的一名照片判读员。这实际上是一个保密程度极高的单位。10 月 14 日肯尼迪总统下令对古巴进行空中侦察。两架从得克萨斯州劳夫林空军基地起飞的 U-2 侦察机飞越古巴的导弹发射场拍照。当天侦察机拍摄的照片就被转移到了国家图片判读中心。14 日布鲁奇奥尼和他的同事,连夜确认古巴有苏联导弹存在:部署在古巴东北部圣克里斯托佛附近的 SS-4 导弹。转天布鲁奇奥尼就受命直接向美国总统汇报了图片分析结果。这个结果可以说直接导致了古巴危机的爆发。

当时由于古巴局势日趋紧张,国家图片判读中心工作压力极大:所有判读人员连夜倒班,轮流对数千英尺长的侦察胶片进行分析,来为美国政府决策做支撑。布鲁奇奥尼回忆当时最紧张的时候是 1962 年 10 月 27 日,肯尼迪和赫鲁晓夫的谈判已经进入关键时刻。判读员们确认古巴的导弹基地已经进入作战状态,核战一触即发。当时布鲁奇奥尼立刻给他夫人打电话,让她马上驾车向美国中西部逃难。

在图片判读这个行当中,布鲁奇奥尼有着某种天赋。他不但可以让政治家轻松理解那些复杂技术环节,而且将不同国家文化差异等综合知识运用到图片判读领域中。布鲁奇奥尼之所以成为图片判读的高手,和他敏锐的洞察力是分不开的。在他看来,所有人类在地表上的行为都是有含义的。他曾经讲过这样一个段子:在苏联的漫漫长冬,美国的侦察卫星拍到了苏军一处军事基地。但白雪覆盖之下你怎么能判断出来哪一栋是关键的指挥机构?答案很简单:指挥部门前的雪最先被清扫干净。

如临大敌。关塔那摩的中学生:2200 名美国平民大疏散

在古巴危机爆发时,克劳德·克罗一家五口人正生活在美军控制的古巴关塔那摩湾。当时克劳德的父亲是军队聘用的一名工程师,而克劳德正在当地的中学上学。克劳德清楚地记得 1962 年 10 月 22 日上午,他正在课堂上走神,突然就听见了学校大喇叭广播要所有人立即回家。等克劳德回到家中,才看到他妈妈正拿着一个小手提箱等着他。原来由于情况紧急,每户家庭只允许带一个小箱子。等他们一家来到码头,克劳德才发现港口挤满了军车,一幅大战降临的场面。关塔那摩湾 2200 名美国平民登上了阿普舍号军舰,在海岸警卫队、反潜飞机和驱逐舰的护卫下,驶向美国本土的诺福克军港。这些平民之中甚至还有即将生产的孕妇,在军舰到达美国军港的时候,船上还多了三个婴儿。

核弹解锁。准备轰炸苏联的 B-52 飞行员:掌握核弹的解锁密码

高登·林克是当时美军 B-52 轰炸机上的电子战军官,驻扎在加州的比勒空军基地。林克的任务是在 B-52 轰炸时,干扰对方的雷达系统。当时 B-52 轰炸机一个机组执行一次任务要花 24 小时:从加州起飞后,在海上空中加油,然后向阿拉斯加飞行,最后要抵达苏联的阿留申群岛外围。

林克说他当时能清晰感受到局势的紧张。在 1962 年 10 月 23 日苏联船只接近美国海军封锁圈的时候,林克正准备执行对苏联的轰炸任务。当时两架 B-52 收到的命令是,如果苏联船只不转向,他们就要进入苏联对其城市进行核打击。林克在执行任务之前给他在加州的太太打电话,叫她躲到科罗拉多州,没有他的吩咐千万不要回来。林克担心这次任务会成为核大战的开场戏。事实上机组成员起飞后,都知道 B-52 带的是"真家伙",而且掌握了核弹的解锁密码。林克回忆说当时在巨大的压力之下,反倒没有时间来紧张。而且作为在苏联边境准备轰炸的美军部队,他们确实没有多少选择:要么苏联人回头,要么美国开始轰炸。直到现在,林克还坚信他们这些在苏联边境徘徊的轰炸机,是促使苏联撤回导弹的主要原因。

擦枪走火。美军将苏联潜艇逼出水面

现在一些媒体已经报道了在古巴危机中,美国军舰和苏联潜艇差点擦枪走火的事件。其实苏联派遣这四艘潜艇,实际是一个更庞大计划的一部分。

当时赫鲁晓夫制定了两个庞大的计划:安尼德拉计划和卡玛计划。安尼德拉计划其实就是古巴危机的导火索,也就是在美国的后院——古巴,部署中短程核导弹。而卡玛计划更为隐秘也更为疯狂,就是在古巴的苏联马瑞尔海军基地,部署 7 艘可发射核导弹的潜艇。这些潜艇将潜伏在美国海岸附近,其导弹射程可覆盖北美洲的所有城市。为了保证计划成功,赫鲁晓夫让苏联海军元帅戈尔什科夫派遣四艘"狐步舞"型常规潜艇前往古巴,承担保卫马瑞尔基地的任务,并且授权这些潜艇必要情况下可以使用装有核弹头的鱼雷。

这些常规潜艇在穿越大西洋的时候,就被美军埋设的水声监听系统发现了。但是这些苏联王牌潜艇也不是吃素的,他们关闭柴油机依靠电池行驶,安静程度大增,使美方不断失掉目标。但美军还有高招。由于这项使命极其重要,苏方命令这四艘潜艇每天都要和莫斯科进行联系。一旦双方进行联系,美国国安局开发的代号为"视轴"的监听系统就能够捕捉到苏联潜艇的大概位置。而美国的反潜体系也就能迅速通过"视轴"系统,持续跟踪苏联潜艇的行踪。

后来肯尼迪摊牌的时候,把这四艘潜艇的位置明明白白地告诉了赫鲁晓夫,也就是把苏方的底牌全都抖出来了。甚至在苏联货船回返的时候,苏联潜艇仍不死心,依然停留在美军的封锁圈外。美军一怒之下用声呐和深水炸弹把三艘潜艇逼出了水面。一些国内媒体误报是核潜艇,但实际是携带核鱼雷的常规潜艇。不过这些鱼雷威力巨大,一旦发射不但美军死伤惨重,苏联潜艇也会同归于尽并必然引发核战争。虽然这些苏联海军军人没有发疯按下核按钮,在舱内工作环境极其恶劣的情况下(大部分艇员减重三分之一)坚持与美军周旋数月,但回到苏联后仍遭到极不公正的对待,大部分被清除出了军队。

美方刻意隐瞒

从一开始，肯尼迪的人就想方设法隐瞒在"木星"导弹问题上做出让步一事。10月27日，肯尼迪总统的弟弟、司法部长罗伯特·F.肯尼迪在会见苏联大使阿纳托利·多勃雷宁时就提出"木星"导弹换苏联导弹的建议。他告诉多勃雷宁：我们会把"木星"导弹撤走，但这并非协议的一部分，你们永远都不能提及此事。苏联人撤走了自己的导弹，美国也撤出了"木星"导弹。这个秘密保守了16年，直到阿瑟·施莱辛格的一本书中有一小段谈到了此事。

4年后，肯尼迪总统的几位主要顾问在《时代》周刊上撰文，纪念古巴导弹危机20周年。他们在文中承认，当年的协议涉及"木星"导弹。然而，他们的做法削弱了这件事的重要性——将"木星"导弹说成后来加上的内容，说肯尼迪总统早就决定将其撤出土耳其。他们的说法此后完全自相矛盾，他们承认，对协议中有关"木星"导弹的部分保密非常重要，如果泄密"会对美国及其盟友的安全产生爆炸性和毁灭性的影响"。

肯尼迪总统的这些助手太着迷于他们的胜利神话了，以至于他们大多数人在转而反对其中蕴含的原则之后很久还在宣传这个神话。大多数人最后都开始反对越南战争，而在肯尼迪总统遇刺身亡的时候，这场战争仍在继续。他们都对军事力量的价值和大国对抗产生了怀疑，并且成为外交妥协的坚定倡导者。

但是，直到1988年，其中一人才公开明确承认，几十年来他一直很虚伪，他也为此付出了代价。肯尼迪总统的国家安全顾问麦乔治·邦迪在他的《危险与生存》一书中悲叹道："这种保密是有代价的。我们遵守在'木星'导弹问题上的承诺，保守秘密，却误导了我们的同事、同胞、继任者和我们的盟友"，使他们认为"在那个星期六立场坚定就足够了"。承认这一点花费了26年，但他们毕竟承认了。

苏联"只想脱身"

令人吃惊的是，俄罗斯人并没有更早地透露真相。苏联若在"木星"导弹撤走后及时把秘密泄露出来对莫斯科有两个好处：首先，导弹交换协议会大幅削弱苏联人彻底失败这一说法的说服力。即使肯尼迪总统正计划撤走"木星"导弹并替换成"北极星"导弹发射潜艇也没关系。

其次，这会在北约内部造成极大恐慌。导弹交换协议会被描绘成出卖土耳其。罗伯特·肯尼迪甚至告诉多勃雷宁，这种担心是他希望保密的主要原因。多勃雷宁把罗伯特·肯尼迪的话传回了莫斯科："如果现在宣布这样的决定，会导致北约发生严重分裂。"一旦"木星"导弹撤走，莫斯科会发动突然袭击。人们会认为苏联人欢迎这样的机会。

多勃雷宁完全了解为什么这个神话让美国不愿妥协，20世纪70年代末他告诉了我，当时我正在国务院工作。然而，直到1995年他的回忆录出版，他才公开说出来。他写道："如果赫鲁晓夫做了安排（泄露秘密），危机的解决就不会被看作这么不体面的一次撤退。"

那么，为什么苏联人没有泄密呢？原因很可能是——甚至就是——赫鲁晓夫和他的政治局从来没有考虑过泄密，因为他们不知道危机会被描绘成什么样子——他们看起来会有多么软弱。在危机达到高潮那天，在得知肯尼迪愿意拿"木星"导弹做交换之前,赫鲁晓夫就已经准备打退堂鼓了。他对同事说,苏联"面临战争和核灾难的危险,整个人类都可能被毁灭"。他根本没有想"木星"导弹的问题,他只想脱身,决心让同事们相信,美国承诺不入侵就足以保护苏联的影响力和自尊。

为了验证这个观点,我联系了还在世的最有可能知道底细的三个人:谢尔盖·赫鲁晓夫(尼基塔之子)、阿纳托利·葛罗米柯(导弹危机期间苏联外长安德烈之子)和亚历山大·别斯梅尔特内赫(危机期间外交部官员,后曾担任外长)。他们都支持这个看法,但又承认他们不知道赫鲁晓夫当时到底是怎么想的。他们表示,当时苏联领导人真的害怕美国入侵古巴。对于我提出的导弹危机期间美国不可能入侵古巴的看法,他们都不以为然。美国在"猪湾事件"中惨败后,这种想法在美国政策圈成为笑谈。谁也不愿承认莫斯科需要通过泄露有关交换导弹的秘密才能保全苏联的面子。然而,随着我们一直谈下去,大家最后都承认,如果当初公开交换导弹的秘密,苏联的大国形象确实会好很多。

妥协通常并不是一个会使政治人物热血沸腾的词,在涉及美国外交政策时尤其不招待见。导弹危机的神话加强了人们对妥协的蔑视。

长期以来,美国的外交政策辩论过于强调威胁和对抗,轻视切实可行的妥协。诚然,妥协不一定能解决所有问题,有时候恰恰是错误的选择。但决策者和政治人物必须公开、无所畏惧地研究妥协方案,将妥协方案和其他选项放在一起进行评估。妥协有时确实行不通,那时总统可以进行威胁,甚至使用武力。但他们需要记住,即使是具有钢铁般意志的肯尼迪总统当年也找到了解决古巴导弹危机的妥协方案,而且这个妥协方案还奏效了。

古巴导弹危机中美国和苏联的动机

苏联的动机

A. 对古巴的战略地位的分析

早在 19 世纪前期,美国人就高举起门罗主义大旗,高喊"美洲人的美洲"口号,经营着美国人的美洲。美国视美洲为其禁地,不容他人染指,西班牙势力被赶走,一百多年来从未有任何国家胆敢在美洲将山姆大叔的虎须,赫鲁晓夫是第一个。古巴与美国隔海相望近在咫尺。拉美是美国的后院,古巴是美国后院的一根芒刺。苏联将古巴作为伸向西方深处的桥头堡。在苏美冷战的大背景下,位于加勒比海美国传统势力范围内,苏联在小小的岛国古巴部署导弹将使美国感到如芒在背。苏联政府认识到古巴的战略地位对美国重要性,认识到这个问题对美国来说多么痛苦。

B. 赫鲁晓夫向古巴部署导弹动机的分析

第一,保护古巴,以防美国入侵;苏联人认为,肯尼迪上台后,吉隆滩登陆失败,使其在外交上输了一个回合,美国没有充分理由反对卡斯特罗采取一切可能的预防措施,来对付另一次入侵。其中就包括接受收苏联的核武器援助在内。苏联把导弹运进古巴,是为了保卫古巴,苏联之所以要大力扶持古巴,不听任古巴垮掉,就在于它意识到苏联在西半球有一个卫星国是极为有价值的,这对苏联推行对外扩张政策,是非常有力的。

第二，对抗美国的包围，鉴于美国当时已经没有轰炸机（远程）和导弹包围苏联，美国在土耳其、意大利和西德的导弹都对准了苏联。苏联重要的工业中心，就处于核弹与战略轰炸机的直接威胁之下。到 1962 年，莫斯科的经济、意识形态、文化和道德模式已经大大地失去了吸引力，仅留下军事力量作为影响世界的有效方式。因此，应该秘密地把导弹运到古巴，而且要在美国发现之前安装好，可供发射。赫鲁晓夫认为，在古巴安装我们的导弹可以阻止美国贸然对古巴采取军事行动。除了保卫古巴以外，苏联的导弹还会使西方人所说的"力量均势取得平衡"。美国人已经用军事基地包围了我们的国家，利用核武器威胁我们，现在他们会尝到敌人的导弹瞄准自己是什么滋味。我们只不过是想以其人之道还治其人之身。

第三，一个重要动因就是为了在全球恢复美苏平衡，在军备竞赛当中，肯尼迪政府在 50 年代扩充其核武库，使美国在美苏核竞赛中，处于领先地位。苏联把导弹运进古巴，是为了显示导弹实力，苏联急于弥补美苏在导弹方面存在的差距，因为发展洲际导弹和从潜艇上发射的导弹费用太高。由于苏联缺乏将核导弹投放到美国本土的能力，所以在古巴设置基地布置他们现有的中近程弹道导弹，那么他们就能够迅速而相当便宜地大大增加以美国为目标的导弹总数。这些导弹能够越过大多数美国的导弹警报系统，在发射和到达目标这段时间里，实际上使对方不能发出作战警报，美国核轰炸机在跑道上所保持的十五分钟地面待命就显得时间太长了；而且可以避开美国的预警系统，从而使苏联打击美国的能力增加了一倍。

美国的反应

A. 美国政府做出的反应

美国国家安全委员会执行委员会在讨论如何迫使苏联撤走导弹时，先后提出了 6 种方式以供选择。邦迪和腊斯克主张通过外交途径，或通过葛罗米柯，或直接会见赫鲁晓夫，或向联合国提出。肯尼迪对此持否定态度，认为谈判无益于问题的解决，况且苏联在古巴的导弹工程进展迅速，美国必须立即做出反应，时间紧迫不允许通过谈判来解决问题。泰勒、狄龙等主张对苏联在古巴的导弹实施外科手术，进行空袭加以摧毁。委员会认为这是一个可进可退，留有回旋余地的方案。封锁成功迫使苏联撤出，避免直接冲突；封锁不果则可考虑采取进一步措施。肯尼迪最后支持了进行封锁的方案。

B. 对封锁方案的分析

封锁的目的在于防止苏联继续把进攻型武器，运进古巴，并且渴望强迫其撤走这些已经设置在那里的导弹。封锁是介于无所作为和战争的中间道路，这条道路利用了美国在当地常规力量方面的优势。同时在战略上，处于既可战又可和的有利地位。封锁是比空袭更为有限、更为低调的军事行动，给赫鲁晓夫提供了一种选择，只要苏联的船只避开，就可以避免直接的军事冲突。让他们了解美国人期待其采取什么行动。由于封锁是相对慎重的，可以避免伤亡，可以避免进攻古巴领土，所以比空袭更容易为其他国家所接受，使美洲国家和盟国支持美国初步采取的立场。

古巴导弹危机 50 周年后的揭秘

然而，在古巴导弹危机过去五十年后，很多已被世人所广泛接受的解读却被一一挑战和推翻，其中包括肯尼迪著名的战争边缘政策。今天，一些最新解密的档案加上历史学家的研究告诉我们,当年的危机虽然剑拔弩张,但最终还是通过美苏幕后协商而化解,美苏双赢,而危机并不仅仅持续13天。

旧识:肯尼迪政策获胜

事实:私下递出橄榄枝

当年,美国总统肯尼迪的幕僚强烈建议对苏联寸步不让,甚至考虑先发制人。不过,肯尼迪顶住了主战的压力,坚持在私底下与苏联、联合国和其他相关国家展开一系列外交协商。

1962年10月27日,时任美国司法部长的罗伯特·肯尼迪与苏联驻美国大使会晤,替他的哥哥向苏联递上橄榄枝:只要赫鲁晓夫将核弹撤出,美国将公开承诺不再出兵古巴。不过,真正的"甜点"在于美国还承诺撤出位于土耳其接近苏联边界的核弹装置。这一项承诺当时只有肯尼迪身边极少数资深幕僚知道。

因此,肯尼迪的战争边缘政策在时隔多年后依然被当作"神话"。乔治·布什在2002年还以肯尼迪采取战争边缘政策作为成功经验,来支持自己对伊拉克先发制人的决策。

美国哈佛大学肯尼迪政治学院教授格雷厄姆·埃里森表示:"事情很容易被解读为肯尼迪立场坚定,直至赫鲁晓夫低头妥协。人们总觉得只要自己够强硬,对方就会退缩——这恰恰是当代最流行的迷思之一。"

旧识:美国赢苏联输

事实:美苏两国双赢

美国在土耳其部署的木星导弹被一些人形容为接近过时,但事实上,这些导弹在当时刚服役几个月不到,完全有能力袭击苏联。木星导弹从土耳其撤出,加上肯尼迪承诺不会出兵古巴,令赫鲁晓夫赚足面子,随后宣布取消苏联在古巴的导弹装置。

不久之后,美苏首脑热线建立,两国开始就限制核试验展开谈判,最终达成核不扩散条约。

"这里面最主要的历史教训在于,即使面对那样的危机,妥协还是必要的。"美国大学国际关系教授罗伯特·帕斯特说。帕斯特认为,美国的国内政治环境令肯尼迪及其继任者很难吸取这个教训,这从肯尼迪竭力隐瞒外交协商这一事实可见一斑。

即使现在,奥巴马总统在古巴问题上也承受很大压力。"我不认为奥巴马会考虑在这个问题上软化,否则他将面临'你向古巴妥协'的巨大压力。"

旧识:CIA情报战大捷

事实:屡次错失关键情报

除了在苏联军舰掉头第二天才收到情报外,CIA还多次未能及时捕捉本有助于肯尼迪决策的事态最新进展。

首先,中情局对于苏联在古巴部署导弹的情报掌握太迟,当肯尼迪获知这一消息时,导弹已经处于可操作状态。其次,CIA并不知道苏联在古巴还有其他可对付美国的导弹部署。当时,苏联的核弹头甚至已经"武装"到美国关塔那摩海军基地上方的山脊,CIA还浑然不知。

曾花了数十年时间研究解密危机档案的古巴分析员皮特·科恩布鲁表示,苏联本来打算一举歼灭关塔那摩基地的。

旧识：危机持续 13 天

事实：古巴"十月危机"

罗伯特·肯尼迪后来就古巴导弹危机写了一本回忆录，取名《惊爆 13 天》（*Thirteen Days*）。2000 年，一部同样以古巴导弹危机为题材、凯文·科斯纳主演的同名电影《惊爆 13 天》上映。

从肯尼迪总统在 10 月 16 日获知导弹危机，到 10 月 28 日苏联宣布撤退，中间确实经历了 13 天。但是对于古巴来说，这是前所未有的"危机十月"，科恩布鲁甚至认为危机在 11 月还有"续集"，当时华盛顿和莫斯科还在为如何真正拆除核弹的细节激辩。

而根据俄罗斯国家安全档案分析员斯威特娜拉·萨夫兰斯卡亚本月公开的最新档案显示，当时苏联同时在为如何解决与古巴领导人菲尔德·卡斯特罗的问题头痛。

苏联时任第一副主席阿纳斯塔斯·米高扬在 11 月 2 日出访古巴，在那里逗留了 20 天，据称与卡斯特罗多次展开气氛紧张的对话，后者对苏联未有事先通知古巴而私下与美国达成协议大为恼火。卡斯特罗竭力争取苏联隐瞒美国在古巴部署战略性核武，但最终还是未能如愿以偿。

旧识：美苏"眼瞪眼"

事实：从未真正对决

1962 年 10 月 27 日，美国海军对苏联核潜艇投下了深水炸弹，苏联则打下了两架古巴上空的美国 U-2 间谍机。

这一天被认为是古巴核弹危机中最黑暗、最危险的一天。

然而，根据迈克尔·杜博斯在 2008 年出版的《午夜前一分钟》一书（根据对苏联相关档案最新研究撰写），在 10 月 22 日，肯尼迪宣布在古巴外围实施海军隔离，防止更多军事设备抵达，第二天，赫鲁晓夫撤回装载核装置的船只。

这意味着在 10 月 24 日，当美国国务卿迪安·腊斯克发表其著名的"美苏眼瞪眼"声明时，苏联的舰艇已经撤到数千海里之外。

针对腊斯克所做的声明，科恩布鲁表示："那所谓的眼瞪眼，根本没发生过，从未有过真正的对决。"

（资料来源："古巴导弹危机 50 年揭秘：小人物眼中的'命悬一刻'"，新华网，2012 年 11 月 19 日，http://www.ayrbs.com/news/2012-11/19/content_597962.htm。"古巴导弹危机 50 周年揭秘"《四平日报》，2012 年 10 月 23 日。http://sprbszb.chinajilin.com.cn/html/2012-10/23/content_2540925.htm. 在形成该案例时，本书做了一定的调整、补充和组合。）

七、学习思考

基本概念

解释下列政策概念，并尝试译成英语

公共政策过程

公共政策过程模式

阶段论模式

反阶段论模式

公共政策议程

政策系统性议程

政策制度性议程

实质性议程与象征性议程

公开性议程与隐蔽性议程

外在催生型模式

政府动员型模式

内在催生型模式

多重因果漏斗的议程模式

多源流议程模式

政策窗口

公共政策规划

议题网络

政策网络

政策社群

政策支持联盟

政策铁三角

精英主义模型与新精英主义模型

多元主义模型和新多元主义模型

国家主义模型和新国家主义模型

统合主义模型和新统合主义模型

理性决策模型

垃圾桶决策模型

满意决策模型

渐进决策模型

基本原理

阅读本章的电子文本、课程课件、经典阅读、知识补充、研究论文，尝试回答下列问题：

公共政策过程的特点是什么？

政策过程阶段论模式经过了哪些主要的演变？

政策反阶段论对政策阶段论模式提出了哪些批评？

改进型的政策过程模式有哪些特点？

公共政策议程的重要性是什么？

公共政策议程有哪些主要类型？

政策系统议程与制度性议程的区别是什么？

政策的实质性议程与象征性议程的区别何在？

什么是政策的隐蔽议程？

影响政策议程的主要因素有哪些？

政策议程设立的模式有哪些？

什么是多重因素漏斗议程模型？

什么是多源流议程模型？

什么是政策目标？其重要性何在？

政策目标的特点是什么？

什么是议题网络？

什么是政策社群，它与议题网络有何区别？

什么是政策联盟，它是如何规划政策的？

公共政策决策的重要性何在？

理性决策模型的条件、过程及弊端是什么？

马奇的垃圾筒决策模式的内容是什么？

满意决策模型的特点是什么？

渐进决策模型的特点是什么？

基本应用

案例分析

在仔细阅读和观看本章的课程案例、课程视频后，结合前面已经阅读过的与公共政策过程相关的知识，对本章的导入案例和课程案例加以分析，尝试写出案例分析报告。

分析报告必须包括下列内容：

对案例发生的外部环境背景做出描述、分析；

对案例中包含的公共政策的要素和主要过程中与政策议程、政策规划、政策决策、政策执行、政策评估、政策终结有关的方面做出阐释、分析；

依据本章的内容对政策的某些要素和主要的过程阶段中与政策议程、政策规划、政策决策、政策执行、政策评估、政策终结有关的方面做出评价；

读书笔记

仔细阅读本章提供的经典论述、知识补充、研究论文,围绕经典论述写出读书心得。读书心得应包含下列内容:

经典论述的主要理论和观念;

经典论述表述的理论或观念对中国现实政策过程的解释力度(能够对中国现实的公共政策过程做出很好的解释,只能部分解释,完全不能解释);

是经典理论与观念不完备,需要做出修改,还是中国公共政策过程需要加以改进?

编写案例

参照本课程提供的第二课堂的经验资料,组成 5 人左右的学习团队,尝试就中国目前公众与政府普遍关心的、值得研究的公共政策实例,按照本章研修的内容,编写出公共政策案例。

好的政策案例应当包括下列内容:

对具体政策过程发生的环境条件进行描述;

对具体政策过程中的主体、价值、工具、资源(不一定都要涉及,只要对与本意内容有关的方面加以阐述);

对具体政策要解决的政策问题的状态及对政策问题的确认(问题情境、问题的诊断与确认)做出描述;

对具体政策的制定、实施、评估与终结(不一定关注所有阶段,只对与本章所关心的阶段或环节)加以详细描述;

将上述的内容以生动故事情节的方式展示出来,让阅读者有身临其境的感受。

要特别关注具体政策过程的公共性、民主性、科学性、有效性。

编写公共政策案例的资料必须是多元的:官方文件、媒体报道、公众(网民博客)评点、学者论述、问卷调查、焦点人物访谈。

为了让阅读者一目了然,印象深刻,可以适当插入图表、图像。

第四章　公共政策的执行与评估

公共政策的议程、预案和决策的阶段和环节固然很重要，但是，一个好的政策决策需要贯彻落实，政策实施后的真实效果也需要评估。因此，研究公共政策过程中的执行、评估和学习等阶段的环节是必不可少的。

一、研修的内容

在这一章中我们将研修下列内容：

　　§1. 公共政策的执行
　　§2. 公共政策的评估
　　§3. 公共政策活动中的公众参与

案例导入：1977 年恢复高考方案的实施

1977 年 10 月 12 日，国务院批转教育部《关于一九七七年高等学校招生工作的意见》，文件规定：废除推荐制度，恢复文化考试，择优录取。这标志着中断了 11 年的高考制度正式恢复。恢复高考的冬夏两季，全国有 1160 万人参加考试，由此掀起了一场学习科学文化知识的热潮。

1978 年的春天，收到山东大学的录取通知书时，徐杨愣住了。当时，手捧着通知书，他甚至想狠狠地掐自己一下。回忆起 31 年前收到通知书那天的情景，现在是山西省地震工程勘察研究院副院长、总工程师的徐杨，打心底里感激邓小平。是这位早已作古的老人，让徐杨一夜之间由一名插队知青变为了大学生，而且就在他扔掉锄头的那一瞬间，成功实现了"洗脚进城"。

幸运的，不单是徐杨。徐家这一年"收成"颇丰——在徐家 4 个孩子中间，除了 26 岁的大姐因不符合条件未能报考外，徐杨和他的二姐、妹妹，同时迈进考场，同时跨进大学。

今天的人，虽然很难理解那些走过 1977 年高考的千百万"过来人"，为何会如此感激小平同志。但是，在当时的政治环境中，小平的魅力和决定，改变了他们的命运。

历史,永远记住了这一激动人心的时刻。在武汉大学查全性院士的家里,还精心收藏着一份珍贵的文件——1977 年 8 月 7 日由中国科学院、教育部汇编的第 9 期《科教工作座谈会简报》。"简报"虽只有短短 1200 字,却将这个民族千百万青年的命运紧紧地连在了一起。

科教工作座谈会捅破"窗户纸"

1977 年 8 月 6 日,徐杨和往常一样,在下乡插队的山西省太原市北郊化客头乡白道村,挑土填沟、担粪、种地,为的是插队满两年后顺利回城。但是,徐杨并不知道,服务期满的那一天,能否回城。所以,每到夜晚睡下时,苦闷就会层层袭来。

徐杨用"绝望"形容当时的心情。

就在这一天,北京人民大会堂内,科学和教育工作座谈会已进行到第三天。邓小平还在认真听取来自全国各地的 33 位著名科学家、教授以及科学和教育部门负责人关于恢复高考的发言。

作为当时最年轻的会议代表,武汉大学化学系副教授查全性一直默默记录着各位代表的发言。

"那时候,社会刚刚经历过'文革',大家起初都害怕发言。大多数人认为,像邓小平这种身份的领导人,可能就是在会议开始和结束时,各来一次,顶多讲几句话。但是,除了有一个半天他有外事活动,给大家放了假外,一连几天,邓小平同志不仅每天准时到会,认真听取代表的发言,而且还很少插话,并和大家一起离开。这让我们觉得,小平同志很想解决问题。于是,会议第三天,大家的发言开始逐步触及一些问题。"查全性回忆道。

其实,参会前,查全性和许多大学老师一样,对大学招生现状有很多不满。8 月 6 日下午,当清华大学党委负责人谈到清华大学的新生文化素质太差,许多学生只有小学水平,还得补习中学课程时,邓小平插话说:那就干脆叫"清华中学""清华小学",还叫什么大学!

于是,查全性在笔记本上写了一个发言提纲,激动地说:"招生是保证大学教育质量的第一关,其作用就像工厂原材料的检验一样,不合格的原材料,就不可能生产出合格的产品。当前新生质量没有保证,部分原因是中小学教育质量不高,而主要矛盾还是招生制度。不是没有合格的人才可以招收,而是现行制度招不到合格的人才。如果我们改进招生制度,每年从 600 多万高中毕业生和知青、青年工人中招收 20 多万合格的学生是完全可能的。现行招生制度的弊端首先是埋没人才,一些热爱科学、有前途的青年选不上来,一些不想读书、文化程度又不高的人占了招生名额。"

对此,在座的老教授和专家们深表赞同,一致建议改革现行高校招生制度,把好人才培养的第一关,并强烈呼吁立即恢复高考制度。

但是,在此之前,教育部 6 月在太原召开的全国高等学校招生工作会议上,已经决定继续推行"文革"后期确定的"自愿报名、群众推荐、领导批准、学校复审"的招生办法,并刚刚将方案上报中央。各地正按照会议精神,准备高等学校招生工作。

查全性记得,在得知太原招生会议召开的消息时,邓小平问参加座谈会的教育部部长刘西尧:今年是不是来不及了?刘西尧说,假如推迟开学,还来得及。邓小平又问,(招生会的)报告送出去没有? 刘西尧回答,刚送出去。

邓小平听后,当即要求教育部把报送中央的报告追回来,并斩钉截铁地说:"既然今年还有时间,那就坚决改嘛! 把原来写的报告收回来,根据大家的意见重写。今年就要下决心恢复从高中毕业生中直接招考学生,不要再搞群众推荐。从高中直接招生,我看可能是早出人才、早出成果的一个好办法。"

"听到邓小平的改革决心,会场响起了热烈的掌声。"想起32年前的那一幕,查全性还是无法掩饰内心的激动,兴奋地说,"现在,很多人似乎把倡言恢复高考归功于我。其实,当时绝大部分人都有这种想法,我只不过是捅破窗户纸的那个人。"

会后两天,恢复高考的消息就在北京传开,等待了太久的国人无不欢欣鼓舞。查全性回忆道:"一回到武大,李国平教授就到我家里来问情况。大家听了这个消息后都无比高兴。"

查全性说:"那次座谈会后,以恢复高考为先兆,整个社会掀起了一场声势浩大的思想解放运动。可以说,恢复高考不只是对中国教育、科技领域产生了巨大影响,其实,它对于当时的中国起到了思想解放的先导性作用,同时也直接推动了后来改革开放政策的全面实施。"

根据邓小平的指示,当时的教育部立即撤回此前太原招生会后给国务院关于1977年高等学校招生工作意见的请示,并决定立即在北京重开招生会。

激辩40天:大学向谁敞开

8月底,邓小平的复出及科学和教育工作座谈会的传闻,开始在数百万"上山下乡"的知识青年当中传播。

"听说要恢复高考了!"

"开玩笑的吧? 不可能呀!"

"都那么说的!"

类似这样的对话,不断地在知青中间流传。他们半信半疑,相互打听。但因山高路远,分布在广大农村的徐杨们,始终没有确切的消息。

而在千里之外的北京,传闻正在得到证实。

8月12日,教育部在北京重新召开全国高等学校招生工作会议。作为当时主管高校招生工作的教育部计划司工作人员,原教育部考试中心主任杨学为参加了1977年召开的两次全国招生工作会。

"第一次太原招生会,我在简报组,第二次北京招生会,我在起草文件组。"杨学为回忆说,"当时,会上争论很多。比如,高中毕业生是参加两年劳动后才能考大学,还是直接考大学,这是争论的第一个焦点问题。第二个问题,就是政审问题。'文革'期间,政审主要是看家庭出身。第三个争议的焦点问题,就是考试。上大学是通过考试,还是继续保留'文革'群众推荐的做法。其中,第一个问题争论最多,争论了40多天,两派争来争去。"

"要是放在现在,这样的问题,不可能争论这么久。今天的许多人根本无法想象当年的情景。那个年代背景特殊,谁都是小心翼翼,生怕因随意表态而出任何纰漏。"杨学为说完,深深叹了口气。

高中毕业生是参加两年劳动后考大学,还是直接考大学? 就是这样一个看似简单的问题,为什么在当时会争论 40 多天呢?

杨学为说,这得从"文革"前后我国高考制度的变化说起。新中国的高考制度始于 1952 年。从这一年到 1966 年"文革"前,高校招生实行全国统一命题、一次考试、分批录取的办法。招生工作的原则是阶级路线和政治与学业兼顾,生源主要是应届高中毕业生和其他具有高中文化程度的人。但是,1966 年 7 月 24 日,中共中央、国务院发出《关于改革高等学校招生工作的通知》。《通知》指出,从 1966 年起招收的新生,将来毕业后,可以分配当技术员、干部、教员,也可以分配当工人、农民;从今年起,高校招生下放到省、市、自治区办理;应首先保证全国重点学校所需的新生质量;取消考试,采取推荐与考试相结合的办法;必须坚持政治第一的原则,贯彻执行党的阶级路线。

从此,1952 年建立起来的新中国高考制度就被废止,高校停止了招生工作。

1968 年 7 月 21 日,《人民日报》发表了一篇题为"从上海机床厂看培养工程技术人员的道路"的调查报告,以及毛泽东的指示:"大学还是要办的,我这里主要说的是理工科大学还要办,但学制要缩短,教育要革命,要无产阶级政治挂帅,走上海机床厂从工人中培养技术人员的道路。要从有实践经验的工人农民中间选拔学生,到学校学几年之后,又回到生产实践中去。"

同年 12 月 22 日,《人民日报》又发表毛泽东的指示:"知识青年到农村去接受贫下中农的再教育,很有必要。要说服城里干部和其他人,把自己初中、高中、大学毕业的子女,送到乡下去,来一个动员。各地农村的同志应当欢迎他们去。"

至此,长达 10 年之久的城市知识青年"上山下乡"运动在全国展开。城镇的所有高中毕业生、有的地区的初中毕业生都须"上山下乡",或当工人、参军,农村初、高中毕业生则回乡参加农业生产。

"这等于切断了高中毕业考大学的通道。"杨学为说,"实际上,当时的上海机床厂是一家生产精密机床的大厂。从 20 世纪 50 年代初开始,该厂通过多种途径,如到技术科室边工作边学习、举办业余大学等形式,从工人中培养工厂急需的技术人才,应当说,这种探索是可贵的。但是,对于毛泽东的'七·二一指示','四人帮'将上海机床厂的经验当成培养工程技术人员的唯一形式,在高等学校招生考试工作中,炮制了一整套以所谓'阶级路线''实践经验'和'群众推荐'为核心的否定文化、否定理论、否定考试的'左'倾谬论。1971 年 4 月 15 日至 7 月 31 日,国务院召开全国教育工作会议。在张春桥、迟群等人控制下,会议《纪要》炮制了所谓的'两个估计':即'文革'前十七年教育战线是资产阶级专了无产阶级的政;知识分子的大多数世界观基本上是资产阶级的。"

在杨学为印象里,北京招生会上,少数人认为,招收应届高中毕业生与执行"七·二一"指示相左,与"文革"前区别不大。而多数人主张在继续招收有实践经验的工人农民的同时,招收应届高中毕业生。

会议讨论由此陷入僵局。

一份内参打破僵局

后来,杨学为所在的起草文件组根据大会代表的意见,起草了一份文件送给邓小平。邓小平对此很不满意。

尤让杨学为记忆深刻的是，"由于'文革'期间一切以政治挂帅，突出政治，所以，关于政审问题，我们起草小组写得非常细"。可是，9月15日，邓小平看完文件后，生气地说：政审，主要看本人的政治表现。政治历史清楚，热爱社会主义，热爱劳动，遵守纪律，决心为革命学习，有这几条，就可以了。总之，招生主要抓两条：第一是本人表现好，第二是择优录取。随后，他大笔一挥，不仅全部划掉，而且还连说了三个烦琐。

关于这段历史，细心的杨学为都一一记在会议记录本上。当年那本会议记录，如今他一直珍藏着。

不单是杨学为期盼早日改革高考制度。由于会上不少人对"两个估计"仍心有余悸，在恢复高考的问题上，会议一再陷入胶着状态。最后，参加会议的人民日报社记者穆扬打破了僵局。

9月3日下午，穆扬约请参加过1971年全教会的6位代表座谈，调查"两个估计"出台的经过。15日，人民日报社将穆扬署名的内参《全教会纪要是怎样产生的》，以《情况汇编》（特刊）的形式，报送中央，很快引起邓小平的重视。

内参披露了张春桥、姚文元控制下的1971年"全教会"真相是，参会人员中仅1/3的人曾从事教育工作；会议领导小组12名成员中，原高教部、教育部无一人参加。

看完人民日报社报送的内参，9月19日，邓小平在与教育部负责人谈话时说："这份材料说明了问题的真相。建国后的十七年，各条战线，包括知识分子比较集中的战线，都是以毛泽东同志为代表的路线占主导地位，唯独你们教育战线不是这样，能说得通吗？"

他还明确说："毛泽东同志画了圈，不等于说里面就没有是非问题了。""《纪要》引用了毛泽东同志的一些话，有许多是断章取义的。《纪要》里还塞了不少'四人帮'的东西。对这个《纪要》要进行批判，划清是非界限。""'两个估计'是不符合实际的。怎么能把几百万、上千万知识分子一棍子打死呢？我们现在的人才，大部分还不是十七年培养出来的，原子弹是1964年搞成功的，氢弹虽然是1967年爆炸的，但也不是一下子就搞出来的。""采取直接招生的办法，并不是不要劳动，劳动可以在中小学就注意。从青少年起教育他们热爱劳动有好处。到大学以后，重点是结合学习搞好对口劳动。到农村劳动也可以搞一点，但不能太多。"

对于教育部的顾虑，邓小平说："1971年'全教会'时，周恩来同志处境很困难。1972年，他和一位美籍中国物理学家谈话时，讲要从应届高中毕业生中直接招收大学生。在当时的情况下，提出这个问题是很勇敢的。这是要教育部门转弯子，但是教育部门没有转过来。为什么要直接招生呢？道理很简单，就是不能中断学习的连续性。18岁到20岁正是学习的最好时期"；"教育部要争取主动。你们还没有取得主动，至少说明你们胆子小，怕又跟着我犯'错误'"；"教育部首要的问题是要思想一致。赞成中央方针的，就干；不赞成的，就改行"；"总之，教育部要思想解放，争取主动。过去讲错了的，再讲一下，改过来。拨乱反正，语言要明确，含糊其词不行，解决不了问题。办事要快，不要拖……"

针对与会者尽快改变推荐招生的建议，邓小平明确指出："招生十六字方针可以改一改嘛。改成'自愿报考,单位同意,统一考试,择优录取'十六个字的建议比较好,但第二句有点问题。比如考生很好,要报考,但队里不同意,或者领导脾气坏一些,不同意报考怎么办? 我取四分之三,不要这一句。"随后,在座谈会总结讲话中,邓小平宣布:"高等院校今年就要下决心恢复从高中毕业生中直接招考学生,不要再搞群众推荐。"会后,根据邓小平的意见,有关部门很快报送了《关于推迟招生和新生开学时间的请示报告》,决定将高等学校和中专推迟到当年第四季度招生,录取新生 1978 年 2 月底前入学。1977 年 8 月 18 日,邓小平将这份报告报送党中央领导同志。当天,中央领导同志均圈阅同意。

同时,针对当时招生文件中存在的许多"左"的条文和规定,邓小平指出:"政审,主要看本人的政治表现。政治历史清楚,热爱社会主义,热爱劳动,遵守纪律,决心为革命学习,有这几条,就可以了。总之,招生主要抓两条:第一是本人表现好,第二是择优录取。"根据邓小平的指示,有关部门对政审条件进行了修改。

这次石破天惊的谈话,后来以"教育战线的拨乱反正问题"为题,收入《邓小平文选》(第二卷)。

"我一辈子参加的会议不计其数,但北京招生会是我参加过的最长的一次会议。"杨学为说,那次会议一直到 9 月 25 日,也先后四易会址:起初会址在北京饭店,因会议延期,移至前门饭店;又因延期,会址再移至友谊宾馆。在友谊宾馆,先在主楼开,后移至配楼,最后又转移到专家套房进行。会议开始时,北京正值盛夏,到 9 月底天已转凉,一些代表就不得不通知家人寄送秋衣。一次招生会开 44 天,这也是建国以来的首次。

老徐们的高考

1977 年 10 月 12 日,国务院批转教育部《关于一九七七年高等学校招生工作的意见》,文件规定:废除推荐制度,恢复文化考试,择优录取。这标志着中断了 11 年的中国高考制度正式恢复。

10 月 21 日,新华社得到授权正式对外发布高考恢复的消息。还在太原市北郊化客头乡白道村插队的徐杨,终于得到了恢复高考的准信儿。

与徐杨一样,数百万遍布城乡各个角落的知识青年,或从报纸,或从收音机里获得了准确信息。"高考"这个已经陌生了 11 年的词语,再次勾起了他们的求知欲。

对于众多知青来说,恢复高考的信息还是来得有些晚。从得知信息到进考场,其实只有 40 天的复习时间。

丢了的知识要想在 1 个多月内捡起来,并不容易。徐杨兄妹三人向生产队打了招呼,回家复习去了。徐杨的二姐很明智地选择了文科,这也是当时绝大多数人的普遍选择。徐杨说,短时间内,文科复习比理工科的效果要好,但是,当时很多学校根本就没有开设国家规定的历史、地理科目。"所以老三届毕业生考上的多。他们的中学是完整上下来的。"

那年徐杨的大姐已经 26 岁,在山西毛纺厂担任车间主任,恰巧不在"25 岁以下"和"老三届"两项可直接报考的规定之列,而且单位又不同意她参加高考。在太原五中上学时从来都是第一名的大姐为此哭了很久。

当年 12 月,徐杨兄妹 3 人一起走进了高考考场。结果,3 人榜上有名:徐杨被山东大学录取;他的二姐被山西大学历史系录取,如今是太原电专教师;徐杨的妹妹被武汉大学化学系录取,如今在广州大学任教,市场上赫赫有名的"蓝月亮"洗手液,就是她的发明。

谈起往事,徐杨还记得,当年,山东大学在山西只招 8 名学生,全在徐杨他们班。31 名学生,年龄结构是从 15 岁到 31 岁。31 岁那位同学后来成为太原理工大学的系主任。当时他的孩子已经 4 岁。

恢复高考的冬夏两季,全国有 1160 万人参加考试,那也是迄今为止,世界考试史上人数最多、规模最大的一次考试。当年,全国共招 40.1 万多名大学生,录取比例为 29:1,与今天大学的录取比例相比,不可同日而语。从复习备考到正式考试,全国掀起了一场学习科学文化知识的热潮。其间,也出现了前所未有的师生同考、叔侄同考、夫妻同考的景象,被誉为"向四个现代化进军的盛举"。

最让杨学为记忆犹新的是,当时经过"文革"十年,国家百废待兴。由于资源严重短缺,如何解决高考试卷纸张,成了当时教育部的一大难题。最后邓小平当机立断,决定临时调用原本用于印刷《毛泽东选集》第五卷的纸张,先行印刷高考试卷。

杨学为认为:"考生报名条件和招生对象的重新确定,改变了过去既看个人表现、还查考生家庭出身的'血统论'做法,使此前那些低人一等的'黑五类'终于有机会抬头挺胸、重新做人。此举既扩大了优秀人才选拔的范围,又重新确立了以智力为标准的社会分工体系,还调动了社会各阶层参与社会主义现代化建设的积极性。"

32 年前的高考亲历者、厦门大学刘海峰教授说:"恢复高考不仅提升了高等教育质量,使中国的人才培养重新走上健康的轨道,而且在中国社会由乱而治的过程中,发挥了至关重要的作用。尤其当时的高考,是在'两个凡是'还未被打破的情况下恢复的,它的意义已远远超出了教育领域,成为全国思想解放的先导。"

中国社科院近代史所研究员雷颐说:"考试必然伴随着种种弊病,对此的确不能忽视。但在恢复高考制度 30 年后的今天,某些人似乎更多地看到了考试的弊病,因而患了'历史健忘症',甚至又想用'推荐制'来补考试之弊。我们必须承认,尽管考试是一种有弊端的制度,但目前还没有一种比它更好的、能够取而代之的制度。因此,我们不应因考试的弊病而否定这一制度,而应从改进考试的内容和方式着眼,来改革这一制度。因为对于一个曾经以千万人的青春为代价、狂热地废除过考试制度的国家来说,更应该珍惜这来之不易的考试制度,并不断使之更加科学、合理,更趋完善。"

已经从教育部考试中心主任的位置上退休 12 年,但杨学为还在不断研究中国千百年来的考试史。因为作为"过来人",他目睹了当年恢复高考时全国上下青年人的那种惊喜、激动和兴奋,也看到了此后中国的巨变。他说:"那一段并不遥远的历史,时刻在提醒着我们,应当'珍惜考试'。今天,我们的高考所要做的是,如何科学准确地测量出考生的才学,以何种方式让考生考得更好,而不是取消考试,或者否定考试在人才选拔上的历史作用和重要地位。"

西北农林科技大学樊志民教授认为,恢复高考,并不只是简单意义上的入学考试的恢复,它还恢复了公平与公正,实现了整个社会理性的回归,为一切纳入规范化,为改革开放奠定了思想及人才基础。

正如樊志民所说,恢复高考揭开了中国改革开放的序幕。1978 年冬,当徐杨在山东大学"补习"曾经逝去的青春时,十一届三中全会在北京胜利闭幕,中国从此跨入了一个全新的时代。

历史,像一位垂暮老者,正在漫步向西,但依旧清晰的回声,不断地向今天传来。在新中国 60 年的气候年鉴里,1977 年的中国,没有冬天。

(资料来源:"1977 年恢复高考:国家命运的转变",http: // www. 360doc. com/content/11/0908/16/179287_146735401. shtml. "1977 年恢复高考制度内幕:20 分钟邓小平一言拍板",http: // gaokao. eol. cn/news/201506/t20150603_1266652. shtml. 本书在形成案例时,对原始资料做了调整、综合。)

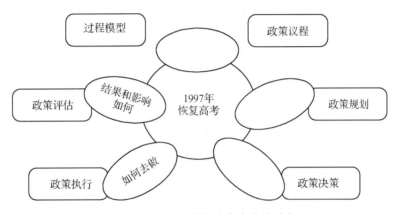

图 4-1 导入案例与本章内容的对应

§1. 公共政策的执行

§1.1 公共政策执行的涵义

政策执行指的是取得合法性的政策行动方案借助一定的政策工具和程序得到贯彻、落实,产生结果的过程。政策执行是由一连串的小环节构成的,其中包括:政策宣传行销、政策计划、政策实施、政策调整等。政策执行不可能轻而易举。任何一项政策都不是通过一、两次行动就能得到贯彻和实施的。政策执行虽然只是政策过程的一个阶段,但就本身来说,它包含着政策执行者一连串的自觉与不自觉、偶然与必然的行动。

§1.2 公共政策执行的特点

政策执行是科层制的控制过程

政策执行的成败与否,与规划和决策出来的政策行动方案的质量、政策决策者的权威性、命令控制体系有关。但不能将其绝对化。过分强调政策执行与决策机构的行为、政策行动方案的内容、政策目标的选择以及产生的命令控制的关联,就会偏向政策中心途径(policy-centerd approach)和政策制定论(policy-makers perpective)，从而轻视甚至否定政策实施中政策执行主体的行动、政策执行的组织结构、政策执行中的调整等方面的作用。

政策执行是计划的操作实施过程

政策执行的重点是基层的政策产出、政策计划和政策操作。政策制定出来交给执行者以后，政策执行的操作者具有较大的权力，只有通过政策行销、政策计划和项目操作，政策目标才能得到实现。但也不能将这一点绝对化。过分强调政策执行与政策制定的分离，过分强调政策执行中组织者和操作者的自主性，会导致政策制定与政策执行的对立。

政策执行是上下层级互动的过程

政策制定要从政策执行的角度来思考政策目标的确定和政策方案的选择，保证决策产生的政策行动，其目标是现实的，贯彻方案是可行的。政策操作则要从政策制定的角度，以保证政策计划、政策项目的实施与制定出来的政策目标相吻合。只有在政策决策者的"命令控制"与政策执行者的"自由裁量实施"之间实行有效的互动，政策执行才能够规范、有效。

§1.3 公共政策执行的过程

政策行销宣传

政策行销的对象是政策标的群体，大众媒体，政策执行的责任者、调节者和操作者。

政策行销的内容是向政策行销对象清晰展示即将实施的政策内容、前景、步骤、难度，已经进行的政策执行试验的结果，以往相似政策执行的经验，等等。政策行销有传统的方式，如通过会议、广播、电视、报纸等渠道让政策行销对象知悉即将贯彻落实的政策行动方案；也有新兴的方式，如运用网络来进行政策行动方案的行销宣传。在现代社会，由于人们在年龄、生活习惯、生活方式等方面存在差异，加上不同的信息传播渠道具有不同的特点，在进行政策行销宣传时，最好将两种方式结合起来使用。

制定执行计划

具体的公共政策执行通常是以实施一项或多项项目的方式进行的。因此，政策行动方案要能贯彻落实，就需要制定详尽可行的项目实施计划。规范周全的政策执行计划应当包括实施项目的组织机构、项目实施必须达到的质量标准、项目实施的时间安排、项目实施需要的资源投入、项目实施的责任清单，等等。由于现代社会，特别是转型时期，各方面的变化不仅迅速、深刻，而且有些事先很难预料。因此，在制定政策项目实施计划时，除了要坚持计划的严肃性、稳定性以外，还应该留有余地，尤其要做好应对情况和突发事件的预案。同时也应当允许随着情况的变化对政策的执行及时做出调整。

政策实施调整

由于政策执行总是在政策决策、政策合法化之后才能进行,这种时间上的滞后性要求政策执行主体必须依据政策活动的外部环境因素的实际变化,在实施政策时做出某些灵活的调整。另外,一些在政策规划和决策时没有能事先预料到的情况和状态,在政策方案实施时却意外出现或突然发生。这也要求政策执行主体当机立断地做出实事求是的调整。虽然政策执行过程中的调整会对原先承诺的政策的权威性、稳定性造成一定的影响,但必要的和及时的政策执行调整不仅能够避免因政策执行的失败而破坏执政党组织和政府的良好形象,也能减少因机械推行政策方案所造成的不必要的损失。

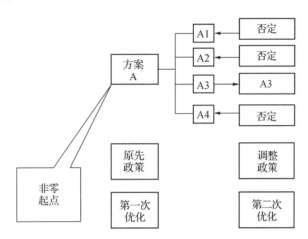

图 4–2　政策执行中的调整必须遵循的原则

政策行动方案实施中的调整,只能是在原有已经优化过的政策方案即"一次优化"的基础上,通过尽量选择优化的调整性方案即"二次优化"来进行,绝不能推倒重来即不能从零开始。因此,政策执行中的调整必须坚持"非零起点"和"两次优化"的原则。

政策失效标志

任何公共政策都有一定的时效性,在政策执行的不同时期,其表现出来的失效率是不一样的。在政策行动方案实施的初期阶段,由于政策标的群体对新政策的前景不了解,往往有观望心理;政策的执行者也会因为对新的实施方案不够熟悉,在执行中难免会发生失误;这就会导致政策的失效率较高。在政策方案实施的中期,上述的情况会有很大改观,政策标的群体已经看到了新政策的效率与效益,政策执行者也积累了经验,因而政策的失效率就比较低。而到了政策执行的后期,政策的效能已经用尽了,政策实施的失效率又会变得高起来,这表明这项政策已经过时了,需要用新的政策来取代了。上述的政策实施不同时段的失效率可以用坐标系与曲线表示出来,因为曲线是开口向上的,像被拦腰切开的浴盆剖面,故又称为政策失效的"浴盆原理"。

§1.4 公共政策执行的途径

公共政策执行有三种主要的途径：由上而下的途径（Top-down approach）、由下而上的途径（Bottom-up approach）和上下相结合的综合途径（Third-generation approach）。

政策执行自上而下的途径

在这种政策执行的途径中，重要的是权威与服从的连锁。在政策执行过程中，政策制定者具有优先地位，政策执行者必须忠诚地服从并执行上级政府部门及其首长的政策意图和目标。在政策执行中，起决定作用的是政策制定者的控制命令能力，以及政策执行者对执行活动的理性设计。有时这一政策执行途径又被称为政策执行的理性模式。

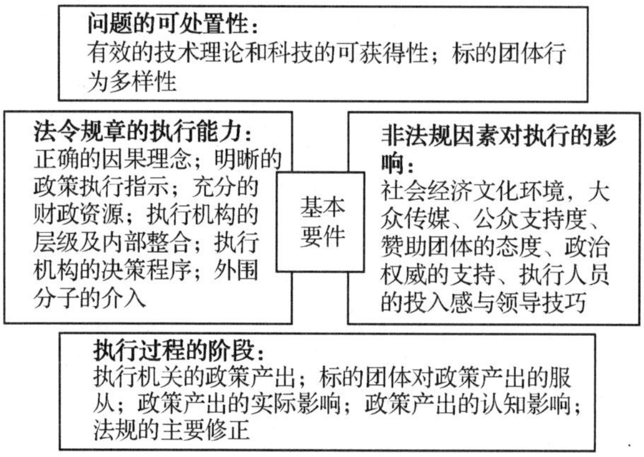

问题的可处置性：
有效的技术理论和科技的可获得性；标的团体行为多样性

法令规章的执行能力：
正确的因果理念；明晰的政策执行指示；充分的财政资源；执行机构的层级及内部整合；执行机构的决策程序；外围分子的介入

基本要件

非法规因素对执行的影响：
社会经济文化环境，大众传媒、公众支持度、赞助团体的态度、政治权威的支持、执行人员的投入感与领导技巧

执行过程的阶段：
执行机关的政策产出；标的团体对政策产出的服从；政策产出的实际影响；政策产出的认知影响；法规的主要修正

图 4-3　政策执行自上而下途径的要件

在自上而下的政策执行中存在政治与非政治的连贯。政策制定是依据政治战略设立政策目标，政策执行则是依据技术实现政策目标。首先，公共政策制定与执行是分离的，政策制定者陈述政策并使用权威命令连锁，政策执行者接受政策并服从实施命令。其次，公共政策制定与执行是有界限的，政策制定是确定目标及其顺序，政策执行是实现政策目标。前者与政治相连，后者则是非政治的、中立的、技术的。第三，公共政策制定与执行是连贯的。只有政策得到执行，政策目标才能实现出来。

在自上而下的途径中包括下列执行要件：一是问题的可处置性。需要有有效的技术理论和科技的可获得性；标的团体行为需要有多样性。二是法令规章的执行能力。需要有正确的因果理念，明晰的政策执行指示，充分的财政资源，执行机构的层级及内部整合，执行机构的决策程序，外围力量的介入。三是非法规因素对执行的影响。主要是社会经济文化环境，大众传媒、公众的支持度，赞助团体的态度，政治权威的支持，执行人员的投入感与领导技巧。四是执行过程的阶段性。需要经过下列环节：执行机关的政策产出，标的团体对政策产出的服从，政策产出的实际影响，公众对政策产出的认知和影响，相应法规的修正。

政策执行自下而上的途径

在这种政策执行的途径中,重要的是自觉自由的裁量。在自下而上的政策执行中,上级的政策制定者并不是要给下级执行者设定详尽的政策执行架构,而是要提供一个充分自主的空间,给予基层执行者更大的自由裁量权,让他们建构起能采取适当操作措施的执行结构。这一政策执行途径和理性执行途径正好相反,因而常常被称为后理性途径。

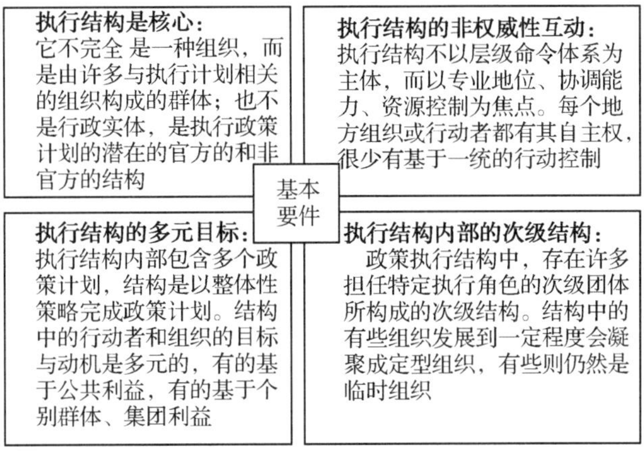

执行结构是核心:
它不完全 是一种组织,而是由许多与执行计划相关的组织构成的群体;也不是行政实体,是执行政策计划的潜在的官方的和非官方的结构

执行结构的非权威性互动:
执行结构不以层级命令体系为主体,而以专业地位、协调能力、资源控制为焦点。每个地方组织或行动者都有其自主权,很少有基于一统的行动控制

基本要件

执行结构的多元目标:
执行结构内部包含多个政策计划,结构是以整体性策略完成政策计划。结构中的行动者和组织的目标与动机是多元的,有的基于公共利益,有的基于个别群体、集团利益

执行结构内部的次级结构:
政策执行结构中,存在许多担任特定执行角色的次级团体所构成的次级结构。结构中的有些组织发展到一定程度会凝聚成定型组织,有些则仍然是临时组织

图 4 - 4　政策执行自下而上途径的要件

多元组织结构是这种执行途径的特点。在这种政策执行途径中,有效的政策执行完全依赖于多元组织的执行结构,政策能否有效执行,关键是有何种组织能够加入到执行结构中来。首先,建构政策执行结构是建立在政策共识之上的自我选择过程。政策制定部门不能一厢情愿地采取命令控制机制,必须由基层执行组织达成共识,自行选择执行方式。其次,不是行政组织的命令,而是政策执行计划决定着政策执行结构,是因为执行计划的需要才将某些组织纳入执行结构之中的。第三,有效的政策执行是政策执行结构中的多元行动者复杂互动的结果,包含着执行结构内部的交易、妥协、联盟,政策执行中的互惠性要比监督性更为重要。

自下而上政策执行途径包含下列执行要件。一是执行结构是核心。执行结构不完全是一种组织,而是由许多与执行计划相关的机构构成的群体;也不是行政实体,而是执行政策计划的潜在的官方的和非官方的结构。二是执行结构内部的次级结构。政策执行结构中,存在许多担任特定执行角色的次级团体所构成的次级结构。结构中有些组织发展到一定程度会凝聚成定型组织,有些则仍然是临时性组织。三是执行结构的多元目标。执行结构内部包含多个政策计划,结构是以整体性策略来完成政策计划的。结构中的行动者、组织的目标与动机是多元的,有的基于公共利益,有的基于个别群体、集团的利益。四是执行结构的非权威性互动。执行结构不以层级命令体系为主体,而以专业地位、协调能力、资源控制为焦点。每个地方组织或行动者都有其自主权,很少有基于大一统的行动控制。

综合的政策执行途径

在这一政策执行途径中,重要的是自上而下与自下而上的整合。自上而下的政策执行途径有点类似精英理论，是单边主义；而自下而上的执行途径则有点像多元理论，是多边主义。政策执行不仅包含上级政府部门和上下级政府之间的关系，还包含不同层级政府之间更多的关系，而且还包括与许多非政府组织的关系。因此，真正的政策执行途径应该是一种由上而下和由下而上相结合的整合途径。

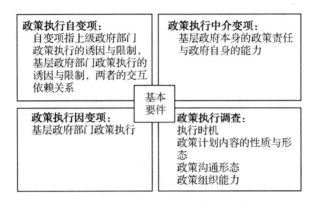

图 4 - 5　政策执行综合途径的要件

在政策执行的综合途径中，有效的执行和三个变项有关：因变项、自变项和中介变项。一是政策执行自变项。自变项指上级政府部门政策执行的诱因与限制，基层政府部门政策执行的诱因与限制，两者形成交互依赖关系。二是政策执行因变项，主要是基层政府部门的政策执行、操作。三是政策执行中介变项，即基层政府本身的公共责任与政府自身的能力。

政策执行的综合途径很重视政策执行调查。调查的内容主要是政策执行的时机、政策计划内容的性质与形态、政策沟通形态、政策组织能力，等等。

§1.5　公共政策执行过程模型

政策实施过程模型

T. 史密斯(T. Smith)是最早提出建构影响政策执行因素及其过程模型的学者，他在 1973 年[1]提出了一个描述政策执行过程的模型。史密斯认为，政策执行过程中，影响政策执行成功与否的重大因素有四个方面：

一是理想化的政策(idealized policy)：指合理、正确的政策，包括政策的目标、内容、范围、规定，等等。

二是执行机构(implementing organization)：负责政策执行的政府机关和单位，包括机构和人员、领导方式和技巧、执行者的能力和信心，等等。

三是目标群体(target group)：政策对象，政策的直接影响者，包括政策对象的组织化和制度化、接受领导的传统、政策经验，等等。

四是政策环境(policy environment)：包括政治、经济、文化、社会等多方面影响政策执行或受政策执行所影响的因素。

在政策执行过程中，理想化政策、执行机构、目标群体和政策环境这四个因素是

---

① T. B. Smith. The Policy Implementation Process. *Policy Sciences*, Vol. 4, No. 2. 1973. pp. 203 - 205.

238

互动的,均应给予充分重视。正如史密斯所指出的那样:"理想化的政策、执行活动、目标群体、环境因素四者,为政策执行过程中所牵涉的重大因素。具体地说,政策的形式、政策的类型、政策的渊源、范围及受支持度、社会对政策印象、执行机关的结构与人员、主管领导的方式和技巧、执行的能力与信心,目标群体的组织或制度化程度、接受领导的情形以及先前的政策经验、文化、社会经济与政治环境的不同,凡此等等均是执行过程中影响其成败所需考虑和认定的因素。"[①]政策执行的过程就是从紧张状态经过处理而达到协调缓和状态。处理时,如果发生问题,那么立即"反馈",如果没有问题出现,则进行"建制",然后再间接予以"反馈"。

史密斯执行理论模型的最大的贡献在于提出了目标群体、执行机构与环境之间的互动关系。当然,此理论的主要缺陷是忽视了执行人员的重要性。

政策实施调适模型

虽然在执行过程模型中提到了影响因素的互动,即相互调适,但是对于因素间是如何调适的阐述不够。美国斯坦福大学公共政策教授 M. 麦克拉夫林对政策执行中的相互调适进行了深刻阐述,并发展为相互调适模型(mutual adaptation model)。[②]麦克拉夫林指出,政策执行过程就是政策执行者、受影响者之间就目标或手段进行相互调适的互动过程。政策执行的有效与否决定于政策执行者和受影响者之间的调适程度。调适是一个动态平衡的过程。

调适模型包括下列内容:

一是政策执行者与受影响者之间的需求、价值观念并非完全一致,但是基于双方在政策上的共同利益,彼此需经过说明、沟通、协商、妥协等确定一个双方都可以接受的政策执行方式。

二是相互调适的过程是基于平等地位的双向信息交流过程,而非传统的"上令下行"的单向流程。

三是政策执行者的手段和目标具有弹性,随所处的环境因素或受影响者需求和价值观念的改变而改变。

四是受影响者的利益、价值与观点将得以反馈,在政策修正和调整时予以充分反映,从而影响政策执行者的利益和价值取向。

麦克拉夫林由此得出结论:成功的政策方案有赖于成功的政策执行,而成功的政策执行则有赖于政策执行者与政策接受者双方行为调适的成功。

调适模型肯定了政策执行是执行者和受影响者相互作用的结果,即执行者并非简单被动地执行政策,受影响者也不是简单被动地接受政策。但是麦克拉夫林仍没能说明调适过程的实质。

政策实施的主体模型

伯曼(P. Berman)在他的"宏观与微观实施的研究"一文中提出的。伯曼认为政

---

① 张金马主编:《公共政策分析——概念、过程、方法》,人民出版社 2004 年版,第 390 页。

② McLaughlin and Milbrey Wallin. Implementation as Mutual Adaptation: Change In Classroom Organization. Walter Williams and Richard F. Elmore(eds.). *Social Program Implementation*, New York: Academic Press, 1976. pp. 167 - 180.

策实施在制度背景下划分为联邦政府层次的宏观或总体实施与地方政府层次的微观或个体实施。

宏观的或总体的政策实施可以分为四个阶段。第一，行政阶段。是指政府将权威性转化为某项特定而具体的政府计划，在此阶段，政府的政策愈模糊，则实施机构的裁量权愈大，对政策的影响力也愈大。第二，采纳阶段。这是指政府计划被地方层次政府所接受，并付诸实施。不过在计划方针与实施方针之间可能产生脱节的现象。第三，微观实施阶段。是指地方政府对中央政府的政府所做的反应和调适，从而确定实施方案，将其付诸实施。第四，技术效力阶段。是指地方政府实际的实施状况对政策结果产生影响的阶段。

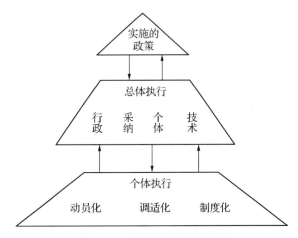

图 4-6　政策实施的主体模型

微观的或个体政策实施具有阶段性，可以分为三个阶段：第一，动员化阶段；第二，调适阶段；第三，制度化阶段。动员化阶段是指地方政府动员所有的政治资源进行实施方案的拟定。在此阶段必须要有充分的实施计划，同时，实施计划也要标准化，即成为组织标准作业程序的一部分。调适阶段是指实施前实施方案的调适阶段。在此阶段，实施者可以采取四种不同的调适方法，即不执行、协作、技术研修以及相互调适。制度化阶段是指地方政府将实施的政策变成有约束力的准则。地方层次的微观实施必须经过制度化的阶段，才能产生预期的政策效果。虽然伯曼将微观实施划分为三个阶段，但他认为这只是概念上的划分，实际上这三个阶段是不能截然分开的，是相互联系的整体。

§2. 公共政策的评估

§2.1　公共政策评估的涵义与作用

公共政策评估的涵义

公共政策评估是指一定的机构对现行政策的内容、执行的情况、特定目标的完成程度、政策结果所产生的冲击和影响，进行客观的、经验的和系统的评审与鉴别的过程。

政策评估的作用

公共政策评估是人们依据一定的标准和方法,对公共政策方案规划、执行情况和政策效果及价值进行估计和评价的活动。在一项政策付诸实施之后,通常人们都需要对这项政策的执行情况和效果进行评估,以判断该项政策是应该继续执行,还是需要调整,抑或应该终结。政策评估将决定政策执行之后的基本走向。因此,政策评估是整个政策过程中的一个重要环节。政策评估的作用主要表现在以下几个方面:

一是检验政策运行效果。一项政策在出台前虽然经过了长期酝酿、多方论证,但仍不能保证它必然会很好地解决确定的政策问题,取得预期的效果。政策执行后是否达到了预期目标,取得了怎样的效果,有时候并不是一目了然的,表面的观察与实际的状况可能存在很大差异,为了避免政策实施的盲目性,就有必要及时地对政策执行效果进行调查、分析和判断。

二是决定政策未来走向。政策在执行以后,其发展走向可以分为三种,一是延续,即继续执行原政策。二是调整,即在执行过程中,政策问题或环境发生变化,原来的政策已明显不适应新的政策情况,或在实践中发现政策方案存在不完善之处,必须对原有政策进行调整。三是终结,即完全终止原政策。无论采取哪种走向,我们都不能只凭想当然,必须做到有理有据,而道理和依据的取得必须依赖于对政策执行效果进行的全面系统的分析和科学合理的评估。

三是合理配置政策资源。政府的政策资源是有限的,而政府部门却往往需要同时实施多项政策,所以必须随时把握各项政策在执行中的情况,以便调整资源投入的顺序和比例,实现政策资源的优化配置,推动政策活动高效优质的进行。政策评估一方面可以使政策的决策者和执行者从整体和全局角度出发,使有限的资源产生更大的效益;另一方面可以防止因过多考虑局部利益所带来的资源过度投入。

四是促进政策制定科学化。公共政策的制定与实施是政府部门的一项重要职责。随着社会条件的不断变化和政府活动的日益复杂,那种经验式的、缺乏跟踪和反馈、一经拍板就不能再改动的政策制定模式已经不适应当今的时代了。政策评估则是使政策制定迈向科学化的必由之路。通过政策评估,用政策实施中产生的问题去反思政策制定中存在的失误,只有经过建立在严格政策评估基础上的政策学习,政策制定才能逐步走向科学化。

§2.2 公共政策评估的特点

政策评估是政策过程的环节

公共政策评估是公共政策过程中的一个阶段和环节。缺乏政治评估,公共政策过程就不完整。公共政策评估的对象是整个公共政策的过程,其中特别重要的是政策的实施过程及其产出和结果。

政策评估是客观的、经验的

公共政策评估必须是客观的、经验的。应当选择多元的、科学的方法实施评估。其中有以实验设计为主、以社会指标统计和民间调查为辅的量化方法，还有以专家评判为主、以个案分析为辅的质化方法。

政策评估是系统全面的

公共政策评估必须是系统的，既要有政策运行过程的评估，也要有终结评估；既要有主观评估，也要有客观评估；既要对政策产出做评估，也要对政策结果即影响作评估。

政策评估是积极的学习

公共政策评估不仅仅是一个追究责任的活动，更是一个总结经验，展开政策学习的过程。广义的政策学习既包括内生学习，也包括社会学习。

§2.3 公共政策评估的标准

公共政策评估标准

政策评估的标准可以划分为三大类：一类是结果标准，既包括眼前结果政策产出，也包括长远的结果，即政策的影响；一类是效率标准；还有一类是公平标准，主要包括政策实施的充足性、公平性、回应性、适宜性。

具体的政策评估标准主要有：

产出性，指政策执行是否达成能用数量和衡量的目标。

结果性，指政策实施的产出对标的群体行为的和影响而产生的改变，对社会公共问题的状况改善的程度。

充足性，指政策产出、结果与政策所倡导的社会价值的关联强度。

公平性，指政策实施后资源、成本和利益在不同标的群体间分配的比例程度。

回应性，指政策产出与结果满足标的群体需求、偏好的程度。

适宜性，指政策实施后，其产出性、结果性、充足性、公平性、回应性同时兼顾的程度。

§2.4 公共政策评估的类型

行政评估

由行政部门执行的政策评估，内容主要包括：投入努力程度评估、政策绩效评估、政策效能评估、政策效率评估、政策过程评估。

司法评估

由司法部门执行的政策评估，内容主要包括：政府部门政策行为是否符合宪法、法律规定，政府政策行为是否符合行政法规定，政府公职人员在政策活动中是否滥用行政裁量权。

政治评估

原则上所有的公民都可以进行政策的政治评估。主要的形式有：公众对政府的定期政策评估，经过选举来进行政策评估，设立行政论坛、听证会来进行政策评估。

§2.5 公共政策评估的方式

第一代政策评估（1919—二战）

这一时期的政策评估主要集中在工业界。评估的政策多数属于政府制定的社会发展计划。评估主要是在实验室中进行的。评估的核心是"测量"，关心的是测量工具的改进，其缺陷是评估与政策实践相脱节。

第二代政策评估（二战—1963）

这一时期的政策评估面向现实生活，评估中关心的是人格态度。评估是通过实地实验的方式进行的。评估的核心是客观描述，其缺陷是无法排除评估主体的价值偏好。

第三代政策评估（1963—1975）

这一时期的政策评估集中在政府内部，评估的重点是有关消除社会不平等的政策。运用的方式是社会实验。评估的核心是判断。

前三代评估的缺陷在于有管理主义倾向（评估权在管理者手中），无法调和多元价值冲突（强调价值中立），过分依赖量化方法。

第四代政策评估（1975—1980）

这一时期的政策评估是回应性—建构性评估。其特点是强调非正式取向，价值多元化，重视政策利害关系团体要求，采用主观研究法，强调向政策利害相关团体反馈。

回应性政策评估的内容包括：确定评估中的利益相关者，选定评估项目的构想、问题，确定利益相关者的构想问题，使利益相关者构想问题一致，对无法达成共识的项目加以协商，收集提供协商所需信息，提供论坛供协商者辩论，利益相关者进行沟通、达成共识，持续评估，寻找构想问题不一致的原因，采取办法解决。

第五代政策评估（1980 以后）

注重多层次政策评估。第一层次的评估。政策目标体系与政策问题情景的对照评估，回答政策目标与政策情景是否一致。通常运用量化分析方法。这一层次分析的争论是，政策目标体系对社会系统发展的作用。

第二层次的评估。政策目标体系对社会系统作用的评估，回答政策目标体系是否促进、维护了社会系统的运行与发展，通常运用质化分析方法。这一层次分析的争论是，政策目标体系与社会公平的关系。

第三层次的评估。政策目标体系对社会秩序、社会公平作用的评估，回答政策目标体系与社会制度价值、意识形态价值是否一致。通常运用意识形态分析方法。这一层次分析的争论是，保证政策目标实现是否需要其他的社会制度和意识形态？

§2.6 公共政策的学习

政策学习的涵义

政策学习是政策活动主体思考总结过去政策的经验和教训，主动适应外部环境变化，以提升政府以及整个社会的公共政策能力的过程。

政策评估过程中最深刻、最核心的功能是政策学习（policy learning）。迈克尔·豪利特、M. 拉米什探讨过政策评估和政策学习的关系。他们指出："我们需要对学习的过程有更广义的了解。从学习的角度来看，公共政策评估被认为是政策的行动主体对于政策问题的性质及其解决方案的动态学习的重复过程。"[1]

政策学习的类型

一种是政策的内生学习，又称为"吸取—教训"式的学习。这种学习发生在正式的政策过程内部，重点思考环境与政策工具选择之间的关联。行政评估主要是内生学习。

一种是政策的社会学习。这种政策学习发生在政策决策者与非政府的政策社群之间，重点是思考如何正确地感知政策问题，如何正确设立政策目标。政策的司法评估和政治评估主要是社会学习。

		政府行动主体和社会行动主体的关系	
		密切	疏远
政府行政能力	高	社会学习	内生学习
	低	正式评估	非正式评估

图 4-7 政策评估是积极的学习

影响政策学习的因素

并不是所有的政策评估都能引导政府行动主体自觉走向政策学习。影响政府政策学习的主要有两大因素。一是政府的行政能力，这种能力有高低之分；二是政策行动中政府主体和社会主体的关系，这种关系也有高有低。

以这两个影响因素为维度，可以形成政府政策评估的矩阵。政府及其公职人员在政策评估中的行动选择就有四种：当政府的行政能力高、政府主体和社会主体的关系密切时，政府选择社会学习；当政府的行政能力高、政府主体和社会主体的关系疏远时，政府选择内生学习；当政府的行政能力低、政府主体和社会主体的关系密切时，政府选择正式评估；当政府的行政能力低、政府主体和社会主体的关系疏远时，政府选择非正式评估。

政府政策学习的途径

首先，政策行动主体通过政策评估获取新的信息进行政策学习。政策评估的目的在于提供一些当政府的行政能力高、政府主体和社会主体的关系密切时，政府可选

---

[1] 迈克尔·豪利特、M. 拉米什：《公共政策研究：政策循环与政策子系统》，三联书店，2006 年版，第 302 页。

择的新信息,即原来预期经过政策实施应取得的成果是否确实取得的信息,进而实际利用这些政策信息来提高政策规划和决策的质量。根据建构主义的理论,学习是指学习者在一定的情境即社会文化背景下,借助他人(包括教师和学习伙伴)的帮助,利用必要的学习资料,通过意义建构的方式获得知识。在政策评估过程中,人们获取关于政策实施的新信息,与原有的对政策的认识进行联系、对照、比较,经过思考,即意义的重新建构,使行动者的思维习惯和潜在的行动范围发生改变。

其次,政策行动主体从政策评估的反馈中进行学习。从系统理论的观点来看,公共政策过程是一个既分解又连续的政策循环系统,政策评估属于反馈的环节。就政策评估的反馈学习功能而言,评估就是从经验中学习。反馈的有效性与评估的有效性密切相关。但现实政治生活中忽略反馈环节的决策者并不鲜见。叶海卡·德洛尔对于人们不能从经验中汲取教训而感叹不已。他提出了一些改进的方法,并呼吁从反馈中做有系统的学习(systematic learning feed-back)。[①]

不少负责政策制定的政府官员持有这样一种观点:不管成功或是失败,政策已经制定并付诸实施,没有必要再为政策评估活动付出资源。这显然是一种片面的观点,没有看到政策评估所具有的"自学习"功能。政策评估是为政策学习过程的一部分,在这个学习过程中,政策的发展和改变在很大程度上基于对过去的成功和失败的清醒认识,以及模仿成功和避免失败的有意识努力。正如理查德·罗斯所指出的,在任何一个减少不满的努力中,"政策制定者都有三种选择:翻阅国家的历史;思考国家的未来;从其他地方的现行经验中吸取教训"[②]。能否从本国甚至其他国家过去的政策经验中学习,有效地进行反馈,这体现了一个政策制定机构的学习反馈能力。一个政策制定机构是否具有学习反馈能力及能力如何,将直接影响其政策制定的品质。具备较强学习反馈能力的政策制定机构,其政策品质一定较高。

最后,政策行动主体通过基于政策估评的反思进行政策学习。政策评估是对过去的"反思",政策评估之后,对政策采取延续、调整或者终结的措施,其结果需要政策学习加以判断和选择。人们在制定政策时,对影响政策的因素及政策实施将产生的结果都不可能认识得很全面,因此,通过对政策实施所产生的实际结果与预期目标进行比较,发现二者之间的偏差,并分析产生偏差的具体原因,这样就为有关部门进行政策调整做好了准备。所谓的政策调整,就是在政策评估所获得的有关政策系统运行(尤其是政策执行的效果)的反馈信息基础上,对政策方案、方案与目标之间的关系等进行不断地修正、补充和发展,以便达成预期政策效果的一种政策行为。也就是说,通过决策者对反馈信息的学习,评估的结果才得以进入后续的政策过程中。此外,作为社会大系统的一个子系统,公共政策受到外部环境至关重要的影响。政策问题归根到底是从环境中产生出来的,政策运行的条件和资源也都是由环境提供的。公共政策的环境是政策制定的前提和依据。如果经评估发现政策环境发生了较大变化,与此相对应的公共政策也应进行相应的调整。这是政策主体应对外部环境变化的主动学习。当然,决策者通过对政策或项目进行

---

① 张国庆:《公共政策分析》,复旦大学出版社,2004 年版,第 397 页。

② Richard Rose. What is Lesson-Drawing . *Journal of Public Policy* 11, 1(1991). p21.

慎重的评估后，一些过时、多余、不必要或无效的政策或项目应采取必要的措施加以中止，即政策终结。

§2.7 公共政策的变迁

政策变迁的类型

政策评估、政策学习会导致政策调整，并引起政策变迁。政策变迁是实施中的政策在目标、计划和工具方面发生的变化。一种分类的方法是将政策变迁概括为两种类型：常规性政策变迁、间断性政策变迁。

常规性政策变迁是指政策问题和方案被重新考虑，政策循环又转回到议程设定和其他环节，最后只做微小的修改，仍维持政策现状。

常规性政策变迁也有多种类别。按政策变迁强度划分，有断裂式变迁、渐进式变迁；按政策变迁程度划分，有部分变迁、重大变迁、完全变迁；按政策变迁形式划分，有合并变迁、分解变迁、替代变迁；按政策变迁内容划分，有目标变迁、组织变迁、资源变迁、工具变迁；按政策变迁动力划分，有周期性变迁、非周期性变迁；按政策变迁模式划分，有主动性变迁、被动性变迁。

间断性政策变迁是指政策行动主体在调整政策时转回政策议程设定、政策规划、政策决策环节，对政策方案的目标、政策工具做出重大改变，甚至重新选择政策方案。

政策变迁的间断平衡模型

政策的常规性变迁和间断性变迁其实并不是机械对立的，两者相互联系、交替出现，从而产生出连续性政策变迁的观念。这种观念认为公共政策过程并不是一直不变的。政策过程的变迁也不是直线化的，而是间断和平衡的统一。

描述公共政策变迁中间断与平衡统一的模型是政策间断平衡模型（punctuated-equilibrium framework），其中最为重要的是政策图景和政策垄断两个概念。政策图景是经验信息和感情要求的混合物。当描述和理解一项政策发生分歧时，支持者们就会聚集起来，共享一组政策图景。当一种政策图景被广泛接受时，政策图景就和政策垄断结合。政策垄断是指定型化的或占据主导地位的政策图景。政策总系统在同一时间内无力集中处理所有的决策，必须将一个个决策交给政策子系统。当子系统被单一利益群体主导时，子系统被视为政策垄断，成功的政策垄断可以减轻政策变迁压力。

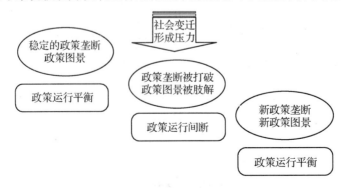

图 4-8　政策变迁的间断平衡模型

在公共政策活动中,人们头脑中会形成由政策的经验和情感构成的政策图景。这种图景在一定时期中是稳定的,甚至会形成政策垄断。但是,当社会出现变化、矛盾和冲突时,原先的政策垄断就会被打破,新的政策图景和政策垄断将会出现。

§3. 公共政策活动中的公众参与

§3. 1 公共政策活动中公众参与的作用

公共政策活动中的公众参与的含义

所谓政策活动中的公众参与是指具有政策利益关系的个体或社团通过政策调查、政策行销、政策听证、政策公示、政策咨询等形式,借助制度内和制度外的途径,参加到公共政策议程设定、方案规划、执行实施、绩效评估等政策环过程节之中,表达诉求,提出见解的行为和行动的过程。吸纳更多的公众参与到政策过程之中,是公共政策活动具有民主性、科学性、法治性、有效性的重要保障。

公共政策活动中公众参与的作用

公众参与可以提升政策的公意性。公共政策是执政党组织、政府及其部门为维护公共利益采取的解决公共问题的行动措施。如果在政策制定中,只有少数人参加,只考虑少数人的利益,政策活动就必然会偏离公意。让公众参与到政策过程之中,不同的利益诉求就能相互竞争、妥协、合作,最终形成符合多数利益关系者要求的公共利益,从而使制定出来的政策更具有公共性。

公众参与可以避免政策的私利性。公共政策是执政党组织、政府及其部门设计和实施的公共产品。如果政策活动被少数有权势的个体或集团把持,公共政策产品就有可能被打上私利的色彩。只有在政策过程中,吸纳更多公众的意见,少数个人或集团的私利才能被多数公众的诉求所形成的公共利益排除。公共政策的私利性越少,其有效性越高。

公众参与可以增强政策方案的全面性。在政策过程中只有少数人起作用,即使他们不追求个人或集团的私利,也未必能形成有效解决问题的行动方案。因为,单个人、少数集团的智慧和理性总是有限的,只依赖个别人、个别集团,产生的政策很可能是片面的。只有让更多的个人、团体进入政策过程,集思广益,产生的政策方案才能是全面的。

公众参与可以增加政策执行的顺畅性。公共政策制定出来,必须通过贯彻实施才能发挥出预定的效用。要保证公共政策方案顺利得到执行,就需要政策标的群体积极支持政策方案的落实。当只有少数人参加政策制定过程,多数公众对政策不知晓,甚至不支持时,政策执行就很困难。只有让多数政策利益相关者加入政策过程之中,使他们拥护政策方案,才能积极支持政策的实施。

公众参与可以提升政策评估的客观性。公共政策制定和实施只是将预定的政策方案付诸实践,但效果如何还需要进行政策绩效评估。如果政策评估只靠少数人去做,不仅评估的资料不完整,而且评估的结果也缺乏客观性。只有吸纳多数公众参与,对政策实施的结果全面加以检测,其结论才会是客观、公正的。

§3. 2　公共政策活动中公众参与的形式

政策调查

政策调查,也称政策民意测验、政策舆论调查,是政策调查者运用科学调查与统计方法,进行的一种应用性社会调查活动。通过亲自与公众个人或团体接触或广泛了解,能够如实反映一定范围内、一定时间内的民众对某个或某些公共问题的态度倾向及对具体政策的看法。在中国,现代科学的政策民意调查真正兴起是在20世纪80年代中后期。政策民意调查是了解公众对某些政治、经济、社会问题的意见和态度的调查方法,是测度和应对民意的一种预警机制,更是促进政府与民众之间达到和谐的有效途径。

政策公示

政策公示是政策行销的一种形式,主要是指各级党政组织以及国有企事业单位,将那些除涉及政党和国家机密之外的且与人民群众利益直接相关的各种事项和信息,向社会和公众广泛告知,并且通过有效的方式,在公示之后收集公众个人或团体的意见建议,给予解答和处理。政策公示有利于扩大公众的知情权、参与权、选择权和监督权,有利于决策的科学化和有效实施,有利于培养提高公众参与政策的能力。

政策听证

政策听证会起源于英美国家,是一种把司法审判的模式引入行政和立法程序的制度。政策听证会模拟司法审判,由意见相反的双方互相辩论,其结果通常对最后政策方案的选择具有拘束力。在中国,除了行政程序中有听证制度外,立法和政策制定中也有听证制度,已经有多个地方人大在制定地方性法规、政策时进行了听证。中央和地方很多政府部门制定了专门的听证程序或规则、办法。听证在价格决策、地方立法、行政处罚、国家赔偿等诸多政策领域被广泛采用。

政策咨询

政策咨询论证,是围绕经济、社会发展和改革开放中遇到的全局性、战略性、综合性问题,组织专家进行深入研究、科学论证、集思广益、提出对策,为政党组织和政府部门提供科学的咨询论证意见,以保证决策的科学性、民主性、合理性、合法性、正确性和时效性。2004年国务院印发的《全面推进依法行政实施纲要》指出:对涉及全国或者地区经济社会发展的重大决策事项以及专业性较强的决策事项,应当事先组织专家进行必要性和可行性论证。

政策网络

中国各级政府开通的政府网站已形成政务公开和公众意见征集的网络系统,通过政府网站向全社会公开党的大政方针、法律规章、目标规划、政策措施、经费项目、职能职责乃至工作制度、办事程序、收费标准以及监督电话等政府运作的有关政策信息,由于政府组织的政策信息传递渠道扁平化、开放化,排除了公共政策参与过程中的信息不对称,保证了公众参与公共政策的知情权。公众通过网络,依据政策信息,发表自己对政策问题、政策目标、政策方案的看法,以影响政策过程。政府还通过网站留言板、领导人信箱、电子邮件等征询、收集公众的意见、要求,进行网上民意调查。政策制定由垂直结构向交互式发展,大大提高了政府的反应能力,减少了政策执行的阻力,有利于达成公共政策目标。这是政府政务公开和政策民主化的制度安排,也是公民直接参与政策过程的一种制度性参与方式。

§3.3 公共政策活动中公众参与的途径

公共政策活动中公众参与途径的类型

政策活动中公众参与途径有两种主要类型:一种是制度性参与的途径,一种是非制度性参与的途径。制度性公众政策参与途径的特点是其程序性、有序性。有序的制度性公众政策参与又可细分为制度性公众直接政策参与和制度性公众间接政策参与。非制度性公众政策参与途径的特点是非程序性和无序性,非制度性的参与方式在中国公民参与公共政策过程中也起着很大作用,但有时也会给政策过程带来消极影响,常常引发混乱。

制度性的公众政策参与途径

制度性公众政策参与可细分为直接政策参与和间接政策参与两类。先讨论制度性公众直接政策参与。制度性公众直接政策参与是指行政机关在行政立法、制定政策或做出行政决定过程中,通过听证、信访、公示、政务信息网等途径搜集、征求有关政策相对人意见的活动,给政策相对人直接充分表达意见的机会,为公众提供了一个近距离广泛参与政策过程,和不同利益相关人对话、辩论的平台。

制度性公众直接政策参与有其特点。这种参与途径能使更多的普通公众有机会直接参与到公共政策过程中,而公众直接参与公共政策的机会和途径直接影响公共政策过程的效率。直接的制度性参与方式使政策制定所需要的信息更加全面准确,公共政策也得以更好地反映民意,提高了政策过程的公开透明,促进了政策的公平与公正。

制度性的直接政策参与的常见形式是公众利用信访制度直接参与政策活动。信访制度是在一定的民主政治体系内,公民通过写信走访,向各级党政机关及其领导人、人大、政府司法机关反映情况、申诉问题、陈述要求、咨询政策、提出批评建议的一种社会政治活动。我国信访工作不断发展完善,人民的意愿日益受到党和政府的重视。现在信访制度已成为我国基本的民意表达制度之一,是我国公众表达政策愿望、参与公共政策制定的重要渠道。

再讨论制度性公众间接政策参与。这种公众的政策参与也有不同的渠道和过程。一是公众通过人民代表大会间接参与政策过程。公民通过选举代表参加国家、地方定期或适时召开的人民代表大会,讨论决定国家、地方的发展方针、政策,通过代表制反映公众的意愿,间接参与国家权力机构的各种立法和重大决策的政策制定过程,把对国家政治经济社会发展的愿景和自己的利益诉求通过代表、委员的提案或建议反映到决策机关,成为政策议题,形成政策议程,间接影响政策的制定执行与调整。

二是公众通过人民政协会议间接参与政策过程。新中国建立之初就确立了多党协商的政治体制。人民政治协商会议是中国共产党领导的多党合作和政治协商制度的组织形式，是各党派、各人民团体、各界爱国人士参与公共政策讨论、咨询、评论的主要渠道，是公共政策的民主协商机构。公众通过推荐政协委员的方式参与政策过程，把自己的意愿诉求转化成政协委员的提案、建议，从而影响政策过程。

三是公众通过参加社团活动参与政策过程。我国的社团主要有官方社团（工会、妇联等）、半官方社团（学术团体、研究会等）和民间社团（企业家俱乐部等）三种存在形式。公众通过参加社团参与政策过程，把社团作为参与政策过程的中间环节，把对有关政策的建议要求反映到自己所在的社团，社团将这些意见、建议加以综合，通过社团上情下达、下情上传的沟通渠道并经过一定程序反映到决策部门，从而间接影响政策的制定与调整。可见社团参与政策过程也是制度性安排的参与形式。

非制度性的公众政策参与途径

非制度性的公众政策参与也有多种形式。经常见到的一种形式是公众通过舆论扩散对政策的制定、调整施加影响。在这种形式下又可分出三种方式。第一种方式是公众向大众传播媒介报纸、电视、广播电台有关部门反映政策实施给公众生活带来的影响，通过媒体的调查、报道和公开披露，制造社会舆论压力、形成舆论吁求，引起有关政策管理部门的重视，推动政策的调整与完善。

第二种方式是公众通过在民间网站上提出就有关政策的讨论话题，发起公众自由讨论，形成舆论压力，影响和改变政策过程。公民借助网络表达自己的政策诉求，从根本上改变了公民政策参与的结构和模式，推动了公民与政府的直接对话，提高了公民在政策过程中的作用。

第三种方式是公众通过私下的传播、扩散，包括在团体、单位、社区和公民个人间的传播、扩散。后两种公众非制度政策参与，其信息的扭曲、放大、损耗比较明显，有时可能被别有用心的人利用。

另外一种也是多见的非制度性的公众政策参与形式，即公众借助特殊的社会关系网和非正常的手段对政策施加影响。公众通过亲缘关系、朋友熟人关系等社会关系干扰政策的制定、执行、调整，让自己的观点在政策方案里得到体现，使政策偏离原定目标。公众通过利益集团的个别游说、私下接触甚至行贿，操纵政策，使对自己不利的政策产生变通，维护并扩大自己的利益，使公共政策失去公平与公正。

在非制度性的公众政策参与中，也存在公众通过较激烈的参与方式对公共政策施加影响的形式。少数公众在政策吁求未能得到满足或某项政策的实施影响其利益时，不能理智地通过规范化、程序化的正当途径反映自己的愿望，而采取违法的、极端的方式抵制有关政策的实施，对政策过程施加压力，以期引起政府、社会的关注。这是非理性的超出法律和制度之外，负面影响较大的无序参与方式，需要加以防范和控制。

二、政策词典（英汉对照）

公共政策合法化

public policy legitimization

公共政策执行

public policy implementation

公共政策执行影响因素

influence factors of public policy implementation

公共政策资源

public policy resource

公共政策执行原则

the principle of public policy implementation

执行工具选择模式

the choice mode of implementation instrument

公共政策执行模型

the model of public policy implementation

公共政策评估

public policy evaluation

公共政策评估作用

the significance of public policy evaluation

政策评估模式演变

evolution of the public policy evaluation pattern

实证主义政策评估

positivism policy evaluation

后实证主义政策评估

post-positivism policy evaluation

测量取向模式

measurement-oriented model

目标导向模式

target-oriented model

实验模式

experimental model

执行评估模式

implementation evaluation mode

目标中立评估模式
target neutral evaluation mode
回应性评估模式
respondent evaluation mode
公共政策评估标准
the criterion of public policy evaluation
公共政策回应度
public policy responsivity
成本-效益分析法
cost-benefit analysis
前后对比法
before versus after comparisons
公共政策学习
public policy learning

三、知识补充

知识补充 4－1：公共政策执行的主要理论

有关公共政策执行的研究，学术界主要提出过下列一些有代表性的理论：行动理论、组织理论和博弈理论。

政策执行的行动理论

政策执行的行动理论认为，公共政策的执行是由一系列的行动组成的。政策执行尽管只是政策过程中的环节之一，但包含着政策执行者一连串的自觉与不自觉、偶然与必然的行动。公共政策执行的结果能否实现预定的目标，关键在于政策执行过程中的行动是否正确、有效。行动理论强调要对政策执行中的行动过程和行为性质加以研究。这一理论的代表人物有查尔斯·琼斯、G. 爱德华三世、I. 沙坎斯基以及范·霍恩。有关行动理论的富有影响力的著作有：《公共政策研究导论》（琼斯）、《政策范畴》（G. 爱德华三世和 I. 沙坎斯基）、《政府间的政策执行》和《政策执行过程：一个概念性的结构》（范·霍恩）以及《政策执行过程》（史密斯）等。

查尔斯·琼斯认为："政策执行乃是将一种政策付诸实施的各种活动；在诸多活动中，又以解释、组织和实施最为重要。所谓解释，是将政策的内容转化成一般人所能接受和了解的指令；所谓组织，乃是设立政策执行机构，用以拟定执行的方法和落实政策；所谓实施，是由政策执行机关提供例行的服务与设备，支付各项费用，进而完成政策目标。"[1]

相比而言,爱德华则更具体地将政策执行解释为执行某一项政策所采取的广泛行动。他认为政策执行的基本条件有四项:沟通、资源、人员特点和官僚体系;执行过程是一系列包括"发布命令、执行指令、拨付款项、办理贷款、给予补助、订立契约、收集资料、传递信息、委派人事、雇佣人员、创设机构"等在内的活动过程。[2]

霍恩则认为,"政策执行指公私个体和团体致力于实现先前政策执行所设立的政策目标而采取的各项行动。这些行动可以归纳为两大要项:一是将政策方案要求具体化,二是为实现政策所确定的目标而做出各种持续的努力"[3]。

行动理论认为公共政策执行是一个系统的行动过程,即将政策的抽象规范转化为具体行动的过程,包括制定政策执行计划,建立政策执行组织,招聘和培训政策执行人员,筹集和配备必要的执行物资和经费等具体活动,并且这些活动具有权威性、目的性、组织性、持续性、公益性、创造性等特征,从而揭示了政策执行的内涵和特征。行动理论强调了执行行动的重要性,认为一旦政策行动坚决有力,行动方法切实可行,就可以顺利实现政策目标,并进一步推出合理的政策执行活动,在一定程度上,甚至可以弥补政策决定的局限和无能。

政策执行的组织理论

组织理论强调组织机构在政策执行中的地位和作用,认为政策执行是组织性而非个人的无序性活动,组织是政策执行的关键,任何政策都是通过一定的组织来实现的,没有组织就不可能有执行,因而研究政策执行就必须了解组织是如何运作的。组织理论学派的主要代表人物有:J. 佛瑞斯特、爱尔莫尔、斯诺(C. P. Snow)和特里林等。

J. 佛瑞斯特在其著作《预期性执行:规划与政策分析中的规范研究》中认为:传统的政策执行规范理论强调政策执行机构及其人员对政策目标和政策规定的顺应能力,强调依法行政,而基本上不考虑政策执行机构及其人员的审视检定、自省以及前瞻分析的能力和需求。但是政策规划者、政策执行机构及其人员的预期分析能力(anticipatory analysis),即在危机事件或事态发生之前预感并相应地采取适当步骤和程序加以有效应付的能力,实际上对政策执行成功与否起着最关键作用。他提出预期分析能力主要包括三个依次递进的阶段:能够估计政策执行后在制度文化等方面可能出现的特征;能够预备和管理诸多方案的论证;能够准确和有效地提出自己的有关最终方案与替代方案的正式分析。预期分析能力是建立在组织行为理论、规范理论基础之上的创新能力。[4]

① Charles O. Jones. *An Introduction to the Study of Public Policy*, *2nd ed*. North Scituate, Mass.: Duxbury Press, 1977. p139.

② G. C. Edwards Ⅲ and Ⅰ. Sharkansky, ed. *The Policy Predicament*. San Francisco: W. H. Freeman, 1978.

③ C. E. Van Horn & D. S. Meter. The Implementation of Intergovernmental Policy. C. O. Jones and R. R. Thomas(eds). *Public Making in Federal System*. Beverly Hills: Sage Publications, 1976. p45.

④ J. Forester. Anticipating Implementation: Normative Practice in Planning and Policy Analysis. Fischer and J. Forester(eds.). *Confronting Values in Policy Analysis: The Politics of Criteria*. Beverly Hills: Sage Publications, 1987. pp. 153 – 173.

斯诺(C. P. Snow)和特里林(L. Trilling)认为：任何一项化观念为行动的行为都涉及某项简化工作，而组织机构正是这种简化工作的主体；是它们把问题解剖成具体可以管理的工作项目，再将这些项目分配给专业化的机构去执行。[①]

组织理论的基本观点是：(1)组织是执行的主体，任何政策都是通过一定的组织来实施的。没有组织，就没有执行，政策目标只会停留在纸上谈兵的构想阶段。(2)组织的执行力影响政策的执行效果。组织内部的分工和整合、组织的人力资源、组织文化、组织环境以及组织的物力、财力等都会影响政策执行的实际效果。(3)公共政策系统的运作过程，本质上就是组织的运作过程。因此，只有了解组织是如何运作的，才能理解所要执行的政策以及它在执行中是如何调整和塑造的。

组织理论学派认为，政策能否有效执行，关键在于执行机构的主客观条件。主观上要看能否理解和领会政策，是否具有执行的积极性；客观上要看是否拥有足够的资源和执行能力。

组织理论强调组织因素对于政策执行的重要性。组织因素影响政策的有效执行。首先，组织里的许多因素，如人员、物质、经费、时间等，对于执行必不可少，只有把这些因素有机结合起来，才能很好地执行政策；其次，设立专门的政策执行组织，把单个的执行者调动起来，集思广益、发挥他们各自的才能、智慧、知识和专长，为相同的政策目标服务；第三，政策执行不可能一帆风顺，常常会遇到不确定因素、风险和危机，只有借助组织的预期分析能力，才能更有效地预测各种风险、建立防范机制，从而保证政策的顺利执行。

政策执行的博弈理论

美国政治学学者戴维·伊斯顿认为公共政策是对全社会价值做有权威的分配。[②] 因此，政策执行过程就是政策执行主体与政策目标群体在相互作用下对利益加以选择的过程。公共选择学派在"经济人"假设的基础上提出了公共选择理论。他们认为人都是有理性的"经济人"，都以追求自身利益最大化为动机。政治学的博弈理论认为，在冲突与竞争中，每一个参加者都力求获得最大收益而将损失减少到最低限度。

在政策的执行过程中，政策的制定者、执行者以及政策目标群体都是由单个"经济人"组成的，都会关心政策能否给自身带来好处，同时考虑要为此付出多大的代价。而且理性"经济人"的行为也影响政府的行为。政府也存在"经济人"缺陷。当政府的利益与政策标的群体的利益发生冲突时，政府会利用各种资源来维护自身的利益。政策执行的过程其实是一个讨价还价的博弈过程。在各种力量的互动作用下，政策执行者与政策标的群体等相关利益群体达成某种妥协、退让和默契等政治交易。在交易的过程中，政策目标和方案的重要性、科学性都要大打折扣，政策会在一定程度上发生扭曲。

美国公共政策学者 E. 巴得什(Eugene Bardach)认为，政策执行的核心问题应当

---

① R. F. Elmore. Organizational Models of Social program Implementation. *Public Policy*, Vol. 26, No. 2, Spring 1978. p185.

② D. Easton. *The Political System*. N. Y.：Knopf, 1953. p129.

放在控制上,因而政策执行过程就会在"议价""劝服""策划"这三种不稳定的条件下进行。他在《执行博弈》一书中,将政治学中的博弈理论应用于研究公共政策的执行问题。他认为可以将政策执行视为一种赛局,它包含:竞赛者(政策执行人员与相关人员)、利害关系、策略与技术、竞赛的资源、竞赛的规范(取胜的条件)、竞赛的规则(不得作弊)、竞赛者之间的信息沟通性质、所得结果的不稳定程度,等等。政策执行的成功与否,取决于参加者的竞争策略。

知识补充 4-2:更多的公共政策执行模型

政府政策执行模型

米特尔与霍恩在其著作《政策实施过程:一个概念框架》中,将政策的形态区分为两种类型:一个是根据政策变动的幅度确定的;另一个则是由参与实施者对目标的共识程度确定的。他们认为,政策变动幅度的大小与目标的共识程度的高低,既影响政策的形态,也影响政策实施的效果。据此两人通过研究得出四个假设:

假设一:政策变动愈小,目标共识愈高,则实施效果愈成功;

假设二:政策变动愈大,目标共识愈低,则实施效果不明显;

假设三:政策变动愈大,目标共识愈高,则实施效果好;

假设四:政策变动愈小,目标共识愈低,则实施效果差。

从两人做出的上述假设可知,目标共识对政策的影响要强于政策变动。范米特与范霍恩的贡献在于找出了若干有价值的因素,建立了政策与实施之间的关系,而且也说明了各变量之间的关系。在政府间政策实施(implementation of intergovernmental policy)模型中,范米特和范霍恩确定了六个变量会影响政策与实施之间的联系。首先是政策的标准和目标,以及政策的资源。其次是组织间的沟通与有效实施,实施机构的特点,经济、社会与政治条件,以及实施者的意向。确定政策标准或目标的目的在于澄清决策过程中的不清晰之处。把政策资源作为一项重要变量是因为有效地实施政策就要充分地调动各方有利因素。组织间的沟通可以影响政策实施者的意向。实施机构面临的经济、社会与政治环境对实施过程亦有着很强的影响。

政策执行循环模型

麻省理工学院教授、公共政策学者马丁·雷恩(M. Rein)和弗朗西·拉宾诺维茨(F. F. Rabinoviz)在1978年提出了以循环为特色的政策执行循环模型。他们认为在环境条件的影响下,政策执行过程由三个不同的阶段构成,并遵循三个原则。一个阶段是拟定纲领阶段,即将立法机关的意图转化为行政机关执行政策的规范和纲领。另一个阶段是分配资源阶段,即将政策执行所需要的资源公平、公正地分配给执行者。还有一个阶段是监督执行阶段,即对政策执行过程与成果加以评估,确认执行者所应承担的行政责任,监督过程包括监督、审计与评估三种形式。遵循的三个原则分别是:合法原则、理性原则和共识原则。

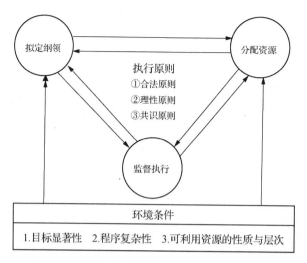

图 4 - 9 雷恩和拉宾诺维茨的政策执行循环模型

这三个阶段是相互作用的双向循环过程。这种循环不仅是周期性的，而且非单向流动，是不断循环的复杂动态过程。政策执行循环模型分析了执行要素的重复影响力，并且突出了环境因素对政策执行过程所产生的重要基础性影响。

政策执行循环模型有其突出贡献之处，如肯定了政策环境对政策执行所产生的影响以及强调执行过程重复循环的价值，但是它抹杀政策目标群体的存在则是不恰当的。[①]

政策执行博弈模型

实施博弈模型(model of game implementation)是巴达克在其代表作《实施的博弈：法案合法化后运作》中提出的，将实施过程看成一种博弈对局。巴达克认为首先应该了解以下概念：(1) 实施过程中有关的实施人员与相关人员，即竞赛者；(2) 利害关系如何；(3) 策略与技术；(4) 竞赛的资源；(5) 取胜的条件；(6) 公平竞争的规则；(7) 竞赛者之间的信息沟通特点；(8) 结果的不稳定程度。巴达克的实施博弈，是指在政策实施过程中，有关因素应视为一个整体，看作一种对局。

巴达克列出了四种最常见的实施对局：(1) 政策资源的分散；(2) 政策目标的偏离；(3) 实施机构的窘境；(4) 实施资源的浪费。

一是政策资源的分散对局。巴达克指出四种竞赛方式导致政策与资源的分散。第一种是个人或团体轻易地得到政府的钱，却拿不出预期的效果。巴达克称之为"便宜钱对局"。第二种称作"预算对局"，是指行政机关中实施政策的官员都格外注意与预算官员的关系，争取到预算的多少与所实施政策的强度有密切的关系。第三种叫作"安逸生活对局"，指由于公务人员的收入有限，因此自然地追求改善工作环境以求一种安逸的享受。第四种对局叫作"争利对局"，意指从地方争取中央补助金形成的政治对局。

---

① 周树志：《公共政策学》，西北大学出版社，2000 年版，第 257 页。

二是政策目标的偏离对局。在政策的实施阶段,政策目标会有某种程度的改变。或是因为政策内涵不清,或是因为形成政策的共识基础不稳。而公众中也经常发出要求在政策实施中维护他们利益的呼声。所以,经过社会交涉的政策或回到原点,或遭到扭曲,或根本不能产生某种效果。巴达克甚至认为政策实施是一种利用其他手段的政策延续,所以上述情况都是正常的。

三是实施机构的窘境对局。实施机构会因公众的虚与委蛇或全面抵制面临难以摆脱的窘境。另外社会变动较多、缺少合作意识、社会成员能力太低都会妨碍政策的实施。巴达克认为,尽管管理学知识可以用到行政执行方面,但管理系统存在许多不能控制因素。所以,他认为"管理对局"不容易取胜。

四是实施资源的浪费对局。巴达克认为由于政策实施人员的无能、固执、为满足私利无所不为以及管理权的重叠、任意推卸责任等原因造成实施资源的浪费。

由于政策实施是一个漫长的过程,巴达克认为在实施过程中最容易出现的问题就是延误。此处所说的延误指非故意的延误,这种延误经常发生在计划配合以及集体决策的过程中。计划配合中的延误是由配合双方的选择、交往以及做出某种决定而产生的;集体决策,是指决策的参与者之间互相协调和揣度,因而延误了初稿工作的进行。实际上,无论计划配合还是集体决策中的延误都没有脱出巴达克的实施对局,可以说延误的两种情况就是两种对局。不过巴达克认为,只有通过有关人员的审慎谈判,才能解决延误的问题。巴达克给我们的重要启发是:在政策实施过程中,实施的策略和技巧是非常关键的,而策略和技巧是在不稳定的情况下设计的。[①]

政策执行系统模型

美国著名学者 C. 霍恩和 D. 米特尔提出了政策执行的系统模型。他们认为在政策决定与政策实际效果之间存在许多变量因素,这些变量因素既有系统本身的,也有系统之外的,共同影响着政策决定与政策效果的关系。

这些因素可归结为六个方面:一是政策目标与标准,即政策的价值诉求,政策目标的清晰度、科学性、可行性以及政策标准对政策目标的标示度,将影响组织间的沟通与强化行动,从而间接影响政策执行者的偏好和价值取向等。

二是政策资源,包括人力资源、物力资源、经费情况、信息资源、权威等,对组织间的沟通与强化行动产生影响,进而间接影响执行人员的执行态度。

三是组织间的沟通与强化行动,主要是指执行人员之间、执行机关之间、执行者与目标群体之间的相互沟通、协调与强制等。良好的组织间的沟通与强化行动直接促进执行者的执行积极性,反之,则会起阻碍作用。

四是执行机构的特性,主要是指执行机关的分工以及整合能力,机构的层次高低、扁平化程度、规模大小、责权利分配、组织文化等,对政策执行者的行为会产生一定程度的影响;

五是经济与政治环境,主要指政治环境、经济环境、文化环境、国际社会大背景等,为执行提供系统外在的环境,影响执行的好坏。

---

① 张金马主编:《公共政策分析——概念、过程、方法》人民出版社,2004 年版,第 392 页。

六是执行人员的偏好,主要是指执行者的价值取向、行为能力、精神风貌、道德观念等。执行人员对政策的认知程度,执行者的利益在政策中的反应情况影响执行人员对政策的支持、中立乃至反对,从而影响政策执行绩效。

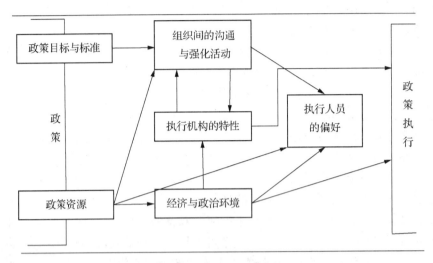

图 4 - 10　霍恩和米特尔的政策执行系统模型

政策执行的系统模型吸收了其他模型的优点,将系统内外的多种影响因素都予以考虑,这是值得肯定的,但是没有很好地解释说明为何一因素影响其中的某一因素,而对其他因素则不产生影响。

四、经典阅读

经典阅读 4 - 1:"政策执行研究的自上而下模式"

许多将政策制定和政策执行进行区分的人认为,对于执行这一概念,必须从它与政策的关系角度来加以界定。米特尔和霍恩(Van Meter and Van Horn)将执行过程界定为"为了实现先前的政策决定中所确定的目标,接受有关政策指导的公共部门或者私人部门的个人(或团体)所采取的行动"。普瑞斯曼和威尔达夫斯基也提出了类似的看法:"'执行'这样的动词必须有一个'政策'这样的主语。"政策执行研究的倡导者们因此提出,想当然地以为政策付诸实施的过程十分简单,一定会顺利达到决策目标是错误的,这一过程值得加以研究。确实政策执行研究之所以兴起,很大程度上就是因为人们发现在政策形成和政策输出之间,存在着许多问题。也正因如此,普瑞斯曼和威尔达夫斯基给他们的《政策执行》一书所加的副标题就是:"华盛顿的殷切期望是如何在奥克兰落空的"。

从这里我们可以体会到许多美国人由于 1960 年代后期,美国政府"向贫困开战"和"伟大社会"计划的失败或者说有限的成功而产生的挫折感。普瑞斯曼和威尔达夫斯基并不是第一个研究分析美国联邦政府计划和地方现实之间明显反差的学者;对于罗斯福政府新政的干预政策的局限性,也有类似的学术分析文献。很显然,普瑞斯曼和威尔达夫斯基的著作侧重于分析联邦制政府中自上而下的干预;在有关美国政府社会政策的其他分析文献中,虽然对政策执行的关注相对较少,但是分析的侧重点也与普瑞斯曼和威尔达夫斯基类似。

当然,这一研究途径对美国联邦主义的关注,并不影响分析其他国家政策执行的价值。这一研究取向确实提出了在由多层次组织构成的政府系统中,与政策流转(policy transmission)成功或者失败有关的重要问题。在普瑞斯曼和威尔达夫斯基的著作中,大量的分析是围绕成功的政策执行对地方政府系统中不同机关和部门之间联结机制的依赖程度这一主题来进行的。他们认为,如果政策执行活动牵扯到执行链(implementation chain)中的许多环节,则要想在政策执行过程中,不发生许多小的亏空,并逐渐累积成一个大的亏空,机构之间的协调就要求这些环节必须非常紧密地连接在一起。他们因此提出了政策执行亏空(implementation deficit)这一概念,并提出可以用有关的数学模型来分析这一现象。

如果协调不完美,就会产生政策执行亏空。累积亏空(cumulative deficit)这一概念,与英国学者胡德(Christopher Hood, 1976)所提出的行政学研究途径很相似。胡德提出:"分析执行问题的一种方法,就是像经济学家运用完全竞争(perfect competition)模式的方式一样,从分析'完美的行政'(perfect administration)开始,先考察一下完美的行政到底应该是什么样子。完美的行政可以界定为这样一种条件,在这一条件下,可用的资源和政治认同程度等'外部'因素与'行政'相结合,从而导致了完美的政策执行。"他进一步提出了有关"行政的限度"的观点,并不集中关注在行政系统中发生的政治过程,而主要考察在复杂系统中的控制所可能遭遇的内在限制问题。胡德的研究途径,与另一位英国学者邓赛尔(Andrew Dunsire)在一部有关这一主题的两卷本著作中所提出的研究途径也很相似。虽然胡德和邓赛尔所运用的都是现实政治运作中的案例,但他们所关注的主要是如何将组织理论与政策执行研究联系在一起,为解决那些试图对行政系统实现自上而下控制的人们所遭遇的问题,提供一个抽象的理论模型。但是,它的结果非常复杂,可能难以在实际的实证研究中加以操作。

在自上而下政策执行模式的研究途径中,一个并没有得到细致分析但与行政实践密切相关的看法是葛恩(1978)在一篇短文中提出的。在随后出版的豪格伍德和葛恩(1984)合著的著作中,进一步描述了这一看法。在这部著作中,他们还提出了实现完美的政策执行所必须具备的 10 个先决条件:

(1)执行机构的外部环境没有对其构成足以使之瘫痪的限制。(2)拥有足够的时间和资源来执行政策。(3)不仅不存在总的资源的限制,而且在政策执行过程的每一个阶段,所需要的资源都是足够的。(4)所要执行的政策建立在一个有效的因果关系理论的基础之上。(5)因果之间的关系是直接的,中间几乎没有插入任何因素。(6)只有一个执行机构,它的运作并不受制于任何其他机构;如果必须引入其他机构,这一执行机构对其他机构的依赖程度,无论从数量和重要性来说,都必须达到最小化。(7)对所要实现的政策目标,必须完全理解和认可;并且在整个政策执行过程中这些条件都存在。(8)在实现共同认可的政策目标的过程中,有可能对每一个政策执行的参与者所要履行的任务,按照严格的时序,细致地进行分解。(9)在与政策项目有关的各种要素之间,有着良好的沟通和协调。(10)那些掌握权威的人可以要求并能够维持良好的服从。

葛恩所列举的这 10 条,集中体现了政策执行自上而下模式的主要观点,其主要的目的是为那些身居高位的领导者提供建议,以最大限度地减少执行亏空。在美国也有类似的著作(其中最著名的是 Sabatier and Mazmanian,1979),在这些著作中,政策被看作处于行政系统"最高层"的决策者的专属权,他们所要解决的主要有以下这些问题:(1)政策的性质;(2)执行结构——使执行链中的连接问题最小化;(3)避免外来的干预;(4)控制执行主体。其中一个研究取向是考察政策的性质对执行效果可能具有的影响,有关的研究试图发展洛威的政策分类,以探究政策类型对执行过程的影响。哈格罗夫(Hargrove,1983)认为:"有关的研究假定,有可能对政策进行分类,并以此为基础,预测每一种类型的政策执行过程。"他接着论述道:"之所以可以通过对政策进行分类,来研究不同政策类型对政策执行过程的影响,是源于这样一个理念,不同的政策问题,在政策过程中会拥有不同的参与者,并因为有关的政策问题与人们的利害关系程度不同,而导致参与程度不同。"他的这一看法,隐含着的一层意思就是,由于受到外来干预的影响,有一些政策比另外一些政策更难执行。

哈格罗夫指出,在很大程度上,再分配政策比分配政策更难于执行,而管制政策的成功,则经常取决于它们对利益分配的影响程度。这是一个十分有趣的观点,但这一观点的形成可能尤其受到美国政治复杂性的影响。

蒙特乔和奥图尔(Mountjoy and O'Toole,1979)将政策特征和分类对政策执行的影响这一主题,与组织之间的连接(linkage)对政策执行成功的阻碍这一概念关联了起来。并且他们把一些由于授权明晰和拥有可靠的资源保障而避免了这一困境的政策鉴别了出来。尼克松(Nixon,1980)则考察了英国政府从中央到地方的政策贯彻,强调沟通的作用。尼克松强调在政策沟通过程中明晰和一致性的重要性。明晰的沟通和授权这两个理念都强调在政策制定过程中避免模糊性和妥协的重要价值。与受到政策影响的各种利益集团之间存在意见分歧相比,当利益冲突最小化时,这一点更容易实现。

以上讨论了有关政策执行的一些研究工作,这些学者基本上都接受了政策执行自上而下模式的有关看法。政策执行过程的考察,必须关注政策的性质、政策执行组织的内外情境,以及政策所要影响的外部世界等。其中引起较多争论的是从政策执行自上而下模式这一视角来进行研究的学者们,对政策概念的界定和他们对政策和执行相互关系的看法。

(原文选自米切尔·黑尧:《现代国家的政策过程》,中国青年出版社,2004 年版,第 110 - 113 页。本书对原文做了改动,并进行了适当的阐释。)

经典阅读 4－2："政策执行的自下而上模式"

自上而下的政策执行模型把我们引向另一个观点,那就是一个把政策制定过程看成确定目标的过程,并且目标的实现程度可以衡量的政策和执行关系模式,并没有为政策执行研究提供充实的基础。正因为如此,才促使许多政策执行研究赞同自下而上的模式,而不是自上而下的模式。爱尔莫尔提出了一个相关的概念"后向的规划"(back-ward mapping),并把它界定为"从作为政策所要解决的问题的中心的个人和组织的选择,到与那些选择密切关联的规则、程序和结构,到用以影响那些事项的政策工具,以及可行的政策目标的'后向的推论'"。

以个人行动作为起点,使行动可以看作对问题的一种反应,在各种可供选择的方案之间进行选择。爱尔莫尔之所以选择这一研究途径,与其说是由于前面所探讨的区分政策制定和政策执行的困难,不如说是因为他认识到在美国的许多政策领域中,特别是青年就业政策领域中,政策执行主体被迫在那些相互冲突或相互关联的项目之间进行选择。

自下而上途径的倡导者们认为,与自上而下途径相比,自下而上途径没有预先设定的假设,在自下而上的政策执行途径中,很少暗含着有关因果关系、有关主体和机构之间的层级化或者任何其他的结构关系,或者应该在主体和机构之间发生什么的假设。

这一研究途径尤其得到何金(Hjern)及其助手的大力推动。他们主张采用这样一种方法。按照这种方法,研究者建构实证网络,这一网络中的街道层决策主体在采取行动的过程中,没有有关这些行动所依存结构的任何预先确定的假设。米切尔·黑尧在与巴瑞特合写的一篇论文中,对这一研究视角的有关研究方法表示了支持。他们认为,要理解政策和行动之间的关系,我们必须摆脱那种反映规范的、应然的行政或管理观点的单一过程视角,而努力去发现那些寻求将政策付诸实施的个人和组织之间、政策行动需要依靠的那些个人和组织之间以及由于政策变迁利益受到影响的个人和组织之间互动关系的复杂性和动力,并对有关的经验材料进行概括。为了做到这一点,应当选取一个新的研究视角,将研究的重点集中在有关主体和机构自身以及他们的互动关系上,主张以行动为中心的自下而上的分析模式。认为这一分析模式对于谁在影响什么、以怎样的方式在影响和为什么影响,似乎是一种更清晰的方法。在这一以行动为中心的模式中,其所强调的正是诸如葛恩那样的主张自上而下模式的理论家所强调的东西,也就是那些难以控制的要素必须得到控制。现实因此并不是有关不完美的控制,而是作为一个连续不断的互动过程的行动。在这一互动过程中,有可变迁的并正在变迁着的政策、复杂的互动结构、由于政府行动的缘故必然会影响执行活动的外部世界,以及本质上难以控制的执行主体。这一过程与其说是导致了执行问题,还不如说是重构了政策,因此政策分析最好集中于这一状况发生的程度上。

自下而上模式在对政策概念和决策方式复杂性加以强调的同时,认为执行活动本身也可能是一个模糊的概念。莱恩就曾经指出,在政策执行的研究文献中,对于"执行和作为一种结果的成功的执行、执行过程和执行是如何进行的"之间的关系,存在着一定的混乱。古典的自上而下模式研究着重于解释为什么会有成功的政策执行，或者为什么执行失败。为了做到这一点，他们需要明确界定的目标。决策者可能会帮助他们做到这一点，也可能由研究者去做到这一点。没有这一前提，我们可能仍然研究过程，但是我们的行为就会有很大差异。在一篇尝试将自上而下模式和自下而上模式的最有价值观点加以融合的论文中，萨巴蒂尔科学地指出，是否存在着构造格局的关键性立法，它可能决定着采用哪一种研究途径是恰当的。当然，这可能意味着以这种构造实际上已经发生这样一个未经论证的假设作为起点，一个人显然也可以将一项立法当作关键性的立法来对待。但是，如果这样做的话，在执行失败的情况下，要加以解释的问题，要么是其他人阻碍的结果，要么是其本身有问题的结果。无论是哪一种情况，对政策和政策执行情境，尤其是对这两者之间的关系，都可能存在着过分简单化的问题。

（原文选自米切尔·黑尧:《现代国家的政策过程》，中国青年出版社，2004年版，第118-120页。本书对原文做了改动，并进行了适当的阐释。）

经典阅读4-3:A. 艾齐奥尼的混合模型

混合模型的意义

以通过人造气象卫星构筑观察地球气象体制的例子来比较决策的三个模型。在合理模型中需要在详细观测上使用摄像机，用它来毫无遗漏地调查整个天空的每个角落。相反，在渐进模型中只要重点考察比过去曾发生过异常现象的部分稍微广一点的地区。在这一模型中存在着特定地区外的地区只能被忽略的问题。在混合模型中，首先一次性地扫描整个天空，而对需要特别调查的部分再进行精密调查。在混合模型中也有不能仔细调查的部分，但比渐进模型好多了。

用混合模型来进行调查的时候，这里包括探索、搜集、处理、评价、选择信息等过程。不过调查的层次不只划分为渐进层次和根本性层次，而是根据调查的范围和深度会有多层次。最为有效的调查，是能够把调查维持在不遗漏重要方案，同时又能保持对所选择的方案进行彻底探讨程度的具体层次上。

混合模型的战略

为有助于决策者起见，我们把混合模型的战略具体地划分为如下几个阶段。

（1）战略性阶段

① 决策者把自己的方案和参谋们所建议的有关方案全部找出来；② 将所有的方案进行简略探讨，然后把那些难以准备手段的方案、违背决策者基本价值的方案、违背在决策和执行过程中应该得到支持的集团的价值或利益方案都排除在外；③ 把这种探讨和过滤诸多方案的过程更加具体化并反复进行，从而达到只剩下一个方案或选择哪一个方案都没有关系的程度。

（2）政策执行以前阶段

① 把执行过程和具体的实施过程尽可能地划分为几个阶段。预算的执行过程

也具体地划分为几个阶段,并保留那些战略上必要的预算。② 尽可能地把执行过程编制成首先实行那些所需费用少而又有可能变更的政策。③ 应该准备继续收集和处理信息的日程表,从而能够在此后的决策上使用。在利用信息或做出重要决策以前,最好再一次进行整体扫描。

(3) 政策执行阶段

① 在渐进性政策的一部分正在执行的过程中,应该进行准整体层次(semi-encompassing)的调查。如果执行顺利,那么就延长调查时间间隔。② 即使渐进性政策按计划进行,在困难增多的时候也应该进行全面调查。③ 即使一切都很顺利,如果困难还继续增加的话,那么应该认真而定期地进行全面调查。因为在早期阶段没有认识到的危险因素也可能现在被认识到,或者以前没有被评价为好的战略也许现在得到好评。还有,也许目标已经实现而再没有必要进行渐进性决策。如果已经达到了目标,那么应该考虑重新设定目标或政策终结。

(4) 设定财政和时间的分配规则

在混合模型中,有必要制定在诸多层次的调查上如何分配财政和时间的规则。这里的分配规则应该根据:① 正常的惯例;② 准全面性的调查结果;③ 全面的调查结果;④ 在考虑新的问题和战略的时候,最初调查的结果;⑤ 危机发生以前定期地进行的全面检查结果;⑥ 非定期地检查在全面检查和早期战略性检查时候制定的分配规则之结果等。

实际上,在有限的时间和财政条件下,决定应该进行何种程度的全面调查和具体调查,是一个重要的决策战略。全面调查的层次越高,就越能够提高决策的效果。这是因为,通过全面调查可以检验潜在的危险因素,还可以摸索出更好的方法。还有,在政策环境急剧变化的时候,或只靠渐进性检查没有效果或情况更恶化的时候,应该扩大全面检查。另外,在渐进性观点上情况可能在恶化,但在全面的层次上情况都往好的方向发展。在混合模型中调查的层次可以通过多种多样的方式进行,还可以提供判断哪一种方法在什么样的情况下更有效的基准。

在讨论混合模型的时候,区分根本性决策和渐进性决策是必需的。混合模型中的决策是强调目标并探讨达到目标的方案,但不像合理模型那样过分强调详细的事项,只是概观而已。还有,在混合模型中也进行渐进性决策,但这是在根本性决策的脉络下进行。构成混合模型的两个模型是相辅相成的。渐进模型限制根本性决策时所要求的具体范围,从而减少合理模型的非现实性。而合理模型是在长期的观点上探索方案,从而克服渐进模型的保守倾向。由此可见,混合模型是一种比合理模型和渐进模型更为现实和有效的方法。

根据渐进论者的批判,由于难以做出决策好坏的价值判断,所以不可能做出根本性调查层次和渐进性调查层次要结合到何种程度的战略性决定。但这种战略性决定,由于如下三个方面的原因而并非绝不可能。第一,决策者们把自己的价值集中起来,至少可以在其优先顺序上予以排列;第二,可以比较方案的相对价值;第三,拥有自己非正式的价值尺度并不难。

在混合模型中要强调根本性决策还是渐进性决策,这种战略上的决定受决策者所属组织结构因素的影响。决策者的价值体系与信息能力也很重要,但它很可能取决于决策者的地位和权力关系。一般来说，高层决策者关心整体性框架更甚于具体问题，而下层决策者，特别是专家们则把重点放在具体事项上。当然，也有可能采取完全相反的立场。

还有，环境也对战略产生影响。比如，对于状况稳定且一开始便有成效的决策，渐进决策就比较合适。但如果状况的变化很大，而且一开始的决策是错误的，那么渐进性方式就显得不合适了。由此可见，为了更有效地进行决策，混合模型并不假定唯一最佳的战略，而是根据情况灵活地应用不同战略。另外，为自己所做出的决策而动员资源的能力也会影响战略。具有这种能力的人或组织倾向于提高其根本性调查的层次。

当今的社会体制在调查能力方面比过去提高了很多，但在决策过程中达到合意的能力则由于体制的不同而有区别。在民主体制中采取渐进主义，这是因为必须从互相对立的社会成员那里获得关于政策的支持。相反，在全体主义体制中采取中央集权，并不尊重合意，而且往往倾向于过多地计划并迅速实行。这样，只能再次调整早期的计划，而被调整的政策则缩小规模，并比以前更倾向于合意。

我们可以把更有效地处理自己问题的社会称为有活力的社会。这种社会意味着与民主社会相比具有更高的合意能力；同时，与全体主义社会相比，在通过信息技术和社会科学而进行分析方面具有更有效的控制手段。这种有活力的社会所需要的是混合模型战略：既不像全体主义社会那样追求太多的合理，也不像民主社会那样主张太多的渐进。

（原文选自吴锡泓、金荣枰编著：《政策学的主要理论》，复旦大学出版社，2005年版，第224－226页。本书对原文做了改动，并进行了适当的阐释。）

经典阅读4－4：执行游戏理论

（一）引言

E. 巴尔达茨的《执行游戏》，是在学术界开始重视政策执行的1970年代后期写成的。在本书中，他以加利福尼亚州的治疗和恢复精神病患者法案的执行案例为基础，按类型整理和分析了阻碍政策执行的多种"执行游戏"，并揭示了克服它的几种策略。巴尔达茨特别把重点放在为了成功的政策执行，"如何控制和指导相互关联的多种行为者行为"的问题方面，这是"执行游戏"的核心内容。

（二）执行游戏理论

1. 执行的意义

巴尔达茨从装配过程（assembly process）和战略性相互作用两个方面界定政策执行过程。政策执行过程至少部分地可以理解为实现政策所必要的多种项目因素的装配过程。在界定政策执行时，还必须考虑的一点就是参与政策执行过程的多种项目因素很多是属于相互不同的行为者，而这些行为者基本上是相互依赖的。从这种观点上看，可以把执行过程看成追求相互一致或冲突目标的很多行为者之间的战略性相互作用。

作者把政策执行界定为"相互松散地联系在一起的执行游戏的体制",从而把执行过程的两个方面,即把装配和政策两个方面整合起来。他是在如下的意义上使用游戏概念的,即政策执行过程受最终结果和为战略性利益而使用不同策略的无数行为者的影响。不过,在政策执行过程中表现出无数个游戏,而这些游戏的大部分是相互联系在一起的。因此,一种游戏的结果会影响到其他游戏的行为者战略。通过这种游戏,行为者在特定条件下,把那些执行政策所必需的因素提供到其政策的装配过程中,或者从装配过程撤回。巴尔达茨把这种执行游戏的相互关联性称为"体制"。

在执行过程中,游戏的相互关联性是非常复杂而多样的。因此,对这些在整体上非常松散地联系在一起的因素,在某种意义上可以使用"体制"概念。但要对这一体制做更详细的论述是不可能的。换句话说,作者主张如下的观点,即在现实世界中,即使是很小规模的政策,由于在执行过程中的政治和制度上的相互关系过于多样和复杂,发现关于政策执行的一般理论也是不可能的。

2. 执行游戏的类型

巴尔达茨以执行游戏对象的问题性质为标准,把最为普遍的执行游戏划分为四种类型,从而按各类型揭示具体游戏的种类。由于偏重对政策执行的阻碍因素进行分析,所以分析的重点放在对执行过程发生否定性影响的执行游戏方面。

(1)资源的转移(diversion of resources)游戏

所谓资源的转移是指应该用于特定项目上的资源,特别是资金使用不当的情况。具体分析又有下列几种形式:① 资金的施惠性分配。这主要表现在政府调配物资过程中的游戏,是指为了把政府的施惠广泛地分配给民间契约者而施加压力。在这种倾向方面,政府比民间部门更为突出,而且公共部门的规模越大,这种倾向就越加明显。这一游戏并不总是产生否定性结果,因此并不是特别受到关注的焦点,但如果不具备资格以过高的价格同政府签订契约并负责重要项目的供给,那么在执行过程中就会发生问题。

② 预算的过多支出。由于在现代政府中普遍实行渐增预算制度,实行过多预算的机关,在下一会计年度会得到更多的预算。但这种预算形态总会带来非生产性支出。这种情况特别是在联邦政府对州政府或州政府对地方政府具有分配补助金的财政仲裁功能的情况下,表现得更为严重。在这种情况下,支付补助金机关的工作成绩,就是根据支付能力予以评价。所以,这比其他情况会更加低效地使用预算。

③ 补助金的极大化。这一游戏不仅要把补助金的规模极大化,而且还要把关于补助金使用上的规制最小化。这主要是接受补助金的机关对支付机关使用的游戏。但有时这是在支付机关的默认下进行的。不过由于在很多情况下难以测定公共项目的效率,所以对补助金的执行机关很难追究是否有效使用补助金问题上的责任。

④ 贪图安逸。这一游戏的最典型例子是,并不认真做事,但表面上却装出认真做事的样子。如果成功的政策执行要求消除这种行为或为完成新的任务而要求开创性的方法,那么其政策就会陷入困境。

⑤ 分肥性(pork barrel)政府项目。如上所述,"资金的施惠性分配"并不一定有

害。但为了有效地实现政府项目而有必要集中资源时,那种政治压力就会带来否定性结果。例如,美国要重建那些落后地区而要实行城市中的社区项目时,原本只选择2—10个城市并集中投资。但在此项目要通过议会的时候,联邦政府的投资计划减少到一半,而投资对象城市却增加为150个。

（2）目标的歪曲游戏

体现在政策方针上的目标,在执行阶段上会发生很大变化。因此,可以把政策称为根据不同手段的决策过程之连续。在这一过程中,原来的目标会被缩小或歪曲,这就导致难以达到原定目标的后果。具体分析又有下列几种形式。

① 维持和平。以社会规制为内容的新政策,一般在执行阶段上会引起弱化其政策的企图。反对改革的行动一般通过在执行机关的最高层次里安排同一立场的人,或插入允许现状的例外规定,或强化对违反规定的评价标准,缓和处罚结构等的策略来进行。而这种策略不会受到来自政府或议会的强制制裁。因为,他们中的大部分人不愿意看到因新的规制政策而使混乱继续下去的情况发生。

② 掌握执行权力。如果说"维持和平"游戏是对规制机关的,那么这一游戏是对服务机关的。因此,这里的冲突并不是拥有者和反对者之间的,而是对同一政策目标持有不同观点的支持者之间的冲突。在这里,因服务机关的最高管理者持有不同的观点而会有不同的政策执行内容。

③ 扩大项目。如果新项目取得一定的成功,那么原先不怎么关心这一项目的很多人就会对此感兴趣并努力享受同样的利益。如果这种游戏结束,原先的项目会衰退很多,而其目标的支持者势力在新的有关当事者的压力下将走向崩溃。这一游戏主要在医疗保险制度这样的社会福利项目中可以发现。

（3）行政两难选择游戏

对于在政策执行过程中产生问题的很多因素,大部分可以在行政机构的集中控制之下得到组合。但这种控制努力由于种种原因而只能取得部分的成功。其具体表现为以下形式:① 象征主义。这是在为回避行政控制而进行的游戏中最为典型的,它意味着虽然实际上对政策执行仅做出很小贡献,但对外却表现为做出很大贡献的样子。这一游戏的范畴里还包括拖延提供项目所需资源或提供低质量资源等行为。这种游戏突出地表现在用权力强迫服从的领域中。特别是那些垄断保留项目的个人或组织进行这种游戏,那么其项目就会遭受致命的损失。

② 大规模的抵制。这是为回避因强迫而产生的计划项目之公共责任的第二种手段。如果对新政策的反对运动规模很大,那么也可能带来控制体制的崩溃。

③ 社会之熵。这同自然界现象一样,是很自然的社会现象,它意味着弱化社会体制的非人格性能源。在社会之熵提出的问题中,阻碍政府政策执行的主要因素有行政的无能、控制对象的可变性、不充分的调整等。

④ 管理游戏。如果出现社会之熵现象,为解决它就要采取行政管理技术或程序以及制度等多种改革措施。这些措施一般要求向管理机构集中权限。但对此总会有赞成和反对两种对立观点,从而阻碍政策的有效执行。

（4）分散能源游戏

分散能源意味着从肯定性行动中泄漏个人或组织的能源,或拖延执行的一系列游戏。具体表现为:① 固执。如果对项目的进展速度有不同的观点,愿意迅速进行项目的人就会面临不大关心项目速度的人的阻碍。如果这种反对过大,将导致计划项目本身的崩溃或减少财政上和政治上的支持。

② 管辖领域。官僚组织一般要维持或提高他们的法定权限和政治地位,对管辖领域的这种竞争也许有积极的一面,但更多的情况下难以对处在竞争关系的机关之间的权限和责任进行调整。这一游戏在社会服务项目上表现得更加突出。

③ 推卸责任。这一游戏同管辖领域相反,是指极力推卸责任。推卸责任游戏特别是在不增加对某一机关的预算而增加其业务的情况下出现得比较多。

④ 插入。由于集合行动的不确定性,参与执行过程的参与者为了防止自己的损失而预备必要时撤出执行过程的方案。这种方案里有时还包括使对方不得撤出的策略,这时最广泛使用的方法就是附加给对方难以抛弃的沉没费用(sunk cost)的方法。但由于各参与者都警惕对方的策略,所以有时会导致胶着状态。

⑤ 名誉。已经讨论的大部分游戏都同政策执行的公共性相关。但参与执行游戏的人还有私生活的一面,所以公共游戏和非公共游戏一同进行。在非公共游戏中,最重要的策略是保护和提高个人的名誉。但由于个人名誉主要受公共游戏中的业绩之影响,所以名誉游戏不一定比其他游戏对执行结果产生更坏的影响。只是在行为者用太过夸张的实际来追求自己名誉时,也可能对那些做有益工作的人的积极性产生破坏性影响。

3. 执行游戏中的拖延

政策执行的典型病例,就是总需要比原来所期望的更多时间。在执行上的拖延既有上述大部分执行游戏那样有意造成的,也有同执行过程本身性质有关的非意图性拖延。非意图性拖延是在执行过程中自然发生的,这与项目装配过程和集体决策过程有关。这两个过程在特定的时间和情况下虽然具有不可分的关系,但为了方便起见,仍然把它们分开进行讨论。

(1)项目装配过程中的拖延

执行所必要的项目需要多长时间才能得到供给,是受供给者和需求者之间相互作用的影响。在这一过程中,需求者选择适当的供给者,而潜在供给者又在调查提供条件等方面的工作上需要数个月,甚至数年的时间。特别是在需要者和提供者不是个人而是组织的情况下,而组织为此所需要的决策和协商等方面的相互作用数量越多,所需要的时间就越长。能够比较容易地解决装配过程中拖延的方法,是向需要者优先提供所需项目因素,或者用更容易供给的项目因素来代替它。但是,在供给者是多数或像法院那样的特殊机构的情况下,不能强求优先供给,而开发新的项目因素也不是那么容易的事。

克服装配过程中的拖延的另一种方法,是"以项目为中心的管理"。这一概念的核心在于,把完成项目所必要的权力和责任集中给项目管理者,即委任。在这种情况下,项目管理者在更大的执行游戏中必须进行"预算的过多支出""管辖领域""名誉"等游戏。

(2)集体决策过程中的拖延

在集体决策过程中,多数参与者通过一系列的协商和策略决定是否参与共同项目。这时拖延决策的根本原因在于，这种参与是对不确定的未来进行的投资。也就是说，组织大规模的共同项目必然会产生参与者之间很大的不确定性，而这种不确定性会造成拖延。

这时减少不确定性的最普遍的方法就是协商。但协商不仅在减少因未来的不确定性而产生的拖延方面效率低，而且还具有产生新问题的可能性。为了使协商更容易，可以利用第三者的仲裁，但公共部门中的第三者仲裁非常罕见。公共部门中的仲裁由于具有高度的政治性，很难寻找既拥有能够承担起仲裁作用的权威，又愿意承担这一角色的合适人选。

4. 执行与政策设计

要对政策执行中的游戏行为进行防范，就需要研究应对的策略。

(1) 写出剧本(scenaric-writing)

巴尔达茨认为，政策执行的根本问题，即"为了有效地政策执行，如何控制和指导由多种行为者进行的众多有关计划项目的行为"的问题，不应该在政策执行阶段，而应该在政策设计和决策阶段予以考虑。为此，他揭示出如下阶段性预防的某些有效策略。

① 政策应该以合理而精雕细琢的社会、经济、政治等理论为基础。

② 必须制定能够回避社会之熵的行政战略。这时候的行政战略，尽可能要设计得比官僚过程更依赖于市场手段(如价格控制)。

③ 对执行应该写出假想的剧本。所谓写出剧本，是写出关于未来有可能发生的一系列行动(或为此的条件)及其结果，所以这是需要想象力和第六感觉的一种技术。但由于执行是极其复杂而动态的过程，所以能够准确地预测其过程的问题和结果并不容易。因此，对一个执行应该准备多种剧本，剧本里应该包括政策的基本概念、必要的项目因素及供给者、管理策略、各种执行游戏及其拖延原因以及解决方案等。这一方法的优点在于，在写出多种剧本并共同探讨的过程中，能够发现政策设计上的错误和可能出现的阻碍策略，从而可以重新设计政策。

(2) 执行游戏的政治解决

虽然写出剧本是非常有用的概念，但它不能克服因预测未来的不确定性而产生的根本局限性。因此，要有一种能够弱化或克服在实际执行过程中产生的各种游戏的机制。上述的"第三仲裁者"或"以项目为中心的管理"等也包括在内。但由于这些仲裁者或项目管理者的权限或权威非常有限，所以常常发生依靠比他们更强有力的人来解决问题的情况。巴尔达茨把承担这种作用的人称为"能人"(fixer)。

典型的"能人"是那些深深地介入到政策过程的、有影响力的议员或政府高级政务类公务员。他们在协商过程中或在调整执行过程中产生的冲突方面做仲裁。他们不仅可以承担事后的解决功能，还可以起到事前的预防作用。

执行政策上的这种解决方法具有如下局限性，即虽然这种事情是非公开且很难做到的，但对此没有多少报偿。因此，能够承担起这种角色的大部分政治家，由于这对他们的"名誉"游戏没有多少帮助而对此非常消极。

同执行游戏相关的另一个问题，是由于同执行有关的活动很多是在暗地里进行的，所以"能人"们并不清楚什么问题应该怎么做。为了有效地履行这一功能，能人不仅要有正式的参谋咨询机构,还有必要具备非正式的信息网。作为非正式的信息网,最好利用其政策的受益集团。

（原文选自吴锡泓、金荣枰编著:《政策学的主要理论》,复旦大学出版社,2005年版,第369－375页。本书对原文做了改动,并进行了适当的阐释。）

经典阅读4－5:政策评估的类型

总的来说,政策评估可以分为三个大类:行政评估、司法评估以及政治评估。其不同点在于主导的方式、行动主体以及效果。

行政评估:管理绩效和预算制度

行政评估是很多在政策评估领域学术著作的研究重点。它在政府内部得到执行,偶尔由专门评估政策的专业机构执行,但更为常见的是由财政的、法律的以及政治的主管机构来执行,这些主管机构附属于现存的政府部门、专业的执行机构、立法机构以及司法机构。私人的咨询公司也会被政府的各种分支和机构雇用,以进行有偿评估。

行政评估虽并非总是,但也经常被限制在检查政府服务的有效提供范围内,在尊重正义和民主原则的同时,试图决定"钱花得值"的原则是否得到了实现。政策的实施必须保证计划要在可能的最小成本和对公民的可能的最小负担基础上,以确保政策执行实现其预期的目标。这种对效率的关注就是为什么要进行管理绩效回顾和人事审议,也是为什么要年度审计以及创造一个试图把目标和开支匹配起来的预算系统的原因。行政评估需要收集计划执行的精确信息,并且将之编辑成标准的方式,以对成本和结果进行时间上的和不同行动主体之间的比较。同样地,这些努力非常有技术性而且越来越复杂,虽然这种复杂性的增加并非必然伴随着有用性的类似增加。

行政政策评估有很多的形式,并且在复杂程度和程序上也有很大的不同。政府机构所承担的按最低限度估计成本的工作大致可以分为五种不同的类型:① 投入努力度评估;② 绩效评估;③ 绩效充分性评估;④ 效率评估;⑤ 过程评估。

投入努力度评估试图测度计划所投入的数量,也就是政府为实现其目标而投入的努力程度的大小。这种投入可以是人力资源、办公场所、通讯、运输等,所有这些都以它们所涉及的货币成本来计算。评估的目的是确立一个数据的基线,这种数据基线可以用来对服务提供的效率或质量做进一步的评估。

绩效评估检查计划的产出而投入。产出的例子可以是医院的床位、学校的座位、得到护理的病人数量或者受教育的儿童数量。绩效评估的主要目的仅仅是确定政策的结果是什么,而不考虑提出的目标。这种类型的评估得出的数据在下面提到的更加全面和深入的评估中被用作输入数据。

绩效充分性评估,也被称为效能评估,所涉及的复杂性更甚于把计划的投入和产出简单相加;它被用来找出计划是否正在做它应该做的事。在这种类型的评估中,一个给定计划的绩效被用于与它原本的目标相比较,以确定计划是否满足了它的目标,并且根据计划的完成情况来确定目标是否需要调整。在调查结果的基础上，可以得出变更或改变政策的建议。这种类型的评估对政策制定者来说是最有用的评估，也是最难进行的评估。需要的信息量大，而且执行该过程所需的复杂程度也比通常所能提供的要高得多。

效率评估试图估价一项计划的成本，并且判断同样数量和质量的产出能否用更有效率的方式，也就是成本更低的方式来实现。投入和产出评估是这种形式评估的基础。这种效率评估在现有的预算约束条件下是非常重要的。由于更全面的效能评估涉及诸多困难，政策制定者很可能经常满足于效率评估。

最后，过程评估主要是检查用于执行计划的组织方法，包括规则和操作规程。其目的通常是看过程能否合理化并且变得更加有效率。为了达到这个目标，政策的执行通常被分解为几个独立的任务，诸如战略规划、财务管理，或是客户要求评估，并且再对任务中的一个或多个进行效率、效果和/或责任的评估。

公共政策的这些不同类型的行政评估已经产生了多种技术。在 20 世纪七八十年代，这些技术包括了以下一些系统：福特汽车公司首先开发出的计划规划与预算编制制度（Program Planning and Budgeting System，PPBS），它随后得到了美国国防部乃至整个美国联邦政府的采纳。计划规划与预算制度的变种零基预算（Zero-Based Budgeting，ZBB），它在美国和其他很多国家得到了执行。计划规划与预算制度的一种替代物目标管理（Management by Objectives，MBO），由施乐公司开发出来，被美国的卡特政府所采用。这些技术在全世界被不同的政府以不同的程度使用。此外，不同的国家和政府开发了它们各自的评估系统。比如，20 世纪 80 年代加拿大在整个联邦的范围内建立了一个新的政策与开支管理制度（Policy and Expenditure Management System, PEMS），同时还特别授权了一个新的总审计长办公室（Office of the Controller General，OCG）来进行评估研究，而联邦财政委员会也试图引入一个新的政府范围的经营绩效衡量制度（Operational Performance Measurement System，OPMS）。

虽然在开发这些政策评估技术上已经投入了大量努力，但这些努力在很大程度上还是没能突破理性分析的固有局限性。它们成功的先决条件太过苛刻，以至于在杂乱无章的公共政策世界里无法满足。要想通过一个程序来检验政策目标的实现程度，就必须面对这样一个现实，即政策通常都不会把其目标描述得如此精确，以至于能够被严格地分析出这些目标是否得到实现的程度。此外，同样的政策可能要实现多个目标，而并不说明这些目标的相对优先程度，因此难以评估一个特定的目标是否能得到实现。社会和经济问题相关性非常紧密，要想把解决这些问题的多项政策的效果割裂开来并加以评估，事实上是不可能的。与此相关的是，每项政策都对并非其本意想要解决的问题产生了效果，这是一个全面的评估必须考虑，然而又难以处理的问题。在收集可靠而有用的信息上的困难进一步加剧了这个问题。

行政评估所面临的局限性，随着对它们所预期的复杂性和全面性程度的增加而增加。因此绩效评估作为对政策制定者来说无疑是最有用的，但也是最难以进行的评估。因为存在这些困难，从 20 世纪 80 年代早期开始，很多工业化国家对于理性行政评估的热情渐渐地消退下来。比如，在行政评估涉及种种困难中遭遇的挫折使得加拿大的总审计长在其 1983 年年度报告中指出："评估估算中有重要的一部分并没有构成合理建议的足够基础。"这是用一种礼貌的方式来表达这种评估近乎无用。

十年以后,总审计长在回顾加拿大联邦政府的计划评估时,发现其形式改变很多而实质改变却甚少。这份报告指出,有鉴于继续下去的适用性和成本效益问题,这种评估更不适合作为一个重要信息源来支持计划和政策的决定了。这类评估更适合于提供关于责任的目的信息,但经常不完整。可用的最完全的信息是和运作效果即一项计划起作用的方式相关的。

为了扩大行政评估的范围,许多政府都尝试过在评估过程中增进公众的参与,其意图是防止因为和感兴趣的或受影响的公众"缺少磋商"而使政策受到质疑。但是公开讨论的有用性和/或合法性已经受到了质疑,因为只有那些有能力准备发言提纲并且能够支付前往听证会的路费的人,才能够有意义地参会。而且听证会更关心的是,政府已经制定的结论是否合法化,而不是根据公众的意见修改结论的内容。由于对这些问题的关注,现在已经出现了一些为参与行动主体报销费用的咨询会。作为不满意见的传声筒,这些咨询会可以成为行政评估的一种有效方法。

司法评估:司法审查和行政裁量权

政策评估的第二种主要的类型并不关注预算、优先权、效率和开支,而是关注与政府计划的执行方式相关的法律问题。这类评估由司法部门执行,主要关注政府部门的行为和宪法的规定或已被确立的行政行为标准以及个人基本权利之间的可能冲突。

司法部门有权主动审查政府部门的行为,也有权在个人或组织为在法庭起诉某个政府机构而提出这个要求时,对政府行为进行审查。审查的基础在不同的国家有很大的不同,但通常都延伸到对执行的政策的合宪性检查,或者说它的执行和进展是否违反了民主社会中的自然权利原则和/或正义原则。也就是说,法官根据预定过程的原则和公认的行政法规,判定政策是否在以一种非反复无常的和非任意的方式进展和实施。

在很多国家,比如在加拿大和英国,司法法庭重点关注下级的法庭、仲裁机构或者政府机构的行为是否在其权力和管辖权范围内。如果确实如此,如果它也遵守了自然正义的关键原则,而且没有以一种反复无常或任意的方式执行政策,则在现有法令规定的条件下该决议有效。简言之,这两个国家的司法审查把重点放在法律中的争议或错误。因为这些国家的行政法院并不审查案例中的具体事实,这就意味着,只要行政机构的运作处在其管辖权范围内,并且依照了基本正义原则和预定的程序,它们的决定就不太可能被推翻。而另一方面,在美国法庭中,宪法的角色就很不相同,而且美国法庭相对主动得多,它们在对行政行为的评估中不仅考虑法律中的错误,而且考虑实际中的错误。

政治评估:政策子系统及公众咨询

对政府政策的政治评估是由每一个人承担的,不管他对政治抱着何种兴趣。与行政评估及司法评估不一样,政治评估通常来说既不系统,也不必然在技术上精致。

的确,有许多政治评估在本质上一边倒而且有偏见。然而,这并不削弱其重要性,因为它们的目标很少是为了改进政府的政策,而是为了支持它或是挑战它。政治评估试图给政策贴上成功或失败的标签,然后要求继续或改变这项政策。在这一阶段,政府试图回应批评,或是把过去的经验中得到的教训用到新的或改良过的政策中去,此时的表扬或批评能够导致政策循环的新反复。

虽然政治评估仍在继续,但它仅在特殊场合才会进入政策过程。民主社会中最重要的场合之一就是选举,此时公民有机会对政府的表现做出评估。在选举或者公民表决的时候,选票表达了投票者对于政府及其计划和政策效率和效果的非正式评估。然而,在大多数民主国家,对于某项特定的政策进行公民表决或者公民投票,是相对比较罕见的。由于选举定期举行,正是这种性质使得它牵涉到一系列的问题,这就使得从中所得出的关于投票者对于单个政策的意见的结论是不适当的。当公民在选举中表达他们的偏好和情绪时,做出的评估通常是对于一届政府表现的总的判断,而非针对特定政策的效果和作用所做的判断。尽管如此,公众对于政府行为的无效或有害效果的感知能够并且确实影响选举行为,这是政府在它们的选举中容易忽略的现实。

政策的政治评估中有一种更常见的类型,涉及和相关的政策子系统中的其他成员进行的咨询。这样的咨询机制有很多,包括为公众听证会建立行政论坛,或者为咨询的目的而成立特别咨询委员会或特别工作组。这样的咨询可以小到 12 个行动主体以下,持续几分钟的小型会议,也可以大到耗资几百万美元,听取数千人的陈述和历时数年的调查。

这些政策评估的政治机制通常能够查明政策子系统成员和受影响的公众对于特定政策问题的观点。然而,这并不是简单的确定。因为这些观点已经为人们所熟知,它们将会在政府政策回顾中得到反映。效果通常要取决于听到的观点与政府的观点是否一致,而这又取决于评估一项特定政策或计划的成功或失败所使用的标准。

（原文选自迈克尔·豪利特、M.拉米什：《公共政策研究：政策循环与政策子系统》,生活·读书·新知三联书店,2006 年版,第 294－302 页。本书对原文做了改动,并进行了适当的阐释。）

经典阅读 4－6：政策评估：政策学习

政策评估的基础在于它对所讨论的政策的改变所能够起到的影响。毕竟,政策评估的隐含目的就是改变政策,如果进行这项工作的结果认为确实应当如此。为理解政策评估和政策变迁的关系,我们需要对学习的过程有更广义的了解。从学习的角度来看,公共政策评估被认为是政策的行动主体对于政策问题的性质及其解决方案的动态学习的重复过程。

正如政策科学中的其他概念一样,对术语"政策学习"的含义也有不同的解释。彼得·霍尔(Peter Hall)对学习一词采用了一种有用的定义,并认为在公共政策领域,学习的目的是让政府更好地实现其目标。在他看来,学习是一种"根据过去政策的结果和新的信息,调整政策的目标和技术的一种刻意的尝试,以便更好地实现政府的最终目标"。另一方面,休·赫克罗(Hugh Heclo)提出,学习是一种较为无意识的行为,经常是政府对于某些种类的社会或环境激励而做出的反应。在他看来,可以认为学习是由经验导致的行为相对持久的变化;通常这种变化被定义为在应对某些可感知的刺激所做出的反应中的改变。依赫克罗的观点,学习就是政府在过去经验的基础上对于新形势的反应。

这两种定义都描述了政策学习和政策变迁的关系的性质,但它们在这个问题上的方法有本质的不同。在霍尔看来,学习是正常的公共政策过程的一部分,决策者试图借此理解为什么某些具有开创性的行动得以成功,而其他的为什么失败。如果政策因学习而变迁,变迁的动力则源自正式的政府政策过程之内。而另一方面,在赫克罗看来,政策学习被视为一种由政策制定者进行的,在很大程度上是为了应对外部政策"环境"的改变所采取的行为。当环境改变时,政策制定者要让其政策成功,就必须适应这种改变。这两种相对比的概念引出了关键性的理论问题,即政策学习的产生是内生的还是外生的? 也就是说,学习是否是从政策过程外部强加给政策制定者的过程,抑或是政策制定者根据他们过去的行动,试图改进政策或使政策得到适应,这种学习就源自于政策过程的内部?

类似术语的使用已经在一定程度上掩盖了这样一个事实,即政策学习至少有两个独立的方面应该被清楚地区分开来。这两种不同类型的学习的特征列于下图之中。

	内生学习	外生学习
学习的主题	小的,技术上专门性的政策网络	大的,公共参与的政策社群
学习的目标	政策背景,或政策工具	问题的感知,或政策的目标

图 4-11 政策学习中的外生学习和内生学习

资料来源:改编自 Colin J. Bennett 和 Michael Howlett,"学习的教训:调和政策学习和政策变迁两种理论"(The Lesson of Larning:Recondling Theories of Policy Learning and Policy Change),《政策科学》(*Policy Sciences*)25,3(1992),pp. 275-294。

政策的内生学习发生于小的、集中的政策网络;目标是学习政策背景或政策工具。与此相对比,政策的外生学习发生于广泛的政策社群,并且可能涉及对问题的解读或者为解决这个问题而制定的政策目标的质疑。

按照理查德·罗斯的研究,第一种类型,即政策内生学习,可以称为"吸取教训"(Lesson-drawing)。这种类型的学习源自正式的政策过程内部,并且影响了政策制定者在实现目标的努力中对使用何种方法或技术的选择。这些教训可能会根据它过去的运作,关注政策循环中不同方面的实际建议。比如,哪些政策工具在哪些环境中成功了,而哪些失败了;或者哪些问题在议程设置过程中得到了支持,而哪些没有得到。

按照霍尔的研究,第二种类型的学习,是学习的一种更为通用的类型,被称为"社会学习"(social learning)。它源自政策过程外部并且影响了政策制定者变更或改变社会的约束或能力。第二种形式的学习是关于目标本身的。这是学习的最基本类型,它伴随着政策背后的思想改变。20 世纪 80 年代,许多国家的私有化运动,以及把通货膨胀看成比失业更严重的问题，都是第二种类型学习的实例。

政策评估可能跟这两种类型的学习都有关系。行政评估按其定义实际上是发生在已确立的政府行政机构之内，并且倾向于以"吸取—教训"的形式存在。司法和政治评估都更容易受到社会价值和风俗改变的影响，因此它们是通过社会学习将教训得以带入到行政过程。

然而，不管是内生学习还是外生学习，政策制定者是否能够从中吸取教训，取决于他们吸收新信息的能力。正如科亨（Cohen）和利文索尔（Levinthal）在私人企业的案例中提出的：评估和使用外部知识的能力基本上取决于先前的相关知识水平。在最基本的水平上，这种先前知识包括了基本技能甚或共同语言，但也可能包括特定领域内最近的科学和技术发展的知识。因此，先前相关知识可以产生认识新信息的价值，吸收新信息，以及把它应用到商业终端中去的能力。这些能力共同构成了所谓的企业的"吸收能力"。

在一个复杂的组织中，比如在公司和政府中，这意味着学习是一个积累的过程，而且现存的知识储备在很大程度上决定了流入组织的新信息会如何得到处理。在这个方面，关键是介于组织及其环境之间的"跨边界"联系，这种联系善于吸纳新的信息，并且能够将它在组织内部散布开来。

在政策制定的过程中，这意味着有两个相关的因素影响评估的潜能，从而导致学习，进而又导致某种形式的政策变迁。一是政府的组织能力，尤其包括它在主题领域的专门知识。二是政策子系统的性质，尤其是在其国家和社会成员之间的联系是否存在以及在何种程度上存在。总的来说，这两个因素在政策评估和政策学习之间建立了进一步的联系（参见图4-12）。

		在政策子系统中政府和社会行动主体之间的联系	
		高	低
政府行政能力	高	社会学习	吸取—教训
	低	正式评估	非正式评估

图4-12 政策评估和政策学习偏好模型

资料来源：改编自 Wesley M. Cohen 和 Daniel A. Levinthal，"吸收能力：关于学习和创新的新观点"（Absorptive Capacity: A New Perspective on Learning and Innovation），《行政科学季刊》（*Administrative Science Quarterly*）35（1990），pp. 128-152。

在这个模型中，要让任何真的"学习"行为发生，国家必须有高水平的行政能力。如果国家是占支配地位的行动主体，那么一种内生的"吸取—教训"就能够发生。如果社会行动主体主导了政策子系统，则社会学习的条件就可能具备。另一方面，如果国家的行政能力较低，可以期待发生的就是更简单的正式和非正式评估，而国家内部的任何学习都不必然发生。

把政策评估背后的政治因素考虑进去的分析家，会把政策评估既看成政治舞台上对于稀缺资源或意识形态斗争的继续，也看成一种学习过程的一部分。在这一学习过程中，政策的发展和改变在很大程度上基于对过去的成功和失败的清醒认识，以及模仿成功、避免失败的有意识努力。这个概念不仅有助于理解政策评估并把它同以行政评估为特征的狭隘的专家治国论区别开来,而且有助于在政策的运行过程中,突出所有形式的评估所扮演的重要角色。

(原文选自迈克尔·豪利特、M.拉米什:《公共政策研究:政策循环与政策子系统》,生活·读书·新知三联书店,2006年版,第302-307页。本书对原文做了改动,并进行了适当的阐释。)

五、相关研究

相关研究4-1:从"市管县"到"省管县"——基于政策终结的视角

摘要:当前我国地方政府基本确立了以"省管县"取代"市管县"的改革方向,并已付诸实践,但这个过程所涉众多,进展缓慢。本文基于政策终结的视角,结合我国当前的政治生态,选取关键性影响变量,以修正的多源流框架分析、考察这一政策现象,对其中呈现的政策图景做出描述,从而预见并指出,"省管县"替代"市管县"的过程是在一个集小胜为大胜的期待和实现中,逐步完成的,但这一过程不会过于平顺,其间会有曲折、反复甚至是退缩。

关键词:市管县;省管县;政策终结;政策过程

我国地方政府正在推行的省管县改革,是当前政治生活中的大事,也是理论研究的热点。推行省管县政策,必然要终结现行的市管县政策。从实际情形看,目前这一进展并不顺利。为什么在政策导向已经清晰,政策高层也有意推动的情形下,终结市管县政策依然曲折而艰难? 由"市管县"到"省管县"的过程中,呈现了怎样的一幅政策图景? 之前,学者们关于"市管县"或"省管县"的研究已有了相当丰硕的成果,他们大都就"市管县"的由来、利弊等做出了详尽的论述,进而指陈"省管县"是未来的发展方向,但并没有就上述问题做出回答。从政策终结的视角来考察这一过程,着力于探究其中诸多变量间的关系及其作用的方式,从而对政策发展的趋势有所预见,这不仅为政策终结理论框架找到了可资检验的案例,也为现实中的某些政治行为提供了一个全新的注脚。

政策描述和政策解释

新中国成立后,出于巩固国家政权及促进地方发展的需要,中央几度做出调整地方纵向府际关系的决策,并最终于1990年代后半期基本确立了"市管县"的治理模式,其中的市是指地级市,也称省辖市,这是一种具有明显中国特色的政策设计,其初衷是以城市带动乡村,迅速实现城市化、工业化,形成城乡一体的区域化整体。而由此形成的市管县体制则是中国城市行政管理的主要体制之一。① 纵观"市管县"的发展历程，可以说是利弊互呈，且一直伴随着存废、毁誉之辩。一般说来，当政策设计的重点是强调纵向的集中统一领导，加强层级控制时，"市管县"就成为主政者较青睐的选择。当国家进入迅速发展时期，特别是县域经济在国民经济构成中占据重要地位时，发挥地方积极性，通过政策供给赋予县更大的发展空间就成了决策者优先考虑的重点。客观地说，市管县政策有其历史意义，也在一定程度上实现了原初的政策构想，但随着中国社会转型向纵深发展，其弊端日益突显，特别是近年来引起公众和中央高层持续关注的"三农问题"及大量发生在县级层面的群体性事件，更加重了对市管县政策的质疑。

2005年10月，中共十六届五中全会在《关于制定十一五规划的建议》中提出，"理顺省级以下财政管理体制，有条件的地方可实行省级直接对县的管理体制"。这是中央对省管县政策的直接肯定。从性质上来看，市管县政策和省管县政策都具有典型的构成性政策特征，都由若干政策群落组成，都是调整地方纵向府际关系的依据，但省管县政策由于其理论上被赋予更多分权色彩且适逢其时而获得重视。基于此，各地纷纷启动纵向府际关系改革，并确定最终目标是以"省管县"替代"市管县"。目前，大多数省份尚处于由"市管县"到"省管县"的过渡阶段，但进展各不相同，既有某些共性化的表现，又打上了省际特征的烙印。

当某项政策已经达成其使命，或由于环境变化等多种原因的影响，再继续执行已是明显不当，则该政策将面临被终结的命运。布鲁尔和狄龙等人认为，政策终结是指公共部门对某一特定的功能、计划、政策或组织，加以审慎的结束或中止。② 从"市管县"到"省管县"是典型的政策替代现象，而政策替代正是政策终结的常见形式。长期以来，政策终结作为政策循环周期中承前启后的重要环节，并没有得到学者足够的关注，与政策过程的其他环节相比，其研究成果也显得不足，这与成功的政策终结案例不够丰富不无关系。本文的意图是，在借鉴并修正多源流分析框架的基础上③，以政策终结的视角来考察"市管县"到"省管县"的政策替代过程。多源流分析框架的初衷在于解释议程如何经由备选方案演变为公共政策。不难设想，某项议程的提起，或许正值与此相关的旧政策行将没落之际。新的议程或政策的推出，加速了旧政策的退场。由此，政策终结和议程设置获得了时空上的一致，政策周期的首尾实现了连通，也正是在此意义上，赋予了多源流框架运用于政策终结的合理性。但这种借鉴运用应有所限制和修正，首先，政策场域应处于新旧政策交替之际，而不适用政策终结的全部情形，如政策的直接废止；其次，政策过程常有反复，政策终结也非一蹴而就，往往具有渐进式的特点，其每一次推进前后所对应的间断和平衡状态，在多源流框架中

① 市管县体制是一种较常见的称谓。以市管县作为调整纵向府际关系的目标，这本身就是项政策选择，也即实施市管县体制之本身，就是一项政策。本文中所指称的"市管县政策"是指一系列调节市、县间涉及政治、经济、文化、社会等各方面关系的政策群落的总和。

② Garry D. Brewer and Peter Deleon. *The Foundation of Policy Administration*. Homewood：The Dorsey Press，1983. p385.

③ 关于多源流框架详见：约翰·W. 金登：《议程、备选方案和公共政策》，丁煌、方兴译，中国人民大学出版社，2004年版。

并没有体现,而在既有的限制条件下如何使得金登所谓"政治流""事件流"和"政策流"顺利合并? 该分析框架对此也有所疏漏;其三,原生于美国的该分析框架不一定具有普适性,在运用于中国的政策实践时还需吸纳某些本土因素。基于此,本文对由"市管县"到"省管县"的过程分析,将从如下几方面展开。

政策场域中的问题、政治与政策

(一)问题的聚集

当前,市管县政策在我国大多数地区都出现了功能扭曲,调节乏力的现象,并日益走向了政策设计的反面,主要问题有:

1. 行政成本过高、行政效率低下

在市管县政策下,多设了一个行政层级,增加了市一级行政机关,同时也增加了财政供养负担。此外,层级节制过多,必然会影响下级自主性的发挥,公文批转须在各层级多部门间往返,行政效率大打折扣。如根据扬州下辖的江都市反映,建一个万吨级码头需国家、省、市29个部门审批,正常报批时间需要一年,影响经济发展的速度。张家港市府办的人士也有同感,市里一年要引进六七百个外地资本项目,有200多家三资企业开建,过于烦琐冗长的报批速度对当地发展束缚很大[①]。

2. 城乡日益分离、差距持续扩大

市管县政策下,地级市可以有绝对的权力调动县级资金,是成本最小的融资方式。其直接结果是,县级财政日趋紧张。此外,在现行财政转移支付和分税制的情况下,地级市为了中心城市的发展,往往截留所辖县的资金,导致城市差距越拉越大。江苏省政协2005年10月底至11月初在省内的调研发现,丹阳市2004年实现财政收入20亿元,实际可用财力不到8亿元。比较清楚的上缴款项包括,省统一集中的超基数增长部分的20%,约6600万元;省市两级统筹款近4000万元。但县上缴地方和中央的财政收入都没有具体的数字[②]。

3. 市县矛盾激化

随着县与市经济差距的缩小,县市矛盾已成为当前行政区划管理中最突出的矛盾,这在经济发达的东部沿海地区表现尤其明显。如苏锡常地区、珠江三角洲等地,发达的县域经济甚至比市区更胜一筹。而进入全国综合实力百强县的县(市),早被赋予了省辖地级市的经济管理权限,但一些地级市仍将县视为"附属行政单位",要求其经济发展从属于市区经济发展的需要,特别是"上级对县转移支付的截留和市对县财政收入的抽头"[③]。

(二)政治环境的影响

政策过程中政治作用往往影响较大,一定程度上,政策过程也就是政治过程,其中的关键性变量有:

---

① 李南:"江苏:从强县扩权到取消地级市",《21世纪经济报道》,2006年1月。
② 景后寅:"江苏强县扩权缘何'单边突破'",《中国县域经济报》,2007年7月9日。
③ 李苊:"江苏扩权强县:省县财政对接先行",《21世纪经济报道》,2007年2月7日。

1. 中央政策偏好的转变

政策偏好转变的背后是国家战略意图的调整。随着市场经济体制的建立以及社会深度转型，特别是全民民主意识的提升，高度集权的行政模式已经不适应现实之需，同时，中央日益认识到县域经济的重要性，分权成了政府体制改革的必然选择。一直以来，改革关注的是横向的政府组织结构，重点是机构的裁撤、合并以及人员分流等，但这种改革却一再证明成效不大。而对纵向的行政层级改革，无论是在理论上或是在实践中，都或多或少有所忽略。减少行政层级，回归宪法设定的省、县、乡三级行政架构，既是新一轮改革的亮点，也是对束缚县域经济发展框架的突破。与此相应，在组织形态上，扁平化的行政组织结构与传统的官僚层级节制组织结构相比，更符合分权的理念。继中共十六届五中全会肯定了省管县财政体制后，2009 年和 2010年连续两年的中央一号文件借力于"三农"问题明确提出关于省直管县财政体制改革的要求，并推出具体时间表，到 2012 年，在大部分地区实现省直管县的财政体制。这些都显示了中央推行"省管县"的政策信号。

政策偏好的转变还体现在中央层面对县级政府主要领导的重视。十七届三中全会闭幕不久，中共中央决定，在中央党校、国家行政学院等五所干部培训学校，举办"学习贯彻党的十七届三中全会精神"县委书记培训班，对全国县党委书记进行轮训。2008 年 11 月 10 日至 26 日，2000 余名县委书记在五所国家级干部培训学校完成了集中学习，而就在中央启动此次县委书记集中培训的 15 天前，颁布了新的《中国共产党党校工作条例》，规定中央党校将承担对县委书记的轮训任务，同时，学员在中央党校的考核情况将作为干部任职、晋升的重要依据之一。此后，中组部下发《关于加强县委书记队伍建设的若干规定》，强调将加强县委书记队伍建设作为全国干部工作的一项战略重点工程。这些举措前所未有地将县的重要性提到一个新的高度，也强化了各省进一步深化县域扩权的冲动。

中央层面由强调集权到强调分权的观念转变，给各地推进"省管县"的具体举措，如强县扩权或扩权强县，提供了极大的信心，客观上加速了市管县政策终结的进程。

2. 政策联盟间的竞争及妥协

随着社会转型的深入，以共同利益为纽带的政策联盟得以逐渐形成并在政治生活中发挥越来越大的作用。以浙江为例，浙江的民营企业家、众多的行业协会或商会以及县级政府在面临县域经济发展受阻上感受相同。他们或是从经济效益出发，或是从政绩考虑，都需要进一步拓宽县的发展空间，而解除市对县的束缚，共同推动省政府削减权力和下放权力就成了他们的共同选择。这在客观上有助于他们协调行动，并形成中国式的政策子系统。这种最广泛意义上的政策子系统中存在不同具体利益诉求的小团体政策联盟，为了避免各政策联盟间可能的潜在冲突，需要政策企业家为各联盟提供政策学习的机会和场合，并居中调适各种政策主张以形成合力。事实上，作为民间组织的行业协会或商会向政府进言，企业家们利用其人大代表或政协委员的身份，在两会上提出相应议案，县政府在参加或参与省里的相关会议时，不断提出相应的政策建议，这些支持县域扩权的主张渐渐扩大其辐射面，乃至形成由下而上，由外而内推动"省管县"实施进程的强大力量。此外，县级政府在某些具体问题上获得中央层面的支持，也会与中央形成潜在的联盟。义乌市在浙江省第四轮强县扩权中,就得到来自海关总署、最高人民法院等机关的授权或特许等项支持。2009 年中央组织部曾专门下发关于加强县委书记队伍建设的文件,并改变县级领导在省委党校接受培训的惯例,将县委书记和县长分别集中到中央党校和国家行政学院进行培训。这种做法被普遍解读为县级领导的重要性得到提升,同时也被赋予了权力将要下放的信号。另一方面,市级政府由于权力受到削减,自然容易产生抵触情绪,它们在市管县政策上具有共同的利益,容易协调立场,也可能形成潜在意义上的利益联盟。以江苏省为例,不论是苏北或苏南的地级市,都很自然地在省委省政府的有关会议上共同形成对"省管县"的抵制。此外,政策联盟内部组织化程度的高低以及具有相同主张的各联盟间协作水平的高低,也会影响到联盟在政策终结中的发力。以政策网络的视角看来,议题网络型的政策联盟由于人员的不稳定,联盟较松散,不易形成合力,影响力较弱,而政策社群或专业型网络由于其组织化程度高,其影响力相对也较强。

立场相对的政策联盟间激烈竞争,它们利用各种场合宣传自己的主张,扩大影响,以获取更多的政策空间,但有时也会出现妥协。市管县政策涉及政治、经济、社会、文化等各方面,长期以来形成的治理结构,早已将各种关系稳定化。由于反制力量的过于强大和害怕引起大的震荡,终结一方不得不选择以退为进,这种妥协的后果就是终结的不彻底,不仅表现为进程上的阶段性特征,而且在对象和内容上也有改良的痕迹。浙江省在放权的初始阶段,根据省里的新规定,某些项目可直接向省里申报,但由于市的不配合,也为了不致引起市的反感,县里在报送审批时,采取了部分向省里申报,部分仍向市申报的做法。如在义乌市和金华市的关系上,为了照顾金华市的实际利益,采取由放权后的义乌市每年向金华市补贴的做法。再如江苏省,原先准备全面推进的"省管县"改革方案,由于受到各地特别是苏南某些地区的强大阻力,最终在各方妥协后,以财政省管县先行的"单边突破"方案代替了全面推行"省管县"改革的方案。

总体上,政策联盟间的竞争对于政策终结进程起到推进或阻碍的作用,联盟的实力越强,协作程度越高,作用越显著。而妥协则可以在一定程度上摆脱双方胶着的态势,实现政策终结的小步推进,但终结的不彻底性和阶段性特征明显。

3. 公众舆论或情绪的影响

市管县政策属于洛威所谓的构成性政策[1],与税收、房地产等直接面对民众的单一性政策不同,该政策仅调整政府内部关系,如关于省、市、县间的财政划拨、土地审批、环境保护等方面的权限划分等。从政策的能见度和复杂性上来说,市管县政策的性质特点决定其与公众距离较远,也不大容易被公众感知或关注,但也并非绝对。在网络发达,信息流转渠道畅通的今天,与"市管县"有关的事由被有意无意地披露后,在特定的时机和层面也会引起反响。如网民间的争论引起决策者的注意,进而影响决策方案的选择。此外,当前我国社会经济迅速发展,各类市场主体日益要求政府提供便捷、及时、周全的公共服务,而市管县政策往往由于层层审批的时滞,导致市场商

---

① Theodore J. Lowi. Four Systems of Policy, Politics, and Choice. *Public Administration Review*, Vol. 32, No. 4(Jul. - Aug,1972). pp. 298 - 310.

机的流失，如在招商引资方面等，众多企业主体对此有深切感受。这也是部分民众抵制市管县政策的另一个直接原因。

2009 年 3 月，一则"2009 江苏省直管县（市）方案"的帖子，在短时间内被数十家网站、论坛转载，成为江苏一段时期的热点网络话题。这个帖子详细列出了两套方案，第一套方案提到"撤销昆山市，设立苏州市昆山区"以及"将江苏丰县、沛县、高淳三县划给安徽"等。对此，网民们反应激烈，甚至爆以粗口。第二套方案则提议，建地级昆山市、地级沐阳市等。虽然网络上对这些方案吵翻了天，可当记者向省政府权威人士提及此事时，得到的答复是"没有听说"。政府谨慎的态度表明，对于网络上所承载的民意也不敢轻忽。①

2011 年 8 月安徽省政府拆分巢湖市后不久，网络上流传关于南京市将要直辖的消息，引发网民们热烈讨论，最终由市政府正式出面予以澄清。

目前，尚无直接调查结果可以说明公众舆论及情绪对市管县政策的影响。但上述案例中由于网民对行政区划调整激烈反对所形成的公共舆论氛围，显然给决策者带来了压力，从而延缓了政策终结进程。

（三）新旧政策的交互作用

政策场域中新旧政策激烈冲撞，胜负之势决定了市管县政策终结的进程，其中的关键性变量有：

1. 法理理由和法律依据

事实上，现行市管县政策缺乏相应的宪法依据。宪法规定，国家的行政区划只是中央、省、县、乡四级，只有直辖市和较大的市才分为区和县。② 长期以来，各省、自治区事实上存有数量不等的省辖市或地级市，"市管县"的做法先是在国务院和中央部委的某些规章、文件中得到体现，继而在有关法律、行政法规中得到确认，渐渐在地方行政管理层面坐实。如 1985 年，民政部在编辑《中华人民共和国县级以上行政区划沿革（1949—1983）》时，就对原来设置的市逐个予以认定，统一将市分为地级市和县级市。2003 年颁布的《行政许可法》进一步肯定了地级市政府部门的相关管理权限。③ 但是迄今宪法和地方人民政府组织法却一直没有赋予市对县的管辖权。

此外，根据我国的立法体制，各省级人民代表大会和省政府有一定的行政立法权，可以在不违反上位法的情况下，根据自身的特点制定地方性法规和政府规章。这就使得具有行政立法权的地方政府（主要是省级立法主体），可以采用行政立法的方式，就辖区内府际关系的某些方面，做出个别规定，从而赋予了地方行政层级管理以省际区别的色彩。虽然，在我国单一制国家结构形式的前提下，这种区别并不大，但也由此给部分省份在一定程度和范围上的政策创新提供了可能。如浙江省早在1992 年时就通过省政府发文，以通知、规定等形式开始对县下放部分经济管理权限。同时，由于这种创新尝试总是在旧政策框架内开展，因此，不得不小心翼翼。浙江省委政策研究室在提出改革方案时，出于创新体制的考量，提出将某些经济强县直接划

① 邓益辉："江苏：扭捏的省管县"，《中国周刊》，2009 年第 5 期。
② 参见我国宪法第 30 条。
③ 马斌：《政府间权力关系：权力配置与地方治理》，浙江大学出版社，2009 年版，第 203 页。

归省里管辖,形成"省辖县",但顾及国家有关部门的态度,最终以"强县扩权"的变通方式,低调行事,以求得旧政策框架的容忍和默许。

由上可以看出,政策的功能越清晰、稳定,政策存续的法理性理由越强,越不易终结;政策的合法性依据越强,对政策的变通越难,也越不易终结。

2. 长期存续的惯性

市管县政策实施近三十年,其惯性在组织、体制、人员及行为方式等方面都有体现。面对行将终结的市管县政策,地级市一方面加紧对下属县的控制,另一方面采取各种措施抵制、消解新政策的影响,甚至使新政策在执行时走样。同时,县和省在执行新政策时有时也会基于惯性而延续先前的做法。如根据湖北省"县市的发展需要哪些自主权"课题组的调研,在县市的项目申报方面,虽然县市项目申报的权力已经下放,但是一些扩权县市还是遵循以前的做法,将其申报的项目纳入地市的统一规划中去,然后根据地市的指导意见,再上报到省厅。这是因为,县市本身论证项目的力量有限;由于省厅目前的运作模式还是按地市进行统一规划,如果县市不报地市做统一规划,则其项目很难通过审批。

可见,某项政策存续的时间越长,则惯性越强,其应对政策终结的能力也越强,政策越难终结。

3. 新政策的弊端

由于人们对新政策实施的效果并不确知,因此,新政策通常欠缺民众的认同基础。此外,新政策本身也许会不尽周全,其对于旧政策的替代也可能是权宜或过渡之策。这既授予了反对者以口实,又给新政策的实施埋下了隐患。

省、市、县关系的调整涉及行政区划、政府职能、府际关系等诸多方面。一方面,由于省的业务范围被大大扩大,直接面对包括市、县在内的所有地方行政主体,而县的权力也前所未有地得到加强,因此,省管县政策对省、县的工作能力和业务素质都提出了更高的要求,而这显然在短期内难以达到,磨合期中产生的一些问题也就在所难免。另一方面,省管县政策本身也会带来某些新的问题,比较典型的有,由于省对县的情况不够了解,管理易流于形式;监督不力;甚至由原来的"市卡县"变成新的"省卡县"等。

因此,与新政策有关的弊端降低了政策替代的合理性,也延缓了政策终结的进程。

4. 新、旧政策间的角力

市管县政策的惯性、既得利益者联盟、原有的制度规则等构成了旧政策赖以存续和反制的基础,并形成新政策推行的阻力。省管县政策的推行主要靠政策终结联盟的发力、上层政策偏好的转移及其支持以及利用旧政策问题累积所形成的压力等。随着力量生成状况的变化,新旧政策互有退守,或冲突或妥协。而双方胶着状态的打破,往往是在"政策窗口"打开之际,借由政策企业家之手方能实现。[①] 由于省政府的自我削权和大规模放权,省管县政策总体上处于不断蚕食市管县政策领域的态势,其最终目标是全面取代后者。但这一过程不完全呈直线式发展,其间或有曲折反复。

各种问题的集聚发酵、政治环境的多重影响以及新旧政策间的交互作用,使得政

---

① "政策企业家""政策窗口"借鉴了金登在《议程、备选方案与公共政策》中的有关论述。

策场域内的各种关系以间断—平衡式的逻辑演进变化,并呈现出相应的政策态势。市管县政策终结的进程正是在此基础上得以向前推进。

政策终结的限制条件

（一）动态的保守性

由"市管县"到"省管县"的逐步过渡,决定了这一过程具有渐进式的特点。而政府机关本身自组织的特性,使得市级政府一定时期内还可能以某种变通的方式继续对原下辖县的管理。浙江省在强县扩权中,允许市政府在某些方面以延伸组织机构的方式继续履行其管县职能,即为此例。根据 2006 年浙江省委办公厅、省政府办公厅发布(浙委办〔2006〕114 号)《关于开展扩大义乌市经济社会管理权限改革试点工作的若干意见》的规定,省政府共扩大义乌市 472 项与省级部门相关的经济社会管理权限,金华市则以延伸机构、委托、交办等形式,将 131 项经济社会管理权限下放给义乌市。据此,义乌的上级金华市的某些政府职能机构可以采取驻义乌办事处的形式,继续行使相应的职权。这种市级政府机关驻下级县办事处的形式,实际是对组织终结的变通,客观上延缓了政策终结的进程。

（二）立法上的障碍

市管县政策终结过程中的某些举措,如强县扩权或是扩权强县,都可能会与现有立法不符。长期以来,我国是按"省、市、县、乡"四级来设置地方行政管理机构,规范相应管理活动的。省辖市或地级市的地位虽然在宪法中没有获得相应体现,但几十年来通过各级各类行政立法或相关政策的确认,市级行政主体的合法性已经获得大幅提升。因此市管县政策群落中某项具体政策的终结很可能会与上位法相抵触,从而成为反终结势力抵制的依据。某些地方在扩权改革试点过程中,许多亟须下放的管理权限由于与现行法规、规章或政策不相符合而无法下放,特别是实行垂直管理的质监、国土、海关、金融、检验检疫等部门。如义乌市要求下放"区域规划审核权",而金华市根据《浙江省人民政府办公厅关于加强我省区域规划工作的若干意见》(浙政发〔2004〕49 号)第 5 条的规定,"县(市、区)和市级区域规划(草案)完成后,应报上级发展和改革行政主管部门审核,上级主管部门根据有关法律法规和相关规划,组织区域规划(草案)的论证和审议,并提出审核意见。区域规划(草案)修改完善后由同级政府报上级政府审批",认为金华市仍必须保留对义乌市区域规划的审核权,义乌市区域规划编制完成后应报金华市发改委、金华市人民政府审批,因此,该权限无法下放。可见[①],现有法制框架的束缚是旧政策终结、新政策出台的一个较大障碍,决策者不得不在合法和"违法"的边缘谨慎求解。

（三）终结成本

市管县政策终结所耗成本主要有三个方面:一是弥补市级政府既得利益的损失,安置其富余人员所带来的成本;二是省县两级政府由于职能扩大,增加必要的机构和

---

① 马斌:《政府间关系:权力配置与地方治理——基于省、市、县政府间关系的研究》,浙江大学出版社,2009 年版,第 203 页。

人员编制所带来的成本;三是由于某些配套的政策措施一时没能及时到位所带来的县与省、县与市的协调成本。如浙江在下放经济管理权限之初,省市县三级都有抱怨之声。作为政策终结的决策者,应对所涉及费用有足够的认识,并提前做好准备。政策终结需要财力为后盾,财力的充足与否,既影响到决策者的决心,也关乎政策终结的成败。

(四)心理上的恐惧和不确定

对新政策信心不足,甚至是恐惧和担心,自然对政策终结产生消极影响。如担心省管县后对县的调控力、监督力和约束力变弱等。江苏省在下放经济管理权限时,出于种种现实顾虑,一再对原先的放权清单进行删减,最初的 1000 多项条款,到最后仅剩下 100 多项。江苏省的一些省级部门认为,一旦"权力下放"过大,可能会引起许多问题。例如在土地审批、项目审批中,县级地方部门会否因为发展心切,放松对环保等方面的约束? 再有,现有的"市管县"可以起到一个非常关键的作用——监督。如果市级部门不再承担此项功能,那么省里能管得过来吗? 凡此种种,均在考虑之列。① 与江苏省相似,其他省份也不同程度存在上述担心和顾虑,并直接导致放权的不彻底等。

政策终结中的政策企业家、政策窗口和决策者

(一)政策企业家

政策企业家总是耐心等待或竭力促成"政策窗口"的开启,政策企业家和"政策窗口"的结合,即政策过程出现重大转折的时机。浙江在"省管县"推进过程中,政府官员和民营企业家起到了关键作用。原浙江省财政厅长兼地税局长翁礼华被称为"省管县"财政改革"浙江模式"的制度设计者和坚定的推进者。浙江能在省管县改革中先行一步,并形成市管县政策终结较为宽松的环境,翁礼华功不可没。

翁礼华领导下的浙江省财政厅决定不按一级政府一级财政的要求实行市管县,而是实行扁平化的省直接管市、县的做法。当时的翁礼华顶着巨大压力推行浙江新财政政策。据翁后来接受采访时说道:"1995 年全省 17 个贫困县实行'两保两挂'政策没有发过文件,我事先只跟当时管财政的常务副省长柴松岳打了个招呼,说:如果失败了,你就说不知道,是翁礼华干的! 成功了,我们再写材料总结也不晚。""1997年对发达市、县推出'两保两联'政策,也只是请当时的柴松岳以代省长名义在请示报告上签署'同意'而已。"此外,他向当时的财政部长刘仲藜口头提出:"其他地方都实行财政'市管县'了,就让浙江保留'省管县'试试吧,试得不好我们再改过来。当时刘部长既没表态支持,也不表示反对。"②

表面上看,义乌市的第四轮扩权是浙江地方政府为了化解制约经济社会发展的瓶颈而积极推动的结果。但事实上,这背后最根本的推动力是民营经济及其企业家的影响力。浙江的民营经济强大,县域经济发达,企业对自主性要求较高。原有市管县政策下过多的审批层次,必然影响企业的效率。浙江不少企业家代表基于自身的

---

① "江苏改革让人期待",《21 世纪》,http://www.dayoo.com,2008 年 7 月 30 日。

② 新浪财经网,http://www.sina.com.cn,2009 年 8 月 25 日。

深切体会,利用在人大、政协或工商业联合会所任职务的便利,纷纷在相关提案中提出改善经营环境与政府服务的要求,并阐述县级政府扩权主张。与此同时,他们还以资助举办论坛、沙龙等方式发起讨论,展开游说,积极谋求专家学者及公众对县级扩权问题的更多关注,民营企业以及民营企业家因此成为扩权的最初和最根本的推动力量,他们的呼声在推进"省管县"进程中起到了相当大的作用。

（二）政策窗口

特定时期或条件下的某些事件、问题可能成为一扇通往政策终结的窗口。浙江虽然有财政省管县的基础,但由于社会经济等诸多事务的管理权限仍归于市,县的自主权有限。近年来,浙江在县域发展问题上对来自上级市的束缚有愈益深切的体会,有人将其描述为,"大人穿着小孩的衣服"。2008年全球性金融危机的爆发一方面使得浙江省以出口为主的县域经济陷入困顿;另一方面却是给市管县政策终结进程提供了突破的契机,赋予县级政府更多权限和更大自由裁量空间成了应对危机的时势之需。而2009年中央一号文件中关于财政省管县信息的释放,无疑坚定了省政府进一步扩权的决心,同时也给深化县域改革提供了又一个有利时机。浙江省的第五次扩权改革正是在此背景下顺势而出,将扩权强县的工作提高到了"积极应对全球金融危机的战略高度",被称作"解决当前经济发展面临困难和问题的重大举措"。[①] 实现了由强县扩权至扩权强县的全面铺展,以省政府规章《浙江省加强县级人民政府行政管理职能若干规定》的颁布实施为标志,浙江省的市管县政策终结进程实现较大突破,正式进入到行政省管县改革的阶段。

（三）政策终结中的决策者

决策是政策终结得以实现突破的最后环节,决策者直接决定了政策终结的进程和成败。

市管县政策终结中的决策者,也可能是省管县政策的倡导者,因此他们同时也具有政策企业家的身份。作为一省的主政者,省委省政府的态度在一定程度上决定着市管县政策的命运。江苏省早在2004年底,在时任省委书记李源潮和省长梁保华的推动下,组织了一批专家学者进行"省管县"研究,并确定了相应的改革方案。但由于来自市的巨大阻力,以"省管县"全面代替"市管县"的最初计划,被迫中止。在浙江,早在1986年,一些市长就曾向省里提出,浙江的县财政也要由市里来管。这一要求在遭到县里的强烈抵制后,浙江省领导决定,保留财政省管县的做法。1993年,浙江省又有声音再次主张实行市管县的财政政策,认为,浙江中心城市发展动力不足,城市实力不强,其中最重要的原因是省管县的财政体制导致市无法集中所辖县的财力,限制了中心城市的作用。这一提议又一次受到县里的强烈反对,当时的省长沈祖伦出面表态,支持强县政策,至此,浙江省管县的财政格局才得以维持下来。

显然,政策企业家、"政策窗口"和决策者往往联系紧密,有时,决策者本身也具有某种政策倾向性,也会成为政策倡导者。当决策者意识到"政策窗口"已经开启,各项

---

① 林佳佳:《受金融危机影响浙江启动第五轮县域扩权改革》,浙江在线,http://news.QQ.com,2008年12月31日。

条件已经成熟时,就会决定突破阻碍,将政策终结向前推进一步,于是,政策终结进程进入新的阶段,整个政策领域表现出相对平衡的态势,前述各种力量重新蛰伏,蓄势待发,围绕新旧政策的省、市、县及其同盟力量在新的起点,酝酿后续行动。此时的政策场域表面平静,实则潜流汹涌,新旧政策相互竞争,冲撞并不断意图侵蚀对方的领地,而更深层次的问题、矛盾则进一步突显累积,进而又一次形成社会经济发展的瓶颈,并成为各方关注的焦点。有志于持续推进市管县政策终结的政策企业家们仍在不懈努力,他们不断巩固阵地,号召同盟,协作行动,欲将"革命进行到底"。反终结力量则于退守中步步为营,不放弃最后的抵御,同时还可能借势偶有反击。而"政策窗口"的再次开启,给决策者实施政策终结又一次提供了历史性机遇。

从我国的政策实践来看,渐进式政策终结应是政策走向消亡的常态,所谓"新人新政策,老人老政策"即如此。省管县政策的出场最终必然导致市管县政策的终结,但这一过程并不容易。以政策终结视角观之,由"市管县"到"省管县"是一个渐进发展的政策替代过程。政策场域中问题事件的累积、政治环境的变动、新旧政策的竞争、政策企业家的运作以及领导者的决策等众多变量直接决定了这一替代进程。在上述各种变量的作用下,政策过程经过多轮演变,最终达成了旧政策终结,新政策出场的目标。其间,政策过程整体呈现出间断平衡的典型状态。而本文提出的分析框架正是在一定程度上揭示了这一政策现象的内在逻辑,并做出了某些预见。

参考文献

[1] 保罗·A.萨巴蒂尔:《政策过程理论》,三联书店,2004年版。

[2] 蔡红英:《中国地方政府间财政关系研究》,中国财政经济出版社,2007年版。

[3] 陈振明:《政策科学——公共政策分析导论》,中国人民大学出版社,2003年版。

[4] 何显明:《顺势而为:浙江地方政府创新实践的演进逻辑》,浙江大学出版社,2008年版。

[5] 罗伯特·K.殷:《案例研究:设计与方法》,重庆大学出版社,2004年版。

[6] 林水波:"政策终结的探索",台湾《国家》政策季刊,第四卷,第四期(2005,12)。

[7] 林水波、张世贤:《公共政策》,台湾五南图书出版公司,1992年版。

[8] 林廷威:《农渔会信用部体制改革之研究——政策终结理论与内容分析法之运用》,台湾东华大学公共行政研究所,2005年10月。

[9] 迈克尔·豪利特,M.拉米什:《公共政策研究:政策循环与政策子系统》,三联书店,2004年版。

[10] 丘昌泰:《公共政策》,台湾巨流图书公司,2004年版。

[11] 孙学玉:"我国强县扩权实践模式的案例分析",《学海》,2008年第1期。

[12] 吴锦良等:《走向现代治理——浙江民间组织崛起及社会治理的结构变迁》,浙江大学出版社,2008年版。

[13] 杨代福:"西方政策变迁研究:三十年回顾",《国家行政学院学报》,2007年

第 4 期。

［14］药师寺泰藏：《公共政策》,经济日报出版社,1991 年版。

［15］Daniels, Mark: Organizational Termination and Policy Continuation: Closing the Oklahoma Public Training Schools. *Policy Sciences*, 1995.

［16］DeLon,Peter: Policy Termination as a Political Phenomenon, in Dennis Palumbo, ed., *The Politics of Program Evaluation*. Newbury Park, CA: Sage Publications, 1987.

［17］Elizabeth A. Graddy and Ke Ye: When Do We "Just Say No"? Policy Termination Decisions in Local Hospital Services. *The Policy Studies Journal*, Vol. 36, No. 2, 2008.

［18］Eugene Bardach. Policy Termination as a Political Process. *Policy Sciences*, 1976.

［19］Frantze, Janet: Reviving and Revising a Termination Model, *Policy Science*, 1992.

［20］Garry D. Brewer, Termination: Hard Choices, Harder Question, *Public Administration Review*, Vol. 38, No. 3, 1978.

作者简介

王翀,南京大学政府管理学院讲师、博士。

（原文发表于《南京社会科学》,2012 年第 3 期。本书在引用时,事先征得了作者的允许。）

相关研究 4-2:公共政策执行的中国经验

摘要:国家制定的公共政策需要落实到一定的地方场域,通过政策细化或再规划的过程,才能实现其政策目标,从而形成中央统一性和地方多样性的执行格局,说明公共政策往往具有层级性;同时,任何一项重大的公共政策还具有多属性特征,重大领域的改革政策尤为明显,它同时承载经济、政治、社会、文化和生态等多项任务,其政策目标的实现取决于多部门的合作与配套政策的供给。为防止公共政策在执行中陷入"碎片化",可运用中国特色制度的高位推动,通过层级性治理和多属性治理,采用协调、信任、合作、整合、资源交换和信息交流等相关手段来解决公共政策在央地之间、部门之间的贯彻与落实问题,这在一定意义上即构成了公共政策执行的中国经验。

关键词:公共政策;中国经验;层级性治理;多属性治理

（一）问题的提出

文本形态或政府话语体系下的公共政策转化为现实形态的政策目标过程并不是一个直线过程。政策目标从中央到地方往往经历政策细化或再规划的过程。从政策的制定到政策面向直接对象的最终执行,其间存在着一定的层级距离,这一距离给政策目标在传递过程中出现信息扭曲和偏差提供了机会,导致政策过程在一系列的层级上容易出现差错。如何减少出差错的机会,更有效地执行政策,使政策作为政府对经济社会发展实施宏观调控的杠杆作用得以成功发挥,既是发达国家政府正在探索的课题,也是发展中国家亟待解决的难题。

20 世纪 70 年代中期以来,西方尤其是美国公共政策研究领域出现了一场研究政策执行的热潮,形成了声势浩大的"执行研究运动",其兴起以 1973 年加州大学的普瑞斯曼(T. L. Pressman)和威尔达夫斯基(A. Wildavsky)的专著《执行——华盛顿的美好期待是如何在奥克兰破灭的》[①]的出版为标志。自此开始,西方国家在政策执行的研究方面逐渐形成三个重要的发展时期[②]。第一代研究的主要特点是偏重政策执行实务、个案研究及坚持自上而下的政策执行研究路径,代表者为普瑞斯曼与威尔达夫斯基。第一代研究的主要贡献在于强调政策执行与政策目标的实现是一个非直线性关系,其研究对于政策执行的研究具有开拓性意义,也大大拓宽了政策研究的视野。第一代研究被批评的地方在于其囿于小个案的分析,很难从经验分析中概括出普遍性的命题;同时其自上而下的研究路径过多地关注中央行动者的目标和策略,忽视了基层官员的适应策略,也忽视了政府行动的意外结果。

第二代政策执行研究是在对第一代执行研究批评和发展基础之上建立起来的,更加偏重政策执行理论分析框架及模式的建立,主要代表人物是爱德华三世(George C. Edwards Ⅲ)、萨巴蒂尔(Paul Sabatier)、利普斯基(Michael Lipsky)以及 C. 霍恩(C. E. Van Horn)和 D. 米特尔(D. S. Van Meter)。第二代研究的主要观点是强调自下而上的政策执行模式,同时强调政策制定与政策执行功能的互动性、政策执行者与政策制定者的互动与合作。自下而上的研究路径强调应该赋予基层官僚或者地方执行机关自主裁量权、因地制宜地执行政策目标。同时,这一研究路径开始重视对政策过程中的利益相关者的分析。

第三代研究主要试图克服第一代和第二代政策执行研究的弊端,提出更加整合的执行框架。整合型的执行研究路径强调政府机关间的网络关系与政策执行力的表现。就执行机关间的网络结构来看,垂直体系有层级政府间与府际关系的运作;水平关系则有政府部门、民间部门间的伙伴关系的形成。其成功的要件有二:一是关键机关组织能力的强弱;二是机关间伙伴关系沟通协调的好坏。整合型的执行研究路径强调机关间的网络关系,这一点对我们的研究有重要启示。它可以让我们充分看到政策执行的复杂性与动态性。整合型执行研究路途的不足之处在于组织之间的网络分析过于复杂,以至很难用于解决政策执行中存在的问题。正是因为这一点,整合型执行研究很难被后续研究者所采纳。总体上看,虽然西方政策执行的研究并没有达成广泛的一致,以致出现自上而下与自下而上、实证研究与后实证研究、宏观执行与微观执行之类的研究范式之间的竞争、冲突与争论。但是他们的研究大大拓展了政

---

① 该书有一个特别长的副标题,原书名称是《执行——华盛顿的美好期待是如何在奥克兰破灭的,或为什么联邦政府的项目取得成功是令人感到惊讶的事情?》。他们研究的结论是联邦(中央)政府拟解决的公共问题的失败与政策执行而不是政策制定有关,其原因是执行公共政策的联合行动具有复杂性,使得联邦政策在地方各州无法贯彻执行。

② 金太军等著:《公共政策执行梗阻与消解》,广东人民出版社,2005 年版。

策科学的研究范围，将长期被人们所忽视的政策执行纳入政策科学的研究领域。

从 20 世纪 90 年代中后期起，我国学者对公共政策执行的研究就迅速形成热潮并产生了一批研究成果。中国学者丁煌[①]、景跃进[②]、徐湘林[③]及陈振明[④]较早并系统从事了政策执行的研究。需要指出的是，虽然这一时期的研究已经注意到政策执行研究的重要性，但研究成果主要是作为政策学或政策分析教科书的一个章节，如郑新立的《现代政策研究全书》、张金马的《政策科学导论》、兰秉洁等的《政策学》、陈庆云的《公共政策分析》、孙光的《现代政策科学》等对公共政策执行做了相关描述。[⑤] 进入新世纪后，中国学术界系统研究政策执行的专著陆续出版[⑥]，表明政策执行研究在中国已经逐渐深入。

在这一过程，一些共识性的研究框架逐渐展现出来。中国学者运用"变通"这个社会学味道十足的概念对政策执行做出了类似于欧博文、李连江的选择性政策执行的分析。陈振明认为，政策变通是因人、因时、因事、因地制宜地执行政策的方法，是原则性与灵活性在政策执行过程中的体现。而由刘世定、孙立平等人组成的"制度与结构变迁研究"课题组提出政策变通是"在制度的运作中，执行者在未得到制度决定者的正式准许、未通过改变制度的正式程序的情况下，自行做出改变原制度中的某些部分的决策，从而推行一套经过改变的制度安排这样一种行为或运作方式"[⑦]。从这一意义上来讲，变通是中性的，甚至是合理的行为。关于政策变通的形式，有不同的说法，陈振明把它归纳为"求神似，去形似""不求神似，只求形似""既不求神似，也不求形似"三种类型，其中，只有第一种是正确的变通，而其他的则是对政策的歪曲。[⑧] 庄垂生则将政策变通的形式归纳为自定义性政策变通、调整性政策变通、选择性政策变通和歪曲性政策变通四种。[⑨] 刘世定、孙立平等则从变迁的操作形式上把其划分为：重新定义政策概念边界、调整制度安排的组合结构、利用制度约束的空白点、打政

① 丁煌："论政策执行"，《中国行政管理》，1991 年第 11 期；丁煌："关于政策执行的若干问题"，《湖北师范学院》(哲学社会科学版)，1992 年第 2 期；丁煌："传统的'人情面子'观念及其对当前政策执行的影响"，《行政与法》，1997 年第 3 期。

② 景跃进："政策执行的研究取向及其争论"，《中国社会科学季刊》，1996 年总第 14 期，后收录于景跃进：《政治空间的转换：制度变迁与技术操作》，中国社会科学出版社 2004 年版，第 128－162 页。

③ 徐湘林："论美国公共政策制定与执行中的中央与地方关系"，《经济社会体制比较》，1997 年第 6 期。

④ 陈振明："西方政策执行研究运动的兴起"，《江苏社会科学》，2001 年第 6 期。

⑤ 郑新立：《现代政策研究全书》，中国经济出版社，1991 年版；张金马：《政策科学导论》，中国人民大学出版社，1992 年版；兰秉洁、刁田丁：《政策学》，中国统计出版社，1994 版；陈庆云：《公共政策分析》，中国经济出版社，1996 年版。

⑥ 李允杰、丘昌泰：《政策执行与评估》，台北空中大学出版公司，2008 年版；丁煌：《政策执行梗阻及其防治对策：一项基于行为和制度的分析》，人民出版社，2002 年版；赵凯农、李兆光：《如何贯彻公共政策》，天津人民出版社，2003 年版；刘熙瑞：《公共管理中的决策与执行》，中共中央党校出版社，2003 年版；金太军、钱再见、张方华、李雪卿：《公共政策执行梗阻与消解》，广东人民出版社，2005 年版；谢炜：《中国公共政策执行中的利益关系研究》，学林出版社，2009 年版；姚华、耿敬：《政策执行与行动者的策略》，北京大学出版社，2010 年版。

⑦ 刘世定、孙立平"制度与结构变迁研究课题组"："作为制度运作和制度变迁方式的变通"，《中国社会科学季刊》(香港)1997 年冬季卷(总 21 期)。

⑧ 陈振明：《政策科学》，中国人民大学出版社，1998 年版。

⑨ 庄垂生："政策变通的理论：概念、问题与分析框架"，《理论探讨》，2000 年第 6 期。

策的"擦边球"等。[①] 以上的划分方式具有极强的实践性特点。其中刘世定和孙立平对制度变通的分析很有借鉴意义,即制度变通往往会遵从并衔接原有制度原则,细化和具体化原有粗线条的制度安排,通过正式程序中的非正式程序获得变通合法性。[②] 另外一个取得普遍认同的分析框架是利益分析。丁煌、谢炜等人主张在政策执行过程中坚持利益分析的原则。丁煌认为政策执行本质上是相关政策主体之间基于利益得失的考虑进行的一种利益博弈的过程,政策执行主体的行为从根本上受利益驱动,主体利益矛盾或冲突的客观必然性决定了政策执行阻滞现象发生的现实可能性。谢炜从各个利益层面的博弈进行更加系统的分析,并且提出利益整合的多元化路径。[③] 此外,学者们围绕政策执行理论演变及中国领导人的政策执行思想、问题、影响因素及对策也都进行了探讨。

应该说,当前学者们的研究成果是富有价值且充满启发性的,尤其是对公共政策执行过程中存在的阻碍因素以及政策执行失控的原因都进行了比较深入的分析。不过,他们的研究成果也存在以下几个方面的问题。首先,实证研究不足。国内学者学理分析较多,实证分析偏少。而西方国家政策执行的研究本身是起源于对小案例的研究,这种研究方法有一定的可取性。在我国政策执行研究的起步阶段。多一点实证和案例分析有助于理论升华和实际问题的解决。其次,从治理的视野讨论政策执行的专门研究不多。国内学者虽然对政策执行的阻力、原因进行了深入分析,也提出了很多有价值的建议。但由于公共资源的有限性、集体行动的困境以及政策推进过程中制度保证缺陷等约束性条件的存在,政策执行者常常力不从心。因此,从治理的角度审视政策执行是很有建设性的,这样才能促使政策执行者以积极的态度去面对执行过程所面临的问题。最后,政策执行研究的中国意识有待加强。一方面,虽然西方政策科学和政策执行理论走在国内的前头,但也不能盲目地相信西方理论方法的科学性和普遍实用性(西方学者在政策执行研究上常各执己见,说明西方政策执行研究成果也尚在成长阶段)。另一方面,重大公共政策的执行往往就是一个政治行为,而中国的政治体制和政策执行风格与西方国家存在很大的差别。我们需要在"洋为中用"的前提下,既要尊重他们的成果,也要体察域外研究成果的限度,这是公共政策执行本土化的题中之义。如何衡量中国社会科学的成就,对中国发展道路、中国发展经验的理论总结与学术探索而言,无疑是一个重要标志。这种理论与实践的双重探索,这种在开拓进取中进行改变世界的理论创新,决定了任何教条主义的思维方式都是思想原创的障碍。理论源自于实践,因此理论创新的养分要到中国改革发展以及政策实践中去寻觅。

(二)推进中国政策执行理论发展的研究视野与研究方法

如前所述,关于政策执行的研究既要克服空洞的理论探讨,又要克服零碎现象的

---

① 刘世定、孙立平"制度与结构变迁研究课题组":"作为制度运作和制度变迁方式的变通",《中国社会科学季刊》(香港),1997年冬季卷(总21期)。

② 刘世定、孙立平"制度与结构变迁研究课题组":"作为制度运作和制度变迁方式的变通",《中国社会科学季刊》(香港),1997年冬季卷(总21期)。

③ 丁煌:"利益分析:研究政策执行问题的基本方法论原则",《广东行政学院学报》,2004年第3期;谢炜:《中国公共政策执行中的利益关系研究》,学林出版社,2009年版。

简单描述;既要了解西方政策执行的理论,又要考量其本土的适应力。中国的公共政策执行是发生在这样一个"以党领政"、党和国家相互"嵌入"的独特结构和政治生态中。也就是说,在公共政策执行中,由于中国共产党在国家中的特殊地位,形成了中国特色的党主导下的公共政策执行机制,呈现出"高位推动"特点。同时,中国有着一个复杂的府际关系和组织网络,多元参与者的目标与期望可能是分歧而且冲突的。因此,在纵向和横向上的政策执行具有高度动态和复杂的特征,导致中国的公共政策往往具有层级性与多属性的特点。所谓"政策的层级性"指的是政策目标在中央和地方呈现出不同的特征。中央目标往往具有指导性和整体性,而地方政府则根据自身的偏好和行为能力的强弱显现出更为明确和具体的、具有本地化特色的地方目标,而且,这种层级性反映了中国公共政策执行网络中的"条条"特征。而"政策的多属性"是指重大公共政策往往拥有一个以上的目标,即目标群,这些目标分别指向政府不同的职能部门,需要他们之间的协同和配合,从而形成了多元参与者的复杂网络关系,这种多属性反映了中国政策执行网络中的"块块"特征。①

本文将从中国的视角来研究公共政策执行中出现的层级性与多属性问题。分析(1)政策的层级性在央地间有什么样的博弈;(2)由于政策的多属性需要有多个政策执行者的合作,促使他们之间合作的动力是什么;(3)针对政策层级性和多属性的特点,适宜的治理策略是什么等问题,尝试提供一个有关政策执行的研究视角——"高位推动-层级性治理-多属性治理"。在这一研究视角中,笔者试图将治理、政策执行、府际关系等公共管理的研究视角与中国特色制度背景等被忽略议题给予整合,从而展现出更加接近中国重大公共政策执行的实然状态。

同时,有效的研究方法也是一个不可缺少的重要因素,否则无法对理论假设做出验证。在研究方法中,案例分析方法(Case Study)是其中一个重要的方法。它最早源于美国,1870年由哈佛大学的兰德尔(Landell)教授首创。1919年,哈佛大学商学院在课堂上开始使用,收到了意外的效果。这一方法成为社会学、经济学、政治学、公共管理学等学科常用的案例教学和研究方法,其普遍有效性获得了社会科学领域大多数学科的认可。在公共政策研究领域,案例研究方法在1944年被哈佛大学的潘德顿(Pandleton)教授运用到了公共行政学中。通过案例研究,人们可以对某些现象、事物进行描述和探索,使人们能建立新的理论,或者对现存的理论进行检验、发展或修改。同时,案例研究还是人们找到对现存问题解决方法的一个重要途径。著名公共政策学者安德森认为,政策分析中的案例分析比量化研究要更有效。②另一位著名公共政策学者迈克尔·希尔也认为:"政策过程研究可能是案例研究,所使用的主要是定性方法。"③在中国公共政策的研究中,要特别注意经典案例的挖掘,只有这样,才能突显公共政策执行的中国实践,解释公共政策执行的本土化经验,推动公共政策本土化理论和知识的积累,以便更好地指导具体公共政策的中国实践。

---

① "条条"是指不同层级的地方政府之间上下贯通的职能部门或机构,也包括部门、机构与其直属的事业单位。"块块"是指各级地方政府内部按照管理内容划分的不同部门或机构。

② 詹姆斯·安德森:《公共政策制定》(第五版),谢明等译,中国人民大学出版社2009年版,第30-32页。

③ 迈克尔·希尔:《现代国家的政策过程》,赵成根译,中国青年出版社2004年版,第22页。

本文将以近年来国家推行的集体林权制度改革(也有简称为"林改"或"集体林改")的重大公共政策为案例基础,运用案例分析方法来探讨政策执行中产生的层级性和多属性难题并寻求解决途径。在展开分析之前,有必要对集体林权制度改革政策的由来先做一个背景描述。

在中国现有的土地面积中,耕地约有 18 亿亩,而林地却有 43 亿亩,相当于耕地面积的 2.4 倍,其中产权属于农村集体所有的林地有 27 亿亩,占全国林地面积的 60.1%,涉及 4.3 亿农民。我国山区面积占国土面积的 69%,拥有全国 90%左右的林地资源。全国 2000 多个行政县(市)有 70%是山区县。山区又是贫困人口聚集的林区,全国 592 个国家级贫困县,有 496 个分布在山区。[1] 由于大农业通常也包括林业,因此,"三农"问题包括了"林业""林区""林农"问题,即通常所说的"三林"问题。可以说,要解决好中国的"三农"问题,必须同时解决好"三林"问题。

国家对农村集体森林资源的治理经历了一个漫长的过程。20 世纪 80 年代初,中国政府在农业上推行家庭联产承包责任制取得巨大成功后,试图把在农业上取得的成功经验引到农村林业上,使农村林业生产也能取得同样的效果,于是决定在全国开展林业改革工作,其中林业"三定"(稳定山权林权、划定自留山和确定林业生产责任制)政策的出台,成为十一届三中全会后我国林业改革的一个重要标志。1981 年 3 月,中共中央、国务院发布《关于保护森林发展林业若干问题的决定》(以下简称《决定》),包括落实林业生产责任制,根据群众需要划给自留山,并落实林业生产责任制。[2] 但 1980 年代的林改没有成功,简单照搬家庭联产承包责任制的做法,使村民担心林业政策多变,一度出现乱砍滥伐的严重局面。为了制止乱砍滥伐,维护生态安全,中共中央、国务院于 1987 年发布《关于加强南方集体林区森林资源管理,坚决制止乱砍滥伐的指示》,将已经分下去的林地重新收归集体村庄。结果这种较为保守的农村林业政策,造成了诸如产权不明晰、经营主体不落实、经营机制不灵活、利益分配不合理等问题。这些问题的存在制约了农村林业的发展,影响到林区广大民众的利益。在这种情况下,民众对改变林业经营现状的林改有着强烈的需求。从更广阔的背景来看,林改是以胡锦涛为总书记的中央领导集体倡导科学发展观和生态文明新执政理念的必然选择,林改作为一项重大性公共政策逐渐被提上了议事日程。在国家贯彻新的执政理念以及民众迫切要求的双重背景下,从 2003 年开始,中央政府开始研究林改政策,出台了《关于加快林业发展的决定》,并在福建、江西试点,目的是建立以家庭承包经营为基础的林业经营体制。2008 年,中共中央、国务院发布了《关于全面推进林权制度改革的意见》(以下简称《意见》)后,林业资源的治理进入新阶段。林改被称为继土地改革、土地承包政策之后的第三次"农村革命"。根据这一政策,我国 27 亿亩集体林地将明确经营主体,落实农村林地承包责任制,实现以家庭承包经营为主的经营体制,目的是实现"山有其主,主有其权,权有其责,责有其利",即"均

---

① 国家林业局政策法规司有关负责人:"政策解读:林权制度改革如何让农民受益",《人民日报》,2008 年 7 月 17 日第 2 版。

② 贺东航、朱冬亮:"林地改革的演变轨迹与制度绩效——农村集体林权制度改革三十年",《中国农村研究·2008 年》(上卷),中国社会科学出版社,2008 年版。

山、均权、均利"和"耕者有其山"的目标,建立"产权归属清晰、经营主体到位、责权划分明确、利益保障严格、流转顺畅规范、监督服务有效"的适应市场经济要求的现代林业制度。①

由于集体林权制度改革是一项涉及全国不同层级、不同利益主体的重大公共政策,在中共中央的高位推动下,中央、省、市、县、乡镇五级政府部门的一千多万名干部和工作人员直接或间接地参与到这场改革中。同时,还牵涉环保、林业、司法、财政、国土、金融等多个部门的利益。因此,以集体林权制度改革这一重大公共政策来透视公共政策执行的中国经验,是具有代表性的。而且,集体林权制度改革案例的是一个领域性案例,它不是单一的事件,其性质、大小和完备程度具备合理性和有效性。因此,选择这样一个复杂性的案例作为本文的经验对象,对验证理论假设和做出一般经验框架阐释,是能够获得方法论上的支持的。

(三)层级性治理:条条的分割及其协调策略

在国家级治理场域中,中央制定的公共政策,较之于地方,往往具有宏观性的特征。国家公共政策在出台之前,因为涉及多个政策相关部门,需要对这些部门进行协调、均衡,从而导致最终的政策文本往往采取指导性和宏观性的表述。同时,由于国家宏观层面的集体林权制度改革政策设计最终是要落实到一定的场域(地方为中观层面、基层为微观层面),而在这个落实过程中实际上已经转变为一次次的政策再细化和再规划的过程,地方可能会根据自身的地方性知识②、特殊性和地区性利益运用自由量裁权对中央政策采取具体化处理,从而形成形态各异的公共政策,也即政策的层级性。层级性可分为真实性执行与失真性执行两种形态。对于政策失真性执行需要进行层级性治理,这是本节分析的出发点。下面以我国集体林权制度改革为例进行分析。

1. 政策创新与政策的真实性执行

从 2003 年开始试点新一轮农村集体林权制度改革,到 2008 年在全国范围全面展开,先后有福建、江西、辽宁、浙江、河北、云南、安徽、湖北、重庆、河南、贵州、湖南、四川、陕西、吉林、海南、广东、广西、黑龙江、新疆、山西、甘肃、江苏、青海、内蒙古、西藏、宁夏等省级行政区参与这项工作。笔者通过对 27 个省的集体林权制度改革绩效进行历时性考察发现,在集体林权制度改革过程中,不同区域的省份有不同的林改目标和林改策略。有的区域想通过改革达到农民增收的目标(如福建省、江西省),而有的区域则可能希望通过改革强化其生态保护功能(如西北省份、长江黄河中上游省份)。因此,以"均山到户"为核心的中央林改政策在不同地方的执行风格中会发生一定变化。众所周知,伴随着经济社会的转型,地方治理已成为一项高度综合性的公共事务,各地的治理不再追求单纯的 GDP 增长,而是转变为追求经济发展、促进社会和谐、建设生态文明、维护市场秩序等多重目标。因此,各地在推出本地的林改方案时,势必会对中观和微观两个治理场域面临的多项任务进行比较排序,从而使林改政策

---

① 《中共中央、国务院关于全面推进集体林权制度改革的意见》(中发[2008]10 号)2008 年 6 月 8 日。
② 社会学家吉尔兹将区域化特点显著的政府政策、经济、地理、人文等背景等特殊信息环境称为"地方性知识"。"地方性知识"是区域决策分析的首要因素。

呈现出"地方性知识"特征。

从中观治理场域来看。各省区域发展水平各异,因而在省级治理层面形成了不同的政策模式。我国林权制度改革要达到的目标是"农民增收(a)、林区和谐(b)、生态良好(c)",代表着林改所要达到的经济利益、社会效益乃至生态收益。但因各地实际状况存在差异,因此地方政府在执行部署中会做出不同的排序。经济发达地区如广东的排序可能是"林区和谐(b)、生态良好(c)、农民增收(a)",而经济相对较不发达的地区如江西的排序则可能是"农民增收(a)、林区和谐(b)、生态良好(c)"。这样,目标宏观的中央政策在具体的地方环境中执行,实际上已经转变为一次再规划的过程,地方政府会寻找既能完成上级任务,又能在当地取得成效的"地方层级"的公共政策。

从中观治理场域到了微观治理场域过程中,中央政策会历经多次规划,最终落实进入村级场域,还会进行最后一次规划。调查表明,全国许多村庄已根据村情,发展出了均权到户、均山到组、均山到联户、均山到单户等①多种形式。根据村民对于林地资源的在经济上的依赖程度,对依赖性强的地区,原则上实行均山,实现实物意义上的"耕者有其山",保证农民有安身立命的生产资料,解决农民就业和持续增收问题;对依赖性一般的地区,允许采取多种形式,本着先村内、后村外的原则,首先保证本集体经济组织内部有耕山意愿的农民有山可耕,剩余山林可以对外发包,并通过对外发包收入的分配,使没有耕山意愿的村民也得到一定的经济补偿;对依赖性不强的,经村民民主决议,可以通过公开竞争的方式对外发包,通过发包收益的分配,保证村民享有的权益。这些不同村情的政策得到了当地村民的支持。国家林业局有关负责人也认为,集体林地涉及的利益关系错综复杂,每个村又有不同的实际情况,村民也有不同的想法,如果实行"一刀切"的办法,阻力会很大。对于这样一件惠农利农的好事,就应该根据实际情况,充分尊重民意,尊重历史,实行"一村一策"甚至"一组一策",由村民自己来决定本村和村民小组的林改方案。② 因此,政策创新并不意味着对中央政策精神的背离,运用地方性知识,因地制宜发展出的政策创新,也是对政策的真实执行。

2. 政策的失真性执行与层级性治理

政策执行失真是指公共政策在执行过程中出现与政策内容不符、偏离政策目标、违背政策精神的现象。首先,压力型体制下的地方政府并非消极被动的政治行为体,它有着自身相对独立的利益诉求,可以调整其方向或选择抵制。③ 国家林改政策的初衷是试图将"还山于民"作为新一轮集体林产权安排的原则和目标,但在 20 世纪林业"三定"之后,集体林区森林产权结构发生了多种形式的变动,包括集体统一经营、股份合作经营、家庭承包经营以及经营权招投标等。④ 如果"均山到户"的话,势必会打乱原有的多元化产权格局,涉及地方上不同的利益主体,所以地方政府就会寻找契合自身利益和适合本地特点的具体承包方式。在压力型的体制之下,面对来自中央

---

① 张敏新、肖平、张红霄:"'均山':集体林权制度改革的现实选择",《林业科学》,第 44 卷第 8 期。

② 黄建兴:"福建林改及有关工作汇报——在贾治邦局长来闽调研时的汇报",《黄建兴厅长讲话材料(2002—2008)》,第 95 页,华中师范大学中国农村林业改革发展研究基地内部资料,2011 年。

③ 青木昌彦、吴敬琏:《从威权到民主——可持续发展的政治经济学》,中信出版社,2008 年版,第 187 页。

④ 张敏新、肖平、张红霄:"'均山':集体林权制度改革的现实选择",《林业科学》,第 44 卷第 8 期。

作为政治任务的集体林权制度改革,地方政府不得不扮演两种角色,在"完美行政"①和"地方利益代表者"中进行相机修正,以致集体林改政策在贯彻执行过程中难免出现失真性问题。林改中政策执行失真性的表现有替换政策、抵制政策、敷衍政策、架空政策、截留政策、损缺政策和附加政策等。②

替换政策是指在执行政策的过程中"偷梁换柱",使政策执行从表面上看是与原政策相一致的,而事实却背离了原政策的精神内容,比如有的地区打着建设生态省的旗号,将林改工作替换成植树造林的工作。抵制政策是指政策执行者刻意不执行或变相不执行中央或上级政策的行为。由于林改触及村干部、林业及相关部门的利益,同时,处在第一线的基层政府要承担林改可能引发的维稳问题,所以林改一开始在很多地方遭到抵制。敷衍政策是指政策执行者在执行中做表面文章,即在执行时只是制定象征性的执行计划和措施,或者执行起来虎头蛇尾、前紧后松、敷衍塞责。如有的地方将林改变为一次性"活立木买卖"或"青山买卖"的方式,并未落实"均山"政策,不仅工作粗放,也有敷衍了事之嫌,反而容易酿成新的矛盾。架空政策是指在政策的执行过程中,对政策内容仅仅停留在宣传上,实际上并没有制定出可操作的具体措施。有的地方执行过程中始终停留在宣传发动和调查摸底状态,对政策执行抱着观望的态度,还有的地方片面强调地方的特殊性而架空政策。截留政策是指公共政策在自上而下的传递过程中,执行主体将政策中途截留,使政策的精神和内容不能传达到目标群体和利益相关人的一种政策执行失真行为。损缺政策是指一个完整的政策在政策执行过程中有关部门或个人掐头去尾按其意志有选择地执行,即坚持对执行者有利的原则。附加政策主要是指政策在执行中附加了不恰当的内容,随意扩大了政策的外延,从而使政策的调控对象、范围、力度和目标超越了公共政策原定的要求。需要指出的是,政策创新与附加政策虽在形式上有别于政策的原貌,但两者在本质上是不一样的。政策创新只是在形式进行创新,但是并不背离政策的基本精神;附加政策则恰恰背离了政策的基本精神。③

政策执行失真性问题反映的是"条条"分割的问题。条条分割根源于层级利益的非一致性。高层政策制定者追求的是整体利益,但地方政策执行者代表的是区域局部乃至个人的利益,因而政策制定者与执行者可能在政策上存在利益的差别。这就有可能在政策的制定与执行之间出现一个"过滤"机制。下级执行者对上级政策往往以自己的利益损益值作为对策参量,得益愈多,愈乐于执行;受损愈多,则不乐于执行,乃至抵制、变换,表现出观望、等待、敷衍等态度。由于上下级之间的条条关系,这一"过滤"机制一般不允许发生作用,特别是指示型政策④的执行,当指示性通知发出以后,下级机关必须严格贯彻执行,不允许抵抗、拖拉或打折扣,否则,就要受到相应

---

① 李倩:"公共政策执行理论模式评析",《党政干部学刊》,2006 年第 12 期。
② 张爱阳:"公共政策执行缘何失真",《探索与争鸣》,2006 年第 2 期。
③ 张爱阳:"公共政策执行缘何失真",《探索与争鸣》,2006 年第 2 期。
④ 指示型政策是上级机关对下级机关下达的指示或通知,如《关于严格控制公车私用的通知》等。指示型政策具有指导性、时效性和强制性特点。其指导性主要表现在指示或指示性通知,一般都是紧密结合工作实际,针对工作如何开展和开展中可能出现的问题及其解决而制定的,对下级机关开展工作、处理问题起着指导作用;其时效性主要表现在指示或指示性通知的执行有严格的时间限制。

的惩处。但区域政策执行者可通过对政策文本的解读，从中寻找到一些较弹性的部分进行"灵活"的解读，为政策的变动和修订提供了可资利用的机会，以尽可能地维护局部区域乃至个人的自身利益。

在公共政策的层级性执行方面，西方国家也常面临层级性治理困境[①]。从纵向结构上看，在美国，存在联邦、州和地方政府三个层级。政府间关系直接影响了公共政策的实施。例如，1972年《社会保障修正案》第20条要求为那些贫穷的工薪族妈妈提供日托服务。这些服务由华盛顿的社会保障管理局资助，但由州和地方政府执行。为了使这些穷孩子获得由联邦政府支持的日托服务，社会保障管理局必须向地方政府提供对这一项目的资助。这笔资金必须流经州政府，然后将资助的钱转给地方政府。但是不少地方政府并不直接提供日托服务，而是与私营部门签订合同，让它们提供日托服务，这样一来，就造成地方政府监控服务标准和合同因各州而异，加上党派政治的因素，当地方政府与联邦政府分属不同的党派时，往往又产生不同的政策重点，导致执行一些与联邦政府的期望不同的项目。[②]

对于因条条分割导致政策失真带来的负面影响，需要进行层级性治理。在中国，层级性治理的关键在于纵向上"依靠党委"的高位推动和中间层级的协调。就我国的政治生态而言，党是总揽全局的，是领导政府的。党的领导在国家公共权力方面是通过制度性的安排，科学执掌国家的立法权、司法权和行政权来加以体现和反映的。许多公共政策最初是在党代表的报告或文件中首先提出，反映了党的社会、政治、经济以及民生理念。发端于农村基层的"洪田村林改"[③]很快成为全国性的集体林权制度改革，充分说明了党是这项重大改革政策的动力源，是政策的设计者和引领者。

中间层级包括省、市、县三个层级。省委省政府是当代中国最高一级地方党政机关，在国家政治生活中处于非常重要的地位，因此，它在层级性治理中发挥着关键的作用。省委是一个省的实际最高领导机关，省委书记是一个省的第一把手。省委主要负责制定并实施一个省的大政方针，主要组成部门有省纪委、省政法委、组织部、宣传部等。省委实现领导的一个重要方式是召开常委会、省委全会，制定各类大的政策，并要求有关部门执行；另一个重要方式就是任命干部。2000年之后，我国的政治体制制度采用省委书记兼省人大常委会主任的方式，通过人大的监督来实现对省政府工作的监督。省委直接受党中央的领导，是代表中央统领地方党政系统正常运作的核心力量。而省政府是一个省的最高行政机关，在工作中更侧重于经济工作，省政府组成部门有发展改革委、财政、交通、建设、农林水、教科文卫、公安、劳动、环保等厅局。省政府的权力更实际一些。在从事经济现代化建设的过程中，省级政府是所辖

① B.盖依·彼得斯：《美国的公共政策——承诺与执行（第六版）》，顾丽梅等译，复旦大学出版社2008年版，第145页。

② B.盖依·彼得斯：《美国的公共政策——承诺与执行（第六版）》，顾丽梅等译，复旦大学出版社2008年版，第145-146页。

③ 洪田村隶属福建省永安市洪田镇，全村总面积23218亩，其中耕地面积1001亩，林业用地面积18908亩，是一个对森林资源的依赖性强的山村。1998年，洪田村把土地承包责任制引向山林，成功推行了村级集体林权制度改革，全村12812亩商品林采取按人口均分到户，联户经营的管理模式进行大胆尝试，实现了"山有其主、主有其权、权有其责、责有其利"的目标，被称为中国林改"第一村"和"小岗村"。

区域的政治中心和经济统帅,是实现中央集中宏观调控与地方分散管理相结合的中介。政策改革工作局面复杂,任务繁重。省委省政府在政策执行过程中往往要召开多次会议,不断动员各级干部认真领会党中央和国务院的指示精神,保证省级政策精神与中央一致。

县委和县政府是党和国家政权的缩影,它在层级性治理中的战略意义也是十分重大的。从中央到乡镇这五级党政中,县委县政府设置除了没有外交、军事部门外,中央政权所具有的建制县级政权大致都有。县处于国家与社会相连接的关键位置,它是自上而下的意志贯彻与自下而上的意志表达的汇集点,是国家与社会的联结点。中国的县规模适度,既能够进行自主的长远战略规划,又能够与民众保持密切的接触和沟通,并在控制自身政策的变形度方面具备一定优势。同时,从我国政权体系内部的运转来看,基本上是权力逐级上收、矛盾逐层下递、压力逐层加大,省和市这两个中间层级在一定程度上既不最终承受压力也不直接面对矛盾,于是矛盾与压力都集中交织在县这一级,县级党政的工作能力直接关系到政策精神能否贯彻落实,其作用自然不容低估。而且,任何改革在本质上都是利益重新调整和重新分配,改革政策的实施,必然会触动一部分人的利益,有可能引发纠纷,县级党政往往还肩负着"维稳"的压力。

从以上分析不难看出,中间层级的三级政权都发挥着各自独有的功能,在这个冗长的行政系列中,要掌握好政策的一致性与灵活性的辩证法,并不是一件容易的事。应当依照我国"职责同构"①的机制,理顺纵向政府间的关系。职责同构是指不同层级的政府在纵向间职能、职责和机构设置上的高度统一。学者们普遍指出职责同构是政府职能转变不到位、条块矛盾产生的体制性原因。本文无意对"职责同构"的利弊进行回应,但需要考虑的是,我国的"职责同构"体制是在历史中形成的,有一定的必然性和合理性。"职责同构"保证了中央的"权威",使公共政策能顺着"条条"逐级往下推进。要慎重对"职责同构"体制进行改革或动"手术"。比如集体林权制度改革在贵州省的推进中就遭遇到一些麻烦。在林改之前,贵州省将各地区的林业局与农业局合并,组建农林局,也有区县把林业局与城管局合并,虽然从表面上看合并后是转变政府职能,但是这实际上是两类隶属不同机构的合并,其定位和职能并非完全不同,而且合并后也存在机构磨合和管理归属部门不同等问题;尤其是在具体业务轻重缓急的处理上将存在着很大争议,该省林改进度缓慢,县级林权交易中心受制于体制问题迟迟未能成立,林改配套政策(如政策性森林保险和政策性林权贷款)也推进不利,而国家林业局向下交办的任务,常常找不到对口单位。因此,政策目标的真实性执行有赖于纵向上"职责同构"体制与中间层级的协调、理顺关系,让省级、市级、县级政权都积极地发挥各自的优势,推动政策目标的贯彻落实。

(四)多属性治理:块块的分割及其合作策略

多属性治理是指针对公共政策的多属性特点,通过高位推动、信息交流等治理方式,实现部门之间的合作,达至公共政策的有效执行。

1. "孤岛现象"与合作困境

多属性治理与"孤岛现象"有着紧密的关联。"孤岛现象"是指政府机构间在职

---

① 朱光磊、张志红:"'职责同构'批判",《北京大学学报》(哲学社会科学版),2005年第1期。

能、资源、信息、利益等方面因为不能满足多元组织主体充分整合、及时交流、高效利用的一种状态。合作困境是对"孤岛现象"的一种理性定位。①政府相关部门在执行公共政策时常常面临一个部门的目标与其他部门的目标不一致，在执行中出现一个组织在执行某个项目时，不愿意与其他组织合作的情况，结果出现公共政策执行中的"孤岛现象"与合作困境。

以美国为例，很多社会项目的实施要依赖教育部门的培训政策，而劳动部门的就业政策实施也需依赖教育部门的政策。同时，国家安全也需要多个部门的协调。美国的农业部食品和营养服务局曾执行过"妇女、婴儿及儿童营养补充项目"（WIC），旨在消除低收入人群和高收入人群之间在营养保健方面存在的不平等状况。虽然这个项目已经取得了一些成功，但由联邦政府提供资助的营养项目还是受到了批评，批评者担心这些计划将导致美国普遍流行肥胖。美国联邦政府不得不依赖卫生部拿出修改方案。② 许多公共政策实质上携带了一系列不同的目标，美国的"消除贫困计划"就需要依赖社会项目、教育和经济项目以及税收制度，如果这些部门的执行者不积极配合，就很难达到它的理想目标。③

回到中国的林改公共政策，林改要承载"林业发展、林区和谐、生态良好、资源增长"等多项任务，是一个多属性目标的政策领域，整个林权制度改革事实上是一个多重权益重新构造的社会政治过程。特别是在当前外来资本进入林业和林地流转加快的情况下，更需要在公平与效率之间，在经济效益、社会效益、生态效益之间做出一整套系统的多属性政策安排。

从产权性质来看，产权作为一个权利束，④包含承包经营物权、经营权、收益权、处置权以及决策权等五项权利，与这五项权利对应的林改制度包括家庭承包经营制度、分类经营制度、采伐管理制度、林权流转制度、农民合作经营制度以及村民自治制度，这六大制度涉及多个不同的利益部门。

林改的第一阶段是主体改革，也就是"明晰产权"阶段，涉及家庭承包经营制度，旨在落实集体林成员所有权和林地承包经营用益物权，这一阶段主要依据《物权法》《土地管理法》《农村土地承包法》《村民委员会组织法》及《森林法》等法律法规。随着改革的深化，配套措施的跟进就显得日益重要，因为《物权法》《土地管理法》《农村土地承包法》《农村土地承包经营纠纷调解仲裁法》等法律大多以耕地为范本设计农村集体土地产权制度。而林地的商品性、林木的周期性、林业的生态目标都决定了集体林业发展需要不同于耕地、农作物与农业的配套政策，这就需要在森林采伐、生态补偿、森林保险、林权交易、抵押贷款、农民林业专业合作社、林业产业化、科技支持等相关领域进行改革，以建立低交易成本的林权流转制度，因此需要多个部门共同参与和合作，并形成一列政策组合，包括《林地贷款中央财政贴息资金管理办法》《农村土地

① 马伊里：《合作困境的组织社会学分析》，上海人民出版社，2008年版，第2页。
② B.盖依·彼得斯：《美国的公共政策——承诺与执行（第六版）》，顾丽梅等译，复旦大学出版社2008年版，第147页。
③ B.盖依·彼得斯：《美国的公共政策——承诺与执行（第六版）》，顾丽梅等译，复旦大学出版社2008年版，第5页。
④ 哈罗德·德姆塞茨：《所有权、控制与企业：论经济活动的组织》，经济科学出版社2000年版，第15页。

承包经营纠纷仲裁规则》《林权证银行抵押贷款暂行管理办法》《关于促进农民林业专业合作社发展的指导意见》等。① 上述政策是由多个不同部门制定的，这些部门是相对独立的主体，他们具有各自的利益，因此在政策制定中可能存在利益竞争关系。在地方层面的具体操作上，也需要多个部门的共同参与。仅在"明晰产权"阶段，就涉及县委办、政府办、纪委监察局、林业、农业、司法多个地方政府部门。首先，林权纠纷的排查，这是"确权发证"的必要举措，司法、民政等部门要先行动员；其次，勘界和发证，这个任务需要林业相关部门派出技术人员；第三，经费，财政部门需要下发林改工作经费，而纪委监察局等部门要下乡检查经费使用与落实；第四，林权登记资料的管理，档案部门要配备档案工作设施设备，并及时对文字、数据、图表、签章、用印等进行动态的整理、检查与归档。可以说，缺少任何一个相关部门的配合，这项公共政策就无法达至理想的绩效。

2. 应对策略：多属性治理

较之于单一政策，以多属性政策为对象的研究目前在公共政策学领域还未受到重视。单一政策的执行主要是单一职能部门的行政活动，但政策往往具有多属性目标，执行过程中需要跨部门的合作而不是某个部门的单一行为，特别是当林改已由主体改革向配套改革转变时，部门间的合作和多属性治理就更加迫在眉睫。

在我国集体林改制度改革的实施过程中，信任、合作、整合构成了多属性治理的基本策略。信任是合作达成的黏合剂，缺乏信任会导致机会主义行为的出现、破坏联盟关系，可见互信可以推动政策网络中各个行动者的合作，减少集体行动的障碍，出现一个正和的博弈结果。在林改中，相关部门需要以基本规则作为支撑，建立一种信任机制，扩大共识，降低合作成本。合作是多属性治理的首要应对策略，多属性的林改政策只有通过多个部门的合作，出台相关的配套政策，才能产生实质性绩效。整合是多属性治理中的第二个应对策略，通过整合机制可以有效降低部门狭隘利益的消极影响，防止政策内容陷入"碎片化"②。在林改中，林业、财政、工商、金融、司法、信访等多部门可透过一定的整合机制，克服单一部门执行的限度而达至合力。在中国的政治制度框架下，如何将这三种策略糅合在一起？与前述的"层级性治理"相近的是，在横向上的"高位推动"，也就是所谓的"五级书记抓林改"，而且它在"多属性治理"中的作用和意义更大。③

客观上讲，在实施新一轮集体林权制度改革前，林业部门在政府部门和权力序列

---

① 《集体林权制度改革重要文件和政策法规汇编》，国家林业局集体林权制度改革领导小组办公室、国家林业局农村林业改革发展司编，中国林业出版社，2010 年版，第 7 页。

② 政策碎片化的概念源自于 Lieberthal 的"碎片化权威"一词。碎片化理论强调政府各部门的官僚会根据其所在部门的利益进行政策制定或是影响制定过程，一般由政府各相关部门共同参与制定，中央政府各部门之间、中央和地方政府之间、各级地方政府之间通过在项目谈判中的争论、妥协、讨价还价，最后出现政策方案的分散现象。任敏："我国流域公共治理的碎片化现象及成因分析"，《武汉大学学报》（哲学社会科学版），2008年第 4 期。

③ "五级书记抓林改"是指"省、市（地）、县、乡、村"五个层级的党委书记和村书记亲自担任林改领导小组负责人。2010 年 10 月，回良玉副总理在出席全国集体林权制度改革百县经验交流会上，将"高位推动"作为"林改"取得显著成效的首条经验。详见"回良玉在全国集体林权制度改革百县经验交流会上的讲话"，新华网，2010 年 10 月 10 日。

中的地位并不突出,仅仅依靠林业部门来实施改革,力量明显不足。因此,必须充分根据中国现有的政治体制框架特征,运用"以党领政"的高位推动方式,这样就可以避免出现"台上唱戏,台下看戏"的局面,使其他部门积极配合,投身于林改之中,这已为很多省份的实践所证明。①

多属性治理的分析框架有助于我们深入了解中国公共政策执行中存在的主要问题,改进和提升公共政策的绩效。以集体林权制度改革为例,"林业三定"时期的政策只强调林业单个部门的工作,忽视了林改的系统性和复杂性,表面上实现了政府规定的目标,但由于工作粗糙,遗留大量问题,出现了产权纠纷,直接影响到我国集体林森林资源经营水平的提高。这次林改吸取教训,将改革政策分两步出台,在第一阶段以"明晰产权"为核心的主体改革完成后,紧接着进行第二阶段配套改革政策的推进。为了保证这项公共政策的顺利进行,在组织保障上,中共中央、国务院于 2008 年 6 月颁布了《关于全面推进林权制度改革的意见》,这项公共政策首先由党以文件的形式确定下来,符合中国"以党领政"的政治生态,也就是通过高位推动来确立林改的重要地位。根据这一政策精神,国家成立了"集体林权制度改革领导小组",并根据《意见》所提出的"各有关部门要各司其职,密切配合,通力协作,积极参与"②精神,将发改委、中纪委、财政部、国家档案局、国土资源部、国家林业局、中农办、保监会、中国人民银行、工商总局等 19 个部门作为林改领导小组成员单位,并涉及农林、财金、保险、宣传、档案等多个中央部委③。林改领导小组虽然设在国家林业局,但该小组的工作可直接对国务院总理负责。

随后一年时间,国务院发出多个通知,要求各部委以及各级地方政府要高度重视林业的改革和发展。2009 年 6 月 22 日,建国以来首个中央林业工作会议召开。随后,国务院相关部门联动,如财政部为配合这一政策,先后出台了《中央财政森林生态效益补偿基金管理办法》和《育林基金征收使用管理办法》;保监会也出台了《关于做好森林保险试点工作有关事项的通知》;中国人民银行、财政部、银监会、保监会和林业局出台《关于做好集体林权制度改革和林业发展金融服务工作的指导意见》;最高人民法院出台了《关于审理涉及农村土地承包纠纷案件适用法律问题的解释》;国家档案局联合国家林业局制定颁布了《关于加强集体林权制度改革档案工作的意见》;司法部下发了《关于在"五五"普法期间切实加强集体林权制度改革相关法律法规宣传教育的通知》。在高位推动下,中央各相关部委相继出台或者与国家林业局联合出台林改的配套改革政策,逐渐形成了林改系列政策群。

从上述的分析可以看到,集体林权制度改革得以顺利实施,表面上似乎是林业部门开展了卓有成效的工作,但最重要的一条经验就是"五级书记抓林改"。在林改政

---

① 如福建、江西、浙江、云南等省的经验。以福建省为例,该省在推进林改过程中,党政主要领导亲自抓,分管领导直接抓,形成党政统一领导,党政齐抓共管的领导体制和工作机制;建立工作责任制,把深化改革和生态建设的目标任务分解到市、县、乡,并将任务完成情况纳入省政府对市、县(区)政府绩效管理内容。详见《中共福建省委、福建人民政府关于持续深化林改建设海西现代林业的意见》(闽委[2009]44 号),2009 年 12 月 9 日。

② 《中共中央、国务院关于全面推进集体林权制度改革的意见》(中发[2008]10 号),2008 年 6 月。

③ 《回良玉副总理在中央农村工作领导小组第十一次会议上关于林改工作的讲话》,2007 年 9 月 29 日。

策执行成功的地方，一般都是当地林业部门积极寻求地方党委支持，相关部门才会通力配合完成的结果。短短几年时间，集体林权制度改革的主体任务即将在全国完成，可以毫不夸张地说，在以党委领导、党政合作为基础的高位推动下，解决了公共政策多属性带来的困境，达至有效治理的结果。

（五）中国公共政策执行的整体性治理效应

关于公共政策执行中的条块分割问题，学界已经有不少的研究。本文从治理的视角提出了"层级性治理"和"多属性治理"的分析进路，来解决公共政策中的"条条"与"块块"间的问题。在中国公共政策的执行过程中，"条条"的问题主要体现在政策执行过程的失真性上，而"块块"的问题则主要体现为政策执行中的"孤岛现象"。这两个困境可以通过纵向上的"层级性治理"和横向上的"多属性治理"的联动来有效解决。在公共政策执行方面，西方国家也面临层级性与多属性的困境①。从纵向结构上看，在美国，存在联邦、州和地方政府三个层级。政府间关系直接影响了政策的实施，三个层级的政府可能一起将某一法律条文付诸实施，但是在操作过程中也容易产生问题；从横向执行结构上看，美国的横向组织也存在合作困境的问题。但中国与美国在公共政策执行上有几个经验值得关注。

首先，以纵向的高位推动和中间层级的协调为策略的层级性治理是解决政策执行失真难题的关键。在中国公共政策的运行中，央地关系对公共政策的运行和落实有直接影响，具有层级性的央地关系应置于中国政治和行政体系的框架下来考量。在中国，公共政策实施是由中央为主体来发动，透过压力型体制来向下推动的。②具体表现为，上级凭借其财权和人事权的优势，通过纵向的高位推动，可以很好地动员下级执行政策。但是，地方政府也并非消极被动的政治行为体，他们会运用政策的空间来弹性操作政策。公共政策在落实的过程中，中央政策要逐级经历省级、市级、县级和乡级四个治理场域，许多公共政策还要落实到村一级的治理场域。政策每经历一个层级，就携带了新的政策目标，出现政策的"强化效应"或"钝化效应"③。中央政策实际上是在黏合多个层级的目标之后才最后才进入村级场域的。在这个冗长的政策执行链条中，政策失真性出现的概率是非常高的。所以，中央政府的高位推动，以及在"政策落地"过程中的巡视、监督和检查是中央政策得到真实性执行的关键。同时，也必须发挥中间层级的作用，以保持政策的一致性。在政策执行中，每一层级政府的政策领导力特别重要，如果在上一层级出现政策领导力的缺失，都可能影响到下一级层级的真实执行和有效落实，④所以要重视中间层级的相互协调和政策领导力的加强。20世纪90年代，高金（Malcolm L. Goggin）等人就提出公共政策执行沟通

---

① 盖伊·彼得斯：《美国的公共政策》，复旦大学出版社，2008年版。

② 荣敬本：《从压力型体制向民主合作体制的转变：县乡两级政治体制改革》，中央编译出版社，1998年版，第257页。

③ "钝化效应"原指应用化学或电化学方法，在金属表面形成一层薄的氧化物层，使金属腐蚀速率大大降低的过程。这里是指在政策在各层级执行落实的过程中，下级对来自上级政策经历处理后所达到保护本级利益的现象。

④ 王玉琼："'政策领导力'及其解读：以社会保障性住房政策为例"，《中国行政管理》，2010年第6期。

模型,对政府层级性在政策执行中的作用进行了详细研究①,非常重视发挥各个政府层级领导力的作用以及它们相互间的协调策略。

其次,以横向上的高位推动和以合作、整合及信任为基础的多属性治理是解决公共政策"孤岛现象"的要件。20世纪80年代的"新公共管理"运用市场化手段,在消除行政部门的无效率方面取得一定成效。但是,对于具有多属性目标的公共政策,在实践中反而容易造成严重的"碎片化"和部门自我中心主义。本文通过公共政策的实证分析,提出运用"多属性治理"来解除"孤岛现象"带来的困境,实现有效合作。

"层级性治理"与"多属性治理"若加上"高位推动",则可形成整体性治理的效应。如前所述,"高位推动"是我国公共政策制定与执行的重要特征。党是公共政策的决策主体,是政策目标的创制者、利益表达的聚合者、公共政策的决策者、执行者与监督者②,重大公共政策的推行需要各级党委承担上述五种角色,党委的态度是影响层级性协调和多属性合作的关键因素。

在公共政策执行中,如果各级党委将其作为一件大事来抓,精心组织,则公共政策执行就能取得明显绩效。这里需要启用一个"中共××工作领导小组"的机制,它在实践中被证明非常有效。这一机制的具体运行一般采用先行成立"中共××工作领导小组"方式,这种"工作小组"属于任务性小组的编组,主要是为了使工作事务及决策更具体周延而设的工作机构,大致可分为两类:

一类是常设性领导小组,如"中央对台工作领导小组""中央财政经济工作领导小组""中央外事工作领导小组""中央农村工作领导小组""中央宣传思想工作领导小组"等。一般来说,党的行政机关人员远较行政机构的人员少,人事结构也精干,由此体现"党的领导"。这个"中国特色"非常重要,我们有必要梳理一下其历史由来。1949年新中国建立后,起初重视"党政分离",倾向回避对政府部门的影响,但1953年因修正国家税制等重大问题未事先请示党中央,党中央开始强调要加强对政府部门的领导;随后出台了《中共中央关于加强中央人民政府系统各部门向中央请示报告制度及加强中央对于政府工作领导的决定》,根据这一决定,政府工作中的重大事项均需事先请示党中央,政府各部门的党组工作则直接接受党中央的领导。为了使国务院主要领导人更清楚直接地向中央负责,重新划分了计划、财经、政法、外事、交通、农林、劳动、文教等各大区块,并由专人直接领导,这是中央工作领导小组的前身。1958年八届四中全会后,中共中央决定成立财经、政法、外事、科学及文教等小组,各由党中央派专人负责分口领导,这些小组直属中央政治局和书记处,向其直接做报

---

① 该模型建立在以下假定之上:(1)中央政府与地方政府之间具有冲突或合作关系;(2)州政府具有自主裁量权,可以解释联邦计划的内容或充分了解地方政府亟须谋求解决的问题;(3)不同时间或不同管辖权下具有不同的执行形态变项。该模型包括三个变量因素:(1)因变量:"中间层"的政策执行;(2)自变量包括两项,即"上面"的诱因与制约,"中间层"和"底层"的诱因与制约,两者形成交互依赖关系;(3)中介变量:"中间层"本身的决策后果与能力。"中间层"决策者在整个模型中居于至关重要的位置。他们负责接收和评估来自"上面""中间"和基层的各种信息,并做出决策,把中央颁布的政策在其负责的行政区域里执行下去。详见 Malcolm L. Goggin., Ann Bowman, James P. Lester, Laurence J. Jr. O'Tool. *Implementation Theory and Practice*: *Toward a Third Generation*. Glenwood, Ⅲ.; Scott Foresman/Little, Brown, 1990.

② 汪伟全:"论公共决策中的政党因素",《理论探讨》,2007年第4期。

告。大政方针在政治局，具体部署在书记处，具体执行和细节决策属政府机构及其党组。自此，开启了行政机关向党的各级机关负责、党委通过部门内的党组向行政机关发出指示以及各行政部门通过党组向党委进行报告和请示的机制。

另一类是临时性领导小组。这类小组一般是为了推动某项重大公共政策而设立。在此，必须提及党的行政担当机构负责人与行政机关负责人间的关系。在中国，党内的地位比在政府里的地位显得重要。党的行政担当机构的负责人相较于行政机构的负责人，不论是在党内或政府内，其地位均较高。这显示了党的行政担当机构领导这些机关的事实。因为党的行政机构负有协调行政机关的任务，为了顺利地进行任务，将地位高的领导人任命为党的行政担当机关的负责人较有效率。

从实践经验来看，临时性领导小组的作用主要体现为五个方面：

第一，发挥协调沟通作用。一项公共政策的执行时需要政府各部门配合参与。然而由于各部门存在着一些本位上的不同观点，因此有必要成立一个协调机制来整合党和政府之间的共识，而工作领导小组有这方面的优势。因为工作领导小组的成员不管是否在政府部门任职，均是党的成员，他们不太可能对原则问题有过多不同的观点。但在公共政策的执行中，仍存有各政府部门一些本位上不同的观点，因此，工作领导小组有协调的功能。

第二，起到"下情上传"的作用。在公共政策执行中，会有外界相当多的建议案或意见书要递交，这些建议往往牵涉多个部门的利益，牵头部门往往无法一家解决。如果呈送到领导小组，经由领导小组办公室的汇整，再转交到职能部门，这样能起到上下之间取舍的功能。

第三，减少执行摩擦成本。由于公共政策存在多属性的特点，在执行中，必然要出现一个部门牵头、多个职能部门介入的情形。但各职能部门在政府序列中的重要性不同，可能会出现某些"配合部门"的地位比"牵头部门"更显赫，或者介入部门因利益因素不愿配合，在执行过程中出现摩擦。这时，透过成立"以党委为核心"的领导小组方式，不仅有益于促进党政各部门彼此之间的互动和非正式的意见交换，形成集体政策，而且一旦形成决策全体都必须遵守，共担责任，这也就减少了执行过程中的摩擦成本。

第四，承担监督政策执行的职能。政策本身的多属性特征导致了公共政策交由政府部门执行时，在实务和理想之间可能会产生差距。但依据我国国情，各个职能部门都是党领导下的一员，不可能超然于党的政策之外，他们与党委的关系不是平行关系，而是一种上下级关系，因此"高位推动"这一模式强化了党委对政策执行的监督。成立的领导小组就自然地承担起监督政策是否完成任务的职能。

第五，具有强大的政策推动力。工作领导小组的这种枢纽机制角色，是西方国家所缺乏的，加上它又是党与政府之间的桥梁角色，既有缓冲又有协调功能，更为一般西方国家所欠缺。

事实上，在中国现有的国体、政体和特殊政治文化条件下，在执行若干重大政策过程中，"高位推动"是一种现实的治理模式。从国家治理的社会基础来讲，基层社会尤其是乡村社会，无组织化是一种典型社会形态。面对原子化的村庄，作为外源力量的政策干预是有效治理手段。为了对付同级部门的相互扯皮和让公共政策进入原子化的村庄,"高位推动"是一种极为重要的手段,它是"具有中国特色党主导下的公共政策执行机制"。中国国家具有强大的力量,而力量的中心就是中国共产党,这个权力的中心是在历史中形成的,而且是写入宪法的。"党的领导主要是政治、思想和组织领导,通过制定大政方针,提出立法建议,推荐重要干部,进行思想宣传,发挥党组织和党员的作用,坚持依法执政,实施党对国家和社会的领导"。[①] 更具体的表述是,"党委在同级各种组织中发挥领导核心作用,集中精力抓好大事,支持各方独立负责、步调一致地开展工作"。[②] 这段话表明,党的领导权就是抓大事的权力,也就是核心政治权力,政策执行者若依靠党委支持,将有利于整合各方资源。我们认为,在对中国公共政策执行的解读中,任何忽视中国共产党在重大公共政策的角色和作用的,都无法真正认识公共政策的中国经验。美国著名汉学家杜赞奇也注意到了这个"公共政策执行的中国现象"。他指出,中国改革的成功最不可忽略的要素,是中国存在一个强大的党的组织,它深深地植根在中国城市和农村之中。党和国家有足够的动员人民的力量,当要推行什么计划时,就去动员庞大的人力资源为其服务。"我们试想想,有多少国家能够像中国这样动员人民? 你不一定会认同这些计划,但你不得不为这种深入社会的动员能力折服。"[③]

如果说"高位推动"是运用党的权威来实现政策有效执行的主要成功因素,那么,还需要透过资源交换、信息共享等辅助手段来实现中国式的政策执行治理。在资源交换方面,充足的财政经费是公共政策实施取得成功的关键所在。许多重大的公共政策在执行中往往需要资金来支撑,由于各地在财政资源上的禀赋不同,一些地区公共政策的财政基础比较薄弱,从而导致各地在政策执行的效力上会有所差异。[④] 这就需要行动参与者借由资源交换以达到彼此所需,实现共同利益的契合,如上级通过加大财政转移支付力度,使地方政策执行者得到充足的工作经费[⑤],并对利益的"被改革者"也能提供相对的保障。以林改为例,为了推动改革、减轻农民负担,国家林业局出台减免林业"两金"政策[⑥],该政策一度被认为是林业部门在"砸自己的饭碗"[⑦],

① 江泽民:《在中国共产党第十六次全国代表大会的报告》,2002 年 11 月。
② 关于中国共产党在新世纪领导地位的明确表述,见《"三个代表"重要思想学习纲要》,2003 年 6 月 10 日。
③ 杜赞奇:"从历史和比较的观点看中国改革",《开放时代》,2009 年第 8 期。
④ 林尚立:"在海峡两岸'社会发展与公共政策'学术讨论会上的发言",2007 年 4 月,浙江杭州。
⑤ 每一项重大的公共政策的推行都会涉及执行成本问题,如执行者所需要的工作经费。集体林权制度改革工作经费来源采取地方财政承担,中央财政适当补助的办法。为了推进林改工作进度,中央和省级财政对财政困难的县加大了转移支付力度。据统计,财政部在 2007 年下发的《关于下达集体林权制度改革工作经费的通知》,由中央财政下达给福建、江西、辽宁等个省集体林权制度改革工作补助费 15.8 亿元,随后在 2008 年对另外 15 个省、市也下达了林改工作补助费。
⑥ 林业"两金"是指"育林基金"和"维简费"。"育林基金"是按照最高不超过林木产品销售收入的 10% 计征,具体征收标准由各省、自治区、直辖市考虑林业生产经营单位和个人的经济承受能力核定。育林基金制度始建于建国初期,当年为了培育和发展森林资源,在财政极为困难的情况下,国家提出了以林养林的政策,对恢复我国森林植被,改善生态环境起到了重要的作用。但是,随着公共财政支出框架的建立,国家对林业的投入已发生了根本性的转变,育林基金的征收和使用已不适应林业发展的需要。"维简费"(又称"更新改造资金")是从成本中提取的,专项用于维持简单再生产的资金,是维持木材简单再生产和发展林区生产建设事业的资金。集体林区的场圃按木材销售价的一定百分比提取。其主要用于运材道路延伸、河道整治和有关的工程设施、小型设备购置等支出。具体管理办法由各省、自治区、直辖市财政厅(局)规定。
⑦ 仅江西省林业部门的育林基金收费在林改启动后就减少了 4 亿元,人员分流 1.3 万人。

基层林业站作为这场改革的具体执行者和参与者，对这项改革有所抵触。为此，国家透过资源交换的方式，让这场改革中的林业部门既是被改革者，也是改革的受益者。《意见》指出："要建立支持集体林业发展的公共财政制度，改革育林基金管理办法，逐步降低育林基金征收比例，规范用途，将林业部门行政事业经费纳入财政预算。"这意味着林业行政事业人员也能在林改中得到实惠。国家以财政支持换取了基层林业部门的职能转变和对林改政策的执行。[①]

在信息交流方面，信息的流动有助于多元行动者对目标与细节更为清楚，进而对需求与资源更加了解，以降低成员之间的不信任感。因此，必须加强信息的流动以促成成员单位更为频繁的互动。一般而言，上级掌握的信息得更加全面，下级信息的获取需要经历一个学习和采借的过程。从上级的角度来讲，需要加强政策的宣传力度；从下级的角度来讲，需要认真领会上级指示精神。无论在纵向和横向信息交流方面，都可建立相关的信息通报制度、联合评估制度和移交制度，以实现信息与资源的共享。

从政策执行的途径发展脉络来看，西方国家先后经历了自上而下、自下而上和整合的政策执行途径三个阶段。本文的研究途径关注纵向的"自上而下"和横向级别的互动。这与西方政策执行的三个阶段有相似之处，也有不相同的地方。与西方国家轮流执政所带来的政策不稳定相比，中国"自上而下"的政策执行过程中有政党制度的保证，在横向上也有"党委领导"的工作方式以确保同级部门的配合。这样的政党制度提供了政策执行所需要的强制力。

这里并不排斥基层干部（地方政治精英）的自主性努力，地方治理能力的提高也可以提升政策执行的能力。地方政治精英可以从地区发展的现实需要和辖区人民群众最大利益出发"变通"政策而实现制度创新。"自上而下"的研究者往往认为抑制基层自主性是可能的。而"自下而上"的研究者则认为一定的自主性是有益的。我们认为，一定的基层自主性是必要的，但这种基层自主性应处于良好的"场域"（民情）内才能发挥，如同罗伯特·D.帕特南在《使民主运转起来》一书中指出的，"一个地区的历史土壤肥沃，那里的人们从传统中汲取的营养就越多；而如果历史的养分贫瘠，新制度就会受挫"。[②]

综上所述，在中国，公共政策首先是由执政党提出，再由行政部门加以实施的过程。但在实施过程中会经常出现央地博弈和多部门合作的困境。为此，可通过"层级性治理"与"多属性治理"，采用相应策略与手段来解决公共政策执行中的贯彻与落实问题。由于公共政策最终要落实到一定的场域，这一过程实际上已经转变为一次次再细化和再规划的过程，所以地方可能会根据自身的地方性知识和地方利益对政策采取强化或钝化处理，而形成各具特色的具有层级性的公共政策。同时，一项重大的公共政策往往具有生态、社会、政治、经济等方面的多属性，承载了多项任务，其成功

---

① 取消林业收费项目后，江西省财政每年安排 4000 多万元转移支付补助给乡镇。从 2005 年起，省财政按照每个村 1 万元、每个乡 10 万元的标准再安排转移支付近 4 亿元，用于维持乡村政府、基层组织运转。

② 罗伯特 D. 帕特南：《使民主运转起来：现代意大利的公民传统》，王列、赖海榕译，江西人民出版社，2001 年版，第 214 页。

取决于横向上的高位推动和各部门配套政策的出台。由此可见,中国的公共政策是在"层级性"与"多属性"中运行,其运行的逻辑是:统一指导,具体实施,相互协调,各显其能。[①] 公共政策从提出到落实有层级性、从贯彻到实施有差异性、从回应到配合存在博弈性,博弈性表现在央地之间,也表现在部门与部门之间。而这种层级性、多属性、差异性和博弈性往往容易造成政策的碎片化。为防止政策内容陷入碎片化,可通过"高位推动-层级性治理-多属性治理"的方式,采用政府纵向部门和横向部门的协调、合作、整合与信任等策略,运用资源交换和信息交流等手段,减少"政策梗阻"和"政策失真"现象,达至公共政策的目标和绩效,这在一定意义上构成了公共政策执行的中国经验。

作者简介

贺东航,华中师范大学政治学研究院教授、博导;

孔繁斌,南京大学政府管理学院教授、博导。

(原文发表于《中国社会科学》,2011年第5期。本书在引用时,事先征得了作者的允许。)

六、课程案例

课程案例4-1:中国的计划生育政策

新中国成立后我国人口政策的是与非

与世界上其他国家相比,我国自古以来就是人口大国。由于受低下的生产力水平所限制,再加上社会和自然灾难,使得在1949年中华人民共和国成立之前,人口的上升幅度一直很平稳,人口规模问题从没像今天这样备受关注。1949年新中国成立以后,我国采取了鼓励人口生育的政策,导致了人口恶性增长,给自然环境和社会带来了巨大压力,阻碍了经济发展。

计划生育政策属于狭义的人口政策,计划生育1960年代初开始在城市进行试点,但因文革而停顿。1973年中央明确提出了"晚、稀、少"的方针,到1978年,以"晚、稀、少"为主要内容的限制人口增殖的生育政策基本形成。1980年,中共中央向全国共产党员和共青团员发出公开信,号召只生育一个孩子,自此,一胎化的计划生育政策成为我国一项基本国策。1984年至20世纪90年代中期,政府依据实际经

---

① 林尚立,"在海峡两岸'社会发展与公共政策'学术讨论会上的发言",2007年4月。

305

验,考虑到不同地区、不同人群的具体情况,在"合情合理,群众拥护,干部做好工作"原则的指导下,逐步放宽了农村地区的生育政策,并完善了各地方的具体计划生育条例。

实行计划生育30多年来,我国成功地达到了低增长、低生育水平的目标,人口增长速度持续减缓,从1973年的22.8‰下降到2000年的9.0‰,我国人口占世界人口的比重也逐渐下降,从1980年的22.08%下降到了2000年的20.84%(资料来源:数据引自《国际统计年鉴》,1998年,1999年,2000年)。

但我国的计划生育政策也引发了下列问题:

第一,人口逆淘汰问题。表现在两方面。一是遗传疾病患者生育率高而导致小范围人口逆淘汰。因为计划生育政策规定,如果第一个孩子属非遗传性病患者,还可以生第二胎。这使很多隐性遗传病患者合法地生两胎,增加了残疾人口的比重。并且在事实上,许多显性遗传病患者也生了二胎。而在一些贫困山区,甚至是多胎,这样就造成了残疾人口增多,人口素质下降。二是经济发达地区与贫困地区之间生育率的差异造成整体人口素质逆淘汰。在城镇,一对夫妇只能生育一个孩子,但在广大农村,如果第一个孩子是女孩,还可以生第二胎,并且超生的成本也要远远低于城镇居民。由于城市的教育、医疗、卫生条件要优于农村,所以城乡之间生育率的差别也必然导致我国人口素质的逆淘汰。

第二,人口老龄化问题。据中国新闻社数据,我国60岁以上老年人口已经超过总人口的10%,而且还将以较快速度增长。这表明我国已经进入老龄化社会,给我国带来了一些严重问题。而计划生育政策无疑加快了我国人口老龄化进程,使老龄化社会提前到来,有人形象地说是"未富先老"。

第三,出生婴儿性别比例失调。第五次人口普查表明我国婴儿性别比为116:86。出生婴儿性别比例失调除了对人口再生产有影响外,还会带来诸如性别挤压、家庭不稳定、社会不稳定的严重后果。性别比例失调与我国现行的计划生育政策不无关系(资料来源:人民网,2005年12月21日)。

针对计划生育政策功过是非,社会各界也有不同的认识。广州市人口计生局副巡视员段建华在接受广州电视台采访时也透露,《广东省人口与计划生育条例》正酝酿"变身",现存的二胎4年间隔生育年龄限制有望取消。国家人口计生委政法司司长于学军说:"即使现在允许每家多生一个孩子,对缓解人口老龄化高峰压力的效果也不大。我国不能够依靠多生孩子来解决老龄化问题"(资料来源:《东方早报》,2006年10月06日)。

在网上,众网友也展开了激烈的交锋。反方认为:中国将步入人口老龄化阶段,允许生二胎可以解决青壮年劳动力不足问题,而且也能解决独生子女带来的一些社会问题,兄弟姐妹从小就有玩伴,对孩子的性格、交往能力也都有很大的好处,间接提高了人口的素质。而正方认为:应该禁止生二胎。人口还是得严格控制,毕竟人口基数太大了,增长速度不容忽视,对资源环境造成的压力过大。截止到2006年11月30日,正方得票数为19131,反方得票数为32660(资料来源:http://comment2.news.sohu.com/viewdebate.action?id=30851364&zzid=3)。

分析以上案例,我们不难得出以下结论:

（1）由于受政策影响的广泛性、政策资源混合和重叠、政策行动与环境改变之间的因果关系不易确定等因素的影响，造成了政策评估的困难。如案例所示：我国计划生育政策在取得巨大成功的同时也带来了一系列严重问题，这很难在计划生育政策实施后马上就可以得出客观的政策实施效果。我国取得的人口低增长、低生育的目标虽然主要是计划生育政策的效果，但同时期我国的经济发展政策、高校收费政策等在客观上也有助于人口增长速度放缓，这就涉及政策资源的混合和重叠问题。

（2）对政策评估缺乏认真态度，政府轻视公共政策评估，政策评估的制度化、法律化不足。对于计划生育政策，如果能在实施后按程序尽早进行科学评估，并根据评估结果对计划生育政策进行必要的调整，则无疑会减轻上述的负面影响。

（3）政策评估结论不受重视。众多专家对我国计划生育政策的评估结论表明，我国的计划生育政策亟待调整，但我国现行的计划生育政策并没有进行必要的调整。

（4）政策评估结论易受政治（包括政府和领导人的政策、观念）影响。比如在建国初期马寅初就基于客观事实对人口问题进行评估，提出了控制人口的思想，但遭到了无情打击而夭折。

（5）民间独立政策评估组织不够发达。由于不受重视、经费缺乏、地位不独立，独立政策评估组织在对计划生育政策的评估上还未发挥应有的作用。

（6）随着信息社会的来临，网络的不断普及与完善，越来越多的人可以通过网络等高科技手段参与政策评估。但同时应看到，由于众多条件的限制，公众仍未能广泛参与政策评估。此外，民众对公共政策的评估往往受各种局限而导致科学性不足，需要加以引导。

科学人口观：将成为未来中国收获第二次人口红利？

按照联合国定义的标准，中国在 21 世纪之初就进入了老龄化社会。而伴随着人口生育率下降与预期寿命延长，中国人口增速将逐步放缓，最终带来劳动力供给的低增长。然而，中国经济的快速增长又在不断创造出新的劳动力需求。需求和供给之间的缺口必然带来工资率上升，人口转变对经济发展的贡献相应地由人口红利阶段转为人口负债阶段。

未来中国如何迎接人口老龄化挑战、实现可持续发展，在很大程度上取决于物质资本和人力资本的加速积累、劳动者素质和劳动生产率的显著提高，以及经济发展方式的加快转变。

1950—2050 年：百年中国人口转变与人口红利走势

在人口学上，抚养比是指少儿人口（0—14 岁）与老年人口（65 岁及以上）与劳动年龄人口（15—64 岁）之比，就业比是指劳动年龄人口与总人口之比。利用上述两个指标，下图（图 4 - 13）勾勒了 1950—2050 年百年间中国人口年龄结构的阶段性转折变化。

（资料来源：国家统计局《中国人口统计年鉴（历年）》；2005—2050 年数据由中国社科院王广州研究员提供）

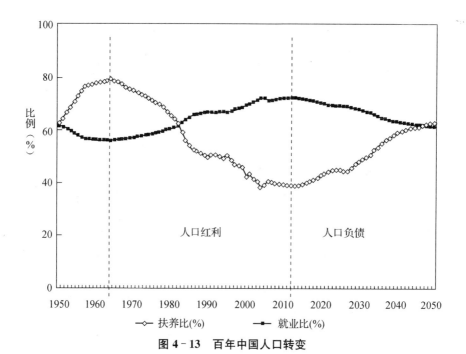

图 4-13　百年中国人口转变

从上图可见，人口抚养比从 1950 年到 1964 年保持持续上升趋势，由 61.0%上升到 79.4%。1964 年是中国人口抚养比变化的第一个转折点。越过该点后，中国人口抚养比持续下降，这种下降主要来自少儿抚养比的下降，这种态势一直保持到 2013 年左右。2013 年之后，中国人口老龄化速度加快，导致老年抚养比迅速上升，并在绝对水平上超过少儿抚养比，使得总抚养比开始出现第二个转折点。与此对应，就业比呈现反向变化趋势，在 1964 年到 2013 年期间持续上升，之后则逐步下降。中国人口结构的这种变化，大大减轻了人口抚养负担，提高了人口结构的生产性，通过丰沛的劳动力供给和生产性人口结构带来的高储蓄率，成为推动中国经济飞速发展的源泉之一，即所谓的人口红利。

按理，中国从 20 世纪 60 年代中期就进入可以收获人口红利阶段。但是，由于计划经济时期推行重工业优先发展战略，以及遭受十年"文革"对国民经济的破坏，中国未能抓住人口转变的有利时机，将潜在的人口红利转变为现实的人口红利。

改革开放以来，在比较优势战略指引下，中国充分发挥充沛的劳动力资源优势，大力发展劳动密集型产业，推动了国民经济高速增长。测算表明，改革开放以来，抚养比下降对中国储蓄率的贡献率大约在 7.5%左右，对中国经济发展的贡献在 1/4强。如果把未来剩余的人口红利也计算在内，人口转变对中国经济长期增长的贡献约为 1/3。

随着人口老龄化速度加快，人口转变对经济发展的贡献将由人口红利阶段转为人口负债阶段。劳动年龄人口负增长、劳动参与率下降及其带来的劳动供给减少，以及储蓄率下降带来的物质资本积累低增长，这些因素将共同导致中国经济发展速度放慢。

"低出生、低死亡、低增长":老龄化社会加速形成

中国人口转变具有明显的阶段性变化。在新中国成立初期,随着国民经济恢复和发展,人口出现了快速增长,出生率保持在30‰以上。加之医疗卫生条件改善使得各种急性传染病很快得到控制,死亡率从1949年的20‰下降到1957年的10.8‰,人口增长出现了第一次增长高峰。

1958—1961年是中国人口发展非正常时期。由于方针政策失误加上自然灾害,人口再生产的自然演变过程被中断,死亡率异常上升,1960年达到25.43‰,出现了人口负增长。此后,随着计划生育政策逐步推开,在死亡率保持低水平的情况下,出生率大幅度下降,人口自然增长率由70年代初的20‰以上下降到1998年的10‰以下(图4-14)。

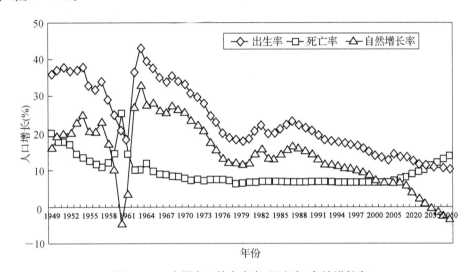

图4-14 中国人口的出生率、死亡率、自然增长率

到20世纪90年代末,中国人口基本从"高出生、高死亡、低增长"转向"低出生、低死亡、低增长"。预测表明,中国人口数量将在2030年前后达到高峰,此后,人口总量逐步下降,由低水平增长阶段过渡到负增长阶段。

持续走低的生育率加剧了中国人口结构的老化,人口老龄化的速度将进一步加快。在人口生育率下降和预期寿命延长的情况下,人口低增长最终会带来劳动力供给的低增长。中国经济的快速发展不断创造出新的劳动力需求。伴随着劳动年龄人口从相对比重下降到绝对数量下降,劳动力供给和需求之间的缺口必然带来工资率上升,从而诱发产业结构和就业结构的调整问题,对中国能否实现可持续发展构成挑战。

银发浪潮来袭:继续"竞次"还是走向"竞优"

来自国家统计局的统计数据显示,2000—2006年,农村劳动力迁移数量占乡村劳动力总量的比例从16.0%上升到27.5%。2005年,可供转移的农业劳动力总量约为4357万人,剩余规模和比例远不像人们认为的那么大。同时,40岁以上的农业劳动力数量占1/3以上,再加上女性劳动力的比例高,迁移的概率相对较低,农业中可供转移的人口数量就更少了。

目前,我国劳动力市场进入了转折时期,劳动力不会像过去那样无限供给,企业扩展招聘新的劳动力,就需要通过改善劳动保护和相应的工资调整,才能解决其用工需要。中国经济结构正在经历的调整和升级,意味着需要更加关注劳动者素质、创新与科技进步等因素,以提高本国的国际竞争力,也就是说,经济发展方式要从过去依靠劳动密集型产业血拼"竞次"(race to the bottom)阶段转向"竞优"(race to the top)阶段。

从中国经济发展受到的制约因素来看,人均自然资源缺乏对中国经济的影响日益突出,主要表现在能源、矿产等供给对经济高速发展的支撑能力不断减弱。在这种情况下,增长本身就会诱发形成转变发展方式的内在要求。换句话说,中国未来经济发展需要从依靠投入扩展转向依靠劳动生产率提高。

加速人力资本积累的重要性不言而喻。假使在相应技术可获得的情况下,如果没有通过教育、培训、卫生保健来提高劳动者的技能和素质,产业结构调整和升级也就无法完成。在工资高速增长带来劳动力成本迅速上升的情况下,如果中国原有的劳动力成本优势丧失,而新的人力资本优势又没有形成,这样就会陷入"未富先老"的窘境。

生育之辩:船大惯性大,掉头要趁早

除了通过教育和培训大力提升劳动者素质,还需要对现行生育政策进行适度调整,以保持人口年龄结构的相对稳定。但是,关于生育政策调整问题,学术界争论很大。反对调整的学者认为,中国现在人口基数很大,老少边穷地区人们的生育意愿还很高,政策一调地动山摇。

中国现行生育政策到底要不要调? 从国际经验来看,从经济起飞到走向成熟,再到后工业化社会,现代化的结果是家庭规模越来越小、结构越来越单一,生育率的持续下降已成为一种全球性趋势。中国的情况也大抵类似。从传统农业社会向工业社会转变,家庭人口规模逐渐缩小。城市化生活节奏的加快和养育成本的提高,动摇了很多人的生育意愿,新生代农民工的婚育年龄普遍比上一代推迟,生育率今后也不会很高。

从人口转变的角度看,中国人口的年龄结构已由过去的金字塔形变成目前的橄榄形,人口老龄化加速后,还将变成倒金字塔形,可生育人口的比例在不断缩小。从人口学角度讲,一个国家的总和生育率(反映一个妇女一生中生育子女的数量)要维持在 2.1 左右,才能保持人口的动态平衡。

20 世纪 90 年代初,中国总和生育率在 2.2 左右,高于人口更替水平所要求的总和生育率,但后来就不断下降。依据人口普查数据推算,目前约为 1.2。考虑到婚育年龄推迟等人口结构性因素及漏报等问题,中国目前的总和生育率在 1.6—1.8 之间,照此下去,人口数量负增长局面会加快到来。

值得警惕的是,生育规律的作用和低生育率的惯性非常大,而生育政策的调整,往往又要经历一代人或几代人才有可能见效。船大惯性大,掉头要趁早。有着庞大人口基数的中国,更需要尊重人口发展规律,审视现行生育政策。如果我们现在就着手,还可以未雨绸缪,把生育率维持在一定水平上,否则一旦错过机会,以后即使想调也恐怕心有余而力不足。

科学发展观呼唤科学人口观

早在 1957 年,著名学者马寅初发表《新人口论》时,对中国人口问题明确提出三条根本解决途径:积极发展生产,控制人口数量,提高人口质量。在当时的历史条件下,马寅初提出"新人口论"非常难能可贵,他启发更多人深入思考一个当时有着 6 亿人口的大国到底存在怎样的人口问题。只可惜,在此后的"反右倾""大跃进""文革"中,马寅初的"新人口论"一再受到批判,直到 1979 年才得以拨乱反正。1982 年 9 月,党的十二大报告正式提出:实行计划生育是我国的一项基本国策。此后几十年,"控制人口数量,提高人口质量"成为妇孺皆知的口号。

近几年,中央提出科学发展观,深入阐述了人与自然、人与社会的关系。构建与科学发展观相吻合的面向未来的科学人口观已经迫在眉睫。因为,在老龄化社会加快到来的今天,综合考量人口数量、结构、分布、质量等因素对未来发展的影响,远比单纯考虑人口数量来得重要;综合考量人口与经济社会发展、资源环境保护的相互作用,远比单纯就人口谈人口来得重要。只有这样,才能形成一揽子科学的人口政策。

当前,我国人口转变正处于收获人口红利后期阶段,大约会持续 10 年左右。在这个阶段,我国劳动力绝对数量会持续上升,此后则会逐渐下降。发展劳动密集型产业有助于最大限度创造就业机会,实现最大化就业,收获尚存的人口红利。但是,在现行生育政策框架下,随着"低出生、低死亡、低增长"的现代人口增长模式的全面形成,第一次人口红利终究要消失。为此,在人口转变进入负债阶段之前,应该尽快确立起与科学发展观要求相适应的科学人口观,通过适度调整现行生育政策优化人口结构;通过提高人口质量和素质加快人力资本积累,变劳动力数量劣势为劳动力质量优势;通过提高劳动力配置效率和转变经济发展方式,实现中国经济社会的可持续发展,收获第二次人口红利。

国家单独二孩政策

2013 年 11 月 15 日,十八届三中全会通过的《中共中央关于全面深化改革若干重大问题的决定》对外发布,其中提到"坚持计划生育的基本国策,启动实施一方是独生子女的夫妇可生育两个孩子的政策",这标志着"单独二孩"政策将正式实施。自 2014 年 1 月份开始,各省份就陆陆续续公布了单独二孩政策实施的时间。

浙江 1 月 16 日起正式实施。

1 月 17 日,浙江人大官方网站公布《浙江省人民代表大会常务委员会关于修改〈浙江省人口与计划生育条例〉第十九条的决定》(简称《决定》),宣布昨日起正式施行"单独二孩"政策。浙江成为全国首个正式实施"单独二孩"政策的省份。杭州部分街道办透露,执行细则还未下发,市民可先预约。

江西 1 月 18 日起正式实施。

1 月 20 日,记者从江西省卫生和计划生育委员会获悉,1 月 16 日,江西省十二届人大常委会第八次会议审议通过《关于修改〈江西省人口与计划生育条例〉的决定》，规定"双方或一方为独生子女，只生育一个子女的，可以再生育一胎"。1 月 18 日，国家卫生计生委备案同意《江西省单独两孩政策实施方案》。从 1 月 18 日起，江西正式实施单独两孩政策。

安徽 1 月 23 日起正式实施。

1 月 22 日，省十二届人大常委会第九次会议闭幕，全票通过省人大常委会关于修改《安徽省人口与计划生育条例》的决定。省人口计生委副主任高俊文表示，生二孩后独生子女奖励优惠不再享受；之前"抢生"的家庭不算超生，可以补办《生育证》。

天津 2 月 14 日起正式实施。

2 月 15 日起实施，据有关部门负责人解读，按天津《条例》规定，经批准生育二孩的，应当与生育第一个子女间隔四年以上，但女方年满 28 周岁、再婚夫妻女方系初育者、依法收养子女后又怀孕的这三种情况除外。单独夫妻生育二孩同样要遵守以上生育间隔要求，这样有助于缓解生育堆积现象的出现。

北京 2 月 21 日起正式实施。

2 月 21 日上午，市人大常委会审议通过《北京市人口与计划生育条例修正案》，规定允许生第二个子女的，生育间隔不少于四年，或者女方年龄不低于 28 周岁。

广西 3 月 1 日起正式实施。

1 月 13 日，自治区十二届人大常委会第八次会议表决通过自治区人大常委会关于修改自治区人口和计划生育条例的决定，修改后的条例将于 3 月 1 日起施行。

上海 3 月 1 日起正式实施。

2 月 25 日，新修订的《上海市人口与计划生育条例》经市人大常委会表决通过，3 月 1 日起正式实施。

江苏 3 月 28 日起正式实施。

3 月 28 日上午 9 点半省人大常委会第九次会议全体会议召开，表决通过了"单独两孩"，江苏不设生育间隔。今天零点起出生的二胎宝宝不属超生。

湖北 3 月 27 日起正式实施。

3 月 27 日，湖北省第十二届人民代表大会常务委员会第八次会议做出《修改〈湖北省人口与计划生育条例〉的决定》，将《湖北省人口与计划生育条例》第十六条第四款修改为"夫妻一方为独生子女的可以申请生育第二个子女。"

重庆 3 月 26 日起正式实施。

《重庆市人口与计划生育条例修正案》经重庆市四届人大常委会全体会议表决通过后，从 3 月 26 日起正式施行，这意味着一方是独生子女的夫妇可生育两个孩子今后属合法生育。

湖南 3 月 28 日起正式实施。

3 月 28 日上午，省十二届人大常委会第八次会议表决通过了《湖南省人民代表大会常务委员会关于调整完善生育政策的决议》，决定在本省行政区域内实施一方是独生子女的夫妇可生育两个孩子的政策。

海南或三个月后实施。

2 月 20 日，省政府常务会议讨论通过了《海南省人口与计划生育条例修正案》，并决定提请省人大常委会审议。《修正案》内容之一，就是将"双独二孩"生育政策修改为"单独二孩"生育政策,这意味着"单独"政策将在省人大常委会审议通过后正式在我省落地。"国家卫计委将在两个月内审核批复。"相关人士表示,这也意味着海南"单独二孩"政策有望在三个月后落地。

青海3月26日起正式实施。

3月26日,青海省人大常委会26日审议通过青海省政府《关于调整完善生育政策的决议》,规定在本省行政区域内实行一方是独生子女的夫妇可生育两个孩子。

内蒙古3月31日起正式实施。

3月31日,内蒙古自治区十二届人大常委会第九次会议第二次全体会议表决通过了《内蒙古自治区人民代表大会常务委员会关于修改〈内蒙古自治区人口与计划生育条例〉的决定》,从2014年3月31日《条例(修正案)》公布之日起,依法在全区全面实施"单独二孩"政策。

山西有望6月实施。

"前期的人口形势分析、基础数据测算、可能出现的风险评估等基础性工作已经完成,初步形成《山西省实施'单独二孩'政策的意见》,并已上报至山西省人民政府。"山西省卫生计生委主任卫小春介绍,该省"单独二孩"政策有望于6月前后正式实施。

河北或6月实施。

官方表示力争在今年6月启动实施"单独二孩"政策。

贵州3月或5月人大修订。

贵州省人大常委会拟于今年3月或5月对《贵州省人口与计划生育条例》进行修订,表决通过后公布施行。

山东5月进入人大审议。

《山东省人口与计划生育条例》修正案草案预计今年5月进入省人大常委会审议程序,"单独二孩"政策有望通过。

四川3月20日起正式实施。

3月20日上午,四川省第十二届人大常委会第八次会议第二次全体会议审议通过《四川省人口与计划生育条例修正案(草案)》。该省"单独二孩"政策将自公布之日起正式实施。

吉林3月28日起正式实施。

3月28日,省十二届人民代表大会常务委员会第七次会议,通过了《吉林省人口与计划生育条例》修正案(草案),并将于2014年3月28日开始,正式施行一方为独生子女夫妇的两孩政策。

河南有望5月实施。

省十二届人大常委会第七次会议上,副省长赵建才做了关于河南省人口与计划生育情况的专项工作报告。这被视为启动实施单独两孩政策的"暖场",因为该报告认为,单独两孩政策在我省可行,有关单独两孩的政策调研和测算论证已经进行完毕。省人大常委会教科文卫工作委员会认为,目前单独两孩政策全国有8个省市已经实施,15个省市报国务院主管部门备案。河南省要抓紧修订"条例",尽快实施单独两孩政策,加快工作步伐,争取5月份完成,使中央政策落地河南。

云南3月28日起正式实施。

3月28日,云南省十二届人大常委会第八次会议表决通过了《云南省人民代表大会常务委员会关于调整完善生育政策的决议(草案)》,"单独二孩"政策正式在云南启动实施。

黑龙江或年内实施。

十二届人大三次会议今天举行第二次全体会议,省人大常委会副主任盖如垠做常委会工作报告。报告透露,今年我省将制定清冰雪条例,抓紧修改人口与计划生育条例,这也意味着我省今年可能启动"单独二孩"的政策。

辽宁3月28日起正式实施。

3月28日,辽宁省十二届人大常委会第七次会议表决通过了《辽宁省人民代表大会常务委员会关于调整完善生育政策的决议》,辽宁将正式启动实施"单独二孩"生育政策,即同意在辽宁省行政区域内,实施一方是独生子女的夫妇可生育两个孩子的政策。

陕西3月1日起正式实施。

陕西省十二届人大常委会第七次会议表决通过了陕西省启动实施单独家庭生育两孩政策的相关决议,该决议于今年3月1日正式执行。

甘肃3月26日起正式实施。

3月26日,甘肃省十二届人大常委会第八次会议通过了对《甘肃省人口与计划生育条例》第十八条的修改,将"夫妻双方均系独生子女的,要求生育第二个子女的可安排生育"修改为"夫妻双方或一方为独生子女的,要求生育第二个子女的可安排生育"。27日,甘肃省卫生计生委就"单独二孩政策"落地配套出台了《实施细则》。

宁夏或年内实施。

2月17日,记者采访自治区卫计委相关负责人得知,目前我区"单独二孩"政策已报自治区政府审定,待国家备案后并经自治区人大审议通过,预计年内可正式实施。

福建3月31日起正式实施。

福建省人大常委会于3月31日正式对外发布公告,公布《福建省人大常委会关于修改〈福建省人口与计划生育条例〉的决定》,并于当日开始施行。新修订的《福建省人口与计划生育条例》也于昨日全文公布。这也意味着,3月31日,是福建省正式施行"单独二孩"政策时间。

广东3月27日起正式实施。

27日上午,广东省十二届人大常委会第七次会议表决通过《广东省人口与计划生育条例修正案(草案)》,将原有的"双独二孩"条款修改为"单独二孩",即日起实施。

新疆未确定放开时间表。

2013年11月16—17日举行的新疆维吾尔自治区党委八届六次全委(扩大)会议上,明确提出在新疆"坚持计划生育为国策,启动实施一方是独生子女的夫妇可生育两个孩子的政策,同时研究控制部分地区人口过快增长"。

西藏未确定放开时间表。

西藏自治区计生委政策法规处负责人表示,"单独二孩生育"政策在西藏的实施既要积极贯彻落实中央政策,还必须结合西藏实际,制定符合西藏实际的实施方案。

在新的政策尚未出台之前,仍按照《西藏自治区计划生育暂行管理办法(试行)(藏计育字[1992]第06号)》文件规定执行。

全面放开二胎政策

全面"二孩"时代正式来临。10月29日,党的十八届五中全会会议决定允许普遍二孩政策:全面实施一对夫妇可生育两个孩子政策。全会公报指出:促进人口均衡发展。坚持计划生育的基本国策,完善人口发展战略。全面实施一对夫妇可生育两个孩子政策。提高生殖健康、妇幼保健、托幼等公共服务水平。

为做好《福建省人口与计划生育条例》修订前计划生育政策衔接工作,近日省卫计委下发通知,就有关工作作出规定。

《通知》要求,要实行一、二孩生育登记制度。1日起,对生育第一或第二个孩子的夫妻,孕后可持身份证、结婚证、户口簿到一方户籍地或现居住地村(居)或乡(镇、街道)进行登记,自主安排生育。对登记对象个别证件不全的,可实行承诺制。

要全面实施避孕节育措施知情选择。对已生育的育龄夫妻,可在了解各种避孕节育知识的前提下,自主选择安全、有效、适宜的避孕节育措施,预防和减少非意愿妊娠。对符合政策拟生育的已落实节育措施的已婚育龄妇女,可持身份证、结婚证到户籍地或现居住地的乡(镇、街道)计生办出具证明,并由乡(镇、街道)以上从事计划生育技术服务的医疗保健机构为其提供免费取出宫内节育器等相关技术服务。

调整独生子女父母奖励政策。1日起,暂停办理放弃再生育奖励,对新增自愿只生育一个子女的夫妻停止办理独生子女父母光荣证。对国家提倡一对夫妻生育一个子女期间,自愿终身只生育一个子女,且符合《福建省独生子女父母光荣证管理办法》规定的发放对象,可继续办理《独生子女父母光荣证》。

全面生二胎还有待政策优化

超过35岁的育龄妇女进行生育,相应风险增大,如果决定生育孩子,还可能面临更为突出的孩子养育压力:一些父母接近或超出现今退休年龄时,二孩还没长大毕业;这部分人群如果在40—55岁间面临"机器换人"、产业结构调整、事业单位或国企改革导致的裁员,将很可能不具备养育二孩的能力。

但对应来说,这部分人群的实际生育意愿,甚至可能高于35岁年龄线下的育龄妇女。不仅如此,超过35岁的育龄妇女,更可能具备养育孩子的经验,更可能较为准确地判断抚养二孩的总体成本,能够相对更好地完成抚养成本的积累和管理。

因此,国家有关部门应考虑为超过35岁的育龄妇女生育二孩,创造更好的条件,比如提高生育二孩父母的各类社会保险的标准,多交部分由财政负担;又如,完善补贴制度,二孩家庭购置房产、缴纳物业费和水电等费用可享受相应的优惠费率或补贴。

为二孩家庭出台补贴等优惠政策,并不会因此引起对只生育一个孩子及选择不婚育的家庭和个人的不公平。符合生育政策的家庭选择生育二孩,有助于减缓中国社会老龄化趋势,有助于减轻未来由社会分摊的养老支出压力。选择生育二孩的家庭增加,现阶段也将有助于各级政府减轻公共养老设施的支出压力,使得更多公共支出可以花费到教育、医疗等开支领域,使得其他人群因此受益。并且,无论城乡,居民不仅是公共福利的享用者,而且还必然成为消费者和纳税者。正常情况下,二孩家庭会为社会贡献更多税收。

(资料来源:"全面放开二胎政策最新消息:生二孩可孕后登记",中金网 http://news.cngold.com.cn/20160113d1903n61402363.html.)

课程案例 4-2:退耕还林政策

1999 年我国政府正式启动了退耕还林计划,在自然环境破坏严重的地区有计划地实施退耕还林工程。截至 2003 年,退耕还林取得了重大成就,在很大程度上改善了我国的自然生态环境,为经济和社会的可持续发展奠定了良好的环境基础。但是,在退耕还林政策的执行过程中也存在一些不容忽视的问题。同时,随着退耕还林工作的推进,退耕还林的政策环境已经发生了很大变化,尤其是粮食安全问题日益突出。这种情况下,退耕还林政策开始了"适时性、结构性的调整"。

改革开放以来,我国政府在大力推进现代化建设的同时,始终重视生态环境的保护,并采取了一系列措施。

1985 年 1 月,《中共中央、国务院关于进一步活跃农村经济的十项政策》中规定:"山区 25 度以上的坡耕地要有计划有步骤地退耕还林还牧,以发挥地利优势。口粮不足的,由国家销售或赊销。"

1991 年 6 月公布的《中华人民共和国水土保持法》第 14 条规定:"禁止在 25 度以上陡坡地开垦种植农作物。省、自治区、直辖市人民政府可以根据本辖区的实际情况,规定小于 25 度的禁止开垦坡度。禁止开垦的陡坡地的具体范围由当地县级人民政府划定并公告。本法施行前已在禁止开垦的陡坡地上开垦种植农作物的,应当在建设基本农田的基础上,根据实际情况,逐步退耕,植树种草,恢复植被,或者修建梯田。"

江泽民同志 1997 年 8 月 5 日做出"再造一个山川秀美的西北地区"的重要批示。1999 年 6 月又进一步指出:"改善生态环境,是西部地区的开发建设必须首先研究和解决的一个重大课题。如果不从现在起,努力使生态环境有一个明显的改善,在西部地区实现可持续发展的战略就会落空。"

1998 年 8 月,《国务院关于保护森林资源制止毁林开垦和乱占林地的通知》中指出:"各地要在清查的基础上,按照谁批准谁负责、谁破坏谁恢复的原则,对毁林开垦的林地,限期全部还林。"

1998 年 8 月修订的《中华人民共和国土地管理法》第 39 条规定:"禁止毁坏森林、草原开垦耕地,禁止围湖造田和侵占江河滩地。根据土地利用总体规划,对破坏生态环境开垦、围垦的土地,有计划有步骤地退耕还林、还牧、还湖。"

1998 年 10 月 20 日,《中共中央、国务院关于灾后重建、整治江湖、兴修水利的若干意见》把"封山植树,退耕还林"放在灾后重建"三十二字"综合措施的首位,并指出:积极推行封山育林,对过度开垦的土地,有计划有步骤地退耕还林,加快林草植被的恢复建设,是改善生态环境、防治江河水患的重大措施。

以上情况表明,我国政府很多年来一贯重视和关心生态环境建设,一再强调退耕还林工作的重要性。

1999 年以来退耕还林政策的制定过程

1999 年,时任国务院总理的朱镕基先后视察了西南、西北五省,提出"退耕还林,封山绿化,以粮代赈,个体承包"的综合措施。随后,四川、陕西、甘肃三省 1999 年率先启动了退耕还林试点示范工作。

2000 年 1 月,中央 2 号文件和国务院西部地区开发会议将退耕还林列为西部大开发的重要内容。3 月,经国务院批准,国家林业局、国家计委、财政部联合发出了《关于开展 2000 年长江上游、黄河上中游地区退耕还林(草)试点示范工作的通知》,退耕还林试点示范工作正式启动。

2000 年 1 月 29 日发布的《中华人民共和国森林法实施条例》第 22 条明确规定:"25 度以上的坡地应当用于植树、种草。25 度以上的坡耕地应当按照当地人民政府制定的规划,逐步退耕,植树和种草。"

2001 年 3 月,朱镕基总理在九届人大第四次会议上所做的政府工作报告中明确指出"有步骤而因地制宜推进天然林保护、退耕还林还草以及防沙治沙、草原保护等重要工程的建设,注意发挥生态的自我修复能力,逐步建成我国西部牢固的绿色生态屏障",并且要求西部大开发"'十五'期间要突出重点,搞好开局,着重加强基础设施和生态环境建设,力争五到十年内取得突破性进展"。会议通过的《中华人民共和国国民经济和社会发展第十个五年计划纲要》正式将退耕还林列入我国国民经济和社会发展"十五"计划。

退耕还林政策的内容

(1)退耕还林的原则。退耕还林要坚持生态效益优先,兼顾农民吃饭、增收以及地方经济发展;坚持生态建设与生态保护并重,采取综合措施,制止边治理边破坏问题;坚持政策引导和农民自愿相结合,充分尊重农民的意愿;坚持尊重自然规律,科学选择树种;坚持因地制宜,统筹规划,突出重点,注重实效。此外,实施退耕还林要认真落实"退耕还林、封山绿化、以粮代赈、个体承包"的政策措施,坚持个体承包的机制,实行责、权、利相结合。必须切实把握"林权是核心,给粮是关键,种苗要先行,干部是保证"这几个主要环节,确保退耕还林取得成功。

(2)退耕还林的范围。凡是水土流失严重和粮食产量低而不稳的坡耕地和沙化耕地,应按国家批准的规划实施退耕还林。对需要退耕还林的地方,只要条件具备,应扩大退耕还林规模。对生产条件较好,粮食产量较高,又不会造成水土流失的耕地,农民不愿退耕的,不得强迫退耕。原则上,退耕还林的范围应限制在 25 度坡度以上的山地和丘陵地。

(3)退耕还林的组织和实施。各级政府要依据国家退耕还林工程规划编制本地区退耕还林工程规划,明确工程建设的目标任务、建设重点和政策措施,及时下达退耕还林任务。要根据不同气候水文条件和土地类型进行科学规划,做到因地制宜,乔、灌、草合理配置,农、林、牧相互结合。在干旱、半干旱地区,重点发展耐旱灌木,恢复原生植被。在雨量充沛、生物生长量高的缓坡地区,可大力发展竹林、速生丰产林。各地在确保地表植被完整、减少水土流失的前提下,可采取林果间作、林竹间作、林药间作、林草间作、灌草间作等多种合理模式还林,立体经营,实现生态效益与经济效益的有效结合。退耕后禁止林粮间作。对水土流失严重的坡耕地、沙化耕地优先安排退耕还林,并按照轻重缓急确定实施。

（4）退耕还林的林权问题。实施退耕还林后,必须确保退耕农户享有在退耕土地和荒山荒地上种植的林木所有权,并依法履行土地用途变更手续,由县级以上人民政府发放权属所有证明。在确定土地所有权和使用权的基础上,实行"谁退耕、谁造林、谁经营、谁受益"的政策。农民承包的耕地和宜林荒山荒地造林以后,承包期一律延长到50年,允许依法继承、转让,到期后可按有关法律和法规继续承包。要采取多种形式推进退耕还林。有条件的地区可本着协商、自愿的原则,由农村造林专业户、社会团体、企事业单位等租赁或承包退耕还林,其利益分配等问题由双方协商解决。鼓励在有条件的地区实行集中连片造林,鼓励个人兴办家庭林场,实行多种经营。

（5）退耕还林的补助问题。国家无偿向退耕户提供粮食、现金补助。粮食和现金补助标准为:长江流域及南方地区,每亩退耕地每年补助粮食（原粮）150公斤;黄河流域及北方地区,每亩退耕地每年补助粮食（原粮）100公斤。每亩退耕地每年补助现金20元。粮食和现金补助年限,还草补助按2年计算;还经济林补助按5年计算;还生态林补助暂按8年计算。补助粮食（原粮）的价款按每公斤1.4元折价计算。每亩退耕地一次性补助苗木费50元。补助粮食（原粮）的价款和补助资金由中央财政承担。

退耕还林政策取得的成就

1999年以来,退耕还林还草工作进展顺利,取得了初步成效,达到了预期效果。据国家林业局组织的核查验收,1999年率先启动的川陕甘三省共完成退耕还林还草总面积671.9万亩,其中,退耕地还林还草为572.2万亩,宜林荒山荒地造林种草为99.7万亩。2000年,退耕还林还草在中西部地区17个省区市展开,总任务为退耕地还林还草564.9万亩、宜林荒山荒地造林种草701.3万亩,核实完成退耕地还林还草573.0万亩、宜林荒山荒地造林种草672.9万亩,分别占计划任务的101.4%和96.0%。

2001年,按照"突出重点、稳步推进"的原则,又将洞庭湖、鄱阳湖流域、丹江口库区、红水河梯级电站库区、新疆和田、辽宁西部风沙区等水土流失、风沙危害严重的部分地区纳入工程范围,退耕还林还草在中西部地区20个省（区、市）开展,总任务为退耕地还林还草500万亩、宜林荒山荒地造林种草740万亩。据统计,截止到2003年底,退耕还林还草累计投入495.8亿元,涉及25个省区,1897个县,9400万人口。累计完成退耕还林还草任务22800万亩,其中,完成退耕地还林还草10800万亩,宜林荒山荒地造林种草12000万亩。工程区林草覆盖率增加2个百分点,局部地区生态环境有较大改善,水土流失、风沙危害明显减轻。

退耕还林政策执行过程中存在的问题

在看到成就的同时,我们也要清醒地看到退耕还林过程中存在的问题。其中一个较为突出的问题是部分地方政府在政策执行过程中以自身意志来单方面地推进政策执行,没有与退耕还林农民形成良性互动关系,致使退耕农民的利益偏好和利益要求得不到充分的表达。这表现在:

(1)有的地方政府为了追求整齐划一,不注重实际需要,不顾农户意愿和耕地质量,搞"一刀切"式的退耕还林。如有的地区将某一区域内公路两旁的所有耕地,统一纳入工程区进行退耕。有的地区为了便于城郊的总体规划,将不属于生态重要地区的郊区道路两侧安排了退耕还林任务。

(2)有的地区对生态环境的重要性考虑不够,致使该退的或应该优先安排退耕的陡坡耕地没有退下来,不该退的基本农田却退了,甚至将有灌溉条件的耕地和土壤条件比较好的缓坡耕地纳入工程范围,而生态系统脆弱的地段却没有安排退耕还林。

(3)部分地区的基层政府存在挤占、克扣退耕农民钱粮补助等严重问题。

(4)在林种、树种的选择上,不参考和尊重退耕农民的意见,等等。因此,从事实上看,在退耕还林政策的执行过程中,不少地区的退耕农民只是被动地领取任务、接受设计、接受检查、等待兑现,而缺乏对退耕还林政策过程的积极参与和表达。就影响来看,退耕还林政策执行过程中,农民参与的缺失在很大程度上影响到了政策的有效性。

退耕还林政策的新变动

国家林业局根据中咨公司中期评估意见以及与西部办、发改委、财政部、粮食局等有关部门的调研结果,决定退耕还林必须在继续推进的基础上,进行适当调整,把握好规模、节奏和力度。国家林业局将这次政策调整定义为"适时性、结构性的调整"。具体来讲,"适时性"是指当前国家粮食安全和耕地锐减等多方面因素;"结构性"则是指经过几年大规模的退耕,应该进行巩固提高,现在退耕还林的重点,将由退耕地为主,转到以荒山造林为主。

退耕还林政策出现新调整的直接原因是我国的粮食安全问题。从国家统计局发布的《2003年国民经济和社会发展统计公报》可以看出,我国2003年全年粮食产量为4.3亿吨,比2002年减产2639万吨。2003年全年粮食种植面积14.9亿亩,比2002年减少6720万亩。由于生产锐减,我国形成的年粮食缺口达250亿—350亿公斤,2003年更高达500亿公斤。与这种情况相对应的是耕地面积的锐减。国土资源部2004年3月公布,2002年全国耕地减少2529万亩,2003年减少3800万亩,1996年我国的耕地总面积为19.51亿亩,到2003年底的最新数据已经减少到18.51亿亩。

正是在此背景下,退耕还林工程开始进入国家宏观调控的视野。中国科学院地理科学与资源研究所刘爱民博士认为:"此前(退耕还林)决策的基础是粮食太多了,现在在粮食安全与耕地锐减的双重因素挤压下,退耕还林不可避免要受到冲击,因为它不仅减少耕地,还消耗粮食库存。"可见,政策环境的变化在根本上促成了退耕还林政策的调整。

课程案例 4-3：公众强烈支持政府清理"红头文件"

从 2007 年 3 月底开始，建国以来第 5 次行政法规规章全面清理，正在全国各级政府部门展开。"655 件现行行政法规、3031 件国务院部门规章和 9664 件地方政府规章总计 1.3 万余件行政法规规章，将被逐一清查，清理工作将在 10 月底之前完成。"3 月 27 日，国务院法制办负责人在全国行政法规规章清理工作座谈会上，提出了清理任务和时间表。5 月 14 日，现行 655 件行政法规目录公布，向全社会征集清理意见。

6 月，《中国青年报》社会调查中心联合一家网站进行了一项民意调查，在近 4000 名参与者中，90.9% 的人赞成政府的这次法规清理行动。

建国 58 年来，由国务院统一部署的法规集中清理已经开展了 10 次，其中包括 4 次全面清理，以及为适应我国加入 WTO、确保《行政许可法》实施等进行的 6 次专项清理。

法规的规章条例听起来很抽象，但实际上在方方面面影响人们的生活。今年 1 月 7 日，8 岁男童冰冰在江西景德镇市昌河生活小区命丧火车车轮下。此后，赔偿数额问题成了父母和铁路部门争执的焦点——铁路运输管理处出示了一份 1979 年的国务院制定的《火车与其他车辆碰撞和铁路路外人员伤亡事故处理暂行规定》，规定只能提供"救济费"最多 150 元，同时出于"人道主义"，可以给予 1 万元的生活救助费。

同样是根据这项规定，33 岁的重庆人邓凤在被列车撞死后，家属得到的答复是"给予死者火化费或安葬费 150 元，并一次性给予困难补助费 150 元，共计 300 元整。"

事实上，目前这种时过境迁的"暂行规定""暂行条例"屡见不鲜。目前仍在执行的《防暑降温措施暂行条例》是 1960 年由当时的卫生部、劳动部等联合制定的，《城乡个体工商户管理暂行条例》已经"暂行"了 19 年，《旅行社质量保证金暂行规定》也已经"暂行"了 12 年，工商部门许多关于治理"投机倒把"的规章至今仍然在"暂行"之中……

本报调查显示，80.3% 的人认为，"暂行规定"沿用数十年的现象，是我国现行行政法规存在的问题之一。今年 3 月，山东省济南市政府法制办发现，目前仍在生效的"暂行"时间超过 10 年的全国性暂行行政法规和部门规章超过 40 部，地方性法规和地方政府规章则更多。

"车辆对公路造成损失的，县级以上交通行政管理部门可以暂扣车辆、暂时保存驾驶证件"——这是《河北省公路路政管理规定》中的规定。对此，河北省政府法制办副主任石玉林表示，这明显与道路交通安全法的有关规定相抵触。调查中，70.7% 的人认为，我国现行行政法规存在着"法规冲突，几条现行规定互相打架"的问题。

除此之外，"法规滞后、很多规定明显过时"（86.3%），"在户口、疾病问题上观念陈旧、存在歧视现象"（74.8%）等，也被不少人认为是我国现行行政法规存在的突出问题。

记者注意到，2007 年 4 月，福建省平和县的一份"红头文件"受到了舆论的广泛质疑:没有初中毕业证就不给办结婚证。这份名为《关于加大执法力度严格控制初中辍学的通知》的"红头文件"明确规定:乡镇、村和教育、劳动、工商、公安、民政、土地等部门对未取得初中毕业证书的青少年不得开具劳务证明,不给予办理劳务证、结婚证、驾驶证等。

在一片指责声中,这份荒唐的"红头文件"不久即被废止,实施时间不足1个月。

"红头文件"并非法律用语,而是老百姓对"各级政府机关下发的带有大红字标题和红色印章的文件"的俗称,专指行政机关针对不特定的公民和组织制发的文件。这类文件对公众有约束力,涉及他们的权利和义务,也就是法律用语所称的行政法规、规章以外的其他具有普遍约束力的规范性文件。

"红头文件"与公众生活息息相关。据统计,行政管理中对社会发生效力的文件,85%都是各级政府的规范性文件。

为了吸引投资,河南省沁阳市3年间连续出台了5个"红头文件",其中规定,投资5000万元以上或符合其他条件的外地客商,可享受一系列优厚待遇。所谓的"待遇"包括在本地开车违法不罚款、娱乐场所消费不受查、子女就学不审核等12项。这些被当地人称为"超国民待遇"的引资优惠,在去年年底被国务院法制办予以纠正。

湖北省汉川市政府办公室2006年发出一纸"红头文件"——为促销酒,要求以后全市的公务招待都用小糊涂仙(神)系列酒。该市一名乡镇干部算了笔账,要完成市政府办公室下达的两万多元的"喝酒任务",一年下来,除去法定休息日,镇政府平均每天要喝3瓶酒!

北京大学宪法与行政法中心主任姜明安教授分析说,这些"红头文件"的内容,明显存在违法、垄断、不正当竞争等种种问题。它们或者违反了法律明文规定,或者规避法律,以谋取本部门、本地方利益之私。类似的情况,必须要在此次清理中予以纠正。

本次调查中,也有不少参与者对《户口登记条例》《食品卫生法》《邮政法》这些由全国人大制定的并不属于国务院此次清理范围内的法律提出了需要修改或废除的建议。

事实上,上述3部涉及民生的法律中的某些规定,近年来屡遭诟病。

在2007年的全国"两会"上,全国人大代表李力提出建议,废除从1958年颁行至今从未修改过的《户口登记条例》。随着经济社会的发展,我国户籍制度已发生过多次较大变革,类似于"公民在常住地市、县范围以外的城市暂住3日以上的,以暂住地的户主或者本人在3日内向户口登记机关申报暂住登记,离开前申报注销"这样的条例,在人口流动性巨大的今天,已经几乎完全不适用了。

对此,一些行政法学者表示,无论是法律还是法规、规章、规范性文件,"过期"而没有及时作废,最终将损害法律的威信。法律的威信来自公信力和约束力,立法是一个系统工作,它不应仅仅满足于把一部法律"立"起来,而是包括了从提案、起草、通过、颁布直到因不适用而进行修改乃至废止的全过程。对"过期"法规视而不见,听之任之,就违背了立法的初衷。

调查显示,公众普遍认为在清理法律、法规的过程中,最应该强调的原则是"公平"(77.6%)和"以人为本"(77.0%)。

(资料来源:《中国青年报》2007-06-11)

建国以来最全面最彻底的一次全国规章大清理

历时一年多、建国以来最全面最彻底的一次全国规章大清理日前结束。这是记者从国务院法制办获悉的。

此次清理，涉及规章12695部，基本囊括了所有现行有效的地方政府规章和国务院部门规章。据国务院法制办统计，截至2008年6月底，共有2320部规章被废止和宣布失效，已经修改或拟修改的规章达到2542部。这意味着，每10部规章中，废止、失效、修改的规章接近4部。

国务院法制办有关负责人认为，本次清理力度之大，有效减少了体制性障碍，消除了不和谐因素，充分表明政府职能在转变，依法行政在深化。

据悉，国务院法制办拟制定关于加强规章和规范性文件清理工作制度建设的指导意见，目前正在各地方各部门间广泛征求意见。这个意见将指导和督促地方抓紧建立健全"立、改、废"相结合的清理工作长效机制。

12695部规章接受"体检"废止和修改比例接近40%，部门利益不愿放手曾是最大障碍

"清理不容易，不清理了不得。"在历时一年多的规章清理活动结束之时，银监会政策法规部主任黄毅的这句话，道出了很多人的感受。

这场堪称"我国现行规章的最大规模清理"活动，启幕于2007年春节长假后的第一个工作日。那一天，国务院办公厅发布了《关于开展行政法规规章清理工作的通知》。

值得一提的是，建国以来，我国进行过多次规章清理，但因清理不到位或由于时代发展加剧问题的积压，规章之间、规章与法律法规之间相互矛盾甚至"打架"的现象一直层出不穷，规章扰民时有发生，有些应当清理而没有清理的规定，陆续成为羁绊社会发展的制度性障碍。这样的例子很多，老百姓反映强烈。

但是，种种迹象表明，这次的清理活动不同寻常。

清理很难很枯燥

这种不寻常，可以从各部门的表现中略窥一斑。

"我们针对清理对象，逐字逐句从名称到条文、从表述到内涵，进行全部审查。规章是一条一条过，司局也是一个一个过。"农业部产业政策与法规司副司长李生说。

但他也坦言："这项工作的确非常专业非常枯燥，清理起来很费劲。"

在此次清理之前，银监会已自行展开了对所有银行业领域监管立法的一次大清理，这使得银监会在此次清理中，娴熟驾驭交叉清理、充分论证等清理手段，并秉承"确保合法性、注重协调性、强化操作性、加强实效性"等清理原则，对原来清理中认为保留适用的和新制定的规章，再次进行了认真的审核论证。

"清理挺艰难的，不仅技术上难点多，必须靠上下位法联动清理才能解决，而且大量的内部利益需要协调，一些格式化的部门利益必须清理铲除。"银监会政策法规部主任黄毅说。

相比之下，水利部的任务要繁重得多，因为他们之前尚未对规章进行过全面清

理，"规章家底比较模糊"。但水利部副部长周英毅然决定，将"自1982年以来原水利电力部、水利部制定或者联合其他部门制定的规章和视为规章的文件全部纳入清理"。

"拒绝走过场，几乎成为各地方各部门的一致选择。这完全是基于一种内生式的需求，表明我国各级政府推进依法行政在自觉加速。"国务院法制办协调司司长青锋说。

跳出"自我革命"怪圈

社会普遍认为，由行政机关自查自纠甚至主要靠制定部门"自我革命"的清理方式，很难使法规规章清理走出"剪不断、理还乱"的怪圈。

与以往的历次清理不同，国务院法制办高度强调此次清理要实行"开门清理"，明确提出了"公众参与、专家论证、政府决策"的思路。

银监会的官方网站，曾将需要清理的监管规章全部公布，公开向社会征求意见，反馈意见得到相当的重视。

农业部特别吸收基层一线农业执法人员参加清理审查，并将初步清理结果，纵横发送到各地农业部门和国家发改委、公安部等150多个单位征求意见。

"通过开门清理，我们发现了很多初期没有发现的问题。比如，此次废止的《国营原种（良种）场工作条例（草案）》，就是吸纳了河北省一名基层干部的意见；对《动物源性饲料产品安全卫生管理办法》的修改，也是听取了辽宁省一名专家的建议。"李生说。

长沙市政府副秘书长陈玲瑚介绍说，长沙市在完成初步清理之后，对意见分歧较大的事项或对同一事项规定不一致的，组织专家学者、法官、律师、一线执法人员等进行论证；对执行效果不好，但部门又不建议废止或修改的规章，进行立法后评估。

据悉，国务院法制办还专门派出法规规章清理工作人员分赴各地，与执法一线人员、专家、法官、律师、企业负责人面对面交流，听取清理意见。同时在官方网站上专门开辟了"行政法规规章清理"专栏，收集到了有关地方、国务院部门和社会公众提出的500条规章清理意见和建议，在进行分类汇总后，向31个国务院部门发出了《规章清理建议转送函》。

"红头文件"一并清理

据记者了解，规范性文件也是社会长久以来反响强烈的问题。有些"红头文件"不乏"霸王条款"，又多又滥，令老百姓非常反感。而在此次清理中，自觉地将规章与规范性文件一并进行清理，成为许多地方与部门不约而同的做法。

尽管财政部的此次清理已经是第10次，但还是有559件规章和规范性文件被废止或宣布失效，内容涉及税收、关税、国库、农业、社保、企业、金融、会计、开发等16方面之多。

浙江省、福建省和吉林省政府，以及科技部、原国防科工委、铁道部、民政部、国家体育总局、国家粮食局、国家外国专家局等几十个地方和国务院部门，都在清理规章的同时，清理规范性文件。

"过去，我们对有多少规范性文件弄不清楚，这次纳入清理之后，'家底'摸清了。"李生说。

据悉，将定期清理与备案审查有机结合，已成为许多地方政府把关规范性文件的日常之举。我国已有 2/3 的省级政府在法制机构内，设立了专门从事规范性文件备案审查工作的机构。

据统计，2007 年全国 31 个省、自治区、直辖市政府共备案规范性文件 10170 件，其中发现存在问题的有 517 件，占总数的 5.1%。截至 2007 年底，已经按照备案审查程序处理纠正了 487 件。

部门利益成最大障碍

"在这次清理工作中，我们不仅注重合法性审查，还突出审查合理性。"就农业部清理情况，李生介绍说，2002 年农业部发布的《渔业捕捞许可管理规定》，就一个事项要求当事人办理两次行政审批。清理之后，两次审批并为一次。

农业部此次废止的 1959 年下达的《肉品卫生检验试行规程》，恐怕是此次规章清理中被清掉的最"古董"的规章。该部废止和宣布失效的 37 件规章中，有 36 件属于不适应形势发展而对行政管理相对人权益产生不利影响的。

此次清理，吉林省的废止和修改比例高达 50% 以上。如此大力度的清理，缘于该省提出的近乎苛刻的要求："未能提出有效修改、废止失效意见的省政府规章，将列为不再执行的规章，报省政府宣布失效"；行政处罚、行政收费等行政管理措施"不能提供法律、法规依据的，视为没有法律、法规依据，报省政府废止"。

"规章清理最大的障碍就是部门利益不愿放手，但此次省政府定下的清理原则非常强硬。"吉林省政府法制办处长王继认为。

以往，清理中遇到的一些难题，往往因问题交织无法解决而不了了之。但这次不同，国务院法制办鼓励大家对拿不准、感到无能为力的问题，尽量提出来，由国务院法制办来研究处理，这是推动此次清理取得实质性成就的一个重要原因。

国务院法制办在专门下发的《关于行政法规规章清理工作有关问题的通知》中明确：部门规章之间对同一事项的规定不一致的，相关部门要协商解决；不能协商解决的，要将处理意见送国务院法制办研究处理。部门规章与地方政府规章对同一事项的规定不一致的，要将处理建议送国务院法制办研究处理。

有专家表示，国务院法制办的指导与包揽协调，保证了大清理在时间紧、任务重、要求高的情况下顺利进行。

避免清理"运动式"

此次大清理之后，各地方各部门纷纷探索建立清理长效机制。

而此次开门清理中最强烈的社会呼声，就是希望各部门能以此次法规规章清理为契机，探索建立行政法规规章清理的长效机制，防止法规规章与上位法冲突以及"古董法规"损害公民权益和社会利益的情况发生。

事实上，许多地方与部门已经投入实践。

银监会已决定，要制定银行业立法规划，在立法过程中要落实法律审查机制，立法后要加强检查评价，定期进行清理汇编。这意味着，清理工作进入常态化，并与立法工作密切结合。

农业部提出了"三结合"的设想：与立法调研结合，同步对以前相关法律制度进行系统梳理，发现问题随立随清；与立法后评估结合，需要启动废止修改程序的，及时启动；与法律法规和重要政策颁布相结合，及时跟进调整与清理。

对此，国务院法制办已明确态度，要改变清理模式的"运动式"，探索建立"立、改、废"有机结合的长效机制。

对清理之后修改工作的跟进，有关人士提出了三句"箴言"："该放的尽量放开，该管的要切实管住"，"矛盾要力争在国家立法层面解决，而不要下交给地方"，"从根本上化解政府利益部门化、部门利益合法化问题"。

（资料来源："建国以来最彻底的规章大清理结束部门利益是最大障碍"，《法制日报》2008 年 7 月 23 日，http：// news. xinhuanet. com/politics/2008 - 07/23/content_8755329. htm.）

课程案例 4－4：孙志刚事件

2003 年 3 月 17 日，27 岁的中国公民孙志刚在广州的大街上行走时，突然被收容了。

孙志刚为何被收容?

事情发生在当晚 10 点，喜欢上网的孙志刚离开与朋友合租的住房，准备到附近一家网吧去玩。孙志刚是广州达奇服装公司的一名平面设计师，毕业于武汉科技学院。从深圳跳槽进入达奇公司，当时处于试用期，月薪 2000 元。

走到天河区黄村大街上时，孙志刚突然被广州市公安局天河区公安分局黄村街派出所的警察拦住了去路。当时他穿着什么样的衣服，事后已无处查实，因而也无法判断警察拦住他，是否因为"他不修边幅"。

孙志刚并不知道，此时广州市公安机关正在开展"严打"的统一清查行动，三无人员是重点清查对象。当天下午，天河公安分局刚开了动员大会。值得一提的是，那时也正值广州市"两会"前夕。

由于身上没有带任何证件，孙志刚被带到了黄村街派出所。当晚，将近 110 人先后被带进这个派出所，其中 30 多人被收容。

孙到派出所后，由两名"辅警"做了笔录。这是一份有点奇怪的笔录，上面孙志刚被问及有无固定住所、稳定生活来源和合法证件时，所答已无可考，填写的竟均为"无"。

当晚负责甄别"三无"人员的，是 34 岁的黄村街派出所专区中队长李耀辉。李有十余年的警龄，曾经立过二等功，多次受过嘉奖。

据广东省有关部门事后调查，当天晚上，孙志刚的两位朋友舒某某、杨某某曾来到派出所，说明孙有身份证和工作单位，提出为其补办暂住证，并予以保领，但均被李耀辉以"没有进行核实必要"的理由予以拒绝。

这样，次日(3月18日)凌晨2时左右，孙志刚被送到天河公安分局收容待遣所。该所值班民警罗侨安对其进行了询问。治安协管员罗东升参照黄村街派出所移送的询问笔录，"制作"了询问孙的笔录，并在笔录上填写了孙志刚的身份证号码及"无暂住证""无正当职业""无正常居所"等内容，然后让孙签字。

民警罗侨安则代替待遣所所长签下了"同意收容遣送"的意见。

后来的调查报告说，正是由于待遣所民警极不负责任，才导致孙志刚"被错误地作为被收容遣送人员送至广州市收容遣送中转站"。但当时，根据之前公安机关填写的内容，中转站工作人员判定孙的情况符合《广东省收容遣送管理规定》，审批手续齐备，便将孙志刚收入站内。

9个小时后(即18日上午)，孙志刚向中转站护师殷孝玲报告自己有心脏病，因为紧张而心慌、失眠，要求放他出去或住院治疗。中转站遂以"心动过速待查"为由，将孙送往广州市收容人员救治站。

后来法庭出示的证据显示，孙进入救治站时身体正常，脱衣检查未发现有外伤。医生对他的诊断是"焦虑症"。

广州市一份调查报告针对外界的怀疑特别说明，"经询问派出所、分局收容待遣所和收容遣送中转站的有关民警和工作人员，均称孙志刚没有与民警、工作人员发生过顶撞、争吵或被民警、工作人员殴打"。

但据孙的父母说，孙志刚虽然身材较瘦，身体却一向很好，从没听说有心脏病。孙何以声称自己有心脏病无从得知。他的一位朋友猜测说，或许是他以为医院的待遇会更好一些。

一份披露救治站黑幕的内部材料

广州市收容人员救治站位于远郊，距市中心一个多小时车程。这里本来属于广州市精神病院，后来改成广州市脑科医院江村住院部。

2002年8月1日，这个巨大院子的一个角落被划为特殊病区，由广州市民政局和广州市公安局批准，指定为收容人员救治站，专门为收容人员中的病患者提供基本治疗。

救治站占用了三幢小楼。与普通医院不同的是，每一个病房的门窗都有铁栅栏。

救治站由脑科医院江村住院部副主任张耀辉分管。31岁的彭红军是病区区长，他手下有3名医生，护士若干和10名护工。

彭后来被控玩忽职守，但早在今年年初，他就对这个新成立的机构提出过直言不讳的批评和急切的改革建议。当时他说："这里场地拥挤、设施简陋，工作人员素质低下，管理混乱，几无规章制度可循。"

31岁的彭和其他3名医生都是精神科大夫。但是，他们要负责的是近200名各种病员的治疗。

在法庭上，公诉人的举证也证实了彭红军医生的诸多忧虑。举证调查发现，这里经常发生病人间打架斗殴事件，有人被打断肋骨，有人被打成重伤。而护工是救治站内的特殊角色。

乔志军，在上海武警总队服役五年后，回到家乡山西。2002年中，通过保安公司推荐来到广州,经培训后,被推荐到广州市收容人员救治站当保安。

乔燕琴,同为山西人,去年年底通过熟人介绍来到救治站。

胡金艳,河南姑娘,与乔志军是一对恋人。

没过多久,这里的保安们都被改称为护工——要雇用保安必须向当地派出所交一笔钱,救治站为了省这笔钱,就给他们改了名。

但事实上,这些护工从未接受过任何护理培训。病人仍然称他们为保安,"他们穿着迷彩服,提着警棍",一些病人当庭指证说。警方后来还从救治站搜出了两支塑胶警棍和一支电警棍。

乔燕琴在法庭作证时这样表述护工的职责,首先是"防止病人闹事和暴动",其次才是协助护士拿药、打针、派饭。

在由医生、护士和护工构成的层级中,护工位次最低。但在这里的病人眼中,他们却操着"生杀予夺"的大权。一份护工的笔录证实,因为 208 房女病人汤凤珍一直在哭,护工何某某去制止时被汤咬伤,何立即提了根棍子对其殴打。

医生彭红军也发现了这一点。其他医生曾多次要求开除一些殴打勒索病人的护工,但均不了了之。彭红军辩解说,他没有人事权。彭后来被指控对救治站管理不善负责。直至他被捕,数份规章制度仍在草拟中。而他在建议中指出的诸多问题,此时已不幸言中。

据记者获得的一份材料显示,从 2002 年 8 月 10 日到 2003 年 1 月 20 日,救治站里共收治病人多达 877 人,其中外科病人 280 余人(包括脑外伤、骨外伤和普外伤),精神科病人 280 人,内科病人 210 人及传染病人 105 人。这里还经常收治特殊病人,包括 1 例艾滋病确诊者、15 例自缢未果者、20 例吞刀片者、1 例自制凶器者和 1 名身带匕首者。此外还有约 30 名各类涉案人员。

4 名专治精神病的医生显然难以应付如此繁杂的病人。而那份材料还披露了救治站内发生的令人吃惊的死亡现象:

在去年 10 月、11 月、12 月和今年 1 月的头 20 天,这个救治站均有相当数量病人死亡,死亡人数分别为 16、15、15 和 12。

但材料没有说明他们的死亡原因。

此外,在孙志刚案庭审时,一位病人检举说,他亲眼看见 209 房有人被打死。公安机关调查的结果证实,从 3 月 16 日到 3 月 19 日,救治区共有 3 人死亡。其中两人属于病死,一人是"头部挫伤,颅内出血"。

4 月 25 日之前,孙志刚的亲人已在广州奔走了 30 多天,找了几十个部门,但没有人告诉他们,他们的儿子为何而死,谁又该为此负责。

4 月 25 日,《南方都市报》就此提出疑问。中共中央政治局及政法委做出批示。

5 月 12 日,散布于 6 个省的全部 18 名涉案者被抓获归案。

5 月 20 日,检察机关提起公诉。

6 月 5 日,18 名被告在广州市的三个法庭同时受审。庭审当天的气氛相当紧张——经过挑选的旁听者必须通过两次安检和五次验证方得入内。

6 月 9 日,18 名被告中一人被判死刑,一人死缓,一人无期徒刑,其余 15 人的刑期加起来大约 100 年。

耐人寻味的是,开庭前一天还发生了另外两件事。6月4日,广州市政府宣布:23名政府官员因对孙志刚事件负有责任而受到从撤职到记过的处分。同一天,一笔赔款进入了孙志刚家属的账号——通过9轮谈判,广州市的专案组代表三个赔偿义务机关,广州市公安局、民政局和卫生局,与孙志刚家属签署了国家赔偿调解协议。

一个中国公民死亡,如果系政府全责,最高可获得24.8万元的国家赔偿。但据记者多方查证,孙志刚家属所获的赔偿几倍于此,而且这笔赔偿被要求必须在开庭前到位。

然而,巨款并不能够完全补偿一位公民的非正常死亡及其家人的丧子之痛。孙志刚的母亲至今仍相信别人担心她悲伤过度而告诉她的另一种"事实",她的儿子是死于"非典",天灾而非人祸。

而赔偿、处分和判决,也不能完全解答最重要的答案:孙志刚为何而死?谁该为此负责?孙志刚之死,到底是因人性之恶,还是因制度之缺?

孙志刚案6月9日一审判决结果

乔燕琴,死刑,剥夺政治权利终身;

李海婴,死刑,缓期2年执行,剥夺政治权利终身;

钟辽国,无期徒刑,剥夺政治权利终身;

周利伟、张明君、吕二鹏,有期徒刑15年,剥夺政治权利5年;

李龙生,有期徒刑12年,剥夺政治权利4年;

韦延良、何家红、李文星、乔志军、胡金艳,有期徒刑3年至10年;

李耀辉、张耀辉、彭红军、任浩强、邹丽萍、曾伟林,分别判处有期徒刑2年至3年。

(资料来源:"孙志刚案件(事件始末)",杭报在线,http://bay-hzrb.hangzhou.com.cn/system/2010/12/20/011131157.shtml)

谁该为孙志刚之死负责

调查显示,广州市规定的收容人员范围,超过了广东省人大通过的法规确定的范围。而孙志刚,是这种违法行政的直接牺牲品。

6月5日,在广州市中级人民法院,张明君和几名被告都在法庭上说:"我们也是受害者,是错误收容制度的受害者。"

一位律师告诉记者,在206房的8人中,至少有3人是有合法证件而被收容的。当天,有多名曾被收容的公民来到法院希望旁听此案,但遭到拒绝。

同一天,广州市白云区人民法院,广州市白云区公安分局黄岗村派出民警李耀辉说:"我只是个替罪羊!"

此时,孙志刚的收容,已被官方定性为"错误收容"。他有身份证、工作和租住房(只是证件当时未随身携带),因此不属于《广东省收容遣送管理规定》第九条第六款所规定的"三无"人员:无合法证件且无正常居所、无正当生活来源而流落街头。

这项地方法规是去年4月1日生效的。广东省人大法工委办公室主任李焕新当时特别强调：有合法证件、正常居所、正当生活来源，但未随身携带证件，经本人说明情况并查证属实的，不得收容。

李耀辉被指控应对错误收容孙志刚负责，被判刑两年。但他的律师在为其辩护时说，李耀辉只是忠实执行了上级的命令。因为根据广州市的有关文件，孙志刚没有广州市暂住证，就属于收容对象。

但是这位律师并没有当庭出示这份文件，他要求法院予以查证。

那么，孙志刚到底是否属于收容对象呢？记者查证的真相是——广州市的规定与广东省人大颁行的地方法规有不同，或者说，前者自行扩大了收容范围。

2002年6月26日，广州《新快报》一篇标题为"不办暂住手续一律遣送原籍"的文章，转引广州市一位政府官员的话说："外来暂住人员没有正当理由，不按照省人大规定办理暂住手续，甚至拒绝办理IC暂住证或临时登记证的，一律视作不具备在广州就业所需的合法证件予以收容。"

这篇文章还援引当时广州市另一位政府高官的话说，今年引进外来人员应偏重高层次、高素质的人才，而会给广州带来教育压力、治安压力等低素质人员则应合理控制。

两位政府官员的讲话并非随口而言。记者随后获得了两份文件，正是李耀辉律师所称的政府规定。

一份《市收容遣送"三无"人员工作协调小组会议纪要》显示，在2002年3月28日和4月5日广州市的有关会议上，达成的意见是：关于对《广东省收容遣送管理规定》第九条第六款"无合法证件且无正常居所、无正当生活来源而流落街头的"掌握，对虽有身份证，但无广州市暂住证，且无正当生活来源的，应当收容遣送。

而在一份由广州市公安局和广州市民政局下发的，关于贯彻实施广州市人民政府《关于加强对"三无"流浪乞讨人员管理通告》的意见中，进一步明确："外来人员有身份证、无暂住证，生活无着落的，予以收容"。

需要注意的是，前述那两次会议正好召开于《广东省收容遣送管理规定》生效前后。广东省一位曾参与《规定》制定工作的官员，提醒记者注意规定内容的差别：广东省的法规规定必须"三无"同时具备，且流落街头者方可收容。但根据广州市规定，没有广州市暂住证和正当生活来源即应被收容，持有身份证者不能排除在外。

那么，广州市的规定是否违反了省人大通过的法规呢？这位官员说，一个稍有常识的人对此都可以判断。

这位官员还说，当时省人大出台这一规定的初衷就是为了保护公民的合法权益，限制执法部门任意扩大收容范围。如在第十条还专门针对随意收容有证件而临时没有带证件的人的行为作出规定，"公民有身份证明但未随身携带，公安部门应予以查核，如确有合法身份证明不应收容"。

同时《规定》还明确，由地方财政为收容工作拨款，禁止向被收容人员收取费用，以防止一些部门和个人为经济利益驱动扩大收容范围。

广东省确定的收容范围是严格按照中央文件执行的，目的很明确，就是要减少收容数量。事实上，条例刚颁行时，广东各收容站里都空空荡荡。但是《规定》生效后执行很不顺利。一是一些部门仍然变相收费，二是一些地方政府自行制定规定，扩大收容范围。很快收容站内又拥挤起来。

上述那名官员称，规定刚一出台就遭到了一些地方政府的非议，认为束缚了他们的手脚。广州市相关部门便找到省人大要求扩大收容范围，遭到拒绝后，自行出台了规定。

据称，这项法规酝酿多年始得出台，即因为背后的争议。既要维护社会的公共利益，又要保护公民的个人权益。这是立法者试图寻找的平衡点。"但是，执行者歪曲了我们的立法本意。"这位官员说。

他认为，根本的问题在于，从中央到地方，都是实行治安责任制，由书记市长一把手负责。因此，地方官员会首先保护自己的辖区少出问题，把不安定因素都清走，维护一方平安。"他们认为，大部分人的利益保住了，少数人受点委屈，受点损失无所谓，关他几天，也奈你不何。"

这位一直关注着孙志刚案的官员说：如果严格执行《规定》，就不会有孙志刚之死。现在一些人入狱，一些官员受到处分，这也是有人承担责任的一种方式。

"但是，目前受到惩处的人还不多。再不纠正再不整顿，那么以后站在法庭上的，就可能不只是几个基层执法人员。他们应该检讨自己的作法，否则会造成更多违法收容，也会使更多的执法者受到惩处，直至追究到政策、法规的制定者身上。"

（资料来源：孙志刚惨死监狱，收容遣送制度退出历史舞台，http：// v. ifeng. com/vblog/news/201209/a8b8c84b - f5b3 - 4b4e - b55e - 536a4c4975cb. shtml）

七、学习思考

基本概念

解释下列政策概念，并尝试译成英语。

公共政策执行

由上而下的政策执行途径

由下而上的政策执行途径

综合的政策执行途径

政策实施过程模型

政策实施调适模型

政策实施的主体模型

公共政策评估

公共政策的学习

公共政策的变迁

基本原理

阅读本章的电子文本、课程课件、经典阅读、知识补充、研究论文,尝试回答下列问题:

公共政策执行的重要性是什么?

公共政策执行的主要途径是什么?

公共政策实施有哪些主要模式?

公共政策评估的重要性何在?

公共政策评估的类型有哪些?

从第一代公共政策评估到第五代公共政策评估,其演变的历程是什么?

什么是回应—建构性政策评估?

公共政策变迁的必要何在?

公共政策终结的困难何在?

案例分析

在仔细阅读和观看本章的课程案例、导入案例,结合前面已经阅读过的与公共政策过程相关的知识,对本章的导入案例和课程案例加以分析,尝试写出案例分析报告。

分析报告必须包括下列内容:

对案例发生的外部环境背景做出描述、分析;

对案例中包含的公共政策的要素和主要过程中与政策议程、政策规划、政策决策、政策执行、政策评估、政策终结有关的方面做出阐释、分析;

依据本章的内容对政策的某些要素和主要的过程阶段中与政策议程、政策规划、政策决策、政策执行、政策评估、政策终结有关的方面做出评价。

读书笔记

仔细阅读本章提供的经典论述、知识补充、研究论文,围绕经典论述写出读书心得。读书心得应包含下列内容:

经典论述的主要理论和观念;

经典论述表述的理论或观念对中国现实政策过程的解释力度(能够对中国现实的公共政策过程做出很好的解释,只能部分解释,完全不能解释);

是经典理论与观念不完备,需要做出修改,还是中国公共政策过程需要加以改进?

编写案例

参照本课程提供的第二课堂的经验资料,组成5人左右的学习团队,尝试就中国目前公众与政府普遍关心的、也是值得研究的公共政策实例,按照本章研修的内容,编写出公共政策案例。

好的政策案例应当包括下列内容:

对具体政策过程发生的环境条件进行描述;

对具体政策过程中的主体、价值、工具、资源(不一定都要涉及,只要对与本章内

容有关的方面加以阐述)

对具体政策要解决的政策问题的状态及对政策问题的确认(问题情境、问题的诊断与确认)做出描述；

对具体政策的制定、实施、评估与终结(不一定关注所有阶段,只对与本章所关心的阶段或环节)加以详细描述；

将上述的内容以生动故事情节的方式展示出来,让阅读者有身临其境的感受。

要特别关注具体政策过程的公共性、民主性、科学性、有效性。

编写公共政策案例的资料必须是多元的:官方文件、媒体报道、公众(网民博客)评点、学者论述、问卷调查、焦点人物访谈。

为了让阅读者一目了然,印象深刻,可以适当插入图表、图像。

第二编　公共政策分析

　　对公共政策科学发展做出了卓越贡献的以色列政策学家德洛尔曾提议,今后的高等学校应该担负起培养适应未来需要的政策分析家的重任。从德洛尔开始,政策学家开始重视学科意义上的政策分析。在公共政策科学这一知识领域中,政策分析是一个重要的组成部分。

　　在学术界,对政策分析的范围和内容也存在两种理解。一种是较宽泛的理解,另一种是较狭窄的理解。前者将政策分析扩展到整个政策过程。后者则将政策分析限定在政策执行前的规划范围。

　　广义的政策分析把凡是对政策系统所做的知识投入,包括政策专家的智力投入都统称为分析。这种政策分析不仅包含政策规划、制定阶段的分析,也包含政策执行中对政策计划、政策修正、政策控制的分析,还包含对政策评估的类型、结果的分析。比如兰德公司数学部主任爱德华·奎德就认为,政策分析"关心政策的影响","还更多地重视执行,重视政治与组织方面的考虑"[①]。这种宽泛的政策分析实际上已经等同于狭义的政策研究。所以有的学者,如艾伦·希克干脆认为"政策分析"一词乃是政策研究的一个"总名称"[②]。

　　我们赞同对政策分析做相对狭窄的理解。较为狭义的政策分析指的是在政策规划和决策阶段,由政策专家所做出的分析。但是,即使对政策分析做狭义的理解,也绝不能将它仅仅局限于方法、技术的范围。

　　公共政策分析是在政策运行过程中针对复杂问题进行的论辩和质疑。现代的公共政策分析因为对政策的构件及其变量采用多元操作,对政策过程和结果采用多重方法研究,对政策相关者采用多重利益分析,对政策模型采用多变量考察,对研究的知识采用多媒体交流,从而是批判复合主义的。

　　公共政策分析的目的是创造、评价和交流政策过程之中的知识。政策分析行动

---

①　张金马:"公共政策:学科定位和概念分析",《管理科学》,2000年第12期,第58页。

②　曹俊汉:《公共政策》,台北三民书局,1997年版,第6页。

是对应政策过程中的非线性的某些阶段，提供一个、几个或全部信息，在经过质疑后形成知识，这些知识会直接影响政策过程的某个阶段的假设、判断与抉择，还会影响后续阶段的操作。

公共政策分析常常被定义为相关知识的交流、创新和批判性检索。在政策分析知识的交流中，如何整理政策相关文件并对加工过的政策文件加以表述非常重要，加工过的政策文件通过政策呈现的形式进行交流会收到更好的效果。公共政策分析者通过批判性检索、加工和借助政策呈现交流的知识。这些知识只有为政策制定和实施的行动主体所利用，才能真正发挥政策分析作为改善公共政策推进器的作用。

公共政策分析的主要工作是进行政策问题构建，同时，对各种政策方案未来前景做出预测，另外，还需要提出政策行动建议。这些问题构建、前景预测和行动建议会对政策的制定和执行产生作用。但是也必须看到，政策分析的观点、建议不一定全为政策决策者和实施者所接受。就这一点来说，政策分析的作用是相对的。

在公共政策分析中，人们需要使用大量的信息，借助运筹学、系统分析的方法。对政策分析做过详细研究的爱德华·奎德曾经对政策分析做过精辟论述："运筹学想要帮助人们把事情办得更好；系统分析也试图做到这一点；另外，它还要找到那些不仅能办得更好，而且要少花钱的目标；政策分析试图做到系统分析所要求的一切，此外，它还要求把事情办得更公道。因此，系统分析可以看作包括了运筹学，加上经济的考虑和目标的调查以及有关的方法"[①]。

在这一编中，我们将研修下列内容：

第五章 公共政策分析的任务与人员

§1. 公共政策分析的实质与特点

§2. 公共政策分析的内容与流程

§3. 公共政策分析的倡导的论证

§4. 公共政策分析的人员与伦理

第六章 公共政策问题建构分析

§1. 公共政策问题构建的重要性和要求

§2. 公共政策问题的性质和结构类别

§3. 公共政策问题构建的步骤和陈述模型

§4. 公共政策问题构建的分析技术和方法

第七章 公共政策行动建议分析

§1. 公共政策行动建议的特征和性质

§2. 公共政策行动建议的两种选择模型

§3. 公共政策行动建议的工具选择

§4. 公共政策行动建议分析的方法

§5. 公共政策分析中的政策咨询

---

① 张金马："公共政策：学科定位和概念分析"，《管理科学》，2000年第12期，第58页。

第五章 公共政策分析的任务与人员

公共政策分析既需要为解决有限资源和不断增长的期望之间的差距而寻找手段，也需要协调公众、不同群体、团体的利益诉求。前者需要的是技术，后者需要的是艺术，此外还需要有批判精神和政治头脑。因此，从事公共政策分析的人员，担负着繁重的分析任务，必须在知识、技能和道德等诸方面有较高的素养。

一、研修的内容

在这一章中，我们将研修下列内容：
§1. 公共政策分析的实质与特点
§2. 公共政策分析的内容与流程
§3. 公共政策分析的倡导的论证
§4. 公共政策分析的人员与伦理

案例导入：京沪高铁项目的分析论证

京沪高铁项目分析论证的历程

京沪铁路连接的两座城市是北京和上海，这两者的连接，不仅是全国政治中心、文化中心与经济中心的连接，更重要的是环渤海经济区和长三角经济区两大重要经济区的连接。

无论是上海向周边的辐射，还是相对成熟的长三角向环渤海经济区的辐射，都需要有一条能满足经济社会发展需要的高速便捷的交通路线。

但现状是京沪铁路长期存在着运力不足的问题：以它占全国铁路营运线总量的2%的比重，承担了10.2%的全国铁路客运总量和7.2%的货物周转总量。运输密度是全国铁路平均运输密度的4倍。

人们对修建京沪之间更加快捷的交通线路的必要性并无质疑。但只有设立京沪高铁项目的必要性还不够，还需要考虑其可行性。京沪高铁工程总造价将超过千亿元,如此巨大的投资,不能缺少审慎的可行性分析和论证。

1990 年,修建京沪高速铁路的相关可行性研究提上了日程。

1992 年 5 月,经过将近一年的考察和研究,铁道科学研究院提交了一份《京沪高速铁路可行性研究报告》。

1994 年底,铁道部联合当时的国家科委、国家计委、国家经贸委和国家体改委共同推出的《京沪高速铁路重大技术经济问题前期研究报告》指出:建设京沪高速铁路从现实发展考虑是迫切需要的,在技术上是可行的,经济上是合理的,国力是能够承受的,建设资金是有可能解决的。因此,要把握时机,下决心修建,而且愈早建设愈有利。

1997 年 3 月,铁道部向国家计委正式上报了《新建北京至上海高速铁路项目建议书》。中国国际咨询公司经过一年零两个月的评估,也于 1999 年 12 月通过了评估报告。其结论认为:建设京沪高速铁路是必要的,其建设方案是可行的,投资规模是合理的,经济效益是可行的。因此,应把握时机,尽早立项。

1998 年因高层提出是否可采用磁悬浮技术问题,在分析论证中出现了"高速轮轨"和"磁悬浮"的争论。

2006 年 3 月,温家宝主持国务院常务会议,讨论并原则通过了《京沪高速铁路项目建议书》,京沪高铁正式立项。

围绕轨道模式的分析论证

在当今世界上,高速轨道交通建设有两种模式可供选择:磁悬浮轨道交通和轮轨式轨道交通。从 1998 年起,围绕这两种模式,专家们开始各抒己见。

力主采用磁悬浮技术模式的专家们认为,这一模式具有能耗小、环保、启动停车快以及安全舒适等优点。

力主采用轮轨技术模式即高速铁路模式的专家们则认为包括普通铁路、高速铁路及城际轨道列车等在内的轮轨系统,兼容性好,相对经济,更符合中国国情。

高速铁路之所以最终胜出,关键在于价格和技术转让方面的优势。磁悬浮技术确实先进,正常运营速度每小时最快能达到 500 公里,但造价高,上海连接浦东新区和国际机场的磁悬浮里程只有 30 公里,造价人民币 100 亿元;从技术角度看,磁悬浮技术的垄断地位使德国在知识产权的输出问题上始终不肯让步,而在轮轨技术领域,由于面对日本和法国强有力的竞争,德国对技术的输出会做出让步。

多年从事铁路研究的北京交通大学纪嘉伦教授指出,国务院颁布的《中长期铁路网规划》确立了中国铁路网建设的蓝图,但磁悬浮制式却不兼容,不能进入现有铁路网络。而京沪间总客流量的 70％左右是通过铁路网由沿线进入的,所以高速铁路的运用效益会比较好。当然也有不少专家持反对意见,认为自成系统的磁浮交通为什么非要与铁路兼容呢? 各种运输方式的衔接本身就是兼容的过程。

围绕建造技术的分析论证

中国的高速铁路发展,应当立足于发展具有自主知识产权的高速铁路技术,但是毕竟中国建设高速铁路还是刚刚起步,而一些西方国家发展的高速铁路已经有三四十年的历史,有一套成熟的先进技术,我们要以积极的态度引进、消化、吸收。在此基础上,再最大限度地提高国产化的比例,不断提高国内相关企业自主创新能力,这样既能避免订单大量外流,还能推动其他相关产业,诸如机械、电子电气、钢铁等技术的发展。

但在考虑核心技术国产化、以免处处受制于人的同时,也要避免"水土不服"。在这方面的分析论证中,韩国的经验教训引起人们极大的关注。韩国高铁2004年开通运营,一直故障频繁、连年亏损。问题主要出在车辆系统与道路系统的不兼容上。韩国高速铁路的主要技术来自法国,但为了最大限度地为本国厂商创造机会,韩国只引进了法国车辆技术系统中的核心部分,道路及供电系统则完全依赖于国产化,结果事故不断。如何实现技术引进与国产化的最佳结合,是中国高铁建设必须慎重加以考虑的问题。

围绕融资方式的分析论证

按照"十一五"规划,五年内包含京沪高铁在内的铁路建设将投入1.25万亿元,占《中长期铁路网规划》总投资的60%。像这样投资超千亿元的大型项目,如何保证融资及时到位,仍然是摆在首位的难题。

上海磁悬浮项目的运营方是上海磁悬浮交通发展有限公司。该公司由上海申通集团有限公司发起,联合申能(集团)有限公司、上海国际集团有限公司、上海宝钢集团公司、上海汽车工业(集团)总公司、上海电气(集团)有限公司等6家国有投资公司共同出资30亿元组建,采用的是典型的项目融资模式。磁悬浮上海线的筹资方式除了上述企业集团的资本金投入外,其余的建设资金还采用了商业银行贷款、土地资金入股和车站多元建设的融资模式。

作为项目法人,上海磁悬浮交通发展有限公司还承担着项目建成后的经营和偿还贷款等职能。其运行与管理模式遵循"网运分离""管理社会化、经营市场化"的原则。这种由多家投资主体组建项目法人的方式,摆脱了原先重大工程建设由国家财政资金投资、项目法人资金由政府财政资金投入的体制,实现了投资主体由单一到多元、资金渠道由封闭到开放、投资管理由直接到间接的转变,初步形成了"政府引导、社会参与、市场运作"的投资新格局。

上海磁悬浮的这种融资模式,对京沪高速铁路有限责任公司的建立具有重要借鉴意义。京沪高铁项目组建京沪高速铁路有限责任公司,积极探索市场化融资方式,吸纳民间资本、法人资本及国外投资,构建多元投资主体,拓展多种投资渠道。

在长达十年的调查、争论、分析和论证中,中央政府没有追求所谓的轰动效应,而是坚持实事求是,遵循科学、民主、法治、有效的原则。经过充分论证、科学比选,在轨道模式、建造技术、融资模式等重大问题上基本取得了共识。

随后又抓紧开展了工程的技术可行性和经济合理性的研究。对设备国产化方案、项目运作方式和筹资方案进行论证,并聘请有资质的咨询公司对这些研究报告进行评估。国土部门和环保部门对建设用地和环境影响进行了审核评价。在此基础上,国家发改委综合各方意见后上报国务院决策。

京沪高速铁路超过 10 年的前期研究,通过讨论、争论,分析、论证,不仅使人们对高铁的认识不断深化,更重要的是统一了思想。10 多年中,数以千计的科技人员取得了几百项科技成果。为了拥有我们自己的高速铁路,更为了我们能够真正地掌握新技术,一批专家学者奋发图强,坚持走自己的路,"中华之星"成功研发,"先锋号""长白山号"先后实验运行,这些对探索中国技术品牌,对促进高铁技术的引进、吸收、消化和再创新,起到了重大的作用。10 多年的探索证明,我们有能力使中国的铁路跟上时代的步伐。

(资料来源:"京沪高铁的可行性研究报告的评估",http：// www. docin. com/p－659680870. html. "京沪高铁建设项目",http：// wenku. baidu. com/link? url＝NkRL1VafhiXNEDaXw6kjyrKSOMo9LQyuuYHmwBrNsmYWGMi ＿ P2oDrgQGU kgMrWb－Mt3ihQ6k0OI0d4QUkFORN4MANWqY4eX3SFlGG0b1UAC. 在形成案例时,本书做了一定的调整和改动。)

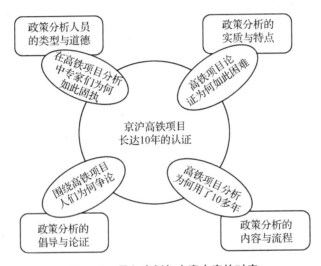

图 5－1　导入案例与本章内容的对应

§1. 公共政策分析的实质与特点

§1.1　公共政策分析的涵义

不同的政策分析界定

海钠门(Robert A. Heineman)认为,政策分析是为强化对政策过程的了解与改进政策过程的投入,将分析技术应用于社会问题研究的一种专业。

这一界定强调了政策分析要以解决社会问题为中心,以政策过程为基础,进入政策过程之中,要使用分析技术。可见,海钠门是从学科发展的视角来规定政策分析的实质和任务的。

托马斯·戴伊（Thomas R. Dye）认为，公共政策分析关注的是政府行为、行为背后的原因及意义。政策分析还关注政策科学以及这门学科描述、分析和阐释公共政策的能力。

这一界定主张将政策鼓动与政策分析区分开来。关心政策行动建议的是政策鼓动，关心政策行动解释的才是政策分析。解释不同政策的前因后果，并不等同于为政府应该采取什么行动开出处方。了解政府为什么会采取这样的行为以及这些行为的后果，也不等同于告诉政府应该怎样做或者改变政府的行为。提出政策建议的政策鼓动需要修辞、劝说、组织和积极行动。政策分析则鼓励学者和学生们运用系统研究的方法，对一些关键性的政策提出批评。

关心对政策行动做出解释并不是不关心实际政策。因为政策分析中隐含着一个前提，即关于形成公共政策的各种力量以及对公共政策后果的科学知识的增长，这些本身就是与社会紧密相关的活动。政策分析虽然关注对政府政策做出解释，但理解是开处方的前提；只有通过仔细分析，而不是修辞和雄辩，才能最好地理解真正的公共政策。可见，戴伊首先关心对政府政策行为做出描述和解释，其次关心政治学科的发展，最后才提及为政府行动开处方。

维默和维宁（David L. Weimer，Aidan Vining）认为，政策分析是以主雇为导向表现社会价值，且与公共决策有关的咨询活动。

这一界定强调了在政策过程中，政策分析者必须考虑分析的委托者，社会价值，要能够为政策决策者提供咨询和建议。很显然，维默和维宁关心的是政策分析所提供的咨询。

邓恩（William Dunn）认为，政策分析是一门应用性的学科，运用多元的调查方法、政策辩论模式，创造与转换可以用在政治场合的政策资讯，以解决公共政策问题。

这一界定强调了政策分析的应用性，强调资讯的转换与创造，强调政策的对谈与论辩，强调政策分析要以分析政策问题为中心。可见，邓恩坚持政策分析就是要为政府提出有效的政策行动建议。

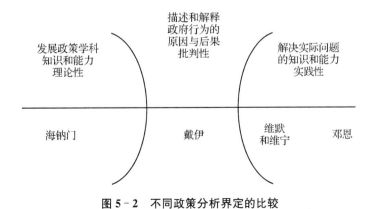

图 5-2　不同政策分析界定的比较

公共政策分析的定义

上述有关政策分析的不同界定,体现了对政策分析性质的三种不同理解或三种不同的关切点。一种是将政策分析看成专门知识和学科,关切其理论性;一种是将政策分析看成特殊的操作应用活动,关切其实践性;一种是将政策分析看成对政府及其部门行动与能力的质疑与监督,关切其批判性。其实,现实的政策分析既是理论的,又是实践的,还是批判的。上述对政策分析的种种界定,都从某个方面阐述了这一政策活动所具有的内涵。

通过对上述政策分析界定的对比评价,我们可以概括出关于政策分析的下述定义:公共政策分析指的是由专门人员依据一定的价值,运用一定的技术,获取政策资料、形成政策信息、产生政策知识、提出政策主张,并通过交流,包括对谈、辩论的方式,将政策知识,特别是政策主张提供给包括公众、政策决策者等在内的政策利益相关者,供其使用的活动。这些描述、解释政府的政策行动,对要解决的政策问题进行建构,对政策问题的解决进行前景预测,提出政策行动建议并监督其贯彻落实的所有活动,就是政策分析。

§1.2 公共政策分析的实质

政策分析是专门人员的能动活动。虽然普通人也能对政策制定过程提出见解,甚至能够做出有益的咨询,但政策分析必须是受过专业训练的分析人员从事的专门职业,它是分析人员运用智力、热情和胆略的能动活动。

政策分析是以问题解决为中心的活动。公共政策分析活动中需要做大量的事情,包括对过往相同或相似政策执行结果、价值、实际影响进行调查,包括对所倡导的政策行动实施的监测策略进行设计。但最为重要的是质疑有关政策问题的种种假定,运用特殊的方法建构公共政策问题。

图 5-3 政策分析以解决问题为中心

政策分析是以过程为线索的分析活动。政策研究要解决的是将线性政策过程模型与非线性政策过程模型加以综合,形成科学合理的政策过程与程序。而政策分析的目的则是为政策制定和实施提供有效倡导,因此,分析工作必须遵循和服务于政策过程。它既是有关政策过程的知识,更是有关政策过程中的知识。

政策分析是以促进民主为依归的活动。公共政策分析不仅直接受政府部门的委托,更为重要的,归根结底是受民众的委托,应当尊重民意,并经过论辩、对话、听证等环节,确保政策倡导符合大多数民众的公共利益。

政策分析是以行动倡导为目标的活动。政策分析不是决定政府的政策行动,更不是命令政府去行动。不可能出现分析专家治国的局面。分析人员只是运用科学的手段,在充分调查和尊重民意的基础上,向政策决策者和公众提供行动建议,政策分析人员必须为促进他们提出的行动建议被人们采纳而善于做说服工作。

政策分析是以知识创造为重点的活动。政策分析是一项智能型实践活动,政策分析人员致力于创造、批判性评估和交流有关政策过程和政策过程中的知识。这种创造政策知识的活动既在时间上是有序的,又表现出非线性的周期和循环的特征。

§1.3 公共政策分析的特点

政策分析具有质疑性。政策分析和政策研究、政策管理不同的地方,就在于它坚持质疑性。政策分析人员要对已经形成的政策问题的假设提出质疑,要对已经提出的甚至已经执行的政策方案提出质疑,以便从中引出正确的行动建议。因此,要求政策分析者要有思想、有胆识、有创新意识。

政策分析具有论证性。政策分析人员只能提出似然性的政策知识,而不是真理性的知识。他们不是真理的化身。但是,政策分析者所坚持的政策主张是经过慎重论证得出的,这种论证必须是符合逻辑的,完全立足于方法、直觉、理性、权威、道德、价值的基础,借助严密的逻辑,从而是可信的。

政策分析具有复合性。政策分析倾向于创造性综合。借助多种视角、途径、方法、信息交流媒介,从值得知道和已经知道的内容出发,从多种角度观察和认识事物,运用这种复合思维,能够让人们逐渐朝向本来不知道的真理迈进。

现代政策分析的复合性主要体现在下列方面。首先,现代政策分析具有多重要素的向度。政策分析人员应当关注分析的对象中所包含的全球、区域、地方的诸如贫穷、不健康、污染、交通拥挤、贩毒、传染病等多重问题,面对的是包含政策决策者、公众、利益群体、政党、政策分析者在内的多重利益相关者,涉及的是政治、文化、经济、社会、自然生态等多重领域。

其次,现代政策分析具有多重思维的向度。政策分析人员需要运用描述、阐释、批评-反思等多种思维方式。现代人类对客观世界中发生的行动的认识和分析,常常是三个维度的。实证存在的描述,社会意义的阐释和价值选择的批判、反思,分别要回答是什么、为什么和应当是什么的问题。

第三,现代政策分析具有多重方法和技术的向度。公共政策分析主张同时运用偏重描述与预测的经验方法、偏重事实与价值的实证方法、偏重规范与选择的规范方法。传统的研究总是回避事实和价值的关系,坚持认为讲究价值必然导致不科学和

"非理性"，因此主张技术至上、价值中立。现代公共政策分析要将事实与价值、已是和应当是统一起来。

最后，现代政策分析具有多重形式的向度。传统的政策分析总是只顾解决眼前问题，缺乏对问题产生的历史追溯、对解决问题前景的未来预测、对可能与现实的综合。现代政策分析则将前瞻性、回溯性、综合性分析结合起来。

§2. 公共政策分析的内容与流程

§2.1 公共政策分析的内容

政策分析人员的工作

公共政策分析的主要内容是收集政策相关资料，获取政策相关信息，产生政策相关知识，形成政策相关主张。

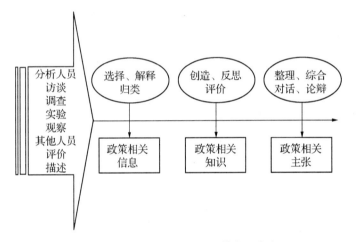

图 5-4 政策分析需要处理的主要内容

第一项工作是收集政策相关资料。政策资料是分散在各处的记录、统计数据、体验、评论，要把这些大量的、分散的、零碎的数据、评论、记录、评论，特别是隐藏在不同人心里的体验，寻找出来，汇集起来，辨别开来，并不是一件容易的事情。政策分析人员要通过访谈、调查、实验、观察，并借助于其他人员的评论、描述，尽可能地将相关的政策资料收集起来。

首先，必须尽量完整地收集。政策分析人员需要熟练地找到装载有这些资料的载体并把资料尽量完整、齐全地收集起来。装载政策资料的载体有两大类。一类是文献，常见的有已经发布的政策文件、有关政策执行及结果的行政摘要、新闻媒体的政策评论、实际工作者的政策总结、学者的政策研究论著。另一类是感受体验，主要是政策决策者、管理者、操作者及政策利益相关者的感受。

收集政策资料时，政策分析人员应当坚持文献与调查并举的原则。对于前一类的资料，政策分析者可以到政府部门、新闻媒体单位、高校、研究机构去收集。对于后一类资料，政策分析者则需要通过现场观察、焦点访谈、团体调查等渠道和手段获得。

无论是收集哪一类政策资料,都需要花费时间和精力。

在收集政策资料时,还需要注意及时补充遗缺。政策分析人员在收集政策资料时,不可能在每一个文献、每一次观察和访谈中,都能够按照政策信息的所有门类获取所需资料。完整的政策资料是在逐步的搜寻中,一点一滴累积起来的。有时虽然能找到或记录一大堆材料,但符合要求的并不多。在收集政策资料的过程中,必须常常做清点工作。发现缺项和遗漏要及时补充。

其次,必须对收集到的资料及时辨别真伪。政策分析人员还要费功夫细心辨别资料的粗精与真伪。无论是收集的现成政策文献,还是记录的政策访谈,都不可能件件有用,相当多的政策资料是粗糙的,甚至是虚假的。对资料加工就是要去粗取精、去伪存真。

第二项工作是获取政策相关信息。政策分析人员必须对所获取的政策原始资料进行有选择的加工、整理、解释,并转换为政策信息。政策信息是被加工整理并有选择地加以解释的数据。

政策分析人员要明确掌握政策信息的目的主要在于借助政策信息,政策决策者和政策利益相关者可以弄清楚:政策问题的性质是什么? 围绕需要解决的政策问题,过去和现在已经制定和实施了什么样的政策,其结果如何? 已经贯彻的政策在解决政策问题方面取得了多少绩效,具有多大的价值? 不采取进一步的行动,政策问题会有怎样的恶化? 为解决政策问题,有哪些可供选择的政策方案,其未来可能出现的结果是什么? 应该采取何种行动来解决政策问题?

第三项工作是产生政策相关知识。所有的人类知识都是对现实生活中因果关系的反映。政策知识则是对政策活动中因果关系的反映。政策分析人员要从政策信息转换出政策相关知识,就需要从政策信息所包含的变量中提炼出具有稳定的因果联系的、体现人类政策活动内在必然性的假设。这些包含因果联系的假设能够适用于大多数场合的政策分析。政策前景预测和行动建议就是从政策相关知识的假设中推演出来的。

第四项工作是形成政策相关主张。政策分析人员要从政策知识中产生出政策主张,需要借助于政策分析手段,并经过政策论辩的环节。政策分析的主要工作也是在这一步骤上实现的。政策主张通过相关的政策文件表现出来。政策文件是政策知识向政策主张转化的载体。

政策主张有三种类别。一种是指示性的政策主张。指示性政策主张和政策分析中的经验方法相联结。它涉及的是事实判断:"某种政策行动的结果是什么?"

一种是评价性的政策主张。评价性政策主张和政策分析中的实证方法相联结。它涉及的是价值判断:"某种政策行动真的有价值吗?"

另一种是倡议性的政策主张。倡议性政策主张和政策分析中的规范方法相联结。它涉及的是规范判断:"应该实施某种政策行动吗?"

在政策分析中,政策资料、政策信息、政策知识、政策主张这四者构成了四个依次上升的层次,每向前一个层次,就要求政策分析者的认知水平和组织水平逐步提高。这四者的关系,可以用制作面包的不同工序来比喻。

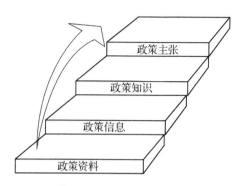

图 5-5 政策分析中资料、信息、知识、主张的关系

在制作面包时,第一步是要有小麦、甜菜、海水、猪肉这些原始材料。第二步需要将这些原料加工成淀粉、面粉、干净的淡水、酵母这些基本的材料。第三步就是要把这些材料加上诸如糖、盐、火腿等添加物,做成具有一定味道和形状的生面包。最后一步,就是要用烤箱将做成的生面包烘烤成为熟面包,并包装成等待出售的成品面包。

小麦、甜菜、海水、猪肉这些原料好比是资料;由它加工而成的淀粉、面粉、干净淡水和酵母这些材料就是信息。当人们依据比例、制成一定味道和形状的生面包时,就形成了知识。被烤熟包装的面包则是主张。

显然生产和选择淀粉、面粉、水和酵母这些材料需要一定的认知水平。而要把淀粉、面粉、水和酵母这些材料和糖、盐、火腿加到一起做出生面包,需要更高的组织能力。至于要烘烤出人人喜爱的色香味俱佳的面包,其认知水平和组织水平就要更高。

收集政策资料、获取政策信息、产生政策知识和形成政策主张,正是政策分析人员要做的工作。这四个方面既是相互联系,又是逐级上升、逐层转化的。每一次上升,每一次转化,都需要政策分析者投入更多的精力、技术和智慧,需要他们具备更高的认知水平和更强的组织能力。

政策分析成果的交流

政策分析的交流是政策分析的关键。政策分析人员所获得的成果如果只是留着自己进行研究,这种政策分析和政策研究并没有什么不同。政策分析最为重要的是要把分析的结果通过不同的方式让政策决策者和政策标的群体知晓,从而对政策的规划和制定产生影响。政策分析的关键或根本目的就是为了与包括政策决策者在内的政策利益相关者进行政策交流并供他们利用。

政策分析交流具有重要作用。政策相关信息、政策相关知识、政策相关主张的交流,是政策分析活动的出发点和归宿点,也是政策分析的理论和实践的关键。从政策分析活动中产生出来的相关信息和创造出来的相关知识和政策主张,如果只为政策分析者个体或专业群体所知晓是没有用的,也是没有多大意义的,它至多停留在政策研究的领域中。政策信息、政策知识、政策主张必须传达给包括公众、政策决策者等在内的政策利益相关者,最终为政策制定者所利用,政策分析活动才能实现自身的价值。

政策分析交流有广义和狭义之分。政策分析可以是广义的过程。应当说,从政策资料的收集、政策信息的提供到政策知识的传播、政策主张的传递,一直到政策分析的结果被利用,都是分析在进行政策分析交流。但狭义的政策交流主要是指政策分析者通过提供的政策知识、政策主张与政策利益相关者之间产生的互动。主要包括政策主张引申与政策主张呈现两种方式。

政策分析交流的第一种途径是政策主张的引申。这是指政策分析人员制作和传递政策文件。政策分析所获得的政策信息、政策知识和政策主张要让政策决策者、政策标的群体知道并加以利用,就需要政策分析人员运用一定的技能,并针对不同的对象,制作出不同类别的政策文件,然后再通过不同的渠道传送出去。要形成规范、合理的政策,需要政策分析者发挥专门的技能,包括综合、解释、简化和直观说明等。政策人员常常要用直观的方式向公众展示政策文件。直观说明政策内容和效果的形式主要有:条形图、饼状图、曲线图、散点图、时间序列图等。

政策文件的形式是多样的。虽然是同样的政策知识,但经过加工形成的政策文件的侧重点、写入的内容可以不相同。这主要是政策分析者面对的政策分析的委托人及其要求是不一样的。人们通常见到的政策文件的主要形式有:政策备忘录、政策发布文件、政策执行总结、政策附属文件、政策新闻稿,等等。虽然不同的政策文件所包含的细节,所关注的侧重点不一样,但所有的政策文件都应当包含以下一些共同内容:概览和摘要,解决政策问题的前期努力的背景,政策问题的范围、理性及原因诊断,解决问题的可能方案及其评估,解决政策的行动建议,何种部门应该负起执行责任,怎样监测和评估政策执行后果。

由于政策主张的消费群体,即政策文件的阅读者、利用者,在专业知识、关心主题、利用目的等方面存在差异,而且政策分析者在将政策主张通过政策文件表述出来时,应该选择不同的方式、内容。政策分析人员所加工的供公众和政策决策者利用的政策文件主要有三大类:一类是向政策决策者交流并供其利用的政策文件;一类是向具有专业知识的政策利益者交流并供其利用的政策文件;还有一类是向普通的政策利益相关者交流并供他们利用的政策文件。

这三类政策文件的要求是不同的。由于政策决策者时间较紧,关心的是问题恶化的可能性、政策行动政治上的可行性及政策实施后的价值性。因此,供政策决策者利用的政策文件应当是简化的、提纲挈领的。具有专业知识的政策利益相关者,则关心技术上的可能性、政策论证的逻辑和专业依据。因此,政策分析者提供给他们的政策文件,其重点应当是论述技术可行性、论证政策主张的模型,需要有大量包含专业知识的附录。对于普通公众和团体,他们最关心的是政策行动会给他们带来哪些好处和成本。因此,供普通公众阅读的政策文件应该是通俗易懂,简单明了的,有时还附有一些数字的对比,以说明实行不实行某项政策,结果大不一样。

政策文件制作完成以后,就需要做好文件的传递工作。政策文件的传递不仅仅是指将制作成功的政策文件送到政策分析成果利用者的手中,而且还要引起他们关注,并依据政策文件参与论辩。政策文件的传递主要有专人送达的方式、传统邮寄的方式和现代的网络发送方式。一是政策文件的专人送达。这是政策文件传送、交流的正式形式。政策分析人员将制作的政策文件,由专人送到政策分析的委托人或特定的政策利益相关者手中。其优点是政策文件由政策决策者和特定的政策利益相关者签收,从而保证他们能够阅读这些文件,并对政策分析中得出的政策主张有所了解。其缺点是需要花费较大的人力和精力。

二是政策文件的邮寄传递。这是将政策相关文件邮寄给政策分析委托人和其他的政策利益相关者的政策文件传递方式,这是一种非正式化的政策交流形式。虽然比起专人送达的方式,花费的人力和精力相对少一点,但其局限性在于会因委托人和其他政策相关者忽略或遗忘邮寄的政策文件而影响政策交流的效果。

三是政策文件的网络传递。在因特网技术和电子政务迅速发展、人们越来越习惯于利用网络获取信息、传递信息并参与公共治理的条件下,政策分析人员可以运用网络来传递政策文件。其优点是方便易行,能够节省更多的人力和精力。但有些属于保密性的政策文件就不适宜通过网络来传递,即使是没有保密性的政策文件,借助网络传递,也会对接受者有一定的要求,比如需要有电脑,还需要会上网查阅政策文件。

政策分析交流的第二种途径是政策主张呈现。这是通过政策对话、政策听证、政策论辩、政策研讨等形式让政策分析中获得的政策相关知识让委托人和其他政策利益相关者知悉并加以利用的交流模式。这种政策相关文件的交流模式的好处在于,从政策相关知识引申出来的政策相关文件能直接地让公众和决策者知道,并参与评论。

政策分析结果的利用

政策分析的目的是通过创新、批判性评价和政策相关知识的引申、交流,让政策利益相关者和决策者知悉、利用,从而改善政策的制定和操作执行。公共政策分析中创造的相关知识的利用与三个因素有关:知识利用者的构成、知识利用的形式、知识利用的范围。

一是政策相关知识利用者的构成。当政策分析获得的相关知识在利用时,只涉及个人预期效用的收益或损失时,这就是个人利用。当政策分析中的相关知识涉及公共记忆和集体学习,构成集体决策的一个方面时,这就是集体利用。

二是政策相关知识利用的形式和效果。政策分析中创造的相关知识的利用有三种形式。一种是政策决策者和政策利益相关者运用来研究和解决问题,这是概念性(实质性)运用。一种是政策决策者和政策利益相关通过行使专家权威的方式使提出问题和解决方案的形式合法化,这是象征性利用。还有一种是政策决策者和政策利益相关运用来直接支持政策制定,这是工具性利用。

三是政策知识利用的范围。政策分析中创造出来的相关知识按其中所包含的内容,产生不同的利用范围。如果知识中包含的是通用型的思想和方法,则利用的范围较广,但效果不太确定。如果知识中包含的是特殊型的政策建议,则利用的范围较窄,但效果较为确定。

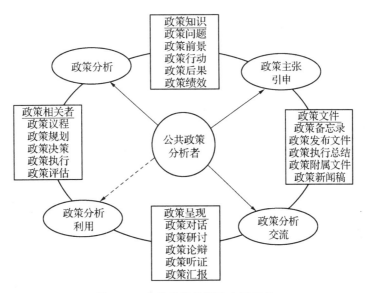

图 5-6 公共政策分析的主要任务

§2.2 公共政策分析的流程

一是问题构建分析。这一分析步骤对应于政策制定过程中的议程设定。在这一分析环节中,政策分析人员的工作是质疑支撑问题定义的一些假设,在问题建构中,发现隐含的假设,判断问题成因,勾画可能的目标,综合各种冲突的观点。从问题感知开始到问题搜索,再到问题界定,最后到达问题详述,为政策决策者提供关于政策问题的真实、确切的知识。

二是未来论证预测分析。这一分析步骤对应于政策制定过程中的政策备选方案的形成,在这一分析环节中,政策分析人员应当考虑采纳的可选方案在未来可能发生的结果,检测那些看似合理的、潜在的、规范的政策前景。在政策论证和预测中应当指明在实现政策目标的过程中将可能出现何种限制因素,不同政策选择方案在政治、经济、技术上有多大的可行性。

三是政策行动建议分析。这一分析步骤对应于政策制定过程中的政策决策采纳或政策决策。在这一分析环节中,政策分析人员应当向政策决策者提供可选政策方案实施的风险与不确定性的程度,外部性与溢出量,政策方案选择的标准,政策实施的行政责任。这些知识将帮助政策决策者决定采纳何种政策方案。

四是未来操作监控分析。这一分析步骤对应于政策制定过程中的政策执行。在这一分析环节中,政策分析人员应当向政策决策者提供关于政策执行的顺从程度、出现未能预知的结果、识别政策执行中的障碍和限制、产生政策偏离的责任归属等方面的知识。

五是未来执行评估分析。这一分析步骤对应于政策过程中的政策评估。在这一分析环节中,政策分析人员向政策决策者提供关于政策预期结果和实际执行之间的差异,以及产生差异的原因方面的知识。主要关注产生的结果会有何种影响,评价的标准是什么。这些知识将帮助政策决策者去调整政策执行计划,再造政策实施过程,甚至重新构建政策问题。

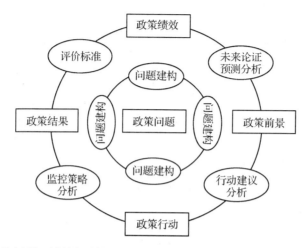

最后,政策分析是不断循环的过程。政策分析流程中有内圈和外圈。一般情况下,政策分析的外圈是按顺时针方向转换的。但是,有时政策分析人员会经常回到政策分析的内圈,即政策问题的建构上来。这样就会出现政策分析的内圈与外圈之间的来回运动。

§2.3 公共政策分析与民意

民意分析在政策分析中具有重要地位。从政策分析的任务来审视,无论是要获取相关的政策资料,形成相关的政策信息,还是加工成相关的政策知识和主张,都需要民意基础。从政策分析的关键来审视,无论是将政策分析结果引申,还是让某些政策主张进入对谈、论辩,都需要和民意进行互动。可见,民意的调查与分析是政策分析出发点和归宿点。

政策分析中民意具有特殊性质。政策分析中的民意是多数民众依据政治文化中包含的价值信仰,对公共政策议题的意见和态度的表达。公共政策的民意只是社会人口的一部分,即特定的公众对具体政策的意见表达。它不是所有公众意见的总和。公共政策中的民意未必全是理性的、公益取向的,相当多的民意中有情绪性、私利的成分。公共政策中的民意是分散的、伴随民众政策参与而表达的,因此,必须采取一定的方式收集民意,并认真分析民意。

政策分析中的民意有多种来源。这些包括:亲朋好友或同仁团体对于具体政策议题的评价意见;专家学者利用媒体表达对某项政策或公共事务的观点、意见和看法;利益集团、非营利性组织、各种研究机构对某项政策的主张或建议;政府官员、人大代表,司法人员对公共议题发表的个人看法。获取民间民意的渠道有参加社区活动、加入利益集团、参加政策听证、参加政策咨询、参加群体抗争、参加政策公决等。

要在政策分析中真正吸纳民意,必须正确看待下列矛盾。一是民众政策参与的热情与专业知识匮乏之间的矛盾。现代政党组织和政府部门已经或正在成为初步的、以专业主义为导向的科技官僚体系。而民众虽然有政策参与的愿望和热情,但他们平均拥有的政策专业知识和具体政策领域的专业知识，相对来说都处于缺乏的状态。但民众政策专业知识的匮乏，并不能通过停止或排除他们的政策参与来解决。相反，只有使民众的政策参与经常化、制度化，公众的政策专业知识才会丰富起来。

二是花时间尊重民意与提高行政效率的矛盾。现代公共行政既讲究公平，也提倡效率。但当强调公共行政的民主、公平，在政策过程中重视民意、扩大公众参与时，政策过程就会延长，成本就会增加，从而会降低政策效率。但如果在公共治理中，不尊重民意，看似有效率，结果决策失误，造成损失，最终还是没有效率。因此，公共行政效率真正的提升最终还是要依赖于民众的政策参与。

要提升政策分析水平必须开展科学的民意分析。由于民众对具体政策的参与和意见的表达是分散的、即时的、因人而异的，因此，政策分析者要试图获得第一手的民意资料，就需要主动展开政策民意调查。

许多政策学家认为，只要使用正确的调查技术，加上统计分析，抽取小部分具有代表性的样本（一般数目为 1067），就可以对全体加以推估。尽管推算的结果未必完全正确，但有极大的参考价值。其特点是成本低、费时少。

政策民意调查产生的问题，一种是将政策民意功能绝对化。以为政策民主化就是政策民意化，所谓民主政治即民意政治，政策必须跟着民意走。这是民粹主义（populism）。其实民意有太大的随意性，所谓"民意如流水，忽东忽西无定规"。一种是把政策民调技术政治化。民意调查是一种技术、手段，如果草率使用就会得出不真实的数据。如果再基于狭隘的政治立场，随意修改民调结果，任意编造民调结论，就会有害于政策分析。

§3. 公共政策分析的倡导的论证

§3.1 公共政策分析的事实价值论证

在公共政策活动中，事实判断与价值判断是不可分离的。事实判断回答是什么、不是什么的问题。价值判断回答应当不应当的问题。政策分析必须同时回答是什么和应当是什么。因此，政策分析的论证必须是事实与价值相统一的论证。

政策分析中事实和价值相统一的论证需要经过两个顺序，三个层次的论证程序。论证的两个顺序是事实分析的顺序和价值分析的顺序。论证的三个层面是论证能够做什么，应当做什么，必须做什么。

论证的最终目标是依据政策资料，经过技术验证，通过采取行动，产生预期结果的结论。第一顺序的政策分析，是针对情境，进行实证确认，证明这么做能够改变情境，即回答能够做什么。这是事实分析。

第二顺序的政策分析，先进行规范论证，证明这么做在法律、道德上是应当的，即回答应当做什么。这是价值分析的第一步。接着进行第二顺序政策分析的第二步，即社会选择论证，证明这么做在社会选择上是必需的，即回答必须做什么。

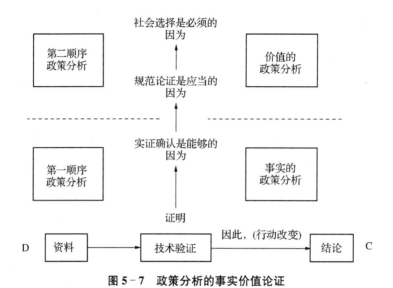

图 5-7 政策分析的事实价值论证

§3.2 公共政策分析的结构性论证

政策分析结构性论证的要件

公共政策分析要从政策信息、政策主张、立论理由、立论根据、反证理由及可信度等方面进行结构性论证。

政策信息包括政策问题、政策目标、政策方案、政策行动、政策绩效等信息。政策主张主要指政策辩论围绕的、基本主张和立场、政策论证的结论。立论理由是政策论证所依据的假定和理由。立论根据是用来证明立论理由的理由，常常依靠量化和质化的方法取得。反证理由是立论理由不能被接受的原因。可信度是对于政策主张的确信程度。

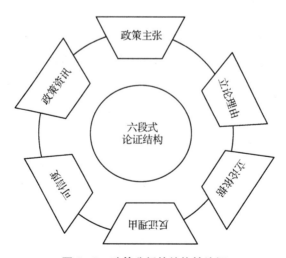

图 5-8 政策分析的结构性论证

美国高速公路限制行车速度政策的论证

结构性论证的典型案例是美国高速公路限制行车速度的论证。

政策信息。1955 年,美国康涅狄格州州长发现该州汽车肇事死亡人数一年高达 324 人,断然决定采取限制高速公路行车时速,从每小时 65 英里,降至每小时 55 英里。此政策实施 1 年后,因车祸死亡的人数一年降至 284 人,降低了 12.3%。基于这一政策资讯,康涅狄格州州长提出"1956 年的统计资料显示,自从我们实施降低行车时速后,至少挽救了 40 条生命"。

政策主张。"由此,更证明我们推行此计划是有价值的"。

论证理由。支持该计划的理由:"第一,严格执法导致死亡人数的降低;第二,生命价值是绝对值得保障的。"

论证依据。支持这一计划的依据是"方案成本愈高,则愈不能实现,立法限速是成本很低的方案,其实施可能性高;第二,保护生命是不需要证明的道理,任何保障生命的措施都应当支持"。

反证理由。历史因素:1955 年车祸死亡人数达到高峰,可能是因为当时天气恶劣,这一因素难以掌控。成熟因素:州政府驾车教育显现成效,大家遵守交通规则,谨慎开车,导致死亡人数降低,1956 年的车祸少、死人少,是心智成熟的结果,不是限速的作用。不稳定性:1956 年的资料可能只是一时的车祸死亡人数减少,这是偶然出现的现象,不一定以后年年如此。受试者减少:有驾照的人数降低,驾驶率也降低,导致车祸减少。有意选择:1956 年是与其他年份相当不同的一年,是故意选择的。

政策分析结构性论证的特点与方式

强调公平对话。人类社会是一个由人的利益追求、社会价值取向、政治制度和意识形态构成的理性系统。政策制定和实施必须经过论辩、协商。在这一过程中,不能用难懂的哲学理论,也不能使用深奥的方法,而需要运用政策制定者、公众、科学家每天使用的日常语言和明白的知识,才能保证对话是平等的、易行的。

强调理性协商。政策内容本身并非是经过演绎、归纳才确定的,也不一定与每个人的经验相符合,只是基于社会过程中知识主张的相对正确性。政策论证是政治利益相关者通过理性协商,重建知识主张的过程。

强调推理论辩。政策分析中的政策对话、论辩也要像法庭辩论一样,强调推理论辩、反证辩驳,经过一定的论辩程序,政策主张才能为公众所接受。

权威方式,基于特殊身份而使其论证具有可信度;直觉方式,以政策制定者的洞察力与判断力来支持政策主张;分析方式,以精致化的政策分析工具作为支持政策主张的基础;解释方式,以因果关系作为支持政策主张的根据;实证方式,以调查、个案比较、访谈的资料作为支持政策主张的根据;价值判断方式,以伦理规范作为支持政策主张的根据。

传统六段式结构论证的局限与补充

只适用于单一政策主张的论证，没有显示出不同的甚至对立的政策主张；结论论证过于简单，只有相对的意义；对于资讯的来源、可信度的标准、反证理由的正确性，等等，都没有说明；结论的论证不见政策利益相关者。政策分析论证应当让论辩主持人、裁判者、协调者、论证者、反驳者、听众都加入其中。

引入政策对谈。基于政策分析提供的政策主张，决策者与公众进行平等、恳切的对话、论辩、协商，以形成新的政策主张和行动方案。有两种政策对谈，一种是共识型政策对谈。通过讨论与对话，分析家、决策者与公众对政策主张形成共识，使政策主张趋于合理化、正当化，即"推理性的建议选择"。另一种是冲突型政策对谈。在价值目标不一致的情况下，分析家、决策者、与公众在政策主张上发生冲突，论证者需要说服反对政策主张的人，即"说服性的建议选择"。

要提出政策资讯来源，提出政策论证可信度标准，不同的政策主张，体现不同主体利益，呈现论辩和对谈的立论理由和依据，对反证理由辩驳。

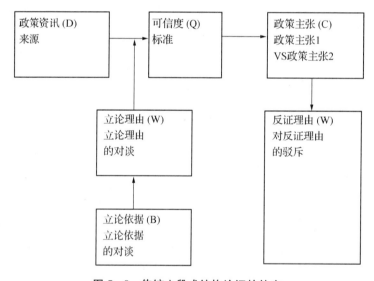

图 5 - 9　传统六段式结构论证的补充

§4. 公共政策分析的人员与伦理

§4.1　政策分析人员的专业角色

政策分析大师威尔达夫斯基认为，政策分析是一门科学，更是一门艺术。作为一门科学，它需要的是高度老练的"分析技术"；作为一门艺术，它需要的是运用自如的"政治技巧"。因此，要成为优良的政策分析家就需要以艺术手腕处理政治问题，以科学方法剖析政策问题。

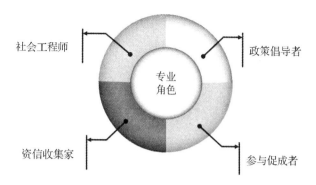

图 5-10　政策分析人员的专业角色

政策分析人员可以是设计发展的社会工程师、政策资信的收集家、政策倡导者，也可以是参与促成行动者。

§4.2　政策分析人员的知识素养

政策分析人员或政策分析家这一称号是 20 世纪 60 年代后期由著名公共政策学家德洛尔创造出来的。1967 年，德洛尔在《公共行政评论》杂志上发表了一篇文章，题目是"政策分析家：一个政府部门中新的职业性角色"[①]。此后，这一职业称号就开始流行起来。如果把政策分析这一概念的出现定在 1958 年，政策分析家这一称号则是在"政策分析"这一专门术语问世 9 年后才出现的。

从现代公共政策分析的需要来看，一个合格的公共政策分析人员应该具备如下方面的知识：

选择标准的知识：面对分析对象，懂得选择次要标准做出评价；

选择分析工具的知识：知道选择与创造定性与定量分析工具；

明确分析工作边界的知识：知道如何科学地对待分析工作的约束条件；

使用直觉思维的知识：善于掌握分析对象内部的隐含知识；

理论联系实际的知识：善于理解理论与实践的区别与统一；

政治知识：了解政策分析与政治过程的关系；

新分析工具的知识：善于不断地检验和改进政策分析的工具；

目标与结果关系的知识：善于运用一种或多种途径取得特定结果；

价值知识：善于了解自己的价值观、社会主流价值观。

当然只有理想型的政策分析人员，才可能完全具备上述各种知识要求。具体的政策分析人员可能只具备其中某些主要的知识，并且掌握这些知识的程度也是高低不一的。

之所以列出这些类别的知识，只是为了提供一个参照系，让已经从事政策分析工作或准备进入这一职业的人努力补充知识。政策分析本身是一个知识运用、分享、积累、创新的过程。政策分析人员所做的具体政策分析工作之所以不完美，固然有许多方面的原因，但知识掌握上的欠缺，则是影响和制约实际政策分析的重要因素。

---

① Yehezkel Dror. Policy Analysis. *Public Administration Review*，1967. pp. 193 - 203.

§4.3 政策分析人员的行为类别

虽然德洛尔举出了政策分析人员必须具备的种种素质,但就现代政策分析来说,这些专业素养只是基本的,仅仅具有这些素养,对于一个优秀的政策分析家来说,还是远远不够的。不管政策分析人员必须具备多少具体素养,所有这些素养都不外乎两大类:一类是属于分析能力方面的素养,另一类是属于政治能力方面的素养。一个合格的政策分析人员,应当分析能力与政治能力兼备。但是,在实际生活中,人们往往在素养与能力方面是有所侧重的。由此就会产生出不同类型的政策分析家。将政治能力分成高、低两类,将分析能力也分成高、低两类,两者结合,形成三类政策分析家,即职业型的政策分析家、政治型的政策分析家、技术型的政策分析家。

行政型政策分析人员

这一类型的政策分析人员长期在行政部门工作,一般能说会写,既具备较强的文字能力,又具有特殊的语言表达能力。他们从事政策分析的动力中相当大成分是试图借助于这一工作来表现自己的政治与行政才能,从而取得在政治上和行政职位上进步和升迁的机会。行政型的政策分析人员具有一定的分析能力,但是,他们更多是具有处理政治和行政事务的能力。在个人能力结构的优化上,他们更多是考虑从前辈那里吸取有用的政治与行政的经验。

行政型的政策分析人员在进行政策分析时,总是将政治可行性置于首位。而在处理政策与政治、行政的关系时,他们特别注重的是他与领导之间的关系。行政型政策分析人员很善于将政策与政治、行政的关系置换为政策与其领导的关系,遇到不同意见时,他们会坚决地站在领导一边,从维护上级领导出发来选择或设计政策方案。

行政型政策分析人员在工作中不过分讲究技术和方法,他们比较喜欢在分析人员之间,在决策者之间做协调与沟通工作。在分析与协调的比例上,他们倾向于综合、协调,不倾向于创新。有时,他们也强调分析,但强调的目的只是展示个人的影响力。行政型政策分析人员注重的是政策的短期效果。

技术型政策分析人员

这一类型的政策分析人员具有学术研究的气质和习惯。他们之所以有很大兴趣从事政策分析,其主要动力是想从中获得进行公共政策学术研究的机会。因为政策分析工作可以提供人们观察政策过程,特别是了解决策的内部情况的条件。技术型的政策分析人员关心的是政策分析中技术和方法发挥作用的程度,以及如何创造出新的技术和方法来优化政策制定系统。

技术型的政策分析人员过分相信技术和方法的功效,他们一般具有较强的分析能力,但缺乏政治与行政上的主动性。技术型政策分析人员不一定缺少政治和行政能力,只是他们认为政策分析是中立性的、技术性的,政治与行政问题应当交给高层政治与行政机构去考虑,政策分析人员则应当多从理性方面为上层机构提供更多的政策建议。

技术型的政策分析人员在对具体政策做分析时,往往注重细节,讲究专业知识,喜欢构建各种政策模型。他们以为模型解决即使不能解决一切问题,也能解决大部分问题。因此,他们十分重视信息的收集、加工,不断地修改模型。技术型的政策分析人员常常是着眼于政策的未来和长远影响。

职业型政策分析人员

职业型政策分析人员兼有行政型和技术型政策分析人员的特点。他们更多将政府看作进行社会公共服务的大企业。从事政策分析的动力既来源于他们对政策分析职业的爱好,也来源于一种公共精神,即摆脱私利为社会进步、为公众利益服务的精神。职业型的政策分析人员既具有行政的经验,也具有学术研究的才能,他们试图将两者在工作中结合起来。

职业型政策分析人员关心政治形势的变化,也关心行政体制的变革,他们分析政策时,不回避政治、行政因素。只是他们不会将政治、行政因素与某些行政领导人的好恶等同起来,不会将政治、行政因素庸俗化。他们重视政策分析中技术和方法的作用,但也不会将技术、方法绝对化。职业型的政策分析人员所关心的是如何将政治因素与技术因素合理地统一起来。

职业型政策分析人员重视政策制定中的人际关系,主张必要的政策辩论,在论辩中达到沟通与协调。他们同样重视专业的作用,尽量地向自然科学家和社会科学家咨询、请教。另外,他们很重视政策制定中的民主,广泛听取公众的意见。职业型的政策分析人员在分析过程中努力将政策的短期成效与长远效应结合起来。

标准 \\ 类型	技术型	行政型	职业型
中心动机	争取以政策为取向的研究机会	争取个人地位和个人影响	追求实现个人政策偏好的机会
成功标准	强调工作品质以满足自我	注意有利于自己的政治同盟者	接受能实施的政策有利于受益人
主要技术	讲究细节与知识	讲究沟通与协调技术	讲究知识沟通与协调的技术
影响时间的长度	长期的效果	短期的效果	长期与短期的平衡
对政策分析的态度	采取客观的、非政治的立场	反分析,将分析作为表现个人影响力手段	政治与分析的将分析作为影响力手段

图 5－11　政策分析人员的行为类别

§4.4　政策分析人员的专业伦理

政策分析人员专业伦理倾向衡量

可以从三个向度来衡量伦理倾向。分析结论的明确性:结论是明晰的,还是含糊的;对雇主的忠诚性:忠于委托人,或与之保持距离;美好社会的坚持性:坚信美好信念,或听信于雇主。对应三类政策分析人员:客观技术者、雇主拥护者、理想坚持者,其伦理倾向是不同的。

政策分析人员专业伦理倾向

对于客观技术者来说，其伦理倾向表现为：分析结论明确，用分析来说话，预测结果；不太在意自己的政治前途，和雇主保持距离；对理想价值坚持，听命于雇主。

对于雇主拥护者来说，其伦理倾向表现为：很少产生明确结论，利用含糊立场为雇主辩护；对雇主忠诚，在意自己进入政治过程；改变雇主对美好社会的认识。

对于理想坚持者来说，其伦理倾向表现为：很少产生明确结论，在无法支持倡导时，含糊；采取机会主义态度，改变雇主坚持政治议程；政治分析是实现美好社会的有效工具。

政策分析家与主雇的关系模式

代理模式：政策分析家只听命于主雇的意见。

契约模式：政策分析家与主雇关系以法律、伦理为准绳。

友情模式：政策分析家与主雇是伙伴关系，相互体谅。

信任模式：政策分析家与主雇建立相互信任关系。

政策分析人员处理伦理冲突的策略

直言与抗议策略。政策分析家可以在机构内部以非正式的渠道向直接管辖的行政首长制定的政策表示异议、抗议，直到发出最后通牒，以期改变既定政策。在这种策略中，政策分析家为坚持立场，会付出较大代价。

辞职与离开策略。当政策分析家在对既定政策感到有价值偏差、伦理缺陷，经抗议仍无回应时，则会提出辞职，选择离开。这会对其职业和生活带来影响。

不忠诚策略。政策分析家不同意某项政策时，采取将其中部分内容透露给大众媒体、政治精英、利益集团首领，以引起机构外的抗议。采取此种策略会引发道德问题，也会产生泄密的争议。

辞职时揭发策略。政策分析家在不同意某项政策时，为了避免道德问题和泄密的争议，可采取辞职时向公众、媒体讲清楚某些政策在价值和伦理方面导致的危害。

二、政策词典（英汉对照）

公共政策分析
public policy analysis
公共政策分析人员
public policy analysts
描述性政策分析
descriptive policy analysis
批评—反思性政策分析

criticism-rethinking policy analysis

规范性政策分析

normative policy analysis

前瞻性政策分析

prospective policy analysis

回溯性政策分析

retrospective public policy analysis

公共政策分析框架

public policy analysis framework

公共政策资料

public policy data

公共政策信息

public policy information

公共政策知识

public policy knowledge

公共政策主张

public policy claims

公共政策分析交流

public policy analysis and communication

公共政策文件

public policy documents

公共政策分析利用

public policy analysis and utilization

行政型公共政策分析人员

public policy analyst of administration type

政治型公共政策分析人员

policy analyst of politics type

职业型公共政策分析人员

public policy analyst of occupation type

三、知识补充

知识补充 5－1：前科学时期的政策分析

公共政策分析的历史要比公共政策学科产生发展的历史更为长远。现代公共政策分析是在传统政策分析基础上发展演变而来的。只有了解公共政策分析活动的历史，并了解传统政策分析的缺陷，才能更好地明了现代公共政策分析需要肩负的任务和坚持努力的方向。

不少研究公共政策分析的人都以为公共政策分析活动是从 20 世纪五六十年代政策科学运动出现以后才发展起来的一种专门知识门类和特殊的才智职业。

其实，从人类社会出现公共管理机构以后，当人们遇到公共问题时，就需要对是否采取和采取何种集体行动做出决断。为了保证公共机构做出的集体行动决定具有合理性和合法性，就需要有专门的人员提供信息、知识和主张，进行预测和给出行动建议。

这些早期的政策主张和行动的建议者们被称为政治顾问。戈德汉姆（Herbert Goldhamer）在《顾问》（*The Adviser*，N. Y.：Elsevier，1978）一书中指出，政治顾问自出现开始，就未从政治舞台消失过。戈德汉姆虽然将马基雅维利视为出类拔萃的君主顾问，但他同时也提到了古代希腊、中国、印度的卡尔丹、韩非子、考提尔亚等人。他们所从事的活动就是公共政策分析，只是现代的政策分析是一项超越马基雅维利的事业。

在前科学阶段的政策分析活动中曾经出现过：符号专家、论辩专家、职业政治家、政策知识专家、政策建议职业家。

为政策行动作策划的符号专家。在古代中东的两河流域、印度恒河流域和中国的长江黄河流域产生了比较早的国家和城市。在耕种季节开始时，或在战争发动之前，或在干旱祈求苍天降雨时，总要请来一些专门的人采取一定的仪式，预言一年中收成的丰歉、战争的成败和雨水的多少。由于这些术士、阴阳先生大多采用宗教仪式、魔法等神秘主义的象征手段来预测未来，所以拉斯韦尔称他们是"符号专家"。虽然人们相信符号专家的成败取决于程序、方法和法力，但实际上他们活动的结局最终仍然取决于有权者能否听从他们的建议和忠告。

个别提供政策相关知识的论辩专家。在古代希腊，为统治者提供知识的谋划者是柏拉图。亚里士多德为马其顿的国王亚历山大当政策指导者。马基雅维利为意大利的君主指导统治术。在北印度的玛雅帝国，考提尔亚是策划家。在春秋战国，韩非、吕不韦、商鞅也都是策划家。他们支撑行动建议的工具是哲学原则。这时的政策指导者只是个别的人，善于游说、论辩，依靠个人的辩才，还没有形成一个受教育的阶层。

被招募提供政策建议和技术展示的职业政治家。在中世纪的欧洲、印度、中国、日本，出现了一批由国王以及诸侯贵族招募的幕僚。他们各怀绝技，围绕统治者夺取霸权、发展金融、赢得战争和制定法律等方面的事务，在政策制定和执行上，提供知识和技术方面的支持。这些职业政治家得到国王的信赖和供养，不受实际政治和权力的影响，也很少受经济利益的诱惑，是专业官员或职业政治家。他们回答征询时支持论据的手段是权威呼吁、引经据典和规则习惯。

以经验数据为手段近代的政策知识专家。1790 年在美国和 1801 年在英国分别进行了人类历史上最早的人口普查。随之，国家数学（统计学）和人口学开始成为专门学科。相应也出现了由银行家、工业家和学者组成的统计协会。在伦敦和曼彻斯特的统计协会中,还雇佣"有酬代理人"进行问卷调查。他们主张用数量陈述和表格来组织事实。

到 19 世纪,欧洲的经验研究已经取得很重要的进展。法国的弗雷德里克·李·普莱(Play,1806—1882)在《欧洲工人》一书中对几个欧洲国家工人家庭的收入与开支做了详细调查。德国的厄恩斯特·恩格尔(Engel,1821—1896)则以统计形式表述经验数据。在英国,梅叶在其著作《伦敦劳工和伦敦贫民》中对 19 世纪 50 年代伦敦城市底层的劳工、小贩、表演者和娼妓进行了调查。另一名英国学者布斯为了说明"贫困、疾苦和堕落同家庭固定收入与相对舒适程度的数量关系",调查工作涉及了数百万人。

政策建议的职业化。在政策科学学科正式建立前的 20 世纪初,特别是在第一次世界大战期间,在威尔逊的独立行政和胡佛的共和制行政思想作用下,政府号召社会科学家们提供关于政策制定与政府行政的实际建议。当时一批社会科学家在美国进行了两项重要调查:近来的经济趋势、近来的社会趋势。这样,原先由银行家、企业家和记者组成的提供政策建议的混合群体,现在由从事教学和研究的大学教授们取代了。

这种情况到罗斯福新政时代就更为显著。新政时期的国家恢复管理机构、工程项目管理机构、安全与贸易委员会、联邦住房管理机构、国家计划委员会,都雇用了大批社会科学家。他们的任务是调查政策问题并提出解决的方案。

特别是国家计划委员会成员被看成"收集与分析事实,观察政策的执行与相互关系,在全面调查和深思熟虑的基础上,经常提出国家办事程序的可替代性方针建议的全体参谋人员"。

第二次世界大战给社会科学家提供了展现他们解决实际问题才能的极好机会。这一时期调查研究的成果为战争情报处、战争生产委员会、价格管理处所利用。军事和民事部门依靠社会科学家解决国家安全、社会福利和防御方面的问题。在战争期间,社会科学家还对战争中士兵的倾向性与士气、部队人员的调整与战绩、士兵对大众沟通的反应等问题进行了分析。

这些说明,政策制定者需要求助于社会科学的研究者。政策制定不仅需要事实,也需要用推理和结论作为政策的基础。

对有权做出决策的人提供行动建议的活动虽然从古代起就出现了,但到 19 世纪中叶,才出现了重要转折。从依赖巫术、宗教仪式、神秘主义,到依靠哲学原则,权威呼吁、习惯、发展到依靠调查、统计和数据。也正是在这一转折点上,西方文化和东方文化对政策分析的方式产生了差异。从此以后,在西方,人们就将实证、量化和技术这类自然科学的研究手段视为科学和理性,而将哲学、政治学对价值和整体的判断视为非理性,排除在科学之外。

知识补充 5-2:政策科学阶段的政策分析

在 20 世纪 50 年代政策科学诞生以后,公共政策分析不仅成为政策活动和政策科学知识的重要组成部分,而且,作为一种专业、才艺和职业,也经历了从创立、创造到发展的过程。

在政策科学阶段的公共政策分析专业的形成和发展中先后经历过下列阶段：设立系统分析单位、建立政策分析办公室、政策分析专业化、超越官僚的政策分析。

拉斯韦尔对政策分析的重视。公共政策学科之父拉斯韦尔对这一学科抱有很大的希望。他强调政策科学应当具备的是跨学科的广泛知识，应当提供的是改善民主实践所需要的政治知识。要建设的政策科学应当是民主的政策科学，其中已经包含分析的要求。

德洛尔对政策分析的提倡。20世纪六七十年代是公共政策分析得到倡导的时期。以色列政策学家德洛尔认为在政策分析的早期阶段上的确是经济学对公共决策制定的积极渗透和介入。"在远远超越经济政策制定的领域，经济研究途径对于政策制定也有作用，因为人们把每个决策都看成不同选择间的资源分配，好像也是经济问题。"

设立系统分析单位：兰德公司。美国的政策分析工作是二战结束后从军队系统开始的。美国军事和国防部门战后重视科学计划和分析工作，为此建立起一批民间的研究分析机构。兰德公司就是其中之一。

兰德公司是位于美国加州圣塔摩尼卡的一家非营利性的组织。它创立于1948年，是从"道格拉斯飞机公司"分离出来的，专门为政府，尤其是国防部进行分析工作的机构。该公司的宗旨是"为美国公众福利，促进与提升科学的、教育的与慈善的目的"。

兰德公司的建立和运行与麦克马拉是密不可分的。时任美国国防部长的麦克马拉，原先毕业于哈佛商学院，曾担任过福特汽车公司总经理。他对那些能够产生资料的分析技术和理性架构充满信心。他希望以理性和技术为基础来展开政策分析。结合兰德公司的经验，麦克马拉要求兰德公司的参谋，同时又是国防部的审计官希契（Hales Hitch）为国防部的分析议程"计划、方案与预算制度"建立起负责任的"系统分析单位"（Systems Analysis Unit）。

政策分析的连续事项。这种分析单位就是在国防部中成立的带有自主性的政策分析办公室。其任务是给决策者提供有系统的、理性的、以科学为基础的计划目标，包括形成典型政策分析的连续事项：辨清问题，不同选择的发展，目标与标准的描述，评估选择的影响，评估未来的结果，行动的建议。由兰德公司发展起来的"计划、方案与预算制度"的理论基础是个体经济学理论、福利经济学和决策理论，这一制度包含的分析技术有运作分析，成本效益分析，方案、预算和系统分析。这一制度成功地将学术的研究转变为实际的资源分配分析。

在这种政策分析办公室中，分析家无论地位高低，都可以直接接触国防部的顶层官员，而无须经过复杂的命令连锁才能行动，他们对部长效忠，寻求控制与处理巨大部门的效率，除了提供计划、方案和预算外，分析家还向联邦政府介绍成本效率分析、运作分析、系统分析、线性规划方面的技术。

在这种政策分析办公室中，技术人员不可能具有深层知识，也不了解具体政策的运行，他们的专长是使用分析的技术。他们虽然也被认为是专家，但并不属于官僚专家的领域,这些属于幕僚的人员都只是短期的政治任命者,而非终身的公务员。相当多的人员刚刚获得博士学位,在办公室中被训练成为经济学家或运作研究员。他们之中的多数人则从兰德公司前往华盛顿,去做一些过去做过的类似课题。许多人在工作时,还挟带着过去与智库、顾问人员、大学以及其他分析组织的关系。

"计划、方案与预算制度"有三个目标。首先,这一制度提供了在决策上实施整体控制的机会。国防部下有陆、海、空等独特与分立的军种,通过 PPBS 制度,国防部长可以从整体上控制实行分权指挥的军事部门。其次,这一制度试图提升分配和运用资源的效率。在原有模式下,许多机构和组织在功能上、责任上重复、重叠,组织绩效非常低下。运用这一制度后,资源配给的效率得到提高。第三,这一制度相信可以通过增加知识和运用知识来产生好的决策。

建立部门政策分析办公室。这种在 1961 年由美国国防部建立的决策分配制度,后来经约翰逊总统将其传播、扩展运用到联邦政府的其他部门。20 世纪 60 年代约翰逊总统提出了"大社会计划"和"向贫困宣战计划"(Great Society, the War on Poverty Program),并下令批准联邦机构招募人员从事计划、分析和项目发展工作(招募)。

据《纽约时报》(*The New York Times*)报道,约翰逊总统在内阁会议上指示内阁官员"在整个广大的联邦政府内,立即引介崭新与具有革命性的'计划、方案与预算制度',由此,可以充分承诺带给每一个美国人更好的生活,而成本可能最低","方案分析最时尚的方法,可以确保由更正确的资讯而作更周全的判断,精确指示我们应该做什么,注意我们可能该少做什么"(制度化)。

1965 年 10 月,美国联邦预算局给所有的联邦部门和单位颁布一项指令,要求各部门和单位成立中央分析办公室,对所有获得通过的预算,应用"计划、方案与预算制度"的分析途径加以分析。许多幕僚人员也被送往不同的教育机构学习"计划、方案与预算制度"中使用的分析方法和技术(指令)。

20 世纪 60 年代在联邦政府中建立了四个著名的部门政策分析办公室。

"经济机会办公室":研究、计划、方案与评估办公室(The office of Research, Plan, Programs, and Evaluation, RPP&E);

"健康、教育与福利部"与"健康与服务部":计划与评估助理部长办公室(The office of the assistant secretary for Planning and Evaluation,ASPE);

内政部:政策分析办公室(The office of Policy analysis in the Department of the Interior);

外交部:政策计划幕僚(The Policy Planning Staff)。

威廉士曾经评述过经济机会办公室政策分析工作。他指出:"首先,研究、计划、方案与评估办公室支配了经济机会办公室的计划工作。""其次,面对有关穷人的环境与行为资讯的不足,研究、计划、方案办公室支持主要的调查研究计划,包括对穷人的两年观察。""第三,研究、计划、方案办公室通常鼓励对贫穷的研究,并且更专门提供基金。第四,研究、计划、方案办公室资助了第一个主要的社会计划评估,以及首要的大规模试验。经济机会办公室是一个很小的单位，其许多责任散布到整个联邦政府"①。

这是一个"方案协调办公室"，其首位主任戈汉（William Gorham）是麦克马拉在国防部时的专家之一。8位幕僚人员向助理部长提出报告，然后助理部长向副部长报告。小参谋团体的最初功能是限定于回应"计划、方案与预算制度"的需求。据其中一位1965年就加入原始幕僚集团的工作人员芮琳回忆，他们的工作是将分析及有系统的思想与计划及有顺序的场合结合起来，并试图评估新方案，使得工作尽可能有效率。

政策分析专业化产生出一批政策分析家。政策学家林恩指出："25年前，自觉地结合政策分析与政策分析家似乎是新的事物，就像庞大、复杂的政府组织的主要方向是一原则问题。新的幕僚官员团体——政策分析家——只能回应组织的资源行政人员，是被赋予接触行政人员的特权，以及被授权以各种说法为行政人员发言立论。几乎在一夜之间，年轻人的观点、受过专业训练的分析家成了重要问题，而在可见与断然的问题上，成了全国的重要事情。"（Laurence Lynn, Policy Analysis in the Bureaucracy: How New? How Effective?）

一种新的职业角色也应运而生。德洛尔在《公共行政评论》上发表"政策分析：'政府新专业角色'（A New Professional Role in Government）"的研究文章，定义政策分析家的特点是政府的幕僚官员。政策分析是"在政府服务中，一个重要的新专业角色"。他认为在政策分析中，"更先进的专业知识形态，可以用于为公共决策制定的改善，具有意义重大的利益"，"政策分析由于有更具系统的工具的帮助，容许更充分的考虑较广泛的一套选择"。

德洛尔认为，政策幕僚应该是有高深素质的专业人员，他提议政策分析幕僚的半衰期应接近3至多年。政策分析的所有工作都是严密的秘密，应当在少至15人，最好在25至30人的团体中工作。德洛尔所说的政策分析人员属于政策研究的下层结构，主要包括智库、顾问、专家、资源人员、特设研究团体、大学研究中心，等等。他还指出，政策分析家不应当介入诸如行政改革、执行管理、组织建构等问题。"介入这类问题，只会毁灭政策分析的本质，因为政策分析着重于政策制定。"

20世纪70年代是美国政策分析进一步发展的时期。70年代初，由于私人基金会的支持，哈佛大学、加州大学伯克利分校、卡内基美隆、兰德研究中心、密歇根大学、宾州大学、明尼苏达大学、奥斯汀的得克萨斯大学，都实施了公共政策研究方案，培养了大批硕士生，着重训练了一批专业人员进入政策分析领域。

美国联邦官僚机构内形成不同的分析人员。梅兹纳在《官僚组织中的政策分析》（Arnold J. Meltsner, Policy Analysis in the Bureaucracy）中指出，政策分析家强调两种不同方面的技术性与政治性。强调技术性的分析者有堆满报告的书桌与架子，他们把自己看成客观的科学家，强调政治性的分析者是要求行动的人，看重自我的提升和发挥个人影响，能够满足周边的委托人。

政策分析家活动的世界。梅兹纳认为，政策分析家的世界是由同心圆构成的。

---

① Walter Williams. *Honest Numbers and Democracy*. Washington, D. C. : Georgetown University Press, 1998.

分析家在中心,周边环绕着委托人,委托人又为组织所环绕,最终组织又被政策问题所环绕。虽然政策分析人员不断地试图超越技术性技巧,但是技术性技巧仍然是最为主要的。一个人即使没有组织的或政治的现实经验,但能够进行成本效率分析,展现自己擅长于线性规划,这也是让人尊敬并内心愉快的事情。

20世纪70年代中后期美国国会通过了项目绩效评估的立法,这项法律要求联邦各级政府部门提高评估人员素质、增加评估人员数量。国会除了原先设立的独立审计和评估机构总审计局外,还成立了新的预算局和技术评估局。州政府和地方政府为了适应与联邦政府协作项目和自身项目的绩效评估,也增加了政策评估人员。一些私人咨询公司也被雇佣到各级政府中来参与项目绩效评估。

政策分析走向专业化。20世纪80年代中期,美国公共政策分析开始趋向专业化。政策分析领域有了自己的期刊,有了专业学位,有了自身的专业和职业认同。政策分析的功能也基本确定下来,主要包括计划、评估与研究。但政策分析与预算的关系并不明确。在早期的"计划、方案与预算制度"中,政策分析与预算是紧密相连的。但到70年代,有些地方将政策分析与财政决策开来。至70年代后期实行"零基预算"时,联邦和州的政策分析才重新将两者结合起来。

超越官僚的政策分析。20世纪80年代,政策分析除了在政府官僚组织中发展以外,也在政府之外扩展。早在70年代末,政策学家威尔达夫斯基就指出政策分析采取一个打击一个,如果只计算官僚以外的所有政策分析家——在利益集团,国会委员会、各部会、大学与智库——这些分析家安坐在依法设定的机构里,操纵一切事情,却不必为任何事情负责。而其中立法部门、智库、利益团体的政策分析则更加受到人们的关注。

立法部门的政策分析。20世纪70年代以后,美国国会开始对政策分析感兴趣。一些国会掌控的政策分析,确实在能力上超过了行政部门,但立法部门的结构即混乱的委员会制,又的确不利于政策分析。因为立法委员们虽然占有职位,但缺乏时间,而且只擅长口头论辩。立法部门在政策分析中,对政策问题的分析主要取决于社会价值的选择,而不是分析技术。

智库的政策分析。至20世纪80年代,美国联邦政府政策分析的重心向由专业的政策分析人员组成的、活动在政府之外的智囊团体转移。

在整个20世纪,智库在美国社会都具有重要影响。美国人一直致力于在智库中将知识与权力结合起来。这主要是受美国的分权制、非意识形态政治、文官服务的行政与政治文化的影响。同时,社会慈善人士群体的形成、基金会的发展、社会科学的繁荣、政策分析专业教育的发达也为智库的发展准备了条件。

美国学者史密斯认为,美国至20世纪90年代至少有1000个以上的私人非营利性智库,其中约有100个智库是在华盛顿地区环绕华盛顿特区运作。其中包括传统的智库,布鲁金斯研究中心和都市研究机构,更多的是新兴的智库。其中许多是研究政策议程的。但是史密斯也公正地指出,智库对政策的分析,其姿态很有点像利益集团。有些智库中的人员所做的工作,并非是客观的论证和预测,而实际上变成了政府机构的扩展。

政党的政策分析。在美国党派竞争中,原先自由派的民主党看重政策分析和评估,试图通过政策分析来创立新的政府项目。后来保守派的共和党则发现可以通过政策分析来取消自由派的某些公共项目。正是基于这种目的,保守派的政策智囊发展得非常快。自由派民主党的智囊机构中最有代表性的是布鲁金斯学会(Brooking Institution)。保守派共和党的智囊团的代表则是企业公共政策研究会(American Enterprise Institution for Public Policy Research)。

利益集团的政策分析。在 20 世纪 80 年代,利益集团发现,为了介入政策议程,掌握一定的分析技术是有用的。一些利益集团投资雇佣或培养政策分析的幕僚,以便在内部形成并提升政策分析能力。利益集团的政策分析的主要功能是搜集支持他们政策立场的原始资料,或显示在官方的政策分析之外还存在其他选择,有时,利益集团中的政策分析产生的观点要比政府部门和智库所表明的观点更加明确。

知识补充 5-3:传统的政策分析中存在的弊端

首先,传统的政策分析将技术手段功能绝对化。远古时代政策的谋划者依赖巫术和宗教手段证明自己的预言,古希腊、古罗马人知道应用权威、哲学原则来论证行动建议的重要性。而在 20 世纪六七十年代乃至今天的许多政策分析者,则过分相信从自然科学和经济学中移植的技术能解决分析中的一切问题。

之所以如此,和传统的政策分析持有片面的理性认识是分不开的。传统的政策分析家在借鉴自然科学方法和技术时,未能区分社会现象及过程与自然现象过程之间存在的差别。自然科学研究的对象只是人类社会生活中非常小和非常少的一个部分,而且是非生命的或只具有低级生命的那一部分。不能将其思维方式简单地移植到研究高级生命活动的社会科学研究中来。不能以自然科学的思维习惯和原则作为理性的标准。

传统的政策分析轻视了分析中更为重要的社会选择。事实上,在公共政策分析中,实证的技术、实验的技术、经验效用分析的技术固然很重要,但它们在政策分析中绝不是主要的,它只能是社会论证、观念思考、价值选择的补充性手段。

传统的政策分析无视社会规范和理想。事实与价值的两分,源于政治与行政两分的观念,表现为事实判断与价值判断、经验研究与规范研究的对立。这种分离和对立又是以牺牲和无视价值、规范的作用为代价的。

传统的政策分析忽视社会生活意义。传统的政策分析者忘记了社会生活是按价值组织起来的。社会生活是组织起来的人们追求目标和意义的、有秩序的、有理想的生活。社会生活的意义、人类的目标和理想决定和影响着人们对社会问题的见解,影响着人们对解决社会问题途径和方法的评价。人们不仅在选择社会价值取向,也会选择符合价值需要的研究技术和工具。

第三,传统的政策分析根本没有将政策分析活动和政治民主实践结合起来。传统的政策分析者将政治视为非理性,总想远离政治。当然不会把政策分析与政治民主结合起来。正是在回避政治,远离民主这一点上,传统的政策分析没有能遵循拉斯韦尔最初为政策科学发展所规定的研究原则。

传统的政策分析只服务于少数人。有两种方式可能将政策分析的民主功能丢失。一种方式就是将政策分析完全封闭在技术分析的范围内,不让政策分析与政治发生关系。另一种方式是只让决策者去知晓和利用政策分析的建议和信息,而不让这些结论呈现给其他政策利益相关者,特别是公众。政策分析的成果就不能成为对话和论辩的资料,对民主实践就起不了作用。

最后,传统的政策分析只求给出行动答案。传统的政策分析者认为,给出解决问题的答案是政策分析的唯一宗旨。但是政策分析具有的谋划职能、参谋职能、预言职能与自觉的知识创造是不同的。虽然拉斯韦尔也强调过政策分析应当具有实际目标,即能有助于旨在解决社会问题的公共政策的制定,但是,解决和实现实际目标的有效方式是批判性的创造知识。

传统的政策分析只注重具体手段,不积累知识。在公共政策活动中,政策制定过程中的知识则必须由政策分析者提供。政策分析者提供的知识又有两类,一类是具体政策的相关知识,另一类是从具体的政策信息、政策知识中沉淀下来,积累起来,升华出来的政策分析方法论的知识。

传统的政策分析没有将政策分析的重心转向知识创造。在现代社会中,知识创造包括三个维度:事实的经验主义分析、社会意义的阐释、社会的政治批评。因此,知识创造中就包括实证的、阐释的、批评反思的要素。正是这些要素将事实和价值、分析和民主结合起来。

知识补充 5-4:政策分析中的知识与理论

公共政策是针对一些具体社会公共问题而制定的约束人们行为的某种规范。因此,政策分析常常需要一些专门的理论和知识。但是,只要是政策分析,它们就有某些共同的东西,需要某些共同的理论和知识。研究政策分析和知识、理论之间的关系,掌握政策分析中必须具备的理论和知识,才能保证每一个政策分析人员胜任自己的工作。公共政策分析需要多方面知识的支撑,大致有如下类型。

常识和相关专业知识

公共政策要解决的是与人们的日常生活密切相关的社会公共问题。因此,进行政策分析时,分析人员必须掌握一定的与政策问题相关的社会常识。常识是人们在社会生活中必须知晓的,经过人类世世代代实践所证实的、保证人们正常生活所必需的知识。如果制定的政策违反了人们的常识,必然难以实施。若将这种政策强制推行,则会造成失败。但是,有时因为某种错误思想的影响,或者某种权威的不正常作用,制定出来的政策居然就是违反常识的,这种例子在中国的经济、政治、文化生活中并不少见。政策分析人员如能对这类政策进行判断,就需要相关常识的帮助。

但是,政策分析作为一种艺术和职业,又要求分析人员必须具备专门的知识。这些专门的知识主要包括三大类:一是关于公共政策的性质、结构、功能、环境以及运行过程的知识;二是关于对政策方案进行分析的方法与技术的知识;三是关于对政策的制定、执行、评估构建各类模型的知识。对于政策的决策者、执行者、评估者来说,不可能要求他们对上述三类知识都掌握,但是,对于一个合格的政策分析人员来说,他必须系统地掌握并熟练地运用上述全部的专业知识。

自然科学知识与社会科学知识

公共政策所要解决的政策问题涉及社会公共生活的方方面面，有时，某些公共政策还涉及个人、家庭生活和企业生产经营的某些方面。因此，公共政策是与自然、社会联系在一起的行为规范。公共政策内容的广泛性对政策分析人员的知识基础提出了严格的要求。首先，政策分析人员必须具备多方面的自然科学知识，尤其是各种新兴学科的知识。当然，一个人的自然科学知识必然是有限的，在科学分化的今天，我们不可能要求每一个政策分析人员都是百科全书式的自然科学家。对于政策分析中遇到的自然科学方面专业性很强的问题，可以向有关方面的专家、学者咨询，甚至请他们作专门指导。但对于政策分析人员来说，掌握有关自然科学方面的一般知识还是必要的。这些知识可以帮助分析人员对政策内容进行正确分类，有目的地进行咨询，聘请对口的专家、学者加以指导。

公共政策要解决的问题都发生在社会生活领域，即使是自然科学中的问题，也是同社会生活联系在一起的。因此，作为一个政策分析人员必须具备社会生活的专门知识。社会生活是一个比自然界更为复杂的领域，随着人类社会的发展，社会生活的分化日益细致。社会生活的知识分属于不同的学科。在今天，社会科学的学科也越来越多。在进行政策分析时，我们同样不能要求每一个政策分析人员具备所有领域的社会科学知识，作为弥补，可以在进行实际的政策分析时，咨询和聘请有关方面的专家。但是，对一个专门从事政策分析这一职业的人来说，具备起码的、一般的社会科学知识还是必需的。

经验知识和规范知识

在政策分析中，无论是相关常识与专业知识，还是自然科学知识和社会科学知识都包含着经验的成分与规范的成分。政策分析知识中包含的经验成分可以称作经验知识；其中所包含的规范成分可以称作规范知识。这两类知识或知识的两种成分在政策分析中既有优点，也有各自的不足。只有将两者结合起来，才能保证分析的全面性。

经验知识是人们经过自身实践而获取的知识。由于经验知识与人们的个别体验、操作有关，因此，经验知识往往是个别的、偶然的，如果将这种个别的经验绝对化，经验会变成过时的、保守的东西。但是，经验的特性或属性绝不止这些。人们由切身经验所形成的知识包含着合理的内容。当一种经验知识所赖以产生的条件相似时，经验中包含的结论就会再次出现。人类历史发展中许多现象、事件都带有类似性、相似性，因而经验知识就不完全是个别的、偶然的、非理性的，相反，经验知识具有普遍性、必然性和理性。在政策分析中，分析人员必须合理、科学地使用人类已有的经验。只要将经验知识限制在一定的时间、空间和条件下，并且不断地用新的经验来补充，经验知识就是人们分析政策的有用工具。

规范知识是以大量的个别知识、偶然知识为基础，经过逻辑加工而形成的带有必然性和普遍性的知识。规范知识也是重要的分析工具。知识的必然性、普遍性反映的是社会生活、现象和过程的规律和发展趋势，在政策分析中运用规范知识，可以对政策目标的确立、政策方案的选择提供标准。但是,规范知识仍然是有限的知识,一方面,规范知识本身也需要增加新的内容;另一方面,规范反映的只是一般规律和普遍情况,而政策总是具体的,政策实施的环境是变化的,因此,规范知识离不开经验知识的补充。在政策分析中,只有把经验知识与规范知识有机地结合起来,才能从分析中得出可靠的结论。

显性知识和隐性知识

在政策分析中,人们运用的知识还可分为两类:一类是显性知识,也可称为明确表达的知识;另一类是隐性知识,也称为不能明确表达的知识。

所谓显性知识,人们通常理解为是借助于声音和图形能够表达出来的东西。这些知识通常是有形的或有声的,比如言词、图表、分式、符号,等等。其实,这只是人们掌握的知识的很少的一部分。这类知识是人们看到的和听到的,即显现出来的部分。凡是显现出来的或明确表达的知识,都具有逻辑特性。在现代技术条件下,显现的知识是有逻辑结构的知识,一般是可以编码的,它可以转化为数字形式远距离、无损耗地传输。

事实上,人类实际掌握的知识总量远远超过了显现出来的知识。人类所知道的要大大多于他所能表达的,像个人的直觉、顿悟、体验等心理的东西,只可意会不可言传,它们是人类一直在使用的知识,只不过没有被明确表达出来而已。这些就是所谓隐性知识。在政策分析中,人们经常使用通过亲身经历而体验的隐性知识。但由于这类知识未经明确地表达,没有建立起严格的逻辑关系,因而在进行政策分析时,它们只能作为假设前提而被政策分析人员所用。

在公共政策分析中,政策分析人员必须有坚实的理论基础。有不少人把政策分析仅仅看成技术和方法,而轻视政策分析中的理论训练和运用。这不仅对具体的政策分析有害,而且会影响整个政策分析的发展。理论是运用范畴、范畴间的联系、若干范畴组成的群体来反映客观世界及其运动、变化规律的体系,理论可以帮助人们获取、处理和应用知识。比如,理论可以以编码的形式帮助人们记忆,理论可以启发人们去思维,理论可以提供行动的指南,理论可以知识结构化,理论还可以通过变换产生出新的概念,等等。

政策分析中通常使用的理论有三类,即认识理论、因果理论和系统理论。

认识理论

认识理论主要解决人类认识的来源、结构、影响因素、形式及检验标准等问题。科学的认识理论强调,实践既是认识的来源,又是认识的目的和检验标准;强调认识是一个辩证的发展过程;强调世界的可知性和认识的无限性。在政策分析中,认识理论可以帮助人们正确地理解政策问题与社会客观状况的关系,正确认识政策效果预测与政策实际结果的关系,正确认识政策模型与政策实践的关系。

进入政策议程的政策问题既有客观性的一面,也有主观性的一面。政策效果预测是以过去的经验和人类总结出来的逻辑关系为依据的理性推论,它的正确性最终要由政策实施的结果来检验。正确的政策模型之所以能帮助人们去指导政策行动,在于模型与实践之间有某种对应性,但模型不等于实践,模型有一定的局限性。

因果理论

因果理论是对客观世界中所存在的因果关系的理性概括和逻辑总结。因果关系是世界上最常见的关系,它反映出两个或两个以上的事物、现象、过程在一定条件下的相互联系和相互作用。因果关系的特点是因果伴生,或者是前因后果,或者是因果同时。因果关系有多种表现,如一因一果、一因多果、一果一因、一果多因、同因同果、同因异果、异因异果,等等。因果关系理论对政策分析具有重要作用,它可以帮助人们认识政策目标与政策结果之间、政策环境与政策执行之间、政策资源的配置与政策效率之间的联系;因果关系还可以帮助人们了解在政策过程中人的主观能动性的发挥,特别对政策运行环境和过程的干预对政策的实施会产生的影响。

系统理论

系统理论是与信息、控制联系在一起的关于事物发展中要素和整体关系的宏观理论。系统理论主要研究系统与环境的相互作用,系统内部的要素之间的互动,母系统与子系统之间的关联,信息在系统中的输入、存贮、加工、输出与反馈,系统运行与组织、技术因素的关系,系统运行的控制机制,等等。运用系统理论进行政策分析,可以帮助人们从整体的、信息的、控制的角度来研究政策运行过程。政策分析人员可以将政策的制定、执行、评估看成一个完整的系统,各个环节是相互制约、相互作用的,将每一个政策环节自觉地摆到政策系统中来考察,看清它与其他环节、要素的关系。借助系统理论,政策分析人员可以充分考虑信息在政策运行中的作用,通过对信息的加工与运用来优化政策。系统理论还可以帮助政策分析人员研究出种种方法和措施,加强对政策运行过程的控制。

四、经典阅读

经典阅读 5-1:作为工艺的分析

(一)引言

所谓政策,就是在解决个人或社会所面临的无数的问题中,被选择为决定对付或解决的问题而提出的方案。但是,不仅这些问题的范围广泛,而且在很多情况下为了理解问题而常常需要某种专业知识。所以,分析解决这些问题的方案并在其中选择一种,是一件非常困难的事情。A. 威尔达夫斯基在他的《向权力吐露真实:政策分析的艺术和工艺》中,详细讨论了这种困难的发生原因,并提出了克服这一困难的方案,即"作为工艺的分析"。

(二)作为工艺的分析

在政策分析的界定中,包括不少关于学科领域的主张。但很难从争夺领域的角度去正确地理解政策分析。所以,与其弄明白研究分析家应该以什么学科为专业,倒不如弄清楚他们做什么更有助于界定政策分析。

经济学家告诉我们为了获得什么而应该抛弃什么,而政治学家告诉我们谁为什么得到什么。政策分析家则在我们所希望的事物当中,从可以做什么事情的立场上,给我们提供在一定条件下的解决问题方案。当然,并不是任何问题都可以得到解决,在更多的情况下,所谓解决问题只是某种程度的改善而已。政策分析是为了缓和实际问题的,因而它努力去理解其问题的本质,这就说明政策分析不必局限于特定领域的学科专业。

政策是过程,同时又是产出。所以,如果只强调过程就无法说明合理性。作为学问的政策分析,由于它是发现和解决问题的活动,所以很难划分领域。更何况政策分析是结构性活动。这种结构在如何区别更好的分析方面提供了正当性。

在发现上,作为解决问题的分析与其说是工艺(craft),倒不如说是艺术(art),与其说是在实现可能性和值得追求的方面去说服别人,倒不如说是发现新方法。但在正当性上,分析与其说是技术,倒不如说是工艺。没有技术的分析会重复,而缺乏工艺的分析则没有说服力。在分析上,技术和工艺是相互依存的。

1. 作为计划项目的解决

我们所必要的,是我们所希望得到的。但是,能够同时满足这种情况的却很少见。在大部分情况下,所希望的和资源并不一致。由于资源的限制,希望之间就相互冲突,因而让步和选择就不可避免。如果资源丰富得能够满足我们所希望得到的一切,就既不会有冲突,也没有必要进行政策分析。

如果说我们的欲望和可利用资源之间存在着差距,计划项目就是其解决方法。因为政策分析把欲望和资源之间的距离转化为计划项目中的选择。但政策分析不能把这种转化做得完美无缺,而作为妥协之具体化的计划项目往往不正确、独断、不完整。作为计划项目的解决本身具有自己的局限性和问题。

在计划项目的性质可以计量化的情况下,由于可以持续地进行调整,因而是值得的。但在大部分情况下,根据计划项目去解决问题是折中的。所谓折中,与其说是适当,倒不如说是可实行;与其说是完美无缺,倒不如说是可以满足的;与其说是值得的,倒不如说是可以承受的。

计划项目是暂时的,因为欲望和资源都在发生变化。紧张与其说来自体制变化,倒不如说从体制内的计划项目中发生微妙而有趣的变形。因而,作为计划项目的解决以新的紧张形态制造出新的问题。旧的紧张不是得到消除,而是被放弃。

不能把计划项目没有达到其目标理解为其本身是否值得追求的问题。目标要求太高的政治、经济、社会等方面的费用,只有在提出更为适当的问题时,市民才能得到资源和目标之间的更好的融洽。正因为遇到这种制约条件,我们对环境的理解可以更趋成熟。

R.阿克斯尔劳德警告说,太多的学者倾向于根据经济学家们所说的"消费者主权"概念来思考问题。因为这种倾向包含着忽略领导能力和说服能力(对计划项目的)及教育之潜在效果(在计划项目失败的情况下)的危险。

取向是变化的,而且应该发生变化。我们必须承认我们有时并没有做出正确的选择。如果我们不承认我们的失误，我们将失去从错误中学习的机会。这样，我们就会丧失我们的自主权。作为根据政策分析之计划项目的问题解决，必然具有受诸多因素制约的性质。而因此产生的问题不可能得到完全的解决，那只能是逐渐进化的永久课题。

2. 作为假设的解决方案

政策分析的认识论基础是实用主义和经验主义。这是因为我们重视实际效果，还因为会从经验，特别是从失误和失败中学到究竟什么是实际效果。因此，要分析的动机来自根据原先的理论而形成的期待同实际经验之间的距离。在预测失误时，我们要么重新提出假设，要么根据"事实"重新检讨主张，以此来试图整理混乱。提出新的假设来否定以前的理论，从而创立更好的理论，这好比面临失败而试行新的政府计划项目一样。因为，正像希望新的假设成为更好的理论并更好地说明世界一样，我们希望新的计划项目同资源能够更好地得到调整。

正如知识没有努力不能获得一样，在分析上的进步也不可能自然而然地得到实现。新的假设不可能总是比以前的假设更好，新的计划项目也不一定比以前的更好。那么，从错误中学习为什么这么难呢？认识错误并不意味着纠正它，没有认识错误当然也不能纠正它。但难以纠正错误的根本原因，就在于导致错误的原来知识。为了容易认识错误，这种错误本身必须明确。但纠正错误是在错误越小的情况下越容易。大的错误容易认识但难以纠正，小的错误容易纠正却难以识别。因此，最为理想的是高度的识别能力和小规模的错误，我们需要研究的就是在什么样的情况下能够满足这种条件。通过错误而学习比维持现状具有更高的失败可能性的原因，即在于此。

不管是科学的还是实用的，所谓解决问题意味着既要反映社会，同时又要重建它。在政策创造性地解释历史时，与社会结构一起包含着政策分析。在计划项目是社会人工制品的前提下，政策学者依此基础不仅在概念上重新整理世界观，还重新构成了价值世界。政策学家们提出新的计划项目，以此来揭示新的假设和社会关系成为文化的新的价值。

3. 作为社会人工制品的解决

政策分析家所揭示的解决方案是把资源和目标相互折中的，这不仅是把现实的一部分用因果关系来予以说明，而且同时还提出了社会关系的结构。随着原先社会的相互作用结构发生变化，社会关系的结构也发生变化。如果能够知道怎样引发或限制强化，或调整社会结构形式的个人行为，就可以通过文化把政策联系到社会。

如果可以把文化理解为构筑社会关系的价值和信念，那么政策在如下两个方面包含于文化之中：① 关于政策问题的解决方案反映历史社会关系的伦理一贯性，并局限于此；② 关于政策问题的解决方案，是以变化社会关系的结构来变化维持社会结构的价值和信念。

包含于社会结构的价值也限制其变化范围。历史是根本的，方案只不过是调整变化着的取向而已。

4. 解决问题的工艺

好的分析不仅要比较个别的目标和资源，还要比较各个计划项目的所需费用。好的分析把重点放在如下问题上：资源将如何进行分配，我们如何评价这些，如何把这些基于平等和效率的概念而使之发生变化。好的分析是暂时的,并揭示我们能够更具体地理解现实的各种假设。

好的分析使错误容易识别出来,并为纠正这些错误而构成诱因,从而促进学习。

好的分析具有怀疑性质。应该把评价过程分离出来,从而使任何组织都不得自己评价自己。评价应该由独立的外部机构和人员来进行,而且这种评价要持续地和重复地进行。

好的分析意味着,为了立即纠正错误而要在历史的脉络中进行分析。

最为重要的是,好的分析是同执行政策的政府专家一道,必须认识到随着社会关系结构的变化而变化以及参与集体决策过程的市民,即时刻牢记人的分析。

工艺在下述一点上区别于技术,即工艺是不让诸多制约脱离研究方向,但能够解脱习惯,从而能够充分地利用这些制约条件的能力。而认识制约并不等于屈服于它,相反,应通过充分利用它来把可能变成现实。

5. 向权力吐露真实

在大部分情况下,知识是否定性的。知识教给我们的是不能做的、不能走的、做错了的,而不是使我们能够做、能够走、能够纠正错误。但是,如果现状是可以满足的,那么分析家就没有必要存在。

评价工匠(craftsman)是根据他如何运用工具。虽然他们的手工作业只能部分地进行,但其评价却在整体上进行。针对选料是否正确而得当、利用资料是否合乎标准、论据是否基于多种资料,做了多方考证,主张是否具有说服力而又不偏向,分析家本人是不是深入细致的而且又富有想象力的人等,就是评价的标准。匠人精神意味着有说服力的实行。

在社会政策中,一切明显的失误和纠正它的不断努力,只能告诉我们一切纠正也许又是新的错误,同时很少有根本性的批评。分析家所主张的今天的真实,并不总是同他们明天将要主张的真实相一致。因为同其他有限的生命体一样,分析世界里也有流行。

在匠人的条件里包含着发现失误并纠正错误的无数次经历。因为,在民主政治下不可能有唯一的真实,因而我们所说的真实总是部分。这就是民主政治的现实,同时又是两难选择。如果没有失误,就会存在我们达到目标的唯一途径,而且这也不会发生变化。但因为相反的事实,失误就可以成为变化的动力。

这本书是为了表明政策分析同什么相类似而写的。分析与其说是理解取向,倒不如说是改变取向。个别分析家可以把目标看成既定的。但是,作为根据认识和相互作用而结合资源和目标,还作为因独断而受制约并因怀疑主义而受批判的社会过程,政策分析必然将改变取向和可能性。

另一方面,政策分析家吐露他们的真实的权力是什么呢? 还有,他们要吐露的真实是什么呢?"给政策分析家一切权力",绝不会是最近的将来能够听到的口号。在民主政治下,政策分析和分析学者不可能也不应该掌握很大的权力。在美国,权力分散是问题同时又是答案。必须吐露的真实既没有必要偏向,实际也不会这样。这种政策过程只能是消耗性的,而不可能是愉快的,只能希望它具有启蒙意义。

如果说权力是分散而真实只能是部分的,那么通过政策分析会得到什么呢? 对这种问题有必要倒过来想一想。如果权力是集中的，而知识又是完美无缺的，那么分析就要么是最好的，要么就毫无必要。

由于政策分析把重点放在什么是有吸引力的和值得取向的，而不是去关心什么是真理和什么是美丽的，所以分析并不是浪费时间。因为，在民主政治条件下，大众性不能成为低级的劝告；还因为，虽然有限但值得取向的政策，同全无可能相比更值得赞赏。

（三）评价

以上是威尔达夫斯基的《向权力吐露真实：政策分析的艺术和工艺》一书最后一章（第十六章）的简要介绍。在这本书里，作者深入讨论了政策分析所具有的各种属性，从而提出政策分析不得不模糊的根本原因和局限性。特别是在这里介绍的最后一章中，作者讨论了带来政策分析之局限性的各种因素中那些社会及政治现实部分，并把它作为此书的结论。

作者关于政策分析的讨论，不仅深入而又丰富，其文笔也相当流畅而优美。很难做到以如此美丽的表现来给人们展示出如下含义：政策分析是由复杂多样的人们，在不完整的制度条件下，根据不确定的信息而要走出迷宫的痛苦游戏。

（原文选自吴锡泓、金荣枰编著：《政策学的主要理论》，复旦大学出版社，2005年，第273-278页。本书对原文做了改动，并进行了适当的阐释。）

经典阅读 5-2：作为理念的政策分析

1. 政策分析的理念倾向

F. 克雷默把理念界定为"一定的人们把价值或信念体系当作事实或真理来接受"。这给人们提供了关于事实或规范的地图（map），从而使人们能够很简单地理解非常复杂的世界。

如果把理念理解成如上所述，则它并不只是反对势力之间没有进行合理讨论的失败产物，而且只不过是反对势力之间各不相同的世界观而已。不同的理念产生不同的解释，最终达到不同的结论。因此，可以说根据理念就无法发现事实。当然，这并不是主张在政策中产生的一切不同意见都是由不同理念所致。

由于特定时期的文化和训练，我们有时意识不到理念的盲目性。虽然不是没有像 D. 贝尔那样把这看成后工业社会的合理性之胜利。但同社会科学的问题相联系，核心问题就成为价值问题，而价值选择被看成权力的问题。在关于价值的认同基本形成了的领域中，问题是技术的选择，而且认为这是可能的。D. 贝尔认为，在国防政策上已经形成了对价值的认同（1993）。但是，我们能不能说由于对武器系统的潜在性能分析已经很充分，所以对依赖它的决策就可以放心？

对价值已经得到认同的问题也可以提出两个问题。第一，我们对此类政策分析可以信任到何种程度？这是不是也会反映上流阶层需要的产物？第二，分析家是不是局限于自己的理解和方法而顾此失彼了呢？即使真正想要正直的分析家，是不是由于固执己见而产生偏见？

即使不反对合理地排列各种现象,但究竟应该相信谁的合理排列的问题还有待解决?

2. 那又怎么样

如果政策分析具有同理念相似的一面,那么它也会提供简化现实的方法。分析给我们提供秩序井然和合理的感觉。大部分管理者比混乱更倾向于秩序。在社会中占有决策地位的大部分人,在解决问题的时候更倾向于理性判断。即使合理分析是片面的,它也会成为决策者的有用信息来源。但是,即使信息是理念的反映,它也不过是反映众多理念中的一种观点。分析中总是包含着理念的因素,所以如果决策者在做出某种决策时完全依赖于分析结果,就会产生如下两个问题。

第一,政策分析主要强调计量化和价值中立,所以在观察政策时会倾向于主要根据科学程序。B.戈罗斯曾经指出过硬性材料压倒软性材料的所谓"分析的戈雷斯哈姆法则"。但是,也许软性材料对决策更重要。体制分析的潜在诱惑,就在于它常常比质的判断更注重量的判断,因而这对决策者可能成为问题。

第二,有关分析背后的社会科学理论的问题。D.莫伊尼汉虽然强烈支持政府计划的分析和评估,但认为使用不完整的社会科学知识会产生不能预见的和不愿看到的结果(1969)。基于不充分的社会科学理论所做出的分析,在"同贫困作战"的政府行动中产生了很多问题。我们怎么知道在政策分析中使用的社会理论和经济理论应用得很正确?我们不可能知道。

从根本上说,分析被利用于根据政治倾向的行为正当化上。在这里所说的理念,可以理解为与自然科学上的范式一样的东西。从某种意义上说,政策是探索真理。那么,政策是假设,又是修正错误的对象。互不相同的世界观是不完整的知识之产物。在不完整的知识世界中,价值体系的不一致也是必然的。

3. 分析只能是片面的吗

到此为止所进行的讨论,似乎认定只有一种分析方法,但实际上有很多方法。一般来说,分析阶段都有设定目标、探索方案、检讨费用、构筑模型、根据标准的比较等。此外,在系统分析中,还应该考虑到反复的过程、关于世界的假设、确认制约因素、解决不确定性等。

但上述过程也是过于简单化了。即使再怎么假设政策分析是科学,它还是艺术作品,是匠人手艺的产物。匠人的手艺因人而会有不同的方法。

不少还不够成熟的政策分析家,如果自己的分析没能反映到政策里去,那么就会说这是由于政治理念所致。分析没能被决策者所采用的原因是什么呢?也许马上回答说,是因为政治。但更有可能的是因为分析没有满足决策者的需要。由于分析家们看不到自己的理论和方法论上的弱点,因而常常不能正视分析的局限性。

4. 怎么办

上述在分析上的局限性,通过如下的方法可以得到一些缓解。

(1)通过一般行政实践家和分析家共事,或改善他们之间的沟通,从而在某种程度上能够克服问题。管理者和分析家在解决问题的方法上有根本的区别。这一区别并不是简单的哪一种对或错的区别。所以,首先要形成两者的共生关系。也就是说,需要形成一种互相谦让的关系。通过相互正式化了的讨论方法,可以形成有意义的共识。在一切分析过程的阶段上，可以利用探讨反驳提案（counter-proposal）的讨论方法。

（2）为了拓宽分析视野，可以提议把知识多元主义制度化的方法。根据内纳勃和威尔达夫斯基的报告，美国林业管理机构的不同部门各自准备自己的预算方案参加政策会议（1973）。

但是，上述的两种方法只在政策制定者和分析家在价值上互相冲突的情况下才有用。与此相反，分析家和决策者在价值观和方法论上相互一致的时候，却存在更大的潜在危险。从越南战争的经验来看，管理者和分析家的观点一致却带来了决策灾难。虽然有反战示威，美国政府努力说服美国国民只有特定政策才是正确的理由之一，就是政策分析异口同声地主张，科学而客观的分析表明美国可以取胜。这种分析是不是很充分？

我们不必把政策分析陷入理念的泥潭里去，但必须揭开那种给分析戴上的客观性面纱。最能做好这一事情的就是分析家本人。在民主社会里，从政策分析中能够得到益处的希望，即"理论的自我意识"。自然科学中的范式同社会科学中的透视（perspective）相呼应。即使不把这种透视之间的区别叫作理念的区别，冲突和认同的两种区别也会在解决社会问题的方法上形成很大的差异。

所以，在这里有必要明确地弄清透视。它需要根据分析类型而包含在其中的视觉上的自我澄清作业。为此应该改善沟通来拓宽透视，以便分析家能够脱离束缚他们的习惯和惯例之锁链。由于政策分析也在有限的时间和资源的限度内进行，所以分析家们做分析作业的同时，能够拓宽视角的机会并不多。因此，他们必须利用平时的训练和休息期间来拓宽自己的透视能力。通过这种训练能够认清社会科学模型的局限性，并将解除分析的价值中立及客观性的假面具。

5. 小结：提高理论的自我修养

分析家常常没能充分认识到自己所做事情的政治意义。还有，他们没能认识到用自己的分析工具制造出政治偏见的可能性。也许，政策分析家们自认为自己的分析是客观而公正的，但分析无论怎么说也不可能是客观而公正的。在所谓客观而公正的主张里包含着潜在危险，这就是本文的重点。虽然有些人主张自己的观点是"科学的"或"客观的"，但并不存在纯粹的客观性。伪装成客观性的分析反而会误导事情。

所以，重要的是要记住分析上的如下注意事项：

① 分析总是欠缺的；

② 我们总是在一定的制约条件下做某种事情；

③ 未来总是不确定的；

④ 还没有人找到可以令人满足的预测未来之方法；

⑤ 实际上，在很多情况下有很多重要方面不能做计量化；

⑥ 分析家及其顾客过分依赖于计量化分析的做法是危险的；

⑦ 在分析上做政治考虑，有时是最为重要的；

⑧ 任何人都不能每次都把资源按照先后顺序进行排列；

⑨ 为了使分析更为精确，人们应该花费更多的时间；

⑩ 任何人都不能充分地认识事实的全部真相。

再附加一点,就是要把一切假定都要明确。如果不想这些假定在决策过程中被滥用,政策分析家自己更要明确地应用理论上的自我意识。

评价

F.克雷默把政策分析理解成理念的理由,是为了否认给特殊类型的政策分析予以特权。也就是说,他明确地指出,并不是标上价值中立和客观或科学等名义,政策分析就可以与其名相符。所以,政策分析不能给特殊的方法论以优越的地位。关于某种政策根据不同的立场,并理性地揭示各种不同的观点,就可以成为适当的政策分析(并不是否认根据说服力的优越性,而是否认对特定方法论赋予特权)。任何人都可以做政策分析,而不能把政策分析当作受特殊训练的人们之专业领域。所以,作为理念的政策分析,不只是在政策分析方面,而且在决策权限上也不承认任何人的垄断权。对占有决策权的人来说,他所拥有的并不是根据自己的取向做出决策的权力,他所能拥有的只是综合不同观点的权威而已。在这种意义上,决策者的作用和政策分析的意义与以前的任何理论都不同。

(原文选自吴锡泓、金荣枰编著:《政策学的主要理论》,复旦大学出版社,2005年版,第285-288页。本书对原文做了改动,并进行了适当的阐释。)

五、相关研究

相关研究5-1:民意与公共政策活动

摘要:在现代民主社会,民意是公共政策活动的逻辑起点、合法性基础和价值目标,公共政策产品理应谋求与民意的一致性。民意表达途径是达成这种一致性的具体载体。我国现行的政治体制可分为传统民意表达途径和新型民意表达途径两种,其中,传统的民意表达途径包括听证会、信访和民意调查等直接民意表达途径和人民代表大会、政党、利益集团和大众传媒等间接民意表达途径;网络论坛、电子投票和非营利组织构成了新型民意表达途径。他们共同将民意输入政策系统,推动民意与政策产品的契合,提升公共政策的合民意性。

关键词:公共政策活动民意;互动;一致性;政策产品

（一）引言

民意(Public Opinion)是现代民主社会公共政策活动的重要考量,了解和分析民意是一项公共政策能否得以通过以及是否可以实现改善民生之目的的关键。18世纪，卢梭(Jean-Jacques Rousseau)最早使用民意一词，为民意观念的发展奠定了良好的基石，但尚非现代意义上的民意。多年来，民意因其多元性、流动性而难以定义。《布莱克维尔政治学百科全书》认为民意(公众舆论)是一个被随意使用而且远非精确或明晰的概念，可以被定义为由人口的某些重要部分所持有的对某些有争议的问题的一系列看法。20世纪60年代中期，美国学者哈伍德·柴尔兹(Harwood L. Childs)遍读相关文献，收集了50个民意的定义①，描述的侧重点主要集中在互动和动态过程、脑中图画、采取行动、次级集团的感觉和思想、重要问题的态度、共识的程度、语文反映、意见的综合、有效的影响和民意测验等方面，涉及政治学、心理学、社会学、传播学等多门学科领域。其中，心理学者着重研究公众意见表达的心理过程。社会学者通常认为民意是社会互动和传播的产物，他们认为假如没有关心问题的公众彼此讨论，互通声息，就不会产生民意。② 政治学者与历史学者倾向于强调民意在政府决策过程的角色，并格外关心民意对政府政策的影响。③ 韩念西(Bernard H. Hennessy)则认为民意是"具有相当数量的一群人针对重要议题表达其复杂偏好的综合"④。基(Jr. V. O. Key)认为民意"由那些政府认为应慎重加以注意的私人意见所组成"⑤。由此可见，民意虽然起不到控制作用，但它可以对政府的所作所为施加限制。⑥ 民意与公共政策活动之间的联系比传统的自由民主理论看上去所要求的要微妙得多。作为本研究的基础，民意主要指公众通过一定的途径对公共政策问题表达的公开看法，经过公开的政策对话和讨论形成共识。民意表达是公共政策活动不可忽略的合法性的程序构成，理应对政策系统输出的政策产品产生影响。

（二）公共政策的民意向度

民意作为社会公众的意愿和需求的表现形式，理应是公共政策活动的逻辑起点。公共政策合法性的获得，即公共政策能为社会公众接受并得到社会公众的遵从、维护和有效执行，关键在于它必须忠实并充分采纳民意，因而民意构成了公共政策活动的合法性基石，公共政策活动本质上必须以合民意性为最终目标。

1. 公共政策活动起于民意

公共政策是塑造现代社会公共秩序的一种基本力量，是现代政府权威性地分配社会价值，解决社会公共问题，实现社会公共利益的主要手段。从根本上来讲，公共政策活动与人民的生存、发展和幸福休戚相关，因为只有好的公共政策才能通过有效的执行而实现公共利益的最大化，并通过评估不断完善，最终为社会公众缔造福祉。

---

① Harwood L. Childs. *Public Opinion*：*Nature*，*Formation and Role*. Princeton, New Jersey：D. Van Nostrand Company，1965. pp. 14 - 26.

② Floyt H. Allport. Towards a Science of Public Opinion. *Public Opinion Quarterly*，Vol. 1，No. 1 (January). pp. 7 - 23.

③ H. L. Childs. *Public Opinion*：*Nature*，*Formation*，*Role*. Princeton, New Jersey：D. Van Nostrand Company，1965. p28.

④ Bernard C. Hennessy. *Public Opinion*. Belmont. Ca.：Brooks/Cole Publishing Company，5th ed，1985. pp. 8 - 13.

⑤ Jr. V. O. Key. *Public Opinion and Democracy*. New York：Knopf，1961. p14.

⑥ 戴维·米勒、韦农·波格丹诺：《布莱克维尔政治学百科全书》，邓正来译，中国政法大学出版社，2002年版，第663页。

从公共政策过程来看,社会公共问题只是政策活动表面上的出发点,实际上,其背后真正隐藏着的是社会公众的意愿与需求。因此,我们可以判断,民意作为社会公众的意愿和需求的表现形式,理应是公共政策制定的逻辑起点。

首先,我们可以从学者关于公共政策的经典定义中寻找到理据。伊斯顿(David Easton)认为,公共政策是政府对整个社会的价值所做的权威性的分配。[①] 这里的"价值"主要指社会公众认为有价值,想得到的有形或无形的东西,如权力、财富、技能、知识、安全与声望等。"权威性的分配"是指政治系统经由公共政策制定过程,将上述各种价值分配给系统内的成员。由于这些价值具有稀缺性特征,既不能保证社会公众的充足获取,也不能保证社会公众个体受损的规避,从而出现了各种社会问题。虽然在价值分配中不能实现"帕累托最优",但我们可以向最满意的结果努力。那么,公共政策的受众——社会公众就成了至关重要的一环。政府作为公共政策的制定主体,只有在拟定价值权威分配方案时充分吸纳社会公众的意见,才能使公共政策产品符合价值主体的诉求,接近最满意结果。戴伊(Thomas Dye)对公共政策的描述则是"关于政府所为和所不为的所有内容"[②]。它所关心的问题是政府行为涉及的许多内容,像如何控制社会内部的冲突、如何将社会组织起来处理与其他社会的冲突、如何为社会成员提供许多不同的公共服务。虽然政府拥有公共权力和无法替代的权威,其每一项行为都会对社会产生巨大的影响,但政府的行动客体是有自主意识并处在不断积极活动中的社会公众所组成动态社会,它会对公共政策产生不断的反馈,如接受、认同、抵制、推动、阻滞等。最好的解决方案就是让政策行为始于社会公众,再通过民意的整合回到社会公众之中。在这样的前提下,政府的所谓"为"与"不为"便寻找到了落脚之处。安德森(James Anderson)提出,"公共政策是一个有目的的活动过程,而这些活动是由一个或一批行为者,为处理某一问题或有关事务而采取的"[③]。公共政策活动总是为了实现政府的管理和服务职能,为社会公众谋求福祉,而安德森所提及的行为者不仅指政府,还包括广泛的社会公众。也就是说,公共政策过程离不开社会公众围绕与社会公众生活攸关的公共问题和公共事务采取的行动。由此可见,公共政策活动应该以社会公众为核心,民意进而获得了作为公共政策起点的地位。此外,台湾学者伍启元指出:"公共政策是一个政府对公私行动所采取的指引。"[④]无疑,公私行动的主体之一仍然是社会公众,以民意为逻辑起点能够确保公私行动与社会公众的诉求相契合。虽然政府决策的出发点大多会建立在对社会公众的利益通盘考虑的基础之上,但是,没有社会公众的意见表达参与其中,谁能保证在公共政策的过程中不发生初衷的偏离?谁又能保证公共政策过程中不发生政府寻租行为?综观上述诸种定义,虽然在字面表述上没有呈现"民意"字样,但民意一直是学者们考量的首选因素。只有将民意作为公共政策制定的逻辑起点,才能对公共政策过程起到指针和监督的作用,也才能保证合民意性的公共政策产品从政策系统输出,使

① David Easton. *Political System*. New York: Knopf, 1953. pp. 125-141.
② 托马斯·R.戴伊:《理解公共政策》,华夏出版社,2004年版,第2页。
③ 詹姆斯·安德森:《公共决策》,华夏出版社,1990年版,第4页。
④ 伍启元:《公共政策》,香港商务印书馆有限公司,1989年版,第1页。

公共政策走向公平与正义。

其次，公共政策的"公共性"本质特性确定了民意的逻辑起点地位。在一般情况下，"公共性"是指政府作为人民权力的授予者和委托权力的执行者，应按照社会的共同利益和人民的意志，从保证公民利益的基本点出发，制定和执行公共政策。具有"公共性"的问题涉及大多数社会公众，并使他们参与其中、公开讨论、理性表达。尽管对于"公共性"问题，不同时期、不同角度的理解存在着差异，但对于公共政策活动来讲，"公共性"将导致公正、公平、公开、平等、自由、民主、正义和责任等一系列的价值体系。就公共政策的"公共性"而言，其基本理念就是政府组织着眼于社会发展的根本利益和社会公众普遍、共同的利益来开展其基本活动，民意像一根连接公共政策过程的"红线"。因此，以民意为起点的政策系统循环才能保证公共政策产品的"公共性"。再次，公共政策制定的具体过程凸显民意之力量。根据公共政策的生命周期理论，公共政策制定过程由社会问题→政策问题确认→政策议程建立→备选方案提出→政策方案评估→政策方案选择等诸环节构成，在每一环节，我们都能够看到民意围绕这些环节为轴而存在。社会中原本存在的万千问题对社会发展产生影响，但要使社会问题进入政策制定过程，就必须首先引起社会公众的普遍关注。社会问题只有在属于政府的政策范围并进入政府议程的情况下，才能转化为政策问题。在若干社会问题中，政府能够关注的问题是有限的，而社会公众则不同。在社会问题向政策问题转化的过程中，触发机制是确认政策问题的关键。作为公共政策的催化剂，触发机制的三个主要因素，即问题的范围、强度和触发事件相互结合，推动公共政策行为的发生。而社会公众正是所有问题的始作俑者和受众，因此，民意正是可以对触发点产生深刻影响的重要力量。在对政策问题进行确认时，政策制定者首先应该考虑的就是民意，因为对民意的优先考量能使政策目标围绕公共利益的实现来展开，否则，政策产品可能为各利益主体的利益博弈所左右，甚至掺入寻求政府利益的成分，使政策产品在尚未形成阶段就发生了价值偏离。至于备选方案的提出和评估，则更少不了民意的加入。政策方案的设计前提和基础是确定政策目标，从宏观层面来讲，政策目标就是要制定出使社会公众达到最大程度的满意，最大限度地实现公共利益。只有从民意出发的备选方案才能保证政策产品的合民意性，为社会公众谋求福祉。在评估指标中如果缺少了民意因素，就可能使最后的方案优化选择阶段缺少社会公众的民主监督，偏离公平和正义原则。由于公共政策问题的复杂性，政策方案的择优选择并不是一个简单排序的过程，不同的利益主体有不同的评判标准，除了民意之外，很难找出各方都认同的客观指标。因此，以民意为其逻辑起点，用民意贯穿公共政策制定的始终，对政策系统最终输出的政策产品的合民意性是有力的保障。

最后，公民参与的必然使民意成为公共政策逻辑起点的不二选择。在人类社会的绵延发展之中，公民参与是国家走向政治民主和政治文明不可分割的部分，是公民进入公共生活领域、关注公共事务、参与公共治理、影响公共政策的基本途径。而民意表达是公民参与的主要表现形式。公民推选代表民意的国家管理者，促使他们表达公共利益取向；培养有社会责任、具备公民资格的社会公众，促使他们形成关注公共生活、解决共同问题的美德；塑造有自主、自治能力的公民社区管理者，促使他们最大限度地满足公民社区共同体生活的需要；发展公民与政府及公共管理者之间双向协商、沟通机制,促成政府成为一个负责、透明、回应、民主的组织;建立公民与政府公共管理者共同生产和合作的公共事务治理模式,促使新型相互信任的社会关系的形成。实际上,后工业时代的到来更加使公民参与成为公共政策活动不可或缺的组成部分。社会公众对自己的公民身份开始产生认同,公共精神正在日益培育,公民意识也在不断觉醒。社会公众越来越认识到,他们有能力影响那些关乎民生的公共政策并不断要求表达意见的机会。公民参与的公共政策活动模式使政策制定主体必须考虑政策与民意之间的平衡和结合。通过设计精良的公民参与途径和手段,社会公众有了审慎思辨、公开讨论和理性选择的平台,推动主流民意的聚合和修正。

2. 公共政策制定基于民意

公共政策制定理应以民意为合法性基石。只有获得合法性的公共政策才能够以政策产品的形式输出政策系统,进入执行和评估阶段并真正改善民生。政治意义上的合法概念与法律意义上的合法概念不完全相同。法律意义上的合法概念强调的是某一法律的制定是否符合程序,一般指是否符合宪法规定;而政治意义上的合法强调的是人们是不是能够把这个法律当成合理的东西加以接受,是一种正当性或正统性。[1] 更清楚地说,政治合法性就是社会成员基于某种价值信仰而对政治统治的正当性所表示的认可,是政府基于被民众认可的原则来实施统治的正统性或正当性。它既是统治者阐述其统治权力来源的正当理由,也是被统治者自愿接受其统治的价值依据。[2] 公共政策的合法性主要是居于政治意义上的合法性概念,是一种政治价值判断。在政治统治行为合法的前提下,公共政策制定的合法性可以等同于社会公众的认同和忠诚的观念。如果公共政策要获得合法性,就要获得社会公众认同现行政治体制下社会各阶层的利益分配模式,并承认主流意识形态。由于公共政策具有目标导向,其最终归属是使社会公众实现最大程度的满意,所以从民意出发,制定出符合社会公众价值取向的公共政策成为公共政策制定过程的最终追求,即民意构成了公共政策制定的合法性基石。

一方面,我们可以从作为政策制定主体的政府的合法性中找到民意基石的存在。从词源上来说,“合法性”的基本含义是“拥有为普遍的行为标准(大多数人或传统、法律)所承认的正当理由的状态”[3]。这里的普遍行为标准的主体就是作为民意表达主体的社会公众。公共政策的合法性是政策活动在多大程度上被视为合理的和符合道义的。卢梭在《社会契约论》中指出:“即使最强者也绝不会强得永远足以做主人,除非他把自己的强力转化为权利,把服从转化为义务。”[4]他认为,统治权力的合法性必须根植于人类通过订立契约而形成的同意。这也是人类有史以来第一次将合法性构建在“民众同意”的基础之上,并宣称没有民意基础的合法性是不可想象和无法容忍的。因此,一项政策产品能够获得社会公众的认可和自觉遵从是合法性获得的必须和必然。在韦伯(Marx Weber)看来,合法性就是对一种现存统治秩序的信仰,以及

① 燕继荣:《政治学十五讲》,北京大学出版社,2004 年版,第 143 - 144 页。
② 张凤阳等:《政治哲学关键词》,江苏人民出版社,2006 年版,第 325 页。
③ 张凤阳等:《政治哲学关键词》,江苏人民出版社,2006 年版,第 324 页。
④ 让·雅克·卢梭:《社会契约论》,商务印书馆,1980 年版,第 12 页。

在这种信仰指导下的对命令的自觉服从。只有被人们认为具有某种正当理由的命令，才会获得被统治者的追随，从而具有合法性。正是社会公众基于某种价值信仰而对政治统治的正当性所表示出来的认可，才是政府统治行为的合法性源泉。[①] 本特利(Arthur Bentley)以公共政策的公共利益取向为着眼点突出了民意的基础地位。他指出公共利益是各方利益冲突和妥协的结果，如果政府行为表达了这种妥协结果，就具有合法性，反之就不合。[②] 亨廷顿(S. P. Huntington)则明确提出民意是政府行为，尤其是政策制定行为合法性的来源。"从自然法的理论来看，政府行为的合法性在于这些行为能与'公共哲学'保持一致。根据民主理论，政府行为的合法性来源于它们对人民意志的体现。根据程序概念，如果政府行为表达了有关各方进行冲突和达成妥协这一过程的结果，那它就是合法的。"[③] 哈贝马斯对合法性的研究更加与民意紧紧相连。在他看来，"合法性意味着一种值得认可的政治秩序"[④]。既定政治秩序的合法履行，只有从一种具有道德内容的程序和理性出发才能取得它的合法性。[⑤] 这种程序合理性指的是主体间的商谈，它构成一个分布广泛的"传感器网络"。人们在其中对全社会范围的问题做出反应，形成民意。这样一个民意形成的过程在民意与政府之间架起了沟通的桥梁。而哈贝马斯的设想是建构一种理想的"交往共同体"，其中，公民可以自由、开放、平等、有效地针对一系列问题展开政治辩论，最终通过特定的"民主商谈程序"将整合后的民意上升为政权合法性的规范性来源。[⑥] 纵观政府统治行为合法性研究的轨迹，不可否认，以民意作为政府行为的合法性基石，顺应了从传统社会向现代社会的转型需要，以民主宪政思想和社会契约观点弥补了天命论和君权神授的不足，防止了政治合法性在现代社会的迷失，并最直观地将政府统治行为的合法性体现为社会公众对既定政治系统的自愿认同。虽然社会公众的认同动机各不相同，但只要它们能够将这种认同转化为一种服从并视之为义务，政府的统治行为就具有了坚实的基础。因此，如果公共政策活动得到经过法律规定的公平规则与程序表述的民意的支持，而该法律本身也是得到合法表述的民意所支持的，那么，我们就可以说，这种政策活动就具有了合法性，也会得到民意的支持。可以预见，以民意为基石的政策互动能够在政府、公共政策与社会公众的互动过程中形成了一个有机的良性循环。

另一方面，在政策产品获得合法性的过程中，民意的地位同样不可颠扑。关于这一点，除了上述的公共政策制定主体——政府的合法性外，我们还可以通过对公共政策程序和价值标准的合法性分析得以确认。首先，公共政策程序的合法性主要指公共政策程序符合法律规定。合法性中的"法"的含义是法律或社会公认的道德行为准则，抑或传统习惯或者神圣信仰。在法制社会，法律是制度性和普遍性规范，而公共政策是工具性和特殊性规范，程序是规范政策制定主体行为的经过实践检验的有效

① 张凤阳等：《政治哲学关键词》，江苏人民出版社，2006年版，第329页。
② 燕继荣：《政治学十五讲》，北京大学出版社，2004年版，第149页。
③ 塞缪尔·P.亨廷顿：《变化社会中的政治秩序》，生活·读书·新知三联书店，1989年版，第25页。
④ Jurgen Harbermas. *Communication and the Evolution of Society*. Boston: Beacon Press, 1979. p178.
⑤ 哈贝马斯：《在事实与规范之间》，三联书店，2003年版，第559页。
⑥ 哈贝马斯：《在事实与规范之间》，三联书店，2003年版，第373-375页。

途径。合法性与法律之间所存在的关系是大部分字典在定义合法性的时候必然提及的第一要素。当该词第一次在中世纪的文献中使用时,其词义仍然保留着"与法律相一致"这一理念。但是,法律本身并不能引起人们对合法性的信仰,公共政策的"合法律性"程序的目的是"为了平息针对具体政治行动的憎恨和怀疑,向公众保证他们信任政策的基本理性和政治体制民主特色,从而为未来的行为习惯提供一致性的保障"①。不过法律对公共政策的制定程序之规定并非一成不变,如果社会公众不同意某项法律的有关规定,在民主社会中,他们有权通过集会、游行、示威、参加政党选举或加入利益集团等各种渠道表达民意,来改变这项法律。换句话说,法律同样是建立在社会公众的意愿基础之上,也就保证了公共政策的"合法律性"程序实际上是来自民意的,也是可以根据民意更改的。为了保证政策产品符合民意,以谋求社会公众福祉为目标取向,唯有通过公共政策程序的合法性,才能保证公共政策的公开性和公正性。没有符合法律规范的程序作为保障,公共政策过程有可能出现种种异化现象,诸如政策产品成为少数人意志或个别人意志的产物。现代民主宪政的国家重视程序,以至于形成了这样的共识:公共政策过程必须符合法定的程序。符合程序而政策效果不佳是政府的能力问题,通常只是涉及历史和现实评价问题,况且能力是可以在实践中增强和提高的;不符合程序而政策效果即使极佳也是法律问题,在多数情况下则会涉及政治道德和法律惩处问题。② 其次,公共政策价值标准的合法性也决定了公共政策的合法性。这个价值标准在转型期中国主要体现为最广大人民群众利益标准、政治平等和社会公平标准、经济效益标准、社会可行性标准和社会效益标准等。③它们建立在民意基石之上。第一,所谓最广大人民群众利益的标准主要源自公共政策产品对大多数人的利益的关怀。一个社会问题要想成为政策问题,进入政策议程,其首要条件就是该问题涉及大多数人的利益并得到全社会的关注。公共政策对社会价值的集中反映和权威分配之本质,决定了政策产品必须增进大多数人的利益,从而使以民意为逻辑起点的公共政策制定从一开始就具备了合法性。第二,要实现政治平等和社会公平也要以民意为基石,主要体现在对广大弱势群体的关注和基于公平和正义的目标取向。在利益多元分化的社会结构中,社会各阶层利益诉求都趋于强烈,其中,强势利益集团凭借其占有的政治资源和社会财富,易于找到参与到公共政策制定过程的途径,并实现其话语权,从而影响政策产品的输出;而弱势群体则相反,他们没有时间、能力或者途径去参与政策过程,也很难理性明确地表达自己的意愿,从而导致强者更强,弱者愈弱的态势,严重影响社会稳定,也不利于公共政策执行的有效性。第三,政策产品的经济效益预测也应该以民意为基石。经济效益一直是公共政策致力追求的,我国在快速发展经济的同时,需重视日益严重的环境污染和不断发生的群体性事件,学界陷入效率与公平的理论争论之中。这里不容忽视的恰恰是社会公众的意愿,如果我们能在政策问题的探讨中一直坚持民意基石,效率与公平的争论就可以暂时休战了,因为政策产品有了民意作为的评判标准。第四,唯有获得民

① Murray Edelman. *The Symbolic Uses of Politics*. Urbana:University of Illinois Press,1964. p17.
② 张国庆:《现代公共政策导论》,北京大学出版社,1997 年版,第 146 页。
③ 张兆本主编:《新公共政策分析》,人民出版社,2006 年版,第 69 页。

意支持的政策产品才具有社会可行性。公共政策的可行性需要社会公众的自愿服从而获得合法性,这样,即使出现某种程度上的政策失误或政策偏差,社会公众也会因其合法性而给予一定的理解和默许,加深政府与社会公众的理解和沟通。在任何时代条件下,公共政策产品若要能实现政府公共管理的职能,帮助政治系统的稳定有序运行,就需要社会公众在社会问题上的明确诉求或态度的一致性。伊斯顿认为:"当谈到一个政治系统的持续时,不可能缄口不提系统成员不断一起工作以解决它们的政治问题时的起码意愿或能力。要不然,就没有希望让人们服从价值的权威分配。"①第五,社会效益标准就是以民意为基石。公共政策对社会价值进行权威分配,就是要使用各种政策工具均衡多元利益诉求,以公共利益为导向,谋求社会公众的福祉。那么,要保证从政策系统输出的政策产品能够实现这一目标,就要围绕这一目标制定公共政策,通过激励性政策工具的选择和政策网络和政策社群的管理,加强政策制定主体与社会公众的沟通,使民意能够进入政策制定过程,影响政策产品的输出,从而取得良好的社会效益。

3. 公共政策制定归于民意

合民意性是公共政策活动的最终目标。从政策目标的确定到政策目标的展开是政策制定的关键程序,从政策目标展开到政策目标实施,是将政策制定和政策执行结合起来的环节,而政策目标的实施到目标评估是最终检验政策目标正确与否的环节。② 公共政策目标的确定不是一项简单的工作,不是把目标确定为"圆满地将问题解决"便告完成,现实政策问题的复杂性往往使政策目标的确定要复杂得多。从"应然"意义上说,政府的公共权力和公共事务管理被授权、被委托的地位和职能,以及公共政策的"公共"性,使民意成为公共政策活动务须遵从的最重要的价值准则之一。对于明智的政策制定主体而言,在民意表达不可阻挡的社会背景下,顺应民意并体现于政策产品是唯一的选择。

为了达到合民意性的目的,必然要求有规范化的公共政策参与方式,同时从法律上明确自己的公共政策主体地位。在全球公民参与呼声日高的社会背景下,民意无可控制地上升到了公共政策的活动空间中,直接关乎政策效果,是所有影响公共政策目标选择因素的重中之重,也是民主社会发展的应然。随着信息技术的迅猛发展、知识时代的到来以及电子政府建设的进一步深化,传统政策过程中的信息不对称状态得到改善,公共政策作为政府提供的一种公共物品,从对技术操作的关注转向对民主和科学的诉求。公民参与使得政策制定主体必须正视:什么类型的公共政策问题能够进入政策议程的优列顺序? 怎样的政策产品才算为社会公众提供了优质的公共服务? 用什么标准评判政策产品输出之后在执行阶段能够得到保障? 等等。越来越多的公民逐渐认识到,他们有能力影响那些关于他们生活质量的公共政策制定。他们不断地要求在公共政策制定中获得发言的机会,而且公民参与的要求必须得到政策制定主体的充分重视,否则广大社会公众就会对政策制定过程呈现冷漠的态度,而政策系统输出的政策产品就会因远离社会公众的需求和缺乏解决社会现实问题能力而

---

① D. 伊斯顿:《政治生活的系统分析》,华夏出版社,1999 年版,第 186 页。
② 严强、王强:《公共政策学》,南京大学出版社,2002 年版,第 239 - 243 页。

失去意义。公民再也不仅仅满足于作为公共政策的客体(对象)而存在,被动地认可和接受政府的公共政策方案,而是强烈地要求公共政策系统体现自己的意愿,使政策产品能更充分地代表自己的利益。

以合民意性作为公共政策活动的目的对政策民主和政策质量起到重要的作用。首先,以合民意性作为公共政策活动的目的,能够避免公共政策中可能的"政府失败"。根据公共选择学派的观点,作为公共政策制定主体的政府在制定公共政策时有自私的动机,政府不可能自动地代表公共利益。同时,人都是复杂人,作为制定与实施政策的政府官员也有经济人的一面,要追求自身利益,政府机构本身也不是一个没有自身利益的超利益组织,这样就难以制定正确而有效的公共政策,必然导致政府失败。退一步讲,即使政府官员能完全代表公共利益,也会因其不完备的知识和不充分的信息使其理性能力停留在有限的层面上,从而导致其政策结果与目标发生偏离。于是,"愈来愈多的人热衷于以治理机制对付市场和(或)政府的失败"①。而作为治理理论之理想境界的善治,"实际上是国家权力向社会的回归,善治的过程就是一个还政于民的过程。善治表示政府与社会或者说政府与公民之间的良好合作,它有赖于公民自愿的合作和对权威的自觉认同,要求公民的积极参与。"②这就要求整个公共政策的运行过程都以社会公众为基础,任何政策产品都以保护社会公众的利益为目的,否则公共政策效果就无从谈起。其二,以合民意的政策产品作为公共政策制定的目标,有助于政策制定主体充分考虑和重视社会公众的疾苦、利益和愿望,并把政策目标的确立和政策措施、手段的选择建立在符合这种利益和愿望的基础之上,以减少政策制定过程的盲目性,降低政策执行时可能遇到的困难,有利于政策的有效执行并提高公共政策的合法性。其三,以合民意的政策产品作为公共政策目标,能够培养出公民的公共精神、拓宽公共领域、推动社会向善的发展。由于公共政策以合民意为目的,公民必须有能力和有权利表达自己的意愿,在公共政治生活中,公民个人享有同等权利去表达自己的意愿,考虑或批评别人的观点。公共政策的制定并不会因为政策制定主体的偏颇而失去公平和正义。其四,以合民意的政策产品作为公共政策目标,有助于减少公共政策执行过程中可能受到的阻力,规避政策执行的偏差行为,激发社会公众对政策产品的认同感和主动遵从。同时,可以改变自上而下政策制定模式的弊端,代之以自上而下和自下而上的双重视角,使公共政策制定能够真正朝着为社会公众谋求福祉的方向前行。

(三)公共政策与民意的一致性达成

实现公共政策与民意的互动需要政策制定主体充分了解主流民意的走向,通过民意的相关制度安排使民意上升到政策空间,并及时给予回应,使民意体现在政策产品中,实现民意与公共政策的双向沟通与协商。从民意的内涵与定义来看,在一个民主国家中,要使公共政策以民意为依归,使政策产品与民意趋于一致,就要探访到真实而多数的民意。这并不是一件简单的事,围绕公共政策问题的民意表达途径正是

---

① 鲍勃·杰索普:"治理的兴起及其失败的风险:从经济发展为例的论述",《国际社会科学(中文版)》,1999年第2期。

② 俞可平:《治理和善治》,社会科学文献出版社,2000年版,第11页。

383

建构在这一目标之上。民意表达途径是社会公众为了实现自身利益,将与民生攸关的社会问题的态度、意见转变为向社会、向国家表达要求的过程和方式。中国现有的政治体制框架内存在着若干不同的民意表达途径,旨在了解公众对于公共事务的意见和看法,加强政府与公众之间的沟通。依据出现的社会历史背景的不同,民意表达途径可以分为传统民意表达途径和新型民意表达途径两类。根据民意进入政策系统的中间环节存在状态的不同,传统民意表达途径又可分为直接民意表达途径和间接民意表达途径。其中,直接民意表达途径包括听证会、信访和民意调查等;而间接民意表达途径可包括人民代表大会、政党、利益集团和大众传媒等。需要明确的是,这些途径的功能并不仅仅是民意表达和传输,他们同时也是中国政治制度的一个组成部分。

此外,随着科学技术的发展和公共领域的拓宽,一些初具形态的新型民意表达途径为公众参与政策活动提供了新的路径选择,主要包括网络论坛、电子投票和非营利组织。网络论坛的优势在于突破了政策参与者数量的限制,丰富了主流民意的实质性内容;提供了空前自由的表达空间;构建了政策制定主体对于民意及时反馈的平台;发挥着政治社会化的功用。电子投票的优势在于缩短了投票和计票时间;可以防止舞弊现象的出现;能够减少人力,无须人工计票;有助于提高选民的投票率。非营利组织的优势在于为培育公民民主意识和价值观提供了重要条件;构建了一种制衡性的政治力量;有利于克服政策制定主体的合法性危机;搭建了政策制定主体与下层公众的沟通桥梁。

这些民意表达途径因为种种原因呈现出运行的不良状况,主要可以归因于公共政策制定流程设计有所欠缺;政策制定主体回应力较为低下;讨论的话语表述无序;社会公众言说能力不足以及公民民主教育欠缺。这需要从政府、社会以及公众个体三个层面提出相应的行动建议。首先,在政府的层面上,更新政府政策制定的新理念,以民意为政策制定的出发点,以公众为中心,以公共利益的实现为目标,提供民意表达途径有效性的伦理前提;健全政府回应机制,以公众议程的强化为基础,通过承诺制、公示制、听证制、审议制、复决制等一系列配套的制度设计,辅以政府回应载体的建设,将政府回应规范化、可操作化和制度化,使其成为公共政策系统的有机组成部分;建构参与型政治文化,对传统政治文化进行扬弃,用民主参与作为政治宣传的主流话语,对政治犬儒主义和政治冷漠现象加以控制,从而形成民主参与的群体心态,营造良好的民主氛围;均衡多元利益集团的力量,在承认利益集团合法地位的基础上,发挥政府的主导作用促成利益集团的形成,对于强弱利益集团之间的力量差异及时进行控制,使不同的利益集团能够就政策问题进行平等的对话。其次,在社会层面上,通过增强信任、发展横向公民参与网络、建立良好的制度环境有效增加社会资本;充分发挥非营利组织的作用,以公益性作为价值取向进行民意聚合;有意识地扶持弱势群体的利益追求;提高志愿性,引导公众向善,谋求社会正义;大众传媒要通过管理体制的改革减少对政府的依赖;以精确真实的新闻报道打造媒体的公信力,提高影响力和竞争力;以公共精神为价值基础提高媒体从业者的职业伦理,保证公正性;以邻里社区为单位进行民主实践,通过邻里集会和社区远程视频议事会培养公民参与能力,推动公民表达,化解民意表达途径阻滞,将民意表达以实质性、可操作的形式表现出来,从而有助于增强政策产品的的合民意性,加快公共政策活动的民主化进程。最后,在公民层面提升公民表达政策意见和建议的能力。如公民权利意识的铺陈;公民公共理性的养成;公民公共精神的培养以及话语表达能力的加强。通过政府、社会和公众个体的共同行动,可以营造出人人愿意说、有能力说、有地方可说、有人倾听的公共政策问题讨论氛围,公众还能够从政治系统中不断得到鼓励,增强他们表达自己政策意见和建议的动机,从而转化为参与公共政策活动、维护自己的权利、谋求公共利益的行动,以推动合民意的政策产品输出政策制定系统,达成政策产品与民意的一致。

（四）结语

民意是公共政策的逻辑起点和归属,一项具体的公共政策制定的成功与否,能否称之为好的公共政策,需要回到公众中间去衡量和检验。在现有的政治体制中预设的人民代表大会、信访、听证、民主党派的政治协商会议等,都是政府在制定与民生攸关的公共政策时获取民意的有效途径;同时,发端于民间和官方的民意调查提供了公众直接面对社会公共问题、发表自己看法和意见的机会;随着公民社会的发展和民主进程的深入,大众传媒也逐渐承担起自己的公共责任;利益分化中逐渐登上政治舞台的利益集团,在政策活动中,为了谋求集团的共同利益也成了公众意见的代言人之一;信息技术的迅速发展使网络论坛和电子投票机制浮出水面;非营利组织也开始在政府与公众之间发挥政策意见传递的功能,民意与公共政策活动之间形成良性互动。我们期待一种理想图景:来自不同阶层、不同社会地位、不同民族、不同性别以及不同利益诉求的人共同面对与民生攸关的公共政策问题,他们通过各种民意表达途径陈述自己的政策建议和意见,同时仔细聆听他者的言说。尽管他们的意见不尽相同,声音的强弱也不均衡,但是他们都在寻求最适合自己的途径,最真实地表达出自己的政策偏好。在开放的公共论坛中,人们彼此打开心扉进行演说和辩论,用包容和接纳的眼光看待持不同意见者,并通过协商对话和审慎思考的过程解读不同的思想在特定的条件下对他们的意义,从而对自己的意见进行修正,在协商和妥协的基础上达成共识,形成新的能够代表大多数公众的主流民意,进而被吸纳进公共政策系统。民主理念支撑下的公共政策活动不能将任何一个个体排除在政策参与之外,对于公众的利益也不能筛选式地进行考量,因此对于利益可能受损的少数人的补偿意见也是公众形成的主流民意不可缺少的组成部分。同时,社会上也不乏一些公共知识分子为了维护公众的公共利益,利用大众媒体或其他各种民意表达途径谏言呐喊。一种开放、民主、公平的公共政策环境将保障公众政策参与行为和民意向公共政策系统源源不断地输入。

作者简介

张宇,女,1970年生,江苏扬州人,管理学博士,教授。先后在南京化工大学、徐州师范大学、北京外国语学院、扬州大学、南京大学学习与进修,2008年获南京大学管理学博士学位,曾赴韩国和欧洲OECD总部及相关分支机构考察教育培训,多次参加国际学术交流。

曾开设公共政策学、公共管理学、西方行政学说、管理心理学、非营利组织概论、公共管理英语等课程。

主要学术成果：近年来，主持或参与省、厅级课题 5 项，横向课题 1 项。先后在《江海学刊》《学习与探索》《社会科学战线》等中文社科核心期刊发表论文近 20 篇。曾获优秀科研成果奖一等奖 1 项(厅级)，社会科学研究优秀成果奖三等奖 1 项(厅级)，扬州大学优秀教学质量奖一等奖。

(原文发表于《江海学刊》，2009 年第 6 期，本书在引用时，事先征得了作者的允许。)

六、课程案例

课程案例 5-1：动物保护法的制定

2009 年 9 月 18 日，《中华人民共和国动物保护法》(建议稿)面世。若该建议稿被国家立法机关采纳，它将成为中国首部综合性的动物保护法。起草者常纪文一夜之间，从一名低调的社科院研究员转身成为媒体追捧的对象。面对有些网友关于这部法律"太超前""过于奢侈"的争议，常纪文在接受《外滩画报》专访时反驳说："目前在中国推出一部以反虐待为底线的《动物保护法》，绝不奢侈。"

虐待动物致死可能会受到刑事处罚？

没错！这是 9 月 18 日出台的《中华人民共和国动物保护法》(建议稿)中的一条。按照建议稿，虐待动物致死情节严重恶劣者将追究刑事责任，最高可判三年有期徒刑。建议稿中类似条款还有：给动物强制喂食等行为将违法；屠宰动物要以带给动物最小痛苦的方式进行；斗鸡斗狗、狗跳火圈等伤害动物的节目也应以法律形式予以禁止。

据悉，若该建议稿被国家立法机关采纳，它将成为中国首部综合性的动物保护法。

带头起草该建议稿的中国社科院研究员常纪文，在接受《外滩画报》记者专访时表示："我们的目标是起草一部既保护动物，防止受到虐待、遗弃，又保护人的权益，维护社会秩序的专家建议稿。"

针对许多人提出的"这是一部太过奢侈的法律"，虐待动物将被追究刑责完全是小题大做，常纪文反驳说："目前在中国推出一部以反虐待为底线的《动物保护法》，绝不奢侈。"

"曲解建议稿的人没有用心读过全文"

自从 9 月 18 日建议稿正式对外公布，常纪文的生活就不再平静。"我这段时间总接到威胁电话,一上来就骂,说我是神经病,我现在真的很愤怒!"此时,距离建议稿公开发布已有一个多月。

常纪文已经记不得究竟收到多少邮件了,他只记得刚开始两天就收到 120 封,一周后信件数量就突破 200。如今,给常纪文写邮件的网友都会发现,每发出一封信,就会立即收到一封他提前设置好的自动回复。其中写道:"目前一些追求发行量、吸引眼球的报刊,它们的解读并没有体现我们的真意。如有的人指出,我们的稿子希望动物得到比人更高的福利,这完全是曲解!我们只是希望动物不受虐待和遗弃,因为虐待和遗弃动物是与人性相违背的!有的人甚至宣传,我们鼓励对健康的动物采用安乐死,这是对'人道处理'的误解,是完全不负责任的宣传。我一贯反对对健康的动物采用安乐死!"

常纪文从十年前开始研究动物保护法。"试问那些曲解建议稿的人,有哪些人真正用心读过建议稿全文?"常纪文告诉记者,建议稿里的每一个字、每一条建议,都是他们经过仔细斟酌才提出的。此前,在整个建议稿讨论过程中,"是否将虐待动物列入刑责"始终没有定论。虽然大多数专家都认为很有必要,但又担心现阶段将虐待动物上升到刑法的高度,是否太操之过急。直到今年 6 月,事情发生了转机。

今年 3 月至 6 月,陕西省汉中市暴发狂犬病疫情,11 人患狂犬病死亡,6200 多人被咬伤,当地政府部门为控制疫情,捕杀了三万多只狗。屠狗视频很快出现在网络上,场面血腥而残忍。这段视频立即引起网民们铺天盖地的激烈批评,这使汉中当地政府一度陷入"屠狗风波"。几乎同一时刻,黑龙江黑河市也发布"屠狗令",在城区及所辖爱辉区的 4 个村子禁止养犬。"屠狗令"规定,从今年 5 月 23 日起,如在禁养区内发现犬只,不讲理由,一律捕杀。

"乱杀狗、遗弃猫情节严重恶劣者将追究人的刑事责任。这样一来,上述事件发生的概率就会大大降低。"常纪文说。最终,"虐待动物将被追究负刑事责任"作为十分重要的一条出现在建议稿中。它也是最受民众关注、被媒体转载最多的一个条款。

在建议稿中,常纪文还首次提及"动物福利"的概念。此前,在中国,"动物福利"一直是高度敏感的字眼,从未有任何一部中国法律将"动物福利"容纳在内。2004年,北京市政府法制局在网上公开《北京市动物卫生条例》(征求意见稿),征求意见稿提出"不许伤害动物,不许当着其他动物的面屠杀动物,不许遗弃动物"等一系列全新的动物福利保护要求。几天后,这一意见稿被撤下,号称中国第一个保护动物福利的地方性专门法规胎死腹中。

2005 年,《畜牧法》获得立法机关通过。但是,原本草案中有的"动物福利"一词被删除了,官方的解释是"动物福利"一词的含义太宽泛了。

而这一次提出"动物福利",同样遭到很多质疑。很多人表示,提倡"动物福利"究竟有无必要?动物保护好了,会不会影响人的权益?

"动物福利受到保护,受益的最终还是人。"常纪文分析说。他告诉记者,国外的一些《动物保护法》中对鸡鸭的福利都有严格规定。以鸡为例,一旦鸡的福利不好,生活空间肮脏狭小,它的免疫力会下降,势必影响饲主的经济效益,为规避消极影响,饲主会打抗生素,打了抗生素后,鸡不患病了,但可能发生基因突变,吃鸡的人或许因此就染上疾病。

一则视频的启示

在西方发达国家有一个被公众熟知的试验，如果动物在愤怒挣扎的情况下被宰杀，那么它的肾上腺会分泌出一种毒素，这种毒素会随着血液流遍全身，并最终留在动物的尸体里，人类食用这类肉制品将会给自身健康带来威胁。有鉴于此，英美等国都对动物实施人道宰杀，比如打麻醉，从而尽量让其在无痛知觉的状态下死去，以减少食用动物制品的危害。

但是在我国，许多地方对动物宰杀还是采用传统的宰杀方法。比如不少网友曾看过这样一则视频：中国河北省肃宁县一个皮毛交易市场，满地殷红，农民们操刀一只接着一只，麻利地将貉子的皮毛活剥下来。那些被剥了皮的貉子则被扔在一个角落里，有些一息尚存的貉子在死之前还用力转头，回望自己血淋淋的身躯，苦楚的眼神传递出它们的痛不欲生。

常纪文第一次看见这则视频是在 2005 年，当时他正在德国马普研究所（编注：德国科研机构，相当于中国社科院）当为期 6 个月的访问学者，专门研究动物保护问题，他在德国电视上看到了河北肃宁活剥貉皮的血腥画面。那段录像在德国曝光之后，遭到西方社会的批评，美国 CNN、瑞典电视台等纷纷转播，一些动物保护人士在欧洲集会抗议。在一次聚会上，一位德国朋友因为从电视上看到中国人活杀狗、活剥貉后，一本正经地问他："常教授，中国人是不是什么肉都敢吃？你平时吃狗肉或者吃活的其他野生动物吗？吃家养的宠物吗？""这只是极少数人的行为。"常纪文听完，尴尬地辩解。

这不是常纪文第一次被西方人问及此类问题。2003 年，中国大规模爆发 SARS 疫情，当时常纪文恰好也在德国。许多德国朋友问他："中国的 SARS 疫情是不是因为虐待动物（活烤果子狸）引起的？"

"不人道的行为多了，在发达国家的眼中，这个国家也许是个残忍的国家，这个国家的人民也许是残忍的民族。这对改善发展中国家的国际形象是非常不利的。"常纪文说。

动物福利与国际贸易

常纪文对动物保护的研究早在十年前就开始了。1999 年，作为中国社科院法学所的年轻学者、中国第一位环境资源保护法博士后，年仅 28 岁的常纪文接受了中国科技部指派的一项重要课题："WTO 与实验动物"法律课题研究。通过研究，他发现，正是由于中国缺乏动物保护法律约束，中国的"动物福利"无法得到保证，最终会形成国际的贸易壁垒。

"西方国家常常以生产国的'动物福利'保护不能达到它们的标准为由，禁止进口土畜产品。"常纪文告诉记者，2002 年，乌克兰向法国出口一批生猪，经过 60 多个小时的长途运输，到达目的地后，却被法方拒绝入境，理由是这批生猪在途中没有得到充分休息，违反欧盟和法国有关动物运输途中福利的规定。

同样，2005 年河北"活剥貉皮"视频曝光后，中国毛皮出口急转直下，2006 年毛皮出口相对 2005 年下降 47%，总损失 11 亿美元；2007 年又在 2006 年基础上下降 12%。近两年受金融危机影响，这一业务下滑更加厉害。"如今，中国毛皮协会很紧张。他们渴望中国出台《动物保护法》，用法律约束那些不人道的屠宰行为。"

正是在这一背景下，2008 年 12 月 20 日，《动物保护法》（建议稿）研究项目正式启动。常纪文邀来国内 8 位法律界关注环境与动物法的专家，国际爱护动物基金会（IFAW）、英国防止虐待动物协会（RSPCA）、亚洲动物基金会等组织也给常纪文提了很多意见。

尽管目前世界上已有 100 多个国家制定了动物福利法律，但常纪文认为，中国的《动物保护法》不能简单地套用西方法律，如何使西方语境下的动物福利变为鲜活的中国法律制度，如何使动物福利立法实现本土化，才是起草小组的初衷。

"不是对西方法律的生搬硬套"

建议稿面世后，常纪文坦言，自己面临着"双重压力"。有些人指出建议稿"太超前"；另一些人则表示，这份建议稿"过于保守"。

亚洲动物基金会（四川）黑熊救护中心公关经理朱柯在接受本报记者采访时表示，常教授的建议稿中"将虐待动物列入刑法"的意见值得赞赏，但是建议稿并没有禁止食用猫狗肉，也没有禁止有些野生动物的屠杀，只是选择了比较人道的方式而已。

对此，常纪文回应说："动物福利立法必须依照我国的基本国情，而不是对西方法律的生搬硬套。"

起草小组成员之一、国际爱护动物基金会（IFAW）中国区负责人华宁告诉记者，意见稿还在制定过程中，就曾有过激烈的内部争论，争论核心就是要不要把西方动物福利的"五大自由"（免受饥饿、营养不良的自由；免于因生活环境不舒适而承受痛苦的自由；免受痛苦及伤病的自由；免受恐惧和压力的自由；表达天性的自由）写进法条。

常纪文对此观点鲜明："对把五大自由写进来我坚决反对。老百姓尚没有实现五个自由，要把它添加到《动物保护法》，不符合中国现在的国情。对这个问题我们争论了差不多一个月，合作差点终止。"同样的争议还出现在"安乐死"上，常纪文本人是动物安乐死的反对者。"在西方，对垂死的动物实施安乐死被视为人道行为。这在中国人传统意识里是无法接受的，所以也没有写进建议稿中。"

尽管压力重重，但常纪文表示，自己不会放弃，广大的民意支持是他最大的动力。他好几次在接受媒体采访时介绍说，今年六七月，在门户网站开展了制定《动物保护法》的民意投票，结果显示，超过 80％的投票网民赞成立法，超过 75％的网民提议对虐待动物致死的行为追究刑事责任。

常纪文在博客上公开了自己的邮箱地址和联络方式。他谦虚地说："稿子肯定有不完善的地方，能够听取各方意见是我的荣幸。"

"有些意见还是很有参考价值的。比如说，有些人建议刑法规定的三年徒刑是否过于严苛，是否可以改为一年，这些我都会考虑。"

常纪文在接受《央视会客厅》采访时曾表示："我们的建议稿分两种版本，一种版本是现实版，以反虐待为底线，如果立法机关重视，两三年就可以通过；对于长远版，我们参考欧洲还有美国等发达国家的一些标准，我们叫作理论版，我想这个估计需要比如 5 年、10 年甚至 20 年的时间。"

"我期待能在两年后能看到以惩罚虐待为底线的《动物保护法》出台，十年内，将虐待动物应追究刑事责任写入《保护法》内。"采访的最后，常纪文对记者道出心愿。

（资料来源："专访《动物保护法》（建议稿）起草者常纪文：'这不是一部奢侈的法律'"http：// www. kaixin001. com/bundpic/repaste/47957508_847465384. html? stat＝orrecn_out，形成案例时，本书做了一定的调整和改动。）

七、学习思考

基本概念

解释下列政策概念，并尝试译成英语。

公共政策分析

公共政策资料

公共政策信息

公共政策知识

公共政策主张

公共政策文件

公共政策主张呈现

公共政策主张利用

政策分析知识利用

政策民意

政策民意调查

政策事实—价值论证

政策结构性论证

政策对谈

职业型的政策分析家

政治型的政策分析家

技术型的政策分析家

政策分析人员专业伦理倾向

基本原理

阅读和观看本章的电子文本、课程课件、经典阅读、知识补充、研究论文，尝试回答下列问题：

公共政策分析经历了哪些历史演变？

什么公共政策分析？它和公共政策研究有何区别？

公共政策分析的特点是什么?

公共政策分析的主要任务是什么?

什么是公共政策资料,如何获取这些资料?

什么是公共政策信息,它和公共政策资料的区别何在?

什么是公共政策知识?

什么是公共政策主张?

公共政策调查问卷中应当包含哪些内容?

公共政策文件的形式与类型是什么?

公共政策文件制作和传递的技术和途径?

公共政策分析知识利用的影响因素、形式、效果和范围是什么?

公共政策分析的流程是什么?

公共政策分析中民意的重要性是什么?

公共政策分析中民意的性质和来源是什么?

怎样展开政策分析的价值—事实论证?

怎样展开政策分析的结构性论证?

在公共政策结构性谁中如何引入政策对谈?

政策分析人员需要有哪些基本素养和基本理论?

政治型、技术型和行政型政策分析人员各自的特点与相互区别何在?

政策分析人员的专业伦理倾向是什么? 如何衡量?

政策分析人员应采取何种策略来处理伦理冲突?

基本应用

案例分析

在仔细阅读和观看本章的课程案例、导入案例后,结合前面已经阅读过的与公共政策过程相关的知识,对本章的导入案例和课程案例加以分析,尝试写出案例分析报告。

分析报告必须包括下列内容:

对案例发生的外部环境背景做出描述、分析;

对案例中包含的公共政策的要素和主要过程中与政策分析任务、政策分析论证、政策分析流程、政策分析伦理有关的方面做出阐释、分析;

依据本章的内容对政策的某些要素和主要的过程阶段中与政策分析任务、政策分析论证、政策分析流程、政策分析伦理有关的方面做出评价。

读书笔记

仔细阅读本章提供的经典论述、知识补充、研究论文,围绕经典论述写出读书心得。读书心得应包含下列内容:

经典论述的主要理论和观念;

经典论述表述的理论或观念对中国现实政策过程的解释力度(能够对中国现实的公共政策过程做出很好的解释,只能部分解释,完全不能解释);

是经典理论与观念不完备,需要做出修改,还是中国公共政策过程需要加以改进?

编写案例

参照本课程提供的第二课堂的经验资料，组成 5 人左右的学习团队，尝试就中国目前公众与政府普遍关心的、也是值得研究的公共政策实例，按照本章研修的内容，编写出公共政策案例。

好的政策案例应当包括下列内容：

对具体政策过程发生的环境条件进行描述；

对具体政策过程中的主体、价值、工具、资源（不一定都要涉及，只要对与本意内容有关的方面加以阐述）；

对具体政策要解决的政策问题的状态及对政策问题的确认（问题情境、问题的诊断与确认）做出描述；

对具体政策的制定、实施、评估与终结（不一定关注所有阶段，只对与本章所关心的阶段或环节）加以详细描述；

将上述的内容以生动故事情节的方式展示出来，让阅读者有身临其境的感受。

要特别关注具体政策过程的公共性、民主性、科学性、有效性。

编写公共政策案例的资料必须是多元的：官方文件、媒体报道、公众（网民博客）评点、学者论述、问卷调查、焦点人物访谈。

为了让阅读者一目了然，印象深刻，可以适当插入图表、图像。

第六章 公共政策问题建构分析

公共政策分析的目的是帮助公众、政策利益相关者和决策者提出并论证解决公共问题的行动方案及其实施的可行性。因此,建构政策问题是政策分析人员首先需要面对的困难和任务。同时,政策问题建构分析也是整个政策分析的中心工作。

一、研修的内容

在这一章中,我们将研修下列内容:
　§1. 公共政策问题构建的重要性和要求
　§2. 公共政策问题的性质和结构类别
　§3. 公共政策问题构建的步骤和陈述模型
　§4. 公共政策问题构建的分析技术和方法

案例导入:环境治理中要解决的问题是什么?

一条河流正好从某省一座大城市和乡村的结合部流过。通过市政府招商引资办起来的造纸厂 A 和电解铝厂 B 就建在大河边上。许多农村青年人在造纸厂和铝合金厂上班,也有相当多的城里人是这两家工厂的工人。造纸厂和铝合金厂每年交给该市地税局和国税局相当可观的税款。生产的纸张和铝合金制品也是该市和周边城市办公和生活用纸及房屋装修材料的主要来源。

这两家工厂每月向大河排出含有 S 毒素的废水和其他不含毒素的废水。A 厂每月排出 9 吨废水,其中 6 吨含有 S 毒素;B 厂每月排出 6 吨废水,其中 3 吨含有 S 毒素。由于对生产过程中排放的废水不加处理,造成环境污染,给周边农村的农业生产和居民生活带来不便和危害,由此招致了许多人的不满和意见。

问题状态(问题情境)

造纸厂和铝合金厂有大量含有有害物质的废水排出,造成城乡接合部河流中河水变黑,影响了当地居民和农民的生活。特别是农民用大河的水浇灌水稻地,发现水稻的叶片枯黄,产量降低。大河中的鱼也受到污染,经常有死鱼浮在水面,以往能见的螃蟹,现在几乎绝迹了。

对此,人们议论纷纷。不少人在报纸上写文章批评这两家企业污染严重,也有记者来拍照片、摄像。但也有一些人包括政府部门的人就认为这并不是什么大问题,没有工业,就缺乏就业机会,没有公共财政去建设城乡基本设施,也没有更多的资金去救助低收入群体,那才是问题。

多方意见

在河边上生活了几十年、专门靠种水稻谋生的老农民们认为,问题就出在办了造纸厂和铝合金厂,否则河水是清的,水稻也有好收成。

环保部门和一些研究生态环境的专家则认为,问题的起因是原先对创办企业可能遇到的环境损坏没有做论证,问题的症结是产生了环境污染又不好好治理。

在造纸厂和铝合金厂工作的农民和城镇居民则认为这几年附近农民和城镇居民收入的增加和生活水平的改善主要是得益于这两家工厂。河水变质,少打一点粮食,比起办造纸厂、铝合金厂繁荣城乡经济,是弊小利大,算不了什么问题。

两家工厂的负责人则认为问题不是不想对污水加以处理,只是需要的经费太多,承受不了。

不少人也责怪当地政府治理环境污染不力,认为问题就出在政府不作为上。

从上述情况看,这里显然已经出现政策问题情境,但问题究竟是什么,人们的见解不同。

第一次建构问题。问题是办了有污染的企业。解决问题的方案就是限令停办

对在河流周边种植水稻的农民和河边上一直使用河水的城乡居民来说,河水变黑,既影响许多人的日常生活,也影响水稻产量和稻米的质量,这确确实实是个问题。

而且,人们也注意到,造纸厂和铝合金厂刚办的头几年,虽然也有废水排出,但因当时生产规模不大,废水排放量较少,河水没有变黑。但这几年附近的企业越办越多,造纸厂的生产规模也变大了,河流两边的大楼也多了,工厂排出的废水日益增多,加上生活中的污水也排到河里,河水的水质越来越差,最后终于变成了"黑水"。

但对城市中在造纸厂和铝合金厂上班的工人和农村中在造纸厂和铝合金厂干活的农民来说,厂里的工资不低,办造纸厂和电解铝厂不存在问题,相反造纸厂和铝合金厂因停办或花费很多钱去处理污水,工人没有了工资或工资降低了;遇到这种情况肯定是问题。

对两家企业来说,厂不办了,把大批已经签订过劳动合同的工人赶出工厂;或者因购置大量设备处理污水,资金链断裂,正常生产维持不下去,到期订单上的货品供应不了,工人工资也发不出,出现这种状况一定是问题。

对于市政府来说,勒令造纸厂、铝合金厂停产,必定造成许多人失业,产生一批需要照顾的困难家庭;同时,市政府也失去了一大笔地税税源,市公共财政必定产生缺口,想给困难户提供帮助,想治理这里的环境污染更没有办法,碰上这种情况,才叫真的出了问题。

第二次建构问题。问题是企业没有进行污水处理。解决的办法是两个企业各自解决自身产生的污水处理问题

如果政策分析人员采取另一种思路:办造纸厂和铝合金厂,解决了许多农民、城市居民的就业困难,也增加了政府的税源,还解决了周边地区的用纸难题。因此,造纸厂和铝合金厂还要办下去。但导致河水变黑的废水是造纸厂、铝合金厂排放的,两个企业都必须购置设备进行污水处理。但如此分析,也只会建构出结构适度的政策问题。

因为作为多个决策者之一的造纸厂和铝合金厂负责人,肯定不同意这样做。在他们看来,河水变黑确实与造纸和电解铝厂排放废水有关,但周边厂家很多,也排放废水。

另外,生活废水也会导致河水变质。

而且要每家都花钱建污水处理厂,费用太高,造纸厂和铝合金厂可能就办不下去。由此会产生诸如工人下岗、财政税收锐减等一连串更麻烦的问题。

第三次建构问题。河水污染是多方因素造成的。问题是政府没有尽责任,缺乏研究,也没有实施污染许可权的交易。解决的办法是政府适当补助,各个企业在能力允许范围内处理有 S 毒素的废水,再进行排污许可权交易

如果政策分析人员继续进行问题分析构建,就会找到能够顺利解决的问题。政府准备出面整治城市污水的排放,另外又请环保专家测算,两家大企业每家可排放的不含 S 毒素的污水不能超过 3 吨,否则,河水无法在大自然的自我调节下变得清澈。在政府的适当补贴下,每个工厂有 3 吨不含 S 毒素的污水排放权。同时可以实施"污染许可权的交易"。

这样 A 企业只要购置设备处理有 S 毒素的 6 吨废水,B 企业只要处理 3 吨含有 S 毒素的废水。两家企业再进行"污染许可权的交易"。这样就能找到更容易解决河水污染的问题状态的办法。

如果 A 厂处理污水 6 吨,其费用:

物理方法处理费用:21800 元,化学方法处理费用:24000 元;

如果 B 厂处理污水 3 吨,其费用:

物理方法处理费用:20400 元,化学方法处理费用:8000 元;

两个企业污水处理总费用:$\sum = 29800$ 元。

如果 B 厂向 A 厂购买 3 吨污水排放权,

A 厂处理含有 S 毒素的污水 9 吨,费用:

物理方法处理费用:26800 元(化学方法处理费用:50000 元),

两个企业污水处理总费用:$\sum = 26800$ 元。

B 厂购买排污权的费用:可进行谈判,

在(1000＋1600＋2400)5000 元 与(2000＋2000＋4000)8000 元之间选择交易价格。

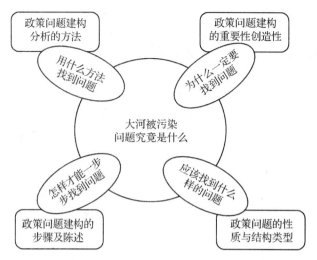

图 6－1　导入案例与本章内容的对应

§1. 公共政策问题建构的重要性和要求

§1.1　公共政策问题建构分析的重要性

问题建构是政策分析的中心

公共政策的整个活动过程,包括政策分析的过程都是以解决政策问题为中心的。不对公共政策问题加以分析,没有发现、确认和建构真正的政策问题,也就谈不上解决问题。公共政策分析人员必须有强烈的政策问题意识。

政策分析失败的主要原因是因为未能建构真正的政策问题。人们在政策分析中不可能一点不犯错误,整个分析过程就是试错的过程。但是人们犯的错误可能不一样。有的错误是错在问题没有找对,解决问题的方案也没有找对;有的错误是错在问题找对了,而解决问题的方案找错了。但人们还会犯第三类错误。

在公共政策分析中人们容易犯的也是最大、最严重的错误是找对了解决问题的方案,但找错了要解决的问题。这一错误通常被称为第三类错误,即错误 EⅢ,选择了错误建构的问题却花了真正的力气来加以解决。

问题建构要超越解决问题

掌握对问题进行构建分析的方法要比掌握解决问题的方法更重要。因为构建政策问题或辩证的认识政策问题常常是对解决政策问题的一种超越。

建构问题必须进入更大的系统进行思考。在建构政策问题时,分析人员需要将政策问题摆到与问题相关的整个系统之中加以考察,要对问题形成的因果联系进行探讨,要对问题的历史演变加以考证,要对问题不加解决可能产生的后果加以预测。这些远远超出了仅仅对解决问题行动方案的思考。

政策问题只有构建分析才能被把握

政策问题是不能被直接感知的,这如同人们只能感知物体,而不能感知分子、原子一样。人们能感知到的只是问题潜伏于其中的政策问题情境。它是客观存在的状态与利益相关者的种种担忧、不满意、抱怨的混合体。只有通过问题构建分析,人们才能从政策情境中,从原始问题的混杂多变的混合体中即元问题系统中,将包含于、潜藏于并且渗透于其中的政策问题这一要素分离出来。

人们能够直接感知的只是原始政策问题系统或元问题系统。这是由许多具有不同利益的群体、团体和个人对政策情境产生的认知、见解和意见组成的系统。人们会对政策情境即客观上存在的不满意、不规范、混乱无序的状态发出议论、评价,社会上个体、群体、团体会对某些不满意的状态发表各种意见和想法,从而汇合为原始的政策问题见解。

元问题系统是含糊的,不确切的,提供的信息是粗糙的。但政策问题就包含在其中。只有借助严格的程序和方法,对其加以构建分析,才能把那些不准确的见解、意见排除掉,获得有关政策问题的真正的信息和概念。

政策问题建构分析,就是要从原始政策问题系统中分析出政策问题。只有思维才能从物体中分离出分子、原子的概念。只有通过政策分析人员的思维构建,政策问题才能从原始政策问题系统中被发现并得到确认。只有把政策问题从一般社会公共问题中分离出来并为人们所把握,才能为解决政策问题提供条件。

政策问题只有构建分析才能够明确

许多人认为政策问题是简单的,事实都是明摆着的。但是政策问题不仅依赖于客观事实,也与人们的主观认识、利益需求和价值取向有关。政策问题情境是客观现实和人们期望的秩序、规范之间存在的某种不一致的状态。某个具体的政策问题又总是和其他的政策问题交织在一起。另外,政策问题本身又是变动着的。因此,政策问题没有被建构分析之前是不明确的。之所以要对政策问题进行建构分析,就是排除这种对政策问题的模糊、粗糙的感受,求得对需要解决的政策的清晰、明确、精准的认识。

政策问题建构分析的目的

在没有实行政策问题建构分析之前,人们对政策问题的认知是含糊的,不知道要解决的政策问题的范围有多大,也不完全知道为何会产生政策问题,对政策问题需要不需要立即解决也没有定论。政策问题构建分析的目的就是要弄清楚政策问题范围的边界,导致政策问题的原因,政策问题恶化的后果,缓改政策问题的机会,最终找准解决政策问题的行动方案。

§1.2 公共政策问题建构分析的要求

政策问题建构分析是一项重要的并且要求极高的工作,好的、有效的政策问题建构分析应当符合下列要求。首先,问题构建分析的结论要足够新颖。政策分析的特征是质疑性、批判性的,因此要求从问题构建分析中得出来的结论是多数人不能和不愿得出的结论。政策问题的建构分析要体现社会需要的价值,体现增进和改善民主的要求,体现以人为本的理念。

其次,问题构建分析的过程不能墨守成规。分析人员在问题构建分析中要勇于修正和抛弃以往惯常的想法和做法,包括某些政策决策者的看法,敢于推翻传统的结论、流行的观念、惯常的想法。

第三,问题构建分析的过程要充满激情。政策分析人员要一直让问题构建分析保持在紧张、清醒和高强度的状态。没有责任感、乐观主义和对解决问题的自信,政策问题建构分析是不会成功的话。

第四,问题构建分析的结果要使问题明确界限清晰。通过政策分析人员的问题构建分析,政策问题必须由模糊到清晰,由笼统到具体,由专业语言表达到运用日常语言表述,从而被多数人把握。

最后,问题构建分析结果要有利于问题解决。问题构建分析的结论要让政策制定者和公众感到有价值,能够利用,利于寻找解决的途径和方法。

§2. 公共政策问题的性质和结构类别

§2.1 公共政策问题的性质

人们之所以不容易准确把握所要解决的政策问题,除了主观认识上容易犯错误外,最重要的原因还在于政策问题本身除了具有客观性之外,还具有下列一些特殊的性质。

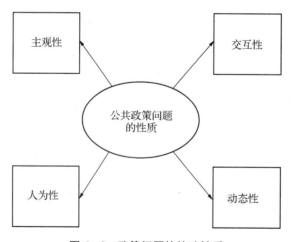

图 6‐2 政策问题的特殊性质

政策问题的交互性

虽然人们习惯于将公共政策问题划分为不同领域、不同层次的问题,但是所有政策问题在时间和空间上都是相互依存和相互关联的,基本不存在绝对孤立的、单一的政策问题。

虽然政策问题的交互性给构建分析带来困难,但有时同时解决 10 个相互关联的问题,要比解决一个单独的问题来得容易。因此,在实际解决社会公共政策问题时,一揽子解决的办法很有效。

政策问题交互性的含义。政策问题交叉既可以表现为不同领域间政策问题的交互渗透,也可能是同一领域中不同层次间政策问题的交叉渗透。

对政策问题的这种交互性或交叉性,一般人只能感知到表层的情况,对政策问题在深层究竟是怎样交叉、渗透的,交互影响的程度又如何,则知之很少。

有时,某个政策问题现时还不一定和其他政策问题发生交互作用。但随着政策问题的解决,它可能与其他政策问题发生交叉,产生影响。

政策问题的人为性

所有的政策问题都不是非人的原因导致的。不能将政策问题的存在归结于自然、鬼神。政策问题归根到底是人的行为和行动的结果,既是过去人们行动的结果,也是现在人们行动的结果。

政策问题人为性的含义。政策问题的人为性有两层意思。一是所有现在的政策问题都是因为人们过去的行为和行动引发的。任何政策问题都不可能脱离一定的个体和群体行为和活动而产生和存在。二是只有当人们对某些情势不满意,需要加以改变时才有了问题。正是因为人,因为人的利益,才会产生政策问题。

政策问题的主观性

政策问题的主观性是指所有的政策问题都是政策行动主体的主观与客观的某种互动,既是政策主体对现实状况与期望的秩序之间差距的一种主观评价,也是政策主体建构分析的产物。

政策问题主观性的含义。政治问题的主观性有两个含义。一是政策问题是人们运用主观思维分离出来的。人们能够感觉到的并不是政策问题本身,而只是问题情势或政策情境。不同的人因生活在不同的环境中,因而对政策问题情势的解释也各不相同,从政策情境中分离出来的政策问题必然呈现出主观性。

二是有没有问题,是什么问题,都是人们主观判断的产物。对构成政策问题的事实解释是主观的。政策问题固然有客观事实作为依据,但是它同时又是政策分析人员主观处理、判断的产物。任何有关问题的事实都需要人去选择、解释、澄清,更需要有价值判断渗透进去,这也决定了政策问题的主观性。

政策问题的动态性

政策问题的动态性是指所有政策问题都是变动着的,现在的政策问题是从以往的政策问题演化而来的,它本身还在不断变动。人们不解决政策问题,它就会变化,甚至会恶化。

政策问题动态性的含义。政策问题的变动性有两个含义。一是政策问题是社会的、历史的,它会随着社会历史的变化而改变。二是人们对政策问题的界定和解决政策问题的方法是多种多样的,随着时间和空间的变化,政策问题的确认和解决问题的方法与手段都在改变。

§2.2 公共政策问题的结构

政策问题结构的要素与类型

不仅政策问题本身具有特殊的性质，人们对它难以把握；而且不同的政策问题，解决的难度也不一样，有些政策问题容易解决，有些不容易解决，有些则很难解决。这和政策问题的结构有关系。

从解决问题的角度来衡量，依据下列要素可以对政策问题结构加以类型划分：决策者人数，是一个还是多个；备选方案数，是少数几个，还是无限多个；人们对解决问题效用价值的认识，有一致性共识，还是存在分歧；政策问题解决的结果，是确定的，还是不确定的；为问题解决需要的资源投入量，是有限的可计算的，还是不可计算的。

按照上面的要素，区分出来的政策问题结构类型有三类：结构优良型的政策问题，结构适度型的政策问题，结构不良型的政策问题。人们通常把前两类结构的政策问题称为第一类政策问题，而将第三种结构的政策问题称为第二类政策问题。

结构优良的政策问题

这种政策问题只涉及一位或数位决策人员，只在少数几个方案中进行政策方案选择。政策决策者、政策利益相关者对解决问题的效用价值、设置的目标有一致性认识，这些目标是按决策者的喜好顺序进行排列的。解决问题的每种选择的结果要么具有完全的确定性，要么在可接受的错误范围内。解决问题的投入，是可以计算的。这类结构的政策问题的原型是完全可以由计算机处理的决策问题，所有政策备选方案的结果都可预先加以规划。在公共机构中存在的相对低层次的操作性问题中有一些例子就是结构优良的政策问题。

结构适度的政策问题

这种政策问题只涉及一位或数位决策者，因此，具有可协商性，或取得共识的交易成本不会过大。解决问题的备选方案在数量上相对有限，选择的难度不会过大。在解决问题的效用，即价值取向和目标确定上，有明确的排序，容易形成一致性。然而，各种备选方案的结果既不确定，也无法在可接受的误差范围内，即其风险性方面加以计算。而且对解决问题的投入是无法计算。相当多的政策问题属于这种结构类型。

结构不良的政策问题

这种政策问题通常涉及许多不同的决策者，他们意见不一，协调的交易成本非常大。政策决策者、政策利益相关者对解决问题的效用，或价值取向的看法既不可知，也不可能用统一的形式加以排序，从而难以取得共识。结构优良和结构适度的问题表现出人们对政策目标的认识具有一致性，而结构不良的问题则表现出有争议的目标之间相互冲突的特征。解决这类政策问题的备选方案及其结果也可能是未知的，也不可能对风险和不确定性加以估计。而且，为解决问题所需要的投入也是不可知的。

要素	结构优良的政策问题	结构适度的政策问题	结构不良的政策问题
决策者	一位或数位	一位或数位	许多
备选方案	有限	有限	无限
认知价值	一致	一致	冲突
预期结果	确定或风险	不确定	未知
投入资源	可计算	可计算	不可计算

　　　　　　　　　第一类问题　　　　　　　　　　　　　　第二类问题

图 6-3　政策问题的三种结构类别

政策问题结构与政策问题解决

区分和认识政策问题结构是为了了解政策问题解决的难度。通常,结构优良和结构适度这两类政策问题包含对价值偏好的优先顺序的排列,并且排序具有传递性。例如政策行动方案 A1 优于 A2,A 2 优于 A 3,则 A1 一定优于 A3,而第三类问题即结构不良的政策问题的优先顺序则没有传递性。很多重要的政策问题却是结构不良问题。结构不良的政策问题的原型是完全不具有传递性的决策问题,即不可能选出一个优于其他所有方案的方案,因而解决起来难度极大。

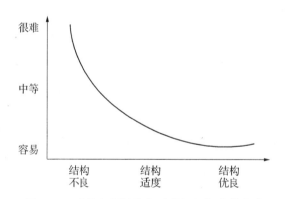

图 6-4　政策问题结构与政策问题解决的关联

在通常条件下,政策决策和执行的难度与政策问题结构类别是对应的。结构不良的政策问题,政策主体的规划、决策和执行时就很难;结构适度的政策问题,政策主体在规划、决策和执行时,难度中等;而对于结构优良的政策问题,政策主体在规划、决策和执行时,就比较容易。

§2.3　公共政策问题的层次

经过建构形成的政策问题,可以依据其决策主体的层级、影响范围的大小分成不同的层次。处在最高层次上的是由执政党关注的战略性议题。在战略性议题之下,由中央政府关注的是首要议题。接下来的是地方政府关注和需要解决的将要议题。由预算活动解决的是功能性性议题。再小一点的议题,是人、财、物配置机构所要解决的问题。处在最低层面上的是政策贯彻中所要解决的操作性议题。

§3. 公共政策问题构建的步骤和陈述模型

§3.1 公共政策问题建构的步骤

感知问题（Problem Sensing）

这是政策问题构建分析的一个环节。分析人员通过认识问题情势或情境,观察和体验分散的不满、忧虑,乃至冲动、混乱。重要的是政策分析人员要有敏锐的观察和责任心,来及时感知情境。对象是问题情境（Problem Situation）。这是一组情况或一组社会外部条件构成的状态。如群体的议论、媒体的集中报道,甚至群体性抗争,知识分子、学者、舆论领袖的呼吁,等等。

问题搜索（Problem Search）

公共政策问题构建分析的又一个环节。主要的任务是发现并限定由多个政策利益相关主体对问题的描述、见解、议论所形成的政策元问题,或原始问题见解系统。对象是问题见解（Problem View）,即一般人、群体和媒体对政策问题的种种见解、看法和意见的汇总。一定量的利益相关者的问题见解和意见中总是包含着真实的政策问题。

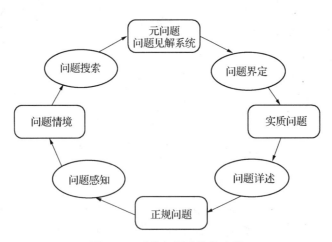

图 6-5　政策问题建构的步骤

问题界定（Problem Definition）

政策问题构建分析的一个环节。其任务是运用最为日常的语言对实质问题的特性加以陈述和表达。政策分析人员工作时使用专业语言,但向政策重点单位、利益相关者,特别是政策决策者陈述时,必须使用日常社会交流语言。对象是实质问题（Substantive Problem）,即从政策问题见解和意见中分离出来的,被构建起来的,准备进入议程的需要解决的政策问题。

问题详述（Problem Specification）

政策问题构建分析的一个重要环节。其任务是分析人员运用包括概念、逻辑、数学和模型的方式，对构建出来的政策问题的本质做出正式表达，既向政策决策者表达，也向其他政策利益相关者表达。对象是正规问题（Formal Problem），即得到详尽而明确陈述的将进入议程的政策问题。

§3.2 公共政策问题陈述的模型

两类政策问题陈述模型

政策问题建构陈述模型是指在政策问题构建中，围绕一定的目的将分析人员体验到的政策问题，运用想象力给予程序化并做出解释的过程，它是一种人为的手段。

一类是描述性模型，通常以社会指标作为衡量，目的在于解释和预测政策选择的因果联系，着重解释和预测政策问题中的因果关系。

另一类是规范性模型，通常以公式表现出来，其目的不仅在于解释预测政策选择的因果关系，还要为取得最佳效用提供建议，即为取得最佳效用而提供规则和建议。

这两类政策问题模型又可通过三种具体的模型得到说明：一种是口头模型，一种是符号模型，还有一种是程序模型。

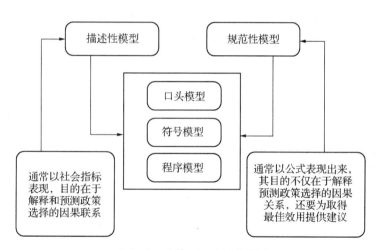

图 6-6　政策问题陈述的模型

政策问题建构陈述的口头模型

案例：1962 年苏联将导弹运至加勒比海滩地区，导致古巴导弹危机。美国政府中有两种意见：支持与反对对苏联海军进行封锁。肯尼迪总统运用口头模型表示自己的意见。

"尤其重要的是，在维护我们的根本利益的同时，核大国必须防止将对手逼入非左即右的有冲突的选择之中，即要么是屈辱的退却，要么是核战争。在核时代采用这样一种行动只能表明我们的政策的破产以及世界希望的集体死亡。"

口头模型的优点在于专业分析人员与非专业人员进行沟通时，依赖推理进行预测并提出行动上建议，可以随时应答，相互论辩。口头模型相对容易并且成本较低。

口头模型的缺点在于口述时专业人员在依赖推理进行预测并提出建议时，不能产生以数值表示的精确结果，理由可能较为隐含不明确，或讲不清楚，而且难以对已经进行过的口头争论加以重建和审查。

政策问题构建陈述的符号模型

符号模型只是采用政策问题的一个方面的特征来表示变量间的关系，通常使用数学的、统计学的和逻辑学的方法。人们可以运用符号逻辑模型来预测或找到解决问题的较满意的方案。

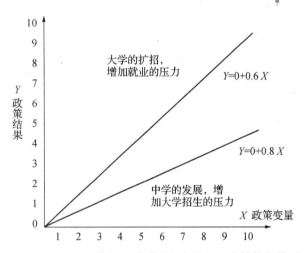

图 6-7 关于中学发展、大学扩招与就业压力的符号模型

符号模型的优点在于比口头模型更节省成本。因为表达口头模型需要在辩论中耗费大量的时间和精力。

符号模型的缺点在于外行人不易理解，很难交流，对于专业人员来说，设计的模型很难说清楚。有时一些学者也会在缺乏事实依据的情况下，用泛泛的计算机模拟来冒充科学性。

政策问题建构陈述的程序模型

程序模型主要用于表达政策问题中变量间的关系。程序模型也利用符号来表达。两者区别在于程序模型要使用真实数据，而符号模型只是对变量关系做出假设。最简单的程序模型就是决策树。它表明人们如何分步处理问题，有助于对不同政策选择的可能结果的主观估计进行对比。

程序模型的优点在于形象，便于非专业人士进行，其强项在于人们可以用程序来进行创造性的模拟和研究。程序模型的缺点在于经常难以找到证明其模型假设的数据和论据。

政策问题建构陈述的替代模型

由于大量的政策问题结构不良且非常复杂，无法用正规的描述性或规范性模型来表达，所以有时分析人员会借用符号模型来说明和解释问题情景。这就是替代模型（surrogate model）。上述的替代模型将失业的原因归结为贫困。这是倒因为果了。替代模型常常会发生差错,让人们去解决一个错误判定的政策问题。

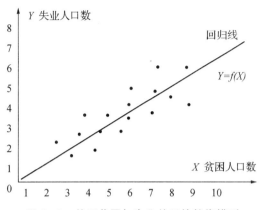

图 6-8　关于贫困与失业关系的替代模型

政策问题陈述的观点模型

　　政策分析人员在遇到政策问题时,有时因无法用正规的模型将问题情景表述出来,会用观点模型做出表述。但这时的观点模型(perspective model)就有可能将思维中不合理简化了的情景作为真实的政策问题情景加以规划并提出建议。

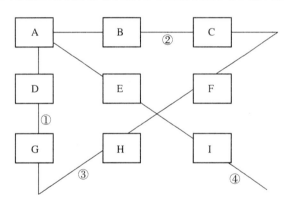

图 6-9　政策问题陈述的观点模型

　　如上述设计,用最少的钱解决一个地区内建立 4 条公路将九个城镇交通连贯起来问题时,政策分析人员从元问题中选择了一种运用地图设计交通道路的意见。结果就会犯错,实际的地理状况并不是想象中平坦得如平面一般,需要改善交通条件的区域内不仅有丘陵、河滩,还有小的山坡。

§4. 公共政策问题构建的分析技术和方法

　　政策问题分析的技术和方法主要有:边界分析技术、类别分析技术、层次分析技术、类比分析技术、多角度分析技术、假设分析技术、头脑风暴分析技术、鱼骨图分析技术、问题检点表分析技术,等等。

§4.1　边界分析技术

　　政策问题构建分析的人员面对的是分布在政策制定过程中的多重问题空间,常常在无法控制的区域内工作。如果研究的范围太大,就会不断去搜索各种政策问题的观点、见解,必然缺乏精力集中处理从政策问题情势中分离出来的政策问题。但如果停止搜索,则又担心未把真正的见解和观点收集进来。政策问题边界分析的目的就是要确定政策问题的范围,以便在限定范围内,集中精力针对分离出来的政策问题进行政策设计。

　　政策问题边界分析需要通过相关的三个步骤来实现。第一步是饱和抽样。这过程可以从一组或一群对政策问题持不同意见的人开始。首先详细了解他们对政策问题的观点及其差异,然后再通过他们,推荐出对正在讨论的政策问题持最赞同态度的人和最持最反对态度的人,并让他们再去推荐别的人,如此持续下去,直到大部分的利益相关人都加入讨论之中为止。

　　第二步是诱导问题的陈述。可以用多种形式,提出各种供思索的问题,诱导人们回答。通过面对面谈话、电话交谈或问卷分析,获得利益相关者所关心和要求解决的问题要素。

　　第三步是边界估计。分析中可以制定一个积累频率分布图。图中用横轴表示利益相关人的数量,所反映出的问题要素,如想法、假说概念、变量、目标等数量,则通过纵轴表示出来。当每位调查对象提出新问题要素时,曲线的坡度便会有变化,其曲线斜率表示出不同的变化率。当访谈到一定数量的政策利益相关者时,他们所提出和关心的政策问题要素会稳定在一定的数量上,这时政策问题的边界就基本上得到了确定。

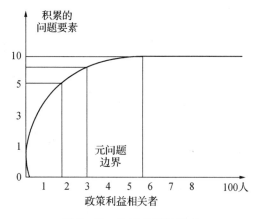

图 6‑10　边界分析的技术

§4.2　类别分析技术

　　政策问题的类别分析是指对政策问题情境加以界定和区分。这是一种用以澄清、界定和区分问题情境的方法。在对不同问题的形势感知中,不同的人会依据自己的经验,对所要解决的对象进行分类,即使是最简单的对问题进行情景描述,也是依据经验进行的。分类是通过归纳推理实现的。政策问题是通过问题情境表现出来的。这里所谓政策问题情境是某些以可观察的符号系统表现出来的体现政策问题的客观状态与事实。不同的政策问题总是对应着不同的问题情境。因此,要弄清政策问题,首先就必须对政策问题情境加以识别,这种识别只能借助于经验。当出现问题情境时,政策分析人员就利用个人的或集体的经验对问题情境进行分类处理。

政策问题的类别分析分为逻辑划分与逻辑归类两个过程。在逻辑划分过程中,政策分析人员将政策问题分解成若干组成部分,解剖成许多更小的类别。在逻辑归类过程中,政策分析人员则将性质类似的事物、人群、情景结合为一大类别。问题情境的逻辑划分与其逻辑归类是相反的思维过程,其目的是为了政策问题与问题情境大体上的对应关系,以便从问题情境入手识别政策问题。

在对政策问题情境进行分类分析时,为了保证实现逻辑上的一致性,必须遵循一定的原则:

一是实质相关原则。应以分析的目标和问题形势的性质为基础进行分类,即所分的大类及次类都应尽可能地与问题形势的实质相关。比如对贫穷分类,可以从收入不够、文化剥夺等多因素或综合各种因素进行分类。虽然分类不同,但各要素都是处于贫穷的情景中。

二是类目穷尽原则。对分类系统中各要素在列举与排序中要穷尽到底,对分析有意义的项目和问题形势都要"用尽"。如对贫穷家庭分类时,要让所有家庭在不同的类目中都占有这样或那样的位置。若发现某一家庭真正无法归类,则需要重新确定新类别。

三是类目排斥原则。类别之间是要互相排斥的,每一个问题和问题形势都只能在一类或次类中存在。例如,在对贫穷家庭进行分类中,每个家庭都必须归入两个主要次级类中的一个,或在贫困线以上,或在贫困线以下,不能出现重复计算的情形。

四是单一分类原则。所列出的问题情境类别必须能涵盖所有要素,所列出的每一个问题情境类目要与其他在同一时空中,对问题情境的分类只能使用同一类分类标准。

五是等级可辨原则。同层次类别(类、次类、亚次类)的界定,必须严格分开。类别有高低之分,分类要按层次次序进行。在构建问题时,应避免经常出现的忽视类别组成要素及其类别系统本质差别的错误。

作为构建政策问题的重要技术,类别分析的程序侧重于个别政策分析人员而不是集体,它使用逻辑一致性作为评价分析人员形成问题概念好坏的首要标准,但这种分析是一种进一步明确特定概念及其关系的技术,它并不能保证概念有实质的相关性。

§4.3 类比分析技术

类比是根据两个或两类事物之间的某些方面的相似或相同,而推出它们在其他方面也可能相似或相同的一种逻辑方法。它以不同事物之间的比较为基础。类比分析是把这种相似性研究创造性地应用于决策问题构建中,寻求决策问题的原因、性质及类别的方法。

在人们缺乏可靠的论证思路时,类比分析法往往能够奏效。按照类比提供的思路,人们不仅能识别那些看来是新问题而实际上是旧问题的伪装,而且还能够正确地获得解决问题的新思路。

在构建政策问题时,有四种不同的类比形式可以运用:

个人类比。政策分析者试图将自己置于与决策相关人相同的地位,以同样的方式体验决策问题的形势。这种个人类比在分析那些蕴含利益上的矛盾冲突的政策问题时尤其重要。人们通常讲的"换位思考",就是从一个角度反映了运用这种方法的必要性。

直接类比。分析者可以寻找两个以上的问题形势直接比较,并从中获得有益启示。特别是将新的政策问题与已经解决了的旧的政策问题放在一起对照,从对比中尽量找到它们在类别、性质、成因等方面的相似性,从而弄清新的政策问题的性质。例如在构建吸毒上瘾问题时,人们就可能从对传染病的控制经验中建立直接的类比。

符号类比。政策分析人员利用一些符号、数字、概念构成某种框架与模式对政策问题加以比照,从模式和框架中的符号、概念间的关联,来发现政策问题与现实社会生活的关系,或者运用符号系统来从形式上再现政策问题的内部结构与过程。在进行这种类比时,可以发现某个特定的问题形势与某些运作过程有类似关系。

想象类比。现实生活中的有许多政策问题十分复杂,受到影响的因素太多,形式不是单一的而是复合的,问题的情境也充满不确定性,无法实施控制。此时,政策分析人员可以开动脑筋,完全自由地探讨问题形势和某些所想象的事物状态之间的相似性,并由此推论出政策问题的性质、类别和成因。例如在国防政策问题构建中,政策分析者经常应用想象类比,去探讨战争中实际进攻与防护的问题。类比方法运用是否恰当,取决于选用的类比对象之间的关系是否适当、合理。类比程度的可靠性取决于相似属性和推导出的属性之间的相关程度。二者的相关程度越高,则可靠程度越大。以表面相似为依据的肤浅类比是容易的,但不能说明本质问题。只有抓住事物的本质属性进行类比,才能获得可靠、深刻的类比推论。

§4.4 假设分析技术

这是一种目的在于将相互冲突的决策问题的立论假设创造性地综合于一体的技术。它是所有构建决策问题方法中最具有综合性的方法之一,它不但包含了政策分析多种方法中所运用的程序,而且还具备假设辩证功能。它能用于政策分析人员、政策制定者和其他利益相关者对其阐述不能达成一致的问题。这种假设分析可以由单个专家运用,也可以由团体进行。这种方法在问题确认上的有效性标准是,有关该问题情境上的各种冲突假设是否已提出、是否受到挑战以及是否能形成创造性的综合性结论。

假设分析最重要的特征是能够更有效地处理结构不良问题。对这类结构不良问题的常规政策分析经常会遇到四个障碍:(1)政策分析经常是以单一或极少数决策者的假设为基础;(2)对决策问题的性质及其可能的解决方案之间的不同看法,不能用系统的观点认真考虑并加以解决;(3)组织的自我封闭的特点,使得决策分析难以、甚至不可能向组织所偏好的传统决策挑战;(4) 大多数的评估标准常常停留于表面特征,如逻辑的一致性,而没有将决策问题的认识深入到形成问题的概念的基本假设上。

假设分析方法既主张各种不同意见的存在,尽可能地扩大彼此见解的冲突,又要求对每一个基本假设提供足够多的依据,具备强有力的认同基础。它有如下几方面特征:

第一,假设分析法是从问题可能的解决方案,而不是从问题的基本假设开始的。因为大多数与政策相关的人,特别是决策者本人,通常对解决问题的各种方案稍有了解,而对各方案的基本假设知之不多。因此,从与政策相关的人所熟知的方案开始,其效果较佳。然后以此为起点推演到各方案的基本假设。

第二,假设分析法在整个运用过程中,始终尽可能要用同一组资料或与政策相关的信息为中心。因为发生在政策问题界定上的冲突,主要不在于对问题本身所存有的争议,而是对同一组资料持相互冲突的解释。问题实质往往并不完全支配整个问题界定和陈述的过程,相反,支配整个界定过程的是政策分析人员或其他与政策相关的人对问题所提的假设。

第三,假设分析系统地解决了政策分析的一个重大难题,以创造性的方式应用一套程序去解决冲突的问题。

运用假设分析大致有以下五个步骤:

一是确定相关人员。政策问题产生的重要特征之一,是与该问题直接或间接有关的人们对该问题有所察觉和体验。因此,首先要确定这些与政策相关的人,然后按关系的亲密程度、影响的大小和有无,给予先后次序的排列。其功能在于找出各种与政策相关的人,确定哪些人可以参加整个假设分析的过程,或者是哪些人的立场、观点如何,排除无关的人,并定出资格顺序。这一工作依据他们对决策过程的影响以及决策过程对他们的影响程度的评估而定。

二是假设呈现。就是将所有假设都列成表,同时对每一个政策建议所针对的问题有清楚的说明并找出想要认定的政策问题所依据的基本假设。一般地说,这一步骤从现有政策开始,依据原始资料得到的,而政策又是根据基本假设的推论而规划的。如果假设与数据资料相符合,就允许推论,那些被推荐出的政策建议是基于大量数据资料的综合结果。假设的呈现阶段不仅可以找到政策问题的基本依据,而且要以印证它们的逻辑关系,即印证政策是不是根据假设的推论得出的,以及假设是不是根据原始资料的归纳得出的。此外,在这一阶段,政策分析人员还可以从人们对政策基本依据的不同看法中确定人们的不同偏好。

三是假设论证。就是对各组决策建议及其依据的假设进行对比与评价,确定它们之间的差异、优劣与正确性。除此以外,还要对假设和相反假设进行对比。如果相反假设说不通、不合理,就不再考虑。如果相反假设是合理的,要对它进行认真检查,以确定是否能成为一个决策问题的全新概念及其解决方法的基础。

四是假设的汇集。把前面各个阶段所提出的假设和各种解决方案汇集起来,然后由与政策相关的人按照假设的相对确定性和重要性,予以先后次序的排列。要对最重要和最不确定的假设进行汇集,并进行一定优选,目的在于建立一组为大多数与政策相关的人能同意且能接受的基本假设列表。

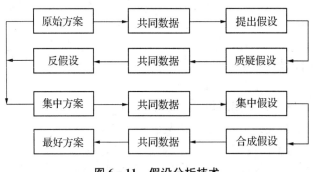

图 6 - 11　假设分析技术

五是假设合成。作为分析的最后阶段,其目的在于对上一阶段所确立的大多数与政策相关的人可以接受的假设进行综合研究,提出一个能解决问题的综合性方案。这套复合而成的可接受的假设可作为对政策问题形成新概念的基础。

§4.5　头脑风暴分析技术

头脑风暴是一个产生意见、目标和战略的方法,以帮助对问题情势加以明确和形成概念。它通过召集一定数量的专家(通常在 10 人至 15 人之间)一起开会研究,共同对某一问题做出集体判断。"头脑风暴"涉及相对有组织或无组织的活动,并受分析人员的目标和实际情况的限制。相对无组织性的头脑风暴常常发生在政府机构和公共或私营的"思想库",在这些地方,对政府问题的讨论是非正式的,在很大程度上是自发的,包括若干学科或领域的通才与专才之间的互相作用。头脑风暴活动也可以是有组织的,运用不同的方法来使集体讨论得以协调和集中。例如建立一个连续的决策研讨会机制,它由积极性极高的专家参加,在若干年内频繁地进行讨论,并尽量避免专家受拘束的气氛。

起初,头脑风暴是由亚历克斯·奥斯鲍姆(Alex Osborm)作为加强创造性的一个手段而创立的,可用来针对潜在的问题解决方案提出大量建议。它需要遵循一些基本要求:进行头脑风暴的小组人员组成应当根据被调查问题情势的性质来确定,需要挑选特别了解问题情势的专家;应将生成意见的过程和评估意见的过程严格分开,由此可以避免某些意见会由于激烈的小组讨论而被不成熟的批评和争论所阻碍;在生成想法的阶段应尽可能地保持开放和宽松的气氛;只有当每个阶段的所有意见都提出以后,意见的评估才能开始;在意见评估阶段结束之际,小组应对各种意见分清主次,形成建议,这个建议应该包括对问题的概念化及问题潜在的解决方案。

头脑风暴法根据逻辑的一致性或比较的合理性,根据所有小组人员的共识进行评价,以达成共识作为构建问题的评价标准,它侧重于集体智慧中非个人的特长,其优点是:第一,它能够发挥一组专家的共同智慧,产生专家智能互补效应;第二,它使专家交流信息,相互启发,产生"思维共振",爆发出更多的创造性思维的火花;第三,专家团体所拥有及提供的知识和信息量,比单个专家所拥有的知识和信息量要大很多;第四,专家会议所考虑的问题的方面以及所提供的备选方案,比单个成员单独思考及提供的备选方案更多、更全面和更合理。

这种方法的主要缺点是:与会专家人数有限,代表性是否充分成问题;与会者易受权威及潮流的影响;出于自尊心等因素,有的专家易于固执己见等。

§4.6 多角度分析

多角度分析通过系统地运用个人、组织及技术三方面的知识来取得对问题及其潜在方案的更深认识。它被认为是与完全强调理性的技术方法相反的一种方法。它专门用来解决结构不良的问题。多角度分析通常包括下列一些角度:

一是技术角度。技术角度从最优模型、运用概率理论、成本收益分析和决策分析、计量经济学以及系统分析等角度来看待问题,寻求答案。技术视角以科技世界观为基础,强调随意思考、目标分析、预测、优化和不定性量化。

二是组织角度。组织角度将问题和解决方法看作由一种组织状态向另一种组织状态有序渐进的一部分,这一过程中可能存在小的、暂时的危机。组织角度的主要特征是采用机构的常规做法和标准的操作程序和规则,它常与技术角度相冲突,而且与实现目标、改进业绩等目标只有很低的相关性。

三是个人角度。个人角度从个人的理解、需要和价值来看待问题及解决方案。其主要特征在于强调直觉、个人魅力、领导能力和自我利益,它们可以作为控制政策及其影响的因素。1945 年美国向日本投下原子弹的例子也说明个人角度能够提供技术角度或组织角度所不能提供的认识:在上任初期,杜鲁门总统还缺乏足够的影响力来挑战该机构。如果决定不投原子弹,将被当代人和未来的历史学家视作软弱的表现。于是,具有强烈历史感的杜鲁门总统,向外界表明他是一位勇敢而又果断的领袖。

多角度分析在技术评估和公共政策的其他领域有着广泛的应用。它以外交政策和知识体系设计的早期工作为基础发展而来,是处理复杂的结构不良问题的一种方法,这些结构不良问题来自具有极高的科学和技术内容的社会技术系统。

§4.7 层级分析技术

公共政策问题的层级分析是为了确认导致政策问题的原因。任何政策问题都是由一系列客观的原因造成的,只有认清了引发政策问题的原因,才能更好地认识政策问题。导致政策问题的原因主要有三类:可能的原因、合理的原因、可行的原因。

政策问题的可能的原因是指所有可能促使政策问题情境产生的事件、行动或因素。政策问题的合理的原因是指以科学研究与直接经验为基础所确认的导致政策问题的原因。政策问题的可行的原因是指能够用政策影响或用政策来解释的产生政策问题的原因。

政策问题的层次分析一般不用于团体性的政策分析,而主要用于个人的政策分析。这种分析的合理程度与准确性主要取决于分析者个人的知识、经验、生活背景、意识形态、价值取向。

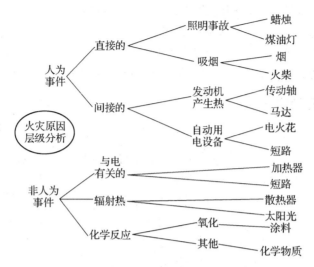

图 6 - 12　政策问题建构分析的层级分析技术

§4.8　鱼骨图分析技术

将"政策问题原因"与"政策问题后果"的因果关系用鱼骨的方式描述出来。将鱼头画在右边，用一根横线表示主骨，在其上下分别画出斜线表示问题症结的方面，再用小横线表示形成原因。

鱼骨图分析的主要步骤有：邀请学者专家将问题的症结和成因的类别界定出来；组成脑力风暴小组，依据每一类别的问题症结和成因加以讨论、分析与论辩；将论辩结果绘成鱼骨图；进行投票或问卷调查，以决定问题症结的严重程度。

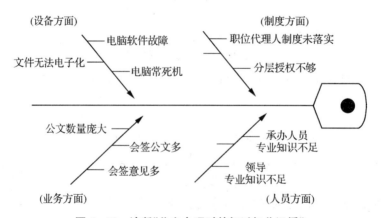

图 6 - 13　诊断"公文办理时效何以如此迟缓"

§4.9　问题检点表分析技术

问题检点表是将政策问题中包含的问题要点用一张表展示出来，并对不同问题要点的重要性加以排序。问题检点表绘制的主要步骤是，邀请对某个政策问题了解的个体或组织的代表，包括专家，将政策问题中的要点即可能的症结——找出，然后加以整理,制作成一张表。再邀请相关人员,也可以是提出政策问题要点的人,对政策问题要点的存在和严重程度进行思考并填写,最后将问题要点按其重要性加以排序。

问题点	回答百分比	优先顺序
主席主持会议能力差且好训话	53%	1
会议通知太迟	10%	4
会议主题过多	20%	3
参加会议的单位和人数太多	49%	2
会议讨论的议题过多	8%	5

图 6-14 政策问题建构分析的检点表分析技术

二、政策词典(英汉对照)

公共政策问题构建

construction of public policy issue

政策问题情境

public policy issue situation

政策元问题

policy meta issue

实质问题

substantive issue

正规问题

formal issue

公共政策问题感知

public policy problem sensing

公共政策问题搜索

public policy problem search

公共政策问题界定

public policy problem definition

公共政策问题明确化

public policy problem clearing

公共政策问题重新构建

public policy problem reconstruction

重新解决原问题

problem resolving

不解决原问题

problem unsolving

结构优良的政策问题

well-structured problem

结构适度的政策问题

moderately structured problem

结构不良的政策问题

ill-structured problem

第三类错误

error of the third type

描述性模型

descriptive model

规范性模型

normative model

口头模型

verbal model

符号模型

symbolic model

程序模型

procedural model

多角度分析

multiple perspective analysis

头脑风暴法

brainstorming

假设分析法

assumptional analysis

类比分析法

analogy analysis

类别分析法

classificational analysis

边界分析法

boundary analysis

三、知识补充

知识补充 6－1：头脑风暴技术

头脑风暴法出自"头脑风暴"一词。所谓头脑风暴（Brain-storming）最早是精神病理学上的用语，指精神病患者的精神错乱状态，现在转义为无限制的自由联想和讨论。头脑风暴法的目的在于让许多人的智慧相互激荡，以便产生新的观念或激发创新思维。

在群体决策中，由于群体成员心理相互作用影响，个体容易屈从于权威或大多数人意见，形成所谓的"群体思维"。群体思维削弱了群体的批判精神和创造力，损害了决策的质量。为了保证群体决策的创造性，提高决策质量，人们在管理实践中发展出一系列改善群体决策的方法，头脑风暴法就是其中较为典型的一个。

头脑风暴法又可分为直接头脑风暴法（通常简称为头脑风暴法）和质疑头脑风暴法（也称反头脑风暴法）。前者是在专家的群体咨询中尽可能地激发创造性、产生尽可能多的设想的方法。后者则是对前者提出的设想、方案，逐一加以质疑，分析其现实可行性的方法。

采用头脑风暴法组织群体决策时，要集中有关专家召开专题会议，主持者以明确的方式向所有参与者阐明问题，说明会议的规则，尽力营造出融洽轻松的会议气氛。主持者一般不发表意见，以免影响会议的自由气氛。由专家们"自由"地提出尽可能多的方案。

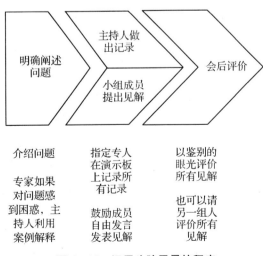

图 6－15　运用头脑风暴的程序

专家小组

为方便提供一个良好的创造性思维环境，应该确定专家会议的最佳人数和会议进行的时间。经验证明，专家小组规模以 10—15 人为宜，会议时间一般以 20—60 分钟效果最佳。专家的人选应严格限制，便于参加者把注意力集中在所涉及的问题上。

专家组成员应按照下述三个原则选取：

原则之一：如果参加者相互认识，要从同一职位（职称或级别）的人员中选取。领导人员不应参加，否则可能对参加者造成某种压力。

原则之二：如果参加者互不认识，可从不同职位（职称或级别）的人员中选取。这时不应宣布参加人员职称，不论成员的职称或级别的高低，都应同等对待。

原则之三：参加者的专业应力求与所论及的政策问题相一致，这并不是专家组成员的必要条件。但是，专家中最好包括一些学识渊博，对所论及问题有较深理解的其他领域的专家。

头脑风暴法专家小组应由下列人员组成：方法论学者——专家会议的主持者；设想产生者——专业领域的专家；分析者——专业领域的高级专家；演绎者——具有较高逻辑思维能力的专家。

主持人

头脑风暴法的主持工作，最好由对决策问题的背景比较了解并熟悉头脑风暴法处理程序和处理方法的人担任。头脑风暴主持者的发言应能激起参加者的思维"灵感"，促使参加者感到急需回答会议提出的问题。通常在"头脑风暴"开始时，主持者需要采取询问的做法，因为主持者很少有可能在会议开始 5—10 分钟内创造一个自由交换意见的气氛，并激起参加者踊跃发言。主持者的主动活动也只局限于会议开始之时，一旦参加者被鼓励起来以后，新的设想就会源源不断地涌现出来。这时，主持者只需根据"头脑风暴"的原则进行适当引导即可。头脑风暴小组成员的发言量越大，意见越多种多样，所论问题越广越深，出现有价值设想的概率就越大。

记录工作

会议提出的设想应由专人简要记载下来或录制在磁带上，有条件时可采取摄像，以便由分析组对会议产生的设想进行系统化处理，供下一阶段即质疑阶段使用。

头脑风暴法的流程

对所有提出的设想编制名称一览表；用通用术语说明每一设想的要点；找出重复的和互为补充的设想，并在此基础上形成综合设想；提出对设想进行评价的准则；分组编制设想一览表。

准备阶段

热身会。如果小组成员缺乏经验，要达到很高的思想水平就不会那么容易，同时，要他们迅速遵从推迟判断评价的原则也很困难。因此，需要在正式进行头脑风暴之前召开一个预备会议，以营造一种有利于头脑风暴的气氛。在这样的"热身会"上，应向成员解释说明创造性的基本原则以及创造力激发的基本技术,并对成员所做的任何旨在发挥创造力的简单尝试都予以鼓励。通过这种训练,期望成员在观念激发阶段能推迟其评价,从而掌握头脑风暴法的基本要领。这项工作是随后进行的头脑风暴法的基本准备。

会前准备。只要时间允许,应该提前进行沟通,并准备一份简要的问题分析材料。在问题分析材料中,应有对有限条件、制约因素、阻力与障碍以及任务目标的描述。然后,在实际举行头脑风暴会议之前的几天内,应将这份材料连同会议程序的注意事项一起,分发给各位与会成员。

规定纪律。根据头脑风暴法的原则,可规定几条纪律,要求与会者遵守。如,要集中注意力积极投入,不消极旁观;不要私下议论,以免影响他人的思考;发言要针对目标,开门见山,不要客套,也不必做过多的解释;与会者之间相互尊重,平等相待,切忌相互褒贬,等等。

把握时间。会议时间由主持人掌握,不宜在会前定死。一般来说,以几十分钟为宜,时间太短与会者难以畅所欲言,太长则容易产生疲劳感,影响会议效果。经验表明,创造性较强的设想一般要在会议开始10—15分钟后逐渐产生。美国创造学家帕内斯指出,会议时间最好安排在30—45分钟之间。倘若需要更长的时间,就应把议题分解成几个小问题分别进行专题讨论。

避免误区。头脑风暴是一种技能,一种艺术,头脑风暴的技能需要不断提高。如果想使头脑风暴保持高的绩效,必须每个月举行不止一次的头脑风暴会议。

观点陈述阶段

应当遵循下列原则:

一是自由畅谈。参加者不应该受任何条条框框限制,要放松思想,让思维自由驰骋,从不同角度、不同层次、不同方位大胆地展开想象,尽可能地标新立异,与众不同,提出独创性的想法。

二是禁止批评。在观点陈述阶段,绝对禁止批评是头脑风暴法应该遵循的一个重要原则。参加头脑风暴会议的每个人都不得对别人的设想提出批评意见,因为批评对创造性思维无疑会产生抑制作用。同时,发言人的自我批评也在禁止之列。有些人习惯于用一些自谦之词,这些自我批评性质的说法同样会破坏会场气氛,影响自由畅想。头脑风暴法必须坚持当场不对任何设想做出评价的原则,既不能肯定某个设想,又不能否定某个设想,也不能对某个设想发表评论性的意见,一切评价和判断都要延迟到会议结束以后才能进行。这样做一方面是为了防止评判约束与会者的积极思维,破坏自由畅谈的有利气氛;另一方面是为了集中精力先进行创造性设想,避免把应该在后阶段做的工作提前进行,影响创造性设想的产生。

三是追求数量。头脑风暴会议的目标是获得尽可能多的设想,追求数量是它的首要任务。参加会议的每个人都要抓紧时间多思考,多提设想。至于设想的质量如何,可留到会后的设想处理阶段去解决。在某种意义上,设想的质量和数量密切相关,产生的设想越多,其中的创造性设想就可能越多。

四是相互启发,相互影响,取长补短,形成"思维共振"。

会议尽可能提供一个有助于把注意力高度集中于所讨论问题的环境，鼓励参与者对他人已经提出的设想进行补充、改进和综合，而发展出新的设想，形成一种创造性设想的连锁反应——"头脑风暴"或"思维共振"。

质疑阶段

在决策过程中，对上述直接头脑风暴法提出的系统化方案和设想，还经常采用质疑头脑风暴法进行质疑和完善。这是头脑风暴法中对设想或方案的现实可行性进行估价的一个专门程序。

第一阶段就是要求参加者对每一个提出的设想都要提出质疑，并进行全面评论。评论的重点，是研究有碍设想实现的所有限制性因素。在质疑过程中，可能产生一些可行的新设想。这些新设想，包括对已提出的设想无法实现的原因的论证，存在的限制因素，以及排除限制因素的建议。其结构通常是："××设想是不可行的，因为……，如要使其可行，必须……。"

第二阶段，是对每一组或每一个设想，编制一个评论意见一览表，以及可行设想一览表。质疑头脑风暴法应遵守的原则与直接头脑风暴法一样，只是禁止对已有的设想提出肯定意见，而鼓励提出批评和新的可行设想。在进行质疑头脑风暴法时，主持者应首先简明介绍所讨论问题的内容，扼要介绍各种系统化的设想和方案，以便把参加者的注意力集中于对所论问题进行全面评价上。质疑过程一直进行到没有问题可以质疑为止。质疑中抽出的所有评价意见和可行设想，应专门记录或录在磁带上。

第三个阶段，是对质疑过程中抽出的评价意见进行估价，以便形成一个对解决所讨论问题实际可行的最终设想一览表。对于评价意见的估价，与对所讨论设想的质疑一样重要。因为在质疑阶段，重点是研究有碍设想实施的所有限制因素，而这些限制因素即使在设想产生阶段也是放在重要地位予以考虑的。

由分析组负责处理和分析质疑结果。分析组要吸收一些有能力对设想实施做出较准确判断的专家参加。如果须在很短时间就重大问题做出决策时，吸收这些专家参加尤为重要。

评价

实践经验表明，头脑风暴法可以排除折中方案，对所讨论问题通过客观、连续的分析，找到一组切实可行的方案，因而头脑风暴法在军事决策和民用决策中得到了较广泛的应用。例如美国国防部在制定长远科技规划时，曾邀请50名专家采取头脑风暴法开了两周会议。参加者的任务是对事先提出的长远规划提出异议。通过讨论，得到一个使原规划文件变为协调一致的报告，在原规划文件中，只有25％—30％的意见得到保留。由此可以看到头脑风暴法的价值。当然，头脑风暴法实施的成本（时间、费用等）是很高的，另外，头脑风暴法要求参与者有较好的素质。这些因素是否满足会影响头脑风暴法实施的效果。

知识补充 6‑2：鱼骨图制作

制作鱼骨图分为两个步骤：首先是分析问题原因/结构，然后是绘制鱼骨图。

分析问题原因/结构

A. 针对问题点，选择层别方法（如 5M 因素，是指人、机、料、法、环 5 个方面："人"指的是造成问题产生人为的因素有哪些；"机"通俗一点说，就像战斗的武器，通指软、硬件条件对于事件的影响；"料"就如武器所用的子弹，指基础的准备以及物料；"法"是与事件相关的方式与方法问题是否正确有效；"环"指的是内外部环境因素的影响）。

B. 经"头脑风暴法"分别对各层别类别找出所有可能原因（因素）。

C. 将找出的各要素进行归类、整理，明确其从属关系。

D. 分析选取重要因素。

E. 检查各要素的描述方法，确保语法简明、意思明确。

绘制鱼骨图

A. 填写鱼头（按为什么不好的方式描述），画出主骨。

B. 画出大骨，填写大要因。

C. 画出中骨、小骨，并且填写中小要因。

D. 用特殊符号标识重要因素。

鱼骨图通常由有关人员根据"头脑风暴法"画出来，即通过集思广益，分析产生问题的主次原因加以共同制作。根据现场调查的数据，计算出每种原因或相关因素在产生问题过程中所占的比重，以百分数表示并画上圆圈。先确定产生问题的小原因，再找出产生问题的中原因、大原因，最后归纳出主要原因。

制作的步骤如下：

① 组成头脑风暴小组，确定从某个问题因素或导致问题的原因着手。

② 挂一张大白纸，准备 2—3 支色笔。

③ 由头脑风暴小组成员就影响问题的主要原因发言，发言内容记入图中，中途不要对发言提出批评或质问。

④ 时间大约 1 小时，搜集 20—30 个原因则可结束。

⑤ 就所搜集到的问题原因，讨论其中哪个原因影响最大，由大家轮流发言，经过大家磋商后，在共同认为影响较大的原因上画上红色圆圈。

⑥ 与步骤 5 一样，对已圈上一个红色圆圈的原因，如果认为其中还有更重要的可以再圈上两圈、三圈。

⑦ 重新画一张标有导致问题主要原因的鱼骨图，去除掉未画上圆圈的问题原因，将圆圈圈数多的列为问题的主要原因，优先处理。

四、经典阅读

经典阅读 6-1：政策问题结构化

政策问题结构的类型

政策分析家需要掌握能够判断是否接近了所要分析的政策问题的适当界限（proper boundaries of a problem）的方法。今天可利用的大部分政策分析方法，都是以很好地界定政策问题为前提的。对于大部分政策问题的分析来说，可以明确地了解决策者或利益当事人的价值取向，可以仔细地探讨关于可利用的行动方案，也可以将这些方案和决策者的价值取向加以联系。这实际上是将有效选择的方式结构化。凡是能够进行这种分析的政策问题，就是作为比较简单地"很好地结构化的政策问题"，从而区别于那些"没有很好地结构化的政策问题"。

政策问题结构具有相对复杂性。因为与政策问题相关的决策者或利益相关者，反映这些行为者的价值取向或效用的政策目标之间的冲突程度，政策方案所带来的结果的确定性，以及这些方面发生的概率等，都会因为政策问题的不同而有所不同（参见表6-1）。

表 6-1 政策问题类型的问题结构之差异

因 素	问题的结构		
	很好地结构化	一定程度的结构化	结构化得不好
决策者	一人或少数	一人或少数	多数
效用（取向）	意见一致	意见一致	冲突
方案	有限	有限	无限制
结果	确定或危险负担	不确定	不得而知
概率	可以计算	不可能计算	不可能计算

对于那些没有能很好地结构化的政策问题来说，通常会有很多的决策者或利益相关者，而其效用（取向或价值）或者没有被人知晓，或者难以确定稳定的顺序。对于很好地结构化的问题和一定程度上结构化的问题来说，决策者们都会形成一致意见或产生共识。但对没有很好地结构化的政策问题来说，各个决策者在解决问题的取向和关于效用的见解上不能取得一致意见而存在各种冲突。政策方案及其结果也许不得而知，而要精准测定风险负担和不确定性却是不可能的。所以，在分析这种政策问题时，重要的并不是弄清已经被人知道的决定论的关系或者计算出各个政策方案的风险负担及不确定性，而是要正确地界定政策问题的本质。

不过，在现实世界中，大部分政策问题都是没能很好地结构化的问题。比如，假定具有同样结构的政策问题,其活动中只有一个或少数几个决策者。这是不现实的。在多数现实的社会经济生活中,典型的决策大多包含对立的利益当事者之间的冲突。例如,究竟要对工厂中发生的空气污染问题采取何种措施,这要以污染的本质是什么为基础,但因此就可能产生如下对立的观点。

一是认为污染是工厂主为了让他们的投资能够保值和增加更多利益的结果,污染也是资本主义体制的自然结果,它是资本主义经济发展所必须付出的代价。

二是认为污染是在巨大的官僚制内,因追求晋升的公司管理者们对权力和特权的欲望而带来的严重结果,即使是在不存在资本家的社会主义体制中,污染也会是严重的问题。

三是认为污染是在高消费社会中,普遍流行消费者取向的结果。因为为了保障企业生存,企业家和管理者必须满足消费者的取向,从而导致生产和消费过程的严重污染。

由此可见,政策问题的形成(problem formulation)受多种政策相关者所具有的、对同一问题的不同假定影响,而政策问题的形成又对政策方案的探索阶段产生直接影响。正如环境污染的例子那样,关于资本主义体制下经济运行的假定,将对政府严格地制定企业污染标准的措施采取否定的立场。而关于公司管理的假定将对严格的制定企业污染标准的举措采取积极的立场。与此不同,如果接受关于消费者取向以及保障公司生存的假定,那么,政府就难以采取违背消费者要求并对企业加以监督并追究其责任的措施。

所以,政策分析家应该把主要时间和精力花费在调查决策者们互相冲突的问题界定方面。例如,在立法政策的分析方面,不仅要考察议员们所持有的问题定义,而且还要考察议员参谋、有关政府部门的人士以及多种利益集团代表者,从他的立场出发而对政策问题做出的界定。问题形成的过程是在决策的整个过程中发生的,参与这一过程的有立法家、基层官僚和一般市民,所以在时间和空间上就不仅仅局限于政策决策的这一阶段。

政策利益相关者们为了维护自己的利益和生存,也会对同一个政策状况做出不同的解释。所以,政策分析家在对同一个政策问题状况进行解释和分析时会面临多种问题,并需要弄清楚抓住何种问题才是正确的工作。在这里,政策分析家工作中的核心问题就是把问题中的问题(a problem of problems)结构化。也就是说,尽力把所有一次性问题即结构化的问题(first-order problems)作为其成员的问题集合,即形成政策问题的第二实体(second-order entity)。

政策问题结构化与发现问题

(1) 方法论上的一致原则

如果不区别这些属于两个层次上的问题,分析家就会混淆成员和集合,从而有可能不正确地形成问题。区分成员和集合、一次性问题和二次性问题,这是评价可利用不同方法是否具有适当性的基础。政策分析方法论上的一致原则,即根据"特定类型的方法是否同调查中的问题类型相一致"而评价其适合性。这同传统的科学方法论不适合于应用在超出一定复杂性的社会问题之一般原则是相类似的。例如,成本利益分析是对整理好了的少数政策方案可以计算其纯利益或成本利益的有效分析方法。然而，这是一次性的分析方法。因为，不能通过成本利益分析创造出政策目标和政策手段。政策目标和政策手段是不能通过一次性分析方法达到的，这是二次性分析方法需要完成的任务。

根据方法论上的一致原则，问题结构化的方法和解决问题的方法在其适用的层次上不一样，前者要优先于后者。判断问题结构化的基准与判断解决问题成功与否的基准不同。为了成功地解决问题，要求政策分析家针对明确形成的问题找到正确的技术性解决方案。与此不同，成功的问题结构化，则要求分析家对模糊而没有得到很好界定的问题进行创造性的问题发现以及正确地界定问题。

(2) 发现问题与解决问题

政策问题的结构化是政策分析人员从事的概念性和理论性的活动，主要关注的是关于政策问题本质的规定，而不是确定选择问题解决方案的行动路线。也就是说，我们如何才能更好地理解问题？我们是否发现了正确的政策目标？我们是不是在解决不正确的问题？与此不同，解决问题意味着始终实行一种行动路线。发现政策问题，对政策问题结构化分析是理论性的概念，而寻找解决政策的行动方案则是实践性活动。因此，解决问题所关注的不在于对问题本质的探索，而在于关注一种行动路线的选择和所选择的行动路线是否一直得到正确的履行。也就是说，分析家把问题当作"一定的"，而在这一阶段上追求的只是正确方案的选择和所选方案的贯彻实施。在这一阶段上，分析容易犯的最大危险就是为解决"不正确"的问题而选择"正确"的方案。

问题结构化的阶段和方法

(1) 问题结构化阶段

问题的结构化具有如下四个独立阶段：① 认识问题；② 探索问题；③ 界定问题；④ 问题的具体化。

问题结构化的第一阶段是认识问题状况。在这里所说的问题状况，是指一经感觉到它就引起不满足、不方便，或能够引起有什么错了的认识的外部条件的状况或集合。

第二阶段是探索问题，分析家从问题状况进入探索问题，而这一阶段的目标不是发现一个问题（如顾客或分析家的问题），而是发现政策相关者的很多问题。一般来说，政策分析家们通过整个政策过程所面临的，是动态而且经由社会构成和配置的以及互相对立的方面形成的网络。分析家们一般面临总的问题（由于涉及多种多样的政策利益相关者所表达的问题，因而其规模很大，所以这是一个还没有结构化的问题）。这里的中心任务是结构化为总的问题，即界定为一次性问题的集合（这时，问题是其组成因素的集合）的一个二次性问题。如果不把这两个层次的问题区分开来，分析家就会混淆组成因素和集合而陷入形成错误问题的危险。如果是这样，分析家就会违反"包括一个集合的一切，不能成为其集合的一个"之规则。

第三阶段是界定问题，是从总的问题转移到实质性问题，而分析家要把问题用最基本的和一般的词汇来予以界定。例如，分析家应该决定问题是经济的还是社会的或政治性的问题。如果实质性问题概念化为经济问题,就会把它联系到财富和人力资本的生产以及分配的问题。但是如果把问题看成政治性的或社会性的,那么分析家把问题联系到利益相关集团、精英,或社会阶层之间的权力和影响力的分配问题。这种概念框架的选择同世界观、理念或大众的选择有关。

最后,在问题的结构化阶段,把实质性问题用更加详细而又具体的正式问题来构成。在把实质性问题转化为正式问题的过程中,就会发展为实质问题的正式的和数学的表示(比如使用模型)。在这一阶段上可能发生问题,这是由于没有很好地结构化的实质性问题和其问题的正式表现之间的关系有可能很微弱。用正式的和数学的表示来把问题具体化的大部分方法,并不适合于应用在没有很好地结构化的问题上。

(2)问题结构化的错误

问题结构化层次上的重要议题,是实质性的和正式的问题在多大程度上与问题状况(或问题情境)相一致。如果问题状况复杂而且包括在相互依赖性的体系之中,那么政策问题的核心条件就是形成能够把这种复杂性适当地表现为实质性的和正式的问题。一定的问题状况和实质性问题状况之间一致的程度在结构化的第三阶段,即在界定问题的阶段上被确定。在这里,政策分析家比较问题状况和实质问题的特征,这一般基于人的本质、时间、关于通过政府活动的社会变化的可能性的假定或信念。但同样重要的是,问题状况同一般用数学公式或方程式的形态具体化了的问题两者之间的一致性程度。

在探索问题的阶段上,在探索上失败了的或较早中断探索的政策分析家,很可能面临错误地选择总的问题的危险,也有可能把总的问题的重要方面(如负责或将要负责政策执行的人们所具有的问题形成)排除在总的问题之外。另一方面,在界定问题的阶段上,在分析家为了把问题状况概念化而选择了正确做法的时候,有可能陷入选择错误的世界观、理念、公众倾向等方面的危险。在这种情况下,分析家就会犯“第三种错误”。

(3)问题结构化的方法

政策问题的结构化包括认识问题、探索问题、界定问题、问题具体化等四种相互关联的阶段。在各阶段上进行问题结构化方面有用的方法或技术有:边界分析、层次分析、类推法、集体讨论法、重复观点分析、假定分析、制作争论地图以及等级分析等。

由于政策问题本身就是包括几个阶段的过程,只用一种方法难以进行问题结构化工作。所以问题结构化方法划分为边界分析、集体讨论等要创造尽量多的政策目标、政策阶段、政策手段等政策领域为主的方法,同时运用层次分析、假定分析等以达到最正确的问题界定为主要目的的方法。

(原文选自参阅吴锡泓、金荣枰编著:《政策学的主要理论》,复旦大学出版社,2005年版,第324—328页。本书对原文做了改动,并进行了适当的阐释。)

五、相关研究

相关研究6-1：政策时滞、制度博弈与信任赤字——以当下人事档案制度的病变为研究对象

摘要：中国社会所处的时代是一个大转型的时代，公共政策的变革都必须从转轨语境和中国国情出发。随着改革开放的深入与市场经济的发展、公共领域的扩大和市民社会的形成，当下人事档案制度已无法适应时代转型和社会进步的要求，政策时滞引发的制度博弈不可避免。"弃档死档""人档脱节""人质档案""档案克隆""注水档案"现象的普遍存在以及各种档案官司的出现，有力地昭示着"人事档案制度的黄昏"已经到来。"说起来重要，排起来次要，用起来需要，忙起来不要"的"体制阑尾"和"制度鸡肋"正在拷问着这项公共人事制度的未来。在从"单位人"向"社会人"嬗变的过程中，人事档案制度成了除户籍制度之外的又一个"人才壁垒"。公共政策的时代张力和信任赤字表明，人事档案制度改革必定沿着契约化、电子化、社会化、法制化的轨道前行。

关键词：政策时滞；制度博弈；信任赤字；人事档案制度。

人事档案是国家机构、社会组织活动中形成的记录和反映人员经历、德才水平和工作表现的，保存备查的文字、表格及其他各种形式的原始记录。人事档案制度自20世纪50年代产生以来，作为一项常规性的公共政策工具在中国的信用建设、干部管理、国家安全、福利分配等方面做出了不可磨灭的制度性贡献。但随着改革开放的进程加快和社会主义市场经济的纵深推进，传统人事档案制度的身份性和体制性弊端显露无遗，"死档弃档""虚假档案""人质档案""人档脱节""档案克隆"等现象日益增多，二元化人事体制结构所形成的"人才壁垒""单位封闭""制度交易""身份阻隔"等负功能愈加显现，在一些人的心目中人事档案已经沦为"鸡肋"——食之无味却弃之可惜，制度性生存愈发尴尬。

（一）单位制的式微与人事档案制度的黄昏

1949年以来，中国为了利用有限的资源推进现代化建设并同时实现高度的社会控制和社会整合，实行了严格的"单位制"。国家是人们赖以生存的资源垄断者，国家整合民众是通过单位实现的，多数的政治调解在基层单位发生。生活在单位制下的人，基本上是以单位作为其生存的原点，生活所需的一切资源，只能在单位中得以满足。在单位之外，几乎不存在满足人的资源需求机制和领域，个人命运只能和单位紧紧地捆绑在一起。对于"单位人"来说，单位是他们的衣食父母，是生活福利基本的甚至是唯一的来源。单位制通过资源垄断和空间封闭实现了单位成员对单位的高度依

附,造就了单位人的依赖性人格。单位作为"小福利国家",向单位人提供了最基本的生活福利保障。不仅工资收入来自单位,而且诸如住房、副食品补贴、退休金、救济金、医疗保障等都来自于单位。一个人进入单位,单位就有代表国家对其生老病死"吃、喝、拉、撒"负责的无限义务。单位不仅控制着经济资源,还掌握着政治资源、社会资源。单位是个人社会地位和身份合法性的界定者,单位为个人提供职业和社会角色,并确定其适当的社会地位;单位能满足个人生活上如衣食住行、婚丧嫁娶等诸多需求;单位为个人提供岗位培训、出国进修等接受教育的机会;单位还为个人安排退休生活和解决养老问题。在单位制年代,单位构成了一个自给自足的微型社会,人们日常生活的基本需求在单位内就能满足,单位人的生活空间被限制在一个十分狭小的范围内。一方面单位通过提供各种福利设施如学校、医院、食堂、浴室等,满足单位成员的基本需求;另一方面,单位人对单位的依附性,使得人们的生存完全依赖于国家这个唯一的资源垄断者,并因此不得不接受和适应国家规定和倡导的某种特定的生存格局,不得不在单位这一狭小天地里工作和生活,而且由于单位人的社会地位、工作性质、经济待遇、生活方式乃至受教育程度等都与单位紧密相关,单位人员朝夕相处,单位内部自给自足,大大降低了人们在单位之外交往的可能性,单位内部交际往往比外部更有"共同语言"。计划经济条件下所实行的永久性就业制度、户籍制度所构建的严格的城乡壁垒以及"单位主权"所导致的单位人横向流动的高额成本等制度因素,也使得单位人的社会流动变得十分困难。由于一系列相关制度的刚性作用,单位人自由进出单位的社会流动受到严格控制,离开单位、放弃单位人的身份,就意味着丧失了一切。另外,单位人所特有"单位情结"更加强化了单位人将自己的生活和命运局限在单位内的封闭心态。人们归属的单位的性质、级别及控制资源的能力好坏,实际上成为单位人社会地位和生活水平的标识。在单位制存在的前提下,个人没有选择和改变的可能,因此人人都尽力想进入一个好单位以终其一生,单位成了单位人生命历程中的起点和终点。单位所提供的种种资源保障和组织关怀以及单位生活的情感归属,使单位内部形成了一种家庭化的群体氛围。单位通过垄断政治、经济、社会资源,形成了一个封闭性的特定场域,没有自由流动的资源,缺乏自由流动的空间。同时,权威的单位"组织意见"实行对每一个单位人的话语诊疗,以弥合个人与单位乃至国家的思想裂痕,这种治疗性话语反映了阶级政治和单位政治透过人事档案对个体的绝对控制。

改革开放以来,随着社会发展的变化,所有制结构也出现重大变化,社会流动越来越频繁,尤其是社会主义市场经济体制的确立,取代了高度集权的计划经济体制,这些都使得"单位制"失去了生存的土壤,在生活中人们对单位的传统观念已经逐渐地改变,单位已不再是唯一选项。单位也不是原来意义上的单位了,单位制存在的前提条件不断丧失。改革以前,我国单一的公有制经济确保了把所有的职工都纳入单位制之中。改革以后,非公有制经济迅速崛起而形成的多种经济成分并存的所有制格局和公有制产权的明晰化,使得国家用指令性计划配置所有资源的局面一去不复返。非公有制经济的发展,使得体制外出现了自由流动资源,从城市资源配置的角度看,实际上是原来由国家直接控制的社会资源已经走向了向社会发散和转移的过程。随着体制外新型经济运行机制的形成与发展,市场机制逐步向体制内渗透,最终必然冲击、消融僵化的旧体制。而面对市场，无论什么等级的单位组织，都必须遵循市场规律和市场规则。单位依附于国家、个人依附于单位的传统生存格局势必发生较大程度的变迁。从计划经济体制到社会主义市场经济体制的过渡，使"单位制"的运行基础明显发生了改变，逐步过渡到"后单位制时代"，并产生了以下的后果：

第一，单位对个人政治调控的功能日渐弱化，专业功能逐渐加强。单位具有一种强大的政治动员和政治控制能力。单位社会在理论上是一个人人身份平等的消灭私有制的社会，然而实际上却是一个在平均主义掩盖下按身份高低获取社会资源的金字塔型社会。政治对经济生活的超强干预，使得机构重叠、人浮于事成为单位社会的一大顽症。单位是个人社会地位和身份合法性的界定者，没有单位出具的证明，就不能登记结婚或申请离婚，不能外出旅行，不能购买飞机票乃至投宿住店。单位还掌握着个人档案，内容包括个人身份的所有纪录，以及个人的全部业绩与污点。只要单位控制档案不放，任何人都无法改变自己的单位归属。即使改变了单位归属，人们也无法割断同档案所记录的个人历史的关系而获得全新的社会身份。单位依附性的生存格局不可避免地把单位纳入了一种特殊的政治化（"革命化"）的生活模式当中。单位的行政化和国家对社会资源的垄断给单位人的生活烙上鲜明的政治化色彩。而在单位制度中，所谓"政治觉悟"等又是个人获取各种稀缺的社会流动机会的重要决定因素。这种制度约束与价值导向不能不使单位人在生活上谨小慎微，放弃任何个性化的生活选择，放弃任何自主意见的表达，而必须学会按照能够为意识形态与社会环境所接受的方式去生活。随着我国社会主义市场经济的不断深入，单位的纵向行政隶属关系渐渐被取消，行政功能衰减，非行政化趋向明显。单位对个人的约束和控制能力以及单位自身的内在整合功能日趋衰弱，其政治调控功能逐渐弱化。另一方面，在效益原则和市场导向的推动下，企业的改组、租赁、转向、兼并、破产等机制的运行，强化了企业专业化规范化的趋向。事业单位也正按照专业职能的要求进行撤并方式的调整。同时，大量的不带行政色彩的民营企事业单位也应运而生。单位实际上正转变为功能单一的独立利益主体，正在恢复其应有的专业功能。

第二，社会流动性加剧，单位人的身份意识日渐式微。改革开放以后，随着流通体制、劳动人事、社会保障、户籍制度的改革，我国社会出现了前所未有的自由活动空间。农村实行家庭联产承包责任制后，"大一统"的生产局面被打破，农民率先获得选择工作场所等方方面面的自由，出现了不少流离于乡村组织之外的进城农民工。把土地作为生存技术和生存保障的农民已经开始大量流入城市，出现了全国规模的"民工潮"，僵硬的城乡二元格局出现了松动。在单位之间，职员流动也已司空见惯，出现了大量国有企业职工流入外资企业，大量内陆省份人才流入沿海城市，单位几乎不再有任何措施可以严格限制人员的流动。地域的鸿沟已经很不明显，单位人融入社会的状态愈加明朗化。随着对单位的依赖性减弱，单位所扮演的角色也渐渐地发生了变化，单位不再强制性地充当单位人的"衣食父母"，单位人离开单位同样可以谋求生活，甚至有可能比在原单位生活得更好。因此，换岗、转岗或再就业成为一件很平常的事情，以往那种"吊死在一棵树上"的现象逐渐成为异数。随着人们对单位选择自主性的加大，更多的主动权不是在单位手里，而是在个人手里。人与单位之间的双向选择、个人对岗位的多项选择已经成为现实。人员的流动，使得"单位"的意识逐渐淡化,单位人的身份意识也日渐式微,他们不再对单位有过多的依赖,单位自豪感也随之淡化,单位人逐渐融入社会并逐渐归属为"社会人"。

第三,以单位作为基本单元的社会结构逐渐趋于消解,人们可以在单位外寻求满足自身资源需求的空间与机制。随着中国改革的不断深入,单位外社会领域和非单位组织形式也不断生长。单位外社会体系的日渐成长为个人通过单位外完成其社会化的进程和寻求满足自身资源需求的通道提供了保障,人们对工作岗位的选择拥有了更大的自主权。人们的生活空间逐渐从单位内转移到了单位外的公共空间之中,单位成员已逐渐摆脱了对单位的全面依附。随着单位外社会体系的日渐丰满,单位制开始被突破,由"单位办社会"回归到"社会办单位",单位的社会职能逐步剥离。单位原来承担的过于沉重的社会职能还给了社会,大量事务开始回归社会。如离退休职工生活,下岗再就业等问题的出现,医疗、退休、养老、失业救济等各种形式的社会保障制度的不断发育、完善,劳动力市场的空前活跃等与居民利益息息相关的事业,很难通过单位落实到家庭,必然会转向社会拓展,向基层社会渗透。现代社会对效益原则的遵循,必然要求不断剥离单位的社会职能,将它交还给社会。越来越多的上级单位开始让下级单位"断奶",下级单位不得不收缩其原有的"全能性"功能,将专业与效率功能外的其他功能推向社会。同时,市场经济打破了单位制时代社会福利大一统的格局,多元的社会福利格局正在逐步形成。随着我国社会福利、保障机制的不断改革与完善,人们对单位福利的依赖不断降低。

第四,随着单位制逐渐淡出人们的视野,人们的主体意识慢慢占据了首要位置。人们的需求已不仅仅停留在对温饱满足的基础之上,而更多的是能够表达自己的意志和想法,得到社会的尊重和认同。"社会人"通过自立、自主、平等的方式积极参加社会生活的方方面面,具有明显的"参与性"。社会主义市场经济的发展,促使社会生活发生深刻的变化,那种无所不包、统揽一切的"单位体制"逐步瓦解,社会资源的分配和管理从单位中剥离出来走向社会,人们对社会利益的要求又不再局限于狭小的单位,而是已经转向社会,人们只有通过参与社会建设才能满足自身安全、文明、卫生、服务等需求。在摆脱了对单位全面的依赖性之后,社会生活中公民自主意识逐渐加强,人们对社会生活的参与,行政权力的直接介入不再是前提,而是以自主、自立的人们的相互需要为现实基础,以人们通过自治组织的契约为纽带建立起来的。因而人们的参与自始至终表现为自我管理、自我服务、自我教育,体现着"共治、共享、共有"的特征,这种参与的自主性使得"社会人"能在更广阔的领域发挥自己的主体作用,在扩大社会交往中全方位地发挥自己的才能。随着改革后社会转型的全面推进,单位与职工之间原有那种控制与被控制、管理与被管理的关系逐渐淡化,职工那种消极被动的"单位人"身份渐渐解体,"单位人"转向更符合时代发展要求的"社会人",已成为目前中国城市社会结构转型的必然趋势和社会发展的必然要求。

第五,由"单位办社会"回归到"社会办单位",单位的社会职能逐步剥离。随着单位功能的分解以及劳动用工制度的改革,单位原来承担的过于沉重的社会职能还给了社会。一些与居民利益息息相关的事业因为社会功能的日益加强,已经很难通过单位落实到家庭,而必然会转而向社会拓展,向基层社会渗透;另一方面,由于劳动用工制度的改革,原有的固定工制度逐渐被新的劳动用工制度替代。这样使劳动者与单位之间的关系开始发生实质性的变化,原来那种不可动摇、不可分割的联系已不再存在,单位与职工都获得了一种双向选择的权利,曾经是属于单位的职工一下子成了"自由人"。同时,单位也得到了"解脱",原来一直承担的过于沉重的社会职能又还给了社会。后勤管理的社会化和社会保障制度的不断完善,大大削弱了"单位人"对单位的依附性。经济体制改革的深入和企业非生产性开支降低的要求,单位本身也必须将种种后勤服务职能从单位剥离出去,由社会按照市场经济原则承担和运作。随着经济体制转轨和相应的社会保障制度的建立和发展,逐渐疏散了原先由单位所承担的医疗、保险、养老等方面的职能,同时社会各部门建立的就业信息网络和就业培训机构也进一步强化了职工立足自我、面向社会的开放性意识。单位后勤服务职能的转移,进一步松动了单位和职工之间的联系,并有助于加快"单位人"向"社会人"角色转换的步伐。在后单位制时代,沿用 60 年的中国人事档案制度伴随着单位制的消解而不断走向衰微,其固化或刚性的政策文本只能招致"时滞"的窘境以及自身管理的危机:

(1)"死档弃档"。中国目前拥有 2000 多万份干部人事档案以及约 1 亿份工人档案,包括各类专业技术人才、管理人才和普通职工,主要放在政府机关、企事业单位的组织人事部门管理保存。然而,根据人事部全国人才流动中心、北京市人才服务中心、中国上海人才市场、中国北方人才市场、中国南方人才市场以及四川、贵州等省人才交流服务中心的不完全统计,全国各级人才流动中心为 15.4 万个国有和非国有单位代为管理保存的 330 万份人事档案中,有 60 多万份与主人失去联系。[1] 仅成都市人才中心代管的档案中,就有五分之一的档案成为没人要的"死档",存放时间最长的已达 15 年。清理"死文件"已经成为存放档案的单位和中介机构非常头痛的事情。"死档""弃档"等现象后,"沉睡的主人"主要包括出国求学者、隐性就业者、违约跳槽者、下海经商者、自主创业者、部分失业者等。

(2)"人档脱节"。"工作在外地或外单位,人事档案却在本地或原单位"的"人文件脱节"或"人档分离"现象正在折腾着单位和"单位人"。这种现象相比于"弃档"来说,表现得更为理性,相当多数跳槽者仍然希望从原单位能够获取属于自己的人事档案,况且他们也知道自己的档案的下落。而"弃档"者的档案一般托管于人才市场或未必知道自己档案的下落,根本不打算要回自己的档案。

(3)"人质档案"。国有企事业单位大多具有职工的档案保管权,不必把他们寄存于劳动或人事机构,一些单位为了留住人才或逼迫跳槽人员办清相关手续而扣留人事档案。这种把档案作"人质"而留住人才的现象一方面反映了人力资源对于单位发展的重要性,另一方面也反映了人才流动过程中的人事张力。但是,相当多的单位并非确实挽留人才,而是要求当事人交纳相当昂贵的"托管费"和"补偿金"。在这种状况下,人事档案托管实际上变成了一种"强制性消费",人们不得不为此付出一笔代价不菲的"托管费用",加之没有完成服务期限的"补偿费用","赎身"的费用高到甚至用"太太的嫁妆"来填充。[2]"人质档案"的制度交易已经实现了由符号到货币的实质性转移。

---

① 资料来源于《解放日报》,2003 年 1 月 3 日。

② 参见"我用太太的陪嫁'赎'回了档案",《南方周末》,2002 年 11 月 21 日。

（4）"档案克隆"。现行人事档案制度强调档案的严肃性、准确性、唯一性，同时中组部和国家档案局对于干部人事档案的建立、内容和查看等都有着明确且严格的规定。一般来说，一个人在正常情况下只能有一份人事档案，重建档案的前提是档案遗失或损坏。如果在原有人事档案存在的情况下，只因为无法"转档"就新建一份档案，从严格意义上来讲一定是违背了人事档案制度的。但是，当无法完成档案及其当事人的意愿时，用人单位为了应付上级部门对单位人员的人才质量和数量要求，或者为了打消当事人的后顾之忧并对其负责，只有出此"克隆档案"之下策了。近些年来，"档案克隆"现象主要存在于高等院校或其他事业单位，主要源于对高等级人才的争夺，一些学校和单位为了升格或达标而不惜做出对人才重建档案的承诺。一些用人单位为了引进更多高层次、高学历、高水平人才，各地用人单位纷纷出台各种优惠政策、降低人才准入门槛。而经济欠发达地区或经济实力较差的单位，为了留住人才不得不采取"不同意调出、不同意放人事档案、不同意迁户口"的"三不"防御性政策，于是人事档案自然而然成了原单位和新单位人才"拉锯战"的焦点。

（5）"注水档案"。干部人事档案由于关系到个人提职、升迁、工资水平、福利待遇等自己切身利益，于是"虚假档案"的事实存在也就屡见不鲜了。于是，"学历越来越高，年龄越来越小，工龄越来越长，奖项越来越多"的现象不可避免地存在。假工龄、假年龄、假学历、假职称等材料被塞入人事档案，使原先事实准确的档案变成了"注水档案"。同时，涂改、伪造档案的违法行为也冲击着档案的真实价值，从而导致档案的社会信任度大大降低。特别是近些年来实行单位考评与绩效工资挂钩的薪酬制度，一些胆大妄为者在档案数据上做手脚、搞"暗箱操作"，以虚假数据代替真实准确的档案材料，从而使假档案发挥了真档案的效用，达到了个人谋取私利的目的。这种"注水档案"或"虚假档案"的做法，无疑既使档案失去了应有的严肃性和规范性，也使一些真正按章办事的个人或单位得不到本应获得的利益，从而使社会公平遭受损失；同时也为官场腐败滋生了温床，档案的信任度可想而知。

（二）政策时滞、代理危机与人事档案制度的信任赤字

中国社会从计划经济体制向市场经济体制变革过程中最广泛、最深刻的变化就是利益关系的变化。改革开放前，利益主体相对单一，追求自身利益的积极性没有得到充分的发挥，改革开放进入市场经济社会以后，每一个体都有了自己固有的权利、尊严与价值，而且是在一种平等主义与普遍意义上来表达自己人格尊严的平等、权利资格的平等，即要求平等地承认各个利益主体的自主权和利益上的独立性。随着市场经济的进一步深化和完善，个体追求利益最大化的"经济人"角色得到国家政策、社会文化、公众心理的普遍认同，"单位人"向"社会人"的身份置换也空前释放出个人作为社会独立利益主体追求利益最大化的潜能。而传统人事档案制度建立在个人对单位的资源或利益的完全依赖的基础之上和组织以追求公共利益和实现集体利益为己任的"道德人"（或称"政治人"）假设之下。这种"双轨"语境下，"经济人"角色与"道德人"角色、计划经济时代的公共政策文本与市场经济时代的公共政策环境在同一时空条件下相生相存、相互振荡，由这种角色冲突和政策冲突引发的个人与组织（单位）之间的制度内非合作博弈也就在所难免。

根据委托-代理理论，可以把基于人事档案制度而形成的政治关系图式简单解构

为：权力的所有者——人民是根本的委托人，而各级政府及其人事行政机构则是代理人。在党管干部的权力体系中，上一级政府及其行政机关（包括档案部门）事实上又是下一级政府及其行政机关的委托人，从而形成自上而下紧密安排的委托-代理网络。在这种网络中，人事档案制度常态运行（合作博弈）的理想图景是：人事档案部门及其工作人员忠实履行委托人（人民、中央政府、地方政府）赋予的职责，对档案对象（干部、工人、学生等）进行公正客观地"原生态回放"，为政府部门或社会选用人才提供真实而又准确的信息；基于档案部门之国家公信力，公民也乐于接受档案之于个人成长的历史记载与"验明正身"的凭证功能，于是档案成为国家、组织、社会与个人之间相互信任的纽带与信物。显然，这种运行状态得以持续是以档案管理者与被管理者皆为"道德人"的假设为前提的。但现实中，无论是作为委托人的公民个人，还是作为代理人的人事档案管理部门及其工作者都有追求自身（部门）利益最大化的倾向和机会主义行为。根据委托代理理论，在委托代理关系中最大的问题是委托代理双方的信息不对称。[①] 因此，在博弈场域中，当局者（包含作为政策执行者的单位工作人员）都会根据各自的价值偏好、利益判断、信息状况等做出收益最大-损失最小的策略选择。但博弈论的经验告诉我们：个人（我们在此把单位组织整体视为一个个体）理性追求利益最大化的自利行为往往导致集体非理性的矛盾。在充斥着"搭便车"行为和机会主义心理的制度环境下，个体追求利益最大化的最优策略行为最终导致"集体行动的困境"，政策执行失范现象时有发生。由此，人事档案制度的常态运行被非常态运行取而代之：人事部门只管人不管事，在管人当中全凭主管领导的偏好进行人事鉴定，档案成为某些领导压人、整人的操作手段或符号寻租、权力腐败的道具；"单位人"利用各种关系"套现"人事档案的信用价值；提供虚假信息，伪造档案内容，"学历越来越高、年龄越来越小，工龄越来越长"的假冒伪劣现象有增无减，从而引发"代理人危机"和制度信任的断裂。在非合作博弈中当局双方可能采取的变异性策略选择主要有以下几种。

第一，制度变通。制度变通是指在制度实施中，执行者在未得到制度决定者的正式准许、未通过改变正式程序的情况下，自行做出改变原制度中的某些部分的决策，从而推行一套经过改变的制度安排。变通后的制度虽然与原制度保持着形式上的一致，然而这种形式上的一致有时包含明确的"操作性"内容，有时则仅采用和原制度相同的话语系统，但政策实质已发生变异，甚至与原制度的价值目标背道而驰。在人事档案制度运行过程中，一些部门把档案的凭证功能"误读"为抵押替代品。一些用人单位为招聘、引进高级人才抛出"档案再造"的"绣球"，把档案制度"兑现"为政策优惠。

第二，模式化操作。一些单位人事部门为节省人力、财力、物力，或因某些工作人员的"懒工""怠工"，对单位员工德、能、勤、绩缺乏全面的了解和深入的调查，往往以"热爱祖国""思想端正"等大而空的套话、空话代替群众的评价，寥寥数语，泛泛而谈，言之无物，更有甚者以"不合格""合格""优良"的印章代替群众评价，以"同意＋印章"代替领导意见，内容雷同，千人一面，档案记录陷入空泛的模式化操作误区，人之个体区别于群体的个性化特征无法通过档案材料显示出来，人事档案原有信息价值在人

---

① 陈潭、刘祖华："精英博弈、亚瘫痪状态与村庄公共治理"，《管理世界》，2004 年第 10 期。

事部门贪图方便省事的自利行为下被不断"掏空"。

第三，反制法则。反制法则(the law of counter control)由美国行政学家罗森布鲁姆在分析公共管理责任中提出，原指决策者或高级官员越是致力于控制下级的行为，部属就越致力于付出更大的心力去规避或反制这些控制。[1] 这里我们把"反制"一词的内涵进一步扩展，引申为博弈中当局者为追求自身利益而对游戏规则(制度安排)规避巧用的一种策略。出于对单位领导利用档案进行"行政控制"的逆反心理，一些工作人员为冲出原单位"档案封锁"，索性不要档案一走了之，成为人档分离族中的一分子。而一些人基于档案代管费用、调档手续麻烦、费用高昂等成本考虑，干脆不要档案，成为"无档人士"。

第四，逆向选择与道德风险。委托-代理理论把发生在合同之前的非对称信息行为称为"逆向选择"(如旧车市场)，把发生在合同之后的非对称信息行为称为"道德风险"(如保险市场中的理赔)。[2] 在人事档案制度执行当中，由于选择性激励措施(奖励或惩罚)和监督机制缺位，也可能出现代理人为谋取自身利益利用委托代理双方信息不对称而"反客为主"——逆向选择或引发"代理人危机"——道德风险。一些人事工作人员利用档案不与当事人见面的独占性信息资源优势，或受人恩惠"把人往好里写"，把不称职者写成称职，或夹泄私愤"把人往坏里写"，把称职者写成不称职，歪曲事实真相，更有甚者把人家档案中的"不清白"拿来说事，档案被神圣化为权威的权力符号，成为恩赐、操纵乃至报复别人的手段。一些单位通过操作人事档案，使制度内本来平等的公共雇佣关系演变为金钱和权力的角斗场，制度外公私关系的"幕后交易"有增无减。一些人为了把档案从原单位调走千方百计想办法，找关系、走后门，于是本来不具商品价值的东西有了价值，档案成了某些人权力寻租的必需品。而一些人利用档案作掩护，名为在公共事业单位上班，实则为自己干活，同时却可以在多个单位领取薪金。在"年龄是个宝，文凭不可少"的干部年轻化、专业化的新型干部选拔任用价值观、人才观的指引下，一些国家干部也打起了档案的主意，一夜之间都成了本科、硕士、博士、白发"少年"。

通观以人事档案制度为平台的个人与组织之间的非合作博弈，我们似乎看不到谁是赢者：个人因"弃档"所承受的心理压力以及未来可能因为档案带来的麻烦是每个潇洒"弃档族"不能不考虑的后顾之忧；制造虚假档案者最终可能作茧自缚，必须为自己的行为买单；单位组织似乎也要为人事档案制度异化及其危及人事制度的残局收场。但我们失去的仅仅是这些吗？传统人事档案制度失范诱发的"以档谋私""虚假档案""人质档案"等现象，不仅使政策本身陷入高度失效的老化周期，它所带来的更深层次危害可能将是社会、组织、个人之间信任链条的断裂——乃至对政府及其所有政策的信任递减——信任赤字！

我们看到，人事档案制度本身的缺陷不断突现，非规范化的操作和分散化的管理，致使档案的信度、效度大受影响。传统人事档案制度以控制人、制约人为出发点，强调"人档不分""档随人走"的封闭式、内向型管理模式，是典型的计划体制产物，是

---

① 转引自张成福、党秀云：《公共管理学》，中国人民大学出版社，2002 年版，第 326 页。

② 张维迎：《博弈论与信息经济学》，上海三联书店、上海人民出版社，1996 年版，第 398－400 页。

与信息社会和现代人事管理相矛盾的。在档案文本里,涉及个人思想政治品德、家庭历史及社会关系等方面的内容多,工作能力、专业特长等方面的信息记载比较少。重学历、资历,轻能力、业绩;重历史,轻现实;重抽象,轻具体。档案材料收集不完整、不全面,旧材料比较多,新材料补充不及时,不能真正反映个人的现实面貌。组织评价机械化、形式化、流程化、"技术化",不能客观全面真实地反映一个人的情况。涂改、伪造档案的违法行为也屡见不鲜,假工龄、假年龄、假学历、假职称等现象增多。收集、加工、传递、利用诸环节的管理漏洞也不同程度地存在,造成档案材料遗失、缺损和变形,从而导致人事档案信息失真和人事档案制度的信任赤字。

作为"官本位"意识和计划经济体制的特有产物,作为单位制下一种强力控制的、不对称的、典型的"符号化政治",当下中国人事档案制度的信任赤字在不断扩大。

第一,设置"人才壁垒",限制了人力资本的合理流动,降低了人力资源的开发度。一个社会真正的发展在于积极且最大限度地开发人力资源,马克思在《资本论》中曾经说过"资本只有在流通中才能增值"。人力资本也是如此。而市场经济发展最基本的一个要素也是劳动力的自由流动。然而,作为人力资源流动的一个重要媒介,人事档案内容和管理形式上的制约限制了人力资本的开发;原有的"人档不分"的管理制度阻碍着作为生产第一要素的人才流动。在一个人力资源还相当稀缺的国度里,过度的"人才壁垒"只能妨碍个人自由、经济繁荣和社会发展。同时,这种"人才壁垒"也造成了人力资源的"显性浪费"和"隐性浪费",把一些适合承担某些职位的人予以排斥,让一些不适合的人去承担这些职位;把愿意承担某些职位的人予以排斥,而将那些"身在曹营心在汉"的人强力留住。因而,单位制下"粗工""窝工""怠工"的现象在所难免,工作效率、制度效益低下也在情理之中。

第二,实施"行政控制",强化了行政随意性,传统人事档案制度成为某些领导压人、整人的操作手段,是典型的"人治行政"。人事部门只管人不管事,在管人当中全凭主管领导的偏好进行人事鉴定,而对"单位人"的品行和工作鉴定处于极度的信息不对称状态之中——许多人也许一辈也不知道他的档案到底有些什么内容。本来属于公权力领域的事情硬要变成"私权力",公权力严重侵犯私权利。至于个人思想品德的记录,只能任凭领导者的"定性描述"。直到今天,如何量度思想品德,仍然是一个"哥德巴赫猜想"。

第三,产生"制度交易",致使人事档案制度进一步扭曲,本来平等的公共雇佣关系演变为金钱和权力的"角斗场",制度外公私关系的"幕后交易"有增无减。由人事档案衍生的一系列腐败现象仍然大量存在,档案成为某些人权力寻租的必需品。一些人为了档案从原单位调走,千方百计想办法、找关系、走后门,于是本来不具商品价值的东西有了价值。而一些人利用档案作掩护,名为单位上班,实则为自己干活,同时也可以在多个单位领取薪金。这说明,仍然有许多"单位人"还把人事档案当回事,对他来说人事档案还是身份和地位的文字纪录,甚至是谋求个人利益最大化的护身符。而有的单位则根本不在乎原来的档案,承诺对引进人才重新建档,档案已经沦为事实上的"鸡肋"地位。其实,全国已有相当多的城市明里或暗里承诺高级人才不受人事档案限制,这一方面说明人才已经成为地方社会发展的重要战略资源,人才大战的帷幕已经徐徐拉开;另一方面也说明传统人事档案制度的功能日益式微,有档案和无档案已经不太重要。同时,也促使我们进一步思考:对于一项已经滞后的政策进行高成本维持有无必要?

第四,制造"单位封闭",削弱社会的整合性,妨碍正常的社会分化。传统的人事档案制度产生于以政治出身为依据的政治身份等级体系、以城乡户籍和所有制为依据的社会身份级体系、以平均主义为依据的单位系统内资源分配等级体系。为了维护单位利益,就必须对其他社会群体或其他社会系统进行排斥,因而人为地制造了"单位封闭"和低度化的社会流动,这种刚性化的制度隔离,加剧了单位与"单位人"乃至于整个社会的不信任状态,同时也促使某些人不"唯实"(事实)、不"唯书"(真理),只"唯上"(领导),造成了本真人格的扭曲。随着市场经济与现代化的进程和发展,社会结构日益复杂,社会差异成分越来越多,刚性的制度阻隔毫无疑问对正常的社会分化起着阻碍作用。在公共事业单位以外,市场化和社会化程度已经愈来愈高,传统的"二元人事体制结构"在政策变迁的背景下只能越发显得与社会整体不相调和。[①]

(三)信用服务与人事档案制度的去赤字化

基于人事档案制度的失效及其管理困境,我们提出了"传统人事档案制度走向终结"的宣言式学术命题是有充分理由和思维逻辑的。但是,我们提出"终结"的是传统的、不合时宜的人事档案制度,并非否定未来合理的具有理性建构的人事档案制度,更不是一而概之全面否定人事档案。那种依据若干不完全的数据和资料就下"人事档案无用"或"取消人事档案"的结论,都是不符合人事档案本质属性和现实逻辑的。

应当承认,随着市场经济发展、人才流动以及信息沟通的发展,尤其是用人观念上的转变,使得过去以单位来确定人们身份的规程,慢慢转向对其社会价值的认可。更多的公司、企业和机构在使用人才的时候更多的是看他们的能力,而不再注重个人身份,单位对员工的约定主要靠法律合同而不是档案。从某些方面来说档案的作用在现代社会中有不断弱化的趋势,但这决不意味着档案无用。因为,人事档案是一个人工作经历的忠实纪录,它包括履历、身份、党团资料、奖惩、任免、工资晋升、工龄等。它在个人办理相关手续时,比如报考公务员、工资提升、职称评定以及退休年龄的裁定、办理养老保险、办理出国手续等,都是最原始的依据,在一些场合中仍然发挥着凭证、依据和参考的作用。根据目前有关规定,只有将人事关系及档案交给各级政府人事行政部门或人才流动管理机构保存的人员,才能享受应有的待遇,比如保留原有身份、工龄连续计算、国家规定的档案工资调升,等等。因为档案中涉及很多方面的问题,诸如养老保险、医疗保险、失业保险等国家推行的福利政策。因此,在目前的"双轨制"语境中,个人完全没有必要"独善其身"而置档案于不顾,否则损失的利益仍然是自己的。所以,对于自己的档案还需要耐心地"维护"和"善待"。

在一个资讯相当发达的时代里,个人亦不能无档案。即使在西方发达国家,人事档案也并非无用。与我国不同的是,公民个人在上学或就业时不需要有一叠纸质材料跟着"跑"。在美国和加拿大,个人档案网络化建设已非常完备。在任何一个学校、组织学习或工作之后,个人基本信息都会保存到这份网络档案中。美国通过类似于

---

① 陈潭:"传统人事档案制度走向终结",《南方周末》,2004 年 2 月 26 日。

中国身份证号码的"社会保险号码"来建构公民档案,这个小小的"号码"包含着个人的"信用记录""驾驶记录""司法记录"等方面内容。而且,这种档案具有明显的社会性,有关部门查阅起来非常方便,比如,司法部门就可以通过这个"社会保险号码"调查每个人的司法记录。同时,公民个人也可以通过特定的密码在网上进行查阅。因此,从西方发达国家的经验来看,人事档案的功能主要体现为信息记录功能和信用凭证功能,而不是中国传统人事档案所强调的政治身份功能和评价考核功能。

实际上,信息记录才是人事档案最基本、也是最重要的功能。这种以信息记录为主形成的档案材料,将是真正了解个人的依据和载体。如果考察者欲通过人事档案对个人进行考察,那么档案记录的详略、真伪以及记录的粗细程度都将直接影响考察者对考察对象的印象与评价。当把个人的静态性材料(指实绩、考核结果、评价说明等形成的工作、学习、业务状况方面的归档材料)和动态性材料(指知识、智慧、气质、性格、健康状况、能力等生理和精神品质方面的材料)如实详细地记录在人事档案上,让考察者客观地掌握真实可靠的情况资料时,人事档案的功能才能得以充分地体现,这样既能较为全面地提供个人基本信息,又能维护档案的严肃性与真实性。相反,如果态度马虎,把应该详细记录的内容随随便便应付,或者记录不细心,导致错误百出,这些都能从一定程度上影响档案正常功能的发挥。如果档案在收集、鉴别、整理当中违背本人的真实状况,或者掺杂个人的情感,毫无疑问就会歪曲个人的基本事实,从而导致对个人基本信息的根本误读。因此,加强信息的真实记录和进行规范化的管理,不仅能增强公民的档案意识,还能提高档案的使用频率,更能显示它的价值。档案价值越大,人们对档案也就必然会越加重视。

信息记录的目的也在于提供信用信息。实际上,人事档案是个人信用体系建设中的主要环节,也是个人信用数据的主要媒介。如何在资讯化、市场化的基础上发展我国原有的人事档案管理制度,使其在新时期更有效地为选拔使用人才服务,探索建立更完整、更符合人才市场发展需要的人才信用制度呢?行内专家认为,可以借鉴征信国家的做法,强调征信数据完全公开、信用管理相关法律完善、征信市场完全商业化。① 因此,中国档案管理机构应该逐步转化为独立的富有权威的征信机构,完善信用管理法规,建立健全的征信体系,促使现行人事档案建设成为电子化信用档案,从而实现人事档案制度现代化。作为中介的档案管理机构,应该加大联合征信力度,努力实现资源共享。比如,由社会保险局提供养老保险、医疗保险、失业保险等方面材料,各种考试机构提供资格证书方面材料等。明确与公安、银行、工商、税务、民政、法院、企业及相关单位的关系,及时收集信用记录入档,及时为相关部门提供资信证明材料。明确规定哪些材料要求入档,哪些单位及个人需要提供材料,需要提供经济生活哪些方面的资信证明,等等。如是,既有利于关联机构和用人单位可凭特定的手续或被授权上网查询了解个人基本信息,又有利于整个社会信用体系的建设。

我们认为,人事档案制度改革必须突出人事档案的公共服务功能,从而改变原有的政治控制和身份依附关系。人事档案制度改革必须强化人事档案的信用管理功能,从而避免当前的制度危机和管理困境。但是,当下的人事档案制度变革函数还缺

---

① 韩光耀:"中国入世后人才信用体系建设问题",中国网,2002 年 5 月 27 日。

少相当多的变量,比如强烈的"导火索"、利害相关人的持续诉求、媒体的广泛注意力、意识形态压力等。更为主要的是,任何一项制度变革都会经过"思想斗争""利益阻止"以及沉淀成本的考虑。干部档案、企业职工档案、流动人员档案以及学生档案牵涉组织部门、人事部门、劳动部门、教育部门和综合档案部门等多个组织,多头管理下的利益冲突不可避免。尽管《流动人员档案管理暂行规定》明确规定流动人员的档案由人事部门下属的人才服务机构管理,但为了"分得一杯羹",劳动部门的职介中心、各行业成立的人才中心、外企人才服务机构以及教育部门的就业分配和留学服务机构等,都参与到利益的争夺当中。一些地方的人事部门和劳动部门还以各自掌管的户口派遣、职称评定、失业登记、社保办理等权力为档案托管争夺撑腰。组织部门、人事部门、劳动部门等的档案管理专职人员配置以及专门的档案管理部门的从业人员都不愿意"革自己的命",人事档案制度变革的系统性、复杂性和艰巨性可以想见。但是,不论如何,人事档案制度变革的趋势是不可逆转的。根据首届全国人才工作会议精神,要促进人才的合理流动,必须进一步消除人才流动中的城乡、区域、部门、行业、身份、所有制等限制,发展人事代理业务,改革户籍、人事档案管理制度,放宽户籍准入政策,推广以引进人才为主导的工作居住证制度,探索建立社会化的人才档案公共管理服务系统。人事档案制度突出的应该是其公共服务的功能,而不是社会控制的功能;要改变重政治轻能力、重历史轻现实、重凭证轻契约、重身份轻信用的弊端。因此,契约化、社会化、电子化、法制化是人事档案制度改革的必然路径。①

本文的写作直接受益于 2003 年 6 月出现的"汤国基档案事件",作者跟踪官司达三年之久,成果参见南京大学出版社 2007 年出版的《单位身份的松动:中国人事档案制度研究》。同时,感谢《瞭望》《决策》《人民论坛》《北京日报》《南方周末》《文摘报》《中国社会科学院院报》、东方卫视、湖南卫视、凤凰卫视等四十多家媒体的采访、报道和评论,以及 2004 年全国博士生论坛、2005 年政府管理创新国际研讨会、2006 年第三届中美公共管理论坛、2008 年澳门比较公共政策论坛等学术会议,媒体、学界的深入交流与讨论丰富了本文的构思和写作,特此致谢!

作者简介:

陈潭,湖南常宁人,法学博士,教授,博士生导师,广州大学公共管理学院院长。

教育部"新世纪优秀人才支持计划"人选,湖南省"优秀青年社会科学专家",长沙市人民政府法制专家委员会委员,广州市人民政府突发事件应急管理专家,全国政策科学研究会常务理事。

主要学术偏好为公共政策、地方治理、网络政治、危机管理。

主要著述有《单位身份的松动:中国人事档案制度研究》。

(原文发表于《天津市委党校学报》,2009 年第 5 期;《中国社会科学文摘》,2010 年第 3 期转载。本书在引用时,事先征得了作者的允许。)

---

① 陈潭:《单位身份的松动:中国人事档案制度研究》,南京大学出版社,2007 年版,第 166 页。

六、课程案例

课程案例 6－1：底特律拖车居民问题

拖车居民问题的客观环境就是拖车居民建立的营地及其对周边社区的影响。根据底特律市官方机构所做的记录，这种营地的建立最早可以追溯到 1920 年的春天。当时只是在城市的外围地区出现了一小片营地，大约只有 8 至 10 户左右。这些拖车的居住者大多是产业工人，他们以自己的拖车为家，过着非常艰苦贫困的生活。尽管住在拖车居民营地附近的居民每天都能见到住在拖车里的那些人，但当时在底特律居住和生活的人，都认为这种状况"根本没有什么麻烦"，并没有觉得拖车居民构成了社会问题。底特律的三家主要报纸都没有报道过这方面的情况。市警察部门、卫生部门、社会工作机构的档案文件对这方面的情况也没有任何记载。

然而，形势变化得非常迅速。到 1930 年，在底特律的城区范围内已经有了 4 个像模像样的拖车居民营地。到了 1935 年，拖车居民者营地增加到 9 个。在这 9 个营地中，至少有 5 个营地表现出来的不是暂时居住的迹象。这些拖车居民干脆将车轮从拖车上卸下来，一分为二地放到锯木架上，看上去要长久地住下来。随着拖车和拖车式活动房屋居住者的数量不断增多和营地不断扩大，拖车居民问题逐渐引起越来越多的社会公众的关注。从报刊的专栏、邻居的闲谈、当地居民向新闻媒体和市政当局表达的正式抱怨，以及底特律市官方机构所发布的有关言论来看，底特律市的拖车居民问题已经成为社会关注的焦点。

通过对底特律市三家主要报纸内容的调查分析来看，直到 1925 年 1 月才有一家报纸发表了一条新闻，对某个拖车居民营地"过分吵闹"的情况进行了报道。在此之前，无论是消息栏目还是评论栏目都没有涉及这方面的内容。在接下来的 10 年中，即从 1925 年至 1935 年，相关报道的数量逐渐增多。1936 年至 1937 年，这种新闻报道的频率达到了最高峰。如果对这些新闻报道的内容与性质加以分析，可以看出，在 1930 年以前，报道的主旨更多是猎奇和娱乐，而不是警告。而报纸的评论专栏和"读者来信"这两部分对拖车居民营地方面的情况极少或根本没有提及。1930 年以后，这三家报纸对这方面问题的评论文章日渐增多，而读者来信中对这方面问题的反映也变得相当普遍。公众对拖车居民营地的问题变得忧心忡忡，并且提出了警告。在 1936 年至 1937 年期间，报纸上有一半以上的新闻报道、评论文章和读者来信都涉及拖车居住者营地中的犯罪、疾病、火灾、事故和一些滑稽事件。给报社写信的主要是生活在拖车居民营地附近社区的居民、学校当局的有关人员、房地产商以及社会工作者。附近居民们对拖车居民营地所带来的环境噪音、腥臊恶臭、不讲道德、各种犯罪以及附近地区不动产的贬值表现出强烈的不满，他们的愤怒之声随处可以听到。

附近学校的学生也对拖车居民营地表现反感。一位学生这样写道："最初,当很多拖车居住者搬进我们住区下面拐角的一片空旷地带时,我们之中似乎谁也没有更多地注意到他们。这些人几乎是清一色的贫穷工人。1932 年,经济大萧条依然很严重,他们可能不想在住房租金上花太多的钱。我们中的大多数人认为他们只会待上一两个月,然后离开这里。但是一年过后,那儿的拖车居住者反倒比以前更多了。邻居们开始说:'看吧,他们看来要在这里永久住下去了。'但是似乎没有人认为他们正在对我们造成伤害。可随后,我们便开始丢失一些我们放在自家房屋周围的小东西,如报纸、牛奶瓶和一些劳动工具。我们把它归结到拖车居住者家庭的小孩子们身上,责怪他们的父母不该整天让他们的孩子在外面疯跑。之后有人说:'为什么这些孩子不去上学? 他们如果有学上就不会惹那么多麻烦。'一位邻居给学校的学监写了一封信,告知有关情况,但信发出后如石沉大海,什么反应也没有。"

还有一篇读者来信表现出更多的抱怨:"母亲诅咒那些拖车家庭的孩子们,说他们简直就是一群该下地狱的小鬼。但是父亲认为感情宣泄是没有用的,需要考虑的是该不该将房屋卖掉这个问题。如果政府当局没有能力将拖车居住者从这个地区清除出去的话,那就真得考虑考虑搬家的问题了。父亲总是讲,他对拖车居住者并无成见,这些人在经济大萧条时期不可避免地遭遇到贫穷,这不是他们的过错。但是不能因为他们贫穷而使我们大家都跟着变穷,如果真出现了这种情况,那可真是下地狱的信号。"

几乎在当地居民团体提出抗议的同时,一些公共部门如卫生机构、警方和学校当局,也行动起来。卫生机构是政府机关中第一个站出来对公众的诉求表示关注的部门。他们收到的有关信息是由那些经常访问拖车居住者营地并施以救济的社会工作者们提供的。卫生监督员的主要抱怨是:营地里并不是每个家庭都拥有一辆拖车,那里的居住条件极其恶劣;有些营地连一个厕所都没有,在这种情况下,几乎没有个人隐私可言;营地里供水严重不足,居住者经常要到营地外去打水;冬天的取暖条件非常差,大部分拖车居住者只靠小煤气炉取暖,而且有些家庭连这样的条件都不具备;随意乱扔垃圾的现象随处可见,营地附近的一些空地上已经堆满了各种各样的生活垃圾。

作为与拖车居住者营地问题直接相关的政府组织,警方也同样将拖车居住者营地视为潜在的危险地带,对其执行法律和维护秩序的工作是一种新的挑战。警察越来越多地被招去制止营地中发生的抢劫和斗殴事件,拘捕各种各样的犯罪嫌疑人以及调查那些愤怒的邻居们所反映的情况。当时警方对这些活动所做的文字记载,已经清楚地表明了警方对这一问题的深切关注。

学校当局也开始意识到拖车居住者营地所带来的问题,因为它对学校稳定的教学秩序造成了很大的冲击。那些学校很难为不断涌来的拖车居住者的孩子们提供基本的食宿条件,而且几乎每天都可能有新生入学,使学校正常的教学安排受到影响。因为拖车居住者的营地并非是永久性的,许多孩子在一个学年尚未结束时,就不得不离开学校。

因此,不论是根据媒体的报道,还是根据市民和政府官员们的看法,他们普遍认为拖车居住者营地,包括周围的地区,有关卫生、教育、财产等方面的群体价值观受到这种客观条件的威胁。对于底特律地区拖车居住者的问题，问题觉察阶段的一步步深化是显而易见，这段时间大概是从 1925 年到 1935 年。

在问题觉察出现之后，紧接着就进入了公众议程和政府议程阶段。人们开始议论解决问题的具体方案，着重对政策目标和手段进行讨论，而这时社会利益集团之间的矛盾就会变得紧张和激烈起来。能够提出一些解决办法的人马上就可能发现其他人并不容易接受他们的提议，即使他们能够使其他人同意其基本的解决思路，仍会发现要在具体的执行手段上达成一致显得非常困难。这个阶段与问题觉察阶段有着非常显著的区别，因为现在利益集团主要关心的已经是"应该做什么和怎么去做"这类问题。此时，人们议论颇多的是"应该做这件事或做那件事"。人们的注意力集中到了具体的方案上，多方面的政策诉求会以各种形式集中起来并通过一定的政策渠道得到反映。

对底特律的拖车居住者问题进行的讨论，至少在三个相互关联的层次上得以表现：第一个层次是在邻居间和关注事态发展的人们之间进行的讨论（零散的和无组织状态的群体讨论）；第二个层次是在有组织的利益集团和压力集团之间进行的讨论，如纳税者、拖车制造商、房地产组织、家长—教师联合会、妇女俱乐部、男士俱乐部；第三个层次是在有关专家和政府官员或准政府机构——警察、卫生官员、市议会、社会工作者和校务委员会之间进行的讨论。这样一种广泛的讨论能够使涉及其中的这三个层次相互影响、相互受益，同时这也意味着政策议程是一个动态的发展过程。

站在其对立面的是另外一些社会组织，如拖车制造商协会这样的组织，它形成一个压力集团，不仅是为拖车居住者的利益寻求保护，同时也是受个人和团体利益及高额利润的动机驱使；那些以拖车为家的人同样也能够形成一个具有一定影响力的利益集团。不仅如此，正是那些低收入的农业季工和临时工、偶尔和长期的失业者、依靠工厂工资为生者等诸如此类的人组成了拖车居住者营地，他们也有代表自己利益的集团——美国活动房屋居住者协会。这个组织认为拖车式活动房屋是解决低收入家庭住房问题的有效方法。由于房产和租金的支出远远超过了这些家庭的收入，他们除了以拖车为家外还能有什么其他的选择呢？有些市民也非常同情拖车居住者的处境，尽管他们赞成实施一些公共控制措施，但是他们坚决反对取消拖车居住者营地。从工会、民权机构及其他一些自由化组织的主张中也可以看到，它们都曾为保留拖车居住者营地而做出过一定的努力。

上述情况似乎表明，大约在 1935—1937 年这个时期，有关拖车居住者问题的政策争论变得更为激烈。这一动态的过程可以表现为某一个联盟（某种人道主义与一些组织利益的结盟）与另一个联盟（另一种人道主义和另一些组织利益的结盟）之间的论战。

（资料来源："美国底特律市拖车居住者问题"，豆丁网，http：// www. docin. com/p‑627835077. html. 在形成案例时，本书进行了一定的调整和改动。）

课程案例6-2：发改委密集上调电价应对"电荒"

短期内可有效缓解"电荒"，治本还需电力体制市场化改革

"时隔一年半后，政府相关部门再次密集上调电价，截至《中国能源报》发稿已扩大到16个省份。"

2010年4月上旬，国家发改委决定自4月10日起，上调山西、青海、甘肃、海南、陕西、山东、重庆、河南、湖北、四川、河北、贵州等10余个省份上网电价，每千瓦时平均上调2分左右。

2010年5月底，国家发改委决定自6月1日起，上调15省市非居民电价平均1.67分钱，本次电价调整范围在原有基础上增加了安徽、湖南、江西三省。

6月8日，上海市发改委发布通知决定提高上海统调燃煤发电企业标杆上网电价以及燃机电厂上网电价。其中，燃煤发电企业调整方案为自2010年1月1日起，统调燃煤发电企业标杆上网电价每千瓦时提高0.05分；燃机电厂（采用天然气发电）调整方案为自2010年6月1日起，上网电度电价每千瓦时提高3.6分。值得注意的是，这份通知的签发日期为2011年6月1日，上调时间起始点均为2010年，这意味着此番调整对之前电力企业所发电量也有一定的补助。

相关部门此次集中上调电价有何预期目标？电价上调后能否达到其预期效果？《中国能源报》记者近日进行了采访调查。

为何调价？

国家发改委相关负责人表示，这次调整电价的原因是多方面的。首先是为了调节电力供需，保障电力供应；其次是为了抑制非正常电力需求，推进节能减排；再次是为了缓解发电企业经营困难，促进电企健康发展。

这一说法得到了相关数据和专家观点的支持。中电联发布的数据显示，4月，化工、建材、钢铁冶炼、有色金属冶炼四大重点行业的合计用电量占全社会用电量的34.4%，环比提高了3.1%。由此可见高耗能行业死灰复燃速度之快。

中投顾问能源行业研究员周修杰认为，提高上网电价侧重于在供给端增加发电量，提高销售电价侧重于在消费端遏制电力消费过快增长，二者结合，将会缩小用电缺口，缓解电荒局势。

中商流通生产力促进中心分析师宋亮对本报记者表示，此次调价目的就是减轻电力企业亏损情况，提高发电积极性。因为此次电荒提前，而6月份是电力需求高峰，如果不采取措施，那么后期电荒将更加严重。

但在华北电力大学电力市场研究所所长张粒子看来，此次上调电价与最近风传的所谓"电荒"没有关系。她认为，国家发改委这次上调15省的上网与销售电价是为了补偿火力发电企业因电煤价格上涨而增加的部分成本。"这次上调电价可以说是煤电联动机制的一种体现。"张粒子告诉《中国能源报》记者，煤价上涨后，电价本应随之上调，但国家发改委考虑到了CPI上行的压力，故而延缓了此次调价。

有数据显示，截至5月20日，各地最大电力缺口中，江苏和浙江两省分别以624万千瓦和386万千瓦位居前两位，但未被划入此次调价范围之内，原因何在？

对此，张粒子表示，此次上调的都是高耗能用电较多，而电价又相对较低的地方。"江浙等地电价一直较高，而且他们电厂的燃料基本从外省购入，电力资源的成本相对稳定。像山西等省份，原来能从自己省份拿到价格较低的燃料，但现在随着煤炭价格的高涨，低价燃料没有了，山西发电的成本与原来相比高出了很多，从能源资源成本的角度来考虑，国家应该提高当地的电价。"张粒子说。

周修杰认为，浙江、江苏等沿海省份的火电厂利用小时数已经处于高位，困扰其发展的一大因素是电煤不足，这些因素无法通过上调上网电价得到解决，另外浙江、江苏等省份的销售电价水平在全国处于高位，本身上调幅度已经不大，加上上网电价没有上调，销售电价因此也没有上调。

煤炭企业仍为最大赢家

在宋亮看来，虽然此次调价可在短期内减轻火电企业亏损压力，但电力企业仍然要亏损，因为后期煤炭价格可能会继续上涨。

"近一两个月应没问题，但是 8 月份就很难说了。"宋亮对本报记者分析说，"目前煤炭的价格还在涨，秦皇岛 5500 卡烟煤现在是 845 元/吨，但是我判断 8 月份可能将涨到 880 元，这意味着上涨的 2 分钱电价被抵消掉了。"

中国经济体制改革研究会公共政策研究中心首席电力专家许方洁同样认为，此次电价上调后，必然会增加上游的煤炭开采成本，煤价也将随着电价的上调而上调，最终还是难以弥补火电企业的亏损。

"就像吃止疼片，先止止疼，过四个小时止疼片就失效了。"许方洁将这次上调电价比喻为简单的"头疼医头，脚痛医脚"，并非解决煤电矛盾和缓解电荒的治本之策。

事实上，火电企业对此更加深有体会。贵州省某电厂负责人便对本报记者坦陈："我感觉上网电价上调对煤矿企业的影响要大过电厂。一听说上网电价涨了，煤矿就喊涨价，电厂也就能缓一口气而已。"

此次调价对部分工商业用户尤其是高耗能产业而言，无异于一场寒雪冷霜。

河北某化肥生产企业相关负责人对本报抱怨，该企业电价每千瓦时上调 2.99 分，那么每吨尿素电价成本将增加 40 元，再加上其他的成本增加，估计每吨尿素成本将增加 70—80 元，其每月将增加成本 400 万—500 万元。

富宝资讯发文称，在电解铝生产成本中，电价占其成本的 40% 以上，显然电价上涨会直接推高电解铝成本。"山西省电解铝产量占全国电解铝总产量的 7% 左右，每度电价上调 2.4 分钱，迫使电解铝成本价提升 350 元/吨。"富宝资讯表示："一些小型企业受电价上调，厂家生产利润减少，将被迫关停部分生产线。"

张粒子表示，销售电价上调之后，将会产生高耗能产业整合的效应。"低能效的企业将被高能效的企业兼并。"张粒子说，"这是一种很好的趋势。"张粒子表示，目前地方政府过于追求 GDP 的增长，"当前某些地方还准备通过实施大用户直购电的方案降低高耗能产业的电价，这不利于落实国家节能减排和产业结构调整的政策"。

对此，知名财经评论员叶檀也给予提醒。她撰文指出，相关部门的调价措施可以暂时缓解燃眉之急，但不可能触动地方政府的 GDP 中心主义，对于大型企业在资源成本上的优势也无解药,能够肯定的是,电价上调与利率上调,对于行业内的中小企业却是催命符。

治本之策:市场化改革

张粒子表示,发改委上调上网电价短期内能够缓解煤电矛盾,但从长期看,解决煤电矛盾的根本之策还是在于电力体制的市场化改革。"光靠行政手段解决市场问题是行不通的,因为市场是时刻变化的,而行政手段则具有一定的滞后性。我们应该适时推进电力体制的市场化改革。"张粒子说。

鉴于我国电力市场化改革并不能一蹴而就,张粒子建议,在当前转型的过程中,最紧迫的任务有两个:一是加强对煤炭的市场监管,二是建立市场诚信交易体系。"目前电力有监管委员会,煤炭却没有,煤炭市场目前乱象较多,我觉得当务之急是把煤炭市场也纳入监管。"张粒子说,"建立诚信体系也很重要。以合同煤为例,签订合同后煤炭企业往往兑现不了承诺,由于都是国有大型企业,双方也没法打官司。因此,诚信体系的建立是电力市场建设的基础。"

"我认为未来一段时间内居民电价也会上调,只是时机的问题。"张粒子对本报记者表示:"当前由于 CPI 的影响,居民电价没有上调。"张粒子指出,商品价格的高低取决于资源的稀缺程度,电力是由一次能源转化而来的二次能源,现在煤炭涨价了、上网电价提高了,终端销售电价也就会随之提高。"我们不能一直奢望电价保持低位,当然,政府也应该保障民生,我认为阶梯电价就是一种比较合理的电价制度。"张粒子说。

在宋亮看来,要缓解"电荒"和煤电价格矛盾,短期来看,除电力提价外,重点要在煤炭、电力、电网以及运输之间建立合理的利益分配机制。

宋亮建议,这需要通过推行实现煤电联动,继续推动煤、电企业签订煤炭购销长期合同以及抑制高能耗产业快速发展等措施来实现。

"长期来看,要从根本上解决'电荒'问题和煤电矛盾,不仅要推进电力产业市场化改革,最重要的是要加快电力产业结构调整,因地制宜大力发展新型能源,实现地区电力资源多元化。"宋亮对《中国能源报》记者表示,与"煤炭外运,再发电"模式相比,"煤炭资源就地转化为电力再发送"模式更加经济,也减少了对铁路、公路运输的压力,因此,应加快推进特高压等大规模、长距离电力转移项目的建设进度。

(资料来源:"发改委密集上调电价应对'电荒'",《中国能源报》,2011 年 6 月 13 日,http://paper.people.com.cn/zgnyb/html/2011-06/13/content_843970.htm.在形成案例时,本书做了一定的调整和改动。)

电价改革须解决核心问题

近日,随着"在贵州率先开展全国电力价格改革试点"信息的披露,有关电价改革的话题又热络起来。有人认为,从国家层面继续提出电价改革是一件好事,有利于重提人们关于电价改革的信心,推动电力体制改革工作继续前行。也有人认为,我国提出电价改革已经多年,数次试点,收效甚微,此次试点结果如何,尚需拭目以待。亦有人认为,对此次试点工作不要抱太大希望,尤其在短时间里不要有过分期待,其理由一是目前贵州电力装机严重不足，电源性缺电矛盾突出，电价改革条件不成熟；二是电价改革涉及的是国家整体能源体制问题，如果缺乏顶层设计，改革很难在局部获得成功；三是包括主导改革政策制定者在内目前还没有已成的实行方案，路线待定，措施待明，能否出台一个有效可行的实施方案尚且难论，更难评说其改革能够取得成功。

自 2002 年国务院颁发《电价改革方案》(5 号文件)以来，已经过去近 10 年。客观地说，电力工业在改革中取得了一些进展，如电源建设得到了快速发展，全国装机容量由 2002 年底的 3.57 亿千瓦迅速增加到 2011 底的 10.56 亿千瓦；我国许多电力技术达到国际领先水平，许多电力企业的市场竞争力得到了大幅提升。但是，不可否认，尽管我国的装机容量早已成为世界第一，"电荒"问题却始终没有终止。更有专家预测，由于目前投资火电机组已出现消极情绪，新建火电装机锐减，或许在"十二五"期间更严重的"电荒"现象会大范围来临。

面对上述问题，许多人在思考，是电力体制改革不对吗？不是。电力体制改革已在世界许多国家有令人信服的成功案例。如果我国电力体制不进行改革，到时候绝大多数人都可能是受害者；甚至由于国家的整体利益受到影响，所有人都可能是受害者。是决策者和改革者不作为吗？亦不是。多年来，我国先后进行了"煤电联动""煤电一体化""大用户直供电""输配电价"等许多有关电价机制问题的实践和探索，取得了不少收获，只是没有解决问题。

为什么近 10 年的实践和探索没有解决问题？有客观和主观两方面原因。客观上目前我国正处于经济快速增长期，需要稳定的电力供应，电力体制改革受制于"稳定"的担忧，导致有关方面在决策上不得不瞻前顾后，行动中小心翼翼。主观上有改革思路的辨识问题，也有利益主体之间的博弈问题。

有不少人认为，"只有理顺了电价机制，才能进行真正意义上的体制改革"。也有人认为，"只有解决了体制问题，才能理顺电价机制"。笔者认为，两者都有一定道理，但都存有片面性。如果一味通过"煤电联动""煤电一体化"等进行所谓的"理顺电价机制"来求得电价改革的成功，那是难以做到的。目前所谓的"煤电联动"，是解决当前"煤""电"矛盾、维持发电企业生产运行的一种救助性做法，是一种典型的政府行为，与电价改革的市场取向是不相符的。而且，"煤""电"也不可能无休止地"联动"。"煤电一体化"，只能将"煤""电"矛盾隐性化，而不能从根本上解决问题。不管是发电企业办煤矿，还是煤矿企业办电厂，当市场煤与电煤价格悬殊时，其主观上都会倾向于将煤炭销售到收益好的地方，发电企业办的煤矿同样如此，因为这个时候卖煤比发电效益更好。现实中有不少企业即是如此。至于"大用户直供电"，本来它是非常符合电价改革市场取向的，理应有效推进并像许多国家那样取得好的效果，但是在我国"试点"多年，鲜有成效，主要是受到人为因素影响，亦即受到固有体制的制约。"输配电价"问题同样如此，人为因素干扰大于其他因素影响，谁都知道建立独立的"输配电价"很重要，国外也有成功的经验可资借鉴，但是折腾了数年，就是"独立"不起来，致使电价改革举步维艰。

所以，电价改革应与电力体制改革同步进行方能奏效。只有真正打破垄断，坚决改变电力调度、输电、配电、售电一家独揽、一言独大、挟"安全"以博利益、挟"稳定"以阻改革状况,努力研究开放发电企业和电力用户的市场选择权,切实引入竞争机制,而不是在一些应景式应急式问题上过分着力,徘徊不前,对核心问题"视而不见",通过市场供需变化确定电力价格的机制才有可能建立,电价改革才有可能获得成功。贵州的电价改革试点不能忽视这一点。

(资料来源:中国社会科学院可持续发展研究中心特约研究员张安华:"电价改革须解决核心问题(大家谈)",《中国能源报》,2012年2月29日。本书形成案例时做了改动。)

改革电价只有涨价一条路?

近日,国家发改委正式就民用阶梯电价方案面向社会公开征求意见。发改委建议我国民用电价分三个梯度收费,并提供了两种可供选择的指导性意见。第一个方案以70%居民用电量为第一档的上限,第一档内用电量仍执行现有电价;第二个方案以80%居民用电量为第一档上限,但本档电费将比现行电价上涨1分钱。两个方案的第三档电价,均比基础电价高出2毛钱以上。

简单来说,阶梯电价就是让居民"少用少花钱、多用多花钱"的价格调节系统。大家都知道,我国是发展中国家,城乡差距很大,以覆盖率来划定各档标准,依然没有解决过去平均电价时代的"一刀切",依然无法反映城市和农村用电的巨大差距。在一些南方城市,城市居民月均用电量在夏季或冬季最高可达300度以上,而农村居民用电量依然维持在十位数甚至个位数的水平。以现在的方案看来,城乡差距不仅没被照顾到,反而像是更多的城市居民被划到"提价圈"中。从目前公布的2套方案看,并没有明确低于第一档居民用电的,价格怎么定。按道理来说,应该是降价,但是方案中只字不提降价的事情,只有涨价、涨价、涨价,只有涨,没有降,是一种单向上涨的方案。

阶梯电价改革不应变成一种变相涨价,在不损害绝大多数居民用电的权益的同时,不增加普通民众负担,进一步拉大阶梯电价差距,方能达到节约能源等社会目的。关键在于合理确定居民的"基本用电量",现在的标准太低,要大幅度提高,还有不能按照户均来计算,要按人头来计算。低收入的家庭,要用特殊的用电政策或者用电补贴。

中国电价的改革的核心绝非涨价,而是建立透明、公正合理的价格机制,这样才能打造低碳生活,建设节约型的社会。

(资料来源:"解决电荒难道只有上调电价一条路?"煤电铝网,http://www.docin.com/p-703734881.html. 本书形成案例时做了改动。)

破解电荒:解决煤价合理化与有效供给是良方

据中国之声《新闻晚高峰》报道,这一轮淡季电荒正把全国烤得焦头烂额,华中、华东地区出现较大电力缺口,大量工厂被拉闸限电,部分地区甚至波及居民用电,最新的消息称,限电甚至蔓延到了第一产业和第三产业。

国家电监会近日公布的数据显示,全国五大发电集团火电三年巨亏600亿。秦皇岛港八连涨的煤价也正推波助澜地抬高着电企运行的成本。不少地方也传来因为亏损严重,导致电厂缺钱买煤的消息。在电价市场化改革没有完成之前,而电荒"火烧眉毛"的情况下,是否只有电价涨价这一条路? 来看中央党校经济学教授韩保江的独家解读。

煤价若无降低可能,按成本加乘规律涨价是必然

记者:我们注意到这样一个现象,现在很多电厂由于亏损无力购买国产煤,在人民币升值的情况下,转而投向进口煤,这是不是意味着电煤拉锯战的再度升级呢?

韩保江:可以这么认为。因为我们国家从整个的能源结构来看,煤在整个能源结构里面的比重超过 70%,解决中国的能源问题,最根本的还是靠煤来发电。从目前来看,如果这个煤价没有降低可能的情况下,按照成本加乘经济的规律,涨价是必然的。

但现在涨价又面临一个很大的问题,因为整个社会的通货的压力很大,而电价又是整个工业品、农副产品成本的一个基本要素。电价一涨,必然会带来相应的很多价格关联上涨,因此这就对目前我们国家控制通货膨胀这样的目标形成巨大的压力。

到底怎么解决进口煤与国产煤这样一个关系? 因为进口煤现在风险也很大,我们现在不仅是石油进口大国,而且是铁矿石进口大国,原本我们的煤比较丰富,我们现在又成为煤的进口大国之后,那么我们国家的经济这种脆弱性,这种不安全的程度会升级。

面对行业市场化,扩大煤炭供给恐是治本之道

记者:现在,我国煤炭行业已经市场化,而电力市场化改革还没有完成,如果解决两者的矛盾,难道只有提高电价吗?

韩保江:提价肯定是现在煤电关系里面,必须理顺的关系,根本上来讲我是觉得现在要千方百计扩大煤的生产能力。现在很多地区为了解决所谓的规模效应,所谓的发展问题,一味地对煤企进行整合,对大量中小煤矿关停整改,这个从结构调整的趋势来看是对的。

现在解决煤的问题从根本上来讲,不是说没有资源,但我们开采的能力,煤的供给能力,由于基本上是由国有企业来控制,所以你的资源规模越大,垄断性和讨价还价能力性就越强,降价的可能性越差,而长期的实践证明,大量的国有煤矿企业效率总体上还是低下的,所以怎么样处理好这种国有煤矿跟个体民营中小煤矿之间这种关系,我觉得还是要从实际出发,充分调动一些有生力量和积极因素,扩大我们的煤炭供给,这恐怕才是治本之道。

药方:解决煤价合理化与有效供给是良策

记者:有人指出,电力的完全市场化,可能是解决这个问题的根本途径,您怎么看电力化呢?

韩保江:电力市场化基本观点就是放开电价不要管,煤价涨,电价涨,在我们国家这样一个社会稳定,经济平稳发展的角度来看,恐怕这个电价完全不管,完全靠市场化,很显然现在是不现实,加大对电价进行管控的基础上,如何适度涨价,释放一部分煤价涨,成本上升,留给发电企业一部分利润。

这是解决我们煤电关系的权宜之计,但根本上来看,一方面我们国家总体上还要调整经济发展方式,调整结构,降低这样一个产业化对能耗高度的依赖,同时还是要解决煤炭价格的合理化,煤炭有效供给的问题。

（资料来源:"解决煤价合理化与有效供给是破解电荒良方",中国供求网（原材料资讯频道）,http://www.gongqiu.com.cn/nsdetail - 87198.shtml. 在形成案例时,本书做了一定的调整和改动。）

七、学习思考

基本概念

解释下列政策概念,并尝试译成英语。

公共政策问题情境

公共政策问题

政策问题的主观性

政策问题的交互性

政策问题的动态性

政策问题的人为性

结构优良型的政策问题

结构适度型的政策问题

结构不良型的政策问题

感知问题

问题搜索

问题界定

问题详述

政策问题建构陈述模型

政策问题建构陈述的口头模型

政策问题建构陈述的符号模型

政策问题建构陈述的程序模型

政策问题建构陈述的替代模型

政策问题建构陈述的观点模型

边界分析技术

类别分析技术

类比分析技术

层级分析技术

假设分析技术

头脑风暴分析技术

多角度分析技术

鱼骨图分析技术

问题检点图分析技术

基本原理

阅读和观看本章的电子文本、课程课件、经典阅读、知识补充、研究论文,尝试回答下列问题:

公共政策问题建构分析的目的是什么?

公共政策问题建构分析有何重要性?

公共政策问题建构分析的要求是什么?

影响政策问题结构的因素是什么?

什么是政策问题的主观性?

政策问题的交互性的含义是什么?

政策问题的动态性的含义是什么?

政策问题的人为性的含义是什么?

什么是结构优良型的政策问题?

什么是结构适度型的政策问题?

什么是结构不良型的政策问题?

什么是政策元问题系统?

什么是感知问题?

什么是问题搜索?

什么是问题界定?

什么是问题详述?

政策问题建构陈述的口头模型的优点与缺点是什么?

政策问题建构陈述的符号模型的优点与缺点是什么?

政策问题建构陈述的程序模型的优点与缺点是什么?

造成政策问题建构陈述的替代模型的原因?

造成政策问题建构陈述的观点模型的原因?

如何使用边界分析技术? 举例说明。

如何使用类别分析技术? 举例说明。

如何使用类比分析技术? 举例说明。

如何使用层级分析技术? 举例说明。

如何使用假设分析技术? 举例说明。

如何使用头脑风暴分析技术? 举例说明。

如何使用多角度分析技术? 举例说明。

如何使用鱼骨图分析技术? 举例说明。

如何使用问题检点图分析技术? 举例说明。

基本应用

案例分析

在仔细阅读和观看本章的课程案例、导入案例后，结合前面已经阅读过的与公共政策过程相关的知识，对本章的导入案例和课程案例加以分析，尝试写出案例分析报告。

分析报告必须包括下列内容：

对案例发生的外部环境背景做出描述、分析；

对案例中包含的公共政策的要素和主要过程中与政策问题建构分析、政策问题结构类型、政策问题建构分析技术有关的方面做出阐释、分析；

依据本章的内容对政策的某些要素和主要的过程阶段中与政策问题建构分析、政策问题结构类型、政策问题建构分析技术有关的方面做出评价。

读书笔记

仔细阅读本章提供的经典论述、知识补充、研究论文，围绕经典论述写出读书心得。读书心得应包含下列内容：

经典论述的主要理论和观念；

经典论述表述的理论或观念对中国现实政策过程的解释力度（能够对中国现实的公共政策过程做出很好的解释，只能部分解释，完全不能解释）；

是经典理论与观念不完备，需要做出修改，还是中国公共政策过程需要加以改进？

编写案例

参照本课程提供的第二课堂的经验资料，组成 5 人左右的学习团队，尝试就中国目前公众与政府普遍关心的、也是值得研究的公共政策实例，按照本章研修的内容，编写出公共政策案例。

好的政策案例应当包括下列内容：

对具体政策过程发生的环境条件进行描述；

对具体政策过程中的主体、价值、工具、资源（不一定都要涉及，只要对与本意内容有关的方面加以阐述）

对具体政策要解决的政策问题的状态及对政策问题的确认（问题情境、问题的诊断与确认）做出描述；

对具体政策的制定、实施、评估与终结（不一定关注所有阶段，只对与本章所关心的阶段或环节）加以详细描述；

将上述的内容以生动故事情节的方式展示出来，让阅读者有身临其境的感受。

要特别关注具体政策过程的公共性、民主性、科学性、有效性。

编写公共政策案例的资料必须是多元的：官方文件、媒体报道、公众（网民博客）评点、学者论述、问卷调查、焦点人物访谈。

为了让阅读者一目了然，印象深刻，可以适当插入图表、图像。

第七章　公共政策行动建议分析

解决公共政策问题最终需要展开切实有效的政策行动。作为公共政策分析的重要环节,政策分析人员需要倡导某些政策行动建议。这些建议性的政策行动方案必须符合一定的标准,必须配有相应的政策工具。政策分析人员应当尽量说服决策者接受和推行政策行动方案。

一、研修的内容

在本章中我们将研修下列内容:

§1. 公共政策行动建议的特征和性质

§2. 公共政策行动建议的两种选择模型

§3. 公共政策行动建议的工具选择

§4. 公共政策行动建议分析的方法

§5. 公共政策分析中的政策咨询

案例导入:重启建造大飞机的政策建议

2008 年 5 月温家宝总理在《人民日报》发表文章"让中国的大飞机翱翔蓝天"。他向世界宣告,中国大型飞机重大专项已经立项了,中国人要用自己的双手和智慧制造有国际竞争力的大飞机。让中国的大飞机飞上蓝天,既是国家的意志,也是全国人民的意志。我们一定要把这件事情做成功,实现几代人的梦想。

曾经参与国务院组织的"大飞机项目论证组"的中央政策研究室研究员王超平在接受《瞭望新闻周刊》采访时坚定地认为:"研制大飞机项目写进《国家中长期科技发展规划纲要》和'十一五'《规划纲要》,应当说是本届政府基于对国内外形势清醒认识的决断。"

研制"运十"的骄傲历史

所谓大飞机,是指起飞总重量超过 100 吨的运输类飞机,包括军用和民用大型运输机,也包括 150 座以上的干线客机。它是民航使用最广泛的主力机型。其实,大飞机项目曾得到我国几代领导人的高度关注和重视。早在 30 多年前,毛主席和周总理就对发展我们自己的大飞机制造业有所考虑。"运十"就是在他们的大力支持下,我国自主研制的第一架大型民用喷气式客机。

"运十"项目于 1970 年 8 月启动(又称"708 工程"),由中央直接指挥协调,各部委、军队及全国 21 个省市的 262 个单位参与研制,1978 年完成飞机设计,1980 年 9 月 26 日首飞上天。此后,又进行了各种科研试飞。

"运十"曾先后转场北京、合肥、哈尔滨、乌鲁木齐、昆明、成都等地,并先后 7 次飞抵起降难度最大的西藏拉萨贡嘎机场,飞西藏时"一周飞行 5 次,连续出勤无事故"。"运十"的性能非常好。飞抵拉萨机场时,地勤人员没有见过这种机型的飞机。当得知是我国自己研制的飞机时,都立正向飞机敬礼。到 1985 年,"运十"共飞了 130 个起落,170 个小时,最远航程 3600 公里,最大时速 930 公里,最高飞行升限 11000 米,最长空中飞行时间 4 小时 49 分。从性能上看,"运十"客舱按经济舱 178 座,混合级 124 座布置,最大起飞重量 110 吨,已经达到了"大飞机"的标准。当时的航空航天工业部评价其"填补了我国民航工业在这方面的空白"。

国际航空界对"运十"的研制成功给予高度关注。时任波音副总裁的斯坦因纳于 1980 年 5 月在《航空周刊》上写文章指出:"'运十'不是波音的翻版,更确切地说,它是该国发展其设计制造运输机能力十年之久的锻炼。"同年 11 月 28 日,路透社发文说:"在得到这种高度复杂的技术后,再也不能把中国视为一个落后的国家了。"

原三机部民机司副司长郑作棣曾指出,1988 年"运十"飞机的研制在技术上已有 10 项突破。但就是这样一个可以让中国走上自主研发道路的项目,最终遭遇下马。80 年代中期,"708 工程"在没有经过正式程序的情况下不了了之。"运十"的下马,使中国痛失了发展大型飞机的机遇。对此我们应该认真总结和反思。

"三步走"没有走好

20 世纪 80 年代中期,中央对民用飞机工业发展制定了"三步走计划":第一步是装配和部分制造支干线飞机,当时主要是装配麦道 80/90 系列飞机,由麦道提供技术;第二步与国外合作,联合设计研制 100 座级飞机;第三步是 2010 年实现自行设计、制造 180 座级干线飞机。可惜的是,"三步走"没有走下去。

"运十"项目下马后,中美合作的"麦道项目"作为国内研制大飞机的一种延续又进行了近 10 年,从 1985 年 3 月至 1994 年 10 月,国内共组装了 35 架麦道 82,其中返销美国 5 架。1992 年 3 月,中美开始合作生产麦道 90,机体的国产化程度达到 70%。1996 年,中国航空工业总公司与空客、新加坡科技签约了联合设计生产 100 座级飞机 AE-100 的协议。

1997 年 8 月,波音并购了麦道公司,麦道 90 项目在生产试飞两架后就仓促结束。1998 年,空客终止了 AE-100 项目。于是,一切有关大飞机的研制工作彻底停滞。按照当时的价格计算,麦道 90 亏损了 5 亿美元。

耗资 5.377 亿元人民币研制的大飞机"运十",从 1985 年 2 月起,就一直停放在上海飞机制造厂的一个角落里。

仅比欧洲空客晚两年起步的我国大飞机制造业，自此举步不前。而空客已经成长为与波音比肩而立的航空业巨人，我国的一些航空企业不得不依靠波音、空客的发包工程吃饭。

"运十"下马之后，关于大飞机的讨论一直在进行。由于大型飞机本身所具有的重要战略意义，制定"十一五"规划时，领导层面临着新的历史抉择：中国要不要自主研发大飞机？

科学家呼吁自主研发大飞机

早在 1986 年 3 月，时任中科院技术科学部主任的王大珩与陈芳允、杨嘉墀、王淦昌三位科学家一起，联名向中央递交了一份《关于跟踪研究战略性高技术发展的建议》，即后来产生广泛影响的"863 计划"。这份建议书由王大珩起草，定稿后又由王大珩给邓小平等中央领导写了一封言辞恳切的信。仅仅两天后，邓小平就对这份建议做出了回应："此事宜速做决断，不可拖延。"

近几年，王大珩先生一直在关心中国的航空工业，尤其是大型飞机问题。2001 年 4 月中旬，20 多位院士向中央上书，希望国家重视对大型飞机的研制，王大珩就是这 20 多位院士的领军人物。

2003 年春天，王大珩亲笔上书温家宝总理。在这份建议中，王老恳切陈词，提出中国要有自己的大飞机。2003 年 5 月 25 日，国务院总理温家宝看望了著名科学家王大珩，专门来听取这位科学家的政策建议。

全国政协原副主席、国家科委原主任宋健，2007 年在接受《瞭望新闻周刊》采访时说，不自主研究，完全靠引进，一些关键技术、一些具有战略意义的重大装备，甚至涉及国家安全的一些重大武器装备和急需的关键元器件都要依赖进口，那就必然处处受制于人。我们必须发展自己的核心技术！他强调："做一架飞机至少需要 20 年的时间，我们应该早动手，早部署。要抓紧时间去做。"

"大飞机专项"论证

2003 年 6 月，国家正式启动"中长期科技发展规划纲要"的编制工作。同年 11 月陆续成立了由国务院批准的国家重大专项论证组。"大飞机专项"是第一个也是论证最为艰苦的一个"重大专项"。

"大飞机专项"的论证，主要是解决三个方面的问题，即"中国要不要做、能不能做和怎么做"。大飞机及其产业是一个国家科技水平和经济实力的重要标志，没有一定的科技和经济实力是干不成的。同时这个产业对推动整个国家的科技和经济发展乃至国家安全至关重要。因此对于中国要不要自己造大飞机的问题，专家们的意见比较一致。

从总体上看，我们在飞机总体设计上与国外的技术差距，通过努力是可以赶上的，飞机的设计和生产能力不可能凭空产生，只有在研发实践中才能提高。在机体、部件上，通过 20 世纪八九十年代的中美合作，我们已经初步获得了干线飞机的生产技术，而且作为总体制造商，对自己暂不能生产的部件可以进行全球采购，只要我们掌握自主设计和自主产品开发的知识产权。

更重要的是我们还拥有一批曾参与"运十"研发、参与中美合作生产麦道飞机的技术人员。王超平说:"如今,这些当年参加过实际锻炼、可以进行大飞机科研制造的各类相关人才,大多已年过花甲,许多人正在慢慢老去。若再不抓住机遇,那就真的是太迟了。"研制大飞机绝非轻而易举的事,会有许多困难有待克服,它需要各部门的团结协作。在中央提出"自主创新"的今天,更要有勇气、有信心去完成人民交付的重任。

如何实施大飞机项目

王超平认为,航空工业是战略性工业,它的发展关系到我国在关键领域技术能力的提升。"大型飞机项目"作为国家"重大专项",其战略目标理应由国家决定,否则就无法有效实施。过去国家也曾有过两次关于自行研发干线飞机的决定,但是最终没有得到贯彻。这次"大型飞机项目"被列入"十一五"规划,体现了明确的国家意志,那就需要在国家层面上下决心去做,不要受任何干扰。

北京大学政府与企业研究所所长路风指出,对于目前的"先军、先民之争""干线、支线之争""自主设计与仿制之争"以及项目选址上的"东西之争"等,国家决策层应首先明确大飞机项目的战略目标是开发大型民用客机,并且绝不动摇,以避免为各种局部利益而修改国家战略目标。

国务院组织的"大飞机项目论证组"成员高梁认为,航空工业被比作"工业科技之花",它是一个国家工业基础的集成,又是高技术、高投入、高风险产业。其产品开发周期长、科研投资大、技术风险高、市场竞争激烈。航空产业的这些特点,决定了国家必须持续不断地鼎力支持。他强调,虽然现在已经是市场经济,但对于"大飞机"这样的项目,并不能完全以市场为取向。"目前我国航空工业还没有形成产业,这就需要国家制定相应的政策,支持、扶持大飞机项目并最终使之形成产业,带动我国航空工业实现跨越式发展。"

C919 飞机

大型客机研制工作已全面展开,首型国产大飞机将命名为"919"。第一个"9"的寓意是天长地久,"19"代表的是中国首型大型客机最大载客量为190座。"C919"之后未来的型号也可能命名为"C929",其中"29"代表这一机型的最大载客量为290座。

最终投产的C919,复合材料用量占15%,铝锂合金占15.5%。将选用国际最先进发动机和机载系统。将采用下单翼、翼吊两台涡扇发动机、常规平尾、前三点式可收放起落架布局。基本型全经济布局168座,混合级156座。其标准航程为4075千米,巡航速度每小时828千米。

2010年11月16日中国拥有自主知识产权的C919大型客机在珠海航展上获得中外6家客户共100架订单。

中国商用飞机有限责任公司(中国商飞公司)分别与中国国际航空股份有限公司、中国东方航空股份有限公司、中国南方航空股份有限公司、海航集团有限公司、国银金融租赁有限公司、美国GECAS公司签署C919大型客机启动用户协议,中国4大航空公司和资产规模最大金融租赁公司以及世界上重要的专业飞机租赁商一道,共签下100架C919大型客机启动订单。这也标志着中国C919大型客机已经确认了首批客户和订单。

未来 20 年,中国要制造 2000 架 C919。据初步预算,未来中国对 C919 这一级别的飞机需求量有 2300—2700 架。这一测算是根据中国人预期的生活水平,出行的增多等信息得出来的。而全球这一级别飞机的需求量高达 2 万多架。未来,C919 将占中国国内一半以上的市场,在国外再会占有一定的市场。所以未来 20 年 C919 的总销量将达到 2000 架。未来 C919 会系列化发展,满足不同客户的不同需求,未来 C919 将会专门针对西藏拉萨、四川九寨沟、云南旅游点的高原机场,推出适用于高原机场的新款飞机。

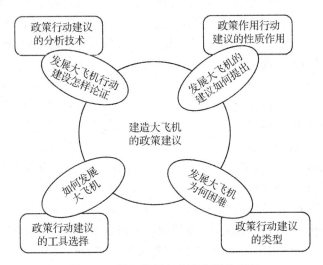

图 7 - 1　导入案例与本章内容的对应

§1. 公共政策行动建议的特征和性质

§1.1　公共政策行动建议的涵义

公共政策行动建议分析是指政策分析人员依据政策问题建构分析和政策前景预测分析,尝试提出解决政策问题行动方案的过程。

政策行动建议是从预测分析向行动分析的转变。政策行动建议分析是政策分析人员将政策未来预测的信息转换为能够产生有价值政策结果的行动信息的过程。政策分析人员不仅要分析政策活动未来的可能状况,更重要的是提供对个人、群体、总体社会产生有价值结果的有关政策行动的信息。要对特定的政策行动做出建议,首先需要分析各种方案选择会产生何种结果,其次还需要分析哪种能产生结果的方案是最有价值的,采取哪种行动的理由是什么。

政策行动建议是从多种有关应该做什么的倡议性主张(Advocative Claim)中选择出来的。倡议性主张是政策论证的结论。它是一些具有争议性的政策构想。倡议性主张中包含着应该实施某种行为来解决某个问题的观点,这些观点是由一些根据、支持和信息来证明的。一个合理而规范的政策行动倡议性主张应该指明政策操作者应当采取哪一种政策以及如何去贯彻苛捐杂税过种政策。任何倡议性政策主张都要对政策事实、行动目标、未来规划和价值取向做出详尽的说明。

§1.2 公共政策行动建议的作用

在政策分析中,将政策主张转化为政策行动建议是至关重要的。首先,政策行动建议可以衡量政策分析的成败。政策行动建议分析是整个政策分析活动的核心,行动建议能否被采纳,采纳后能否促成政策问题的解决是衡量政策分析活动成功与否的标志。

其次,政策行动建议是联系政策前景预测与政策执行的中介环节。政策行动建议分析在政策分析中起着承上启下的中介作用,是问题建构分析和政策前景预测分析的延伸,又是政策执行监督分析和政策实施评估分析的前提。

再次,政策行动建议可为政策决策提供咨询。政策行动建议分析直接为政策决策提供决断咨询,是政策利益相关者,特别是决策者在确定行动方案或设立项目时最重要的参考。

§1.3 公共政策行动建议的内容与要素

政策行动建议分析的内容

政策行动建议是为人们解决政策问题的行动提供的操作指南和蓝图,尽管针对不同的政策问题所设计的行动建议,无论在内容和形式上都会有很大的差异,但是,凡是政策行动建议都应当具备一些共同的方面。一项好的政策行动建议分析应当包含下列内容。一是需要分析各种行动方案选择可能产生出何种结果;二是需要分析何种产生结果的行动方案是最有价值的;三是需要分析何种机构适合担当行动方案的执行者;四是需要分析应选择哪些工具来实施政策行动方案;五是需要分析由哪些机构来监督政策行动方案的实施。

政策行动建议中包含的要素

依据上述的政策行动方案应当具备的内容,一项具有科学性、民主性、法治性、有效性的政策行动建议,必须是从多种有关应该做什么的倡议性主张中选择出来的,政策行动建议是政策分析论证的结论。

经过细致的探索分析,政策分析人员提供的政策行动倡议必须包括下列要素。一是有关政策问题的精准的事实判断。这种判断应当是对存在的政策问题做出准确、清晰的描述。二是有关解决政策问题的合理的价值判断。这种判断是对以政府为主的公共机构引导和组织人们解决公共问题的应当性做出充分的说明。只有在事实判断和价值判断有机结合的基础上才能对政策行动建议的其他要素进行设计。三是有关解决政策问题的目标体系。任何政策行动的预期目标都是多元的,政策行动建议必须尽可能地将解决政策问题的多个目标依照不同的层次和内在的辩证将其有序地排列起来。四是有关解决政策问题的行动规划。政策行动建议不再是抽象地告诉人们必须在哪些方向解决问题,而是要为解决政策问题的具体行动进行细微的、操作性的规划。在政策行动建议中必须详细列出应该由何种机构去行动;运用何种工具去行动;在政策行动中谁来监督、谁来评估;政策行动如何适应变化的情况做出灵活的调整;政策行动如何产生失误甚至失败,谁来承担责任。五是有关政策行动结果的预测。要尽可能详细和量化地列出政策行动在不同阶段可能产生的结果和最终获得的结果。

§1.4　公共政策行动建议的原则

任何政策行动建议都只是对即将采取的解决政策问题的措施和可能的操作进行逻辑推论和预测。这种行动建议是提交给政策决策者和公众思考并选择的。任何政策分析组织和个人都不可能将设计出来的政策行动方案自作主张地宣布为最终决策,也不能强加给政策决策者和政策利益相关者。因此,一项合理的政策行动建议必须符合某些原则。

坚持适度倡导原则

政策行动建议分析必须遵循适度倡导的原则。所谓适度就是政策分析人员提出的政策行动建议在数量上既不能太少,也不能太多,数量要适当。这是因为政策分析人员提出的政策行动建议是供政策决策者和政策利益相关者在做最终决策时选择的。提供的政策行动建议太多了,政策决策者和政策利益相关者无法选择,而政策行动建议太少,则没有选择的余地。与政策行动倡议适度原则相反的是倡议不足与倡议过度。

避免倡导不足与倡导过度

所谓倡议不足是指政策分析人员所供的政策行动建议方案过多,比如有5至7个方案。在这种情况下,政策决策者和政策利益相关者必须对如此之多行动建议方案逐个加以比较,才能从中选择出满意的、可行的方案。对于政策决策者和政策利益相关者来说,不仅因此要付出更多的成本,而且他们所掌握的知识和信息不足以支持他们正确地做出这种筛选。显然,提出多个行动建议结果并没有能够起到帮助政策决策的作用。

与倡议不足正相反的现象是倡议过度。所谓倡议过度是指政策分析人员在向政策决策者和政策利益相关者推荐解决政策问题的行动方案时,只拿出一个倡议方案。对于政策决策者和政策利益相关者来说,在这种情况下,他们没有任何选择的余地。要么拒绝,就没有行动方案;要么接受,就谈不上比较选择。这种政策行动建议的倡导方式也没有起到帮助决策的作用。

在政策行动建议分析中要避免发生倡导不足和倡导过度这两类现象,政策分析人员就要自觉从政策决策的角度出发,避免倡议性主张过于单一,绝不要不惜成本和代价地去捍卫某种预先的立场和想法,否则就会让决策者和公众落入过度倡议的陷阱。同时,应当对多个可能的行动方案进行系统比较和严格评价,避免让政策决策者和公众处于无所选择的境地。

§1.5　公共政策行动建议的特点

要坚持政策行动建议适度倡导的原则,政策分析人员提出的政策行动建议方案就必须是科学、合理、有效的。这种政策行动建议方案必须具备某些特点。一是这种政策行动建议方案必须具有倡议性。政策分析人员不是政策决策者,政策分析的行动建议方案是给决策者和政策利益相关者提出的建议,它只是倡议人们应当如何行动,而不是命令人们必须怎样行动。因此,政策行动建议方案应当具有更强的说服力,让政策决策者和政策利益相关者愿意接受并付诸行动。

二是这种政策行动建议方案必须具有前瞻性。政策行动建议虽然是立足现实提出来的,但目的是为了消除目前存在的政策问题状态,是为了向前发展,努力创造出人们期望的更美好的总体社会生活。因此,凡是合理、有效的政策行动建议,必然具有理想性、前瞻性,引导人们奋发图强,改变现状,创新发展。

三是这种政策行动建议方案必须具有可行动性。政策行动建议是在确认了政策问题,并且对解决政策问题的前景进行预测的基础上提出来的。虽然从政策的倡议性主张到具体的政策行动之间还有一段距离,但在对政策行动进行倡导设计时,就应该对具体的旨在解决政策问题的操作行动、程序计划做出尽可能符合实际的慎重考虑,不仅要详细规定采取操作行动的机构、人员,他们的职权和责任,还要详细设计出开展政策行动所需要的工具、资源,政策行动过程的监督、评估和调整,从而确保政策行动建议方案能够顺利地转化为行动操作的指南。

四是这种政策行动建议方案必须具有价值性。设计政策行动建议方案必须充分考虑其价值取向。政策倡议性主张的设计固然要立足于事实,但也要严格遵循正确的价值导向。预期的行动不仅要产生预期的结果,而且要让这种结果对个人、群体和整个社会是有价值的,让人们确信这种解决政策问题的行动是能够做、应当做和必须做的。

五是这种政策行动建议方案必须具有道德性。在设计政策行动建议方案时,不仅要考虑这种政策行动能够实现解决政策问题的目的,还要考虑这种政策行动的结果既有利于改善和提升个体、群体的总体生活水平,又有利于整个国家和总体社会的持续发展,还有利于社会根本制度的巩固和完善;而且还需要考虑现在采取的政策行动对所有人来说是公平、正义的,不仅能协调同一世代中不同年龄的群体之间的利益,兼顾不同世代之间的利益,还要充分考虑为子孙后代的可持续发展留下足够的资源。

§2. 公共政策行动建议的两种选择模型

§2.1 公共政策行动建议的简单选择模型

政策分析人员的政策行动倡议性主张必须通过两个或两个以上的政策行动建议方案才能表达出来。虽然政策行动建议方案是多种多样的,设计政策行动建议方案的方式也是多种多样的,但所有政策行动建议方案的设计和选择都依循两类逻辑模型:简单的选择模型和复杂的选择模型。

在简单的选择模型条件下,政策行动建议方案的设计与选择涉及三个相关部分的推理过程:一是要确认需要采取行动解决的政策问题;二是比较和选择两个或两个以上政策行动方案的结果;三是建议采纳具有最佳结果的政策行动方案,即最能满足政策利益相关者的需要、又符合正确价值取向的方案。

例如，解决城市交通拥挤问题一直是全球各大城市政府面临的重大公共政策难题。经过多年的实践，世界各大城市的政府在为解决城市交通拥堵问题而制定政策行动方案时，基本上都在两种不同的行动方案中选择。

行动方案一：发展城市公共交通(A)，最终结果是城市交通不拥挤(O1)；

行动方案二：发展私人小汽车(B)，最终结果是城市交通拥挤(O2)；

比较行动方案：行动方案一的价值 O1 大于行动方案二的价值 O2。

建议采纳：行动方案一。

有了这样的信息，政策分析人员就会建议将行动方案一作为最佳行动方案提供给政府决策部门。原因在于：行动方案一和行动方案二各自都有明确的结果。对两个行动方案的结果做比较，行动方案一的结果比行动方案二的结果更具有价值，所以应该建议采取行动方案一：发展公共交通(A)，城市交通不拥挤(O1)。

围绕解决城市交通问题的政策行动建议的选择逻辑是：

因为：A →O1；

　　　B →O2；

　　　O1＞O2；

所以：A。

在政策行动方案建议的简单选择模型中，不同政策行动方案之间的关系具有传递性，即如果 A＞B，B＞C，那么，A＞C。

§2.2　公共政策行动建议的复杂选择模型

与简单选择模型相比，复杂选择模型有不同的假设。在涉及三个相关部分的推理过程中存在特殊性。一是具有多个利益相关者、多个决策者。其中的每一方，都会给政策选择带来不同的事实前提和价值前提。所以，对于应当做什么，为什么这么做，可能存在相当大的冲突。二是不同行动方案的结果具有不确定性，具有风险性。许多因素都会对方案的结果产生影响。三是不同行动方案的结果受时间影响，有随意性。行动方案的结果要在相当长的时间后才能表现出来，这意味着其中的价值会发生改变。

例如，在引进公共项目的选择上，就具有复杂性。

行动方案 A：引进一个国有的大型造纸项目，可解决该城市 5000 人就业，用地2000亩，有严重污染，税收 2000 万。

行动方案 B：引进一个支持残疾人就业的自动制袜项目，可解决该城市 500 人就业，用地 1000 亩，污染少，税收 500 万。

选择一：从安排就业考虑，建议行动方案 A；

选择二：从保护用地考虑，建议行动方案 B；

选择三：从扩大税收考虑，建议行动方案 A。

简单性选择和复杂性选择在选择的传递性上是不一样的。通常简单性选择是有传递性的选择(Transitive Choice)。在若干方案中按某一属性选择，如果：

选择组(A1,A2)中 A1 优于 A2，

选择组（A2,A3）中 A2 优于 A3,

则在选择组（A1,A3）中,必然是 A1 优于 A3,反之则是非传递性。比如在选择组（A1,A3）中 A3 优于 A1。非传递性选择涉及多个冲突的目标,不能按两个或两个以上的属性来对行动方案进行排序。

著名学者肯尼斯·约瑟夫·阿罗(Kenneth J. Arrow)认为,运用民主决策程序,比如多数原则,会出现循环结果,从而不能产生集体理性。在政策行动建议分析中,如果面对的是复杂选择模型,政策分析人员必须在有冲突的目标之间加以权衡,最后确定较为合理、有效的政策行动方案。

§3. 公共政策行动建议的工具选择

§3.1 公共政策工具涵义与类别

政策行动建议中的工具要素

政策行动建议分析指向解决政策问题的实际行动操作,因此,政策行动建议分析所提供的倡议性主张应当将政策目标与实现目标的手段统一起来。政策行动建议中指向政策目标的手段就是政策在实际贯彻实施中必须使用的工具。

政策工具要素在公共政策学科的发展中很长时间没有引起人们的关注。当政策执行成为研究的热点时,政策工具的重要性才突显出来。所谓政策工具,是指在政策系统结构和运行过程中,与政策活动的其他要素相结合,由政策主体所掌握使用,保障政策目标得以实现的手段和途径的总和。

不同的学者从不同的角度对政策工具的类别加以研究和划分。豪利特和拉米什(M. Howlett and M. Ramesh)依据政府及其部门在政策执行中强制性程度的高低,将政策工具划分为自愿性工具、强制性工具和混合性工具三类(表 7-1)。政府及其部门所使用的政策工具的强制性程度则依照从自愿性政策工具到混合型政策工具再到强制性政策工具渐次增强。与其他的政策工具分类方法相比,这种分类方式更具解释力,也显得更为合理。[①]

表 7-1 政策工具图谱

自愿性政策工具	混合型政策工具	强制性政策工具
家庭和社区 自愿性组织 私人市场	信息和劝诫 补贴 产权拍卖 税收和使用费	规制 公共企业 直接提供
低 ◄─────── 政府干预程度 ───────► 高		

---

① 以下几节内容的资料主要来源于迈克尔·豪利特、M. 拉米什:《公共政策研究:政策循环与政策子系统》,庞诗等译,三联书店,2006 年版,第 141-169 页。

§3.2 自愿性公共政策工具

自愿性政策工具的总体特征

自愿性政策工具是指立足在自愿的基础上，有助于政策问题解决的多种手段和途径的总和。自愿性政策工具包括许多更为细小的类别，比如家庭的帮助、社区的支持、自愿性组织的服务、营利性企业的服务，等等。虽然这些细小的类别在政策实施中发挥作用的方式不尽相同，但凡是自愿性政策工具都有一些共同性的特征。比如，能够在紧急情况下迅速解决一些小型的问题；可以在多元网络治理中日益发挥灵活的作用；解决问题的成本比较低；不需要政府支付更多的服务经费；但难以解决需要更多经费的问题。

作为政策工具的家庭与社区

家庭与社区是一种最常见的自愿性政策工具。在所有社会关系中，对个人来说，朋友和邻居永远都是最为重要的关系。他们能在个体遭遇困难时，无私提供大量的物品和服务。几乎在所有社会形态中，人们都把照料家人和其他亲友的行为视为家庭成员应负的重要责任。在家庭和亲友中，儿童、老人和病人通常都能得到应有的关照，或是照看，或是金钱上的资助。这些照看和资助虽然得不到经济上的回报，但能获得感情上的满足。据估计，在美国对老人提供的家庭健康服务中，约有80％的服务是由家庭成员提供的。而在许多其他国家中，社区服务的范围则更加广泛，从幼儿入托、老人陪护一直到环境卫生、娱乐保健等。

现代社会人与人的关系日趋疏远，工作的单位和部门也很难随时对个体提供急需的关照和服务。但由同质人口集中居住、生活和展开娱乐、健康活动的社区是个体、家庭之间相互帮助、共享和谐的地方。建设和管理得较好的现代社区，能够随时对社区中的老人、儿童、病人提供必要的服务。

将家庭和社区作为一种政策工具的最大好处是，除开政府对家庭和社区的公共服务进行一定的授权或提供必要的补贴外，一般不需要政府太多的支出。而且，家庭和社区提供的服务，大多是随时的、灵活的、富有情感的。但是，家庭和社区类政策工具也存在一些缺陷。一是在解决复杂的经济问题时，基于家庭和社区的政策工具通常就显得很乏力。二是与由政府集中提供公共服务相比，家庭和社区提供的服务是分散的，且缺乏规模效应。三是一味地依靠家庭和社区的力量来解决公共问题是不可靠的，毕竟社会上有许多人没有可依靠的人，或可依靠的人没有经济来源，或可依靠的人不愿去照顾他们。因此，在解决社会问题时，家庭和社区这类政策工具往往只能作为其他政策工具的一种辅助和补充。

作为政策工具的自愿性组织

在现代治理条件下，自愿性组织也逐渐成为重要的政策工具。自愿性组织是指既不是在政府的强迫下成立，也不是以营利为目的的社会组织形式。自愿性组织的活动既可免受国家强制力的约束，又能排除经济利益分配方面的干扰。自愿性组织可以提供某些社会公共服务，比如可以向低保人群、受伤害的妇女、走失的儿童或故意离家出走的少年提供一定程度的保健、教育服务,解决穿衣、吃饭等方面的问题。自愿性组织的活动还可在解决无家可归、清理垃圾、制止乱涂乱画、就业、解决鳏寡孤独等问题上发挥重要作用。

现代各国的自愿性组织在解决当今许多社会公共问题中发挥着广泛的功能。他们从事许多政府不愿意或无力去做的富有人情味的服务工作,弥补了某些政府工作的不足,填补了市场或政府功能中的一些空白或漏洞。根据美国《时代杂志》1999年10月27日的报道,对87%的美国人说,当政府工作不到位时,他们就指望志愿者的帮助,而50%的成年人已经从事过各种志愿性工作。甚至有人认为,非营利的自愿性组织提供了比政府更多的社会公共服务。在中国,随着政府职能的转变、社会购买公共服务的推广、社会公共服务意识的提高,自愿性组织的政策工具的地位和作用也将日趋重要。

自愿性组织作为政策工具的优点在于:一是自愿性组织提供的自愿且有效率的社会服务,能够节约较多的公共服务成本;二是自愿性组织的服务不仅具有灵活和反应迅速的特点,同时还能为某些新型的公共服务提供实验的机会;三是自愿性组织的公共服务既可满足社会的需要,又能减少人们对政府服务的依赖,还能减少政府的负担;四是自愿组织的公共服务大多是底层的、社会必需服务,因为自愿性组织开展的服务往往出现在真正需要的时候和地方,而且提供的公共服务都是处于基层的公众所需要的;五是自愿性组织的公共服务能在推动社区服务、促进社会团结以及平等有序地扩大政治参与方面发挥积极作用。

但是,在大多数社会中自愿性组织的作用都受到严格的限制。他们大多无法为解决重大经济和社会问题发挥力量。另外,相当多的自愿性组织会演变为官僚机构或者在事实上与政府组织没有什么区别的衙门,从而使公共服务的效率和效果受到影响。同时,现代社会剧烈的竞争和外部较大的压力,使许多社会成员既无时间也缺乏所需的资源去从事自愿性的公共服务工作。

作为政策工具的市场

最重要也最具争议性的自愿性政策工具是市场。市场是消费者和生产者之间自发互动的场所,前者追求的是用有限的资金购买最多的物品,后者追求的则是利润最大化,双方相互作用的结果是市场提供了使双方满意的产品。市场工具是提供用于生产与消费的物品和服务、配置资源的最有效的途径。当供货商之间存在竞争时,还能保证物品与服务以最低价格提供给社会的生产者和消费者。由于人们需求的绝大多数物品与服务都具有私有特征,所以多数社会都依赖市场工具。

市场作为政策工具是指政府利用市场机制来解决社会公共问题,以实现公共政策的目的和目标。市场作为政策工具的基本指导思想是利用市场机制达到资源的最佳配置,向社会提供更好的公共服务。市场本身是自愿性的交易场所和制度,市场被用来作为提供公共服务的手段时,是以政府的强制力作为后盾的。公共事务管理中凡是能够以公开、公平、自由竞争的方式达成较大效益的,便适合运用市场机制。

市场作为政策工具在应用时也有其优势,一是消费者和生产者经市场互动都能获利;二是在提供私人产品和配置资源上很有效。但市场作为政策工具也有局限性：一是市场不能提供诸如国防、警察、路灯等纯公共物品；二是因为市场存在失灵的可能性，市场在提供收费性服务与公共物品时存在困难；三是市场还会造成不公平，它会拉大贫富差距，容易导致政治对立与社会动荡。正因为如此，没有一个国家的政府会将市场作为唯一的政策工具。当政府借助市场工具解决公共问题时，通常也会使用其他工具作为补充。

§3.3 强制性公共政策工具

强制性政策工具的总体特征

强制性的政策工具是政府及其部门在贯彻实施公共政策过程中所采取的包括管制、举办企业和直接提供公共服务与物品等在内的各种手段和途径的总和。强制性的政策工具也有一些细小的类别，主要有政府制定的规制、政府举办的公共企业、政府直接提供公共物品和服务，等等。强制性政策工具有下列特征：一是在运用强制性政策工具时，政府会直接命令个人或企业从事某种活动；二是在使用强制性政策工具时，政府很少给个人、企业以自由裁量权；三是政府使用强制性政策工具时，需要直接提供物品和服务，支出较大。

作为政策工具的规制

规制工具是政府利用公共权力和权威，利用法律和法规，来规范企业、社会组织和公民的行为，借此来贯彻公共政策、解决社会公共问题的一种手段和途径。规制工具的主要目的在于维护社会秩序和公共利益；防止和减少生产过程的外部成本；消除市场交易过程中出现的信息不对称；维护交易的公平，防止出现偏差行为。规制作为政府政策工具的最大特点在于，它以公共权力为后盾，以法律和法规为依据，以限制或者剥夺人们的某些自由和权利来贯彻公共政策。政府规制工具的形式是多样的，如规定行为、颁布禁令，颁布和实施特定标准，审批、发放许可证，规定配额等都是规制工具的具体运用。

规制是政府通过全程管理来贯彻规则的一种政策工具，它一般由特定的职能机构来运用和实施。[①] 在运用规制工具时，政府部门指定某些对象实行一定的行为，这些被指定的对象必须贯彻执行相应的法规，如果违反了法规，则要受到处罚。有些规制实际上就是法律，因此规制工具的使用者也包含了警察和司法部门。

规制可以是经济规制，也可以是社会规制。经济规制是规制的传统形式。经济规制对产品的价格和数量或投资回报、商家进入或退出某一行业进行管制。其目的是纠正市场力量运行所导致的不平衡问题，鼓励企业或者其他经济行为者采取某种行为或者避免某种行为。

社会规制则是近年来大量出现并获得发展的新事物。社会规制是针对健康、安全和社会惯例方面出现的问题而制定的管理法规，主要针对包括消费品安全、职业危害、水质损害、空气污染、噪音污染、性别和种族歧视以及淫秽色情等问题和现象，通过制定某些规则来加强控制和管理。社会规制的重点应放在集中解决社会运行中的

---

① Michael D. Reagan. *Regulation*：*The Politics of Policy*. Boston：Little Brown，1987. p17.

污染、安全和道德等方面的重大问题上,其主要目标在于保护公民和消费者的合法权益,维护社会公共利益。

规制作为政策工具有其优越性。一是制定规制所需的信息要比自愿性政策工具和混合型政策工具所需的信息少得多。规制只需要制定标准与希望遵守的规定就行了。二是由于不需要处理可能出现的不确定因素,规制的管理比其他政策工具的管理更有效率。三是因为规制有较强的可预见性,使得政府的政策计划更容易落实。四是规制的明确性使得它们更适于应对危机状态,做出快速反应。五是与经济激励措施相比,规制的政策成本更低,因为它只需要一个管理机构来保证规制得到遵守就行了。最后,规制还可以发挥政治动员的作用。

但规制工具也存在缺陷。一是规制经常扭曲自愿和私人行为并导致经济低效率。比如,规制限制了供求双方的交易,从而会影响价格机制。二是规制还会遏制创新和技术进步,因为规制限制和减少了人们试验的机会。三是规制往往缺乏灵活性,不允许随机应变。四是从管理的角度来看,不可能对任何不受欢迎的行为都制定规制。最后,由于信息成本、调查成本和诉讼成本过高,所以规制的强制成本也比较高。

作为政策工具的公共企业

公共企业,又称国有企业、国家企业、获准国营企业,可以把它看作政府规制的一种极端形式。政府运用控制的公共权力,在理论上可以对隶属于自己的企业做任何想做的事情,从而使得国有企业的规则比一般规制更具有指令性。但是,政府的行为受到多方面因素的制约,政府事实上并不能对公共企业为所欲为。

公共企业具有三大特征。一是公共企业具有一定程度的公共所有权,如果公共企业是独资的,政府则掌控了100%公共所有权。如果公共企业不是独资的,它所掌控的公共所有权是企业总资本的一部分。二是公共企业受到政府不同程度的控制或直接管理。三是公共企业生产的产品是用来销售的公共物品和公共服务,而不是像国防、路灯等无法直接向使用者收费的公共物品和公共服务,它们的销售收入必须与生产成本平衡。

公共企业作为政策工具有许多优点。一是当私人企业不能提供社会所需的足够的某些物品与服务时,公共企业就能满足社会公众的需要。二是建立公共企业所需的信息成本比使用自愿性工具和规制要低得多。三是从管理角度而言,如果规制已经广泛使用,公共企业可能会简化管理。四是公共企业创造的利润可以充实公共基金,并用来支付公共支出。

公共企业作为政策工具,其不足之处在于:一是政府往往难以控制公共企业,原因是公共企业的管理者可以采取很多规避政府管控手段;二是即使公共企业长期经营不善也不会导致破产倒闭,所以它们往往满足于低效运行;三是公共企业的垄断经营使得它们常常将低效率的成本转嫁给大众消费者。

作为政策工具的直接提供

所谓直接提供是指政府为解决公共问题,满足社会公众的需要,直接运用政府的公共权力,由政府机构及其雇员直接为社会提供公共物品与服务的手段与途径。政府直接提供公共物品与公共服务的范围是十分广泛的,包括国防、外交、治安、司法、以及市场的秩序、国有土地的管理、公共工程的管理、基础研究和技术的协助、法律与正义、社会保障、教育和培训、促进市场的发展以及政府自身的管理，等等。

直接提供是政府掌握的最基本的也是使用范围最广的政策工具。它具有以下的优点：一是与其他强制性政策工具相类似，由于信息成本低，直接提供这类政策工具易于建立；二是直接提供可以让大量机构获得高效运转所需的资源、技能和信息；三是直接提供避免了间接提供所遭遇的许多麻烦，比如讨价还价、多头协商等等；四是直接提供允许交易国际化，通过直接的而非间接的交易，使得交易成本趋于最小化。

直接提供的政策工具也有缺点：一是政府机构直接提供公共物品往往是僵化刻板的，常常反应迟缓；二是对于官僚机构及官员的政治控制容易降低公共服务的质量；三是由于缺乏竞争机制，官僚机构没有成本意识而造成浪费；四是政府机构内部或跨机构的冲突会影响公共物品与公共服务的提供。

§3.4　混合性公共政策工具

混合性政策工具的总体特征

所谓混合性政策工具是指政府及其部门在政策实施过程中使用的劝诫性、诱导性的手段与途径。这类政策工具既具有弱强制性即主导性的要素，又具有弱自愿性即接受性的要素，因此这类政策工具就是强制性与自愿性的混合。这种混合性的政策工具包括许多细小的类别，比如提供信息，提出劝诫，给予补贴，产权拍卖，征税，使用收费，等等。混合性政策工具有其总体特征，一是能够体现政府治理的权威性、主导性；二是能够体现政策利益相关者的主动性、回应性。

作为政策工具的信息与劝诫

信息发布是一种温和的政策工具。它由政府向个人、企业及社会发布或提供信息，希望他们按照政府的意愿改变自己的行为。信息通常具有普遍性特征，政府发布特定信息的目的是给予公众某一方面更多的知识，使他们能够按照信息的指导做出选择。例如，政府发布的旅游信息、计划信息以及经济、社会统计信息等都有助于公众做出正确的判断并采取相应的措施。如多数国家的政府都要求烟草公司在烟盒上标示"吸烟有害健康"，以引导公民不吸烟或少吸烟。在一些情况下，信息发布确实能引导人们采取政府希望的行动，但在有些情况下，效果也不太明显，原因是相当多的公众认为没有义务必须按照信息指示行事。

政府的劝诫或说服教育仅仅比发布信息略多了一些主导性的色彩。它表明政府试图说服人们去做或不做某事。政府运用这种工具是力求改变被说服者的偏好和行动。相当多的政府部门借助劝诫与教育，敦促人们在饮食上保持节制、注意身心健康、不要浪费清洁水和能源、多使用公共交通工具，等等。比如，对于艾滋病的传播，政府几乎无法采取强制行动，而必须依赖广泛的信息发布和宣传教育，希望人们按照所获知的信息采取正确行动，避免做出容易导致艾滋病感染危险的行为。

运用信息发布与劝诫教育的政策工具有很多好处。一是这种政策工具易于建立，并且当政府面对那些没有明确解决方案的公共政策问题时，信息与劝诫是一个好的安慰人们并且争取时间的工具。二是这种工具在人力和财力的消耗方面是节约的,因为它几乎不需要太多的财政支持或官方强制执行。三是劝诫还与民主政治的要求相一致。

信息发布与劝诫这类政策工具存在局限性。当发生危机,需要采取紧急措施时,信息发布与劝诫教育就显得软弱无力,无济于事。在危急情况下,政府使用这种工具的更重要目的是让人们知道他们正在试图解决问题,而不是已经动手真正解决问题了。因此,信息发布与劝诫教育工具的运用需要有其他工具的配合才能收到较好的效果。

作为政策工具的补贴

补贴是指在政府主导下,由政府、私人、企业或社会组织向其他私人、企业或社会组织提供的各种形式的财政转移。补贴是政府对人们做出了符合政府所鼓励的行为的一种奖励,并以此来影响其他社会主体在采取不同行动时对成本、收益的预计。比如,政府通过提供工资补贴鼓励私营企业雇佣弱势工人,或通过提供资本补贴来鼓励私营企业在不发达地区投资建厂办企业。许多私营企业为了降低生产成本,创造营利机会就会按照政府所鼓励的行为去行动。

补贴这类政策工具的形式是多种多样的。一是赠款。它是为了支持政府所鼓励的行为而提供的资金援助。这类补贴是用来肯定成绩、加以奖励或以资鼓励的形式。将赠款提供给生产者,目的就是使他们能够生产更多的相关物品与服务。补贴支出的来源是政府的普通税收收入,因此需要有立法机关的批准才能实施。二是税收激励。其中包括某种形式的税收减免如延期缴税、削减税收、降低税率以及部分免税等。我国 2006 年全国性停征农业税,就是对农业、农民的一种税收激励。三是票证。它是标有货币面额的纸质凭证,由政府提供给消费者,消费者凭票证自由购买所需物品或服务,再由厂商随后持票证向政府兑现相应金额。票证的好处是既补贴了消费者,同时又给了消费者在市场上一定程度的物品与服务的选择自由权。票证多用于教育、住房与医疗保障等领域。四是利率优惠。政府以低于市场利率的优惠利率提供贷款,这是补贴的另一种形式。不同的是作为补贴的利率优惠仅仅是支出利息差额,而贷款需要支出的是现金。

补贴作为政策工具有许多好处。一是在政府愿望与民众的偏好一致时,补贴工具易于建立和实施。二是对于管理者而言,补贴具有灵活性。补贴能够引导人们做出决定。三是因为允许个人和企业自行选择回应方式,补贴还可以鼓励创新。四是补贴政策的成本较低,因为是否需要领取补贴是由潜在的领取者自己决定的。最后,补贴政策易于接受,因为得益者集中于较小范围而政策成本却由全部人口分摊,由此政策能得到人数较少的受益者的坚决支持,而反对者的声音则较为微弱。

补贴这类政策工具同样存在缺陷。一是补贴需要资金支持,因而容易造成政策工具间的竞争,特别是需要支付现金的补贴,就会受预算的约束,从而导致补贴工具的建立常常遇到困难。二是关于确定补贴的适当额度,需要收集相关信息,成本会比较高。三是补贴是间接发挥作用的,达到政策目标前有时滞,因而不适合应用于危机处理。四是在引导社会行为方面,有时候补贴可能成为多余,这时的补贴有成为接受者的意外收获。最后,补贴一旦实施就难以取消。

作为政策工具的产权拍卖

产权拍卖是一种相当有益的混合型政策工具。产权拍卖是基于这样的假设:市场是配置资源的最有效工具,政府通过产权拍卖,在没有市场的公共物品与服务领域建立起市场。政府通过确定一定数量的为消费者指定的资源和可转移的产权而建立起市场,以此来创造人为的稀缺,并让价格机制起作用。那些想要使用稀缺资源的人必须在拍卖市场为有限的供给竞价。潜在购买者会按照自己的资源估价而出价,出价最高者便获得产权。

这种政策工具使用的一个典型例子是污染防治。许多国家采用了这种政策工具来控制有害污染物的排放。其基本做法是:政府限定可以使用的污染物的总数,然后通过拍卖使用权来分配这些限额资源。计划在生产过程中使用污染物的企业必须首先在拍卖市场上购买使用权,然后才能购买污染物本身。这样,决定谁使用污染物以及使用多少的权力就交给了市场而非政府。在拍卖的情况下,企业要么寻求更便宜的替代资源,要么不得不进入市场购买污染物使用权。除此之外,产权拍卖工具还适用于城市交通工具的控制、水资源的利用以及其他政府不采取类似措施就不具备稀缺性的任何事物。

产权拍卖政策工具有其优点。一是容易构建。政府只要确定允许存在的一定物品和服务的最大数量即确定上限即可,其他事情交给市场去处理。二是具有灵活性。政府可对某些物品和服务提供的上限进行调整,而市场主体也能适时调整自己的行为。三是将竞争机制引入公共物品与服务的提供过程。

产权拍卖政策工具有其缺点。一是它可能鼓励投机。投机者可高价买断并独占所有产权,以此给其他企业设置进入壁垒。二是根本无产权购买能力的人会倾向于选择欺诈行为。三是拍卖按照购买力而非按需分配资源,因而存在一定程度的不公平。

作为政策工具的征税和用户收费

税收是法律上规定的由个人和企业向政府的强制性支付。作为一种政策工具,征税的主要目的是增加政府收入,以满足政府支出的需要。对征税的调节可以用来鼓励那些政府所希望的行为或限制那些政府所不希望的行为。税收工具在运用时可以采取多种方式,通过不同渠道发挥作用。

在多数国家中,各种形式的工薪税都被用于社会保险基金项目。在这种社会保险基金制度下,雇主在雇员工薪中抽取一定比例的资金,再按照政府规定配套一定比例资金,然后交由政府集中管理。征收工薪税的目的是为了建立一个共同的保险基金,对指定的风险如疾病、工伤、养老等给予保障。

征税还可用来约束不受欢迎的行为。补贴是一种积极的刺激工具,它通过奖励有益的行为而发挥作用。而征税却是一种消极刺激工具,它通过对不受欢迎的行为进行惩罚而发挥作用。如通过对某一物品、服务或行为,如吸烟、喝酒、赌博等行为征税,政府可以间接地限制与此相关的消费和行为。比如 20 世纪 90 年代,加拿大通过征税使香烟价格明显提高,从而减少了香烟的消费。

用户收费类似产权拍卖,是兼有规制工具和市场工具特征的政策工具。它是政府通过对某种行为定价,并要求行为者必须按价支付的办法来体现自己的意愿。这种价格可以看作对不受欢迎行为的惩罚。用户收费使企业必须付出额外成本,这使得企业不得不重新考虑成本收益关系。企业的选择可能是三种。一是决定完全终止那些因生产而需要缴费的产业。二是决定将某种产业维持在收益能够弥补成本的较低水平上。三是企业在降低成本的努力中会不断寻找替代品。所有这些都会使得被收费的行为不断减少。

用户收费最常见的目的就是控制外部性。如污染控制中排污费的收取就是一个很好的例子。如果对污染物排放行为收费,污染者就会将废水、废气、废料的排放控制在适当的水平上。如果这类收费过低将会导致过多的环境污染,而收费过高则会提高产品成本,最终抬高消费者需要支付的价格水平。因此,政府排污费的定价很重要,应力求将排污收费水平维持在社会收益等于社会成本的均衡点上。否则,任何其他水平的定价都是低效率的。

征税和用户收费作为政策工具的优点表现在以下几个方面。一是这两种工具容易构建,因为它们允许企业与个人为了降低成本而不断寻求替代品,企业没有什么理由反对这样的政策工具。二是征税和用户收费政策对那些不受欢迎的行为而言是一种持续的财政刺激,因为企业减少费用的支付就可以降低价格或增加收益,将这类行为最小化是符合他们自身利益的。三是用户收费政策还能促进企业的创新,因为寻求更廉价的替代品与企业的利益直接相关。四是这类政策工具还具有灵活性,为了使目标行为维持在合理的水平上,政府可以不断地调整用户收费的水平和税率。五是从管理的角度而言,这类政策工具是受欢迎的,因为减少目标行为的责任落在了企业与个人身上,政府机构不必为此过多地发挥强制作用。

征税和用户收费这类政策工具也存在一定的缺陷。一是为了将这类工具合理地应用到人们的行为这中,需要收集大量的信息来帮助政府制定正确的征税与用户收费水平。二是在寻找适度收费水平的试验中,资源配置可能被扭曲。收费限制了某种行为,鼓励了资源向某个行业方向配置,而一旦收费率减低时,再想回到原来的资源配置就不可能了。三是这种政策工具在快速处理危机方面效果不好,而且不适合做事先的计划安排。四是这类政策工具执行起来不方便,还可能导致管理成本过高。

§3.5 公共政策工具选择模型

设计和选择合适的政策工具是政策行动建议分析中至关重要的工作。政策行动建议分析中政策工具的设计和选择有三种模型:经济学模型、政治学模型和综合性模型。

政策工具选择的经济学模型

福利经济学家更多地倾向于政府对经济社会运行的干预,从而强调在政策行动建议分析中多设计和选择旨在纠正市场失灵的混合型政策工具。在进行政策工具选择和配置时,倾向于做严格的技术上的操作,以便选择能有效克服市场失灵的政策工具,即评估各种工具的特征,将它们与防范和消除不同类型的市场失灵的目标相匹配,并估计其相对成本。

面对几个世纪以来的特大金融危机和经济全球性衰退,不同国家的政府选择的干预工具是不一样的。美国选择的是适当增加储蓄、减少财政赤字、制止货币贬值的政策工具;中国选择的是调整产业结构、增加内需、货币适当升值的政策工具体系。

政策工具选择的政治学模型

政治学选择的一种观点认为,政府总是倾向运用没有强制性或强制性较小的工具,除非有外部压力,才会使用其他工具。因此,政府选择政策工具,典型的做法是,开始时只是采取最低限度的行动,如发布信息、善意的劝告,如不成,再缓慢地转向使用规制、直接提供一类的政策工具。

政治学选择的另一种观点认为,政府政策工具的选择并不是一件技术上的事情。选择往往取决于资源约束、政治压力、法律框架以及以往工具使用的教训。

政府经常会因环境变化而重新选择政策工具,常常从基于信息的工具转向基于其他资源的政策工具,从仅仅依靠强制到借助金融和组织资源的政策工具。

政策工具选择的综合性模型

政策工具选择取决于两个变量:一个变量是政府计划能力的大小,政府可以影响社会行动主体的组织能力的高低;另一个变量是政府面对的行动主体的状况,政府需要打交道的主体的数量和规模。

可以区分出三类政府。集权型政府。这类政府在选择政策工具时,首先选择的是规制工具,而且主要扩大社会规制。在引发社会反抗时,政府部门才会考虑使用混合型或自愿型政策工具。

放任型政府。这类政府在选择政策工具时,首先考虑使用混合型与自愿型政策工具,到不得已时再采用强制型政策工具。

威权型政府。这类政府在选择政策工具时,主要是将强制型工具与混合型工具结合起来使用。

§4. 公共政策行动建议分析的方法

§4.1 公共政策行动建议分析技术类型

要正确看待在政策行动建议分析中技术的运用。政策行动建议分析是一个包含许多要素的系统思维与论证过程。在设计、选择和确定倡议性的政策行动方案时,更多的是要考虑现实的各层次的政治、经济、文化、社会和生态等外部因素提供的综合环境条件,还需要考虑政治高层的战略设计、政策决策者的智慧与魄力,更要考虑政策利益相关者的利益诉求。当然,运用一些分析技术也是必要的,可以帮助政策分析者提升政策行动方案设计与选择的科学性。

可选用的政策行动建议分析的技术是多种多样的,经常得到使用且简单易行的主要技术有:目标图形化技术、价值前提澄清技术、价值评价技术、成本要素分析技术、敏感性分析技术、合理性分析技术、制约因素图形分析技术,等等。

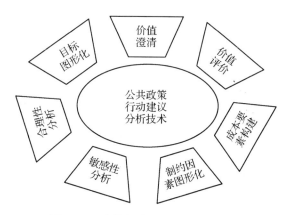

图 7-2 政策行动建议分析技术类型

§4.2 目标图形化分析技术

政策行动建议中最为基础、最为关键的环节是要确定政策行动方案中的政策目标。为了思维清晰,在理清目的、首要目标、次要目标的基础上,形成层级,垂直排列,建构政策目标树。图 7-3 就是国家能源政策的目标树。

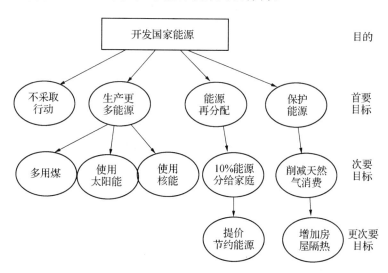

图 7-3 国家能源政策的目标树

分析人员可先从已经确定的若干目标入手,构建目标树。接着运用层级、类别分析、头脑风暴法等若干构建政策问题的技术,在原先的图形上一一补充,最终形成一整套目标体系。一般而言,最上部的目标是最宽泛的总体目的,而下面分目标。可以自上而下地追问"应怎样完成目标",再自下而上地追问"怎样实现目标"。所以,目标图形化技术有助于把政策行动需要实现的目的、目标及其相互关系直观化。

467

§4.3 价值前提澄清分析技术

任何政策行动方案都包含政策目标和支持政策目标的价值前提。价值前提澄清技术就是对支持政策行动目标的价值前提的类型以及价值前提与政策利益相关者的关联进行分析的一种技术。这一技术的作用就是确定并划分支持政策行动目标的价值前提以及它们与政策利益相关者的联系，目的就是要回答支持政策行动目标的价值前提是属于谁的。

公共政策的价值涉及政策实施的效益、效率、充分性、回应性、公平性、适宜性等方面，从而是多元的。因此，在政策行动建议分析中，政策分析人员必须弄清楚：是何种价值前提支持着政策行动方案中政策目标的选择？这些价值前提是政策分析人员的，政策决策者的，特殊利益群体的，还是社会整体的？哪些支持政策目标的价值前提是基础性的，哪些是实际性的？

运用政策价值前提澄清技术的步骤如下：首先，将政策或项目的所有相关目标用目标树列出；其次，明确所有影响政策目标的和受政策目标影响的利益相关者，包括政策分析人员；第三，列出政策利益相关者赞成的价值前提；第四，将所有价值前提分为个人的价值表达，特定群体的价值陈述和判明普遍好坏的价值判断；最后，将价值前提进一步分成为解释目标提供基础的前提和为目标的合理性提供理由的前提。

§4.4 价值评价分析技术

任何一个政策行动建议方案都有目标和与目标相一致的价值取向。不同的政策利益群体围绕政策行动方案的目标和与其对应的价值会发生矛盾、对立，甚至冲突。政策行动建议分析中的价值评价技术是通过论辩，对反对意见进行分析来考察目标与价值的正当性，从而增加政策行动建议方案说服力的一种技术。其目的就是要回答政策行动方案所坚持的价值是不是合理的。价值澄清把重点放在对利益相关者的政策目标选择和支持目标的价值前提的分析上，价值评价则将重点移到对不同利益群体的目标以及作为其基础的价值假设冲突的分析上。

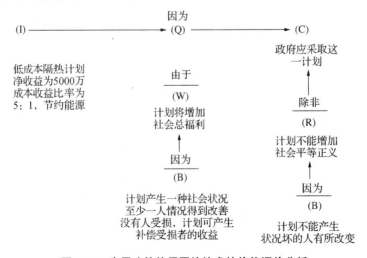

图 7-4 房屋建筑使用隔热技术的价值评价分析

运用政策价值评价技术的具体步骤如下:首先,确定一个或多个政策倡议性主张,作为政策行动建议的基础;其次,列出所有影响政策行动建议或被政策行动建议影响的相关人;第三,描述每位政策利益相关人对政策行动建议的支持或反对意见;第四,明确并清楚地列出辩论的每一个要素:信息(I)、主张(C)、修饰词(Q)、理由(W)、支持(B)、反驳(R);最后,评价每一个意见的道德说服力,决定是否保留、改变或者拒绝。

§4.5 成本要素分析技术

成本的准确估算对设计和确定政策行动方案非常重要,不仅因为成功的政策行动必须要有足够的成本。而且,在资源有限、政府的公共预算具有法定性的条件下,对一个政策行动方案进行成本投入,就意味着会否定或放弃对另一个行动方案的投入。成本是失去的收益,净收益即总收益减去总成本,可以用来衡量政策实施成本的高低。

成本要素的构建工作就是要对设计和确定的政策行动方案所需要的成本加以准确分类和描述。成本要素结构是关于实施某种政策行动时需要耗费资源的功能、设备和供应的一个列表。成本要素包括主要成本和次要成本两种。而主要成本又可分为三类:一次性固定成本、投资成本和循环成本(操作保养)。具体的成本开支是列表上的子项。典型的成本要素结构见表7-2。

成本要素构建的要求是两个:穷尽和互斥。也就是说,在建立列表的时候,要穷尽一切投资在该项目的成本,并且这些成本之间是互斥的。因为只有列表上的子项是穷尽的,才能保证不会忽略任何重要的成本;只有列表上的子项是互斥的,才能避免重复计算成本。

表7-2 成本要素结构

Ⅰ.主要成本	1. 一次性固定成本	研究
		规划
		发展、测试和评价
	2. 投资成本	场地
		建筑和设施
		设备和工具
		岗前培训
	3. 循环(操作保养)成本	薪水、工资和外部收益
		场地、工具和设备的保养
		再培训
		给代理人的直接支付
		对提供的支持服务的支付
		各种材料、供给和服务杂项

（续表）

Ⅱ. 次要成本	1. 对其他机构和第三方造成的成本
	2. 环境退化
	3. 社会制度的混乱
	4. 其他

§4.6 敏感性分析技术

政策行动方案在实施过程中遇到不同的条件,其成本收益或成本效益必然发生不同程度的变化。敏感性分析就是对政策行动成本发生的变化及变化的程度进行测试和分析的一种方法。

政策行动方案在未来实施时具有风险性和不确定性,会遇到不同的条件和情况,这时原先对政策行动的成本、收益、效益的估算就会发生变异。因此,政策分析人员需要了解政策行动结果对不同假设条件的"敏感"程度。通常,政策分析人员可以对未来的成本支出进行高、中、低三种假设,并单独计算出在每种假设下的不同比率,以观察这些比率对不同假设的敏感程度。

计划	油价提高		
	10%	20%	30%
Ⅰ. 城乡接合部总成本	4400	4800	5200
受训人数	5000	5000	5000
每名受训者成本	0.88	0.96	1.04
Ⅱ. 城市中心总成本	4500	4800	5100
受训人数	5000	5000	5000
每名受训者成本	0.90	0.96	1.02

图 7-5 培训项目交通费用的敏感性分析

例如,有一公共人力资源培训项目,在估算其交通费用时,分析人员需要考虑到其中的不确定性,主要是油价的变化和不同的培训地点对油价变化的反应。分析人员采用了敏感性分析技术。假设培训地点设在城乡接合部,假设油价在培训期间会以 10%、20% 和 30% 三种幅度上涨,则会出现交通费用的不同情况。在设计和确定项目行动方案时,应当选择成本最低的方案,但为了留有余地,在做预算时则应当按最高的费用来制定经费计划。

§4.7 合理性分析技术

合理性分析是通过对照对立的意见来测试政策行动建议的一种方法。每一种政策行动建议都会有与之对立的意见,每一种都可能对建议构成威胁。只有逐一考虑那些反对的意见,对它们做出反驳,才能保证提出的行动建议是合理的。

已知(I)信息和资料显示,已经实施的高速公路限速,减少了死亡率,净收益增加。

由于(W)这一成本收益提高了社会福利,

因为(B)依据罗尔斯的公平标准,一个好的社会应当是处境差的人得到改善,而其他人处境未变坏。

因此(C)应当继续实行高速公路限速。

除非(R)下列反对意见成立:

无效。政策行动建议是建立在政策及其结果之间无效的因果关系假设基础之上。有人认为死亡率的降低是因为汽车质量和高速公路安全性改进了。

无效率。对限速带来的净效率收益的估计相差很大。它依赖于我们对人的生命赋予多大价值。

缺乏效益。对限速的成本效益估计相差很大。这根据把什么成本和收益计算在内的假设而定。

排除。排除一些合理的成本和收益,使净效率收益不合理地偏低或偏高。

无回应性。时间和其他资源成本可以看作个人为了参加一项节省时间的活动而愿意支付的价格。但平均工资率并不能真实反映个人实际愿意支付的价格。平均工资率增加了限速时的估计成本,不能真实反映限速时驾车成本。

不合法性。政策行动建议违反了法律的规定。将违法、欺诈或非法歧视所产生的结果算作成本或收益是不恰当的。

不可行性。政策行动建议受到政治的、预算的及行政上的限制。

不公平性。政策行动建议违反了社会公正和公平等方面的理念。

不适宜性。在根据人的生命价值形成政策行动建议时,往往将一个人一生收入的折现值作为生命的价值。有人认为这并不恰当,因为人的生命不是市场上的商品。

定义失误。即对要解决的问题做了错误的定义。在高速公路限速的例子中,对问题的定义是要降低交通死亡率。反对意见认为,对问题的定义应该是通过征收或者提高燃油税,节省一次性不可再生资源,减少污染物排放,降低死亡率。

§4.8 制约因素图形分析技术

这一分析技术的作用在于确定有哪些限制条件和障碍可能妨碍政策或项目行动方案的通过。对行动方案构成限制和障碍的主要有下列因素。一是物质的制约因素,即从物质以及技术手段的角度衡量政策是否能够达到预期的目标。物质资源包括自然资源(如土地、能源、动植物等)和社会资源(如人力、组织机构、资金等),只有具备了充分的物质资源的支持,才能保证政策行动建议的事实。在技术方面,首先看是否具备实施政策方案的技术手段,使政策目标的实现成为可能;其次要看在现有的技术条件下达成目标的可能性有多大,也就是说可在多大程度上实现政策目标。在许多涉及人类生存与发展问题上,比如在自然灾害的预防、流行疾病的控制、宇宙的探测、污染的控制等方面,技术可行性严格制约着政策行动建议对于"能够做什么"的回答。

二是法律的制约因素。现行的法律、规则和章程会对政策行动建议产生重要影响。政策行动建议不能与相关的法律、法规相抵触。一方面,政策行动建议不能与法的精神相违背,也即要符合元法律原则;另一方面,政策行动建议必须能够得到国家基本法律、政治程序以及政治惯例的支持。如果我们认识到一些政策行动建议得不到现行法律的支持,就要考虑是否要排除这些政策行动建议;或者确定那些必须予以修改的规则,以适应新的情况。

三是组织的制约因素。组织制约涉及组织系统能否将一个政策行动建议具体化,执行者有多大的授权及控制力,目标群体的配合程度如何,有没有足够的人力物力以保证政策的执行,有没有备选的执行方法。假如一项政策行动建议在技术、经济和政治上都是可行的,但不能加以贯彻执行或难以贯彻执行,那么这项政策行动建议的优点会打折扣甚至是毫无用处的。

四是政治的制约因素。政治因素是政策分析中的一个特色部分,它贯穿于整个政策分析过程。考普林(Coplin)和奥丽瑞(O'leary)认为政治问题是:"一个为了取得对你来说是重要目的,你必须以某种方式使另外一些人采取行动或停止行动的问题。"①

如果一项政策行动建议得不到决策者、政府官员、利益团体或者民众的支持,那么该项政策行动建议被采纳的可能性就很小。即使被采纳了,执行成功的机会也很小。因此,政策行动建议应服从于政治评估的结果。政策行动建议是否会得到不同权力集团的支持?要获得支持必须做出哪些让步?决策者拥有哪些在必要时可以调度使用的资源?什么样的交换条件能够被各方接受?最终选择的方案应该是适于实施且在政治上的反对意见最小。

五是分配的限制因素。政策行动建议很少会对所有派别平等地产生影响,而且我们可以在不受外部性影响的情况下提出政策行动建议的可能性很小。既然政策行动建议一般是要修正业已存在的差异,那么问题就成为无论某一特定集团还是个人,都要承担一份不成比例的责任或者接受那些意外的收益。政策收益在利益相关集团中是如何分配的?这些利益相关集团及其他集团又是如何负担成本的呢?

源于经济学传统的效率、利润率及可行性标准往往忽视了对分配公正的考虑。一般假定通过了经济上检测的政策行动建议的收益会使某些人获益,受益者可能会对那些承担了政策行动建议成本的人进行补偿。这里的关键词是"可能"。现实中,明显地设计为对获益者征税并补偿那些受损者的公共政策的例子很少。

分配是否公正在一定程度上是通过推测成本与收益如何对相关的亚群体产生影响来评价的。首先要看政策行动建议的成本和收益的净结果(以及针对成本和收益再分配的缓和措施)对于受影响的人口来说是否为零。其次还要根据居住场所、收入阶层、民族和种族、年龄、性别、家庭状况、财产状况以及代际关系等因素对成本与收益分配的公平程度进行检验。

六是预算的限制因素。由于资源有限,在提出政策行动建议时,必须进行预算。主要包括两个方面的内容:一是该政策行动建议占有何使用经济资源的可能性,进而

① William D. Coplin and Michael K. O'Leary. *Everyman's Prince: A Guide to Understanding Your Political Problems*, rev. ed. North Scituate. MA: Duxbury, 1972. p3.

实现政策目标的可能性;二是实施该政策行动建议所花费的成本和取得的收益。由于政府的财政资源是有限的,任何政策行动建议占有和使用的经济资源也是有限的,所以任何一项公共政策行动建议都存在一个争取公共经济资源的问题。一般说来,"公共政策的经济资源的占有量与其政策目标的期望值成正比例关系"。[①] 但通常,公共财政支出是有一定限度的,而且并不是通过可行性检验的政策行动建议都能得到资金支持。

下面是有关国家能源开发利用的政策行动建议分析中对可能产生的限制和障碍因素进行图形化处理的实例。

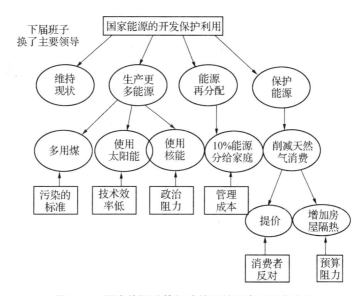

图 7 - 6　国家能源政策行动的制约因素图形化分析

§5. 公共政策分析中的政策咨询

§5.1　公共政策分析中的政策咨询及其制度

政策咨询的含义及其制度化

公共政策分析中的咨询主要是指专门的咨询机构和专家、学者利用掌握的政策信息、专业知识,基于一定的政策主张,为政党组织和政府部门制定、实施各类公共政策活动而进行的具有全局性、战略性、综合性的分析、论证活动。公共政策咨询中最为重要的活动是为政党组织和政府部门有责任解决的社会重大公共问题的政策行动提供决策依据和可供选择的可行性方案。

在相当多的发达国家中,政策咨询不再是政策分析中的一个可有可无的环节和要素,而是不可缺少的部分,并且用相关制度固定下来。公共政策咨询的制度化主要

---

① 　张国庆:《现代公共政策导论》,北京出版社,1997 年版,第 270 页。

体现在两个方面,一是制定相关的法规,强调政策咨询的必要性;二是将政策咨询作为政策过程法定程序的组成部分。

德国的政策咨询制度

德国在《联邦行政程序法》中规定:政府公共决策中的一切公开项目都必须公之于众,以招标形式委托咨询机构进行预测和评估,咨询的结果在由政府部门组成的专家顾问委员会审核通过后方能实施。该法还设专节对咨询委员会做了相应的规定,从法律上为决策咨询提供了制度保障。德国联邦及各州市在进行重大的公共决策时都要先拟定议案,由政府或议会的有关部门或委员会单独或跨部门成立议案制定小组,同时成立咨询委员会。咨询委员会由议案所涉及领域的专家组成,其职能是帮助议案小组分析、制定和评估政策方案。德国联邦及各州市的议会在制定政策时,都有明确的法定程序让公众对公共政策有全面知情权和参与政策制定过程发表自己意见的权利,典型的公众咨询形式是举行公众听证会或在新闻媒体上开展政策辩论。

美国的政策咨询制度

专家咨询在美国公共政策制定和决策过程中发挥了重要作用。早在 20 世纪二三十年代,美国在公共政策决策过程中就开始重视咨询专家和政策分析研究机构或称智囊机构、思想库的意见。当时美国成立了一批致力于运用专业知识分析公共政策的机构,有代表性的政策咨询机构是卡内基基金会、布鲁金斯学会和美国企业研究所。二战之后,美国政府在公共政策决策过程中越来越重视发挥专业机构和专家的作用,一大批新的官方和民间的专业政策研究机构,如白宫的总统经济顾问委员会、兰德公司、哈德逊研究所、城市研究所,先后建立起来。

公众政策咨询是美国公共政策决策过程中的重要程序。美国各级政府都非常重视公共政策制定和决策过程中的公众咨询。特别是必须通过各级议会批准和公众支持的政策,都有明确的法定程序让公众对公共政策有全面知情权和参与政策制定过程并发表自己意见的权利。

典型的公众咨询形式是公众听证会、利益团体的公开游说游行活动、对本选区议员的游说活动、在新闻媒体上开展的政策辩论等。比如,在洛杉矶市,市议会召开的公众听证会,向公众开放并有本地电视台直播。只要会前提出书面申请,市民就可在听证会发表不超过 3 分钟的意见。所有发言都会被书面记录,议员的辩论也会被记录并存档供公众查阅。参与制定方案的官员和专家也可以被当场质询。只有在多数议员认为多数公众意见已达到一致后,议会才会表决。所有议员的投票也会被记录并公开以便公众监督。

中国地方政府政策咨询的制度化

中国许多地方政府开始通过出台相关规章加强对重大决策咨询制度化建设。比如云南省政府就出台在全省范围内县级以上行政机关推行重大决策听证的决定。现在许多省市、自治区政府都在编制国民经济和社会发展规划时,将可能对生态环境、城市功能造成重大影响的建设或者投资项目,政府重大投资项目,涉及公共利益的价格和收费标准,涉及人民群众反映集中的热点、难点问题的决策事项列为需要进行公众政策咨询的重大决策。

在相当多的省市,重大决策听证的决定要求省法制办负责决策听证制度的推进工作。各级政府法制部门对本级行政机关和下级政府的听证工作进行指导,并会同监察部门对听证工作进行监督检查。上级行政机关应当对下级行政机关的听证工作进行指导;重大决策听证的决定要求从重大决策事项涉及的利害关系人代表,社会普通公众代表,人大代表或政协委员,熟悉听证事项的行业专家学者、专业技术人员、相关企业和技术部门的代表及法律工作者中产生政策咨询听证代表;听证机关应当如实记录听证会全过程,并根据听证笔录形成书面听证报告。

§5.2 公共政策分析中的政策咨询与政策智库

公共政策智库的性质

智库又称思想库、智囊,从中国公共政策分析的实际出发,智库应该界定成为各级政府政策分析提供服务的、相对稳定的,并且在运作上具有相对独立性的政策研究、分析和咨询机构。

智库是辅助政府决策的专家系统。智库一词最早出现在美国,本义是政府的"外脑"。美国约有2000多家政策分析研究机构,可分为四类。第一类是官方设立的政策研究机构,第二类是政府合同型政策研究机构,第三类为独立型政策研究机构,第四类是游说推销型政策研究机构。但第一类官方设立的政策研究机构不算在智库内。从中国的公共政策活动来看,可以将政府内部的政策研究室、由公共财政支持的各级社会科学院的政策研究机构应当排除在智库范畴之外,这些机构不是政府的"外脑",而是"内脑"。

智库是具有相对独立性的政策分析机构。美国学者逐渐形成了智库应"独立"于政府、党派和利益集团的观念。但事实上,美国众多"独立"智库与政党、政府密切相关的政治背景早已是公开的秘密。随着智库在世界各地蓬勃兴起,很多学者意识到,过分强调智库的组织独立性是一种典型的英美思维模式。但要让政策智库发挥辅助政府决策的作用,外脑必须在运行上具有一定的相对独立性,这样才能与政府内脑的依存性形成互补。

公共政策智库的作用

一是启动政策议程。当政策问题尚未完全显露,只有边缘群体提出利益诉求时,智库专家则通过对过时政策的批评,揭露潜在的政策问题,指出其恶化的趋势及后果,并将研究成果借助媒体向社会传递,将社会边缘群体的利益诉求向政策决策层输送,从而促使相关政策议程的启动。

二是引发政策论辩。当政策问题已经显露,但公众的见解相互矛盾,政府决策层或者不敏感,或者出现价值判断上的偏向时,智库专家则运用专业知识和各种政策案例,排除错误观念和见解,指出政策价值和公共利益所在,启发公众参与政策对话、论辩,甚至形成政策舆论压力,推动政府部门展开合理的政策行动。

三是提供政策方案。在公众已经具有政策热情并对政策决策层形成压力时,政府的政策决策者最希望了解需要解决的公共问题的各种政策信息、相关领域的政策知识及政策行动的成本和收益、风险与不确定性。这时智库专家就可以依据自己的知识储备和分析技术，为政策决策者提供可行的政策备选方案。

公共政策智库的发展

政策智库的发展需要一定条件。首先，需要创造宽松的制度环境。要保证智库的观点独立性，智库的外部制度环境建设尤为重要。智库提供的产品是政策思想、专家知识、建议甚至批评。政府、媒体和公众则是这些产品的需求者和消费者。

其次，需要政府对智库的认同。在需求方面，政府对智库的认同及对政策分析的需要，是决定智库能否发挥作用的主要因素。而在供给方面，具有不同背景的各种智库，包括半官方和民间智库，只有在一种宽松的政治环境下平等共存，才能提供多元的政策思想。

第三，需要提供可靠的经费保障。如果智库为了维持生计，"求钱若渴"，把主要精力用在"拉项目"上，很容易造成智库专家为了保持与项目资助机构的良好关系，看政府部门和项目委托者的脸色行事。建议建立有效的制度基础保障智库获得多元化的财政来源，包括：设立政府的政策研究基金；通过法律或政策鼓励社会公益捐助；通过法律鼓励民间资本作为研究基金的补充；鼓励智库专家自由申请政策研究公益基金等。

第四，需要建立政策思想竞争机制。智库实现影响力的途径是丰富多样的。智库的研究成果不仅向政府部门输出，还以各种形式向其他任何关心政策问题的群体输出。在一个完善的政策分析体系中，应当形成一个政策思想同行评审和同行竞争的机制，建立一个能够让多种政策主张公开辩论的平台，作为政策思想最终消费者的政府决策者和公众就能进入摆满了可供选择的政策方案的"超市"。

第五，需要警惕跌入权力和利益陷阱。智库在某些情况下可能被别有用心的人、集团利用，成为错误政策合法化的工具。有些智库专家为了保持和政府的良好关系，往往乐于为政府不当决策辩护。智库还有可能依附于特殊利益集团，成为其代言人。另外，一些国际势力或跨国公司，有时也通过国际组织或基金会企图操纵国内智库的观点。一旦跌入权力与利益的陷阱，智库就会失去研究与分析的独立性，不仅自身不能发展，还会妨碍政策的公正性与科学性。

§5.3 公共政策分析中的政策咨询与决策支持系统

政策决策支持系统的性质与功能

所谓决策支持系统，是指以管理学、运筹学、控制论和行为科学为基础，以计算机技术、仿真技术和信息技术为手段，通过数据、模型和知识，以人机交互方式进行半结构化或非结构化决策的信息管理系统。

由于公共政策决策往往不可能一次完成，而是一个迭代过程，因此政策决策就可以借助计算机决策支持系统的协助。这种高级形态的信息管理系统，能够为政策决策者提供分析问题、建立模型、模拟决策过程和方案的环境，调用各种信息资源和分析工具,从而帮助政策决策者提高决策水平和质量。

政策决策支持系统的演变

20世纪70年代决策支持系统(DSS)概念提出。1980年提出了决策支持系统的三部件,即对话部件、数据部件、模型部件的结构,明确了决策支持系统的基本组成。

20世纪80年代末90年代初,决策支持系统开始与专家系统(ES)相结合,形成智能决策支持系统(IDSS)。

20世纪90年代中期出现了数据仓库(DW)、联机分析处理(OLAP)和数据挖掘(DM)新技术,将三者有机结合起来(DW+OLAP+DM),逐渐形成综合决策支持系统(SDSS)。

随着互联网及其技术的普及,决策支持系统的决策资源,如数据资源、模型资源、知识资源,将作为共享资源,以服务器的形式在网络上提供并发共享服务,形成了网络决策支持系统(INSDSS)。

在大数据时代,政策决策支持系统又有了新的发展。大数据(big data)指无法在可承受的时间范围内用常规软件工具进行捕捉、管理和处理的数据集合,是需要新处理模式才能具有更强的决策力、洞察发现力和流程优化能力的海量、高增长率和多样化的信息资产。在维克托·迈尔-舍恩伯格及肯尼斯·库克耶编写的《大数据时代》中,大数据指不用随机分析法(抽样调查)这样的捷径,而采用所有数据进行分析处理。大数据具有5V的特点,即Volume(大量)、Velocity(高速)、Variety(多样)、Value(价值)和Veracity(真实性)。可以预见,未来的基于大数据的决策支持系统将是一整套互联网加上大数据的更强大的决策支持平台(INBDSDSS)。

政策决策支持系统的类别

按支持层次分类,则有战略规划决策支持系统,这是用于高层管理决策的;还有策略操作决策支持系统,这是用于操作层管理决策的。

按支持的决策类型分类,则有个人决策支持系统;群体决策支持系统;组织机构决策支持系统。

按支持的数据与模型操纵能力分类,则有数据检索决策支持系统,包括文件检索系统、数据分析系统、信息分析系统;还有模型计算决策支持系统,包括统计模型系统、模拟模型系统、优化模型系统、建议模型系统。

政策决策支持系统的优点与缺点

首先,日益发展的政策决策支持系统能有效地将模型或分析技术与传统的数据存取技术检索技术结合起来;其次,这种决策支持系统易于为非计算机专业人员以交互会话的方式使用;第三,决策支持系统能够对准上层管理人员经常面临的结构化程度不高、说明不充分的问题;第四,决策支持系统强调对用户决策方法改变的灵活性及适应性。

但是任何一样技术既有优点,也必然有局限性,政策决策支持系统也不例外。无论多么高级的决策支持信息平台都不能完全代替高层决策者和政策利益相关者的决策思维。政策分析和政策决策是一个充满不确定性、偶然性,并且和政治民主相关联的复杂过程。一味夸大政策决策支持系统的功用,或者完全依赖其功能的想法和做法,都会导致政策分析和重大决策的失误甚至失败。

二、政策词典(英汉对照)

公共政策行动建议
public policy action advice
简单的选择模型
simple model of choice
复杂的选择模型
complicated model of choice
成本收益分析
cost-benefit analysis
风险收益分析
risk-benefit analysis
成本效益分析
cost-effectiveness analysis
推断形式
forms of projections
预言形式
forms of predictions
猜测形式
forms of forecasts
趋势外推
trend extrapolation
公共政策工具
public policy instrument
公共政策工具选择的传统途径
the traditional approach of public policy instruments choices
公共政策工具选择的精制途径
the approach of public policy instruments choices
政策工具选择的制度途径
the institutional approach of public policy instruments choices
政策工具选择的公共选择途径
the public choice approach of policy instruments choices

公共政策工具选择的政策网络途径

the policy networks approach of policy instruments choices

自愿性政策工具

voluntary policy instruments

强制性政策工具

compulsory policy instruments

混合型政策工具

mixed policy instruments

目标图形化技术

the technique of objectives mapping

价值澄清技术

the technique of value calification

价值评价技术

the technique of value critique

成本要素构建技术

the technique of cost element structuring

敏感性分析技术

the technique of sensitivity analysis

合理性分析技术

the technique of plausibility analysis

三、人物介绍

人物介绍 7-1：肯尼斯·约瑟夫·阿罗（Kenneth J. Arrow，1921—　）

肯尼斯·约瑟夫·阿罗，1921 年 8 月 23 日出生于美国纽约。16 岁进入大学学习。在纽约市社会科学学院，阿罗经过 4 年的苦读，1940 年获得了学士学位。紧接着他又考进了哥伦比亚大学继续深造，仅用一年的时间就获得了哥伦比亚大学文科硕士学位。在学习中他认识到，研究现代经济必须有深厚的数学基础。因此，阿罗一直没有放松学习数学，他攻读了微积分、线性代数等高等数学课程。

1942 年，获得了硕士学位的阿罗继续攻读博士学位。正在此时，第二次世界大战爆发了，美国政府开始大量征兵。年满 21 岁的阿罗应征入伍进了空军。在服兵役的 4 年中，他始终没有放弃学习，只要有空闲，他就看书，研究卡尔多、希克斯、伯格森等许多经济学家的著作。1946 年，阿罗退伍后，又重新投身于经济学的研究。

阿罗于 1951 年出版了《社会选择与个人价值》一书，在此书中，他提出了"不可能性定理"。他用数学推理得出这样的论断：如果由两个以上偏好不同的人来进行选择，而被选择的政策也是超过两个，那么就不可能做出大多数人都感到满意的决定。因此，在每个社会成员对一切可能的社会经济结构各有其特定的偏好"序列"的情况下，要找出一个在逻辑上不与个人偏好序列相矛盾的全社会的偏好序列是不可能的。他提出的"不可能性定理"是对福利经济学的革新，是新福利经济学的一个重要组成部分。阿罗的"不可能性定理"，在西方经济学界引起了长期的辩论，而且逐渐取得了独树一帜的地位。鉴于他在新福利经济学研究中的成就，哥伦比亚大学授予他博士学位。

由于阿罗在美国经济学界很有名气，他得到了政府的重用。1962年担任总统经济顾问委员会成员，后来任肯尼迪总统的经济顾问，还担任过经济计量协会会长（1956年）、美国经济学会会长（1967—1974年）、管理科学研究会会长（1963年）。1949—1968年，他在斯坦福大学任教授。1968年至今在哈佛大学任教授。由于他在一般均衡论和社会福利经济学方面的成就，他和英国经济学家约翰·理查德·希克斯一同被授予1972年诺贝尔经济学奖。

1972年瑞典皇家科学院在颁奖贺词中称赞了这位经济学家的贡献：从一般均衡理论到福利理论只不过是很短的一步，然而就在其中的几个瞬间，阿罗阐述了他的上述成就中有关福利经济的几个结论。阿罗归纳出了几个有关某种竞争均衡的帕累托最优性这个定理，且证明在实物资本的研究与投资之间资源配置上存在非优性一般趋势。在阿罗对福利经济理论所做的多种贡献中，最重要的也许是他的不可能性定理，按照这个定理，在个人偏好函数范围以外不可能编制社会福利函数。此外，阿罗在增长理论和决策理论方面也有重大建树。

四、知识补充

知识补充 7－1：政策行动建议中的理性理论

人们在使用理性选择时，除了从社会生活的不同方面研究理性的形式外，还对如何利用理性产生了种种理论。

完全理性理论（Rational-Comprehensive Theory）。对选择来说，要同时既合理又全面，就必须满足下列条件，这被称为决策的完全理性理论。第一，个人或集体决策者必须选择一个所有的利益相关人都确认的政策问题。第二，个人或集体决策者必须在能够解决问题的所有目标、目的上达成一致。这些目的、目标的取得意味着问题的解决。第三，个人或集体决策者必须了解能有助问题解决的所有方案，并了解所有方案导致的结果。第四，个人或集体决策者都依据目标和目的选择方案并努力选择最大限度实现目标的行动方案。

不连续渐进理论（Discontinuity Theory）。不连续渐进理论认为实际的政策选择很少能和完全理性理论的要求相吻合。在政策选择时，个别或集体决策者往往只考虑与现状稍微有差别的目标；限制每种方案预测结果的数量；在目标、目的和方案间调整；在获取新信息时不断重新构建问题以及相应的目的、目标和方案；在行动中不断随时修正选择；不断地治理现存的社会问题，而不是在一个时点上完全解决问题；与社会各种团体分担分析、评价责任，以便使政策选择能分开和间断。

不可能理论（Arrow's Impossibility Theorem）。不可能理论是由诺贝尔奖获得者肯尼斯·约瑟夫·阿罗创立的。阿罗认为在民主社会中，决策者不可能完全满足完全理性理论的条件，并且在运用民主决策程序的时候，比如多数原则，不能产生集体理性，无法获得一个对所有派别都是最佳的行动方案。不可能理论否定了以个人的选择集合为基础来形成一个包括传递性偏好的集体决定的可能性，这种不可能性称为投票人悖论。

阿罗明确了民主决策的五个条件：第一，选择的非限制性，即在进行集体选择时，所有可能的个人偏好的组合都应被考虑进去；第二，集体选择的非反常性，即集体选择应一致地、不偏不倚地反映个人选择；第三，方案的独立性，即选择应限制在独立于其他方案的某一套方案中；第四，公民的至上性，集体决策不能局限于精英选择；第五，非强制性，个人和团体都不能将他们的偏好强加于其他人，从而决定集体决策并无确定的结果。

为说明存在投票人悖论，可设想由甲、乙、丙三人组成一个委员会，委员会正在就采用 A（太阳能）、B（煤）、C（核能）三种能源中的一种来解决能源危机进行决策。

按正常思维，A 优于 B，B 优于 C，那么 A 优于 C，即太阳能优于煤，煤优于核能，则太阳能优于核能。

但是，让甲、乙、丙进行集体投票时，则出现悖论：

甲和丙对乙：2：1，赞成太阳能（太阳能与煤）；

甲和乙对丙：2：1，赞成煤（煤和核能）；

乙和丙对甲：2：1，赞成核能（核能与太阳能）。

上述案例表明，依据技术的、经济的、社会的或实质的基础，人人都可以做出理性的选择。但是，多数原则并不能产生确定性的集体性选择。阿罗的不可能理论在逻辑上证明，不可能运用民主程序（如多数原则）来达成有传递性的集体决定。该理论以这样的假设为前提，即一个团体中至少有两个人要从至少三个方案中做出一个选择。

有限理性理论（Limited Rational Theory）。诺贝尔奖得主赫伯特·西蒙建立了有限理性理论。这一理论指出，虽然选择应该是理性的，但要受到实际环境的限制。西蒙认为单一的、独立的个人行为想实现高度的理性是不可能的。一个人要探究的方案如此之多，需要处理的信息量如此之大，很难达到客观理性。既然不可能选择"最大化行为"，那就退一步，选择"满意行为"，即既让人满意，又足够好的行动方案。决策者和政策利益相关者只要考虑能适当增加收益的行动方案就行。

有限理性理论并不赞同非理性或不理性的行为，主张在考虑获取信息的成本的选择过程中运用理性。有限理性选择试图最大化有价值的结果，但同时意识到受信息成本的限制。理性被看作在考虑寻新方案及预测其结果的成本和收益的条件下进行选择。

混合扫描理论。一些学者虽同意对完全理性的批评，但也认为渐进有限理性也有局限性。首先，渐进有限理性理论具有保守和维持现状的特性，难以服从政策制定中创新的需要。其次，渐进有限理性理论容易被强势集团利用，因为大多数政策选择由社会中的强势集团做出，它们将从对现状进行的尽可能小的政策调整中得到最大好处。最后，渐进理论没有意识到政策选择在范围、复杂性和重要性上存在差别，没有将重大战略决策与日常操作决策做区分。

混合扫描针对决策者面临问题性质做选择理性调整，把战略选择的要求和操作性决策的要求做了区分。因为在前一种情况下的合理性，换到第二种场合下就未必合理，反之亦然。当问题性质趋向于战略性时，就使用完全理性，当问题性质趋向于操作性时，就运用间断—渐进理性。在所有的情况下，两种方法的适当结合都有必要，因为问题并不是要采纳一个，拒绝另外一个。真正的问题在于如何有效做出政策选择。

知识补充 7-2：政策行动建议的成本收益分析

成本收益分析的特点

政策成本收益分析是指政策分析人员通过对政策的货币成本和总的货币收益的量化，来对政策方案加以比较，并提出最终的政策行动建议。这种途径用于政策行动建议，就是前瞻性运用，用于政策执行评估，就是后溯性运用。它和福利经济学有密切的关联。

成本收益分析被广泛运用于公共项目的建设上。它最早用在大坝建设的成本收益分析上。当前在交通、健康、人力资源培训和城市改造等方面常常被运用。这一分析途径有其特点、优势和局限性。

在用于政策行动建议时，成本收益分析途径有如下几个特点。一是尽量用货币的量来计算政策运行的成本和收益，包括可能对社会产生作用的有形的和无形的所有成本和收益。二是传统的成本收益分析方法以私人市场作为政策行动建议的出发点，集中体现经济理性。

现代的成本收益分析方法关注社会公平，与社会理性相一致，着重进行社会成本与社会收益比较分析。

成本收益分析途径有许多优势。第一，成本收益分析都以货币为计算单位，分析人员可以从收益中减去成本。第二，成本收益分析可以超越单一政策的局限，将收益同社会整体收入结合起来。第三，成本收益分析能对许多不同领域（如健康和交通）的政策加以广泛的比较，因为收益是用货币来表示的。

当然，成本收益分析途径也有许多局限。第一，绝对地强调经济效率就会忽略收益分配上的公平问题（卡尔多—希克斯标准很少考虑再分配，帕累托标准很少能解决效率与公平问题）。第二，以货币作为价值衡量标准，很难对回应性做出评估（100元对穷人的价值和对富人的价值不一样）。第三，当物品不存在市场价值时（如空气），分析人员常常主观估计公众愿意支付的价格即影子价格，带有主观任意性。

成本收益分析的种类（Cost & Benefits）

使用政策成本收益分析的关键是必须考虑政策行动建议会带来的所有成本和收益。为防止忽略对一些成本和收益进行分析的情况发生，有必要对成本和收益进行分类。可以分为：内部和外部的成本与收益、可直接计算的和要间接计算的成本与收益、首要的和次要的成本与收益以及效率净值和再分配收益。

内部和外部的成本与收益（内外是相对的）。内部和外部的成本与收益是针对特定目标群体或区域而言的。内部与外部是相对的，其区别在于政策分析人员如何划定目标群体或区域的边界。如果目标群体是社会整体，就不存在外部性，只存在内部性；如果目标群体不是社会整体而是特定的，那就既存在外部性，也存在内部性。外部性是对目标群体边界外的正溢出或负溢出。

可直接计算的和要间接计算的成本与收益（也称为有形的和无形的成本与收益）。可计算的（有形的）成本与收益是指成本和收益可以用已知的市场价格来计算。要间接计算的（无形的）成本与收益事指成本和收益要间接地使用估计的市场价格来计算。

首要的和次要的成本与收益（以同政策项目的目标相关联的程度来确定）（Primary Cost，Benefits）。首要成本与收益是指同政策项目最重要的目标相关的成本与收益，有时也称为直接成本或收益。次要的成本与收益是指与政策项目次要的目标相关的成本与收益，有时也称为间接成本与收益。

效率净值和再分配收益。效率净值是指真正的净收入增加，即总收益减去总成本结果大于零。再分配收益是指以一个群体的牺牲为代价向另外一个群体"货币性的"转移收入，但并不增加净收入。

通常必须成为政策实施目标的，要么是净效率，要么是再分配，两者只能居其一。要考虑的是为了保证其中一个，应该在多大程度上牺牲另一个。

成本收益分析的任务

成本收益分析有以下任务。一是明确目标群体和受益人。具体任务是对政策利益相关者做出分析。要列出受政策方案积极或消极影响的所有群体类别。这里要区分目标群体和受益群体。目标群体是指政策限制的群体。其收益可能受到限制。如对高档化妆品征收消费税会让一部分妇女收益受损。受益人则是从政策中获益的人。

在微观的成本收益分析中，投资方和收益方可能是一个团体、居民区、省。通常政策的受益方是直接参与政策项目的人。在宏观成本收益分析中，分析就不能局限于个人、团体，如减少全球气候变暖的环境政策，对成本和收益的测量就要延伸到社会系统的整体水平。

二是对信息的收集、分析和解释。具体任务是为了预测备选方案的结果，收集、分析和解释与之相关的信息。分析的重点是上一分析阶段已经明确了的备选方案的成本和收益。可以从历史上或其他已有的研究资料中获得类似的政策行动计划需要的成本和能够获得的收益，并依据实际情况，初步计算出具体政策方案预计的成本和收益。

三是估计成本和收益。这是最困难的分析工作。因为它要求对目标群体和受益人可能经历的所有成本和收益做出货币化估计，并且应当按成本和收益的各种类型做估计：内部的和外部的、直接可测量的和间接可测量的、主要的和次要的、净收益和再分配。在很多领域，对政策的成本和收益很难估计。如在高速公路上驾车要强制系安全带、强制性车辆检查、强制注射天花疫苗等，这些成本可以计算，但收益很难估算。

四是将投入和收益以货币计量。成本通常是以政府的预算即实际拨出的经费来计量的。预算开支主要是两部分：一是物质费用（设备、建筑物）和管理费用（工资、健康补助）；二是机会成本，即利用资源去做其他事情的收益（如学校学生不是学习而是利用上学机会打工挣钱）。

典型的收益包括税收、更高的生产率、更多的就业机会，还要计算不能直接测量的收益，如美景和人生。这需要主观加以判断，如预期寿命中能挣到的钱。

五是将成本收益折旧和折现。设备和建筑物过一段时间就会变旧、价值降低，但有的过一段时间会变得更值钱。折扣率以百分比或货币计量。通常有市场利率、公司折扣率和个人折扣率。

如果要预计未来的一个时段内政策实施的成本和收益，就必须考虑由于通货膨胀和利率的变化所导致的实际货币价值的减少。这需要通过折现来解决。它是通过成本收益目前的值来估算将来的值的程序。

六是估计风险和不确定性。具体任务是充分估计政策实施中存在的风险和不确定性。其方法是运用敏感性分析来预测未来要发生的收益和成本的概率。由于制度、现状和历史背景的不同，对同一未来结果的预测会有很大的差异。

七是选择决策标准。具体任务是在六个标准中选择决策时所要依据的标准。这六个标准是：效率、效益、充分性、公平、回应性、适宜性。效率标准包括净效率改进（收益净现值应大于零）和内部回报率（公共投资回报率必须大于利息所得）、效益标准包括公共投资边际效益、公平标准包括帕累托改进（在其他群体没有损失的情况下，至少有一个群体受益）和罗尔斯改进（境况最坏的人的情况得到改善）。标准的选择具有重大的道德意义，因为它们以道德责任和公正社会的不同观念为基础。

最后的任务是提出建议。就是要在两个或两个以上的备选方案中选择一个作为行动建议。分析人员必须对建议的合理性进行严格的论证。在行动建议中，特别要考虑对行动建议表示异议的那些道德的和因果的假设。

知识补充 7-3：政策行动建议的风险收益分析

公共政策行动建议的风险收益分析是将政策的风险分析和政策的成本收益分析结合起来的分析方法，在一定程度上可以说是成本收益分析方法的一种变体。风险收益分析主要分析技术和有害物质对人的健康的影响。在风险收益分析过程中，政策项目的消极结果以对目标群体的风险的种类和大小来衡量，而不是以货币单位来衡量。

在形式上，风险收益分析过程瞄准的是选择最好的政策方案的最后目标。其基本目的是选择一种方案,目标群体期待中的效益的总量减去风险的总量后得到最高度数量价值。

风险收益分析可以分两步进行,先进行政策项目行动风险分析,再进行政策行动收益分析。

风险分析

风险分析主要被用于分析有害的技术和对健康有害的威胁带来的风险。其目标在于在危害出现之前或者在其存在之后准确地预测对健康的影响,并且建立有效的安全标准来保护暴露于其中的人口。政策行动建议的风险分析主要分为四个相互关联的步骤:辨认风险危害的类别(何种危害物质);分析危害对人体的影响(危害途径和程度);建立对危害的反应模型(影响与频率间的关系);概括整体风险的特征(全面分析危害物质对人体健康存在的潜在影响。为了稳妥起见,风险分析人员最常用的方法是"最坏情况方案"。风险的表示方法是标准寿命下每百万人可能患病的数量)。

成本收益分析

成本收益分析的目标是把有害行动产生的效益和带来的风险进行明确对比。在这里,费用是用风险的特定程度而不是货币值来限定的。可以分以下几个步骤进行:得出实际计算政策行动收益(货币)和实际计算的政策行动成本(货币),两者之比为政策行动的收益率;估计风险的特定程度(不以货币而是以死亡率来表示);比较风险率(死亡率)和收益率;计算总风险(风险率乘以受影响总人数)。

知识补充7－4:政策行动建议的成本效益分析

成本效益分析是政策分析人员通过量化政策总成本和总效果来对各种备选方案进行比较从而提出政策行动建议的方法。

成本收益分析源于福利经济学,成本效益分析由美国兰德公司创立,它更多与技术理性相连。与成本收益分析一样,成本效益分析既可以前瞻性运用,也可以后溯性使用。

成本效益分析和收益分析的一个明显不同在于,后者即成本收益分析是用同一货币尺度来对政策成本和收益做衡量,可以计算净收益;而前者即成本效益分析,则用两种不同尺度答题成本和效益,衡量成本的是货币尺度,衡量效果的是单位产品和服务。两者尺度不同,所以不能相减。

成本收益分析方法要得出的是扣除成本后的净收益是多少。只有当净收益大于零,或收益与成本之比大于1时,政策才是好的。而对于成本效益分析来说,从总效果中减去总成本是没有意义的。花了100万建了三幢专供农村进城务工人员子女住的中学生宿舍楼。用三幢楼减去100万没有意义,但是转化成用30多万就能盖一幢学生宿舍就具有了意义。

在应用于公共政策行动建议时,成本效益分析具有如下特征。一是由于只有成本需要以货币计算,效益则不需要,所以计量变得比成本收益分析更容易。二是在决定政策方案效用的时候,不再把政策结果与经济效率和社会福利相结合,集中体现了技术理性。三是不需要再以私人市场和私人投资利润最大化来衡量政策的有效性，而是注意公平。四是特别适合解决政策中外部性和无形成本或收益问题，因为这些影响都难以用货币来衡量。五是成本收益分析适合解决变动成本变动效益（Ⅲ类）问题，而成本效益分析则适合解决固定成本与变动效益（Ⅰ类）问题和固定效益与变动成本（Ⅱ类）问题。

成本效益分析方法的优点是容易应用，适合衡量很难用市场价格来计算的政策问题，而且适于分析外部性和无形成本问题。其局限性在于：不能显示让政策利益相关者具有满意度的净收益，不能同社会总体福利问题相联系，主要局限于对特定的项目、区域或目标群体的衡量。

成本效益分析的各项任务与成本收益分析的各项任务类似，但有两处例外：第一，成本效益分析中只有成本才折为现值；第二，成本效益分析中的充分性标准与成本收益分析中常用到的不同。成本效益分析中常用到的充分性标准主要有以下四条：

一是最低成本标准，以固定效益为界，低于固定效益的不选，考虑在固定效益以上的最低成本方案；二是最大效益标准，超出成本上限的方案不选，考虑在成本上限范围的最大效益方案；三是边际效益标准，比较两个政策方案单位效益的成本，考虑具有效益成本比率高的方案；四是成本—效益标准，考虑单位效益成本低的政策方案。

知识补充 7-5：政策工具选择的影响因素

从我国转型时期公共政策活动的实际情况来分析，影响政策工具选择的因素主要有以下几个方面。[1]

已确定的政策目标

政策目标是政策制定者希望通过政策实施所达到的效果。政策目标为政策工具规定了方向，为判断政策工具的有效性提供了评判标准。因此，在进行工具选择时，先要明确政策目标，目标不明确会带来工具选择的失误。如把禁止捕杀珍稀动物政策的目标看成"禁止捕杀"，就会导致规制工具的较多使用，而这一政策的最终目的是"达到一种生态平衡"，所以在规制工具的基础上，我们更多的是要呼吁人们树立环境保护的意识，多运用信息和劝诫的手段。这里要注意两点：一是政府的一些目标只具有象征性意义，因此无须选择政策工具；二是要注意政策目标是否变化。如果政策目标变化了，就要分析实现这一政策目标的工具是否还有存在的必要，是否要选择新的政策工具来适应变化了的政策目标。

政策工具自身的特征

每种政策工具都有自己的优缺点和适用范围。在工具主义看来，工具的属性本

---

[1] 该要点主要参阅了彭俊的论文"论政策工具的选择——结合艾滋病防治政策分析"（载于《中山大学研究生学刊(社会科学版)》，2006 年第 3 期）的有关内容。

身就构造了政策过程,即工具的使用及其效果的好坏是由政策工具的特性预先决定了的,政策的失败是由于所选择的政策工具本身就存在缺陷。虽然不能这么极端地强调工具自身特征的重要性,但是我们在进行政策工具选择时,要注意分析每种工具的价值和适用的情况,在不同的环境下运用不同的工具来解决不同的问题,以避免工具的滥用。以城市摩托车的使用为例,以前政府更多的是用"规制"手段。"规制"这一工具具有执行的效果强烈和反应迅速的优点,但是它会扭曲自愿性和私人部门的活动,增加经济的无效率,遏制创新和技术进步,缺乏变通性,无法解决城市摩托车的到处乱飞状态。一些城市因此采用了"产权拍卖"的工具,即政府限定城市的摩托车总量和牌照可使用的年限,由一定的机构对这些牌照进行拍卖,得到牌照的摩托车才可以在城市中正常通行。这一工具的优点是富于弹性,政府可以根据实际情况调整总量,同时也易于创建,但是这也导致了黑市的产生以及不公平,即资源的分配取决于谁有能力而不是谁更需要。通过这样一个案例,我们要注意两点:一是要注意政策工具的优缺点;二是要考虑政策工具的组合使用。

政策工具应用的背景

政策工具应用的背景是指影响政策工具选择的环境因素,包括政策子系统、目标群体、其他工具以及政治、社会或经济环境。

政策子系统是指政策行为者即由解决某个公共问题的行为者组成。其构成十分复杂,包括官员、执行和研究机构、利益集团、大众传媒和政党等,他们由于相同的利益或资源的依赖性而组合成不同的系统,共同影响政策过程。不同的系统在进行政策工具的选择时,必然会考虑政策工具的执行对本系统的影响,如果对其有益则会支持该项政策工具,反之则会抵制。同时政策子系统的复杂性也会影响政策工具的选择。

目标群体是指政策直接作用、影响的对象。这里有两点。一是政策工具的实施对目标群体有直接影响,不同的政策工具会对目标群体产生不同的影响。目标群体会选择对其有利的政策工具,同时抵制那些对其不利的工具。政策主体在进行政策工具选择时,迫于目标群体的压力,往往会考虑工具的可视性和可接收性,选择具有较少可视性和较高接收性的工具。二是目标群体的规模和性质会影响政策工具的选择。

其他政策工具也是影响政策工具选择的环境因素之一。正如我们前面所提到的,每个政策都有其优缺点,因此政策主体会进行工具的组合使用,以达到优势互补。在选择新的政策工具时,要考虑到工具之间的相互关联性,实现其互补,避免其相互冲突。

经济、社会和政治环境的变化会导致政策工具选择的变化。例如我国在计划经济体制下,主要使用管制、国企等强制性工具,而随着改革开放和市场经济条件下,政府在经济中不断向市场和社会放权,更多采用非强制性工具。

先前的政策工具选择

建构主义认为,工具的意义和合法性被不断地加以建构和再建构。也就是说,政策工具的选择会形成一种路径依赖,先前的政策工具会阻碍新工具的选择。因为积累了相关经验,并且目标群体信任它。因此要使用新的工具必须付出额外的努力和代价。从纵向看,该项工具已内化为组织的执行路线,可选择的其他政策工具根本不做考虑,限制了新工具的尝试;从横向看,它和其他工具或执行活动交织在一起。旧工具的根深蒂固,使得新工具难以推行,难以在短时间内有实质性的改变。苏州古城的修缮和保护就是一个很好的事例。一直以来,我国对于古建筑的保护和修缮都是以政府为主,政府采用颁布明文法令禁止对古建筑的拆迁,并给予相关单位专门的经费进行古建筑的修缮和保护。随着市场经济的发展,一些政府为解决政府财力不足的问题,更好地达成古建筑保护的目标,开始采用"产权拍卖"的方式,让私人承担古建筑的责任。但是由于先前工具的限制和积淀,这样的一种政策工具很快就夭折了。

政策过程的非制度因素

非制度因素包括伦理规范、传统观念、风俗习惯、意识形态等,它主要调节人们的社会关系,各自在社会生活的不同范围、不同方面,并以不同形式为人们指明其利益实现的方式。非制度因素的改变也会导致政策主体在选择政策工具时的不同。虽然它没有正式制度的那种强制力,但是对于政策工具的选择有较大的影响力。意识形态是非制度因素中的核心。"意识形态是一整套逻辑上相联系的价值观和信念,它提供了一幅简单化的关于世界的图画,并起到指导人们行动的作用。"[①]意识形态是一种节约机制,通过它,人们认识了他们所处的环境,并被一种"世界观"引导。不同的意识形态倾向于使用不同的政策工具。例如 20 世纪 80 年代兴起的新公共管理运动,把政府引入市场,强调公共服务的民营化和市场机制,强调放松管制。这种思潮同样在潜移默化地影响我国政府管理方式的变革。

政策过程中的资源配置

政策工具的选择受经济资源和法律资源的限制。经济资源主要是指财政的支持,政府的经济能力强,资金雄厚,会较多地选择补助或直接提供工具,如经济模型中的福利经济学派就主张政府干预论。反之,经济较差的国家或政府则会选择征税和规制的工具。例如美国实施"大社会"计划,而中国则采用提高个人所得税的起征点,同样是为了向人民提供服务,选用的工具却因经济条件的限制而有所不同。法律资源,即国家或政府的法律的完善程度,这是影响政策工具选择的一个重要的方面。当一个国家的法律制度成熟并很完善时,它在进行政策工具的选择时,会更注重混合型政策工具的使用,反之则会注重规制工具的使用;因为这样可以防止意外的发生。

知识补充 7-6:政策工具选择的途径[②]

政策工具的选择存在五种研究途径（表 7-3）：传统途径（Traditional Approach）、精制途径（Refined Approach）、制度途径（Institutional Approach）、公共

---

① 詹姆斯·安德森:《公共决策》,唐亮译,华夏出版社,1990 年版。
② 该要点主要参阅了盖伊·彼得斯与弗兰斯·冯尼斯潘主编的《公共政策工具:对公共管理工具的评价》（顾建光译,中国人民大学出版社,2006 年版）一书的有关内容以及吕志奎的论文"公共政策工具的选择——政策执行研究的新视角"（载于《太平洋学报》,2006 年第 5 期）对该问题的评析。

选 择 途 径（Public Choice Approaches）和 政 策 网 络 途 径（Policy Networks Approaches）①。

表 7-3　政策工具选择的五种研究途径

研究途径	强调关系	关注焦点
传统途径	"目的—工具"关系	政策工具本身
精制途径	"背景—工具"关系	工具的背景环境
制度途径	"制度—工具"关系	制度结构与风俗惯例
公共选择途径	"偏好—工具"关系	政治家和政府官僚动机
政策网络途径	"网络—工具"关系	网络特性、规范和网络成员

政策工具选择的传统途径

该途径从严格的"目标—手段"的理性角度来看待政策工具的选择，认为"目标—手段"理性是选择工具的基础，它决定着政策工具的选择和使用能力。这一工具选择途径强调下列观点：一是政策工具是中性的，政策工具不具有自身固有的内在特性，也不包含价值取向；二是政策工具与环境背景之间不存在任何关系，政策工具只是来自中央政府的一种指令方式，中央政府首先决定政策目标的层级设置，这意味着政策目标的决定在政策工具选择之前，与政策工具无关，政策工具的选择只是使这些政策目标能够生效；三是政策工具选择的方式是多样的，工具是被机械式运用的，只要满足既定目标的要求，任何工具都是有效的，在工具的选择上并没有限制；四是政策工具是依据政策结果来评价的，工具的好坏主要与政策目标实现的程度相关，只要能促使政策目标实现的工具选择就是好的，政策工具应根据政策结果来评价。

很显然，工具的传统选择途径将研究的焦点仅仅放在政策工具自身，而忽略了环境背景。传统的政策工具选择途径很少或几乎不关注工具选择和应用的背景。由于害怕强调了理性就会导致实在的非理性，结果走向另一个极端，把注意力都集中到手段上，目的则沦为"二等公民"。实际上，政策工具的选择不是执行机构一厢情愿的事情，它必须努力争取政策目标群体的认可和支持。这是建立政策工具合法性的基础。

政策工具选择的精制途径

工具选择的传统途径在探讨政策工具选择时，一是忽视了潜在的价值和规范的作用，二是否定政策工具的内在属性即与政策标的群体的相互关联。要纠正传统途径的缺陷，就必须既要重视环境在政策工具选择和应用过程中的重要作用，又要重视政策工具与政策标的群体的内在关系。

工具选择的精制途径首先分析了那些普遍的价值、道德和伦理准则在工具选择中的作用。安德森认为，在政策决策过程中，对决策者的政策选择包括工具选择的行为起指导作用的有五种主要价值观，即政治价值观、组织价值观、个人价值观、政策价

---

① 盖伊·彼得斯、弗兰斯·冯尼斯潘：《公共政策工具：对公共管理工具的评价》，顾建光译，中国人民大学出版社，2006 年版。

值观、意识形态价值观。① 在所有的政策选择包括工具选择背后起作用的，是社会核心价值规范和决策者本人的价值取向。

另外，工具选择的精制途径还重视对政策工具与政策标的群体关系的研究。一些学者认为选择政策工具就好比在具有利益冲突的政策活动者之间进行"推"和"拖"，决策者的自身利益在政策工具选择过程起着主要作用。

在此基础上，坚持工具选择精制途径的学者提出保证政策工具有效的条件和配备。他们认为政策工具只在满足一个条件和两种较好的配备下才是有效的。一个条件就是在政策工具的选择上，政策工具的特性、政策问题的性质、政策环境因素、目标群体的特性②，这四者同时发挥了作用。两个较好的配备是指政策工具的特性之间具有最理想的配备，政策背景、政策目的和目标大众之间具有最佳的配备。

虽然工具选择的精制途径比起传统途径来向前迈进了一大步，但是在现实的政策工具选择的实践中，人们发现影响政策工具选择的因素远远超出了政策研究者的理论设想，要在政策工具效力与工具特性之间建立某种清晰而又简明的关系，事实上非常困难。

政策工具选择的制度途径

制度是一整套约束和规范人类行为的准则。制度途径将政策工具的选择作为一种制度化过程来研究。制度途径与前两种途径的主要差异在于，虽然前两种途径都谈及制度化的政策环境背景，但是没有涉及制度化的政策工具。制度途径对这两方面都进行了考察。制度途径主张，如同任何一个实际的人都只能在由现实制度所赋予的制度条件中活动一样，任何一项政策工具的选择也都无一例外是在特定的制度框架下进行的。与制度变迁相类似，政策工具的选择也存在自我强化的机制。正如诺思所言："人们过去做出的选择决定了他们现在的可能选择。"③同样政策工具的选择也具有路径依赖性，过去做出的选择影响着甚至限制着人们对未来的选择。

沿着已有的路径和方向走总比另辟新径要更方便些，先前的工具选择使得现在和未来的工具选择沿着一定的路径得到强化并被锁定在某种状态下。新的政策工具选择不可能彻底地摆脱旧政策和旧制度的约束，这种约束既包含现存政策和制度，不会轻易地退出原有的客观路径，也包含主张新政策和新制度的人们，在设计新政策和新制度时，仍然受到反映原有政策和制度的主观路径的束缚。在由旧体制向新体制转型的环境下，应该突破工具选择对传统无效路径的依赖，使其朝着有效率的方向推进。

工具选择的制度途径从三个方面论述了政策工具选择既具有路径依赖性，又需要有变革性。首先，这种依赖性和变革性表现在对过去与现在的看法上。政策工具的选择受到以前选择的约束，过去做出的选择影响甚至限制人们对未来的选择。但是政策工具的选择是在政策工具与环境背景之间建立一种最理想的配比，当制度变

① 詹姆斯·安德森：《公共决策》，唐亮译，华夏出版社，1990年版，第19-20页。
② R.巴格丘斯："在政策工具的恰当性与适配性之间权衡"，盖伊·彼得斯、弗兰斯·冯尼斯潘：《公共政策工具：对公共管理工具的评价》，顾建光译，中国人民大学出版社，2006年版，第149页。
③ 陈振明：《政治的经济学分析》，中国人民大学出版社，2003年版，第121页。

迁和环境变化时,政策工具的选择也将发生相应变革。

其次,这种依赖性和变革性表现在对设计与演化的看法上。政策行动主体通过有目的的行为来选择和设计有效的政策工具,这种选择和设计既部分遵循着历史路径,同时又是政策活动者决定和控制的一种渐进演化过程。

第三,这种依赖性和变革性表现在对结果和过程的看法上。政策工具选择的传统途径和精制途径都具有很强的结果导向性,这两种途径认为政策工具是依据其效力进行选择的。制度途径则认为工具的选择与政策行动主体在政策过程中的活动有关。由此可知,制度途径不再强调政策工具的结果,而是注重政策工具选择的过程。

在制度途径看来,如同任何一个现实的人都只能在由现实制度所赋予的条件中活动一样,任何一项政策工具的选择也都无一例外是在特定的制度框架下进行的。在选择政策工具时,政策行动者不是受政策的效力引导,而是受恰当的逻辑引导,即根据传统惯例、风俗、思考与行动的固定方式做出选择。

政策工具选择的公共选择途径

公共选择途径认为,政策工具的选择与人都是理性经济人是密切相关的。在涉及公共利益的政策问题上,政策行动主体也是从"经济人"理性出发,做出对政策工具的个人选择;政策工具的选择创造了一个政治"市场",在其中形成了一种"铁三角",即特殊利益集团、官僚和立法者的联盟。这三种人都遵循"经济人"理性模式,追求自身利益最大化。

在公共选择途径看来,正是政治家的动机主导着政策工具选择。一些政治家把政策执行中选择的政策工具作为赢得选举的手段,另一些政治家则把赢得选举作为选择政策工具和执行政策的手段。在实践中,这两部分政治家的动机是相互制约的。在许多情况下,赢得选举的需要给追求合理的政策工具的自由造成了严重束缚。

在政策执行的市场上,在选择工具时,不仅政治家会考虑自己的利益,而且执行机构和执行人员也会考虑这些工具的实施对自身利益的影响,为此他们对某些工具会给予重视,而对其他工具给予歧视。如果某项工具的选择能给执行机构带来利益和福利的增加,执行机构和执行人员便会积极支持该项政策工具;反之,如果既定工具的选择意味着执行机构的利益会减少,或至少不能给执行机构带来新的利益,这种工具便会受到抵制或不被采纳。

政策工具选择的网络途径

政策网络途径认为,政策工具的选择是政策网络中利益相关者之间互动、反复博弈和平衡的结果。H. A. 布耶塞尔认为:"政策网络在政策工具选择和政策执行过程中起关键作用。"

政策网络可以定义为"一种社会体系,在其中,政策活动者发展了一套具有相对持久性的相互作用和信息沟通的模式,目的在于集体地解决公共问题或政策项目"。政策工具的特性与政策网络之间存在着一定的关系,"一种政策工具的特性越是有助于保持现存政策网络的特性,那么这种政策工具就越有可能在政策决策过程中被选择"。

从政策网络途径看来,政策工具的选择不是一种完全自由的选择,它不是在真空中选择的，它植根于一定的环境，其中存在多种因素影响政策工具的选择。政策行动主体是在一个由思想体系、惯例和环境背景支配的政策共同体（或政策网络）中选择政策工具的，"这种思想体系不但决定政策目标，而且决定用以达成这些政策目标的政策工具"。该思想体系是由政策共同体中的大多数成员共享的，它构成了政策行动者用来沟通的一种"工具语言"，这种语言框定了政策工具的选择。工具的选择经常要在政策网络不同的目标群体中分配利益和价值。不同的政策工具会对目标群体产生不同甚至相反的影响，主要的工具选择一般来讲反映了社会中不同利益群体所持的相互冲突的价值观。

五、经典阅读

经典阅读 7 - 1：经济视角与政策分析

经济学者与政策分析

虽然说政策分析是由众多学科综合而成的，但一般认为经济学对政策分析的影响最大。例如，1975 年对美国有关公共政策的大学教课内容的调查表明，经济学比其他任何学科更受重视。根据政治学家美尔特斯纳对政策分析的研究表明，政府的有关政策分析领域是由经济学家或具有经济学倾向的人占统治地位的。

在美国，计划预算（PPBS）正在盛行的时候，联邦政府的政策分析主要由经济学家来承担。这种情况在一些组织中迄今亦然。但最近，由于其他学科的社会科学家和综合性公共政策大学毕业生参与到政策分析研究中，所以经济学家所占的统治地位就受到了挑战。另一方面，这一事实也反映了正在发生变化的政治气氛。也就是说，人们逐渐认识到要更好地解决公共政策问题，只用单一的研究方法是很不充分的。但即使经济学科的学生逐渐减少，经济学还是对政策分析发挥着很大的作用。经济学的思维方法，不仅对综合性的公共政策学院和行政学院，还对其他学科领域拓宽着自己的影响力范围。

宏观经济学与微观经济学

非经济学专业的学者把政策分析同宏观经济学上的问题，如通货膨胀、失业、经济发展等相联系。这种结果主要是由舆论影响造成的，但这并不是正确的理解。

宏观经济学把重点放在国民生产总值、总体上的就业人数、物价、经济发展等比较宽泛的经济问题上，但微观经济学主要关心具体方案以及在相互冲突的资源之间如何进行分配的问题。如此看来，微观经济学并不是把重点放在宽泛的总体概念上，而是放在经济的特别部分以及与此相关的特别领域。微观经济学要回答的是相互竞争的领域和竞争性的社会目标，并在想获取财富和服务的人们之间如何分配稀少资源等问题。

经济发展、就业、通货膨胀等概念是很重要,在最终分析上,它们被作为判断的重要标准,这是事实。而微观经济学更关心技术性的和细节性的问题。但重要的是,微观经济学上的政策对宏观经济问题也发挥着作用。

从经济学的一般定义和经济学主流学派的观点上看,在这两种经济学中微观经济学被认为占有更重要的地位。但经济学家们在微观经济学领域方面并不主张垄断性或专业性,只是以微观经济学的立场出发,并以自己独有的观点和方法来分析诸多领域的政策,从而提出不同于其他领域专家的观点。

微观经济学概念

从资源分配的经济学中可以揭示两种类型的政策方针。第一种方针来自于福利经济学(welfare economics)和利益成本经济学(benefit-cost economics)。它揭示的是非常积极的目标。经济学家们从福利经济学的基本原则中获得"对资源分配发生影响的公共政策目的"和"在庞大体制中的政府之适当功能"同主观(subject)一样重要的确信。可以称为福利经济学之应用学科的利益成本经济学更致力于细节,并揭示在正当的目的和功能上应该使用多少费用的方向。

第二种政策方针基于微观经济学概念。这一概念虽然不那么积极,但更具利用价值。在福利经济学和利益成本经济学上的规范原则也许在实际政策分析过程中不常使用。但是,下述相互联系的微观经济学上的三个概念,即机会费用(opportunity cost)、边际主义(marginalism)、经济诱因(economic incentives)等对政策分析具有重大意义。

(1)机会费用

经济学家们有时被认为是知道一切费用但却对价值毫无了解的人。但有时也被认为,他们对价格的考虑就是对价值的考虑。其理由是,认为在一个领域增加费用就意味着其他领域中的价值减少,这是机会费用式的思考方式。也就是说,在使用稀少资源或关于为此的支出或规制性决定,就会引起因这一决定而在其他方案及其费用上的相应减少。

政界人士或行政官员在追求通过可用资源和技术来把目标极大化时,通常不去考虑机会费用概念。对经济学家来说,最大可能性的口号没有任何意义。因为,这种概念意味着为了达到一种目标而投资一切资源,这有悖于人的本性,即它否认在诸多互相冲突的目标之间要做出选择的经济问题。如果政界人士或行政官僚都不能完全理解机会费用,那么同公共资源的分配问题没有什么特殊关系的一般群众不能理解这一概念更不是什么令人惊讶的事情。

(2)边际主义

亚当·斯密想要解决的使用价值和交换价值的关系问题,通过区别总效用和边际效用就可以容易解决。这种区别构成了微观经济学的基本分析框架。边际主义同分析细节有关。政府的大部分预算决定并不对问题进行全面分析,而是同部分的加或减问题密切相关。

边际利益或边际效用是在财富或服务上增加一个单位而得到的满足。边际费用就是指增加一个单位的财富或服务的生产时所追加的费用。

例如,钻石比水稀少,因此水的边际效用比钻石的边际效用小。也就是说,钻石的价格比水的价格高。这种边际效用的程度,取决于我们拥有多少。

通过某种政策要减少社会问题(如环境污染、犯罪、火灾等)时,要减少一定程度以上的费用比一开始的需要更多。例如,在通过政策来解决水污染问题时,治理水污染 99％ 时所需费用为 119 亿美元,而要治理水污染为 100％ 时所需费用为 319 亿美元,那么 1％ 的水污染就会减少。实际上,在预算不足而需要投资的领域很多的情况下,不去完美无缺地追求一个项目的政策,而是把这一预算分散开来,这就会成为能够提高总效用的合理性决策。

边际费用是以机会费用来界定的,而这一机会费用意味着消失的替代利益,即替代边际利益。虽然这些概念关系很密切,但并不完全一致。也就是说,边际主义有助于界定机会费用,但比它具有更广的涵义。

边际主义和机会费用把政策或计划的边际利益和边际损失转化为货币概念上的量的表现,从而以比较分析的方法来进行成本利益分析。其中,边际主义在把人的本性理论化或分析公共政策问题方面更为适合。经济学家们一般认为,大部分人们所做的决策基于边际效用的比较之上,虽然这种比较是潜在的。在公共资源的分配方面,边际主义可以使用在补助金层次上的决策评价上。

非经济学专业的社会科学家在市预算决策方面,会主张应该参考市民的舆论调查。这种舆论调查在有些情况下会有用,但不能揭示可选择的方案。因为,把现在的地方预算给第一个问题增加投资两倍也许见不到什么效果,但对第三个问题投资少部分资金也有可能获得巨大效果。

边际主义对政策分析家或议会议员来说,是一个很重要的理论。能够区分边际效用和总效用的政界人士在资源分配方面会更好地做工作。迄今为止的主要问题正是由于政界人士不懂边际主义所致。在有些情况下,慎重考虑边际效用并适用于决策,这意味着更有效地使用预算,还意味着比有关专家所认为的必要程度投资更少。也就是说,边际主义所强调的,是比起优先顺序,我们更应该关心比率。

(3) 经济诱因

亚当·斯密以后的经济学家们达到公共目的的手段,即试图使用货币诱因的方法。强调这种倾向的代表人物,就是经济学家 C. L. 舒尔茨。

C. L. 舒尔茨认为,随着工业化和城市化的发展,社会的相互依赖程度都显著提高了。这就产生了很多问题,为此政府的活动就更加必要。作为新干预手段的政策能否成功,取决于政策对无数的人和企业以及政府等的态度、消费形态、生产形态等的影响如何。为了履行这种艰难的任务,就制定了更为详细的法律和规章制度。在这种过程中,政府却忽略了作为整体性干涉的其他手段,即通过市场功能的诱因(如税收、补助金等)。这种通过市场功能的诱因可以把非公共领域的利益同公共目的联系起来,而市场的力量和经济诱因不仅可以提高非公共领域的效率,而且还可以提高生活水平。

经济学家们几乎一致认为,在控制环境污染等领域中由于忽视经济诱因,因而导致了现行政策的失败。克尼斯和舒尔茨认为,之所以诱因手段方法在公共领域中没有吸引力,是因为大部分议会议员是法律专家。法律专家们相信,通过法律修正人们的权利义务,就可以改变他们的行为。但经济学家们却认为,有吸引力的经济诱因手段可以解决这些问题。

政府与经济

在有关资源分配问题上,大部分经济学家从福利经济学中寻找政府的指导原则。福利经济学以如下两种基本假定作为出发点。

其一,社会福利取决于个人的主观满足。其二,个人在决定使用社会资源时,让他们根据个人的喜好做出决定,从而使这种满意程度达到最优状态。

(1) 经济效率

关于经济效率的理解是从帕雷托最佳出发的。所谓帕雷托最佳,就是指在增加一个人的福利时,不牺牲另外一个人的福利就不能分配资源的状态。而帕雷托增进(Pareto improvement)是在资源分配的变化上,不影响社会其他任何人的利益而一个或更多的人追求其变化时发生。但实际上,在现实中很难发现这种变化。只要有一个人反对这种变化,那么帕雷托增进之标准在公共政策上就只能成为模糊不清的方针。

经济上的有效分配总是帕雷托最佳分配。但是,如果一开始的分配是非效率的,那么在追求经济效率的过程中其他变化被提出来以前,可以不去牺牲其他福利。在这里假定,发生了某种变化之后大部分人的福利得到增加而另一部分人的福利受到损害的情况。在这种情况下,如果福利得到增加的人给那些福利受到损害的人以充分的货币或财富等补偿,在这种情况下福利得到增加的人仍然可以提高其福利,那么这种变化可以满足"潜在的帕雷托"标准,而经济效率也将得到提高。即使没有发生给受损害者的实际福利转移,这种变化在经济上也是有效的。

所以,增进这种经济效率在追求公平原则方面有可能失败。但这种概念在政策上是有效的概念。政治家们很清楚,变化不能给一切人带来满足。他们会认为,从变化中提高了其福利的人们给在这种变化中受到损害的人们以补偿之后,仍然可以提高其福利,那么这种变化是值得的。如果政治家们能够发现把这种潜在的补偿变为现实的方法,他们就可以实现满足一切人需要的社会状态。

(2) 福利经济学

在自由市场上通过价格来调节商品的过剩和不足,并根据消费者的要求分配资源,从而可以达到经济效率。但是在市场不完全的情况下,经济效率通过政府的干涉可以达到。垄断、强有力的工会以及外在性(对第三者不能用价格计算的影响)等是造成不完全市场的重要因素。

经济学者认为,外在性(externalities)概念在政策上把政府作用合理化方面是特别有用的概念。环境污染是把政府干涉正当化的外在费用之典型例子。虽然我们都因污染的空气而受到痛苦,但造成空气污染的工厂却不给我们付出任何代价。在这种情况下,如果政府不进行任何形式的介入,那么市场功能和追求利润极大化的企业是不能适当地计算公共污染的外在性费用的。

(3) 利益成本分析

利益成本分析(benefit-cost analysis)是把政府计划的价值及其费用以货币概念

做比较的分析。这一分析同福利经济学一样基于消费者主权的假定之上。利益成本分析的核心，是决定个人对政府所提供的财富与服务想要支付多少的问题。但是，由于市民很少直接支付给政府，所以很难发现市民们是否想支付这种政府的提供。虽然很难，但经济学家们从多年以前开始开发把他们的理论实用化的众多方法。在政府提供灌溉用水等社会财富时，通过据此增加的产出（农作物）之价值，而不是生产灌溉用水时所投入的费用来评价灌溉用水的价值。在职业训练的情况下，根据未来将得到提高的工资来可以评价其价值。在空气和水污染等情况下，通过新的高速公路或工厂出现以后相对的财产价格之变化，就可以评价其费用。如果公害的费用得到了评价，就可以评价计划项目的利益是否超过为此支付的费用。如果这些都失败了，那么经济学家们还可以实行关于是否情愿支付（willingness-to-pay）的舆论调查。

关于经济研究方法的批判

不少人对在政策分析中运用经济学方法提出了质疑。

（1）应用上的问题

关于公共政策分析的大部分批判，一般集中在目标积极的福利经济学和利益成本经济学。这些批判中的一部分强调在应用利益成本分析上的困难。因为，计算利益的经济学研究方法并不十全十美，而且对政府很多计划项目的结果在赋予货币价值上多有不便。但还没有人因为应用上的不便而拒绝利益成本分析。如果规范性研究方法很充分，那么如下做法就是合理的，即预测人们乐意支付（willingness-to-pay）的总和来测定政府计划项目的利益价值。

（2）片面重视物质主义的问题

对经济学家的另一种批判，是他们忽略社会环境及精神方面的因素而只考虑物质方面的因素。这种批判是由于某些误解所致。虽然有些分析把重点放在以产出为中心的狭隘经济利益上，但在原则上，福利经济学只要想支付费用，就会把个人的价值也包括在考虑的对象里。

（3）公平和分配脱节的问题

对经济学研究方法的共同批判，是它强调经济效率而忽略了公平和收入的分配问题。在计划项目和政策上，如果受益者给受害者予以补偿而仍可以提高他们的福利，那么可以认定这一计划在经济效率方面是具有价值的。但这时候，这种补偿实际上还是一种假象，其实并不重要。

有很多人认为，忽视支付能力的情愿支付的标准并不适当。经济学家承认在经济效率标准上存在这方面问题，但他们有自己的理由。第一，关于为实行诸多计划项目上的收入分配的担心，可以得到合理解决。因为，政府对穷人和富人实行的相对税收负担比率会进行调整，因而在这一点上会得到缓解。

第二，因政府政策而使穷人失去更多利益的时候，可以令富人补偿穷人的损失。如果这是可能的，那么不平等问题就会消失，也可以不必抛弃能够产出纯利益的计划项目。

第三，如上所述，如果穷人是计划项目的受益人，但他们不愿意负担其计划项目费用的时候，可以把穷人的愿意支付意愿和从这种计划项目中感到满意的富人之意愿结合起来。

经济学家们知道这种说明不能解决经济学方法所具有的公平和分配问题。实际的赔偿并不总有。社会也许希望富人更慷慨地帮助穷人。所以经济学家们认为，计算是不充分的，应该控制的是公平而不是效率。但福利经济学强调政府的作用，总是以收入分配问题为分析对象。而且，在这一领域中，人们更关心从政府计划项目中产生的利益和费用的分配问题，以及公平与效率之间的交换关系的评价问题。经济学家们争辩说，他们的专业特长的就是效率问题，所以对效率问题投入了更多的研究时间。他们认为，其他专业的学者会很好地回答公平这样的价值问题。

（4）忽视外在性的问题

对经济学研究方法的最主要的批判之一就是外在性（externalities）问题。外在性到处都存在。任何人都不会希望政府考虑这些全部外在性。但这些事实说明，特别是在经济学家们要结束复杂的计量分析，或在抽象的外在性离经济学家一般所关心的问题而去的时候，有可能忽略重要的抽象因素。

另外一个重要问题，就是要让一般市民也知道一切重要的外在性问题。在福利经济学中并不怎么区别喜好有无价值，因此就没有能够从好坏之外在性中区别出其他的经济学原则。

（5）消费者主权同政治判断的关系问题

社会福利取决于个人的主观满足吗？是不是在认为对某一个人有价值而作为最终接受时所做出的公共政策才是最好的？如上所述，道德标准同一部分消费者的喜好是不合拍的。在消费者信息不足并且他们不太清楚自己的最佳利益时，就会出现其他的问题。

虽然大部分经济学家强烈主张消费者主权，但在大众政策的实际效果方向上，他们总是表现出消费者无知的心理。经济学家在无票乘车理论上预见了这种消费者无知和适用上的困难。

正如 F. 莫舍尔指出的那样，大部分经济学家把民主和消费者主权视同如一。成本利益经济学家们声称公共政策基于消费者的情愿支付，以此来假定消极代表性是值得的。

在推行强调消费者主权的政策时，如果政治判断或政治领导有必要的话，那只是在发现了能够满足消费者政策要求的最佳方法时才有可能。根据美国的传统，不少人在政府代表性中找到了比福利经济学更重要的政策作用。还有一点很重要，消费者的喜好在一些领域会给好的政策指明方向，但在消费者信息不足或在伦理特征很重的领域中起不了这种作用。不管怎么说，关于消费者主权的假定是重视规范经济学的根本，而且对那些认为其重要性将越来越大的人来说，它肯定是一个核心内容。

（原文选自吴锡泓、金荣枰编著：《政策学的主要理论》，复旦大学出版社，2005 年版，第 307 - 314 页。本书对原文做了改动，并进行了适当的阐释。）

六、相关研究

相关研究 7-1：政策类型与政策执行——基于多案例比较的实证研究

摘要：以洛威(Lowi)的政策分类框架为基础，运用多案例比较研究方法，对中国背景下政策执行问题进行的研究表明：分配政策的执行偏差往往是由政策本身的因素造成的；构成性政策执行的关键在于不同执行机构之间的沟通和协调；规制政策执行难度大，影响其有效执行的关键因素一是规制对象的特点，二是能否有效控制规制者与被规制者之间建立在权钱交易基础上的合谋；再分配政策执行过程中地方政府、生产商和公众等利害相关者会围绕其所蕴含的巨大利益空间展开复杂的利益博弈。在现有的制度背景下其必然结果是地方政府、生产商和社会中上阶层在博弈中获胜，共同瓜分再分配政策中所蕴含的巨大利益，导致政策执行失效。

关键词：政策类型；政策执行；影响因素

自 20 世纪 70 年代政策执行研究兴起以来，其研究范围和内容一直处于不断的拓展和深化之中。学术界对政策执行的研究大体上经历了三个阶段，并发展出了"自上而下""自下而上"和"整合"三种研究路径，每一种研究路径又包含了若干政策执行模型。这些研究路径和模型的核心都是努力发展出政策执行的解释性框架以寻找影响政策执行有效性的主要因素。然而令人遗憾的是，"知识累积性的缺乏是政策执行研究面临的困境之一，研究者们……虽然各自提出了影响政策执行的大量变量因素，但是其中的关键变量因素的确认仍然是一个难题"[1]，或者说虽然提出了各种模型，可是却没有告诉人们在什么情形下特定的模型是有解释力的、特定的因素在什么情形下对于政策的有效执行是最为关键的，因此未来的政策执行研究将受益于对不同地域、不同时期、不同政策类型的比较研究。[2] 本文选择从政策类型的视角对政策执行进行比较研究，以期一方面突破政策执行的总体性研究，尝试回答"什么情况下什么因素是关键的"这一"条件-因果机制"问题，从而为有针对性地提出提高政策执行力的建议寻找因果理论基础；另一方面期望通过政策类型视角下的政策执行比较研究推进政策执行研究的累积性发展。具体来说本文将围绕如下问题展开讨论：哪些类型的政策会出现比较严重的执行问题？不同类型政策的执行过程有何不同特点？其执行阻滞和偏差的表现有什么不同？影响不同类型政策有效执行的因素有什么不同？

---

[1] 丁煌、定明捷："国外政策执行理论前沿述评"《公共行政评论》，2010 年第 1 期，第 120 页。

[2] Lester, Stewart. *Public Policy：An Evolution Approach*. New York：West Publishing Company，1996. p119.

（一）政策类型与案例选择

1. 政策类型理论

在社会科学研究中，"分类"往往是从纯粹的描述走向解释性研究的至为关键的一步，是实现"有序控制和预测的开始"①。从政策科学创立伊始，就不断地有各种对公共政策进行分类的方法和概念被提出，其中最常见的是根据政策的实际内容进行的分类，如能源政策、环境政策、教育政策，等等。此外还有从意识形态角度进行的分类，如自由主义政策和保守主义政策，等等。这些政策分类都把政策看作政治过程的产出和结果，即"政治决定政策"，也正因为如此，"它们不能帮助我们得出关于政策背后的政治过程的一般性结论"②，因此对于政策科学的发展没有产生实质性的影响。20世纪六七十年代洛威（Theodore J. Lowi）提出的政策类型理论却建立在与上述政策分类相反的假设基础上，即"政策特征决定了政策的政治过程"，从而为从政策特征出发研究政策过程、对政策过程展开因果研究提供了一个起点。

洛威认为政策分类必须抓住政府真实的并且在政治上重要的特征，政府最重要的政治事实就是政府的强制力，因此应以政府强制力为依据划分政策类型。以"政府强制的可能性"和"政府强制发生作用的途径"两个维度为依据，洛威把公共政策划分为四种类型，并且认为不同的政策类型构成了不同的权力场域，"每一个权力场域倾向于发展出它自己特有的政治结构、政治过程、精英和集团关系"③。

洛威的这一分类框架被学者们认为"对政策分析的贡献在理论和经验两个方面都是广泛而丰富的"④，因而激发了大量学者加入到对这一理论的运用、批判和发展的对话中。在这些研究中，较早时期都是围绕着政策制定环节展开的，而很少关注政策执行环节，只有洛威本人曾经对执行不同类型政策的官僚机构进行过比较研究。⑤20世纪80年代，有少数学者开始运用洛威的政策分类框架研究政策执行过程。哈格罗夫认为："在很大程度上，再分配政策比分配政策更难于执行，而管制政策的成功，则经常取决于它们对利益分配的影响程度。"⑥里普利和富兰克林在《政策执行与官僚制》一书中则从稳定性和日常化程度、参与者之间关系的稳定性、冲突程度、关于政府官僚活动的反对程度、理念性争论的程度、小政府的压力和要求等方面，分析了分配政策、规制政策（竞争性规制政策和保护性规制政策）和再分配政策的执行过程。⑦

① Lowit. Four Systems of Policy, Politics, and Choice. *Public Administration Review*, 1972, 32(4). p299.

② Birklandt. *An Introduction to the Policy Process*. New York: M. E. Sharpe Inc. 2001. p133.

③ Lowit. American Business, Public Policy, Case Studies, and Political Theory. *World Politics*, 1964, 16(4). pp. 689-690.

④ Nicholson. Policy Choices and the Uses of State Power: The Work of Theodore J. Lowi. *Policy Sciences*, 2002, 35(2). p163.

⑤ Lowit. Public Policy and Bureaucracy in the United States and France. Ashfordde. *Comparing Public Policies: New Concepts and Methods*. Beverly Hills: Sage Publications. Sage Yearbooks in Politics and Public Policy. Volume IV, 1978. pp. 177-195.

⑥ 米切尔·黑尧:《现代国家的政策过程》,中国青年出版社,2004年版,第113页。

⑦ Riplyrb, Franking. *Policy Implementation and Bureaucracy*. Chicago: The Dorsey Press, 1986.

2. 案例选择

本文以洛威的分类框架为基础,采用多案例比较研究方法,研究中国背景下不同政策类型的执行问题。具体的案例选择如下表所示:

分配政策: 农业补贴政策、西部大开发税收优惠政策、免费培训政策	构成性政策: 大部制改革、公务员工资改革
规制政策: 环境保护政策、煤矿安全生产监管政策、禁塑令、控烟政策	再分配政策: 经济适用房政策、农村医疗救助政策、最低生活保障政策

案例选择时主要考虑到两个方面的因素:一是尽量选择那些在政策归类方面争议不大的案例。洛威的分类框架受到的主要批判之一,就是在实际的经验研究中很难客观上按照一定的标准把某个政策归入到某一特定的类型中,因为很多政策往往同时具有多重特征。尽管这一问题经过罗伯特·施皮茨的再阐释——解决政策的正确分类问题,关键是把洛威的分类框架看作一个连续体、一个谱系,而不是精确的、两分的——已经得到了部分解决。然而为了研究的方便,我们仍然选择了那些属性特征明显的政策作为案例。

二是尽量选择那些已经被学者们比较充分地研究过的政策作为案例,以获取更为丰富的资料。换句话说,本文在具体的案例分析中所使用的材料大多来自于已有的相关研究,同时在必要时辅之以作者在 2011 年 7—9 月期间在 N 市的调查。

（二）分配政策的政策执行分析

1. 研究假设的提出

分配政策一般只产生明确的得利者,而没有明确的失利者,因此,其政治关系的核心特征是精英之间的互惠和相互支持。根据里普利和富兰克林的研究,分配政策基本上以最为稳定和日常的方式执行,参与者之间的关系比较稳定,执行过程中的冲突很小,也基本上不发生理念上的争论。[①] 从这些研究结论中基本可以得出如下假设:相对于其他政策类型,分配政策是最容易执行的一类政策,其政策执行出现问题往往是由于政策本身的因素造成的。

2. 案例分析

农业补贴政策是中央政府自 2004 年以来在每年的 1 号文件中陆续提出和建立的,一般是作为解决"三农"问题的庞杂政策体系中很小的一部分。目前,我国已初步建立了综合补贴与专项补贴相结合的农业补贴政策体系。根据学者们的相关研究以及作者在 J 省 N 市的调查,农业补贴政策的执行总体情况良好。补贴资金由各级财政分担,财政困难地区的补贴资金由省级和中央政府财政承担,同时,补贴资金的发放是直接拨付到农民"一卡通"或者"一折通"上,因此资金截留问题基本得到解决。然而农业补贴政策的执行也出现了一些问题:

一是政策目标难以达成。我国农业补贴政策的政策目标是"二元"的,即一方面

---

① 吴锡泓、金荣枰:《政策学的主要理论》,复旦大学出版社,2005 年版,第 409 - 410 页。

是增加农民收入,另一方面是实现粮食增产确保国家粮食安全。但是在实际中出现了补贴目标的"双弱"执行效果。之所以出现"双弱"的执行效果,主要是由三方面的原因造成的:(1) 农业补贴方式存在问题。按照农业补贴政策的本意,补贴发放应当根据种粮面积进行核算,才能真正起到鼓励粮食生产,增加粮食产量的政策目标,然而在实际工作中,为了减少执行成本,按计税面积(取消农业税之前的纳税耕地面积)补贴被广泛应用,这就意味着农业补贴的多少与种粮多少,甚至种不种粮都没有关系,而完全变成了按照每户农民拥有耕地数量而发放的"补助"。渐成普惠性质且补贴金额有限的农业补贴多被农民理解成为一种帮扶弱势群体的国家福利补助。(2) 补贴额度太少。根据课题组在 N 市的调查,农民每亩农田拿到的平均补贴是93.97元。调查中很多农民认为补贴太少(46.2%)、有无补贴差不多(61.5%),而且绝大部分农民(84.6%)认为与补贴相比,物价上涨得更快。村委会的工作人员也认为相对于柴油、化肥、农药以及其他生活资料的涨价,农业补贴实在太少,农业补贴对农业生产的影响微乎其微。(3) 农民收入结构的多元化。根据在 N 市的调查,农户纯农业收入本身只占家庭总收入较小的比例(调查中为 15.71%),许多农民都将地承包出去,而自己外出打工。每年农业补贴每户平均才 485 元/年,只占农业纯收入的8.10%,占总收入仅为 1.34%。这么微小的刺激显然无法有效提高农民种粮积极性,也无法达到农民增收的政策效果。

二是政策执行扭曲,主要包括:(1) 谎报补贴农户和面积,套取国家补贴。(2) 重复申报。主要将退耕还林面积重复申报荒地复垦计划,套取国家补贴。(3) 人为"造大户"。大户补贴标准高出散户补贴标准近一倍,一些村干部私下将许多散户"捏在一起"造大户申报,按散户补贴标准发放给农民,差额落入少数干部的腰包或相关人员瓜分,甚至"名利双收"[①]。(4) 在土地流转过程中,为了照顾本地人的利益,基层政府往往选择把补贴款发放给土地流出方——本地几百户农民,而种粮大户(往往是外地人、商人)往往得不到任何粮食补贴。基层政府这样做的理由是"如果把补贴款发放给土地流入方会提高土地的流转费用"。

三是政策执行的迟缓问题。按照农业补贴政策的要求,农业补贴款应当在每年3 月底前到账,但是现实中的到账时间无法保障,不少地方要迟至 4 月份甚至更晚才能进账。

导致农业补贴政策执行偏差的影响因素有很多,其中最重要的影响因素是政策本身的因素,即农业补贴政策本身不够科学合理,具体表现在以下几个方面。一是农业补贴政策包含了"农民增收"和"国家粮食安全"两个不同性质的政策目标,前者强调的是"再分配政策"功能,后者强调的是"分配政策"功能,不同层级政府在执行政策过程中会摇摆在不同的政策目标之间——市级以上政府更多强调的是"粮食安全"政策目标,县级以下政府则更多地把这一政策理解为再分配性质的补贴政策。二是政策设计缺乏充分的因果理论作为基础。微薄的补贴款既不能对农民的粮食生产积极性产生直接的影响,对农民收入的影响更是微乎其微。三是补贴结构不合理,过度依

---

① 王晓政:"新形势下农业补贴政策面临的问题与对策:以安徽省农业补贴政策情况为例",《安徽农学通报》,2009 年第 15(08)期,第 186 页。

赖"黄箱政策"。四是农业补贴的方式不合理：粮食直补一直以计税面积作为补贴依据，不少地方的实际种粮面积大于补贴面积，多出的种粮耕地得不到补贴；在良种补贴方面，农民必须到指定的供种企业购买良种才能获得补贴，引发农民的质疑和不满，为了缓解农民的不满，基层政府在政策执行中往往把良种补贴的发放也按照计税面积进行。最后，"政策运行的制度和法律保障缺乏。入世以来，我国农业补贴仍未实现规范化、法制化，补贴政策什么时间出台，有效期多久都存在较大的随意性"①。这一方面与农业补贴政策在中国起步不久有关，另一方面也与其分配政策的特征有关——分配政策往往是个别的、分散的决策的积累，每个决策或多或少地相互区隔或者区隔于任何普遍性的规则。

除农业补贴政策外，典型的分配政策还有各种税收优惠政策、针对特定群体的免费培训项目，等等。学者白玉刚对西部大开发税收优惠政策在云南的执行情况进行的研究表明，"云南各产业企业享受西部大开发税收优惠政策的幅度与力度并不大"，主要原因是："现行优惠产业范围还是比较窄，企业可以享受税收优惠政策的标准（门槛）偏高……优惠的税种少、形式单一、实效差"，并且由于优惠税种设置的不合理，石油天然气等资源开发行业"不合理地享受税收优惠政策，使西部地区作为资源开发与输出地有限财税利益严重外溢，流失较大"②。在各种针对特定群体的免费培训项目中，退役士兵培训项目执行情况较好，"培训工作的参训率、"双证"获取率、就业率等指标均达到或超过省委、省政府确定的目标任务"③。然而，针对农民工的培训项目却处境尴尬，现状堪忧，出现了农民工参与积极性不高、培训效果不明显等问题，究其原因则主要是因为整体政策设计存在不足和缺陷、培训资源配置过于分散、农民工培训内容与方式与市场需求相脱节等。

上述分配政策的案例研究基本验证了前文的假设，即相对于其他政策类型，分配政策是最容易执行的一类政策，如果其政策执行出现了问题，往往是由于政策本身的因素造成的。此外，案例研究还表明，在中国府际关系制度背景下，如果分配政策的出资者是中央或者省级政府，如农业补贴政策、西部大开发税收优惠政策等，则一般可以得到较好的执行，否则容易出现"供给不足"的现象，如农民工培训项目。

（三）构成性政策的执行分析

1. 研究假设的提出

根据洛伊的政策类型理论，"构成性政策"是关于"游戏的规则"，典型的如选举法、重新任命、机构重组等，一般很少引起公众的注意，因此在执行过程中受外部环境的影响较小，除政策本身的因素以外，政策执行能否成功关键在于执行机构本身，特别是不同政府部门和不同层级政府之间的沟通和协调。

2. 案例分析

2008 年，中央机关大部制改革率先启动，之后各地政府也纷纷跟进。大部制改

---

① 王文娟："新形势下我国农业补贴政策的思考"，《中国行政管理》，2011 年第 7 期，第 61 页。

② 白玉刚："西部大开发税收优惠政策执行情况分析与完善相关优惠政策的思考"，《云南地税》，2008 年第 3 期，第 37-38 页。

③ 转引自唐悦："稳定就业江苏退役士兵免费技能培训制领跑全国"（2010-02-05）[2011-11-18]，http://news.163.com/10/0205/08/5UOCT9K3000120GU.html

革作为机构改革的最新政策,是一项典型的构成性政策。大部制改革基本遵循了由易到难的原则,即先从争议最小、牵涉利益方最少的部门切入,逐步推进。而对于执行中央宏观调控政策的核心部门,则尽量保持稳定。尽管如此,大部制改革政策在执行过程中依然阻碍重重。《大公报》在改革伊始就曾明确提出大部制改革面临着权力整合难、人员分流难、机制磨合难、运行监督难等困难。① 这些困难在 2008 年以来中央政府和各地方政府推进大部制改革的过程中都不同程度地表现出来。虽然现在还无法对大部制改革政策执行的效果、得与失进行比较全面的分析和评价,然而综观中央政府和地方政府的改革实践,如何避免大部制改革陷入"内卷化"的困境已经引起人们普遍的关注。综合学者们对大部制改革实践的研究,影响大部制改革实现预期目标、出现"内卷化"倾向的主要原因包括:

一是固化的部门利益阻碍权力的整合。大部制改革是对行政权力和资源的重新配置和整合,其最大阻力是多年来被强化了的部门利益。如何"说服"既得利益者"放弃"现有的势力范围是一个复杂的博弈过程。"一些部门把部门利益凌驾于公共利益之上,不愿交出管钱、管审批的权限"②。二是实施大部制后各个部门之间的协调出现新的问题。大部制改革的初衷即通过部门重组和合并,减少部门之间协调的成本。然而"超级大部的产生将有可能加剧同一层级部门之间的权能之争,加重政府首脑的协调负荷。一方面是新大部门与原小部门之间的权能关系更加不平衡,加剧原有矛盾;另一方面是新大部门之间的原有平衡被打破,新的权能关系无法在短时间内获得平衡"③。三是实施大部制后各部门内部协调难度和成本加大。大部制改革意在解决因职能分工引发的部际协调成本问题,"但由于目前的改革并未迈入'有机统一'的轨道,而更多地带有'合并同类项'的意味,使得改革后的各部门不得不面临两个问题:一是各部均存在着司局过多、条块分割,而且职能交叉重叠的情况。……同时,大部制改革重新界定了各部的管理边界,将一些职能相近的司局划归到一个部门或合并为一个司局。但分部门而治时的纠纷不会因为同属一个部门而消失,部门内部司局之间或处室之间的矛盾甚至丝毫不亚于部际之间的矛盾。将外部矛盾内部化,从另一种意义上将外部的协调成本转嫁到内部"④。一些地方甚至开始出现合并重组后的部门重新拆分的现象。四是大部制改革后"条块矛盾"更加突出,引发中央政府和地方政府间新的利益博弈。大部制改革中出现的超级大部意味着"条条"管理权限的增加,从而形成更为尖锐的"条块"冲突,"再次陷入政治上'过度集中'及管理上'相对分散'的施政流弊"⑤。五是人员分流难,这也是历次政府机构改革的难点所在。

综合来看,无论是遭遇到的诸多阻力还是执行过程中导致出现"内卷化"倾向的

① 转引自蔡恩泽:"'大部制'改革四难题"(2008-01-08)[2011-11-20],http://www.chinanews.com/gn/news/2008/01-08/1126547.shtml

② 肖泉、凌宁:《体制中的对话——2009 江苏省行政管理学会课题研究报告》,江苏人民出版社,2010 年版,第 79 页。

③ 董娟:"当前我国政府大部制改革中若干问题的思考",《中共贵州省委党校学报》,2001 年版第 1 期,第 76 页。

④ 胡象明、陈晓正:"'大司局'视野下大部制改革内部运行机制探微",《南京社会科学》,2001 年第 5 期,第 70 页。

⑤ 马晴:"大部制改革面临的挑战和对策思考",《中国劳动关系学院学报》,2011 年第 3 期,第 99 页。

诸多因素,政府机构及其内外部关系成为影响改革成败与否的核心因素。这其中又包括部门利益协调问题,人员分流问题,部门间和部门内部的协调问题,监督问题,等等。

除大部制外,其他的典型构成性政策,如公务员工资制度改革中的欠薪问题,其主要问题也在于执行机构之间的协调问题:(1) 两个互相依赖关系的人事与财政部门之间事先没有协调好,事后也没有提出有效的对策,而且没有一个部门有最高的权威来要求对方服从和提出解决方案,一旦有执行偏差,就只能以再次改革来解决;(2) 中央层面给基层执行人员过少的自主权,以致一线官员陷入困境——不执行要承担责任,完全执行的可能性又不大。

（四）规制政策的执行分析

1. 研究假设的提出

里普利和富兰克林认为[①],规制政策很难维持其执行的稳定性和日常化,执行参与者之间的关系是不稳定且非常易变的,同时执行过程中出现的冲突和争论比分配政策更严重,并且关于政府官僚活动的反对程度、对小政府的要求和压力的程度都高。规制政策的实质是政府对具有负外部效应的行为进行控制,其表现往往是对标的群体行为的规范和矫正,可能涉及与标的群体既有行为习惯之间的巨大冲突(例如公共场所禁烟、禁塑令等),也可能涉及对标的团体利益的限制和剥夺(例如环境保护、安全生产等),因此执行难度大,在某种程度上可以看作规制者与被规制者之间的"合作生产"。

2. 案例分析

环境保护政策、安全生产监管政策、禁塑令、控烟政策等都是典型的规制政策。无论是从媒体的报道、学者的专门研究来看还是作为个体公民的观察和体会,都可以发现这类政策在中国的执行状况普遍不好,往往陷入典型的"上有政策、下有对策"的困境,选择性执行、敷衍式执行、象征性执行成为其主要表现。以煤矿安全生产监管政策为例,出现执行困境的主要原因在于:(1) 政策标的群体——煤矿业主的逃避与抵制。煤矿安全监管政策是对煤矿业主生产行为进行的限制和规范,对于煤矿业主来说往往意味着投入的增加或者产出的减少。因此,煤矿业主会采用各种方法逃避和抵制安全监管政策。(2) 政策执行主体——地方政府的经济利益驱动。煤矿安全监管政策的实质是对煤矿生产过程和行为的监管,往往意味着更多的安全投入、严格的产量限制等,在中国现有的财税体制和官员考核晋升机制下,地方政府出于地方经济发展和财政收入的考虑,必然有强烈的动机默许甚至"帮助"企业逃避规制。(3) 官煤勾结——地方政府与煤矿业主的权钱合谋。在当前的制度背景下,作为监管者的地方政府存在被被监管者收买成为"俘虏"的可能,地方官员利用公权力为煤矿提供保护来获取利益,在煤矿安全事故发生后与矿主"合作"隐瞒煤矿安全事故伤亡,甚至官员及其家属自身就是矿主和股东。矿主则通过利益回报的方式与地方监管者结成利益共同体,双方各取所需,却破坏了政策的执行。"官煤勾结"使得煤矿安

---

① 吴锡泓、金荣枰:《政策学的主要理论》,复旦大学出版社,2005 年版,第 409 - 410 页。

全生产政策的执行大打折扣,在安全监管、核定生产能力、证照审批等方面走过场,导致煤矿安全事故频发。

以上三点概括起来说就是基于目标群体不服从及执行主体利益驱动基础上的权钱合谋。规制政策通常会削弱目标群体利益,煤矿安全监管政策规制了煤矿业主的生产行为,对于煤矿业主来说,利益是受损的,在基于经济利益计算的基础上,煤矿业主对政策执行者(地方政府)示好,而政策执行者(地方政府和基层官僚)同样出于自身利益计算,产生权力寻租行为,从而使政策走形,产生"上有政策下有对策"的政策执行困境。

与此类似的是环境保护政策,其执行失效最主要的原因也是规制对象——"污染生产者"与规制者——地方政府和基层官僚之间在权钱交易基础上的利益共谋。此外,还有一些规制政策以普通公民的行为为规制对象,如禁塑令、禁烟政策等,其政策执行失效的原因主要有:一是规制对象数量多、分布广泛,并且内部差异较大;二是其现有的行为习惯与政策目标之间存在巨大差异,改变成本很大;三是相关生产商,如烟草企业、塑料袋生产厂家与地方政府、基层官僚之间在权钱交易基础上的利益共谋。

(五)再分配政策的执行分析

1. 研究假设的提出

根据里普利和富兰克林的研究[①],再分配政策执行过程中出现的冲突和争论,比分配政策和竞争性规制政策更严重并且关于政府官僚活动的反对程度、对小政府的要求和压力的程度都高。再分配政策涉及金钱、权利或权力在不同社会阶层之间较大规模的转移,因此在制定环节会引发激烈的争论甚至反对,而这种争议较大的政策即使获得了通过,其执行过程也是复杂而艰难的,往往充斥着各方利害相关者的博弈,加之该类政策执行蕴含着大量的利益空间,因此"有产者"一方往往会结成利益联盟,通过各种形式进行利益瓜分,从而导致政策执行的失败。

2. 案例分析

经济适用房,是指政府提供政策优惠,限定建设标准、供应对象和销售价格,具有保障性质的商品住房,是政府按市场要求为中低收入社会阶层提供的切合需要并具有社会保障性质的住房,具有经济性、适用性和社会保障性三方面特征。经济适用房政策在执行过程中出现了比较严重的阻滞和偏差现象。

一是"执行短缺",经济适用房供给量不足或者质量较差。地方政府在该政策执行过程中往往只停留在宣传层面上,除了一些象征性的表态和口号外并没有具体的操作性方案,政策没有真正落到实处。例如尽管中央的经济适用房政策1998年出台,但是一些地方在2005年之前根本未启动经济适用房政策,甚至未建一套经济适用房。全国经济适用房投资比例呈现逐年下降的趋势(如下表),经济适用房的供给量远远小于社会需求量,对绝大部分中低收入家庭来说,申购经济适用房还是一件十分困难的事情。

---

① 吴锡泓、金荣枰:《政策学的主要理论》,复旦大学出版社,2005年版,第409—410页。

1997—2008 年经济适用房投资比例

年度	住宅房地产开发投资总额(亿元)	经济适用户开发投资总额(亿元)	比重
1997	1353.88	185.5	13.70％
1998	1810.71	270.85	14.96％
1999	2201.46	437.02	19.85％
2000	2769.55	542.44	19.59％
2001	3617.03	599.65	16.58％
2002	4638.71	589.04	12.70％
2003	6154.7	621.98	10.11％
2004	8230.57	606.39	7.27％
2005	10341.75	519.18	5.02％
2006	13049.61	607.94	4.66％
2007	25280	890	3.52％
2008	30600	819.37	2.68％

资料来源：中国统计年鉴(2003 年)

二是政策扩大化现象明显。一些地方政府在执行政策过程中,疏于对经济适用房建设、申购资格的把关,使经济适用房政策的适用对象、建设面积和标准超越了既定的要求。按《经济适用住房价格管理办法》规定"经济适用住房要严格控制在中小套型,中套住房面积控制在 80 平方米左右,小套住房面积控制在 60 平方米左右"。一些地方政府利用政策上的灵活性,扩大经济适用房面积,使得经济适用房"不经济",其社会保障的政策目标无法实现。

三是政策外溢现象。由于经济适用房户型面积偏大,房屋总价偏高,出现中低收入阶层买不起的现象。同时,由于销售过程的资格审查不严,导致大量并不具备购买资格的人员——中高收入者,甚至投资或投机购房者购买了经济适用住房,出现了"购买对象失控"现象,从而使真正的中低收入家庭遭受排挤,造成了事实上的不公平。政策收益外溢到政策标的群体以外的人群,保障房变"公务房""福利房"。

四是政策变异现象。一些地方政府在实施政策过程中表面上与原政策一致,事实上通过具体政策内容的修正实现其他的政策目标。有的城市没有把经济适用房政策作为针对中低收入家庭的特有政策,而是作为一般的优惠政策(针对教师和退伍军人)、奖励政策(针对高级知识分子)、鼓励政策(如鼓励建房或购房)或解决拆迁安置问题的政策加以实施,从而偏离了政策目标。例如据统计,N 市 2002—2009 年在已供应的 91735 套经济适用房中,用来安置征地拆迁的有 66572 套,占总数的 72.6％;2009 年 N 市低收入家庭住房调查显示,仅江南八区低收入住房困难家庭有 40484 户,而全年供应低收入住房困难家庭的经济适用房仅为 3307 套。[①]

五是政策截留。所谓政策截留指的是一个完整的政策在执行时只有部分被贯彻

---

① 转引自王炜：《经济适用住房政策研究——以南京市为例》,南京大学 MPA,2011 年,第 26 页。

落实,其余部分则被割裂遗弃,政策内容残缺不全。国务院 1998 年 23 号文件规定 "经济适用房用地一般采用行政划拨或招标投标方式,免收土地出让金,对各种批准的收费减半征收,开发商利润不超过 3%,销售价格实行政府指导价"。然而一些地方政府在利益的诱惑之下,对国家的政策有所截留。在实际操作过程中,房地产商为了获得土地向政府缴纳一定的"土地出让金",使地方政府不走正规程序也能把土地划拨给他们。在销售环节,尽管政策一再规定房地产商的利润不能超过 3%,但追求利润最大化是企业经营的根本目的,地方政府就理所当然地把 3% 的政策截留下来以获得经济实绩或换取直接的物质回报。[①]

仔细审视经济适用房政策的执行过程以及执行过程中出现的偏差,可以发现经济适用房政策牵涉巨大的利益转移,在这一过程中成本承担者会千方百计地阻止或者截留利益的流失,众多群体会竞相争取成为利益获得者,从而展开激烈的利益博弈,因此政策执行中的"博弈分析模型"很适合对再分配政策执行过程进行分析。

地方政府。地方政府在经济适用房政策执行中负责为开发商提供优惠政策,同时限定利润(价格)并对申购家庭的资格进行审核。在目前的财税体制下,地方政府是经济适用房政策成本的主要承担者。根据目前的财税体制,土地产生的资产性收益和大部分税费都基本归地方所有,土地出让收益、土地使用税和土地增值实际上已经成为地方财政的主要来源,甚至是一个地方政府的经济支柱。建设经济适用房的土地是地方政府划拨的,无偿划拨的土地没有土地收益及相关税费收入,这样就使地方政府依赖土地出让的收入减少,同时,经济适用房的大量供给必然会对房价造成打压,房价的下挫又会在短期内对地方经济产生不良影响,降低当地 GDP 的增长速度。在这样一种利益冲突下,地方政府必然对于发展经济适用房体系抱着一种消极应付的态度,从而导致经济适用房供给量不足。

房地产商。房地产商作为经济适用房的生产者,在经济适用房政策执行过程中主要负责建设房屋和依据政府提供的审核证明销售房屋。为了使自身利润最大化,房地产商一方面想方设法从地方政府获得更多的优惠政策和利益让渡,另一方面通过政策变通,扩大房屋面积、提高售价、默许甚至鼓励各种"骗购"行为的发生。为了逃避政府对各种政策变通行为的监管,房地产商一方面利用"房地产业"在地方经济发展和地方财政收入中无可替代的龙头地位与政府讨价还价,另一方面通过赚取的高额利润"寻租",从而使得地方政府与房地产商成为事实上的利益联盟,共同左右着经济适用房政策的执行,并瓜分利益。

政策标的群体。购买经济适用房意味着巨大的利益收益,因此尽管其预期标的群体是中低收入家庭,其他社会群体也会有强大的动机寻求分享利益,尤其是拥有丰厚的社会关系网络和社会资源的群体。而政策标准的模糊、资格审查程序的不严谨,以及房地产商和政府的默许甚至鼓励都使得部分中高收入家庭购买了经济适用房。而很多真正的中低收入家庭往往既缺乏了解相关信息的渠道,也缺乏"捍卫"自己利益的机会和能力。

---

① 谭英俊、喻静:"论我国经济适用房政策执行的障碍及其消除",《重庆科技学院学报》,2009 年第 10 期,第 114 页。

总之,在目前的制度背景和利益格局下,地方政府、房地产商、公众等利害相关者围绕经济适用房政策的执行展开复杂的利益博弈,博弈过程中由于中下层公众缺乏利益整合和表达的途径,同时既不能用手投票也很难用脚投票,因此博弈的必然结果是地方政府、房地产商和社会中上阶层公众在博弈中获胜,共同瓜分经济适用房政策中所蕴含的巨大利益。

除经济适用房政策以外,典型的再分配政策还有农村医疗救助政策、城市最低生活保障政策、针对贫困学生的国家助学贷款政策,等等。根据学者们的相关研究,在农村医疗救助政策、最低生活保障政策、国家助学贷款政策等其他再分配政策执行过程中,前文提到的"执行短缺""政策扩大化""政策外溢""政策变异""政策截留"等现象都不同程度地存在着,只不过具体的表现形式不同。例如在农村医疗保障政策中,"执行短缺"表现为救助面过窄、救助标准过低,以至于一方面是节余了大量的医疗救助基金,另一方面贫困家庭仍然看不起病;"政策扩大化"表现为医疗机构在医疗服务时的"过度医疗服务、大处方",以收取高额的费用;在城市最低生活保障政策中,"人情低保""骗保"等"政策外溢"现象普遍存在,不少地方政府规定低保户有积极参加公益性社区服务劳动的义务,频繁的社区公益活动一方面成为低保户的负担,另一方面也使得低保户产生强烈的"被歧视感"(政策变异);在国家助学贷款政策中,根据中央政策规定,国家助学贷款本金由经办银行全额提供,政府仅承担学生在校期间的贷款利息,以及风险补偿金的50%,然而一些地方政府为规避责任和风险,截留政策,让经办银行和学校承担所有的风险补偿。

与经济适用房政策执行过程相类似,农村医疗救助政策、最低生活保障政策、国家助学贷款政策等其他再分配政策的执行过程也是地方政府、生产商、政策标的群体之间复杂的利益博弈过程:

地方政府是再分配政策的"利益付出者",再分配政策的执行往往意味着地方政府要把本来可以用来发展经济或者自己消费的那部分资金拨付给"无产者",因此会想方设法截留,正如公共选择理论所认为的那样,当政策执行方同时是主要出资方时,总会选择提供偏离社会最优水平,甚至造成其短缺。因此各种再分配政策普遍存在"执行短缺"现象。

生产商(房地产商、医疗机构、银行等)负责公共物品和服务的生产和提供,然而利润最大化的天然属性使得生产商在再分配政策执行过程中必然出现如下行为:一是想方设法从政府那里获取更多的政策优惠和补贴;二是逃避政府和社会的监管,降低公共物品和服务的质量;三是默许甚至鼓励非政策标的群体(往往收入更高并拥有更多的社会资源)参与再分配政策的分配,这样一方面可以规避风险、提高销售收入,另一方面还可以通过这种途径"回馈"权力拥有者,以此换取更多的利益。政府在这一过程中一方面要保障特定水平再分配物品和服务的供给,另一方面又想尽可能节约财政投入,因此往往会默许生产商的各种政策变通行为,使他们通过不正当的途径获得本该通过政策补贴获得的利益。

再分配政策的标的群体往往是社会中低收入阶层,即所谓的"弱势群体",他们既缺乏了解相关信息的渠道,也缺乏"捍卫"自己利益的机会和能力,因而往往"被挤出"再分配政策;而那些收入较高、并拥有更多社会资源的人群却可以以自己的信息、资本、社会关系等资源优势为基础,利用政策执行过程中的漏洞,获得再分配资源的分配资格,获取巨大的额外利益。

（六）结语

中国背景下多案例的比较研究表明,不同政策类型其执行过程确有不同的特点并面临不同的挑战:分配政策涉及的往往是细分的利益,利益空间小,因此是最容易执行的一类政策,如果其政策执行出现了执行偏差往往是由于政策本身的因素造成的,同时如果分配政策的出资者是中央或者省级政府,则一般可以得到较好的执行,否则容易出现"供给不足"的现象;构成性政策在执行过程中受外部环境的影响较小,政策执行能否成功关键在于执行机构本身,特别是不同政府部门和不同层级政府之间的沟通和协调;规制政策往往是对标的群体行为的规范和矫正,执行难度大,影响其有效执行的关键因素:一是规制对象——其对政策的认同程度、其行为习惯与政策目标之间的差异、其内部差异性等,二是能否有效控制规制者与被规制者之间的建立在权钱交易基础上的合谋;再分配政策往往涉及利益和财富的转移,从而产生出巨大的利益空间和诱惑。政策执行者、生产商和公众等利害相关者会围绕此利益空间展开复杂的利益博弈。在现有的制度背景下,由于中下层公众缺乏利益整合和表达的途径,同时既不能用手投票也很难用脚投票,因此博弈的必然结果是地方政府、房地产商和社会中上阶层在博弈中获胜,共同瓜分再分配政策中所蕴含的巨大利益,导致政策执行失效。当然这些还仅仅是暂时的研究结论,其恰当性如何还需要更多的案例研究加以验证和修正。

作者简介

魏姝,女,博士,教授,博士生导师。1988 年考入南京大学政治学系,1995 年获法学硕士学位,毕业后留校任教至今。2000 年至 2001 年,美国伊利诺大学(UIUC)访问学者,2003 年获法学博士学位。现任政府管理学院院长助理,澳门科技大学行政与管理学院兼职教授。

研究方向为公务员制度、公共政策。开设课程有《公共行政学》《国家公务员制度》《公共政策学》《公共政策分析》等。

（原文发表于《南京社会科学》,2012 年第 5 期。本书在引用时,事先征得了作者的允许。）

相关研究 7-2:公共政策工具的类型、功能、选择与组合——基于我国城市房屋拆迁政策演变的分析

摘要:政策工具作为公共政策研究的新兴领域,目前尚未形成具有共识性的研究视角和完整的知识体系。以具体的公共政策实践为背景进行这方面的深入研究是一个可取的研究途径。基于我国城市土地征用、房屋拆迁政策在演变中因政策工具的调整改进而产生良好政策绩效的案例分析,如果以公共治理者与政策目标群体的互动关系为视角,则可将符号劝服、建立能力、提供学习等作为划分政策工具类型的"次

政策工具"的特征标准；若以政策工具的本质以及使政策标的群体自觉顺服所形成的政策过程连续体的角度来审视，则可概括出政策工具分别承载着传达政府政策规划愿景、沟通消除政策争议、解决特定公共问题、提升政府治理形象等四方面的功能；而以政策工具并非一个纯技术的行为过程为研究角度，又可观察到政策工具选择的合理性应当包含政策工具选择结果的可接受性以及政策工具选择过程的民主性与科学性两个层面的要素；最后，以政策绩效为观察视角，则可以合理地得出消除管制性政策工具负面效应的工具组合规则。

关键词：政策工具；次政策工具；政策工具选择及组合；城市房屋拆迁

（一）引言

随着人们对公共政策和公共治理兴趣的提升，国内外实践界和学术界对公共政策工具或称公共治理工具的研究也日趋兴旺。公共政策工具的研究大体包括工具类别、工具特质、工具选择、工具绩效等几个方面。但从目前已有的研究来看，这几方面的研究是不平衡的。人们将较多的精力放在工具类别及其特征上，被广泛引用的大多是国外一些学者的研究成果。[①] 至于政策工具的选择、组合及其绩效的研究则很少见。

不仅如此，对政策工具上述几个主要方面的研究还存在相互分散、割裂的现象。政策工具研究中的若干方面并非是各自分开的，它们之间存在一定的内在逻辑关联。由于政策工具的选择总是在特定的脉络背景中进行的，决策者并非是毫无限制地从工具箱中随意挑选某些工具就能加以运用，其中，不同政策工具的特性、效能对其工具选择有较大的影响。因此有关政策工具属性特征及功能效果的研究就可视为是为政策工具选择服务的。而政策工具的选择组合又决定着政策工具的绩效。因此，在某种意义上可以说政策选择是整个政策工具研究及其知识结构的核心。

但是目前针对政策工具选择的研究在政策工具的选择究竟应当考虑哪些影响因素才可以优化选择结果以保证政策工具的有效实施方面，大多数研究者仍无共识。并且，从已有的关于政策工具选择的标准与影响因素的研究结果来看，这些研究只是反映了单个的自变量（工具选择的影响因素）与因变量（某些类型的政策工具的特性）之间的关系，而并未完全呈现自变量之间的相互关系对政策工具选择的作用。

政策工具选择的自变量之间的相互关系对政策工具选择作用的深入研究，势必要求加强对政策工具的优化组合，即政策工具之间的协调性与互动性进行更为深入的探究，以此来让政策分析者和决策者避免各种政策工具自身的局限性，更自觉的建立起政策工具间组合补充的原则，形成政策工具的有效组合体系。而这正是当前政

---

① 美国公共政策学者欧黑尔 1989 年在《政策分析与管理学术期刊》上（*Journal of Policy Analysis & Management*）提出了一种以政府作为（A Typology of Government）为标准的政策工具分类。他列出了 8 类政策工具。政府直接介入的有 4 类：去做（To make）、去买（To buy）、禁止（To prohibit）、强制（To oblige）；间接介入的有 4 类：征税（To tax）、补助（To subsidize）、告知（To inform）、呼吁（To implore）。参见丘昌泰等合著《政策分析》，空中大学印行，2001 年版。还有学者依据政府使用政策工具的强制性程度高低，将政策工具分为自愿性、强制性和混合性 3 大类别。参见迈克尔·豪利特、M. 拉米什（Michael Howlett, M. Ramesh）：《公共政策研究》，生活·读书·新知三联书店，2006 年版。

策工具或者说政策工具选择研究中所特别欠缺的方面及领域,因此,在当前政策工具研究逐渐兴起,并围绕政策工具究竟该如何选择的主题进行焦点探寻的背景下,建构并规范政策工具的分类,了解并阐释政策工具的功能,强化政策工具间的互动性与协调性,探寻相应的政策工具间优化组合的原则及规则则成为当前政策工具研究需进一步努力的方向。也正好是本文依托我国城市土地征用、房屋拆迁政策这一现实层面进行政策工具系统研究的主要取向及议题。

公共政策是一项应用性极强的活动,相应的,公共政策工具的研究必须依托具体的公共政策案例来进行。选择何种政策案例作为实证基础来展开政策工具尤其是其选择组合方面的研究是大有考究的。最理想状态就是可以找到同一种公共政策,其他条件相同,但因为政策工具的选择组合不同而出现不同政策绩效的案例。要找到这类政策活动的案例是很难的,但可以找到与这种要求相近的案例。其中,最有研究分析价值的就是城市房屋拆迁的政策。

2011 年 1 月,《国有土地上房屋征收与补偿条例》在广泛征求民意的基础上终于"尘埃落定",取代了 2001 年制定、前后实施十多年而频频引发拆迁暴力的《城市房屋拆迁管理条例》。在将"拆迁"更改为"征收"的新的政策体系下,拆迁或者说征收中不应再有的"暴力"之声虽未销声匿迹,但相较于过去在旧的拆迁政策下所引发的矛盾纠纷、群体事件,就其数量而言,现今的城市拆迁所引发的矛盾纠纷已经明显减少。[①]与新政策实施前的十多年相比,城市土地重用和房屋拆迁不再是媒体舆论关注的重心。显然,在此项拆迁政策修改的过程中以及现今征收政策有效实施的结果中,隐含的是政府在政策工具选择组合方面的反复考究,它也更为清晰地展示了政策工具选择组合本身是一种持续不断的过程,对某种类型工具是否执行、是否废止、是否会赋予新的实质内容,皆会因相关因素而发生改变,这些改变最终会导致一种新的政策执行绩效。

以我国城市房屋拆迁政策到城市土地征用政策的更替的政策案例为依据,结合当前政策工具研究中需要进一步探究的取向及议题,本文将探讨将以下几个问题:第一,公共政策工具的类型可作何种新的划分?以此为前提,政府在现今的城市因土地征用而进行的房屋拆迁中选择使用了哪些类型的政策工具?第二,政策工具的功能有哪些?从城市房屋拆迁政策的实施中可以对每种政策工具功能作何阐释?第三,政策工具选择的合理性包含哪些要素?城市房屋拆迁政策执行中政策工具的选择是否具备合理性?如果是合理的,其政策和工具选择及组合的规则又是什么?

(二)公共政策工具的类型:建构与应用

1. 公共政策工具类型的建构

资源是任何政府治理活动中所不可缺少的,换言之,政府进行政策执行必须要投入一定的资源,方能达成既定的政策目标。有些学者将政策执行的资源概括为人力、

物力、财力、设备、技术、资讯、权威、机关等，这些属于政府管理部门自身所拥有的物质性、实体性的资源，但政府通过一些制度的安排（比如社会动员、合作制度等）能为自身获取为其所用的"非政府资源"，比如市场机制、非政府组织、民众个人的力量，等等，①后者更多地表现为是通过制度安排能够加以利用的资源。无论是政府自身拥有的物质性资源，还是通过制度安排途径获取的非政府资源，皆是政府达成政策目标的依赖途径，因此也属于政府所能设计及选择的政策工具的范围。所以，以"资源"作为政策工具的分类标准，既具有理论对话与现实沟通的可行性，亦符合类型学研究中有关找寻观察对象共识属性的要求。

首先，我们可以以"资源"作为政策工具的分类依据，依此可将政策工具区分为：管制性政策工具、经济性政策工具、信息性政策工具、动员性政策工具及市场化政策工具，每类工具分别包含"次政策工具"，即具体的工具形式。② 其中，管制性政策工具以权威资源为主，包含直接提供、法律规章、制裁的具体形式；经济性政策工具以金钱诱因为主，包括征税、补助、贷款、拨款及奖励；信息性政策工具以信息沟通为主，包括发布公告、劝诫、教育、行销、广告及宣传、网络论坛；动员性政策工具以组织机构为主，包括公私部门间关系、公共部门间关系、志愿者组织、家庭、社区；市场化政策工具以制度化资源为主，包括颁发许可证、保险、合同承包、特许经营、有价证券、股权投资、产权拍卖、用者付费、凭单制。

其次，可以将政府为让政策目标群体对政府政策的自我顺从而采取的行动作为政策工具分类的标准。政府治理的正当性源自于主权者即公众的托付，政策目标群体对公共政策实施的自我顺服是巩固政府治理正当性的内在要求。从这一维度出发，每一种具体的政策工具形式是以建立政策目标群体的能力，还是仅以告知政策目标群体信息，或是以促进治理者与政策目标群体的互动学习为目的，则会形成每一种具体政策工具形式之间的差异。为了分析及界定每类政策工具中的"次政策工具"存在的特征差别，还需从政策目标群体的行为假定中将建立能力、符号劝服、提供学习作为区分"次政策工具"的特征标准，将次政策工具区分为建立能力、符号劝服、提供学习三种类型。

再次，可以以政策工具的正式性规定及正式性使用为依据，将政策工具区分为正式的和非正式的不同类别。"当我们关注工具的时候，常常会忽视那些在政策制定过程中没有被提及然而在实践中经常被使用的非正式工具"，③比如支配、说服、谈判、拉拢及各种交易手段，同时，实践中正式政策工具亦会因为政治博弈的驱动而被非正式的运用，项公共政策目标的达成往往是正式工具与非正式工具的交互使用。所以，从周延研究范围的角度，必须将这些常用的非正式工具纳入政策工具的分类中。

在政府的治理活动中，需要和可以使用的政策工具是多种多样的。但已有的关

① 参见唐贤兴："中国治理困境下政策工具的选择——对运动式执法的解释"，《探索与争鸣》，2009 年第 2 期。

② 政策工具本身是一个体系。更为细致的划分可以区分出将政策工具的表现形式、使用手段等等。相对于政策工具而言，这些形式和手段就是"次政策工具"。

③ B. 盖伊·彼得斯、弗兰斯·冯尼斯潘："公共政策工具——对公共管理工具的评价"，顾建光译，中国人民大学出版社，2006 年版，第 205 页。

于政策工具类型的研究,可能是出于纯学术阐述的习惯,或者是脱离具体的政策活动的缘故,所得出的政策工具类别都过于简单。联系实际的政策活动案例,就可以从不同的角度区分政策工具类型。经过分析概括,最终可以形成具体的政策工具分类体系,它构成了现代政府治理活动中常用的"政策工具箱"(见下图)。

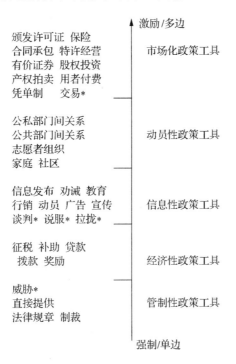

图7-7 公共政策工具的分类(政府政策工具箱)
资料来源:作者自行整理(注:加"*"为常用之非正式工具)。

2. 公共政策工具分类的应用

运用上述所建构的政策工具类型体系可以来分析城市房屋拆迁政策演变所包含的政府政策调整设计的意图与特征。旧的城市房屋拆迁政策之所以引发诸多矛盾冲突,固然与我国城市扩展速度过快、地方政府又过度迷恋土地财政有关,但从政策工具的使用上,也可以看出新旧政策发生的改变。从《国有土地上房屋征收与补偿条例》及各地方政府制定的具体征收政策中,可以看出政府主要选择使用了下列的政策工具。一是重视使用信息性政策工具,即以信息沟通为主,具体采用了征收公告、征收补偿方案公示、行政裁决公示制度、征收听证制度等。二是使用了经济性政策工具,即以物质诱因为主,具体采用了货币补偿、搬迁及停产停业补助费、搬迁奖励等。三是使用了管制性政策工具,即以权威资源为主,具体采用了为困难户直接供给周转房、提供相应的住房保障,限定地方政府征收项目的公共利益范围、废除行政强制拆迁采取司法强制征收等。四是使用了组织性政策工具,即以组织机构为主,本应包括志愿者组织、家庭及社区,但在具体的城市拆迁中则表现为各地方政府成立的拆迁工作领导机构等。五是以制度安排获取资源为主,通过市场运作来解决征收相关问题的市场化政策工具,具体表现为招收土地及产权拍卖。

当某项政策出台付诸实施时,政府需要掌握和配置的政策工具必须是多样的,并且是细微的,这样才能发挥出政策应有作用,让政策真正得到贯彻落实。就此而言,2011 年新的土地征收条例出台后,地方政府在城市拆迁中由于选择了多元政策工具,形成了信息性政策工具、经济性政策工具、管制性政策工具、组织性政策工具及市场化工具的第一层次组合。同时,每一大类政策工具又配以更加具体、细微的次工具形式,形成了第二层次的政策工具组合。在这种政策工具的网络中,政府部门在明确的针对具体议题提供翔实与动态的政策信息的基础上,透过可进行意见沟通的"公共场域",累积治理者与标的群体知识与智慧,达成治理共识的能力建立与互动学习。不仅可以防止因信息不对称,或沟通不力而酿成政府的野蛮强拆和公众的群体抗争集体拒拆,还可以借助多元、细微的政策工具的使用,形成政府和公众的有序、平等的论争,让不同的政策利害关系人都能参与其中,最终形成每一项具体的土地征收和随之产生的房屋拆迁变成政府和公众的双赢局面。

（三）公共政策工具的功能：实证层面的阐释

尽管国外学者萨拉蒙从强制性、直接性、自治性及可见性四个维度概括了政策工具的功能属性,但从"达成政策目标的手段及方式"的政策工具的本质而言,每种政策工具的功能都应承载政府政策目标的内涵。而政府政策目标的实质又在于展现政府的自主性、突出政府的职能性,以促使目标群体主动顺服。依据政府为了使目标群体自觉顺服所形成的政策过程连续体的逻辑,联系城市土地征收和房屋拆迁政策,可将政府政策目标的内涵具体化为:传达政府政策规划的愿景、沟通消除政策争议、解决特定公共问题、提升政府理政形象四个方面。政策工具正是承载并体现着这四个方面的功能特征,在实践层面展现了自身所偏重的主要功能属性。

1. 传达政府政策规划的愿景

为使目标群体顺服,政府首先应当让政策对象认知理解政府长期的政策规划愿景,而信息性工具的主要功能正在于此。信息性工具不具有任何的强制力与约束力,是政府通过信息平台由目标群体自由选择接受的一种工具类型,它以理性解释、感性劝服和相互认同等柔和的方式影响和改变目标群体的观念和行为。在现行的城市土地征收和房屋拆迁政策中,政府已经超越了传统的"征收公告"的符号劝服工具形式,采用网络平台(政府官方网站)向公众传达政策意图和政策愿景。

2. 沟通消除政策争议

在政策过程中,政府的政策的产出意味着打破原有的利益结构,重新分配各方的利益或价值,因而容易在政策利害关系人中激发程度不一的政策争议。消除政策争议及政策质疑,增进政策各方对政策认同的方式可以是提供交流沟通的决策场域,容纳更多的意见表达,促进决策过程的公开透明化;或是政府对已制定的政策进行广泛详尽的解释与说明。以信息传播沟通为主体的信息性工具,尤其是其互动学习型工具形式,即网络论坛具有资源共享的平台、可超越时空限制,进行多向互动,给予目标群体自由的选择控制,利于政府与公众的沟通。从现行的城市拆迁政策工具选择方案来看,被征收人的意愿得到了应有的尊重,信息性政策工具运作所形成的一种利益沟通机制,使得地方政府在征收决策与实施的过程中,充分听取公众与被征收人的意见,调动被征收人主动参与公益性征收的积极性,将征收可能产生的矛盾消除化解于萌芽之初。

另外,以家庭、社区等自愿性组织形式为主体的动员性工具利于政府通过第三方对政策进行解释与宣传,减轻政府负担。比如,2009 年重庆市在"危旧房"改造拆迁过程中,充分发挥社区组织的作用,其中以重庆市石井坡街道团结坝社区组织的拆迁模式最为典型,该社区针对因拆迁引发的居民家庭矛盾和产权纠纷增多的现实状况,社区"两委会"、社区综治工作站在动迁前组织专场社区律师法律咨询服务活动为拆迁居民排忧解难,并为此专门成立了"拆迁互助组",帮助拆迁居民能找到理想的安置房、过渡房。[①] 社区作为一种治理工具承载并实现了政府与公民之间间接对话的意义,满足了地方民众需求的规范性构想,比政府或市场本身更能有效地输送政策信息及协调政策争议。

3. 解决特定公共问题

政府管制的目标在于从公共利益立场出发,纠正市场失灵下发生的资源配置的非效率性和分配的不公正性,以维护社会秩序和社会稳定。[②] 因此,依托于政府权威命令的管制性政策工具,对目标群体具有较高的强制性,并且直接作用于管制对象产生直接的再分配效益,特别是针对那些超越政策法规之外的,危及社会秩序与社会稳定的公共问题,可以实现其他政策工具所无法达到的在短时间内快速有效解决问题的功能。

在现今城市土地征收和房屋拆迁中,如限定地方政府征收项目的公共利益范围、废除行政强制拆迁采取司法强制征收等,这些政策工具具有明显的权威性质,具体的征收实施单位接受政府委托后,可以合法的名义行使政府的意志及行为,在政府的征收项目符合公共利益的前提下,被征收人在房屋的拆与不拆问题上没有绝对自由选择的余地,被拆迁人可选择的规避措施也相应减少,地方政府则可付出极少的直接成本就能加以正常拆迁。

而对于极少数无理取闹型的"钉子户"影响公共利益征收项目进程的问题,司法强制拆迁的政策工具则是地方政府解决此问题必备的政策工具选项。但由于管制性政策工具是直接作用于政策标的群体的,没有经过市场或社会第三方的间接的缓冲作用过程,因此,管制性工具功能展现的前提必须是政策方案具备合理性,否则极易遭受政策标的群体的直接抵制,而引发不良后果。

4. 提升政府理政形象

何种政策工具更具备提升政府治理和理政形象的功能?从理论上讲,信息性工具因其强制性弱,并呈现政策双方互动的平台而更兼具提升政府治理和理政形象的功能。但从目前实施的城市土地征收和房屋拆迁政策的具体实践中,可以看出经济性工具及市场化工具亦可为政府争取广泛的群体支持。例如,安徽省定远县在当地"城中村"改造建设项目中实施了"项目开发效益共享型"[③]的征地拆迁安置模式,将征地拆迁安置区域与园区发展规划相结合,并将以前集体土地性质的宅基地转换为国有土地性质的住宅用地,土地的增值收益由被征收人享受,而非像以往那样由政府独享。这种市场化运作的方式及经济补偿手段化解了征地拆迁安置中普遍存在的补

---

① 参见 http://www.cq.xinhuanet.com/news/2009-07/20/content_17144601.htm.
② 潘伟杰:《制度、制度变迁与政府规制研究》,上海三联书店,2005 年版,第 34 页。
③ 孔令强:"项目开发效益共享型征地拆迁安置模式探析",《生产力研究》,2007 年第 16 期。

偿标准不统一、安置房偏远增加居民生活成本导致"因拆致贫"的问题,同时更为主要的是给予被征收者项目市场运作的收益索取权,弥补了其所共同承担的项目开发带来风险成本,将政府追求利益可能产生的各种外部效应内部化,平衡了征地拆迁中的利益格局,建立并增强了政府的社会资本。

以上对政策工具功能的阐释仅是对每种工具可能偏重的功能层面所进行的浅层探索,并非每种工具仅具有对应的某一种功能而已,并且某种功能的达成往往也是工具组合合力的结果。

(四)公共政策工具的选择及组合:一个分析框架下的规律探寻

1.公共政策工具选择的合理性:一个分析框架

政策工具选择并非是一个纯技术的行为过程,它也是公权力行使的过程和不同价值偏好与利益诉求的表达和博弈的政治过程,其选择结果的确定意味着不同利益主体之间事实结果的相互妥协和价值取向的共识达成。然而,价值取向一致性的达成并不像事实问题那样,在大多数情况下有真伪对错的标准,而更多的是个体的偏好或取向的问题。[①] 在政策工具的选择过程中,对于具有不同价值取向的个人来说,选择的工具结果会不同。但在当前影响决策者合法性地位的公平正义的压力下,作为决策本身的政策工具选择要获得合理性,就必须首先在价值取向上不能偏离公共常识,要致力于实质合理性,即价值合理性资源的开拓,使政策工具选择的结果在一定程度上符合政策标的群体的利益诉求与价值取向,从而具备事实上的"可接受性"。

然而政策工具选择结果的可接受性,在某种意义上,需要过程理性的配合才能增强政策工具选择的公共性和被认可的程度。因此,政策工具选择过程的理性化在于提供一个可供各方信息交流、知识转换、共识达成的互动程序,将价值问题转换为程序问题,通过程序技术在政策工具选择过程中吸纳广泛的多元主体参与,以检索更多关于政策工具选择的可能性信息,以满足现代民主社会对国家治理所要求的决策过程的科学性与民主性,而不是简单的只考虑目的与手段的整合。

因此,政策工具选择合理性的评判包含两个层面的要素:一是政策工具选择结果的可接受性,二是政策工具选择过程的民主性与科学性。政策工具选择结果的可接受性所要评价的是政策工具的选择观念是否符合公共常识,是否与政策标的群体的利益倾向相契合。政策工具选择过程的民主性与科学性所要评价的是政策工具选择是否经过了合理的程序,这种程序技术是否提供了"多元的、分散的决策基础信息与公众偏好的结构"[②],并且工具之间的组合是否具备技术层面的协调性与互动性的科学性意义。

毫无疑问,国内外诸多学者基于不同的立场、不同的研究路径已对政策工具选择进行了广泛研究,得出了关于政策工具选择的不同标准及影响因素。但以多数提及的原则对其加以归类,可以发现工具自身的属性特征、国家制度环境、政策标的群体、

---

① 王锡锌:"专家、大众与知识的运用——行政规则制定过程的一个分析框架",《中国社会科学》,2003年第3期。

② 王锡锌:"行政决策正当性要素的个案解读",《行政法学研究》,2009年第1期。

政策目标是相对认可的影响政策工具选择的因素和标准,而这四个共识性要素可形成的对政策工具选择的基本认知是:政策工具选择是在一定经济政治制度背景下,在目标群体顺服基础之上的政策工具属性与政策目标相互匹配的过程。而目标群体的顺服实质亦是政策工具选择结果的可接受性问题,而宏观的经济政治制度背景也势必要求对政策工具选择做出的过程的民主性与技术科学性的评判。

2. 公共政策工具的选择及组合:规则探寻

如前文所述,我国地方政府在实施现行的城市土地征收和随之而产生的房屋拆迁的政策过程中选择了多元工具,形成了信息性政策工具、经济性政策工具、管制性政策工具、动员性政策工具及市场化政策工具的组合。从拆迁流程的具体阶段来看,在拆迁决定阶段选择的管制性工具及信息性工具的组合形成了该阶段所需的利益约束机制,在拆迁补偿安置阶段选择的管制性工具、信息性工具、市场化工具及经济性工具的组合形成了利益补偿机制及利益引导、表达机制。在拆迁具体实施阶段选择的管制性工具、信息性工具、市场化工具及动员性工具的组合形成了政府解决问题所需的利益表达机制、利益调解机制及利益组织机制。

这些政策工具的设计、选择及组合具有“结果的可接受性”。一方面,这种选择及组合趋向于国际通行的征收法制观念,与国外以土地私有制为主体的成熟的市场经济国家在拆迁立法理念中确立的利益补偿的社会制约机制、民主协商机制、动态平衡机制相比,我国现行的土地征收和房屋拆迁政策的政策工具组合形成的各种机制则在保护弱势群体,促进社会和谐方面更突出地做出了人性化的回应。例如,要求房屋征收应先补偿后搬迁,禁止采取暴力、威胁或者中断供水、供热、供气、供电和道路通行等非法方式迫使被征收人搬迁;规定补偿标准包括土地使用权的补偿,对生活水平低下的弱势群体优先提供社会住房保障,使搬迁更加公平,确保被征收人的居住条件有改善、生活质量不受影响,拆迁方案的听证制度也给予了被拆迁人制约地方政府拆迁行为的监督机制,从根本上体现了以“以人为本”科学发展观精神回应标的群体的利益价值诉求的理念。另一方面,这种政策工具选择的结果使城市土地征收和房屋拆迁形成了政府作为征收主体的新拆迁模式。这一新模式,将政府的拆迁定位为纯粹的公共利益,地方政府不参与具有较高市场性质的商业拆迁行为,确立了“政府主导为主,市场力量为辅”的供给模式。这种“政府+市场”的混合供给模式突出地表现为政府责任的归位。在新模式下,政府不再是独立于拆迁补偿法律关系之外的第三方,而是具备征收权力并实施权利与义务、责任相统一的拆迁与补偿的主体,符合标的群体对政府角色职责的诉求。

城市拆迁政策工具选择结果的可接受性与其选择过程的民主性与技术的科学性相辅相成。其民主性在于现行城市土地和房屋拆迁政策工具的选择打破了我国传统政策制定过程呈现的由政治系统内部权力精英确定的“内输入”特征,而由社会公众共同参与;其科学性在于将不同类型的政策工具按照一定的逻辑顺序进行互补式组合。这种组合的逻辑规则特点主要表现为政府以“房屋征收与补偿应当遵循决策民主、程序正当、结果公开的原则”,将信息性工具与经济性工具前置于管制性工具之前,要求“市、县级人民政府应当将征求意见情况和根据公众意见修改的情况及时公布。因旧城区改建需要征收房屋,多数被征收人认为征收补偿方案不符合本条例规定的,市、县级人民政府应当组织由被征收人和公众代表参加的听证会,并根据听证会情况修改方案",避免了自身合法性较低的管制性政策工具过往运行中所支付的较高的说服成本以及因强制拆迁管制性工具的运行而未能如期完成拆迁导致出现拆迁"交易失灵"现象所衍生的有形无形的机会成本、社会成本及效用成本。①

以此而言,尽管20世纪80年代以后西方欧美国家质疑管制性工具,提倡放松或解除管制,但在涉及"刚性"的公共利益及目标群体素质差异的境况下,可通过调整管制性政策工具与其他不同类型政策工具之间的组合程序,克服管制性工具的局限性,建立行动者之间的互动联系,形成对话沟通的共识,进而累积政府推行政策的社会资本,消除管制性工具的负面效应,增强政策合法性和执行效率。

（五）结语

如何将政策愿景转变为实践操作的政策工具研究在当前政府政策执行问题变得日益复杂的境况下,就增进政府政策制定和实施的质量改进而言,具有重要的实践价值。本文以政府政策目标的本质是达成政策标的群体的自觉顺服为基石,对政策工具的类型、功能、选择及组合分别进行了理论建构及实证阐释,以"资源"为标准将政策工具分为管制性工具、经济性工具、动员性工具等五大类,并以公共治理者与政策目标群体的互动关系,将符号劝服、建立能力、提供学习作为区分"次政策工具"的特征标准;以为了使目标群体自觉顺服所形成的政策过程连续体的逻辑,认为政策工具分别承载着传达政府政策规划的愿景、沟通消除政策争议、解决特定公共问题、提升政府理政形象四个方面的功能;以政策工具并非一个纯技术的行为过程为起点推论政策工具选择合理性的评判应包含政策工具选择结果的可接受性以及政策工具选择过程的民主性与科学性两个层面的要素,并对城市拆迁政策工具选择的合理性进行评判,得出了将信息性工具与经济性工具前置于管制性工具之前,可消除管制性工具的负面效应,增强其合法性和效率的工具组合的规则。无论是理论建构还是实证层面的阐释都足以说明作为政府治理手段的政策工具不再是决策者或是政府单方"由上而下"的价值传播的路径,而必须做出"由下而上"式的工具选择及调整。

本文只是结合一项具体公共政策在调整更替前后政策绩效发生变化的实证分析,对政策工具的类型、功能、选择、组合做了探索。政策工具的研究是一个大的课题,希望我们的研究结果能对今后的更深入研究产生推动作用。

作者简介

徐媛媛,公共政策学博士,江苏师范大学管理学院副教授。

（原文发表于《南京社会科学》,2011年第12期。本书在引用时,事先征得了作者的允许。）

---

① 参见《国有土地上房屋征收与补偿条例》总则和《国有土地上房屋征收与补偿条例》第11条。

七、课程案例

课程案例7－1：阿斯旺水坝的综合评估

阿斯旺大坝的设想和兴建

早在20世纪初就有一些专家建议，埃及可以在尼罗河上游修建高坝，从而调节河水流量，并扩大灌溉面积。旧的阿斯旺大坝最早于1898—1902年建造，用于灌溉和发电。20世纪50年代，当时的埃及（阿联）政府制定了雄心勃勃的经济发展计划。由于埃及人口增长很快，年增长率达到3％，可利用的自然资源却非常有限，于是，埃及政府希望通过修建尼罗河新的高坝，开发新的资源以推动经济发展。到60年代，旧的大坝已不能适应土地灌溉和电力供应的需要，于是埃及政府决策在旧坝上游6公里处修建现在的阿斯旺水坝。

当时的埃及政府和水利专家们认为，修建尼罗河新高坝（阿斯旺水坝）是一箭数雕的高明之举。首先，水坝既可以控制河水泛滥，又能够存储河水，以便在枯水季节用于灌溉及其他用途。埃及的可耕地主要位于尼罗河两岸以及尼罗河三角洲的洪泛区，高坝建成后可以大幅度扩大可灌溉的耕地面积，以适应迅速增长的人口需要。其次，水坝建成后可以形成巨大的发电能力，为工业化提供充裕而廉价的能源。再次，修造水坝所形成的巨大水库及对下游水位的调节，可以发展淡水养殖及内河航运。

阿斯旺水坝工程的效益

埃及政府在苏联的资金和技术援助下，于1959年完成了阿斯旺水坝工程设计，1960年破土动工，5年后水坝合龙，1967年阿斯旺水坝工程正式完工。这个水坝是当时世界上最大的高坝工程。它高112米，长5千米，使用建筑材料4300万立方米，相当于大金字塔的17倍，为世界七大水坝之一。高坝建成后，将尼罗河拦腰切断，在高坝上游形成了一个长650千米、宽25千米的巨大水库。水库横跨埃及和苏丹，长500多公里，平均宽12公里，面积6500平方公里，是世界第二大人工湖。在埃及境内的水域称为纳赛尔湖。

1970年7月21日，加马尔·阿卜德尔·纳赛尔梦寐以求的横跨尼罗河的大工程上的最后一部发动机投入运转，阿斯旺大坝竣工了。人们把这一成就主要归功于苏联人。他们在这项工程上耗资数亿美元。派出了5000名俄国工人帮助修建。在这座6400英尺长的水坝的正式落成仪式上，苏联大使诺格拉多夫面带笑容。

在这项工程完工之前，阿布辛贝尔庙和4座拉美西斯雕像被加高了200英尺。这样它们才不会被淹没。阿斯旺水坝建成后防止了尼罗河的泛滥，两岸得到了灌溉的便利。大坝水库的巨大容量不仅调节了下游流量,防止了洪水泛滥,还利用蓄积的水量扩大了灌溉面积,因此,近100万公顷的沙漠得以被开垦成可耕地。

到1970年,坝内安装的12台水电发电机组全部投入运转。水坝电站每年发电80亿千瓦时,解决了埃及的能源短缺问题。可以说,当时埃及政府修建阿斯旺大坝的预期目标,都一一实现了。人们为纪念修建阿斯旺高坝而建造的纪念塔,它似一顶皇冠,象征阿斯旺高坝无与伦比的巨大工程。

阿斯旺水坝工程负面效应

然而,由于当时人们认识上的局限,低估了水库库区淤积的严重性,因而对大坝工程可能的效益过于乐观。兴建大坝时形成的巨大的纳赛尔湖,由于泥沙的自然淤积,水库的有效库容逐渐缩小,从而导致水库的储水量不断下降。

大坝工程的设计者未能准确估计库区泥沙淤积的速度和过程。根据阿斯旺大坝水利工程设计,这个水库26%的库容是死库容,而每年尼罗河水从上游夹带大约6000—18000吨,泥沙入库,设计者按照尼罗河水含沙量计算,结论是500年后泥沙才会淤满死库容,以为淤积问题对水库的效益影响不大。可是大坝建成后的实际情况是泥沙并非在水库的死库容区均匀地淤积,而是在水库上游的水流缓慢处迅速淤积。结果,水库上游淤积的大量泥沙在水库入口处形成了三角洲。这样,水库兴建后不久,其有效库容就明显下降,水利工程效益大大降低。此外,浩大的水库水面蒸发量很大,每年的蒸发损失就相当于11%的库容水量,这也降低了预计的水利工程效益。

更为严重的是,埃及政府和工程设计者在建造如此宏伟的大坝时,还忽视了水坝对生态和环境的影响,既没有对此做出认真评估,也未曾慎重考虑生态和环境受破坏后的应对措施。

阿斯旺水坝对生态和环境的破坏

阿斯旺大坝对生态和环境确有一些正面作用。比如大坝建成前,随着每年干湿季节的交替,沿河两岸的植被呈周期性的枯荣。水库建成后,水库周围5300—7800千米的沙漠沿湖带出现了常年繁盛的植被区,这不仅吸引了许多野生动物,而且有利于稳固湖岸、保持水土,对这个沙漠环绕的水库起了一定的保护作用。

但是,大坝建成后的20多年,工程的负面作用就逐渐显现出来,并且随着时间的推移,大坝对生态和环境的破坏也日益严重。这些当初未预见到的后果不仅使沿岸流域的生态和环境持续恶化,而且给全国的经济社会发展带来了负面影响。

首先,大坝工程造成了沿河流域可耕地的土质肥力持续下降。大坝建成前,尼罗河下游地区的农业得益于河水的季节性变化,每年雨季来临时泛滥的河水在耕地上覆盖了大量肥沃的泥沙,周期性地为土壤补充肥力和水分。可是,在大坝建成后,虽然通过引水灌溉可以保证农作物不受干旱威胁,但由于泥沙被阻于库区上游,下游灌区的土地得不到营养补充,所以土地肥力不断下降。

其次,修建大坝后尼罗河两岸土壤出现了盐碱化。由于河水不再泛滥,也就不再有雨季的大量河水带走土壤中的盐分,而不断的灌溉又使地下水位上升,把深层土壤内的盐分带到地表,再加上灌溉水中的盐分和各种化学残留物的高含量,导致了土壤盐碱化。

第三,库区及水库下游的尼罗河水水质恶化,以河水为生活水源的居民的健康受到危害。大坝完工后水库的水质及物理性质与原来的尼罗河水相比明显变差了。库区水的大量蒸发是水质变化的一个重要原因。另一个原因是,土地肥力下降迫使农民不得不大量使用化肥,化肥的残留部分随灌溉水又回流到尼罗河,使河水中的氮、磷含量增加,导致河水富营养化,下游河水中植物性浮游生物的平均密度增加了,由160毫克/升上升到250毫克/升。此外,土壤盐碱化导致土壤中的盐分及化学残留物大大增加,既使地下水受到污染,也提高了尼罗河水的含盐量。这些变化不仅对河水中生物的生存和流域的耕地灌溉有明显的影响,而且毒化了尼罗河下游居民的饮用水。

第四,河水性质的改变使水生植物及藻类到处蔓延,不仅蒸发掉大量河水,还堵塞河道灌渠,等等。由于河水流量受到调节,河水混浊度降低,水质发生变化,导致水生植物大量繁衍。这些水生植物不仅遍布灌溉渠道,还侵入了主河道。它们阻碍着灌溉渠道的有效运行,需要经常性地采用机械的或化学的方法去清理。这样。又增加了灌溉系统的维护开支。同时,水生植物还大量蒸腾水分,据埃及灌溉部估计,每年由于水生杂草的蒸腾所损失的水量就达到可灌溉用水的40%。

第五,尼罗河下游的河床遭受严重侵蚀,尼罗河出海口处海岸线内退。大坝建成后,尼罗河下游河水的含沙量骤减,水中固态悬浮物由 1600 ppm 降至 50 ppm,混浊度由 30—300 毫克/升降为 15—40 毫克/升。河水中泥沙量减少,导致了尼罗河下游河床受到侵蚀。大坝建成后的 12 年中,从阿斯旺到开罗,河床每年平均被侵蚀掉 2 厘米。预计尼罗河道还会继续变化。大概要再经过一个多世纪才能形成一个新的稳定河道。河水下游泥沙含量减少,再加上地中海环流把河口沉积的泥沙冲走,导致尼罗河三角洲的海岸线不断后退。一位原埃及士兵说,他曾站过岗的灯塔现在已陷入海中,距离目前的海岸竟然有 1—2 千米之遥。

综合评估水坝的利弊

在 20 世纪 60 年代阿斯旺水坝兴建时,人们对水坝的认识还是片面的。阿斯旺水坝建成后陆续出现的生态和环境问题当中,有些是设计时预料到但无法避免或无力解决的;有些则是有所预料但对其后果的严重性估计不足的;还有些问题则是完全没有预料到的。直到今天,人们仍然认为,要精确地预测水坝对生态和环境的影响还是相当困难的。由于在兴建水坝前,要判断水坝工程的后果有很大的不可预测性,所以,目前很多国家的公众舆论和学者专家们往往对超大型水利设施的建设持反对或谨慎的态度。

综合评估大坝的利弊并非易事。首先,大坝对生态和环境的影响,很难用资金这个单一标准来综合衡量和测算;其次,目前人类还只是在观测水坝的近期后果,而对水坝的远期影响还很难预测判断,因为有些影响在水坝建成后的几十年内可能还不明显或尚未显露;另外,如何准确可靠地观测生态和环境的变化也是一个难题,例如,河水含沙量、水库鱼产量、水量蒸发率等数据可以比较准确地采集,但是还有很多数据的观测分析还有待探讨研究;还有,究竟以哪些数据信息来对超大型水利设施的效果进行科学公正的评估,如何权衡判断利与弊,到底利多大、弊多深,利能否抵消弊,这些问题尚需深入探讨。到目前为止,世界上所有的超大型水利工程建成后。还没有一处建立起一个完整综合的生态和环境监测系统,上述的困难或许也是原因之一。

例如,从如何评价阿斯旺水坝对流行病发病率的影响这一问题中,就可以看出,综合评估水坝的利弊虽然非常必要,但是十分困难。当年有的专家曾经提出,阿斯旺水坝建成后将会导致血吸虫病患大量增加,主要的理由是寄生钉螺在缓慢的流水中会繁殖迅速。但是,水坝建成后的统计数字却表明,水坝建成前后血吸虫流行指数的差别并不明显,而肠血吸虫则在水坝建成后有增加,具体原因目前尚不明了,但似乎与水坝无关。

然而,流行病发病率不仅受环境因素的影响,还受到其他因素如社会进步、经济发展、人口结构、居住迁移以及医疗卫生水平变化的影响。如果考虑到这些因素,分析大坝建成前后血吸虫流行指数的差别,就显得更复杂了。也许还需要在埃及找到一个经济、社会、医疗水平还停留在 20 世纪 30—50 年代状态的地区,这样才能观察到,在没有明显社会经济进步的情况下,建坝对血吸虫流行指数有什么影响。

实际上,仅仅讨论水坝对生态和环境的影响还是不够的。因为水坝对生态和环境的破坏会转变成对人类社会经济的损害。例如,阿斯旺水坝建成后,尼罗河两岸土地肥力的下降迫使农民不得不大量使用化肥,这大大提高了农业成本,降低了农业收益。1982 年有一位土壤学家估计,由于土壤肥力下降、大量使用化肥农药,使得农业净收入下降了 10%。结果,虽然因为水利灌溉条件的改善,使农作物由一年一季变为一年两季,单位土地面积的年产量增加了,但投入成本增加得更快,导致农民净收入下降。

如果一个水坝已经建成多年,人类该如何面对它带来的种种正面、负面的影响呢? 目前,世界各国民众主要有两种相反的看法。一部分环境保护人士主张废掉水库大坝及发电设施,他们认为,水坝所带来的各种效益与其产生的负面作用相比,是微不足道的。但另一部分人则认为,应该对水坝加以改造,既然水坝已经建成了,只好逐步治理相关的种种问题。从保护生态环境的角度来看,人类应该重视水坝对生态和环境的破坏,积极采取措施、设法减缓这些负面影响,"亡羊补牢,犹未晚也"。但是,也要看到,水坝对生态和环境的破坏,有些是持久性的、难以治理的。所以,当我们在考虑水坝的直接经济收益时,万万不可无视水坝的负面后果。

(资料来源:"阿斯旺水坝的利弊",《阿拉伯世界研究》,1988(2);"阿斯旺水坝的灾难",圣才学习网,http：// yingyu. 100xuexi. com/view/specdata/20121203/e36bafc9‐7a55‐4af7‐b30f‐00a8bb56eaa7. html. 在形成案例时,本书做了一定的调整和改动。)

八、学习思考

基本概念

解释下列政策概念,并尝试译成英语。

政策行动建议

适度倡导

倡导不足

倡导过度

政策行动建议简单模型

政策行动建议复杂模型

政策工具图谱

自愿性政策工具

强制性政策工具

混合性政策工具

政策工具选择的经济学模型

政策工具选择的政治学模型

政策工具选择的综合性模型

基本原理

阅读和观看本章的电子文本、课程课件、经典阅读、知识补充、研究论文,尝试回答下列问题:

政策行动建议的作用是什么?

政策行动建议的特点是什么?

政策行动建议的内容是什么?

政策行动建议的要素有哪些?

阿罗不可能理论的内容是什么,它对政策行动建议分析有什么作用?

自愿性政策工具包括的类别及其总体特征是什么?

阐述家庭与社区作为政策政策工具的优点与不足。

自愿性组织作为政策工具有哪些优点与不足?

市场工具有哪些优点与不足?

强制性政策工具包括的类别及其总体特征是什么?

规制工具有哪些优点与不足?

公共企业作为政策工具有哪些优点与不足?

直接提供作为政策工具有哪些优点与不足?

混合性政策工具包括的类别及其总体特征是什么？

信息与劝诫作为政策工具有哪些优点与不足？

补贴作为政策工具有哪些优点与不足？

产权拍卖作为政策工具有哪些优点与不足？

征税和用户收费作为政策工具有哪些优点与不足？

什么是政策工具选择的经济学模型？

什么是政策工具选择的政治学模型？

什么是政策工具选择的综合性模型？

如何使用目标图形分析技术？请举例说明。

如何使用价值前提澄清分析技术？请举例说明。

如何使用价值评价分析技术？请举例说明。

如何使用成本要素分析技术？请举例说明。

如何使用敏感性分析技术？请举例说明。

如何使用合理性分析技术？请举例说明。

如何使用制约因素图形分析技术？请举例说明。

案例分析

在仔细阅读和观看本章的课程案例、导入案例后，结合前面已经阅读过的与公共政策过程相关的知识，对本章的导入案例和课程案例加以分析，尝试写出案例分析报告。

分析报告必须包括下列内容：

对案例发生的外部环境背景做出描述、分析；

对案例中包含的公共政策的要素和主要过程中与政策行动建议分析的模型、工具选择、使用的技术有关的方面做出阐释、分析；

依据本章的内容对政策的某些要素和主要的过程阶段中与政策行动建议分析的模型、工具选择、使用的技术有关的方面做出评价。

读书笔记

仔细阅读本章提供的经典论述、知识补充、研究论文，围绕经典论述写出读书心得。读书心得应包含下列内容：

经典论述的主要理论和观念；

经典论述表述的理论或观念对中国现实政策过程的解释力度（能够对中国现实的公共政策过程做出很好的解释，只能部分解释，完全不能解释）；

是经典理论与观念不完备，需要做出修改，还是中国公共政策过程需要加以改进？

编写案例

参照本课程提供的第二课堂的经验资料，组成5人左右的学习团队，尝试就中国目前公众与政府普遍关心的、也是值得研究的公共政策实例，按照本章研修的内容，编写出公共政策案例。

好的政策案例应当包括下列内容：

对具体政策过程发生的环境条件进行描述；

对具体政策过程中的主体、价值、工具、资源（不一定都要涉及，只要对与本意内容有关的方面加以阐述）

对具体政策要解决的政策问题的状态及对政策问题的确认（问题情境、问题的诊断与确认）做出描述；

对具体政策的制定、实施、评估与终结（不一定关注所有阶段，只对与本章所关心的阶段或环节）加以详细描述；

将上述的内容以生动故事情节的方式展示出来，让阅读者有身临其境的感受。

要特别关注具体政策过程的公共性、民主性、科学性、有效性。

编写公共政策案例的资料必须是多元的：官方文件、媒体报道、公众（网民博客）评点、学者论述、问卷调查、焦点人物访谈。

为了让阅读者一目了然，印象深刻，可以适当插入图表、图像。

第三编　公共政策管理

　　还在 20 世纪 50 年代公共政策学科刚刚创立的时期,拉斯韦尔就希望人们对这一体现民主和科学精神、需要学者和官员共同合作才能发展的知识领域付出更多精力,进行认真、深入的研究。到 20 世纪 60 年代末 70 年代初,以色列的政策学者德洛尔来到公共政策发源地的美国,将目光更多地投向政策制定过程中有关信息、技术的因素从而重视政策分析时,他曾预言在政策活动中将会出现一个人数众多的职业,即政策分析家。在德洛尔之后,著名政策学家金登提出在政策活动中需要培养对政策过程加以管理的政策企业家。

　　人类的任何公共活动都需要加以管理,公共政策活动也不例外。但以往的公共政策管理因素包括在政策研究和政策分析的活动之中,并没有单独分离出来,更没有得到专门的关注和研究。随着社会公共治理日趋复杂,公共政策活动也日益繁多。政策变迁的速度不断加快,政策的周期性变得更为明显。加上社会转型时期,人们需要和各种创新型、危机型政策打交道。在这种情况下,作为政策活动一个专门领域的公共政策管理就发展起来。

　　目前公共政策管理还处在孕育和初步发展时期。人们主要关心的是两个方面的工作。一个方面是有关公共政策的结构与周期管理,另一个方面是有关创新型和危机型政策的管理。做好这两方面的管理工作,将有助于实际政策过程的运行,有助于政策执行中各类资源的合理配置,也有助于社会转型时期的政策创新和危机的处理。

　　在这一编中,我们将研修下列内容:

第八章　公共政策结构周期管理

　　§1. 公共政策的类别管理

　　§2. 公共政策的结构管理

　　§3. 公共政策的周期管理

第八章 公共政策结构周期管理

公共政策是以执政党组织、政府机构为主的公共部门为解决公共问题而展开的活动。要提升公共政策活动的民主性、科学性、法治性和有效性，除了需要进行公共政策研究和开展公共政策分析以外，还需要对公共政策的领域、结构和周期加以管理。

一、研修的内容

在这一章中，我们将研修下列内容：

§1. 公共政策的类别管理
§2. 公共政策的结构管理
§3. 公共政策的周期管理

案例导入：中央"一号文件"聚焦三农系统配套

中央一号文件

2012 年 12 月 21 日至 22 日，中央农村工作会议在北京举行，中共中央政治局委员马凯主持第一次全体会议，国务院副总理回良玉出席会议并讲话。

2012 年 12 月 31 日，2013 年中央"一号文件"，《中共中央、国务院关于加快发展现代农业，进一步增强农村发展活力的若干意见》正式发布。

中央"一号文件"指的是中共中央每年发布的第一份文件，它在中国全年工作中具有纲领性和指导性的地位。新世纪以来，中共中央已经连续第 10 年发布将重点放在"三农问题"上的"一号文件"。中央"一号文件"，现在也已成为中共中央重视农村问题的专有名词。

5 个"一号文件"

"三农"问题在中国的改革开放初期曾是"重中之重"，中共中央在 1982 年至 1986 年连续五年发布以农业、农村和农民即"三农"为主题的中央"一号文件"，对农村改革和农业发展做出具体部署。这 5 个"一号文件"，在中国农村改革史上成为专有名词——5 个"一号文件"。

1982 年 1 月 1 日，中共中央发出第 1 个关于"三农"问题的"一号文件"，对迅速推开的农村改革进行了总结。文件明确指出包产到户、包干到户或大包干"都是社会主义生产责任制"，同时还说明它"不同于合作化以前的小私有的个体经济，而是社会主义农业经济的组成部分"。

1983 年 1 月，第 2 个中央"一号文件"《当前农村经济政策的若干问题》正式颁布。从理论上说明了家庭联产承包责任制"是在党的领导下中国农民的伟大创造，是马克思主义农业合作化理论在我国实践中的新发展"。

1984 年 1 月 1 日，中共中央发出《关于一九八四年农村工作的通知》，即第 3 个"一号文件"。文件强调要继续稳定和完善联产承包责任制，规定土地承包期一般应在 15 年以上，生产周期长的和开发性的项目，承包期应当更长一些。

1985 年 1 月，中共中央、国务院发出《关于进一步活跃农村经济的十项政策》，即第 4 个"一号文件"。取消了 30 年来农副产品统购派购的制度，对粮、棉等少数重要产品采取国家计划合同收购的新政策。

1986 年 1 月 1 日，中共中央、国务院下发了《关于一九八六年农村工作的部署》，即第 5 个"一号文件"。文件肯定了农村改革的方针政策是正确的，必须继续贯彻执行。

新世纪第一个"一号文件"

时隔 18 年，中共中央总书记胡锦涛于 2003 年 12 月 30 日签署，2004 年 1 月中央下发《中共中央国务院关于促进农民增加收入若干政策的意见》，该文件是改革开放以来中央的第六个关于"三农"的"一号文件"，也是新世纪第一个关于"三农"的"一号文件"。

连续、配套、重点

连续。5 个"一号文件"，是连续支持农村以联产承包责任制为主要内容的改革。10 个新世纪"一号文件"，是连续支持强农惠民增收和建立新农村建设体制。

配套。2012 年 2 月 1 日发布的《关于加快推进农业科技创新持续增强农产品供给保障能力的若干意见》，是新世纪以来指导"三农"工作的第 9 个中央"一号文件"。前 8 个"一号文件"的主题集中在新农村建设，让农民增收。第 9 个一号文件突出强调部署农业科技创新，把推进农业科技创新作为今 2012 年"三农"工作的重点。科技创新驱动，技术推广能力，加强科技培训，改善设施装备。

自 2004 年以来，中央已经连续下发了 9 个"一号文件"，出台了一系列直接有效的强农惠农政策，2013 年中央"一号文件"的主题是创新农业经营体制。对于未来发展农业经营，中央确立的主要基调有五方面：一是扶持一家一户的农民发展专业化、规模化、机械化生产；第二，大力发展农民的专业合作，需要在营销和信贷的合作方面加大改革力度；第三，构建新型农业社会化服务体系；第四，培育新型农民；第五，充分保障农民的土地财产权利。

2013 年中央"一号文件"涉及农村政治、经济、文化、社会、生态各个领域，涵盖了农业投入、粮食生产、农业装备、农业科技、农村市场、农业体制等多方面内容。

重点。5个"一号文件"(1984—1988)主要是推动突破政社合计划体制的农村改革。

10个"一号文件"中的前8个文件(2004—2011)主要解决强农惠农增收问题;后2个文件(2012—2013)主要解决农业经营体制问题。

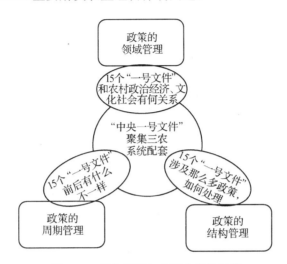

图 8-1 导入案例与本章内容的对应

§1. 公共政策的类别管理

§1.1 公共政策领域类别与管理

经过改革、开放和社会转型,原先结构单一的总体社会逐渐分化出政治、经济、文化、社会、生态等五大相对独立的领域。与此相对应,也出现了五大领域政策:政治领域政策、经济领域政策、文化领域政策、社会领域政策、生态领域政策。

政治领域政策

政治领域政策的内涵。政治领域政策指的是经济上占统治地位或领导地位的阶级及其政党,为调节、处理人们政治关系、政治活动中产生的问题所设立的种种原则、准则、法规的总和。我国现阶段政治政策的任务和目标是全面加强法治建设,实现国家治理体系和治理能力的现代化,规范人们的政治行为,理顺政治关系,合理配置公共权力,监督其合理、合法、有效的运行,从而保证基本政治制度得以坚持,使政治生活民主、稳定、有序。

政治领域政策的类别。现实中的政治政策在习惯上可能是以制度、战略、措施等形式表现出来的。主要有国际战略、外交政策、国防政策、军事战略、安全政策,还有社会分层政策、政党制度、立法制度、选举制度、司法制度、行政制度、公共人事管理与公务员制度、民族政策、一国两制政策,等等。

中国政治领域政策的重点。支持和保证人民通过人民代表大会行使国家权力,健全社会主义协商民主制度,完善基层民主制度,全面推进依法治国,深化行政体制

改革,建立健全权力运行制约和监督体系,巩固和发展最广泛的爱国统一战线

经济领域政策

经济领域政策的内涵。一个社会的经济政策指的是为了解决经济生活中发生的矛盾和失范状态,由执政党和政府部门制定和实施的,以制约人们的经济行为的各种经济规范、准则、措施、策略的总和。我国现阶段经济政策的任务与目标是促进和保障经济增长、经济效率、经济稳定、经济公平、经济可持续发展。

经济领域政策的类别。宏观经济政策是指政府有意识、有计划地运用一定的政策工具,调节控制宏观经济运行,以达到一定的宏观经济目标的政策总和。一般包括充分就业政策、经济增长政策、物价稳定政策和国际收支平衡政策。微观经济政策是指为了提高资源配套效率、调节微观经济行为主体关系的政策总和,主要有价格政策、收入政策、消费政策、就业政策,等等。

中国经济领域政策的重点。加快转变经济发展方式,推进经济结构战略性调整,推动工业化、信息化、城镇化、农业现代化同步发展,完善基本经济制度,深化财税、金融体制、资源性产品价格和要素市场等方面的体制改革。

文化领域政策

文化领域政策的内涵。一个社会的文化政策是指一国执政党组织和政府部门对于文化艺术、新闻出版、广播影视、文物博物等领域进行管理所采取的一整套制度性规定、规范、原则和要求的总和。我国文化政策的目标和任务是坚持社会主义的核心价值观,培育一代又一代有理想、有道德、有文化、有纪律的公民,提高整个中华民族的思想道德素质和科学文化素质,以适应社会主义现代化建设的需要。

文化领域政策的类别。发展文化事业的政策、发展文化产业的政策、发展体育的政策、发展教育的政策、繁荣出版事业的政策、促进科学研究和技术创新转化的政策,等等。

中国文化领域政策的重点。建设和完善社会主义核心价值体系,全面提高公民道德素质,坚持"二为"方向和"双百"方针,丰富人民文化生活,健全现代文化市场体系,增强文化整体实力和竞争力。

社会领域政策

社会领域政策的内涵。一个总体社会的社会政策是指通过政党指导、国家立法和政府行政干预,解决社会问题,增进社会福利的一系列行动准则和规定的总和。社会领域政策的目标和任务是规范社会行为,调整社会关系,解决社会矛盾和冲突,促进社会公正安全,实现社会和谐。

社会领域政策的类别。社会政策一般包括社会管理体制、社会保障政策、文化教育政策、医疗卫生政策、城市规划与住房政策、人口政策等。目前,越来越多的社会政策研究也把就业政策包括在内。

中国社会领域政策的重点。创新社会管理体制,建设现代社会组织体制,形成良好的社会管理机制,建立健全基本公共服务体系、坚持基本公共服务均等化,实施扩大就业的发展战略,推动实现更高质量的就业,统筹推进城乡社会保障体系建设,推

进医疗保障、医疗服务、公共卫生、药品供应、监管体制综合改革,健全全民医保体系,推行全面二孩政策,稳定生育水平。

生态领域政策

生态领域政策的内涵。一个社会的生态领域政策是指政党组织、政府部门制定的一系列保护和利用环境资源的行为原则、法则和措施的总和。生态领域政策的任务和目标是科学的保护和利用环境资源,保障和促进人与自然、人与人、人与社会的和谐共生、良性循环,以求得社会的全面发展、持续繁荣。

生态领域政策的类别。在资源保护方面,主要有稀有资源保护政策、水资源保护政策、海洋资源保护政策、土地资源保护政策、金属资源保护政策、能源保护政策,等等。在环境保护方面,主要有"预防为主,防治结合"政策、"谁污染,谁治理"政策、"强化环境管理"政策以及"环境影响评价""同时设计、同时施工、同时投产使用""排污收费""环境保护目标责任""城市环境综合整治定量考核""排污申请登记与许可证""限期治理""集中控制"等八项制度。

中国生态领域政策的重点。优化国土空间开发格局,全面促进资源节约,加大自然生态系统和环境保护力度,加强生态文明制度建设。

领域政策的统筹协同

传统的领域政策管理是主要是对政治、经济、文化等政策的管理。经过持续的改革、开放和社会转型,到党的十七大,将经济、政治、文化、社会建设"四位一体"的中国特色社会主义事业总体布局,写入了党的章程,致力于中国现代超越和民族振兴。党的十八大报告进一步提出经济建设、政治建设、文化建设、社会建设、生态文明建设"五位一体"的总体布局,致力于实现社会主义现代化和中华民族伟大复兴。国家的治理已经从总体社会的政治、经济、文化、生态四位一体的统筹管理,发展到政治、经济、文化、社会、生态五位一体的协同管理,从而要求对公共政策的管理必须实行政治领域政策、经济领域政策、文化领域政策、社会领域政策、生态领域政策的统筹协同。

§1.2 公共政策层级类别与管理

中央地方基层政策层级体系

中国是一个实行复杂单一制的政治共同体,从中央、地方到基层,政党组织和政府形成五个层级结构,并设有实行一国两制的香港、澳门特别行政区,另外还有因历史原因而形成的台湾地区。

与此相对应,形成了四种有隶属关系的政策层级体系:处在最高层面的是中央政策体系;处在第二个层面的是包括省、市、自治区,和众多省级、地级市在内的地方政策体系;处在第三个层面的是包括县和县级市、乡镇在内的基层政策体系;另外还有直接对中央政府负责的特别行政区的政策体系和台湾地区的政策体系。

中央地方基层多层级政策产出结构

由执政党中央和中央政府制定、采纳并推行的公共政策。这类公共政策一般是以整个国家为背景,以执政党的执政目标、路线和战略为价值取向,以维护广大人民的根本利益和国家的核心利益为宗旨的带有原则性、总括性、普遍性特征的公共政策。这是公共政策多层级产出结构中的第一级产出。

省、市、自治区和省级市、地级市政党组织和政府依据管辖范围内的具体的政策环境和背景条件，对中央的政策做出更符合本地情况的变通和细化，成为能够在地方范围内贯彻实施的政策。这种对中央政策的变通和细化，既可以联系本地实际选择实施的重点，也可以增加一些配套的具体政策。经过地方政府的政策加工形成的能够在地方政府范围内实施的政策，这是政策多层级产出结构中的第二级产出。

县、县级市、乡镇执政党组织和政府依据管辖范围内的具体的政策环境和背景条件，对上级执政党组织和政府的政策做出更符合本地情况的变通和细化，成为能够在基层范围内贯彻实施的政策。这是政策多层级产出结构中的第三级产出。

政党组织政府部门内多层次政策类别

从执政党组织和政府内部的结构层次来划分，可以区分出下列类别的政策。

一是政治政策（political policy）。通常是由执政党提出的长期的或一个时期的战略方针、原则。有时又称为战略性政策、政党政策、基本政策。其特点是统括性、原则性、理想性。

二是政府政策（government policy）。又称为国家政策，由执政党组成的政府所形成的政策主张，其目标在于落实执政党的政治政策。政府政策的特点是较为具体、详细。

三是首长政策（executive policy）。这是行政首长在政府政策的指引下，依据计划的顺序和预算的状况所拟定的实施政策。其特点是计划性。

第四是行政政策（administrative policy）。是指实现政府政策和首长政策所拟定的一系列行动纲领。有时又称为行政措施、行政法规。其特点是详细性、操作性。

政策层级结构的管理

基层、地方的执政党组织和政府要从实际出发，依据中央政策精神，形成符合基层和地方背景条件和具体政策环境的政策产出，并形成相对独立的政策体系。

基层执政党组织和政府的政策体系要服从并配合地方政策体系，地方执政党组织和政府的政策体系要服从并配合中央的政策体系。特别行政区的政策体系首先要服从一国的原则，同时又要有较大的自主性，体现不同制度的特点。

在具体的政府部门中要形成行政政策、首长政策、政府政策和政治政策的层层节制和相互贯通。

依据政策层级形成多种方式的上下连通的政策执行结构：逐级实施的政策执行结构；底层突破，上层支持，全面推广的政策执行结构；顶层设计、底层创新相结合的政策执行结构。

§1.3 公共政策功能类别与管理

政府规制型政策（regulatory policy）

又称政府管制型政策，是指由掌握公共权力的政府及其部门所设立并执行的，禁止个人、集团和组织的某些行为的政策。由于管制者和被管制者之间形成"你得我失"的关系,因此呈现出来的是零和赛局(zero sum game)的政策形态。

在数学上可表示为:$+A+(-A)=0$。

自我规制型政策(self-regulatory policy)

又称自我管制型政策,是指权威部门只规定原则性的规则,由政府部门和政策标的群体自行决定采取行动的政策。

因为不存在管制者和被管制者之间形成的"你得我失"的关系,因此呈现出来的是非零和赛局(nonzero sum game)的政策形态。

在数学上可表示为:$+A+(+B)\neq0$。

分配型政策(distributive policy)

是指由掌握公共权力的权威当局对社会上各种利益集团的利益划分所做出的规范。分配政策的作用在于对不同个体和利益集团的利益加以制约。

由此形成的是"有福大家享,有祸大家当"的关系,因此呈现的是非零和赛局(zero sum game)的政策形态

在数学上可表示为:$+A+(+B)\neq0$。

再分配型政策(redistributive policy)

是指由掌握公共权力的政府当局将利益或义务分配给政府部门或政策标的群体,让其承担义务或享受权利的政策。

这类政策导致的关系是"你得了一分,必然是对手失去一分",呈现的是零和赛局(zero sum game)的政策形态

在数学上可表示为:$+A+(-A)=0$。

功能性政策结构的管理

要让一个总体社会得到科学、民主、公正、有效的治理,就需要制定和实施不同类别的功能性政策。即使是在政治民主获得极大发展的国家,仍旧需要制定和实施规制性政策。在社会转型时期,必要的规制,包括经济规制和社会规制是必不可少的。但是随着宪政法治的推行,规制性的政策会越来越少,自我规制的政策会逐步增多。

在国家走向治理现代化的过程中,分配性政策和再分配性政策的作用将日益突显。制定科学、公正、法治、合理的分配和再分配政策将是各级执政党组织和政府部门的重要任务。

§2. 公共政策的结构管理

§2.1 公共政策群落的组合结构

政策的单元结构及其管理

如果制定和实施的政策只为解决单个的政策问题,形成的政策结构就是单元结

构。政策单元结构很少是单个政策，多数情况下，它仍旧是一个由好几个单独政策组合而成的政策单元。因为在现代社会中，每出现一个政策问题，只用一个单独的政策几乎是无济于事的，需要好几个政策一块起作用，才能使政策问题得到有效的解决。

比如，要切实解决农村科技薄弱的问题，就需要提升农业技术推广能力，大力发展农业社会化服务；需要加强科技教育培训，全面造就新型农村科技人才队伍；需要改善科技设施装备条件，不断夯实农业科技发展的物质基础；等等。这就需要制定和实施与上述诸方面相适应的多个政策，并形成良好的推进农村科技发展的政策单元。

要管理好政策单元，就需要在构想政策单元时，尽量讲究全面性，决不能遗漏重要的政策。在设计政策单元时，还需要将单独的、具体的政策按照各自的效用，所处的层次、作用的范围、实施的先后次序等变量有机地结合起来，构成一个便于执行的政策结构整体。

政策的复合结构及其管理

在现实生活中，当在一定时期、一定区域、一定领域中有好多个政策问题同时存在，并且每个政策问题的解决又受到其他政策问题的状况和解决程度的影响时，政策主体需要制定和实施的就是几个政策单元，从而形成的就是政策的复合结构。

比如，一个地区的经济发展，需要解决这一地区产业结构低度化问题、高新技术的研究和应用中的问题，外资引进和合理利用的问题，环境污染的治理问题，高层次人才缺乏的问题，等等。只有这些急迫的问题运用多个政策单元形成的政策复合结构才能获得配套解决，该地区经济持续发展也才有希望。

要注重对政策复合结构的管理。政策复合结构是多个政策单元通过横向的与纵向的联系、单向的与双向的联结、平行的或从属的连接而形成的有机系统。在管理多个政策单元时，也必须围绕一个总体目标，分清主次，以空间、时间、实施的轻重缓急和先后顺序为考虑因素将政策单元其有机地结构起来。

在政策的复合结构管理中，在安排政策单元时，应当将不同的政策单元放在不同的位置上。有的政策单元处于主导地位，其余的政策单元则要安置在从属的位置上；将关键政策单元置于核心地位，将其余的政策单元安置在外围。

政策的纵向结构与管理

当政策按层次排列时，就可以清楚地划分出中央的、地方的、基层的政策链条，或区分为宏观的、中观的与微观的政策序列。

对处在基层、微观层次上的政策主体来说，在规划、执行具体的政策时，就必须服从中央、地方已经制定的政策，必须以宏观、中观的政策为指导。同时，又必须对更低层次的政策进行调节控制。

若将政策以时间为变量来排序时，则可将政策按先行政策、现行政策与后续政策做纵向顺序排列。现行的政策总是在先行政策的基础上产生和贯彻的。执行现行政策时，不能脱离因实施先行政策而产生出来的既定的政策环境。而现行政策的运行又是为后续政策的规划在做准备。

比如，在通货紧缩的条件下，政府就可以加大公共设施建设的力度，这种政策的实施既能拉动社会需求，同时，又能为下一轮的经济快速发展提供良好的基础。

政策的横向结构与管理

政策的横向关联是指在同一时期或同一政策位置上多个平行政策之间的联系。对政策的横向关系做进一步的划分，还可以依据政策的内容和政策的主体区分出并列关系、依存关系与冲突关系。

凡是在同一层次、同一时期独立运行、互不相干的政策，其间的关系则为并列关系；若几个政策在同一层次、同一时期运行，在执行过程中相互补充，互为制约，其关系则为依存关系；若同一层次、同一时间运行的几个政策在内容上矛盾，在执行时相互争抢资源，其关系就是冲突关系。

对于存在横向关系的诸种政策，政策主体在对其运行进行管理调控时，要充分利用它们之间存在的依存关系，使不同政策在资源上共享，在功能上互补，形成合力；同时又要注意消除政策间存在的冲突因素，通过管理，将政策的矛盾、冲突尽量钝化、弱化乃至消除。

§2.2 公共政策集群的结构模式

政策集群结构模式及其意义

政策集群的结构模式是指在制定和实施公共政策时，依循政策间的单元结构、复合结构、纵向结构、横向结构进行协调、规划和组合，使多个政策合理地联结在一起的逻辑形式。

依据不同的政策结构模式，执政党组织和政府部门就不仅能自觉地规划设计出由不同领域、不同层级、不同功能的政策组合起来的政策群落，同时又能有条不紊地最节约、最有效地配置资源将其贯彻实施，从而保证众多公共问题能够及时发现并得到解决。

政策的塔式结构模式

当政策单元中的具体政策以及政策单元之间呈现出等级关系时，政策的结构模式就有可能是塔式的。位于塔尖的是一项具有最高效能的，并且是总揽一切的政策或政策体系，其余的各项政策按其效能的大小与从属关系逐层向下分化、排列。越是处于上层的政策，其总括性越强；越是处于下层从属的政策，其具体性和操作性就越强，从而形成一个由下向上收敛的结构图形。

一个国家某个阶段的总政策大多只有一个，由总政策、总路线、总战略规定的并与之相匹配的基本国策就要多一些，呈分散状。在基本国策下，又有更多方面的政策，其分散面会更大、更广，至于更加细微的政策规定就会更加繁多。

研究政策的塔式结构模式，目的在于在制定和执行政策时，能够自觉地处理好政策单元间的统属关系，以减少乃至消除政策单元之间相互干扰、相互扯皮的状况，让不同层次的政策都能贯彻落实，收到实效。

政策的树状结构模式

很多公共政策之间具有原生与派生的关系。按这些关系组织起来的政策系统，其结构图就是树状的。在这类结构的政策体系中，总有一项母政策处在主干位置上,其余的政策是由这一项政策派生出来的子政策,因而处在向同一方向延伸的分支上。

比如,为了解决总量性失业问题,就应当制定扩大投资规模、增加就业岗位的政策。与这一政策相适应,就要制定出相应的投资政策、金融政策、教育政策,等等。

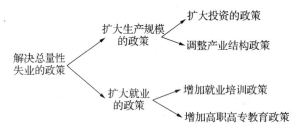

图 8 - 2 解决总量性失业问题产生的政策树状结构模式

与政策的塔式结构相比,政策的树状结构往往发生在政策单元中,由于它在表现形式上比较简单,可以看成塔式结构模式的一种特殊情况。研究政策的树状结构模式,目的在于在制定和执行政策以解决同一个政策问题时,能自觉地注意和协调政策间的横向派生关系,从而保证政策单元的贯彻落实。

政策的链状结构模式

若干政策顺次相依构成一条政策链,这就是政策的链状结构模式。政策的链状结构大多发生在为解决某一个具体的政策问题而制定和执行的具有相互依存关系的相关政策上。比如,为解决人口总量过大的问题,就需制定与实施适度人口政策。为此,又应选择少生、优生政策。由这一政策又必然派生出晚婚晚育政策。

构成链状结构的若干政策,排列在同一条直线上,从起点至终点是环环相因的。先行政策与后续政策之间完全是承上启下的因果联系。与树状结构不同的是,处在链式结构中的政策是依次单向从属与派生的。研究政策的链型结构,可以帮助人们在解决具体的政策问题时,自觉注意每一个环节上的联系,以免遗漏和疏忽。

政策的圈层结构模式

如果一个政策单元中的具体政策既是单向相依和派生的,并且初始政策与终了政策又是相衔接的,这就会形成政策的环型结构模式。比如好的投资政策派生出好的产业政策,好的产业政策派生出好的分配政策,好的分配政策又派生出好的投资政策,出现首尾相依、环环相因的效应。

如果有几个构成环型结构模式的政策单元组合为一个政策群,并且政策单元间具有从属关系,就会形成政策的圈层结构模式。政策的圈层结构模式在形式上是几个同心圆,处于内层的是核心,其余的是外层。内核与外层具有统属关系。

具有这种结构模式的政策群,要解决的政策问题是一个"问题集",并且"问题集"中的具体政策问题或单个政策问题之间也具有依从关系,即一个问题的解决是另一个问题解决的前提。比如从地区经济发展政策,到地区产业发展政策,再到地区高新技术产发展政策,就形成了一个圈层政策结构。

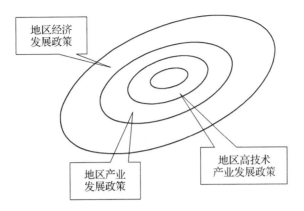

图 8 - 3　地区经济产业发展的政策圈层结构

政策的网络结构模式

政策的网络结构模式是一种综合模式。由于社会政策问题很少是孤立存在的,各种问题处于相互联系之中,因此一个具体的政策问题总是同其他政策问题缠绕在一起,从而形成政策问题的网络结构。与此相对应,解决问题的政策也是纵横交错地纠缠在一块的。比如,要解决新农村的建设与发展,就需要制定和实施一连串相互关联的政策。从大类说,要有新农村的卫生建设和发展的政策,新农村产生调整与发展的政策,新农村教育发展的政策,新农村能源开发利用与发展的政策,等等。在这些大类政策下面还有次一级的政策,比如在新农村的教育发展政策之下,就需要制定和执行留守儿童的教育政策;在新农村人口政策之下,就要考虑全面实施二孩政策,等等。

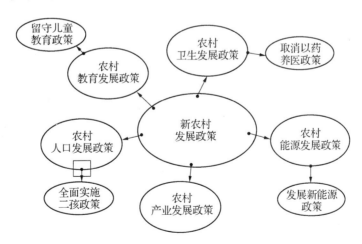

图 8 - 4　围绕新农村发展的网络政策结构

研究政策的网络型结构模式的着眼点不是在政策的纵横交错上,而是在它们联系的一个个节点上。在每个节点上,都汇集着多个政策的影响。只有抓住了节点,才能找到政策资源投放的重心,让不同的政策凝聚起来形成合力。

§3. 公共政策的周期管理

§3.1 单项公共政策运行周期

单项政策运行周期的涵义

从政策问题的视角来观察,单项政策或政策单元在运行中,无论发生多少间断和反复,也无论存在多大的模糊性和非规范性,政策运行的目的就是要解决总体社会某个或某些领域中的公共问题。如果政策运行了或长或短的时间以后,原先存在的公共问题已经缓和、减轻乃至消除了,这就说明政策的作用已经达到了。单项政策或政策单元的运行也就完成了一个周期。

单项政策运行周期的管理

单项政策或政策单元的活动在总体上和逻辑上总是包含着规划、实施和评估这些基本要素和阶段。从管理的角度来说,单项政策或政策单元运行中从第一轮的规划活动到下一轮的规划活动,这是政策运行的规划周期。同样,从第一轮的政策执行到下一轮的政策执行,这是政策执行周期。从第一轮的政策评估到下一轮的政策评估,这是政策评估周期。单项政策或政策单元的周期管理就包含着政策规划周期、政策执行周期及政策评估周期的管理。

§3.2 公共政策群落运行的战略周期

社会经济发展战略是衡量政策集群运行周期的标准

单项政策或政策单元运行周期的衡量标准是政策问题,但是政策集群要解决的是一个时期中多方面的社会公共问题,而且,从政策过程的特点来看,政策集群的运行并不是若干单项政策运行的累加。在政策集群的运行中,单项政策的运行已经受到其他单项政策,尤其是整个政策集群运行的影响。因此,要考察政策集群的运行周期,就必须以社会经济发展的战略更替为标准,来划分和研究政策群落运行的周期。

政策集群的运行服从社会经济发展战略

在一种社会经济发展战略下,以执政党组织和政府为主导的公共机构会围绕既定的战略制定和实施解决一系列社会公共问题的多方面的政策,并把这些政策有机结构起来,形成政策集群。政策集群的运行,不仅是相互作用和相互制约的,而且是服务于战略目标的实现的。当政策的监控机构发现政策集群的运行已经偏离战略目标时,就会调整政策集群的运行方向。

社会经济战略更替决定政策集群周期

当社会经济政治文化发展围绕某种发展战略行进一段时间后,具有另外倾向的社会经济政治文化问题大量出现,社会经济政治文化发展受到严重阻碍时,社会治理的权威机构就会适时制定出新的发展战略,以便推动社会经济政治文化向更高水平推进。

在新的发展战略下,原先在政策集群中的政策,除了部分和新的发展战略相一致的政策仍旧运行外,其余的与新的发展战略不相一致,甚至是抵触的政策,就需要通过分解、合并、终止等途径加以终结。这说明原先政策集群的运行周期结束了。在新的战略指导下,应当重新组织和建构新的政策集群,启动新的政策集群的运行周期。

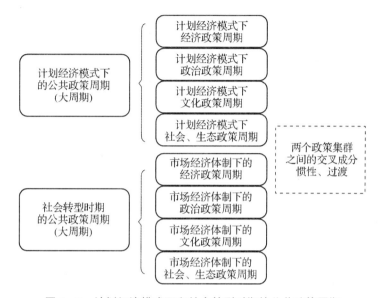

图 8-5　计划经济模式下和社会转型时期的公共政策周期

§3.3　公共政策群落运行的战术周期

经济社会发展中的战术调整

有时在社会经济发展中,同一模式下也会出现战略上的更替,我们称之为战术周期(或小周期)。比如,从 20 世纪 90 年代初开始到 2002 年,中国的经济运行主要追求的是 GDP 的增长速度。各地政府大量引进外国资本,大规模批租土地,压低劳动收入,采取高能耗、高投入、低工资的方法,片面追求高增长。在讲究效率时,忽视了社会公平;在讲究快速工业化时,忽视了环境保护;在讲究速度时,忽视节约资源。结果环境遭到破坏,能源出现短缺,社会出现两极分化。

从 2003 年开始,执政党和政府提出了以人本民先为政治原则,以构建和谐节约型社会为目标的新的科学发展观。这是一次重大的战术调整。

开启政策集群新的战术周期

相对于新的科学发展观,在以追求赶超、速度、增长为目标的战术下所形成的政策集群的运行周期就终结了。代之而起的是在新的科学发展观指导下的协调、持续、和谐的政策集群的运行周期。

由社会经济发展方式更替所导致的政策集群的运行周期的更替,从周期之间的差别、转换的艰难程度来衡量,因基本战略方针未变,仅仅是发展方式、战术更替了,由此而发生的政策集群的运行周期的变更,较之战略周期的更替,无论是在幅度上,还是在难度上,都要小得多,顺利得多。

§3.4　公共政策群落运行周期的转换

在讨论公共政策集群运行的周期变化时,必须研究前后两个周期转换时两组政策集群的变迁管理问题。假设前后两个战略分别为战略 A 和战略 B。它们对应的公共政策周期则分别为政策周期 A 和政策周期 B。

从中国社会转型时期的实践来看,社会变革和发展的战略转换所促成的公共政策集群运行周期的转换是以多种方式实现的。

其中主要的方式,一是主导性政策的转变,二是部分旧政策的终止,三是创立新的替代政策。

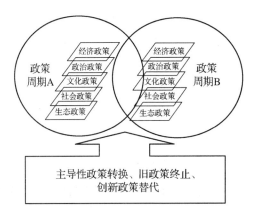

图 8－6　战略转换所促成的公共政策集群运行周期的转换

主导性政策的转移

在一个政策周期中,处于同一政策集群中的领域政策在地位上并不是同等的,其中总有某个领域政策处于主导地位,它统率并支配着其他领域政策,以实现既定的社会经济发展战略。在新中国建立后的最初 30 多年中,整个社会发展的战略是建立集权政治和人治方式,建立和巩固一大二公的所有制结构,实行平均主义分配。围绕这种战略,在三十多年的社会治理中,各级政府制定和实施的政策集群中,政治政策一直占据主导地位。政治挂帅、大搞阶级斗争成为所有政策的中心内容。

20 世纪 70 年代末 80 年代初的社会变革和转型,确立起通过改革、开放,建设有中国特色社会主义的新战略。要从旧战略所支配的政策周期向新战略所支配的政策周期转换,重要的一步就是在政策集群中,选择经济领域的政策如经济体制改革和创建市场经济体制作为主导性政策,从而产生出以经济建设为重心的政策集群运行周期。

在 2003 年以后发生的社会经济发展战术上的转移中,除了继续将经济政策作为主导性政策外,还特别强调了社会政策的重要性,从而促使政策集群运行的战术周期发生转换。

部分旧政策的终止

在社会经济发展战略发生转变时,服务于旧战略的政策集群不可能原封不动地在新的战略下运行。除了通过确定新的主导性政策外，还必须对那些支撑旧战略的重要政策采取果断终止的方式来改变政策集群的结构和性质。这种对旧政策周期的改造也是分步骤进行的。不可能在新的政策周期一开始就终止许多旧的政策。谨慎的做法是先破除和终止那些直接阻碍新政策周期运行的政策，随着新政策周期的确立，再去破除和终止其余的旧政策。在改革开放中，先行破除和终止的是农村人民公社的一系列政策，然后再去破除诸如单一公有制、公费医疗、实物分房等方面的政策。

新政策的创造

新的政策周期与旧的政策周期的区别在于后者具有新质。这种新质不能只靠改变主导性政策、终止某些旧政策来实现。必须进行政策创新，用新的政策实现新的社会经济发展战略。

在改革开放中，经济特区政策、经济开发区政策、大力发展非公经济的政策，就是政策创新的产物。

在新旧政策周期的转换中，新政策的创造也有两种途径：一种是以创新政策取代旧的政策；另一种是先让新旧两种政策同时并存，然后再让旧的政策在比较中因丧失正当性和有效性而逐步终止。

二、政策词典（英汉对照）

基本政策
basic policy

具体政策
specific policy

规制政策
regulative policy

分配政策
distributive policy

再分配政策
redistributive policy

自律政策
self-discipline policy

零和博弈
zero-sum game

非零和博弈
non-zero-sum game

政策领域
policy field
政策结构管理
administration of policy structure
政策结构化
policy structure
政策群落
policy community
政策领域结构
structure of policy field
政策形式结构
structure of policy form
政治政策群落
political policy community
经济政策群落
economic policy community
文化政策群落
culture policy community
社会政策群落
social policy community
政策塔式结构模式
policy mode of tower structure
政策链式结构模式
policy mode of chain structure
政策圈式结构模式
policy mode of ring structure
政策网络结构模式
policy mode of network structure

三、知识补充

知识补充 8-1：政策结构的功能与原则

政策结构的功能

公共政策的结构是指在政策管理活动中，政策管理者依据一定的原则，将不同领域、不同内容的众多政策组合起来,形成有利于政策规划、决策、实施和评估的政策群落。政策管理者将一定时空中的众多政策组合成有机政策群落的过程就是政策的结构化。

在政策研究和分析中,人们需要处理的往往是单个的政策。但是,在现实的国家和社会的治理中,对处在一定区域和层级的执政党组织和政府部门来说,在一定时期中所面临的都是亟须解决而又能通过努力来解决的问题。总体社会某些领域的公共问题往往不是一个而是多个,从而需要规划和实施的公共政策通常不是单项的而是多项的。因此,在实际的政策活动中,具体的执政党组织和政府部门需要管理的就是公共政策群落。它是由许多内容不同、领域各异,又在同一时间和空间之中具有相互关联的多项公共政策构成的有序组合。

不同的学者对公共政策群落使用不同的名称。有的称为公共政策集群,有的则称为公共政策族群。所有这些称呼都强调了一个内容,即要把在同一个时间和同一个空间范围中的众多政策聚集起来,依据一定的原则,将它们按内容、资源、次序、领域、地位,组合成一个次序合理、位置正确、功能互补的政策群落。

单项政策原先是分开制定的,要让不同的单项政策按一定的原则,汇集于一种结构之中,使政策体系或政策集合结构化。其功能在于,首先它能使不同领域、不同次序的政策有机结合起来。政策规划和实施的目的是为了解决社会公共问题。由于社会公共问题是分别出现在不同的场合、层面和领域之中的,政府致力于解决问题的政策又是由不同层级的政府及政府部门,在不同的环境下制定和执行的。经常出现的情况是,在同一时段、同一地区有着很多的政策在运行。政策之间或者互不搭界,或者互相重叠,或者相互冲突。政策管理中的结构化工作,就是划定一定的时间段落和一定的空间范围,将这一时空中方方面面的政策汇集到一起,使它们有机结合起来,通过人们的自觉能动安排而形成有序的政策群落。

其次,政策集合的结构化能让政策执行的计划变得更为合理。政策执行是一个有计划的过程。但是,单一政策的计划必须和政府及其部门在同一时间和空间中多个政策的规划和实施结合起来。有时就单个政策来看,其实施的计划也许是可行的。但是,遇上其他政策实施的干扰,或放到由多个政策汇集而成的政策群落之中时,它未必就是最合理的。因此,将众多政策聚合起来,按其执行的难易、时间的先后和上下隶属关系,制定出既考虑具体政策,又兼顾政策群落的执行计划。这种立足于政策结构的政策计划就会更为切合实际和合理有序。

第三,政策集合的结构化能让政策资源的配置变得更为有效。政策实施的过程也是资源投入的过程。对于每一层级的政府和公共部门,其资源是有限的。这种资源的有限性既源于资源总量的有限性,也源于资源的提取和利用受到既定规则、方式和时间的制约。为了将有限的政策资源适时、适地、适量地提取出来,配置起来并投入政策执行,十分重要的环节就是要将需要付诸实施的各种政策有机结合成一个有序的、合理的群落体系。每项政策在群落体系中都有一定的地位和次序,然后再按照这些结构进行政策资源的分配和利用,这就能保证有限的资源投入能够收到良好的效果。

第四,政策集合的结构化能让政策评估的结论变得更为可靠。政策绩效的评估一直是政策过程中困难的环节，其原因除了主观的不重视、害怕承担责任外，政策实施中投入的综合性和政策地位的模糊性则是客观的原因。虽然政策实施中的投入不可能分别以单项政策来计算，但是，只要将政策合理地结构化，不同政策在政策群落中的地位就会变得清晰，在政府政策资源的综合投入中的比例关系也会明确化，从而有可能为政策绩效特别是政策效率方面的评估提供方便。

政策结构的原则

政策的结构化并不是将许多政策任意地排列到一起，政策结构化是遵循一定的原则使多个政策有序化的过程。要形成良好的符合实际的政策结构，需要依据一系列原则。

一是服从总体目标的原则。科学、合理的政策群落结构是指一些虽然在内容、功能、领域、次序上存在差异，但并不相互矛盾、彼此削弱，而是相互补充、互相增强的政策结合在一起。在特定的时间和空间里，政策主体需要从社会、经济、政治、文化、生态建设和发展的全局出发，规定出一个总体政策目标。这一目标就是政策主体在其责任、能力和资源允许的范围内能够实现的预期结果。为实现这一总体目标，政策主体就必须制定和实施一组相应的政策。这些政策虽然是分开来规划和执行的，但必须相互配合起来，形成合力，才能保证政策总目标的实现。因此，在政策结构化的过程中，政策管理者必须牢牢把握一定时空中政策的总体目标，以总体目标来组合政策群落。凡是对实现政策总体目标起到关键性、决定性作用的政策，要在政策群落中占据优先位置，其他政策则要围绕能够满足公众利益要求与实现总体目标的关键性政策来安排顺序。反之，既缺乏对公众利益的了解，也缺乏对合理的总体目标的聚集，在这种状况下制定和实施政策，各个政策的目标和取向必然是分散的，甚至是矛盾和冲突的。

二是减少内在冲突的原则。政策结构化的目的是力求将众多政策配套成龙，凝聚成合力，使各项政策的效率和效益均达到最佳状态。虽然在现实的政策结构化中难以达到这一理想状态。但是，政策管理者必须要尽量向这一方向努力。政策在没有结构化以前，相互之间都会存在某种程度的不协调，更坏的情况是不同政策会在功能上相互削弱，甚至相互抵消。政策结构管理的重要之处就在于在政策规划、决策阶段，政策管理者就要提醒决策者防止这类现象的发生。在政策实施前，政策管理者的重要任务就是仔细考虑即将付诸实施的政策间的关系，在形成政策群落结构时，注意避免政策打架的情况发生。如果发现政策之间有明显的冲突，就需要让某些政策暂缓执行，或对其做调整后再执行。

三是政策有序实施的原则。政策管理的目的是推动和促进政策的执行，因此，将众多政策组合成政策群落时，必须遵循方便有序实施的原则。任何政策问题最初都处于潜藏状态，在一定情境和条件下，它才逐步显性化并为人们所关注。究竟哪些政策问题最先暴露，哪些问题在显露后为政策规划和决策主体所重视，往往带有很多的偶然性。按照政策学家金登的观察和研究，社会公共问题被确定为政策问题，既与问题本身的显露程度或被辨识出来的程度有关，也与解决问题的行动方案有关，还与某种政治时机有关。这就决定了单个的政策议程建立和制定出来的先后，常常与问题的性质、解决的迫切程度及与其他问题的关联是不完全对应的,甚至是根本不对应的。有时甚至会出现这样的情况,一些好解决的问题,常常被最先列入政策议程,并确定了解决方案。而一些确实重要的问题,但由于较为复杂,各方利益难以协调,结果很迟才建立起相关的政策议程,产生了政策的滞后性。

对于政策管理来说,尽管政策出台有先有后,但在政策结构化时,却必须按照问题的重要性、急迫性来加以重新排序。全面权衡和考虑上级政府的政策与本地政府的政策、带有全局性的政策与只具有局部性效能的政策,将上级政府政策和带有全局性政策置于优先的地位,对于其他的政策则应按照问题的内在关联进行排序。这样形成的政策群落才能有利于每项政策的贯彻落实。

四、经典阅读

经典阅读 8－1:政策企业家

政策企业家

在政策源流理论中,存在三股溪流:政策问题溪流、政策方案溪流、政治溪流。这些溪流是怎样结合的呢? 要登场发挥作用的是政策企业家。政策企业家是这样一些倡议者,他们愿意投入自己的资源——时间、精力、声誉以及金钱——来促进某一主张以换取表现为物质利益、达到目的或实现团结的预期未来收益。在许多地方,我们可以见到这些政策企业家的身影。政治系统中没有哪一个正式职位或非正式职位对政策企业家具有垄断权。对于一项案例研究来说,核心的政策企业家可能是一个内阁部长;就另一项案例研究而言,核心的政策企业家也可能是一位参议员或者一位众议员;而在其他的案例研究中,核心的企业家则可能是院外活动集团的说客、学者、美国政府的律师或者职业官僚。给企业家定位对于认识他们的活动或者成功几乎没有什么关系。一个行家里手对各个行政当局之间的差异进行了这样的描述。他说,他所在部门内部最重要的角色会不时地发生变化,而在各个时期都重要的角色是副部长、负责立法工作的助理部长或者规划与评估部门的负责人。正如他对这种观点所概括的那样:"我不能肯定那个人的位置有多大的关系。你可以在正式的组织结构之外做很多事情。你会对此感到惊奇的。"

当对案例研究进行考察的时候,人们几乎总是可以指出一个特定的人或者最多可以指出几个这样的人,他们是使主题进入议程和通过状态的核心人物。实际上,在23项案例研究中,有15项案例研究把政策企业家描述为非常重要或者有点重要的角色,而只有3项案例认为他们不重要。对于熟悉过去十多年卫生领域和运输领域各种事件的那些人来说,政策企业家的身影是很熟悉的。下面这些例子就足以说明问题。

（1）保罗·埃尔伍德(Paul Ellwood)，他是交叉研究小组的头儿，是健康维护组织立法的推动者。

（2）阿贝·伯格曼(Abe Bergman)，他是一位西雅图的医生，他使沃伦·马格纳森(Warren Magnuson)参议员相信卫生服务团(Health Service Corps)的优点，并且说服他资助有关婴儿猝死综合征的研究以及建立规制儿童内衣的立法。

（3）拉尔夫·纳德(Ralph Nader)，他是保护消费者运动的倡导者，从关注汽车安全问题开始他的政策企业家生涯。

（4）皮特·多米尼克(Pete Domenici)参议员，他在 1977 年至 1978 年间力主征收水路用户费用，其中的一种收费形式最终获得通过。

（5）艾尔弗雷德·卡恩(Alfred Kahn)，他是一位经济学家，在卡特执政时期，曾担任民用航空委员会主席，并且利用所担任的职务实施了一项放松航空规制的策略，并且积极推进立法。

在这些案例中，没有哪一个单一的个体可以单独作为该主题在议程中具有很高地位的原因。但是，多数的观察者还是会把这些政策企业家视为中心人物。

政策企业家素质

有助于政策企业家成功的素质分为三种类型。第一，这个人具有某种听证权。许多希望自己的意见被别人听取的人们可能都在四处漂浮，在这组人群中，只有那些具有听证权的人才真正使自己的意见受到了关注。这种权利源于以下三种因素中的一种：专长；代表他人发言的能力，例如，一个强大利益集团的领袖就是这样；一个权威性的决策职位，例如总统职位或国会委员会主席职位。

第二，这个人因为他的政治关系或者谈判技能而闻名。例如，访谈对象经常提到像威尔伯·科恩(Wilbur Cohen)这样的人。他是著名的社会保障与健康保险专家，并且曾担任美国卫生、教育与福利部部长。他集技术专长和政治上的老练于一身。这种结合可以产生的影响要远远大于其中的一种品质所单独发挥的作用。

第三，也可能是最重要的品质，即成功的政策企业家要具有坚韧不拔的意志。尽管许多具有潜在影响力的人可能都具有专长和政治技能，但是只有韧性才能使他获益。在成功的政策企业家中间，多数人都会花费大量的时间写作报告、撰写阐明自己对某一问题立场的论文、给重要人士写信、起草议案、面对国会委员会和行政部门委员会作证以及参加工作午餐会，所有这一切活动都是为了以任何可能有助于促进事业发展的方式并且在任何可能有助于促进事业发展的场所竭力宣传他们的思想。有一位消息灵通人士在谈到一位著名政策企业家时说："他能够把一条狗说得离开拉肉的车。"另一位则编造了这样一种理论，即参议员有强弱之分，办事人员也有强弱之分。当我问他什么叫"强"时，他回答说："一个强有力的参议员就是一个在场的参议员。他愿意出席会议。尽管这听起来可能很滑稽，但是参议员分布得非常稀疏，以至于露面的参议员就是重要的人物。而一位强有力的办事人员则是一个能够把他的参议员拉到会上的办事人员。"单靠毅力并不能得胜，但是与其他品质相结合，它就会所向披靡。根据对企业家身份的看法，毅力意味着一个人愿意投入大量的有时甚至是惊人的个人资源。

政策企业家与结合

成功的政策企业家的品质在软化政策制定系统的过程中十分有用。但是,政策企业家的作用不仅仅在于推出、推出、再推出他们的政策建议或他们对问题的认识,他们还暗暗地等待——等待一扇政策之窗的打开。在抓住机会的过程中,他们对于这些溪流在政策窗口的结合具有极为重要的作用。政策企业家做好了划水的准备,而且他们准备就绪的状态与他们乘风破浪和利用不可控制力量的意识相结合,有助于他们的成功。

然而,首先,他们必须准备就绪。航天窗可以精确地预测,而政策之窗则不行。因此,政策企业家必须在政策之窗打开之前形成他们的思想、专长和政策建议。如果没有先前的考虑和软化活动,那么,当政策之窗打开的时候,他们就不能利用它。有一位官僚在倡导要促进一些可以节约能源的运输方式以及惩罚一些浪费能源的运输方式时指出了这种预测的必要性:"我认为,在政府的某个地方,应当有一个小群体在密室里马上就如何处理下一个阿拉伯石油禁运问题制定计划。你要能够利用那样的时机。像阿拉伯石油禁运这样的问题并不是经常出现,而且你要在机会真的到来时准备好提出自己的政策建议。"一直等到政策之窗打开时提出个人的政策建议,也就意味着要等待很长的时间。

准备就绪的政策企业家要利用出现的一切时机。任何危机都可作为一种可以抓住的机会。支持放松铁路规制的人们利用宾夕法尼亚中心铁路坍塌事件在最终获得通过的一揽子政策建议中引入了少量放松规制的成分。一届新政府的上台执政也许是顺应了民意的变化,而且政策企业家力图使他们的政策建议成为政府项目的一部分。某一问题引起了重要人士的关注,参与者就会把他们的政策建议与该问题挂上钩,并且会指出这些政策建议就代表着对问题的解决办法,即使对这些政策建议的倡议最初与这个新问题并没有任何关系,他们也会这样做。一位相信医疗照顾中日益增加的高科技存在危险的人描述了他是如何特别巧妙地利用了人们对费用问题的普遍关注的:

"尽管费用并不是一个非常重要的问题,但是它产生了应该采取某种行动的政治压力。我就属于那种'赶浪头'的人。实际上,我并不太关注费用问题。我所关心的是医疗照顾的效益、恰当性以及质量问题。但是,我欣慰地看到,无论出于什么原因,技术被赋予了政治性,而且我也为自己顺应了形势而感到欣慰。"

在追逐个人目标的同时,政策企业家为政策制定系统发挥着使原先分离的溪流相结合的作用。他们使解决办法与问题相结合,使政策建议与政治契机相结合,并且使政治事件与政策问题相结合。例如,如果一个政策企业家正在把某一政策建议附在政治溪流中的某一变化上,那么他也要找到一个该政策建议的解决办法,进而他就使问题、政策以及政治结合在一起。或者说,如果一个解决办法被附在一个重要的问题上,那么这个政策企业家就还要努力谋取政治联盟,进而又会使这三条溪流汇合在一起。如果没有政策企业家的出现,这三条溪流的汇合是不可能发生的。好的思想会因为缺乏倡导者而不能发挥作用。问题会由于没有解决办法而得不到解决。政治事件也会因为缺乏有创造力的高明建议而得不到利用。

意义

政策企业家对问题、政策以及政治这三者的结合所具有的作用具有以下几个方面的意义。

第一，它可以使人们了解个人与结构之间的区分。当一些社会科学家正在努力认识变化的时候，他们往往倾向于考察结构的变化，而新闻工作者则常常倾向于强调人员、地点和时间的恰当性。实际上，这两种倾向都是正确的。尽管政策之窗可以因政策企业家个体领域之外的某种因素而打开，但是政策企业家个人利用了这个机会。这种表述除了告诉我们个性很重要之外，还告诉我们个性为什么重要以及何时重要。

第二，关注政策企业家对于这些溪流结合所具有的特殊作用突出了两种不同的活动。它不仅涉及倡议活动，而且也涉及经纪活动。尽管政策企业家可以提倡他们的政策建议，例如，在政策溪流中的软化过程就是如此；但是他们还可以扮演经纪人的角色，在人们之间进行协商和进行一些至关重要的联络活动。有时，这两种活动可能会集合在一个人身上，还有些时候，政策企业家则会专注于一种活动，例如，一个政策企业家从一种极端的立场提出某一政策建议，而另一个政策企业家则就妥协方案进行协商。这种对结合的强调就把我们的关注焦点从发明创造，即某一种思想的起源和提出，转向了经纪活动。结果再一次证明，变异没有重组重要。发明家没有企业家重要。

第三，这样一种自由形式的过程可以促进创造。我们可以周期性地听到有人大声呼吁要强化政府决策的组织结构。结构紊乱、政府普遍无效率，而且人们没有精确地界定自己的目标，然后就去采用最有效的解决办法。与这样的推论相对照，混乱的过程可能也具有自己的优点。在像我们在此所描述的这样一个系统中，政策企业家必须抓住所出现的任何机会，因此他们往往就会将问题与他们正在提出的解决办法结合起来。如果目标界定得太精确，那么许多有趣的和富有创造力的想法就会被舍弃。如果让目标留有足够的模糊性并且政治事件仍然具有足够的含混性，那么新的创新思想才有机会，这种情况对于这些政策企业家甚或对于整个政策制定系统肯定都更加有利。

第四，我们不应当把这些政策企业家描绘得聪明过人。他们可能的确聪明非凡——他们具有敏锐的触觉，能够极为准确地觉察政策之窗，并且可以在恰当的时机采取行动。但是，他们也很可能并不那么聪明。他们总是力图通过自己的政策建议；早在政策之窗打开之前，他们就一而再再而三地尝试对溪流的联结；他们纯粹靠运气，碰巧在政策之窗打开之际在场。实际上，我们所描述的这种溪流结合并不仅仅只在政策之窗打开的时候才发生。政策企业家早在政策之窗打开之前就进行了联系，因此他们能够在政策之窗打开之时把一个预先包装好的问题、解决办法以及政治契机的结合体带到窗前。他们不断地使这些溪流汇合、分离，然后又以不同的方式将它们结合在一起。然而，那些项目是在政策之窗打开时突然进入议程的。

有一位政治任命官对政策企业家进行的这种对议程的联结过程做了特别精彩的概括：尽管我们在此有规划和评估机构，但是你仍然不得不拥有一支上了子弹的枪，而且还必须寻找机会的靶子。事情的发生是有周期的，如果你错过了时间，你也就失去了机会。你不可能对它们进行预测。它们说出现就出现了。你们政治学家所关心的是过程。你们想要建立某种理论来对所发生的事情做出解释。我不懂过程。我更务实。你要保持自己枪膛上满子弹,你要寻找即将到来的机会。

(原文选自约翰·W.金登:《议程、备选方案与公共政策》,中国人民大学出版社,2004年版,第226-231页。本书对原文做了改动,并进行了适当的阐释。)

经典阅读8-2:公共政策类型理论

政策类型理论

T.洛伊把重点放在特定集团和精英的作用上,分析了他们为了保护权力而给决策过程发挥什么影响的问题。T.洛伊理论的核心在于:各种政策类型因其属性而具有自己所固有的政治类型。换句话说,同以前的政治学者不同,T.洛伊认为政策是自变量,而政治成为因变量。

T.洛伊把政策类型之间的差异用强制的适用对象和强制可能性这两种变量来进行了分析。更具体地说,在强制的适用对象是个人的时候,政策和因此而产生的政治结果可以分散和个别化。相反,在强制的适用对象扩散到整个环境时,政策和因此而产生的政治结果会更广泛而又集中。另一方面,在强制可能性立即的情况下,更容易产生伴随冲突的政治形态。R.施皮茨比较详细地探讨了这种不同的特征怎样因各政策类型而具有不同的表现。

分配政策(distributive policies)以可对个别主体实行、可具体化、非零和博弈等为特征。在分配政策中的典型政治式样表现出基于接受、协作、相互不干涉主义的次级政治形态。

从影响力的角度考察规制政策(regulatory policies),虽然是个别的和具体的,但不可划分为个别主体。典型的规制政策是通过制裁、处罚、禁止等手段要改变个人的行为。可以把包含在规制政策中的政治特征规定为同利益集团密切相关的多元主义政治。

再分配政策(redistributive policies)是从长期的观点上,把重点放在通过财富的再分配减少不同阶级或阶层之间的冲突之上。这种再分配政策中的政治式样以精英主义为特征。因此,这里的政治斗争比规制政策更超乎党派,也不激烈。

最后,构成政策(constituent policies)是从根本上把重点放在确立实行宪政所必要的游戏规则之上。属于这种类型的政策把重点放在实现政府日常管理功能的民主程序上。在这里的政治式样主要表现出接受性质。

政策类型理论的修正

洛伊的政策类型理论缺乏相互之间的排他性。例如,所得税政策属于典型的再分配政策,而教育补助金政策则既属于再分配政策又具有很强的分配政策属性。由于这种原因,对洛伊持批判态度的学者们认为,洛伊的理论在政策的逻辑分析方面缺乏实用性。

施皮茨也主张,洛伊的理论具有很大的弱点。作者分析了属于四种政策类型的各政策案例,从而发现有的政策案例虽然表现出各政策范畴所预见的典型形态特征,但其他政策案例却处在两种政策范畴的境界线而表现出混合性的特征。

在分配政策的情况下,属于纯粹分配政策范畴的是有关公园、土地、大部分的公共项目等政策。相反,属于混合分配政策的是大城市的公共交通体系网政策等等。在规制政策的情况下,纯粹规制政策通过制裁犯规行为来达到目的,但混合规制政策则使用诱因方法等比较非直接的强制手段来控制犯规行为。纯粹的再分配政策着重于通过对阶层之间直接所得转移的资源再分配,但混合再分配政策则具有很强的分配政策因素,如再开发政策,城市及住宅开发政策等。最后,在构成政策的情况下,纯粹构成政策主要处理选举法或行政机关的改编等行政性业务,但混合构成政策则主要在行政业务中对那些公民权问题等非常细致的政府活动表现出更大的关心。

施皮茨在 1983 年出版的《总统与公共政策》一书中揭示了可以区分政策类型之间的特征及纯度的标准。根据案例研究和总体分析(aggregate analysis),表明这种标准是妥当的。他的这种发现意味着,在同一政策类型中根据其纯度,政策式样可以不同。例如,在具有高度多元主义特征的规制政策的情况下,因纯度而可以表现出不同的两种政治式样。更具体地说,施皮茨主张,在纯粹规制政策中,冲突的程度比混合规制政策更高一些。

再划分规制政策

20 世纪 60 年代以后,由于出现了以环境、职业安全、保护消费者等为重点的规制政策,以里普利和富兰克林为首的好多学者要求修改洛伊的政策类型理论。这些学者认为,由于洛伊及其追随者所界定的规制政策主要用来表述有关经济规制政策,而没能包含最近出现的很多社会规制政策。塔塔罗维奇和戴恩斯认为,社会规制政策首先关心的是根据法律的新的行为规范,以此来改变现存的社会价值、制度惯例、个人相互间的行为规范等。还有和经济规制政策不同,司法部、理念、市民团体在决定和执行社会规制政策方面发挥特别大的影响。

施皮茨也区别了经济和社会的规制政策,并主张经济规制政策近于分配政策,而社会规制政策则更近于再分配政策。因为,经济规制政策主要通过对价格和市民参与的限制来规制对象集团,其影响是局部性的。相反,社会规制政策以改变个人的行为方式来达到所预期的目标,其影响范围也比经济规制政策广泛得多。

J. 威尔森从成本和利益的角度区分经济规制政策和社会规制政策。根据他的观点,经济规制政策具有利益集中在部分阶层那里,而费用却分散在一般民众中的“顾客政治”属性。相反,在社会规制政策的情况下,却具有费用集中在部分阶层而利益则分散在一般民众中的“企业家政治”的属性。所以在做出有关社会政策的时候,总统和政党领导人要发挥更大的作用。

但是,施皮茨认为,经济及社会规制政策包括纯粹形态的规制政策和混合形态的规制政策。例如,在处理克兰伯里事件中,美国药品医药局不是通过行政程序给生产污染克兰伯里的生产者以直接罚款的方法,而是由于时间上的限制和政治上的考虑而采取非强制性的手段来要改变克兰伯里生产者的行为方式。在这种意义上,克兰伯里规制政策不是纯粹形态的经济规制政策,而是可以分类为混合经济规制政策。

施皮茨还认为,历史长的规制政策,如对铁路及卡车公司的规制、信息规制、航空工业规制、不公正贸易规制等,一般被看作经济规制政策。经济规制政策和社会规制政策在主管部门对利益集团的捕获(agency capture)程度上有很大的区别,即经济规制政策由于管辖范围狭隘并且利益局限于一部分阶层,所以主管部门会敏感地回应议会的专门委员会以及有关利益集团的压力。但社会规制政策由于其管辖范围广泛,而且其利益分散在一般公众身上,所以主管行政机关就不那么敏感地回应利益集团的压力。

对洛伊政策类型理论的另一种批判是同"强制"变量的二分法有关。施皮茨通过他的政策案例研究认为,强制的层次不能划分为"立即的"(immediate)和"长久的"(remote)或"个人和环境"的类型,而应该把它理解为连续性概念。换句话说,有些特定政策不只是具有一种政策类型的属性,而是可以具备多种政策类型的特征。所以,应该把洛伊的政策类型理论理解为具有两个线条的二元性概念。具体地说,某种特定政策的属性取决于这一政策在横向和纵向两个线条上的哪个交叉点上。

(原文选自吴锡泓、金荣枰编著:《政策学的主要理论》,复旦大学出版社,2005年版,第119-121页。本书对原文做了改动,并进行了适当的阐释。)

经典阅读8-3:协作解决政策冲突

P. 夸克为构筑协作解决政策冲突的理论基础,主要做了三项工作:第一,弄清协作解决在政策冲突状况下的意义;第二,利用游戏理论分析冲突当事者的行为;第三,推导出为协助解决政策冲突的一般条件。

在政策冲突状况下的协作问题

在政策冲突状况下,所谓协作解决到底指的是什么呢? 一般把对立利益关系的双方和平而协作地解决相互间所存在问题的努力,称为协作。但在政策冲突状况下的协作解决是指,调整相互冲突的当事者之间的利益关系,并达成共识,从而求得其共同利益的行为。协作解决的概念通过几个有关事项可以得到更具体的说明。

首先,为了能够达到在政策冲突状况下的协作解决,应该满足谢林(Schelling)所设定的两个前提条件:其一,冲突当事者应该是相互依赖的;其二,他们应该处在"非零和游戏"(non-zero-sum game)状态下。前者意味着当事者们独立地或作为联合的一员影响政策,而后者意味着他们具有互补性的同时,还要具有相互冲突的利益关系。

其次,可以进行协作解决的政策冲突,根据与此状况相关的行为者数量可以分为两种类型:其一,从引起冲突的核心因素来看,是具有不同目的的两个集团互相对立的状况;其二,具有多种目的的两个以上的集团相互对立的状况。一般来讲,前者可称为两个集团之间的冲突,而后者称为多集团之间的冲突。这两种情况都可以克服相互冲突的利益关系而达到合意,从而实现共同的利益。

还有，为了理解在政策冲突状况下协作解决的可能性，有必要探讨决策过程和政策结果。在政策过程方面，在两个集团冲突的情况下，如果各集团的多数给予支持，或者在多集团冲突的情况下，如果大部分集团的多数予以支持，那么协作解决就有可能。在政策结果的情况下，如果因其结果使得冲突当事者的利益得到了解决，那么就可以说进行了协作解决。但如果处于两个集团正在冲突的情况下，一个集团成功地从另一个集团那里得到了个别利益，或为驱逐另一个集团的一部分成员而提供特殊利益，那么这不能说是协作解决。另外，冲突当事者为实现共同的利益而没有做出必要的让步，也不能称作协作解决。

政策冲突的理论分析

关于政策冲突的行为者的行为方式，可以通过两个集团之间的非零和游戏来予以说明。在多数集团存在的情况下，也可以通过集团之间的竞争性联合形成一种统一的立场，因此利用两个集团之间的游戏来分析其行为方式可以使结果具有一般性。之所以利用非零和游戏，是因为除了极个别的情况以外，大部分的政策冲突都可以通过它得到说明。这一游戏的行为者一般选择冲突战略（defect，表示为 D）和协作战略（cooperation，表示为 C）中的一种，而把各行为者的战略组合为四种结果。

表 8-1　战略选择的结果

战　略	战　略	
	协作战略	冲突战略
协作战略	协商(CC)	拒绝(CD)
冲突战略	拒绝(DC)	冲突(DD)

第一，如果冲突状况的行为者都选择冲突战略，其结果就会出现政治斗争，在这里把它称为冲突（表示为 DD）。在这种情况下，行为者们要么胜利，要么陷入困境。而胜利了的集团会得到可观的利益。在这种情况下，不会存在共同的利益。而如果对立的状况继续下去，那么就会使行为者均受到损失。

第二，如果冲突的行为者选择不对称的战略，即一个集团选择协作战略，而另一个集团选择冲突战略的话，那么可把它称为拒绝（表示为 DC 或 CD）。如果在政策冲突的情况下选择拒绝，就不会产生政策变化，因而行为者不会得到巨大利益或不会受到重大损失。

第三，如果在冲突情况中的行为者都选择协作战略，其结果就成为协商（表示为CC）。在这种情况下，如果行为者通过协商达到合意并把它付诸行动，那么通过政策变化便可以实现共同的利益。如果行为者在协商过程中取得合意上的失败或遇到其他制约因素，那么就不会发生政策变化。行为者们希望通过协商得到比较均衡的利益，但实际得到的利益在很大程度上取决于它们的协商能力。

由此可见，根据在政策情况中行为者采取何种战略，其结果就会出现协商、拒绝、冲突等。那么，决定行为者战略选择的因素是什么？这就是通过战略选择而可以得到的报偿的大小。考虑到政策冲突的特征，现实中最可能出现的结果有如下两种。其一是因战略选择而得到的报偿结构成为 CC＞DC＞DD＞CD 的情况。在这种情况下,行为者都选择协作战略,其结果就成为协商。这一报偿结构通常称为"打猎牡鹿"(stag hunt)。而在这一结构下,参与者通过协商可以得到最大的利益,所以协作是稳定的。另外一种报偿结构是成为 DC＞DD＞CC＞CD 的情况。在这一情况下,游戏的行为者都选择冲突战略,其结果就成为冲突。在通常被称为"僵局"(deadlock)的这种情况下,不协作是优先考虑的战略,而冲突将成为稳定的局面。因此,冲突的协作解决是在报偿结构成为"打猎牡鹿"的情况下才有可能出现的。

在冲突状况下,协作解决的可能性还受有关冲突情况的行为集团数量及其情况重复与否的影响。但在政策冲突的情况下,这些因素并不重要。因为,如果行为集团的数量多,那么信息及交换费用和无票乘车等因素会使协作解决的可能性降低。但在政策冲突的情况下,由于公务员负责协调,因而信息和交换费用会降低很多,而无票乘车的问题则可以通过法律手段得到解决,所以集团的数量对其结果不会发生很大影响。情况的重复可能性则可以通过一系列的幕后交易而取得对方的协作,从而可以提高协作解决的可能性。但是,在政策冲突的情况下,不会完全具备成功地进行交易的条件,因而可以使用比背后交易更有效的明晰交易。所以,不能认为情况的重复可能性可以提高协作解决的可能性。

综上所述,协作解决政策冲突的可能性,在冲突状况的行为者持有如下期待时就会得到提高:通过协作的政策变化能够带来较大的潜在利益,在协商过程中达到合意上的阻碍因素较少,即使寻找合意的努力失败也不会带来较大的潜在损失,选择冲突战略但从中可以得到的利益并不太大等。

协作解决政策冲突的条件

上述政策冲突状况下协作解决可能的因素受有关政策冲突行为者的社会经济特征或所拥有的信息量等因素的影响,所以其客观性可能成为问题。因此,为了提高分析的普遍性,有必要推理出更为客观的协作解决条件。以政策问题的内容、冲突的结构、领导、政党政治、政治制度五种变量为对象推理出这种条件,从而提高客观性。之所以选择这些条件,是因为它们是在大部分有关政策的文献中作为重点被探讨的特征。

第一个条件是成为冲突对象的政策问题内容。对这一变量,应该着重探讨两个方面。其一,是政策变化所带来的潜在利益的程度和确定性。如果政策变化的潜在利益和确定性大,那么协作解决的可能性就会越大。其二,是为通过政策变化而得到利益所必要的交易水准。在这里所说的交易水准,是指解决冲突所必要的让步程度。在冲突情况下进行交易的类型,根据其水准可分为妥协、交换、通过报偿的合意、通过再调整的合意等。一般来说,在达到合意上需要报偿或再调整等大的交易时,协作解决会很困难。如果通过妥协或交换等比较小的交易而能够导出共同利益,那么就会更容易实现协作解决。

第二个条件是有关政策冲突状况的结构特征,在这里有必要注意三个方面。首先,是冲突当事者的力量平衡。在两个集团相互冲突的情况下,如果其当事者之间的力量越平衡,那么达到协作性结果的可能性就越大。因为,如果力量平衡,那么任何一方都不能通过政治斗争而得到比较大的利益,因而在冲突战略上不能期待获得多少利益。相反,在多个集团冲突的情况下,多种形态的联合就有可能,所以不存在使协作解决成为可能的特定形态的力量平衡。在这种情况下的协作可能性,很可能取决于因实施政策而产生的利益分配形态。其次,是有关政策冲突行为者的集团性质。一般来说,在政策冲突的行为集团具有参与性质的情况下,会出现两个极端的情况,即要么很容易得到协作性结果,要么协作可能性很低。所谓参与性集团,是指特别热心的支持者占多数的组织(工会,市民团体),或者是大多数的利益集团,或者是很多一般民众。而非参与性集团是指,缺乏广泛支持的少数利益集团(如贸易协会),或受少数精英操纵的集团。参与性集团的成员一般倾向于很强的象征性,拥有有限的信息,或者过高地评价自己的力量,或者具有从冲突本身中得到满足的倾向,所以往往表现出极端的反应。最后,还有一点很重要,这就是政策冲突的主要原因是什么的问题。如果冲突的主要原因是理念上的区别,那么很难期望协作解决。因为,在理念对立的情况下,行为者由于各自的象征性而往往更倾向于选择冲突战略。

第三个条件是有关政治领导的。为协作解决政策冲突,领导要采取刚柔相济的心态。在这里所说的柔,意味着要把考虑的问题从多种角度进行探讨,特别是为了达成目的在手段的选择上要有灵活性。另一方面,领导应该在所要达到的目标水准上坚持原则,这有助于加强提高政策质量所做的协作努力。在协作解决政策冲突的过程中失败的最大原因在于所选择的手段上不能坚持灵活性,但在目标水准上不能坚持原则也是重要原因。例如,在政策制定者隐瞒不同立场上的显著差异而毫无原则地进行妥协的情况下,就不能充分利用达成共识的机会而只能得到令人不满的和平。有的时候,领导也有必要按部就班地进行协商。一般来说,协商是以分析冲突、推理出可以达到合意的立场、作具体部署等顺序进行的。领导遵循这一顺序就可以把合意过程简化,而且还可以得到所需让步的正当根据。

第四个条件是有关政党特征的,而这种政党政治将在两个方面影响协作解决政策冲突,即政党遵守纪律的程度和政党的控制类型。如果政党遵守纪律,那么政党的组成人员遵循其领导班子的路线,这有助于协作解决政策冲突。例如,纪律好的政党的领导班子从国家利益的角度出发制定政策方向,那么政党成员可以抛弃集团利益或地区利益而努力实现领导班子的路线。另一方面,在唯一的政党控制议会和政府的情况下,一般认为协作解决政策冲突就会更容易。例如,在唯一政党控制政局的体制下,由于政府以国家利益为理由可以促成有关冲突当事者之间的协作,所以协作解决就可以更容易进行。

最后,协作解决政策冲突还受一个国家政治制度的影响。政治制度从两个方面影响协作解决。一方面,政治制度影响政策变化所需要的支持范围。一般来说,在政策变化需要广泛支持的合意制体制下,即使选择政策冲突也不能得到大的利益,所以倾向于协作解决。例如,在包含合议制特征的联邦制或比例代表制等选举体制下,协作解决政策冲突就更容易。另一方面是决策的复杂性和政策的公开性程度。一般在简单而又封闭的决策过程中,协作解决政策冲突就更加容易。例如,具有几个独立的决策体、很少的个人参与决策,并对外公开有限的情况下就更容易进行协作解决(当然,这一过程也许会遇到其他的反对意见)。简单而封闭的过程能降低成本并容易得到同意,而这种体制下的领导可以避开选民的压力而可以抽空考虑让步。也就是说,对协作最为有利的制度就是既基于合意制,同时又具有简单而封闭的决策过程的制度,这种制度的特征有时在多党议会制中可以发现。

（原文选自吴锡泓、金荣枰编著：《政策学的主要理论》，复旦大学出版社，2005年版，第174—178页。本书对原文做了改动，并进行了适当的阐释。）

五、相关研究

相关研究8－1：多元利益诉求下的信任危机——西方"代表制"的现实困境

摘要：当代西方代表制正在遭遇信任危机，代表不一定由多数选民产生以及代表在多元利益诉求中无所适从的尴尬，使其饱受批评。困境产生的原因首先是，高涨的个人权利意识和平权观念，唤醒了公民"在场"和"出场"的原教旨民主情绪，激活了代表观念的内在悖论；使局面混乱的另一个原因来自话语的迷惑，在同一性"代表"的语词背后，暗藏着截然不同的价值偏好。克服困境的突破点或许在于以公民美德促成协商政治。

关键词：代表；代表制；民主；协商政治

（一）引言

从西方国家历史发展的脉络看，在公共生活中，尽管也曾出现过古代雅典城邦那样的直接民主样式，但大多数时候，在大多数地方，让所有人亲自表达个人意志都是一种乌托邦梦想。因此，"在那些公民认定自己是社会成员的社会中，人们接受了精英组成权威的代表制，尽管这种代表制与公民权并不相容。"[①]然而，这个看起来经过完美论证和数百年实践的妥当制度安排，在当下却正遭遇信任危机。批评者的矛头直指其内核：

其一，在经由选举产生代表的过程中，由于公民冷漠，参选人数屡创新低，不时出现以多数票当选的获胜者事实上不能代表选民绝对多数的情形。此外，面对跨区域、跨阶层、跨文化的复杂公共问题，代表们也越来越缺乏沟通的耐心和能力，很多时候只能听任投票这只程序之手来决定命运。这种"程序正义"的办法以往一向能够"快刀斩断乱麻"，但如今情况则变得糟糕，局部地方开始出现投票之后的"公民不服从"，甚至导致局势进一步动荡纷争。正如一位法国思想家所说，问题的实质在于，"政治

---

① 戴维·米勒：《布莱克维尔政治学百科全书》，中国政法大学出版社，2002年版，第694页。

权力的行使就其规模和运转方式而言,已经不允许普通的公民对于国家的事务真正发挥影响了。几千个佛罗里达州的选民通过只有少数公民参加的、遭到非议的选举,竟然可以逐步决定中东的战与和问题这样一个事实,与民主理想相去万里"。他感叹,民主看起来高奏凯歌,但实际上已然破碎。[1]

其二,在社会多元分化和自利盛行的"诉求丛林"中,代表们不再能清楚地知道该代表谁。在个人权利张扬、公民自由至上观念的指引下,只要合乎法律,每一种声音都可以有其空间,每一种利益表达都有其合理性。这种景象既带来了普遍的"现代化"活力,也造成了某种"后现代"的尴尬。它至少表现在三个重要的层面:(1)对政治共同体的认同不断削弱;(2)不同认知和道德之间不可通约;(3)种族文化团体之间显著不平等。[2] 这种状况导致了普遍的、令人烦恼的社会撕裂和美德失落。例如自由主义"每个人/所有人"(each/all)的困境,社群主义"单一/多元"(unity/plurality)的困境。更糟糕的是,许多当前的分歧不仅仅是利益冲突,而且还是法庭判决无法解决的观念原则冲突。[3]

在反思民主的大背景下,西方学界重新审视与"代表"有关的理念和制度。1967年,汉纳·皮特金(Hanna F. Pitkin)就试图通过对"代表"概念展开知识谱系的清理,提醒人们重温近代以来代表观念及其实践的精华;[4]随后,罗兰德·彭诺克(J. Roland Pennock)、布奇(A. H. Birch)、詹姆斯·菲希坎(James S. Fishkin)等人从多个角度对代表制的设计与运作细节进行剖析;[5]戴维·卢宾(David Lublin)更是直接揭示种族和民族利益交错的现状已使得国会陷入"代表悖论"[6]。台湾学者张福建等人也从理论规范与历史经验的对比角度展开了代表制如何突围的求索。[7] 内地学者彭宗超、温辉较早注意到了选民与代表相互关系中的合作抑或冲突;[8]周光辉等人则重新阐释了代表的正当性与代表方式的合理性;[9]王勇兵、罗云力、郭忠华等人在

---

① 皮埃尔·卡兰默:"引言",《破碎的民主——试论治理的革命》,生活·读书·新知三联书店,2005年版。

② 乔治·M.瓦拉德兹:"多元文化社会中的协商民主",陈家刚《协商民主》,上海三联书店,2004年版。

③ 詹姆斯·博曼:"公共协商和文化多元主义",陈家刚《协商民主》,上海三联书店,2004年版。

④ 根据汉纳·皮特金在语源学上的追溯,希腊文中并没有与"代表"现代意义相近的词;拉丁文中的"repraesentare"也只有文学或影像上"再现"的意思,并不指涉人与人之间的替代关系。她认为直到13、14世纪,"代表"才开始具有现代意义,并逐渐演变成独立的政治理念。Hanna F. Pitkin. *The Concept of Representation*. Berkeley：University of California Press,1967.

⑤ 参见 J. Roland Pennock(eds). *Representation*. New York：Atherton Press,1968. A. H. Birch. *Representation*. London：Pall Mall,1971. J. Fishkin. Special Issue on Representation,*Ethics* 91,1981.

⑥ 参见 David Lublin. *The Paradox of Representation：Racial Gerrymandering and Minority Interests in Congress*. Princeton University Press,1999.

⑦ 参见张福建、刘义周:"代表的理论与实际:规范与经验的对话",《政治与社会哲学评论》,2002年第1期;张福建:"北美立宪前后'代表理念'的争议:一个革命式的转折",台北《政治科学论丛》,2000年第10期;张福建:"议会及议员的权责:爱德蒙·柏克(E. Burke)代表理念的可能贡献及其限制",《台北行政学报》,1998年第29期。

⑧ 参见彭宗超:"合作抑或冲突:选民与代表相互关系理论评析",《北京行政学院学报》,2000年第6期;温辉:"代表与选民的关系",《现代法学》,2001年第4期。

⑨ 参见周光辉、彭斌:"理解代表——关于代表的正当性与代表方式合理性的分析",《吉林大学社会科学学报》,2004年第6期。

考察当代西方政党政治变革时,也发现了代表制的困局。[①]

从已有文献来看,上述研究注意到了代表制的现代困境,并对困境的表现提供了引人入胜的描述与分析,但不足的是:在理念层面他们或者忽略了这种困境乃是"代表"观念与生俱来的悖论所致;或者忽略了这种困境乃是源于不同阶层价值偏好的差异;而在如何改进的操作层面,他们又大多表现出和现实困境一样的迷惘。在本文中,笔者首先指出代表观念的内在悖论在当代被激活,是代表制困境的基本原因;接着从偏好差异的角度讨论代表制困境的加深,最后借用"协商民主"的分析思路,来寻求局部克服困境的某种"公共修辞"。

（二）困境的产生：被激活的"代表"悖论

要理解当代西方代表制的困境,必须回到"代表"的原初状态。因为,自"代表"观念产生以来,其间内藏的关键悖论就一直没有得到完美解决。按照《布莱克维尔政治学百科全书》给出的解释,"代表"指的是"某人为替他人提出主张或采取行动而作的安排"。[②] 至于如何实现这种安排,在现实政治中又有两种主要的分歧——其中一种观点强调"再现",就是用相似的人和物去"代替"缺席的某人或事物;另一种观点则强调"代劳",即站在被代表者的立场,为着他的利益,或以他的名义作为。[③] 显然,"再现"和"代劳"相距遥远,前者不过是民意的"复制"或"粘贴",后者则是民意的"新建"或"改写"。汉纳·皮特金称之为"代表制的悖论"——"就代表的义务而言,这两种观点似乎支持着完全相反且不能共存的结论,它们有可能都是正确的吗?"[④]

导致上述分歧的根本原因,其实正在于"代表"这一概念天然含有的内在价值紧张。因为自从启蒙时代承认主权在民,代表的产生源于人民的授权以来,设置代表的初衷便是直接民主的不可操作,于是想让"在场"的代表真实呈现"不在场"的被代表者的意图,以便通过间接民主的方式实现直接民主的理想。可是,无论被代表者有多少人,当代表行为发生时,代表者所呈现的只会是一个单一的意见或立场,于是,在代表与被代表者之间就存在着永远的"不一致性",使得代表无论如何没有办法"如实"地"重现"（represent）被代表者。

按照代议制的运作逻辑,"把特定的一个人或少数人视同为全体,是代表的基础与实践方式,但它同时也是代表关系的最大问题所在"。[⑤] 关键在于,倘若如实重现在技术上已经可能,那么,一个丧失任何诠释功能的代表是否又跌入了"徒具形式"的面具陷阱呢?[⑥] 今天看起来有些奇怪的是,这个至关重要的悖论在若干年里并未被民众深究。他们更关心的只是一个技术问题,即:代表到底是应该做选民要他做的事

---

① 参见王勇兵："西方政党变革与转型理论初探",《经济社会体制比较》,2004 年第 6 期;罗云力："西欧民主现状评估",《当代世界与社会主义》,2004 年第 4 期;郭忠华："西方政党与民主:在共生和悖论的结构中",《岭南学刊》,2006 年第 2 期。

② 戴维·米勒:《布莱克维尔政治学百科全书》,中国政法大学出版社,2002 年版,第 695 页。

③ 戴维·米勒:《布莱克维尔政治学百科全书》,中国政法大学出版社,2002 年版,第 696 页。

④ H. F. Pitkin. Commentary: The Paradox of Representation. Pennock J. Roland(ed). *Representation*. New York: Atherton Press, 1968. p41.

⑤ 高千雯:《特殊与普遍:代表理论探讨》,台湾政治大学硕士论文,2003 年。

⑥ 周家瑜:《授权与表演——论霍布斯契约论中代表理论之困境》,台湾政治大学硕士论文,2003 年。

情呢（选区利益），还是做他自认为最好或者全局需要的事情（公众利益）？或者说，代表的角色定位究竟应该是独立性的，还是服从性的？

这个问题不算复杂。站在各自的一端就立即有两种解答模式：

其一是强制委托论。强调代表对其选民所承担的义务，把代表与选民之间的关系视为严格的"私权委托"关系。① 代表通过选举获得选民的合法授权与委托，并因此在法律上负有执行选民意志的义务，代表只能根据委托或准许行事，其本人不享有未明确授予的权力。代表应致力于成为一面镜子，或者充当信使与邮差，尽可能一五一十丝毫不差地将被代表者的意见反映出来。他们最强硬的措辞是，"如果代表的行为与选民需求和希望没有关系，那么这些选民事实上就没有被代表"②。在强制委托模式下，代表的行为受到严格监控，机会主义无存身之地。但在张扬被代表者意志的同时，它也压制了代表的主动性和创造性，使得议会本应具有的论辩功能大大削弱。抛开实际的效果不论，仅从可操作的角度看，现实中可能根本就不存在这种交流机制。正像经济学家已经用严密数学证明的"不可能定理"那样，个人偏好的混合不可能靠表决程序来汇总，从而不可能确保个人所偏好的选择也被集体决策所选中。③

其二是独立代表论。强调代表在国家立法机关和对于公共利益所应发挥的积极作用，主张在代表和选民之间建立一种信任关系，代表只需要在政治原则上忠于选民，在具体政治事务方面则可以依照自己的判断、学识和品德去做出决定。④ 他们自我辩护的理由也很干脆，"如果代表只是机械地按照别人做出的决定来行为，就没有什么'代表'可言"⑤。而且如果完全听命于选民，那么他们反复无常的偏好和集体行动的悖论，还极有可能导致不符合选民利益的惨剧发生。

显然，独立代表模式带有明显的精英主义取向，对公民政治参与的能力和美德不寄予厚望，对民粹立场表现出足够的警觉，认为代表并不是随便任何一个人，同时他还是个精英，应该能够为被代表者的利益或主张做出最佳的判断。此外，他们还看到，被代表者通常不是一个意见完全一致的整体，而代表们为了与其他代表决断某些不确定的事，必须与多方意见折中、妥协，自然不可能与被代表者最初期望的结果完全相符。在实践中，西方各国近现代宪法一般都否认"强制委托论"，而采用"独立代表论"。如法国宪法（1958 年）第 27 条规定："选民对议员的任何强制委托均属无效。""议员的投票权属于其本人。"意大利宪法（1947 年）第 67 条规定："议会的每个议员均代表国家，并在履行其职务时不受强制性命令之拘束。"对此规定得更为明确的是德国基本法（1998 年修改）第 38 条：德意志联邦议院的议员"是全体人民的代表，不受选民的委托和指示的拘束，只凭他们的良心行事"。这样做当然是为了更好地证明，议会不仅具有代表共同体整体利益的外观，而且在最大限度地实践主权在民的理想。

在社会结构比较简单、阶层利益相对单纯、共同体的体认容易构建的旧时代，由

---

① 温辉："代表与选民的关系"，《现代法学》，2001 年第 4 期。
② 戴维·米勒：《布莱克维尔政治学百科全书》，中国政法大学出版社，2002 年版，第 696 页。
③ 柯武刚、史漫飞：《制度经济学：社会秩序与公共政策》，商务印书馆，2000 年版，第 351 页。
④ J. S. 密尔：《代议制政府》，商务印书馆，1982 年版，第 173 页。
⑤ 戴维·米勒：《布莱克维尔政治学百科全书》，中国政法大学出版社，2002 年版，第 696 页。

于国家建设的任务居于首要地位,精英代表推动资本主义高歌猛进的经济绩效和"主权在民"的意识形态抚慰足以说服民众接受这样的安排。代表制的悖论因而长期处于未激活的状态并隐藏起来好像从不存在。然而,在现代化尘埃落定,福利体制日趋完善,尤其是公民权利意识和平权观念高涨的当代,人们蓦然发现,"主人"与"主事"的分离状况①已经夸张到难以忍受的地步,卢梭当年的断言重回耳际,"选民只有在选举国会议员期间才是自由的,议员一旦被选出以后,他们就是奴隶,就等于零了"②。于是主张公民亲自"出场"和"在场"的"民主原教旨主义"③火热出场,凭借其震撼性的力量和强烈的道德感召力,迅速获得了政治正确性甚至某种巨大的话语霸权,其结果是人人争当国家主人,个个表达私人意愿,对代表的角色扮演和行动功能百般较真。

悖论被激活,代表制的"病毒感冒"就此发作,一发不可收。谁代表谁? 我被代表了么? 代表真的能代表我么? 诸如此类的尖锐问题纷至沓来,让既定的精英代表制顿时僵住。

（三）困境的深化:不同偏好的同一性表述

让代表制继续遭受创伤的还不仅仅是公民的较真。使局面混乱的另一个原因来自话语的迷惑。看上去大家都在使用"代表"这样的表述,但同一性的语词背后,却暗藏着截然不同的价值偏好。持有民主偏好的理论家乐意强调,掌握政策制定权和执行权的政府精英必须代表"人民";而内含精英情结的共和主义者则更加关注,以私人事务为活动重心的普通民众在政治生活中需要"代表"④。或者说,理想主义者企图用"代表"实现主权在民的善的价值时,也有实用主义者企图将"代表"变成代言代行的救世主。

重视法律和体制的传统政治学往往蕴含着两个逻辑假设:其一,选民们对代表的品行能力了如指掌,可以极其简单而又绝对准确地选对人;其二,只要在法规制度上授予选民对其代表进行监督和控制的权利,就足以防范代表的不良行为,切实保障公众权益。在西方国家政治文明的发展进程中,事实上也据此形成了一整套体制来防范代表的滥权或失责。其设计和运行的基本逻辑是:(1) 承认绝对权力会导致绝对腐败,所以首先必须肢解绝对权力,一般通过立法、行政、司法分权的原则来加以规避,代表的作为被置于行政与司法的监督之中;(2) 权力即便三分,也不能轻信掌权者的德行,为了回应狼狈为奸、官官相护的可能质疑,确保分权和制衡的实际效果,所以要有选举机制,来形成一个充分竞争的政治代理人市场,并提供多样性的候选人;(3) 由于民众的偏好多元,任何选举都不能确保当选者是最佳甚至合适的人选,因此必须用任期加以限制,这样,即便选人不当,也可以在任期届满之后另行选择;(4) 对于任期内出现的重大错误,通过独立的司法介入,可以减轻民众的持久煎熬,而无须等待任期结束;(5) 为了避免公权力互保,还必须允许新闻媒介和舆论提供更

①　张凤阳:《政治哲学关键词》,江苏人民出版社,2006 年版,第 61 页。
②　卢梭:《社会契约论》,商务印书馆,1982 年版,第 125 页。
③　萨托利:《民主新论》,东方出版社,1993 年版,第 119 页。
④　张凤阳:《政治哲学关键词》,江苏人民出版社,2006 年版,第 102 页。

丰富的信息来源,充当"第四权力"。总之,"将管理集体行动的那些人置于特定约束之下的立宪政体,其效能有赖于选举制民主、法治的盛行、经济和社会向存在于政府之间和经济主体之间的外部竞争开放。这些条件构成了一副相互支撑的子秩序之网"①。

然而,晚近以来,对人的自利倾向有坚定共识的当代经济学家从理论和实践两个维度粉碎了上述假设,他们以选举为突破口,揭露出从代表产生到作为诸环节的漏洞,将自以为是的完美民主制冲撞出一个大洞。他们发现:(1) 代表与选民一样都是理性的、醉心于效用最大化的"经济人",而且为了实现目标而寻求自我利益,他们还天然的是机会主义者;(2) 选民并不可能真正了解代表候选者的"质量";反倒是代表在能力、素质、工作努力程度、专业技术以及掌握信息等方面,相对于选民皆占据全面优势,如果再以自利为导向,那么,代表与被代表者之间的主从关系便很容易被颠倒过来。在这些约束条件下,政治代理人产生败德行为,几乎是一种"理性选择"。

因此,罗伯特·达尔(Robert A. Dahl)说:"一个懂得如何最大限度利用其资源的领导者与其说是他人的代理人,不如说他人是他的代理人。"②在此状况下,占据优先地位的代表们还会经由意识形态的传播与塑造,使其代表性更加普遍化;同时,不断地将其他竞争者贬抑为特殊的,也就是不具代表性的,从而形成对公众的压迫乃至宰制。于是,一种堪称"代理人主权"的寄生物钻进了"人民主权"的壳内。③

在经济学家敲响这一记警钟之前,由于主权在民的观念深入人心,人们早已经把自己当家做主视为一种普遍而真实的实然存在,从而对代表制表达了高度信任。但在此之后,人们变得敏感易怒,他们仿佛突然看见,资本主义生发之前的"另类"代表的幽灵原来一直徘徊未去。那时,"代表"时常被用于两种场景:其一是教会间在争夺经典的诠释权时,会各自宣称自己才是神意真正的代表者;其二是君主努力说服人民相信他是"神"或其他超自然力量在俗世的"代表"。无论是教会领袖,还是世俗国王,在这种自我标榜的代表关系中,都是一副高高在上的主宰面孔,代表的权力来源是上帝而非人民,因此,教皇或者国王可以任意"为民做主"。

在当下世界,我们可以假设并部分地加以经验证明,对于掌控更多资源(权力、知识或财富)的强势阶层而言,他们不但有出任代表的能力,而且有直接代表他人的冲动。他们向民众诉求"代表"同意权的行动有时不过是一种姿态,其实质则是基于内在优越感的"舍我其谁"。他们相信,代表的产生主要是精英联盟的内部运作,而代表的实际作为和价值立场也更多体现为精英阶层之间博弈妥协的状况。

可是,社会并非仅仅由强势精英组成,在其他的阶层,还有一种更不容易说出口的"幽灵"在徘徊。对于资源和能力均很匮乏的弱势阶层而言,正如马克思洞察的那样,他们不能代表自己,一定要别人代表他们。他们的代表一定要同时是他们的主宰,是高高站在他们头上的权威,是不受限制的政府权力,这种权力保护他们不受其

① 柯武刚、史漫飞:《制度经济学:社会秩序与公共政策》,商务印书馆,2000 年版,第 407 页。
② 罗伯特·达尔:"谁管理?"格林斯坦、波尔斯比:《政治学手册精选》,商务印书馆,1996 年版,第 407 页。
③ 李春成:"信息不对称下政治代理人的问题行为分析",《学术界》,2000 年第 3 期。

他阶级侵犯,并从上面赐给他们雨水和阳光。① 他们期待被代表的愿望一般并不是基于主权在民的价值考虑,更多是乞求安全和福利的生存需求。

吊诡的是,当强势精英不能亲自出任代表或者利益不能被已有的代表倾听时,他们会高举"自由"的大旗反对代表的滥权与专断,来为自己的出人头地开辟通道。而弱势边缘者的诉求不被体制注意时,则会在"民主"的掩护下涌起寻找代表的冲动。不愿道出"做主"秘密的强势者与不敢言明"求神"心愿的弱势者在行动上一拍即合,从左右两端同时展开对现行代表制的抨击,其困境必然深化。

(四)困境的克服:以公民美德促成协商政治

必须承认,尽管代表制遭遇了困境,但其基本理论预设依然顽强挺立,即:代表的权力建筑在民众的同意基础上。若从现代经济学的观点来看,民众与代表的授权与被授权关系,实际上是一种委托-代理的契约关系。在这种关系中,"政治代理人是人民公仆"②,他们并不享有特权,行使职权的目的是增进社会公共利益,实现人民的剩余索取权。显然,这里不存在自上而下的、单方面的"恩赐",而是体现了一种资源交换关系和互利行为。公允地说,这种委托-代理关系既不是完全欺骗民众的主义骗术,也不是弱势一方自欺欺人的白日迷梦。其在实际中遭遇的困境来自无法彻底根除的代表制的内在悖论,代表与被代表者的拔河由此贯穿了整个代表关系。

站在温良中道的立场看,以原教旨的激进民主心态指控代表制的无为无能,是政治体温过热的表现;以强势精英的优越心态指控民众的无德无力,则是政治体温过冷的表现。一个冷热合适的中间地带应该是:代表可以捕捉而民众可以表达不同的偏好,在合作主义的框架下累积共识,减少纷争,从而实现不同力量各自担当不同责任的微妙均衡。如同奥克肖特(Michael Oakeshott)指出的那样,每一种关于公共生活的理论背后,都有民众的一套道德信仰。③ 抱怨或逃避都不能解决问题。重申公民美德,在此基础上搭建一个对话与协商的公共平台,或许是走出代表制困境的一条可选择的路径。

对于激进民主者而言,应当反思的是:假如个人真的只受自我利益而不是任何公共利益观念的驱动,每个人只是自身利益的法官,民主政治的良性运作是否可能。由于公共生活的高度相关性,国家的良善治理显然只有在公民不仅对自己负责而且也对伙伴成员负责的条件下才能健康运作。爱德华·希尔斯(Edward Shils)指出:正是公民美德(Civic Virtue)或曰"公共精神""公民风范",使一个秩序优良的自由民主制与一个无序的自由民主制区别开来。④ 迈克尔·沃尔泽(Michael Walzer)则强调,"对公共事务的关注和对公共事业的投入是公民美德的关键标志"⑤。

近年来,西方学界热议的"协商政治"与公民参与的美德相结合,或许能为克服困

---

① 《马克思恩格斯选集:第1卷》,人民出版社,1972年版,第677-678页。

② 奥托·迈耶:《德国行政法》,商务印书馆,2002年版,第97页。

③ 奥克肖特:《哈佛演讲录——近代欧洲的道德与政治》,上海文艺出版社,2003年版,第28页。

④ 爱德华·希尔斯:"市民社会的美德",王炎:《公共论丛:5》,生活·读书·新知三联书店,1998年版,第286页。

⑤ 转引自罗伯特·D.帕特南:《使民主运转起来》,江西人民出版社,2001年版,第100页。

境开辟新路提供部分学理启示。公私利益的调解本质上是一种情理的辩证。一个公共对话的场域,既需要基于情感召唤("博感情")的"情感信任",也需要基于说理论辩("讲道理")的"说理信任"。社会改革的关键就是有无能力在利害空间的接壤地带,传递共通感受并不断地扩大深耕。①

在协商论者看来,参与协商就是一种解决各种相互冲突的目标、理想和利益的策略。即便是抱着自利取向的个体,也能够在协商实践中逐渐养成民主公民的性格特点。因为在个人偏好的表达和碰撞中,人们会清楚地看到,每个人都是更大社会的一部分,其福利的保障还有赖于各自承担一份集体责任。在协商中达成的相互理解、相互尊重,对于公民节制自身的需求大有裨益;此外,公共协商还能够有效地促进不同文化间的沟通,从而建立长久合作所需的社会信任。②

理想的公共协商应该遵循自由、平等、理性与合法性原则的程序。协商是自由的,参与者对各种建议的思考不能受到预先规范和要求的权威的抑制;协商是理性的,参与者也许会在互动过程中改变自己的判断、偏好和观点,但决定个体改变以及最终结局的是理性根据而不是权力大小;参与各方在实质和形式上都是平等的,参与者将通过协商实现特定决策的事实看成是服从这种决策的充分理由。③

当每个公民都能够平等地参与公共政策的制定过程,自由地表达意见,愿意倾听并考虑不同的观点,并在理性的讨论和协商中做出具有集体约束力的决策,这一行为本身就是"使伪善文明化的力量"④。不用去奢望协商最后的结果如何美妙,"严格地说,协商的目标根本就不是关于公共利益的判断,而是相互都能接受的建议"⑤。换言之,这一过程并不挑战多元社会的现实去强求单一的一致,并不要求所有公民出于相同理由而同意,它只要求在相同的公共协商过程中公民能够持续合作与妥协。协商政治不仅认可合理妥协的工具性价值,而且承认,这种经历了协商过程的妥协结果,和单纯的投票表决等形式相比,已经在超越多元冲突与权力专断的路上迈出一大步。如果所有受影响的人都有机会(依靠言论和组织的自由,投票和申诉权,并不受经济恫吓的威胁)影响决策,并帮助集体决断从权力和金钱的力量转移到对话、讨论和说服的力量上来,则协商成为民主的制度化。⑥

在这里,政治说服的过程兼顾"正义的外观"和"正义的内涵",协商既是彰显公民道德信念的过程,也成为人们表达自己愿望和利益的途径。利益与美德交互融合,为参与者提供各取所需的激励,而代表制的深刻困境则在公民"在场"与"出场"的演出中,淡化为一幕遥远的背景。

作者简介

李永刚,1972 年生于重庆。1989 年考入南京大学政治学系,先后获得法学学士、

① 吴介民、李丁赞:"传递共通感受:林合小区公共领域修辞模式的分析",《台湾社会学》,2005 年第 9 期。
② 陈家刚:"协商民主:民主范式的复兴与超越",陈家刚:《协商民主》,上海三联书店,2004 年版。
③ 乔舒亚·科恩:"协商民主的程序与实质",陈家刚:《协商民主》,上海三联书店,2004 年版。
④ 乔·埃尔斯特:"协商与制宪",陈家刚:《协商民主》,上海三联书店,2004 年版。
⑤ 马修·费斯廷斯泰因:"协商、公民权与认同",《马克思主义与现实》,2004 年第 3 期。
⑥ 马克·华伦:"协商性民主",《浙江社会科学》,2005 年第 1 期。

管理学硕士(行政管理专业)、法学博士(政治学理论专业)。现任行政管理系副主任,教授(2010),硕士生导师(2004)。

主要研究方向为中国地方政治变革和公共政策、互联网政治、政治学基础理论等。为本科生和研究生开设的主要课程有:《宏观政治学》《行政伦理与文化》《中国行政改革与发展》《公共危机管理》等。

2006 年入选南京大学"青年学术骨干";2011 年入选南京大学"优秀中青年学科带头人"培养计划。

(原文发表于《南京大学学报》(哲学人文社科版),2006 年第 6 期。本书在引用时,事先征得了作者的允许。)

相关研究 8-2:政策类型理论的批判及其中国经验研究

摘要:洛伊提出的政策类型理论以"政策特征决定政治过程"的假设为基础,从公共权力运用的两个维度构建出四分的政策分类框架。这一政策类型理论一经提出即引起学术界广泛关注,同时也激发了诸多学者的质疑和批判,以及针对质疑和批判进行的辩护和发展。一些开拓性研究表明,该理论对于透视和分析中国背景下的公共政策过程同样具有深邃的理论洞察力。循着"政策类型视角下政策过程"的思路,可以发展出关于中国公共政策规划与决策、执行与评估等不同阶段的经验性假设,以逐渐积累关于中国政策过程的知识和认知,并发展出本土化的政策过程理论。

关键词:政策类型;政策过程;中国政策过程研究

在社会科学研究中,"分类"往往是从纯粹的描述走向解释性研究的至为关键的一步,是实现"有序控制和预测的开始"[1]。从政策科学创立伊始,就不断地有各种对公共政策进行分类的方法和概念被提出,其中最常见的是根据政策的实际内容进行的分类,如能源政策、环境政策、教育政策等。此外还有从意识形态角度进行的分类,如自由主义政策和保守主义政策等。这些政策分类都把政策看作政府的产出,是政治过程的产出和结果,即"政治决定政策",也正因为如此,"它们不能帮助我们得出关于政策背后的政治过程的一般性结论"[2],因此对于政策科学的发展没有产生实质性的影响。20 世纪六七十年代洛伊(Theodore J. Lowi)提出的政策类型理论[3]却建立在与上述政策分类相反的假设基础上,即"政策特征决定了政策的政治过程",从而为从政策特征出发研究政策过程、对政策过程展开因果研究

---

[1] Theodore J. Lowi. Four Systems of Policy, Politics, and Choice. *Public Administration Review*, 1972, 32(4). p299.

[2] Thomas A. Birkland. *An Introduction to the Policy Process*. New York: M. E. Sharpe Inc., 2001. p133.

[3] 包括三篇经典文献:1. Theodore J. Lowi. American Business, Public Policy, Case Studies, and Political Theory. *World Politics*, 1964, 16(4); 2. Theodore J. Lowi. Decision Making vs. Policy Making: Toward an Antidote for Technocracy. *Public Administration Review*, 1970, 30(3); 3. Theodore J. Lowi. Four Systems of Policy, Politics, and Choice. *Public Administration Review*, 1972, 32(4).

提供了一个起点。洛伊的这一政策类型理论一经提出，即引起广泛的关注，有大量的学者加入到对这一理论的验证、批判和发展的对话中，产生了一批相关的研究成果。如今，从政策类型的视角对政策过程进行研究已经成为政策过程研究中不可或缺的一个重要组成部分。本文对从政策类型视角研究政策过程的相关文献进行回顾与评论，并以此为基础提出在中国背景下运用政策类型理论进一步展开政策过程研究的一些设想和假设。具体包括以下几个方面的内容：一是洛伊政策类型理论的提出与主要学术贡献；二是政策类型理论的批判与发展；三是政策类型视角下的中国政策过程经验研究。

（一）洛伊政策类型理论的提出与学术贡献

1964 年洛伊在《世界政治》上发表了一篇名为"美国商业、公共政策、案例研究和政治理论"①的书评，在这篇针对保尔（Raymond A. Bauer）等人的专著《美国商业与公共政策》所写的书评中，他首次提出了包含三种类型的政策类型框架，其目的是试图弥合当时政治学研究中理论与经验研究之间的鸿沟，并回应当时颇为激烈的多元主义与精英主义之争。

这一分类框架建立在对纽约的实证研究基础之上，其基本假设有三个：（1）人们之间关系的种类是由他们的期望决定的——由他们希望从与他人的关系中获得什么决定的；（2）在政治生活中，期望是由政府的产出或者政策决定的；（3）因此，政治关系是由相关政策的种类决定的，其结果是对于每一种政策来说都有一个特定的政治关系。那么如何对政策进行分类呢？洛伊认为可以根据预期中的政策的社会影响对政策进行分类，即政策对社会的影响是作用于个别的组织、地区，还是作用于集团，抑或是作用于更大范围的联盟或阶级。以此为依据可以区分出三种类型的政策，即分配政策、规制政策和再分配政策。分配政策围绕着权力和利益的个别分配而产生，一般涉及基础设施工程、税务减免、政府补贴等。这些政策都是由单个决策积累而成，其影响一般针对具体的个人、组织或地区。只有受益者，受损者往往不易察觉。规制政策的实质是减少或扩展私人的选择，一般会给某些群体带来利益，而给其他群体带来损失。其影响也是具体的、个体化的，但是政策规定是针对某类行为的，尽管其执行是针对一个个单独的个人或公司的，但是执行的决定必须根据某个普遍的规则来做出。典型的规制政策包括通过授权、惩罚和禁止来控制生产。再分配政策涉及对收入的重新分配，如社会保障、收入税、遗产税等，其影响更加广泛，往往涉及不同社会阶级、有产者和无产者之间的冲突。

三种不同的政策类型构成了不同的权力场域，"每一个权力场域倾向于发展出它自己特有的政治结构、政治过程、精英和集团关系"。② 例如在分配政策中，其政治关系的核心特征是精英之间的互惠和相互支持，国会委员会往往主导着政策制定，表现出稳定的精英主义特点；在规制政策中，其政治关系的核心特征是不同利

---

① Theodore J. Lowi. American Business, Public Policy, Case Studies, and Political Theory. *World Politics*, 1964, 16(4).

② Theodore J. Lowi. American Business, Public Policy, Case Studies, and Political Theory. *World Politics*, 1964, 16(4). p689.

益团体之间的讨价还价,国会主导政策制定,是一种不稳定的多元主义的权力结构。

1972年洛伊在上文基础上又发表了"政策、政治与选择的四个系统"一文,运用逻辑演绎的方法对前述政策分类框架进行了详细说明和修改。在这篇论文中,洛伊明确提出了"政策决定政治"的假设,并认为政策分类必须抓住真实政府的重要特征,而政府最重要的政治事实是政府的强制力。因此应以政府强制力——"强制的可能性"和"强制发生影响的途径"为依据划分政策类型,从而形成一个包含四种政策类型的分类框架,如图8-7[1]所示。

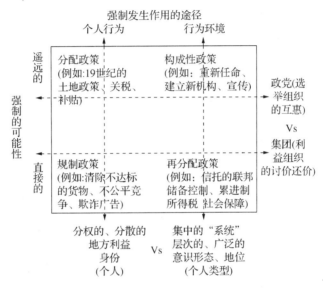

图8-7 强制、政策和政治的种类

图8-7左边框标示的是政策的强制性,即政策具有直接的强制性,还是强制性很弱、很遥远,上边框标示的是政策强制性是直接作用于个体行为,还是通过作用于环境而间接影响个体行为,这样两两结合就形成了包含分配政策、规制政策、再分配政策与构成性政策四种政策的分类框架。前三种政策及其特征与60年代分类框架中的相同,不同的是新增的"构成性政策",它是关于"游戏的规则",典型的如选举法、重新任命、机构重组等,一般很少引起公众的注意,只有政治顶层才关注。此外,上图边框的右方和下方标示的是一些政治过程的变量和特征,它们与特定的政策类型相联系,从而可以产生很多富有价值的假设以展开经验研究。例如,与规制政策相联系的政治过程特征包括分散的利益、不同利益集团之间的讨价还价、权力相对分散等。通过这种政策类型与政治关系的假设,就可以"把案例研究从叙事和教学工具转变为数据"[2],从而改变当时普遍存在的一种现象,即一方

① Theodore J. Lowi. Four Systems of Policy, Politics, and Choice. *Public Administration Review*, 1972, 32(4). p300.

② Theodore J. Lowi. Four Systems of Policy, Politics, and Choice. *Public Administration Review*, 1972, 32(4). p300.

面是大量充满细节的、描述性的案例研究，另一方面是高度抽象的理论，二者很难勾连起来以实现理论的发展。

为了说明和验证这一分类框架，洛伊接着运用这一分类框架考察了美国19世纪以来，国会、国会委员会、总统、政党、利益集团等在政策过程中影响的变化。在整个19世纪，由于联邦政府制定和实施的主要是分配政策，所以政治过程的特点是长期的、稳定的由国会委员会和政党间互惠主导的政策过程，总统的影响较小，处于被动地位；20世纪初开始，利益集团开始出现，政党的影响力逐步下降，随着规制政策和再分配政策的出现，总统的作用开始上升，行政国家逐渐形成。对罗斯福执政以来17个案例的研究也证明了这一框架的恰当性。①

"对于公共政策研究的发展来说，没有任何一个单独的理论建构比洛伊的分类框架更加重要"②。由于洛伊的政策类型理论为从政策内容及其特征的视角展开政策过程的因果研究提供了起点，因而有大量的学者加入到对这一理论的验证、批判和发展的对话中。学者们普遍认为洛伊的政策类型理论"对政策分析的贡献在理论和经验两个方面都是广泛而丰富的"③。

首先洛伊明确提出了公共政策分析的重点应该是选择如何运用国家权力，而不是问题，也不是国家应该追求什么目标。"传统的政策分析焦点——问题是短命的，它对于政治过程没有系统的和可预测的影响。他声称，问题政治学的实质是'数据丰富、理论贫乏'，而且没有为政策分析提供理论的洞察。"④在洛伊的政策类型理论影响下，20世纪70年代后期的政策分析开始纳入权力分析，并推动了政策过程研究的兴起。

其次，洛伊明确提出了"政策决定政治"的假设，政策不仅仅是政治过程的产出和结果，而是一个自变量。在公共政策过程中，关于如何使用公共权力的政策倡议在很大程度上决定了政治斗争发生的舞台、斗争的规则、各种利益进入政策过程的机会及其角色。因此可以以政策内容预测政策过程特征，这是走向因果理论的重要一步，为从政策内容及其特征的视角展开政策过程的因果研究提供了起点。如今，从政策类型的视角对政策过程进行研究已经成为政策过程研究中不可或缺的一个重要组成部分。洛伊的政策分类框架也成为产生具有价值的研究假设的重要基础。

第三，它使得研究者可以把政策过程看作一个整体，政策类型作为自变量，政策过程的特征作为因变量，从而为政策过程的定量分析提供了可能。个案不再是个别

---

① 17个案例分属分配政策、规制政策和再分配政策三种类型。洛伊分别统计了各案例中主要的参与者、参与者之间的关系、关系的稳定性、官僚机构的作用、院外说客的角色、国会委员会的角色、国会全体会议的角色和总统的角色。

② George Greenberg, Jeffery Miller, Lawrence Mohr and Bruce Vladeck. Developing Public Policy Theory: Perspectives from Empirical Research. *American Political Science Review*, 1977, 71(4). p1534.

③ Norman Nicholson. Policy Choices and the Uses of State Power: The Work of Theodore J. Lowi. *Policy Sciences*, 2002, 35(2). p163.

④ Norman Nicholson. Policy Choices and the Uses of State Power: The Work of Theodore J. Lowi. *Policy Sciences*, 2002, 35(2). p164.

的历史,而可以作为数据处理。这激发了很多学者的研究热情,他们运用这一分类框架展开关于政策过程的经验研究,以验证、批判和发展之。其中最具代表性的是罗伯特·施皮茨(Robert J. Spitzer)运用政策类型理论对美国总统权力所做的研究,该研究对美国 1954—1974 年 20 年间的 8 个政策个案(每个类型两个)进行了详细的分析,并对 5463 件法案进行了定量分析,以验证洛伊的观点。[①] 20 世纪 80 年代,一些学者开始把洛伊的政策分类框架拓展到政策执行过程的研究。例如哈格罗夫认为:"不同的政策问题,在政策过程中会拥有不同的参与者,并因为有关的政策问题与人们的利害关系程度不同,而导致参与程度不同……在很大程度上,再分配政策比分配政策更难于执行,而管制政策的成功,则经常取决于它们对利益分配的影响程度。"[②]里普利(Randall B. Riply)和富兰克林(Grace A. Franklin)在《政策执行与官僚制》一书中则从稳定性和日常化程度、参与者之间关系的稳定性、冲突程度、关于政府官僚活动的反对程度、理念性争论的程度、小政府的压力和要求等方面分析了分配政策、规制政策(竞争性规制政策和保护性规制政策)和再分配政策的执行过程及其特点。[③]

(二)政策类型理论的批判与发展

学者们在运用政策类型理论的过程中也发现了这一分类框架的不足,从而提出了很多质疑和批判,其中最为广泛的一个质疑和批判是:尽管洛伊给出了分类的标准,但在实际的经验研究中,却很难客观上按照一定的标准把某个政策归入某一特定类型中,因为现实中的政策往往同时具有多重特征。例如对学生的资助政策,是分配政策还是再分配政策? 经营许可权的授予,是规制政策还是分配政策等,"把一个政策正确分类的问题因此成为对洛伊的假设进行经验验证的主要的绊脚石"[④]。

其次,20 世纪 70 年代后,美国开始出现很多与传统政策不同的新政策,这些政策主要是一些与道德和价值相关的问题,例如堕胎、枪支管制、同性恋等。这类公共政策的特点包括:"(1) 建立在非经济因素的价值之上的政策;(2) 被单一问题团体政治化了的政策;(3) 其主要的决策者是联邦司法系统,尤其是最高法院。"[⑤]洛伊的两位学生塔塔罗维奇(Raymond Tatalovich)和戴恩斯(Byron W. Daynes)把这种政策称为"社会规制政策",并认为洛伊的四分框架无法涵盖这种新的政策类型,因而应该将它增加为第五类政策,原框架中的规制政策应当称为"经济规制政策"。

---

① Robert J. Spitzer. *The Presidency and Public Policy: The Four Arenas of Presidential Power*. Tuscaloosa: University of Alabama Press,1983.

② 米切尔·黑尧:《现代国家的政策过程》,中国青年出版社,2004 年版,第 113 页。

③ Randall B. Riply & Grace A. Franklin. *Policy Implementation and Bureaucracy*, 2nd ed. Chicago: The Dorsey Press,1986.

④ George Greenberg, Jeffery Miller, Lawrence Mohr and Bruce Vladeck. Developing Public Policy Theory: Perspectives from Empirical Research. *American Political Science Review*,1977,71(4). p1534.

⑤ 雷蒙德·塔塔罗维奇、拜伦·W. 戴恩斯:"引言",《美国政治中的道德争论》,重庆出版社,2001 年版。

第三，洛伊的政策类型理论虽然在一定程度上可以预测政策博弈发生的主要场域、与这一场域相关的博弈规则、各种利益进入政策过程的机会及其角色等，但是由于难以预测参与者的政策偏好和影响力等，因此政策选择的结果很难从类型中推理出来。要实现对政策结果的预测，还必须把制度背景、利益集团的组织及其他背景变量纳入到分析之中。[①] 与此相联系的是，这一模型深深地扎根于美国的制度背景之中，联邦制、三权分立、分权化的政党系统等诸多制度特征是洛伊政策类型理论隐含的背景预设，那么这一政策类型理论在其他的制度背景下，例如在英国式的议会国家，或者在发展中国家的威权体制下，将会如何？

针对上述三点质疑和批判，包括洛伊自己在内的很多学者从多方面对政策类型的四分框架进行了辩护与发展。

与质疑和批判相对应，致力于如何解决某项政策的类别划分问题的学者及其成果也最为丰富，这其中又包括两种不同的路径，一种是通过进一步的阐释来为洛伊的政策类型理论进行辩护，比较具有代表性的是罗伯特·施皮茨（Robert J. Spitzer）和皮特·斯坦博格（Peter J. Steinberger）；另一种是在洛伊的基础上建立新的政策分类框架，詹姆斯·威尔森（James Wilson）是其中的代表。

罗伯特·施皮茨认为要解决政策的正确分类问题，关键是把洛伊的分类框架看作是一个连续体、是一个谱系，而不是精确的、两分的，从而可以区分出纯粹的与混合的政策类型（图8-8）。[②] 下图中以大正方形中的菱形为界限，菱形内部的、靠近大正方形中心的区域为混合的政策类型，菱形外面的、靠近正方形边缘的是比较纯粹的政策类型。例如城市大众交通就属于混合型的分配政策，而土地授予、公园建设等就是纯粹的分配政策；累进的收入税属于纯粹的再分配政策，而地区发展则属于分散的、混合型的再分配政策，等等。

皮特·斯坦博格则从现象学的视角为洛伊的政策类型理论进行了辩护。[③] 他认为洛伊分类框架中的分类标准——强制的可能性和强制发生作用的途径——本来指的就不是客观的标准，而是主观建构，"每个政策对于不同的参与者来说可能有不同的含义，从而每个政策的确切含义不是不证自明的，而是模糊不清和可以操纵的。并且至少在某种程度上政策过程就是一场斗争，以使得政策的这个或另一个含义被确认为可以接受的一个"[④]。不同的参与者，包括政策分析者往往会强调具体政策的不同含义，这就是政策过程的一部分，也恰恰是政策研究者需要研究的。

---

① Norman Nicholson. Policy Choices and the Uses of State Power：The Work of Theodore J. Lowi. *Policy Sciences*，2002，35(2).

② Robert J. Spitzer. Promoting Policy Theory：Revising the Arenas of Power. *Policy Studies Journal*，1987，15(June).

③ Peter J. Steinberger. Typology of Public Policy：Meaning Construction and the Policy Process. in Daniel C. McCool(ed.). *Public Policy Theories*，*Models*，*and Concepts*，New Jersey：Prentice - Hall，Inc.，1995. pp. 220 - 233.

④ Peter J. Steinberger. Typology of Public Policy：Meaning Construction and the Policy Process. in Daniel C. McCool(ed.). *Public Policy Theories*，*Models*，*and Concepts*，New Jersey：Prentice - Hall，Inc.，1995. p223.

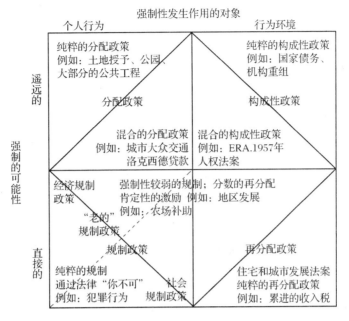

图 8 - 8 权力场域架构的修正版

(Robert J. Spitzer. Promoting Policy Theory: Revising the Arenas of Power. in Daniel C. McCool. *Public Policy Theories*, *Models*, *and Concepts*. New Jersey: Prentice - Hall, Inc. 1995. p236, p238.)

詹姆斯·威尔森则针对洛伊分类框架的批判,发展了一种新的分类方法和分类框架(表 8 - 2)。

表 8 - 2 威尔逊的政策分类

		收　益	
		集中于少数人	在很多人中分配
成本	集中于少数人	利益集团政治:受益者团体和承担成本团体之间的冲突。被认为是零和博弈	经济人政治:团体及其领导者寻求劝说政策制定者从公共利益出发进行规制,同时面临承担成本团体的反对。
	在很多人中分配	顾客导向的政治:在政策制定者、规制者和被规制利益之间密切的顾客关系	多数政治:人们或者代表他们行动的人结成松散的团体,他们寻求某种实质性或者符号性的政策声明。经常导致虚弱的、模糊的政策。

(Thomas A. Birkland. *An Introduction to the Policy Process Process*. New York: M. E. Sharpe Inc. 2001. p143.)

这一分类框架根据预期中政策成本与收益是相对集中还是分散来分析政策及其政治过程的特征。从上表可以看出,最容易倡议和制定的政策是"收益集中而成本分散"的政策,即"顾客导向"的政治;如果成本由某一特定的集团所承担,则该集团会采取措施反对这类政策,此时如果收益也相对集中时,则会发生激烈的利益集团之间的冲突,例如在职业安全领域劳工团体和商业团体之间的斗争,即利益集团政治;如果收益相对分散，则会发生所谓的"经济人政治"，例如高速公路安全政策，所有的公众是受益者，而成本由少数汽车制造商承担，制造商会反对这类政策，而一些公共利益集团及其领袖则会以分散的公共利益为名义倡议这类政策；如果成本与收益都相对分散，则公众中的大多数都会欢迎此类政策，如反托拉斯法，只有很少的公司会反对。这类政策的语言一般较为模糊。我们从中可以看出与洛伊的分类框架之间或多或少的联系，例如"顾客导向"的政策类似于洛伊的"分配政策"。

关于第二个质疑与批判，洛伊和施皮茨都不同意增加"社会规制政策"的做法。洛伊认为"人们不能仅仅通过增加一个新的类别就能使问题迎刃而解。增加类别削弱了整体的逻辑性"[①]。为了使得分类框架能够更好地涵盖所谓的"新政策"，同时不破坏分类框架的逻辑性，洛伊建议增加"主流-激进"的维度。传统的四分类型主要关注的是主流政治，而对于每一类主流政治都有一个激进的政治。主流政治对待政策、法规的态度是尽其所能把它视为工具性的，避免对被规制的行为采取一种道德的立场，行为被规范仅仅是因为它产生的后果有害。激进派则不同，认为行为被规范是因为它本身是好的或坏的。每一个激进政治又可以分为"左-右"两个类别，从而产生出十二种政策类型。[②] 这样"社会规制政策"就可以被归入到激进的规制政策中。

施皮茨则认为"社会规制政策"仍然可以纳入洛伊的分类框架中。图8-8中左下角的规制政策方框中，如果沿着其"右上—左下"再画一条线（图8-8中的虚线），那么这条线的左上部即传统的经济规制政策，其特征更接近分配政策；这条线的右下部分则是社会规制政策，其特征更接近再分配政策。

关于第三个质疑和批判，学者尼克尔森（Norman Nicholoson）建议将洛伊的政策类型理论与理性选择制度学派的分析方法相结合。[③] 尼克尔森认为洛伊的模型对社会互动的分析与制度方法是一致的，因此把洛伊的模型与制度分析方法有意识地结合起来可以提高对政策结果的预测性。把政策类型与个体行为动机、物品特征、社区特征与制度背景等因素结合起来进行分析，可以更好地对政策过程及其结果进行预测。遗憾的是，到目前为止还没有看到沿着这个方向展开的经验研究。

（三）政策类型视角下的中国经验研究

正如前文所说，以洛伊为代表的政策类型理论是以对美国政治史和政治制度的深刻理解为基础而建构的，联邦制、三权分立、分权化的政党系统、多样化的利益集团等诸多制度特征是其不言自明的背景预设。那么这一理论能否运用到中国？在有中国特色的政治制度背景下其所提供的理论洞察力是否依然？令人遗憾的是，到目前为止，从政策类型视角下对中周政策过程进行的经验研究还非常有限。下面首先对这些探索性的研究进行介绍，再提出一些关于中国经验研究的设想。

台湾学者陈敦源、韩智先讨论了在台湾地区不同政策类型的媒体议程问题。[④]他们根据威尔森的"成本与收益"分类法，把政策分为四类，分别是利益团体法案（I）、

---

① 雷蒙德·塔塔罗维奇、拜伦·W. 戴恩斯："前言"，《美国政治中的道德争论》，重庆出版社，2001年版，第4页。

② 雷蒙德·塔塔罗维奇、拜伦·W. 戴恩斯："前言"，《美国政治中的道德争论》，重庆出版社，2001年版，第11页。

③ Norman Nicholson. Policy Choices and the Uses of State Power: The Work of Theodore J. Lowi. *Policy Sciences*, 2002, 35(2).

④ 陈敦源、韩智先："是谁告诉人民他们要什么？媒体、民意与公共议程设定"，《研考双月刊》，2002年第2期。

客户政治法案(C)、企业政治法案(E)、多数政治法案(M),如表 8-3 所示。

表 8-3 政策类型与案例选择

	成本集中少数人	成本分散全民
利益集中少数人	利益团体法案(I)如:药事法	客户政治法案(C)如:残障福利法
利益分散全民	企业政治法案(E)如:消费者保护法	多数政治法案(M)如:优先保健法

资料来源:陈敦源、韩智先:"是谁告诉人民他们要什么？媒体、民意与公共议程设定"。《研考》,2002 年第 2 期,第 26 页。

在此基础上,作者从组织成本与媒体效应的角度提出了关于媒体在报道议题时选择逻辑与顺序的三个假设:

H₁:因为成本利益差异,曝光率会产生 I>C,E>M 的结果。

H₂:因为媒体控制的原因,曝光率最大的应该是 E,最小的应该是 C。

H₃:因为组织成本的原因,M 会少于 I 的曝光率。

为了验证上述假设,该研究选择了药事法、残障福利法、消费者保护法和优生保健法作为四种政策类型的代表性案例,采用内容分析法,以媒体报道量对媒体曝光率的大小进行了测量。根据对媒体报道量的计算和分析,上述假设 1 和 2 都得到了验证,而假设 3 未得到验证。作者在文章最后尝试着对假设 3 未得到验证进行了解释:一种可能是因为堕胎合法化等优生保健问题"本身具有争议性,在立院引起卫道人士与母权倡议者空前的激辩……其冲突性与戏剧性成为媒体的焦点。而另一种可能的解释……此政策的制定过程可以让行政官僚体系拥有较多的自主权……可能是因为'我国'的行政体系积极推动的态度所产生的结果"①。

大陆学者任锋、朱旭峰在研究中国背景下公共政策的议程设定时,以"政策的政府意识关注度的强或弱和相关压力群体与政府的联系松散抑或紧密作为分类的标准,把中国所有政策分为四类:限制型政策、公共意识形态型政策、分配/再分配型政策与体制型政策"②(见表 8-4)。

表 8-4 关于中国政策的分类模型

政府意识形态关注度	相关压力群体与政府联系	
	松散	紧密
弱	限制型政策自然/生态/环境政策人口政策、公共安全	分配/再分配型政策产业政策、财政政策福利政策、优先发展地区
强	公共意识形态型的政策宗教政策、文化政策学生思想政治教育	体制型政策政府机构改革、公务员制度、国际协议,外交政策

资料来源:任锋、朱旭峰:"转型期中国公共意识形态政策的议程设置",《开放时代》,2010 年第 6 期,第 70 页。

朱旭峰课题组运用这一分类框架对不同类型政策议程设置过程及其特点进行了

---

① 陈敦源、韩智先:"是谁告诉人民他们要什么？媒体、民意与公共议程设定",《研考双月刊》,2002 年第 2 期,第 29 页。

② 任锋、朱旭峰:"转型期中国公共意识形态政策的议程设置",《开放时代》,2010 年第 6 期,第 70 页。

实证研究,并得出了一系列富有价值的研究结论:以国家废除收容遣送政策和公务员录用体检标准中取消乙肝病毒携带者限制政策为例的研究发现,在限制型政策中,政策流和问题流是政策变迁的议程设置的主要动力,当问题爆发时,政策流内的政策倡导者可以根据在现行体制内发现的漏洞,向决策者提出相对激进的、技术不太可行的政策建议,以激发决策者实行制度变迁①;在分配/再分配型政策中,相关压力群体的"压力流"和"政策流"是政策变迁的议程设置的主要动力,并且压力流和政策流之间还存在着一定的相关性,例如在对中央政府将天津滨海新区提升为国家战略的决策过程的调查中,研究者发现直到来自代表地方利益的地方政府领导的压力流进入系统,同时伴随着问题流和政策流,政策窗口才打开,中央政府自上而下的资源分配政策才被制定出来②;在体制型政策中,其"议程设置和变迁过程并不因为问题的爆发而启动,而决定政策变迁的往往是政府对该体制型政策的具有意识形态性质的理念上的变化,从而能够打破来自相对压力群体对政策的阻力。在对中国 2008 年中央政府机构'大部制'改革的决策过程的逻辑分析中,研究者反驳了来自公共政策过程中'分离的官僚政治模型'关于大部制改革受到来自中央部委利益阻碍的观点,指出中国'大部制'改革的基本动因和决策逻辑其实是由于中央政府对政府机构基本职能向'公共服务型政府'的转变及其落实"③;以大学生思想政治教育领域的中央十六号文件为典型案例对公共意识形态型政策议程设置的研究表明,"政治流中政府意识形态的变化、政策流中专家的调研和建议,以及具有准公共性质的媒体力量在中国公共意识形态政策的议程设置过程中发挥着重要作用"④。

洛伊开创的政策类型理论最重要的学术贡献就是,通过特定的分类框架可以发展出关于政策过程中复杂政治关系的可以检验的若干假设,并进而发展出具有经验基础的政策过程理论。朱旭峰等学者具有开拓意义的研究表明,政策类型理论对于透视和分析中国背景下的公共政策过程同样具有深邃的理论洞察力。遗憾的是,到目前为止,从政策类型视角对中国公共政策过程的研究还非常有限,并且从前述介绍中不难看出,这些研究基本关注的是政策过程的议程设置阶段,而基本没有对政策规划与决策、执行与评估等阶段的研究。进一步的研究可以循着"政策类型视角下政策过程"的思路,尝试发展出关于中国公共政策规划与决策、公共政策执行、公共政策评估等不同阶段的经验性假设,并通过一系列的案例研究对假设进行验证。

西方宪政民主制度安排下,立法机构、官僚机构、政党组织、利益集团和政策研究组织等都是公共政策方案的主要规划者。而在中国背景下,由于立法机构和政策研究组织相对孱弱,官僚机构、执政党和相关利益集团往往是政策方案的主要规划者。那么对于不同的政策类型来说,公共政策方案的主要规划者是否有所不同? 为什么?以分配政策为例来说,其实质是政府对具有正外部效应的物品和行为进行补贴和资

---

① Xufeng Zhu. Strategy of Chinese Policy Entrepreneurs in the Third Sector: Challenges of 'Technical Infeasibility'. *Policy Sciences*, 2008(4).

② Xufeng Zhu and Bing Sun. Tianjin Binhai New Area: A Case Study of Multi-Level Streams Model of Chinese Decision-Making. *Journal of Chinese Political Science*, 2009(2).

③ 任锋,朱旭峰:"转型期中国公共意识形态政策的议程设置",《开放时代》,2010 年第 6 期,第 71 页。

④ 任锋,朱旭峰:"转型期中国公共意识形态政策的议程设置",《开放时代》,2010 年第 6 期,第 68 页。

助，以刺激该类物品的市场供给量，例如对农业、教育的补贴政策。这类政策一般由单个决策积累而成，其影响一般针对具体的个人、群体或地区，只有受益者，受损者往往不易察觉，因此其受益群体如果有组织化程度较高的利益集团组织，则该利益集团有强烈的动机参与公共政策方案的规划（例如在一些针对高科技产品的补贴政策中，高科技企业集团往往成为补贴政策方案的重要规划者），否则将主要由相关的政府机构主导政策方案的规划（例如在农业补贴政策中，由于农民群体的组织化程度低，因此政府主导了政策方案的规划）。规制政策的实质是政府对具有负外部效应的物品和行为的强制性规范，以减少该类物品和行为的产生，例如环境保护政策。规制政策一般会给被规制对象带来严重的利益损失（例如产生污染的企业），因此他们往往有强烈的动机参与到政策方案规划过程中，并以"技术和专业优势"和"资本优势"成功实现对政策方案的操纵或者影响。再分配政策的实质是政府通过强制性的财富转移实现社会公平的价值观，其影响是针对宽泛的人群种类的，往往涉及不同社会阶级、有产者和无产者之间的冲突。宽泛的人群由于利益分散、组织化程度较低，因此利益集团在这类政策的方案规划中发挥的作用有限，同时由于涉及财产权的再分配，因此这类政策最有可能由较高层级的执政党组织或者官僚机构进行政策方案的规划。构成性政策一般较少引起公众的注意，因此，这类政策也最有可能由执政党或者官僚机构主导政策方案的设计和规划。

近年来学术界围绕影响政策有效执行的因素已经展开了大量的研究，也取得了较为丰硕的研究成果，然而令人遗憾的是，"知识累积性的缺乏是政策执行研究面临的困境之一，研究者们……虽然各自提出了影响政策执行的大量变量因素，但是其中的关键变量因素的确认仍然是一个难题"[①]，或者说虽然提出了各种模型，可是却没有告诉人们在什么情形下特定的模型是有解释力的、特定的因素在什么情形下对于政策的有效执行是最为关键的，未来的政策执行研究将受益于对不同地域、不同时期、不同政策类型的比较研究。[②] 因此，从政策类型的视角对政策执行进行比较研究将有助于突破政策执行的总体性研究，推进政策执行研究的累积性发展。具体而言，这一视角可以致力于回答如下问题：哪些类型的政策会出现比较严重的执行问题？不同类型政策的执行过程有何不同特点？其执行阻滞和偏差的表现有什么不同？影响不同类型政策有效执行的因素有什么不同？执行不同类型政策的执行机构在组织结构和文化上是否也有所不同？例如在中国目前的财政体制下分配政策和再分配政策的执行往往都需要地方政府配置大部分的财政资源，那么如何保障地方政府拥有并愿意为此配置资源就成为这两类政策执行的关键因素之一。同时再分配政策还往往涉及利益和财富的转移，从而产生出巨大的利益空间和诱惑，政策执行者、生产商和公众等利害相关者会围绕此利益空间展开复杂的利益博弈（例如保障房政策中的地方政府、房地产商和公众）。在现有的制度背景下，由于中下层公众缺乏利益整合和表达的途径，同时既不能用手投票，也很难用脚投票，因此博弈的结果很可能是地

---

① 丁煌、定明捷："国外政策执行理论前沿述评"，《公共行政评论》，2010 年第 1 期，第 120 页。

② Lester J. P., Stewart J. *Public Policy*：*An Evolution Approach*. New York：West Publishing Company，1996. p119.

方政府、房地产商和社会中上阶层在博弈中获胜，共同瓜分再分配政策中所蕴含的巨大利益，导致政策执行失效。规制政策是对标的群体行为的规范和矫正，执行难度大，其执行往往需要基层官僚按照严格的法律法规对某类行为进行约束、控制和惩罚，那么如何控制其自由裁量权的恰当运用就成为政策执行的关键之一，特别是如何有效控制规制者与被规制者之间建立在权钱交易基础上的合谋可能是政策执行过程中的重大挑战。构成性政策在执行过程中受外部环境的影响较小，政策执行能否成功关键在于执行机构本身，特别是不同政府部门和不同层级政府之间的沟通和协调。

按照同样的思路，还可以对不同政策类型的公共政策合法化和公共政策评估阶段进行分析，并发展出若干可以检验的假设，例如不同政策类型中权力斗争的场域及其博弈规则有何不同？在公共政策评估阶段，不同类型政策在评估的主体、评估成本、评估的阻力、评估的技术和方法方面有什么不同等等。当然这些关于中国公共政策过程的经验性假设都还需要大量的实证研究进行证明、证伪和发展，以逐渐积累起关于中国政策过程的知识和认知，从而发展出本土化的政策过程理论。

（四）小结

围绕洛伊政策类型理论的争论仍然在继续，尽管对其表示质疑和批判的声音不绝于耳，但是这些质疑和批判却都接受了其最基本的假设和分析视角，即"政策决定政治"的假设，以及从政策内容及其特征研究政策过程的分析视角。政策类型理论"增进了我们对于政策及其对于政治过程影响的理解……以此为基础，我们可以建构其他的理论，以提供一个更高水平的说明，它将最终导向关于因果关系和预测的洞察力"[①]。运用政策类型理论对中国公共政策过程进行经验研究是拓展和深化中国公共政策过程研究的重要路径，希望本文的讨论能够引起公共政策学界对政策类型理论的思考和运用，以推进中国公共政策过程的理论建构。

作者简介

魏姝，女，博士，教授，博士生导师。1988 年考入南京大学政治学系，1995 年获法学硕士学位，毕业后留校任教至今，2000 年至 2001 年，美国伊利诺伊大学（UIUC）访问学者，2003 年获法学博士学位。现任政府管理学院院长助理，澳门科技大学行政与管理学院兼职教授。

研究方向为公务员制度、公共政策。开设课程有《公共行政学》《国家公务员制度》《公共政策学》《公共政策分析》等。

（原文发表于《甘肃行政学院学报》，2012 年 2 期。本书在引用时，事先征得了作者的允许。）

[①] Daniel C. McCool(ed.). *Public Policy Theories*, *Models*, *and Concepts*. New Jersey: Prentice-Hall, Inc. 1995. p248.

六、课程案例

课程案例 8－1：水资源的管理

生命之源 H_2O

水（H_2O）由两个氢原子和一个氧原子组成，它是自然界中最简单、最常见的化合物，也是我们赖以生存的地球上覆盖最广、数量最多的自然物质。

地球上的水确实"丰富"，总体积约为 13.8 亿立方千米。但十分可惜的是，这些水 98％是咸水，主要分布在海洋中。淡水只占地球水总量的 2％，约有 3000 万立方千米，而这 2％的淡水也不能全为人类所应用，因为它们中的 88％被冻在两极的冰帽和冰川里。因此，对于地球这个在太空中呈现几乎完全蔚蓝色的"水球"，我们生活其上的各大洲、异肤色的"臣民"们却几乎都面临着水资源紧张、水污染严重的困境。

而对于未来，情形将更为严峻。今年 2 月底，在加拿大水资源网络举行的国际会议上，300 多名世界各地的科学家、决策者及经济学家热烈地讨论着全球面临的水资源短缺问题。科学家们警告称："由于气候变化和人口增长，20 年后，全球水资源供应缺口将达到 40％，1/3 的人类仅能得到基本生活用水的一半，许多国家的农业、工业都将受到水资源短缺的威胁⋯⋯"

对于中国而言，这一问题更显突出。特别是今年北方地区大面积的干旱以及长期以来的缺雨少水，使得中国的水资源管理迫在眉睫。正因如此，中央政府在连续 7 年将每年"一号文件"定格农业问题后，今年首次投向水利工作，并将是否解决好水利问题提升到关系"经济安全、生态安全、国家安全"的战略高度。同时，"一号文件"提出的"三条红线"无疑为中国今后一段时间乃至更长时期的水资源管理工作指明了方向，这也是各部门和行业不可逾越的"高压线"。让我们各行各业、各位公民都努力行动起来，积极投身节水、护水的大潮中。

（资料来源：邹晶："生命之源 H_2O"，《世界环境》，2011 年第 2 期。）

中国未来水资源的情势

中国是一个水资源短缺、时空分布不均的国家。中国的淡水资源总量为 2.8 万亿立方米，占全球水资源的 6％，仅次于巴西、俄罗斯、加拿大、美国和印度尼西亚，名列世界第六位。但是，中国的人均水资源量只有 2100 立方米，不足世界平均水平的 1/3，是全球人均水资源最贫乏的国家之一。目前，中国有 14 个省、自治区、直辖市的人均水资源拥有量低于国际公认的 1750 立方米用水紧张线，其中低于 500 立方米严重缺水线的有北京、天津、河北、山西、上海、江苏、山东、河南、宁夏等 9 个地区。

从人口和水资源分布看，中国水资源南北分配的差异非常明显。长江流域及其以南地区人口占了中国的 54%，但是水资源占了 81%。北方人口占 46%，水资源只有 19%。由于自然环境以及高强度的人类活动的影响，这种差异进一步增强。未来中国水资源利用将面临更为严峻的考验。

此外，全球气候变暖也进一步加剧了对中国区域水资源的影响，使极端水旱灾害频发。这些都是造成中国水资源短缺问题的客观基础。

气候变化影响。中国地处东亚季风气候区，大部分地区受全球气候变化影响显著，是遭受气候变化不利影响较为严重的国家。中国气候变化的基本情势与全球基本一致，即气温整体持续升高；全国年均降水量空间格局有所改变，整体表现为南方增加、北方减少；洪旱灾害发生的频度增强。未来气候变化总体上会朝着不利的方向发展。气候变化造成地表地下水资源量的衰减可能会导致中国干旱区范围进一步扩大。同时，随着经济社会和生态环境用水需求量进一步上升，水资源系统的脆弱性将进一步增加，水资源保护难度加大。

总体看，气候变化使中国水资源时空格局朝着不利方向发展的同时，还使水资源供需发生不利的逆向演变，加大了自然水资源系统的不稳定性和水环境保护的难度。

发展与水资源供需平衡。随着未来中国人口的增长、经济社会发展、产业结构调整以及生态环境保护需要，分析经济社会发展与水资源供需平衡是十分必要的。

未来中国经济增长仍然将保持较高的速度，人口仍将处于增长过程，城镇化属于加速发展阶段，人民生活水平快速提升，因而全国生活及服务业用水的合理需求仍会维持一定的增长。同时，随着经济结构的调整、产业升级换代与技术进步以及节水力度加大，工业用水定额将会有很大幅度的降低，但对比世界其他经济发达国家，中国工业生产与工业用水仍处于较低水平。由于工业在今后较长时间内会处于快速发展阶段，因而工业用水比重还会进一步增加。

在农业用水方面，通过调整种植结构，发展高效节水农业，加强管理，提高农业用水效率，可以减少部分地区农业用水需求。但为了保障粮食安全，一些地区仍然需要增加农业灌溉水量。同时，我们还需要充分考虑生态环境保护和修复的用水需求。生态环境需水预测不但要考虑每年生态环境建设需要的水量，还要考虑逐步退还长期的历史欠账。

因此，总体来说，未来中国水资源供需矛盾仍然突出，需要严格控制用水总量，抑制对水资源的过度消耗；严格管理用水定额，提高用水效率和效益；加强生态环境保护，实现水资源可持续利用；合理调配水资源，完善供水安全保障体系；实行最严格的水资源管理制度，全面提升社会管理能力。

未来中国水资源的管理需求

在气候变化的背景下，面对日益突出的水资源供需矛盾，社会经济发展及生态环境保护与修复将对中国水资源管理提出新的要求。

在水资源配置方面，需要以总量控制为核心，抓好水资源配置；加快制定流域、区域水量分配方案，通过确定流域和区域水资源开发利用总量控制目标，明确水资源开发利用的控制性指标，建立覆盖流域和省、市、县行政区域的取水许可总量控制指标体系,全面实行总量控制,提高区域水资源的承载能力;提高水资源循环利用水平,加强需水管理,抑制不合理用水,严格控制用水总量过度增长,降低对水资源的过度消耗和对水资源的无序开发和过度利用。

在水资源节约方面,需要以提高用水效率和效益为目标,大力推进节水型社会建设。建立科学合理的用水和消费模式,建立有利于促进节约用水的水价体系,转变经济增长方式,提高水资源的利用效率和效益;制定用水定额,严格用水定额管理;利用现代科技手段,加大对现有水资源利用设施的配套完善和节水改造,推广节水新技术、新工艺和新方法,减少水资源的浪费。

在农业领域抓好大中型灌区和井灌区的节水改造,大力推广喷灌、滴灌和管灌等先进实用的节水灌溉技术,发展现代旱作节水农业;在工业领域要在优化调整区域产业布局的基础上,重点抓好钢铁、火力发电、纺织、化工等高耗水行业节水;在城市生活领域要加快城市供水管网改造,加强供水和公共用水管理,全面推行城市节水。

在水资源保护方面,需要以水功能区管理为载体,进一步加强水资源保护。以保障饮用水安全、保护和恢复水体功能、改善水生态水环境质量为目标,加大污染防治力度,根据水功能区纳污能力合理确定入河污染物控制总量,加强省界和重要控制断面的水质监测以及入河排污总量的监控;强化饮用水水源区保护和监测,完善突发性供水安全应急预案;加强水生态系统保护与修复。根据水生态系统保护和修复的要求,合理确定维持水生态系统正常功能的生态环境水质水量指标,通过水资源合理调配保障生态环境用水,逐步形成生态环境良性循环的保障体系;严格地下水开发利用总量控制,维持地下水合理水位,防止地下水超采引发生态与环境灾害;在水资源过度开发地区,需要通过水资源合理调配,逐步退还被挤占的生态环境用水。

在水资源调度方面,需要逐步推进水资源调度由应急调度向常态调度转变。要按照供需协调、综合平衡、保护生态、厉行节约、合理开源的原则,全面提高对流域和区域水资源的统一调配能力;要统筹流域与区域、城市与农村的水资源,合理配置生活、生产和生态用水;统一调配本地水与外调水、地下水与地表水、常规水源和非常规水;重视水量分配,水量调度预案、调度计划研究,运用现代科学技术,努力提高调度水平;要重视地表水与地下水联合调度的研究与应用以及水资源安全保障方面研究;加强水资源监控体系建设,完善水文站网和水质水量监测体系,努力完善水资源调度手段;加快构建与总量控制与定额管理要求相适应的实时监控体系,提高水资源调度的信息化、现代化水平。

(资料来源:王浩:"中国未来水资源情势与管理需求",《世界环境》,2011年第2期。)

水污染补偿:应对水危机的杀手锏?

中国已出台了很多关于水资源保护的法规,例如《中华人民共和国环境保护法》《中华人民共和国水法》《中华人民共和国水污染防治法》等。

20世纪90年代,以"三河三湖"重点治理工程为代表的大批水环境治理工程上马,每年投资数以百亿、千亿计,但不可否认的事实是:中国的水环境近几十年一直呈不断恶化的趋势，已经到了几乎"有水皆污"的境地。河流、湖泊地表水被污染，地下水也未能幸免。不仅多达三亿的农村人口其饮用水源不合格，人口超过百万的特大城市因水源污染而造成的停水事件也频频发生。这样的情形似乎已经危及国家社会和经济的安全。正是在这一背景下，建立水污染补偿机制的呼声日渐高涨。

概念及性质。水污染补偿是在水污染的具体加害者与受害者的责任关系难以厘清的情况下，由对水污染负有管理责任的政府对水污染的受害地区、受害群体给予的经济补偿（本文仅限水污染补偿而非范围更广的水生态补偿）。

水污染补偿具有对现有水污染防治制度和水污染赔偿制度进行补充、补救的性质。第一，本来按照优先从源头治理的原则，水污染防治首先应该是控制污水的排放，使废水排放都达标并不超过环境容量。相关法规也已经规定所有排污者的排放浓度应达到排放标准、排污总量应不超过限额，并且对所有排污者征收排污费用于对废水的处理。从理论上说，只要上述两点得到满足，并且足额征收的排污费都被用于废水处理，那么，水质就应该满足水域功能的要求，就不会有明显的水环境破坏和水污染损失。但实际上，由于违法排放污水的现象很普遍，排污费征收的标准偏低、覆盖度偏低，污水处理达标率不高，最终形成了几乎"有水皆污"的局面！第二，即使发生了水污染，按照"谁污染谁负责赔偿"的原则，应该由那些造成水污染的单位或个人来承担水污染的赔偿损失。根据《中华人民共和国水污染防治法》（2008 年 2 月 28 日第十届全国人民代表大会常务委员会第三十二次会议修订）第 85 条，"因水污染受到损害的当事人，有权要求排污方排除危害和赔偿损失"。但是，由于上游排污者众多、下游受损者众多，谁给谁赔、赔多少很难界定清楚。因此，造成了对污染者而言法不责众、对受损者而言无处申冤的情况。正是为了补救水污染防治制度和水污染赔偿制度的失效，国家提出了水污染补偿制度，由负有环境管理职责的政府来承担水污染损失的责任，对受污染的下游地区或者受害群体进行补偿。

如何有效实施。理论上，水污染补偿应该补偿给遭受水污染损失的单位和个人。水污染补偿可以发生在不同的行政区之间，例如上游地区因为对下游地区排放超标污水而对下游地区进行补偿；也可以发生在一个行政区内部，例如地方政府因为对辖区内水环境保护不力，而对受损的单位和个人进行补偿。但由于受损者及其损失数量难以界定，所以被补偿者往往也由地方政府来代表。

关于水污染补偿的数额标准，理论上应能补偿清除污染的成本或污染造成的损失。在实践中可以由相关各方来协商，并按照"从无到有、逐步提高"的步骤来最终实现足额补偿。

那么水污染补偿采用怎样的方式？从提出水污染补偿制度的初衷来说看，应该是由水污染防治失职的地方政府直接补偿给水污染受损者，这样一方面可以给予受损者以应得的补偿，另一方面可以纠正地方政府过于偏好经济增长速度而忽略环境保护的倾向。但是由于受损者数量多、难以定量评估各自的损失，而且操作成本过高都使其难以实现。退而求其次，在不同行政区之间，可以由输出污染地区的地方政府补偿被污染地区的地方政府，这在操作层面是较好处理的。而在同一个行政区内部，不能说政府自己补偿自己是说不过去的，应该由地方政府根据水环境超标情况提取水污染补偿基金。另外，为了减少地方政府之间可能出现的扯皮、拖延、拒付等情况，可以由上一级政府来征收和划拨水污染补偿基金,并以每年下拨给下级政府的财政收入作为担保,如果出现不交水污染补偿基金的情况,可以直接从下拨财政收入中扣减。

水污染补偿资金的使用是非常重要的,相关部门应遵守一定的原则。既然水污染补偿没有直接补给水污染的受损者,而是作为水污染补偿基金交到了政府手里,这种情况下,明确规定水污染补偿基金的使用原则就非常有必要。首先,应优先对明确的受损者进行补偿。例如,支付因受污染原因不明确而造成停水、减产影响的居民和单位。其次,对补偿明确的受损者之后剩下的基金必须用于水污染防治!

水污染补偿制度的创新之处在于:为推动地方政府落实其环保职责提供了一个可供操作的经济杠杆。水污染补偿制度通过明确地方政府负有水污染补偿的责任,建立了明确的经济奖罚机制,可以推进政府环境保护职责的落实;该制度符合经济学外部效应内部化的要求。

制约因素。水污染补偿制度固然有其积极作用,但究竟实施效果如何,有待于实践的检验。

首先,普及这一制度可能需较长时间。目前,只有个别流域开始实行上中下游之间的水污染补偿机制。例如江苏省 2007 年在全国率先启动水污染补偿试点,通过了《江苏省环境资源区域补偿试点方案》;贵州省 2009 年 7 月开始试行清水江流域水污染补偿;陕西省 2010 年 1 月在渭河流域的宝鸡市、咸阳市、西安市和渭南市四个市之间建立水污染补偿制度;河南省自 2010 年起在省辖长江、淮河、黄河和海河四大流域实行地表水水环境生态补偿制度。为了推广这一制度,至少要在《水污染防治法》中制定明确规定。但 2008 年刚修订的《水污染防治法》中没有水污染补偿的规定。如重新修订《水污染防治法》,时间上至少要过好几年。在这种情况下,水污染补偿制度的推进,主要还依靠各个部委、地方政府的各自推动,不可能一下子发挥普遍的作用。

第二,这一制度在理论和上应用的范围与实际可操作的范围实践际上存在差距。目前,比较具有可操作性的是在一条河上下游之间进行补偿。在议定了边界断面的水质或污染负荷要求以及超标补偿标准之后,只要监测边界断面的水量水质,就可以计算评估应该补偿的总金额。目前,对河流断面水量水质进行监测的技术成熟、成本不高,可以提供容易为相关各方接受的计算补偿额的基础数据。但对于一个区域内部没有便于测量控制的边界断面的水污染、对于地下水的污染等,还没有简便的方法估算其补偿额。如果不同区域之间因地下水交换复杂、污染来源难以分割而分不清各个地区的责任,或者需要监测的断面太多而造成成本太高,其水污染补偿就都不好难以实施。

第三,对于一个行政区内部的水污染补偿而言,相比于一条河流上下游政府间平等的讨价还价,单位、个人明显处于劣势,除非政府主动提出或同意建立水污染补偿基金,否则单位和个人均缺乏要求补偿的足够筹码!

借鉴不同行政区之间的基于断面水质的补偿数额计算方法,一个行政区内部的水污染补偿基金的计量,或许可以水域功能区划为基准,一旦水质达不到水域功能要求,政府就应该将超出的污染负荷处理成本来缴纳水污染补偿基金。

对于地下水而言,因为目前往往难以从较小可操作的断面监测,而且地下水污染大多是由于地表水污染次生引起的,按照先易后难的原则,建议可以先从地表水污染补偿开始做起。

第四,严控制度在执行过程中"不走样"。即使全国普遍实施水污染补偿制度,其效果也不可能马上达到理想预期。首先,可能很多地方政府不积极,督促实施的任务会比较重;其次,像排污费一样,征收的标准可能长期偏低,难以达到补偿经济发展的外部不经济的效果;再者,收上来的补偿基金掌握在地方政府手里,水污染防治的专项资金很可能被挪作他用或资金利用效果不佳。

(资料来源:贾绍凤:"水污染补偿:应对水危机的杀手锏?",《世界环境》,2011年第2期。)

再生水助力城市节水:以城市景观用水为例

中国北方城市一般都存在缺水的问题。同时,城市规划中景观的作用是至关重要的。但由于缺水,景观用水与生产、生活用水的矛盾越来越突出。近年来,再生水的作用越来越广阔,而对于城市景观用水来说,再生水是经常使用的一种水源。特别是在缺水城市,再生水应该说更是一种"不可替代"的水源,对城市节水可以起到非常积极的作用。

北京案例。北京市内现有湖泊30多个,总面积约700万平方米,平均水深为1—2米,总蓄水量约1200万立方米。根据相关资料,在2000年时,年补充清水约700万立方米。粗略估算,为保持湖泊良好的水生态景观状况,这些湖泊的年需水量约6000万立方米。但这只是北京市城市中心区湖泊的用水,仅占北京景观生态用水的10%。由此可以想见,全国所有的缺水城市总的生态景观缺水量是十分巨大的。

由于没有足够天然清水补充,北京已经开始使用再生水作为景观用水。随着再生水的推广应用,缺水干涸的河流得到了补充,缩小的湖面再次充盈,水面、水景又重归人们的视野;同时局部小气候得到改善,空气变得湿润。在高碑店湖、在奥海(奥林匹克森林公园内)等再生水形成的水面上,人们还可以看到夏天岸边芦苇成片,冬季成群野鸭越冬嬉戏。

再生水是经过适当工艺处理后具有一定使用功能的水,按《污水再生利用景观环境用水水质标准》(GB/T 1891—2002)的要求,再生水中的总磷达到0.5—1毫克/升时,就可以作为一般景观用水。而《地表水环境质量标准》(GB 3838—2002)规定,Ⅴ类水体的总磷标准应是0.2—0.4毫克/升。由此可见景观用水的水质标准远低于《地表水环境质量标准 GB 3838—2002》中规定的Ⅴ类水体的标准,属于富营养化水体。

因此,使用再生水作为景观用水,虽然水量增多,水位上升,水面面积增加,但同时也产生了其他的问题:即夏季极易出现水华。水华是再生水用于景观用水最常出现也是最难解决的问题。在近几年干旱缺水的气候下,使用再生水做水源的北京大观园、圆明园、陶然亭、水锥湖、动物园、龙潭湖、紫竹院等公园的湖泊,都出现过类似问题。

造成上述现象的原因首先是再生水属于富营养化水体,其次,作为景观性质的河水、湖泊等,其水体都很少流动。流水不腐,户枢不蠹,水只有在流动中才能保持良好的水质。此外,为了防止蚊蝇滋生,天然水生植物被大量清除。一方面造成湖水自净能力下降,另一方面使低等藻类缺少竞争对手,更易大量繁殖,形成水华。

应对措施及实践效果。目前北京已经规划耗资数亿元实施大规模的污水处理厂升级改造,对目前的二级出水进行深度处理。经深度处理的再生水水质大大提高,可以为再生水的广泛利用奠定良好的基础。这种再生水作为河、湖的景观用水时,可以减少水华的发生。

同时,合理提高再生水供水量,缩小换水周期,避免营养物质积累。在河、湖中安置推流曝气系统,使景观水流动起来,提高河水、湖泊等的水体自净能力。

另外,对于残缺不全的水生态系统进行改造和修复。有计划地向湖泊中投放滤食性鱼类、底栖动物。在有条件的水域,恢复种植芦苇、菖蒲等挺水植物以及眼子菜等沉水植物,力图修复完整的水生态系统,更多地提高水体的自净能力,减少低等藻类生长。

以上措施的一个成功案例就是奥林匹克公园再生水利用项目。奥林匹克公园整个水系分成核心区水系与森林公园奥海水系相对独立的两部分。核心区建立了旁滤净化的过滤器,保证水体约 7 天循环净化一次,还设计了完整的仿自然的水生态系统;奥海水系建立了旁滤净化的人工潜流湿地系统,保证湖体约 10 天循环净化一次。该项目设计了完整的仿自然的水生态系统,并在死水区配置了推流曝气系统,改善局部水体动力学条件。

自 2008 年以来,两套水系以再生水源为供水源头,基本维持了良好的景观效果,节约了清水水资源。

奥海自建成至今已经 3 年多,基本没有出现水华问题。湖中植被丰富,湖水清澈,野鸭遨游,鱼翔浅底,景色万千。水系旁的潜流湿地,从最初的稀疏植物到今天的繁茂花园,不同阶段展现了不同的景观效果,成了游人必看的景点之一。游客从奥林匹克森林公园东门向西,沿仰山北坡脚下前行,在其西南就能看到一块由多种水生植物组成的花园,这就是森林公园的潜流湿地。从空中俯瞰,它就像一条长满多彩鳞片的矛尾鱼,静静地躺在仰山脚下,浮于奥海龙头之上。湿地总面积 4.15 公顷,依现场地势共分成 6 块,总处理水量约 2.2 万吨/天。湿地种植了十余种花色形状各异的水生植物,地下使用了 4 种净水效果各不相同的过滤填料。

湿地是奥海水质维持系统的主要部分,它好似奥海的肾脏,不断地过滤净化奥海水体、净化再生水水源,并与氧化塘、奥海水生生态系统、造流系统、水循环系统等共同作用,确保了奥海水环境质量。经检测,经过湿地净化的再生水水质可以达到Ⅲ、Ⅳ类水体的标准。

由于设计合理,2010 年 8 月北京经历的历史上罕见的高温闷热天气,仍未对它造成什么负面影响,奥海仍然保持了良好的水体景观。

再生水作为景观用水虽有奥林匹克公园这样成功的案例,但是距离推广还有很远的距离。以再生水升级改造为例,并非每一个城市都能够承担得起升级改造、配套管网、运行管理等动辄数千万、数亿的巨额费用,继续开发研究新的低成本水处理技术任务仍然很艰巨。

公众参与。公众对于水景观的维护应承担起公民的责任。在北京,多次发生过前面河湖管理人员放鱼，后面百姓随即捞走的现象；在动物园湖边，游人随意投喂动物也是湖水污染的主要原因之一；而在奥海，游人随意在湖中放生，已经使奥海的生物容量达到极限，时刻威胁着水体的质量，然而这种放生现象仍然无法阻止；在奥林匹克核心水系，每当游人离去，湖岸就堆满了抛弃的垃圾，甚至粪便……因此水景观不只是科研人员的责任，也与每一个公民密切相关，需要全体公民在湖水面前展现相应的现代文明意识与科技修养。

（资料来源：高晴杰、刘玫："再生水助力城市节水：以城市景观用水为例"，《世界环境》，2011 年第 2 期。）

从大坝到农田的科学供水

在中国农历兔年来临前夕，中共中央和中国国务院联合正式颁布了 2011 年中央一号文件。该文件提出了一个解决中国经济发展的根本问题，正是这个问题导致了中国农业的长期"落后"，与其他经济部门的发展相比实属不对称。

中国农业的许多问题，包括种子质量、肥料和虫草控制、农业机械化等，特别是高效营销方面已经跃居世界领先地位，然而，一项棘手的问题却常常被忽视，甚至是忽略掉了。这就是水从河流、大坝等主要水源地到实际农地的水资源配置问题。原因何在？笔者提出以下分析。

中国水利工程的今昔。新中国建立后的数十年间，农田组织基本是由规划者操作，理论上他们是出于善意，拥有战略性眼光。然而实际上，他们常常严重疏忽某些细节，这些细节只有密切接触农田的个体才能观察、获悉并有效应对。

20 世纪 80 年代，中国农村实施生产承包责任制后，个体农业家庭的生产力才被释放出来。农民审视市场，选种种植，辛勤地照料作物。如精心施肥和控制虫草，按要求平整土地和耕作，大棚培育高纬度蔬菜幼苗等。而农民基本不能控制的事是农事耕作所需水的输入。对于他们来说，主要有两大水源，一是来自天空（雨水），另一个是早前所挖的沟渠。如果这些沟渠仍可用且成本合理，用抽水机打水的井或许就是农民在现场唯一可以管理的资源。因而，作为农民生产所依赖的生命线水资源，是靠周边农场及农民生活的外界输入。

具有讽刺意味的是，上千年以来，中国就将优良的水资源管理视为天命的表现。治洪、利用有效的水资源供给以缓解干旱的帝王令人钦佩，而若治洪抗旱无能则将受到灭顶之灾，这也将引起臣民对其领导能力的非议。公元前 3 世纪，一项重大工程项目在长江最长的支流上出色地得到规划和执行（都江堰，编者注），项目将 5000 平方公里的旱地转变为稻田，成为一个重要的稻米生产基地。因而，郡守李冰也被后人尊为神明，他的塑像和关于他的传说比比皆是，流传已久。如今的中国水利工程师们也以他为榜样，竞相建造宏伟工程。新中国的大坝修建似乎是一种十足的"痴迷"行为："三峡工程"达到世界最大工程项目的巅峰，但现在其水资源管理在南水北调工程面前"黯然失色"。当然，中国需要宏观规划水资源管理和配置，需要世界级的水利工程师。2008 年 5 月，汶川地震发生后，是水利工程师们乘直升机降临现场，用现代方法处置因地震形成的堰塞湖水坝，减轻坝中水的庞大压力。无疑，水利工程师们是当代英雄。

增产的理论。水资源利用链的另一端是农民。在中国,平均每家农户有数亩的土地,他们迫切希望获取围场旁沟渠的水。根据节气将适量的水浇到每株植物上,但是否获得好收成,在科学和技艺上都是极其复杂的。

在水资源匮乏的新疆阿克苏地区,温宿县的农业局展示了他们著名的水稻种植期海报,用一种不规则的锯齿图表显示了介于 0—8 厘米的稻田水层管理的 16 项干预条目。但这仅仅是该县城的理想。精明的农民都知道,每平方米稻田的水需求特质未必相同。克利福德·格尔茨(Clifford Geertz)在 1964 年的巨作《农业内化:印尼的生态变迁过程》一文中指出,人口的增长意味着活动的增加,并更加注意打理稻田的水位。因而,增加的产出就直接和增加的人口相关。国际稻米研究所的乔·里奇曼(Joe Rickman)论证了关于改善水资源管理能够获得双倍产出的结论。有人提出疑问,他做出了回应并消除了疑虑:即确保在适当时机使用适量的水,让农民对所有的投入和劳力的高质量投资充满信心,那么,改善水资源控制直接产生的 20% 的增产量就是一个恰当配置所有投入所带来的 100% 的基础增长。根据这一理论的推论就是,为什么要在水资源输入不可靠情况下购买投入和浪费那么时间?

从自然河流、人工大坝到植物根系的水,在这流水供给链中,水资源供给链的规划严重缺陷,缺陷甚至存在于规划者意识观念之中。对于农民来说,田地就是命根子,是主要收入,而事实上,他们生产粮食所增加的价值也被计入 GDP。然而,特大工程项目和谦卑的农民之间的脱节现象现在逐渐明显。

另外一个让人更加无法接受的原因是:水量配置总是存在"对手",最佳的配置需要开阔的视野,甚至是在整个流域内进行;而且水量配置可能被行政边界所分割,在行政边界,人们有意或无意地模糊了沟通交流。

一种观点认为农田用水从主要水源获取并不需要科学和全面的考虑的假定,让农业逐渐被剥夺了获得水的潜在可能性。从 2011 年开始,这种情形将完全改变。中国最高领导层已经启动了一项 10 年间投入 4 万亿元用于水利的计划,这将从根本上改善水资源二级配置,特别是有利于治理中的小河流和改善土地灌溉的服务。

在这方面,一些国外的例子可以作为借鉴。

德国的多瑙河上游就是由一个综合管理计划进行管理,从全盘的角度设计水资源流入的通道和取水的沟管。以农民为主导力量的利益相关者有权使用计算机化的数据,而且,由各方共同做出水资源最佳配置的决定。同时,在作物生长季节做水资源预报,而它是决定种植何种作物的一项重要因素。

又比如澳大利亚在提供现代二级水资源配送系统方面起到了很好的示范作用,该系统让农民大大受益,并将一些干旱区变为了粮仓。例如,澳大利亚太平洋一侧的大分水岭有项工程,它通过收集有用降水并用地道输送到干旱的西坡,通过修建综合分层通道网,将水引入数百万公顷的农田。

始于 20 世纪 90 年代末期的长时间干旱,影响了东澳大利亚的大部分地区,迫使一些州和联邦政府制定出许多缓解干旱的政策。其中一项涉及该国灌溉水资源配送系统的现代化投资影响深远,该政策旨在改进配送效率和减少从水坝到农场传输过程中水资源的大量流失。

现代效率。提高效率和适时快速反应的认识推动了高科技科学系统的演变,这个系统由配有测量和管理软件的电子水闸、提供水闸启动动力的太阳能电池板、泛网无线通信控制设备和一个由中央控制的计算机化管理系统组成。从布局凌乱的沟渠到现代综合系统的快速转变是在该州政府工程师的推动下得以实现的。大卫·奥顿(David Aughton)率领一个由九名州水务高级职员组成的团队，建立了一家有限公司(Rubicon Water)，开发了一项世界领先的新型技术，其总管道控制(Total Channel Control)技术覆盖许多重要灌溉区，包括古尔本-默里(Goulburn-Murray)灌区(澳大利亚最大的灌溉区)，管道总长度超过6000公里。奥顿先生在概括这种转变时说："澳大利亚的干旱见证了灌溉水价在仅仅10年间上涨了50倍，现在高效的投资将带来深刻的经济和环境意义。"Rubicon Water公司现在和中国水利部密切合作，在四个省开展试点项目，并着手与更多地方政府开展合作。该公司CEO布鲁斯·罗杰森(Bruce Rodgerson)曾说："我们的总管道控制技术将通过增加产量，通过保证农民在需水时可以获得流向他们农地的水资源，从而使他们转向种植更高价值的作物而让中国农民兴旺致富。"

倡导现代化管道系统的其他国家还包括美国和以色列。然而，澳大利亚在这方面堪称名列前茅：美国出乎意料地在管道计算机化综合管理方面落后了，而以色列因其恶劣的气候和安全问题，以巨大财富为支持，集中致力于管道水，而不是天然的、便宜得多的、开放的明渠水。

中国的"十二五"期间正是4万亿元水利投资行动的前五年，随着"十二五"规划公布，关键的问题是要注意如何分配这4万亿元。"一号文件"所指受益者是那些要求供水量精确和供应及时的农民，而农民的受益并不能由地方政府通过简单地更多修建现有同样类型的临时渠道来实现。或许，即使是专门负责水资源或农业的地方政要有能力、有远见，或是手握着可以彻底改变水资源从主要水源到农民田地的大范围渠道配送权力的政权集团，他们也都无法实现。这需要一种全局的眼光，或许可以在国家发展和改革委员会的职权范围来协调流域管理和规划，用科学发展观来看待这个被忽视至今的关键性经济行业——农业。

"全球契约"与企业环保

英国学者欧利文·谢尔顿于1924年首次提出企业社会责任的概念。但是，这一时期的权威观点认为，企业社会责任就是通过管理获取最大利益。即使在20世纪60年代，当约瑟夫·W.麦奎尔提出"社会责任的思想主张公司不仅有着经济和法律方面的义务，在这些义务之外，还承担有其他社会责任"后，环境问题仍然不是企业履行社会责任所要关心的问题。当时社会普遍认为，在自由市场经济条件下，企业的责任就是追求利润最大化。直到20世纪70年代以后，随着西方国家经济的快速发展，许多国家出现了严重的环境和社会问题，于是包括环境保护内容的企业社会责任才真正进入公众视野，并逐渐得到社会的普遍认可。

"全球契约"的启动。进入21世纪，随着全球经济一体化、供应链全球化以及公民社会的发展，履行社会责任日益成为全球企业的共识和共同义务，企业社会责任问题获得更多全球性组织的关注。而气候变化、水资源和其他自然资源匮乏以及更多生态环境变化带来的挑战使得环境问题变得越来越复杂，越来越多的企业和组织，包括联合国全球契约、欧盟、世界可持续发展工商理事会、国际标准化组织等都纷纷提出各自对企业社会责任的定义或标准。尽管这些定义或标准的内容和范围各有不同,强调的重点也有所差异,但不难看出环境保护都是其核心内容之一。

联合国全球契约由联合国前秘书长科菲·安南于1999年1月在瑞士达沃斯世界经济论坛上提出,并于2000年7月在联合国总部正式启动。十余年的时间,参与全球契约的企业和机构数量已经发展到8856家,其中企业6131家。全球契约号召各企业通过其自愿性的表率行为遵循人权、劳工标准以及环境方面的十项基本原则。全球契约独特机制之一是所有加入全球契约的企业和机构都要有最高管理者签署支持全球契约十项原则的支持函,签约加入后不仅整个公司,尤其是其领导层要履行承诺。这种自上而下的承诺对于全球契约的执行质量具有巨大影响。

联合国全球契约在环境方面的原则包括三项,即"企业界应支持采用预防性方法应付环境挑战;采取主动行动促进企业在环境方面更负责任的做法;鼓励开发和推广环境友好型技术"。

虽然,全球契约的初衷只是推动企业遵守其基本原则,但随着国际社会对环境问题的日益重视和更多企业和机构的加入,全球契约加大了对环境问题的关注,不断开发出新的工具,同时,组织了多次极具影响力的国际活动。

在正式启动后的2001年,"全球契约"就召开了"全球契约在推动国际环境保护中的作用"的国际会议,探讨如何更好地发挥全球契约的作用,整合企业界、国际社会、研究机构的力量,推动企业在环境保护领域发挥更大作用。由于深刻意识到气候变化和水资源的可持续已经成为社会发展和全球市场可持续发展面临的共同挑战,2007年,在"全球契约领导人峰会"上联合国秘书长潘基文正式启动了关注气候(Caring for Climate)和首席执行官水之使命(CEO Water Mandate)倡议。

"关注气候"倡议。关注气候是为那些希望在气候变化问题上展示领导力的全球契约成员提供的一个自愿、互补的行动纲领,旨在动员企业界制定降低气候风险,同时为企业创造价值的解决方案。它为企业领导人制定切实可行的解决方案并为他们发布公共政策和塑造公众形象提供了一个框架。关注气候倡议的提出是基于以下观点,即气候变化对世界各地区不同规模、不同领域的商业既造成风险也带来机遇。商业界应当在开发低碳技术、提高能效、减少碳排量和支持全社会适应那些现今业已不可避免的气候状况方面起积极和带头作用。这既是商业界的最高利益所在,也是一种负责任的行为。签署关注气候倡议的企业需要采取四项措施:提高能耗效率,降低碳负,并且要制定自愿目标;制定连贯的企业战略,将风险降到最低;与国内、行内以及我们价值链上的其他企业通力合作,制定标准、实施联合行动,以降低气候变化风险、协助企业适应气候变化;共同努力,成为迅速而广泛地应对气候变化的积极活跃的领军企业。截至2010年6月,来自65个国家的约400家企业签署了关注气候倡议,其中1/2的企业来自消费零售业、制造业和技术产业三个行业,将近40%的企业总部设在发展中或新兴经济国家。企业签署关注气候倡议后,绝大多数都能够制定长期的节能减排战略并在企业生产经营过程中采用低碳技术。在关注气候倡议提出的第一年,签署企业在营业收入增长14%的情况下,碳排放总计减少了3%,这有力地证明了绿色增长是可以实现的。

联合国日内瓦总部"首席执行官水之使命"倡议

"首席执行官水之使命"是联合国全球契约关注环境问题的又一个独特的公共和私营部门倡议，旨在协助企业开发、实施和披露水资源的可持续发展的政策和做法。首席执行官水之使命旨在呼吁全球各界在和水资源有关的多个关键层面采取步调一致的行动——包括可持续利用、水资源保护、社区参与以及工作绩效报告等。该倡议包括六大要素：直接运营，供应链与流域管理，集体行动，公共政策，社会参与和透明度。首席执行官水之使命现已发展成为在可持续水资源领域世界领先的企业导向倡议。截至2010年，共有75家企业参与，其中包括世界最大的水务公司之一苏伊士，全球知名的瓶装水企业雀巢、达能集团以及可口可乐和百事可乐公司。这些参与企业正在积极推广他们的水资源政策和实践，同时也在生产经营活动中不断改进水资源的利用效率。更重要的一点在于，这些企业还将他们的工作扩展到他们的供应链企业中。

作为一项自愿参与的倡议，全球契约为参与者提供了一个分享经验和实践的平台，由于其自愿性，使得参与企业能够自觉地履行承诺，互相学习，在环境保护方面制定长远可行的战略，积极主动地采取措施。作为一个以企业为主导，高层级的全球性社会责任组织，全球契约组织可以发挥领导作用，组织、引导全球各地的企业在环境保护、低碳经济、可持续发展、资源有效利用等领域有所作为。作为联合国所属的一个机构，全球契约组织可以集中企业的力量，推动各联合国成员国在制定环境保护政策等领域与企业有效互动。

（资料来源：韩斌："'全球契约'与企业环保"，《世界环境》，2011年第3期）

水污染防治的公众参与

近年来，随着中国经济持续快速发展，水污染环境侵权纠纷和突发事件持续频发，水污染防治已经日益成为社会关注的焦点。从国内外的实践经验来看，水污染防治单纯依靠环保部门是远远不够的，全社会的共同参与才是解决问题的重要途径。新修订实施的《中华人民共和国水污染防治法》第10条明确规定，任何单位和个人都有义务保护水环境，并有权对污染损害水环境的行为进行检举。

尽管法律对公众参与作了明确规定，但这个原则性的规定一直没有在民法与民事诉讼法中得到体现，由此导致实际效果不甚理想，群众只能"检举"不能"控告"的现象非常突出。甚至谈及水污染防治公众参与时，人们的直观印象仅限于喊口号、做宣传、提建议等，未能真正体现公众应有的监督和参与的作用。

要使水污染防治公众参与得到切实执行，使政府—企业—公众形成合力，就必须赋予公众或由公众组成的社会团体以诉权。

传统的环境诉讼（包括民事、行政诉讼）是严格遵循"直接利害关系原则"的，即根据中国《民事诉讼法》第108条规定，原告必须是与本案有直接利害关系的公民、法人和其他组织。从目前实际情况来看，由于环境案件的专业性、时效性较强，加之被告往往是比较强势的企业或政府机构，普通个人就水污染侵害受损提起环境诉讼明显处于不对等的弱势地位，由此造成绝大多数污染受害公众宁愿选择长期上访，通过行政途径甚至冒着人身风险来处理环境问题，而不愿费时耗力进行环境诉讼。有资料显示,中国法院每年受理的环境诉讼占不到实际发生环境损害案件的 1%。与之相对应的是,实践中大量侵害社会公共利益的水污染案件因环境公益诉讼制度的缺失而游离于民事诉讼之外,造成公共环境利益无人维护的尴尬局面。

2005 年 12 月 3 日,国务院发布《关于落实科学发展观加强环境保护的决定》提出:"发挥社会团体的作用,鼓励检举和揭发各种环境违法行为,推动环境公益诉讼。"这是中国首次明确提出环境公益诉讼。2007 年,由于重大水环境污染事件的突发,催生部分地区建立了环保法庭,如 2007 年 11 月 20 日,为保护贵阳市 390 余万人的主要饮用水源——"两湖一库",贵阳中院环境保护审判庭、清镇法院环境保护法庭相继成立;太湖蓝藻事件促使江苏省于 2008 年 5 月 6 日成立了无锡中院环境保护审判庭;而云南省环保法庭的建设则始于 2008 年 12 月阳宗海重大砷污染事故。

环保法庭的成立,除了可以进行专业化的审判外,最重要的亮点就是对诉讼的原告资格进行了扩大,除了包括检察机关、环保行政部门外,由热心环保的公众组成的社团组织也成为公益诉讼的原告,这是中国环境法治领域的重要突破,一些公众不愿诉、不敢诉、不能诉的环境案件可以反映到环保社团提起公益诉讼,以维护社会环境公共利益。2009 年至今,中国社团组织已成功提起并审结了 3 起环境公益诉讼案件,并在实践中取得了良好的法律和社会效果。

环境公益诉讼的优势。提升水污染防治公众参与地位和作用。传统观点认为,公众或由热心环保的公众组成的环保社团参与水污染防治的主要工作是参与环境法制宣传、环境监督、环境教育等方面,认为公众参与的作用是辅助性的,只能为环境保护事业摇旗呐喊。建立环境公益诉讼制度,准许环保社团甚至公众个人作为原告主体提起公益诉讼,必将显示公众不仅具有参与环境保护的强烈愿望,更拥有成为中国环保事业直接推动者的能力。这将吸引更多公众主动参与到保护水资源行动中来,将环境纠纷解决纳入法制轨道,减少社会不稳定因素,构建和谐社会。

有利于促进环境行政执法。目前,中国环保法律法规中规定的环保管理手段和措施还比较"软弱",环境保护行政执法很难到位。随着经济的发展,环境执法工作量不断增加,现有的环境行政执法力量严重不足(执法人员数量少、执法素质不高、执法装备落后等),环境监管不力现象突出。而环境行政执法只能追究环境违法者的行政责任,当违法者违反环保法律法规,侵害社会公共利益,但又未触犯刑律时,按照现行法律,无人能充当环境公共利益的代言人而对违法者提起民事诉讼,实际上变相纵容了环境违法行为。因此,通过环境公益诉讼的手段来解决环境污染问题,必然促进环保执法工作的深化。

形成全社会共同监督的良性机制。赋予环保社团组织甚至公众个人提起环境公益诉讼的原告资格,将为公众参与水污染防治提供一个广阔的实践平台。公众不仅可以监督水污染违法行为,还可以通过法律手段把违法者送上被告席,这将至少实现两个方面的作用。一是可以对环境违法企业构成有效的威慑作用。如中华环保联合会联合贵阳公众环境教育中心对贵阳市乌当区定扒造纸厂提起环境民事公益诉讼,并最终获得胜诉判决,产生污染的造纸厂被关停,彻底消除了水污染隐患。此案的宣判对周边产生水污染的企业起到了强烈的震慑作用,企业纷纷采取污染治理措施,加强环境管理,使该地区水污染情况得到了显著改善。二是可以对政府行为构成一种有效的约束机制。

目前，正值我国《民事诉讼法》《行政诉讼法》和《环境保护法》修改之际，笔者衷心希望能将环境公益诉讼体现在具体条款中，逐步建立中国特色的环境公益诉讼制度，为水污染防治公众参与提供强有力的司法保障，促进环保工作取得历史性进展。

（资料来源：马勇："水污染防治公众参与"，《世界环境》，2011 年第 2 期。）

科学开展水价改革

水价是一个复杂的体系，它的构成、形成机制和监管方式是国际公认的难题。水价既是水务企业运营和发展的动力和源泉，也是公众日常生活必需的支出。水价改革牵一发而动全身，因此需要谨慎实施。

"三元结构"是水价改革基础。2004 年，国务院在"关于城市供水价格改革的通知"中明确了城市供水价格三元结构组成：即水资源费、工程水价和污水处理费。水资源费是水源建设和保护的投入，包括水源工程建设费用、在取水地区实施水资源保护的措施费用及对取水地区经济社会发展和生态环境影响的补偿。《中华人民共和国水法》明确规定我国实行水资源有偿使用制度，直接从地下和江河湖泊取水必须办理取水许可，缴纳水资源费。工程水价是输水、净水和配水等工程建设和运营维护的价格，关系到供水企业的生存和发展。污水处理费是对污水进行处理的费用，也是污水处理厂运行的基本保障。按照规定，污水治理应当由排放污水的用户负责。

水价的三元结构适用于任何供水。目前，一些地区还没有收取水资源费和污水处理费，而即使收取这两费的地区收费标准也很低。一些已建污水处理厂不能正常运转，其原因就是污水处理费根本满足不了运营要求。

建立水价正常调整制度。

供水是一种基本公共服务，但又不是普遍的公共服务。国际上通常实行"使用者支付"原则，以全成本核算方法确定供水价格，让受益者在一定范围内承担全部的运营成本。政府通过监管和投资补助对水价和质量进行约束和调节。但是，由于中国的水价定价机制不够科学，调整缺乏灵活性，目前水价很不合理。然而，供水企业把资源水变为商品水，需要很大的投入，包括调水、净水和配水等，特别当出现水源减少、水质下降等情况时，供水企业在调水和净水处理方面的投入更大。在商品价格、工资等快速增长情况下，供水企业成本不断攀升。如果水价不能随成本动态调整，势必会影响供水企业的运营和服务质量。

因此，建立水价的正常调整制度是解决供水企业服务和发展的唯一出路。当然，作为公共服务的供水价格调整，需要在政府管理部门组织下的公众全面参与。管理部门必须建立对供水企业的成本约束机制，强化监管，防止企业成本不合理上涨而增加公众负担等，并及时公布供水企业成本审计结果。

坚持"使用者支付"原则。高水价是供水企业追求的目标。近 10 多年来，中国城市水价在多种因素推动下快速上涨，36 个大城市供水价格年均增长 5％左右，污水处理费年均增长 15％左右。虽然，水价的绝对值与国外发达国家城市还有差距，但消费者水费支出占可支配收入比重早已"超英赶美"。据美国 NUS 咨询公司 2004 年发布的美国城市水价年度调查报告,美国平均供水水价为每立方米 0.597 美元,约合人民币为每立方米 4.8 元。而美国人均工资是中国的 30 倍,可见美国城市居民水费支出也就相当于中国的 1/15。从当前中国民众消费心理来看,很多人是不支持水价上涨的。2009 年,兰州、哈尔滨等城市进行水价调整就曾引发一场全国大讨论,人们对城市供水的成本核算、水价调整听证等问题产生较多质疑。

提升水价当然能促进节水。但人的用水有刚性需求。在刚性用水范围内,几乎没有节水的潜力,无论多高的水价人们都要承受。消费者对此也具备一定承受能力。世界银行研究报告提出的建议是:居民家庭生活可承受水费约占其可支配收入 3%—5%,工业生产占企业生产总值 5%,农业灌溉占农业生产总成本 20%。国内学者在这方面的研究几乎都是引用上述结论,没有更多的创新突破。鉴于中国民众的消费情况和研究成果的局限性,水价调整可按照"使用者支付"原则来核定,地方政府也要承担部分供水责任,尽量把民众的水费支出控制在与国际发达城市水平相当的范围之内。

家庭用水阶梯水价。所谓阶梯式水价就是将用户的用水量分成几段,在用户基本用水量以内的用水实行低价,超过基本用水量的部分实行超量累进水价。一般超用水量越多,累进加价倍数就越高。阶梯式水价具有补偿成本、合理收益、公平负担等优势,且有利于节约用水,被公认为是城市供水价格改革的发展趋势。

2002 年,国家有关部委曾联合发出通知,要求省辖市以上城市在 2003 年底前对居民生活用水实行阶梯式计量水价,其他城市在 2005 年底前实行。随后,深圳、厦门、银川等十多个城市就宣布对居民生活用水实行阶梯式水价。但这十多个城市并未全部真正实行居民阶梯式水价管理。人们把其归咎于计量水表不完善,无法做到"一户一表"和精确计量。笔者认为,实施阶梯式水价的难点是如何既体现公平,又能够易于管理,现阶段条件还不成熟。当前,首先的是要加强阶梯式水价的宣传,建立相应理念;其次要进一步完善水表计量系统。目前很多地方的水价已经处于高位,为了减少用水管理中的矛盾,暂不实行阶梯式水价管理可能更妥。其实,节水管理的手段有多种,价格不是唯一的手段。但如果非有必要,可借鉴国外做法,制定一个以户为计量管理单位的方案。

关于实施阶梯式水价增加的水费,笔者以为,性质上归国家所有,管理上可以交企业执行,计入企业总收入。因为,政府定价确定的是综合平均价格,不是最低也不是最高价。综合平均价格是根据供水企业总成本、总收益等两个因素确定的。

按行业定水价。各行各业都有自己的用水要求,按照正确合理的水资源利用价值取向,拉开自来水和再生水、地下水和地表水、基本保障用水与豪华奢侈用水、低耗水与高耗水等不同行业的用水价格,无疑会提高水资源的利用效率。

采取反补政策降低再生水价格。再生水的处理成本高,水质也次于自来水,但它可以用于工业冷却水、园林绿化灌溉、道路降尘、清洗车辆、农业灌溉和部分河湖环境的补水。在城市,再生水是城市供水的重要补充。调整供水价格时,可以把再生水的使用价格再降低,以促进再生水的利用。

提高地下水资源费标准。大多数城市发展初期都以附近地区的地下水为水源,随着城市的快速发展，地下水超采越来越严重。提高地下水资源费，使其高于地表水，可使用水单位自觉地多用地表水或者外调水，减少地下水开采，以涵养、恢复地下水，避免地面下沉。

提高与本地区水资源条件不相适应的高耗水行业用水价格，限制其发展。

大幅提高豪华洗浴等特殊行业用水价格。奢侈豪华用水行为与现代文明的生活方式不相协调，大幅度提高奢侈豪华用水价格，有助于限制豪华洗浴业的盲目发展，促进人们生活方式的"绿化"。需要指出的是，拉开不同用水的价差，不等于要把价差拉得不切实际。比如，北京为了限制豪华洗浴用水，将水价由原来的商业用水价格调整到每立方米 40 元、60 元，最后达到每立方米 80 元，但涨价后水费收缴率低，而且还出现了私自买卖供水的问题。

总之，水价改革是一个系统工程，涉及面广、问题多，解决问题措施也很复杂，需要以科学、严谨、求实的态度去组织实施。

（资料来源：陈林涛："科学开展水价改革"，《世界环境》，2011 年第 2 期，在形成案例时，本书做了一定的调整和改动。）

七、学习思考

基本概念

解释下列政策概念，并尝试译成英语。

领域公共政策

政治领域政策

经济领域政策

文化领域政策

社会领域政策

生态领域政策

政府规制型政策

自我规制型政策

分配型政策

再分配型政策

政策的单元结构

政策的复合结构

政策复合结构的管理

政策集群结构模式

政策的塔式结构模式

政策的树状结构模式

政策的链状结构模式

政策的圈层结构模式

政策的网络结构模式

单项政策运行周期

政策群落运行战略周期

政策群落运行周期的转换

基本原理

阅读和观看本章的电子文本、课程课件、经典阅读、知识补充、研究论文,尝试回答下列问题:

政治领域政策的内涵、类别与重点是什么?

经济领域政策的内涵、类别与重点是什么?

文化领域政策的内涵、类别与重点是什么?

社会领域政策的内涵、类别与重点是什么?

生态领域政策的内涵、类别与重点是什么?

对各领域政策如何实行统筹?

如何理解中央地方基层政策层级体系与产出结构?

如何理解政党组织政府部门内多层次政策类别?

如何进行政策层级结构的管理?

什么是政府规制型政策,其政策形态是什么? 举例说明。

什么是自我规制型政策,其政策形态是什么? 举例说明。

什么是分配型政策,其政策形态是什么? 举例说明。

什么是再分配型政策,其政策形态是什么? 举例说明。

如何对功能性政策进行结构管理?

什么是政策的单元结构? 举例说明。

什么是政策的复合结构? 举例说明。

如何进行政策的纵向结构管理? 举例说明。

如何进行政策的横向结构管理? 举例说明。

政策集群结构模式及其意义是什么?

什么是政策的塔式结构模式? 举例说明。

什么是政策的树状结构模式? 举例说明。

什么是政策的链状结构模式? 举例说明。

什么是政策的圈层结构模式? 举例说明。

什么是政策的网络结构模式? 举例说明。

什么是单项政策运行周期?

什么是政策群落运行的战略周期?

如何实施政策群落运行周期的转换?

案例分析

在仔细阅读和观看本章的课程案例、导入案例后，结合前面已经阅读过的与公共政策过程相关的知识，对本章的导入案例和课程案例加以分析，尝试写出案例分析报告。

分析报告必须包括下列内容：

对案例发生的外部环境背景做出描述、分析；

对案例中包含的公共政策的要素和主要过程中与政策领域类型、政策功能类型时、政策单元与群落结构模型、政策运行周期及其转换有关的方面做出阐释、分析；

依据本章的内容对政策的某些要素和主要的过程阶段中与政策领域类型、政策功能类型时、政策单元与群落结构模型、政策运行周期及其转换有关的方面做出评价。

读书笔记

仔细阅读本章提供的经典论述、知识补充、研究论文，围绕经典论述写出读书心得。读书心得应包含下列内容：

经典论述的主要理论和观念；

经典论述表述的理论或观念对中国现实政策过程的解释力度（能够对中国现实的公共政策过程做出很好的解释，只能部分解释，完全不能解释）；

是经典理论与观念不完备，需要做出修改，还是中国公共政策过程需要加以改进？

编写案例

参照本课程提供的第二课堂的经验资料，组成 5 人左右的学习团队，尝试就中国目前公众与政府普遍关心的、也是值得研究的公共政策实例，按照本章研修的内容，编写出公共政策案例。

好的政策案例应当包括下列内容：

对具体政策过程发生的环境条件进行描述；

对具体政策过程中的主体、价值、工具、资源（不一定都要涉及，只要对与本意内容有关的方面加以阐述）。

对具体政策要解决的政策问题的状态及对政策问题的确认（问题情境、问题的诊断与确认）做出描述；

对具体政策的制定、实施、评估与终结（不一定关注所有阶段，只对与本章所关心的阶段或环节）加以详细描述；

将上述的内容以生动故事情节的方式展示出来，让阅读者有身临其境的感受。

要特别关注具体政策过程的公共性、民主性、科学性、有效性。

编写公共政策案例的资料必须是多元的：官方文件、媒体报道、公众（网民博客）评点、学者论述、问卷调查、焦点人物访谈。

为了让阅读者一目了然，印象深刻，可以适当插入图表、图像。

第九章　应急型公共政策的管理

之所以要研究、制定、实施和管理应急型公共政策,是因为在社会转型时期,公共部门经常会遇到因突发事件而产生的局部的乃至全面的社会危机状态。

应急型公共政策就是为应对、缓解社会危机事件而制定和实施的行动方案和行动过程。对应急型政策的管理就是围绕危机事件的应对和处理,来有效地推动、促进相关政策的规划、决策和执行。

一、研修的内容

在这一篇中,我们将研修下列内容:
　　§1. 社会危机事件与应急型决策;
　　§2. 应急型公共政策管理的意义与阶段;
　　§3. 应急型公共政策的整合管理;

案例导入:松花江水污染事件的应急处理

2005 年 11 月 13 日,吉林省石化公司双苯厂一车间发生爆炸,截至 11 月 14 日,共造成 5 人死亡,1 人失踪,近 70 人受伤。

大量苯类物质苯、硝基苯等流入松花江,造成了江水严重污染。

数万居民紧急疏散,沿岸数百万居民的生活受到影响。

更为严重的是,这次爆炸使得约 100 吨的化学物质流入经过这家化工厂的松花江,导致松花江江面上形成一条长达 80 公里的污染带。

污染物主要由苯和硝基苯组成。苯为致癌物质,人体过多接触或吸入体内会造成白细胞过少,甚至会造成白血病。而污染带中,经检测苯含量一度超标 108 倍。

该污染带先通过了吉林省的多个市县,之后进入黑龙江省境内,导致省会哈尔滨市长达 5 天的停水。

不仅如此,污染带流经佳木斯市等黑龙江省的多个市县,并在松花江口注入黑龙江,继续向东流动,进入俄罗斯的犹太自治州,然后进入哈巴罗夫斯克边疆区,并且流经哈巴罗夫斯克(伯力)、共青城、尼古拉耶夫斯克(庙街)等城市,最后注入太平洋。

在整个事件过程中,中俄两国的相应地区都造成了严重的污染。

"地震""水污染"传言满天飞

危机来临之初,哈尔滨这座城市曾一度陷入慌乱之中。从 11 月 20 日中午起,有的市民就开始贮存水和粮食;有人不顾夜间的严寒,在街上搭起了帐篷;部分市民及外地民工开始离开哈尔滨,导致公路、民航、铁路客流量大增。人们听到了"地震"和"水污染"的传言,却没有得到官方证实,传言越来越多。

哈尔滨市政府控制信息

这次灾难性事故发生以后,吉林石化公司最开始否认其厂房爆炸导致任何污染物流入松花江,并称爆炸只产生水和二氧化碳。

受到污染威胁的哈尔滨的有关政府部门也没有及时告知老百姓真相,11 月 21 日中午,已经是事发后的第 7 天,得知污染水团将于 30 小时内抵哈尔滨,危机已迫在眉睫,哈尔滨市政府向社会发布公告,全市停水 4 天,理由是"要对市政供水管网进行检修"。这显然无法让民众信服,没人会相信检修管道不分区进行,而是一下子停掉全市的供水。

结果,公告发布后,市民开始了大规模的抢购。越来越多的市民觉得这个公告可能与地震有关。

当日下午,超市、批发部等处的交通也开始严重拥堵。当日,哈尔滨市做出了这样的决定:在电视上以"检修管道"的名义发公告的同时,组成 300 个小组深入社区,告知市民江水污染的实情,动员大家贮水。当日午夜,省、市政府决定向媒体公布真相。

11 月 22 日凌晨,第二份公告发出,证实了上游化工厂爆炸导致松花江水污染的消息。

方便居民储水,市政府在同日又发出了一个公告。

针对一件事,两天发布三个市政府公告,在这哈尔滨是史无前例的。

矿泉水价格飞涨小商贩发财

21 日下午,记者在哈尔滨一些商店、超市看到,很多市民在争相抢购饮用水。在道里区麦德龙超市,摆放瓶装矿泉水的货架已是空空荡荡。服务员说,有的顾客甚至一次买了 5000 元的矿泉水。在香坊区一家社区食杂店里,市民袁女士非常气愤:"刚才还 12 元一箱的矿泉水,转眼就涨到了 20 元,最后竟然给多少钱也不卖了,这不是发国难财嘛?!"

群众抢购商品、商贩哄抬物价,是危机时期常见的现象,也是加剧社会恐慌最具煽动力和破坏力的因素之一。为稳定市场,此次遭遇水危机的哈尔滨市政府采取了多种手段。哈尔滨市副市长史文清说,百姓亲眼看到水充足,自然心里不发慌。所以政府必须保证市场饮用水供给充足,才能占据主动。

黑龙江省政府动作迟缓

这次爆炸事故发生之初,媒体的报道一度也只集中关注哈尔滨的情况,对吉林省内沿岸城县的应对几乎只字未提。爆炸发生一个星期之后,黑龙江省政府才开始应付危机。这种处理的拖延,造成了更为严重的后果。

中央层面的果断决策

松花江污染事件发生以后,党中央、国务院高度重视,胡锦涛总书记在会见俄罗斯第一副总理梅德韦杰夫时表示,中国政府本着对两国和两国人民高度负责的态度,已经并将继续采取一切必要的有效措施,尽量减少对俄方造成的损害。

温家宝总理亲赴防控一线,提出了7点重要指示,要求沿江地方政府和有关部门高度重视,周密部署,做好这项工作。在党中央、国务院的直接领导下,实行了分三步走的战略部署,有效地应对了2005年松花江水污染事件。

事态平息

至11月27日晚6时,哈尔滨全市恢复供水。在缺水危机中苦等了4天的近400万哈尔滨市民,终于松了一口气。

如此严重的水危机,在世界城市发展史上也十分罕见。最初,发生了恐慌和抢购,然而仅仅经过一天时间,全城便恢复了秩序,数百万市民以令人叹服的勇气和毅力挺过了难关,这堪称奇迹。

严重影响和责任

中石油吉林石化分公司发生爆炸,致使松花江下游哈尔滨主城区停水7天。水污染发生之初,由于信息披露的不及时和有关部门的操作不透明,造成哈尔滨市民极大恐慌,纯净水被抢购一空,生产生活受到严重影响。这次事件不但造成国内几个城市居民生活用水受到影响,还上升成为同俄罗斯交涉的国际事件。此事件造成的恶劣影响,损害了党和政府的形象。

除了要依法追究化工厂爆炸事故的责任,还要同时依法追究因此造成水环境污染的责任。

环境保护法第4章第31条规定,因发生事故或其他突然性事件,造成或者可能造成污染事故的单位,必须立即采取措施处理。水污染防治法也有类似要求。

从吉林化工厂发生事故到污水排入松花江,到对下游的哈尔滨等地产生影响,再到21日该市发出停水通告,中间有一段时间。有关单位未能果断处理,也没有及时报告污染情况,也必须承担责任。

事故责任追溯

2005年11月底,经国家环保总局调查,确认对这次污染事故负主要责任的是吉化公司双苯厂。

国家环保总局局长解振华因这起事件提出辞职,2005年12月初,国务院同意他辞去局长职务,任命周生贤为局长。

吉化公司双苯厂厂长申东明,苯胺二车间主任王芳,吉林石化分公司党委书记、总经理于力,先后于2005年11月底同年12月初被责令停职,接受事故调查。

全面启动松花江水污染防治中长期规划

2006年1月6日到7日,由环保总局牵头在哈尔滨召开了松花江流域水污染防治"十一五"规划征求意见会,进一步征求有关部门、地方和专家们的意见,按照《国务院关于落实科学发展观加强环境保护的决定》的精神,认真吸取松花江水污染事件的教训,以解决松花江沿江人民实际问题为出发点和落脚点,用系统论的观点和"以人为本"的理念指导规划的编制工作,规划编制工作已经基本完成。

调整以后的规划有四个明显的特点:一是把松花江水污染防治纳入全国的流域水污染治理的重点,持之以恒,抓出成效;二是坚持以人为本,把让群众喝上放心水作为工作的重点;三是把环境监测体系或执法能力建设列入议事日程;四是明确责任,实行规划到省、任务到省、目标到省、资金到省、责任到省的"五到省"责任制。

松花江再次发生严重水污染事件

2010年7月28日上午10时左右,装有160多吨的一千桶爆裂化学物质三甲基乙氯硅烷,被冲进松花江,造成松花江水污染,这些装有无色高爆炸性气体的桶正漂向下游黑龙江。

吉林市的刘女士电话告诉记者,她当日上午10时左右,在市区附近的松花江面看到,有数不清的蓝色铁桶漂在江面上,刘女士看到一些桶冒着白烟。走近可以看到桶上写有"有机硅"字样,还有刺激性气味。昨日有去现场的当地市民称,他估计了一下"起码有上千只"。

黑龙江省环境监察局局长迟晓德2010年28日下午在接受新华社记者采访时说,2005年松花江水污染事件发生后,黑、吉两省建立了应急互动通报机制。目前没收到上游和国家环保部通报,说明目前事态在控制中。一旦对下游有可能造成危害,将马上启动应急预案,进行预警、处置和监测。"我们有能力处理好这种事件,同时也相信吉林省。"

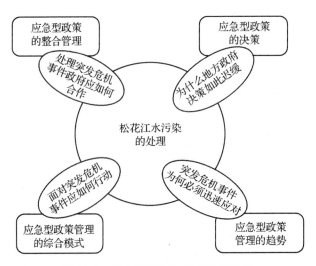

图 9-1 导入案例与本章内容的对应

民众的质疑

有民众在微博上质问环保部门：

一问，为什么吸取上次水污染教训，及时做出了综合治理的规划和部署，怎么在洪水到来前还未妥善处理好有毒化学品？

二问，为什么做出松花江的长期综合治理规划部署，怎么这些有毒的工厂还离我们的饮用水源这么近？

三问，既然已经制定预案，为什么吉林市 20 元的娃哈哈瓶装水，被卖到 60 到 80 元一箱，哈尔滨 5.5 元一箱的水在 29 日早上被卖到 13 元一箱？

§1. 社会危机事件与应急型决策

§1.1 社会危机事件的实质

危机的涵义

研究危机问题的先驱 C. F. 赫尔曼（Hermann）认为：危机是威胁到决策集团优先目标的一种形势. 在这种形势中，决策集团做出反应的时间非常有限，并且形势常常向着令决策集团惊讶的方向发展。

荷兰莱顿大学危机研究专家乌里尔-罗森塔尔（Rosenthal）认为：危机就是对一个社会系统的基本价值和行为准则架构产生的严重威胁，并且在时间压力和不确定性极高的情况下，相关机构必须对其做出关键决策的事件。

社会危机事件的实质

应急型公共政策主要侧重于采取行动应对引起社会危机的突发事件。这类事件称为社会危机事件。社会危机事件通常包含着下列一些重要因素：

一是事件是在人们的预料之外突然发生的，并且持续存在，不断扩散，产生较大的负面影响；

二是事件的发生已经对社会系统的某一局部甚至整体的正常运行构成了冲击和破坏；

三是事件已经导致人民的生命财产遭受巨大威胁和损害，而且这种威胁和损害如果不采取措施将会不断增大；

四是个人、家庭、民间组织显然已经对付不了这类事件，迫切需要社会公共机构强制介入，实施包括动用强力机构在内的特殊控制方案和手段，才能控制、缓和与消除事态，避免造成更大的社会混乱。

§1.2 社会危机事件的特点

危机事件具有恐惧性

任何突发的危机性事件除了造成巨大的破坏外，还会导致人们心理上的恐惧。由于危机事件来得过于突然，人们对事件的状况、引发的原因、未来的走势、对个人和家庭生存的威胁等都不甚了解或无从判断,从而就会产生心理上的紧张、焦虑、慌乱、惧怕。在发生社会危机事件时,人们的恐惧感会陡然上升,而且有感染效应,恐惧感会从一些人传给另一些人,最后导致人人自危,惶惶不可终日。而且即便危机已经过去,人们心理上还会长久地残留恐惧感。

危机事件的恐惧性就要求在对应急型政策进行管理时,公共机构首先要冷静从容地应对,同时还要注意增强人们在危机状态下的自信心和镇定感。危机过后,仍然需要重视对人们做心理疏导工作,消除危机过程中的恐惧、悲观情绪。

危机事件具有扩散性

社会危机事件的发生尽管是出于人们通常预料之外的,但是,所有危机事件的发生都有其深刻的自然、社会、历史的原因。危机事件虽然最初只是在某一时刻、某个空间中突然发生,但由于存在深层的和积累性的矛盾,它在一定时空引发以后,就会向其他更大空间蔓延,从最初的狭小范围向更大的范围延伸、弥漫、扩散。如果不在最初的引发范围内隔离、控制住危机事件,而是任其扩散,最后就会酿成大范围的动乱。

危机事件的扩散性,要求政府在对应急型政策管理时必须果断。对于决策者来说,事件一旦发生,只有非常有限的反应时间,因此应该运用敏锐的洞察力,恰当估计形势,在十分有限的资源和信息基础上,随机应变,快速决断,及时疏导,稳、准、狠地控制局面,尽量缩小危机事件作用的区域,强行制止危机状态的蔓延,谨防事态扩大。

危机事件具有不确定性

危机事件是突如其来的,但是,危机事件并不是绝对偶然的。在自然界及社会中,总存在两类矛盾,一类是显露的,人们容易察觉,也容易防范。一类则是潜在的,人们不易觉察,也疏于防范。危机事件基本上是自然界和人类社会中潜在矛盾激化的结果。一旦从潜在转为显露,矛盾的程度会提升,作用范围会扩大,伴随危机事件的种种因素则会活跃起来,聚合起来,变化的速率会迅速加大。因此,危机事件的变化是无规则的,常常是出乎人们的预料之外的。加上在危机事件面前,人们会产生心理恐惧、思想混乱、行动无序,不能准确地应对危机事件,更增加了危机事件变化的不确定性。

危机事件的不确定性,要求政府和公共部门在对应急型公共政策进行管理时,不能仍然按正常情况来思考问题,不能仅仅运用平常的逻辑推理来做判断,更不能只做机械的按部就班的应付。但是危机事件的不确定性也并不是绝对的无序,任何事件总是依照因果关系来变化的,只是危机事件中的矛盾复杂一些,变动剧烈一些,因果联系多样一些。因此,一旦发生危机事件,人们就进入了一种混序状态,即表面上不确定、混乱,但内里还是有一定的规则和联系可循的。应急型政策的管理者需有权变的思维和灵活应对的本领,善于随机应变。

危机事件具有紧急性

危机这一概念通常总是和威胁或逆境等词语相互通用。危机就意味着个人或群体处在逆境之中,遇到了一定程度的威胁,若不采取某种形式的应对和救援行动,则人们不仅不能按常规生活下去,而且还会有生命和财产的损失。因为危机事件对人们的影响绝大部分是负面的,而且这种影响,无论速度、力度、程度,都异乎寻常。

危机事件的紧急性要求政府在对应急型政策进行管理时,必须雷厉风行,该不容缓。一旦发生危机事件,作为当地的政府负责人必须在第一时间赶到现场,快速到位稳定局面,果断制止事态扩大,当机立断处理问题。在面对危机事件时,绝不能拖延、推诿、贻误,否则,轻则是人们的生活质量降低,重则有人可能丢掉性命和财产。

危机事件具有阶段性

虽然危机事件具有突发性、紧急性的特点,但是,正如其他的任何现象、事件一样,危机事件也有其孕育、爆发、演变、衰退的过程。而且危机事件与公共部门组织人们的应对之间也存在互动。当危机事件刚刚爆发时,公共部门在危机事件面前处于招架和应付的被动地位。当人们在公共部门组织下行动起来,采取积极措施隔离和控制危机事件时,双方可能进入相持状态。当公共部门进一步实施应急型政策并逐步消除危机事件时,这时政府则处于完全主动的地位。

危机事件过程的阶段性要求政府在处理危机,管理应急型政策时要有谋划和策略。在危机事件突发阶段,应急型政策的管理者决不能蛮干,更不能意气用事。政策管理者的策略是避其锋芒,先安定人心,平息事态,尽量缩小危机事件的范围,从而存留更多的空间和余地,化被动为主动。到危机事件得到约束,情况变得清楚,掌握的信息更为对称、充分时,就可以采取积极措施,缓和冲突,化解矛盾。在危机的每一发展阶段,决策者都必须维持和采用切实可行的目标和对策。

危机事件具警示性

通常人们总是希望平平安安、按部就班地办事、学习、管理。对于突发的危机事件,无论是公众,还是政府部门的负责人和公职人员,一时都会措手不及,充满恐惧,甚至怨天尤人。一些公众会把危机事件的发生看作政府治理能力低下的表现,有些政府部门会在危机事件面前丧失信心,有些公共部门的负责人则担心危机事件的发生会败坏政府形象。这些表现都有一个共同点,即都将危机事件看成不应该有的,全是消极的。

现实的经验证明:没有一个社会系统是完美无缺的,冲突和危机是普遍的。冲突和危机固然有其负面的影响,但它是促进社会的协调、整合,从而走向统筹、和谐所不可避免的因素与环节。从这一意义上来说,社会事件有极大的警示性,让公众和政府在社会治理中善于发现矛盾,主动采取适合的手段和工具化解矛盾和冲突。在应对危机事件过程中,政府通过分析危机事件的起因、特征,抓住那些足以影响和改变危机的关键性因素,集中资源,采取强化的干预措施,甚至包括合法使用强力手段,促使事态朝良好方向发展。

§1.3 社会危机事件的危害

人民生命遭受威胁

21 世纪初的印度洋海啸吞噬了几十万人的生命。美国新奥尔良地区几次大飓风,让上百万人流离失所。一场大地震会夺走成千上万条生命。横扫全球的禽流感让几十个国家的人民生命受到威胁。由于许多突发危机事件或者根本无法预测,或者无法精确预报,一旦危机来临,人们往往无法保护自己的生命。而突发危机事件之所以引起人类深切的关注,其主要原因也是在于它会极度严重地威胁人们的生命安全。

社会财产遭受损坏

社会突发危机除了会造成人们生命的损害外,还会严重破坏社会的公共设施,毁坏人民的财产。一场台风会刮倒高楼大厦、居民住宅。海啸过后,留下的是一片汪洋和废墟。一次大地震会将人们数十年辛劳建设的城市毁于一旦。虽然公共设施的损坏和财产的损失比起生命的丧失给人们的打击要小一点,但是,也不可小看危机过程中财产的损害。特别是历史性建筑物如果被损毁,那将是无可挽回的。

社会正常生活中断

任何突发性危机事件都会使一个地区、一个国家人们的正常生活突然中断。人们平时过着正常的生活。这种生活有一定结构和体系,有一定的分工和协作。人们在日复一日的正常生活中建立起生活的规范和秩序。正是这些保证了社会发展的延续。但是,突发危机事件,无论是自然灾害,瘟疫还是恐怖袭击、重大生产事故,都会一瞬间冲垮生活的正常结构和体系,使一切变得毫无秩序。停电、停水、通讯中断、交通阻断,人们突然陷入混乱之中。不仅危机本身会造成这种混乱,而且社会的恶势力也会乘机浑水摸鱼、趁火打劫,更加剧了社会的无序和混乱。

人们精神悲观恐惧

许多已经发生过的突发危机事件告诉我们,在社会危机中,人们精神上的恐惧更甚于物质的匮乏。一方面是突发危机事件在极短的时间内造成大量生命的毁灭,财产的毁坏;另一方面是生活突然失去规范和秩序。这两方面会让许多人陷入恐慌之中。他们突然发现生命是如此脆弱,世界是如此不可预测。活着的人们不知道死神何时会降临到他们的头上。这种恐惧带来过度和连续的紧张会使一些意志薄弱者处于精神崩溃状态,恐惧又会迅速传染给其他的人,最后导致人人自危。

§1.4 应急型公共政策的决策

常态下的政策决策

常态下的决策,解决问题的目标单一,可以尽量协调多方需求,以实现公共利益。

常态下的决策不是十分紧迫,可以有充足的时间进行反复对话、平等论辩;可以花费较多精力获取较为完全的资料,对政策信息可进行详细的分析和选择;有机会通过日常培训、训练、教育等措施提高决策者素质;可以尽量地使用较为成熟的、常规的技术手段,有时可充分利用现代科技条件,实现决策的计算机模拟。

常状态下的决策,可以严格遵循法定程序,实施标准化操作;可以利用社会网络,实现决策权力分散化,通过民主协商决定最终方案;可以通过局部试验来增强政策的可行度;可以监测政策的执行过程;可以及时对政策做出调整修正,政策的结果是可以预期的。

非常态下的政策决策

在发生社会危机事件的状态下,人们没有充足的时间,也不能四平八稳地依据程序办事,决策的信息不可能完备,许多常规分析技术用不上,决策的结果因上述的条件限制,再加上危机事件的变动不居而无法预期。因此,危机状态的政策决策只能是非常规的特殊决策。

在政策目标上,必须选择迅速控制危机事件蔓延、保护人民生命财产安全的简单目标。

在决策时间上,因时间急迫,必须即时决策。

在决策信息上,因为紧迫,能够得到的信息常常是不完全、不及时、不准确的。

在决策人才上,因临时急需,而且面对的都是原有的知识储备不能应对的特殊问题,决策者自身素质和专业技术都会出现严重匮乏的现象。

在决策技术上,应对危机事件的决策,一般的政策分析技术和设备往往失灵,需要的也正是所缺乏的特别高精尖的技术。

在决策程序上,因十分急迫,必须快速决策,不能按部就班,决策权必须高度集中,决策者主要是依靠自己的智慧、经验、胆略和判断,做出决定。

决策效果上,危机事件下的决策只能在模糊和不清晰的条件下做出模糊决策,这种决策具有非预期性,决策的结果难以预料,风险极大。

内容＼类型		危机决策	常态下的决策
目标取向		迅速控制危机事件蔓延、保护人民生命财产安全	解决某些常见的公共问题,实现公共利益
约束条件	时间	时间急迫,即时决策	时间充足,反复决策
	信息	信息不完全、不及时、不准确	信息较完全:经过详细分析获得全面深刻的信息
	人力	缺乏:决策者自身素质和专业技术都严重匮乏	丰富:通过日常培训、训练、教育等措施提高决策者素质
	技术	危机时一般专业技术设备往往失灵,需要特别高精尖技术	技术手段较成熟,能基本实现自动化
决策程序		快速决策:决策权高度集中,决策者主要依靠自己的智慧审时度势,要有危机应对专家参与	民主科学决策:遵循特定程序,标准化操作,决策权力分散,民主协商决定最终方案
决策效果		模糊决策的非预期决策结果难以预料,风险极大	可通过局部试验、修正、监测执行过程,结果可控、可预期

图 9-2 危机决策与非常态决策的区别

§2. 应急型公共政策管理的意义与阶段

§2.1 应急型公共政策管理的意义

应急型政策管理具有重要意义。第一,通过应急政策管理,可以保护公众的利益。无论天灾还是人祸,危机事件一旦发生、扩散、蔓延,必然带来公众生命和财产的巨大损失。作为个体或群体的公众或企业、团体,其力量是有限的,不能有效抗击和消解突发性社会危机事件。只有执政党组织和政府部门制定、实施应对社会危机事件的政策,并对其加以管理,才能有效地消除社会危机,维持社会秩序,保护公众的利益。

第二,通过应急政策管理,可以增强政府合法性。政府对社会的控制主要依靠两种手段:一是强制性的手段,即依靠警察、法庭进行控制;二是非强制手段,主要是指公众对政府的认可、支持。公众对政府的支持可分为两种:第一种是情感型支持,这是没有任何回报的、自发性的拥护与忠诚;第二种是有用性的支持。后一类支持建立在政府与公众的互惠关系之上,公众不仅要求政府在社会常态时期提供有用的公共产品和服务,而且特别要求在危机时期政府能够提供更安全、更可靠的保护。一旦遇到社会危机,公众对于政府的期望值与信赖性会更高,如果政府能有效地带领公众应对、抗击社会危机,政府就会获得公众的认同,其合法性就会增强。

第三,通过应急政策管理,可以完善政府的职能。随着社会的发展,政府的功能逐渐增多。从最初的税收、防御外部力量入侵、保持国内的治安秩序,发展到环境监测、保护、提供各类公共设施、加强公共卫生监管、发展科技和教育,等等。政府管理功能的增多和扩大,相当多的是通过危机管理的途径来实现的。比如经过一次对高致病性传染病造成的特大社会危机的处理,政府就相应地扩大了公共卫生监管方面的职能。由于现代政府在掌管公共权力、提取社会资源和运用高新技术方面具有优势,从而就具有了承担社会危机管理任务的能力。从全世界范围来看,在所有的社会灾难和危机的救援中,各国政府都扮演着主角。

第四,通过应急政策管理,可以加速政府的变革。在社会转型,特别是社会体制转轨中,政府既是变革的主导力量,同时又是变革的对象。由于惰性和旧体制的惯性作用,政府的变革比较困难。促成政府变革的重要的触发因素是对社会危机的处理。遭遇突发性社会危机,对任何一个政府来说,都是一场包含巨大风险的挑战。在这种挑战的压力下,政府原来体制和运行机制中在常态管理下不易暴露的弊端就会突显出来。经过危机处理的考验,政府能较为自觉地在职能定位、组织结构、决策机制等方面做出积极变革,以适应社会转型的需要。

§2.2 应急型公共政策管理的阶段

以政府为主的公共部门对突发危机事件的危机事件管理是为了公众生命与财产能够尽量恢复到正常状态。为了实现危机管理的目标,政府必须分阶段实施对付危机事件的应急公共政策。对于政府危机处理应急公共政策的过程,一般的研究认为应包括四个不同的阶段:准备阶段、反应阶段、恢复阶段和消除阶段。尽管这四个阶段有某些重合的地方,比如恢复阶段中秩序恢复与消除阶段中灾难影响的减少相联系,但每个阶段自身都有明确的目标,并且前一阶段都为下一个阶段采取措施做好相应的准备。

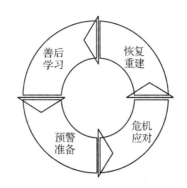

图 9-3 应急型政策管理的主要阶段

预警准备管理阶段

在应急型政策管理中,这一阶段是十分重要的。做好了这一阶段的管理工作,就能为下一步突发危机事件发生后有组织、有秩序的应对提供条件。预警准备管理的主要任务是防范和避免危机的发生,建立危机应对预案及危机管理组织系统,开展应对危机的社会演习。预警准备阶段包含了所有在突发危机事件爆发前的准备工作,比如提升程序化方面的操作能力,强化对突发危机事件征兆的快速有效的反应,等等。

在预防突发危机事件爆发的阶段,面临着多个层级的政府预警准备的职责划分问题。通常可根据突发危机事件可能发生以及影响的范围与规模来确定不同层级政府的预警责任。但在中国单一制的权力结构所制约的中央、地方、基层政府的关系中,除了要强调地方、基层政府预警准备的积极作用外,中央政府的协调作用是必不可少的。

通常在突发危机事件预警准备管理中,地方和基层政府担负着主要责任,需要完成下列任务。一是要确保政府公共治理功能的连续性。虽然政府面临着突发危机事件的发生,但这并不意味着必须丢下或放弃其他日常公共治理工作。如果把执政党组织和政府部门的全部精力都集中到对突发危机事件的防范上,政府不仅会变得非常惊慌和脆弱,而且也会失去预警准备和有效防范突发危机事件的基础。

二是要及时有效地展开公共管理的紧急沟通。这种沟通可分为两部分。一是政府之间的沟通,即地方政府与上级政府、与基层政府的信息沟通。二是政府与外界环境的沟通,包括政府部门与公众,媒体,甚至国际组织的连续沟通。

三是有可能处于突发危机事件中心区域的政府要事先与危机事件之外的政府订立互惠性的帮助协议,保证突发危机事件来临时有充足的保障性资源的供应。这些救援性物资,包括食品,药品,临时住房、防寒防潮物资,不仅要保证足量,而且要考虑运输、发放的及时、便捷。

最后是地方和基层政府在完善应对突发危机事件的组织体制、机制包括修订预案的同时,要特别注意训练基层的社会团体、组织,让他们参与到突发危机事件的预警准备工作中来。在城市要依靠街道、社区,在农村要依靠村支部和村民委员,去组织动员公众提高突发危机事件的防范应对意识。必要时可进行某些突发危机事件应对的演练,从中发现安全隐患和应对上的薄弱环节,并加以加强和修补。

危机应对管理阶段

在这一阶段,应急型政策管理的主要任务是启动突发危机事件应对预案,人员合理组织调度,政府主要负责人适时果断做出决策,及时有效地开展应对救援行动。危机应对管理包括突发危机识别管理、突发危机隔离管理和突发危机应对管理。

突发危机识别管理的主要任务是尽量搜集各种信息,完善社会指标体系,多维度识别危机事件的性质、程度。

突发危机隔离管理的主要任务是通过介入构筑防火墙,防止突发危机事件向其他范围蔓延扩散。在危机隔离管理中,特别需要加强内部沟通,将突发危机发生和应对的真实信息不断提供给公众,以杜绝各种谣言。

突发危机应对管理的任务是确立取舍原则,进行安全救助。尽量挽回更多的生命,减少财产方面的损失,提高从灾难中恢复的效率。政府要丁方百计组织公众撤出危险地区,收留那些无家可归的人。紧急救援中心应及时分发相应的救援物资,保证每个公众成员都可以安全度过危机时期。

第二阶段政策管理是整个应急型政策管理的四个阶段最为重要的,在危机爆发千钧一发的时候,果断正确的反应与应对不仅能够缓解、制止危机,而且可以为第三、第四阶段的政策管理提供有利的条件。

恢复重建管理阶段

应急型政策管理的第三阶段是恢复重建管理。恢复阶段包括两个方面的管理。一是基本安全和生存管理。在大的突发危机事件已经过去,但次生危机仍可能发生的情况下,首先要在短期之内尽快使大量从突发灾难的险境中解脱出来的受灾人员,能够得到最低限度的安全和生活保障。二是社会重建的管理。在次生危机逐渐减少的条件下,使发生过突发危机区域的人们生活恢复到正常水平。具体措施是建立灾难救援中心,提供食品、衣服和失业救济金;对周围环境持续消毒,避免疾病和瘟疫的发生;制定贷款与捐赠计划,帮助人们重建家园。第二阶段应急型政策管理主要侧重于使受害者脱离危机险境,得到安全和生存的保障;第三阶段的应急型政策管理主要侧重于社会秩序的恢复和家园的重建。两个管理阶段在时间虽然有先后之分、任务有所侧重,但在实际操作中,相互是交叉重合的。

善后学习管理阶段

第四阶段的应急型政策管理则重于善后学习,需要做好下列工作。首先要发现突发危机事件应对中暴露的问题和薄弱环节,比如公众对突发危机事件的危害性认识不足、应对危机的预案不够全面、组织指挥系统不健全、救援物资准备不充分,等等。针对这些疏漏和薄弱环节,迅速进行修补和强化。

其次要进行长远的防范和应对突发危机事件的规划。政府要从辖区的历史和区域所处的地理位置出发,从外部环境的改变、产业结构的演变、生产技术的变化等多个角度,对未来可能发生的突发危机事件进行认真、细致、有远见的排查,并从最坏处着眼,形成危机防范意识和危机应对体系。

第三将公共治理中的风险管理、突发事件管理与突发危机事件管理有机统一起来。在日常的公共治理中,进行防范风险的教育,在生产、建设中尽量多考虑风险的防范和应对。同时,对社会管理、经济管理、文化管理和生态管理中容易出现的突发事件加强对策研究,并有针对性地进行演练,防患于未然。在强化风险管理和突发事件管理的基础上,从体制机制、组织结构和法律法规等方面构筑起预防和应对突发危机事件的体系。

§3. 应急型公共政策的整合管理

§3.1 各层级政府间的应急公共政策管理的整合

集中于上级政府的应急管理模式存在局限性。从目前应对突发危机事件的政策管理实践来看,由于对不同层级政府的责权利缺乏明确的规定,在应急管理中,常常发生基层政府过分依赖地方政府、地方政府过分依赖中央政府的情况。一旦发生突发性危机事件,往往先是中央政府管理部门疲于奔命,接着是地方政府忙得团团转,而基层政府则坐等中央和地方政府发布指令。这种应急型政策管理模式是一种重心过分上移、上级决策权力过分集中的管理模式。

突发危机事件的发生及其根源多在基层。现实情况是,大量的突发性危机事件大多发生在基层。大量的突发危机事件发生的根源也出在基层。如果基层政府对突发危机事件不积极主动地去应对、处理,基层政府和地方政府部门不主动承担应急政策管理的责任,而把责任上推,致使决策权上移,这不利于及时有效地应对突发危机事件。

重心在基层的政府间应急型政策管理整合。从我国政府的层级结构和制度安排出发,必须将中央、地方和基层政府的应急政策加以整合。社会突发危机事件管理的责任、权限、资源配置、救援力量应当合理分布在各层级政府部门和民间,要根据突发危机事件的类型、规模、发生的可能性、社会危害程度等因素,实行分级响应、分层决策管理。把应急决策和管理的重心适当下移到基层。

§3.2 政府部门间的应急公共政策管理的整合

以单个部门为主的政策管理体系的局限性。近几年来,由于重视了对突发危机事件的防范与应对处理,各个政府部门以条条为主都先后建立了不同层级的部门危机预警和处理系统。比较早建立这种体系或系统的是消防、交通、水利、地震、军事、安全等政府部门。应当说,有了以条条为主的政府部门应急政策管理系统,社会应对突发事件的能力大大提高。

但是一旦发生特大的、复合性的突发危机事件时,尽管各个部门的应急政策管理系统很有效,但由于缺乏部门协调和综合指挥,结果是不同政府部门之间相互踢皮球、互相扯皮,原有的功效发挥不出来。

建立跨区划跨层级的政府部门政策管理整合。一些特大的社会突发危机事件常常发生在跨多个行政区划、跨不同层级政府,特别是跨不同政府部门的范围内,应急政策管理涉及不同行政区划、不同层级政府、不同政府部门。各级政府部门间的应急政策管理系统应当是互连互通的，必须形成条块结合、协调一致的政府部门应急政策管理体系。这种全国协调的应急政策部门管理系统应当由中央、地方、基层政府的核心应对部门分层加以掌控、组织，并经常演练，才能保证运转通畅，应对及时。

§3.3　官方与民间应急公共政策管理的整合

构建多元主体参与的应急型政策管理模式。现代社会的治理，执政党组织和政府固然是最为重要的行动主体，但是，大量具有非政府、非营利性质的民间组织，还有私营组织也是公共危机应急管理的重要力量。从国内外已经发生的突发危机事件的应对和处理的实践来分析，仅靠执政党组织和政府部门的应急型政策的设计、实施和管理是对付不了危机事件的，必须构建对突发事件处理的多元主体共同参与应急政策管理模式。

实行官方与民间应急型政策管理的分工。要对多元行动主体应急政策管理加以整合，就必须在官方机构与民间组织之间在应急政策管理的内容、范围、层次方面实行合理的分工。

从一般意义上讲，官方机构的应急政策管理能力比较强，官方机构的行动较为集中、程序性强、资源提取和配置力度大。因此，官方机构在进行应急政策管理时适合处理危机中的关键问题和主要矛盾，适合对多元应急处理主体加以协调和在资源供给上加以支持。民间组织、私人组织一般是小型的、分散的，资源也有限，因此，在对突发危机事件进行应急处理时，适合做险情发现、恐慌心理疏导、微观秩序维护、单个伤病人员救援、救助物资的发放等方面的工作。

政府通过授权来整合多元主体的应急型政策管理。民间组织参与应急政策管理具有志愿性与公益性的特点，政府部门应依据这些组织在具体的应急政策管理中参与的热情和能够发挥的作用，通过建立具体的"代理—委托"关系来发挥这些组织的辅助性的应急救助功能。

对于私营部门来说，虽然它们以追求利润最大化为经营目标，但当突发危机事件危及整个社会利益时，私营部门也会考虑让出一部分的利益，参加和支持政府和全社会的应急政策管理。政府应当鼓励部分私营组织在自愿的情况下，在免费或低价提供救援物资以及慈善求助方面发挥作用。

对于处于危机事件之中的公众来说，他们的切身利益与应急型政策管理的成败关系极大。因此，这部分公众会行动起来积极投身到紧急救援活动之中。政府对这部分公众应该进行广泛动员，并加以良好组织，让他们直接加入维护秩序、重建家园的行列。这样做才能使应急政策管理具有广泛的群众基础。

对于身处社会危机事件外围的公众来说，他们会出于同情、友爱，积极援助危机事件发生区域中的民众，政府应当在安排他们搞好正常生产经营的前提下，动员他们对灾区人民进行精神、物资、心理等方面的援助。

建立民间应急政策管理救援中心。在实际的社会突发危机事件的应对中，虽然不少民间组织已经发挥出一定的作用，但是，由于这些民间的救援机构零星分散,力量薄弱,从而没有足够的能力去动员社会资源来应对和处理社会危机事件。而且分散的民间组织也缺乏与政府进行有效配合的机制。因此,建立在政府指导下的,汇集民间力量的区域民间应急政策管理中心是十分必要的,它既能真正整合民间应急型政策管理的资源,又可以真正提升民间应急型政策管理的能力和绩效。

§3.4 日常防范与紧急处理的应急公共政策整合

日常风险与突发危机是相互联系的。应急危机政策管理不仅时间紧迫,而且由于事件的突发性,常使得许多政府部门措手不及。很多突发危机事件其实并不都是没有预先迹象和潜在原因的突如其来的横灾。绝大多数突发危机事件原先都是早就存在着的潜在风险。因为没有能及早进行必要的预防和应对管理,从而导致矛盾激化,致使潜在的风险一下子剧增而爆发出来。因此,应当将应对日常风险的政策管理与应对紧急危机事件的政策管理整合起来。

树立安全发展观念。安全发展观念包含两层意思。一是人类只要追求发展,就会遇到突发危机事件,必须在发展中形成更有效的突发危机事件处理和政策管理的能力。

二是人类遭遇的危机是人类社会不理智的发展方式及不适当、不理性的生活方式和行为方式导致的结果。人类必须重新思考已经实行的发展方式、生活方式和行为方式,做到自觉地及早发现社会发展方式、人们的生活方式和行为方式中可能潜伏的各种隐患。同时更为根本的是要努力寻找和发现更为安全的、可持续的发展方式、生活方式和行为方式。

确立全面风险观念。所谓全面风险观念是在突发危机事件到来之前,在日常的管理中就树立风险意识,将集中的危机管理转变为经常的、日常的风险管理。政府必须在包括公共政策管理在内的所有公共管理中自觉地进行风险分析,预测、评估可能遇到的主要风险,确认风险处理和管理的能力和资源,寻找有效的方法和手段以降低风险。

二、政策词典(英汉对照)

突发事件
emergency crisis　unexpected accidents
社会危机
social crisis
危机事件
crisis-issues

政府管理的危机

crisis of government administration

政府危机

government crisis

应急型公共政策

emergency public policy

危机决策

crisis decision-making

平常决策

usual decision-making

危机管理综合模式

comprehensive mode of crisis management

全面风险观念

comprehensive risk ideas

早期预警

early warning

三、知识补充

知识补充 9-1：危机的界定

国内外不同学者对危机的解释持有不同的观点，具有代表性的有以下几种：

一是查尔斯·赫尔曼(Charles Hermann)认为：危机是一种决策者意料之外的形式，在这种危机形势中，决策者做出决策的时间有限，时间偏离组织的目标。[①]

二是福斯特(Foster)认为危机具有三个显著的特点：第一，时间有限，需快速做出决策；第二，员工素质不高，影响决策的执行；第三，严重缺乏物质资源，影响危机的决出进度。[②]

三是中国台湾地区学者吴宜蓁认为："危机就是在无预警的情况下爆发的紧急事件，如不立刻在短时间内做出决策，将状况加以排除，就可能对产业或居民的生存和发展造成重大的威胁。"

另外，中国内地学者薛澜把公共危机分成两类：一类是针对自然灾害和人为因素

---

① Hermann, Charles F. *International Crisis：Insights form Behavioral Research*. New York Press, 1972.

② 罗伯特·希斯：《危机管理》，王成等译，中信出版社，2004年版，第18-19页。

引起的突发性事件,如水灾、地震。另一类是社会中对抗的统一体引发社会冲突行为而导致的社会失衡和混乱。两者都有突发性、公共性和高度不确定性等特点。[①]

知识补充9-2:公共危机事件分类

1. 按起因分类

公共危机事件从起因上可以从非人为和人为的视角,将公共危机事件分为自然灾害和公共灾害,前者如流行病、地震、风暴等自然灾害,后者如恐怖袭击、集体骚乱、重大事故等。

人为的危机事件又可以从动机方面分为过失的和故意的。

2. 按可预知程度分类

从发生之前人们对公共危机事件的预知程度方面,可分为在一定程度上可预测的公共危机事件(如某些地震、灾害天气、洪水等)和很难预测的公共危机事件(如恐怖袭击、重大变故等)。

3. 按可避免性分类

从其发生的必然性方面,可以分为有避免可能的公共危机事件(主要是人为公共危机事件,如一些重大责任事故、集体行为等)和无法避免的公共危机事件(主要是非人为的公共危机事件,如地质灾害、洪水、飓风等)。

4. 按影响范围分类

从公共危机事件的规模和影响的范围上,可分为全球性公共危机事件,地区性公共危机事件和局部性公共危机事件。

5. 按复杂程度分类

根据公共危机事件形成的冲击的复杂程度,可以分为单一型的公共危机事件和复合型的公共危机事件。前者指某一公共危机事件的影响局限于事件本身,没有引起激发性的公共危机事件;复合型的公共危机事件指由于其涟漪效应又引发了新的公共危机事件。

知识补充9-3:国家突发公共事件总体应急预案

1 总则

1.1 编制目的

提高政府保障公共安全和处置突发公共事件的能力,最大限度地预防和减少突发公共事件及其造成的损害,保障公众的生命财产安全,维护国家安全和社会稳定,促进经济社会全面、协调、可持续发展。

1.2 编制依据

依据宪法及有关法律、行政法规,制定本预案。

---

① 薛澜:《危机管理——转型期中国面临的挑战》,清华大学出版社,2003年版,第26-29页。

1.3 分类分级

本预案所称突发公共事件是指突然发生,造成或者可能造成重大人员伤亡、财产损失、生态环境破坏和严重社会危害,危及公共安全的紧急事件。

根据突发公共事件的发生过程、性质和机理,突发公共事件主要分为以下四类:

(1)自然灾害。主要包括水旱灾害,气象灾害,地震灾害,地质灾害,海洋灾害,生物灾害和森林草原火灾等。

(2)事故灾难。主要包括工矿商贸等企业的各类安全事故,交通运输事故,公共设施和设备事故,环境污染和生态破坏事件等。

(3)公共卫生事件。主要包括传染病疫情,群体性不明原因疾病,食品安全和职业危害,动物疫情,以及其他严重影响公众健康和生命安全的事件。

(4)社会安全事件。主要包括恐怖袭击事件,经济安全事件和涉外突发事件等。

各类突发公共事件按照其性质、严重程度、可控性和影响范围等因素,一般分为四级:Ⅰ级(特别重大)、Ⅱ级(重大)、Ⅲ级(较大)和Ⅳ级(一般)。

1.4 适用范围

本预案适用于涉及跨省级行政区划的,或超出事发地省级人民政府处置能力的特别重大突发公共事件应对工作。

本预案指导全国的突发公共事件应对工作。

1.5 工作原则

(1)以人为本,减少危害。切实履行政府的社会管理和公共服务职能,把保障公众健康和生命财产安全作为首要任务,最大限度地减少突发公共事件及其造成的人员伤亡和危害。

(2)居安思危,预防为主。高度重视公共安全工作,常抓不懈,防患于未然。增强忧患意识,坚持预防与应急相结合,常态与非常态相结合,做好应对突发公共事件的各项准备工作。

(3)统一领导,分级负责。在党中央、国务院的统一领导下,建立健全分类管理、分级负责,条块结合、属地管理为主的应急管理体制,在各级党委领导下,实行行政领导责任制,充分发挥专业应急指挥机构的作用。

(4)依法规范,加强管理。依据有关法律和行政法规,加强应急管理,维护公众的合法权益,使应对突发公共事件的工作规范化、制度化、法制化。

(5)快速反应,协同应对。加强以属地管理为主的应急处置队伍建设,建立联动协调制度,充分动员和发挥乡镇、社区、企事业单位、社会团体和志愿者队伍的作用,依靠公众力量,形成统一指挥、反应灵敏、功能齐全、协调有序、运转高效的应急管理机制。

(6)依靠科技,提高素质。加强公共安全科学研究和技术开发,采用先进的监测、预测、预警、预防和应急处置技术及设施,充分发挥专家队伍和专业人员的作用,提高应对突发公共事件的科技水平和指挥能力,避免发生次生、衍生事件;加强宣传和培训教育工作,提高公众自救、互救和应对各类突发公共事件的综合素质。

1.6 应急预案体系

全国突发公共事件应急预案体系包括:

（1）突发公共事件总体应急预案。总体应急预案是全国应急预案体系的总纲，是国务院应对特别重大突发公共事件的规范性文件。

（2）突发公共事件专项应急预案。专项应急预案主要是国务院及其有关部门为应对某一类型或某几种类型突发公共事件而制定的应急预案。

（3）突发公共事件部门应急预案。部门应急预案是国务院有关部门根据总体应急预案、专项应急预案和部门职责为应对突发公共事件制定的预案。

（4）突发公共事件地方应急预案。具体包括：省级人民政府的突发公共事件总体应急预案、专项应急预案和部门应急预案；各市（地）、县（市）人民政府及其基层政权组织的突发公共事件应急预案。上述预案在省级人民政府的领导下，按照分类管理、分级负责的原则，由地方人民政府及其有关部门分别制定。

（5）企事业单位根据有关法律法规制定的应急预案。

（6）举办大型会展和文化体育等重大活动，主办单位应当制定应急预案。

各类预案将根据实际情况变化不断补充、完善。

2　组织体系

2.1　领导机构

国务院是突发公共事件应急管理工作的最高行政领导机构。在国务院总理领导下，由国务院常务会议和国家相关突发公共事件应急指挥机构（以下简称相关应急指挥机构）负责突发公共事件的应急管理工作；必要时，派出国务院工作组指导有关工作。

2.2　办事机构

国务院办公厅设国务院应急管理办公室，履行值守应急、信息汇总和综合协调职责，发挥运转枢纽作用。

2.3　工作机构

国务院有关部门依据有关法律、行政法规和各自的职责，负责相关类别突发公共事件的应急管理工作。具体负责相关类别的突发公共事件专项和部门应急预案的起草与实施，贯彻落实国务院有关决定事项。

2.4　地方机构

地方各级人民政府是本行政区域突发公共事件应急管理工作的行政领导机构，负责本行政区域各类突发公共事件的应对工作。

2.5　专家组

国务院和各应急管理机构建立各类专业人才库，可以根据实际需要聘请有关专家组成专家组，为应急管理提供决策建议，必要时参加突发公共事件的应急处置工作。

3　运行机制

3.1　预测与预警

各地区、各部门要针对各种可能发生的突发公共事件，完善预测预警机制，建立预测预警系统,开展风险分析,做到早发现、早报告、早处置。

3.1.1 预警级别和发布

根据预测分析结果,对可能发生和可以预警的突发公共事件进行预警。预警级别依据突发公共事件可能造成的危害程度、紧急程度和发展势态,一般划分为四级:Ⅰ级(特别严重)、Ⅱ级(严重)、Ⅲ级(较重)和Ⅳ级(一般),依次用红色、橙色、黄色和蓝色表示。

预警信息包括突发公共事件的类别、预警级别、起始时间、可能影响范围、警示事项、应采取的措施和发布机关等。

预警信息的发布、调整和解除可通过广播、电视、报刊、通信、信息网络、警报器、宣传车或组织人员逐户通知等方式进行,对老、幼、病、残、孕等特殊人群以及学校等特殊场所和警报盲区应当采取有针对性的公告方式。

3.2 应急处置

3.2.1 信息报告

特别重大或者重大突发公共事件发生后,各地区、各部门要立即报告,最迟不得超过4小时,同时通报有关地区和部门。应急处置过程中,要及时续报有关情况。

3.2.2 先期处置

突发公共事件发生后,事发地的省级人民政府或者国务院有关部门在报告特别重大、重大突发公共事件信息的同时,要根据职责和规定的权限启动相关应急预案,及时、有效地进行处置,控制事态。

在境外发生涉及中国公民和机构的突发事件,我驻外使领馆、国务院有关部门和有关地方人民政府要采取措施控制事态发展,组织开展应急救援工作。

3.2.3 应急响应

对于先期处置未能有效控制事态的特别重大突发公共事件,要及时启动相关预案,由国务院相关应急指挥机构或国务院工作组统一指挥或指导有关地区、部门开展处置工作。

现场应急指挥机构负责现场的应急处置工作。

需要多个国务院相关部门共同参与处置的突发公共事件,由该类突发公共事件的业务主管部门牵头,其他部门予以协助。

3.2.4 应急结束

特别重大突发公共事件应急处置工作结束,或者相关危险因素消除后,现场应急指挥机构予以撤销。

3.3 恢复与重建

3.3.1 善后处置

要积极稳妥、深入细致地做好善后处置工作。对突发公共事件中的伤亡人员、应急处置工作人员,以及紧急调集、征用有关单位及个人的物资,要按照规定给予抚恤、补助或补偿,并提供心理及司法援助。有关部门要做好疫病防治和环境污染消除工作。保险监管机构督促有关保险机构及时做好有关单位和个人损失的理赔工作。

3.3.2 调查与评估

要对特别重大突发公共事件的起因、性质、影响、责任、经验教训和恢复重建等问题进行调查评估。

3.3.3 恢复重建

根据受灾地区恢复重建计划组织实施恢复重建工作。

3.4 信息发布

突发公共事件的信息发布应当及时、准确、客观、全面。事件发生的第一时间要向社会发布简要信息,随后发布初步核实情况、政府应对措施和公众防范措施等,并根据事件处置情况做好后续发布工作。

信息发布形式主要包括授权发布、散发新闻稿、组织报道、接受记者采访、举行新闻发布会等。

4 应急保障

各有关部门要按照职责分工和相关预案做好突发公共事件的应对工作,同时根据总体预案切实做好应对突发公共事件的人力、物力、财力、交通运输、医疗卫生及通信保障等工作,保证应急救援工作的需要和灾区群众的基本生活,以及恢复重建工作的顺利进行。

4.1 人力资源

公安(消防)、医疗卫生、地震救援、海上搜救、矿山救护、森林消防、防洪抢险、核与辐射、环境监控、危险化学品事故救援、铁路事故、民航事故、基础信息网络和重要信息系统事故处置,以及水、电、油、气等工程抢险救援队伍是应急救援的专业队伍和骨干力量。地方各级人民政府和有关部门、单位要加强应急救援队伍的业务培训和应急演练,建立联动协调机制,提高装备水平;动员社会团体、企事业单位以及志愿者等各种社会力量参与应急救援工作;增进国际交流与合作。要加强以乡镇和社区为单位的公众应急能力建设,发挥其在应对突发公共事件中的重要作用。

中国人民解放军和中国人民武装警察部队是处置突发公共事件的骨干和突击力量,按照有关规定参加应急处置工作。

4.2 财力保障

要保证所需突发公共事件应急准备和救援工作资金。对受突发公共事件影响较大的行业、企事业单位和个人要及时研究提出相应的补偿或救助政策。要对突发公共事件财政应急保障资金的使用和效果进行监管和评估。

鼓励自然人、法人或者其他组织(包括国际组织)按照《中华人民共和国公益事业捐赠法》等有关法律、法规的规定进行捐赠和援助。

4.3 物资保障

要建立健全应急物资监测网络、预警体系和应急物资生产、储备、调拨及紧急配送体系,完善应急工作程序,确保应急所需物资和生活用品的及时供应,并加强对物资储备的监督管理,及时予以补充和更新。

地方各级人民政府应根据有关法律、法规和应急预案的规定,做好物资储备工作。

4.4 基本生活保障

要做好受灾群众的基本生活保障工作,确保灾区群众有饭吃、有水喝、有衣穿、有住处、有病能得到及时医治。

4.5 医疗卫生保障

卫生部门负责组建医疗卫生应急专业技术队伍，根据需要及时赴现场开展医疗救治、疾病预防控制等卫生应急工作。及时为受灾地区提供药品、器械等卫生和医疗设备。必要时，组织动员红十字会等社会卫生力量参与医疗卫生救助工作。

4.6 交通运输保障

要保证紧急情况下应急交通工具的优先安排、优先调度、优先放行，确保运输安全畅通；要依法建立紧急情况社会交通运输工具的征用程序，确保抢险救灾物资和人员能够及时、安全送达。

根据应急处置需要，对现场及相关通道实行交通管制，开设应急救援"绿色通道"，保证应急救援工作的顺利开展。

4.7 治安维护

要加强对重点地区、重点场所、重点人群、重要物资和设备的安全保护，依法严厉打击违法犯罪活动。必要时，依法采取有效管制措施，控制事态，维护社会秩序。

4.8 人员防护

要指定或建立与人口密度、城市规模相适应的应急避险场所，完善紧急疏散管理办法和程序，明确各级责任人，确保在紧急情况下公众安全、有序的转移或疏散。

要采取必要的防护措施，严格按照程序开展应急救援工作，确保人员安全。

4.9 通信保障

建立健全应急通信、应急广播电视保障工作体系，完善公用通信网，建立有线和无线相结合、基础电信网络与机动通信系统相配套的应急通信系统，确保通信畅通。

4.10 公共设施

有关部门要按照职责分工，分别负责煤、电、油、气、水的供给，以及废水、废气、固体废弃物等有害物质的监测和处理。

4.11 科技支撑

要积极开展公共安全领域的科学研究；加大公共安全监测、预测、预警、预防和应急处置技术研发的投入，不断改进技术装备，建立健全公共安全应急技术平台，提高我国公共安全科技水平；注意发挥企业在公共安全领域的研发作用。

5 监督管理

5.1 预案演练

各地区、各部门要结合实际，有计划、有重点地组织有关部门对相关预案进行演练。

5.2 宣传和培训

宣传、教育、文化、广电、新闻出版等有关部门要通过图书、报刊、音像制品和电子出版物、广播、电视、网络等，广泛宣传应急法律法规和预防、避险、自救、互救、减灾等常识,增强公众的忧患意识、社会责任意识和自救、互救能力。各有关方面要有计划地对应急救援和管理人员进行培训,提高其专业技能。

5.3　责任与奖惩

突发公共事件应急处置工作实行责任追究制。

对突发公共事件应急管理工作中做出突出贡献的先进集体和个人要给予表彰和奖励。

对迟报、谎报、瞒报和漏报突发公共事件重要情况或者应急管理工作中有其他失职、渎职行为的,依法对有关责任人给予行政处分;构成犯罪的,依法追究刑事责任。

6　附则

6.1　预案管理

根据实际情况的变化,及时修订本预案。

本预案自发布之日起实施。

知识补充 9-4:国家突发环境事件应急预案

1　总则

1.1　编制目的

健全突发环境事件应对工作机制,科学有序高效应对突发环境事件,保障人民群众生命财产安全和环境安全,促进社会全面、协调、可持续发展。

1.2　编制依据

依据《中华人民共和国环境保护法》《中华人民共和国突发事件应对法》《中华人民共和国放射性污染防治法》《国家突发公共事件总体应急预案》及相关法律法规等,制定本预案。

1.3　适用范围

本预案适用于我国境内突发环境事件应对工作。

突发环境事件是指由于污染物排放或自然灾害、生产安全事故等因素,导致污染物或放射性物质等有毒有害物质进入大气、水体、土壤等环境介质,突然造成或可能造成环境质量下降,危及公众身体健康和财产安全,或造成生态环境破坏,或造成重大社会影响,需要采取紧急措施予以应对的事件,主要包括大气污染、水体污染、土壤污染等突发性环境污染事件和辐射污染事件。

核设施及有关核活动发生的核事故所造成的辐射污染事件、海上溢油事件、船舶污染事件的应对工作按照其他相关应急预案规定执行。重污染天气应对工作按照国务院《大气污染防治行动计划》等有关规定执行。

1.4　工作原则

突发环境事件应对工作坚持统一领导、分级负责,属地为主、协调联动,快速反应、科学处置,资源共享、保障有力的原则。突发环境事件发生后,地方人民政府和有关部门立即自动按照职责分工和相关预案开展应急处置工作。

1.5 事件分级

按照事件严重程度,突发环境事件分为特别重大、重大、较大和一般四级。

2 组织指挥体系

2.1 国家层面组织指挥机构

环境保护部负责重特大突发环境事件应对的指导协调和环境应急的日常监督管理工作。根据突发环境事件的发展态势及影响,环境保护部或省级人民政府可报请国务院批准,或根据国务院领导同志指示,成立国务院工作组,负责指导、协调、督促有关地区和部门开展突发环境事件应对工作。必要时,成立国家环境应急指挥部,由国务院领导同志担任总指挥,统一领导、组织和指挥应急处置工作;国务院办公厅履行信息汇总和综合协调职责,发挥运转枢纽作用。国家环境应急指挥部组成及工作组职责。

2.2 地方层面组织指挥机构

县级以上地方人民政府负责本行政区域内的突发环境事件应对工作,明确相应组织指挥机构。跨行政区域的突发环境事件应对工作,由各有关行政区域人民政府共同负责,或由有关行政区域共同的上一级地方人民政府负责。对需要国家层面协调处置的跨省级行政区域突发环境事件,由有关省级人民政府向国务院提出请求,或由有关省级环境保护主管部门向环境保护部提出请求。

地方有关部门按照职责分工,密切配合,共同做好突发环境事件应对工作。

2.3 现场指挥机构

负责突发环境事件应急处置的人民政府根据需要成立现场指挥部,负责现场组织指挥工作。参与现场处置的有关单位和人员要服从现场指挥部的统一指挥。

3 监测预警和信息报告

3.1 监测和风险分析

各级环境保护主管部门及其他有关部门要加强日常环境监测,并对可能导致突发环境事件的风险信息加强收集、分析和研判。安全监管、交通运输、公安、住房城乡建设、水利、农业、卫生计生、气象等有关部门按照职责分工,应当及时将可能导致突发环境事件的信息通报同级环境保护主管部门。

企业事业单位和其他生产经营者应当落实环境安全主体责任,定期排查环境安全隐患,开展环境风险评估,健全风险防控措施。当出现可能导致突发环境事件的情况时,要立即报告当地环境保护主管部门。

3.2 预警

3.2.1 预警分级

对可以预警的突发环境事件,按照事件发生的可能性大小、紧急程度和可能造成的危害程度,将预警分为四级,由低到高依次用蓝色、黄色、橙色和红色表示。

预警级别的具体划分标准,由环境保护部制定。

3.2.2 预警信息发布

地方环境保护主管部门研判可能发生突发环境事件时,应当及时向本级人民政府提出预警信息发布建议,同时通报同级相关部门和单位。地方人民政府或其授权的相关部门,及时通过电视、广播、报纸、互联网、手机短信、当面告知等渠道或方式向本行政区域公众发布预警信息,并通报可能影响到的相关地区。

各级环境保护主管部门要将监测到的可能导致突发环境事件的有关信息,及时通报可能受影响地区的下一级环境保护主管部门。

3.2.3 预警行动

预警信息发布后,当地人民政府及其有关部门视情采取以下措施:

(1)分析研判。组织有关部门和机构、专业技术人员及专家,及时对预警信息进行分析研判,预估可能的影响范围和危害程度。

(2)防范处置。迅速采取有效处置措施,控制事件苗头。在涉险区域设置注意事项提示或事件危害警告标志,利用各种渠道增加宣传频次,告知公众避险和减轻危害的常识、需采取的必要的健康防护措施。

(3)应急准备。提前疏散、转移可能受到危害的人员,并进行妥善安置。责令应急救援队伍、负有特定职责的人员进入待命状态,动员后备人员做好参加应急救援和处置工作的准备,并调集应急所需物资和设备,做好应急保障工作。对可能导致突发环境事件发生的相关企业事业单位和其他生产经营者加强环境监管。

(4)舆论引导。及时准确发布事态最新情况,公布咨询电话,组织专家解读。加强相关舆情监测,做好舆论引导工作。

3.2.4 预警级别调整和解除

发布突发环境事件预警信息的地方人民政府或有关部门,应当根据事态发展情况和采取措施的效果适时调整预警级别;当判断不可能发生突发环境事件或者危险已经消除时,宣布解除预警,适时终止相关措施。

3.3 信息报告与通报

突发环境事件发生后,涉事企业事业单位或其他生产经营者必须采取应对措施,并立即向当地环境保护主管部门和相关部门报告,同时通报可能受到污染危害的单位和居民。因生产安全事故导致突发环境事件的,安全监管等有关部门应当及时通报同级环境保护主管部门。环境保护主管部门通过互联网信息监测、环境污染举报热线等多种渠道,加强对突发环境事件的信息收集,及时掌握突发环境事件发生情况。

事发地环境保护主管部门接到突发环境事件信息报告或监测到相关信息后,应当立即进行核实,对突发环境事件的性质和类别做出初步认定,按照国家规定的时限、程序和要求向上级环境保护主管部门和同级人民政府报告,并通报同级其他相关部门。突发环境事件已经或者可能涉及相邻行政区域的,事发地人民政府或环境保护主管部门应当及时通报相邻行政区域同级人民政府或环境保护主管部门。地方各级人民政府及其环境保护主管部门应当按照有关规定逐级上报,必要时可越级上报。

接到已经发生或者可能发生跨省级行政区域突发环境事件信息时,环境保护部要及时通报相关省级环境保护主管部门。

对以下突发环境事件信息,省级人民政府和环境保护部应当立即向国务院报告:

(1) 初判为特别重大或重大突发环境事件;

(2) 可能或已引发大规模群体性事件的突发环境事件;

(3) 可能造成国际影响的境内突发环境事件;

(4) 境外因素导致或可能导致我境内突发环境事件;

(5) 省级人民政府和环境保护部认为有必要报告的其他突发环境事件。

4 应急响应

4.1 响应分级

根据突发环境事件的严重程度和发展态势,将应急响应设定为Ⅰ级、Ⅱ级、Ⅲ级和Ⅳ级四个等级。初判发生特别重大、重大突发环境事件,分别启动Ⅰ级、Ⅱ级应急响应,由事发地省级人民政府负责应对工作;初判发生较大突发环境事件,启动Ⅲ级应急响应,由事发地设区的市级人民政府负责应对工作;初判发生一般突发环境事件,启动Ⅳ级应急响应,由事发地县级人民政府负责应对工作。

突发环境事件发生在易造成重大影响的地区或重要时段时,可适当提高响应级别。应急响应启动后,可视事件损失情况及其发展趋势调整响应级别,避免响应不足或响应过度。

4.2 响应措施

突发环境事件发生后,各有关地方、部门和单位根据工作需要,组织采取以下措施。

4.2.1 现场污染处置

涉事企业事业单位或其他生产经营者要立即采取关闭、停产、封堵、围挡、喷淋、转移等措施,切断和控制污染源,防止污染蔓延扩散。做好有毒有害物质和消防废水、废液等的收集、清理和安全处置工作。当涉事企业事业单位或其他生产经营者不明时,由当地环境保护主管部门组织对污染来源开展调查,查明涉事单位,确定污染物种类和污染范围,切断污染源。

事发地人民政府应组织制定综合治污方案,采用监测和模拟等手段追踪污染气体扩散途径和范围;采取拦截、导流、疏浚等形式防止水体污染扩大;采取隔离、吸附、打捞、氧化还原、中和、沉淀、消毒、去污洗消、临时收贮、微生物消解、调水稀释、转移异地处置、临时改造污染处置工艺或临时建设污染处置工程等方法处置污染物。必要时,要求其他排污单位停产、限产、限排,减轻环境污染负荷。

4.2.2 转移安置人员

根据突发环境事件影响及事发当地的气象、地理环境、人员密集度等,建立现场警戒区、交通管制区域和重点防护区域,确定受威胁人员疏散的方式和途径,有组织、有秩序地及时疏散转移受威胁人员和可能受影响地区居民,确保生命安全。妥善做好转移人员安置工作,确保有饭吃、有水喝、有衣穿、有住处和必要医疗条件。

4.2.3 医学救援

迅速组织当地医疗资源和力量,对伤病员进行诊断治疗,根据需要及时、安全地将重症伤病员转运到有条件的医疗机构加强救治。指导和协助开展受污染人员的去污洗消工作,提出保护公众健康的措施建议。视情增派医疗卫生专家和卫生应急队伍、调配急需医药物资,支持事发地医学救援工作。做好受影响人员的心理援助。

4.2.4 应急监测

加强大气、水体、土壤等应急监测工作,根据突发环境事件的污染物种类、性质以及当地自然、社会环境状况等,明确相应的应急监测方案及监测方法,确定监测的布点和频次,调配应急监测设备、车辆,及时准确监测,为突发环境事件应急决策提供依据。

4.2.5 市场监管和调控

密切关注受事件影响地区市场供应情况及公众反应,加强对重要生活必需品等商品的市场监管和调控。禁止或限制受污染食品和饮用水的生产、加工、流通和食用,防范因突发环境事件造成的集体中毒等。

4.2.6 信息发布和舆论引导

通过政府授权发布、发新闻稿、接受记者采访、举行新闻发布会、组织专家解读等方式,借助电视、广播、报纸、互联网等多种途径,主动、及时、准确、客观向社会发布突发环境事件和应对工作信息,回应社会关切,澄清不实信息,正确引导社会舆论。信息发布内容包括事件原因、污染程度、影响范围、应对措施、需要公众配合采取的措施、公众防范常识和事件调查处理进展情况等。

4.2.7 维护社会稳定

加强受影响地区社会治安管理,严厉打击借机传播谣言制造社会恐慌、哄抢救灾物资等违法犯罪行为;加强转移人员安置点、救灾物资存放点等重点地区治安管控;做好受影响人员与涉事单位、地方人民政府及有关部门矛盾纠纷化解和法律服务工作,防止出现群体性事件,维护社会稳定。

4.2.8 国际通报和援助

如需向国际社会通报或请求国际援助时,环境保护部商外交部、商务部提出需要通报或请求援助的国家(地区)和国际组织、事项内容、时机等,按照有关规定由指定机构向国际社会发出通报或呼吁信息。

4.3 国家层面应对工作

4.3.1 部门工作组应对

初判发生重大以上突发环境事件或事件情况特殊时,环境保护部立即派出工作组赴现场指导督促当地开展应急处置、应急监测、原因调查等工作,并根据需要协调有关方面提供队伍、物资、技术等支持。

4.3.2 国务院工作组应对

当需要国务院协调处置时,成立国务院工作组。主要开展以下工作:

(1)了解事件情况、影响、应急处置进展及当地需求等;

(2)指导地方制定应急处置方案;

(3)根据地方请求,组织协调相关应急队伍、物资、装备等,为应急处置提供支援和技术支持;

(4)对跨省级行政区域突发环境事件应对工作进行协调;

（5）指导开展事件原因调查及损害评估工作。

4.3.3 国家环境应急指挥部应对

根据事件应对工作需要和国务院决策部署,成立国家环境应急指挥部。主要开展以下工作:

（1）组织指挥部成员单位、专家组进行会商,研究分析事态,部署应急处置工作;

（2）根据需要赴事发现场或派出前方工作组赴事发现场协调开展应对工作;

（3）研究决定地方人民政府和有关部门提出的请求事项;

（4）统一组织信息发布和舆论引导;

（5）视情向国际通报,必要时与相关国家和地区、国际组织领导人通电话;

（6）组织开展事件调查。

4.4 响应终止

当事件条件已经排除、污染物质已降至规定限值以内、所造成的危害基本消除时,由启动响应的人民政府终止应急响应。

5 后期工作

5.1 损害评估

突发环境事件应急响应终止后,要及时组织开展污染损害评估,并将评估结果向社会公布。评估结论作为事件调查处理、损害赔偿、环境修复和生态恢复重建的依据。

突发环境事件损害评估办法由环境保护部制定。

5.2 事件调查

突发环境事件发生后,根据有关规定,由环境保护主管部门牵头,可会同监察机关及相关部门,组织开展事件调查,查明事件原因和性质,提出整改防范措施和处理建议。

5.3 善后处置

事发地人民政府要及时组织制定补助、补偿、抚慰、抚恤、安置和环境恢复等善后工作方案并组织实施。保险机构要及时开展相关理赔工作。

6 应急保障

6.1 队伍保障

国家环境应急监测队伍、公安消防部队、大型国有骨干企业应急救援队伍及其他相关方面应急救援队伍等力量,要积极参加突发环境事件应急监测、应急处置与救援、调查处理等工作任务。发挥国家环境应急专家组作用,为重特大突发环境事件应急处置方案制定、污染损害评估和调查处理工作提供决策建议。县级以上地方人民政府要强化环境应急救援队伍能力建设,加强环境应急专家队伍管理,提高突发环境事件快速响应及应急处置能力。

6.2 物资与资金保障

国务院有关部门按照职责分工,组织做好环境应急救援物资紧急生产、储备调拨和紧急配送工作,保障支援突发环境事件应急处置和环境恢复治理工作的需要。县级以上地方人民政府及其有关部门要加强应急物资储备,鼓励支持社会化应急物资储备,保障应急物资、生活必需品的生产和供给。环境保护主管部门要加强对当地环境应急物资储备信息的动态管理。

突发环境事件应急处置所需经费首先由事件责任单位承担。县级以上地方人民政府对突发环境事件应急处置工作提供资金保障。

6.3 通信、交通与运输保障

地方各级人民政府及其通信主管部门要建立健全突发环境事件应急通信保障体系,确保应急期间通信联络和信息传递需要。交通运输部门要健全公路、铁路、航空、水运紧急运输保障体系,保障应急响应所需人员、物资、装备、器材等的运输。公安部门要加强应急交通管理,保障运送伤病员、应急救援人员、物资、装备、器材车辆的优先通行。

6.4 技术保障

支持突发环境事件应急处置和监测先进技术、装备的研发。依托环境应急指挥技术平台,实现信息综合集成、分析处理、污染损害评估的智能化和数字化。

7 附则

7.1 预案管理

预案实施后,环境保护部要会同有关部门组织预案宣传、培训和演练,并根据实际情况,适时组织评估和修订。地方各级人民政府要结合当地实际制定或修订突发环境事件应急预案。

7.2 预案解释

本预案由环境保护部负责解释。

7.3 预案实施时间

本预案自印发之日起实施。

突发环境事件分级标准

(一)特别重大突发环境事件

凡符合下列情形之一的,为特别重大突发环境事件:

1. 因环境污染直接导致30人以上死亡或100人以上中毒或重伤的;

2. 因环境污染疏散、转移人员5万人以上的;

3. 因环境污染造成直接经济损失1亿元以上的;

4. 因环境污染造成区域生态功能丧失或该区域国家重点保护物种灭绝的;

5. 因环境污染造成设区的市级以上城市集中式饮用水水源地取水中断的;

6. Ⅰ、Ⅱ类放射源丢失、被盗、失控并造成大范围严重辐射污染后果的;放射性同位素和射线装置失控导致3人以上急性死亡的;放射性物质泄漏,造成大范围辐射污染后果的;

7. 造成重大跨国境影响的境内突发环境事件。

（二）重大突发环境事件

凡符合下列情形之一的,为重大突发环境事件:

1. 因环境污染直接导致 10 人以上 30 人以下死亡或 50 人以上 100 人以下中毒或重伤的;

2. 因环境污染疏散、转移人员 1 万人以上 5 万人以下的;

3. 因环境污染造成直接经济损失 2000 万元以上 1 亿元以下的;

4. 因环境污染造成区域生态功能部分丧失或该区域国家重点保护野生动植物种群大批死亡的;

5. 因环境污染造成县级城市集中式饮用水水源地取水中断的;

6. Ⅰ、Ⅱ类放射源丢失、被盗的;放射性同位素和射线装置失控导致 3 人以下急性死亡或者 10 人以上急性重度放射病、局部器官残疾的;放射性物质泄漏,造成较大范围辐射污染后果的;

7. 造成跨省级行政区域影响的突发环境事件。

（三）较大突发环境事件

凡符合下列情形之一的,为较大突发环境事件:

1. 因环境污染直接导致 3 人以上 10 人以下死亡或 10 人以上 50 人以下中毒或重伤的;

2. 因环境污染疏散、转移人员 5000 人以上 1 万人以下的;

3. 因环境污染造成直接经济损失 500 万元以上 2000 万元以下的;

4. 因环境污染造成国家重点保护的动植物物种受到破坏的;

5. 因环境污染造成乡镇集中式饮用水水源地取水中断的;

6. Ⅲ类放射源丢失、被盗的;放射性同位素和射线装置失控导致 10 人以下急性重度放射病、局部器官残疾的;放射性物质泄漏,造成小范围辐射污染后果的;

7. 造成跨区设的市级行政区域影响的突发环境事件。

（四）一般突发环境事件

凡符合下列情形之一的,为一般突发环境事件:

1. 因环境污染直接导致 3 人以下死亡或 10 人以下中毒或重伤的;

2. 因环境污染疏散、转移人员 5000 人以下的;

3. 因环境污染造成直接经济损失 500 万元以下的;

4. 因环境污染造成跨县级行政区域纠纷,引起一般性群体影响的;

5. Ⅳ、Ⅴ类放射源丢失、被盗的;放射性同位素和射线装置失控导致人员受到超过年剂量限值的照射的;放射性物质泄漏,造成厂区内或设施内局部辐射污染后果的;铀矿冶、伴生矿超标排放,造成环境辐射污染后果的;

6. 对环境造成一定影响,尚未达到较大突发环境事件级别的。

上述分级标准有关数量的表述中,"以上"含本数,"以下"不含本数。

四、经典阅读

经典阅读 9 - 1：R. 齐默尔曼灾变管理政策

引言

不管任何国家，其首要的职能都是保护国民的生命和财产。无论是自然灾害还是技术灾害，在这些灾害有可能损坏国民的生命和财产时，政府有义务管理这些灾变。

韩国宪法第 34 条规定，"国家应该预防灾变，并必须努力从其危险中保护国民"，从而明确国家有义务从灾害中保护国民。国家在灾变发生以前应该采取减少灾变的可能性并缓和其程度的一切措施，而灾变发生之后要迅速地做出反应，从而努力把灾变所带来的损害要减少到最低限度。还有，危机情况结束以后，为使国民能够过正常生活而要在最短的时间内恢复正常秩序。

特别是有关随着科学技术的发展而发生的技术灾害，政府要特别注意，并采取一系列措施来管理它。要正确地认识技术灾变的特征和重要性，并要树立区别于自然灾害的灾变管理政策。但对频繁发生的技术灾变，政府还有很多不足之处。这一点在比韩国先进的 20 世纪 80 年代的美国也可以发现。R. 齐默尔曼认识到这一点，并为树立更为系统的灾变管理政策而把适用于自然灾害的灾变管理阶段应用到技术灾变管理上，然后指出了美国关于技术灾害的灾变管理之问题所在。R. 齐默尔曼以有害化学物所带来的技术灾变为中心论述了灾变管理政策，并提出了如下疑问："现在的美国是否具有能够管理这种技术灾变的能力和准备计划？"

技术灾害的灾变管理的重要性

技术灾害在造成国民生命和财产上的损害这一点上是同自然灾害一样的，但具有如下几个方面的特征。

从可控制性方面来看，自然灾害几乎不可控制。既不可阻止地震，也不可调节台风和暴雨。只能为减少损害而做努力。与此相反，只要做好危险管理，技术灾害就可以减少其发生的可能性。这种灾变发生的可控制性意味着，在自然灾害的情况下，如果灾变管理能够向解决灾害发生之后所产生的情况方向发展，那么就可以提高整体性灾变管理的效果。而在技术灾害的情况下，则把重点放在预防就可以有效地进行灾变管理。当然，无论哪一种灾难都要制定各阶段的灾变管理战略。

在灾害的熟悉程度上，技术灾害和自然灾害不同。自然灾害是比较熟悉的危险，并通过积累了的经验而在预防、反应、恢复等，把各阶段上的灾变管理方法相对地系统化了。与此相反，人们并不熟悉技术灾害，而且对此的经验也不多。人们不知道它什么时候以什么方式出现，是难以预测的突发性灾变。由于科学技术的不确定性，在大部分的情况下很难预测何时会遇到何种新的灾变,以及其损害程度有多大的问题。技术灾变的不熟悉和突发性质意味着,我们要区别对待技术灾变。对技术灾变,同技术灾害有关的机构分散地预防和做准备,比一个机构统一管理各阶段更能减少其灾变的发生可能性,还能更有效地减少灾变的损害程度。只是在灾变发生之后的现场营救活动上,由做好准备的机构进行统一管理就会更有效。

美国政府的灾变管理,在传统上把重点放在自然灾害而不是技术灾变之上。在1974年制定的灾害营救法案,也以自然灾害为中心界定了灾害。对技术灾害的灾变管理比自然灾害缺乏法律的和制度上的安排。技术灾害不是根据统一的法规来管理,而是由各有关技术的多种法规分散管理。还有有关技术灾害的管理法案,把重点放在防止灾害之上,而在确认和反应灾害方面则有些疏忽。其结果是在发生了技术灾害的时候,有关机构难以协调,还为获取自己所需要的资源而发生争执。

由此可见,技术火害具有不同于自然灾害的特征,而且在灾变管理的法律以及行政的基础方面也有很大的不同,所以有必要更系统地制定出关于技术灾害的管理政策。

关于技术灾害的灾变管理各阶段战略

灾变管理一般根据灾害的时间顺序划分为四个阶段。以灾害发生为中心,先划分灾害发生前的局面和灾害发生后的局面,而灾害发生前的局面又分为预防及缓和阶段与准备阶段,灾害发生后的局面则分为非常反应阶段和灾害恢复阶段。这些阶段并不是独立存在的,而是具有有机的和循环的关系。这种灾害管理四个阶段不仅是根据时间顺序的灾变管理战略,它还包含着灾变管理战略的基本前提。因此,这种四个阶段灾变管理战略虽然以自然灾害为主要依据,但在危险特征有些不同的技术灾害上也有意义。

(1) 灾害的预防及缓和阶段

在灾害的预防和缓和阶段上,政府要做出对社会安全、健康以及福利存在危险的领域应该采取措施的决定,并做减少危险的努力。在这一阶段上,一般把重点放在长远观点上提高克服社会将要面临灾害的能力方面。

对于因放出有机化学物质而引起的技术灾害,R. 齐默尔曼认为在这一阶段上应该考虑到对潜在事故根源的规制与计划,并把计划分为长期性计划和意外事故(contigency)计划。长期性计划包括明确灾害的根源和领域,准备对付灾害的标准运行程序(SOP),设计执行计划等广泛的项目和过程。而意外事故计划是把长期性计划和灾害准备(preparedness)活动相互联系起来的计划,是确定灾害发生时所需财政支援的活动。另外,在有关物质是否有害和紧急情况的标准等问题上,要制定出有害物质的目录,并要规定把什么程度看成是有害的。但美国的有关法规和各项计划在有害物质定义和标准上各不相同,而且对有害性程度的定义也模糊,因而有很多不同的解释。还有,在发生灾害的时候如何做出反应的方针也不明确,而且没有预备好能够独立地评价和管理危险的财政资金。

为预防灾害的自我规制活动,也在这一阶段进行。自我规制主要是通过财政上的活动,如保险、税收、补助金、贷款等而进行;在计划或规制形态的缓和灾害活动中,还经常包括为实际执行所做的行政准备。美国到最近为止,还没有具体明确机构之间的责任分工。在缓和灾害阶段上包括整理制定有关规定、规制标准、规制执行程序等,从而减少灾害管理机构之间可能产生的冲突。

（2）灾害预备阶段

在灾害预备阶段上,把重点放在构筑发现灾害发生的早期警报系统,从而阻止或避免灾害并把灾害控制在最低限度方面。灾害预备阶段包括发现在应对意外事故的计划、警报系统,以及其他灾害预防活动上所存在的问题,并构筑持续的评价和监督其活动的体制。另外,还包括制定出对灾害做出反应的紧急计划,并通过训练强化有关组织能力的活动。

在发生灾害时,为了迅速地分配资源而决定其先后顺序,是灾害预备阶段的核心活动。要开发出有助于各危险领域上决定其先后顺序的核心指标,而这种指标必须与处理灾害活动相联系。在很多情况下,这种指标实际上没能和处理灾害的活动连接在一起。

还有,在灾害预备阶段上应该确定在处理灾害阶段上要启动的具体的财政支援体系。还要准备好在没有预料到的特别情况下可以使用的特别支援方案。在这里必须注意到,在处理灾害的过程中有可能发生的组织之间和地区之间的协调问题。特别是在急救医疗体系上,医院和灾变管理机构之间的紧密协调是为减轻损失的一个重要环节。

（3）紧急处理阶段

如果发生了灾害,就需要通过一系列的应急措施进行减少灾害严重程度并防止其扩散的活动。在这一阶段中,实行以前所制定的紧急计划,启动营救治疗体系,像处理灾害中心这样的机构开始工作,实施具体的紧急处理活动。这些具体活动有:灾害现场上的搜查与营救、被害地区的安全保护、在必要情况下疏散居民、紧急治疗、供给救护物品、设置避难场所等。而且,还要必须顺利启动和运行在灾害预备阶段上构筑的有关机构之间的协调网络。

处理因有机化学物而引起的灾害,具有不同于处理自然灾害的特征,所以在进行其活动时有必要考虑其特征。首先,在进行紧急处理以前要先做到对灾害的规模、原因等的评估工作,所以这种一般活动与处理自然灾害的活动相比将进行得更慢。而且,在阻止有机化学物质的过程中,常常发生要设置处理废弃物设施或要采取特殊技术措施等复杂情况。在这种情况下,应该向居民证明这些活动绝不会产生其他副作用或伤害,并要取得居民的认可。在处理灾害的过程中,自然灾害不像技术灾害那样受居民的抵制。但是在技术灾害的情况下,特别是存在引发技术灾害之被害者的情况下,这种抵制可能很强烈。

决定对技术灾害紧急处理活动之成败的重要因素,是充分准备可用资源和对资源的有效管理能力。可用于因有机物而引起的灾害上的资源,在美国有两种联邦政府基金(Section 311 of the CWA, CERCLA's Superfund)。其中之一,限定只能用于因放出油而引起的灾害之上。处理有机化学物质而引起的灾害活动,根据引起活动的多种性质并以联系政府为中心开展工作。

（4）灾害恢复阶段

在灾害情况得到控制而趋于稳定并进行紧急营救工作之后,应该把工作重点放在把灾区恢复到灾害发生以前的正常状态之上。为了防止再次发生同样的灾害,制定新的计划，或修改以前的计划。特别是因有机化学物质而发生灾害的情况下，要做到终止生产、更换生产品种、居民的移居等，还有最重要的是要进行对紧急营救计划、标准、许可条件等的修改和重新制定等工作。

在短期内，要把重点放在使受灾居民能够具备最起码的生活条件上。而在长期内，通过再开发计划和城市发展计划等要把居民区的生活恢复到原来的状况。这些计划将成为减少或防止以后有可能发生的灾害的好机会，所以应该把这些计划依次地连接到灾变管理的第二阶段，即预防和缓和灾害阶段。在灾害发生以前的阶段和预备灾害阶段上，一定要反映在灾害恢复阶段上（recovery phase）发现的问题。

有关环境的技术灾害管理方向

有关环境问题方面的美国政府机构，在预防和对付灾害方面比其他机构一直拥有更多的权力，而最近修改的有关环境法规更强化了这种权力。但是，在环境管理计划项目上，为处理有关环境的灾害方面还有很多缺陷。有关环境的灾变管理，在环境计划项目中还没有占据重要地位。

为了更系统地对付最近急剧增多的有关环境的灾害，应该把环境计划项目转化为如下方向：

首先，把有关环境的计划项目按着灾变管理的四个阶段重新组合整理，并分配好支撑它的财政预算。为此，必须整合保存环境的长期计划和灾变管理计划。

其次，要统一计划项目上表示紧急事态的指标，如有害物质的具体形态或许可标准等。这不仅是每项计划项目的经济效果所必要的，而且在发生灾变时可以避免混乱。

再次，为了使有关环境的政府机构能够立即反应紧急状态，要预先制定好方案并证明这些方案的无害性，从而防止发生因居民抵制而拖延营救活动或灾变管理活动的情况。这种努力应该扩散到有可能发生灾害的所有领域。

最后，为了保存环境的长期计划能够更好地反应技术灾害，环境项目评估过程或环境项目的变化要紧密地联系到灾难管理环境机制上。

（原文选自吴锡泓、金荣枰编著：《政策学的主要理论》，复旦大学出版社，2005年版，第111-116页。本书对原文做了改动，并进行了适当的阐释。）

五、相关研究

相关研究9-1：我国应急管理研究述评

摘要：本文试图对我国应急管理主要研究成果做一个全面的述评。从梳理应急管理基本概念开始，在研究应急管理框架体系和划分研究阶段的基础上，对应急管理研究中的多重维度和特点进行分析,并提出进一步推动应急管理研究需要与基础科学发展、与行政管理体制和社会体制配套研究的设想。从理论的角度探究我国应急管理研究的脉络和走向,以推动应急管理研究水平不断提高。

关键词:应急管理;突发事件;研究;述评

2003 年以来,我国应急管理研究进入快速发展时期。本文试图对我国在应急管理方面的主要研究成果做一个梳理,划分阶段,概括研究热点和特点,意在推动应急管理研究的深入。

（一）应急管理基本概念

在应急管理研究的初期,关于应急管理概念辨析的文献十分丰富。这一方面是由于国内研究者对现代应急管理的理解还处于朦胧期,另一方面说明一个学科想要得到长足、健康发展,基本概念必须十分明确。经过几年的研究,国内关于应急管理的一些基本概念已基本取得共识,当然由于研究视角的不同,侧重点亦有所不同。

与应急管理相关的概念主要有"突发事件""紧急事件"或者"危机事件"。这三个概念既有联系又有区别。其一致性表现在都是指"突然发生并危及公众生命财产、社会秩序和公共安全,需要政府采取应对措施加以处理的公共事件"。但在使用上,突发事件更强调事件的突然性、偶然性;紧急事件更强调处置事件的时间性、紧迫性;危机事件则更侧重于强调事件的规模和影响程度。[①]

在应急管理、危机管理、风险管理等概念的区分上,有学者认为,应急管理和危机管理主要是针对非常态而言,风险管理则是居于常态管理和非常态管理中间地带,主要解决如何防范和应对各种风险,以避免演化为突发公共事件和危机。[②] 从研究对象和手段角度看,有学者认为风险、社会风险、危机、公共危机侧重于对研究对象的关注,社会预警与应急管理则着重于管理手段,社会预警是管理社会风险的主要手段,应急管理是管理公共危机的主要手段。[③] 一些教材也对危机管理、公共危机管理、政府危机管理、企业危机管理、国家安全管理做了比较细致的分析。可以看出,关于应急管理领域基本概念,学术界做了较为深入的研究,突发公共事件、应急管理、危机管理以及公共安全管理等概念有了比较明确的界定,为创建学科和进一步研究奠定了基础。

（二）应急管理框架体系

我国政府在加强应急管理中,突出重点,抓住核心,建立制度,打牢基础,围绕应急预案、应急管理体制、机制和法制建设（"一案三制"）,构建应急管理体系的核心框架,初步形成了中国特色的应急管理体系。学术界的研究主要也是围绕这个框架展开的。

预案是应急管理的龙头,是"一案三制"的起点。预案具有应急规划、纲领和指南

---

① 郭济:《政府应急管理实务》,北京:中共中央党校出版社,2004 年版,第 1 页。

② 薛澜:"从更基础的层面推动应急管理——将应急管理融入和谐的公共治理框架",《中国应急管理》2007 年第 1 期。

③ 胡象明、张智新:"'应急管理与政策创新'学术研讨会综述",《理论研究》,2007 年第 1 期。

的作用,是应急理念的载体。在实践方面,2003 年 11 月,国务院办公厅成立应急预案工作小组。2004 年 4 月国务院办公厅分别印发了《国务院有关部门和单位制定和修改突发公共事件应急预案框架指南》和《省(区、市)人民政府突发公共事件总体预案框架指南》。2005 年 5 月《国务院突发公共事件总体应急预案》颁布。在学术领域,应急预案研究也取得了丰硕的成果,为各级预案制定提供丰富的理论参考。有学者认为,从本质上看,制定预案实际是把非常态实践中的隐性的常态因素显性化,也就是对历史经验中带有规律性的做法进行总结、概括和提炼,形成有约束力的制度性条文。启动和执行预案,就是将制度化的内在规定性转为实践中的外化的确定性。①有的学者按照不同的责任主体将应急预案设计成国家总体预案、专项应急预案等六个层次,分别进行研究。②在建立和完善预案方面,有学者认为,制定应急预案,首先要做好风险分析工作,应急资源的普查和整合工作,在应急处置方面,职责、措施、程序要明确,加强应急预案的培训和演练并在实践中不断完善,同时建立健全应急预案和应急能力的科学评价体系。③ 有的提出利用先进的信息技术建立数字化和动态化的预案体系。④ 还有学者运用动态博弈模型分析了突发事件应急管理中"危机事件"与"危机管理者"之间的动态博弈过程,提出如何利用博弈模型生成预案。⑤ 总的看来,经过几年的努力,全国已制定各级各类预案数百万件,涵盖了各类突发公共事件,"纵向到底、横向到边"的应急预案体系已基本形成。

但在应对重大突发事件的实践中,应急预案还存在不完善的地方。如有的预案操作性不强,上下"一般粗",有些基层预案缺乏细节规定和执行主体的规定,等等。因此,有学者建议在预案编制前应做好风险分析、应急资源调查和整合工作,明确权责关系,开展编制预案培训和演练工作以及建立健全预案科学评价体系等,建设一套多层次、多领域、动态管理的应急预案体系,坚持预防与应急相结合、常态和非常态相结合的预案体系。⑥

应急管理体制是建立应急响应机制和应急预案体系的依托和载体,体制是指组织模式和主体相互权力关系的正式制度建构。政府应急管理体制是指政府为完成法定的应对公共危机的任务而建立起来的具有确定功能的应急管理组织结构和行政职能。健全分类管理、分级负责、条块结合、属地为主的应急管理体制始终是应急管理体制建设的目标。目前,关于应急管理体制研究,主要围绕应急管理体制包含哪几个部分(是什么)和怎样建设(怎么做)两个部分展开。应急管理体制主要是指应急管理机构的组织形式,即综合性应急管理组织、各专项应急管理组织以及各地区、各部门的应急组织各自的法律地位、相互间的权力分配关系及其组织形式等,并指出应急管理体制是一个由横向机构和纵向机构、政府机构与社会组织相结合的复杂关系,主要包括应急管理的领导指挥机构、专项应急指挥机构、日常办事机构、工作机构、地方机

① 高小平:"中国特色应急管理体系建设的成就和发展",《中国行政管理》,2008 年第 11 期。
② 钟开斌:"回顾与前瞻:中国应急管理体系建设",《政治学研究》,2009 年第 1 期。
③ 闪淳昌:"切实加强应急预案体系的建设",《城市与减灾》,2005 年第 5 期。
④ 范维澄:"突发公共事件应急信息系统总体方案构思",《信息化建设》,2005 年第 9 期。
⑤ 姚杰、计雷、池宏:"突发事件应急管理中的动态博弈分析",《管理评论》,2007 年第 3 期。
⑥ 钟开斌、张佳:"论应急预案的编制与管理",《甘肃社会科学》,2006 年第 3 期。

构及专家组织等不同层次。"非典"事件以后,有学者针对性地提出危机管理体制应该包括预警机制、协调机制、政府间合作机制和国家间合作机制、专业化的组织能力、社会支持系统。① 还有学者认为,将应急管理体制从范围上分为事故预防预警、应急准备、应急响应和事故恢复四个循环的逻辑阶段,且应急管理项目的所有活动无不落实到这四个阶段当中,应急管理系统也正基于这四个阶段建立和完善其相关机制和运行体系。②

我国应急管理体制虽经改革有了很大进步,但仍然存在部门分割、条块分治、整合不够、信息不畅、责任不明、主体单一等问题。不少学者对此进行了开创性的研究。有学者从组织机构、运作机制、法制建设、预案体系建设和技术支撑体系五个方面提出了我国应急管理体制的发展对策;③有学者提出分两个阶段建立综合化的应急管理体制,第一阶段主要是建立不同类型公共危机的综合协调机构,加大其对应急管理系统的统一集中管理功能,第二阶段主要是实现应急管理系统的全面整合,并在运行机制和法制保障得到加强的同时,提高我国应急管理体系的综合化、信息化、专业化和现代化水平。除此之外,有学者尝试从一些新的角度进行应急管理体系研究,例如,将"协同学"纳入应急管理体系建设的视角。④ 结合实践的需要,应急管理体制研究应向着分级响应、条块结合、属地为主的综合化方向发展。

政府一直把加快建立健全各种突发事件应急机制作为提高政府应对公共危机能力的重要途径。构建统一指挥、反应灵敏、协调有序、运转高效的应急管理机制思路对于实践具有重大的指导意义。经过几年的实践努力,我国初步建立了应急监测预警机制、信息沟通机制、应急决策和协调机制、分级负责与响应机制、社会动员机制、应急资源配置与征用机制、奖惩机制、社会治安综合治理机制、城乡社区管理机制、政府与公众联动机制、国际协调机制等应急机制。

目前国内关于应急管理机制的研究在整体上处于起步阶段。有的学者认为,应急管理机制包含预警机制、处置机制和辅助机制三个部分⑤;有的学者分别从指导思想、工作原则、途径和方法以及需要注意的问题等几个方面研究应急机制建设。⑥ 中国行政管理课题组认为,应从统一领导和总体协调机制、中枢应急决策和信息传递机制、分类管理和分级响应机制、平战结合的应急保障机制、全面减灾防灾机制等方面加强政府应急机制建设。⑦反观目前学术界对应急管理机制的研究,主要集中在过程机制和保障机制两个角度,并取得了一定的研究成果。但更加全面的研究还有待深入,特别是需要明确应急管理机制构成的具体内涵,从实质内涵和外在形式上进行分析,有针对性地提出适合中国国情的应急管理机制。

---

① 王乐夫、马骏、郭正林:"公共部门危机管理体制:以非典型肺炎事件为例",《中国行政管理》,2003 年第 7 期。
② 陈永安:"当前政府建立应对突发事件应急管理系统的思考",《云南行政学院学报》,2003 年第 4 期。
③ 张新梅等:"我国应急管理体制的问题及其发展对策的研究",《中国安全科学学报》,2006 年第 2 期。
④ 张立荣、冷向明:"协同学语境下的公共危机管理模式创新探讨",《中国行政管理》,2007 年第 10 期。
⑤ 王郅强、麻宝斌:"突发公共事件的应急管理探讨",《长白学刊》,2004 年第 2 期。
⑥ 闪淳昌:"建立突发公共事件应急机制的探讨",《中国安全生产科学技术》,2005 年第 2 期。
⑦ 中国行政管理学会课题组:"政府应急管理机制研究",《中国行政管理》,2005 年第 1 期。

　　和应急管理的预案、体制、机制建设相比，应急管理的法制研究则要早得多，可以追溯到行政法学早期对紧急状态的研究。其中，有代表性的著作有莫纪宏等著《紧急状态法学》等。2004 年宪法中的"戒严"修改为"紧急状态"，标志着我国对紧急危机认识和危机管理应急处置等方面的发展与提升，同时进一步促进了我国应急管理法制研究的发展。法律手段是应对突发公共事件最基本、最主要的手段。应急管理法制建设，就是依法开展应急工作，努力使突发公共事件的应急处置走向规范化、制度化和法制化轨道，使政府和公民在突发公共事件中明确权利和义务，既使政府得到高度授权，维护国家利益和公共利益，又使公民基本权益得到最大限度的保护。在宏观层面的法制体系研究方面，有学者认为，公共应急法制建设是一项宏大的社会系统工程，主要内容包括主要特征、基本要素、制度环节、现实状况与突出问题、完善对策与评价体系。[1]有学者从我国紧急状态法的法律体系入手，提出了中国紧急状态法的主要制度和立法构想。[2]还有学者从综合减灾的角度，构建了《综合减灾法》编研框架。[3] 随后一些学者相继从公民权利、行政程序、政府义务、行政指导等不同角度开展了比较深入的中观、微观层面研究，比如，有学者认为，法学界和实务界忽视了行政应急性原则在整个行政法制建设中的应有地位和作用，必须注意将行政应急原则列入我国行政法的基本原则体系。有的学者从新危险因素的角度阐述了应急立法的背景，认为新危险因素导致国家应急职权和公民应急权利和义务的新关系要求新体制和新机制的建立。还有的学者提出应急能力分为克服能力和法律能力，进而提出应急法律能力的首要问题和基本问题。[4] 不论是从突发事件应对法的理论框架着手，还是从应急法律的理念、原则、构成要素以及评价体系的分析切入，这一系列研究对《紧急状态法》的起草到《突发事件应对法》的出台起到了极大的推动作用。随着《突发事件应对法》的颁布，研究者们又将研究重点转向应急法律实践，认为通过法制创新，在常态下就扩大公众参与应急管理的预防工作，提高应急法制的实效性。不少学者结合实地情况，研究了地方应急管理立法问题，如莫纪宏编著的《非典时期的非常法治：中国灾害法与紧急状态一瞥》，应松年主编的《突发公共事件——法律制度研究》，马怀德编著的《应急反应的法学思考（非典法律问题研究）》，韩大元、莫于川主编的《应急法制论——突发事件应对机制的法律问题研究》就是这期间的主要学术著作。

　　从现代应急管理理论和各国实践看，一个完整的政府应急管理框架应由两部分内容组成：一是有覆盖危机前、危机中和危机后的完整应急管理过程和工作内容，有比较健全的法制保证；二是有责任明确、统一指挥、分工协作的应急管理体制和机制。[5] 我国应急管理"一案三制"研究始终围绕着这个框架进行。

　　（三）应急管理研究阶段划分和主要成果

　　我国应急管理研究，依据成果数量和研究深度，大致可分为三个阶段。第一阶

---

　　① 莫于川："我国的公共应急法制建设——非典危机管理实践提出的法制建设课题"，《中国人民大学学报》，2003 年第 4 期。

　　② 莫纪宏："中国紧急状态法的立法状况及特征"，《法学论坛》，2003 年第 4 期。

　　③ 金磊："中国综合减灾立法体系研究"，《国家行政学院学报》，2004 年第 6 期。

　　④ 于安："突发事件应对法着意提高政府应急法律能力"，《中国人大》，2006 年第 14 期。

　　⑤ 中国行政管理学会课题组："建设完整规范的政府应急管理框架"，《中国行政管理》，2004 年第 4 期。

段,2003 年以前,是应急管理研究的萌芽时期,主要集中在部门应对、单项应对突发事件的应急管理研究方面。第二阶段,2003 年至 2007 年,是应急管理研究快速发展时期,表现为研究著作和论文呈现"井喷"状态势,数量剧增。同时,以 2006 年底国务院应急管理专家组的成立为标志,可将其前后划分为两小阶段,前半阶段主要是受"非典"事件影响,应急管理研究主要集中于危机的生命周期等方面的整体介绍,后半阶段开始横向研究并拓展到具体领域;第三阶段,2008 年以后,是应急管理研究进入质量提升时期,这不仅表现在研究应急管理专题方面,还表现在研究应急管理整体框架方面,其内容覆盖面更加全面且更为深入。这三个阶段大体也与我国应急管理体系建设的实践发展阶段一致。

第一阶段:应急管理研究的萌芽时期。

在 2003 年以前,关于应急管理的研究主要集中在灾害管理研究方面。自 20 世纪 70 年代中后期以来,随着地震、水旱灾害的加剧,我国学术界在单项灾害、区域综合灾害以及灾害理论、减灾对策、灾害保险等方面都取得了一批重要研究成果。而对应急管理一般规律的综合性研究成果寥寥无几。对中国期刊网社会科学文献总库中关于应急管理的研究文章进行检索,多数是以专项部门应对为主的灾害管理为研究对象的成果。目前可以检索到最早研究应急管理的学术文章是魏加宁发表于《管理世界》1994 年第 6 期的"危机与危机管理",该文较为系统地阐述了现代危机管理的核心内容。此外,中国行政管理学会课题组"我国转型期群体突发性事件主要特点、原因及政府对策研究"(《中国行政管理》,2002 年第 5 期)、薛澜"应尽快建立现代危机管理体系"(《领导决策信息》,2002 年第 1 期),也是早期较有影响力的文章。许文惠、张成福等主编《危机状态下的政府管理》(中国人民大学出版社 1998 年版),胡宁生主编《中国形象战略》(中共中央党校出版社 1998 年版)是较早涉及突发公共事件应急管理的力作。一些学者将应急管理的发展追溯到了建国初期甚至中国古代。[①]

第二阶段:应急管理研究的快速发展时期。

在 2003 年抗击"非典"的过程中暴露了我国政府管理存在的诸多弊病,特别是应急管理工作中的薄弱环节。众所周知,2003 年"非典"事件推动了应急管理理论与实践的发展,结合事前准备不充分,信息渠道不畅通,应急管理体制、机制、法制不健全这一系列问题,促使新一届政府下定决心全面加强和推进应急管理工作。2003 年 7 月胡锦涛主席在全国防治"非典"工作会议上明确指出了我国应急管理中存在的问题,并强调大力增强应对风险和突发事件的能力。与此同时,温家宝总理提出"争取用 3 年左右的时间,建立健全突发公共卫生事件应急机制","提高公共卫生事件应急能力"。同年 10 月,党的十六届三中全会通过的《中共中央关于完善社会主义市场经济体制若干问题的决定》强调:要建立健全各种预警和应急机制,提高政府应对突发事件和风险的能力。理论和实践的需要,使得 2003 年成为中国全面加强应急管理研究的起步之年。因此,这一时期的研究主要受"非典"事件的影响,既有针对该事件本身的研究成果,如彭宗超、钟开斌"非典危机中的民众脆弱性分析"(《清华大学学报

---

① 郑振宇:"从应急管理走向公共安全管理——应急管理发展的必然趋势",《福建行政学院学报》,2008 年第 6 期。

(哲学社会科学版)》2003 年第 4 期)、房宁等主编《突发事件中的公共管理——"非典"之后的反思》(中国社会科学出版社,2005 年)等;同时也有从整体的角度对政府的应急管理进行反思和总结,如马建珍"浅析政府危机管理"(《长江论坛》,2003 第 5 期)等。由于这一时期的应急管理实践和研究处于快速发展和繁荣时期,为了能更加清晰看清应急管理研究的发展脉络,笔者将这一时期研究大致分为两个阶段:前半阶段是从 2003 年"非典"事件至 2006 年底,后半阶段则是从 2007 年至 2008 年初。

前半阶段,应急管理研究主要集中在"应急管理、危机管理、突发性事件"等基本概念的辨析,"一案三制"以及突发事件的分类等本体论研究方面。例如,薛澜等"防范与重构:从非典事件看转型期中国危机管理"是早期较为全面的论述危机管理的文章,该文中从现代危机管理的定义、特点、阶段、诱因管理现状以及新的治理结构的转换等方面的探讨了危机管理。也有学者从学科的高度探讨应急管理研究的方法论问题[①],他们首先从我国危机管理概念不统一、理论薄弱、研究方法单一等现状出发,继而提出了从生命周期、系统模型、组织行为、案例分析等研究方法进行危机管理研究。除此之外,也有学者探讨应急管理中主体问题,提出了政府主导、社会参与的模式。[②] 一些学者则从政府权责一致的角度探讨了应急管理主体问题。[③] 有的学者更是前瞻性地提出了中国特色的危机管理整合模式。[④] 还有自然科学方面的学者,提出建立综合风险管理体系,通过建立信息共享平台与综合风险管理的科技支撑体系支撑政府综合风险管理行政体系的完善。[⑤] 总的来看,在这一时期,宏观层面的研究成果比较丰富。

在理论著作方面,比较有代表性的有:薛澜的《危机管理:转型期中国面临的挑战》、郭济的《政府应急管理实务》《中央和大城市政府应急机制建设》和吴江主编的《中国危机管理能力》等。这些著作已广泛应用于应急管理培训。同时,这一时期也出现了应急管理方面的教材,例如,张小明主编的《公共部门危机管理》、肖鹏军主编的《公共危机管理导论》、计雷主编的《突发事件应急管理》等,这标志着应急管理教育开始起步。

2006 年《国务院关于全面加强应急管理工作的意见》全方位部署了应急管理体系建设的工作,把中国应急管理工作推向了一个新的高度。年底,国务院办公厅成立"国务院应急管理办公室"和"应急管理专家组"。应急管理专家组共有 40 名涉及自然灾害、事故灾难、公共卫生、社会安全和综合管理领域的专家,这实际上组建了我国应急管理研究"国家队",为应急管理研究向高水平、综合化方向发展起到积极推动作用。相继,2007 年,由国务院办公厅主管、中国行政管理学会主办的国内第一本应急管理综合刊物《中国应急管理》创刊,杂志以工作指导和学术研究相统一、思想性与可读性相统一为宗旨,是应急管理研究者们的一个交流平台,成为理论和实践结合的纽带。

如果说,前半阶段是研究管理多元化研究的开端,那么,后半阶段的研究则进入了应急管理研究的繁荣期,不论是行政管理学科内、还是社会科学内以及社会科学与

---

① 高小平、侯丽岩:"危机管理方法论初探",《中国行政管理》,2005 年第 5 期。
② 沈荣华:"非政府组织在应急管理中的作用",《新视野》,2005 年第 5 期。
③ 万军、汪军:"应急管理中的政府责任和权力综述",《兰州学刊》,2004 年第 4 期。
④ 张成福:"公共危机管理:全面整合的模式与中国的战略选择",《中国行政管理》,2003 年第 7 期。
⑤ 史培军等:"建立中国综合风险管理体系",《中国减灾》,2005 年第 2 期。

自然科学的多学科交叉研究都初现端倪。这一时期的主要学术著作有:桂维民著《应急决策论》,张沱生、〔美〕史文主编《中美安全危机管理案例》,董传仪主编《危机管理学》。主要论文有高小平的"综合化:政府应急管理体制改革的方向"(《行政论坛》,2007 第 2 期)、范维澄的"国家突发公共事件应急管理中科学问题的思考和建议"(《中国科学基金》,2007 年第 2 期)。另外,在行政管理学的一些著作里,应急管理作为其中的章节开始出现。

各研究机构和高等院校成立了与"应急管理"相关名称的研究机构,例如清华大学危机管理研究基地、中央财经大学危机管理研究院、上海交通大学应急管理研究中心,一些科研机构和高等院校开始招收危机管理、应急管理方向的研究生。这一系列措施逐步形成了研究队伍的扩大,也促使应急管理教育、宣传普及得到快速发展。

第三阶段:应急管理研究质量提升时期。

2008 年对中国应急管理来说是一个特殊的年份。年初,南方雪灾、拉萨 3·14 事件和汶川特大地震,为应急管理研究提出了严峻的命题。党和政府以及学界从不同角度深入总结我国应急管理的成就和经验,查找存在问题。胡锦涛总书记 10 月 8 日在党中央、国务院召开的全国抗震救灾总结表彰大会上指出,"要进一步加强应急管理能力建设"。我国应急管理体系建设再一次站到了历史的新起点上。

作者简介

高小平:中国行政管理学会副会长兼秘书长、研究员。

1956 年 7 月出生,江苏苏州人,博士。现任中国行政管理学会副会长兼秘书长,兼任国务院应急管理专家组成员,国家行政学院兼职教授,中国政治学会常务理事。2008 年 2 月 23 日为中央政治局第 4 次集体学习做关于服务型政府的讲解。主要从事行政组织理论和体制改革研究、应急管理、绩效评估研究。主要著作有:《现代行政管理》《行政学》《政府生态管理》等,发表论文百余篇。

(原文发表于《中国行政管理》,2009 年第 9 期。本书在引用时,事先征得了作者的允许。)

六、课程案例

课程案例 9－1:7·23 甬温线特别重大铁路交通事故的救援与处理

2011 年 7 月 23 日 19 时 30 分左右,雷击温州南站沿线铁路牵引供电接触网和附近大地,通过大地的阻性耦合或空间感性耦合在信号电缆上产生浪涌电压,在多次雷击浪涌电压和直流电流共同作用下,LKD2－T1 型列控中心设备采集驱动单元采集电路电源回路中的保险管 F2(以下简称列控中心保险管 F2,额定值 250 伏、5 安培)熔断。熔断前温州南站列控中心管辖区间的轨道无车占用,因温州南站列控中心设备的严重缺陷,导致后续时段实际有车占用时,列控中心设备仍按照熔断前无车占用状态进行控制输出,致使温州南站列控中心设备控制的区间信号机错误升级保持绿灯状态。

雷击还造成轨道电路与列控中心信号传输的 CAN 总线阻抗下降,使 5829AG 轨道电路与列控中心的通信出现故障,造成 5829AG 轨道电路发码异常,在无码、检测码、绿黄码间无规律变化,在温州南站计算机联锁终端显示永嘉站至温州南站下行线三接近(以下简称下行三接近,即 5829AG 区段)"红光带"。

19 时 39 分,温州南站车站值班员臧凯看到"红光带"故障后,立即通过电话向上海铁路局调度所列车调度员张华汇报了"红光带"故障情况,并通知电务、工务人员检查维修。瓯海信号工区温州南站电务应急值守人员滕安赐接到故障通知后,于 19 时 40 分赶到行车室,确认设备故障属实后,在《行车设备检查登记簿》(运统-46)上登记,并立即向杭州电务段安全生产指挥中心进行了汇报。

19 时 45 分左右,滕安赐进入机械室,发现 6 号移频柜有数个轨道电路出现报警红灯。

19 时 55 分左右,接到通知的温州电务车间工程师陈旭军、车间党支部书记王晓、预备工班长丁良余 3 人到达温州南站机械室,陈旭军问滕安赐:"登记好了没有?"滕安赐说:"好了。"陈旭军要求滕安赐担任驻站联络,随即与王晓、丁良余进入机械室检查,发现移频柜内轨道电路大面积出现报警红灯(经调查,共 15 个轨道电路发送器、3 个接收器及 1 个衰耗器指示灯出现报警红灯),陈旭军即用 1 个备用发送器及 1 个无故障的主备发送器中的备用发送器替代 S1LQG 及 5829AG 两个主备发送器均亮红灯的轨道电路的备用发送器,采用单套设备先行恢复。

20 时 15 分左右,陈旭军通过询问在行车室内的滕安赐,得知"红光带"已消除,即叫滕安赐准备销记。滕安赐正准备销记,此时 5829AG"红光带"再次出现,王晓立即通知滕安赐不要销记。陈旭军将 5829AG 发送器取下重新安装,工作灯点绿灯。随后,杭州电务段调度沈华庚来电话让陈旭军检查一下其他设备。陈旭军来到微机房,发现列控中心轨道电路接口单元右侧最后两块通信板工作指示灯亮红灯,便取下这两块板,同时取下右侧第三块的备用板插在第二块板位置,此时其工作指示灯仍亮红灯。陈旭军立即(20 时 34 分左右)向 DMIS(调度指挥管理信息系统)工区询问了可能的原因后,便回到机械室取下三个工作灯亮红灯的接收器。此时列控中心轨道电路接口单元右侧第二块通信板工作指示灯亮绿灯,陈旭军随即将拆下来的两块通信板恢复到两个空位置上,然后通信板工作指示灯亮绿灯。陈旭军在微机室继续观察。

至事故发生时,杭州电务段瓯海工区电务人员未对温州南站至瓯海站上行线和永嘉站至温州南站下行线故障处理情况进行销记。

20 时 03 分,温州南站线路工区工长袁建军在接到关于下行三接近"红光带"的通知后,带领 6 名职工打开杭深线下行 584 公里 300 米处的护网通道门并上道检查。20 时 30 分,经工务检查人员检查确认工务设备正常后,温州南工务工区驻站联络员孔繁荣在《行车设备检查登记簿》(运统-46)上进行了销记:"温州南—瓯海间上行线,永嘉—温州南下行线经工务人员徒步检查,工务设备良好,交付使用。"

19 时 51 分,D3115 次列车进永嘉站 3 道停车(正点应当 19 时 47 分到,晚点 4 分),正常办理客运业务。

19 时 54 分,张华发现调度所调度集中终端(CTC)显示与现场实际状态不一致 (温州南站下行三接近在温州南站计算机连锁终端显示"红光带",但调度所 CTC 没有显示"红光带"),即按规定布置永嘉站、温州南站、瓯海站将分散自律控制模式转为非常站控模式。

20 时 09 分,上海铁路局调度所助理调度员杨向明通知 D3115 次列车司机何栭: "温州南站下行三接近有'红光带',通过信号没办法开放,有可能机车信号接收白灯, 停车后转目视行车模式继续行车。"司机又向张华进行了确认。

20 时 12 分,D301 次列车永嘉站 1 道停车等信号(正点应当 19 时 36 分通过,晚点 36 分)。

永嘉站至温州南站共 15.563 公里,其中永嘉站至 5829AG 长 11.9 公里, 5829AG 长 750 米,5829AG 至温州南站长 2.913 公里。

20 时 14 分 58 秒,D3115 次列车从永嘉站开车。

20 时 17 分 01 秒,张华通知 D3115 次列车司机:"在区间遇红灯即转为目视行车模式后以低于 20 公里/小时速度前进。"

20 时 21 分 22 秒,D3115 次列车运行到 583 公里 834 米处(车头所在位置,下同)。因 5829AG 轨道电路故障,触发列车超速防护系统自动制动功能,列车制动滑行,于 20 时 21 分 46 秒停于 584 公里 115 米处。

20 时 21 分 46 秒至 20 时 28 分 49 秒,因轨道电路发码异常,D3115 次列车司机三次转目视行车模式起车没有成功。

20 时 22 分 22 秒至 20 时 27 分 57 秒,D3115 次列车司机 6 次呼叫列车调度员、 温州南站值班员 3 次呼叫 D3115 次列车司机,均未成功(经调查,20 时 17 分至 20 时 24 分,张华在 D3115 次列车发出之后至 D301 次列车发出之前,确认了沿线其他车站设备情况,再次确认了温州南站设备情况,了解了上行 D3212 次列车运行情况,接发了 8 趟列车)。

20 时 24 分 25 秒,在永嘉站到温州南站间自动闭塞行车方式未改变、永嘉站信号正常、符合自动闭塞区间列车追踪放行条件的情况下,张华按规定命令 D301 次列车从永嘉站出发,驶向温州南站。

20 时 26 分 12 秒,张华问臧凯 D3115 次列车运行情况,臧凯回答说:"D3115 次列车走到三接近区段了,但联系不上 D3115 次列车司机,再继续联系。"

20 时 27 分 57 秒,臧凯呼叫 D3115 次列车司机并通话,司机报告:"已行至距温州南站两个闭塞分区前面的区段,因机车综合无线通信设备没有信号,跟列车调度员一直联系不上,加之轨道电路信号异常跳变,转目视行车模式不成功,将再次向列车调度员联系报告。"臧凯回答:"知道了。"20 时 28 分 42 秒通话结束。

20 时 28 分 43 秒至 28 分 51 秒、28 分 54 秒至 29 分 02 秒,D3115 次列车司机两次呼叫列车调度员不成功。

20 时 29 分 26 秒,在停留 7 分 40 秒后,D3115 次列车成功转为目视行车模式启动运行。

20 时 29 分 32 秒，D301 次列车运行到 582 公里 497 米处，温州南站技教员幺晓强呼叫 D301 次列车司机并通话："动车 301 你注意运行，区间有车啊，区间有 3115 啊，你现在注意运行啊，好不好啊？现在设备（通话未完即中断）。"

此时，D301 次列车进入轨道电路发生故障的 5829AG 轨道区段（经调查确认，司机采取了紧急制动措施）。20 时 30 分 05 秒，D301 次列车在 583 公里 831 米处以 99 公里/小时的速度与以 16 公里/小时速度前行的 D3115 次列车发生追尾。事故造成 D3115 次列车第 15、16 位车辆脱轨，D301 次列车第 1 至 5 位车辆脱轨（其中第 2、3 位车辆坠落瓯江特大桥下，第 4 位车辆悬空，第 1 位车辆除走行部之外车头及车体散落桥下；第 1 位车辆走行部压在 D3115 次列车第 16 位车辆前半部，第 5 位车辆部分压在 D3115 次列车第 16 位车辆后半部），动车组车辆报废 7 辆、大破 2 辆、中破 5 辆、轻微小破 15 辆，事故路段接触网塌网损坏、中断上下行线行车 32 小时 35 分，造成 40 人死亡、172 人受伤。

紧急救援

事故发生后，消防战士、医护人员、交通警察、铁路工程人员、通信工程人员、刚刚逃生的乘客、在桥下乘凉的居民、在温州旅游的游客、出租车司机、外国游客……成千上万素不相识的人从四面八方汇拢而来，通宵达旦、不知疲倦地救援只为了营救最宝贵的生命！

事故发生地的旁边，是一个村子，当时很多村民都在乘凉，在看到两辆动车相撞并坠落后，在附近鞋业加工厂工作的阮长霄第一反应就冲了上去，很快，数千村民从四面八方涌入现场，分散到各个车厢救人。当时他们只有一个信念就是，救人！吴阿国，当场把新买的 T 恤撕成碎条，用来结成绳子，光着膀子救人；严林志，救出三个；建波和建安两连襟，救出五个；村支书阿乐，村民阿飞、徐贤芬、蔡思武、蔡利益、鞋厂工人阮长霄、帅兵、张则文，每个人都救了两到三个伤者。整个村子的村民救了近上百个人！

作为最早到达的专业救援队伍，温州消防鞋都中队在接到村民报警后，只用了 8 分钟就到达了现场。随后，温州全市 22 个中队，560 名消防官兵，51 台消防车和重型起吊车辆赶赴现场救援，与此同时，120 急救、公安、武警、铁道部调派的大型工程机械等一切可以调集的社会力量集体奔赴到场。

23 日晚，温州全城未眠。据报道，21 时 15 分，第一批伤者送到医院，半小时后，200 多名医护人员集结到位。温州八家医院接收了 200 多名伤亡者。当天浙江省正在温州召开重症监护方面的学术会议，全省顶尖急诊抢救专家刚好聚集温州，事故发生以后，30 多名专家直接前往 8 个医院参与抢救。23 日晚 11 点 20 分，浙江派出的一只医疗队伍也赶赴温州进行支援：他们是浙江省卫生厅厅长杨敬、浙江大学医学院附属第二医院医务部副主任赵百及 18 位医务人员。

茫茫夜色中，是当地市民、志愿者焦急的步伐，甚至有报道说，"富二代"开着豪车去献血，当时温州市中心血站的周边交通一度严重堵塞。献血者极多，血站人员不足，但每个献血者依旧默默地排队等待。献血队伍排了整整一个通宵！很多人从凌晨 1 点多一直等到凌晨 6 点多，才献上了血。天亮后，前来志愿献血的人更多了，一波接着一波。南京军区某部 50 多名士兵集体前来献血,温州四川商会发动近百名会员和员工,为事故受伤者献血。到 24 日 17 时,温州血站共采血共有 926 人次1476单位;调血入库红细胞 947 单位,血浆近 14 万毫升。

各路来自各地的志愿者也迅速赶往温州。星火义工队在客运中心、新南站发现大量事故受伤家属,已专设义工接待处;萤火虫义工队正赶往黄龙街道维持交通,并已组织私家车队护送家属;182 义工队已在康宁医院紧急心理干预讲座……事故发生后几小时内就有几十个义工组织迅速加入到紧急救援行列中来,新增人数超过 1000 人。

由于在这次事故中的伤者,都受到了不同程度的心理创伤,从 25 日开始,浙江省、温州市两级心理危机干预组已进驻温州的各大医院,展开伤病员心理评估和干预工作。浙江省卫生厅心理危机干预专家组所接触过的 100 多个在医院进行治疗的伤员,几乎所有的人都程度不同地存在着恐惧、焦虑、抱怨、愤怒等负性心理问题。温州医院还开辟了绿色通道一对一的制定救治方案,精心治疗和护理伤者,同时事发地温州鹿城区成立了 57 个工作组协助有关方面一对一 24 小时接待遇难者家属,做好安抚接待工作,鹿城区民政局开通了咨询电话,区卫生局也设立了信息直报平台,出事动车的行李认领专线 25 日已经开通。

成立调查组

2011 年 7 月 24 日 14 时许,张德江主持召开现场会,指示成立事故救援和善后处置工作指挥部,由浙江省省长吕祖善任总指挥,铁道部部长盛光祖任副总指挥。会上宣布成立国务院"7·23"甬温线特别重大铁路交通事故调查组,由安全监管总局局长骆琳任组长。

该调查组全体会议 28 日在温州宣布了调查组组成人员名单,并明确了调查组的主要工作职责。

2011 年 8 月 10 日召开的国务院常务会议决定,调整、充实国务院"7·23"甬温线特别重大铁路交通事故调查组和专家组。名单如下:

表 9-1 "7·23"甬温线特别重大铁路交通事故调查组和专家组名单

一、事故调查组	
组长	骆琳　安全监管总局局长
副组长	王德学　安全监管总局副局长 郝明金　监察部副部长 屠由瑞　第七届全国政协委员,中国国际工程咨询公司原董事长,国家开发银行原副行长、党组书记 包叙定　第十届全国政协常委、原机械工业部部长、原国家计委副主任、重庆市原市长、中国国际工程咨询公司原总经理 孙永福　第十一届全国政协常委、第十一届全国政协经济委员会副主任、铁道部原副部长、中国工程院院士 杨学山　工业和信息化部副部长 张鸣起　全国总工会副主席、书记处书记 史玉波　电监会副主席 毛光烈　浙江省人民政府副省长

成员	苏　洁　安全监管总局监管二司司长	
	王大同　监察部执法监察室副主任	
	王武琦　监察部驻安全监管总局监察局局长	
	刘云昌　安全监管总局监察专员	
	王力争　安全监管总局监管二司副司长	
	陈　伟　工业和信息化部软件服务业司司长	
	徐恩毅　全国总工会劳动保护部副部长	
	谢国兴　电监会浙江省监管专员办公室专员	
	徐　林　浙江省安全生产监督管理局局长	
	徐洪军　浙江省安全生产监督管理局副局长	
	谢双成　浙江省监察厅副厅长	
	李锦平　浙江省总工会副主席	
	事故调查组下设技术组、管理组、综合组和专家组，并邀请最高人民检察院铁路运输检察厅副厅长徐向春等参加事故调查工作。	
二、专家组		
组长	周孝信　中国电力科学研究院名誉院长、中国科学院院士	
副组长	王梦恕　第十一届全国人大代表、北京交通大学隧道及地下工程试验研究中心主任、中国工程院院士	
	杨　震　第十一届全国人大代表、中国农工民主党中央副主席、南京邮电大学校长	
	郭　进　西南交通大学信息学院副院长、教授	
成员	于永清　中国电力科学研究院副院长、教授	
	陈维江　国家电网公司特高压部主任、教授	
	唐　涛　北京交通大学国家重点实验室主任、教授	
	纪嘉伦　北京交通大学交通运输学院原院长、教授	
	李和平　第十一届全国政协委员、铁道部科学研究院研究员	
	孙　章　同济大学铁道与城市轨道交通研究院博士生导师、教授，原上海铁道大学副校长	
	刘连光　华北电力大学博士生导师、教授	
	魏　臻　合肥工业大学博士生导师、教授	

总理亲自到了现场视察

国家总理温家宝 2011 年 7 月 28 日上午来到温州，他察看了"7·23"甬温线特别重大铁路交通事故现场，悼念遇难者，并看望受伤人员，对伤亡人员家属表示深切慰问。

温家宝总理向死伤者家属鞠躬表示慰问。

随后，温总理会举行中外媒体见面会，向 70 余家媒体和 150 多名记者介绍事故善后情况。

温家宝总理 28 日 10 时许来到温州。他察看了"7·23"甬温线特别重大铁路交通事故现场，悼念遇难者，并看望受伤人员，对伤亡人员家属表示深切慰问。中午，温家宝总理到达"7·23"甬温线特别重大铁路交通事故现场，回答了中外记者提问。

温家宝：记者朋友们，今天我来到你们铁路特别重大事故现场，给遇难者献了花圈，表示对他们的深切哀悼！

温家宝:刚才我到医院去看望了伤员,包括住院的。又同遇难者的家属见面。此时此刻,我的心里也很悲痛,我愿意借这个机会同各位记者见面,讲一讲我心里的话。

温家宝:我们不要忘记这起事故,不要忘记在这起事故中死难的人。它让我们更警醒地认识到,发展和建设都是为了人民,而最重要的是人的生命安全;它也让我们认识到一个政府最大的责任就是保护人的生命安全。

温家宝:这段时间我病了,11天在病床上,今天医生才勉强允许我出院。这就是为什么这次事故发生第6天我才来。我愿意回答大家提出的问题。

新华社记者:温总理您好,我是新华社记者。"7·23"甬温线特别重大铁路交通事故发生后,社会公众对高铁技术安全、铁路调度、现场救援等高度关注,有一些疑问,群众迫切要求查明原因。请问目前事故进展如何,国务院对查明事故原因、总结事故教训、查处相关责任人有什么进一步考虑?

温家宝:这次事故发生以后,社会和群众对于事故的原因,对于事故的处置工作有很多质疑。我认为,我们应当认真听取群众的意见,严肃对待并且给群众一个负责任的交代。我现在先回答你刚才提到的事故调查如何处理工作。事故发生以后,国务院立即成立了事故调查组,这个组是个独立的组,它包括安监部门,也包括监察部门,还包括检察部门,这个小组将通过现场勘测、技术取样、科学分析、专家论证,得出一个实事求是的、经得起历史检验的结论。并且,依照国家的法律法规,严肃追究直接责任者和领导责任。事故调查工作已经开始,我们要求事故调查处理的全过程要公开透明,接受社会和群众的监督。

美国有线新闻电视网记者:您好,我是美国有线新闻电视网的记者。我想问的是这起事故发生以后跟政府有关的问题,刚才您在讲话中也提到对于这次事故的处理,公众有不满和指责。我了解到中国正在急于向世界其他国家出口高铁技术,包括美国在内。我想问的是,中国政府和您本人将具体采取什么措施使国际社会能够重拾对中国高铁的信心,以说明中国的高铁技术是非常先进和安全的。

温家宝:谢谢你的提问。中国高铁技术的出口以及其他高科技产品出口的可信度不在口头上,应该在实践中。就高铁来说,应该从它的设计、设备、技术、建设和管理综合来考虑,在这个当中,失掉了安全,就失掉了高铁的可信度。这些年,高铁事业有了很大的发展,但是这起事故提醒我们,要更加重视高铁建设中的安全度,要实现速度、质量、效益和安全的统一,把安全放在第一位。我相信有关部门会认真汲取这起事故的教训,从多方面改进工作,特别是突破关键技术,加强管理,使中国的高铁真正安全起来,才能在世界站得住,有信誉。

路透社记者:这次的高铁事故对铁路的建设有什么影响? 谢谢。

温家宝:其实铁路建设如同其他各项建设事业一样,在"十二五"都有明确的要求,这就是要突出结构调整和发展方式的转变。对铁路建设来讲,这起事故使我们更加重视铁路的安全,特别是高速铁路的安全。整个铁路的布局要考虑高速铁路,整个铁路网之间的关系,还要考虑铁路、公路与水运、航空之间的关系。还是这样一个原则,我们一定要做到科学规划、合理布局、有序发展,不是越快越好,而是把速度与质量、效益和安全有机地结合起来,把安全放在第一位。谢谢你。

香港商业电台记者:请问总理,您觉得这次事故是天灾还是人祸呢?

温家宝：我方才已经讲了，我们正在进行严肃认真的调查，调查的结果将会回答你的问题。但是我想强调一点，我们的调查处理一定要对人民负责，无论是机械设备问题，还是管理问题，以及生产厂家制造问题，我们都要一追到底。如果在查案过程中，背后隐藏着腐败问题，我们也将依法处理，毫不手软。只有这样，才能对得起长眠在地下的死者。

中央电视台记者：总理，我的问题是，现在我们站的这个地方几天前还是一片狼藉，但是现在可以看到，已经几乎看不到事故的痕迹了，很多公众质疑，对于这起事故的现场处理是不是过于匆忙？您刚才提到公开透明，在大事故发生之后，我们的政府怎样才能真正做到及时、公开、透明？谢谢。

温家宝：在事故发生以后，胡锦涛主席当即指示要把抢救人放在第一位，我得到这个消息立即给铁道部负责人打电话，他可以证实我只说了两个字，就是"救人"。刚才我在接待遇难者家属的时候，他们也提到类似的问题，我觉得事故处置的最大原则就是救人，千方百计救人，还是那句老话，只要有一线希望，就要尽百倍的努力。铁道部门有关方面是否做到这一点，要给群众一个实事求是的回答。处置的第二个原则，就是要检查安全，这就需要取证、调查和分析，要停开那些有问题的列车。同时，要对轨道以及路基进行排查，这些都是极为重要的处置工作。

温家宝：当然，还有一个善后的问题，比如对几十位遇难者的家属，在处理当中一定要人性化。我对他们讲，我说谁都有父母、丈夫、妻子、儿女，谁都有亲人，亲人遇难失去了生命，是多少钱买不回来的。因此，一定要关爱，给他们合情合理的赔偿，其目的也是为了让死者安息，让生者得到慰藉，包括对遗物的处理。有人以为它仅仅是财产问题，我认为不仅仅是，它实际上是亲人对死者的怀念，我们为什么要求有关部门认真清理遗物，就是要对人民负责。至于你提到的公开、透明，这一点非常重要。这起事故能否处理得好，其关键就在于能否让群众得到真相。因此，处理的过程应当及时、准确向群众发布信息。

日本共同社记者：事故带来了重大冲击，我要问的问题是，如何让中国民众和海外人士重新恢复对中国的信心，铁道部方面应进行哪些改革？

温家宝：应该看到，改革开放30多年来，中国的发展，包括科技事业都取得了很大的进步。我们懂得一个国家要真正繁荣和强大，要依靠科技的力量，提高全民族的素质。如果说我们今天站在这里来总结这起事故的教训，并且寄托对在这起事故中死难的人们（的哀思），那就是我们全国人民、我们整个民族要振奋精神，团结一致，更加努力地学习和工作，特别是在科技事业上，要有自己的发明、自己的品牌、自己的知识产权和具有国际竞争力的产品，这不是说一说就可以办得到的，这需要大力发展科技事业，突破关键技术，使我们的技术设备更安全、更可靠、更具有竞争力。对于中国的未来，无论是发展和建设，还是科技和教育，我都是充满信心的，并且为实现这一目标而继续努力奋斗。

温州日报记者：您曾经在多个场合赞扬过温州人的创业精神，在这次救援行动中，温州人展示了创业之外的另一面，温州各级党委、政府和人民以很强的大局观念和大爱精神投入救援。我们看到，事故发生的当晚，附近很多村民连夜自发抢险，还有很多普通市民彻夜排队献血，您对温州人在这次救援中的表现如何评价？

温家宝:应该感谢温州人民!我确实在多个场合,包括在国外都给予温州人民以赞扬,因为他们闯荡天下,具有改革开放和创新的意识,具有创业的精神。但就是在这起灾难发生的时候,温州人民又向世人展示了他们的另一面,那就是大爱的精神。他们自觉地组织起救援队,参加救助工作,有上千人主动到献血站去献血。他们还对遇难的家属以及受伤的群众提供了良好的医疗设施,进行了耐心细致的抚慰工作。我今天来到温州,实在没有时间在这里多看一看,但是我感谢这里的人民,谢谢你们!

主持人:今天总理中外记者见面会到此结束。谢谢总理,也谢谢各位媒体朋友!

现场悼念

2011年7月29日,按照"头七"的传统丧葬习俗,"7·23"甬温线特别重大铁路交通事故遇难者家属和亲友等来到事故现场举行悼念活动。祭奠者冒雨在事故现场点上蜡烛,摆上鲜花,举行了悼念活动。在动车事故中最后一个获救的"奇迹女孩"小伊伊,她的父母在事故中双双遇难。2011年8月4日,小伊伊的父母,温州动车事故遇难者项余岸、施李虹遗体告别仪式在温州市殡仪馆举行。上千温州市民前往殡仪馆送别项余岸、施李虹夫妇。

铁道部道歉

铁道部新闻发言人王勇平表示:"铁路部门对这起事故的发生,向广大旅客表示深深的歉意,对事故遇难者表示沉痛的哀悼,对受伤的旅客和死伤人员家属表示深切的慰问。"

8月16日铁道部表示,铁道部新闻发言人王勇平因"7·23"甬温线特别重大铁路交通事故首次新闻发布会上言辞不当被停职。另据铁道部相关人士透露,王勇平将赴波兰华沙担任铁路合作组织中方委员。

在停职消息公布的同时,王勇平称:"我不想再和媒体接触了,我只想过安定的生活。"

处理责任人。铁道部党组24日决定,上海铁路局局长龙京、党委书记李嘉、分管工务电务的副局长何胜利予以免职,并进行调查。

赔偿事宜

浙江温州"7·23"动车事故发生后,保监会官员24日表示,浙江省保监局已协调组织各保险公司启动应急预案,开启事故核查与理赔绿色通道;温州保监分局于事故发生后第一时间赶到现场,密切关注事态发展,处理赔偿事宜。

24日上午,温州保监分局迅速召开行业会议,部署各保险单位进驻伤病接收医院,建立一线现场联络点摸清情况,坚持特事特办,开通建立绿色理赔通道,提高理赔时效。

各大保险公司亦已派出调查人员到温州当地各大医院走访排查,设点提供保险理赔咨询。2011年7月26日,首个赔偿协议达成,29岁的遇难者林焱获赔50万。原本以为动车事故赔偿金会因人而异,而负责善后工作的负责人称,事故赔偿金每人总计50万并附加先签协议可获奖励费。

这个消息一出,引起社会广泛议论。不少律师称赔偿过低,也有很多专家说应该由实际情况出发，而不应该是个死数。此前，善后工作组与部分家属就赔偿问题进行了初步沟通协商，主要依据国务院 2007 年颁布的《铁路交通事故应急救援和调查处理条例》，达成了赔偿 50 万元的意向协议。随后，又认真听取了遇难人员家属等意见，充分进行了法律论证。根据《最高人民法院关于审理铁路运输人员损害赔偿纠纷案件适用法律若干问题的解释》中规定的，赔偿权利人有权选择按侵权责任法要求赔偿的精神，本着以人为本、就高不就低的原则，并与遇难者家属进行了进一步的沟通协商，总指挥部研究决定以《中华人民共和国侵权责任法》为确定"7·23"事故损害赔偿标准的主要依据。

"7·23"事故遇难人员赔偿救助金主要包括死亡赔偿金、丧葬费及精神抚慰费和一次性救助金（含被抚养人生活费等），合计赔偿救助金额 91.5 万元。

1992 年《铁路旅客意外伤害强制保险条例》规定每个人赔付两万元保险金额；发生死亡的情况下，2007 年《铁路交通事故应急救援和调查处理条例》规定，旅客人身伤亡赔偿限额为 15 万，行李损失赔偿限额为 2000 元。三项相加的上限应该是 17.2 万。事故给出的赔偿 91.5 万元突破了这样的数额。中国人民大学等机构召开了研讨会，探讨事故赔偿的法律问题，也有学者撰文对赔偿问题提出意见。

2011 年 8 月 5 日，"7·23"动车事故救援善后总指挥部公布了"7·23"事故受伤旅客赔偿救助方案。个别媒体在解读这一赔偿救助方案时，称"赔偿款要扣除医疗费"。8 月 6 日，铁路方面称"7·23"动车事故受伤旅客的全部医疗费一律实报实销，不存在从赔偿款中扣除医疗费的问题。

调查进度

7 月 28 日

争取 9 月中旬公布。国务院"7·23"甬温线特别重大铁路交通事故调查组组长骆琳说，事故原因调查全面展开，结果争取 9 月中旬向社会公布。

8 月 4 日

"不是自然灾害。"国家安监总局新闻发言人黄毅说，"这不是一场自然灾害，而是一起特别重大的铁路交通运输事故。"

8 月 22 日

"是一起责任事故。"黄毅说："通过初步分析，可以这样讲，这起事故确实是一起不该发生的、可以避免和防范的责任事故。"

9 月 21 日

报告形成仍需时间。国务院"7·23"动车事故调查进展称，"仍有许多技术、管理等方面的问题需要深入分析和验证，事故调查报告的形成仍需要一段时间"。

10 月 25 日

调查进入"攻坚"。黄毅目前"7·23"温州动车事故的调查进入到攻坚阶段，已经掌握了大量认定事故责任的相关证据。

事故定性

经调查认定，"7·23"甬温线特别重大铁路交通事故是一起因列控中心设备存在严重设计缺陷、上道使用审查把关不严、雷击导致设备故障后应急处置不力等因素造成的责任事故。

事发原因

事故发生的原因是:通信信号集团公司所属通信信号研究设计院在 LKD2-T1 型列控中心设备研发中管理混乱,通信信号集团公司作为甬温线通信信号集成总承包商履行职责不力,致使为甬温线温州南站提供的设备存在严重设计缺陷和重大安全隐患。铁道部在 LKD2-T1 型列控中心设备招投标、技术审查、上道使用等方面违规操作、把关不严,致使其上道使用。雷击导致列控中心设备和轨道电路发生故障,错误地控制信号显示,使行车处于不安全状态。上海铁路局相关作业人员安全意识不强,在设备故障发生后,未认真正确地履行职责,故障处置工作不得力,未能起到可能避免事故发生或减轻事故损失的作用。

在事故抢险救援过程中,铁道部和上海铁路局存在处置不当、信息发布不及时、对社会关切回应不准确等问题,在社会上造成不良影响。

责任处理

2011 年 12 月 28 日上午,国务院常务会议做出了对"7·23"甬温线特别重大铁路交通事故的处理决定。

铁道部原部长刘志军,副部长陆东福,总工程师何华武,原副总工程师兼运输局原局长张曙光,运输局原副局长兼客运专线技术部主任(现任科技司司长、党总支书记)季学胜,运输局原副局长兼基础部主任徐啸明(现任广州铁路集团公司董事长、党委书记),科技司原司长耿志修(现任铁道部安全总监兼副总工程师),中国铁路通信信号集团公司(以下简称通号集团)副总经理、党委常委缪伟忠,通号设计院董事长、党委副书记张海丰,上海铁路局原局长龙京,原党委书记李嘉等 54 名事故责任人员受到严肃处理。通号集团公司总经理、通号股份公司董事长马骋,鉴于已因病去世,不再追究责任。对于相关责任人员是否涉嫌犯罪问题,司法机关正在依法独立开展调查。

处罚决定

会议同意事故调查组给予铁道部、通信信号集团公司、通信信号研究设计院、上海铁路局等单位 54 名责任人员党纪政纪处分的处理意见。其中,铁道部原部长刘志军、原副总工程师兼运输局局长张曙光对事故发生负有主要领导责任,因涉嫌严重违纪违法问题,另案一并处理;通信信号集团公司总经理、通信信号股份有限公司董事长马骋对事故发生负有主要领导责任,鉴于已因病去世,不再追究责任。

铁道部副部长陆东福对事故发生负有重要领导责任,给予记过处分;给予铁道部总工程师何华武记过处分;给予铁道部运输局原副局长兼客运专线技术部主任、现任科技司司长、党总支书记季学胜撤职、撤销党内职务处分;给予铁道部运输局原副局长兼基础部主任、现任广州铁路集团公司董事长、党委书记徐啸明撤职、撤销党内职务处分;给予铁道部科技司原司长、现任安全总监兼副总工程师耿志修降级、党内严重警告处分;给予通信信号集团公司副总经理、党委常委缪伟忠撤职、撤销党内职务处分;给予通信信号研究设计院董事长、党委副书记张海丰撤职、撤销党内职务处分;

给予上海铁路局原局长、党委副书记龙京撤职、撤销党内职务处分；给予上海铁路局原党委书记李嘉撤销党内职务处分。对其他责任人员，根据其应承担的责任给予相应党纪政纪处分。

课程案例 9-2：马肉风波

牛肉汉堡惊现马肉

2013 年 1 月 15 日，爱尔兰食品安全机构宣布在例行食品抽查中发现，某些英国和爱尔兰生产的牛肉汉堡中含有马肉。随着事态的进一步扩大，又发现英国乐购等超市中出售的部分牛肉末意大利面条等冷冻食品中含有 60% 至 100% 的马肉。英国媒体表示，这些问题肉的供货商是总部设在瑞典的欧洲最人的冷冻食品加工企业芬德斯，而生产商则是位于法国东北部的企业。

2 月初，英国冷冻食品集团建议超市召回一些牛肉加工食品。12 日，法国冷冻食品生产分销商皮卡尔宣布，在该公司 6 日下架的两块皮卡尔牌牛肉馅饼中检测出马肉。法国竞争、消费者事务与反欺诈总局 11 日搜查了涉及这一事件的两家法国企业总部。

马肉事件在欧洲扩散

新华网北京 2 月 20 日电。法国司法机构和竞争、消费者事务与反欺诈总局 19 日启动针对马肉风波的司法调查，司法人员对法国冷冻食品生产企业斯潘盖罗公司总部进行了搜查。根据该部门 14 日公布的调查结果显示，斯潘盖罗公司将 550 吨罗马尼亚进口马肉贴上"欧盟原产牛肉"的标签，通过一家中间商出售给法国食品加工企业可米吉尔。这批"牛肉"被制作成 450 多万份食品，销售给 13 个欧盟国家的 28 家分销商。据法国媒体报道，调查人员听取了斯潘盖罗部分高管的证词、收缴了大量文件，并检查了该公司用于处理商务信息的电脑硬盘。与此同时，巴黎检察院也对法国出口至英国的牛肉制品的中间环节展开调查。2 月 15 日，法国政府已派出一个专家组前往斯潘盖罗公司总部和工厂进行全面技术检查，以决定是否永久性吊销其食品卫生许可证。"马肉风波"曝光后，法国总统奥朗德表示，法国政府将根据调查结果采取行政甚至司法措施，严惩此类"令人无法接受的行为"。

波及欧洲多国的"挂牛头卖马肉"风波愈演愈烈，斯洛文尼亚和芬兰食品安全部门 19 日确认，该国销售的牛肉制品中发现马肉成分。当日，法国政府也对涉及马肉风波的食品企业启动司法调查。19 日，斯洛文尼亚官方首次向公众披露抽检的意式牛肉面中含有马肉。该国食品安全、兽医和植物保护管理局代理总干事耶尔内伊·德洛菲尼克在当天举行的新闻发布会上称，食品安全部门上周对该国销售的牛肉制品进行了检查，发现一种 450 克重的意大利式牛肉面中存在马肉成分。据悉，问题牛肉面出自一家卢森堡企业，销售商为一家克罗地亚企业。相关部门正就此进行深入分析和调查。

马肉事件 18 日首次波及芬兰。德国超市连锁商利德尔检测发现，其在芬兰销售的两种罐装牛肉食品中含有马肉成分。目前，这两种产品已从芬兰营业点下架。按照欧盟指令,芬兰食品安全局正与地方政府合作,对在芬兰销售的牛肉制品进行DNA检测,以确认牛肉制品中是否含有马肉及其他不应含有的成分。芬兰食品安全局19日确认,一批用于制作汉堡的爱尔兰进口冷冻牛肉饼中含有马肉成分。据芬兰食品安全局介绍,这批牛肉饼由一家芬兰公司从爱尔兰"牧场食品"公司进口,共计200余箱,每箱装有约30块。芬兰食品安全局承诺,将勒令这批产品退出芬兰市场。

中新社巴黎2月21日电。法国政府有关部门正在继续对用马肉冒充牛肉进行销售的事件展开调查,目前有迹象表明涉嫌造假的可能不止斯潘盖罗公司这一家企业。与此同时,这场"马肉风波"正在欧洲更大范围内持续发酵。

法国负责消费者事务的部长级代表伯努瓦·哈蒙21日在接受参议院质询时宣布,正在对法国各大卖场进行的抽检结果即将公布,政府希望确保民众不会再吃到用冒充牛肉的马肉加工而成的食品。伯努瓦·哈蒙稍早前在一个新闻发布会上表示:"我们很快就会得到此次抽检的初步结果,似乎涉及这种假冒行为的企业不止一家。"他还透露,从丑闻爆发之初起,已有约450万份含有马肉成分的加工食品流入欧洲市场。

此前,法国竞争、消费者事务与反欺诈总局经调查发现,总部位于法国奥德省喀斯特劳达市的斯潘盖罗(Spanghero)公司涉嫌将马肉换上牛肉标签向下游企业销售。法国政府认为该公司存在"商业欺诈行为"并可能追究其法律责任,法国农业部也暂时吊销其卫生许可营业执照作为处罚。

法国国家兽医卫生大队针对斯潘盖罗公司调查的最终结果将于22日出炉。但是,在此前的初步调查后,这家公司已重获部分营业许可证。斯潘盖罗公司不但对造假指控予以否认,还指责政府结论过于草率,导致企业停产、员工失业。目前,欧洲刑警组织的调查也在进行当中,欧盟各成员国政府决定加大检测力度,迄今已有15个欧洲国家查出了问题食品。芬兰、罗马尼亚和捷克本周均从市面收回了不合格产品,而奥地利首都维也纳21日又"惊现"含有马肉的食品。法国农业和食品部长斯特凡·勒弗尔表示,欧洲层面在同步展开调查,因为问题肉类的流通路径不仅限于此前已知的罗马尼亚、荷兰和法国,而是存在着"普遍的做假行为"。据法国竞争、消费者事务与反欺诈总局透露,除了斯潘盖罗公司外,还有"数家法国企业"的牛肉制品中发现了马肉成分。

《环球时报》(2013-02-25)报道。欧洲"马肉风波"已足足闹了一个多月,却丝毫没有"退烧"的迹象。意大利23日又爆出首次在食品中发现马肉DNA,这让"马肉风波"像瘟疫一样在欧洲不断扩散,下架产品也随之越来越多。意大利媒体23日报道称,政府从Primia公司生产的6吨牛绞肉和2400盒意大利千层面中检测出马肉DNA。这是自上个月欧洲马肉风波爆发以来,在意大利食品中首次检测出马肉DNA。目前,欧盟已经有超过一半的成员国发现"挂牛头卖马肉"的肉制品。

新华网里斯本2月26日电。2月19日,雀巢集团葡萄牙分公司宣布召回该公司在葡萄牙销售的含有马肉的牛肉制品,这是葡萄牙首次出现被证实含有马肉的牛肉食品。宜家葡萄牙分公司25日也发表声明,宣布在葡萄牙所有门店停售被怀疑含有马肉的肉丸。

葡萄牙食品和经济安全局26日发表声明,截至目前,该机构已查获约79吨非法含有马肉的肉类食品,并已对 5 家涉嫌的葡萄牙公司提起诉讼。声明说,经过对葡萄牙食品生产、包装和分销环节的检测和调查,葡萄牙食品和经济安全局已经查获约 79 吨非法含有马肉的肉类食品,并对 5 家涉嫌商业欺诈的葡萄牙公司提起法律诉讼。此外,该机构还在零售市场查获近 1.9 万包被检测含有马肉 DNA 的千层面、汉堡包和肉丸等速食食品。

声明同时指出,根据欧盟委员会的要求,葡萄牙食品和经济安全局已在葡境内对肉类食品展开 DNA 检测。到目前为止,该机构共抽样检测样本 134 个,其中在 13 个样本中检测出马肉 DNA。声明还说,针对马肉的 DNA 检测工作仍将继续。该机构将继续与欧盟有关部门合作,采取一切措施保障葡萄牙市场的食品安全,严厉打击商业欺诈行为。

"马肉丑闻"已经跨出英伦三岛,目前波及 16 个国家,成为欧洲大陆最热的话题。英国、爱尔兰、波兰和法国多家企业召回数以百万计的"牛肉"汉堡。据欧洲冷冻食品加工和供应商芬德斯公司日前发表声明说,就其所获信息,牛肉中掺入马肉一事可能早至 2012 年 8 月。在欧洲市场上,马肉价格只及牛肉的 1/4 到 1/3。

英国广播公司的述评

英国广播公司报道,欧洲的马肉丑闻正不断发酵,马肉问题为何引发关注? 涉及范围有多大? 肉类供应商为何使用马肉而不是牛肉?

马肉事件为何引发关注?

马肉影响了某些民族的饮食。马肉本身并非比牛肉更危险,很多欧洲国家也食用马肉。但犹太人不食用马肉。同时此次风波中,一些"牛肉"里也检出了猪肉成分,这是穆斯林和犹太人不食用的。

另外在英国,马通常被视为宠物,历次战争中也有很多战马牺牲,因此对于吃马肉在心理上无法接受。

历史上吃马肉的争议

在一些欧洲大陆国家如法国、意大利和比利时,吃马肉是一种很正常的行为。在东亚、中亚和部分拉丁美洲国家,马肉是游牧民族的传统食品。在日本,马肉刺身是一道广受欢迎的菜肴。统计数据显示,法国人每年吃掉大约 7 万匹马。法国有专门的马肉铺,超市里也有卖马肉的专柜。在意大利,马肉香肠和炖马肉是很常见的菜肴,比利时人也爱吃马肉,无论生还是熟。

不过,在以英语为母语的国家,吃马肉一直颇受争议。由于马的屠宰方式与牛相同,要在它们头上钉入一个金属螺钉,故反屠马者认为该方式尤其不人道。此外,反屠马者认为,马在英美文化和历史中有着特殊的地位,不应被屠宰作为肉食。同时马肉在煮或炒时会有泡沫产生,而且会发出恶臭,因此,有很多人不喜欢马肉的味道而敬而远之。

从历史来看,吃马肉在欧洲意味着贫穷和绝望。吃马肉的传统,起源于 1807 年拿破仑军在波兰与俄国人的埃劳战役。当时部队弹尽粮绝,只能宰马果腹。马肉也帮欧洲人度过了两次世界大战的艰难岁月。在英国,从 20 世纪 30 年代世界经济大萧条到二战,很多食品都实施配给制,马肉一直保持稳定的销量。但是,爱吃马肉的人在英国这个热爱马和吃牛肉的国家一直被视为异类。有专家认为,这一方面也是英国人为了体现与爱吃马肉的法国人的民族性区别。

马肉也引发食品安全的担忧。苯基丁氮酮经常用于马类,有助止痛和退热,却有害人体,可能引发人体血液系统紊乱。尽管部分马肉被召回,相当于3具马畜体的马肉"很可能"流向消费者。部分马肉中已检测出药物苯基丁氮酮,即保泰松,该药物偶尔会被用作治疗痛风和关节炎等,但在极少数病例中可导致再生障碍性贫血等严重的血液疾病,不允许在食物中出现。

马肉问题的范围有多广泛?

在芬达斯(Findus)的千层面和阿尔迪(Aldi)的千层面、肉酱面被发现其实含100%马肉后,英国政府要求所有的食品零售商对所有的加工牛肉产品进行检测。上述公司的问题产品都是法国可米吉尔公司(Comigel)制造的。乐购(Tesco)在此之后发现它的一些博洛纳牛肉酱面条食物中含有60%的马肉。

法国七家连锁超市已撤下了芬达斯公司和可米吉尔公司制造的所有冷冻牛肉产品。初步调查发现被当作牛肉出售的马肉来自罗马尼亚屠宰场,这些马肉随后被出售给一个荷兰食物商,转给一个塞浦路斯交易商后再度回流一家法国企业。

人们担心16个欧洲国家受到了马肉事件的影响。在欧盟部长们举行会议后,爱尔兰农业部长考文尼称:"这是一个欧洲范围的议题,需要欧洲范围的解决方案。"英国环境大臣欧文-佩特森称,他怀疑这是一起不法分子的国际阴谋。

爱尔兰食物监管人员1月中旬在一些包括乐购、冰岛、利德尔在内的英国连锁超市所储存的汉堡包中发现了马肉。工作人员两周后为穆斯林犯人所做的清真食品中发现了猪的DNA。本月早些时候有报道称,爱尔兰的第三家工厂发现了马的DNA。由食物标准局委托进行的检测发现兰当县的一个冷库里有马肉。

为什么用马肉而不是牛肉?

许多人认为金钱上的收益是这一欺诈行为的动机,因为在一些国家里马肉要比其他肉类便宜。一些了解行业内情的人士称,肉类供应商的利润空间被超市挤压,人们可能"走捷径"是可以理解的。

在欧洲大陆,马肉的价格要高得多,因为马肉被认为是法国名菜。意大利人吃马肉,中国的马肉消费量非常大。

丑闻是如何曝光的?

法国供应商可米吉尔公司向芬达斯英国分公司、阿尔迪公司通报,它们的产品不符合规格,产品已下架。

芬达斯公司在知道其产品中有马肉消息一周后向英国食品标准局报告。公司1月29日进行的检测显示其牛肉产品中存在马肉残留,它在这之后停止从可米吉尔公司进货,停止将问题产品发送给零售商。

工作人员随后进行更多全面检测,结果于2月6日得到证实,公司在当天向食品标准局进行了汇报。

在此之前的1月份,爱尔兰食品安全局检测了27种汉堡包产品,其中10种产品有马肉 DNA 残留,23 种产品有猪肉 DNA。乐购出售的一个品牌的汉堡包里有近 30% 的马肉,其他产品也发现了更少量的马肉和猪肉 DNA。

爱尔兰食品安全局称,这些肉来自爱尔兰的两家食品加工厂和英国的一家加工厂。随后的检测发现向爱尔兰最大连锁汉堡包供货的 Rangel and Foods 的原材料中含 75% 的马肉 DNA,这些问题马肉是从波兰进口的。

人们的追问

首先,是食品标识问题,"严重的欺骗消费者行为",还是食品安全问题? 目前在欧洲市场,马肉价格只及牛肉的 1/4 到 1/3。如果只是生产商或销售商为了降低成本,利欲熏心,"挂牛头卖马肉"以次充好,那尽管问题的性质很严重,但似乎危害不是很大。可是,已经有英国、德国的专家认为,如果进入食品链的马肉来自原本并非用于食用的马,如体育项目用马,那就可能被注射过止痛药等化学品,那对食用者就有可能造成健康危害。英国环境大臣说:"这看上去像是加工环节里出现的粗心大意,但越来越多的证据显示,在这背后存在着国际性犯罪问题。"

其次,涉及的范围究竟有多大? 牛肉以及牛肉制品,是欧洲国家居民的主要食品之一,类似事件,是否只限于目前已知的供应商的违法行为?

第三,已经查出的"挂牛头卖马肉"事件,源头究竟是哪儿? 除了马肉以外,有没有别的肉以牛肉名义被摆上食物柜台? 被指称为"祸源"的罗马尼亚已开始调查,而该国现行的禁止马驴拖车上道的法律,使得大批马、驴被送进屠宰场,因此,"马肉事件"中也不排除存在驴肉。罗马尼亚政府表示,该国企业没有任何不符合欧盟规定和标准的行为。有关数据表明,罗马尼亚一年只生产 6300 吨马肉,主要出口到法、德、意、荷等国。这对于欧盟其他国家的肉食品消费量而言,实在只是沧海一粟。仅法国一年的肉食消费量就在 500 万吨左右。英国方面的调查,则发现了英格兰和苏格兰屠宰马的线索。如果还有其他国家涉及此事,那事件的复杂性还有可能加大。随着调查的深入,在英国甚至发现牛肉丸子中混有猪肉,这起食品事件有可能引发宗教风波,因为犹太教和伊斯兰教禁食猪肉。

第四,欧洲的食品安全机制,还有哪些缺陷? 欧洲的食品安全机制应该说还是相当健全的。食品特别是肉类制品的"溯源"机制,理论上讲,保证了每一块进入市场、最终进入消费者口中的食用肉,都能找到出处:在哪里出生、长大、"父母"是谁、在哪里被加工,等等。也有媒体认为,如果不是欧盟严格的食品安全审查机制,此次"马肉事件"也许根本就无法被曝光。但无论如何,"马肉事件"再次敲响了食品安全的警钟:在唯利是图的商家面前,在事关人身健康的入口食品方面,怎么严格检查、怎么详细规定都不过分!(驻布鲁塞尔记者 何农)

欧盟委员会 2 月 13 日在布鲁塞尔召开紧急部长会议,商讨"马肉风波"对策,与会成员包括英国、法国、德国、爱尔兰等受影响国家负责农业和消费者事务的主要官员。欧盟负责卫生与消费者事务的委员托尼奥·博格在会后记者会上说,欧盟委员会已经建议成员国增加对加工牛肉的 DNA 抽检。

根据初步方案,自 3 月起,欧盟成员国应该对各自国内的加工牛肉实施 DNA 抽检,为期 3 个月。抽检实施 1 个月后,成员国需汇总抽检结果。

博格说,欧盟委员会将要求成员国同时抽检加工肉类中是否含有苯基丁氮酮(又译"保泰松")成分。这一药物经常用于马类,有助止痛和退热,却有害人体。

欧盟分管食物链安全的常务委员会 15 日将举行特别会议审议这个初步方案。一旦获得通过,方案将提交 25 日召开的欧盟农业部长全体会议审议批准。

归功于欧洲自查

发现掺杂马肉的食品后,多数国家政府通过政府声明告诉公众已经发生的事实,要求超市将问题食品下架,食品安全部门迅速展开检测,有关部门展开调查。比如受"马肉风波"影响,英国、法国和瑞典等欧洲多国肉制品下架。法国政府组织了专门小组到有关企业进行现场调查,对在标签上做手脚的企业已启动司法程序。法国各大超市也撤掉了问题食品,同时张贴了安民告示,引导消费者如何识别问题食品。欧盟同意立即启动针对牛肉类产品的脱氧核糖核酸(DNA)检测要求。22 日,德国食品、农业与消费者保护部长公布调查结果,接受检测的 830 个食品样本中,67 个样本的 DNA 含马肉成分。

从目前的调查情况看,"马肉风波"属标识欺诈,非食品安全事件。尽管如此,对于阻止问题的进一步恶化,欧洲监管机构仍然发挥了重要作用。

首先,问题的曝光,源自监管机构的抽查。除了对细菌是否超标等进行检测外,欧洲部分国家的监管机构还不定期地对肉制品进行 DNA 检测。正是爱尔兰监管部门的 DNA 检测,揭开了本次事件的盖子。欧盟委员会 13 日已建议所有成员国对牛肉制品进行更普遍的 DNA 检测,同时进行更严格的药物残留检验。

其次,欧盟完备的溯源体系对调查提供了极大便利。欧洲在"疯牛病"事件后,建立了全球最先进的食品加工链溯源体系。欧盟委员会发言人樊尚表示,欧盟境内的食品供应链都具有溯源性,反向调查将有助于查清食品的最终来源,当然这需要些时间。

第三,政府勇于担责,不怕"把事情闹大"。一个"马肉风波",引发法国、罗马尼亚等国政府首脑直接表态,欧盟为此召开紧急会议,各相关部门全体动员,誓言消除隐患、严惩肇事者。这种拒绝"吃不死人,得过且过"的态度,还真是给民众吃了颗定心丸。

消费者的信任伤不起,欧盟食品安全的信誉伤不起。可以想见,一旦欺诈者被查出,不但将被清除出欧洲食品市场,甚至有可能面临严厉的法律制裁。

马肉事件让东欧一些国家的肉类供应商受到西欧国家的指责。法国肉制品加工企业可米吉尔公司称,问题原材料购自法国斯潘盖罗公司,后者经由一家与荷兰销售商存在合同关系的塞浦路斯企业,买到产自罗马尼亚屠宰场的问题牛肉。对外界指责,罗马尼亚食品工业联合会早已反驳,称法国进口商负有不可推卸的责任。

"西方的媒体及企业的说法反映西欧国家对东欧国家不信任",田德文认为,东欧国家的政治和经济现代化程度与西欧有差距,这些国家行政监管方面的能力比西欧国家弱很多。这一客观原因是东欧国家受到指责的主要因素。此外,从主观因素看,西欧国家对东欧国家一直持有偏见,他们本来就对东欧国家缺乏信任,"马肉风波"事件愈演愈烈,西方各界正在通过推诿责任、指责他国以发泄自己的情绪。

不同的声音

德国有点例外,据新华社电,2月22日,英国最大餐饮企业索迪斯集团证实,部分牛肉食品中含有马肉成分,宣布下架措施。对此,德国经济合作与发展部长迪尔克·尼贝尔说,被贴上牛肉标签的马肉应该分发给穷人,而不是销毁。

"别把好好的食物扔掉",这一想法最初由执政的基督教民主联盟成员哈特维希·菲舍尔提出,随后得到尼贝尔等部分政府官员认同。

英国媒体援引尼贝尔的话报道,全球有8亿人在挨饿。"德国也有人经济窘迫,甚至买不起食物。我认为,我们不能把好好的食品扔掉。"并非所有人都赞同把冒充牛肉的马肉分发给穷人。德国反对党批评这种想法"荒谬","是对穷人的侮辱"。

也有一些慈善组织回收问题食品给穷人。据澳大利亚《每日电讯报》2月19日报道,欧洲因"马肉风波"下架的冷冻肉制品可能将被慈善组织回收捐给穷人。法国慈善组织"爱心饭店"(Restos du Coeur)、"人民救援"(Secours Populaire)和"食品银行"(Banque Alimentaire)宣布,他们正准备回收成千上万份含有马肉的冷冻食品。据悉,法国已经有6家超市召回或计划召回"挂牛头卖马肉"的食品。法国媒体报道称,这3家慈善组织已经于上周开会讨论具体方案。"人民救援"组织的一位负责人称:"总之不应该扔掉它们。如果这些食品是安全的,我们将回收它们。"据悉,这些下架食品如果真的被捐给穷人,必须先撤换成分标签,注明含有马肉,而不是只有牛肉。(陈述)

如何应对马肉事件

欧洲"马肉丑闻"不断蔓延,目前已经涉及英国、法国、德国等欧盟16个国家。随着事件的调查和检测范围的扩大,欧盟的食品供应链暴露出了越来越多的问题,而这些马肉的最终来源仍然扑朔迷离。更严重的是,目前所暴露出的问题也许只是"冰山一角"。英国议会的一份初步调查报告表示,整个肉制品供应链受掺杂污染的规模令人震惊,还会有更多丑闻被揭露出来,涉及英国以及整个欧洲大陆。有资料显示,在过去三年的抽检中,英国的牛肉制品就多次显示含有某种只会用于马的消炎药,但这些信息并没有引起食品监管部门的足够重视。一位英国食品标准管理局前任官员17日表示,有关马肉的问题早在2011年就已发现。2011年4月,英国最大的马肉进口商曾写信向英国环境食品部反映这一问题,但相关部门并未采取任何行动。

监管机构忽略早期预警。据英国《星期日泰晤士报》17日报道,英国政府机构早在两年前就已收到关于含有兽用药物残留的马肉可能进入民众食物链的警告,但未采取任何防范行动。该报道称,英国环境、食品与农业事务部以及食品标准局已有10年未对肉食品是否含马肉做检测。在英国食品标准局任职的约翰·杨曾是该局下属肉类卫生机构的经理。他对《星期日泰晤士报》说,他曾代表英国最大的马肉出口商在2011年4月参与撰写致英国环境部国务大臣吉姆·佩斯爵士的一封信,警告有害马肉进入民众食物链的危情,但未受重视。到5月他又给食品安全监管机构——英国食品标准局写了同样的警告信,也没有得到重视与回音。

虽然德国在2月18日就公布了加强对肉类食品加工监管的草案,但德国对如何避免以后再发生类似事件却有不同意见。德国食品、农业与消费者保护部部长伊尔塞·艾格纳表示,针对类似的欺诈行为,重要的是建立预警系统,以认清欺诈和以次充好能带来的经济利益。通过供应链和屠宰清单确定欺骗的源头。艾格纳不赞成提高相关的处罚。她认为,首先应该解释清事发的原因,然后再进行严格处理。

在 20 世纪 90 年代发生疯牛病危机后,欧洲国家相继建立了生肉食品供应链可溯源制度,但对加工食品尤其是肉类加工食品并没有进行制度规范。比如,在超市出售的加工食品,往往只注明在某国加工,却不说明食品原料自何地,甚至不标明原料成分。据有关领域专家透露,这一问题其实早已提出,但欧盟方面并没有积极关注和及时采取预警措施。分析认为,欧盟之所以对此表现麻木,既有市场方面的考虑,也可能是因过度相信其事后追究责任制度的威慑力。随着生活节奏的加快和欧盟大市场的发展,"多国组合"的加工食品在欧洲市场上越来越多,这就更需要欧盟建立完善和严格的统一法规。法国农业部长勒福乐 17 日表示,这场马肉风波将迫使法国及欧盟加速完善和建立加工食品的标识可溯源制度。法国政府已经在组织专家力量,研究和策划对食品标识做进一步改革。

德国消费者保护部部长艾格纳 2 月 17 日在《星期日图片报》上撰文认为:"欧盟有着严格的食品法,但只有在严格监督以及肇事者承担后果的情况下,这些法律才能起作用",要求食品工业的"供货链必须实现完全透明,违反法律或者由疏忽造成的事件必须通报社会"。由于多年前的疯牛病事件,欧盟制定的食品信息规则中规定,食品厂商必须注明牛肉来源。新的法规扩大了这一规定,要求从 2014 年起,猪、羊、山羊以及禽肉也必须"出身清白"。不过,如果这些肉类非主菜而仅作为附加成分,例如作为食品的调味汁等,则不在规范之内。这就使厂商有机可乘。

德国巴伐利亚州环境和健康部长马塞尔·胡贝尔则呼吁,即便没有对健康带来威胁,也要提高对假冒食品的惩罚。"目前的惩罚力度不大。"根据德国目前的法律,提供虚假的食品成分最高可判处 10 年有期徒刑。

(资料来源:"欧洲马肉风波产生的丑闻影响造成原因和最新内幕",http://www.6tie.com/article/17644;"媒体详细解析欧洲马肉丑闻",http://news.sina.com.cn/w/sd/2013-02-13/224826261378.shtml;"欧洲马肉风波",中国经济网。本书在形成案例时,做了调整与改动。)

七、学习思考

基本概念

解释下列政策概念,并尝试译成英语。

危机

公共危机

社会危机事件

常态下的政策决策

非常态下的政策决策

应急型政策管理

预警准备管理阶段

危机识别管理阶段

危机隔离管理阶段

危机应对管理阶段

恢复重建管理阶段

善后学习管理阶段

全面风险观念

基本原理

阅读和观看本章的电子文本、课程课件、经典阅读、知识补充、研究论文，尝试回答下列问题：

社会危机事件的实质是什么？

社会危机事件有哪些主要的特点？

社会危机事件的危害有哪些？

常态下的政策决策的特点是什么？

非常态下的政策决策的特点是什么？

应急型政策管理有什么重要意义？

应急型政策管理包括哪些主要阶段？

预警准备管理阶段的任务是什么？举例说明。

危机识别管理阶段的任务是什么？举例说明。

危机隔离管理阶段的任务是什么？举例说明。

危机应对管理阶段的任务是什么？举例说明。

恢复重建管理阶段的任务是什么？举例说明。

善后学习管理阶段的任务是什么？举例说明。

应急型公共政策的整合管理包括方面？

如何做好各层级政府间的应急政策管理的整合？举例说明。

如何做好政府部门间的应急政策管理的整合？举例说明。

如何做好官方与民间应急政策管理的整合？举例说明。

如何做好日常防范与紧急处理的应急政策整合？举例说明。

案例分析

在仔细阅读和观看本章的课程案例、导入案例后，结合前面已经阅读过的与公共政策过程相关的知识，对本章的导入案例和课程案例加以分析，尝试写出案例分析报告。

分析报告必须包括下列内容：

对案例发生的外部环境背景做出描述、分析；

对案例中包含的公共政策的要素和主要过程中与突发危机事件管理、应急型政策决策与管理有关的方面做出阐释、分析；

依据本章的内容对政策的某些要素和主要的过程阶段中与突发危机事件管理、应急型政策决策与管理有关的方面做出评价。

读书笔记

仔细阅读本章提供的经典论述、知识补充、研究论文,围绕经典论述写出读书心得。读书心得应包含下列内容:

经典论述的主要理论和观念;

经典论述表述的理论或观念对中国现实政策过程的解释力度(能够对中国现实的公共政策过程做出很好的解释,只能部分解释,完全不能解释);

是经典理论与观念不完备,需要做出修改,还是中国公共政策过程需要加以改进?

编写案例

参照本课程提供的第二课堂的经验资料,组成5人左右的学习团队,尝试就中国目前公众与政府普遍关心的、也是值得研究的公共政策实例,按照本章研修的内容,编写出公共政策案例。

好的政策案例应当包括下列内容:

对具体政策过程发生的环境条件进行描述;

对具体政策过程中的主体、价值、工具、资源(不一定都要涉及,只要对与本意内容有关的方面加以阐述)

对具体政策要解决的政策问题的状态及对政策问题的确认(问题情境、问题的诊断与确认)做出描述;

对具体政策的制定、实施、评估与终结(不一定关注所有阶段,只对与本章所关心的阶段或环节)加以详细描述;

将上述的内容以生动故事情节的方式展示出来,让阅读者有身临其境的感受。

要特别关注具体政策过程的公共性、民主性、科学性、法治性、有效性。

编写公共政策案例的资料必须是多元的:官方文件、媒体报道、公众(网民博客)评点、学者论述、问卷调查、焦点人物访谈。

为了让阅读者一目了然,印象深刻,可以适当插入图表、图像。

第十章 创新型公共政策的管理

公共政策创新是指处于社会转型时期的执政党组织、政府及其部门、社会公共组织和公众,为实现新的利益分配与再分配,促使社会原有体制、规则和组织发生变革,最终构建新的体制机制,所展开的一类特殊的公共政策活动。

对创新型政策,执政党组织和政府必须依据其实质、类型、影响因子和实现机制来加以规划、引导和管理。

一、研修的内容

在这一章中我们将研修下列内容:
　　§1. 创新型公共政策内涵及其特点
　　§2. 创新型公共政策的主要类别
　　§3. 创新型公共政策的影响因素
　　§4. 创新型公共政策的实现机制
　　§5. 创新型公共政策的绩效管理

案例导入:从民主恳谈到参与式预算

温岭市是位于浙江省东南沿海人口密度比较大的一个县级市。改革开放以来,温岭市的经济发展迅速,成为全国"百强县(市)"和"明星县(市)"。随着经济的迅速发展,温岭人的参政自主意识也明显加强。民主参政的方式由刚开始时的"农业农村现代化教育论坛"逐步深化为公众参与决策的"民主恳谈会"。

寻找新的宣传教育方式

1999年6月,浙江省开展全省"农业农村现代化教育"活动,台州市、温岭市两级市委选取松门镇作为试点。当时,浙江省的农业农村现代化教育即农民的集中性教育已经连续搞了12年,虽然不同时期的教育内容有所不同,但教育方式都是一样的:召开动员大会、宣传发动,然后给群众上课。对于这种教育方式群众已深为厌烦,教育成效微乎其微。

如何找到一个比较好的途径、一种新的方式来开展这类教育？后来就有人提出可采用"农业农村现代化教育论坛"这种群众容易参与也容易接受的形式。

民主恳谈会的雏形

"农业农村现代化教育论坛"的创意就在于变"干部对群众的说教"为"干部与群众的对话"，对一些热点、难点问题双方可共同商讨、共同解决。

最初论坛的具体形式为：镇里提前五天在每一个村以及镇里的闹市区等处张贴公告，告知群众何时、何地召开何种主题的论坛，请群众自愿参加。

论坛召开时，镇里的主要党政领导、职能部门如财税、工商等部门负责人坐在台上。群众坐在台下，就他们关心的一些问题提出意见，由干部解答。那时的主题一般比较宽泛，如发展经济、社会治安，等等。这就是后来民主恳谈会的雏形。

把民主恳谈的重点转向民主决策

开始时在论坛上群众提出的问题多数为自己的事情，深化以后已慢慢转变为讨论社会的公共事务了，并且每次都有集中、明确的议题。

这样，温岭市就把民主恳谈会定位在民主决策、民主管理和民主监督上，而且把深化的重点放在民主决策方面。

推动了两个转变

民主恳谈促进了领导方式的转变和干部作风的转变。原来重大公共事务只是由两委会班子研究，往往在群众不知情的情况下决策就做出来了。现在则不同，镇里、村里的重大事情必须经过民主恳谈会。这就要求领导干部要事先做好调查研究，积极思考工作中存在的问题，同时掌握一定的法律法规知识。对于一般干部，则要求他们必须广泛听取群众意见，深入实际、真心实意为群众办实事。

促进了两个协调

民主恳谈使村两委关系更为协调，党群、干群关系更为协调。通过召开民主恳谈会，村里的事情由村民自己负责，比如党支部和村委会的意见不统一时，两个意见都拿出来，在恳谈会上，让参加会议的村民代表表决，或由村民统一公决，群众认为哪个意见对就按哪个意见办，无形中就减少了两委之间出现冲突的机会。

乡镇预算展开民主恳谈

2005 年 7 月 27—28 日，温岭市新河镇第十四届人民代表大会第五次会议召开。乡镇党政部门经过事先认真研讨，决定在这次会议增加一个特别的议程，即专门针对乡镇预算展开民主恳谈。

虽然这是第一次在乡镇人大会议上详细讨论财政预算，在实际的恳谈中，无论是专业经验还是程序设计，都表现出人大在真正把握财政决策权上能力有限，知识不足。但是这次改革的意义是重大的。

2007 年 5 月 29 日，在浙江省台州市下辖的温岭市泽国镇关于旧城改造的民主恳谈会上，50 多岁的曹相玲当着前来调研的浙江省委常委、组织部部长斯鑫良的面，大声念出了一段顺口溜：规划费用花了好几万，现在又不按测量规划办，把个街道改得断头又转弯，里面老屋着火怎么办？这样的规划各位群众讲讲看，到底暂勿暂，即是"好不好"？这些都表明基层政府的预算必须走民主化道路。

温峤镇 2010 年第一次进行财政预算民主恳谈会

这一年该镇将预算编制分为三个阶段：首先是将民主恳谈会开到全镇的每个村；在预算初审阶段再次召开民主恳谈会，参加的居民覆盖面比较广；最后再由人大审议。

2012 年温峤的预算编制工作同样分为三个阶段：第一阶段是在全镇范围内，由大家报名参加预算民主恳谈会；第二阶段预算初审阶段，分成工业、农业、妇女等四个组进行民主恳谈；第三阶段是人大的预算审议。

政府晒预算代表来"挑刺"

步入 2012 年，温岭市的公众参与式预算改革的步伐继续稳健前行。市交通、建设、水利、卫生、教育等五个部门的预算民主恳谈再次"麻辣过堂"。

除了讨论 2012 年预算草案外，还包括审查 2011 年的预算执行情况，政府将这两方面的预算一并交由人大代表和公众来恳谈，政府接受公众的评判和"挑刺"。

温岭市交通局预算民主恳谈

2012 年 2 月 8 日上午，市人大常委会举行 2012 年交通局预算民主恳谈，听取市发展和改革局、财政局、交通局等有关部门 2011 年预算执行情况及 2012 年预算计划的报告，并开展了分组恳谈、集中恳谈。

参加恳谈的代表集中指出，交通预算应注重民生工程，在融资等不确定的情况下，要量力而行，有保有压。

2013 年温峤镇预算民主恳谈会

2013 年年初，温峤镇又依照惯例进行预算民主恳谈。预算民主恳谈会虽然只进行短短的一个多小时，但是参会人员发言的积极性很高，参与讨论的热情也很高，会议进行得很顺畅。有些参会人员提出的问题虽然与会议主题没有多大关系，但是这些问题与多数人的利益密切相关，能够引起大家的共鸣；参加恳谈会的人员组成也比较多样化，妇女占参会总数的 1/3 左右，甚至还有外来人员参加；另外，这次恳谈会的互动性非常好，公众提出的大部分问题都能够得到参加会议的镇干部的解释和答复。

1999 年至 2013 年，温岭的民主恳谈会已经走过 14 年历程，其间经过了三个发展阶段。从最初仅恳谈关系到个人和家庭的"个体性"议题，发展到热烈讨论道路交通、社会治安、学校教育、计划生育、环境卫生、城镇建设、工业区兴办等公共事务性议题；近几年来又演变为将民主恳谈引入乡镇人大，通过"参与式预算"来监督政府的公共行政活动，展现出基层民主不断向上拓展、向内深化的创新力。

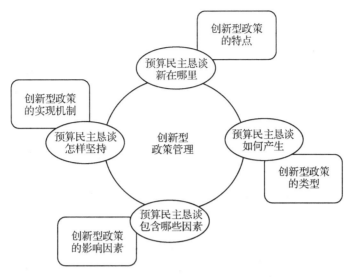

图 10 - 1　导入案例与本章内容的对应

§1. 创新型公共政策内涵及其特点

§1.1　创新型公共政策的内涵

创新的实质。创新是以新思维、新发明和新描述为特征的一种概念化过程。起源于拉丁语,它有三层含义:第一,更新;第二,创造新的东西;第三,改变。创新是人类特有的认识能力和实践能力,是人类主观能动性的高级表现形式,是推动民族进步和社会发展的永不枯竭的动力。一个民族要想走在时代前列,就一刻也不能没有创新思维、创新发明,一刻也不能停止创新。

创新的领域。创新可以涵盖众多领域,包括政治、军事、经济、社会、文化、科技等各个领域的创新。因此,创新可以分为科技创新、文化创新、艺术创新、商业创新,等等。在社会转型、体制转轨时期,重要的创新是制度创新、组织创新、技术创新。但这些创新都离不开作为微观基础和实践行动的公共政策创新。

公共政策创新是指处于体制转轨、社会转型时期的执政党组织、政府部门、社会其他组织、企业、集团和公众,为实现新的利益分配与再分配,促使社会原有体制、规则和组织发生变革,最终构建新的政治、经济、文化、社会、生态体制,促进社会主义社会形态更为完善的一类具有生命力的公共政策活动。

发生在社会转型、体制转轨时期的政策创新,是通过解放思想,以经济建设为中心,以改革、开放为基本点,实现从旧的体制向更有活力的新体制转轨过程中的一种总体性、系统性、创造性的政策活动。它也是领导和推动这场伟大变革的执政党组织和政府部门为促进和服务于社会转型和体制转轨而使用的核心操作工具。

§1.2　创新型公共政策的特点

政策创新具有边界性。中国的社会转型、体制转轨的性质和特点又从边界上制约着公共政策创新的限度。变革时期的体制转轨、社会转型是以不损害社会形态和社会基本制度为边界的。这就规定了公共政策创新活动必须以维护和巩固社会主义基本形态和根本制度为目标，而不能在任何政策创新中有意或无意地突破既有的社会形态和既定的根本制度。

政策创新具有新质性。与体制转轨、社会转型相联系的政策创新必然具有超越旧体制的新质。尽管实际发生的具体政策创新活动，未必都表现出新颖性、独创性，但是，众多的政策创新活动累积起来，所形成的政策体系或政策系统，已经与旧体制下的政策体系或政策系统具有了质上的根本差别。这种质的差别是整体上的区别，而不是个别的政策措施上的差别，正是这种整体上的新质，开启了新的公共政策周期。

政策创新具有连续性。体制转轨、社会转型时期的政策创新必须是一个持续的过程。这是因为，旧体制一般说来总是根深蒂固的，它有人们心理、行为上的定势维护着。而且，经过较长时间实行的旧体制，还会像一根链条一样，产生出各个环节，每个环节几乎都有相应的政策与之配套。要把这种体制从根上除掉，就必须在各个环节上创造出新的政策。另外，对于先行转轨的体制来说，光有促使这种体制转轨的政策创新还不行，还必须有促使其他体制转轨的政策创新相配合，先行的体制转轨才能彻底完成。

政策创新具有互动性。从中国社会转型时期的特点出发，体制转轨阶段上的公共政策创新必须把政府的主导作用和人民群众的创造精神结合起来。虽然从公共政策的本性来说，公共政策总是以执政党组织和政府为主的公共机构制定的行为规范。但是，在变革时期的体制转轨过程中，政府也是需要加以变革的对象和因素。在新旧体制的交替中，对旧体制的弊端最有切身感受、对新体制最为渴望的是广大人民群众。因而，他们身上充满了破除旧体制、建设新体制的创造精神。

在中国20世纪80年代的农村政策创新中，最先表现出主动性的不是执政党组织，也不是政府部门，而是普通的、在底层生活的农民。即使是在城市，在发展个体经济和私营经济方面，首先起来发挥创造性的还是最先感受到创新能够带来利益的那批人。但是，作为一个社会新旧体制更替中的政策创新，没有政府的主导作用是不行的，没有顶层的创新设计是不行的。只有适当地将群众的首创精神与政党政府的主导作用结合起来，政策创新才能健康、有序地得到发展。

政策创新具有渐进性。中国的体制转轨和社会转型不是通过急剧的、断裂式的方式向前推进的，渐进式的体制转轨和社会转型成为一种贯穿社会变革过程的合理选择。这种渐进式的新旧体制交替的特点，使得公共政策创新也具有一种缓慢演化、步步推进的属性。它要求政策行动主体在进行政策更新、政策创造时，必须坚持循序渐进的原则。政策创新不能一蹴而就，而需要一步一步推进。如果操之过急，没有科学根据地大破大立，结果必然把事情搞糟。

政策创新还要坚持新老结合、内外互补的原则。政策创新并不是一味地破除旧体制中的所有政策。有些单项政策经过适当调整，还可以与支撑新体制的其他政策相配套。有些在旧体制中发挥作用的政策，在新体制还没有完善以前，还可以履行部分功能。为了使新旧体制更好地交替，人们就需要有意识地将这些旧政策保留一段时间。

§2. 创新型公共政策的主要类别

公共政策创新的类型可以依据多种标准进行划分。一种是按政策创新的方向为标准的分类。主要类型有三种：一是自上而下的公共政策创新，一是自下而上的公共政策创新，另一种是上下结合的公共政策创新。另一种是依据政策创新主体的态度为标准的分类，也可以分为三种类型：一种是执政党和政府强力推动的强制型政策创新；一种是社会利益群体与执政党、政府相结合的回应型政策创新；一种是公众自发实施的自治型政策创新。

§2.1 强制型公共政策创新

强制型政策创新的特点。强制型政策创新是执政党组织和政府部门利用强大的公共权力加以控制和推行的政策创新。

在这种类型的政策创新过程中，执政党组织和政府部门首先要制定出一整套变革的计划和措施以保证政策创新最终能达到预期的目标；

其次，执政党组织和政府部门要将公共权力垄断在手中，并借助于这种强力来推行各项新的公共政策。

强制型政策创新的条件。要产生并推行强制型的政策创新，就必须预先具备一些非常重要的，并且近乎苛刻的前提条件。

比如，必须产生出一些特别优秀的政治、经济、技术方面的精英，他们能够洞察一切，将整个变革和体制转变的目标、过程，甚至要把所有的细节都毫无遗漏地考虑到，并且预先完整地设计出来。只要人们按照这种事先设计的清晰蓝图去操作，社会的转型和体制的转轨就能够顺利完成。

这种强制型的公共政策创新还需要执政党组织和政府部门，包括这些组织和机构中的所有成员，都对旧体制的弊端有深刻的认识，对人民群众的利益需求有充分、正确的了解，这才能保证这种政策创新得到人民群众的完全理解和支持。

强制型政策创新的困难。显然，要推行强制型的政策创新并不容易。一是执政党及其领导的政府很难在整个改革还没有充分展开之前，就预先设想好一套能够达到改革最终目标的总体设计方案。社会转型的实践告诉我们，在大多数情况下，变革中的政策创新方式只能是"摸着石头过河"，"边干边学"。

二是只有执政党和政府主动的强制性政策创新，而没有公众，特别是没有盼望着改变利益分配和再分配的利益群体的支持和响应，这种政策创新是很难传播和扩散的。执政党和政府强力推行的强制型的政策创新，虽然可以为旧体制的破除和新体制的产生、确立提供便利的工具，但是它在解决社会新旧体制更替中的公共问题时，往往会缺乏人民群众的自觉认同。

§2.2 自治型公共政策创新

自治型政策创新的特点。另一种在社会转型、体制转轨时期可供选择的政策创新类型是社会自治型政策创新。这是一种与强制型政策创新相对的，并对其加以补充和救治的公共政策创新方式。自治型政策创新活动将公共政策创新与政党组织、政府部门的主导性控制分离开来,并对社会传统的公共权威的强制性创新持批判态度。

自治型政策创新的条件。自治型政策创新也需要事先提供非常重要的、可以说同样是近乎苛刻的前提条件。这种类型的政策创新方式是把创新的主体完全归于公众,政府和政治精英的作用被大大削弱。作为旧体制的变革者和新体制的创造者的公众,已经完全组织起来,并形成了意见一致的、一开始就表现为完全理性的政策创新的纲领,人们都非常自觉并且一直准确无误地实施着这一纲领。

自治型公共政策创新的困难。自治型公共政策创新虽然重视了在体制转轨过程中公众从切身利益出发所发挥出来的政策创新的智慧和能力,但过度地轻视政党、政府和公共权威的作用,也会导致无政府状态。

在原先已经贯彻了几十年的计划经济的作用下,不仅执政党组织和政府的行为方式已经定型化了,而且,在旧体制的控制下,公众在利益的追求和思维习惯以及行动方式上也形成了某种定势。公众的自治的能力已经萎缩了。要在短暂的时间中,自由放任地让公众自行实践并推广政策创新,不可避免地会出现"权威真空""行为失范"现象,如果执政党组织和政府部门不及时加以控制、引导,就会造成社会的无序和混乱。

§2.3　回应型公共政策创新

回应型政策创新的特点。首先,回应型政策创新是与旧体制的破除和新体制的建立相联系的。公共政策创新可以发生在一个国家社会转型的不同阶段上,而回应型政策创新则是同社会转型时期的一个特殊阶段即体制转轨阶段相对应的。

从已有实践来看,一个国家的转型时期会出现界限不那么清晰但顺序却很明显的三个阶段:旧体制的解构阶段;旧体制破除、新体制建立的转轨阶段;新体制巩固、完善的发展阶段。在社会转型的这三个阶段,都会出现公共政策创新。回应型的政策创新更多与体制转轨这一阶段相对应。

其次,这种类型的公共政策创新是为破除旧体制、确立新体制服务的。在社会转型、体制转轨时期,社会最根本、影响最大、最为普遍的公共问题就是旧体制已经完全失效,人们必须创造出新体制。回应型公共政策创新活动就是围绕这方面的社会需要而展开的。

在新旧体制交替阶段上,也许还有另外一些政策需要规划与执行,但与体制转轨直接相关的政策创新是总揽一切的。这种回应性的政策创新在整个社会转型和变革中具有优先性。

第三,回应型的政策创新是非常态的政策运行过程。对于一个国家来说,公共政策有两种运行状态。一种是正常的运行状态,或称政策的常态运行。一种是非正常的运行状态,或称政策的非常态运行。

在政策的常态运行中,政党、政府和公共机构也会为解决社会出现的公共问题去制定、实施公共政策。这些维护一个社会的既定秩序,并在既定的规则和体制下出现的公共政策过程,强调的是政策的稳定性。

回应型的政策创新过程属于非常态的政策运行,它所要求的并不仅仅是在原有政策过程中增加一点创新的因素,而是要在政策的内容与作用方面必须具有创新性质,只有这种创新性的公共政策运行才能突破旧体制,创造出新体制。

第四,回应型的公共政策创新是一个逐步的、系统性的创新。回应型的政策创新是对社会提出的破除旧体制和构建新体制的要求的回应,这种破旧立新的要求总是逐步出现并渐进得到实现的。

回应型政策创新不赞同在一个主观限定的时间段中把一切旧的政策全除掉,把一个全新的体制一下子建立起来。

政策创新除了要逐步推进以外,还需要系统地加以考虑。一个旧体制不仅包含着一整套系统的规则和相应的组织体系,同时,还有一整套政策在其中运行。

因此,要对旧体制的规则和组织加以变革,除了要建立起适应新利益要求的新规则、新组织,还必须用一整套新政策来替代旧体制下的政策系统。这种系统的政策创新与替代注定是一项逐步推进的系统工程。

§3. 创新型公共政策的影响因素

§3.1 利益分化协调因素

公共政策创新有三个主要影响因素或影响因子:现实利益的分化组合,初始行动的设计发动,规则和组织的应对变化。不同影响因素作用的时间和内容是不一样的。只有这些主要影响因素或影响因子相互结合起来,一项真实的政策创新才能发生。

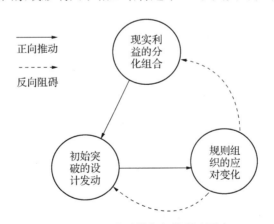

图 10-2 公共政策创新的影响因素

政策创新者盼望追求更多的实享利益。政策创新中行为者的利益分化和协调是一种具有内在结构、能够产生实际突破作用的影响因子。政策行为者能够进行政策创新的行为动机是想获得更多的实享利益。如果政策行为者估计通过改变自己传统、习惯的行为规范就能获得更多的预期利益时,他们就会将政策创新的意图变成政策创新的实际行动。

利益分化会形成较为稳固的利益阶层。出现在原有体制框架内的利益分化,会导致原有体制中的利益结构出现松动。利益分化的最先结果是某些个体可以为争取更多预期利益而积极思考,并将这种利益的预期变成利益表达,随之产生获取现实利益的政策创新活动。一旦个体通过突破旧的行为规则获得了比原先规则下更多的个人能够享受到的实在利益时,具有这种相同行为的个体就会联合起来,以增强抗拒旧的规则、维护新的规则,从而保护已获取的新利益的能力。

在政策创新活动中,处在利益分化中的个体之间的聚合或联合,实际上就是某种群体的产生。通过行为相近的个体的聚合,人们又可以从形成的群体或集团内部分享到更多的利益。当某种利益分化和聚合进行到一定程度时,就会形成较为稳固的利益群体和利益集团,并以此为基础形成社会利益阶层的新分化。

政策创新者会进行新的利益协调。在政策创新中不可避免会出现利益上的矛盾和竞争,但这种利益的矛盾和竞争又总是以实现利益的合理分配或配置作为目标的。因为任何的政策创新,其目的总是要求不同的政策相关者在利益的获取和享受上能够公正、公平和满意。如果政策创新者在利益竞争中,最终导致了行为上的对抗,其结果就是什么事情也干不成,当然也就谈不上去享受更多的现实利益了。这种结果是所有的政策创新者所不愿意看到的。因此,一旦在一定范围和一定程度发生利益矛盾和竞争时,人们会通过交换、说服、妥协,甚至强制等手段,来谋求政策行为者之间利益上的协调和平衡。

§3.2 初始政策行动设计因素

初始政策行动的设计者。能够成为创新政策的初始行动设计者的是下面这些人:一是在旧体制下被压制得非常厉害的人;二是已经认识到自己的利益受到侵害的人;三是有过某种突破旧规则经验的人;四是遇到突发事件,在旧政策下已经无法正常生活下去的人。政策创新的初始设计者也处在不断的变换之中。这种变换是由社会转型时期体制转轨过程中的持续利益分化和协调造成的。

初始政策行动设计。初始政策行动设计在内容上往往具有一些特性。首先,作为一项成功的政策创新活动的初始设计,它必须具有突破性。要做到这一点,通常有两个途径。一个途径是在这种突破之前已经出现一些作为前奏性的试探。这些试探,虽然已经偏离既定体制允许的范围,但是它还没有从根本上否定旧的体制。

另一个途径是适当的政策移植。政策移植是指将某种政策措施从某个空间,或某段时间中转移出来,在另一个空间和时段中加以应用。这种政策的移植,可以是一个国家内部的地区性、历史性移植,即把别处尝试过的或过去使用过的政策拿过来运用。另一种是对不同国家已有政策的仿效性运用。

其次,要使一项举措成为政策创新的初始行动设计,它还必须具有强烈的扩展性,或具有强烈的可仿效性。要做到这一点,就必须坚持两条原则。一条原则是这种政策创新设计必须和原先体制下的某些政策既有区别又有一定的延续性。另一条原则是政策创新的最初行动设计必须简单、易行。

再次,作为政策创新的初始行动设计必须具备一种酵母的功能,它能发酵出一连串与之配套的后续政策创新。初始政策设计一开始就较为完善的情况比较少见,在多半情况下,政策的初始行动设计都不是很成熟。尽管初始的政策设计有其不完善的缺陷,但是,因其具有新颖性和突破性,会对后续的更为完善的政策设计产生启示,从而初始的政策行动设计就成为一项大的政策创新的酵母。

对政策创新行为风险的预测。初始政策设计总是具有一定程度的风险性。这种风险对于不同的政策创新主体是不一样的。对于政策创新的初始政策设计者来说,他们承担的风险比较大。

这种风险就是他们会被旧体制的维护者视为"制度的破坏者"和"不安分的分子"。此外,他们也可能因领头破除旧的规则,容易受到旧政策的阻碍和惩罚而有所损失。

在政策创新的初始发动主体中,执政党组织和政府承担的是另一种风险。因为执政党组织和政府要取得多数要求变革的人民群众的支持,它们就必须适时地支持并传播群众产生出来的政策创新行动。但是,对于一种过时的旧体制来说,人们虽然能够知道它是无效的,是必须加以破除的。但是破除了旧体制不等于找到了新的体制。这实际上就是一种风险。对于处于体制转轨阶段的执政党组织和政府来说,要依赖政策创新来建立新的体制,就只能一步一步去摸索。这就需要勇于面对挑战,敢担风险。

§3.3 规则和组织的变换因素

作为具体体制运行的环境条件的规则和组织,既是这种体制长期坚持的产物,又是让这种体制能够正常运行并趋向稳定的保障。正是这些社会活动规则和组织体系保护着既有的体制并将其再生产出来。而这一切又是通过它们规定社会利益的分配格局和结果来实现的。

作为组织内的成员,他们通过履行和维护这种体制规定的规则,不仅保证了旧体制的正常运行,同时,保证了组织的存在与发展,也就保证了他们分享这种体制和组织的共同利益,从而也就保护了他们个人所获得的由工资、奖金、福利、地位、名声和其他优惠构成的既得利益。

一项大的政策创新活动发生的初期,当政策创新中的初始行动设计出现时,旧体制的规则和组织就会成为政策创新的阻拦者。旧体制所设立的组织体系会运用各种行政的手段来禁止政策创新行为。它们或者宣布这些创新行为是错误的,或者将政策创新的初始发动扣上破坏既有秩序、影响稳定和大局的帽子,或者以人民不答应为幌子,加以干扰。甚至会运用强制力量威胁某些行动主体退出政策创新活动。

当政策创新的尝试冲击旧的体制、旧的组织体系和规则发挥的上述负向作用的功能已经无效时,执政党组织和政府就会审时度势地改变自己的行为规则和组织机构。

这种改变也是渐进式的。可能先是取消某些与政策创新要求明显不相适应的某些规则。这种取消往往开始只是个别的,然后是大批的,最后是形成一整套新的与新的体制要求相适应的规则体系。

在政策创新的三个主要影响因子中,利益分化和协调的因子处于核心地位。它既是政策创新活动的出发点,又是政策创新活动的归宿点或落脚点。

政策创新行为者的利益分化和协调像一根纽带,贯穿于整个政策创新的周期和循环之中。

政策创新活动中的规则和组织变换这一影响因素则处于枢纽的地位。它如同一种转换器，只有经过这一影响因子的转换，具有突破性的初始政策行动设计才得以扩散、传播。也只有经过这一影响因子的作用，原先的利益分化与协调才能得到巩固，而新的利益分化和协调，也才能得以发生。

在政策创新活动的诸种影响因素中，初始政策的行动设计处于酵母的地位。正由于一批追求新的预期利益的、敢于冒风险的创新者的政策发动，旧的体制才会被打开缺口。

可以把政策创新活动中的初始行动设计看作解决政策相关行为者的利益分化与协调这一因素同规则与组织变换这一因素之间联系起来的一种中介纽带。

§4. 创新型公共政策的实现机制

§4.1 公共政策创新的触发机制

促成政策创新因素的运动。公共政策创新是动态过程。这种动态性不仅体现在政策创新是在旧政策体系内部注入某些变革的因素或因子，而且还体现在它需要政策行为主体将促成政策创新的主要影响因子联结起来，使之运动起来，从而产生出使政策创新活动得以实现的机制。对于创新型政策的管理者来说，研究和分析政策创新中的有关机制的形成与作用，对于协调、组织和管理政策创新活动是必不可少的。

公共政策创新的实现机制是将政策创新影响因子连接起来的手段，政策创新的实现机制主要有：政策创新触发机制、政策创新扩散机制、政策创新发展机制。这些机制作用的时间和内容是不相同的，只有将这些机制结合起来，政策创新才能真正实现。

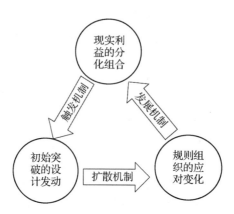

图 10-3 公共政策创新的实现机制

政策创新触发机制的功能。这一机制是将利益分化协调这一影响因子和初始政策行动设计这一影响因子联结起来，对旧的体制产生突破行动的机制。只有这一机制发挥了功能和作用,政策创新的活动才能正式开启。如果把政策创新看成一个由多个周期构成的循环往复的过程,每一次旧周期的终了,即新的周期开始,那么在这一环节上,都需要有触发机制来发挥作用。

政策创新触发机制的动因。促成利益分化协调与初始政策最初发动相连接的根本原因是人们已经感觉到的利益分化和协调的可能性。在旧的体制下,虽然人们已经习以为常,但是,人们追求合理的自身利益的愿望是任何体制也阻拦不了的。当旧体制特别强大、控制森严时,利益受到损害的群体只是忍声吞气,一味忍耐。这种长时间的忍让,还会导致人们心理上的麻木。

但是,一旦旧体制遇到挫折,旧的规则和组织对旧的社会秩序的控制松垮时,人们就会重新苏醒,去追求本来属于自己的、更多的利益。并由此产生对旧体制下不合理政策的愤慨。这就是压力。而且这种压力会不断提升,导致愤慨变成愤恨、愤怒,最后转变为行动。

政策创新触发机制的导因。能够将反对旧政策的压力转变为寻求政策创新发动的力量或动力的,则是某些突发事件。这种事件可以是在内部发生的,也可以是在外部发生的。这种引起转变的偶发事件可以称为政策创新发动的触发事件。内部发生的偶发事件是内部触发事件,外部发生的偶发事件则是外部触发事件。

§4.2　公共政策创新的扩散机制

政策创新扩散机制的功能。政策创新的扩散机制将初始行动设计和规则与组织变革这两个影响因子联结起来。这一机制的作用在于将初始政策行动设计中包含着的新规范和新组织方式,传播开来,得到扩散,为更多的社会个体和社会群体所仿效。

政策创新扩散机制的作用方式。政策创新的扩散、传播一般可分为两种方式,形成两种流程。一种传播方式是通过人际沟通渠道的传播。另一种方式是通过大众媒体渠道的传播。要保证政策创新以较快的速度扩散,就需要规则和组织的快速变换。这里的关键是创新政策采纳者的态度和社会系统对创新的认可程度。

在初始突破设计的传播和扩散中,规则和组织是一个最重要的因素。如果规则和组织采取阻拦的态度和行动,其他的群体就会观望,担心,也就不会下决心学习。一旦组织对政策创新采取接纳的立场,并修改甚至废止旧的规则以便让创新的政策通行,政策创新的扩散就会非常顺畅。

§4.3　公共政策创新的发展机制

政策创新发展机制的功能。在政策创新过程中,从规则和组织变换的影响因子指向利益分化和协调的影响因子,是政策创新发展机制。政策创新的发展机制主要指三方面的含义。一是经过扩散和传播后的创新政策的初始设计或最初突破发动得到进一步延伸,形成创新政策群。二是对政策创新过程中的过渡性的政策设计加以清除。三是将不断出现的创新政策逐步规范化、结构化,特别是形成合理、优良的创新政策结构体系,从而保证政策创新的可持续进展。

政策发展机制作用的实现方式。一是对在变革中不断产生出来的各种带有过渡性的政策加以调整。政策创新不是一个直线化的过程。在政策创新从群众的首创过渡到由政府来主导以后,政府为主的公共机构就要对消除旧体制、培育新体制的政策创新自觉地加以规划,对创新过程中的具体政策设计,依据不断变化的实际情况加以调整。有些调整是将经过实践证明不正确的政策设计改正过来。

二是对创新性政策的规范化。政策创新在开始阶段上,往往是一些利益群体发动的。这些创造出来的新政策,有些是暂时性的,有些则是粗糙的,大多是不太规范或规范性不足的政策尝试。创新政策要实现规范化,或者要提升创新政策的规范性,就必须依赖于社会法定的治理机构和法定的程序。这就需要规则和组织变换这一影响因子发挥作用。

政策创新中的触发机制与扩散机制之间,虽然有初始政策设计在起中介作用,但这两种机制也是相互影响的。如果触发机制的功能较大,初始政策发动的势头强劲,它对规则和组织的冲击也就较人,这也就意味着初始政策设计的扩散速度会快。会有更新的利益分化和协调出现。从而,触发机制对新一轮的初始政策发动的催化力度也会更大。

在政策创新过程中,固然触发机制非常重要,没有这一机制的作用,政策创新就发动不起来。但是,真正能让政策创新的发动结出果实的还是扩散机制。只有创新政策得到传播和大量的扩散,旧的规则为新的规则所取代,旧的组织为新功能的组织所代替,主动进行政策创新的群体的预期利益才会转化为实享利益。而这种扩散机制的作用又依赖于执政党和政府主动去调整和完善创新政策。创新政策越是制度化、规范化、系统化,创新的政策发动越能更快地得到传播和扩散。

政策创新过程中的发展机制既依赖于扩散机制的支持,又对触发机制的作用有影响。不断产生出新的利益分化和调整,新利益预期又会形成压力,这种压力经过催化就会激发出更多的群体去发挥创造精神,主动持续地进行政策创新。

在政策创新的发展中,要注意清除过时政策残余,取消过渡性政策安排,加强实施各项稳定创新性政策的措施。

§5. 创新型公共政策的绩效管理

§5.1 公共政策绩效管理的含义与特点

政策绩效管理的含义

公共政策绩效管理是指法定的专门部门对政府及其部门制定、实施的公共政策,围绕其绩效实行的全过程监管活动。

公共政策绩效管理是公共政策管理中最为重要的方面。无论是政策的领域管理、结构管理、周期管理,还是应急型政策管理、创新型政策管理,最终都要纳入政策绩效管理。

公共政策绩效管理与公共政策绩效评估既有区别又有联系。公共政策绩效评估是政策评估的一种类型,它以政策实施的结果为导向,围绕政策目标对政策实施产生的成果、效果、效益进行评价。

公共政策绩效管理是围绕政策预期的结果、效果、效益的实现而对整个政策过程进行的监督、协调、控制。

但政策绩效评估显然是政策绩效管理整体过程中不可缺少的重要环节,因此,在很多场合,人们将政策的绩效评估与管理合起来使用。

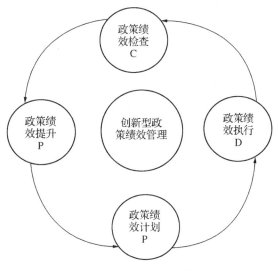

图 10 - 4 政策绩效管理

从公共政策绩效评估向公共政策绩效管理提升。比如,日本政府在政策监管中,原先只着眼于政策绩效评估,采用"计划—做—看"(Plan—Do—See)和"计划—操作—评价"(Plan—Operation—Evaluation)等评估方式。

后来,日本政府将对政策绩效的监管作为核心要素贯彻到政策全过程,实行PDCP的评价管理模式,即计划(Plan:Planning)—执行(Do:Implementation)—检查(Check:Evaluation)—提升(Promotion)的模式,从单纯的政策绩效评估过渡到政策绩效管理。

政策绩效管理的特点

一是政策绩效管理具有监管的全程性。公共政策的制定、实施是一个过程,对公共政策绩效的管理就不能仅仅局限于政策实施后的成果、效果、效益的考评,而应跟踪、考察政策活动的整个过程。影响公共政策绩效的因素在政策活动的各个阶段都存在,对公共政策绩效的管理应当从政策的制定、执行和执行后各个阶段,从多角度、多环节加以监督、考评、调控。

二是政策绩效管理具有结果的导向性。在传统的公共政策管理中,人们往往重视政策过程的程序性、规范性、民主性,忽略或轻视政策实施的实际结果。现代公共政策绩效管理在兼顾政策管理的全程性的同时,更强调政策活动的结果、成果与效益,在整个政策的运行中以最终的成果、效果、效益作为标准,来监督、考察、调整政策活动,保证政策结果目标的实现。

三是政策绩效管理具有绩效的改进性。公共政策绩效管理只是将政策绩效评估作为管理过程的一个环节,整个政策绩效管理从政策绩效计划开始,经过政策绩效执行、政策绩效评估,再到政策绩效反馈、政策绩效改进。

虽然在政策绩效管理中,政策绩效评估是重要环节,但政策绩效的评估完全是为政策绩效的改进服务的。

公共政策绩效管理的类别

公共政策绩效评估可分为综合政策绩效管理和单项政策绩效管理两类。

实行综合政策绩效管理的国家有日本、韩国、英国和法国等。日本不仅对内阁和政府各部的各项政策进行全面深入的绩效评价与管理,而且对政府各部实施的政策绩效评价进行再评价。英国的政策绩效评估与管理将政府各部门的所有重大开支,以及政策在实施之前的各种建议,也纳入绩效评价与管理的范围。

实行单项政策绩效管理的国家很多,几乎所有实行市场经济的国家都实施了财政政策绩效评估。美国、荷兰、加拿人、西班牙、德国、丹麦、挪威、澳大利亚、新西兰等国家实行了环境政策绩效评估。新加坡等国家实行了住房政策绩效评估。还有许多国家在土地政策、教育政策、产业政策、科技政策的绩效评估和管理方面做了探索。

§5.2 公共政策绩效管理的构成要素

公共政策绩效管理的组织体系

公共政策绩效管理的组织体系是指开展公共政策绩效评估与管理活动的组织载体、开展活动的职责及其发挥的功能。政策绩效评估与管理组织的职能主要是对政策绩效评估的主体与模式、评估的机制与流程、评估结果的应用等活动进行组织与管理。

建立专门进行政策绩效评估与管理的主管部门,能增强政策绩效评估与管理的组织保障,从而避免政策绩效评估与管理成为政府部门运动式或阶段式的活动,使政策绩效评估与管理工作具有规范性、连续性,并使评估与管理的权威性得到保障。

美国的"国家绩效评议委员会",负责对联邦政府的政策制定框架和政策绩效进行评价、管理。

法国的全国评价委员会,领导跨部门的政策绩效评价、管理工作。

韩国除了专门的政策绩效评价委员会,还有直属于国务总理的政策协调办公室,以及在政府内部专门设立的政策分析与评价局。

日本的行政评价局,负责对内阁和政府部门的各项政策实施全面深入的绩效评价与管理,同时对政府部门已实施的政策评价实施再评价。

公共政策绩效管理的参与主体

公共政策绩效评估与管理的参与主体是指进入政策绩效评估、管理活动过程的机构与个人。政策绩效评估与管理的参与者除了纯官方的政府部门外,有政府部门提供资金支持的半官方组织以及完全独立的民间组织。在政策绩效评估与管理的过程中,除了有专业性的政策绩效评估从业人员外,还要吸纳民间人士参与,使政策评估不再局限于精英阶层,令公众意志得到充分表达和尊重。

在美国,参与政策绩效评估与管理的除政府部门外,还有政府部门提供资金支持的兰德公司,完全独立的民间组织布鲁金斯学院等。

在法国,大区的政策绩效评估委员会由公务员、民选议员和评价专家组成。

在日本,政策绩效评估和独立行政机构评价委员会,从全国专家学者和名望较高的人中选出 5000 名作为委员。

公共政策绩效管理的从业人员

在发达国家,公共政策评估与管理已逐渐发展为一个独立的、成熟的职业活动。政策绩效评估与管理的从业人员必须经过专业培训,素质要求很高。

美国的政府和许多大学的政策研究机构,培训了一大批职业政策分析、评估与管理人员。

法国政策绩效评价从业人员的选择极其严格规范,必须接受资格认定,普通的大学毕业生要在专门的政策绩效评价培训学校受训,接受严格的考核后才能成为正式的评价师。从业人员的高素质使政策评价与管理的能力和水平日益提升,专业化程度越来越高。

公共政策绩效管理的法律保障

公共政策绩效管理的法律保障是指通过制定和实施相关的法律和法规,确保政策绩效评估与管理的程序性、规范性和权威性。

法国的《研究政策与技术开发的评估》、日本的《政策评估法》、英国的《政策评估绿皮书》等法律法规都为政策绩效评估、管理提供了有力保障。

法国的公共政策绩效评价、管理立法较早,法律条文也更加细化。1985 年,法国政府颁布《研究政策与技术开发的评估》,规定"法国研究与技术开发研究计划需根据各自的指标受到评价,在计划实施之前,评价的指标和方法都要确定,公共研究机构必须定期按照评价的程序实施绩效评价"。

1989 年成立的法国国家研究评价委员会,其活动要受 16 个法律条款的约束,其机构职能、人员组成、评价费用乃至出差旅费都有明文规定。

日本政府 2001 年通过了《政策评价基本方针》《关于政策评价的标准方针》,对政策绩效评价的客体、评价主体、评价视角和评价方式都做了具体规定。

2002 年日本政府发布实施《关于行政机关实施政策评价的法律》(简称《政策评价法》),对政策绩效评价的目的和宗旨、范围和范畴、原则、评价主体、评价流程、评价标准、评价方式、评价结果应用做了明确规定。

公共政策绩效管理的技术体系

政策绩效的评估与管理技术体系,主要是指政策绩效评估标准设定、指标体系及评分标准设计、评估模型的建构、评估的技术路径选择等。

公共政策绩效评估与管理开展较好的国家大都体现出以定性分析为基础,以定量分析为手段,特别注重细化指标设计的特征。

美国在《政府绩效与结果法案》指导下,国家绩效评估委员会建立了一整套较为完善的评估体系,从不同角度,不同程度地反映了政策的质量、经济、效率、效果等绩效标准。

法国的国家审计学院为政府政策绩效评价设计了 40 项大使命,每项使命下面又细分出不同计划,每个计划又下设 5 个大目标,每个大目标下又设有 2—3 个具体指标,并明确具体任务的承担人。各部门在做政策绩效评价时,只需根据项目和目标评价的需求,在众多的目标中选择几个目标,接受定性与定量相结合的评价和检查。

法国的公共政策绩效评价方式因政府行政级别不同而有区分。中央公共政策的绩效评估,由国家级的评价机构组织实施;大区公共政策的绩效评估,一般由大区自己的集体评价机构如大区评价委员会组织实施;省级公共政策的绩效评估由省政府下设的评价处实施;5 万人以上中小城市的公共政策绩效评估,一般由专设的评价专员实施。

§5.3　加强和创新公共政策绩效管理

转型社会公共政策绩效管理的迫切性

党的十七届二中全会通过的《关于深化行政管理体制改革的意见》强调,要规范行政决策行为,完善科学民主决策机制。

2011 年颁布的《国民经济和社会发展十二五规划纲要》明确提出建立重大工程项目建设和重大政策制定的社会稳定风险评估机制。

党的十八大报告进一步强调,要坚持科学决策、民主决策、依法决策,健全决策机制和程序,发挥思想库作用,建立决策问责和纠错制度。

所有这些,都表明转型社会公共政策绩效管理已经变得十分迫切,已经提上议事日程。

转型社会公共政策绩效管理的复杂性

随着政治、经济、文化、社会、生态领域改革的深入,政策变迁和政策创新的要求日益提升,政党政策产品的总量不断增大,政策内容越来越细化,政策制定和执行的风险日趋增加,这些不仅导致政策绩效评估的需求量随之增大,而且政策绩效管理也日趋复杂。

建立和完善公共政策绩效管理的组织体系

要实施公共政策绩效评估和管理,必须建立由多元主体构成的政策绩效管理组织体系。在这一组织体系中,法定的专门政策绩效评估与管理机构应由国家和行政机构根据法律和组织原则,依据法定程序来建立。具有中介机构性质的专门绩效评估与管理机构则要依据社会组织、教学研究机构的章程,经申请批准而设立。作为公共政策的利益相关人和政府公共服务消费者的个人,要参与政策绩效管理,必须具有相应的公共政策知识、经验、责任,并具备从各种渠道采集政府绩效信息能力。

研究和设计公共政策绩效评估的指标体系

实施政策绩效管理的一个重要前提是设计公共政策绩效评估与管理的指标体

系。政策绩效的指标设计要突出"三个结合":一是系统性与简便性相结合,政策绩效指标既要全面系统,又要抓住关键,指标既要综合配套,操作时又要简便易行;二是政策能力指标与政策结果导向相结合,把政策结果作为绩效评估与管理的目标,把决策、执行过程和决策、执行能力作为取得政策预期结果的重要保证;三是对政策绩效的客观的量化的评价与政策利益相关人的主观满意度评价相结合。

选择重大政策进行绩效评估与管理

在转型社会,政党组织和政府部门面对的公共政策往往是面广量大的。要对公共政策进行绩效评估与管理,应先选择那些事关国计民生、具有广泛影响并亟待解决的、具有优先性的,如社会保障政策、教育政策、调节收入差距政策、环境保护与治理政策、治理贪污腐败政策、治安整顿政策、婚姻政策等,公共政策的实施结果进行评估研究,并逐步扩大到对这些政策的过程、政策制定和执行主体的能力进行评估,过渡到对整个政策过程的绩效进行跟踪、监察和改进。

建立公共政策绩效管理信息平台

开发"公共政策绩效评价信息系统",优化数据采集及反馈功能。建立公共政策绩效管理信息库,分类收集各级政府部门公共政策绩效管理的做法和效果、意见和建议、问题和不足、改进措施,加强交流反馈、跟踪处理和统计分析,使之成为政策绩效管理的"电子智库"。

二、政策词典(英汉对照)

社会转型
social transformation
体制转轨
system transform
政策创新
policy innovation
政策移植
policy convergence
政策借鉴
policy reference
政策替代
policy substitution
强制型政策创新
compulsory mode of policy innovation

自治型政策创新
autonomous mode of policy innovation
回应型政策创新
respondent mode of　policy innovation
政策创新触发机制
the trigger mechanism of policy innovation
政策创新扩散机制
the diffusion mechanism of policy innovation
政策创新发展机制
the development mechanism of policy innovation
创新型政策传播
innovative public policy

三、知识补充

知识补充 10－1：政策扩散、政策扩散的机制及其路径

政策扩散

政策扩散的基本概念不言而喻,指的是一种政策从空间上发生转移,被某个系统内的其他成员或主体所采纳的过程。美国学者罗杰斯(Rogers)提出,政策扩散是一种创新通过某种渠道随着时间的流逝在一个社会系统的成员之间被沟通的过程。另外几个学者的定义更为明确,他们认为,仅仅沟通是无法实现政策扩散或转移的;相反,政策转移是"一个过程,在这个过程中,在一个时间或地点存在的政策、行政管理措施或者机构被用于在另一个时间或地点来发展"。进而,有学者提出了政策扩散或转移的三个特点:从政策转移的时间看,采纳新政策的主体数量随着时间呈现为一条S状曲线;从政策转移的空间看,采纳新政策的主体呈现出区域性的特征;从政策转移的主体特征来看,采纳新政策的主体呈现多元化的特征,即这些主体在政策环境上存在巨大的差异;尽管如此,多元化的主体还是推行了一致或是相似的政策。我国学者进行相关的实证分析时,也大致遵循了以上三个标准来定义政策扩散。例如,在考察我国暂住证制度的扩散时,张玮明确了该制度在全国扩散时呈现S形状态,并在初期呈现扇面状扩散的特征。杨静文在对我国政务中心制度的创新扩散进行实证分析后,也指出其符合S形的扩散曲线一般规律。

而实际上,如果以政策扩散所呈现的三个特征(S形分布、区域状扩散与多元环境下的政策相似性)来定义政策扩散的过程则显得过于僵硬了。政策扩散由于机制、原理以及诱发因素不同,在实际的扩散过程中也会遵循不同的途径,展示不同的特

征。毋庸置疑,呈现以上三个特征的政策扩散最具典型性;但这样严格的定义也会使研究者们损失大量的实证案例。韦兰德(Weyland)在其分析中发现,一些公认的政策扩散机制,如"外压"机制,无法解释严格定义的满足三个特征的政策扩散。因此,本研究认为:政策扩散即政治系统中某一个主体的一种政策行为被该政治系统中的另一个主体所采纳的过程。当这样的行为被观察到时,即可认为政策扩散已经发生。

政策扩散的机制及其路径

政策是如何实现跨越区域的旅行的呢?是何种因素或者动力使得一个主体/地区/部门采取另一个主体/地区/部门的政策呢?多洛维茨(Dolowitz)和马什(Marsh)分析了三种原因:某个主体看到了新政策的优势而主动学习实现政策扩散;某个主体在外部压力之下被迫接受政策扩散;出于某种义务实现政策扩散。贝里夫妇也总结出美国各州之间的三种政策扩散的模型:州之间互相学习,州之间互相竞争,州立法部门对来自于公众或者联邦政府的建议的响应。这些研究勾画出政策扩散的简图,也试图分析政策扩散的原因,但它们并未对发生政策扩散的前提、假设以及扩散路径进行相应的分析。这些研究大致停留在了对政策扩散的机制所进行的猜测之上。

2000年之后,一些年轻的学者加入政策扩散的学术研究队伍,以更为结构化的方式探讨政策扩散问题,并试图以严格的科学推理与实证研究,分析政策扩散现象的因果机制。艾尔肯(Elkins)和西蒙斯(Simmons)在2005年的研究中提出,政策扩散的因果机制有两种:一种叫作"采纳模式"(policy adoption),即政策的扩散源自他人的行为本身,另一种政策扩散源自发生了改变的信息,称为"学习模式"(policy learning)。在发生政策扩散的过程中,初始场景都是某一个地区实行了某一政策。在采纳模式之下,政策的采纳方采取的是一种无理性的行为,其行为未经过有效的成本—收益分析。在此模式下,采纳方的行为是由他人的行为直接导致的,不存在任何中间变量。而在学习模式之下,其他地区先发的政策行为诱发了整个社会系统中信息的变化,而信息的变化成了中间变量,导致政策在其他区域发生扩散。在这里,政策采纳方的行为是理性的:它通过对信息的处理分析以及对成本收益的估算,确定采纳新政策将是有利可图的。

西蒙斯(Simmons)、多宾(Dobbin)和盖瑞特(Garrett)在2006年对世界范围内的自由主义经济政策扩散原因进行解释时,进一步细化了四种政策扩散的机制(Simmonsetal,2006)。强权(hegemon):政策在外在力量的压迫之下得以扩散,扩散方不得已而实行政策,从路径上看,这是一种纵向的政策扩散;竞争(competition):各个国家不甘居人后,竞相采纳自由主义经济政策,这是一种横向的政策扩散;学习(learning):采用偏数理语言的表达,他国的政策后果所携带的信息影响了某国采纳该政策的概率;模仿(emulation):一个国家可能会模仿另一个"相似国家"的政策,以期获得一种外在的认同或认可,而并不对该政策的具体收益进行细致分析。

韦兰德用一个简图更清晰地总结了学者们分析的四种不同类型的政策扩散机制,并详细阐述了每种机制的假设、条件以及主体。其简图如下:

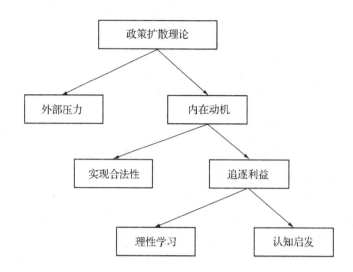

图 10-5 韦兰德的政策扩散理论

（资料来源：刘伟："国际公共政策的扩散机制与路径研究"，共识网，http://www.21ccom.net/articles/qqsw/qyyj/article_2012051559757.html.）

在"外部压力"模式之下，存在一个高于所有主体的外在压力源。在现实的政策扩散案例中，这个压力源可能来自中央政府或国际组织。压力源以命令的方式要求某些既定的主体执行某种政策。在这种模式之下，S形的政策扩展曲线出现的概率较小，而多元环境下的政策相似性的概率较高。"实现合法化"模式以建构主义的理论框架为基础。一个国家出于某种象征意味或某种道义要求而采纳了某种政策，仅仅因为该政策是"适当的"或该政策的采纳能增加该国在国际社会中的"合法性"，而并非由于此项政策有任何实质的好处。"理性学习"模型认为国家遵循理性人的假设，能进行综合全面的成本—收益分析；在此模式之下，政策的采纳是在他国实行该政策的前提下，对充分的信息进行全面的分析，继而做出的理性选择。"认知启发"模型遵循有限理性的假设。首先，该模型承认政策扩散过程中的理性因素，认为政策扩散是一个目标驱动的过程。其次，该模型承认政策的采纳方所表现出的"有限理性"，即采纳方会以一种"权宜"的方式来处理信息，进行理性的计算，包括寻找最易获得的实施类似政策的先例、关注最具代表性的先例、从自己的某种特殊考虑而非全盘出发进行成本—收益分析。在韦兰德的分析中，他认为"认知启发"是最为常见且解释力最强的政策扩散模式，可以解释政策扩散的三种模式：S形分布、区域状扩散与多元环境下的政策相似性。

相对于早期有关政策扩散的研究，这些学者的新研究从结构主义的高度出发，梳理了政策扩散的原因与机制，大大丰富了政策扩散理论，但也存在两个缺陷。第一，对政策扩散机制的分析过于零散，缺乏整合。第二，对政策扩散的路径缺少系统的分析与梳理，缺乏实证案例的支撑。

因此，在这些原有的有关政策扩散的文献基础之上，我们试图弥补这两个不足。首先，立足于学者们前期的研究，重新整合归纳了政策扩散的机制。概括起来，政策扩散发生的根本原因有三个：在外部压力之下的被迫政策扩散，出于道义、象征或合法化原因的自愿政策扩散,基于理性利益分析的自愿政策扩散。根据这三个原因,将政策扩散的机制分为强权型扩散、道义型扩散和学习型扩散。其次,我们将详细分析这三种不同机制的政策扩散途径及特点,并辅以实证案例,对不同类型政策进行分析。

知识补充 10 - 2:政策扩散类别

道义型政策扩散

道义型政策扩散的理论基础是社会构建主义。以潜在政策采纳方的身份与自我认知为起点,确定在该身份之下,"适当"的偏好是什么,什么行为是应该做的。在这个扩散过程中,政策采纳方所关注的不在于新政策所带来的实际收益;而在于新政策能否提升自身的合法性。与强权型政策扩散不同,在这种模式下,潜在的政策采纳方有意愿也有动力采取某项已经在一定程度上被其他同行所接纳的政策。换一个角度看,道义型政策扩散也是有压力源的,压力源内在于政策采纳方。尽管采纳政策后未必有实际收益,但采纳政策被认为是"正确"的且"理所当然"的行为。

以此模式扩散的政策具有强烈的象征性色彩或创新意义,采纳方是站在道义的高度上对其进行思考的,更注重的是政策中蕴含的意义或政策行为本身的象征性。这些非物质的东西强化了政策采纳方的"迷信",从而对这些政策能不假思索地迅速采纳。因此这种模式的政策扩散在时间上通常速度较快。一些制度,例如现代市场制度、创新、公共服务的理念等,一经推出,便迅速地实现政策扩散。从地域范围上看,"道义型"扩散的空间上的地域特色并不明显,因为政策采纳方真正关注的是其"象征"含义,而并未考虑其在执行过程中与本地的政策环境对接的问题。同理,"道义型"扩散可能会发生在不同的政策环境中,因此呈现出多元环境下的政策相似性。

全球控烟政策的扩散属于这一类型。世界卫生组织的《烟草控制框架公约》是2003 年在第 56 次世界健康大会上通过的,并于 2005 年 2 月 27 日起正式生效。在联合国的历史上,《烟草控制框架公约》是被批准速度最快的国际条约之一。到 2011 年底,这项政策已经扩散至全球的 174 个国家。

《烟草控制框架公约》是一项具有象征意义的政策。在《公约》的序言中写道:"缔约方决心优先考虑其保护公众健康的权利,认识到烟草的广泛流行是一个对公众健康具有严重后果的全球性问题……对家庭、穷人和国家卫生系统造成(沉重的)负担。"同时,《公约》强调了"人人有权享有能达到的最高的身心健康的标准",而且这个标准是人的基本权利,"不因种族、宗教、政治信仰、经济或社会情境各异,而分轩轾"。《公约》继而在正文中提出了政策目标,即"提供一个由各缔约方在国家、区域和全球各级实施烟草控制措施的框架,以便使烟草使用和接触烟草烟雾持续大幅度下降,从而保护当代和后代免受烟草消费和接触烟草烟雾对健康、社会、环境和经济造成的破坏性影响"。从政策文本中,这项政策的象征性突显无遗。禁烟是为了维护人民的健康,而健康是人类的最基本权力。

在彰显控烟的象征性意义的同时,《烟草控制框架协议》也对各国的行为进行了规范与要求,要求各个签署国做出对减少烟草需求方面所实施的价格和税收政策、减少烟草需求、控制烟草行业的广告促销与赞助、烟草危害水平的信息披露等方面的承诺。同时,《协议》明确要求各国至少应该以法律的形式禁止误导性的烟草广告,禁止或限制烟草商赞助的国际活动和烟草促销活动,禁止向未成年人出售香烟等。

正如《公约》也认识到,要控制烟草生产与消费,必然会对某些部门的利益造成损害。但在某些部门利益与人民健康的权衡中,一个"正义"的政府的"合法的正义的"选择必然是维护后者。该政策在具有深刻的象征性意义的同时,采纳执行该政策有可能对一国的财政收入造成影响,也会引起一国某些利益团体的反对。以我国为例,尽管深谙控制烟草的象征意义,但控烟之路走得并不顺利。我国于 2003 年 11 月 10 日签署该条约。甚至在我国签署《公约》之后,国内的一些与烟草有关的利益团体仍公开地表示反对。例如,2004 年 9 月在海口市召开的"《烟草控制框架公约》与公共事务"研讨会上,国家烟草专卖局副局长就公开表示:烟草不仅与健康有关,而且与一个国家或地区的经济发展、劳动就业、农业经济结构、人民生活水平以及市场和社会的稳定等方面都有直接或间接的关系。他强调,控烟的形式、范围、程度以及具体的进展情况应充分尊重各国国情和不同选择,国际组织不应该过多地干预属于国家主权范围以内的事情。

但与此同时,国家烟草总局委托的"《公约》对案研究工作小组"和"《公约》对案及对中国烟草影响对策研究"的"双对"研究课题组也提出,《公约》蕴含着至高的象征性含义,必须加以重视。课题研究组认为:"中国是礼仪之邦,烟草大国,积极加入《公约》对于作为发展中国家的中国来说,可以树立积极支持控烟、保护公众健康的负责任的国家形象,有利于提高我国在国际上的地位。"

尽管在控烟的政策上存在着象征意义与实质利益的对决,2005 年我国的第十届全国人大常委会正式批准了《烟草控制框架公约》。作为《公约》的签署国,我国卫生部当年下发的《卫生工作要点》也决定,将开展无烟草广告城市的认定,加强青少年和公共场所控烟工作,履行《烟草控制框架公约》的义务,加强控烟能力的建设。这些政策的实施,实现了控烟政策在我国境内的扩散。两个月后,国家发改委联合卫生部、外交部、财政部、工商总局、烟草专卖局等部门举行了声势浩大的中国履行《烟草控制框架公约》启动仪式,进一步强调了积极开展控烟工作在促进人群的健康、社会经济的持续发展和社会的和谐进步方面所起到的深远影响和意义。

之后中国烟草行业的统计数据进一步说明:中国采取禁烟政策是出于其象征性与合法性的考虑。在实行严格的禁烟政策之后,我国从香烟行业获得的利润与收入也开始降低。例如,1999 年我国烟草行业上缴的利税占中央政府收入的 8.6%;到 2005 年这个数字已经降到 7.6%。烟草制造业的企业数量从 2002 年的 287 家下降到 2007 年的 150 家,从业人员减少将近两万人。

从政策扩散的时间上分析,形成的曲线的收尾阶段大致类似 S;但初始阶段并没有 S 形特征。相反,在《公约》刚刚被通过的月份,就在将近 1/4 国家中实现了政策扩散,而之后,以月份为单位计的扩散数目几乎类似一条直线。从政策扩散的空间分布与政策采纳方的特征来看,该政策扩散的过程并未呈现区域化的特征,却呈现出了明显的多元环境之下的政策趋同。例如,孟加拉、博茨瓦纳、巴西、冰岛、匈牙利、伊朗等国家均是在 2003 年 6 月 16 日这天签署了该条约的。从地理位置来看,这些国家跨越亚洲、非洲、欧洲、美洲,在地理位置上并无任何相近之处。就其政治文化的渊源来看,伊朗属于伊斯兰教国家,冰岛属于西方文明,巴西隶属拉美的文化渊源,博茨瓦纳地处非洲大陆,属于欠发达国家,孟加拉属于印度教国家,匈牙利地处东正教的文明圈内。从烟草产业来看,巴西是世界烟叶第一出口大国,而烟草在其他几个国家均非重要产业。而这几个在地理范围、政治文化以及烟草行业现状截然不同的国家,同时签署了《烟草控制框架公约》。这说明,各国具体采纳该政策的时间与该国的具体政策环境并不相关。

学习型政策扩散

学习型扩散的理论假设是理性主义,即政策采纳方在考虑政策扩散问题时持理性的态度,会对其他地区采取该政策的效果进行成本—收益分析,会将其他地区的经验在本地区以如借鉴学习。与道义型扩散不同,学习型扩散从本质上看是目标导向的,是逐利的。与强权型扩散也不同,政策采纳方在扩散过程中有完全的自主性,可以自主决定采纳或不采纳某项政策。需要说明的是:在强权型扩散中,采纳方可能也会进行理性的成本效益分析,但"强权"的存在是必要条件;而在学习型扩散中,采纳或不采纳某种政策完全由政策采纳方自行决定,理性分析是其唯一的依据。用政策扩散学者们的科学语言描述,学习型的政策扩散即某个地区/国家采取某项政策,获得了积极的收益,从而导致了其他地区/国家采取同样政策的概率的提高。

学习型模式在政策扩散的机制与路径上呈现了不同的特点。首先学习型扩散从时间分布上呈典型的 S 形曲线分布。初期,少数"创新者"采取了某一政策,当该政策的效果得以显现时,其他地区/国家通过学习的方式对该政策进行了移植、复制与模仿,希望该政策在本地区/国家也能展现同样的效果。其次,学习型扩散从地域分布上看呈现区域扩散的特征:先是几个政策创新者临近的地区采纳该政策,之后该政策呈现区域扩散的趋势。这是因为,任何信息的获取都是有成本的。在有限理性之下,政策采纳方会本能的寻找最具有可获得性的经验——即在空间上最接近的案例,进行学习复制。第三,通过学习型扩散,政策的核心内容可以被应用于不同的政策环境中;而该政策并非在不同的地区被简单的复制或模仿。在有限理性的支配下,政策采纳方受到"锚定效应"的影响,倾向于把对该政策在本地区实施后的结果与其在其他地区成功的经验联系起来。因此,只要是在其他地区获得成功的政策,无论其他地区的政策环境如何,都有可能成为学习的样本。但同时,基于理性分析与判断,政策采纳者也许会对除核心内容之外的细节进行调整,使之与本地的具体政策环境更相适应,从而达到更好的实施结果。因此,在学习型扩散中,最终的结果是不同的地区/国家采纳了相似的政策,而非相同的政策。

四、相关研究

相关研究 10－1：社会转型时期公共政策创新模式研究

摘要：公共政策创新是社会转型和体制转轨的核心要素。尽管公共政策创新的内容、形式和条件是多种多样的，但不同类别的公共政策创新具有一定的共性，可以把具有相同方式、路径和策略的政策创新归为同一种公共政策创新的模式。研究和掌握不同的公共政策创新模式有助于选择政策创新的时机和确定政策创新的路径、方式和策略。根据中国社会转型、体制转轨的实践经验，以转型的阶段为标准可以划分出解构型、转轨型和整合型三种政策创新模式；以行动主体为标准可以划分出强制型、回应型和自治型三种政策创新模式；以突破层次为标准可以划分出"中央示范、基层跟进"型和"基层突破、中央规范"型两类政策创新模式。

关键词：公共政策创新；政策创新模式；社会转型；社会公共问题

公共政策创新的模式及其重要性

在转型社会，人们比较重视通过改革、开放来达成组织创新、体制创新、机制创新和制度创新。但是，这些创新中的任何一项都需要社会改革的主体去应对旧的利益矛盾所造成的老的社会公共问题；同时也需要他们下力气去解决因利益重新分配而产生的新的社会公共问题。这些都有赖于解决社会公共问题的公共政策的设计、规划与实施。因此，要真正实现上述各项创新，就离不开公共政策的创新。也正是在这一意义上，人们把公共政策创新看作促成社会转型和体制转轨的核心要素。①

虽然人们对公共政策的内涵和本质的认识并不统一②，但是公共政策活动，总有其需要解决的社会公共问题、行动主体、标的群体、政策价值和政策工具等主要的构件或要素，在这一点上，人们的认识并没有多大的分歧。公共政策创新也就是政策活动要件的更新替代、优化组合，它既可以是部分新的政策要素与部分旧的政策要素的优化组合，也可以是全部新的政策要素的优化组合。比如对于同样一项政策，以往只是政府某个部门制定的，现在除了相关的政府部门主导外，还有许多

---

① 公共政策创新在过渡社会的体制转轨中发挥着战略核心要件和操作工具的作用。参见胡宁生："体制转轨与公共政策创新"，《南京政治学院学报》，2003年第4期。

② 有人认为公共政策不是对全社会的价值分配，而是利益分配，政府通过选择、综合、分配、落实利益，实现政府目标；解决市场经济中的效率与公平，主要靠两种机制，市场机制主要解决效率，公共政策机制主要解决公平。参见陈庆云："关于公共政策分析的理论思考"，《北京大学学报》（哲学社会科学版），1995年第6期。

公众与利益团体参与其中,政策活动中增加了新的行动主体,出现了政策行动主体的更新替代和优化组合,这是政策创新。再比如在政策规划中,原先只是政府部门开会、拍板,强调的是控制管理,现在规划、制定一项政策,则要举办不同规模、不同形式的听证会、咨询会,强调政策规划中的民主和公平,从而在政策价值选择上出现了更新和优化组合,这也是政策创新。还比如,同样是养老保险政策,以往只让城市居民享受,现在开始考虑扩大标的群体,也让农民享受,政策的标的群体出现更新,形成了新组合,这也就是政策创新。至于在社会主义经济生活中让市场成为配置资源的主要力量,在公共物品的供给中让市场成为重要的参与力量,相对于传统计划经济条件下的行政管理来说,这方面的政策要件及其组合完全是新的,也是一种公共政策的创新。

公共政策创新不一定发生在转型社会,在一个平稳运行的社会形态中,执政党和由它控制、领导的政府为了解决政治、经济、文化和社会生活运行中出现的公共问题,也会对公共政策活动中的构件或要素做出更新替代和优化组合。但这种公共政策的创新是细微的、琐碎的,并且是辅助性的。在社会转型和体制转轨过程中,虽然需要依旧保持同一社会形态,并且要巩固已经确立的根本社会制度,但为了打破旧的体制和机制,赋予人们的政治、经济、文化和社会生活以新的面貌、新的活力和新的水平,就需要集中解决因旧的体制和旧的机制所无力解决而积存下来的社会公共问题,并且需要用新的思维和手段解决因变革而产生的新社会公共问题,因此公共政策创新就成为执政党和政府应特别关注的重要事项。可以说,在社会转型和体制转轨时期,执政党和政府所领导、引导和推进的改革,首先就是改革公共政策,所进行的公共政策的活动,主要就是公共政策创新活动。

社会转型和体制转轨中的公共政策创新是在不同领域、不同地区、不同层次、不同情境下出现和进行的,在内容、形式、条件和绩效等方面都带有具体性和特殊性。因此,很难概括出公共政策创新的一般规律、程序和方式,所能够做的仅仅是从某些现实案例中总结出政策创新的影响因素和实现机制,并区分出政府部门与具有变革愿望的个体、团体之间在政策创新中相互影响的类型。虽然这方面的研究仍处于起步阶段,但对于进一步探索转型社会期公共政策创新的模式是有帮助的。

在公共政策研究领域,概括和提炼行动或活动模型或模式是一种传统。公共政策活动的模型或模式,是用简化、精炼的方式将政策活动的方式、路径、策略加以显现的一种手段和形式。它是反映政策活动内在结构和逻辑联系的框架。与实物模型不同,政策活动的模型或模式是通过概念间的关联表现出来的。同样,在公共政策创新活动中,人们不断地从自发走向自觉,在政策创新进展到一定阶段时,就会尝试概括和建构出以概念的组合来简化地反映政策创新活动的路径、方式和策略的框架,即寻找政策创新的种种模式。

探索公共政策创新模式对于研究政策的理论和从事政策创新的实践都是必要的。首先,公共政策创新模式可以提供政策创新过程的活动框架。任何公共政策创新都会涉及利益的变化、组织与规则的变迁、行为的改变,因此,初始政策设计,规则与组织的变换，利益的分化、协调就成为其中必不可少的要素或因子。① 但这些因子如何组合并形成一定的结构会因政策创新者采用不同的方式、路径、策略而变化。具有相同的方式、路径、策略的政策创新则呈现出大体相似的活动框架而成为一种模式。人们对照公共政策创新模式就可以依据政策创新的内容和要求，自觉地选择包含政策创新因子结构的活动框架，就能够避免走弯路或付出不必要的代价，从而保证政策创新收到实效。

其次，公共政策创新模式可以提供政策创新过程的逻辑关联。任何公共政策创新都表现出外部环境和内在活动的互动。在政策创新的内部活动中，因创新者选择的方式、路径、策略的不同，各种因素间也会形成不同的关联。政策创新模式所显示的正是政策创新过程中各种要素间的逻辑关联。借助于政策创新模式，人们就可以了解政策创新中的不同逻辑关联，依据其指示就可以建立和促成政策创新要素间相对应的现实关系，从而保证政策创新的实现。

第三，公共政策创新模式可以提供政策创新过程的比较背景。具体的公共政策创新活动都是各具特色的，对于追求社会转型和体制转轨的改革行动者来说，必须通过比较，才能清晰地辨别和正确地指导不同时期、不同主体和不同途径的政策创新活动。能够撇开某些不重要的因素，简单易行地将不同的政策创新活动加以比较的参照背景恰恰是政策创新模式。我们可以将多种多样的政策创新分门别类地归并到不同的政策创新模式之中，通过模式的比较，再找出具体政策创新活动的特点。

以转型阶段为标准的政策创新模式

对转型社会公共政策创新活动做模式概括的第一种尝试，是以社会转型可能依次出现的逻辑阶段为标准，对政策创新活动的方式、路径和策略进行类型划分。较早做这方面研究和概括工作的要算波兰前第一副总理、财政部长格泽戈尔兹·W. 科勒德克。这位被称为"波兰改革总设计师"的学者在其著作中讨论了社会转型、过渡的不同阶段以及其和公共政策设计、创新的关系。②

科勒德克认为，因改革而进入过渡时期的国家在社会运行中出现的"转轨是一个发生根本性变化的过程：从基于国家控制产权的社会主义集中计划经济转向自由经济。因此，社会主义的改革目标在于通过一些改进而非根本制度的变化来对现存制度进行完善，与此相反，转轨则意味着实质性的改变和引入全新的制度安排。这是一

---

① 在公共政策创新活动中，有三种重要的机制：一是将利益分化、协调与原初政策设计联系起来的政策创新触发机制（trigger mechanism，TGM）；二是将原初政策设计与活动规则与组织变换联系起来的政策创新扩散机制（diffusion mechanism，DUM）；三是将活动规则和组织的变换与利益分化、协调联系起来的发展机制（development mechanism，DVM）。参见胡宁生：《现代公共政策学》，中央编译出版社，2007年版，第402－417页。

② 作为政治家兼经济学家的波兰前第一副总理格泽戈尔兹·W. 科勒德克在他撰写的《从休克到治疗：后社会主义转轨的政治经济》这一著作中，对30多个"后社会主义国家"的社会转型进行总体的比较和评价后指出，公共政策的设计与实施在体制转轨中起着关键作用。这位指导过现实的社会改革的政治家问了这样一些问题：为什么一些国家的体制转轨时期经济衰退程度如此严重？持续时间如此之长？而一旦能走出了转轨衰退谷底，这些国家还有机会取得显著的经济进步吗？他的结论是，"这些问题的答案有赖于政策的设计。高质量的增长必定基于高质量的战略和政策之上"（参见格泽戈尔兹·W. 科勒德克：《从休克到治疗：后社会主义转轨的政治经济》）。

个以新制度代替旧制度的过程,而不再是仅仅通过改进运行方式来完善旧制度的另一次尝试"。依据这一点,科勒德克认为,在"后社会主义国家"中,"一些传统的国家社会主义正在经历这种转轨,而其他部分国家正在进行全面的改革和重建。它们已经走出传统的中央控制经济阶段,但同时却尚未从社会主义进入转轨"。但是转轨也绝不是社会转型的终点,"转轨还应当被看成长期发展政策的一个工具,而不应将其本身视为一个孤立的目标"。

虽然科勒德克的用词较为不严密,特别是使用了所谓"后社会主义国家"这类非常不规范的概念,但从他的叙述中,人们还是能够比较清楚地看出,科勒德克是想将社会转型、过渡时期区分为三个不同的环节或阶段,即"改革"阶段、"转轨"阶段和"发展"阶段。他所谓的"改革"阶段是指"仅仅通过改进运行方式来完善旧制度",或只是做一些改进而非根本制度的调整变化的过程。而"转轨"阶段则是"引入全新的制度安排","这是一个以新制度代替旧制度的过程","后社会主义转轨就是以市场经济替代中央集权计划经济的过程"。在对"改革"与"转轨"两个阶段作了区分和说明以后,科勒德克又对"转轨"阶段和"发展"阶段的特点与区别进行了论述。他认为,"如果转轨被看成一个制度重新设计过程的话,有必要对转轨政策和发展政策进行区分",转轨只是长期发展的一个工具。而且,转轨只是以建立市场经济为目标,在转轨后,还有民主化建设问题。因此,"转轨"和"发展"是两个不同的阶段。

如果把科勒德克对社会主义国家的社会转型与过渡阶段的论述与中国社会转型的实际进程相对照,就会发现,这位东欧的改革理论家所说的社会转型中的"改革阶段"相当于中国改革开放过程中的破除旧体制、旧模式的阶段。他所说的"转轨阶段"则相当于中国改革开放过程中的建构市场经济体制、探索新型政治、文化、社会体制的阶段。他所说的社会转型中的"发展阶段"则是新的政治、经济、文化和社会体制有机结合、巩固完善的阶段。

最为重要的是,科勒德克还把社会转型、过渡与公共政策的设计联系起来。他认为在社会转型、过渡时期,公共政策是非常重要的,需要精心的、有效的政策设计。他指出改革和转轨都需要依赖"高质量的政策设计",高质量的增长必定基于高质量的政策之上。并且他还特意把转轨阶段的政策设计与发展阶段的政策设计做了区分,"如果转轨被看成一个制度重新设计过程的话,有必要对转轨政策和发展政策进行区分,前者不能代替后者"。转轨政策的目的是为了提高发展能力,而发展政策则应当充分利用已经建立起来的制度的优越性。

在谈到社会过渡、转型时期的公共政策设计时,科勒德克还给出了一些原则性的提示。他认为,体制转轨是一个经济与政治相互作用的过程,是一个各个集团的利益相互矛盾的过程。因此,在公共政策设计中,不仅"政策目标往往是彼此冲突的",而且常常会发生这样的情形,即"从经济的观点来看是必要的政策,从政治的角度来看却往往行不通"。这就是政策设计者所面临的主要矛盾和困境。

虽然科勒德克在谈及社会转型、过渡与公共政策的关联时,只用了政策设计的字眼,而没有使用政策创新这一概念,并且也只提出了政策设计的某些原则。但是,从他貌似简单的阐述中,人们还是可以找到一些关键性的因素。如转轨阶段必须有新的法律体系、新的行为模式。这一特殊时期的政策设计必然会遇到各个利益集团的矛盾、政治与经济的矛盾。政策设计时不能仅仅从经济观点看问题,还必须从政治上或从价值上思考问题。实际上,那些专门促进和服务于改革、体制转轨和发展的公共政策就是创新型的公共政策。这些特别的公共政策的设计,其实就是公共政策创新。而在社会转型、过渡中,这些带有创新性的公共政策设计,在改革、转轨和发展三个不同阶段上是不一样的。

结合中国社会转型、体制转轨的实际历程和具体阶段,公共政策创新在路径、方式和策略上的确是有区别的。在突破和解构旧体制的阶段上,活跃着的是第一代改革者,他们曾经是旧体制中的骨干,但又是对旧体制有深刻认识的群体。面对激烈动荡、低效低能的旧体制,这些致力于变革的政治精英们,也许会在启动重大突破之前,做一些整顿工作,以便让社会平静下来,形成有序的局面。但不能认为这是仅仅满足于调整,不求变革,相反这是为即将到来的突破性变革创造条件。要停止旧体制的运行,必须进行解构性的公共政策创新,必须在旧体制的一些关键构件上加以否定和突破。在旧体制最为关键的部位实施突破以后,一系列的后续变革就会跟上,形成批量性的政策创新。因此,在社会转型的破除旧体制的阶段上,公共政策创新模式在方式、路径、策略上的特点是突破性、批量性的。

一旦某个领域的政策创新获得成效,变革就会沿着初始的方向向前猛烈推进。在经过一个短暂的旧体制残余与新体制萌芽并存并发生摩擦、碰撞,甚至有时出现体制规则的"真空"状态以后,新体制就会迅速成长并从根本上取代旧体制,社会转型进入体制转轨阶段。在某个领域的新体制框架逐步建立以后,由于其他领域、环节和方面的政策创新滞后,体制转轨呈现单兵突进态势时,整个社会转型和体制改革不易形成整体推进的力量,就会导致社会结构的断层和社会运行的失衡。在这一阶段上,政策创新在方式、路径、策略上会呈现出加速性、单向性的特点。在经济、政治、文化和社会领域中的旧体制逐渐退出,但旧体制的残余因素依然起着作用,并且不同领域的新体制巩固和完善的程度存在较大差别时,主导着通过改革来实现社会转型的政治精英们,仍旧需要多方面的持续的政策创新,但是这时的政策创新,不再是大刀阔斧的突破,也不再是单兵突进,而是精细的协调和完善,并强调不同领域、方面的政策创新的有机配合。这种政策创新模式在方式、路径、策略上的特点往往是修补性、分散性的。

以行动主体为标准的政策创新模式

任何公共政策创新都是以执政党和由它控制、领导的政府为主导力量,为解决原有的或新产生的社会公共问题而对政策活动过程中的构件或要素加以更新替代和优化组合的结果。因此,在对不同政策创新的方式、路径和策略加以概括和提炼时,政策活动中的主体间的关系类型则成为重点考察的因素或标准。由此就会产生出政策创新模式的另外一种划分。

依据政策活动中的主体间的关系类型可以将整个社会过渡时期体制转轨阶段上可供人们选择的政策创新归结为三种类型。一种是完全由执政党和政府强力推行的强制型政策创新模式;一种是社会利益群体与执政党、政府相结合的回应型政策创新模式;一种是完全依靠人民自行管理的自治型政策创新模式。这三种类型的政策创新分别具有不同的条件和特点。

第一种是执政党和政府利用手中掌握的公共权力,控制和推行的带有某种强制性的政策创新模式。在这种模式的政策创新中,执政党和政府首先要制定出一整套变革计划和措施以保证政策创新最终能达到预期的目标;其次,执政党和政府要将公共权力垄断在手中,以借助强力和权威来推行各项新的公共政策。

要让这种模式的政策创新能够出现并发挥作用,必须具备一些前提条件。比如,必须产生出一些特别优秀的政治、经济、技术方面的精英,他们能将整个变革、体制转变的目标、过程甚至所有的细节都毫无遗漏地考虑到并设计好。其他的人只要按照某种预先勾画的清晰蓝图去一步步操作就行。同时,这种强制型模式的公共政策创新还需要执政党和政府,包括组织机构中的所有成员对旧的体制的弊端有深刻的认识,对人民群众的利益需求有充分的、正确的了解,只有这样才能保证政策创新得到广大公众的支持。

采用强制型模式的政策创新,至少会产生下列问题。一是执政党和由它领导的政府很难在整个改革、社会转型还没有充分展开之前,就预先设想好一整套能达到改革最终目标的创新性政策。在多数情况下,社会转型中的政策创新只能是"摸着石头过河"或"边干边学",即政策创新只能是渐进性并且是试错性的。

二是这种模式的政策创新,常常只有执政党和政府的主动性、强制性,而缺乏广大公众,特别是需要改变利益分配的政策标的群体的支持和响应,即使政策创新能够在某些局部的空间和层次上出现,也是很难得到传播、扩散的。这一模式的政策创新,虽然可以为旧体制的破除和新体制的产生和建设提供便利的工具,但是它在解决社会新旧体制更替的公共问题时,往往会因缺乏公众的自觉认同而难以奏效。尽管执政党和政府中的政治精英们会利用他们掌握的舆论工具和其他信息渠道来告诉社会公众,他们已经充分考虑并代表了社会公众的利益要求,但是,仅仅是口头的承诺和自上而下的强制推行并不能保证足够的公众认同性。

第二种公共政策创新模式是社会自治型政策创新。这是一种与强制型政策创新相对并对其片面性加以救治的政策创新模式。这种类型的政策创新模式把创新的主体完全归于公众,政府和政治精英的作用被大大减弱。作为旧体制的变革者和新体制的创造者的公众,已经完全组织起来,并形成了意见一致的、一开始就表现为完全理性的政策创新的纲领,人们都非常自觉并且一直准确无误地实施这一纲领。但这种理论的预设是无法保证的。因为,公众只是一个统计学上的概念。事实上存在的公众,是一个个利益不相同的个体、群体、集团。这些多元的、组合起来的公众利益,必须借助于政策创新的过程,才能在竞争、冲突、妥协、合作中达到某种动态的均衡与一致。利益的一致不是在政策创新之前,相反,利益的一致与均衡是政策创新的结果,而且这种利益的均衡绝不是刻板的、僵化的,而是动态的、不断变化着的。

自治型的公共政策创新似乎走向了另一个极端。它将公共政策创新与政治、政府的活动分离开来,并对社会权威持批判态度。这种政治与公共政策的分离和对公共权威的批判是包含着隐患的。自治型的公共政策创新模式,虽然重视了在体制转轨过程中公众从切身利益出发所发挥出来的政策创新的智慧和能力,但却过分地否定政府和公共权威的作用,这就有可能导致无政府状态。在原先已经贯彻了几十年的计划经济的作用下,不仅执政党组织和政府的行为方式已经定型化,而且,在旧体制的控制下,公众在利益的追求和思维及行动方式上也形成了某种定势,自治的能力已经萎缩了。要在短暂的时间中,自由放任地让公众自行去进行政策创新和推广,不可避免地会出现"权威真空""行为失范"现象,若不及时加以控制,就会酿成社会的无序和混乱的状态。

与执政党和政府独断包干的强制型政策创新模式和完全由公众放任自由地行动的自治型政策创新模式不同的第三种政策创新模式是回应型的政策创新模式。这一模式的特点是:首先,回应型的政策创新是一个国家在社会过渡时期推进和实现体制转轨阶段公共政策运行的主要内容。公共政策规划与实施的宗旨是解决社会公共问题,保证社会朝着既定的政治目标前进。在变革社会的过渡时期的体制转轨阶段,社会最根本的、影响最大的、最为普遍的公共问题就是旧体制已经完全失效,人们必须创造出新体制。公共政策的创新就是要回应这方面的社会需要。在这一阶段,也许还有另外一些政策需要规划与执行,但是,与体制转轨直接相关的政策创新则是总揽一切的。这种回应性的创新具有优先性。在中国的经济体制改革中,破除旧体制和创建新体制的公共政策创新成为整个过渡时期公共政策运行的主要内容。

其次,回应型的政策创新是非常态的政策运行过程。社会过渡时期转轨阶段上的公共政策运行显然不同于社会常态运行条件下的公共政策过程。对于一个国家来说,有两种运行状态:一种是正常的公共政策运行状态,或称为政策的常态运行;一种是非正常状态的公共政策运行,或称为政策的非常态运行。在常态运行中,政府和公共机构也会为解决社会出现的公共问题而制定、实施公共政策。这些旨在维护一个社会的既定秩序、并在既定的规则和组织下出现的公共政策过程,也具有一定的创新性。但是,回应型的政策创新并不是指公共政策过程中具有创新性的因素,而是强调政策的内容与作用就具有创新性质,这种公共政策的运行过程本身就在创造新的体制。

第三,公共政策创新可以发生在一个国家社会过渡时期的不同阶段上,而回应型政策创新则是同过渡时期的一个特殊阶段即体制转轨阶段相联系的。一个国家的过渡时期会产生虽然界限不那么清晰但顺序很明显的三个阶段,即旧体制的解构阶段,旧体制破除、新体制建立的转轨阶段,新体制巩固、完善的发展阶段。在这三个阶段上,都会出现公共政策创新。回应型的政策创新对应的是体制转轨这一阶段。当然,能不能将强制型的政策创新与旧体制的解构阶段相对应,将自治型的政策创新与过渡时期的发展阶段相对应,还需要进一步研究。但体制转轨阶段的政策创新确实更多的是回应型的政策创新。

第四,回应型的公共政策创新是一个逐步的、系统性的创新。回应型的政策创新是对社会提出的破除旧体制和构建新体制的要求的回应,这种破旧立新的要求总是逐步出现并逐步得到实现的。回应型政策创新不赞同在一个主观限定的时间段中把一切旧的体制全部废除,把一个全新的体制一下子建立起来。政策创新除了要逐步推进以外,还需要系统地加以考虑。一个旧体制包含着一整套系统的规则和相应的组织,同时,还有一整套政策在其中运行。因此,要对旧体制的规则和组织加以变革,并建立起适应新的利益要求的新的规则、组织,就必须用一整套新的政策来替代旧体制下的政策系统。这种创新与替代是一项逐步推进的系统工程。

以突破层次为标准的政策创新模式

政策创新的不同方式、路径、策略选择还集中表现在政策创新的突破层次上。以政策创新的突破层次为标准来划分,可以区分出"由下向上的""基层突破、中央规范"的政策创新模式和"由上向下的""中央示范、基层跟进"的政策创新模式。

虽然公共政策活动基本上属于公共领域中以执政党和政府为主的公共部门的行政治理活动,但是,公共政策活动的宗旨是公共部门运用公共权力,恪守公共价值,为协调公共利益而解决社会公共问题的过程。因此,公共政策活动并不是公共部门单方面展开的活动,它首先表现为政治决定,其次才是治理手段。同时,公共政策又是公共部门与社会、公共部门人员与广大公众互动的过程。在公共政策过程中,与政治精英密切联系的是公共部门中的中央层次,与社会公众密切联系的是公共部门中的基层层次。在这种互动中,公共部门中的不同层次的政策行动主体也会产生出不同的行动方式、途径和策略。处于上层的公共部门及其成员与处于基层的公共部门及其成员,在政策创新中会有积极引领和认同跟进、先行突破和后续规范等不同的方式、途径和策略选择。

一种是基层突破、中央规范的政策创新模式。这种政策创新模式在中国改革开放的初期阶段表现得特别明显。比如揭开中国改革开放大幕的农村"分田到户"的壮举,就是从基层开始突破的。安徽凤阳的农民在公社和生产队党员和干部的默许和支持下,分田到户,打破了政社合一的人民公社体制。凤阳干部农民的行动,在安徽境内一下子推开。其他邻近的县、市和省也跟着搞起了分田到户。推行了20年的农村建设的人民公社体制,在基层一下子被突破了。但由乡村农民和干部自发创造的分田到户的农业生产方式和农村管理方式是粗糙的、零乱的、不成熟的。为了将农村的改革引向健康的、持续的发展,中央通过正式的研究与集体决策,将分田到户规范为农业生产和乡村建设的"联产承包责任制",并将原先的公社一级政府改革为乡镇政府。

正是农村改革中的"基层突破、中央规范"的政策创新激发了另一场更为重要、更为宏伟的市场经济体制孕育、发展的政策创新。这场直接破除计划经济模式的政策创新,最初是由深圳的一批主持地方变革的基层领导者发动的。深圳是广东宝安的一个小渔村,和香港紧挨着。香港在1997年回归以前是受英国统管的市场经济较为发达的地区。身处深圳的一些具有改革头脑的基层领导者感受到,虽然香港和深圳两地根本制度不同,但一旦跳出"姓资姓社"的争论,市场的共性就显露出来,它们都是配置资源的手段。香港用了这种手段,经济就繁荣。如果深圳也用这种手段,也会带来经济的发展。由于比其他地方更早地试行运用市场手段来配置资源,深圳就成为建构市场体制的政策创新的"特区"。

对于这样的特区,质疑的人不少。为了让深圳人有敢闯、敢冒的空间和环境,邓小平的态度是先看一看再说。深圳人经过奋斗,用每隔几个月就让一幢高楼大厦平地拔起的速度,用在荒地上竖立起一个现代化城市的奇迹,证明了政策创新的威力和价值。邓小平在视察和总结深圳经验后,将特区这一建构市场经济的创新政策推广到沿海城市。然后又大胆地将市场经济体制从沿海城市向内地扩展,中国终于走向了以市场体制建构为导向的深入改革、开放的新途程。基层的政策创新突破,在经过中央的首肯和规范后,就成为全国性的政策创新大潮。

从农村的联产承包责任制创新到全国的市场经济体制创新,其共同方式、途径和策略就是从基层的突破开始,经过中央的肯定、规范,再传播、推广到整个国家。这种"基层突破、中央规范"的政策创新模式,有以下显著的特点。首先,这一政策创新模式发生在具有创新意识并讲究创新技巧的改革者所活动的基层。由于先从基层突破,震动不大,阻力相对较小。其次,正因为这种政策创新模式只在局部产生突破,即使发生偏差,受影响的面不大,纠正起来较为容易,从而风险较小。第三,这种政策创新模式容易在局部积累经验,一旦看准了,就能迅速在面上、在全局上推开。

与上述的政策创新模式相对的是"中央示范、基层跟进"的政策创新模式。中国改革开放过程中的政府机构改革和新的行政管理体制的建立,主要是采用这一政策创新模式。从 1982 年开始,首先从国务院做起,自上而下地展开各级政府的机构改革。1988 年 4 月,七届全国人大一次会议通过了国务院机构改革方案。这是一次弱化专业经济部门分钱、分物、直接干预企业经营活动的职能,以达到增强政府宏观调控能力和转向行业管理目的的改革,同样是从中央开始的。只是由于后来一系列复杂的政治经济原因,原定于 1989 年开展的地方机构改革没能如期跟进。

2008 年开始的由中央政府先导推行,各省、自治区和直辖市跟进的大部门制改革则是"中央示范、基层跟进"的政策创新模式的一个范例。在国务院实施第一期大部制改革后,地方则开始了依据"7+1"框架的跟进改革。全国各省市都实行了涉及农业、工业、交通运输、住房保障、人力资源、文化市场、食品药品七大领域的政府机构与职能结构改革,并且都要建立一个健全的基层社会管理体制。

与"基层突破、中央规范"的政策创新模式不同,"中央示范、基层跟进"的政策创新模式的特点是:首先,这一政策创新模式起始点在中央层面,其展开是自上而下的。这就需要上层的政治精英具有巨大的魄力和过人的胆略,看准了时机和条件,实行突破。其次,正因为突破口选择在上层,一旦行动,就会对全局产生影响,如果上层稍微发生偏差,基层在跟进时,就会产生普遍的失误,因而存在较大的风险。第三,由于政策创新是自上而下的,这种创新型政策会以最快的速度,在最大的范围内传播、推广。

正像其他类别的政策创新模式一样,以先行突破的层次为标准所划分的政策创新模式之间的区别是相对的。虽然"基层突破、中央规范"的政策创新与"中央示范、基层跟进"的政策创新在展开的途径、方式和策略上是有差别的,前者是"自下而上"的,后者则是"自上而下"的,但是,"基层突破、中央规范"的政策创新也需要在一定程度上得到上层同意或允许,而"中央示范、基层跟进"的政策创新,又常常是先从基层改革汲取经验,然后才在上层形成政策创新意图,进而从最高层入手,率先变革,为基层跟进树立样板。

作者简介:

胡宁生,女,北京大学博士研究生毕业,公共管理学教授,博士生导师,"享受国务院特殊津贴专家"(2004),江苏省"333 高层次人才培养工程"中青年科技领军人才(2005),教育部高等学校高职高专公共管理类教学指导委员会主任委员,江苏高校重点建设学科带头人,江苏省"六大人才高峰"资助项目获得者,中国行政管理学会常务理事、全国公共政策研究会常务理事、全国行政学教学研究会常务理事,多家政府和咨询公司顾问。主要从事公共管理、公共政策、绩效管理与政府审计、预算等方面的研究,主持国家社会科学基金重点项目、面上项目、省部级重点课题 10 余项,其他项目 20 项;撰写、主编学术著作与学术教材 20 余部,在《中国行政管理》《经济学动态》等权威期刊发表学术论文 70 余篇,获国家人事部、江苏省人民政府等省部级优秀成果奖 6 项。

(原文发表于《江海学刊》,2010 年第 1 期,第 116－122 页。)

相关研究 10－2:公共政策创新的理论逻辑——以中国人事档案制度为个案

摘要:公共政策变迁是人类社会基本的正式制度变迁模式,是围绕集体行动而开展的自发的或通过人为安排的秩序演进过程。公共政策创新是公共政策变迁的必然阶段,是人类走向政治文明、社会和谐的有效制度安排。作为一项政策工具,人事档案制度一直以来强化着中国的身份管理和单位管理,对于中国的人事管理和国家安全做出了巨大贡献。然而,人事档案制度突出的应该是公共服务和社会管理的功能,而不是身份限制和单位控制的功能。因此,人事档案制度的变革不可避免。在可预见的诱致性政策创新当中,交易费用理论、公共服务理论、普遍信任理论、公民社会理论将为制度变革提供理论基础。

关键词:公共政策变迁;理论逻辑;人事档案制度

"我们的社会是一个组织化的社会",随着社会化大生产日益扩大,现代社会结构从先前的基于血缘和私人关系的"公社"形式变为基于契约性的"合作"形式。[①]在高度分化和流动频繁的现代社会中,个人已被包罗进各种各样的正式的或非正式的组织之中参与社会活动,几乎没有人不属于组织,人的所有社会活动、社会行为几乎都已经组织化了。在日常生活中,人们的许多事务已经被各种不同性质、不同大小的组织所代理。作为国家、组织与个人桥梁和纽带的人事档案制度如何打破形成于计划经济时代的"体制僵块"而不断适应新的社会结构呢?我们如何重构国家、组织与个人关系的新的制度架构呢?交易费用理论、公共服务理论、社会信用理论和公民社会理论将为中国人事档案制度的变革和创新提供理论支持和行动框架。

---

① 理查德·斯格特:《组织理论》,华夏出版社,2002 年版,第 4 页。

（一）交易费用理论

自从科斯著名的论文"社会成本理论"发表后，交易费用概念引起了经济学家们的强烈兴趣。但交易费用方法并未成为经济学家分析经济现象的专利，尤其在70年代后交易费用的概念越来越频繁地使用，不仅被引入产业组织的分析，而且不断被借鉴于制度变迁的分析。科斯在《企业的性质》一文中第一次提出了交易费用的概念。科斯指出，价格机制的运行是有成本的，其成本高低直接影响着该机制进行资源配置的效率。当价格机制的配置效率不能令人满意时，便产生了更有效率的替代机制——企业。作为资源配置手段，价格机制与企业机制的替代取决于交易成本的高低。[①]可见，企业对市场的替代，是出于交易费用的节约。但什么是交易费用，科斯没有进行系统阐述，后来的研究者们认为交易费用一般包括交易前用于收集信息、交易时用于谈判签约、交易后的实施和监督考核这三部分的费用。道格拉斯·诺斯指出：交易费用是决定一种政治或经济体制结构的制度基础。[②] 制度经济学家张五常更直接地认为，交易费用其实就是制度费用，"一人世界没有交易费用，这些费用是在多人的社会才出现的。多人的社会有人与人之间的竞争，要决定竞争的谁胜谁负，制度就出现了。从广义的角度看，制度是因为交易费用而产生的，所以交易费用应该称为制度费用"[③]。

社会的发展，其根本动因在于该社会的制度因素，一个好的制度必须是能够有助于社会持续良性发展的制度安排。新制度经济学认为，制度变迁的目的是改善委托人与代理人之间合同的安排，通过实现由专业化带来的贸易收入而最大化委托人与代理人的财富的价值，从而实现全社会福利的提高。显然，是否有利于市场交易的发生与深化是制度经济学判断制度机制优劣的最重要标准。如果制度有利于交易市场的容量最大化，有利于经济的深化，那么表明具有较高的制度资本。不利于市场交易的制度，则使交易的成本变高，这种成本通常被称为"制度成本"。当然，制度成本不仅指在市场交易发生过程中实际要支付的成本，也包括有制度障碍而根本无法进行或选择放弃的市场交易所带来的机会成本。我们认为，制度变迁过程中的制度成本主要包括：(1) 原有制度的沉淀成本，即由旧制度的滞后所造成的社会损失或人们为此多余付出的成本；(2) 新制度代替旧制度的替代成本，又称实施成本，即制度经济学家布罗姆利所说的"学习新制度以对新的和从未有过的事情做出恰当反映的成本"[④]，即对新制度要成立机构进行搜寻、探索、实践、分析总结以及宣传、安排推广新制度过程中所付出的社会成本；(3) 制度转变前后的摩擦成本，即布罗姆利所说的"制度创新还受到达成社会一致的成本的巨大影响"。由旧制度模式向新制度的转变，打破了旧的利益主体格局，必然会使原有体制下既得利益者的利益受到损失，新的利益主体格局逐步形成。这样新旧利益主体之间以及新利益主体之间必然会出现认识上或利益上的摩擦。这一方面会阻碍新制度的运行和社会的发展，形成制度的

---

① 科斯：《企业的性质》，上海三联书店，1990年版，第6页。
② 参见道格拉斯·诺斯：《经济史上的结构和变革》，商务印书馆，1992年版，"序言"，第1页。
③ 张五常："交易费用"，《21世纪经济报道》，2002年4月8日。
④ 蒋青：《世界一流经济学名著精缩》，新疆人民出版社，2000年版，第407页。

摩擦成本;另一方面,政府因此还要进行宣传教育或进行利益调整,这也要付出成本。显然,制度的运行是有成本的,制度选择从根本上说是一个经济问题。

新中国成立后,为实现"一大二公"的社会主义理想目标,党在建国后提出了过渡时期的总路线,即"一化三改"。在社会资源相对不足的情况下,实现革命后社会的政治整合与社会主义重任的最基本前提是国家从根本上获得对社会中各种资源的控制权和配置体制。因此,经济上建立计划经济体制,政治上实现全民动员。农村进行土地改革、合作化、人民公社等一系列社会改造,通过实行粮食统购统销制度和严格的户籍制度,国家实现了对劳动力、土地及其他农业要素的控制。城市实行"统分统配"的人事制度和"单位封锁"的档案制度,解决职工的住房、医疗、子女、养老等几乎所有问题,实现了对国家干部、知识分子、工人的"单位控制"。在这种全能政治状态下,国家实现了对绝大部分稀缺资源、结构性活动时间和空间的控制。公民更多地依据在群体或组织中的成员资格而不是依据自己的个性来确定自己的社会地位,公民完全依附于以人事档案为识别符号和连接链条的组织和单位。然而,这种控制不仅需要一个全能的政府,更需要一个万能的政府,因为国家与社会、政府与个人之间存在着信息不对称,且每个人的偏好是不同的,要达成一致意见,不仅成本高昂,而且可能会陷入"阿罗不可能定律"之中而徒劳无功。由计划经济向市场经济的体制转变后,人们长期被束缚的思想和个性得到空前解放,实现了由"单位人"向"社会人"的转变,我国的制度环境也发生了质的转变,由过去以国家为中心的"国家主义"转而关注人的自由和全面发展的"以人为本"。但令人遗憾的是,我国的人事档案制度仍停留在计划经济时期的单位制和身份制的襁褓之中,以身份等级和单位控制为核心的旧有制度,不仅远远滞后于现行人事制度,现实中还往往由于传统档案制度的藩篱而阻碍人力资源的合理配置,导致人才不能按照市场供求进行优化配置,相对削减了人事制度及其他相关人才政策的效力,人事档案制度也因高成本运行和低效率产出而陷入尴尬。人才流动是市场经济的伴生物,在我国经济体制改革深入发展,市场经济已经确立的今天,人才的社会化、市场化乃至全球化的趋势日益明显,随着国家机关、事业单位改革、干部人事制度改革,随着各行各业人才竞争的激化,人才流动的加剧势不可挡。在这种形势下,人们长期附属于一个单位,甚至"从一而终"现象将不复存在,人才的市场化将破除人及其档案的单位所有制,人员流动的经常化与"人档合一"的捆绑式管理必然产生极大的冲突,要求解开人与其档案捆绑的绳索,让人才从档案的束缚中解放出来的呼声只会越来越强烈。

政策变迁的目的是在新政策设立以后能提供社会公众以更简洁、更清晰的自主选择与发展路径,创造一种更公平、更自由的社会制度环境。而人事档案制度却有意无意地人为制造着等级序列、身份区隔,因此,变革传统制度已迫在眉睫。当然,这种政策变迁中的摩擦成本和机会成本是不可避免的,我们只能尽量减少而勿奢望毫无付出。按照科斯理论,建立制度的成本与它节省的成本比哪个更大,决定制度的稳定性。具有较低社会成本的制度,执行效果较好,比较接近既定的政策目标,被选择的可能性较大;反之,较高社会成本的政策,即使其相应的政策目标更为理想,但是却难以实现的,也就难以成为政府的理性选择。如果传统人事档案制度的成本过高,比如档案造成的人才流动阻隔、制度腐败现象严重,或支持档案行政费用的财政负担过重,加快人事档案制度变迁的成本就变得难以忍受。因此,新制度的提供也必须以社会成本的节约为出发点与归宿点。制度的产生虽然从表面看是人们创造出来以适应社会生活的,但是社会会以自己的逻辑对这些制度进行筛选,然后人们根据社会的反应进行集体性的反思,最终制定出更为符合实际情况的制度。作为一种制度选择,我们需要做的是,比较各种选择之间的成本和收益,以一种成本最小收益最大的制度取代成本较高的制度,以求在社会结构发生变化的过程中,选用较合适的制度来协调个人选择与社会发展之间的矛盾。

(二) 公共服务理论

政府是什么? 政府应该怎么样? 从国家诞生之日起,这个命题就如"哥德巴尔猜想"一般困扰着人们,从"守夜人"到"必要的恶",从"划桨"到"掌舵",从经济自由主义到政府干预理论,人们试图在市场与政府的不同组合中找到正确的答案,但结果往往是一个问题的解决却以另一个问题的产生为代价。

政府为何? 洛克在《政府论》中这样解释政府的起源:在人类进入政治社会之前,存在着一种"自然状态"。在这种自然状态下,人们虽然过着自由、理想的生活,但是由于缺乏有权威的公共裁判者,当发生争端或成员受到伤害时,就会产生无法解决争端和进行申诉等种种"不方便"。为了避免并挽救自然状态的种种不便,人们通过订立契约,让出一部分天赋的基本权利,共同形成政府的公共权力。但是,人的自由、平等和财产权仍然得以保留。政府本质上是行使公共权力的机构,其基本职能就是"为规定和保护财产而制定法律的权利,判处死刑和一切较轻处分的权利,以及适用共同体的力量来执行这些法律和保卫国家不受外来分割的权利;而一切都只是为了公众的福利"[①]。公共选择理论大师奥尔森则从经济角度分析政府的起源。根据他提出的集体行动的逻辑,规模有限的原始部落建立公共机构、维持秩序及提供公共产品,借助的通常是自愿协议。但由于大群体中人数众多,人们在技术条件的限制下协议产生公共机构的成本高昂,并且每个人对公共机构和公共秩序产生的影响微不足道,"搭便车"的可能性大幅度上升,公共机构和秩序的产生就困难得多。奥尔森从中国20世纪20年代军阀混战的史事资料中受到启发,得出了政府产生于暴力争夺后,暴力组织与老百姓双方理性自利行为的结论。他发现军阀混战中实际上存在着两种暴力组织:一种是"驻守匪帮",另一种为"流窜匪帮"。前者定期、持续、相对稳定地对势力范围内的老百姓收税,后者则是随机地进行疯狂掠夺。对老百姓而言,前者虽然也是仗着暴力来索要,毕竟还给老百姓留一点,因此,与其受"流窜匪帮"的轮番洗劫,还不如只接受一个"驻守匪帮"的盘剥,权且当作交了"保护费"。而"驻地匪帮"则因驻守而产生了长远眼光,逐渐认识到不"竭泽而渔"反而有利于自身的利益,于是戴上皇冠,禁止其他匪帮的出现,将劫掠的权力垄断于自身,用政府——提供公共安全进而提供公共秩序和其他公共产品——来取代无政府的状态[②]。从以上可以看出,国家或政府是基于公共秩序和公共产品而产生的,其存在的逻辑是人们为了节约达成公

---

① 约翰·洛克:《政府论》(下篇),商务印书馆,1964年版,第4页。

② 参见张宇燕:"民主的经济含义",盛洪:《现代制度经济学》(下卷),北京大学出版社,2003年版,第135－140页。

共秩序和公共产品的契约的交易成本而让渡一部分公民权利组成的公共权力。提供服务是现代政府的本质所在,任何政府都是以提供公共产品、实现和维护公共利益的形象出现的。可以说,政府的产生本来就是一个公共产品。

政府何为? 传统的公共行政理论对此提出了一些基本的原理:(1) 政府本身应按等级制、官僚制的原则进行组织;(2) 政府一旦介入到某一政策领域内就可以通过官僚制组织结构成为物品和服务的直接提供者;(3) 政治与行政能够相分离,行政应是执行政策的工具,任何政策只由政治领袖制定,即威尔逊和古德诺的政治——行政二分法;(4) 公共行政是一种特殊职业形式,因此,它需要一种终身制的、能够同样为任何政治领导人服务的职业官僚。[①] 但是,这些条规化的原理因为无法回答和解决现代政府面临的机构臃肿、浪费严重、效率低下、官僚主义作风盛行、管理成本无限增长等日益严重的问题,以及政治与行政的分开在实践中难以做到和非现实性等,不断受到人们的普遍怀疑和严峻挑战。人们清醒地认识到官僚制组织并不是政府提供公共物品和公共服务的唯一方式。在这样的历史背景下,20 世纪 70 年代后期一场"重塑政府""再造公共部门"的"新公共管理运动"在西方发达国家掀起浪潮,对传统公共行政理论进行了颠覆性的批判和否定。新公共管理倡导者们认为政府的职能是掌舵而不是划桨,有效的政府并不是一个"实干"的政府,不是一个"执行"的政府,而是一个治理并善于治理的政府,主张在公共管理中引入竞争机制,广泛采用私营部门成功的管理方法,用市场的力量来改造政府,政府应具备"顾客意识"和重视产出而非投入,重新审视文官与政务官的关系等。

如果将新公共管理与旧公共行政相比,新公共管理似乎总会赢,它的许多主张与创新不能不说极具启迪意义,但对"新公共管理"的过度迷信,也是一种"致命的自负"。其对人性认识的偏颇不仅可能引发政府公共伦理危机,也使公共行政价值发生偏离及公共行政的正当性在民主治理过程中的丧失;对市场的过分崇拜而忽视了市场的缺陷,出现公益丧失、规避巧用、寻租、特权与贪污等问题;向私人部门学习的自我解构导致公私管理的混淆,丧失了政府在公共管理中的正当角色和其应有的正当意义;不恰当的"顾客"隐喻可能无法全面理解公民的角色,使公民和政府之间的关系不健全、角色错乱。[②] 新公共管理在"套用"私人部门管理技术克服旧公共行政弊端的同时,却让人们越来越怀疑政府的"产权",政府究竟是谁的? 我们应该记住这个显而易见的答案:政府属于它的公民。因此,行政官员在管理公共组织和执行公共政策时,应当强调他们服务于公民和授权予公民的职责。换言之,将公民置于第一位时,重点不应当放在驾驶或划动政府这条船,而应当放在建构具有完整性和回应性的公共机构之上。对此,"新公共服务"为我们提供了一个完全融合公民话语和公共利益的全新视角:服务于公民,而不是服务于顾客:公共利益是就共同利益进行对话的结果,而不是个人自身利益的聚集;追求公共利益:公共行政官员必须促进建立一种集体的、共同的公共利益观念;重视公民权胜过重视企业家精神:致力于为社会做出有益贡献的公务员和公民要比具有企业家精神的管理者能够更好地促进公共利益;思

① 欧文·E. 休斯:《公共管理导论》,中国人民大学出版社,2001 年版,第 2 页。
② 张成福:"公共行政的管理主义:反思与批判",《中国人民大学学报》,2001 年第 1 期。

考要具有战略性,行动要具有民主性:满足公共需要的政策和项目可以通过集体努力和合作过程得到最有效并且最负责地实施;承认责任并不简单:公务员应该关注的不仅仅是市场;他们还应该关注法令和宪法、社区价值、政治规范、职业标准和公民利益;服务,而不是掌舵:对于公务员来说,越来越重要的是要利用基于价值的共同领导来帮助公民明确表达和满足他们的共同利益需求,而不是试图控制或掌控社会新的发展方向;重视人,而不只是重视生产率;如果公共组织及其所参与其中的网络基于对所有人的尊重而通过合作和共同领导来运作的话,那么,从长远来看,它们就更有可能取得成功。① 在民主的社会里,人们在探索治理的方式时,对民主价值的关注是首要的。尽管对经济和效率等价值的追求也很重要,但应置其于民主、社区和公共利益的大前提之下。很显然,"新公共服务"与国家的民主宪政是完全一致的,在这种理论中,政府不再是计划经济时代各个活动领域的决策者,而是从计划经济时代的"划桨者""掌舵人"变为市场经济下的"服务者",充当普通民众的公正协调者,保护普通民众的权利和自由,保障民权,关注民生,激发民资,开发民智。

从公共事务的角度来看,人事档案既具有作为社会管理工具及公共信息的公共产品属性,又具公民私人隐私的私物品属性,无论是作为公共产品还是作为私人物品的人事档案,为人类服务应是它的终极价值所在。然而,现实生活中由于传统人事档案制度的体制性阻碍,要么因为人事档案的神秘封闭而成为个别领导的特权专利甚至成为牟利的工具,要么因为人事档案"千人一面"的内容导致其低利用价值而成为个人可有可无的"鸡肋"。公共服务理论正好为我们提供了这样一个框架,在这个框架里,传统公共行政和新公共管理所倡导的价值观被重新审视和校正,也为我们重新审视传统人事档案制度提供了一个全新的视角,为我们重新建构国家、组织与个人的关系提供了一个全新的框架。人事档案由过去单纯为领导和组织部门服务转为面向社会,为社会主义市场经济服务,由过去的完全封闭被动型和滞后性转为充满主动性的超前服务、参与服务和跟踪服务,为用人单位发现人才、使用人才和人才合理流动提供丰富可靠的人事档案信息,为利用者提供热情、灵活的服务,让利用者满意,使人事档案的作用得到充分发挥和利用,这将是人事档案工作今后的一项主要任务,也将是新时期人事档案制度重建的逻辑起点。

(三) 普遍信任理论

所谓"信任"(trust),按照心理学家赖兹曼(L. Wrightsman)的观点,"信任是个体特有的对他人的诚意、善意及可信性的普遍可靠性的信念。"②郑也夫先生在对信任进行溯源研究之后阐明,信任是一种态度,相信某人的行为或周围的秩序符合自己的愿望。它可以表现为三种期待,对自然与社会的秩序性,对合作伙伴承担的义务,对某角色的技术能力。它不是认识论意义上的理解,它处在全知与无知之间,是不顾不确定性去相信。③ 信任是降低不确定性和简化复杂性的机制之一,是维系人际和

---

① 珍妮特·V.登哈特、罗伯特·B.登哈特:《新公共服务:服务,而不是掌舵》,中国人民大学出版社,2004年版,第40-41页。

② 转引自郑也夫:《信任论》,中国广播电视出版社,2001年版,第17页。

③ 郑也夫:《信任论》,中国广播电视出版社,2001年版,第19页。

谐的心理基础,是建构社会秩序的重要媒介。信任和社会关系的根本意义在于,人的社会交往有不可避免的不确定性,信任为应对不确定性提供了"经久""稳定"而且得到"普遍认可"的制度和个人心理结构。[①] 只有在社会成员间存在稳定的相互信任关系的情况下,社会才可能建立一种长远的共同秩序。

信任的对象有三种,即对国家的信任、对组织的信任和对个人的信任。人与人之间的信任更多地依赖于道德人格,是一种情感信任和经验信任。个人对组织的信任更多地依赖于契约形式,是一种集体信任。个人对国家的信任更多地依赖于制度资源,表现为个人对制度的认同和忠诚,是一种委托信任,但这种制度信任可以引导和帮助人们走向全社会的普遍信任。个人对国家的信任通过"委托"的制度形式去达成,个人对国家的信任在更多层面上表现为个人对制度的信任。一种具有普遍意义的制度信任是将社会引入有序政治的必要途径。

众所周知,普遍信任的建立依赖于制度。按照罗素·哈丁的信任理论模式,信任通常是一种三方关系:A 信任 B 去做 X(或者跟 X 相关)。在这里,假设 A 是一位公民,而 B 是一位公务员、一位求官者、一个组织或一种制度,那么信任 B 的最可能理由是,有一种将使 B 在 X 方面作为 A 的代理人好好做事的组织结构或政治动机对 B 施加影响。[②] 这个模式可能存在四个未能突现的主要因素:首先,如果 A 要信任 B,那么 B 不仅必须有做 X 的动机而且还有要做 X 的能力;其次,如果 A 的信任要得以实现,A 必须有能力判断 B;再次,如果 B 是个人,A 在做 X 方面不可能信任 N 个 B,那么必然需要居间的制度来进行判断和处理;最后,如果 A 信任 B,B 是一种制度,那么制度又能值得信任吗?"制度能否被信任,取决于他们是否被形成结构,以致他们能够通过推理诉诸其构成规则。在那些没有持续地诉诸这些规则的地方,普遍信任的基础受到削弱。"[③]"信任一项制度"意味着知道其构成规则、价值及准则为其参与者所共有,而且他们认为这些规则、价值、准则是有约束力的。信任制度也意味着信任政府,信任政府当然应该信任特定政府的规范性主张。人事档案制度作为规范个人、组织与国家关系的一项公共政策,理所当然值得所有人的尊重、遵守和信任。在设想"善"的制度前提下,个人 A 没有必要去怀疑组织或代理组织行使职能的 B,因为 B 是"全心全意为人民服务"的好机构或好领导,在对待 X 方面也应该是准确的、能够获得信任的。所以,有关 X 方面个人事务的簿记式记录产品——人事档案理所当然地成了信任政治的替代物。

从政策动员的方式来看,中国人事档案制度就是一种典型全权制状态下的政治产品。我们知道,任何革命的发起和推动是以社会存在普遍"非信任政治"为逻辑前提的。中国共产党领导的新民主主义革命和社会主义革命的目的就是要推翻封建官僚主义、买办资本主义、国民党反动派压力下的非信任政治格局,但不信任的政治元素不可能一下子完全铲除,因而在革命取得胜利之后仍然需要无产阶级专政条件下进行"继续革命"。建国初期所开展的镇压反革命运动和思想改造运动就是以政治空

---

①　Adam B. Seligman. *The Idea of Civil Society*. New York: The Free Press, 1992. p169.

②　罗素·哈丁:"我们要信任政府吗?",马克·E. 沃伦:《民主与信任》,华夏出版社,2004 年版,第 27 页。

③　马克·E. 沃伦:《民主与信任》,华夏出版社,2004 年版,第 7 页。

间存在不信任元素为假设前提和事实前提的,因而从思想上和行动上对若干"不信任者"实施一定的社会排斥是符合这一政治逻辑的。人事档案制度的推行之目的就是希望重构社会新的信任格局,强制性地把个人、组织与国家的非信任状态转化为完全信任状态。从政策认同的效果来看,人们已经通过户籍制度和人事档案制度慢慢建构了对组织和集体的信赖与忠诚。单位组织提供单位人的工作岗位、生活空间和集体福利,人们在单位组织中感受到俱乐部式的"大家庭"般的温暖,因而个人必须簿记式地阐述自己的优点和缺点,必须对单位组织和国家社会表示效忠。由此,通过"大运动"形式所形成"自上而下"的政策动员与建国初期的国内外复杂环境、共产党政策的亲民主义路线、民众心理特点等因素所形成"自下而上"的政策认同共同构造了当代中国的信任政治。于是,人们之间以及人们对制度之间的信任相当普遍,信任政治建立在以人事档案为代表的"信任替代物"上,人们从来不会怀疑自己的"证明信息"会失真。在那个时候,虽然档案内容中也存在着这样或那样人为的信息失真,但人们对国家及其生产的制度是充满着高度敬意和高度信任的,体现了社会力量的高度统一和国家—社会的一体化趋势。这种"自上而下"开展的政策动员与"自下而上"形成的政策认同所建构的普遍信任有助于建立大规模的、复杂的和相互依存的社会网络和制度,从而实现了由人际关系凝聚的经验信任走向集体规划的制度信任,减少了公共政治生活中的信任风险和败德行为。

随着时间的变迁和环境的变化,特别到了改革开放的年代里,社会要素的流动大大加快,人们开始感觉到更多的私人空间和活动自由对于个人发展的重要,对于单位严密控制模式已经显得有点越来越不习惯。同时,"该不该完全信任自己的组织"、"能不能充分信任撰写单位档案内容的那些人"等一些问题出现了。人们对于人事档案这种信任替代物产生了越来越多的怀疑,对人事档案制度的合理性出现了越来越多的动摇,于是人事档案制度的信任危机不可避免地产生了。因此,人事档案制度改革的目标之一,便是在社会人才流动中为人们之间的普遍信任提供恒久的、可信赖的制度保障——信用档案。

（四）公民社会理论

公民社会是从英语 Civil Society 翻译而来,通常又译作"市民社会""民间社会"。其本意源自希腊雅典的"城邦政治",在古希腊和罗马时代,政治和社会是一体的,公民社会指的是当时城邦公民(polites)——有权参加公民大会、参与城邦政事的少数成年男性居民——的社会政治生活状况。在契约论的思想中,社会指的是一种先于或外在于国家而存在的人类联系形式。[①] 公民社会被认为是父系权威和自然状态的对立物,指的是一种由货币经济、自由交换活动、有利于开发人的才智和激励技术发展以及尊重法律的政治秩序等要素构成的一种渐臻完善和日益进步的人类事务的状态。简单说来,公民社会就是处于个人与国家之间的有组织的社会生活领域,是与国家相对等的一种实体,是联系个人和国家的媒介和桥梁,是形成稳定而长久的自由、宽容和社会参与的政治模式的社会资本。[②] 因此,19 世纪

---

① 约翰·洛克:《政府论》(下篇),商务印书馆,1993 年版,第 48 页。
② 常宗虎:"公民社会理论及其对社会管理工作的意义",《中国民政》,2002 年第 7 期。

法国政治思想家托克维尔提出的"联合的艺术",被广泛引用于公民社会与国家的正和博弈关系当中。黑格尔在他的《法哲学原理》中,对"公民社会"的概念作了详尽的论述。他认为公民社会是历史过程的产物,是现代世界的产物,它的出现标志着现代世界的来临。他把公民社会与国家分别开来,称之为"外部的国家"(external state),是独立于国家而使市场运作并保护其成员的必要机构,它由充满矛盾和冲突的阶层中间的各种社团、团体和阶层组成,国家的形式和性质则是由它代表公民社会的方式来决定的。公民社会处于个人与立法机构之间,后者调节个人与国家之间的利害关系。而国家的存在,是为了保护公众的共同利益,同时又通过干预其活动来对公民社会加以约束。从这些论述中我们可以提炼出公民社会的一些基本特征:(1)是人类历史进程的产物,是现代世界前进的脚步;(2)指的是国家控制之外的生活领域,一种存在于家庭、家族与地域的界域之外,有别于国家又独立于国家的公共空间;(3)公民社会各个部门(所谓第三部门)在追求各自的利益、喜好、目的的活动中进行不受政治干涉的相互竞争,他们有法律和规章上的保障,也受到国家的保护;(4)要求经济民主,与统治经济不相容,市场经济是它的经济基础;(5)与专制主义不两立,而与民主政治息息相关。公民社会民主化与政治民主化互为条件,相互促进;(6)应该作为国家的一种制衡力量。①

美国肯塔基大学教授托马斯·雅诺斯基认为,公民社会表示国家领域、由志愿组织组成的公众领域以及涉及私营企业和工会的市场领域三者之间的一种有活力的和相互做出反应的公开对话领域。根据这种界定,雅诺斯基将社会划分为四个相互作用的组成部分:国家领域、私人领域、市场领域和公众领域。② 国家领域包括立法、行政(执法)和司法(依法律和宪法作评定)的组织;私人领域包括家庭生活、亲友关系及个人财产的处理;市场领域包括那些通过商品生产和服务而实际创造收入和财富的私营组织以及若干公营组织;公众领域至少包括五种类型的志愿性联合组织——政党、利益集团、福利协会、社会运动及宗教团体。在公民社会中,国家领域、私人领域、市场领域及公众领域相互作用、相互制约、平衡发展,体现的是一种平等关系,公民的基本权利与国家公共权力平等对称,公民权利得到了充分的体现。当然,四个部分并非界限清晰、泾渭分明的,各领域之间往往相互重叠。可见,公民社会是高度组织化的社会,在这种社会中组织具有一定的自主性和自主性利益。

公民社会理论从国家与社会的二维视角把国家与公民社会的博弈关系分为强国家—强社会、强国家—弱社会、弱国家—弱社会、弱国家—强社会和国家与社会对等合作五种模式。我国在高度集中的计划经济体制时期,国家与社会同构,政治强大、社会萎缩,属于典型的强国家—弱社会模式,社会组织的发育极不完善,其自主性和自主性利益相对政府组织来说是比较小的。政府机构和体制内社会组织——单位因结构、功能雷同而表现出很大的同质性,出现了所谓的"政府—单位"组织同构现象。单位组织是在国家社会主义体制中、国家占有大量社会资源的情况下,所形成的一种

---

① 参见汤润千:"公民社会与社会主义现代化",《河北师范大学学报(哲学社会科学版)》,2002年第1期。
② 托马斯·雅诺斯基:"公民与文明社会",辽宁教育出版社,2000年版,第16-22页。

特殊的社会组织。这样的社会组织对于个人来说，不是一个单纯的社会场所，也不是一个单纯的收入来源，而是一种特殊的社会组织，这种社会组织通常具有三种社会功能：统治功能、社会资源分配功能和专业化功能，它们构成了国家统治的基本结构和工具。① 国家把单位组织当作自己的一个个"纽带"，通过控制单位组织来实现对整个社会乃至个人的统治。这种统治机制使社会成员对单位组织的依赖性进一步加强，单位组织成为国家职能的延伸，单位不仅是国家分配资源的基本形式，也获得了国家统治结构的基本性质，体现着一种全面而深刻的归属关系。这种情况下，组织几乎没有什么自主性和自主性利益，社会组织仅仅作为国家控制社会的工具而存在，相对于国家的行政性命令权力来说，更被强调的机制是个人对社会组织的资源或利益依赖。国家借助于这种依赖关系，通过相应的手段（如计划、指标）控制在社会组织中的资源分配，从而控制了个人对社会组织的依赖行为，进而在此基础上维持国家对社会的统治关系。因此，与公民社会四部门的平等对称分布不同，我国社会部门分布呈现一种非平等、非对称的金字塔型关系，即通常所说的"政府办社会"和"社会国家化"。在这种社会结构中，单位组织及其人事档案制度充当的是国家控制社会和公民的工具角色。

由计划经济体制向市场经济体制的转轨，必将引起社会形态、经济结构、生活方式、人与人之间联系形式等各个方面的巨大变化，而市场经济及与之伴生的多种经济成分并存的所有制结构为公民社会的发育提供了空前有利的土壤、条件和环境。市场经济的健康运行也有赖于一个壮大的健康的公民社会的存在和运作，以便在市场与国家权力之间，以及不同经济成分、利益集团之间构筑一个相互交流、协调、缓解矛盾、推动合作的公共空间，使国家与公民社会之间形成既相互制约又相互协调的关系。因此，由强国家—弱社会向强国家—强社会的结构模式转变，由传统的"社会国家化"向"国家社会化"转变，必须建立强大的公民社会，这样既有利于市场经济的繁荣发展，又不致令国家在市场面前无所作为。与市场经济体制相适应，我国的人事档案制度也必须由传统的"单位所有"转向"社会所有"，大力发展人事代理制度，实现人才资源的市场化配置。唯其如此，才能真正得以维护社会稳定，促进经济繁荣，建构社会主义和谐社会。

作者简介：

陈潭（1969— ），湖南常宁人，法学博士，教授，博士生导师，广州大学公共管理学院院长。教育部"新世纪优秀人才支持计划"人选，湖南省"优秀青年社会科学专家"，长沙市人民政府法制专家委员会委员，广州市人民政府突发事件应急管理专家，全国政策科学研究会常务理事。主要学术偏好为公共政策、地方治理、网络政治、危机管理，主要著述有《单位身份的松动：中国人事档案制度研究》。

（原文发表于《理论探讨》，2007 年。本书在引用时，事先征得了作者的允许。）

---

① 潘修华："论中国公民社会组织政治参与的建设问题"，《北京航空航天大学学报（社会科学版）》，2003 年第 3 期。

五、课程案例

课程案例 10 – 1:农村改革中的大胆创新

(一)小岗村 18 户村民:包产到组、包产到户

严俊昌"大包干"带头人,67 岁,时任小岗生产队副队长

离淮河约 20 公里左右的安徽省凤阳县梨园公社小岗村地处岗地,往年都是十年九旱。正是 1978 年的那场大旱,把 18 户农民"逼上梁山",他们以自己的创新,将中国农业经济的发展引向了一个新的阶段。在当时集体经济绝对盛行的背景下,小岗村的 18 户农民,摁血手印签下了一份为后世瞩目的合同。合同的核心意思只有四个字:分田到户。一时间,小岗村成了安徽乃至全国农村改革的发祥地,同时,1978 年他们分田到户的壮举,更是掀开了中国经济改革的序幕。

今天看来,这份"生死契约"内容非常简单:"我们分田到户,每户户主签字盖章。如此后能干,每户保证完成每户全年上缴的公粮,不再向国家伸手要钱要粮。如不成,我们干部坐牢杀头也甘心,大家社员也保证把干部的孩子养活到 18 岁。"但是,这在当时,要写下这段话,该需要冒多大的风险。

18 位农民没有想到,他们被饥饿逼迫而写成的这份"生死契约"竟无意间成了中国农村改革的第一份宣言。1979 年 4 月,中共中央通过"关于加快农业发展的决定",开始敞开农村体制改革的大门。

严俊昌家再往前一公里,就是小岗村"大包干纪念馆"。每一周,严昌俊都要到那里坐一坐,今年 67 岁的他是纪念馆的名誉馆长,常常要向前来参观的各路人马介绍当年按血手印分田到户的经历。

不做饿死鬼,18 户按手印"包产到户"

我从 1962 年开始当生产队副队长,后来当了队长。我在那个时候多少有点看法,我们党明明看到国家的现状,在那个环境下,为什么没有一个共产党员敢出来顶这个责任,说句真话呢? 我就一直想不通。虽说党解放了全中国,但中国人民饿死了这么多,仍然还是抱着老路子。要是一直那样走下去,可以说是自取灭亡。

1971 年起以生产队为单位,但生产还是搞不上去。大包干前,整个村年产粮徘徊在 3 万斤左右,100 多人,每个人一年才分到 100 多斤粮食,根本不够吃,那时什么树皮、青野菜、葫芦秧等田中的作物,只要能吃的都吃了。如果不走"大包干"这条路,我自己、我家的老婆孩子都要饿死。

我从 1978 年开始,走访了几个老同志讨论怎么解决小岗的温饱问题,也就是怎么救活大家的命。1978 年底种麦的时候,几个老同志就说:"只有分田到户,但这条

路是走不通的,刘少奇都被打倒了。"我当时的决心就是,管它倒霉不倒霉,社会主义的车往前拉还是往后拉,只要大家能吃饱饭就行。哪怕能吃一顿饱饭,拉去杀头也满意了。做饱死鬼强过做个饿死鬼。

刚开始我们打算,一个生产队分成两个组,如果积极性高就接着干。但分两个组还是有小集体,多少还是有一点矛盾,有些出勤不出力。后来两个组分成 8 个组,生产队一共 120 口人,18 户,8 个组分干就是基本到户了。但还是不行。最后就彻底包产到户。

当时大家按了手印,为什么按手印呢? 有老人家提醒我,"俊昌,你这个路是走不通的,到时候要成千古罪人",让我召集大家,问清楚如果这条路走不通是不是会怪我。

我觉得老人们说得有道理,就把大家找来,先说要解决温饱问题只有走包干这条路。我就问他们如果走不通,可怪干部? 干部倒霉怎么办? 大家讨论后就说:"如果干部倒霉坐了牢,我们就给干部送牢饭,如果真的杀头枪毙,就把他小孩养活到18 岁。"

当时也没有纸,就在小孩念书的本子上撕了纸,大家按了手印,发誓赌咒,任何人不能说,亲戚也不能说,谁说出去不是他娘养的。算是大伙互相担保。保证第一要完成国家的,第二要留足集体的,剩下的才是自己的。

纸包不住火,县委书记也顶不住了

任何人都不知道,除了我们这 18 户。后来纸包不住火,第二年春天的时候,党委开会就找到我,当时我就担心出事了,这么多队长不找怎么就找我。到了办公室,他们就问我是不是搞分田到户了,说是听邻队反映的。过了几天,开生产队大会又找我麻烦,告诉我:不交代的话,种子、化肥等凡是上面供应的都不给我们了。公社也没有查清楚,说一旦查清楚了要向党汇报。

从当天开始上面的待遇没有了。我们这么多年靠上面待遇,还是饿死的饿死,吐血的吐血。要想活下去,还是得靠自己,继续分田到户。我在小岗问大家可有意见,大家没有意见,就那么定了。

第二天,公社党委书记就把我给看住,开始监督我,意思是说:"你不讲实话,我一个党委书记就跟住你了。"连看三天,那三天我啥也不干,他一天到晚跟着我。到第四天,我向他坦白了。他要立即把我逮起来,我就问他会不会杀我头,我当时对他说:"你放心,就算杀我的头我也不会诬赖你的。"他就说:"就凭你这句话,党就能相信我? 如果先放了你,杀你的头还管我的头呢。"

他跑到县委去汇报。接着县委书记陈庭元来到小岗,发现我们确实分田到户了,叹了一口气,就批示小岗干到秋天,说是干得好再向党汇报,干不好收回来。

哪知道没干到秋,陈庭元就顶不住了。有人反对,说这样做没有文件,小岗在挖社会主义墙脚,开历史倒车。陈庭元就通过电话会议,让我们立即并起来。

后来地委书记王郁昭来到小岗,他找到我家后就问我,你可是严俊昌同志?

我说,是的,你是哪位?

他说,我是哪位你不要管,你快带我看看。

我就上了他的车带他看了几家农户。我家那时分了四五十亩地,种的花生和水稻,我也不记得种了多少,只记得粮食多得没地方搁了,连床底下塞的都是粮食。当时王郁昭看了后回去开常委会。我究竟犯了什么法? 要是定我反革命罪的话,那共产党江山打错了,死了那么多人打江山为了什么,不就是为了中国人民过好日子吗? 所以我的罪就定不下来,结果王郁昭就说,定罪定不下来,那我们就支持严俊昌。然后他又带常委们来了一次小岗。

万里来小岗,问了三句话后说:我批你干三年

王郁昭之后就找安徽省委第一书记万里,万里也来了小岗。他没来之前,陈庭元就透底了,说:"万里要是来了就实话实说吧,倒霉也好,有罪也好,等万里来了再说。"

万里来了之后,第一句就问我:"可是共产党员?"

我说:"不是共产党员。"

他说了句:"好! 中国这么多共产党员都不敢走这条路,为什么? 怕丢了乌纱帽,丢了官。很多共产党员他不是为人民的,他为了自己的那个'官'。"

万里第二句话问我多大岁数,我说 37。

第三句话:是过去的生产队长好当,还是现在的生产队长好当?

我说,过去的生产队长不好当。大伙出勤不出力,挫伤农民积极性,总是徘徊在 3 万斤粮食左右,常年靠国家。

他说,你这样干可有把握?

我说,像这样干,不管天灾人祸,可以不要国家供应,可能对国家还有贡献。万书记可能准我们多干几年?

当时万里就说,那能干啊! 地方批你干一年,我批你干三年。当时我恨不得趴在地上给万里磕头。

万里视察了一遍很满意,临走时,我问他:"你批我干可有红头文件? 地方政府要是找我麻烦怎么办呢?"

他说,不错,我是没有红头文件,谁要是找你麻烦你就这样问他:"你可以想出什么好的办法? 如果对我有看法,你能使生活过得比我好,收入比我现在多,做出的贡献大?"他要是说不出什么好的办法,就让他不要管你,他还得跟你学习。

万里的这几句话真管用,后来有人跟我说:"老严,你这样可还要集体啊?"我说:"你可想得出什么好办法呢? 我们至今还没想出什么更好的办法。我们至今还没有找出第二条更好的路,咱们没有什么集体的企业,只能这样一家一户地干。"

(资料来源:"小岗村 18 户村民:包产到组、包产到户",http://www. china. com. cn/economic/zhuanti/xzgjjlsn/2009 - 07/24/content_18200621. htm.)

(二)皂树村分田到户早于小岗村

时值改革开放三十年之际,30 多年前参与分田的皂树村各小队小队长一起座谈,遥想当年他们共同点燃的农民改革之火。

长篇报告文学《台州农民革命风暴》日前由作家出版社出版,该书由何建明历经 3 年调查采访创作完成。

何建明在采访过程中发现，当年最早分田到户的创举不是此前众所周知的安徽小岗村，而是台州皂树村。"1978 年 12 月，安徽凤阳小岗村的 18 个农民按下手印，签订了一份分田到户的包干'契约'。一年后，新华社记者将小岗村的事写成一组'内参'送到中央领导手里，小岗村从此成了中国农村改革的'发源地'。大家由此认为小岗村是第一个实行农村分田到户的村子。其实，情况并不是这样。台州皂树村在1977 年前就已经把地分完了，皂树村才是分田到户的发源地。"何建明介绍，他在台州皂树村采访时，遇到了皂树村当年分田到户的三名领头人——当年的生产队会计、如今的党支部书记李方满，当年的老区长王植江以及农民英雄李文君，他们拿着当年分田到户的文字材料原件给他看，并详细讲述了当年分田到户的全过程。

何建明说，皂树村分田到户的风暴要比小岗村惨烈得多，因为它是在"文革"中出现的革命行为。其他地方都在搞政治运动，那个地方的农民却在暗暗地分田，从当时社会环境看过来，这不是革命是什么？"台州农民这种改变自己命运的自发运动一直在涌动，这种风暴不是跟政权完全对立的，而是将历史推向更高、更文明、更完善的方向。"正是基于这样的考虑，何建明将书名定名为《台州农民革命风暴》。

皂树村，地处白水洋镇黄坦办事处海拔 300 多米的半山腰，是一个偏僻的高山村。如今，村里只有六七十人住着，多半是老人，年轻人都下山居住了。

在这个看似平静不起波澜的小山村，三十多年前，却发生了一件至今轰动全国的大事——早在安徽小岗村之前很多年，他们就已经偷偷把田地分了，包产到户。而这件事，当时，对外、对上级都是严格保密的。

2008 年 10 月，作家何建明历经 3 年采访所得的成果《台州农民革命风暴》出版，才将皂树村农民改革的这一史实公之于众，让世人从此对这个不起眼的小山村刮目相看。

日前，本报记者前往黄坦皂树村，在村委会副主任李宏响的帮助下，找到当年参与分田的几位老人，听他们讲述这一场"生死抉择"的改革风暴。

李文君：71 岁，时任黄坦公社皂树村第三小队队长

早点分田早点吃饱

什么时候开始偷偷分田地，具体时间我忘了，总之是在批林批孔之前就已经分了。不过，我们对外从来不说，这一点大家都很团结。因为如果上面知道我们把田地都分了，是要被处分的。

那时，我是村里第三小队队长，队里有 4 头牛，33 亩田，128 人，其中劳动力有 22名。最初的时候，4 头牛是轮流到队员家里吃的，刚开始几年还好，后来由于大伙儿饭没得吃，牛都瘦了。

因为是集体劳作记工分，有些人就偷懒，到最后，大家都不愿意出力，田地也荒芜了。我就想着，要不私下里做点小生意，赚些钱买粮食吃。以前，生意都是不能做的，被称为投机倒把行为。

我悄悄到白水洋买了 5 袋黄花菜，准备拿到乡下去卖。结果刚走出商店门口，就被抓住了，背后不知什么时候还被一些红小兵用粉笔画了一个圆圈框着叉的图形。

他们带我到打击投机倒把办公室，从我身上搜出一本笔记簿。因为里面记着一

些工作事务,他们一看,知道我是皂树村第三小队的队长,还是民兵连长,是一位干部,就告诉我,让我回黄坦公社打证明,可以把5袋黄花菜拿回去,但是以后不准再卖了。

回来后,我就再没有起做小生意赚钱的念头,老老实实在小队里管理集体的田地。后来,我们得知,林彪逃走了,就觉得这时种种田应该没什么关系,于是我、李义赠、李小囡、李宏赞4人一商量,决定把田地分了,反正队员们都开心。

当时,对上面的人,我们也不敢明目张胆地分田地,就以猪口地的名义分,一头猪要吃多少粮食,就分给大家多少田地,名义上是种了给猪吃的,实际上人自己也要吃,而当时,养猪是鼓励的。

那4头牛,我们分给了队里劳动力最好,最忠厚的人,每人一头,再补贴3分田。等牛老了时,卖掉的钱,归集体所有。另外就是一些田埂地,按人口分,每人分得一些。有了田地,大家都很卖力地耕作,也能吃饱了。

1981年下半年,全县推广以包产到户为主要形式的生产责任制。后来参加大会的时候,其他村的村干部都说,田地早点分就早点吃饱,晚点分就晚点吃饱。

自从农田包产到户后,生活宽裕了,也不愁吃穿了。

这本1977年的口粮分户簿,是为分田账簿做掩护的,上级来检查,就拿这本给他们看。

李义赠:78岁,时为黄坦公社皂树村第三小队队员

粮食,从150公斤到500多公斤

解放前,我帮人家担脚担,常常受气;解放后,见到有田可以种了,很高兴。

1958年,开始吃大食堂,因为粮食少,吃不饱,我就私下里约了附近村庄一些要好的人,有十几个,一起溜出去帮人家割稻。

我们主要是到大田、黄岩帮人家割稻,往往饿着肚子,一日一夜走一百多公里。有时候,坐船出去,回来时没有盘缠了,就在路上走5天回家。

在外面,我们一天帮人家割3担谷,250公斤左右,工钱是一日4公斤稻谷,吃在主人家。这样子,一趟出去七八天,回来时就有二三十公斤稻谷了。

在外很苦啊,我们回来之后,起码瘦2.5公斤以上,有时还要生一场病。

夏天,我们出去帮人家割稻谷;冬天到了,就上山砍柴卖,一日可以换回1公斤左右大米。

有时候,我也偷偷做点小生意,当时看来,都是不合法的事情。我自己打听消息,或者写信出去,问问外面的情况,偷偷溜出去二三天,又悄悄溜回来。私下里,我买来粮票,再卖给别人,赚一点中间价。此外,我还贩过苎麻、农药、粮食、猪等。

在小队里,一天只能赚二三毛,出去的话,我可以赚到二三元。当时,干这种事情,都是被逼出来的,如果不这样做,儿女就带不大,父母也没办法养老。我宁愿自己出去讨饭,也要让家人吃上粮食。

但是,溜出去这种事是不能告诉集体的,所以经常提心吊胆。

后来,情况更糟了,由于吃不饱饭,不少人脸上都肿起来,就是得了浮肿病,大家心中有怨言。有个别人说,我们干脆把田地分了吧,我说行,就这么干了,我们是没办

法，只能走这一条路。

我想，田地毕竟是共产党分给穷人吃饭的，现在大伙儿都没饭吃了，把田分了给大伙自己种粮食，应该也不用担心。要说有责任，也就是种的责任。如果上级派人来检查，就把田地都并回去；他们一走，再把田地分出来。就这样，分并并分，一年磨一年。

当时分田的借口，就是利用猪口地的政策。一头猪的口粮是 60 公斤，我们就报上去 75 公斤，猪口地的面积大了，集体的地就小了。我们一直都是这样做。

后来公开分田地的时候，我们小队把好田与坏田分开来，分别进行抓阄。只要有一点可分的，我们都把它分了，心里那个高兴啊。

有了自己的田地，大伙积极性很高，拼命劳作，希望自己的田地多产粮。我也一样，心里激动，每天天色微微亮就起床到田地去，直到天黑吃晚饭才回来，中饭都是老太婆送过去的，有时自己带干粮，用番薯粉和成团，伴着粥汤吃。

第一年，特别辛苦，不管晴天、雨天，都待在田地里。我还跟老太婆一起，用石头搭建了茅草棚，晚上就睡在那里，担心别人半夜过来偷稻谷。刚开始的 3 年里，我们的田地上都建有茅草棚守着，后来就拆掉了。

还是集体土地的时候，我一年只能分到 150 公斤粮食；后来偷偷分了田地，一年有粮食 350 公斤；再后来公开分田地以后，已经可以达到 500 多公斤粮食了。

另外一个变化，就是原先开会的时候，都是讲要分清敌我矛盾，谈阶级斗争；以后，田地分了，开会就说要搞生产，大力把经济发展上去。

现在，我们自己吃的都有了，国家也不跟你拿，原先的杂粮，像南瓜、番薯、玉米都用来喂猪，我们自己吃大米。家里每年都会养两只猪，一只养肥了卖掉，一只下半年杀了自己吃。

李义华：74 岁，时任黄坦公社皂树村第一小队队长

分田到户，谁也不能说出去

说起偷偷分田的事，我们比第三小队还要早一年，具体的时间，我现在也想不起来了。

不过事实上，我们也是被逼着分田的，没办法。当时，队员们由于集体出去劳作，出力不出力一个样，一大早出去，到了田地里，趁着干部没看见，就放下锄头歇息，看见了大不了被骂几声，也没关系。

这样导致亩产粮食越来越低，而人们不够吃，经常饿肚子，有的人一顿吃了 6.5 公斤番薯还吃不饱；碰着有时候小队里中午吃米饭，有队员能一气吃下 1.25 公斤米的饭。当时队里流传着"三个一"的说法，就是一个人一顿能吃下一斤酒、一斤肉、一斤面，而这些，妇女、小孩都是没得吃的，只好吃柴草根、乌糯基（一种当地草根），甚至连米糠粉都吃不着。结果是，浮肿病越来越厉害，大便都结成颗粒。

那个时候，直接说"包产到户"是不能讲的，我就研究毛主席的政策，好像也没有完全否定不能分田地。没有说不能做，那就是可以做，所以我们就把田地都分了，但是，对别的村，或者对上级部门，都是严格保密的。

分了田地之后，好在大伙都知道这事的厉害程度，基本对谁都不说，哪怕是自己的亲戚来问也不说出去。有时候别村的人问起,为什么只看到你一个人在田里耕作?村民就回答说,是因为任务少,派他一个人够了;也有说是为了多赚工分。有时候上级部门来检查,我们就集体出去一块儿干活,谁也看不出。

为了分田地的事情,我们还弄了一个账簿,里面详细记载了哪家哪户分到多少田地,分别在哪儿。

但是,这世上毕竟没有不透风的墙,附近的上宅村、下宅村对我们分田的事反应挺大,于是黄坦公社书记金绍兴就下来调查,还拿走了这本账簿。后来,我想问他要回来,他反问我:"你这是什么账簿,还想要回去!"就不还给我。

因为私下分田,我们小队还被处罚过。最早的时候,是村里的李苟兴,他因为分到的田不是很满意,就把这事说了出去,结果,黄坦乡(那时,还不叫公社)罚了我们第一小队 600 公斤稻谷。

再后来,因为分番薯山的事,村民李义调被罚了 135 元。上面这样做,是杀鸡给猴看,因为李义调曾经当过国民党时期的副保长,还是什么道徒、坛主,所以就拿他开刀,其实是做给我们所有人看的。

我们皂树村当时被称为"小台湾",名气很大,整个双港区都知道。得到这样的称号,是因为我们村地处偏僻,天高皇帝远,经常不按政府政策来,自己干自己的,而且一致对外,内部非常团结。那时候,如果跟别的村庄吵架,我们全村人都会站出来,所以一般不会吃亏。

分田的时候,我们是按着口粮来分的。口粮有多少,就分给这户人家多少量的田地。田分到户后,你能种多少,都是你自己的事。比如一块田,要是原本能产 500 公斤的稻谷,你种了之后,达到 550 公斤、600 公斤稻谷,那么多出来的都由个人拿走,集体不干涉。所以队员们经常利用早晨、中午、黄昏三段时间跑到自家自留地上干活,很卖力。

胡庆邦:77 岁,时任副县长兼农村工作委员会主任

从抵制到推广

1980 年的时候,对于田地包产到户,我还是持抵制态度的,思想不太开放,认为社会主义社会,要走集体化道路,要搞合作社,如果变成包产到户,就是"辛辛苦苦三十年,一夜回到解放前",是从先进走向落后。本质上,是对生产关系要适应生产力发展认识不到位。

1980 年下半年,我到省委党校学习了三个月,专门学习生产力和生产关系,认识和思想都比之前开放了些,但还没有完全结合实际。回来之后,我开始担任副县长兼农村工作委员会主任的职务。

1981 年上半年,我对于包产到户的认识,是认为要抵制,但是觉得下面反映要田地通通到户的要求也有道理,于是就形成了分类指导的思想:对于生产条件好、基础扎实的地方,不能实行包产到户,要继续保持先进,巩固集体化道路;对于骨干力量分散、地区偏僻、基础薄弱的地方,由于生产积极性差,一下子达不到先进的要求,可以实行包产到户。

当时的情形就是,生产关系不是适应生产力,而是阻碍了生产力的发展。比如有些地方，农业生产工具落后，劳动力不强，却要求农民将农具、耕牛等全部归集体所有，群众接受不了。

像张家渡，好几千人一个大食堂，吃饭不付钱，种出粮食归食堂统一烧饭。我们以为这样做，是解放妇女劳动力，让她们也参加社会主义劳动，而不是被束缚在灶台上。但事实是，大家都吃公家的饭，没有节约意识，没几个月就把集体吃空了。更多的时候，人们白天出去劳动，却想方设法偷懒，生产力极大削减。

1981年，我到浙江农业大学参加培训，后来到安徽小岗村实地考察学习，思想才真正解放。小岗村在实行包产到户之前，每亩田地只能收获三四十公斤稻谷，人们的积极性没了，产生和平逃荒的现象，小岗村附近村庄70％—80％的村民都出去讨饭了。

小岗人认为，都到跑出去要饭的地步了，于是就把田地分到户，种多种少都是自己的。当然，这事对上面是保密的，只说还是集体化。

谁知，分田地之后第一年，亩产粮食由原来的35公斤提高到70公斤，第二年又变为105公斤。到最后，每亩产量可以达到150—200公斤稻谷，老百姓的生产积极性更高了。

经过这番学习，回来之后，我就向县领导汇报，于是，以包产到户为主要形式的农村生产责任制就在全县推广开来，1983年、1984年，这一政策实行得更加彻底，还进行分山、分林。

1984年6月25日，中共临海县委转发了县委农村工作部的《关于做好延长土地承包期工作，进一步稳定和完善农业生产责任制的意见的报告》，将延长土地承包期作为当年农村工作的重点之一。

于是，一场浩浩荡荡的农村经济体制改革在临海大地上轰轰烈烈地进行着。

（资料来源：何建明："皂树村早于小岗村"，http：// publish. dbw. cn/system/2008/11/24/051617107. shtml. ）

（三）从"分田到户"到新型合作化——安徽省凤阳县小岗村土地流转调查

严俊昌："大包干"带头人，67 岁

村民才富一点，就开始乱收费了

1978年没有单干的时候只能收3万斤粮食，单干后当年就收了18万斤，一下子就翻了6倍都不止。此后年年有增长（据1994年3月4日《人民日报》文章"在史诗中裂变的小岗村"，1979年秋收，小岗村的粮食总产由1978年的3.6万斤猛增到13.2万斤，人均收入由上年的22元跃升为400元——记者注）。

以前地也少，全村1000多亩地，除了517亩包产地，其他的都荒掉了，没有人种了。大包干后，这些荒地都被利用起来了。人们的积极性都调动起来了，看不到荒草，遍地都是粮食。

这之后就没有要饭的了。吃饭的问题都解决了，家里饭都吃不完了，谁还出去要饭呢？单干之前，生产队里都是一些茅草房，我那时四五个孩子，全家就一间房子，屋门都是用芦秆架的。大包干当年，我就新盖了6间茅草房，后来又盖了好几次，1993

年盖了砖瓦平房。农业机械、手表、电视机什么慢慢都有了。过去粮食都是用扁担挑,现在都是用拖拉机拉。我们的发展是很快的。虽然说小岗没有富起来,但从住、穿、吃和机械等方面都进步了很多。

在1978年之前,生产队生产的粮食每年应交1800斤,小岗一年都没有交过。历史上就没有交过国家皇粮。1979年产18万斤,我们当年就把国家的皇粮任务完成了。那个时候粮站都没地方存粮食了,就现盖粮仓。

开始几年没有乱收费,村民才富一点,但不久后就开始乱收费了。

一个部队的师长来小岗参观,他到我家,我问:"我们这样(单干)能干多少年?"他说:"现在老邓在政,政策不会变,我就怕地方的腐败政府看你们有了,虽然锅里还没多少,他们就你一勺我一勺把锅里给挖空了。"

当时我还不信,后来他的话就变成现实了。

单干后,我家有四五十亩地,那个时候干的只够缴费,全罚掉了。名义上说是为群众服务的代收款,比如用于集体抽水的费用,但是那几年根本没抽多少水,剩下的钱也不还给农民,代收到他们自己的口袋去了。再比如"基本建设费",每个人收二三十元。收上去了什么也没建设。要收费了,我们几个大队干部就得打个报告,今年想要为农民干点什么,变相收费。

1980年代中期,乱罚款到什么程度了?不交罚款就把你们家门给扒了,罚你多少钱就从你家粮仓扒多少粮食。村民要是抗拒打架,就被抓到派出所。当时我是村长,一年有1000多块钱的收入,是上缴款的回扣钱。

我认为那是错误的。但我作为村长也带人去扒粮食。不扒不行,任务完不成,没有办法。我心里也挺矛盾的,共产党的路哪能这样走呢,我们当干部一天到晚扒群众粮食怎么行?

我就写了一封信让人带给王郁昭,王郁昭带给了万里。

温家宝点名请我,我告了乱罚款乱收费的状

温家宝可能就是因为我那封信来的小岗。至少我的信转交给他看了。

那时上面只要来了人,我讲了实话,上面的人就会找县里面。县里面就认为我老严尽说实话,他们就不高兴。后来县委书记找到我说:老严你一天到晚给群众打官司,群众的收成我们扒去的还不到两圈。我就说,你两圈他两圈,总共有几圈呢?

温家宝没来之前,县委人大一把手就对我说,老严,你这次不能再说实话了,你这个实话说了弄得我们集体政府都不好看。我当时说,我不讲空话。他就说,不管你说不说空话,我们不安排你说话。

温家宝来的时候,县里不让他来小岗村,怕我们讲了真话啊!就借口说抽水把土路给拦了,实际上根本没有放水。后来温家宝一定要见我们,说"把严队长接来",就用车子把我们接到了小溪河镇上去。

但是后来没安排我讲话,安排严宏昌(大包干时任生产队副队长)讲话。他开会谈到人均收入5000元,温家宝也没吱声。

要散会的时候,温家宝说,不行,有几个老同志点名说一定要找到严俊昌,请他讲话。

我在会上说，我如果不讲，对不起党，也对不起群众。我们就要说实话，我们政府只有脚踏实地实事求是才有希望，不能净搞弄虚作假。有人说农民种地那么富，人均收入那么多钱，其实没有。实际上只能解决温饱。哪有那许多钱？我们每年人均只能收到七八百、上千块的样子。

我又说，为什么搞大包干？因为大集体挫伤了劳动积极性，党和群众的距离越拉越大，群众不相信我们党。可我们现在这样单干后生活都过好了，为什么党和群众的距离又拉大了呢？群众瞧不起我们干部呢？现在净搞什么乱摊派乱罚款，见你种烟、种棉花、种油料，都要收钱，连养猪还要收二十块的猪头税。那些费用多的一户有两三千，我家有一两千。这种乱收费乱罚款农民怎么看得过去？我们赚的还不够政府要的，这不是个问题吗？

另外，既然把土地交给了我们，那农民就该有自主权。现在上面如果安排了种烟、种棉花，农民就必须得种，而且还必须达到他规定的产量，定的指标根本达不到，达不到就罚款。人家麦子种得好好的，全给犁了，有干部搞了油菜坊，让农民必须种油菜。非要强迫别人干什么呢？村民种油菜不赚钱也得种，想告状也没处告！

当时温家宝就问，严俊昌提的可是事实？县委书记不敢回答，就说，一两句话说不清楚。

温家宝说，严俊昌提的如果是事实，立即纠正，老农民这么朴实，怎么种田种得这么辛苦呢？

当年我们一个公社就没有交这些罚款。第二年，其他的乱收费也都不敢收了。有的人就说大家要买花炮到严俊昌门口放，他这一告状我们每年要省多少钱。

1993 年再回小岗，我想办点集体经济产业

小岗原是严岗村的一个小队。我原来分田包干是在小岗队开始的。大包干批准后我就在严岗村当村长。1993 年，因为我给万里写信，县里面怕中央再来人，就想把严岗村分成两个村，大严生产队和小岗生产队分出来合并成小岗村。安徽省人大亲自抓小岗，1993 年把我调回小岗村当村支书。

我当时不同意，这样有什么意思呢？上面说村子人口少，上面好支持，这样可以让小岗早点富起来，上面下来视察比较好看。因为我不同意，县委开群众会说，如果同意两个生产队并成一个小岗村的话，上面农业税什么的啥也不收。这样群众就都同意了，1993 年，小岗村就取消了农业税。

现在小岗村有 400 来人，100 多户。当时我反对两个小队并成一个村，我认为不见得人少就能干好事。村里人多，才能选出能人来。

上面来人的时候我一直不说假话。后来又把我调到小溪河镇里当镇农委副主任，"你属于国家干部了，调出去不能在家住了，小岗也不与你相干了"。

1993 年，上面打小岗的旗号，注册小岗商标，在小岗村之外，搞农业实业总公司，引进瓶盖厂、面粉厂什么的。这些厂和小岗没有任何关系，小岗一分钱也摊不到，村民什么好处也没得到，都是假的。

我回小岗村来做村支书，也是想着能办点集体经济产业。县里也想要扶持小岗，我就准备培养严宏昌，参与筹建农工商总公司，还让他参加上海的政策研讨会……后

来干得一塌糊涂。小岗村企业工程什么的特别多,邻村没有这么多,小岗村牌子响才搞得这么多。

有一年,日本还赞助了小岗1000万日元(约人民币70万)养鸭子。后来县政府拿钱盖了一栋房子,钱根本就没有用来养鸭子。

从90年代开始土地又荒了不少,地种完了也懒得管了,因为种地收入不高。大家主要靠打工赚钱。1997年,严德友任村支部书记时,引进了江苏连云港市长江村的支持。小岗的变化和长江村分不开。长江村为小岗铺了友谊大道、绿化,帮助发展小岗的葡萄业和其他农副业,给村民送彩电,让小岗人重获信心。

小岗的葡萄特别有名。这几年都种葡萄,年景好的时候一户每年一两万块钱没有问题。葡萄苗加杆子一年就要花一两千块钱,都是长江村赞助我们的。其他队想干哪有这个机遇呢?种葡萄以前呢,小岗经济和其他村差不多。现在小岗经济比其他村要好点,因为在长江村能人的带领下,小岗村开始逐渐发展副业了。人们思想开始转变了,过去主要就是种稻、麦子等粮食作物,现在哪个经济效益高,就搞什么。

前两年,生产队干部说要出去看看,解放解放思想,村干部一堆人去南街村、大寨、红旗渠这些地方考察。没去之前,我就想,好地方必须要有好带头人。学南街,要有南街一样的带头人才行,像华西的吴仁宝,像长江村的郁全和。郁全和从二十多岁干到现在,只有长期的干部才有长期的稳定,才有长期的发展。

我所说的集体经济与大包干前的集体经济是两回事,现在的集体经济必须要有村办企业,没有企业光靠种田只能解决温饱。学南街村,小岗必须要有集体企业才能学。有了集体经济,农民有了收入,没有了后顾之忧,自然就把土地让出来了,这样村干部就该加大投入,整平土地。以前100个人干的土地,机械化后只需10个人。农村的生产必须要机械化,但怎么走这条路?要看准了才敢走。要是没有企业,农民没有收入,把土地收上去不出一年,又得要饭。这要相当长一段时间。必须要有能人带。

大包干让小岗成了明星村,这对小岗应该是好事,毕竟上面有拨款什么的。党对小岗这么重视,但是小岗人没创造好。

现在人民日子好多了。农民没有想到有今天,不少吃不少穿,也没有干部整天上门扒这样扒那样。现在不但取消农业税,还给农民补助,一亩地补30多块钱,虽然少,但党这种做法群众感激啊!几千年的皇帝,什么时候不要国家皇粮,还反过来补助农民呢?这说明共产党能治理好中国,我们的好日子还在后头。过去说"火车跑得快,全靠车头带",就是看车头是不是有本事带,这是关键。

(资料来源:"小岗村18户村民:包产到组、包产到户",http://www.china.com.cn/economic/zhuanti/xzgjjlsn/2009 - 07/24/content_18200621.htm.)

30年前,当安徽省小岗村村民严金昌在曾经推动了中国农村重大变革的"分田到户"的秘密协议上摁下手印时,他没有想到,有一天,他会把自己冒着坐牢风险分到自家的田地又租出去。

两年前,严金昌和十几户农民一起,以每亩500元的价格把自家的两亩土地出租给一家上海养殖公司,发展规模养殖,年终参与分红。

这些农民有的外出打工,有的则接受了这家上海公司的返聘,成为企业员工,每人每月领取 600 元左右的工资。

今年 65 岁的严金昌也接受了公司聘用。不仅如此,因为养殖经验丰富、具有一定号召力,他还被提升为这个占地 200 多亩的现代养殖场的管理者。

"我们饲养的高山特色风味猪,直接销到上海大型超市,价格是普通猪肉的两倍。"严金昌说。

"年薪、土地租金,再加上年终分红,这可比一年到头种地划算得多。粮食种得再好,一年的收成也不会超过 1000 元。"这位 30 年前领头实行分田到户、自主生产的老农现在成了土地集中流转、发展合作经济的积极倡导者。

他说,小岗村耕地面积大约 2000 亩,其中 60% 目前出租流转被集中起来用于发展蘑菇、花卉、葡萄规模种植及家禽养殖等。

这种集中利用土地、实现规模经营的新型合作经济给当地农民带来了实惠。2007 年,小岗村人均收入已达 6000 元,而当年全国农村居民人均纯收入是 4140 元。

"这是过去靠一家一户生产完全做不到的。随着合理、有效的土地出租流转规模扩大,小岗村正蓄势待发,迎接又一个发展的春天。"小岗村党支部书记沈浩说。

30 年前,也就是 1978 年 11 月,小岗村迎来发展的"第一春"。一天晚上,当地 18 位村民秘密签下了分田到户、自主生产的"生死契约"。契约说:"我们分田到户,每户户主签字盖章。如此后能干,每户保证完成全年上缴的公粮,不再向国家伸手要钱要粮。如不成,我们干部坐牢杀头也甘心,大家也保证把我们的孩子养活到 18 岁。"

这在当时被认为是带有资本主义性质的举动,可能给他们带来很大的危险。

所幸的是,这一改革模式后来得到中国改革开放事业"总设计师"邓小平的高度认可,随之获得中央政府的肯定,并被推向全国。小岗村也因此被誉为中国农村改革的发源地。

"分田到户"刺激了"大锅饭"时代农民被压抑的生产积极性,随之而来的是 20 世纪 80 年代中国农村发展的黄金期,农民收入一度超过城市居民。

当年"分田到户"带头人之一的严宏昌回忆说,那时候,一家人起早贪黑地干,很快就成了万元户。"1989 年,我家就花 10 万元盖起了两层楼的砖瓦房。"

然而,随着 20 世纪 90 年代城市化的发展,农村劳动力、土地、财政资金大量流入城市,加上农村各种税费、提留统筹等负担加重,农村发展进入低迷期。

而小岗村由于紧靠连年成灾的淮河,农民不仅没有致富,有的甚至至今还没有摆脱贫困。

"最近几年,农资价格不断上涨,咱农民更加看清了一家一户的小生产不能致富,粮食再丰收也卖不出'金子',"严宏昌说,"发展规模经营、实现产业联合是大势所趋。"

安徽省"三农"问题专家何开荫说,随着大量农村剩余劳动力涌入城市,农村成片土地抛荒、闲置,水利等农田基础设施年久失修,这些因素也推动了土地的合理流动。

今年,小岗村大约有 600 亩土地通过租赁集中起来,种植葡萄。

在严德友家新起的二层小楼前，一座占地180多亩的葡萄园被管理得井井有条。

"种植1亩葡萄的效益是种粮的10倍。通过土地租赁和串换，方便了集中施肥、灌溉、除虫和管理。"严德友说。严德友曾经担任过小岗村村长。

但是，也有人对小岗村新型合作经济提出了质疑，认为将土地重新集中，是倒退到了计划经济模式。

对此，村委会主任的关友江说，村民们由当年打破集体模式"单干"到重新组织起来，不是开历史倒车，而是"分田到户"模式的延伸。和30年前一样，今天的改革同样是为了摸索致富之路。

"与计划经济时代的强制行政手段完全不同，小岗村今天的改革是建立在农民自愿的基础上，尊重农民的自主权。而且，村集体没有收回土地的承包权，租借合同一旦期满，土地仍将归还每家每户，土地权益最终还是农民的。"年逾花甲、曾经也是"分田到户"带头人之一的关友江说。

何开荫指出："在新的起点上，需要完善相应的制度。"因为他担心，大规模的土地流转是在缺少制度安排和不规范的情况下形成的，一旦发生经济纠纷，租赁双方的利益都得不到保障。

沈浩则把眼光放得更为长远。他为小岗村的经济发展规划了"三步走"的宏伟蓝图：第一步，进一步扩大土地流转规模，调整农业结构；第二步，依托"小岗"品牌，发展休闲旅游、红色旅游；第三步，引进工商企业，促进工农业协调发展。

其实，"发展农村经济有很多路可走。小岗村还在摸索，希望找到一条最适合自己的道路。"沈浩说。

30年前，始自18位村民红手印的"分田到户"的秘密协议掀起了中国改革风暴。30年来，一场与土地制度有关的探索悄然进行，这就是农村土地流转。

刚刚闭幕的党的十七届三中全会审议通过了《中共中央关于推进农村改革发展若干重大问题的决定》，明确提出要着力破除城乡二元结构，在统筹城乡改革上取得重大突破。安徽省凤阳县小岗村的做法，是推进城乡统筹发展的有益探索。

（资料来源：新华社记者全晓书、蔡敏："从'分田到户'到新型合作化——安徽省凤阳县小岗村土地流转调查"，http：// www. mlr. gov. cn/xwdt/dfdt/200810/t20081015_110814. htm.）

课程案例 10-2:开放 14 个沿海城市的决策

开放一些沿海城市，是根据邓小平的创议而采取的扩大对外开放的又一战略决策。1984年2月，邓小平说："除现在的特区之外，可以考虑再开放几个港口城市，如大连、青岛。这些地方不叫特区，但可以实行特区的某些政策。"（《邓小平文选》第3卷第52页）

同年3月，中共中央书记处和国务院联合召开座谈会，建议进一步开放大连、秦皇岛、天津、烟台、青岛、连云港、南通、上海、宁波、温州、福州、广州、湛江和北海等14个沿海港口城市，扩大开放城市的权限，如放宽利用外资建设项目的审批权限，增加外汇使用额度和外汇贷款,对"三资"企业在税收、外汇管理上给予优惠待遇,可逐步兴办经济技术开发区等。

同年 5 月,中共中央、国务院批转了这个座谈会的纪要。试图通过这些交通方便、基础良好、技术和管理水平较高的港口城市,开展对外经济技术合作,积极吸引外资,消化吸收先进技术和管理方法,加快这些城市经济的发展,并通过它们来带动内地经济的发展。这 14 个开放城市加上沿海经济开放区、经济特区、上海浦东新区,构成了我国沿海自南到北的对外开放前沿地带。

1992 年,中共中央、国务院又决定对 5 个长江沿岸城市,东北、西南和西北地区13 个边境市、县,11 个内陆地区省会(首府)城市实行类似沿海开放城市的优惠政策。中共十四大指出,对外开放的地域要扩大,形成多层次、多渠道、全方位开放的格局。继续办好经济特区、沿海开放城市和沿海经济开放区。扩大开放沿边地区,加快内陆省、自治区对外开放的步伐。

1984 年,大连、秦皇岛、天津、烟台、青岛、连云港、南通、上海、宁波、温州、福州、广州、湛江、北海等 14 个沿海城市(威海后升为地级市成为第 15 个),被国务院批准为全国首批对外开放城市。作为我国改革开放的战略前沿,首批沿海开放城市最早感受世界经济浪潮的熏陶和冲击,最先接受市场经济大潮的挑战和洗礼。20 年来,首批沿海开放城市先行一步冲破传统体制的束缚,抢抓先发效应,综合运用国家优惠激励政策,充分挖掘自身发展优势,建立起资本、人才、信息、技术、物资等各类市场,加速生产要素的重组和流动,加快市场经济体制的培育和完善,大大增强了城市的综合竞争能力。首批沿海开放城市和经济特区的崛起,带动了东部沿海地带,使之成为我国市场化程度最高、吸引外资最多、民间资本最活跃、社会经济最发达、最具发展活力的地区。首批沿海开放城市对外起到门户和窗口的作用,对内发挥示范和辐射的作用,对推动国民经济强劲增长,推进经济结构的战略性调整,大大推动了中国跻身世界经济大国的伟大跨越。

硕果累累:改革开放的成就

20 年的改革开放,使沿海开放城市发生了翻天覆地的变化。20 年的努力奋进,铸就了世人瞩目的辉煌。

1. 城市规模扩大

按目前行政区划,15 个沿海开放城市共有土地面积 14.25 万平方公里,约占国土面积的 1.48%。对外开放前的 1983 年,各市规模相差很大。从城市级别看,上海、天津是直辖市,广州、福州是省会,威海是县级市,其他 10 个是省辖市。1987 年威海升格为地级市,1994 年大连、青岛、宁波和广州被列为副省级城市。

15 个城市 1983 年年末总人口 7861 万人,2003 年年末户籍总人口 9443 万人,20年人口增长了 1/5。而占全国人口的比重却由 1983 年 7.63%,下降到 2003 年的7.31%。由于此数据不含暂住人口,而这部分人在沿海开放城市中规模越来越大,增长非常迅速,加上 20 年来行政区划的调整扩大,所以沿海开放城市发展空间的拓展和扩张,要比现有数据大得多。

15 个城市 1983 年人口密度平均为 552 人/平方公里,2003 年增加到 663 人/平方公里。沿海地区是我国人口密集地区,不仅各市的人口密度一直都高于全国平均,而且越来越高。15 个城市 1983 年每平方公里人口比全国平均多 444 人,2003 年比全国平均多 528 人。

1983 年 15 个城市按人口规模大致可分为三个层次,第一层次为上海,接近 1200 万人;第二层次为天津、南通、青岛、温州、烟台、广州、宁波、大连、福州、湛江,460—790 万人;第三层次为连云港、威海、秦皇岛、北海,100—350 万人。2003 年人口最多的仍然是上海,达到 1341.8 万人;天津从第二层次中脱颖而出,达到 926.0 万人;南通、温州、广州、青岛、湛江、烟台、福州、大连、宁波和新上升的连云港在同一层次,为460—780 万人;最低层次城市秦皇岛、威海、北海人口有所增加,上升到 140—280万人。

2. 经济实力增强

对外开放前各地发展均较缓慢,沿海城市也不例外。1983 年 15 个城市共实现GDP 仅 931.3 亿元,按可比价格计算甚至低于 2003 年天津一个城市(2387 亿元)的水平。相对而言,15 个城市当年的总体基础还好于全国平均水平,GDP 占全国总量的 15.7%,比人口占全国比重高 8.1 个百分点。20 年来沿海开放城市经济总量迅猛扩张,2003 年 15 个城市共创造 GDP 24374.9 亿元,按可比价格计算是 1983 年的10.3 倍。GDP 占全国总量的 20.9%,比 20 年前提高 5.2 个百分点。GDP 占全国比重比同期人口所占比重高 13.6 个百分点,比面积所占比重高 19.4 个百分点。相当于不到全国 1/14 的人口,创造了 1/5 的价值。

1983 年 15 个城市人均 GDP(按户籍人口计算,下同)为 1191 元,相当于全国人均水平的 204.7%。2003 年 15 个城市人均 GDP 为 26103 元,比 20 年前扩大了24912 元。15 个城市人均 GDP 相当于全国人均水平的 288.2%,比 20 年前增加了83.5 个百分点。2003 年人均 GDP 按现行汇率折算为 3154 美元,突破 3000 美元大关,相当于中等收入国家水平,标志着综合实力跃上新平台,进入加速发展的重要阶段。

3. 产业结构优化

沿海开放城市产业结构一直优于全国水平,农业比重明显较低。1983 年 15 个城市三次产业构成为 17.1∶58.7∶24.2,一产比重比全国水平低 16.0 个百分点,二产比重高 14.2 个百分点,三产比重高 1.8 个百分点。2003 年 15 个城市三次产业构成为 6.3∶50.0∶43.7,一产比重比全国水平低 8.5 个百分点,二产比重低 2.9 个百分点,三产比重高 11.4 个百分点。20 年来沿海开放城市产业结构在调整中优化,在发展中提高。一产比重降低了 10.8 个百分点,二产比重降低了 8.7 个百分点,三产比重提高了 19.5 个百分点。按照现代产业经济学揭示的规律,工业化进程通常可划分为几个不同的阶段:工业化起步阶段,一产比重逐步下降,二产比重快速上升,同时三产比重也开始上升;工业化加速发展阶段,一产比重继续下落,二产比重在高位平台相对稳定,而第三产业比重则逐渐加速提升;工业化中后期发展阶段,一产比重继续下降,二产比重也开始回落,三产则持续快速攀升。不难看出,经过 20 年的调整,沿海开放城市整体经济正在向工业化完成阶段演进。

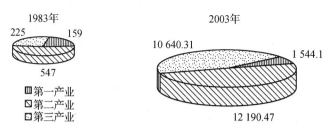

1983年　　　　　　　　　　2003年
225　　　159　　　　　10 640.31　　　　　　1 544.1
547　　　　　　　　　　　　　　12 190.47
□第一产业
□第二产业
□第三产业

15 城市 GDP 构成比较(亿元)

　　15 个城市三次产业增加值 20 年有了很大提高,特别是第三产业增长很快。1983 年三次产业增加值分别为 159.1 亿元、547.2 亿元和 225.0 亿元,二产中工业增加值为 508.2 亿元;2003 年三次产业增加值分别为 1544.1 亿元、12190.5 亿元和 10640.3 亿元,二产中工业增加值为 10925.7 亿元。1983 年三次产业增加值占全国比重分别为 8.1%、20.7% 和 17.0%,2003 年三次产业增加值占全国比重分别为 9.0%、19.7% 和 28.3%。一、二产业比重变化不大,第三产业占全国比重了增加 11.3 个百分点。

　　4. 质量效益提高

　　2003 年 15 个城市共实现地方一般预算收入 2109.3 亿元,是 1983 年的 8.0 倍;人均地方一般预算收入达 2259 元,是 1983 年的 6.7 倍。沿海开放城市财政实力的迅速增强,是经济结构调整、技术创新和对外开放取得丰硕成果的具体体现,它综合反映了国民经济从量的积累到质的跨越。

　　沿海开放城市金融运行健康、平稳,金融机构各项存款、贷款均有大幅度增长。2003 年末 15 个城市金融机构存款余额 46474.0 亿元,是 1983 年末的 95.3 倍;其占全国比重为 21.1%,比 20 年前上升了 2.9 百分点。2003 年末 15 个城市金融机构贷款余额 35614.0 亿元,金融存贷比为 100∶76.6。2003 年末居民储蓄存款余额 19817 亿元,是 1983 年末的 136.0 倍;占全国比重为 17.9%,比 20 年前上升了 1.6 百分点。人均储蓄存款余额 21222 元,是 1983 年末的 114.1 倍;相当于当年全国人均的 247.0%,比 1983 年末提高 33.3 个百分点。

　　改革开放后,沿海开放城市人民生活水平大幅度提高。2003 年 15 个城市城镇居民人均可支配收入简单平均计算为 10762 元,首次突破了万元大关,是 1983 年(缺威海、青岛、连云港、南通四市数据)的 18.7 倍;农村居民人均纯收入简单平均计算为 4629 元,是 1983 年(缺天津、连云港二市数据)的 11.5 倍。沿海开放城市居民收入水平越来越高于全国平均,1983 年城镇和农村仅分别高出 1.7%、29.6%,2003 年已分别高出 27.0%、76.5%。

　　5. 三大需求增长

　　20 年来,沿海开放城市努力扩大利用外资,积极吸引民间资本,实现国资、外资、民资三轮齐转,投资对经济增长的拉动作用不断提升。2003 年,15 个城市完成全社会固定资产投资 9613.2 亿元,是 1983 年的 50.1 倍;固定资产投资额占全国的比重达到 17.4%,比 1983 年提高了 4.0 个百分点。15 个城市人均固定资产投资额达到 10295 元,是 1983 年的 42.0 倍,相当于 2003 年全国人均的 2.4 倍。

沿海开放城市消费品市场繁荣兴旺,是经济增长的动力。2003年,15个城市完成社会消费品零售额8809.4亿元,是1983年的25.9倍;消费品零售额占全国的比重达到19.2%,比1983年提高了7.2个百分点。15个城市人均消费品零售额达到9434元,是1983年的21.6倍,相当于2003年全国人均的2.7倍。

20年前我国的外贸出口较少,全国出口总额只有222.3亿美元,即使是沿海城市许多也几乎为空白。1983年15个城市中,出口总额最多的三个城市上海、天津、广州仅分别为36.5亿美元、22.9亿美元、4.1亿美元,其他城市绝大多数都不足1亿美元,全部合计大约70亿美元左右。对外开放后,外贸出口飞速发展。2003年15个城市出口总额1331.8亿美元,占全国出口总额的30.4%。"三驾马车"中出口占全国的比重明显高于GDP、投资、消费比重,成为沿海开放城市拉动经济增长的重要引擎。

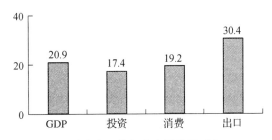

15城市主要指标占全国比重(%)

6. 开放经济提速

20年来,对外开放给沿海城市带来了极大的机遇和巨大的发展,成为经济发展最主要的特征和最重要的拉动力。2003年15个城市进出口总额为2655.6亿美元,占全国的31.2%,人均进出口总额相当于全国人均的4.3倍。15个城市外贸依存度达90.2%,比全国平均水平高约30个百分点。出口依存度达45.2%,比全国平均水平高14.1个百分点。

1983年引进外资才开始起步,全国实际利用外资还不到20亿美元,沿海城市也微乎其微。而2003年15个城市实际利用外资达到了250.5亿美元,占当年全国的46.8%,沿海开放城市无疑已成为全国利用外资最集中的地区。2003年平均一个沿海开放城市实际利用外资16.7亿美元,接近1983年全国总额。

首批开放城市基本集中了大陆沿海重要港口,承担了我国大部分海洋运输货物吞吐任务。2003年15个城市港口货物吞吐量为15.2亿吨,是1983年的5.5倍,占全国的46.0%;集装箱吞吐量为2827.1万标箱,占全国的58.9%。

光辉历程:腾飞的二十年

20年来,沿海开放城市经济快速增长,经济总量迅猛扩张,经济实力大幅度提升,保持了强劲的发展势头。并且在与经济特区城市一起带动全国经济发展的同时,创新发展模式、培育经济增长极,起到了试验和示范作用,在全国经济发展中的地位更加举足轻重。

1. 发展明显领先全国

1984—2003年15个城市GDP增长10.32倍(按可比价格计算),年均增长

12.38%；同期全国共增长 6.22 倍，年均增长 9.57%；首批沿海开放城市比全国发展水平每年平均高出 2.81 个百分点。各个城市 20 年 GDP 增长速度都超过全国水平，增速最低的城市年均为 10.23%，仍高于同期全国平均增速 0.7 个百分点。15 个城市其他主要经济指标增长速度与全国相比也均明显高出，两者全社会固定资产投资额分别增长 50.1 倍、38.5 倍，社会消费品零售额分别增长 25.9 倍、16.1 倍。

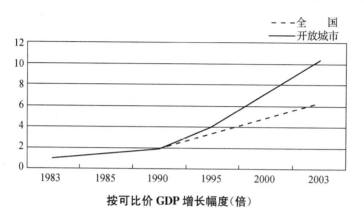

按可比价 GDP 增长幅度（倍）

2. 总体发展在加速

首批沿海开放城市在不同时期发展速度不同，经济增长波动大致上与全国的经济走势基本吻合。总体来看，除八九十年代相交年份外，均增长较快。特别是 1992 年其后几年，中国的改革开放无论是在深度和广度上又上了一个新台阶，各市经济快速扩张，都达到了最高纪录。其后宏观经济运行日趋成熟，保持在高层面上稳定增长。80 年代是对外开放初期，15 个城市发展速度波动较大，且不快于全国发展水平。开放头两年 GDP 年均增长 14.21%，"七五"时期年均增长 7.85%。80 年代后沿海开放城市发展加速，明显超过全国平均水平。"八五"时期 GDP 年均增长 16.55%，"九五"时期年均增长 12.10%，近三年年均增长 12.52%，分别高于同期全国平均增速 4.95 个百分点、3.80 个百分点、4.42 个百分点。

3. 带动区域经济发展

在 20 年的经济发展过程中，首批沿海开放城市解放思想，坚持"三个有利于"，摆脱计划经济和传统观念的束缚，勇于和善于开拓创新。先后与其他发达城市一起，在不同时期和不同地区，探索多种制度变迁与经济发展的模式。"温州模式""珠三角模式""苏南模式"极大地发展了社会生产力，创造了令人瞩目的经济奇迹，成为发展经济的典范。先进经验在全国移植和推广，并得到进一步发展与创新，促进了各地经济发展。这些创新式的发展，为相继腾飞打下了坚实的基础。短短的 20 年间，随着经济开放程度的扩大，有效地促进了沿海开放城市的崛起，并带动长江三角洲、珠江三角洲、环渤海都市群的崛起。三大经济圈成为当今我国经济最先进、最发达的地区，代表了我国最具活力、相互依存、充满发展前景的经济区域，是全国经济发展的龙头。在这期间，首批沿海开放城市有效地发挥改革开放示范园、发展创新指南针、区域经济增长极的重要作用。

群星璀璨：竞相发展的城市

沿海开放城市中既有国内综合实力位居最前列的经济强市，也有规模居中以及实力较弱的城市，各市之间经济实力存在较大差距是历史形成的事实。20 年来，在沿海经济突飞猛进的发展过程中，各开放城市间的经济实力并未因各自原有基础、内外部条件等方面的原因而进一步拉大距离，相反，却呈现出差距逐步缩小的趋势。一批沿海开放城市具有明显区域特色和现实优势，经济总量较大，发展速度较快，人均水平较高，综合竞争和协调发展能力较强，成为对国民经济发展有着重要影响和作用的排头兵。

1. 上海龙头地位突出

上海是全国经济的龙头，在沿海开放城市中作用同样明显。2003 年上海实现GDP 达 6250.81 亿元，占 15 个城市合计的近 1/4，相当于其他 14 个城市平均的 4.8倍。除农业增加值外，其他各项总量指标上海都领先很大。人均指标上海也居 15 个城市的前列，农村居民人均纯收入以 6658 元居第一，人均 GDP 和城镇居民人均可支配收入居第二。上海将最有希望率先发展成为国际经济发达的实体，在经济聚集、社会发展、产业结构、信息化程度等主要指标上达到世界现代化大都市的一般水平。

2. 广州人均指标领先

2003 年，广州人均 GDP 达到 47953 元，列 15 个城市第一位。按现行汇率计算，达到 5795 美元。人均 GDP 超过 5 千美元的有 3 个城市，4 千—5 千美元的有 1 个城市，3 千—4 千美元的有 3 个城市，2 千—3 千美元的有 2 个城市，1 千—2 千美元的有4 个城市，其他 2 个城市也接近了 1 千美元。广州居民人均收入也居 15 个城市的前列，城镇居民人均纯收入以 15003 元居第一位，农村居民人均可支配收入居第三位。同时广州 GDP 总量达到 3466.63 亿元，仅次于上海。

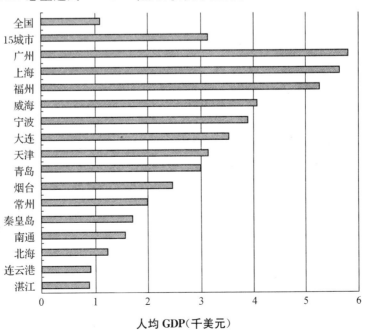

3. 福州 GDP 增速最快

对外开放后,沿海城市竞相发展经济。按可比价格计算,福州 20 年 GDP 年均增长 17.1%,居 15 个城市第一位;温州年均增长 16.6%,居第二位;威海年均增长 16.3%,居第三位。其他 12 个城市增长速度都在 10%—15% 之间,快于平均水平的依次有宁波、广州、烟台、青岛、大连和北海。从 2003 年各市 GDP 总量排序看,威海和宁波上升最大,比 1983 年各提高了 2 个位次。

4. 各时期都有"领头雁"

不论客观形势如何,各个时期都有沿海开放城市发展很快,GDP 增速达到 13% 以上。不同时期 GDP 年均增长列 15 个城市前两位的分别是:开放头两年福州 23.2%、宁波 23.0%,"七五"时期威海 13.5%、烟台 13.2%,"八五"时期温州 26.0%、威海 25.4%,"九五"时期福州 16.7%、温州 15.4%,近三年威海 14.8%、青岛 14.7%。

5. 威海产业结构调整最大

沿海开放城市已成为驱动全国产业结构向高级化演进最强大的动力源泉和推进基地。2003 年上海在 15 个城市中非农产业占 GDP 比重最高,达到 98.51%;温州二产比重最高,达到 57.26%;广州三产比重最高,达到 53.59%。与 1983 年相比,15 个城市一产比重全部下降,威海下降最多,达 45.7 个百分点。三产比重全部上升,上海上升最多,达 24.8 个百分点。二产比重则有升有降,上海、天津、广州、大连开始回落,下降幅度最大的上海,达到 22.5 个百分点;其他中小城市全部上升,威海上升最多,达 31.7 个百分点。

20 年的加速发展,使首批沿海开放城市成为我国目前综合实力与竞争力最强,最有希望融入经济全球化,在短期内缩小与发达国家差距的区域。实践证明,我国的对外开放政策取得了显著成绩。

(资料来源:"视频:影响中国历史进程的事件 1979 年开放 14 个沿海城市", http://www.letv.com/ptv/vplay/803910.html.)

六、学习思考

基本概念

解释下列政策概念,并尝试译成英语。

创新型政策

强制型政策创新

回应型政策创新

自治型政策创新

政策创新利益分化协调因素

政策创新初始行动设计因素

政策创新规则组织变换因素

政策创新因素的地位

政策创新触发机制

政策创新扩散机制

政策创新发展机制

基本原理

阅读和观看本章的电子文本、课程课件、经典阅读、知识补充、研究论文,尝试回答下列问题:

公共政策创新的实质是什么?

创新型政策有哪些主要特点?

创新型政策类型划分的标准是什么?

阐述强制型政策创新的性质、条件与困难。

阐述回应型政策创新的性质和实现的可能性。

阐述自治型政策创新的性质、条件与困难。

政策创新有哪些主要的影响因素?

什么是政策创新利益分化协调因素?它如何发挥作用?举例说明。

什么是政策创新初始行动设计因素?它如何发挥作用?举例说明。

什么是政策创新规则组织变换因素?它如何发挥作用?举例说明。

有哪些政策创新的实现机制?

什么是政策创新触发机制?它如何发挥作用?举例说明。

什么是政策创新扩散机制?它如何发挥作用?举例说明。

什么是政策创新发展机制?它如何发挥作用?举例说明。

如何认识政策创新机制之间的确关联?

案例分析

在仔细阅读和观看本章的课程案例、导入案例后,结合前面已经阅读过的与公共政策过程相关的知识,对本章的导入案例和课程案例加以分析,尝试写出案例分析报告。

分析报告必须包括下列内容:

对案例发生的外部环境背景做出描述、分析;

对案例中包含的公共政策的要素和主要过程中与政策创新类型、政策创新影响因素、政策创新实现机制有关的方面做出阐释、分析;

依据本章的内容对政策的某些要素和主要的过程阶段中与政策创新类型、政策创新影响因素、政策创新实现机制有关的方面做出评价。

读书笔记

仔细阅读本章提供的经典论述、知识补充、研究论文,围绕经典论述写出读书心得。读书心得应包含下列内容:

经典论述的主要理论和观念；

经典论述表述的理论或观念对中国现实政策过程的解释力度（能够对中国现实的公共政策过程做出很好的解释，只能部分解释，完全不能解释）；

是经典理论与观念不完备，需要做出修改，还是中国公共政策过程需要加以改进？

编写案例

参照本课程提供的第二课堂的经验资料，组成 5 人左右的学习团队，尝试就中国目前公众与政府普遍关心的、也是值得研究的公共政策实例，按照本章研修的内容，编写出公共政策案例。

好的政策案例应当包括下列内容：

对具体政策过程发生的环境条件进行描述；

对具体政策过程中的主体、价值、工具、资源（不一定都要涉及，只要对与本意内容有关的方面加以阐述）

对具体政策要解决的政策问题的状态及对政策问题的确认（问题情境、问题的诊断与确认）做出描述；

对具体政策的制定、实施、评估与终结（不一定关注所有阶段，只对与本章所关心的阶段或环节）加以详细描述；

将上述的内容以生动故事情节的方式展示出来，让阅读者有身临其境的感受。

要特别关注具体政策过程的公共性、民主性、科学性、有效性。

编写公共政策案例的资料必须是多元的：官方文件、媒体报道、公众（网民博客）评点、学者论述、问卷调查、焦点人物访谈。

为了让阅读者一目了然，印象深刻，可以适当插入图表、图像。